Joscha Remus, Hans-Gerd Spelleken

Rumänien und Republik Moldau

W0187484

„Wissen Sie, es gibt so viele verschiedene Rumäniens. Zugreisende sehen bereits ein völlig anderes Land als diejenigen, die mit dem Auto unterwegs sind. Wer das Glück hat, auf einem Pferdewagen mitgenommen zu werden, wird wiederum völlig andere Dinge entdecken. Westlichen Besuchern empfehle ich den langsamen Ritt durchs Land, um die Augen besser öffnen zu können für die Schönheiten, die hier an jeder Ecke zu finden sind. Wer es kann, sollte sich auf den Rücken eines Pferdes schwingen, sich fürs Delta ein Kanu besorgen oder einfach seine Wanderschuhe schnüren. Ziehen Sie ein wenig mit den Hirten und ihren Herden über die blumenübersäten Hochalmen, genießen Sie den frischen Bergkäse, schauen Sie zu, wie man einen Sîrba tanzt, und lernen Sie, wie man richtig singt, trinkt und feiert."

Mircea Cărtărescu (rumänischer Schriftsteller)
in einem Interview im Mai 2006

Impressum

Joscha Remus, Hans-Gerd Spelleken
Rumänien und Republik Moldau

erschienen im
Reise Know-How Verlag Peter Rump GmbH
Osnabrücker Str. 79, 33649 Bielefeld

3., neu bearbeitete und komplett aktualisierte Auflage 2010

Gestaltung:
Umschlag: G. Pawlak, P. Rump (Layout); M. Luck (Realisierung)
Inhalt: G. Pawlak (Layout); M. Luck (Realisierung)
Karten: Th. Buri, C. Raisin, der Verlag
Atlas: world mapping project, Reise Know-How Verlag
Fotos: J. Remus (jr); H.-G. Spelleken (hgs), Hermannstädter Zeitung (hz); H. Swoboda (hs); Dacia-Renault (dr)
Titelfoto: J. Remus

Lektorat: M. Luck

Druck und Bindung: Wilhelm & Adam, Heusenstamm

ISBN 978-3-8317-1907-5
Printed in Germany

Dieses Buch ist erhältlich in jeder Buchhandlung Deutschlands, Österreichs, der Niederlande, Belgiens und der Schweiz. Bitte informieren Sie Ihren Buchhändler über folgende Bezugsadressen:

Deutschland
Prolit Verlagsauslieferung GmbH, Siemensstr. 16,
D-35463 Fernwald (Annerod)
sowie alle Barsortimente
Schweiz
AVA/Buch 2000
Postfach, CH-8910 Affoltern a.A.
Österreich
Mohr-Morawa Buchvertrieb GmbH
Sulzengasse 2, A-1230 Wien
Niederlande, Belgien
Willems Adventure
www.willemsadventure.nl

Wer im Buchhandel trotzdem kein Glück hat, bekommt unsere Bücher auch über unseren **Büchershop im Internet: www.reise-know-how.de**

Wir freuen uns über Kritik, Kommentare und Verbesserungsvorschläge, gern auch per E-Mail an info@reise-know-how.de.

Alle Informationen in diesem Buch sind von den Autoren mit größter Sorgfalt gesammelt und vom Lektorat des Verlages gewissenhaft bearbeitet und überprüft worden.

Da inhaltliche und sachliche Fehler nicht ausgeschlossen werden können, erklärt der Verlag, dass alle Angaben im Sinne der Produkthaftung ohne Garantie erfolgen und dass Verlag wie Autoren keinerlei Verantwortung und Haftung für inhaltliche und sachliche Fehler übernehmen.

Die Nennung von Firmen und ihren Produkten und ihre Reihenfolge sind als Beispiel ohne Wertung gegenüber anderen anzusehen. Qualitäts- und Quantitätsangaben sind rein subjektive Einschätzungen der Autoren und dienen keinesfalls der Bewerbung von Firmen oder Produkten.

rum034 Foto: jr
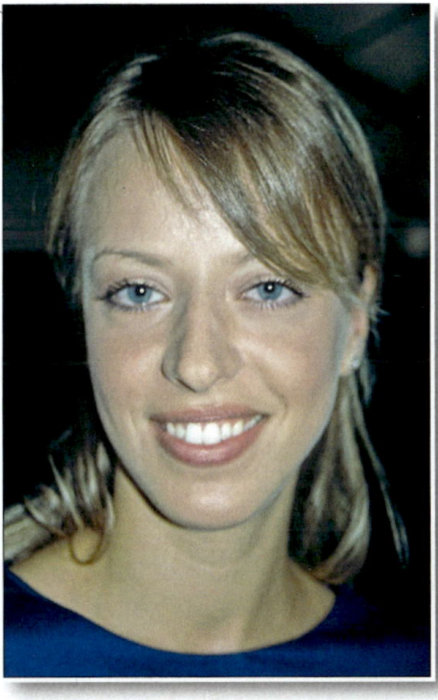

Joscha Remus
Hans-Gerd Spelleken

Rumänien

und Republik Moldau

rum08-005 Foto: jr

Zu diesem Buch

Rumänien und Republik Moldau – zwei Nachbarländer im Südosten Europas, die vieles verbindet und auch einiges trennt. Nach dem Beitritt in die EU 2007 rückt Rumänien mehr denn je ins Blickfeld mitteleuropäischer Reisender. Doch auch die gar nicht so kleine, aber viel unbekanntere Republik Moldau (auch Moldawien genannt, aber nicht zu verwechseln mit der Region Moldau in Rumänien) hat seit ihrer Unabhängigkeit und der Loslösung von der Sowjetunion eine enorme Entwicklung durchgemacht und ist auch touristisch durchaus interessant.

In diesem Buch sollen beide Länder dem individuell Reisenden zugänglich gemacht werden, wobei der Schwerpunkt auf Rumänien liegt. Die praktischen Reiseinformationen zu diesem Land sind daher wesentlich ausführlicher, doch auch der Moldau-Teil bietet mehr als die Beschreibung von Ausflugsmöglichkeiten über die Grenze. Autor des Rumänien-Teils ist *Joscha Remus,* der Abschnitt zur Republik Moldau wurde von *Hans-Gerd Spelleken* verfasst.

Zu Beginn des Buches stehen die Kapitel mit praktischen Reiseinformationen zu **Rumänien** (Mitarbeit: *Elfi H. M. Gilissen*), gefolgt vom Kapitel „Land und Leute", das Hintergrundinformationen bietet. Die Ortsbeschreibungen Rumäniens beginnen mit der Hauptstadt Bukarest, der ein eigenes Kapitel gewidmet ist. Im Uhrzeigersinn geht es dann durchs ganze Land, von Transsylvanien und Maramureş über Donaudelta und Schwarzmeerküste bis in die Crişana. In den Orts- und Regionenbeschreibungen werden geschichtliche Hintergründe geschildert, touristische Highlights vorgestellt und Hinweise zu Unterkünften, Restaurants, Verkehrsmitteln, Wanderungen etc. gegeben.

Hinweis: Internet- und E-Mail-Adressen in diesem Buch können – bedingt durch den Zeilenumbruch – so getrennt sein, dass ein Trennstrich erscheint, der nicht zur Adresse gehören muss!

Im Anschluss an die Ortsbeschreibungen zu Rumänien wird in einem separaten Abschnitt die **Republik Moldau** vorgestellt. Das Kapitel enthält einen eigenen reisepraktischen und landeskundlichen Teil, sodass sämtliche Informationen zu diesem Land hier gebündelt sind.

Im Anhang finden sich neben einem ausführlichen Register wichtige **Reise-Gesundheitsinformationen** sowie deutsche **Kontaktadressen** zu Rumänien. Daran schließt sich ein **Rumänien-Atlas** an. Er zeigt verkleinerte Ausschnitte aus der Rumänien-Karte des world mapping project, die bei Reise Know-How erschienen ist. In den Ortsbeschreibungen erfolgt jeweils hinter den Überschriften ein Verweis auf die entsprechende Karte und die genaue Positionierung des Ortes. So bedeutet z.B. „Sinaia ⇗ XVI, A3", dass der Ort Sinaia im Atlas S. XVI und dort im Planquadrat A3 zu finden ist.

Rumänien – kein Land für Express-Reisende

Der berühmte Orient-Express, der von Wien nach Istanbul fährt und nur in großen Städten wie Budapest und Bukarest hält, macht in Rumänien eine Ausnahme, wo er in der kleinen Karpatenstadt Sinaia einen dreistündigen Zwischenstopp einlegt: Die Reisenden machen sich auf den Weg hinauf durch dichte Nadelwälder zu einem der schönsten Schlösser Europas. Doch die Sommerresidenz des Prinzen von Hohenzollern, das Schloss Peleş, zieht nicht nur Luxusreisende an. Im Garten des Prunkbaus tummeln sich auch rucksackbepackte Bergwanderer, die von unglaublichen Höhlentouren und wilden Schluchten erzählen. Biker berichten von den traditionsreichen Tälern des Maramureş, von alten Holzkirchen und bunten Tanzfesten in den Dörfern oder auf den Bergpässen.

Die Gesichter mancher Luxusreisender bekommen angesichts der geschilderten Abenteuer einen sehnsuchtsvollen Blick. Doch Express-Reisende haben nun einmal wenig Zeit, und so müssen auch die Orient-Express-Urlauber schnell weiter, obwohl einige von ihnen gern mehr über dieses erstaunliche Rumänien erfahren würden.

Was sie verpassen, sind die Geschichten einer Gruppe von sächsischen Fahrradtouristen, die die mittelalterlichen Städte Transsylvaniens bereist haben und von Kirchenburgen und der rumänischen Gastfreundschaft schwärmen. Auch die Erlebnisse eines polnischen Paares, das zwei Wochen im Donaudelta paddeln war und nun von Pelikanen, Kormoranen und Seeadlern zu berichten weiß, hören die Express-Touristen nicht mehr.

Rumänien-Reisende haben etwas zu erzählen. Sei es vom gemeinsamen Wandern mit Schäfern über die zauberhaften Almen des Apuseni-Gebirges, sei es von der Fahrt auf einem selbst gebauten Floß durch die Schluchten des Olt oder vom Besuch der Eisgletscherhöhle von Scarişoara im Bihor-Gebirge, einer Winterglitzerlandschaft, die auch mitten im Hochsommer fasziniert. Viele, die Rumänien zum ersten Mal bereisen, sind überrascht angesichts der Vielfalt der sich bietenden Möglichkeiten.

Im Mittelpunkt der Geschichten steht meist die Begegnung mit Einheimischen und deren Gastfreundschaft, zum Beispiel Erlebnisse auf Dorf- und Bergfesten mit oft tagelangen fröhlichen Feiern und dem gemeinsamen Essen und Trinken.

Wer dann vom Kururlaub an der Schwarzmeerküste, vom Burgenbesuch in Siebenbürgen oder vom Klosterurlaub, von Wanderungen und Reitausflügen in den Karpaten oder vom Käsekochkurs auf ökologischen Bauernhöfen heimgekehrt ist, der kann über die gängigen Klischees über die Heimat *Draculas* nur mehr milde lächeln.

Jenseits aller Vorurteile entdecken immer mehr Menschen mit Rumänien ein Land, in dem sie auf lebenslustige und neugierige Bewohner treffen. Ein Land, das durch seine unberührte Natur und wilde ursprüngliche Schönheit bezaubert. Es gibt noch viel zu entdecken in Rumänien.

Bine aţi venit! – Herzlich willkommen!

Joscha Remus

Moldau – ein unterschätztes Land

„Vor meinen Blicken liegt des Südens Zauberland", so schrieb *Alexander Puschkin* im Jahr 1820 über das Land zwischen Balkan und Schwarzem Meer. Doch schon beim Namen fängt es an: Moldau, Moldawien, Moldova? Das arme und verdrängte, bisher kaum bereiste Land birgt viele Rätsel. Im Westen bekannt geworden allenfalls durch Autoschmuggel, Weinhöhlen und Menschenhandel, präsentiert sich Moldau dem interessierten Besucher ganz anders: Kein Land bringt so viel Geist, Stil und Lebenskunst auf in zugleich so einfachen Verhältnissen. Oder wie ein deutscher Diplomat und Kenner des Landes sagt: „In Moldau sind Wohlstand und Kultur entkoppelt." Ganz recht: Die Hauptstadt Chişinău ist der letzte Hort des unkommerziellen Europa, eine wahre Stätte des Bürgertums mit Höchstleistungen in Musik und Tanz, im Schach, im Fallschirmspringen und vor allem in Gastronomie und Nachtleben. Warum nun ein Reiseführer über die kleine Republik am Rande Europas? Weil das unterschätzte Land uns überrascht mit kleinen Gesten des inneren Reichtums.

Gute Reise!

Hans-Gerd Spelleken

Inhalt

rum08-009 Foto: jr

Crişana

Republik Moldau

Praktische Tipps A–Z

Land und Leute

Ortsbeschreibungen

Anhang

Atlas Rumänien

Kartenverzeichnis

Exkurse zu Rumänien

Exkurse zur Republik Moldau

rum016 Foto: jr

Vor der Reise

rum017a Foto: jr

rum017b Foto: jr

Neculai Popa – einer der bekanntesten Maskenmacher Rumäniens

Panorama beim See Izvorul Muntelui

Vorsicht vor langsamen Pferdefuhrwerken!

Informationsstellen

Fremdenverkehrsamt

In rumänischen Reisebroschüren erinnert die Bezeichnung „Tourismusförderungs- und Informationsbüros der Nationalen Tourismusbehörde im Ausland" zwar noch an alte Zeiten, die Werbebroschüren können sich mittlerweile jedoch sehen lassen. Rumänische Touristenämter gibt es nicht nur in Europa und den USA. Die steigende Zahl israelischer, chinesischer, japanischer und vor allem russischer Touristen zeigt, wo die rumänische Tourismusbehörde ihre Schwerpunkte setzt. Die offiziellen Websites sind **www.romaniatourism.com** oder auf Deutsch **www.rumaenien-tourismus.de** und **www.rumaenien-info.at.**

In Deutschland

- **Rumänisches Touristenamt Berlin,** Budapester Straße 20a, 10787 Berlin, Tel. 030-241 90 41, Fax 030-247 25 020, berlin@rumaenien-tourismus.de.
- **Rumänisches Touristenamt München,** Dachauer Straße 32–34, 80335 München, Tel. 089-515 676 87, Fax 089-515 676 89, muenchen@rumaenien-tourismus.de.

In Österreich

- Opernring 1, 1090 Wien, Tel. 01-317 31 57, Fax 01-317 31 574, rumaenien@aon.at.

In der Schweiz

Das rumänische Touristenamt in **Berlin** ist auch für die Schweiz zuständig!

Kontaktadressen zu Rumänien

Wer mehr über Rumänien und die rumänische Lebensart erfahren möchte, kann dies bei den gelisteten Deutsch-Rumänischen Vereinen/der Deutsch-Österreichischen Gesellschaft) tun. Alle genannten Vereinigungen freuen sich über Kontakt und Austausch mit Deutschen und Österreichern und informieren auch Nichtmitglieder über rumänische Feste, Filmtage oder Diskussionsrunden. Einige, wie das Deutsch-Rumänische Forum in Stuttgart, informieren über ihre Aktivitäten auch regelmäßig zweisprachig im Freien Radio (www.freies-radio.de).

- **Bund Rumänisch-Deutscher Vereine in Deutschland BRDV e.V.** c/o *Lucian Hetco,* Kornbergstr. 7, 73098 Rechberghausen, www.larg.de.
- **Deutsch-Rumänisches Forum Stuttgart** *Florin Zaheu,* Hohentwielstr. 128, 70199 Stuttgart, Tel. 0711-649 36 05, Mobil 0172-743 96 25, www.forum-gerrum-stuttgart.de.
- **Apoziția – Deutsch-Rumänische Kulturgesellschaft** *Dr. Gheorghe Sasarman,* Theodor-Dombart-Str. 17, 80805 München, www.apozitia.de.
- **AGERO, Deutsch-Rumänischer Verein** Königstr. 21, 70173 Stuttgart, www.agero-stuttgart.de.
- **Deutsch-Rumänische Gesellschaft** c/o *Dr. Günther Tontsch,* Rodigallee 55 a, 22043 Hamburg, Tel. 040-65 38 96 00, www.deutsch-rumaenische-gesellschaft.de.
- **Aut Pro Rom, Rumänische Gesellschaft für Österreich** Dr. Heschl-Weg 26, 8054 Graz, Tel. 0043-316-244 827, www.autprorom.at.

Informationen aus dem Internet

• www.rennkuckuck.de
Die privat betriebene Seite des Rumänienliebhabers *René Thiel* bietet neben stets aktuellen Reiseempfehlungen (Rumänien-Rundbrief) und Reiseberichten auch eine Auflistung von Sprachkursen, Unterkünften sowie eine Mitfahrbörse an. Auf den Forumsseiten des Rennkuckucks werden vom billigen Telefonieren bis hin zu neuen Rezepten viele Rumänienthemen debattiert. Legendär sind die TV-Tipps, die alle für Rumänien und Moldawien relevanten Sendungen beleuchten.

• www.sibiweb.de/
Die freie, offene und politisch unabhängige Informations- und Kommunikationsplattform gehört zu den ergiebigsten Webseiten, wenn es um Siebenbürgen und die Deutschen in Rumänien geht. Die auch in norwegischer (!), englischer, ungarischer und rumänischer Sprache verfügbare Webseite enthält auch ein umfassendes Adressenverzeichnis.

• www.siebenbuerger.de
Die Seiten der Landsmannschaft der Siebenbürger Sachsen in Deutschland sind vor allem für Reisende interessant, die ihren Urlaub in Siebenbürgen verbringen wollen. Sehr übersichtlich gegliedert und ausführlich werden rund 250 Ortschaften in Siebenbürgen beschrieben und in wunderbaren Luftaufnahmen präsentiert. Unter den Stichworten „Rumänien Reise – Gästehäuser" wird eine Liste mit Übernachtungsmöglichkeiten (auch solche in Pfarrhäusern) aufgelistet. Eine kostenlose Vermittlung bietet die Mitfahrzentrale an. Deutsche Jugendliche können über die Seite an einem Austauschprogramm teilnehmen und das siebenbürgisch-sächsische Leben in einer Gastfamilie kennen lernen.

• www.karpatenwilli.com
Wilhelm Scherz ist „Karpatenwilli" und hat sich und Rumänien mit dieser Seite ein Denkmal gesetzt. Neben zahlreichen Fotos, Karten und Linkinfos findet der Rumänieninteressierte vor allem Geschichten aus erster Rumänien-Reise-Hand. Rumänienbesucher kommen selbst zu Wort und schildern mitunter sehr amüsante Begebenheiten.

• www.maramures.de
Wer einmal wissen möchte, wie sich Geschichten in der Zipsersprache anhören, sollte die Seite von *Björn N. Reinhardt* besuchen. Außerdem finden sich hier Märchen aus dem Maramureş und wahre Geschichten aus dem rumänischen Alltag.

• www.romtour.eu
Als Ergänzung dieses Reiseführers bietet der Autor *Joscha Remus* auf dieser Rumänien-Website zusätzliches Bildmaterial an. Außerdem finden sich aktuelle Zusatzinformationen und interessante Rumänien-Links.

Digitale Übersetzer

Rumänisch-Deutsch/ Deutsch-Rumänisch

Wer abends am Lagerfeuer, beim Besuch einer Burg oder der gemeinsamen Wanderung mit Rumänen und Rumäninnen ins Gespräch kommt, sucht bisweilen nach den richtigen Worten. Eine gute Hilfe bietet ein **digitales Wörterbuch im Internet.** Notieren Sie sich die gesuchten Wendungen und forschen Sie im Netz auf der folgenden Seite:

• www.romaniaglobal.com
Dies ist zwar eine rumänische Seite, aber sie ist ein einfach zu bedienendes deutsch-rumänisches bzw. rumänisch-deutsches „elektronisches Wörterbuch". Klicken Sie in der linken Seitennavigation auf „Dictionar Ger – Ro" (für Übersetzungen vom Deutschen ins Rumänische) oder auf „Dictionar Ro – Ger" (für Übersetzungen vom Rumänische ins Deutsche). Nach dem Öffnen der neuen Seite setzen Sie den Cursor ins Suchfenster und geben das Wort ein. Dann „Cauta!" anklicken, und los geht die Suche nach dem gewünschten Wort (*cauta* bedeutet suchen)!

Deutsch-Ungarisch/ Ungarisch-Deutsch

In den Distrikten Harghita, Covasna macht der Bevölkerungsanteil ungarisch sprechender Bewohner mehr als 75 Prozent aus. In den Distrikten Mureş, Satu Mare und Sălaj, Cluj und Bihor sind es immer noch mehr als

15 Prozent. Wer auf der Suche nach dem passenden ungarischen Begriff ist, findet ihn vielleicht in dem Online-Wörterbuch auf folgender Seite:

- **http://dict.sztaki.hu/deutsch-ungarisch** Den Wechsel zur Suche Ungarisch-Deutsch erreicht man durch einen Klick auf den Schriftzug Deutsch-Ungarisch (ist leider nicht selbst erklärend).

Rumänisch-Ungarisch/ Ungarisch-Rumänisch

Wer des Rumänischen oder Ungarischen halbwegs mächtig ist und einen passenden Begriff in der jeweils anderen Sprache sucht, wird auf dieser Webseite fündig:

- **www.transilvania.info/Dictionary/dictionary.php**

Diplomatische Vertretungen

In Deutschland

- **Botschaft von Rumänien,** Dorotheenstr. 62–66, 10117 **Berlin,** Tel. 030-21 23 92 02 Fax 21 23 93 99. Es gibt auch Generalkonsulate in Bonn und München.

In Österreich

- **Botschaft von Rumänien,** Konsularabteilung, Theresianumgasse 25, 1040 **Wien,** Tel. 01-505 23 43 oder 505 23 81, Fax 503 64 60, www.ambrom.at.

In der Schweiz

- **Botschaft von Rumänien,** Konsularabteilung, Brunnadernstr. 20, 3006 **Bern,** Tel. 031-352 35 21, Fax 352 35 51, www.berna.mae.ro. Es gibt auch ein Generalkonsulat in Oetwil am See.

Die **diplomatischen Vertretungen in Rumänien** und in den Ländern auf der Anfahrtsstrecke über Land sind **im Kapitel „Notfälle"** zu finden.

Ein- und Ausreisebestimmungen

Die Aufnahme Rumäniens in die EU hat den Grenzverkehr für Bürger der EU und der Schweiz stark vereinfacht. Sie benötigen zum Besuch Rumäniens kein Visum mehr, es genügt ein **Reisepass,** der nach Einreise noch drei Monate lang Gültigkeit haben muss. Bei Reisen, die nicht länger als 30 Tage dauern, reicht mittlerweile sogar der **Personalausweis.** Kinder unter 16 Jahren brauchen einen Kinderausweis mit Lichtbild oder sollten in einem Familienpass eingetragen sein.

Was den **Zoll** betrifft, so gelten in allen EU- und EFTA-Mitgliedsstaaten nationale Ein-, Aus- oder Durchfuhrbeschränkungen, z.B. für Tiere, Pflanzen, Waffen, starke Medikamente und Drogen. Außerdem bestehen Grenzen für die steuerfreie Mitnahme von Alkohol, Tabak und Kaffee. Bei Überschreiten der **Freigrenzen** muss nachgewiesen

Hinweis: Da sich die **Einreisebedingungen kurzfristig ändern** können, raten wir, sich kurz vor Abreise beim Auswärtigen Amt (www.auswaertiges-amt.de bzw. www.bmeia.gv.at oder www.dfae.admin.ch) oder der jeweiligen Botschaft zu informieren.

rum021 Foto: jr

werden, dass keine gewerbliche Verwendung beabsichtigt ist.

Freimengen innerhalb EU-Ländern

- **Tabakwaren** (für Personen über 17 Jahren): 800 Zigaretten oder 400 Zigarillos oder 200 Zigarren oder 1 kg Tabak oder eine anteilige Zusammenstellung dieser Waren.
- **Alkohol** (für Personen über 17 Jahren): 90 l Wein (davon max. 60 l Schaumwein) oder 110 l Bier oder 10 l Spirituosen über 22 Vol.-% oder 20 l unter 22 Vol.-% oder eine anteilige Zusammenstellung dieser Waren.
- **Anderes:** 10 kg Kaffee und 20 l Kraftstoff im Benzinkanister.

Freimengen für Reisende aus einem Drittland (z.B. Schweizer)

- **Tabakwaren** (für Personen ab 17 Jahren): 200 Zigaretten oder 100 Zigarillos oder 50 Zigarren oder 250 g Tabak oder eine anteilige Zusammenstellung dieser Waren.
- **Alkohol** (für Personen ab 17 Jahren): 1 l Spirituosen (über 22 Vol.-%) oder 2 l Spirituosen (unter 22 Vol.-%) oder eine anteilige Zusammenstellung dieser Waren, und 4 l nichtschäumende Weine, und 16 l Bier.
- **Anders:** 10 l Kraftstoff im Benzinkanister; für See- und Flugreisende bis zu einem Warenwert von insgesamt 430 €, über Land Reisende 300 €, alle Reisende unter 15 Jahren 175 € (bzw. 150 € in Österreich).

Freimengen bei Rückkehr in die Schweiz

- **Tabakwaren** (für Personen ab 17 Jahren): 200 Zigaretten oder 50 Zigarren oder 250 g Schnitttabak oder eine anteilige Zusammenstellung dieser Waren, und 200 Stück Zigarettenpapier.
- **Alkohol** (für Personen ab 17 Jahren): 2 l bis 15 Vol.-% und 1 l über 15 Vol.-%.
- **Anderes:** Neu angeschaffte Waren für den Privatgebrauch bis zu einem Gesamtwert

Grenzübergang Borş bei Oradea

von 300 SFr. Bei Nahrungsmitteln gibt es innerhalb dieser Wertfreigrenze auch Mengenbeschränkungen.

Nähere Informationen

- **Deutschland:** www.zoll.de oder beim Zoll-Infocenter, Tel. 069-469 976 00.
- **Österreich:** www.bmf.gv.at oder beim Zollamt Klagenfurt-Villach, Tel. 01-514 33-564 053.
- **Schweiz:** www.ezv.admin.ch oder bei der Zollkreisdirektion in Basel, Tel. 061-287 11 11.

Gesundheitsvorsorge

Mediziner empfehlen für Rumänienreisende **Schutzimpfungen** gegen Tetanus und Diphtherie sowie den Abschluss einer privaten **Auslandskrankenversicherung** (siehe „Versicherungen"). Bei längeren Aufenthalten, insbesondere Exkursionen über Land und in die Berge, kann ein Impfschutz gegen **Tollwut** sinnvoll sein. Die Übertragung erfolgt vor allem durch streunende Hunde. Bei Bissverletzungen muss sofort ein Arzt aufgesucht werden.

Wer längere Reisen unter einfachen hygienischen Bedingungen unternimmt, sollte auf **entkeimtes Trinkwasser** achten. In der Küstenregion sollte auf unzureichend gekochte oder gar rohe Meeresfrüchte (Muscheln und Austern) verzichtet werden.

Reise-Gesundheitsinformationen
zu Rumänien unter www.travelmed.de
und im Buchanhang.

Für sommerliche Ausflüge ins **Donaudelta** empfiehlt sich die Mitnahme eines Stechmückenschutzes, fürs Zelten im Delta ein Moskitonetz.

Für **Hochgebirgswanderungen** sollten immer Stöcke oder Teleskopstangen mitgenommen werden - zum Schutz für die Gelenke.

Anreise

Anreise mit der Bahn

Sowohl **von München** als auch **von Wien** gibt es **Direktverbindungen** nach Rumänien. Neben vielen anderen Möglichkeiten sind interessant:

- **EN 269 Kalman Imre:** Nachtzug von München (23:40 Uhr) über u.a. Salzburg, Wien und Budapest nach Arad (an 14:14) und Bukarest (00:35 Uhr).
- **D 347 Dacia:** Nachtzug von Wien (18:50 Uhr) über u.a. Budapest nach Braşov (an 11:10) und Bukarest (14:07 Uhr).
- **EC 177** und **D 347:** Zug von Hamburg (8:13 Uhr) über Berlin (10:36 Uhr) und Dresden (13:10 Uhr) nach Budapest und von dort eine halbe Stunde später mit Nachtzug nach Braşov (11:10 Uhr) und Bukarest (14:07 Uhr).

Zu den **Knotenpunkten München, Wien und Budapest** gibt es viele attraktive Verbindungen aus Deutschland, der Schweiz und Österreich. Selbstverständlich kann man dort oder in anderen Orten auf dem Weg die Reise für einige Stunden oder Tage unterbrechen, um so „en passant" auch noch andere Ziele zu erkunden.

Die beteiligten Bahngesellschaften bieten eine große und überdies **stän-**

dig wechselnde Palette an Tarifen und Sonderpreisen, vor der selbst die Verkäufer an den Bahnschaltern häufig resignieren. Es empfiehlt sich deshalb die Beratung durch ein spezialisiertes Bahn-Reisebüro (z.B. Gleisnost, s.u.). Der Vorteil solcher Bahnagenturen ist, dass sie meist auch Lizenzen ausländischer Bahngesellschaften besitzen und dadurch Zugriff auf Angebote haben, die an den Schaltern der heimischen Bahnhöfe oder im Internet der Bahn nicht zu bekommen sind. Auch Reservierungen für die Rückfahrt erledigen die Agenturen meist problemlos.

Bei frühzeitiger Buchung und etwas Glück ist die Hin- und Rückfahrt nach Bukarest ab einem beliebigen Bahnhof in Deutschland oder der Schweiz oft schon für unter 180 Euro zu haben – ab österreichischen Bahnhöfen kostet es meist noch weniger.

Für Reisen innerhalb Rumäniens lohnt sich oft das **Inter-Rail One Country-Ticket.** Dies gibt es für 71 Euro (3 Reisetage innerhalb eines Monats), 89 Euro (4 Tage), 119 Euro (6 Tage) oder 139 Euro (8 Tage). Für Kinder und Jugendliche sind Ermäßigungen erhältlich.

Buchung

Wer sich nicht selbst durch den Dschungel der Bahntarife und Fahrpläne schlagen und trotzdem Geld sparen will, erhält bei folgendem **spezialisierten Reisebüro** kompetente Beratung – und auf Wunsch die Tickets an jede gewünschte Adresse in Europa geschickt:

- **Gleisnost am Stadttheater,** Bertoldstr. 44, 79098 Freiburg, Tel. 0761-38 30 31; **Gleisnost im Bahnhof Littenweiler,** Lindenmattenstr. 18, 79117 Freiburg, Tel. 0761-620 37; **www.gleisnost.de.**

Anreise mit dem Bus

Busreisen nach Rumänien sind sicherlich beschwerlicher als solche mit der Bahn, dem eigenen Auto oder dem Flugzeug. Dennoch erfreut sich diese Art des Reisens vor allem bei Rumänen, die zwischen Rumänien und Spanien, Italien oder Deutschland pendeln, großer Beliebtheit. Der Grund: Busfahren ist **preisgünstig.** Atlassib, eines der profiliertesten Unternehmen im Busreise-Verkehr von und nach Rumänien, verlangte für die einfache Fahrt von München nach Braşov Anfang 2010 gerade einmal 70 Euro. Die Fahrt von Wien nach Oradea kostet 43 Euro. Zudem können pro Fahrgast bis zu 50 Kilogramm Gepäck ohne Aufpreis mitgenommen werden. Kinder bis zu 4 Jahren erhalten 80 Prozent, Rentner sowie „Jugendliche" von 12 bis 26 Jahren immer noch 15 Prozent Ermäßigung auf den Fahrpreis. Wer solche exotischen Verbindungen wie die von Heidenheim nach Oneşti

Fahrradmitnahme in Bahn und Bus

Der Zug **EuroNight 269** fährt täglich um 23:40 Uhr in München Hbf ab nach Bukarest (s.o.).

Weitere gute Informationen über Reisebusveranstalter und Züge, die im Sommer auch Fahrräder transportieren, findet man auf der Webseite **www.bikeromania.de/fahrradundoev.htm.**

einmal berechnen möchte, kann dies auf der Webseite des Busunternehmens auch auf Deutsch tun: **www.altlassib.ro.**

Übrigens lohnt sich auch der Paketversand per Bus, sprich: mit Atlassib, da der Transport eines 10-Kilo-Pakets nur 10 Euro kostet.

Weitere **interessante Busunternehmen** sind:

- **Deutsche Touring (Eurolines),** Informationen und Buchung z.B. bei Gleisnost (s.o.) oder unter www.gleisnost.de/bus.
- **Berlin Linien Bus,** Tel. 030-861 93 31, www.berlinlinienbus.de.

Anreise mit dem Auto

Sowohl von Deutschland als auch von Österreich und der Schweiz erreicht man Rumänien am einfachsten **über Ungarn** (bzw. aus dem nördlichen Deutschland erst einmal über Tschechien und die Slowakei). Achtung: Benzin ist in Österreich billiger als in Ungarn (Stand Anfang 2010).

Mitfahrbörsen

- Unter der Webadresse **www.rennkuckuck.de** gibt es eine Mitfahrbörse für Rumänienreisende. Private Nutzer können selbst entscheiden, wie viel ihnen dieser Service wert ist und den entsprechenden Beitrag entrichten.
- Eine weitere Mitfahrbörse bietet die Seite der Siebenbürger Sachsen in Deutschland, **www.siebenbuerger.de,** unter dem Stichwort „Mitfahrzentrale".

In Ungarn muss eine **Vignette** gekauft werden: Für Pkw, auch mit Anhänger, oder Motorrad sind es 4200 HUF für 1 Monat (ca. 16 Euro). Auch in Tschechien und der Slowakei fallen geringfügige Mautgebühren für eine Vignette an. Eine Monatsvignette in Tschechien kostet 350 CZK (ca. 13,50 Euro), eine Monatsvignette in der Slowakei 9,90 Euro.

In Ungarn muss auch tagsüber das Licht eingeschaltet sein. Die Wartezeiten an den beiden größten ungarisch-rumänischen **Grenzübergängen** Biharkeresztes/Borş (bei Oradea) und Apátfalva/Nădlac (bei Arad) sind für Autofahrer verhältnismäßig moderat. Noch kürzer sind die Warteschlangen an den kleineren Übergängen.

Wer in das **Maramureş-Gebiet** reisen möchte, kann den Grenzübergang hinter Vámospércs nach Valea lui Mihai benutzen (nördlich von Oradea). Die Grenzstation hinter dem ungarischen Csengersima führt auf geradem Weg über Satu Mare in den Maramureş. Zwischen Oradea und Arad befindet sich der **am wenigsten benutzte Grenzübergang hinter dem ungarischen Ort Gyula,** der ins rumänische Vărşand und weiter nach Chişineu-Criş führt.

Für die Benutzung von **Brücken und Fähren über die Donau** werden Gebühren erhoben (Donaubrücke zwischen Giurgiu und Ruse ca. 12 Euro für Kraftfahrzeuge inkl. Anhänger bis 12 t). Autofahrer sollten sich gleich nach Ankunft eine Vignette *(Rovignieta)* besorgen (siehe auch „Autofahren/Papiere, Dokumente, Plaketten").

Anreise mit dem Motorrad

Nicht nur Schotterfreunde und Enduro-Liebhaber haben Rumänien inzwischen als Reiseland entdeckt. Vor allem die Bergregionen des Maramureş sind bei Bikern sehr beliebt. Angesichts abenteuerlicher Pisten und wechselnden Straßenbelags ist es ratsam, bei Tank- oder sonstigen Pausen alle Spannriemen des Gepäcks noch einmal besonders gut zu kontrollieren.

Im Gegensatz zu den Autofahrern besteht für Biker in der Slowakei oder Rumänien **keine Vignettenpflicht** (in Ungarn jedoch wie für Autofahrer, s.o.). Das Tragen eines Schutzhelms ist hingegen Pflicht.

Motorrad-Reiseveranstalter

- **fischtours,** *Uwe Fischer,* August-Bebel-Str. 28, 01468 Reichenberg, www.fischtours.de, Tel. 0351-862 85 00.
- **Enduro-Fahrten** werden organisiert von **Mobiketours,** www.mobiketours.de, und von **enduromania,** *Sergio Morariu,* Str. Trandafirilor 4, 30022 Timişoara, Tel. 0256-49 15 65, sergio@enduromania.ro.

Anreise mit dem Flugzeug

Der im Bukarester Stadtbezirk **Otopeni** gelegene **Flughafen Henry Coandă** ist der größte internationale Flughafen Rumäniens. In das ca. 17 Kilometer südlich gelegene Zentrum der Hauptstadt kommt man am preiswertesten mit dem Express-Bus 783, der zwei Haltestellen am Flughafen hat (Sektor Inlandsflüge und Internationale Flüge) und bis zum Piaţa Unirii fährt.

Zum zweitwichtigsten internationalen Flughafen Rumäniens hat sich in den letzten Jahren der **Aeroportul Traian Vuia** in **Timişoara** entwickelt. Von hier aus lassen sich alle wichtigen rumänischen Flughäfen ebenso wie von Bukarest aus via Inlandstransfer erreichen.

Über den dritten internationalen Flughafen Rumäniens, **Mihail Kogălniceanu** in **Constanţa,** kommen vor allem sonnenhungrige Badetouristen ins Land. Viele Charterunternehmen bieten besonders in den Sommermonaten Direktflüge ans Schwarze Meer nach Constanţa an.

Seit dem Herbst 2007 besitzt **Sibiu (Hermannstadt)** einen neuen Flughafen. Austrian Airlines und Lufthansa bieten u.a. Direktflüge von und nach Wien und München an. Achtung: Die Flugpläne ändern sich jeweils zur Winter- und Sommerzeit. Alle wichtigen Informationen (auch zu Hotels und Pensionen in Sibiu) erhält man direkt am Flughafen bei den sehr hilfsbereiten Damen und Herren vom Info-Center oder unter der Telefonnummer 0269-25 31 35.

Ebenfalls seit 2007 bietet die neue Linie **Blue Air** Direktflüge von Köln und Stuttgart nach Rumänien an. Informationen und Abflugzeiten unter www.blueair-web.com.

Flugverbindungen

Direktflüge nach Bukarest bieten täglich Lufthansa ab Düsseldorf, Frankfurt und München sowie die rumänische Fluggesellschaft TAROM ab Frankfurt und München an. Ebenfalls täglich, aber mit Umsteigen in Düsseldorf, Frankfurt oder München, fliegt

Lufthansa von Stuttgart, Berlin, Bremen, Dortmund, Dresden, Hamburg, Hannover, Köln, Leipzig, Münster und Nürnberg. Die **Flugzeit** z.B. von Frankfurt nach Bukarest beträgt etwa 2½ Stunden. Daneben bestehen Direktverbindungen mit Lufthansa von München nach Timişoara, Cluj-Napoca und Sibiu, aber auch mit TAROM von Frankfurt und München nach Cluj-Napoca sowie von München nach Sibiu.

Für denjenigen, der auf dem Weg nach und von Rumänien einen **Zwischenstopp mit Umsteigen im jeweiligen Heimatland der Fluggesellschaft** nicht scheut, sind Air France über Paris, Alitalia über Mailand, Austrian Airlines über Wien, Czech Airlines über Prag, KLM über Amsterdam, MALEV über Budapest und Swiss über Zürich preiswerte Varianten. Von vielen Flughäfen in Deutschland, Österreich und der Schweiz fliegen diese Gesellschaften Bukarest und teilweise auch Timişoara, Sibiu, Iaşi, Baia Mare und Cluj-Napoca an.

Die **kleineren rumänischen Flughäfen,** die überwiegend entweder über Bukarest oder Timişoara erreichbar sind, befinden sich in Baia Mare, Caransebeş, Craiova, Tulcea, Arad und Satu Mare.

Buchtipps – Praxis-Ratgeber:
- Frank Littek, **Fliegen ohne Angst**
- Erich Witschi,
Clever buchen, besser fliegen
(beide Bände Reise Know-How Verlag)

Seit 1999 gibt es die rumänisch-schweizerische Gesellschaft **Carpatair.** Sie fliegt täglich außer sonntags von München, Stuttgart, Frankfurt und Düsseldorf über den Transferflughafen Timişoara auch folgende rumänische Flughäfen an: Oradea, Iaşi, Constanţa, Cluj-Napoca, Sibiu, Bukarest, Târgu Mureş und Bacău.

Flugpreise

Ein Economy-Ticket von Deutschland, Österreich und der Schweiz hin und zurück nach Bukarest bekommt man je nach Jahreszeit und Aufenthaltsdauer **ab knapp über 100 Euro** (Endpreis inkl. aller Steuern, Gebühren und Entgelte). Am teuersten ist es in der Hauptsaison im Sommerhalbjahr, in der die Preise für Flüge in den Sommerferien besonders hoch sind (bis über 500 Euro).

Kinder unter zwei Jahren fliegen ohne Sitzplatzanspruch für 10% des Erwachsenenpreises, ansonsten werden für ältere Kinder die regulären Preise je nach Airline um 25–50% ermäßigt. Ab dem zwölften Lebensjahr gilt der Erwachsenentarif.

Indirekt sparen kann man als Mitglied eines **Vielflieger-Programms** wie www.star-alliance.com (Mitglied u.a. Lufthansa), www.skyteam.com (Mitglieder u.a. Air France, Alitalia, Czech Airlines, KLM) sowie www.oneworld.com (Mitglied u.a. Malev). Die Mitgliedschaft ist kostenlos; die gesammelten Meilen bei Fluggesellschaften innerhalb eines Verbundes reichen dann vielleicht schon für einen Freiflug bei einer der Partnergesellschaften beim nächsten Flugurlaub. Bei Einlösung eines Gratisfluges ist langfristige Vorausplanung nötig.

Für die Tickets der Linienairlines kann man bei folgenden zuverlässigen **Reisebüros** meistens günstigere Preise als bei vielen anderen finden:

- **Jet-Travel,** Buchholzstr. 35, 53127 Bonn, Tel. 0228-28 43 15, Fax 28 40 86, www.jet-travel.de. Sonderangebote auf der Website unter „Schnäppchenflüge".
- **Globetrotter Travel Service,** Löwenstr. 61, 8023 Zürich, Tel. 044-228 66 66, www.globetrotter.ch. Weitere Filialen siehe Website.

Die vergünstigten Spezialtarife und befristeten Sonderangebote kann man nur bei wenigen Fluggesellschaften in ihren Büros oder direkt auf ihren Websites buchen; sie sind jedoch immer auch bei den oben genannten Reisebüros erhältlich. Im Übrigen sollte man wissen, dass die günstigsten Flüge keineswegs immer online im Internet buchbar sind. Häufig haben Jet-Travel und der Globetrotter Travel Service auf Anfrage preiswertere Angebote.

Billigfluglinien

Preiswerter geht es nur, wenn man bei einer Billigairline sehr früh **online bucht.** Es werden keine Tickets ausgestellt, man erhält nur eine Buchungsnummer per E-Mail. Zur Bezahlung wird meist eine **Kreditkarte** verlangt.

Im Flugzeug gibt es oft **keine festen Sitzplätze,** sondern man wird meist schubweise zum Boarden aufgerufen, um Gedränge weitgehend zu vermeiden. **Verpflegung** wird **extra** berechnet, bei einigen Airlines auch aufgegebenes Gepäck.

Mini-„Flug-Know-how"

- **Check-in:** Ohne einen gültigen **Reisepass oder Personalausweis** (Letzeres nur für EU-Staatsbürger) kommt man nicht an Bord! Bei innereuropäischen Flügen muss man mindestens 1 Stunde vor Abflug am Schalter der Airline eingecheckt haben. Viele Airlines neigen zum Überbuchen, d.h. sie buchen mehr Passagiere ein, als Sitze im Flugzeug sind, und wer zuletzt kommt, hat dann möglicherweise das Nachsehen.

- **Gepäck:** In der Economy Class darf man in der Regel nur Gepäck bis zu 20 kg pro Person einchecken (Ausnahme z.B. Ryanair mit nur 15 kg) und zusätzlich ein Handgepäck von 7 kg in die Kabine mitnehmen, welches eine bestimmte Größe von 55 x 40 x 23 cm nicht überschreiten darf. Man sollte sich beim Kauf des Tickets über die Bestimmungen der Airline informieren.

Aus **Sicherheitsgründen** dürfen Taschenmesser, Nagelfeilen und -scheren, sonstige Scheren u.Ä. nicht mehr ins Handgepäck. Diese Dinge sollte man unbedingt im aufzugebenden Gepäck verstauen, sonst werden sie bei der Sicherheitskontrolle einfach weggeworfen. Darüber hinaus gilt, dass Feuerwerke, leicht entzündliche Gase (in Sprühdosen, Campinggas), entflammbare Stoffe (in Benzinfeuerzeugen, Feuerzeugfüllung) etc. nichts im Passagiergepäck zu suchen haben. **Flüssigkeiten** oder vergleichbare Gegenstände in ähnlicher Konsistenz (z.B. Getränke, Gels, Sprays, Shampoos, Zahnpasta, Cremes, Suppen) dürfen nur in der Höchstmenge von jeweils 0,1 Liter als Handgepäck mit ins Flugzeug genommen werden. Die Flüssigkeiten müssen in einem durchsichtigen, wiederverschließbaren Plastikbeutel transportiert werden, der maximal einen Liter Fassungsvermögen hat.

- **Air Berlin,** www.airberlin.com
Von München nonstop nach Constanța sowie von vielen anderen Flughäfen in Deutschland, Österreich und der Schweiz über Düsseldorf nach Constanța.
- **Blue Air,** www.blueair-web.com
Von Stuttgart nach Bukarest und Sibiu, von Wien nach Suceava und Bukarest sowie von Salzburg nach Bukarest.
- **Germanwings,** www.germanwings.com
Von Köln/Bonn und Stuttgart nonstop nach Bukarest. Von vielen anderen deutschen Flughäfen sowie ab Wien und Zürich über Köln/Bonn oder Stuttgart nach Bukarest.
- **TUIfly,** www.tuifly.com.
Von Köln/Bonn, Stuttgart und Berlin-Schönefeld nach Bukarest.
- **Wizz-Air,** www.wizzair.com.
Die Fluggesellschaft fliegt dreimal wöchentlich sehr günstig von Dortmund nach Bukarest.
- Gute **Infos** über Flüge findet man auf folgender **Webseite:** http://www.transylvania-travel.net/reisen/individualreisen/flug.html.

Last Minute

Wer sich erst im letzten Augenblick für eine Reise nach Rumänien entscheidet oder gern pokert, kann Ausschau nach Last-Minute-Flügen halten, die von einigen Fluggesellschaften mit deutlicher Ermäßigung **ab etwa 14 Tage vor Abflug** angeboten werden, wenn noch Plätze zu füllen sind. Diese Flüge lassen sich nur bei Spezialisten buchen:

- **L'Tur,** www.ltur.com, Tel. 00800-212 121 00 (gebührenfrei für Anrufer aus Europa); 165 Niederlassungen europaweit.
- **Lastminute.com,** www.lastminute.de, (D)-Tel. 01805-284 366 (0,14 €/Min.), für Anrufer aus dem Ausland Tel. 0049-89-444 69 00.
- **5 vor Flug,** www.5vorflug.de, (D)-Tel. 01805-105 105 (0,14 €/Min.), (A)-Tel. 0820-203 085 (0,14 €/Min.).
- **Restplatzbörse,** www.restplatzboerse.at, (A)-Tel. 01-580 850.

Anreise mit dem Schiff

Als zweitlängster Strom Europas stellt die **Donau** einen direkten Wasserweg von Deutschland über Österreich, Ungarn und Serbien bis nach Rumänien dar. Auf einer Länge von 2415 km ist sie für die **Kreuzschifffahrt** befahrbar, seit dem Jahr 2002 auch wieder für größere Passagierschiffe bis nach Rumänien. Dreimal pro Woche öffnet sich seitdem die Pontonbrücke im serbischen Novi Sad, und Personenschiffe können ohne Maut das „Eiserne Tor" (Grenzgebiet Serbien/Rumänien) passieren. Eine Flusskreuzfahrt ist von Passau und Wien aus möglich. Nach der Passage durch das Eiserne Tor sind die nachfolgenden Häfen auf rumänischem Gebiet üblicherweise Giurgiu, Oltenița und Tulcea. Leider bieten die meisten Reiseveranstalter auf den 14-tägigen Flusskreuzfahrten nur ein- bis zweitägige Ausflüge ins Donaudelta an. Es gibt jedoch auch Veranstalter wie Menzel-Reisen und DCS-Touristik, die **21-tägige Schiffsreisen über die Donau zum Schwarzen Meer** im Programm haben (ab Wien, wahlweise mit Rückflug aus Rumänien).

- **Jeanet Menzel,** Holbeinstr. 86, 01309 Dresden, Tel. 0351-310 00 97.
- **DCS-Touristik,** Schulweg 2, 95697 Nagel, Tel. 09236-92 100.

Für Informationen und Buchungen stehen Ihnen auch die Spezialisten von **Richtig Schiffen** im Internet unter www.richtig-schiffen.de oder per Telefon 01805-54 64 63 (0,14 Euro/Min.) gerne zur Verfügung.

Klima und Reisezeit

Das von Meteorologen für Rumänien gern zitierte **gemäßigt kontinentale Klima** fällt in den verschiedenen Landesteilen Rumäniens sehr unterschiedlich aus. Angenehm und „gemäßigt" ist das Wetter vor allem in den Frühlingsmonaten **April bis Juni** sowie im **September und Oktober.** Dies sind die Jahreszeiten der Radfahrer, Wanderer, der Liebhaber der siebenbürgischen Hochebenen und Berge, der kulturell interessierten Klosterbesucher sowie der Kanuten und Vogelfreunde im Donaudelta.

Die **Sommer** können in Rumänien sehr heiß, die **Winter** sehr kalt werden. Bergfreunde, Paraglider und Kletterer wählen jedoch gerade die Sommermonate Juli und August für ihre Karpatentouren. Sie entgehen so dem regenreichsten Monat in Transsylvanien, dem Juni, und haben mit großer Sicherheit die beste Fernsicht.

Weitblick zeigen auch all diejenigen, die sich zur **heißesten Jahreszeit** erfrischende **Wasserkuren** in der vom mediterranen Klima beeinflussten Dobrudscha oder den Bädern Baile Felix oder Sovata gönnen. Die schattigen Täler der **Karpaten** spenden selbst zur heißesten Jahreszeit auch Fahrradreisenden die nötige Kühlung.

Die **Floßfahrten auf dem Olt** finden meist bereits im **März oder April** statt, wenn die Flüsse noch winterwild und das Wetter schon frühlingsmild ist.

Bukarest-Besucher schätzen vor allem den **Oktober,** der sich in Rumänien von seiner sonnigsten Seite zeigt. Auch die mittelalterlichen Städte Braşov, Sighişoara, Mediaş und Sibiu erleben im September und vor allem im Oktober ihren bunten Höhepunkt.

Die Saison zum Skifahren, Rodeln und Skaten wird in Rumänien je nach Höhenlage bereits im November eröffnet. Die **Wintersport-Hochsaison** dauert dann von **Dezember bis Februar,** wobei der Januar der im Jahresdurchschnitt kälteste Monat ist.

Reisen in den Nordosten des Landes, also ins Moldaugebiet, in die Bukowina oder nach Iaşi, sollte man im Januar und Februar nur in dringenden Ausnahmefällen unternehmen. Der von Russland und der Ukraine aus dem Norden kommende, eisige Kälte bringende **Wind** namens **Crivăţ** (sprich: Kriwatz) weht dann übers Land und bringt ein Stück Sibirien mit.

Sehr trocken kann es in den Sommermonaten im Donaudelta und an der Schwarzmeerküste werden. Die Niederschläge werden bereits vom Karpatenbogen gestoppt. Kanuten und sonnenhungrige Meeresurlauber sollten während dieser Jahreszeit für genügend Flüssigkeitszufuhr sorgen.

Klimadaten

- Aktuelle Klimadaten einiger wichtiger Städte in Rumänien können auf der Seite **www.klimadiagramme.de** unter der Landeseintragung Rumänien abgefragt werden.
- Ob es in Rumänien gerade schneit, regnet oder die Sonne scheint, erfahren Sie über **www.wetteronline.de.**

Ausrüstung und Reisegepäck

Wer seine wasserfeste Überhose, seinen Schlafsack oder seinen Kompass zu Hause vergessen hat, braucht nicht sofort die Heimreise anzutreten. **Spezialgeschäfte** in Bukarest, Braşov, Sibiu oder Cluj bieten mittlerweile alles nur Erdenkliche **für Outdoor-Freunde,** Kletterer, Wanderer, ja selbst für waghalsige Action-Reisende an. So findet man in den Himalaya-Läden in Bukarest und Sibiu vom Abseilachter über Fellkleber und Steigeisen bis hin zum Eispickel alles für den Kletterfreund. Teleskop- und Wanderstöcke gibt es selbstverständlich ebenso wie Bergstiefel Rucksäcke und Zelte (Adressen in den jeweiligen Ortsbeschreibungen).

Klein, aber wichtig – Ausrüstungsglossar

- **Faden** – Aţă
- **Feuerzeug** – Brichetă
- **Handschuhe** – Mănuşi
- **Klebeband** – Scotch
- **Kleber** – Lipici
- **Kleingeld** – Mărunt
- **Kompass** – Busolă
- **Kondome** – Preservative
- **Kopfschmerztablette** – Tabletă pentru durere de cap
- **Kugelschreiber** – Pix
- **Nähnadel** – Ac de cusut
- **Notizblock** – Carneţel
- **Pflaster** – Leucoplast
- **Schere** – Foarfecă
- **Schnur** – Şiret
- **Schnürsenkel** – Şiret
- **Schreibpapier** – Hârtie
- **Streichhölzer** – Chibrituri
- **Strümpfe** – Ciorapi
- **Taschenlampe** – Lanterna
- **Taschenmesser** – Briceag
- **Taschentücher** – Şerveţele
- **Wollmütze** – Căciulă

Reiseapotheke

Im Sommer und Winter sollte man sich vor Reiseantritt vor allem mit Sonnenschutzcremes und UV-Schutz-Sonnenbrille versorgen. Diese erhält man zwar auch in Rumänien, wer jedoch auf qualitativ hochwertige Sonnenbrillen und effektiven **Sonnenschutz** Wert legt, erspart sich so viel Lauferei und Nerven. Für Ausflüge ins Donaudelta hat sich die Mitnahme von *Autan Active Spray* und des Stifts *Autan Active* **gegen Mückenstiche** bewährt. Zur Nachbehandlung juckender Stiche wirken *Latschenkiefer Eis Fluid Kühltücher* Wunder. *Soventol* oder *Systral* gegen Juckreiz bekommt man auch in rumänischen Apotheken *(Farmacie),* ebenso andere Medikamente.

Handy als Erste-Hilfe-Kasten

In einer Notsituation im Urlaub kann ein Handy sehr nützlich sein. Eine Liste mit rumänischen und deutschen Notrufnummern sowie ein funktionstüchtiges (aufgeladene Batterie!) Handy gehören mittlerweile zur Ausstattung all jener, die sich auf längere, vor allem unbekannte Touren begeben.

Mobiltelefon-Benutzer können übrigens auch ohne SIM-Karte und ohne

Zugangs-Code rumänienweit die **Notruf-Nummer 112** nutzen. Wie gesagt: Das Handy muss betriebsbereit und natürlich muss auch ein GSM-Netz (mobiles Netz) verfügbar sein.

Kartenmaterial

Der Reise Know-How Verlag bietet mit seiner **Karte „Rumänien und Moldawien"** im Maßstab 1:600.000, die im Rahmen des world mapping project erstellt wurde, eine der besten Karten an, die es auf dem Markt gibt. Der Autor hat auf seinen Reisen durch Rumänien bislang keinen Ort gefunden, der nicht auf dieser Karte verzeichnet wäre (siehe Atlas).

Bei **rumänischen** und den sehr weit verbreiteten **ungarischen Karten** und Stadtplänen ist das Ausgabejahr zu beachten. Auf älteren Karten stößt man mitunter noch auf Straßen- und Platznamen, die es nicht mehr gibt. Kommunistische Bezeichnungen für Straßen und Plätze wurden in den letzten Jahren konsequent eliminiert. Der deutsche Stiefel-Verlag bietet zurzeit z.B. den einzig korrekten und sinnvollen Plan von Sibiu (Hermannstadt) an.

Als hervorragende **Wanderkarten** erweisen sich die Karten des DIMAP-Verlages in Bukarest, der sich vor allem der Bergregionen angenommen hat. Die meist im Maßstab 1:50.000 und 1:45.000 erschienenen topografischen Karten haben als Ergänzung auf ihrer Rückseite Routenbeschreibungen und ein Verzeichnis wichtiger Hütten.

Die besten **Karten über das Donaudelta** sind die von Prof. *Petre Gâştescu* bei gipo erschienene Delta-Dunării-Karte mit vielen zusätzlichen Deltainformationen in englischer Sprache und die beim deutsch-rumänischen Huber-Niculescu-Verlag erschienene Deltakarte. Von der Editura Grai in Târgu Mureş liegt eine Karte vor, auf der die Gebiete für Angler besonders verzeichnet sind (gral@orizont.net).

> **Buchtipp – Praxis-Ratgeber:**
> • Wolfram Schwieder
> **Richtig Kartenlesen**
> (Reise Know-How Verlag)

Rund ums Geld

Währung

Vor gar nicht langer Zeit war es für die meisten Rumänen und Rumänienbesucher sehr einfach, Millionär zu werden. Die landeseigene Währung, der **Lei** (Einzahl = 1 Leu), kursierte in **Scheinen** bis zum Wert von 1 Million Lei durch die Portemonnaies und Ladenkassen; 1 Million Lei entsprach im Sommer 2005 etwa 25 Euro. Der durchschnittliche Monatsverdienst betrug zu dieser Zeit etwa 6 Millionen Lei, also 150 Euro.

Achtung: Seit dem Jahr 2007 sind die Scheine mit den vielen Nullen nichts mehr wert. Man hat rigoros vier Nullen gestrichen. Der neue 100-Lei-Schein entspricht nun im Wert dem al-

rum032 Foto: jr

In vielen modernen Pensionen und Hotels kann auch in Euro bezahlt werden

ten 1-Million-Lei-Schein. Wie selbstverständlich gibt die Marktfrau den Preis für ein Kilo Äpfel immer noch in alter Währungsgröße an; das sind dann einige zehntausend Lei, nach neuer Währung hingegen nur 3–4 Lei. Kein Wunder also, wenn so mancher Tourist mit den Summen und Preisen in Rumänien anfangs ein wenig Mühe hat.

Selbst das gute alte **Münzgeld** mit der Bezeichnung **Bani** (1 Ban) gewinnt durch die Streichung der Nullen wieder an Bedeutung. Vor der Umstellung existierte der Bani nur mehr in der Theorie, weil er durch die Inflation keinerlei Wert mehr besaß. Heute ist er, zumindest in der Größenordnung von 50 Bani, z.B. in den Händen einer bettelnden Pensionärin wieder akzeptabel (50 Bani = 12 Cent).

Die neue Währung wird bei Preisauszeichnungen mit dem **Kürzel „RON"** angegeben. Im Sprachgebrauch benutzt man die Bezeichnung „Lei nou", also „neue Lei", um den Unterschied zu verdeutlichen.

Wechselkurse (Januar 2010)

- **1 Euro = 4,26 RON,** 100 RON = 23,45 Euro
- **1 Schweizer Franken (SFr) = 2,85 RON,** 100 RON = 35,02 SFr

Geld wechseln

Wechselstuben und Banken gibt es in rumänischen Städten en masse. Vor allem in den Haupt- und Geschäftsstraßen finden sich **Bănci** und **Casă de schimb valutar.** Ein Vergleich der Wechselkurse lohnt sich, vor allem aber die Frage nach der Kommission, der Gebühr, die für das Wechseln anfällt. Diese wird vor allem rund um die Haupt- und Busbahnhöfe erhoben. Seriöse Wechselstuben hingegen verlangen keine Kommission und haben oft günstigere Kurse als Banken oder Hotels. Beschwerden sind nach Verlassen der Wechselstube grundsätzlich nicht mehr möglich. Das Geld also sofort nach Aushändigung noch am Schalter nachzählen und mit dem Betrag auf der Quittung abgleichen.

Der Geldwechsel erfolgt prinzipiell nur nach **Vorlage eines Ausweises.**

Ein **Rücktausch der Landeswährung** in Euro oder Schweizer Franken ist nur gegen Vorlage der Umtauschbescheinigung und des Passes möglich. Wechselquittungen sollten somit, vor allem am Ende einer Reise, gut aufbewahrt werden.

Von einem Geldwechsel auf dem **Schwarzmarkt** sei an dieser Stelle dringend abgeraten. Die versprochenen Kursgewinne verbleiben meist in den geschickten Händen der Wechselprofis. Hinter der Grenze versuchen Trickbetrüger gerne eigene größere Euro-Scheine in kleinere Scheine zu wechseln. Von offensiv auftretenden Geldwechslern, die sich angeblich in einer Notsituation befinden und die mit großen Scheinen winken, ist dringend Abstand zu halten.

Noch ein Wort zu den **Unterkunftspreisen** in diesem Buch: Die Preise sind teils in Euro, teils in RON angegeben - in der entsprechenden Währung ist dann auch zu zahlen.

Zahlungsmittel

Das Zeitalter der **Maestro-Karte** (in Deutschland auch EC-Karte genannt) hat Rumänien sehr früh erreicht. Seit längerer Zeit ist das bequeme Abheben vom **Geldautomaten** landesweit möglich. Größere Banken wie beispielsweise die Raiffeisenbank arbeiten alle mit dem Maestro-System und bauen ihr Geldautomaten-Netzwerk im Land kontinuierlich aus. Je nach Hausbank wird pro Abhebung eine Gebühr von 1,30–4 Euro bzw. 4–6 SFr berechnet.

Maestro-Karten werden in geringerem Maße als in Mitteleuropa in Restaurants und Pensionen akzeptiert. Die gängigsten **Kreditkarten** jedoch, wie VISA, Diners und Mastercard, erfreuen sich breiter Beliebtheit. Barabhebungen per Kreditkarte kosten je nach ausstellender Bank bis zu 5,5 Prozent an Gebühr, aber für das bargeldlose Zahlen werden nur 1–2 Prozent für den Auslandseinsatz berechnet. Also am besten viel bargeldlos bezahlen und für den Bargeldbedarf gleich größere Summen mit der Maestro-Karte abheben.

Wer seine Kreditkarte im Automaten vergessen hat, wird diese nur unter sehr großem Aufwand von der entsprechenden rumänischen Bank zurück erhalten. Sollte der Automat die Karte wegen einer falschen PIN-Nummer eingezogen haben, wird keine rumänische Bank diese Karte wieder herausgeben, selbst wenn man sich als legitimer Besitzer ausweist. In solchen Fällen kann nur die eigene Hausbank weiterhelfen, die sofort zu benachrichtigen ist.

Reiseschecks werden zwar von allen rumänischen Banken und auch in einigen Wechselstuben angenommen, die Provision ist jedoch mit 4–7 Prozent vergleichsweise hoch.

rum018 Foto: jr

Der 1544 m hohe Karpatengipfel Piatra Altarului (Altar-Felsen) am Übergang von Transsylvanien und Moldau

Spartipp

Bei bestimmten Unterkünften, Veranstaltungsorten, Museen, Tourveranstaltern, Sportstätten etc. kann man auch in Rumänien Rabatt bekommen, wenn man im Besitz eines **Internationalen Studentenausweises** (ISIC) ist (siehe Stichpunkt „Discounts" unter www.isic.de). Dies gilt mit Einschränkungen auch für den Lehrer- (ITIC) oder Schülerausweis (IYTC). Den Ausweis muss man schon zu Hause bei **STA Travel** oder beim **Studentenwerk** o.Ä. erworben haben (12 Euro/D, 10 Euro/A, 20 SFr/CH). Vorzulegen sind Immatrikulationsbescheinigung bzw. Schülerausweis, Personalausweis und Passbild.

- **Deutschland,** www.statravel.de
- **Österreich,** www.statravel.at
- **Schweiz,** www.statravel.ch

Hat man einen **Internationalen Jugendherbergsausweis** aus dem Heimatland, schläft man auch bei den rumänischen Jugendherbergen zum günstigeren Tarif; sonst muss man eine Tagesmitgliedschaft erwerben, die nicht viel kostet. Die rumänischen Jugendherbergen findet man über www.hihostels-romania.ro.

Versicherungen

Egal, welche Versicherungen man abschließt, hier ein Tipp: Man sollte immer die **Notfallnummern notieren** und mit der Policenummer gut aufheben! Bei Eintreten eines Notfalles sollte die Versicherungsgesellschaft sofort telefonisch verständigt werden!

Der Abschluss einer **Jahresversicherung** ist in der Regel kostengünstiger als mehrere Einzelversicherungen, ebenso die **Versicherung als Familie** statt als Einzelpersonen; hier sollte man nur die Definition von „Familie" genau prüfen.

Die gesetzlichen Krankenkassen in Deutschland und Österreich garantieren eine Behandlung im akuten Krankheitsfall auch in Rumänien, wenn die Versorgung nicht bis nach der Rückkehr warten kann. Als Anspruchsnachweis benötigt man die **Europäische Krankenversicherungskarte,** die man von seiner Krankenkasse erhält.

Im Krankheitsfall besteht ein Anspruch auf ambulante oder stationäre Behandlung bei jedem zugelassenen Arzt und in staatlichen Krankenhäusern. Da jedoch die Leistungen nach den gesetzlichen Vorschriften im Ausland abgerechnet werden, kann man auch gebeten werden, zunächst die **Kosten der Behandlung** selbst zu tragen. Obwohl bestimmte Beträge von der Krankenkasse hinterher erstattet werden, kann ein Teil der finanziellen Belastung beim Patienten bleiben und zu Kosten in kaum vorhersagbarem Umfang führen.

Deshalb wird der Abschluss einer **privaten Auslandskrankenversicherung** dringend empfohlen (es gibt sie mit bis zu einem Jahr Gültigkeit). Auf einige Punkte sollte geachtet werden. Zunächst sollte ein Vollschutz ohne Summenbeschränkung bestehen, im Falle einer schweren Krankheit oder eines Unfalls sollte auch der Rücktransport übernommen werden, denn dieser wird von den gesetzlichen Krankenkassen nicht übernommen. Diese Zusatzversicherung bietet sich auch über einen **Automobilclub** an, insbesondere wenn man bereits Mitglied ist. Diese Versicherung bietet den Vorteil billiger Rückholleistungen (Helikopter, Flugzeug) in extremen Notfällen. Wichtig ist auch, dass im Krankheitsfall der Versicherungsschutz über die vorher festgelegte Zeit hinaus automatisch verlängert wird, wenn die Rückreise nicht möglich ist.

Schweizer sollten bei ihrer Krankenversicherungsgesellschaft nachfragen, ob die Auslandsdeckung auch für Rumänien inbegriffen ist. Sofern man keine Auslandsdeckung hat, kann man sich kostenlos bei Soliswiss (Gutenbergstr. 6, Postfach, 3001 Bern, Tel. 031-380 70 30, www.soliswiss.ch) über mögliche Krankenversicherer informieren.

Zur **Erstattung der Kosten** benötigt man ausführliche Quittungen (mit Datum, Namen, Bericht über Art und Umfang der Behandlung, Kosten der Behandlung und Medikamente).

Anreise mit dem Auto

Ist man mit einem Fahrzeug unterwegs, ist der **Europaschutzbrief** eines Automobilclubs eine Überlegung wert. Wird man erst in der Notsituation Mitglied, gilt diese Mitgliedschaft auch nur für dieses Land, und man ist in der Regel verpflichtet, fast einen Jahresbeitrag zu zahlen, obwohl die Mitgliedschaft nur für einen Monat gültig ist.

Falls es einmal zu einem Autounfall kommt, erstatten **rumänische Haftpflichtversicherungen** den entstandenen Schaden nur bis zu relativ geringen Höchstgrenzen. Es kann also durchaus sinnvoll sein, bereits in Deutschland, Österreich oder der Schweiz zusätzliche Kasko- und Unfallversicherungen abzuschließen. Im Schadensfall hilft auch die **rumänische Versicherungsanstalt ASIROM** weiter.

- **ASIROM,** B-dul Carol 1 Nr. 31–33, 70332 Bukarest, Tel. 0040-21 250 48 49, Fax 0040-21 250 41 88.

Andere Versicherungen

Ob es sich lohnt, weitere Versicherungen abzuschließen wie eine Reiserücktritts-, Reisegepäck-, Reisehaftpflicht- oder Reiseunfallversicherung, ist indi-

rum036 Foto: jr

viduell abzuklären, denn sie enthalten viele **Ausschlussklauseln,** sodass sie nicht immer Sinn machen.

Die **Reiserücktrittsversicherung** für 35–80 Euro lohnt sich nur für teure Reisen und für den Fall, dass man vor der Abreise einen schweren Unfall hat, schwer erkrankt, schwanger wird, gekündigt wird oder nach Arbeitslosigkeit einen neuen Arbeitsplatz bekommt, die Wohnung abgebrannt ist u.Ä. Nicht gelten hingegen: Terroranschlag, Streik, Naturkatastrophe etc.

Die **Reisegepäckversicherung** lohnt sich seltener, da z.B. bei Flugreisen verlorenes Gepäck oft nur nach Kilopreis und auch sonst nur der Zeitwert nach Vorlage der Rechnung ersetzt wird. Wurde eine Wertsache nicht im Safe aufbewahrt, gibt es bei Diebstahl auch keinen Ersatz. Kameraausrüstung und Laptop dürfen beim Flug nicht als Gepäck aufgegeben worden sein. Gepäck im unbeaufsichtigt abgestellten Fahrzeug ist ebenfalls nicht versichert. Die Liste der Ausschlussgründe ist endlos ... Überdies deckt häufig die Hausratsversicherung schon Einbruch, Raub und Beschädigung von Eigentum auch im Ausland. Für den Fall, dass etwas passiert ist, muss der Versicherung als Schadensnachweis ein Polizeiprotokoll vorgelegt werden.

Eine **Privathaftpflichtversicherung** hat man in der Regel schon. Hat man eine **Unfallversicherung,** sollte man prüfen, ob diese im Falle plötzlicher Arbeitsunfähigkeit aufgrund eines Unfalls im Urlaub zahlt. Auch durch manche (Gold-)**Kreditkarten** oder eine Mitgliedschaft in einem **Automobilclub** ist man für bestimmte Fälle schon versichert. Die Versicherung über die Kreditkarte gilt jedoch meist nur für den Karteninhaber!

Picknick am Wegesrand in den Karpaten

rum038 Foto: jr

Praktische Tipps A–Z

rum039a Foto: jr

rum039b Foto: jr

Straßenstände mit Flecht- und Töpferwaren (hier in der Crişana) sieht man immer häufiger in Rumänien

Straßenverkauf von Honig

Arad – Straßenbahn aus den 1960er Jahren

Autofahren

Obwohl sich die rumänischen Straßenverhältnisse sehr verbessert haben, gleicht das Fahren oft immer noch einem **Abenteuer.** Tigeraugen und andere Reflektoren sind nur selten vorhanden. Schlaglöcher und Bodenwellen gehören auf vielen Wegen zum Alltag, Unterboden und Stoßdämpfer werden mitunter arg strapaziert. Bahnübergänge sind in den meisten Fällen mit großer Vorsicht zu überqueren, da es hier zu starken Absenkungen und Unebenheiten kommen kann. Pferdefuhrwerke, Schafherden und streunende Hunde dienen vielen waghalsigen einheimischen Fahrern als Parcourstangen. Im Winter ist vor allem auf den Nebenstrecken mit erheblichen Behinderungen durch Schnee und Eis zu rechnen. Am Straßenrand postierte Hinweisschilder mit der Todesstatistik der letzten Monate sollen allzu wagemutige Fahrer an die Risiken erinnern.

Papiere, Dokumente, Vignette

Für die **Einreise nach Rumänien** benötigt man neben den Fahrzeugpapieren eine grüne Versicherungskarte. Neben dem deutschen Führerschein empfiehlt es sich, die mehrsprachige internationale Fahrerlaubnis mitzuführen. Seit dem 1. Januar 2005 ist für Pkw und Wohnmobile (nicht für Motorräder!) eine **Straßenbenutzungsgebühr** zu entrichten. Der Preis der Mautvignette, der so genannten **„Rovignieta“** (Schreibweise auch „Rovinieta“) ist abhängig von der Schadstoffklasse, dem Gesamtgewicht des Fahrzeugs, der Anzahl der Achsen, der Aufenthaltsdauer und der Abgasnorm des Autos. Die Vignette wird an allen Grenzübergängen und an den grenznahen Tankstellen (Petrom, Rom Petrol, MOL und ÖMV) verkauft. Den vergleichsweise günstigen Preis für einen normalen Pkw (Wochenvignette 1,80–3 Euro, Monatsvignette 3,60–6 Euro, Halbjahresvignette 9–15 Euro, Jahresvignette 16,80–40 Euro; Stand Anfang 2010) sollte man angesichts der verschärften Polizeikontrollen in Kauf nehmen. Autofahrer, die auf Rumäniens Straßen ohne gültige Vignette angetroffen werden, zahlen zwischen 300 und 500 Euro Geldbuße.

Wer bereits mit einem äußerlich sichtbar beschädigten Fahrzeug nach Rumänien kommt, sollte den Schaden vorab dokumentieren. Bei der Ausreise könnte es ansonsten zu Nachfragen und Problemen kommen (s.u.). Empfehlenswert ist es, sich von allen **Dokumenten** eine **Kopie** zu machen, da die rumänischen Behörden und die deutschen Konsulate nach einem eventuellen Verlust schneller Ersatzpapiere zur Verfügung stellen können. Auch sollte der Abschluss einer **Zusatzversicherung** (Kurzvollkasko) in Erwägung gezogen werden.

Obwohl für **Caravanfahrer** keine Zolldokumente erforderlich sind, sollten sie eine **Inventarliste** dabeihaben.

Für **Hund oder Katze** benötigt man wie in allen EU-Ländern eine Tollwutschutzimpfung und ein EU-Heimtierausweis (Pet Passport). Dieser gilt in allen EU-Staaten und im Nicht-EU-Land Schweiz und kostet 10 Euro. Darüber hinaus muss das Tier mit einem Microchip oder übergangsweise bis zum Juli 2011 mit einer lesbaren Tätowierung gekennzeichnet sein.

Verkehrsregeln

Es herrscht ein generelles **striktes Alkoholverbot.** Die 0,0-Promille-Grenze wird vor allem an Wochenenden sehr streng überwacht. Es besteht **Gurtpflicht.** Die **Höchstgeschwindigkeit** beträgt innerhalb geschlossener Ortschaften 60 km/h, außerhalb 90 km/h. Auf Schnellstraßen darf 120 km/h gefahren werden. Im Einzelnen gibt es außerhalb geschlossener Ortschaften auch noch gesetzlich geregelte Begrenzungen für die einzelnen Kubikzentimeterklassen. Sie betragen für Fahrzeuge unter 1100 cm^3 70 km/h und für Fahrzeuge unter 1800 cm^3 80 km/h.

Strengstens verboten sind die in Mode gekommenen Radardetektoren im Fahrzeug. Kinder unter 12 Jahren dürfen nicht auf dem Vordersitz reisen. An vielen Ampeln in Rumänien wird die Rot- bzw. Grünphase in Sekunden per Lichtanzeige heruntergezählt.

Motorräder müssen auch tagsüber mit Abblendlicht fahren. Helmpflicht für motorisierte Zweirad-/Dreiradfahrer sowie für Spaßfahrzeuge gilt im ganzen Land.

Wichtige Hinweise für Autofahrer

- **Atenţie cădere de pietre** – Achtung Steinschlag
- **Circulaţi cu viteză redusă** – Fahren Sie mit reduzierter Geschwindigkeit
- **Claxonarea interzisă** – Hupverbot
- **Conduceţi preventiv** – Fahren sie vorsichtig (vorausschauend)
- **Curbe deosebit de periculoase** – Außergewöhnlich gefährliche Kurve
- **Drum în lucru** – Baustelle
- **Drum periculos** – Gefährliche Straße
- **Nu depaşiţi** – Nicht überholen
- **Ocolire** – Umleitung
- **Pericol de accidente** – Unfallgefahr
- **Viteza ucide** – Geschwindigkeit tötet
- **Vulcanizare** – Reifendienst

Panne

„Vulcanizare!" Die zahlreichen Hinweisschilder mit dieser Aufschrift am Straßenrand verweisen bereits auf die Mutter aller Pannen in Rumänien. Der Begriff „Vulcanizare" bezieht sich auf die Reparatur nach **Reifenschaden.** Rumänienreisende sollten bereits vor Reiseantritt auf die Qualität ihrer Stoßdämpfer und Reifen höchsten Wert legen und diese notfalls austauschen. Grundsätzlich kann bei Pannen auch der rumänische Automobilclub verständigt werden.

Bereits seit 1905 gibt es den **ACR (Automobil Clubul Roman).** Als Partnerclub u.a. des deutschen ADAC und des österreichischen ÖAMTC ist er in den letzten Jahren darum bemüht, auch mitteleuropäischen Wagen wieder „auf die Sprünge" zu helfen. Insbesondere in der Provinz sollte man allerdings damit rechnen, dass die Hilfsleistungen bei Defekten sich vor allem auf die einheimischen Marken Dacia und Olcit beschränken. Zu bedenken ist, dass die „gelben Engel" Rumäniens bei Pannen vor 8 und nach 20 Uhr schlecht zu erreichen sind.

Unfall

Bei Unfällen mit Personen- oder höherem Sachschaden ist auf jeden Fall die **Polizei** zu verständigen. Bis zum Eintreffen der Polizei darf am Unfallort nichts verändert werden. Für spätere Regressansprüche ist es günstig, die Karosserieschäden auch mit der Fotokamera zu dokumentieren. Da die meisten rumänischen Autofahrer kein Warndreieck mit sich führen, sollte die Unfallstelle schnellstens durch eigene Hinweisschilder abgesichert werden.

Bestehen Sie beim Eintreffen der Polizei auf eine **Bescheinigung über die Beschädigungen** am Fahrzeug. Autos mit sichtbaren Karosserieschäden dürfen Rumänien nur mit dieser polizeilichen Schadensbestätigung wieder verlassen! Achtung: Rumänische Haftpflichtversicherungen erstatten Schäden, die durch rumänische Verkehrsteilnehmer verschuldet wurden, nur bis zu relativ geringen Höchstgrenzen.

Landesweite Notrufe

- **Polizei:** Tel. 955.
- **Ambulanz:** Tel. 961/962.
- **Feuerwehr:** Tel. 981.
- **ACR (Automobil Clubul Roman),** in Bukarest, Tel. 021-317 22 22 oder über Handy 0745-382 715, 0722-382 715. Außerhalb Bukarests zeigen gelbe Straßenschilder die Rufnummern des nächsten Stützpunktes an.
- **ADAC, deutschsprachige Notrufstation** in Rumänien/Bukarest, Tel. 021-22 34 525.
- **ÖAMTC, deutschsprachige Notrufstation** in Rumänien/Bukarest, Tel. 021-312 33 33.

Passiert schon etwas **auf dem Weg nach Rumänien,** kann man am besten die 24-Stunden-Rufnummern bei seinem Automobilclub daheim wählen. Hier die wichtigsten Nummern:

- **ADAC,** (D)-Tel. 089-22 22 22, unter (D)-Tel. 089-76 76 76 gibt es Adressen von deutschsprachigen Ärzten in der Nähe des Urlaubsortes (Liste auch vorab anforderbar).
- **ÖAMTC,** (A)-Tel. 01-251 20 00 oder (A)-Tel. 01-251 20 20 für medizinische Notfälle.
- **TCS,** (CH)-Tel. 022-417 22 20.

Risiko Nachtfahrten

Fehlende Randreflektoren, ungesicherte Baustellen, nicht beleuchtete Hinweisschilder und das Fehlen einer Straßenmarkierung erfordern vom nächtlichen Fahrer auf vielen Nebenstrecken **erhöhte Aufmerksamkeit.** Aber auch auf den Nationalstraßen sind besondere Vorsicht und Rücksicht geboten. Nächtliche alkoholisierte Heimkehrer in dunkler Kleidung benutzen zur eigenen Orientierung auch gerne einmal die Straßenmitte. Plötzlich aus der Dunkelheit auftauchende streunende Hunde und unbeleuchtete Pferdekarren strapazieren die Konzentration der Fahrer.

Mahnung für Raser – ob's hilft ...?

Straßennetz

Offiziell gibt es in Rumänien **Nationalstraßen** (*Drum național* – DN) und **Regionalstraßen** (*Drum județean* – DJ). Erstere sind durchweg sehr gut befahrbar, Letztere unterliegen starken regionalen Qualitätsschwankungen. **Autobahnen** gibt es in Rumänien nur auf den Streckenabschnitten von Bukarest nach Pitesti (118 km) und von Bukarest nach Cernavodă (170 km). Dies wird von einigen Medien als „nationale Schmach" empfunden, da selbst das nur halb so große Bulgarien bereits 324 km Autobahn besitzt.

Der geplante Bau der **„Bechtel-Autobahn"** von der ungarischen Grenze über Cluj-Napoca, Târgu Mureş bis nach Braşov ist jedoch heftig umstritten, zumal die Trasse durch einige Naturreservate führen soll.

Als „Rennstrecken" gelten vor allem die diversen geraden und dicht befahrenen Abschnitte der **E60,** vor allem von Oradea nach Cluj und von Bukarest nach Piteşti.

In den **Bergregionen** sind die höchsten Streckenabschnitte meistens am besten zu befahren. Dies liegt daran, dass der den Asphalt schädigende Fernverkehr hier so gut wie nicht stattfindet.

Im Agrarland Rumänien ist die **Straße** für viele Bewohner gerade in vielen ländlichen Gemeinden die **Haupt-**

rum043 Foto: jr

schlagader des täglichen Lebens. Autofahrer sollten dies wissen und die Geschwindigkeit entsprechend reduzieren.

Bereits mit der einbrechenden Dämmerung ist auf **Nebenstrecken,** vor allem im Frühling und Herbst, eine langsame Fahrweise geboten. Viehabtriebe können dazu führen, dass gleich hinter der nächsten Kurve eine Rinder- oder Schafherde die Straße blockiert.

Tanken

Die zunehmende Zahl von Kraftfahrzeugen hat landesweit zu einem Boom an Tankstellen geführt. So ist auch in entlegenen Gebieten die Versorgung mit Treibstoff gewährleistet. Allein in den Bergregionen (Transfăgăraşan-Strecke) sollte der Tank bereits gut gefüllt sein. Die Preise bewegen sich etwa 20 bis 30 Prozent unter Westniveau. Die Einfuhr von Benzin im Reservekanister ist nur bis zu einer Menge von 20 Litern zulässig.

Treibstoff

- **Benzină regular** - Normalbenzin
- **Premium** - Super
- **Fără plumb** - Bleifrei
- **Motorină** - Diesel (gibt es in zwei Varianten, als normalen Dieselkraftstoff und als Eurodiesel; Letzterer ist besser raffiniert und auch bei Temperaturen bis zu minus 25 Grad Celsius fahrbar).

Mietwagen

Mietwagen sind **nur in den größeren Städten** zu erhalten. Die meisten Anbieter finden sich in Bucureşti, Braşov, Timişoara, Cluj und Constanţa. In vielen größeren **Hotels,** einigen **Reisebüros** und auf allen **internationalen Flughäfen** können Fahrzeuge gebucht werden. Einige Verleihfirmen in Bukarest bieten mittlerweile sogar die Vermittlung von Chauffeuren an. Es besteht auch die Möglichkeit, sich seinen Mietwagen bereits in Budapest/Ungarn zu mieten. In Ungarn und Rumänien sind ein Mindestalter von 18 Jahren und der nationale Führerschein Voraussetzung für die Anmietung eines Wagens.

Achtung: Manche Verleihfirmen berechnen horrende **Nachgebühren** bis zu 150 Euro fürs „Nachtanken", falls der Wagen nicht vom Mieter aufgetankt zurückgebracht wird. Kleinere Verleihfirmen in Rumänien verlangen meist die Hinterlegung eines **„Sicherheitsgeldes"** in Höhe von 300 Euro.

Der **Endpreis** eines Mietwagens sollte in Rumänien alle lokalen Steuern und Flughafengebühren beinhalten, den Abschluss über unbegrenzte Kilometernutzung und Vollkasko- sowie Diebstahlversicherung ohne Selbstbeteiligung.

Per Anhalter

Da sich die Mehrzahl der Bevölkerung kein eigenes Auto leisten kann und der nächste Bus auf dem weiten Land bisweilen auf sich warten lässt, hat sich

Rumäniens Straßen – der ganz alltägliche Wahnsinn

Wohl in keinem anderen Land Europas sieht man so häufig das Schild „Vulcanizare" am Straßenrand. Das hat seinen guten Grund: Liegenbleiben aufgrund eines **Reifenschadens** gehört in Rumänien zum Alltag.

Rechnen sie in Rumänien immer damit, dass ihnen ein Auto entgegenkommen könnte. Die **Autofahrer** überholen teilweise in unübersichtlichen Kurven. Einige von ihnen ignorieren auch rote Ampeln, die den Verkehr an Engpass-Stellen der Straße zum Warten auffordern. Ungeduldige Autofahrer aus der anderen Richtung ignorieren diese Aufforderung, und so kommt es gelegentlich zu unverhofften Staus an Straßenverengungen mit anschließenden regen Diskussionen.

Viele Unfälle geschehen wegen unbeleuchteter **Pferdewagen.** Von Natur aus langsame Fahrzeuge werden vor allem von Fahrern neu erworbener italienischer Automodelle gerne übersehen. Die im Ausland tätigen Rumänen unterschätzen die Verhältnisse in ihrem eigenen Land und wollen „zu Hause" gerne zeigen, wie man auf deutschen oder italienischen Straßen fährt. 90 Prozent dieser Unfälle werden von Männern verursacht. Die Unfallbeteiligung von Frauen (24 Prozent) ist nur darauf zurückzuführen, dass sie die Betroffenen sind.

Als Autofahrer sollte man sich glücklich schätzen, einen einheimischen Fahrer, am besten noch einen regional kundigen, vor sich zu haben. Man erkennt sie an ihrem Fahrstil. Kundige Fahrer einer Wegstrecke antizipieren alle **Schlaglöcher.** Man sieht sie dann unvermittelt plötzliche Schleifen fahren und sollte tunlichst dasselbe tun, um größeren „Gaură", also Schlaglöchern, aus dem Weg zu gehen.

In der Hauptstadt und einigen größeren Städten sind die größeren **Kreuzungen** seit einigen Jahren mit gelben Gittern markiert. Die Hinweisschilder besagen, man solle die markierten Flächen auf keinen Fall blockieren. Nur kann man sich zu den Hauptverkehrszeiten kaum daran halten, da der Verkehr zu dicht ist.

Mit waghalsigen **Ausweichmanövern** muss man ständig rechnen. In der Rushhour kann es in der Hauptstadt gelegentlich zu ungeduldigen Reaktionen kommen. So verirren sich fehlgeleitete Fahrer auch einmal auf den Bürgersteig, umkurven die Bäume und versuchen dann dreist, sich vorne wieder in den Verkehr „einzuordnen". Autofahren in der Hauptstadt wird vor allem zu Zeiten starker Regenfälle zu einem Abenteuer. Auch für **Fußgänger.** Die Kanalisation von Bukarest ist berühmt dafür, die Wassermassen nicht schnell genug aufnehmen zu können. Wo die kleineren Innenstadtseen entstehen, machen sie das Leben der Fußgänger zu einem wasserlabyrinthischen Spektakel. Für westliche Augen ist es erstaunlich, mit welcher Ruhe, Gelassenheit und – vor allem – Geschicklichkeit rumänische Fußgänger auch heikelste Situationen meistern. Und wird man doch nass gespritzt, wird es wesentlich entspannter hingenommen als in Deutschland.

Abgebrochene oder fehlende Kanaldeckel können das Leben für viele Autofahrer zu einer Gefahr machen, die man aber nicht überbewerten sollte, da täglich in Bukarest nicht mehr Unfälle passieren als in gleich großen westeuropäischen Städten.

der Autostopp als Fortbewegungsart bei Jung und Alt in Rumänien etabliert.

Üblich ist es, dem Fahrer am Ende einen **kleinen Betrag Bares** zukommen zu lassen, der etwa die Hälfte des Preises ausmacht, den das entsprechende Busticket gekostet hätte. Die meisten Rumänen nehmen jedoch von Ausländern keine „Mitfahrgebühr" an, da sie die Reisenden als Gäste des Landes betrachten. Selbst Rucksackreisende mit großem Gepäck kommen in Rumänien sehr gut voran.

Wer selbst Anhalter befördern möchte, sollte sich gleich zu Beginn den Namen nennen lassen, da ein neues offizielles Gesetz verbietet, „Unbekannte" mit dem Auto mitzunehmen.

rum046 Foto: jr

Einkaufen

In vielen Gebieten Rumäniens leben die alten Traditionen der Holzschnitzer, Töpfer, Weber, Korbflechter und Ikonenmaler weiter fort. Man könnte diese Liste um viele bei uns längst ausgestorbene Berufe erweitern. Entsprechend groß ist die Auswahl an originärem **Kunsthandwerk,** das man auf den Märkten, im und vor dem Kloster, in volkstümlichen Museen oder auch direkt an der Straße erstehen kann. Es muss also kein Dracula-Kitsch sein, kein Vampir-Schnaps und auch keine aufziehbare, herumflatternde Kunststofffledermaus, die als Andenken mit nach Hause genommen wird.

Neben bunt bestickten Blusen, Hemden und Jacken, neben kunstvoll geknüpften Teppichen, gewebten Decken, geflochtenen Körben und geschnitzten Löffeln hat Rumänien für Einkaufsfreunde noch weitaus mehr zu bieten. An den zahlreichen Ständen entlang der Gebirgsstraßen und Flussufer werden vor allem die **Gaben der Natur** angeboten. Wer einmal frisch gesammelte Steinpilze, Pfifferlinge, Walderdbeeren, Himbeeren oder den frischen Käse der Hirten gekostet hat, wird wohl öfters an so manchem Straßenstand anhalten.

Piață

Piață bedeutet auf Rumänisch zweierlei: Einmal werden damit ganz allgemein Plätze in einem Ort bezeichnet. Piață heißt aber auch **Markt.** Woraus man ersehen kann, welch zentrale Bedeutung der „Marktplatz“ in Rumänien immer noch hat. Jeder mittelgroße Ort hat seine eigenen Obst- und Gemüsemarkt. Da hier meist keine hohen Standgebühren anfallen, tummeln sich auf den Märkten auch viele private Gelegenheitshändler, Pensionäre und Hobbygärtner, die ihre Petersilienbüschel oder Lauchstangen in die Luft strecken. Da zum (übermäßigen) Düngen das Geld fehlt, sind die geernteten Produkte der Kleinbauern zwangsläufig Bioprodukte.

Magazin mixt

Wer sich Rumänien mit dem Auto von Ungarn her nähert, wird in den ungarischen Ortschaften bisweilen die Bezeichnung **„Mini Shop ABC“** lesen. Auch auf rumänischer Seite (im Bezirk Satu Mare) trifft man diese Bezeichnung noch an. Gemeint ist der **kleine Krämerladen,** in dem eben von A wie Alkohol bis Z wie Zahnbürste alles zu erhalten ist. Die im ganzen Land verständliche Bezeichnung für solche Läden lautet Magazin mixt. In kleinen abgelegenen Dörfern übernimmt dieser Tante-Emma-Laden auch teilweise andere Funktionen und dient als Post oder Schnellimbiss. Auf jeden Fall ist Einkaufen hier immer auch ein gesellschaftliches Ereignis, das zum kleinen Plausch einlädt. Dies bedeutet für den Reisenden, dass die Besitzer eines Magazin Mixt (neben den Taxifahrern) die neuesten und besten **Informationen** besitzen, was Unterkunft und Verpflegung anbelangt.

Kiosk – nonstop

An den großen Boulevards von Timişoara bis Tulcea gibt es sie zuhauf, die kleinen Läden, die **durchgehend offen** sind. Man findet sie aber auch in jeder kleineren rumänischen Stadt. Nachts verwandeln sich die Nonstop-Shops gelegentlich in kleine Trinkhallen, in denen sich der gelangweilte, meist männliche Besucher anlehnen und aufwärmen kann.

Naturalien

Im Grunde gibt es kaum einen Winkel Rumäniens, in dem fliegende Händler nicht ihre **Pfifferlinge, Himbeeren** und **Obstbrände am Straßenrand** verkaufen würden.

Die Früchte sind oft in stundenlanger Arbeit selbst im Wald gepflückt worden. Die Verkäufer(innen) stellen sich dann einfach mit gefülltem Eimer an die Straße und warten auf Kundschaft. Ein ganzes Kilo **Walderdbeeren** wird zwar sehr günstig, für Mitteleuropäer jedoch zu leicht erhöhten Preisen abgegeben. Handeln ist jederzeit möglich. Wer jedoch einen ganzen Eimer mit zwei oder drei Kilo an Kleinfrüchten erwirbt, sollte den „Bodensatz“ kontrollieren. Auch sollte man in Erwägung ziehen, ob die in den Sommermonaten leicht verderbliche Ware in größeren Mengen wirklich verzehrt werden kann. Aus Mitleid heraus sollte man jedenfalls keine zu große Menge kaufen, sondern lieber für eine kleinere einen höheren Preis zahlen.

rum048 Foto: jr

Auch Händler mit **selbst gebranntem Pflaumenschnaps** *(Tuică, Palincă)* verkaufen ihre Ware vorzugsweise in großen Literflaschen. Da diese meist aus Plastik sind, ist es ratsam, die als Souvenir gedachten Mitbringsel in kleinere, resistentere und bruchsichere Glasflaschen umzufüllen, da der Urlaub sonst (nach Bruch) im Auto zu einem intensiven Geruchserlebnis werden kann (Achtung: Zollbestimmungen beachten).

In einigen Gebirgsregionen bauen Imker ihre Stände direkt an der Straße auf und verkaufen dort ihren **Waldhonig.** Den Nachweis, dass ihre Ware nicht aus billiger Produktion stammt, versuchen sie mit bunten „Bienenhäusern" zu erbringen, die ebenfalls direkt am Straßenrand stehen. Dieser Berg- und Waldhonig stammt allerdings in den wenigsten Fällen ausnahmslos aus der eigenen „Straßen-Produktion", sondern wird von umliegenden Imkereien aufgekauft – was übrigens nicht gegen die Qualität des Honigs, sondern vielmehr für einen noch besseren Geschmack spricht.

Zigaretten

Tabakwaren sind in Rumänien **außerordentlich billig.** Eine Packung Zigaretten *(cartuş de ţigări)* kostete Anfang 2010 kaum mehr als umgerechnet 1 Euro. Wie selbstverständlich ist die „Zigaretten-Menükarte" in den meisten Restaurants gleich in die Speisekarte integriert. Es gibt noch zahlreiche Rauchercafés, und im Internetcafé sollte man sich vorher erkundigen, ob es auch rauchfreie Zonen gibt, da man sonst im Nebel herumtippt.

Keramik

Traditionelle Keramiken werden noch in **vielen Töpferzentren** Rumäniens hergestellt, so in Corund im Szeklerland und in Miercurea Ciuc im nördlichen Siebenbürgen. Rădăuți und Marginea in der Bukowina sind für ihre schwarze Ornamentik berühmt. Das im ganzen Land für seine Keramik bekannte Dorf Vama im Maramureş hat mit *Géza* und seiner Frau *Emma* nur noch zwei Töpfer.

Als **bekanntester Töpferort** Rumäniens gilt **Horezu** in Oltenien. Neue Kreationen und traditionelle Keramiken aus Horezu werden jeden ersten Sonntag im Juni auf dem größten **Töpfermarkt** Rumäniens, dem **„Cocoşul de Horezu"**, ausgestellt und natürlich auch verkauft.

Viele der schönen Ornamentkeramiken eines *Olar,* eines Töpfers, findet man auch in den Souvenirläden der Bauernmuseen in Bukarest und Sibiu sowie bei den Straßenverkäufern in Huedin wieder.

Verkäufer von Schafskäse in der Olt-Schlucht am Rotturm-Pass

Essen und Trinken

Rumänen sind außerordentlich gastfreundlich, eine **Einladung zum Essen** ist fast unvermeidlich und für den Gast meist mit einigen positiven Überraschungen verbunden. Vor allem auf dem Land gibt es nur Selbstangebautes, Selbstgroßgezogenes, Selbstgekeltertes oder Selbstgebranntes. Geschmacklich ist dies für viele Mitteleuropäer eine Offenbarung. Ein doppelt gebrannter Pflaumenschnaps (wahlweise sind auch andere Früchte enthalten), *Tuică* oder *Palincă,* eröffnet den kulinarischen Reigen. Wer ihn ausschlägt, beleidigt die Gastgeber. Man rettet sich höchstens, indem man sich als Fahrer eines Autos ausgibt – denn in Rumänien gilt die 0,0-Promille-Grenze. Wer ohne Auto abstinent bleibt, wird zumindest von den männlichen Anwesenden als merkwürdiges Geschöpf betrachtet.

Vorspeisen (Gustări)

Die Palette dessen, was ein Rumäne unter einer Vorspeise versteht, reicht von einem einfachen gemischten **Salat** *(Salată asortată)* über raffinierte, je nach Saison zubereitete Köstlichkeiten, wie gegrillte **Pilze** mit Käse und Schinken *(Ciuperci la grătar cu caşcaval şi bacon),* bis hin zu dem, was hierzulande durchaus auch als Hauptspeise durchgehen würde, beispielsweise geräucherte **Entenbrust** mit Remoulade *(Piept de rață afumat cu sos de remoulade).*

Die traditionelle Vorspeise ist und bleibt jedoch die **Suppe.** Rumänische Suppen können in drei verschiedenen Variationen daherkommen, als *Borş,* als *Supă* oder als *Ciorbă.* Der **Borş** ist eine Flüssigkeit, die der Suppe hinzugefügt wird, um diese anzusäuern. Der Rumäne isst seine Suppen gerne etwas sauer und gibt darum etwas saure Sahne oder eben Borş hinzu. Er wird aus vergorener Kleie hergestellt, und seine Zubereitung erfordert einiges Geschick. Borş mag zwar klanglich an die russische Rote-Beete-Suppe Borschtsch erinnern, hat mit dieser aber nur wenig zu tun. Mit **Supă** bezeichnet man in Rumänien die cremige, sahnige oder auch nur wässrige Suppenvariation. Der Gegensatz dazu ist die dicke, bäuerlich daherkommende **Ciorbă,** die man der Einfachheit halber in manchen Restaurants mit Eintopf übersetzt. Am bekanntesten ist die *Ciorbă de burtă.* Diese Kuttelsuppe (Pansen) mit Sahne und Knoblauch ist auf den meisten rumänischen Speisekarten zu finden.

Fast überall kann man den kleinen Hunger zwischendurch mit einer *Ciorbă de legume,* einer Gemüsesuppe, stillen, die oft sehr reichhaltig ist. Fragen sollte man auf jeden Fall, ob es dazu warme **Chifle** (kleine Brötchen) gibt. Als Beilage zu den Suppen erhält man meist ungefragt ein wenig Sahne *(Smântână)* und **Ardei,** eine, mitunter recht scharfe, auf jeden Fall aber verdauungsfördernde Paprikaschote.

Ein Gericht, das wahlweise als Vorspeise, Hauptspeise oder Beilage in Erscheinung treten kann, sind die berühmten **Sarmale.** Die Krautwickel werden mit vielen verschiedenen Füllungen angeboten. Gewickelt werden sie entweder mit sauer eingelegten Weißkohlblättern, Weinblättern oder aber beidem.

Schnellgerichte (Minuturi)

„Minuturi" könnte man auch mit Minutenessen übersetzen. Die schnelle Küche hat in Rumänien eigentlich keine Tradition, wurde aber zwangsläufig mit der Beschleunigung der modernen Zeit eingeführt. Familien mit Kindern können keinesfalls etwas verkehrt machen, wenn sie **Piept de pui la grătar,** also gegrillte Hähnchenbrust, mit **Cartofi prăjiţi** (Pommes Frites) bestellen. Eigentlich heißt *Cartofi prăjiţi* übersetzt lediglich gebratene Kartoffeln, doch wer wirklich Bratkartoffeln haben möchte, sollte genau beschreiben können, was er möchte. In der Regel haben sich die schnell zuzubereitenden Pommes Frites überall durchgesetzt.

Ebenfalls zur schnellen Küche zählen u.a. **Mititei,** gegrillte oder gebratene Hackröllchen, **Ficăţei de pui la tigaie** (Hähnchenleber aus der Pfanne), **File de păstrăv afumat** (geräuchertes Forellenfilet) oder die rund um Sibiu bekannten **Chiftele cu pireu,** Fleischklöschen mit Kartoffelpüree.

Hauptgang (Fel de mâncare principal)

Da die Rumänen sehr gerne feiern und speisen, ist Essengehen im ganzen

Land sehr preisgünstig. Trotz oft beträchtlicher regionaler Unterschiede kann man landesweit die **Spezialität Mămăligă cu brânza şi smântână** überall sehr billig bekommen. Traditionellerweise war dies das Essen der einfachen Leute und Schafhirten. Doch auch heute noch ist es Bestandteil jeder guten rumänischen Speisekarte, und ein ganzes Volk identifiziert sich mit dem festen Maiskuchen, zu dem Schafskäse und Sahne dazugehören.

In den Bergregionen kommen als Hauptspeise **traditionelle Schäfergerichte** auf den Tisch. Der **Traista ciobanului,** der in der korrekten Übersetzung „Schäfers Sack" genannt werden müsste, wird in den meisten siebenbürgischen Lokalen verschämt mit „Brotsack" übersetzt. Mit Brot hat dieses Gericht allerdings wenig zu tun. Elegant zusammengeknotet verbirgt sich dahinter ein überaus köstliches Fleischgericht.

Die rumänische Bergküche unterscheidet deutlich zwischen **Schaf-, Lamm- und Hammelgerichten. Cotlet de oaie la gratar** (gegrillte Schafskoteletts) sind nicht zu vergleichen mit einem butterweichen Lammbraten, **Friptură de miel.** Länger haltbar ist **Pastramă de oaie** (gepökeltes Lamm), welches traditionellerweise mit **Mamaligă,** der überall erhältlichen rumänischen Polenta, serviert wird.

Ebenfalls in den Bergen zu Hause sind das **Muşchi de porc sibian,** das Hermannstädter Schweinefilet, und **Muşchi de porc împănat,** der gespickte Schweinebraten. Auf den Hütten in den Bergen wird auch gerne **Fudulii la grătar,** gegrillter Schweinehoden, angeboten. Erwähnt wird das deshalb hier, weil man schließlich doch wissen sollte, was einem die Almbäuerin so verzweifelt schmackhaft machen möchte.

Kulinarische Tipps für Vegetarier

1. Eine ganz wunderbare vegetarische rumänische Spezialität ist **Zacuscă.** *Nina May* aus Tonciu empfiehlt für diesen leckeren Gemüseaufstrich folgende Zutaten: die platt gedrückte Version der rumänischen Paprika, der *Gogoşari,* ein wenig guten Rotwein, dicke Bohnen, Zwiebeln, selbst gemachte Tomatenbrühe oder Gemüsesaft, Lorbeerblätter, Pfefferoni, Salz, Pfeffer und Rosmarinnadeln. Es gibt auch Variationen u.a. mit Pilzen und Auberginen. Die vitamin- und geschmackreiche Köstlichkeit ist ein typisches Winteressen. Fragen Sie unbedingt nach dieser Spezialität, wenn Sie in den kalten Monaten in Rumänien unterwegs sind.
2. Im Frühling und zur Sommerzeit empfehlen sich die meist sehr reichhaltigen **Gemüsesuppen.** Die gesündeste Variante ist sicherlich die Mönchssuppe, die *Ciorbă călugărească,* mit u.a. Paprika, Sellerie, roter Beete, Weißkohl, Kartoffeln, Liebstöckel und Petersilie. Die Rumänen sind Suppenweltmeister. Es gibt unzählige Varianten ohne Fleisch.
3. Ein gute vegetarische Beilage ist neben dem allseits beliebten Maiskuchen rumänisches **Kartoffelpüree.** Ein gutes *Piure de Cartofi* wird mit Milch *(lapte)* und ein klein wenig Käse *(Cascaval)* gemacht. Erkundigen Sie sich nach eventuellen Pulvervarianten.
4. Ich bin Vegetarier heißt auf Rumänisch: **Eu sint vegetarian.**

Ähnlich der *Mămăligă* gehört auch die **Tochitură** zu den landesweiten Spezialitäten. Die eigentliche Heimat der *Tochitură* ist die Moldau, wo sie als *Tochitură moldovenească* (Geschnetzeltes nach moldauischer Art) mit Polenta und geriebenem Käse *(Brânza rasă)* serviert wird. Jeder Landesteil kennt seine eigenen Tochitură-Variationen. Sie reichen von der gewöhnlichen Schlachtplatte, der *Tochitură măcelărească,* bis hin zur würzigen *Tochitură ardelenească* in der Region des Maramureş.

Die Nähe des **Maramureş** zur Ukraine und zu Ungarn führt in der dortigen regionalen Küche zu manchen Anleihen und Annäherungen. Dies drückt sich manchmal nur in den Bezeichnungen aus. So kommt das *Piept de pui,* also die Hähnchenbrust, in dieser Region auch als *Piept de pui Kievskaya* vor. Gemeint ist die Variante, die Hähnchenbrust als Roulade zu wickeln und in Butter zu schwenken.

Die ungarische Nachbarschaft hingegen zeigt sich im allseits beliebten **Gulaş unguresc,** einer kräftigen und würzigen Gulaschsuppe, die auf der Speisekarte manchmal auch als *Guyas* auftaucht. Ein weiteres Gericht, das hier ungarische Schärfe aufweist, ist **Papricaş de viţel cu ciuperci găluşte,** das Kalbspaprika mit Klößen.

Der deutsch-österreichische Einfluss

Der Einfluss der österreichischen Küche zieht sich weit hinunter bis zum Karpatenbogen. Einige Spezialitäten kommen Touristen darum klanglich durchaus vertraut vor. Da wären einerseits die bereits erwähnten **Cartofi,** also die Kartoffeln. Aber auch das **Şniţel** (Schnitzel), die **Cremvurşt** (Wiener Würstchen), der **Parizer** (eine Art Mortadella), der **Ştrudel** (Strudel) und die **Cremşnit** (Cremeschnitte) dürften deutschsprachigen Rumänienbesuchern leicht über die Lippen kommen. Die Bezeichnung **Ştiţel** (Schtietzel) hat sich ebenfalls aus Zentraleuropa eingemogelt. Der **Baumştiţel** (Baumstietzel) ist eine Art Baumkuchen aus gedrehtem Teig und wird auf den Weihnachtsmärkten Braşovs gern genascht.

Anlehnungen an die habsburgische Küche finden sich auch in süßen Nudelgerichten wie **Tăieţei cu nucă,** süßen Nudeln mit Nüssen, sowie in den als Beilagen in Transsylvanien und dem Banat bekannten Pflaumenklößen, **Gombot cu prune.**

Auch im Maramureş-Gebiet benötigt man keine großartigen Fremdsprachenkenntnisse, um satt zu werden. Hier begegnet einem die vertraute **Rosbrat,** die als *Rosbrat ardelenesc* allerdings geschmacklich etwas pikanter schmeckt als die berühmte Vorlage, die Thüringer Rostbratwurst.

Auch kulinarisch ist
Rumänien eine Reise wert

Beilagen (Garnituri)

Auf den Speisekarten der Restaurants sind die Hauptspeisen meist klar nach Fleischsorten gegliedert (siehe Glossar Fleisch- und Fischgerichte). Alles, was sich um die Fleischgerichte auf dem Teller gruppieren soll, muss gesondert bestellt werden. **Piure de cartofi,** Kartoffelpüree, passt ebenso wie die **Cartofi ţărăneşti,** Salzkartoffeln mit Zwiebeln und Paprika, fast zu allen Fleischsorten. Auch **Orez cu roşii la grătar cu busuioc** ist als Beilage sehr beliebt (Reis mit gegrillten Tomaten und Basilikum).

Will man eine **Gemüsebeilage,** hat man gewöhnlich die freie Wahl aus einer sehr breiten Palette (siehe Glossar Gemüse).

Nachspeisen

Jede Region kennt ihre eigenen Nachspeisen, einige haben sich im ganzen Land durchgesetzt. Aus dem Moldaugebiet stammt **Lapte de pasăre** (Vogelmilch), eine aus Milch, Eiern, Zucker, Vanille und Zitrone hergestellte, kalt servierte Creme. Die **Plăcinta,** ein wahlweise süßer oder herzhafter Eierpfannkuchen, stammt ursprünglich aus dem alten Rom (siehe Exkurs). Auch die **Clătite** sind ein Eierkuchen, jedoch dünner als die verwandte *Plăcinta,* sie gehen eher in Richtung Crêpes. Im ganzen Land als Nachtisch geschätzt sind **Papanaşi.** Diese Spritzkuchen erinnern ein wenig an Berliner, genau wie diese werden sie am liebsten mit Marmelade *(Gem)* gegessen.

rum053 Foto: jr

Käse

Unterwegs am Straßenrand kann man so manche Leckerei erstehen. Vor allem in den Karpaten, auf den Passstraßen und in der Gegend um Bran, bauen auch Schäfer gelegentlich ihre Stände auf. Die Käsesorten, die hier angeboten werden, sollte man ausprobieren. Berühmt ist der **Brânza de burduf în coajă de brad,** gesalzener Schafskäse, der als *Burduf* mit einer frischen Tannenrinde umwickelt und oben und unten mit einem Tannenrindendeckel verschlossen, sprich: zugenäht wird. Der Käse absorbiert etwas von dem würzigen Tannenaroma und bekommt dadurch einen sehr kräftigen eigenen Geschmack.

Länger haltbar sind die verschiedenen **Schafskäse,** die als *Brânza de burduf, Caşcaval de oaie, Caş de oaie* oder als *Caşcaval afumat de munte* angeboten werden.

Bier

Landesweit am meisten verbreitet sind die eigenen **hellen Biere (Bere blondă),** während sich **dunkle Biersorten (Bere neagră)** ihren Freundeskreis erst langsam erobern. **Silva,** ein Bier aus Transsylvanien, hat beide Sorten im Angebot und steht mit seinem *Silva Strong Dark* in der Trinkgunst der Rumänen wieder ganz oben. Einige Jahre nahmen die Rumänen dem Marktführer übel, dass er sein Stammwerk in Reghin geschlossen hatte.

Weitere gute und nach dem deutschen Reinheitsgebot gebraute Biere sind **Ursus** (in Cluj gebraut), **Ciucaş** (in Braşov gebraut) und **Ciuc** (aus Miercurea Ciuc).

Wie aus einem Kuchen ein Schinken wird – die Geschichte einer sprachlichen Odyssee

Wen die rumänische Nachspeise **Plăcinta** geschmacklich und sprachlich an den in Österreich und Böhmen bekannten Palatschinken erinnert, liegt (fast) richtig. Der in ganz Rumänien bekannte süße Strudel, der mit Äpfeln und Zimt, aber auch mit Frischkäse gefüllt sein kann, war bereits im alten Rom bekannt. Aus dem lateinischen *placenta* für „flacher Kuchen" wanderte der Begriff in das dakische Reich, also das frühe Territorium des heutigen Rumänien, und wurde zu „Plăcinta". Die *Plăcinta* wurde auf einer heißen Schieferplatte gebacken und war noch aus Hefeteig. Vom dakischen Reich verschlug es die Süßspeise nach Ungarn, wo die Bevölkerung den „Palacsinta" in ihr kulinarisches Herz schloss. Als es dann zur Donaumonarchie Österreich-Ungarn kam, war es nur noch ein kleiner Sprung für den ehemals römischen Nachtisch auf die Teller der österreichischen Hauptstadt. Im Wienerischen wurde aus dem „Placenta" schließlich der heutige **Palatschinken.** Eine rein sprachliche Metamorphose, mit Schinken hat die Nachspeise nämlich nichts zu tun.

Sein Bier trinkt der Rumäne üblicherweise **aus der Flasche** *(Sticlă)*. Ciuc ist eines der wenigen Biere, das auch als rumänisches Fassbier angeboten wird. **Frisch gezapftes Bier** nennt der Rumäne *O halbă,* was sich während des deutsch-österreichischen Spracheinflusses aus dem süddeutschen Begriff „Halbe" für einen halben Liter abgeleitet hat.

Neben den großen rumänischen Marken gibt es zunehmend kleinere **regionale Biermarken** wie Haţegana, Harghita und Bucegi.

Weinhandlung in Caransebeş (Banat)

Wein

Rumänien gehört mit 6000 Jahren Wein-Geschichte zu den **ältesten Weinländern der Welt.** Lange vor den Römern haben die Thraker im heutigen Oltenien und Transsylvanien schon Rebstöcke gezogen. Die **thrakischen Weine** wurden von *Homer* bereits im Ilias-Epos gewürdigt. Der Geschichtsschreiber *Herodot* berichtet vom regen Weinhandel der Griechen an der Schwarzmeerküste, selbst unter muslimischer Herrschaft wurde der Rebensaft gekeltert, und deutsche Siedler aus dem Rhein- und Moselgebiet belebten im 12. Jahrhundert den Weinbau in Siebenbürgen.

Diese lange Tradition hat in Rumänien zu einem verblüffenden Phänomen geführt, denn laut Statistik entwickelt sich das Land immer mehr zu einem Bierland. Da der Pro-Kopf-Verbrauch beim Bier in Rumänien mittlerweile auf 49 Liter pro Jahr angestiegen ist, trinken Rumänen offiziell mittlerweile etwa doppelt so viel Bier wie Wein (25 Liter Pro-Kopf-Verbrauch/Jahr). Doch die Realität sieht etwas anders aus, denn Wein wird in Rumänien immer noch wesentlich **mehr getrunken als Bier,** doch er taucht in den Statistiken schlichtweg nicht auf, da die Kunst des Kelterns, ebenso wie die des Brennens eines guten Pflaumenschnapses, seit Generationen in nahezu allen Regionen Rumäniens Teil der Familientradition ist. Selbst gemachter Wein aber erscheint, ebenso wie *Tuică* (Klarer), in keiner Statistik.

Die bedeutendsten **Weinbauregionen** Rumäniens findet man in der Moldau, wo der süße Cotnari seine Heimat hat. Eine weitere Spezialität dieser Region ist der Weißwein Fetească albă. In der Dobrudscha baut man den bekannten süßen und schweren Murfatlar an, der allerdings in jüngster Zeit Konkurrenz durch die Chardonnay- und Pinot-Gris-Weine bekommen hat. Rote Weine werden südlich der Karpaten in Muntenien angebaut, etwa die Sorte Fetească neagră. Die leichtesten Weine Rumäniens kommen aus dem Banat, wo sehr gute und günstige Rieslinge und der Muskat-Ottonel zu Hause sind. Gute Weine kosten kaum weniger als im Westen. Absolute Billigweine sollte man

Gastronomisches Glossar

• Frühstück
Aufschnitt - salamuri/şuncă
Brötchen - chifle
Butter - unt
Ei - ou
Früchtetee - ceai de fructe
Honig - miere
Hörnchen - cornuleţ
Joghurt - iaurt
Kaffee - cafea
Käse - brânză
Kipfel - cornuleţ
Konfitüre - dulceaţă
Marmelade - marmaladă/gem
Milch - lapte
Obst - fructe
Omelett - omletă
Pastete - pateu
Pfeffer - piper
Saft - suc
Salz - sare
Schinken - şuncă
Spiegeleier - ochiuri
Süßstoff - zaharină
Tee - ceai
weiches Ei - ouă fierte
Wurst - mezeluri
Zucker - zahăr

• Gemüse
Aubergine - vînătă
Blumenkohl - conopidă
Bohnen - fasole
Chicoree/Endivien - andive
Erbsen - mazăre
Gurke - castravete
Karotte/Möhre - morcov
Kartoffel - cartofi
Kohl - varză
Kohlrabi - gulie
Kopfsalat - lăptucă
Kürbis - dovleac
Lauch - praz
Linsen - linte

Mais - porumb
Pilz - ciuperci
Radieschen - ridiche de lună
Rettich - ridiche
Rosenkohl - varză de Bruxelles
Rote Bete - sfeclă roşie
Rotkohl - varză roşie
Salat - salată/lăptuci
Spargel - sparanghel
Sellerie - ţelină
Spinat - spanac
Tomate - roşie
Zucchini - dovlecei
Zwiebel - ceapă

• Früchte/Obst
Apfel - măr
Aprikose - caisă
Banane - banană
Birne - pară
Brombeere - mură
Erdbeere - căpşună
Erdnuss - alună americană
Haselnuss - alună
Heidelbeere - afină neagră
Himbeere - zmeură
Honigmelone - pepene galben
Johannisbeere - coacăze
Kirsche - cireaşă
Mandarine - mandarină
Melone - pepene
Orange - portocală
Pfirsich - piersică
Pflaume - prună
Preiselbeere - merişor
Rhabarber - revent
Sauerkirsche - vişină
Stachelbeere - agrişă
Traube - strugure
Walnuss - nucă
Wassermelone - pepene roşu
Zitrone - lămîie

• Fleisch- und Fischgerichte
Bratwurst - cîrnaţi
Ente - raţă
Fisch - peşte
Fleisch - carne
  Hähnchenfleisch - ... de pui
  Hammelfleisch - ... de batal
  Rindfleisch - ... de vita
  Schafsfleisch - ... de oaie
  Schweinefleisch - ... de porc
  Truthahnfleisch - ... de curcan
Forelle - păstrăv
Gans - gîscă
Garnele - crabi
Hackfleisch - carne tocată
Hähnchen - pui
Hirsch - cerb
Kalb - viţel
Karpfen - crap
Lamm - miel
Meeresfrüchte - fructe de mare
Muscheln - scoici
Pute - curcan
Rauchfleisch - carne afumată
Reh - căprioară
Schalentiere - crustacee
Schnitzel - Şniţel
Wild - vînat
Wildschwein - mistreţ
Wiener Würstchen - crenvurşti

• Wie darf es sein?
durch - pătruns
fett - gras
frisch - proaspăt
gebraten - prăjit
gedünstet - înăbuşit
gegrillt - la grătar
gekocht - fiert
geräuchert - afumat
hart - tare
knusprig - crocant
mager - slab
mariniert - la baiţ
roh - crud
saftig - în suc
trocken - uscat
weich - moale

meiden, es sei denn, sie stammen aus privatem Anbau.

Wer z.B. vom Schwarzen Meer in die Weinberge der Dobrudscha fährt, sollte die öffentlichen Verkehrsmittel in Anspruch nehmen und das Auto zu Hause lassen. Die Polizei kontrolliert gerade in Weinanbaugebieten mit ihren Versuchsstationen häufig und gerne - und in Rumänien gilt die 0,0-Promille-Grenze!

FKK

Die zu kommunistischen Zeiten „Solarium" genannten Sonderzonen für Nudisten, für die man Eintritt zahlen musste, gibt es in dieser Form nicht mehr. Der Freikörperkultur frönt man in den Sommermonaten an wenigen **ausgewählten Strandabschnitten des Schwarzen Meeres.** Vor allem in Mamaia, im nördlichen Constanța, gilt Oben-ohne bei Frauen als schick. In den Kurorten der Schwarzmeerküste und im Donaudelta ist FKK hingegen verpönt. Ganz im Süden jedoch, in Vama Vache, kann man sich abseits des Hauptbadestrandes dem unbekleideten Sonnengenuss hingeben.

Vor allem in den Sommermonaten Juli und August sollten sich Sonnenhungrige jedoch vor übermäßiger **UV-Strahlung** und Überhitzung ausreichend schützen.

rum08-058 Foto: jr

Burgschloss Corvinești in Hunedoara

Fotografieren und Filmen

In den meisten **Museen, Kirchen und Klöstern** wird für das Ablichten eine eigene Gebühr erhoben. Diese **Taxă de foto (Fotosteuer)** beträgt fürs Fotografieren meist nur 1 bis 2 Euro. Videofilmern kann angesichts horrender Forderungen von bis zu 25 Euro *(Taxă de video)* jedoch schnell der Spaß vergehen. Dort, wo solch hohe Gebühren erhoben werden, argumentiert man mit der Rechteverwertung oder den durch übermäßiges Blitzen zerstörten Fresken. Lösung: Man schließt sich einer Gruppe an, denn die Gebühren, die eine Gruppe für ihre Filmrechte zu entrichten hat, liegen meist wesentlich unter dem anfangs geforderten Preis für den Einzelnen.

Die **Entwicklung** von Fotos ist in Rumänien nicht wesentlich preisgünstiger als in Mitteleuropa. **Diapositivfilme** sind in Rumänien, vor allem auf dem Land, sehr schwer zu finden.

Frauen allein unterwegs

Frauen jeden Alters sind in Rumänien täglich zu Tausenden alleine unterwegs. Da die überwiegende Mehrzahl der Frauen nicht motorisiert ist, sind sie auf Mitfahrgelegenheiten angewiesen. Dass sich rumänische Männer dabei **gelegentlich** als **aufdringliche „Verehrer"** entpuppen können, ist den Schilderungen der Anhalterinnen zu entnehmen. Ausländerinnen, so die Beobachtung der rumänischen Frauen, werden in Rumänien jedoch meist wesentlich respektvoller und zuvorkommender behandelt als viele Rumäninnen.

Der Ratschlag, dass allein reisende Frauen sich **selbstbewusst verhalten** sollten, ist auch auf Rumänien bezogen eine Plattitüde, da die meisten Frauen, die (hier) alleine unterwegs sind, bereits ein gehöriges Maß an Selbstbewusstsein aufweisen.

Bei abendlichen Veranstaltungen, vor allem in ländlichen **Diskotheken,** ist dringend darauf zu achten, dass Vertrauenspersonen anwesend sind. Damenhandtaschen üben auf Langfinger übrigens eine besondere Anziehungskraft aus.

Da auf dem Lande **in Lokalen** meist **keine eigene Garderobe** vorhanden ist, sollten sich Ausweis, Kreditkarten oder größere Geldbeträge auf keinen Fall im öffentlichen „Einzugsgebiet" geschickter Finger, also in einer Manteltasche oder einer über dem Stuhl gehängten Handtasche, befinden.

Gesundheit und Hygiene

Rumänische Ärzte sind hervorragend ausgebildet und sprechen meist mehrere Sprachen. Die Versorgung mit **Krankenhäusern (Spital)** und **Apotheken (Farmacie)** ist landesweit gegeben. Selbst auf dem Land gibt es die Möglichkeit, in einem **Dispensar,** einem Ambulatorium, behandelt zu werden. Das Risiko, aus Rumänien mit einer Krankheit zurückzukehren, ist vergleichsweise sehr gering.

Notfallhilfe

Die Krankenhäuser aller größeren Orte haben einen **24-Stunden-Notfalldienst.** Alle Pensionen und Hotels verweisen auch auf die in der Nacht erreichbaren Ärzte. In jeder rumänischen Stadt gibt es mittlerweile Non-Stop-Apotheken, die rund um die Uhr täglich geöffnet haben (Adressen finden sich in den jeweiligen Ortsbeschreibungen).

Schutzmaßnahmen

In bewaldeten Gebieten sind lange Kleidung und das Tragen von Strümpfen auch in der wärmeren Jahreszeit sinnvoll. **Zecken** *(căpuşă)* kommen in ganz Osteuropa vor und bevorzugen hier vor allem Unterholz, Sträucher und Weideflächen. Auch wenn das Risiko sehr gering ist, sollte die Haut regelmäßig nach unerwünschten Besuchern abgesucht und im Fall eines Kontaktes innerhalb von 24 Stunden ein Arzt aufgesucht werden. Wer diesbezüglich besonders vorsichtig sein möchte, kann seiner Reiseapotheke etwas Äther zum Betäuben der Zecken vor dem Herausziehen sowie eine gute Zeckenpinzette hinzufügen.

Die vor allem im Donaudelta vorkommenden **Mücken** übertragen keine gefährlichen Krankheiten. Allergiker sollten sich jedoch bereits vor dem Besuch dieser Gebiete mit ihrem Arzt über eventuelle Gefahren verständigen. Nachts bewährt sich in den heißen Sommermonaten, neben Antistechmücken-Spray, vor allem das gute alte Moskitonetz.

Das Infektionsrisiko durch **verunreinigte Speisen oder Getränke** vermindert sich bereits ganz wesentlich, indem man auf Speiseeis und im Meeresgebiet auf unzureichend gekochte Muscheln verzichtet. Die beliebten *Mititei,* die kleinen Hackfleischröllchen, sind im Straßenverkauf mitunter nicht immer völlig durchgebraten.

Die Qualität des **Leitungs-** und vor allem des **Brunnenwassers** ist größtenteils unbedenklich. Dennoch wird in Restaurants immer seltener Brunnenwasser, sondern Mineralwasser gereicht. Vor allem im Raum Bukarest und Constanța wird man allein aus geschmacklichen Gründen Mineralwasser dem Leitungswasser vorziehen.

Buchtipps:

Zum Thema Gesundheit bzw. Krankheiten auf Reisen hat Reise Know-How nützliche Ratgeber im Programm:

- Dr. Dürfeld, Dr. Rickels **Selbstdiagnose und -behandlung unterwegs**
- David Werner **Wo es keinen Arzt gibt**
- Armin Wirth **Erste Hilfe unterwegs effektiv und praxisnah**

Hygiene

Da die meisten öffentlichen **Toiletten** im ländlichen Raum nicht den Hygienestandards Mitteleuropas entsprechen, empfiehlt es sich, vor eventuellen Ausflügen rechtzeitig und prophylaktisch saubere Toiletten in Hotels oder Restaurants aufzusuchen.

Vor allem die aufgestellten Toilettenhäuschen in der Bukarester Innenstadt und Toiletten in voll besetzten Eisenbahnzügen entsprechen meist nicht den hygienischen Bedingungen, die man gerne vorfinden möchte. Die Mitnahme von eigenem **Toilettenpapier** bzw. feuchten Tüchern empfiehlt sich grundsätzlich bei allen Ausflügen und Exkursionen.

Erste Hilfe (deutsch-rumänisch)

Wo ist hier bitte ... –
Vă rog, unde este aici ...
... ein Krankenhaus – ... un spital
... eine Notfallambulanz –
... o ambulanță de urgențe
... eine Apotheke – ... o farmacie
... ein Zahnarzt – ... dentist
... ein Ambulatorium – ... dispensar

Rufen Sie bitte ... –
Vă rog, chemați ...
... einen Krankenwagen – ... salvarea
... die Polizei – ... poliția
... die Bergrettung – ... salvamont

AIDS – SIDA
ansteckend – contagios
Backenzahn – măsea
Bauchschmerzen – dureri de abdomen
Behindert – handicapat
Blinddarmentzündung – apendicită
bluten – sîngera
Blutung – hemoragie
brennen – arsuri
Bruch, Brüche – ruptură, fractură
Durchfall – diaree
Entzündung – inflamație
Erbrechen – vomă
Erkältung – răceală
Fieber – febră
gebrochen – fracturat
gesund – sănătos
Halsschmerzen – dureri în gît
Hepatitis – hepatită
Herzrasen – palpitații
Hexenschuss – criză de lumbago
Husten – a tuşi
jucken – mîncărime
krank – bolnav
Krebs – cancer
leiden (an) – a suferi (de)
Lungenentzündung – pneumonie
Magengeschwür – ulcer stomacal
Mandelentzündung – amigdalită
Ohrensausen – vîjîit în urechi
Schlaflosigkeit – insomnie
Schmerz – durere
Schneidezahn – incisivi
Schnupfen – guturai
Schürfung – julitură
schwach – slab
schwer – greu, grav
Schwindel – amețeală
sich erholen – a se însănătoşi
Sonnenbrand – insolație
Unfall – accident
Vergiftung – intoxicație
Verstopfung – constipație
sich verletzen – a se răni
Verletzung – leziune
verrenkt – luxat
Weisheitszahn – măsea de minte
wehtun – a durea
Wunde – plagă
Zahnfleisch – gingie
Zerrung – întindere

rum061 Foto: jr

Informationsstellen in Rumänien

In fast allen für den Tourismus wichtigen Orten findet man Informationszentren in zentraler Lage, die besten davon in Sibiu, Braşov, Predeal, Sinaia und Târgu Mures. Die Hauptstadt Bukarest allerdings konnte sich noch nicht dazu entschließen, ein Informationszentrum zu eröffnen. Die genauen Adressen werden in diesem Reiseführer im Rahmen der jeweiligen Ortsbeschreibungen angegeben. Viele der Info-Büros, wie beispielsweise in Sibiu, Braşov und Târgu Mureş, bieten aktuelle **Listen mit Pensionen und Hotels** sowie eigene **Stadtpläne** an. Zudem helfen die Tourismusberater vieler dieser Info-Zentren auch, wenn es um **Reiseverbindungen mit Bussen und Bahnen** geht.

Einige der Informationszentren bieten selbst **Stadtführungen** an und beraten bei der Auswahl kultureller, sportlicher oder naturkundlicher Möglichkeiten.

Anlässlich des Titels „Kulturhauptstadt Europas 2007" entstand am Piaţa Mare in **Sibiu** das **modernste Informationszentrum Rumäniens.** Besucher der siebenbürgischen Stadt können nun an Info-Punkten im Zentrum an Bildschirmen betrachten und sich erklären lassen, was Stadt und Umgebung zu bieten haben.

Dort, wo es selbst in Großstädten noch keine eigenen Tourismusbüros gibt, etwa in Craiova, haben sich **Reisebüros** auf die Beratung der Besucher spezialisiert und bieten Stadtführungen und Ausflüge in die nähere Umgebung an. Man sollte sich keinesfalls scheuen, in rumänischen Reisebüros nach preiswerten Angeboten für Pensionen, Hotels oder Ausflüge nachzufragen.

Die **Verwaltungen von Naturparks** und des Biosphärenreservats Donaudelta kennen sich am besten mit aktuellen Bestimmungen und Entwicklungen vor Ort aus. Hier erhält man die aktuellsten Tipps zu den botanischen und geologischen Schutzgebieten.

Die meisten Städte und Regionen Rumäniens sind mittlerweile auch im **Internet** präsent. Da Internetcafés inzwischen zum rumänischen Standard gehören, kann sich nach Ankunft in einer Stadt auch der virtuelle Stadtbummel lohnen, zumal die meisten Seiten auch auf Englisch, Französisch oder Deutsch gestaltet sind.

Internet

Internetcafés gibt es mittlerweile in jeder rumänischen Stadt, teilweise sogar in größeren Dörfern. Da Rauchen in Rumänien billig und vor allem bei Jugendlichen sehr beliebt ist, haben zahlreiche Internetcafés eigene Raucherzonen eingerichtet.

Internet, dieses Zauberwort bedeutet für die meisten der rumänischen Besucher vor allem eins: Spielen von Adventure Games. Es kann also mitunter recht laut werden, wenn der begeisterte Nachbar fluchend wie wild auf der Klaviatur seines Spielgerätes herumhackt. Die Abnutzung der **Tastatur** und die meist in Internet-Kellern vorherrschende Dunkelheit führen dazu, dass die Buchstaben nicht immer erkennbar sind. Rumänische Tastaturen haben zudem eine andere Buchstabenbelegung!

Wer keine Krümel auf der Tastatur, keinen Rauch, keine langsamen Ladezeiten und keine laute musikalische Manele-Hintergrundbeschallung während seiner E-Mail-Abfragen ertragen kann, findet in guten **Hotels** einwandfreie Internetanschlüsse vor.

Es lohnt sich, auch in **Computergeschäften** nach einer kurzfristigen Surfmöglichkeit nachzufragen.

Internet-Shopping ist in Rumänien übrigens fast nirgendwo möglich. Wegen der Raffinesse rumänischer Hacker nehmen ausländische Unternehmen Bestellungen aus Rumänien nur nach telefonischer Kontaktaufnahme und eingehender Überprüfung an.

Kur- und Thermalbäder

Bäder- und Kurkliniken gibt es in Rumänien in jeder der 41 Provinzen. Ein gutes Drittel aller europäischen Heil- und Mineralquellen sprudelt rund um den Karpatenbogen und entlang des Schwarzen Meeres. **Mehr als 160 Bade- und Luftkurorte** zählt das Land, das die Heilkraft seiner Quellen schon früh entdeckte.

Die frühesten Kurorte Rumäniens wurden bereits durch die **Römer** um etwa 100 n.Chr. gegründet. Im **Băile Felix** und im **Băile Herculane** entspannten sie ihre meist von kriegerischen Auseinandersetzungen geschundenen Glieder. Von den Karpatenquellen in Bad Herkules waren sie derartig begeistert, dass sie die heilende Wirkung den Göttern zuschrieben: „Ad acquas Herculi sacra" – „Die heiligen Wasser des Herkules" nannten sie die Quellen im Tal des Cerna-Flusses.

Neben den thermalen Mineralquellen der zentralen Gebirgsregionen von **Sinaia, Covasna, Băile Tuşnad** und **Predeal** haben auch Kurorte außerhalb des Karpatenbogens wie **Vatra Dornei** und die bereits erwähnten Bad Herkules und Bad Felix in Europa einen guten Ruf.

Mitten im Wald sprudeln in der Nähe von **Vama** am Rande der Maramureş die mineralischen Quellen. Kein Wunder, dass jetzt auch die nördlichen Regionen entlang der ukrainischen Grenze für den Kurtourismus erschlossen werden.

Rheumatische, posttraumatische, ja selbst periphere neurologische und gynäkologische Erkrankungen werden seit Jahren entlang der **Schwarzmeerküste** behandelt. Der heilende Sapropel-Schlamm, der aus dem Tekirghiol-See gewonnen wird und besonders reich an Chlor, Sulfaten, Natrium, Stickstoff und Magnesium ist, zieht die kurenden Gäste alljährlich in die Badeorte Eforie Nord und Süd, Neptun und Olimp.

Maße und Gewichte

Rumänien verwendet das **metrische System.** Man kann also problemlos mit den deutschen Begriffen Kilogramm, Kilometer, Gramm und Meter *(Metru)* operieren. Selbst den Liter kennt man in Rumänien, hier heißt er eben *Litru.* In ländlichen Gebieten verwendet man, neben der uns unbekannten Bezeichnung *Prajină,* ebenso wie im Deutschen die Bezeichnungen Ar und Hektar zur Größenangabe der Felder.

Medien

Zeitungen und Zeitschriften

Über 100 verschiedene regionale und überregionale Zeitungen berichten in rumänischer Sprache aus allen Landesteilen. Darunter so renommierte Blätter wie die in Bukarest erscheinenden „Adevarul" (früher „Scînteia"), „Evenimentul Zilei", „Libertatea", „Jurnalul Național" und „România Liberă". Jede größere Stadt hat ihre eigene regionale Tageszeitung, wie beispielsweise die in Cluj-Napoca erscheinende „Clujeanul" oder die in Iaşi publizierte „Ziarul de Iaşi".

Englischsprachige Versionen einiger dieser Zeitungen können **im Internet** gelesen werden.

- **Jurnalul Național,** www.jurnalul.ro.
- **Ziua,** www.ziua.ro.
- **Grupul de presă Bursa,** www.bursa.ro.

Ausschließlich **in englischer Sprache** erscheinen die Zeitungen „Nine O'Clock (www.nineoclock.ro), „Bucharest Business Week" (www.bbw.ro) und „Invest Romania" (www.investromania.ro).

Die wichtigsten **rumänischen Wochenzeitungen** heißen „Lumea Magazin", „22", „Dilema" und „Privirea".

In Rumänien erscheinen **zwei deutschsprachige Zeitungen.** Die **„Allgemeine Deutsche Zeitung"** (www.adz.ro) wird ebenso wie einige der wichtigsten rumänischsprachigen Journale im Pressehaus in Bukarest editiert. Die **„Hermannstädter Zeitung"** hingegen erscheint, wie der Name schon sagt, in Sibiu (www.hermannstaedter.ro). Auf den jeweiligen Webseiten können die aktuellsten Meldungen aus Rumänien auch von Deutschland aus abgerufen werden.

Im Sommer und Herbst sieht man im ganzen Land Menschen bei der Heuernte

In den meisten größeren Städten gibt es in Restaurants, Bars oder in Hotels **kostenlose Infohefte** mit dem aktuellen Programm der Theater, Kinos und Museen. Diese heißen „Zile şi nopţi", „Şapte Seri" oder „B-24 Fun". Darüber hinaus gibt es in einigen großen Städten auch die **englischsprachige Broschüre „Where, When, Who"** mit dem aktuellen Kulturprogramm sowie Tipps zu neuen Restaurants, Diskotheken und Pensionen.

Radio

Über 50 Radiosender schicken ihre Musik, Nachrichten und Kommentare derzeit in den Äther, und halbjährlich kommen neue Sender hinzu. Neben den staatlichen Rundfunksendern haben sich die Privaten „Radio Contact", „Pro FM", „Radio Romantic", „Radio Total", „Radio Delta" und „Europa FM" etabliert.

Wer gerne Nachrichten in deutscher Sprache hören möchte: Die **Deutsche Welle** sendet auch in Rumänien. Die aktuellen Frequenzen gibt es unter www.dw-world.de. Sendungen in deutscher Sprache können zudem täglich von Radio Bukarest, aber auch von Lokalsendern in Siebenbürgen und im Banat empfangen werden.

Fernsehen

Neben den **staatlichen Fernsehsendern „TVR 1" und „TVR 2"** hatte sich nach der Revolution als erster privater Kanal der Sender „PRO TV" durchge-

rum065 Foto: jr

setzt, anfangs noch mit einem ziemlich anspruchsvollen Programm. Mittlerweile buhlen jede Menge **private Info- und Unterhaltungskanäle** um die Aufmerksamkeit der Zuschauer. Neben einem reinem Filmkanal, „HBO", kam mit „Realitatea TV" auch eine rumänische Version des amerikanischen Nachrichtensenders „CNN" hinzu. Der Sender „acasă" wurde berühmt, da er die erste rumänische Telenovela ausstrahlte, eine Gattung, die in Rumänien nach wie vor Millionen von Zuschauern vor den Bildschirm zieht.

Sender für **fremdsprachige Minderheiten** sind u.a. die ungarischen Fernsehsender „RTL Club" und „TV 2" sowie der Musiksender „Taraf", in dem in erster Linie Roma-Künstler auftreten.

Mit Kindern unterwegs

Kinder sind in Rumänien ausgesprochen gerne gesehen. Die Atmosphäre in Restaurants oder Hotels erinnert bisweilen an die in Italien oder Spanien. Pensionen oder Hotels sind durchgehend **kinderfreundlich** und stellen gegen einen geringen Aufpreis ein Extra-Bett *(Pat suplimentar)* ins Zimmer. In fast allen Restaurants geht man gerne auf die Sonderwünsche von Kindern ein. Entsprechende Sitzgelegenheiten für Kleinkinder fehlen jedoch in den allermeisten Fällen, da Rumänen ihre Kleinsten selten mit ins Restaurant nehmen.

Auch ernährungstechnisch ist Rumänien für Kinder **kein problematisches Reiseland,** sofern man sich in den Großstädten richtig eindeckt. Früchte- und Müsliriegel, Zwieback, Kräuterquark und Trinkjoghurt gibt es dort in allen Supermärkten. Frisches Obst und Gemüse findet man auch überall auf dem Land.

Das Sortiment an **Windelhöschen** ist auch in Kleinstädten erstaunlich vielfältig, während man den Begriff „Fertignahrung" in den kleinen Läden der Provinz kaum kennt.

Für Kleinkinder sollte man **aus der Heimat** Babykostwärmer, Reinigungstücher, Babyschlafsack und Sonnenschutzcreme mitnehmen.

Im Moldaugebiet und in Transsylvanien werden **Ferien auf dem Bauernhof** angeboten, die sich vor allem an Familien mit Kindern richten. Zunehmend werben Landpensionen mit ökologischen und familienfreundlichen Angeboten. Sporthotels wie das in Predeal veranstalten Skikurse und Sommercamps für Kinder mit Vollbetreuung.

rum066 Foto: jr

Notfälle

Autopanne/-unfall

Siehe Kapitel „Autofahren".

Verlust von Geldkarten

Bei Verlust oder Diebstahl der Kredit- oder Maestro-/EC-Karte sollte man diese umgehend sperren lassen. Für deutsche Maestro-/EC- und Kreditkarten gibt es die einheitliche **Sperrnummer 0049-116 116** und im Ausland zusätzlich 0049-30-4050 4050. Für österreichische und schweizerische Karten gelten:

- **Maestro-Karte,** (A)-Tel. 0043-1-204 88 00; (CH)-Tel. 0041-44-271 22 30, UBS: 0041-848 888 601, Credit Suisse: 0041-800 800 488.
- **MasterCard,** internationale Tel. 001 636 722 71 11 (R-Gespräch).
- **VISA,** internationale Tel. 001 410 581 9994.
- **American Express,** (A)-Tel. 0049-69-9797 2000; (CH)-Tel. 0041-44-659 63 33.
- **Diners Club,** (A)-Tel. 0043-1-501 350; (CH)-Tel. 0041-58-750 80 80.

Geldnot

Wer dringend eine größere Summe ins Ausland überweisen lassen muss wegen eines Unfalles o.Ä., kann sich auch nach Rumänien über **Western Union** Geld schicken lassen. Für den Transfer muss man die Person, die das Geld schicken soll, vorab benachrichtigen. Diese kann die benötigte Geldsumme via www.westernunion.de online über ihr Bankkonto versenden oder muss bei einer Western-Union-Vertretung (in Deutschland u.a. bei der Postbank) ein entsprechendes Formular ausfüllen und den Code der Transaktion telefonisch oder anderweitig übermitteln. Mit dem Code und dem Reisepass geht man dann zu einer beliebigen Vertretung von Western Union in Rumänien (siehe im Telefonbuch oder unter www.westernunion.de „Vertriebsstandort suchen"), wo das Geld nach Ausfüllen eines Formulares binnen Minuten ausgezahlt wird. Je nach Höhe der Summe muss der Absender eine Gebühr ab 10,50 Euro zahlen.

Ausweisverlust/ dringender Notfall

Wird der Reisepass oder Personalausweis im Ausland gestohlen, muss man das bei der örtlichen Polizei melden. Darüber hinaus sollte man sich an die nächste diplomatische Auslandsvertretung seines Landes wenden, damit man einen **Ersatz-Reiseausweis** zur Rückkehr ausgestellt bekommt (ohne das Dokument kommt man nicht an Bord eines Flugzeuges!).

Auch in **dringenden Notfällen,** z.B. medizinischer oder rechtlicher Art, bei der Vermisstensuche, Hilfe bei Todesfällen, Häftlingsbetreuung, versuchen die **Auslandsvertretungen** zu helfen.

Deutsche Vertretungen

- **Prag:** Vlašská 19, Malá Strana, Tel. 02-57 11 31 11 oder 57 53 14 81.
- **Bratislava (Pressburg):** Hviezdoslavovo Nam. 10, Tel. 012-59 20 44 00.
- **Budapest:** Úri utca 64–66, Tel. 01-488 35 00 oder 488 35 67.

- **Bukarest:** Str. Cpt. Av. Gheorghe Demetriade 6–8, Tel. 021-202 98 30 und bei dringenden Notfällen Tel. 0721-37 47 86.
- **Temeşvar:** Splaiul Tudor Vladimirescu 10, Tel. 0256-30 98 00.
- **Sibiu (Hermannstadt):** Str. Lucian Blaga 15–17, Tel. 0269-20 62 11.

Österreichische Vertretungen

- **Budapest:** Benczúr utca 16, Tel. 01-479 70 10.
- **Bukarest:** Dumbrava Roşie 7, Tel. 021-201 56 12, 201 56 15, 201 56 18 und in dringenden Notfällen 0721-28 83 61.
- **Temeşvar:** Str. Mărăşeşti 7, Ap. 2, Tel. 0256-29 43 00.

Vertretungen der Schweiz

- **Budapest:** Stefánia ùt. 107, Tel. 01-460 70 40.
- **Bukarest:** Str. Grigore Alexandrescu 16–20, 4. Stock, Tel. 021-206 16 00, für Visa Tel. 206 16 10.

Öffnungszeiten

Die Arbeitszeiten in Rumänien sind – vor allem im Handel- und Dienstleistungsgewerbe in den Städten – wesentlich **verbraucherfreundlicher als in Deutschland.** Das bedeutet: Was für Restaurants und Hotels längst eine Selbstverständlichkeit ist, gilt auch für die Beschäftigten von Konsumtempeln und Friseurläden – sie arbeiten oftmals bis in die späte Nacht. Nach entsprechenden Öffnungszeiten befragt, lautet die Antwort hier nicht selten: „ultimul client" („letzter Gast"). „Nonstop" ist eines der Hype-Worte im Business-Leben von Bukarest, Constanța und Timişoara.

rum068 Foto: jr

Viele Geschäfte haben neben den üblichen Öffnungszeiten (Mo. bis Sa. von 8–21 Uhr) auch Sonntag vormittags geöffnet.

Regionale Unterschiede kommen leider selbst bei Banken und Behörden vor. Banken haben meistens von 12–13 Uhr Mittagspause, was eigenartigerweise für Ministerien nicht gilt. Diese haben von 8–16 Uhr geöffnet.

Öko- und Agrotourismus

Zwar ist die grüne Bewegung rund um die Karpaten noch ein zartes Pflänzlein, die **Anzahl ökologisch geführter Betriebe, Pensionen und Restaurants wächst** jedoch rasant. Vor allem rund um Sibiu und Braşov lassen sich Raps verarbeitende Betriebe, Biobäcker und organisierte Biogemüse-Produzenten nieder. So gibt es in Hermannstadt die ersten florierenden Bioläden, und ein Ende dieses Booms ist nicht abzusehen. Die touristischen Zuwachsraten, die unter dem Etikett „ökologisch" laufen, sind die höchsten in ganz Rumänien.

Längst hat der **sanfte Tourismus** in Transsylvanien Wurzeln geschlagen. Eine „Touristikagentur für Naturreisen" in Hermannstadt lockt mit Ausflügen zu Wolf, Luchs und Bär, die nichts mit Jagd und Treibjagd zu tun haben.

Grundsätzlich sollte man bei Angeboten, die Jagen und Fischen unter dem Label „ökologischer Urlaub" verkaufen, sehr **vorsichtig** sein. Gleiches gilt für Einblicke in „traditionelle" Lebensweisen, die abends am Lagerfeuer mit Lamm am Spieß enden.

Einige Privatunternehmer haben bereits Mitte der 1990er Jahre Häuser in ökologischer Bauweise errichtet und verlassene **Bauernhöfe in Gästehäuser umgewandelt.** Viele dieser Landpensionen haben sich mittlerweile völlig dem Ökotourismus verschrieben, betreiben auch Aufklärungsarbeit und veranstalten Projekte zum Schutz der heimischen Pflanzen und Tiere.

- **ANTREC** ist die rumänische Organisation der landwirtschaftlich geprägten Gastbetriebe **(Agrotourismus).** Leider sind die Betriebe nicht in allen Teilen Rumäniens präsent. Auf der Antrec-Homepage http://www.antrec.ro (auch englisch) gibt es ein Suchsystem und die Möglichkeit, Unterkünfte anzufragen. Buchungen sind leider nicht direkt, sondern nur über Mittelspersonen möglich.

Post

Die rumänische Post (**Poştă,** gekennzeichnet durch ein gelbes R mit Horn auf rotem Grund) übernimmt traditionell nicht nur den Brief- und Paketdienst. Zu ihren weiteren **Leistungen** gehört der elektronische Geldversand, das Euro-Girokonto, der internationale Geldtransfer über Western Union und der Schnellversand von eiligen und wertvollen Gütern und Dokumenten.

Wer seine Briefe mit der rumänischen Post schickt, muss im Inland mit **Postlaufzeiten** von bis zu einer Woche rechnen, nach Mitteleuropa kann es auch einmal zwei Wochen dauern.

Mit den neuen Express-Angeboten **Prioripost** und **Ultrapost** dauert es je nach Staffelung nur noch 24 Stunden, um eine Sendung in eine der inländischen Städte zu befördern. Aufs Land sind es dann nur noch zwei Tage.

Auch international können Sendungen schneller werden. Die Wunderworte lauten hier **EMS (Express Mail Service)** oder **SkyPak.** Die Post reagiert mit diesen neuen Angeboten auf die immer noch unschlagbar schnellen Versandwege der international agierenden Buslinien von Eurolines und Atlassib.

Auch elektronisch rüstet die Post weiter nach. Mit ihren Angeboten rund um die Bezeichnung **„E-Post"** können Kunden, die kein eigenes Internet besitzen, über einen Post-Account Nachrichten verschicken. Geplant ist die Aufstellung von entsprechenden Internet-Terminals in allen größeren Postfilialen.

Postämter **öffnen** in der Regel um 7:30 und schließen um 19 Uhr. Samstags haben sie bis 14 Uhr geöffnet.

2003 hat die rumänische Post ein **sechsstelliges Postleitzahlen-System** eingeführt. Auf einer englischsprachigen Website kann man die Adresse eingeben und erhält dann die dazugehörige PLZ-Nummer. Auch umgekehrt klappt die Informations-Abfrage, nach dem Motto „Tausche Postleitzahl gegen genaue Adresse":

- **http://www.posta-romana.ro**

Briefmarken (*Timbru poştal,* pl. *Timbre*) erhält man auch in manchen Schreibwarengeschäften, an Kiosken und in Souvenirläden. Das Porto für eine Ansichtskarte *(Cartă)* ins europäische Ausland kostet 1,60 RON.

Postversand und Kurierdienste in Bukarest

- **Post:** Poşta Romåna 1, Str. Matei Millo 10, Tel. 021-315 90 30.
- **DHL International Romania:** Str. Emanoil Porumbaru 85–87, Tel. 021-222 17 71, Fax 021-222 17 66, www.dhl.ro.
- **TNT:** Piaţa Victoriei 155, Tel. 021-303 45 63, Fax 021-303 45 43, rofeedback@tnt.com.
- **UPS:** Calea 13 Septembrie 81–83, Tel. 021-410 06 04, Fax 021-410 99 10, www.ups.com.
- **Fedex:** Blvd. Dacia 55, Tel. 021-211 79 12, Fax 021-211 67 19, www.fedex.com/ro.

Buchtipp – Praxis-Ratgeber:
- Matthias Faermann
Schutz vor Gewalt und Kriminalität unterwegs
(Reise Know-How Verlag)

Sicherheit und Kriminalität

Was die rumänischen Kriminalstatistiken betrifft, so ist seit 1995 ein deutlicher Rückgang der Kapitalverbrechen zu verzeichnen. Bereits davor lag beispielsweise die Zahl der gestohlenen Autos in Bukarest weit unter derjenigen, die etwa für Hamburg oder Amsterdam von offiziellen Stellen genannt wurde. Seit dem verstärkten Einsatz von **Wachpersonal,** das in Rumänien günstiger sein kann als so manche Alarmanlage, ist die Zahl der Verbrechen in den Großstädten weiter gesunken. Viele Besucher Bukarests werden erstaunt sein über die allgegenwärtigen Schutz- und Wachmänner in Uniform.

Die **Armutskriminalität** wird jedoch vom Auftreten der „Schutzengel", wie sich die Wachmänner nennen, wenig berührt. Kleindelikte wie Taschendiebstahl sind in den Städten Rumäniens nach wie vor an der Tagesordnung. Auch das Bewusstsein, was Bestechung ist und was nicht, ist wenig ausgeprägt. Schmieren gehört in Rumänien zum Alltag und hat auf dem Buchmarkt sogar zu einem eigenen „Manual de Şpagă" geführt (einer Anleitung zum gezielten und „professionellen" Einsatz von Geldzahlungen).

In Bahnhofsvierteln und in öffentlichen Verkehrsmitteln sollte man auf der Hut vor Langfingern sein. Abends sollte man in Bukarest die Peripherie nicht zu Fuß begehen (auch wegen der streunenden Hunde); zur Situation in der Hauptstadt siehe auch die Ausführungen im entsprechenden Kapitel.

Wer mit dem Auto anreist, nehme sich gleich hinter der Grenze vor **Geldwechslern** in Acht. Trickbetrüger sind fingerfertig, und man darf sich nicht wundern, nach dem Wechsel weniger in Händen zu halten, als vor den eigenen Augen hineingezählt wurde. Grundsätzlich sollten Sie Geld nicht bei Personen wechseln oder tauschen, die Ihnen offensiv auf der Straße entgegenkommen.

Kleine **Gaunereien** sind vor allem dort an der Tagesordnung, wo der unbedarfte Tourist zeigt, dass er sich nicht auskennt. So ist das Parken in der Bukarester Innenstadt sonntags kostenfrei. Dennoch kann es geschehen, dass ein junger Mann in schicker Uniform und mit Quittungsblock von Ihnen eine Gebühr erheben möchte.

Wer mit dem Auto an Ampeln in Innenstädten halten muss, hat es gelegentlich mit **bettelnden** oder Scheiben wischenden **Roma-Kindern** zu tun.

Sport und Aktivurlaub

Rund um den Karpatenbogen, in der Moldauregion, im Maramureş, im Südwesten und im Donaudelta bieten sich Aktiv-Urlaubern **zahllose Möglichkeiten.** Die Rumänen sind sportbegeistert und naturverbunden; alle Sportarten, die **an der frischen Luft** ausgeführt werden können, sind in Rumänien auf jeden Fall zu finden. In den letzten Jahren hat sich neben den klassischen Freiluft-Aktivitäten, wie Ski- und Radfahren, Wandern sowie Reiten und Kanufahren, ein Trend hin zum Abenteuer- und Actionurlaub gezeigt.

Neben den Touristen suchen auch die Rumänen selbst den **sportlichen Nervenkitzel,** sei es beim Rafting, Höhlenklettern, Gleitschirmsegeln, Endurosport oder Fallschirmspringen.

Sportbegeisterte, die sich vorab über das **Wetter** informieren möchten, finden auf der folgenden Internetseite eine 5-Tages-Prognose inkl. Angabe von Windrichtungen und Windgeschwindigkeiten:

- **http://www.romania.org/romania/weather.html**

- **Einer der besten Anbieter,** was Sport- und Aktivurlaub betrifft, ist **Inter-Pares.** *Radu Zaharie* und sein Team aus Sibiu haben u.a. Folgendes im Programm: Trekking, Mountainbike- und Radtouren, Skitouren, Floßfahren, Kanutouren im Donaudelta und diverse Kultur-Programme. Tel. mobil 0040 (0) 744 371 547, interpares@clicknet.ro, www.roaktiv.de.

Radfahren

Rumänien entdeckt gerade erst den Fahrradtourismus, vor allem in Siebenbürgen und im Moldaugebiet. Die interessantesten Regionen im Südwesten, entlang der Donau und zwischen Mediaş und Braşov warten darauf, per Drahtesel „erobert" zu werden.

Radgeschäfte gibt es nur in den größeren Städten. Es ist angebracht, genügend Ersatzteile mitzunehmen.

Obwohl viele Straßen Rumäniens nicht als fahrradtauglich gelten, sieht man vermehrt Reisende und Gruppen, die das Land auf dem Fahrrad erkunden. Dies mag auch an der verbesserten Ausrüstung der Radhersteller liegen. Auf den bei Radlern beliebten ruhigeren Nebenstrecken ist ein **robustes Reiserad oder Mountainbike** erforderlich, das auch nicht-asphaltierte Abschnitte bewältigt. Eine Reifenbreite von mindestens 37 mm ist empfehlenswert. Als **günstigste,** weil milde **Fahrradzeit** gelten das verlängerte Frühjahr von April bis Juli und der September. Das **Mieten** von Fahrrädern ist derzeit u.a. in Braşov, Sibiu und Cluj möglich.

Das **Mitführen eines Fahrrads** ist in Rumänien offiziell nur in Zügen und Bussen möglich, die auch einen eigenen Packwagen anbieten. Bei vorhandenem Platz werden jedoch in der Regel von Seiten des Personals keine Einwände erhoben.

Aktuelle **Informationen** rund ums Radreisen in Rumänien erhält man auf der Website des Allgemeinen Deutschen Fahrrad Clubs www.adfc.de unter „Reisen/Europa-Infos/Rumänien".

Buchtipps – Praxis-Ratgeber:
- Thomas Gut
Canyoning-Handbuch
- Alexander Maier
Höhlen erkunden
- Gunter Schramm
Trekking-Handbuch
- Sven Bremer
Radreisen Basishandbuch
(alle Bände Reise Know-How Verlag)

Verständigungshilfe Rad

Auf **www.bikeromania.de** finden sich Informationen rund ums Reisen mit dem Rad in Rumänien, ein Wörterbuch „Fahrradteile" (deutsch-rumänisch) und eine Reisewörterliste zum Download.

- **Kontakt: Thomas Froitzheim,** ADFC, Meierfeld 21c, 33611 Bielefeld, Tel. 0521-89 61 90, 1122-362@t-online.de.

Rafting

Wildwasser-Schlauchbootfahrten werden in Rumänien immer beliebter. Das wild-nasse Spektakel wird inzwischen **in verschiedenen Regionen** des Landes angeboten. Eine der interessantesten Strecken befindet sich auf der Bistriţa in der Bukowina. Daneben ist auch noch der **Crişul repede** im Westen Rumäniens zu erwähnen.

Im **Valea Bistriţei,** dem Tal der Bistritz, können Anfänger ebenso wie erfahrene Rafter den Fluss befahren, da er hier unterschiedliche Schwierigkeitsgrade aufweist. Auf Längen von 12 bis 14 km mit Schwierigkeitsgraden von 2 bis 5 dürfen Gruppen nur von ausgebildeten und geschulten Veranstaltern organisiert werden. Bei allen Angeboten ist professionelle Schutzkleidung (Rettungswesten, Helme) Pflicht. Zu achten ist auf den tadellosen Zustand der Boote und Paddel.

Kontakt/Infos

- **Sport Hotel,** *Cornel Todasca,* 72570 Vatra Dornei, Str. Republicii 33, Tel./Fax 0230-371 567.
- **Cătălin Nemţanu,** Eichendorffstr. 59, 94315 Straubing, Tel. 09421-53 02 93, Fax 09421-53 02 94.

Floßfahrten

Wesentlich beschaulicher als beim Rafting geht es beim Floßfahren zu. Seit einigen Jahren wird das Flößen vor allem **auf dem Olt** zwischen den Orten Augustin und Făgăraş lebendig erhalten. Abenteuerlustige können sich bei den Fahrten auf dem Olt unter kompetenter Anleitung nach einer zünftigen Floßtaufe selbst im Flößen üben und als Flößer *(Plutaşi)* einige Tage auf dem Fluss verbringen. Auf der vom Reiseveranstalter Hauser und seinem Organisator *Radu Zaharie* angebotenen dreitägigen Fahrt gleitet man jedoch nicht nur ruhig dahin. Einige Stromschnellen sorgen für gelegentliche aufregende Floßtänze. Eine Herausforderung der ganz besonderen Art kann bei niedrigen Wasserständen entstehen: Wenn das tonnenschwere Floß stecken bleibt, ist das ganze Team gefordert.

rum073 Foto: jr

Biker sind in Rumänien noch keine alltägliche Erscheinung

Kontakt/Infos

- **Hauser exkursionen international,** Spiegelstr. 9, 81241 München, Tel. 089-23 50 06 0, www.hauser-exkursionen.de.
- **Inter-Pares,** *Radu Zaharie,* Sibiu, Tel. mobil 0040 (0) 744 371 547, interpares@clicknet.ro, www.roaktiv.de.

Canyoning

Mit Canyoning wird das Klettern, Abseilen, Springen und Schwimmen an Schluchten und Wasserfällen bezeichnet. **Risikoreich** – diese Bezeichnung benutzt selbst der Deutsche Canyoning Verein für diesen neuen Nervenkitzel-Sport. In Rumänien wird er erst seit 2002 von Veranstaltern angeboten. Überall dort, wo C5 und C6 als Schwierigkeitsgrad angepriesen werden, sollten sich nur erfahrene Kletterer und gute Schwimmer dem Risiko aussetzen. Doch selbst für Profis sind rutschige Felsen und gefährliche Strömungen ein unberechenbares „Vergnügen".

Für Schluchtenfreunde, die keine Anhänger von Extremsport sind, bieten sich vor allem im **Apuseni** auch viele Wandercanyons ohne Kletterpassagen und Sprungeinlagen an.

Kontakt/Infos

- **Sabin Cornoiu,** Tel. 0253-22 25 55, Fax 0253-22 15 55, salvamont@eltop.ro.

Speläologie (Höhlenforschung)

Die **Karpaten** bilden das **größte zusammenhängende Karsthöhlensystem der Welt.** Allein zehn der größten rumänischen Höhlen haben eine Länge von mehr als 10 km, 86 Höhlen reichen in eine Tiefe von mehr als 100 m hinab. Die größte Konzentration an Höhlen gibt es dabei im **Sighistel-Tal** mit über 70. Die größte Eishöhle Rumäniens und die zweitgrößte in ganz Europa ist die **Scărişoara-Eishöhle.**

Neben den allseits bekannten Stalaktiten und Stalagmiten haben rumänische Höhlen auch andere **Attraktionen** zu bieten. So finden sich unterirdische Wasserfälle, frühzeitliche Fußspuren, glitzernde Salzkristalldecken und

Im Bauch der Karpaten

„Der Weg vom affenartigen Vorgänger zum Menschen führt durch die Höhle." Dieses Motto des Vulcan-Clubs zur **Erforschung der rumänischen Höhlen** in Craiova zeigt eines der Motive auf, die Amateurforscher antreibt, ins tiefe, dunkle Unbekannte hinabzusteigen. „Wir sind auf der Suche nach unserer Vergangenheit." So drückt es *Cătălin Bădulescu* aus, der bereits über 100 Höhlen erforscht hat. Höhlenforschung war unter dem Begriff Speläologie im eigentlichen Sinn bis in die 20er Jahre des 20. Jahrhunderts hinein ausschließlich Wissenschaftlern vorbehalten. Doch immer mehr Hobbyforscher zog es hinab in die dunkle Welt.

Bereits im Jahr 1884 kannte man 73 Höhlen in Rumänien. 1965 wurde deren Zahl mit 984 angegeben, da immer mehr Amateurforscher sich unter die Erde begaben und neue Höhlen entdeckten. Heute wird die Zahl der höhlenartigen Systeme mit über 12.000 angegeben. Die Zahl der tatsächlich begehbaren Höhlen dürfte aber deutlich niedriger anzusetzen sein.

sogar Goldstaub in einigen der Karsthöhlen.

Selbst **Höhlenklettern** und **Höhlentauchen** ist nach einigen bürokratischen Hürden in dafür ausgewählten Höhlen möglich. So kann man in der **Izverna-Höhle** in den Mehedinţi-Bergen gut tauchen, da das klare Wasser eine hervorragende Sicht erlaubt.

Neben der bereits erwähnten Scărişoara-Gletscherhöhle wurden zahlreiche andere zu **Schauhöhlen** gemacht, in denen die Besucher auf Exkursionen in die Geheimnisse der Unterwelt eingeführt werden. Zu den eindrucksvollsten Schauhöhlen zählen dabei die **Meziad-Höhle** in der Nähe der Gemeinde Meziad und die **Bärenhöhle** (Peştera urşilor) in der Nähe von Chişcău. Den schaurigen Geschichten in der Bärenhöhle haben bereits mehr als 20 Millionen Besucher gelauscht. Es ist die einzige moderne Schauhöhle Rumäniens mit gepflasterten Wegen, Geländern und elektrischem Licht.

Alleine sollte man sich übrigens **keinesfalls in unbekannte Höhlen** wagen! Die herkömmlichen Stabtaschenlampen und Stirnlampen haben viel zu kleine Lichtkegel, und die Lichtverhältnisse in den meisten rumänischen Höhlen machen eine Begehung zu einem unkalkulierbaren Risiko. Mit **Baulampen** (Kryptonbirne und 6-Volt-Batterien) ausgestattete Besucher kommen hier wesentlich besser zurecht, sollten allerdings **rutschfeste Schuhe** tragen, denn die hohe Luftfeuchtigkeit macht viele Passagen und Galerien in den Höhlen zur reinsten Schlitterpartie.

Kontakt/Infos

- **Clubul de Speologie Omega,** Str. N. Iorga 1A, 34065 Cluj-Napoca, *Felician Papiu,* Tel. 064-120 492, Speo.omega@email.ro.
- **Clubul de Speologie Rhinolophus Lupeni,** Lupeni, Judeţul Hunedoara, *Balasz Csaba,* Tel. 0723-370 073.

Wandern und Bergsteigen

Rumänien ist ein Wander- und Bergsteigerparadies. Zahllose Strecken führen die Naturfreunde durch Seenlandschaften, über Gebirgskämme, durch abenteuerliche Schluchten und auf spannende Klostertouren. Besonders die vielen **Naturschutzgebiete** locken die Frischluftfans an, da man hier die Gelegenheit hat, Auerhähne, Rotwild, Luchse, Steinadler, ja sogar Wölfe und Bären in freier Wildbahn zu erleben.

Die im **rumänischen Alpenverein** organisierten Wanderer und Kletterer arbeiten eng mit ihren deutschen, schweizerischen und österreichischen Kollegen zusammen. **Markierte Stege und Wanderwege** finden sich darum in allen interessanten Regionen. Die fehlende Infrastruktur in den Bergen sehen viele Wanderer nicht als Belastung an, sondern als Herausforderung im positiven Sinne. Im Gegensatz zu den durchgängig erschlossenen Alpen führt eben in den Karpaten nicht gleich eine Seilbahn oder ein Skilift auf jeden Gipfel. Die Versorgung mit **Hütten (Cabane)** zum Übernachten oder zum Zwischenstopp ist in den touristischen Regionen fast überall gewährleistet. Die **Gastfreundschaft der Berghirten** ermöglicht es, das müde Haupt zwischenzeitlich auch einmal auf Stroh zu betten oder in einer der Notunterkünfte oder Hirtenhütten *(Stâna)* zu nächtigen.

Neben den zentral im Karpatenbogen gelegenen fünf **Gebirgen Piatră Craiului, Bucegi, Postavăru, Piatra Mare** und **Ciucaş** bieten sich zahlreiche andere Gebirgszüge für Bergwanderungen an. Von den Höhen des westlich gelegenen **Apuseni-Gebirges** über die rauen Höhen des **Retezats** im Südwesten und die Bergriesen des **Făgăraş-Gebirges** bis hin zu dem im Nordosten gelegenen Olymp der Rumänen, dem **Ceahlău,** reicht die Palette der Möglichkeiten für Hochwanderungen.

Das sich südlich an den Maramureş anschließende **Rodnei-Gebirge** lockt mit seinen Wasserfällen und Seen, das **Bihor-Gebirge** mit seinen Höhlen, das **Căliman-Gebirge** mit seinen endlosen Wäldern und Heilquellen.

Sportklettern

Sie heißen „Spiderman", „Freestyler" oder „Painkiller". Die Routen der Kletterfans tragen in Rumänien englische Namen, weil die beliebtesten Klettergebiete wie die **Bicaz-Klamm (Cheile Bicazului), Turzii Gorge** und **Herculane** jährlich auch zahlreiche westliche Sportkletterer nach Rumänien locken. Von einfachsten Routen mit leichten Bouldermöglichkeiten, simplen Vorstiegen und griffigen Vorsprüngen bis hin zum Schwierigkeitsgrad 10+ („Radio Head" am Cariera südöstlich von Băile Herculane) reicht das Spektrum der Climbing-Möglichkeiten.

Einige Sporthotels bieten bereits **Indoor-Kletterwände** an. Die Daten der jährlichen Wettbewerbe vom Indoor Bouldering bis hin zur nationalen Outdoor-Meisterschaft können unter der unten angegebenen Webadresse abgerufen werden.

Wer beim Klettern, Trekking, Wandern oder Bergsteigen in Schwierigkeiten gekommen ist, sollte die Nummer der **Bergwacht** in seinem Handy gespeichert haben. Die Bergwacht und Bergrettung wird in Rumänien **Salvamont** genannt. Die **nationale Rettungsnummer** lautet **0725-826 668,** die örtlichen Rettungsnummern stehen bei den Ortsbeschreibungen.

Glossar/Infos

- Auf der folgenden Rennkuckuck-Internetseite findet sich ein Glossar mit den wichtigsten Begriffen aus dem Klettersport in deutscher und rumänischer Sprache: **http://rennkuckuck.de/php/klettern/begriffeb.php.**
- Mehr zum Thema Klettern in Rumänien (Meisterschaften etc.) unter **www.romaniaclimb.com.**

Gleitschirmfliegen und Fallschirmspringen

In vielen Teilen der Karpaten herrscht noch völlige Freiheit am Himmel. Im Gegensatz zu den schnell erreichbaren, touristisch bestens erschlossenen Alpen ist Paragliding in Rumänien mit **etwas höherem Aufwand** verbunden und somit vor allem etwas für Biwakpiloten und für diejenigen, die auch längere Anmärsche nicht scheuen.

In Rumänien muss im Gegensatz zu Mitteleuropa neben einer Paragliding-

Pilotenlizenz auch ein **Flugtauglichkeitszertifikat** *(Certificat de înmatriculare a parapantei)* mitgeführt werden. Außerdem ist beim Luftverkehrsamt *(Serviciul de Trafic Aerian)* die vorgesehene Flugstrecke vorab genehmigen zu lassen. Alle Papiere kann man sich in Bukarest beim *Aeroclubul României* (s.u.) ausstellen lassen.

Bereits in den Achtziger Jahren kamen die ersten Gleitsegler von Frankreich nach Transsylvanien. Als gute Ausgangsbasen des Sports gelten heute die **Gebiete um Sibiu und Braşov.** Als Flugzonen mit besonders günstiger Thermik gilt das **Bâlea-Gebiet** in den Fogarascher Bergen mit drei über 2000 m hoch gelegenen Abflugplätzen. Der höchstgelegene Startpunkt Rumäniens ist dabei der **Vârful Paltinu** mit einer Höhe von 2399 m. Landeplätze finden sich zur Genüge im Buleakessel oberhalb des Wasserfalls in Höhe der Schäferei auf 1550 m.

Exzellente Bedingungen finden sich auch in Sinaia in den **Bucegi-Bergen** (Valea Dorului), Landeplätze an der Sandbank am Fluss. Eine schöne Flugzone im Donaudelta ist die vom Festungshügel in **Enisala** mit Blick über den Razim-See und das weite Hügelland.

Kontakt/Infos

- **Aeroclubul României,** Bd. Lascar Catargiu 54, Sector 1, Bucureşti, Tel./Fax 312 36 19.
- **Valentin Ioan Popa,** Tel. 0742-04 55 00, Valip_air@yahoo.com; Fluglehrer und Fluginspektor des Aeroclubul României.
- **Puiu Chiseliţa,** Tel. 0744-55 89 36, puiu@internet.ro, puiu_chiselita@yahoo.com; *Puiu* spricht englisch und organisiert Geitschirm- und Trekking-Touren.

Windsurfing

Der beste Wind zum Windsurfen weht nicht zwangsläufig am Schwarzen Meer. Auch die **Binnengewässer Lacul Bicaz, Poiana Mărului** und **Lacu Roşu** (der Rote See im Donaudelta, nicht der in der Nähe von Bicaz!) haben besonders im September und im Frühjahr ordentliche Windstärken vorzuweisen. Auch der riesige **Razim-See** wird von Windsurfern sehr geschätzt.

Die bekanntesten Surfabschnitte am **Schwarzen Meer** heißen Mamaia und Vama Veche. Im quirrligen **Mamaia,** einem Vorort der Hafenstadt Constanţa, können einem während der Sommermonate allerdings Jetskies, Touristengruppen auf gelben Bananenbooten oder Kitesurfer (die mit dem Segelschirm) in die Quere kommen. Wesentlich bessere Bedingungen finden Windsurfer an der bulgarischen Grenze in **Vama Veche.** Der ruhige, beschauliche Ort verfügt über mehrere Surfschulen, ist also auch etwas für Surfanfänger.

Reiten

Pferde sind in Rumänien **allgegenwärtig.** Die Landwirtschaft ist auf die Tiere angewiesen, der Traktor in den meisten Landstrichen immer noch eine Ausnahme. Pferde beherrschen die Straßen und die Felder. Als Zugtiere schleppen sie schwere Karren und ziehen sonntags auch mal die ganze Familie zur Kirche.

Sieht der Rumäne ein Pferd, denkt er zuerst an die **Arbeit** und weniger ans

Vergnügen. Als Reittier für Ausritte wurde das Pferd erst im Rahmen des sanften Tourismus „wiederentdeckt."

Reiterhöfe besinnen sich dabei zunehmend auf die **Tradition des rumänischen Lipizzanergestüts,** welches 1874 am Fuße des Făgăraş-Gebirges in den Südkarpaten existierte. Das Gestüt **„Sîmbata de Jos-Făgăraş"** brachte sehr resistente Lipizzaner hervor, die während der kommunistischen Zeit jedoch vorwiegend in der Landwirtschaft eingesetzt wurden.

Die meisten Gestüte und Reiterhöfe befinden sich heute im **Banat,** also in Südwest-Rumänien und in Siebenbürgen, wo die Hügel und weiten Wiesen zu Galopp und Trab einladen. Viele der Anbieter verbinden die Reitangebote mit kulturellen Stadtbesichtigungen oder Pirschfahrten in die Natur.

Im **Winter** besteht von den Reiterhöfen aus die Möglichkeit zum Ausritt in die Schneelandschaft. Viele der Besucher machen es sich allerdings bei eisigen Temperaturen lieber in den gewärmten Decken des Pferdeschlittens gemütlich.

Eine ganz besondere Art, Reiten und Skifahren zu verbinden, bietet eine neue Trendsportart an, die aus Skandinavien nach Rumänien geschwappt ist: das **Skijöring.** Dabei steht man auf Skiern und lässt sich vom Pferd über die Hügel abgelegener Karpatentäler ziehen.

rum078 Foto: jr

Kontakt/Infos

- **Daksa Öko-Reitzentrum,** Reitabenteuer mit deutsch sprechenden Reitlehrern durch die Karpaten und durch das Siebenbürgische Hochland. Kontakt: Mugur Pop. Str. Actorului 13A, 400441 Cluj-Napoca, Tel. 0040 (0) 744 100 645, mugurpop@gmail.com, www.ridingadventures.ro.
- **Equus Sivania,** Reitstall mit Pension im Kreis Braşov, Rundritt durch Transsylvanien, Bärenbeobachtung, Wandertouren. Kontakt über *Christoph Promberger,* Tel. 0040 (0) 268 228 601, christoph@deltanet.ro, www.equus-silvania.com.
- **Reitzentrum Ştefan cal Mare,** Kutschfahrten, Reiterferien und Winterreiten in den Kreisen Bistritz und Suceava. Tel. 0040 (0) 263 378 470, enquiries@riding-holidays.ro, www.riding-holidays.ro.

Wintersport

In Höhen von **über 1200 m** bleibt der Schnee in den Karpaten zwischen sieben und neun Monaten liegen. Dies garantiert eine lange Zeit für Wintersportler. Die **ideale Saison** zum **Rodeln, Schlittschuh- und Skilaufen** sind die Monate **Januar bis April.**

Im bekanntesten Skiort **Poiana Braşov** fuhr man bereits vor über 100 Jahren Ski. Zur weißen Jahreszeit wedeln die Skifahrer hier heute über zwölf verschiedene Abfahrtspisten. Am Abend kann man sich noch auf die Piste Bradul wagen, da diese beleuchtet ist.

Von Poiana aus ist es nur einen „Katzensprung" zur höchstgelegenen Stadt Rumäniens, **Predeal,** und zum mondänen Kur- und Wintersportort **Sinaia.** Von beiden Orten führen Loipen die Skilangläufer in nahe gelegene Täler. Seilbahnen bringen die Wintersportler auf über 2000 m Höhe ins **Bucegi-Gebirge.** Die besten Abfahrten liegen in den Nordtälern **Valea Morarului** und **Valea Alba.**

Neben den genannten bieten auch alle anderen größeren Skiorte, wie Durau oder Cheia, **Kurse und Skiausrüstungen zum Verleih** an.

Zu einem Geheimtipp ist in den letzten Jahren die Piste im Ort **Azuga** avanciert. Sie weist den größten Höhenunterschied in Rumänien auf.

Tourenski praktiziert man vor allem im Bucegi- und im Făgăraş-Gebirge. Wer Tourenski mit Abfahrtsski kombinieren möchte, kann dies ebenfalls in diesen beiden Gebirgsmassiven tun. Die Touren im Făgăraş sind länger und abwechslungsreicher als die im Bucegi. In den Tälern beider Gebirgsmassive, vor allem im **Valea Doamnei** im Făgăraş, lässt sich auch hervorragend **snowboarden.**

Faltboot, Kajak und Kanufahren

Wer **rudern** oder **segeln** möchte, muss nicht gleich ans Donaudelta oder ans Schwarze Meer fahren. Bereits in der Hauptstadt Bukarest können am Nordufer des **Herăstrău-Sees** Ruderboote und kleine Segelboote ausgeliehen werden. Ungleich schöner jedoch ist ein Ausflug ins Biosphärenreservat des Deltas. Wer hier die Pelikane, Kormorane und Stelzenläufer aus nächster Nähe betrachten

Pferde werden in Rumänien vor allem als Zug- und Lasttiere eingesetzt, weniger zu Freizeitzwecken

möchte, wird zu möglichst unauffälligen und wendigen Wasserfahrzeugen greifen. Segel- und Ruderboote sieht man darum im Delta so gut wie nie. Dafür jedoch um so mehr Paddel. **Kajak, Kanu** und **Faltboot** sind hier die idealen Fortbewegungsmittel.

Die besten Startpunkte für **Touren ins Delta** liegen im Delta selbst: am südlichen Sfântu-Gheorghe-Arm, in Murighiol, in den zahlreichen kleineren Fischerdörfern sowie im zentral gelegenen Mila 23. Wer eine Deltarundreise per Kanu antreten möchte, sollte sich vorab über die gewaltigen Dimensionen (4350 Quadratkilometer) klar werden, die hier vorliegen. In den **zahllosen labyrinthartigen Verzweigungen** des weltweit größten Schilfgebietes können sich unerfahrene Wassersportler leicht verirren.

Als Ausgangspunkt für Paddeltouren ins Delta bieten sich darum **schwimmende Hotels** an. Die Kategorien reichen hier vom einfachen Pontonboot bis hin zur luxuriös ausgestatteten Wohnjacht. Diese fahren täglich neue Ziele im Delta an, und per Doppelkajak oder Kanadier lässt sich die neue Umgebung dann in aller Ruhe erkunden. Damit die Wasserreise wirklich „in aller Ruhe" stattfinden kann, sollte man auf eine **erfahrene Führung** nicht verzichten. Nur ortskundige Deltakenner wissen, wo die lauten Motorboote nicht cruisen, kennen die Brutplätze der Reiher und Pelikane und können einem die besten Plätze für eine Übernachtung im Zelt zeigen.

Unterkünfte bieten mittlerweile auch einige Fischer in kleinen Pensionen oder Gästehäusern an (siehe „Im Wasserlabyrinth des Deltas").

Wer auf den zahlreichen **Gebirgsseen** Rumäniens mit dem eigenen Boot unterwegs ist, sollte zwar schwimmen können, Ersatzkleidung im Plastiksack benötigt er jedoch in den seltensten Fällen. Ob Lacul Bicaz im Norden oder Lacul Vidra im Südwesten – diese rumänischen Seen sind aufgrund ihrer Gebirgslage ruhige Gewässer. Windige Verhältnisse herrschen hingegen im Osten. Auf dem Razim-See kann es bisweilen auch sehr stürmisch werden.

Golfen

Seitdem der ehemalige König *Mihai* sich dem Golfspiel verschrieben hat und in Alba Iulia einen Golfplatz bauen möchte, sind Putten und Birdie auch in Rumänen ein populäres (Medien-) Thema. In den wenigen bestehenden **Golfclubs** gibt man sich wirklich alle Mühe, die Sportler bei Laune zu halten. Neben den üblichen Benutzungsrechten, einem Caddie und Zugang zu den clubeigenen Fitnessräumen bekommt jedes Mitglied bis zu 50 Vouchers für Entspannungsmassagen.

Internationale **Golfturniere** werden ca. 120 km von Bukarest entfernt im Lac de Verde Golf Club in Breaza ausgetragen.

Golfplatz/-club

- **Lac de Verde Golf Club,** Str. Caraiman 57, 105400 Breaza, Tel. 0244-343 850, Fax 0244-343 525, contact@lacdeverde.ro, www.lacdeverde.ro.

Motorsport

Motorradfahrer haben Rumänien schon früh entdeckt. Im Sommer sieht man die Biker vor allem auf den Pässen der **Transfăgăraşan,** der Hochgebirgsstraße, die in schlangenartigen Windungen über die Karpaten führt, rund um den **Lacul Bicaz** oder in den zahllosen Serpentinen des **Cibin-Gebirges** südlich von Hermannstadt. Abgelegene Karpaten-Täler und wilde Schluchten wie am Bicaz-Klamm sind nicht der einzige Grund, der die Fahrer anzieht. Auch die **günstigen Spritpreise** und das gute Preis-Leistungs-Verhältnis im Land sind für viele motorisierte Zweiradler schlagende Argumente für ihren Rumänienaufenthalt.

Auch **Off-Road-Anhänger** kommen in Rumänien voll auf ihre Kosten. Als erstes hat hier die Enduro die wilden Gebirgsbäche und steilen Auffahrten erobert. Wer sich die Karpaten einmal durch die Endurobrille betrachten möchte, kann dies rund um den **Muntele Mic,** den „kleinen Berg", in der Nähe von Caransebeş tun. Hier und an anderen Stellen sorgt die Vereinigung **Enduromania** alljährlich dafür, dass neben dem reinen Fahrspaß auch umweltbewusstes Verhalten und der Kontakt zur Bevölkerung nicht zu kurz kommen. Unter dem Motto „Gegen Vorurteile – für mehr Integration" finden geführte Touren durchs Enduro-Eldorado Rumänien statt.

Off- und On-Road-Spaß ganz anderer Art bieten einige Hotels und Verleiher in Sibiu und rund um Moiecu an. Das **Quad,** ein dick bereiftes Vierrad, erobert hier die Schotterpisten, Bergpässe und Kammstraßen.

Kontakt/Infos für Enduro-Fahrer

- **Sergio Morariu,** Str. Trandafirilor 4, 30022 Timişoara, Tel. 0256-491 565, www.enduromania.net.

Sportangeln und Jagen

Sportangeln

Angeln scheint ein **rumänischer Nationalsport** zu sein, was im Land der Selbstversorger nicht verwundert. Fast jeder Landbewohner hat eine Angel oder zumindest etwas, was man so nennen könnte. Aber auch viele Städter zieht es regelmäßig an Seen und Teiche. Im Sommer kann es an den Ufern des Herăstrău-Sees in Bukarest sehr eng zugehen.

Bachforellen finden sich in zahlreichen Bergbächen, so in denen des Rodnei-Gebirges und des Retezats, wo der Angler ebenso **Äschen** und **Elritzen** antrifft. Kapitale **Forellen** und **Zander** tummeln sich auch in den zahlreichen Bergseen. Eines der wohl besten Zandergewässer ist der Săruleşti-Stausee südlich von Bukarest. Donauangler zieht es nach Orşova, wo auch große Bestände an **Welsen, Karpfen, Hechten** und Zandern vorkommen. Ein Paradies für Angler ist das Donaudelta, in dessen Gewässern sich mehr als 150 Fischarten wohl fühlen. Angler werden es hier vor allem auf den großen **Stör** abgesehen haben.

Jährlich **ab dem 1. April** gilt eine landesweite **60-tägige Schonzeit** für Fische. Außerhalb dieser Zeit werden

Angelberechtigungen in den meisten Tourismusbüros ausgestellt.

Jagen

Ebenso wie das Angeln gehörte auch das Jagen in Rumänien lange Zeit zu einer der wenigen Möglichkeiten, in tristen Zeiten die eigene Speisekammer zu füllen. So darf es nicht verwundern, dass viele Rumänen mit kargem Einkommen im Jagen weiterhin eine völlig **normale Möglichkeit des Nahrungserwerbs** sehen. Große Bestände an **Feldhasen, Wildschweinen, Rehwild, Dam- und Rothirschen** scheinen diese Einstellung zu rechtfertigen. So gehört der Wildschweinbestand Rumäniens zu einer der stärksten Populationen der Welt. Problematisch wird die Jägerei allerdings dort,

Von Jägern und Gejagten

Was die Schönheit der Bergwelt und die Flora betrifft, kann Rumänien mit Österreich und der Schweiz nicht unbedingt konkurrieren. Zumal die Infrastruktur teils immer noch stark zu wünschen übrig lässt. Die Fauna jedoch lockt immer mehr interessierte Besucher in die Karpaten sowie in die nördlichen Regionen des Maramureş und des Moldaugebietes. Die Attraktion, die viele Naturfreunde anzieht, sind die so genannten „Großräuber" wie Wolf und Bär.

Dass Rumänien heute die **größte Braunbären-Population in Europa** hat, ist auch ein „Verdienst" des ehemaligen Regimes. Unter *Ceauşescu* wurden nämlich allenfalls hohe Staatsgäste einmal „auf einen Bären" eingeladen. Die Jagd war nur den Mitgliedern des Politbüros erlaubt und ansonsten strengstens verboten. Für die gesamte Population der Braunbären war der „Conducător" also ein Glücksfall.

Die **Jagdzeiten für Überbestand** sind auf die Zeit vom 1.3. bis 15.4. und 1.9. bis 31.12. beschränkt. Diese zeitliche „Schutzzone" lässt sich in Rumänien allerdings leicht umgehen. Laut einer Verordnung darf ein Bär nämlich dann ganzjährig abgeschossen werden, wenn er Menschen oder Tiere (!) anfällt.

Da es den Allesfresser Bär auch gerne einmal in die Randzonen der Städte zieht, kann es durchaus vorkommen, dass er hier nicht nur die Mülltonnen durchwühlt, sondern sich z.B. an des Imkers bunt bemalte Bienenhäuser heranwagt. Dies wird dann als Notfall oder Bedrohung interpretiert.

Bereits in solchen Fällen findet eine Vermarktung statt. Auf so genannten **„Bären-Touren"** werden Touristen für gutes Geld abends in die Nähe der (zumeist durch Futter bewusst herbeigelockten) Tiere geführt – das soll dann spannend sein.

Der Einzelgänger Bär kann von jedem Schießwütigen für ca. **7500 bis 10.000 Euro** erlegt werden. Mit einem offiziellen Stempel wird die problemlose Ausfuhr des Fells garantiert.

Erstaunlich ist nun jedoch Folgendes: Eine **Trophäe** des *Ursus Actos L.* wird nach C.I.C.-Punkten bezahlt. Diese bemessen sich nach der Fellgröße. Eine Trophäe kann also die Kosten des Abschusses fast wieder hereinholen. Was sich zunächst so teuer anhört, ist es also in der Praxis keinesfalls.

Es bleibt zu hoffen, dass diese Praxis nach dem EU-Beitritt Rumäniens nun beendet ist.

wo gegen harte Westdevisen nicht nur der Überbestand dezimiert wird. Vor allem dort, wo auf **Wölfe, Bären, Luchse** oder **Auerhähne** Jagd gemacht wird, treibt die Jäger weniger der Hunger an, sondern ist oft allein leicht verdientes Geld im Spiel.

Sprache und Verständigung

Im Anhang finden Sie einige wichtige Sprachwendungen in Rumänisch und Ungarisch.

Rumänisch ist eine **romanische Sprache.** Sie wird außer in Rumänien auch in der Republik Moldau sowie in Teilen Bulgariens, Griechenlands, Makedoniens, Ungarns und der Ukraine gesprochen. In der serbischen Vojvodina ist Rumänisch sogar als offizielle Sprache anerkannt.

Die dem Rumänischen **am nächsten verwandte Sprache** ist **Italienisch.** Da mehr als 10 Prozent des Rumänischen aus anderen Sprachen, vor allem dem Russischen und Türkischen, entlehnt wurden, verstehen Italiener Rumänisch nicht so ohne weiteres, während Rumänen innerhalb kürzester Zeit die italienische Sprache verstehen und erlernen können.

Die in der rumänischen Schriftsprache verwendeten **Buchstaben mit diakritischen Zeichen (ă, â, î, ţ, ş)** verlangen ausländischen Lesern und Sprachschülern anfangs einige Konzentration ab. Auf der anderen Seite wird man dafür mit einem (teilweise) sehr leicht zu erlernenden Vokabular entschädigt.

So sollte man sich als deutschsprachiger Besucher Rumäniens nicht wundern, vereinzelt **vertraut klingende Worte** wie *Cartofi* (Kartoffel), *Chelner* (Kellner), *Turn* (Turm), *Vânt* (Wind), *Gang* (Durchgang), *Bormaşin* (Bohrmaschine) oder *Abţibild* (Abziehbild) zu hören. Regional gibt es weitaus mehr vertraute Begriffe. So verwendet man im Maramureş, also im nordöstlichen Rumänien, die Wendung *ţuric* (gesprochen tzurik), wenn man einem Pferd klarmachen möchte, das es „zurück" gehen soll.

In ganz Rumänien hat sich die Bezeichnung **„Adidaşi" für Turnschuhe** durchgesetzt, auch wenn es sich um eine Konkurrenzmarke handeln sollte.

Mitunter kommt es durch den **Import slawischer, ungarischer oder deutscher Worte** auch zu **Dubletten.** So gibt es im Rumänischen z.B. zwei Worte für Grenze. Einmal das aus dem Slawischen stammende *Graniţă* und

Empfehlenswerter Sprachführer

Reise Know-How hat einen Rumänisch-Sprechführer im Programm, der praxisnah und didaktisch sehr verständlich in die rumänische Sprache einführt. Den Sprechführer gibt es auch digital als CD-ROM und auf Audio-CD als AusspracheTrainer.

- *Jürgen Salzer,* **Rumänisch – Wort für Wort,** Kauderwelsch Bd. 52

dann das aus dem Romanischen stammende *Frontieră*. Ohne es zu ahnen, haben die Rumänen selbst Begriffe aus dem ungeliebten Ungarisch importiert, wie die *Papuci* (Schuhe). Viele der rumänischen Bezeichnungen für Obst und Gemüse versteht man übrigens auch auf den Märkten Istanbuls, da die Begriffe von den türkischen Besatzern übernommen wurden.

Was die **Verständigung** betrifft, so haben es deutschsprachige Besucher in den großen Städten Siebenbürgens (Transsylvaniens) besonders leicht. So sprechen in Braşov und Sibiu über 10 Prozent, in Mediaş und Sighişoara immerhin 5 Prozent der Einwohner **deutsch.** Es gibt in den genannten Städten (und in Bukarest, Cluj und Timişoara) deutsche Schulen, und mit einigem Nachfragen finden deutschsprachige Besucher immer jemanden, der die eigene Sprache spricht oder versteht. Auch mit Englisch, Französisch und Italienisch kommt man recht weit. Junge Rumänen und Rumäninnen werden in den Schulen konsequent auf die Europäische Union vorbereitet, sprechen immer wenigstens eine fremde Sprache und freuen sich fast durchweg über einen fremdsprachlichen Dialog und Kontakt.

Buchtipp – Praxis-Ratgeber:
- Volker Heinrich
Handy global – mit dem Handy im Ausland
(Reise Know-How Verlag)

Strom

Der rumänische Strom kommt ebenso wie bei uns mit **220 Volt** und **50 Hertz Wechselstrom** aus der Steckdose. Adapter für den Laptop oder den Tauchsieder sind also nicht erforderlich.

Telefonieren

... nach Rumänien

Der harten Konkurrenz im Telekommunikationsgewerbe ist es zu verdanken, dass Anrufe nach Rumänien nicht mehr die Welt kosten. Mit einer entsprechenden Vorwahl kann der Minutenpreis im Festnetz mittlerweile auf bis zu 6 Cent gedrückt werden. Vereinzelte Dumpingangebote, die 1,5 Cent versprechen, sind meist leider wegen Überlastung der Leitung oft nicht wahrzunehmen. Über die Internetseite **www.heise.de** erfährt man am schnellsten, welche Vorwahlnummer gerade den günstigsten Tarif verspricht („Telefontarife/Schnellabfrage/Rumänien"). Als Dauerbrenner erweisen sich seit längerer Zeit die 01055 und 01026. Wer günstige Handy-Vorwahlnummern sucht, erfährt diese auf der Rennkuckuck-Seite (siehe „Vor der Reise/Informationsstellen").

Wer noch billiger telefonieren möchte und längeres Eintippen nicht scheut, wird auf der Webseite **www.easytelecom.de** fündig. Das Angebot lag Anfang 2010 bei 6 Cent/Min.

Am günstigsten geht es natürlich mit **Skype-Anschluss im Internet,** nämlich (fast) kostenlos.

... in Rumänien

Telefonieren heißt in Rumänien vor allem **mobil telefonieren!** Die Netzbetreiber *Orange* (GSM 900/1800 und 3G), *Cosmote* (900/1800) und *Vodafone* (900 und 3G) befinden sich mit wechselnden Tarifen in einem scharfen Wettbewerb.

Das **eigene Mobiltelefon** lässt sich in Rumänien in der Regel problemlos nutzen, denn die meisten Mobilfunkgesellschaften haben **Roamingverträge** mit den rumänischen Gesellschaften. Wegen hoher Gebühren sollte man bei seinem Anbieter nachfragen, welcher der Roamingpartner günstig ist und diesen per manueller Netzauswahl voreinstellen.

Nicht zu vergessen sind die **passiven Kosten,** wenn man von zu Hause angerufen wird (Mailbox abstellen!). Der Anrufer zahlt nur die Gebühr ins heimische Mobilnetz, die teure Rufweiterleitung ins Ausland zahlt der Empfänger. Wesentlich preiswerter ist es, sich von vornherein auf **SMS** zu beschränken, der Empfang ist dabei in der Regel kostenfrei.

Besitzer eines Handys (sofern es **SIM-lock-frei** ist, d.h. keine Sperrung anderer Provider vorhanden ist) können **Karten** mit vorgegebener Rufnummer und Sprechminutenkonto zu 5, 10 oder 25 Euro erstehen. Nach aufgebrauchtem Konto kann man einfach nachzahlen.

Vorwahlen

Kreis (Judeţ)	Vorwahl
Alba	0258
Arad	0257
Argeş	0248
Bacău	0234
Bihor	0259
Bistriţa-Năsăud	0263
Botoşani	0231
Brăila	0239
Braşov	0268
Bucureşti	021
Buzău	0238
Călăraşi	0242
Caraş-Severin	0255
Cluj	0264
Constanţa	0241
Covasna	0267
Dâmboviţa	0245
Dolj	0251
Galaţi	0236
Giurgiu	0246
Gorj	0253
Harghita	0266
Hunedoara	0254
Ialomiţa	0243
Iaşi	0232
Maramureş	0262
Mehedinţi	0252
Mureş	0265
Neamţ	0233
Olt	0249
Prahova	0244
Sălaj	0260
Satu Mare	0261
Sibiu	0269
Suceava	0230
Teleorman	0247
Timiş	0256
Tulcea	0240
Vâlcea	0250
Vaslui	0235
Vrancea	0237

- **Rumänien:** 0040
- **Deutschland:** 0049
- **Österreich:** 0043
- **Schweiz:** 0041

Nach der Landesvorwahl ist die Gemeindevorwahl ohne die erste Null zu wählen.

Pre-Paid-Karten können selbst in kleinen Ortschaften in der Provinz mühelos verlängert werden.

Am **Flughafen Otopeni** in Bukarest kann man in den Vertretungsbüros der Netzbetreiber **Mobiltelefone mieten.**

Karten für die öffentlichen blauen Telefonkabinen des **Festnetzes** erhält man an den meisten Kiosken und Zeitungsläden. Die entsprechende Frage lautet: „Cartele telefonice aveţi?" (gesprochen: awetz) – „Haben Sie Telefonkarten?"

Wer **aus Rumänien ins Ausland** telefonieren möchte, kann die günstigsten Tarife (falls er des Rumänischen mächtig ist) unter der Adresse **www.telefonip.ro** herausfinden.

Trinkgeld

Wer einmal in Rumänien vergessen hat, ein Trinkgeld zu geben, wird nicht sofort mit bösen Blicken bedacht. Trinkgelder konnten sich die meisten Rumänen lange Zeit kaum leisten, erst recht nicht den Besuch eines Restaurants. Also erobern sich Trinkgelder erst langsam ihr Terrain in Rumänien. Und das sollten sie überall dort tun, wo man als Gast freundlich bedient wird.

Wichtig ist es, die Rechnung in einem Restaurant kurz in Euro umzurechnen und sich dann klar zu machen, dass der Durchschnittsverdienst im Gaststättengewerbe bei 200 Euro im Monat liegt. Für eine überbackene Putenbrust mit Pommes Frites und einen gemischten Salat zahlen Sie inkl. Getränk vielerorts nicht mehr als 7 Euro. Die gute alte **10-Prozent-Regel** kann bei solch geringen Preisen niemandem schaden, also 3 RON (ca. 75 Cent).

Trinkgeld heißt auf Rumänisch übrigens **Bacşiş** (Bakschisch).

Unterkunft

Neben den klassischen Möglichkeiten der Übernachtung wie Pensionen oder Hotels bietet Rumänien **eine Reihe interessanter und mitunter ungewöhnlicher Unterbringungsarten.** So kann man in der dem Donaudelta vorgelagerten Stadt Tulcea und im Donaudelta selbst auf Schiffshotels oder so genannten „schwimmenden Hotels" übernachten, in zahlreichen Gemeinden Transsylvaniens in Unterkünften der evangelischen Pfarrhäuser schlafen oder in Sibiu in einem Altersheim nächtigen und den abenteuerlichen Geschichten der Heimbewohner lauschen. Eine preiswerte und ruhige Variante der Unterkunft offerieren auch einige Klöster.

Viele Gemeinden bieten für Low-Budget-Touristen **preiswerte Möglichkeiten** in **privaten Pensionen** an. Der übliche Aushang, den man entlang der Straßen sehen kann, lautet: „Cazare". Besonders in der Nähe von Bahnhöfen, mitunter aber auch in der Nähe teurer Hotels, stehen Privatleute und bieten ein preiswertes **Bed & Breakfast** an.

Zimmerkategorien – wie man sich bettet, so zahlt man

Bis zur Revolution war es möglich, die Preise für ein Zimmer auf originelle, jedoch bisweilen auch strapaziöse Weise (Schnarcher!) zu drücken. Wer ein **Cameră cu două paturi,** also ein Zimmer mit zwei Betten, buchte, dabei jedoch etwas sparen wollte, willigte ein, dass ein anderer, also zumeist fremder, Gast das andere Bett buchen konnte. Dies setzte voraus, dass die beiden Betten getrennt standen.

Je später der Abend, desto größer ist die Wahrscheinlichkeit, mit Preisverhandlungen keinen Erfolg zu haben. Geht es bereits auf Mitternacht zu, werden aus den angekündigten 15 Euro pro Bett tatsächlich 30 Euro, da es plötzlich nur noch 2-Bett-Zimmer gibt ...

Was heißt es aber, wenn auf dem Schild über der Rezeption zu lesen ist: **Cameră cu două paturi în regime de single?** Nun, der Gast kann hier in der Tat ein 2-Bett-Zimmer verbilligt mieten. Dasselbe geht selbstverständlich auch für ein französisches Bett, das auf Rumänisch *Pat matrimonial* (Ehebett) genannt wird, auch wenn nicht zwangsläufig Eheleute darin nächtigen. Das **Cameră cu pat matrimonial în regime de single** bietet also die Möglichkeit, verbilligt in einem – meist ziemlich großen – Ehebett zu schlafen.

Fragen Sie der Einfachheit halber erst einmal nach einem **Cameră single,** also einem Einzelzimmer, oder einem **Cameră duplu,** einem Doppelzimmer. Denn kompliziert kann es ja immer noch werden (s.o.).

Unter dem Stichwort „Unterkunft" werden **in diesem Buch** einige **Abkürzungen** verwendet. So steht **EZ** für Einzelzimmer, wobei preislich die Übernachtung einer Person gemeint ist. **DZ** bedeutet Doppelzimmer und entspricht dem Preis für zwei Personen. **App.** steht für Appartement und bezeichnet ein größeres, meist hochpreisiges Zimmer, das durchaus große Unterschiede in der Ausstattung aufweisen kann (z.B. mit oder ohne eigene Küche). **Ü** schließlich steht für Übernachtung.

Die **Klassifizierung** der Hotels und Pensionen wird **mit Sternchen** angegeben. Dabei reichen die Kategorien von fünf Sternen für De-Luxe-Hotels, z.B. das Athénée Palace Hilton (*****) in Bukarest, bis zu einem Stern für einfachste Budget-Hotels und Pensionen wie dem Hotel Marna (*), ebenfalls in Bukarest.

rum087 Foto: jr

Wer seine Ferien auf dem Bauernhof verbringen möchte, kann dies bereits seit einigen Jahren tun. Diese in Rumänien **„Agrotourismus"** genannte Urlaubsvariante erfreut sich vor allem in den touristischen Zentren des Maramureş, der Moldau und Siebenbürgens immer größerer Beliebtheit. Neben den meisten nicht-organisierten Gästehäusern vertritt die **ANTREC** als Organisation die landwirtschaftlich geprägten Pensionen und Hotels. Unter dem fragenden Motto „Wollen Sie sich von der Stadt erholen?" stellen die Internetseiten (http://www.antrec.ro/) mit eigenem Suchsystem auch in englischer Sprache vor allem ländliche Unterkünfte vor. Zudem gibt es ein kleines Angebot an Ausflugsprogrammen (Vogelschau im Donaudelta, Wanderungen im Apuseni usw.) und Eventveranstaltungen (Weihnachten bei einer Familie). Vorabbuchungen sind jedoch nur telefonisch und nicht online möglich.

Direkt buchen und reservieren kann man auf den auch in deutscher Sprache verfassten Seiten der **ARCTE,** dem rumänischen Verband für Unterkunft und ökologischen Tourismus. Auf der sehr dynamischen Website www.bed-and-breakfast.ro finden sich **ökologisch orientierte Höfe, Pensionen und Hotels.**

Buchtipp – Praxis-Ratgeber:
- Erich Witschi, **Unterkunft und Mietwagen clever buchen** (Reise Know-How Verlag)

Kletterfreunde und Bergtouristen übernachten zumeist auf den hoch gelegenen Hütten, die **Cabana** genannt werden.

Entlang der Straßen finden sich zahlreiche **Motels,** wobei solche mit zahlreichen davor parkenden Trucks und Lkw weniger zu empfehlen sind.

Empfehlenswert ist es hingegen, sich vor dem Übernachten nach eventuellen **Veranstaltungen** zu erkundigen. Viele Hotels werden gerne als Veranstaltungsort für Hochzeiten genutzt. An Schlaf ist wegen der Musik an solchen Tagen nicht zu denken, allenfalls ans Mitfeiern.

Jugendherbergen und **Hostels** sind zumeist auf jugendliche und tolerante Gäste zugeschnitten. Die meisten Angebote dieser Art beziehen sich auf Mehrbettzimmer.

- Es gibt in Rumänien Jugendherbergen, die dem internationalen Jugendherbergsverband (www.hihostels.com) angeschlossen sind. Hat man einen **internationalen Jugendherbergsausweis** aus dem Heimatland, schläft man auch in diesen Jugendherbergen zum günstigeren Tarif, sonst muss man eine Tagesmitgliedschaft erwerben. Hat man noch keine Jahresmitgliedschaft bei den Jugendherbergsverbänden daheim, kostet diese 12,50–21 Euro in Deutschland (www.jugendherberge.de), 10–20 Euro in Österreich (www.oejhv.or.at) und 22–55 SFr in der Schweiz (www.youthostel.ch). Tipp: Kann man auch als Familie beantragen.

Wer mehr als einen Monat in einer Gemeinde übernachten möchte, sollte sich nach einer **Mietwohnung** erkundigen. Die Preise liegen oft weit unter denen entsprechender Hotels oder Ferienappartements.

Direkt buchbare **Hotels der höheren Kategorie** finden sich auf der Seite www.hotels.ro.

Die oft zentral gelegenen **staatlichen Hotels wurden konsequent privatisiert.** Da die Hochhäuser aus der kommunistischen Ära jedoch in den seltensten Fällen architektonische Kleinode darstellen und deren neue Besitzer zuerst das westliche Preisniveau im Auge haben, sind sie nicht die beste Lösung.

Individualtouristen sollten sich in Rumänien nicht scheuen, nach **privaten Unterkünften** zu fragen. Der Kontakt zur Familie wird hier großgeschrieben. Grundsätzlich lohnt es sich, nach günstigeren Preisen zu fragen, sofern man mehr als eine Nacht bleiben möchte. Viele Hotels bieten auch Wochenendtarife an.

Camping wird vor allem im Donaudelta und in ländlichen Gegenden immer beliebter. Die besten Campingplätze befinden sich fast allesamt in holländischer Hand. Unter Camping verstand man in Rumänien lange Zeit die spartanische Übernachtung in engen Holzhütten ohne Elektrizität und Wasser. Die Qualität der Campingplätze variiert immer noch sehr stark.

In diesem Buch sind die **Preise** der Unterkünfte teils in Euro, teils in RON angegeben – in der entsprechenden Währung ist dann auch zu zahlen.

Buchtipp – Praxis-Ratgeber:
- Harald A. Friedl
Respektvoll reisen
(Reise Know-How Verlag)

Verhaltenstipps

Sicherlich ist das in Transsylvanien und anderen Landesteilen allgegenwärtige Thema **„Dracula"** keine besonders originelle Art, in Rumänien ein Gespräch über Land und Leute zu eröffnen. Zwar wird die blutsaugende Touristenattraktion vor allem in den massenhaft frequentierten „Originalschauplätzen" von Bran bis Sighişoara gerne vermarktet, da sie dort, vor allem bei Japanern, Koreanern, Deutschen und Amerikanern, gute Devisen bringt – identifizieren möchte man sich mit dem Graf Langzahn als Rumäne jedoch in den seltensten Fällen.

Vampirismus und Knoblauchkunde sollte man getrost einheimischen Historikern überlassen, die einem beim Besuch der Museen und „Folterkammern" gerne bestätigen werden, dass vieles, was im Namen der literarischen Figur *Dracula* in Rumänien geschieht, allein der Sensationslust der Touristen wegen getan wird.

Das Tragen von Buttons mit unmissverständlich blutrünstigen Abbildungen oder T-Shirts mit Folterszenen wird einem in Rumänien keine wahren Freunde machen und ist unbedingt zu vermeiden.

Einladungen sind in Rumänien unausweichlich mit gutem **Essen und Trinken** verbunden. Falls man mit dem eigenen Fahrzeug unterwegs ist, sollte man jede Aufforderung – und sei sie noch so gut gemeint – zum Trinken von *Tuică* oder *Palincă,* den rumänischen Schnäpsen, ablehnen. Weder wird eine rumänische Familie dies, wie in manchen Reiseführern behauptet, als Beleidigung empfinden, noch werden Sie von den männlichen Anwesenden fortan als Geschöpf von einem anderen Stern betrachtet. Auch sollte jede Form von Wettkampftrinken den Rumänen selbst überlassen bleiben. Falls man sich als Tourist darauf einlässt, kann dies nicht nur gesundheitlich schädliche Folgen haben, sondern auch zum Verlust von Geld und wichtigen Papieren führen.

Umwelt und Ökologie können in Rumänien dann zu heiklen Diskussionen führen, wenn man von „westlicher Seite" dazu neigt, Vorhaltungen zu machen und das Umweltverhalten der Rumänen - das tatsächlich oft nicht gerade vorbildlich ist - kritisiert. Am besten geht man einfach mit gutem Beispiel voran, nimmt seine Plastikflaschen und seinen Müll vom Picknickplatz wieder mit und erkundigt sich nach Entsorgungsmöglichkeiten.

Rumänen begrüßen sich nach südländischer Manier mit einem **doppelten Wangenkuss.** Diese Begrüßung sollte von Besuchern aus dem Westen als Kompliment und nicht etwa als Form aufdringlicher Nähe aufgefasst werden.

Auf Wanderungen und Exkursionen in die Berge empfiehlt es sich, einige kleine **Gastgeschenke** dabeizuhaben. Die raue Bergwelt hat aus den Familien und Hirten, die dort oben wohnen, Könige der Gastfreundschaft werden lassen. Vom Gasfeuerzeug bis zum Kuscheltier für die Kinder kann sich der westliche Wanderer hier revanchieren. Autofahrer, die unterwegs auf halb verdurstete Hirten treffen, sollten immer eine Notfallflasche Mineral- oder Quellwasser im Auto haben. Lassen sie sich unterwegs auf keinen Fall auf den Tausch „Foto gegen Bier" ein. Bier trinken Hirten allenfalls nach getaner Arbeit abends zu Hause - nicht während der Arbeit.

Verkehrsmittel im Land

Bus

In jeder Stadt gibt es einen meist in der Nähe des Bahnhofs gelegenen **Autogară,** einen **Busbahnhof für Inlands-Linienbusse.** Wer im Inland größere Strecken mit dem Bus zurücklegen möchte, sollte sich sein Ticket frühzeitig kaufen, da es sonst sein

In diesem Führer wird auf exakte Angaben zu **Abfahrtszeiten von Bussen und Zügen** verzichtet. Der Grund: Die Pläne werden zurzeit mehrmals jährlich geändert. Neben den wechselnden Sommer- und Winterplänen gibt es immer wieder auch zahlreiche außerplanmäßige Veränderungen. Eine Auflistung macht demnach keinen Sinn. Der Autor wird ab Juli 2010 auf seiner Webseite **www.rumänien-reiseführer.de** aktuelle Fahrpläne und Abfahrtszeiten angeben. Informationen zu Abfahrtszeiten von Bussen erhält man auch unter www.autogari.ro, Zugauskünfte unter www.mersultrenilor.ro.

könnte, dass große Streckenabschnitte im Stehen verbracht werden müssen. **Tickets** gibt es nur bei den Filialen der Betreiberfirmen bzw. direkt am Busbahnhof – niemals beim Fahrer! In Rumänien ist Busfahren noch **billiger als Zugfahren,** dementsprechend **überfüllt** sind die meisten Busse. Das **Busnetz** ist **hervorragend ausgebaut,** die Fahrzeuge des Nahverkehrs sind mitunter allerdings in einem erbärmlichen Zustand. Rumänische Busfahrer müssen neben ihren fahrerischen Qualitäten auch über die eines Mechanikers verfügen. Vor allem in den Wintermonaten und in den Bergen ist mit **Verzögerungen** bei den Abfahrts- und Ankunftszeiten zu rechnen.

Neben den öffentlichen Bussen verkehren in den meisten Städten und Gemeinden **Minibusse,** die in den Städten **„Maxi-Taxi"** genannt werden.

Metro

Eine rumänische U-Bahn gibt es bislang **nur in der Hauptstadt Bukarest.** Das Streckennetz der über 60 km langen Bukarester Metro wurde im November 1979 mit einem ca. 8 km langen Teilstück der Linie M1 eröffnet. Die letzte Erweiterung erfuhr die Metro im Jahr 2000 mit dem Anschluss der M4, die vom zentral gelegenen Gara de Nord bis zum Platz des 1. Mai fährt. Die U-Bahn nimmt ihren **Dienst** um 5 Uhr auf, die letzte Metro fährt um 23:30 Uhr. Die **Taktzeiten** liegen zwischen 8 und 16 Minuten im Normalverkehr und 4 und 5 Minuten während der Rushhour. Ein **2-Fahrten-Ticket** *(Două călătorii)* kostet 1,80 RON, ein **10er-Ticket** *(Zece călătorii)* 6 RON. Für Besucher der Hauptstadt, die länger als einige wenige Stunden unterwegs sind, empfiehlt sich das **Tagesticket,** das bereits zum Preis von 2,50 RON zu haben ist. Der **Monatspass** *(Abonament lunar)* kostet 18 RON. Studenten zahlen die Hälfte.

Bahn

Eisenbahnen gibt es in Rumänien **seit 1872.** Bereits zu *Ceauşescus* Zeiten konnten Interrail-Touristen bequem mit der Bahn durchs Land reisen. Der zweifellos berühmteste Zug, der je durch Rumänien fuhr, ist der Orient-Express. Einen überaus spannenden Ausflug in die Berge des nördlichen Rumäniens kann man heute mit der dampfgetriebenen Eisenbahn im Valea Vaser unternehmen.

Bahnfahrten sind in Rumänien traditionell **sehr günstig,** da sie als Teil der staatlichen Daseinsvorsorge verstanden und daher subventioniert werden. So kostet die fünfstündige Transkarpaten-Strecke von Bukarest nach Sibiu im IC „Blauer Pfeil" keine 20 Euro. Bei Fernzügen wird mit dem Fahrkartenkauf gleichzeitig ein Platz reserviert.

Neben der Kategorie *Expres* für Intercity (IC) und EuroNight (EN) gibt es die **Kategorien** Schnellzug/*Rapid,* Eilzug/*Accelerat* und Personenzug/*Personal.* Letzterer hält an jedem möglichen Bahnhof.

Der **Standard** der staatseigenen Bahn CFR *(Compania Naţională de Cal Ferate)* hat sich in den letzten Jahren enorm verbessert. Unter der Kategorie *Expres* rollt ein Intercity namens „Blauer Pfeil" durchs Land und verbindet mittlerweile viele der größeren Städte.

Für die Kategorien *Rapid* und *Expres*, die nur in den größeren Städten halten, ist ein Aufpreis zu zahlen. **Tickets** löst der Bahnreisende am besten früh und rechtzeitig, da man die Wartezeiten an den Schaltern in den Bahnhöfen sehr schlecht einschätzen kann und Züge kurzfristig auch mal ausgebucht sein können.

Wer seine Fahrten planen kann, ist am besten bedient, wenn er schon vor der Abreise die gewünschten Strecken bei einer Bahnagentur (z.B. Gleisnost, siehe Kapitel „Vor der Reise/Anreise mit der Bahn") bucht.

Fahrkarten für Auslandsreisen sind in Bukarest im CFR-Büro in der Str. Eforie erhältlich.

Taxi

Auch Taxis sind **sehr preisgünstig.** Selbst mit schicken Importfahrzeugen kostet eine Fahrt pro gefahrenem Kilometer nicht mehr als umgerechnet 0,30 Cent. Bei Fahrtantritt ist darauf zu achten, dass das in allen Fahrzeugen vorgeschriebene **Taxameter** eingeschaltet ist. Ist das nicht der Fall und will sich ein Taxifahrer z.B. damit herausreden, dass er keine Papierstreifen mehr hätte, das Gerät gerade defekt oder, falls nicht vorhanden, in der Reparatur sei, meiden bzw. verlassen Sie das Taxi. Offizielle und seriöse Firmen machen die Tarife sowie den Namen des Unternehmens und eine Telefonnummer außen am Fahrzeug sichtbar. Vor Fahrten, die über eine längere Distanz führen (über 100 km), kann mit dem Fahrer auch ein fester Pauschalbetrag vereinbart werden.

Schiff

Im **Donaudelta** gibt es **ab Tulcea** regelmäßige Schiffsverbindungen. Mit dem **Gleitboot,** der schnellsten Verbindung, benötigt man von Tulcea zu dem am Schwarzen Meer gelegenen Sulina 1,5 Stunden. Neben dem Sulina-Arm werden auch der Sf.-Gheorghe-Arm und der Chilia-Arm regelmäßig von Schiffen der **Gesellschaften Navrom** oder **AZL** befahren. Die genauen Abfahrtszeiten finden sich bei den praktischen Informationen zu Tulcea im Kapitel „Moldau/Bukowina".

Bei Brăila im Donaudelta kann die Donau mit einer (Auto-)Fähre überquert werden. Weitere **Fähren** finden sich am Eisernen Tor zwischen Serbien und Rumänien bei Orşova sowie zwischen dem rumänischen Giurgiu und dem bulgarischen Ruse.

Flugzeug

Neben der rumänischen **Fluggesellschaft TAROM,** die ihre Passagiere täglich vom Bukarester Flughafen Henry Coandă nach Timişoara und Cluj-Napoca befördert, fliegt auch die rumänisch-schweizerische Gesellschaft **Carpatair** im Inlandsbereich.

Die Wassertalbahn in voller Fahrt

Der **Aeroportul Traian Vuia in Timişoara** ist neben Bukarest zur wichtigsten nationalen Drehscheibe geworden. Carpatair fliegt von Iaşi, Târgu Mureş, Constanţa, Oradea, Cluj-Napoca, Sibiu, Bukarest und Bacău nach Timişoara.

Seit 2007 verfügt **Sibiu** über einen neuen Flughafen mit einigen interessanten inländischen Flugverbindungen (u.a. nach Târgu Mureş und Constanţa) und einer sehr guten Informationsstelle (Tel. 0269-253 135).

Die jeweiligen Flugdaten finden sich bei den Ortsbeschreibungen.

Zeitzone

Rumänien liegt gemeinsam mit z.B. Ägypten, der Ukraine, Finnland und Griechenland in der **osteuropäischen Zeitzone.** Wenn es bei uns Mitteleuropäern also gerade 12 Uhr Mittag schlägt, ist die Mittagspause für die meisten Rumänen schon vorbei. Ihre Uhr zeigt dann 13 Uhr.

Zeitumstellungen erfolgen jeweils am letzten Sonntag im März (Sommerzeit) und am letzten Sonntag im Oktober (Winterzeit).

rum08-093 Foto: jr

rum094 Foto: jr

Land und Leute

rum095a Foto: jr

rum095b Foto: jr

Junge Tänzer aus Muntenien

Wachmänner in Bukarest

Hirte im Banat

Felix Romania – Donau, Wälder und Karpaten

Bereits die römischen Eroberer nannten das Land am östlichen Rand ihres Reiches **„Dacia Felix"**, das „glückliche Dakien". Neben dem **Gold**, das sie in den Flüssen und Senken, und dem **Salz**, das sie in den Bergen und Höhlen der westlichen Karpaten fanden, zog es sie nach ihren Eroberungszügen immer wieder zu den **Thermalquellen**, den „heiligen Quellen des Herkules". Doch auch die strategische Lage des Landes übte eine magische Anziehung auf die Römer und später auf zahlreiche andere Völker aus. Wie eine gewaltige Trutzburg erscheinen die bis zu 2500 m hohen **Karpaten** und ziehen sich als gewaltiger Bogen von Norden nach Süden und weiter nach Westen. Der natürliche, fast geschlossene Wall, der dabei entsteht, umschließt ein **hügeliges Hochland**, das fast vollständig von Wäldern bedeckt war. Wer hier hindurch wollte, musste ein Abenteuer wagen – eben „durch die Wälder" reiten, was den heutigen Namen **Transsylvanien** für die zentral gelegene Region erklärt (lat. *trans* = durch, *silvia* = der Wald).

Doch jenseits und rund um diesen natürlichen Schutzwall der Karpaten erstrecken sich **weite offene Ebenen.** Was dann kam, war für frühere Eroberer das Ende der Welt. Man schickte die Strafgefangenen in die endlosen Schilflabyrinthe des Donaudeltas oder brachte Widersacher wie den berühmten Poeten *Ovid* ins Exil nach Tomis, dem heutigen Constanța – dorthin, wo das Festland endet und es nicht mehr weitergeht. Im Deutschen hat sich die **Randlage Rumäniens** sogar sprichwörtlich verankert: „Den schicken wir in die Walachei" bedeutete früher nichts anderes als: „Den schicken wir ans Ende der Welt."

Doch was dem Einen das Ende der Welt, ist für andere deren Anfang. Das östliche Meer, die ringsum vorhandenen fruchtbaren Ebenen und das im Nordosten beginnende ukrainische Tiefland machten es den Eroberern im Laufe der Zeit recht leicht, hier einzufallen und ihre Spuren zu hinterlassen. So findet sich **kulturell** neben den römischen **Wurzeln,** auf die sich die Rumänen so gerne berufen, ein buntes Gemisch aus slawischen, türkischen, deutschen, österreichischen und ungarischen Einflüssen.

„Felix Romania" würden die Römer wohl auch heute noch sagen, denn den eigentlichen Reichtum früherer Zeiten, die **Vielfalt der Natur** und die herzliche **Neugier und Gastfreundschaft der Menschen,** besitzt Rumänien nach wie vor. Nach all den Wirren der Geschichte sprudeln die Heilquellen der Karpaten immer noch, die Donau verbindet den Westen weiterhin mit dem Osten, man reitet wieder durch die Wälder Transsylvaniens, und wer heute aus dem Westen in die stillen Täler des Hochlandes „einfällt", tut dies vor allem, um sich daran zu erinnern, wie man richtig feiert, denn darin sind die Rumänen unschlagbar.

Geografie

Mit ca. **23 Millionen Einwohnern** hat der Staat Rumänien gerade einmal zwei Drittel der Einwohner von Mexiko-Stadt. Doch mit einer **Fläche von 238.391 Quadratkilometern** ist Rumänien knapp sechsmal so groß wie die Schweiz oder dreimal so groß wie Österreich. Im Gegensatz zu Holland, das seine Landmasse dadurch vergrößert, dass es dem Meer durch Polder Land abringt, wächst Rumänien auf natürliche Art. Durch die Schlammmassen der Donau erweitert sich das Delta am Schwarzen Meer jährlich um etliche Quadratmeter.

Westkarpaten

• **Hinweis:** Wenn im Verlauf dieses Buches von Westkarpaten die Rede ist, so sind damit die **westlichen Ausläufer der rumänischen Karpaten** gemeint. Die Bezeichnung Westkarpaten kann nämlich zu einiger Verwirrung führen, da man sie gewöhnlich geografisch auf die Karpaten der Slowakei und Südpolens bezieht.

Etwa ein Drittel der Landesfläche Rumäniens ist von Gebirgen bedeckt. Die Karpaten ziehen sich – als **Fortsetzung der Alpen** von der Slowakei über Polen und die Ukraine – halbkreisförmig von Norden nach Rumänien hinein, um das Land dann im Südwesten in Richtung Serbien und Montenegro als **Banater Berge** zu „verlassen".

In die offene Stelle, die dieser gebirgige Halbkreis im Westen Rumäniens hinterlässt, fügt sich das isolierte **Apuseni-Gebirge** ein. Diese Region südwestlich von Cluj-Napoca wird von rumänischer Seite auch als Westkarpaten bezeichnet.

Als markantestes Massiv des Apuseni gilt das **Bihor-Gebirge,** welches westlich recht steil in die **pannonische Tiefebene** abfällt und mit dem 1849 m hohen **Cucurbata Mare** den höchsten Berg des Apuseni-Gebirges aufweist. Der Kalkstein hat dieses Gebirge geprägt. Der Karst, schroffe Grate und zahlreiche Höhlen bestimmen seinen Charakter. Über die Landesgrenzen hinaus ist das Bihor-Gebirge vor allem wegen der imposanten **Scărişoara-Gletscherhöhle** bekannt geworden.

Neben dem Bihor nimmt das Massiv der **Muntele Mare** (der großen Berge) den größten Teil der Apuseni-Berge ein. Hier bestimmen kristalline Schiefer das Bild.

Nach Norden hin läuft der Apuseni langsam und stufenweise in die bewaldeten **Mittelgebirge Pădurea Craiului, Vlădeasa und Gilău** aus.

Die **westlichen Ausläufer Zărand und Codru-Moma** eignen sich im Winter hervorragend zum Skiwandern. Die Karstlandschaft hat in dieser Gegend zahlreiche Dolinen entstehen lassen.

Südkarpaten

Da sich die höchsten Erhebungen der Karpaten, nämlich alle vierzehn 2000er, in den Südkarpaten befinden, nennt man sie auch die **Transsylvanischen Alpen.** Im Westen beginnen diese ziemlich genau nach Osten ver-

Rumäniens Regionen

Rumänien unterteilt sich heute in **acht historische Regionen,** die sich **sowohl geografisch als auch kulturell** zum Teil **stark** voneinander **unterscheiden.** Für einige Landesteile kursieren unterschiedliche Namen. Neben rumänischen, ungarischen und deutschen Bezeichnungen werden in Rumänien auch ältere oder heute noch geläufige regional geprägte Bezeichnungen weiter verwendet.

Was die **Bukovina** betrifft, weiß jeder in Rumänien, wo sie zu finden ist, auch wenn sie heute in der Moldau-Region aufgegangen ist und meist nicht eigens erwähnt wird. Die Bukovina, zu Deutsch Buchenland, bezeichnet das nördlichste Gebiet der Moldau-Region, zu dem ehemals auch die heute zur Ukraine gehörende Nordbukowina mit der Stadt Tschernowitz gehörte.

●Maramureş
Die Provinz Maramuresch (ung. Máramaros) im Nordwesten Rumäniens wurde nie von den Römern erobert. Auf den Bergen und in den Tälern an der ukrainischen Grenze und rund um Vişeu de Sus findet man heute noch uralte Traditionen vor.

●Crişana
Auch die Kreisch (ung. Körövidek) im äußersten Nordwesten wurde nicht von den Römern erobert (worauf man größten Wert legt). Der osmanischen Herrschaft (ab 1526) konnte man jedoch nicht entgehen.

●Transilvania
Das in der Mitte Rumäniens gelegene Siebenbürgen (ung. Erdély) wird auch als das Herz Rumäniens bezeichnet. Alle anderen Regionen gruppieren sich um das zentral gelegene waldreiche Hochland. Einige Rumänen verwenden für Transsylvanien auch die sich ans Ungarische anlehnende Bezeichnung Ardeal.

●Banat
Beim Banat herrscht, was die Benennung anbelangt, keine Sprachverwirrung. Und dennoch ist die Region Banat zwischen Rumänien, Serbien und Ungarn aufgeteilt worden (wobei Ungarn hier den weitaus kleinsten Teil erhalten hat).

●Oltenia
Die nach dem Fluss Olt benannte Region im Süden und Südwesten des Landes kennt im Deutschen zwei Bezeichnungen: einmal Oltenien und zum anderen „die kleine Walachei".

●Muntenia
Obwohl der Olt auch die in Deutsch Muntenien genannte südliche Region begrenzt, wurde sein Name hier nicht verwendet. Bekannt ist die Region auch unter dem Namen Walachei. Gemeinsam sehen sich Oltenien und Muntenien als das „rumänische Stammland" an.

●Dobrogea
Die Dobrudscha ist die östlichste Region Rumäniens und grenzt im Norden an die Republik Moldawien und die Ukraine, im Süden an Bulgarien und im Osten an das Schwarze Meer.

●Moldova
Die Moldau-Region zählt wieder zu den Kandidaten, die sprachlich für ein wenig Verwirrung sorgen können. Dies kommt zum einen daher, dass es auch in Tschechien einen Fluss namens Moldau gibt, zum anderen klingt auch die Republik Moldau bzw. Moldawien in einigen Sprachen (z.B. engl. Moldavia) sehr nach der rumänischen Region im äußersten Nordosten.

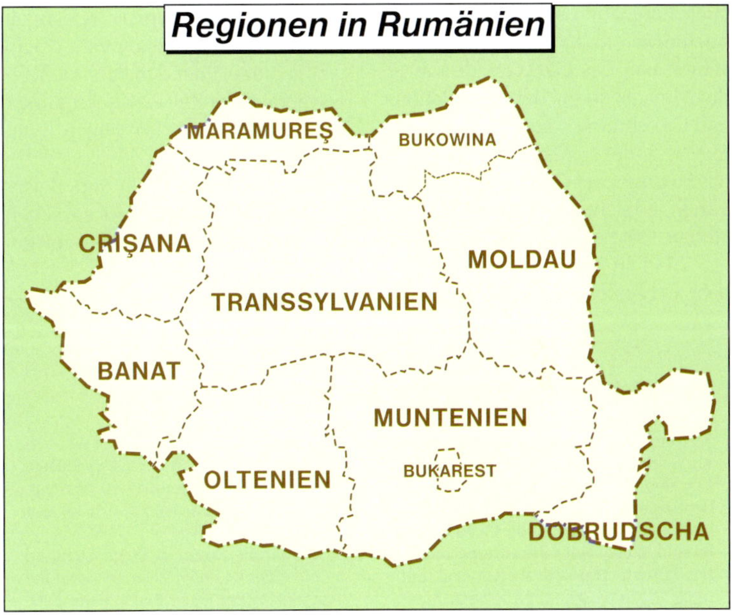

laufenden Gebirgszüge mit dem eindrucksvollen **Retezat-Gebirge,** dem gleichnamigen Nationalpark und vielen klaren Bergseen. Wer hier seine Eintrittskarte gelöst hat, kann bis zum 2509 m hohen **Peleaga** oder dem benachbarten, 2482 m hohen **Vârful Retezat** hinaufklettern. Nur durch eine Schlucht und den Fluss Jiu de Vest getrennt, geht es im Süden des Retezat gleich wieder steil nach oben. Von den relativ wenig bewanderten Hochplateaus des **Valcan-Gebirges (Munţii Vâlcan)** und der sich östlich anschließenden **Munţii Parâng** und **Munţii Căpăţânii** hat man bei gutem Wetter einen fantastisch weiten Blick.

Die **südlich von Sibiu** gelegenen **Munţii Cindrel** werden von den Städtern gerne an den Wochenenden besucht, da die **Hohe Rinne (Păltiniş)** gerade einmal 32 km von der mittelalterlichen Stadt entfernt liegt. Ebenfalls südlich von Sibiu liegt eine der wenigen flachen Nord-Süd-Passagen. Der Fluss Olt hat sich zwischen den Städten Avrig und Râmnicu Vâlcea in die Südkarpaten gefressen und ermöglicht somit auch Radfahrern eine entspannte Traverse.

Anders als die meist stark bewaldeten östlichen, westlichen und nördlichen Karpaten, in denen der Kalkstein den „Ton angibt“, geben sich die südlichen Bergketten **schroff, felsig und hochalpin.** Kristalliner Schiefer bestimmt hier das Bild. Gerade das jedoch macht ihren Reiz für Kletterer und Gipfelstürmer aus. Das gewaltigste Massiv der rumänischen Karpaten, das **Fogarascher Gebirge (Munții Făgăraş),** erreicht dann in der Tat alpine Höhen. Der höchste Berg Rumäniens, der 2544 m hohe **Moldoveanu,** erhebt im Fagarasch sein Haupt.

Unweit dieses Gipfels schlängelt sich die **Transfăgăraşan,** eine Hochgebirgsstraße, über den Pass. Sie wurde während der Zeit *Ceauşescus* unter großen Leiden von Häftlingen fertig gestellt.

Ihren östlichsten Punkt und gleichsam nobelsten Höhepunkt erreichen die Südkarpaten im **Bucegi-Gebirge.** Hier in der Nähe der Kurorte Predeal und Sinaia zeigen fantastische myste-

Im Bauch der Salzberge

Salzburg liegt nicht nur in Österreich. Auch mitten in Rumänien gibt es einen Ort, den die deutsch sprechenden Siebenbürger **Salzburg** nennen. Auf Rumänisch heißt die Gemeinde **Ocna Sibiului** und gilt als **einer der interessantesten Kurorte Transsylvaniens.** Still und ruhig liegen einige Kurgäste und Urlauber im Wasser, um den Effekt des Auftriebs am eigenen Leib zu erfahren. Ähnlich wie am Toten Meer ermöglicht der hohe Salzgehalt der Seen es dem Badenden, völlig entspannt und regungslos auf der Wasseroberfläche zu treiben. Auch therapeutisch entfaltet die Solewirkung des Salzburger Wassers heilsame Kräfte, was vor allem Patienten mit **Hautproblemen** zu schätzen wissen.

Zu verdanken haben die Menschen die riesigen Salzvorkommen Rumäniens dem Mittelmeer. Denn dort, wo sich heute die Karpaten erheben, brandeten vor Jahrmillionen Meereswogen. Die Erdkruste hat dieses Salz gespeichert, und bereits die Römer wussten es zu schätzen, dass das „weiße Gold" im alten Dakien direkt an der Erdoberfläche abbaubar war.

In der siebenbürgischen Hochebene taucht das Salz an über 40 verschiedenen Orten an der Oberfläche auf.

Über 200 Salzberge gibt es westlich des Olts, doch die Existenz von Tausenden von Salzwasserquellen bezeugt, dass fast ganz Rumänien „Salzland" war und immer noch ist.

So beispielsweise in **Târgu Ocna** im Moldaugebiet südwestlich der Stadt Bacau. Im 240 m tiefen Bauch eines Salzberges befindet sich hier eine in Salz geschliffene Kathedrale, die der *heiligen Barbara,* der Schutzheiligen der Bergbauleute, gewidmet ist. In 130 m Tiefe hat man ein **Sanatorium** eingerichtet, das sich mit seinen Soletherapien vor allem an Menschen mit Atemwegsbeschwerden richtet.

Südlich von Braşov hat man in **Slanic** gleich ein ganzes Fußballfeld in den unterirdischen Salzstollen errichten lassen. Die kleine unterirdische sportliche „Salzstadt" besitzt zudem Volleyballfelder, eigene Schachräume und zahlreiche andere Räume für Aktivitäten und das Ausruhen in der salzhaltigen Luft.

Im Nordosten Rumäniens, im Landkreis Suceava, steht das **Cacica-Massiv** auf zwei riesigen, jeweils 170 m dicken Salzlinsen. Das Salzbergwerk, das hier errichtet wurde, beherbergt heute in seinen Tiefen neben einem Tanzsaal auch eine Kirche und ein Museum.

rum101 Foto: jr

riöse Gesteinsformationen wie die **Sphinx** (rum.: *Sfinx*) und die pilzartigen **Babele,** wozu Wind und Wetter im Gebirge fähig sind.

Ost- und Nordkarpaten

Östlich der Stadt Braşov verliert sich der raue hochalpine Charakter der Karpaten in einem abrupten Bogen nach Norden. Die Karpaten bekommen wieder Mittelgebirgshöhe und laden vor allem die Wanderer und Skilangläufer ein. Östlich der **Munţii Buzăului** blubbern und zischen die Schlammvulkane und erinnern an geologisch archaische Zeiten (siehe entsprechenden Exkurs).

Den imposantesten und berühmtesten Berg der Ostkarpaten findet man unweit der Stadt Piatra Neamţ im Nordosten. Viele Mythen und Sagen ranken sich um den „Olymp der Karpaten", den **Ceahlău.** Seine Nähe zum **Lacul Izvorul Muntelui,** einem der größten und schönsten Seen des Landes, verleiht dem kegelförmigen Berg aufgrund des plötzlichen Höhenunterschieds noch mehr Strahlkraft.

Ruderspaß auf dem Roten See (Lacul Roşu) vor der Kulisse abgestorbener Baumstämme, die aus dem Wasser ragen

Die blubbernden Schlammvulkane

An vielen Verwerfungen und Brüchen des westlichen Karsts kann man bereits erkennen, dass auch vulkanische Aktivität zur Bildung der rumänischen Berge beigetragen hat. Vulkanismus hat es fast überall in den rumänischen Karpaten gegeben. So zum Beispiel auch im **Hargitha-Gebirge** in den Ostkarpaten. Mit durchschnittlich 1200 m Höhe ähneln die Hargitha-Berge eher einem Hochplateau als einem Gebirge, und nur der 1800 m hohe Mădăraş streckt hier sein Haupt empor. Das Hargitha-Gebirge, so kann man den Sedimentschichten entnehmen, ist in acht vulkanischen Eruptionen und in dichter zeitlicher Folge „geboren" worden. Das war etwa vor 20 Millionen Jahren.

Doch wer heute noch nach vulkanischen „Aktivitäten" in Rumänien sucht, muss ein wenig weiter nach Osten fahren. Östlich der Hargitha-Berge, in der gleichnamigen Provinz, kann man ein vulkanisches Phänomen ganz besonderer Art bewundern. Die **Schlammvulkane (Vulcanii Noroioşi)** sind zuerst einmal nicht sonderlich imposant, auch erinnern sie nicht unbedingt an das, was man sich unter einem Vulkan so vorstellt. Man stapft durch eine Welt, die man sonst nur als Mondlandschaft bezeichnen würde. Kreisrunde Löcher liegen ruhig da, um dann plötzlich blubbernde Blasen zu bilden. Jährlich ziehen sie Tausende von ausländischen Besuchern an, die so etwas vielleicht in Island, aber keinesfalls in Rumänien erwartet hätten.

rum102 Foto: jr

Zahlreiche **Heilquellen** entspringen dem mineralischen Gestein der nordöstlichen Karpatenkette. Zwischen Borsec und Vatra Dornei, zwei der bekanntesten rumänischen Quellen, liegt das **Căliman-Gebirge.** Zwei europäische tektonische Platten treffen hier aufeinander und führen dazu, dass die höchsten Berge noch einmal auf über 2000 m ansteigen. Die wenig erschlossenen Căliman-Berge gehören geologisch zu den interessantesten Strukturen in Europa, weil der **vulkanische Karst** hier auf einer Fläche von über 2000 Quadratkilometern zu einem einmaligen Phänomen geführt hat. Löchrig wie ein Schweizer Käse ist das Gebirge an einigen Stellen und weist sehr bizarre Felsformationen, trichterförmige **Dolinen** (Höhleneinbrüche) und **Schwefelhöhlen** auf.

Auch weiter nördlich, im **Rodnei-Gebirge (Munții Rodnei),** haben der Vulkanismus und die Eiszeit unverkennbare Spuren hinterlassen. Doch nicht nur die glitzernden Seen und vom Eis geschliffenen Täler locken die Forscher und Touristen in dieses Massiv. Es sind die zahlreichen **Höhlen** mit ihren abenteuerlichen Gängen und Katarakten. Zu den imposantesten Höhlen gehören die **Izvorul Tăuşoarelor** mit einer begehbaren Länge von 16.100 m und einer Tiefe von 461 m, die **Feenhöhle Grota Zânelor** mit einer Länge von 4368 m und einer Tiefe von 112 m und die **Jgheabul lui Zalion** mit einer Länge von 4513 m und einer Tiefe von 303 m.

Zu den nördlichsten Karpaten zählen die **Munții Maramureşului.** Hier geben sich weniger die Geologen als vielmehr die Ethnologen die Klinke in die Hand.

Kleines Bergglossar

- **Cabana** – Hütte
- **Cascadă** – Wasserfall
- **Gheţar** – Gletscher
- **Izvor** – Quelle
- **Jgheab** – Kamm
- **Munte** – Berg
- **Munţii** – Gebirge (Berge)
- **Pârâu** – Bach
- **Peşteră** – Höhle
- **Stâna** – Hirtenhütte, Alm
- **Vale** – Tal

Flüsse und Seen

Rumänien ist ein **ausgesprochen wasserreiches Land.** Der Karpatenbogen ist der Ursprung zahlreicher Quellen, die die wichtigsten Flüsse des Landes speisen.

Einige von ihnen wie der **Olt** haben dabei eine wahrhaft einschneidende Wirkung auf das Gebirgsmassiv. Der Olt, der mit deutschem Namen als Alt bekannt ist, hat in nord-südlicher Richtung eine tiefe Schneise in die Karpaten gezogen und damit in der Geschichte Einwanderern das Besiedeln und Kriegern das Erobern der transilvanischen Hochebene wesentlich vereinfacht. Da der Olt nicht schiffbar ist und im Sommer recht ruhig dahinfließt, haben ihn Floßtouristen und Kanuten längst für sich entdeckt.

Auch die **Mureş** hat ihren Ursprung in den Karpaten. Vom Harghita-Gebirge im Osten Rumäniens kommend, sucht sie sich nicht den schnelleren Weg zum östlich gelegenen Schwarzen Meer, sondern durchfließt ganz Rumänien, um nach einer 766 km langen Reise in Ungarn als Maros in die Theiß zu münden.

Gleich zwei rumänische Flüsse entspringen im Rodna-Gebirge, die **Someş** und die **Bistriţa.** Bei dem auf Deutsch Bistritz genannten Fluss, der durch Transsylvanien und die Bukowina fließt und ein Nebenfluss des **Sereth** ist, kann es durchaus zu Verwechslungen kommen, denn in Rumänien gibt es zwei Flüsse, die den Namen Bistriţa tragen!

Zu einem der fünf schiffbaren Flüsse Rumäniens gehört der **Prut,** der die Grenze zwischen Rumänien und Moldawien markiert und durch den Frieden von Pruth auch zu historischer Bedeutung gekommen ist.

Der Fluss, der das Leben Rumäniens am nachhaltigsten beeinflusst (!) hat, ist zweifellos die **Donau.** Die Rumänen nennen sie **Dunărea** und haben mit 1075 km den längsten Anteil an ihr. Auf ihrer langen Reise musste sich die Donau ihren Weg zum Delta hart „erarbeiten". Noch zu *Trajans* Zeiten, um 100 n.Chr., als die Donau die östliche Grenze des Römischen Reiches markierte, war sie ein wilder Fluss mit Stromschnellen und zahlreichen Wasserfällen. Am **oberen Kazan,** dem heutigen Donaudurchbruch zwischen Serbien und Rumänien, war die Donau wegen zahlreicher Riffe und flacher Sandbänke für die Schiffe der Römer unbefahrbar.

Mittlerweile hat man den Fluss auf einer Länge von über 100 km reguliert und befahrbar gemacht. Man hat die Klippen gesprengt, Dörfer verlegt, über 30.000 Menschen umgesiedelt. An der engsten Stelle ist die Donau nun nur noch 150 m breit, aber über 120 m tief. Hier am oberen Kazan zwängt sich der Strom ruhig und erhaben zwischen den rechts und links steil aufragenden Karpatenausläufern hindurch. Die aufgestauten Wassermassen bahnen sich ihren Weg und gleichen im **unteren Kazan** eher einem riesigen Gebirgssee als einem Fluss. In der Nähe der Stadt Orsova beginnt das **Eiserne Tor,** die kanalisierte Eintrittspforte der hier völlig gezähmten Donau.

Die meisten **Seen** Rumäniens gibt es im und rund ums Donaudelta. Über 500 sollen es sein, jedoch schwanken die Zahlenangaben, auch die offiziellen, stark. So könnten es gut und gerne auch über 1000 Seen sein, wenn man die kleinsten Gewässer mit rechnet. Der größte See Rumäniens, der **Razim-See,** ist natürlich auch in der Nähe des Deltas zu finden, und mit seinen 394 Quadratkilometern verwechselt ihn so mancher Betrachter, der auf dem Hügel der Festung Heraclea bei Enisala steht, auch schon einmal mit dem nahen Schwarzen Meer. Tatsächlich hat der Razim-See, ähnlich wie seine Nachbarn **Goloviţa, Zmeica** und **Sinoe,** etwas mit dem Meer gemeinsam: Viele der deltanahen Seen haben eine schmale Verbindung zum Meer und verwandeln sich damit in salzwasserhaltige Lagunen.

Auch einige der **Bergseen** haben im Laufe der Zeit das Salz aus den Bergen geschwemmt und aufgenommen. Zu den bekanntesten dieser **Salzseen** zählen die in und um Ocna Sibiului, das auf Deutsch Salzburg heißt. Ähnlich wie am Toten Meer kann man hier bewegungslos im Wasser liegen und dessen therapeutische Wirkung genießen.

Gletscherseen gibt es in den Karpaten natürlich in großer Zahl. Allein im Rodnei-Gebirge kann man 28 Gletscherseen auf seinen Wandertouren mit einbeziehen. Die bekanntesten sind der Lala und der Buhaescu.

Auch zahlreiche **Stauseen,** wie der **Lacul Vidra** und der **Lacul Vidraru** in den Südkarparten oder der **Lacul Izvorul Muntelui** im Nordwesten, sorgen dafür, dass die Süßwasserressourcen Rumäniens auf über 42.293 Mio. Liter angewachsen sind.

Doch auch der Großstädter hat meistens einen See vor der Nase. In Bukarest und Umgebung sind es gleich über 50 kleinere Seen, aus denen der hauptstadtgeplagte Bürger auswählen kann. Neben dem stadteigenen **Herăstrău** im gleichnamigen Park im Norden der Stadt schwimmt, rudert und angelt man auch am Plumbuita-, Morarilor- oder Dâmbovița-See.

Das Donaudelta und das Schwarze Meer

Das **Donaudelta** ist erdgeschichtlich gesehen die neueste Errungenschaft Rumäniens und mit 5000 Quadratkilometern nach dem Wolgadelta das **zweitgrößte Flussdelta Europas.** Von den drei Hauptarmen der Donau, die das Delta gebildet haben, ist der südlich verlaufende **Sfântu-Gheorghe-Arm (Brațul Sfântu Gheorghe)** der ursprünglichste und längste. In starken Mäandern windet er sich durchs Schwemmland und sucht sich ständig neue Wege. Der mittlere **Sulina-Arm (Brațul Sulina)** wurde am stärksten kanalisiert und begradigt, da er für die schnelle Anbindung ans Schwarze Meer und für die Passage von Seeschiffen gedacht ist. Vor allem auf seinem als **Tulcea-Arm** bekannten 15 km langen Teilstück wird er häufig durch motorisierte Schiffe befahren und eignet sich darum nur bedingt für paddelnde Individualreisende. Der nördliche **Chilia-Arm (Brațul Chilia)** ist als Grenzfluss zur Ukraine am wenigsten befahren.

Wer zum ersten Mal von Tulcea nach Murighiol auf dem Landweg ins Donaudelta fährt, der wird überrascht sein, wie bergig das Delta sein kann. Die **Erhebungen,** die sich **bei Beştepe** erhalten haben, zählen zu den geologisch ältesten Gesteinsformationen Europas. Das Delta selbst dagegen ist fortwährenden Veränderungen unterworfen. Wasser und Wind sorgen hier ständig für Überraschungen. Nur einheimische Fischer können diese sich permanent verändernde Landschaft richtig „lesen“.

Die 240 km lange **Schwarzmeerküste** ist das Gebiet mit den geringsten Niederschlägen. Da die Luftfeuchtigkeit mit 80 Prozent dennoch sehr hoch liegt und beständig frische Brisen übers Land ziehen, unterschätzen viele Urlauber am 70 km langen Meeresstrand die Einwirkung der starken Sonneneinstrahlung.

Flora und Fauna

Die Tier- und Pflanzenwelt Rumäniens ist die **reichste und vielfältigste ganz Europas.** Von den Höhen des Karsts über die zahlreichen Höhlen und dichten Wälder der Karpaten bis hinunter zum wilden Mosaik der Ökosysteme im Donaudelta hat sich eine einzigartige Flora und Fauna erhalten.

Donaudelta

Das größte Naturschutzgebiet Rumäniens ist eine eigene (Wasser-) Welt für sich. Im größtenteils unberührten Netzwerk aus Flussläufen, den drei Altarmen, Seen, Sandbänken, Inseln und Auwäldern findet sich eine **einzigartige Artenvielfalt.** Vor allem für Vögel scheint das Delta als Wasserparadies eine magische Anziehung zu haben. Je nach Jahreszeit leben hier **325 Vogelarten,** von denen die meisten auch ihren Nistplatz im Delta haben. Zu den seltenen Arten, die andernorts vom Aussterben bedroht sind, gehören Silberreiher, Seeadler, Rothalsgans,

rum106 Foto: jr

Seidenreiher, Stelzenläufer, Löffler und der sehr scheue Krauskopfpelikan.

Im Unterwasserbiotop des Deltas tummeln sich **über neunzig Fisch- und zwölf Schlangenarten.** Vor allem in den Kernzonen des Reservats finden sich Zander, Hecht, Wels, Barsch und Karpfen wohl. Dort, wo der Mensch das Delta nicht betreten darf und das Ökosystem noch intakt ist, leben die meisten Schleien, Karauschen, Plattfische, Aale und der große Stör.

Natürlich lieben auch **andere Tiere** die Wasserlabyrinthe der Donauwelt. Neben zahllosen Libellen, Schmetterlingen, Bisamratten, Seeottern und Marderhunden streunen auch Füchse und Wildschweine durchs Schilf. Selbst der Wolf hat sich im Delta schon blicken lassen.

Im grünen Korridor des Deltas hat sich die **weltweit größte Schilflandschaft** entwickelt. Im Frühling dominieren die Farben Gelb und Grün, denn dann erblühen die Sal- und Silberweiden, und es leuchten Wasserraps und Sumpfwolfsmilch. Die Wälder der Inseln und Sanddünen verleihen dem Delta im Sommer mit ihren dichten Weidenbüschen, Ureichen und Lianen fast einen subtropischen Charakter. Farbliche Tupfer setzen dann die lilafarbigen und weißen Blüten der zahllosen Seerosen und der Wasserminze.

Wald- und Wasserlandschaft im Donaudelta

Das Delta kennt auch Berge! Die 467 m hohen **Măcin-Berge** beherbergen einige der seltensten und eigentümlichsten Tiere Europas.

Sehr selten geworden sind die **Maurische Landschildkröte** und die Kletternatter. Die **Europäische Hornotter** ist Gott sei Dank nicht so häufig anzutreffen, sie ist die giftigste Schlange Rumäniens.

Der Karpatenbogen

Bihor

In einigen Höhlen des Bihor-Gebirges hat man neben Bärenskeletten auch solche von Hyänen gefunden, die hier in der Eiszeit gelebt haben müssen. Heute dagegen bewohnt vor allem die **Zwergfledermaus** die weiten dunklen Galerien und Deckenpassagen. In den bewaldeten Schluchten der Westkarpaten lassen sich **Rothirsch** und **Luchs** gelegentlich sehen. Mit etwas Glück kann man auch den **Auerhahn** bei seiner Balz oder den **Schreiadler** im jagenden Sturzflug erleben. Den passenden Lebensraum finden hier auch die **Alpenringdrossel** und der **Tannenhäher.**

In der strengen Karstlandschaft beherrschen die **Nadelbäume** die Region, aber auch **Eiben, Buchen** und **Eichen** gedeihen hier. Im Frühling wachsen rund um den Muntele Găina die farbenprächtigsten **Blumen** wie die Königsblume und der Frauenschuh. Berühmt ist das **Narzissenfeld östlich von Abrud.** Als Poiana de Narcise taucht es sogar auf einigen Faltkarten auf.

Rodnei-Gebirge

Mit der Neuansiedlung einiger vom Aussterben bedrohter Tierarten hatte man vor allem im nördlichen Rodnei-Gebirge Erfolg. Heute tummeln sich hier wieder einige seltene **Gemsen.** Auch Meister Petz lässt sich gerne sehen. Der Bestand an **Braunbären** hat sich in den letzten dreißig Jahren verdreifacht. Ebenfalls steigende Populationen verzeichnen der **Baummarder** und der **Wolf.** Zu den Vogelarten im Rodnei-Gebirge gehören u.a. das selten gewordene **Birkhuhn** und der **Steinadler.**

Überall dort, wo die Karpaten nicht so hoch ansteigen, alpine Weiden das Bild bestimmen und nahe Fichten- und Tannenwälder Schutz bieten, taucht auch gerne das **Rehwild** auf.

Die Flora wirbt im Rodnei mit dem heidelbeerblättrigen **Rhododendron** und der Aussicht auf seltenere Pflanzen wie **Edelweiß, Alpenrosen** oder **Enzian.**

Nationalpark Calimani

Das dunkle vulkanische Gebirge des Caliman bietet der Tier- und Pflanzenwelt eine völlig eigene Welt. Neben den auch in anderen Gebirgszügen auftauchenden **Bären, Hirschen** und **Wildschweinen** finden sich hier vor allem seltene Pflanzen wie der **Allermannsharnisch,** die **Zwergprimel** oder das **Windröschen.** Auf der mineralienreichen Erde gedeihen **Zirbel-** und **Kriechkiefer** besonders gut.

Besonders geschützt sind im Caliman die **Birkhühner, Wölfe, Luchse** und **Baummarder.**

Nationalpark Ceahlău

Wer die markierten Wanderwege zum „heiligen Berg" der Rumänen, dem Ceahlău, hinaufsteigt, wird unterwegs an einem kleinen „Extra-Schutzgebiet" vorbeikommen. Bereits seit 1955 unter Schutz gestellt, wird das **Poliţa cu crini,** das „Lilienfensterbrett", von den Besuchern bestaunt. Die kleine Geröllgruppe mit dem winzigen **Lärchenbestand** mag den westlichen Besucher in Erstaunen versetzten, weil er hier nichts besonders Bestaunenswertes erkennen kann. Doch Pflanzen, die am „heiligen Ceahlău" wachsen, bekommen eben ein klein wenig mehr Aufmerksamkeit.

Außerdem gibt es auf der Wanderung **Frauenschuh** und **Männertreu** zu bewundern.

Alle **Tiere,** die hier leben, über 90 Vogelarten, Hirsche, Bären, Gemsen und Luchse, stehen unter besonderem Schutz.

Nationalpark Vânători-Neamţ

Mit dem neu eingerichteten Nationalpark im Landkreis Neamţ geht man auch neue Wege. Die Parkverwaltung versucht, hier eine möglichst große Anzahl an schützenswerten Tieren und Pflanzen anzusiedeln. Etwa ein Viertel der in Rumänien vorkommenden Gewächse ist hier zu finden, darunter so seltene Arten wie der **Engelwurz,** das **Torf-Glanzkraut** und der **Moorkönig.** Zahlreiche Tiere leben in diesem geschützten Areal. Neben den bereits mehrfach genannten **Braunbär, Wolf** und **Luchs** fühlt sich auch der **Otter** hier wohl.

Den alten Bestand an **Auerochsen,** den es einmal im gesamten Waldgebiet der Moldau gegeben hat, versucht man behutsam wieder aufzubauen. Leider kann man dieses Tier bislang nur eingezäunt im **Reservat Dragoş-Voda** sehen.

Nationalpark Bucegi

Dieser sehr leicht per Seilbahn zu erreichende Park in der Nähe von Sinaia und Predeal beeindruckt durch **über 130 Vogelarten,** die in seinem Gebiet nisten, darunter der Mönchsgeier, der Steinadler, der Kaiseradler, der Kolkrabe und die Alpenbraunelle.

Nationalpark Piatra Craiului

Der westlich von Braşov und Zărneşti gelegene Park ist ein sehr zerklüftetes, teilweise steil ansteigendes Karstgebiet und bietet in seinen Höhlen und Wasserschluchten den Fleischfressern Wolf, Bär und Luchs Schutz und Unterkunft. Zu den wichtigsten hier beheimateten Pflanzen zählen die rot blühende **Königssteinnelke,** der **gelbe Enzian,** der **rote Männertreu** und die Blume, die als Symbol des Bergmassivs gilt, das **Edelweiß.** Im Sommer strahlen den Wanderer massenhaft die gelben **Trollblumen** an.

Nationalpark Cozia

In diesem im Landkreis Vâlcea gelegenen Nationalpark schleichen mit Vorliebe **Wildkatzen** und **Baummarder** herum. Die Ufer des durch den Park fließenden Olt bieten der **Waldohreule** sowie **Tannen- und Eichelhäher** ein Zuhause.

Der **Biber** war in der ersten Hälfte des letzten Jahrhunderts in Rumänien ausgerottet worden. Ab 1998 wurde eine Population von 164 Tieren mit Hilfe des WWF (World Wildlife Fund) am Olt ausgesetzt und hat sich seitdem hervorragend eingelebt.

Steineichen, Tannen- und Buchenwälder umschlingen regelrecht die steilen Hänge und bizarren Felsen und lassen erstaunlich wenig kahle Stellen übrig. Zu den seltenen Pflanzen, die hier zu finden sind, zählen die **Königsblume,** der **violette Dingel** und die **Kiebitzblume.**

Nationalpark Semenic

Im diesem größten zusammenhängenden Karstgebiet Rumäniens im südlichen Landkreis Caras-Severin lebt eine der vielfältigsten Tierpopulationen Osteuropas. Über 690 Tierarten (Insekten einmal außen vorgelassen) und über 1200 Pflanzenarten machen diese relativ wenig besuchte Region zu einem kleinen **Tier- und Pflanzenparadies.** Unter strengen Schutz gestellt sind hier die **Orient-Weißbuche,** der stechende **Mäusedorn,** das kleinblütige **Fingerkraut** und der **Goldkrokus.**

Nationalpark Domogled

Im Süden Rumäniens im Einflussgebiet der Donau wachsen einige Pflanzen, die in Europa einzigartig sind. Dazu gehören die **Banater Schwarzkiefer** und der **Haselbaum. Über 1300 Schmetterlingsarten** flattern im Sommer über die Blumenwiesen des Domogled-Berges. Wer hier über die steilen Kämme klettert, muss ein wenig vorsichtig sein. Neben den bekannten Großjägern wie **Bär** und **Wolf** kann es auch zu gefährlichen und schmerzhaften Begegnungen mit der sehr giftigen **Hornotter** oder dem **Banater Skorpion** kommen.

Wer **Ausflüge in die Naturschutzgebiete und Nationalparks** unternehmen und traditionelle Lebensweisen in den Dörfern erleben möchte, wende sich an:

- **Mihai Zotta,** Tel. 0040 (0) 743 022 112, mzotta@pcrai.ro, www.rosilva.ro (deutsch und englisch).
- **Association of Ecotourism in Romania (AER),** die Organisation unterstützt die Fischer im Delta und die Schäfer in den Karpaten und entwickelt individuelle Reisen, die den nachhaltigen Schutz der Nationalparks fördern. Kontakt: www.eco-romania.ro, Kontakt auch über *Andrei Blumer* oder *Colin Shaw* (beide sprechen nur englisch), blumera@dslink.ro und roving@deltanet.ro.

Naturschutz

Seit dem 1. Januar 2007 ist Rumänien Mitglied der Europäischen Union. Zumindest was die **Umsetzung der europäischen Rechtsvorschriften** im Umwelt- und Naturschutz anbelangt, gaben sich die rumänischen Regierungen in den letzten Jahren betont optimistisch. Immer wieder werden die ökologischen Schätze des Landes beschworen. Doch wer von glasklaren Mineralquellen, dem größten zusammenhängenden Waldgebiet Europas und einem unvergleichlichen Pflanzen- und Tierbestand spricht, muss auch auf die Verletzlichkeit dieses Schatzes hinweisen.

Wenigstens die größten **Umweltsünden aus der Ceauşescu-Zeit** konnten weitgehend ausgeglichen oder sogar rückgängig gemacht werden. So wollte der „weise Führer", wie er in Liedern besungen wurde, doch in der Tat große Teile des Donaudeltas einfach trockenlegen, um sie für die Landwirtschaft nutzbar zu machen. „Sümpfe zu Ackerboden" hieß damals das Motto. Doch glücklicherweise gelang *Ceauşescu* dies nicht mehr. Heute bemüht sich die rumänische Regierung gemeinsam mit der UNESCO und dem deutschen WWF um die Renaturierung der trockengelegten Teile des Deltas.

Wahrscheinlich sind die gelben Rauchschwaden in den Vorstädten Craiovas nicht die endgültig letzten Zeugnisse einer Wirtschaftspolitik, die den **schnellen Profit** wichtiger einschätzt als eine nachhaltige Umweltpolitik.

Vor allem die **Umweltkatastrophen** aus dem Jahr 2000 stecken vielen Menschen noch in den Knochen und der Landschaft wahrscheinlich im Boden. In Baia Mare war damals aus dem Auffangbecken einer Goldmine der rumänisch-australischen Firma Aurul hochgiftiger, mit Zyaniden und Schwermetallen versetzter Schlamm in den Fluss Someş und von dort weiter in die Theiß und nach Ungarn geflossen. Einige Wochen später geschah im Bergwerk in Borşa ein ähnlicher Unfall,

Schäfer auf der Hochebene von Enisala in der Nähe der Burgruine Heraclea

der nicht unbedingt auf die Lernbereitschaft der Gold abbauenden Industrie schließen lässt.

Dass diese Katastrophen inmitten der herrlichsten Maramureş-Landschaft geschahen, hatte zumindest eine zeitweilige **Schockwirkung** auf die Regierung. Rumänien setzte strengere Luftfilter-Verordnungen und solche für die Abfallbeseitigung durch.

8,3 Prozent des Landes stehen mittlerweile **unter Naturschutz.** Die größten Schutzgebiete wie das Biosphärenreservat Donaudelta, die Nationalparks Bucegi, Porţile de Fier (Eisernes Tor), Călimani oder Piatra Craiului werden auch von westlichen Umweltschutzorganisationen kontrolliert.

Der **Einklang zwischen Mensch und Natur** ist in Rumänien **auf dem Land** seit langer Zeit gegeben. Eine Agro-Industrie gibt es nicht. Eine Flurbereinigung, wie etwa in Deutschland, hat in Rumänien nie stattgefunden. Traditionell setzt die Landwirtschaft in Rumänien keine Pestizide ein, Kälber und Schweine werden noch ohne Hormonpräparate aufgezogen, und Hühner haben allen Auslauf, den ihr Hühnerherz begehrt.

Die Bestandteile wilder Deponien waren im Vorplastik-Zeitalter wahrlich noch wild, da biologisch rückstandslos abbaubar. Da jedoch die modernen Zeiten so manche Plastikflasche am Rande klarer Bergseen hinterlassen, ist es vor allem eine **Aufgabe für jeden Einzelnen,** das Bewusstsein für den ökologischen und damit auch touristischen Schatz Rumäniens zu schärfen.

rum583 Foto: jr

Bevölkerungspolitik unter Ceaușescu

Auch im Kapitel zur Bevölkerung kommt man am Namen *Ceaușescu* nicht vorbei. Mit seiner Politik griff der Diktator massiv in die Bevölkerungsentwicklung ein. 1988 beschloss seine Regierung, die Zahl der rumänischen Dörfer drastisch zu verringern. Von 13.000 Dörfern sollten nur noch 5000 übrig bleiben. Eine Protestwelle aus dem Ausland verhinderte dieses Projekt. Dennoch verschwanden viele Dörfer und wurden „eingeebnet", um den „wissenschaftlich erwiesenen Fortschritt" in die Städte zu tragen. Ende der 1980er Jahre wurden auch Abtreibungen und Verhütungsmittel strikt verboten. Ein **„Vielkinderprogramm zur nationalen Rettung"** wurde ausgerufen, um sozialistisch-international eine Spitzenstellung zu erreichen. *Ceaușescu* hatten die Massenkundgebungen, die er in Nordkorea gesehen hatte, sehr imponiert. Nun wollte auch er solche Kundgebungen abhalten und vor allem ein Bevölkerungswachstum herbeiführen, wie er es von Ostasien her kannte.

Bereits im Laufe der 1970er Jahre hatte *Ceaușescu* mit einem **Umsiedlungsprogramm** für die im Land lebenden Roma und die ungarischen und deutschen Minderheiten begonnen. Diese Maßnahmen sollten nicht nur der Landgewinnung und dem Aufbau von „Agrofabriken" dienen, sondern auch die bessere Kontrolle über diese Bevölkerungsgruppen ermöglichen.

Durch die Zerstörung der gewachsenen Siedlungsstrukturen strebte er eine **„Homogenisierung"** der rumänischen Bevölkerung an. Die Arbeit in unabhängigen Kleinbetrieben wurde der Bevölkerung strengstens untersagt, worunter vor allem die hier tätigen Roma besonders zu leiden haten. Andererseits unterstützte das Regime ethnische Minderheiten, zumal sie sich in bare Münze verwandeln ließen. Je nach Alter und Ausbildungsgrad gestaffelt, erhielt die rumänische Regierung für Auswanderer ein **„Kopfgeld"**, das in einzelnen Fällen bis zu 5000 Euro betragen konnte.

Bevölkerung

Rumänien ist **sehr dünn besiedelt.** Gerade einmal 94 Menschen kommen auf einen Quadratkilometer (zum Vergleich: In Deutschland sind es etwa 230 Menschen). Noch im Jahre 1950 lebten mehr als 70 Prozent der Menschen auf dem Land, doch mit dem Beginn der Industrialisierung begann auch um die Karpaten herum die Verstädterung einzusetzen. Heute leben noch **55 Prozent der Rumänen auf dem Land,** womit Rumänien im europäischen Vergleich immer noch einen Spitzenplatz belegt.

Nach der Revolution und der Wende zu Beginn der 1990er Jahre ist die **Geburtenrate** in Rumänien stark zurückgegangen und passte sich damit nahtlos den demografischen Tendenzen in West- und Osteuropa an. Der Rückgang der rumänischen Bevölkerung von 1992 bis 2002 – in diesen Jahren fanden die beiden letzten Volksbefragungen statt – um 1,1 Prozent kann allerdings auch auf die starke **Auswanderungswelle** zurückzuführen sein. Die Migration der Rumänen in den Westen ist nach wie vor sehr hoch. Inoffizielle Schätzungen gehen davon aus, dass mehr als 2 Millionen Rumänen dauerhaft in Italien und über 1 Million in Spanien leben. Die offiziellen Zahlen liegen jedoch weit darunter.

Eine ähnliche Diskrepanz ergibt sich bei den Zahlen für die **Minderheiten,** die in Rumänien leben. So benennen die Statistiken der Regierung einen Anteil von 2,5 Prozent **Roma** an der Gesamtbevölkerung, inoffizielle Schätzungen sprechen jedoch von 5 bis 7 Prozent. Einig ist man sich nur darin, dass die aus Rajasthan in Indien stammende Volksgruppe der Roma, die in Rumänien seit dem Mittelalter bekannt ist, als einzige Gruppe in Rumänien wächst.

Die mit 6,6 Prozent stärkste Minderheit der **Ungarn** lebt heute vorwiegend an der Grenze zu Ungarn in den Kreisen Satu Mare, Bihor und Arad, im siebenbürgischen Hochland und insbesondere im Szeklerland. Halbiert hat sich der Anteil der **deutschen Minderheit,** der nur noch 0,3 Prozent ausmacht und damit ebenso groß ist wie die **ukrainische Bevölkerungsgruppe.**

Da seit den Parlamentswahlen von 1992 die geringe Quote von 1327 Stimmen für einen Sitz im Parlament ausreicht, sind neben den genannten Minderheiten auch Türken, Bulgaren, Serben, Griechen, Slowaken, Tschechen, russische Lippowaner, Armenier, Polen, Tataren und Italiener im Parlament Rumäniens vertreten.

Übrigens, wer im Land Kontakt sucht: Ein gutes Mittel, um mit Rumänen, Ungarn und Roma in Rumänien in Kontakt zu kommen, besteht darin, sich einige Wörter **Rumänisch, Ungarisch** oder auf **Romani** anzueignen (siehe „Sprache und Verständigung“).

Bevölkerungsdaten (2009)

- **Einwohner:** ca. 23 Millionen
- **Bevölkerungswachstum:** ca. 1,2% jährlich
- **Lebenserwartung:**
Männer 67, Frauen 75 Jahre
- **Ethnische Gruppen:** Rumänen 89,5%, Ungarn 7,6%, Roma 2,5%, Deutsche 0,3%, andere 1,1%
- **Religionen:** Rumänisch-Orthodox 87%, Römisch-Katholisch 5,6%, Protestantisch 6,8%, andere 0,6%

Die rumänische Sprache

Rumänisch ist die **einzige Sprache lateinischen Ursprungs in Osteuropa.** In der nördlich angrenzenden Ukraine, in Bulgarien (Süden) und Serbien (Westen) werden slawische Sprachen gesprochen. Die Muttersprache im benachbarten Ungarn hat gemeinsame Wurzeln mit dem Finnischen und stammt nicht aus der indogermanischen Sprachfamilie. Von etwa 23 Millionen Rumänen sprechen 20,5 Millionen rumänisch als Muttersprache.

Die **Wurzeln** des heutigen Rumänisch liegen **im dakorumänischen Dialekt,** der in den römischen Provinzen Dakien und Moesien (nördlich und südlich der Donau) gesprochen wurde. **Weitere rumänische Dialekte** werden noch in Makedonien (Mazedorumunisch und Aromunisch) und in Nordgriechenland (Meglenorumänisch) ge-

Die deutschen und österreichischen Minderheiten

Sie nennen sich **Sachsen** und sprechen eine Mundart, die mit den Idiomen aus dem moselfränkischen und luxemburgischen Raum verwandt ist. Die Deutschen, die heute noch **im Hochland des siebenbürgischen Karpatenbogens** leben, gehören zur größten und wohl auch bekanntesten Gruppe der deutschen Siedler, die bereits im 12. Jahrhundert auf Wunsch der ungarischen Könige ins Land gerufen wurde. Die Sachsen, oder wie sie von den Rumänen genannt werden, die **Saşi,** haben mit den in Deutschland lebenden Sachsen nichts zu tun, was bei manchem Besucher zur Verwirrung beitragen mag. Die Franzosen benennen die Deutschen nach den Alemannen, die Engländer nach den Germanen und die Italiener nach den Teutonen. In den Kanzleien Ungarns war die geläufigste Bezeichnung für Menschen aus dem deutschen Siedlungsraum eben Sachsen - und so nennen sie sich denn auch selbst so.

Der Hilferuf des jungen ungarischen Königs *Geysa II.* erfolgte um 1150 wegen der ständigen Angriffe der Mongolen und Tataren aus dem Osten, und so ließen sich die ersten deutschen „Gastsiedler", mit etlichen **Privilegien** ausgestattet, im Hermannstädter Raum (Sibiu) nieder. Im Gegenzug zu den Vorzügen, die sie im so genannten „Goldenen Freibrief" als freie autonome Bürger genossen (freie Märkte und Zollfreiheit), verpflichteten sie sich dem König gegenüber zum Kriegsdienst und zu jährlichem Tribut. Sehr bald schon begannen sie ihre Gotteshäuser zu Festungen auszubauen, indem sie Ringmauern mit Wehrtürmen darum erbauten. Die so genannten **Wehrkirchen** oder **Kirchenburgen** waren in der Lage, die gesamte Bevölkerung eines Ortes aufzunehmen. (Von den ehemals über 300 Wehrkirchen sind übrigens heute noch etwa die Hälfte in recht gutem Zustand.)

Mit ihrem geschlossenen **Übertritt zum lutherischen Glauben** im 16. Jahrhundert wurde die bereits vorhandene politische Selbstständigkeit der ersten deutschen Siedler auch religiös untermauert.

rum114 Foto: hz

Die sächsische Minderheit feierte bis 2007 ihr größtes Volksfest in Birthälm (ältere s/w-Aufnahme)

Kein ungarischer König, sondern ein österreichischer Kaiser *(Joseph II.)* und eine Kaiserin *(Maria Theresia)* waren es, die in den Jahren von 1720 bis 1730 zur Ansiedlung der **Banater Schwaben** führten. Die durch die Türkenkriege völlig entvölkerte habsburgische Provinz Banat im Südwesten Rumäniens wurde in mehreren so genannten **Schwabenzügen** besiedelt. Die aus dem fränkischen, bayerischen oder schwäbischen Raum stammenden Siedler, die sich später auch **Donauschwaben** nannten, schifften sich in Ulm ein und fuhren die schiffbare Donau hinunter bis nach Belgrad. Nach einem beschwerlichen Fußmarsch über 300 km erreichten sie den Banat, eine Gegend, die zum Großteil aus Sümpfen bestand. Ein überlieferter Spruch gibt einen Eindruck von der Aufbauleistung der Banater Schwaben: „Den ersten der Tod, den Zweiten die Not und den Dritten das Brot." Nach der **Trockenlegung der Sümpfe** erwies sich das Land als überaus fruchtbar und begründete den Wohlstand der Deutschen im Südwesten.

Noch 1910 machte die deutsche Bevölkerung ein Viertel der Banater Bevölkerung aus, obwohl sich um 1900 fast 100.000 Banater Schwaben in die Neue Welt aufgemacht hatten.

Neben den Siebenbürger Sachsen und den Banater Schwaben gibt und gab es noch **weitere eigenständige deutsche und österreichische Ansiedlungen,** die sich auf den gesamten Bereich Rumäniens verteilen: u.a. die Bessarabien- und Dobrutschadeutschen, die Durlacher, die Deutschböhmen, die Steyrer, die Temeswarer und die Zipser.

Die Siedlungsgebiete waren den meisten dieser Gruppen erst nach dem Ersten Weltkrieg offiziell in den Pariser Vorortverträgen zugesprochen worden.

Die Sathmarer Schwaben hatten sich bereits im 19. Jahrhundert auf Wunsch von ungarischen Grundbesitzern im Nordwesten, im Bereich der heutigen Stadt Satu Mare, niedergelassen. In der Bukowina, die mit ihrer ehemaligen Hauptstadt Czernowitz bis 1918 zu Österreich gehörte, siedelten sich im 18. Jahrhundert Zipser, Steyrer und Buchenlanddeutsche an.

Zur Zeit der Kaiserin *Maria Theresia* wurden Protestanten aus den österreichischen Erblanden, die so genannten Landler, zwangsweise in Siebenbürgen angesiedelt.

Bei einer Volkszählung im Jahre 1930 bekannten sich noch 745.421 Einwohner zu ihrer deutschen Nationalität, das entsprach etwa 4 Prozent der Bevölkerung. Die Deutschen waren damit nach den Ungarn (6 Prozent) die zweitstärkste Minderheit.

Bereits vor *Ceauşescus* Tod und der Wende von 1990 kam es zu Auswanderungswellen der deutschen und österreichischen Minderheiten. Im Jahr 1977 wiesen rumänische Statistiken nur noch 227.398 Deutsche aus (1,1 Prozent), und diese Zahl hat sich seit der Wende im Jahre 1990 noch einmal halbiert. Die Zeit der deutschen Besiedlung scheint damit ein Ende gefunden zu haben. Aufgrund der wirtschaftlichen Schwäche Deutschlands jedoch ist es in den Jahren nach 2003 bereits wieder zu Neuansiedlungen abenteuerlustiger Deutscher in Siebenbürgen gekommen.

sprochen. Fast ausgestorben ist der rumänische Altdialekt, der in Istrien und anderen Teilen Kroatiens gesprochen wurde (Istrorumänisch).

Weiterentwickelt hat sich die rumänische Sprache aus dem slawisch geprägten **Vulgärlatein.** Der erste erhaltene Text in Rumänisch ist noch in kyrillischer Schrift verfasst und stammt aus dem Jahr 1521. Die lateinische Schrift ersetzte das Kyrillische erst 1780. Die **Latinisierung des Wortschatzes** wurde vor allem durch die so genannte Siebenbürger Schule forciert, die zum ersten Mal alle Wörter lateinischen Ursprungs sammelte.

Volkskultur und Traditionen

Die Wurzeln aller rumänischen Traditionen sind **auf dem Dorf** zu finden. Jeder Ort hat dabei seine eigenen Bräuche, Trachten, Tänze und Lieder. Viele Dörfer messen jährlich ihre Kräfte im friedlichen Wettstreit um Schönheit, Stärke, Kunstfertigkeit oder Fleiß.

Die zeitliche Partitur des Feierns wird im Übrigen durch die Jahreszeiten, die kirchlichen Fest- und Feiertage, vor allem aber durch die einschneidenden persönlichen Höhe- und Tief-

Der Kalte Krieg der Buchstaben

Die **Buchstaben â und î** bezeichnen im Rumänischen denselben Laut. Einen Laut, den es im Deutschen so zwar nicht gibt, aber unserem i in den Worten „wird" und „irgendwie" oder dem e in den Endungen „Vater" und „Mutter" sehr ähnelt.

Seit 1904 hatte man sich in Rumänien in einer vom Schriftsteller *Titu Maiorescu* initiierten Rechtschreibreform darauf geeinigt, in der Schriftsprache durchgehend das â zu verwenden. Das î sollte nur noch am Wortanfang stehen, wie beispielsweise im Wort *Inimă* für Herz.

In den Zeiten des Kalten Krieges jedoch versuchte man den slawischen Einfluss auf die rumänische Sprache deutlicher herauszustellen. So musste das â in allen Wörtern dem î weichen, das den romanischen Einfluss verschleiert. *Pâine* für Brot wurde also ab 1953 *Pîine* geschrieben.

Viele Rumänen, vor allem die Intellektuellen, sahen in dieser Reform einen unnötigen Kniefall vor dem mächtigen Bruder Russland und einen Verrat an der rumänischen Sprache. Einige von ihnen weigerten sich sogar, die neue Schreibweise zu verwenden und wurden starken Repressalien ausgesetzt.

Ceauşescu gab dem Druck 1965 teilweise nach und machte die sozialistische Rechtschreibreform in einem wichtigen Wort wieder rückgängig: Wenigstens im Landesnamen *România* und in allen daraus sich ableitenden Formen wie *român, româneşte* usw. sollte das â wieder zur Geltung kommen. Er ließ diese Reform der Reform landesweit als Akt der nationalen Befreiung von der sowjetischen Vormachtstellung feiern.

Kurz nach der Revolution wurde 1992 überall die alte Regelung von 1904 wieder eingeführt. Vereinzelt begegnet einem allerdings auf Schildern, in Stadtplänen oder in Büchern noch die alte Schreibweise. Anstatt *Târgu Mureş* steht dort dann *Tîrgu Mureş*.

punkte festgelegt: die Hochzeit und den Todesfall.

Der „Fröhliche Friedhof"

Dass man dem Tod, um mit diesem Kapitel zu beginnen, durchaus auch gute, ja zuweilen fröhliche Seiten abgewinnen kann, wissen vor allem diejenigen zu berichten, die ihn begießen können. Weltweite Berühmtheit hat dabei eine kleine Gemeinde an der ukrainischen Grenze erlangt, die auf ihrem **„Fröhlichen Friedhof" von Săpânța** Nachrufe auf die Verstorbenen verfasst, die es in sich haben. **Dumitru Pop,** der in kurzen Versen die Lebensgeschichten der Menschen auf die blau gefärbten Holzkreuze malt, kennt die Geschichte jedes Einzelnen. Seine Arbeit sieht oft wie ein Ritual aus. „Ich zeichne das Leben des Verstorbenen mit einigen wenigen markanten Strichen nach und hoffe, dass sich die Menschen hier im Ort noch lange an ihren Mitmenschen erinnern können. Die Menschen im Ort leben zusammen und sie sterben zusammen ..." sagt *Pop,* „... und das ist gut so."

Über 800 Kreuze stehen mittlerweile auf dem Friedhof, und einige von ihnen sind kleine poetische Kunstwerke:

Ich war *Georg, Patocs* Sohn,
am Arbeiten und am Spielen war ich,
bis die singende Welt nicht mehr war.
Über die süßen Flaschen haben wir getanzt,
bis ich keine Kraft mehr hatte.
Wir versuchten, reich zu werden,
griffen oft nach Glanz und Glück,
bis das Grab mich rief
und ich das Leben lassen musste,
mit 77 Jahren.

Das **Klagelied** ist ebenfalls eine alte Tradition, die man in vielen Dörfern, ja selbst im fröhlichen Săpânța, noch kennt und pflegt. Die Kenntnisse einiger Klagefrauen gehen dabei weit über das bloße Singen von Klageliedern hinaus. Viele von ihnen übernehmen zudem die Sterbebegleitung und das, was man bei uns neuerdings als „thanatologische Sozialhygiene" bezeichnet, das Trösten und Betreuen der Verbliebenen.

Das bei uns als Leichenschmaus bekannte Mahl wird in einigen Gegenden Rumäniens **„Tränenbrot"** genannt. Hierzu versammelt sich traditionellerweise das gesamte Dorf an reich gedeckten Tischen und erweist dem Verstorbenen durch das Erzählen von Geschichten oder leise gesungene Lieder die letzte Ehre.

Hochzeit

Gewöhnlich nimmt in Rumänien das ganze Dorf Anteil an Totenfeiern, Hochzeiten und Taufen. Bei Hochzeiten und Taufen tut man dies natürlich besonders gerne.

Die Hochzeit wird traditionell **an mehreren Tagen gefeiert,** wobei das Essen, Trinken und Tanzen einen sehr breiten Raum einnimmt. Die **Schlachtung** eines Kalbes, einiger Schweine oder Lämmer steht dabei am Anfang eines Szenarios, das parallel zu den eigentlichen Feiern permanent im Hintergrund stattfindet: Backen, Kochen und Braten

Mit einer Blume am Revers ausgestattet macht sich die Gemeinde unter

rum118 Foto: jr

den begleitenden Klängen der Blasmusik auf den Weg zur Kirche. Den beiden **Hochzeitspaten** versucht man dabei schon unterwegs das Geld aus der Tasche zu ziehen, das übrigens auch während der restlichen Feierlichkeiten eine nicht unbedeutende Rolle spielt. Für das Brautpaar selbst steht die **kirchliche Zeremonie** im Mittelpunkt, zu deren im wahrsten Sinne des Wortes krönendem Abschluss jeder vom Priester eine **Hochzeitskrone** aufgesetzt bekommt. Neben einer Brautentführung und der auch bei uns bekannten Versteigerung des Brautschuhs stehen beim anschließenden Feiern **regional sehr verschiedene Bräuche** auf dem Programm.

Hochzeitsfeier im Maramureş – die Familie wartet auf den Bräutigam

Auf den Dörfern ist es die **Hora,** ein fröhlicher Rundtanz, der zum feierlichen Abschluss noch einmal zeigt, wie eng das ganze Dorf zusammenhält, wenn es ums Feiern und Tanzen geht.

Freilichtmuseum Dorf

Wer weiß schon noch, was ein Göpelschöpfwerk, eine Segelwindmühle oder eine Kufenwiege ist. Mit den Traditionen sterben nicht nur die Begriffe, sondern auch die Fertigkeiten der Menschen aus. Vielen Besuchern von rumänischen Dörfern mögen bereits Fertigungsweisen wie Spinnen, Knüpfen und Weben archaisch und romantisch vorkommen. Doch neben diesem bekannten Handwerk gibt es eine Vielzahl von Fertigkeiten, die längst in Vergessenheit geraten sind. Auch in Rumänien hält der Fortschritt Einzug und viele der **Traditionen,** wie das Wachspressen und Kerzenziehen beispielsweise, sind somit **vom Aussterben bedroht.** Wer sich ein Bild von den alten Bräuchen, von der Arbeits- und Lebensweise der Bauern, Müller und Fischer machen möchte, kann dies sehr gut in den über das ganze Land verteilten Freilichtmuseen tun.

Bereits 1936 wurde **in der Nähe des Herăstrău-Sees in Bukarest** ein **Dorfmuseum** eingeweiht. Von überall aus dem Land wurden Bauernhäuser, ja ganze Bauernhöfe zusammengetragen, um die verschiedenen Stile und Bauarten zu dokumentieren. Alljährlich kommen in diesem „Dorf der Dörfer" Volkskünstler aus ganz Rumänien zusammen, um alte Techniken zu präsentieren. In den alten Häusern wird dann u.a. das Korbflechten, die Schilfkunst, das Weben und das Holzschnitzen, aber auch alte Tänze und Lieder vorgestellt.

Ebenfalls in Bukarest befindet sich das **„Museum des rumänischen Bauern".** Auch hier kann man eine ethnologische Zeitreise unternehmen und in Kursen verschiedene alte Techniken erlernen.

Noch älter als das Bukarester Freilichtmuseum ist das in **Cluj-Napoca.** Bereits im Jahr 1923 wurde hier das erste ethnologische Freilichtmuseum Rumäniens eröffnet. Auf dem Hoia-Hügel außerhalb der Stadt steht nun ein kleines Dorf mit einer Auswahl sehenswerter Bauernhäuser.

Die beste und interessanteste Auswahl an Häusern, Mühlen, Fischerhütten, vor allem aber handwerklichen Arbeitsstätten findet sich südlich von Hermannstadt im **„Astra-Museum Sibiu".** Mit der Straßenbahn dauert der Ausflug nach Pădurea Dumbrava, in den „Jungen Wald", nur eine Viertelstunde. Doch dort angekommen, fühlt man sich in eine völlig andere Zeit versetzt. Neben einer alten Ölpresse und einer Tuchwalke finden sich hier das Gehöft eines Wachsstrebersammlers, ein Hirtengehöft mit Werkstatt zur Kerzenherstellung, Obststampfen, Branntweinkeller, Goldbergwerksstollen, Pflaumendörröfen, Ölmühlen, alte Schiffsmühlen, eine Schmiede- und Glockenwerkstatt, Töpfergehöfte, Kelterhäuser und vieles mehr.

Weitere Reisen in die Vergangenheit kann man in den **bäuerlichen Freilichtmuseen** in Timişoara, Gorj (bei Curtişoara), in Sighetu Marmaţiei im Maramureş und im Museum des Obst- und Weinbaus (in Goleşti in der Nähe von Piteşti) unternehmen.

Winter-Maskentänze

Vor allem im Norden Rumäniens, vom Maramureş über Vatra Dornei bis ins Moldaugebiet (Târgu Neamţ), reicht der kulturelle Gürtel, in dem sich alte **rituelle Wintertänze** erhalten haben. Zu Weihnachten und zum neuen Jahr strömt das ganze Dorf oder die ganze Stadt zusammen und begegnet der anbrechenden „Neuen Zeit" mit **alten magischen Bräuchen.** Die Tradition verlangt, dass man sich seine **Masken und Kostüme** selber bastelt. Jeder kann selbst entscheiden, ob er sich als Bärenmensch, als Schaf, Ziege oder Hexe hinaus ins Getümmel stürzt. *Dansul caprei* und *Dansul ursului,* Ziegentanz und Bärentanz, heißen zwei der Tänze, die alte Mythen symbolisieren und auch an die Märchen und Fabeln des Dichters *Ion Creangă* erinnern sollen, in denen Tiere eine zentrale Rolle spielen.

Da es im Winter in großen Teilen Europas üblich ist, die länger werdenden Tage laut und bunt zu begrüßen, mögen den westlichen Beobachter einige der Hexenkostüme an die Alemannische Fastnacht erinnern. In **wilden Tänzen durch die Straßen** der Gemeinde versucht man die guten Geister zu beschwören und die bösen von sich zu weisen. Die Kesselflicker, *Căldărari,* klopfen mit Löffeln laut auf ihren Töpfen herum, Ziegenköpfe aus Holz klappern lärmend an Holzstangen, die *Haiduci,* eine rumänische Variante des guten Räubers, der die Reichen bestiehlt und die Beute an die Armen verteilt, tanzen ausgelassen und wild durch die Gassen.

Bauern-, Tanz- und Hirtenfeste

Bereits die **„gewöhnlichen" Wochenmärkte** sind in Rumänien ein Erlebnis. Besonders ursprünglich, bunt und lebendig sind sie im Maramureş, wo sich am Markttag ein ganzes Tal versammelt und sich zwischen Ziegen, Eseln und Pferden noch keine Händler mit Musikkassetten und Video-Raubkopien finden. Hingegen kann man Viehhändler beim Feilschen bewundern und Wolldecken, bemalte Möbel und unglasierte Keramik erstehen (die man übrigens vor dem Gebrauch einölen muss). Manchmal verwandeln sich Märkte, die eine besondere Anziehung auf die Menschen ausüben, im Laufe der Zeit auch in **Volksfeste.** So geschehen mit dem so genannten **Heiratsmarkt** in den Westkarpaten. Nicht Ziegen oder Schafskäse konnte man früher auf dem Găina-Berg erstehen, sondern junge Männer und Frauen trafen sich mit ihren Eltern auf den Hügeln des Apuseni-Gebirges, um sich einen Partner fürs Leben auszugucken. Heute treffen sich die Menschen im Juli am Muntele Găina, um bis in den von Leuchtfeuern illuminierten Abend hinein zu tanzen, zu trinken und zu singen.

Auch **am Prislop-Pass im Rodna-Gebirge** ist aus einem ursprünglichen Markt, in diesem Fall einem Schäfermarkt, ein Volksfest geworden. In jedem Jahr am ersten oder zweiten Sonntag im August findet hier nun ein bunter Tanzreigen statt. **Trachtengruppen** aus allen Teilen Rumäniens treffen sich dann zur **Hora de la Prislop** und stellen ihre Kostüme und Tanzkünste zur Schau. Dabei werden übrigens nicht nur die traditionellen Rundtänze der Hora aufgeführt.

Teufelstänze (hier in Târgu Neamţ) sollen die bösen Geister des Winters vertreiben

Neben den immer durch festliche Feiern begleiteten Almauf- und -abtrieben stehen für die Bauern vor allem die **Frühlingsfeste** im Mittelpunkt, auf denen selbstverständlich das ganze Dorf mitmacht. Als Fest zu Ehren der Erde feiern die Pflüger in **Hoteni** im Maramureş am ersten Sonntag im Mai ihre **Tânjaua de pe Mara.** Nach der Pferdeprozession mit geschmückten Wagen warten alle gespannt auf die nachfolgenden Wettbewerbe. Im Pferderennen wird der geschickteste und schnellste Reiter ermittelt, eine Jury der Ältesten entscheidet, wer im Dorf der beste und wer der fleißigste Pflüger ist, und die Frauen prämieren die schönsten Kostüme. Die Sieger erhalten im Übrigen keine Geld- oder Sachpreise, sondern erfreuen sich der Ehre, für ein Jahr lang in der ganzen Gegend bekannt zu sein.

Auch die Hirten, Schnapsbrenner und Käsemacher lieben das Feiern, wie man im Spätsommer beim **Zuika- und Käsefest von Răşinari** sehen kann. In der kleinen Gemeinde, 15 km südlich von Sibiu, präsentieren sie unterhalb des Berges Păltiniş neben leckerem Schnaps auch die Spezialitäten der Region, Käse in Tannenrinde oder den mit warmem Maisbrei ummantelten Käse namens Bulz *(Bulț)*.

Weitere Bauern-, Tanz- und Hirtenfeste

- Die Hirten aus der Marginimea Sibiului feiern ihre Schafe am 19. September in **Poiana Sibiului.**
- In der Gemeinde Certeze im Landkreis Satu Mare feiert man im Mai mit dem großen

rum121 Foto: jr

Folklorefestival **Sâmbra oilor** an den grünen Hängen des Huta-Passes das „Verlassen der Schafe auf die Weide".

- Ebenfalls im Mai findet das Milchmessen (**Măsuratul laptelui**) statt. Bei diesem Fest der Schafzüchter und Schäfer wird die Käsemenge bestimmt, die den Besitzern im Herbst abgeliefert werden muss.
- Als uraltes Fest hat sich im Maramureş das **Ruptul Sterpelor** erhalten. Im Mai wird hierbei die Trennung der Milchlämmer von ihren Müttern und vom Rest der Herde gefeiert.
- Als Mittsommernachtsfest wird in der dritten Juniwoche im Maramureş das **Sânziene-Fest** gefeiert, in dem den regenerativen Kräften der Natur mit viel Tanz und noch mehr Pflaumenschnaps *(Tuică de prune)* gehuldigt wird.

Die Stâna

Im Frühjahr hängt oben auf den Almen der Schäfer in weißen Leintüchern der **frische Schafskäse** zum Abtropfen vor der Haustür, drinnen bereitet man **knusprige Maisfladen nach Schäferart** zu, die dann aber auch nur, genauso wie überall im Land, *Mămăliguță cu brânză cu smântănă* genannt werden. Überall duftet es nach Gras und Blumen, riecht es nach Schafen und Hunden. Kurzum – man ist auf der Stâna.

Stâna ist ein Wort, das noch aus dem Dakischen stammt. Man **bezeichnet** in Rumänien heute **vieles** damit: die Alm der Schäfer, die Schafherden und die Hütte des Schäfers, und wenn es sein muss, so verwandelt sich die „traditionelle und wahre Stâna" für Touristen auch in eine lange Liste von Köstlichkeiten rund um Schafe, Schäfer und *Ţuica,* die man eben während „einer Stâna" so zu sich nimmt.

Am einfachsten übersetzt man Stâna jedoch mit **Schäferei.** Die Schafzucht ist heute wie vor Jahrhunderten immer noch eine der wichtigsten Einnahmequellen der Hirten und Wanderschäfer. Der Wechsel der Jahreszeiten bestimmt dabei den Rhythmus. Die Herden der Stâna bleiben bis zu den Festlichkeiten des *Ruptul sterpelor* und *Sâmbra oilor* im Mai in der Nähe des Dorfes. Nach dem Aussondern der Milchschafe und dem feierlichen Milch- und Käsemessen verlassen die Almhirten und Wanderschäfer gemeinsam mit den Herden die Stâna und machen sich auf den Weg in die Berge. Des „Schäfers Zuhause" besteht dann bestenfalls noch aus einem kleinen, engen Holzhäuschen, das sie natürlich auch Stâna nennen.

Religionen und Konfessionen

Jedem, der die verschiedenen Landesteile Rumäniens besucht, wird sofort die **tiefe Frömmigkeit** der zumeist orthodoxen Menschen ins Auge fallen. Die meisten auch der jüngeren Rumänen sind tief in der Orthodoxie verwurzelt. Als der Staat kurz nach der Revolution im Jahre 1991 eine Volkszählung durchführen ließ, bekannten sich **86,6 Prozent** der Bevölkerung zur rumänischen **orthodoxen Kirche.** Nur 0,3 Prozent der Bürger gaben an, sie besäßen keine Religionszugehörigkeit. Andere Religionen sind in Rumänien vor allem die der Minderheiten. So gehören die Deutschen in Siebenbürgen vor allem der **evangelischen Kirche** an, die Ungarn mehrheitlich entweder zur **römisch-katholischen** oder zur evangelischen Kirche.

In den östlichen Landesteilen am Schwarzen Meer gibt es noch eine geringe Anzahl an **Moslems.** Die **jüdischen Gemeinden** in den größeren Städten erholen sich nur langsam vom Holocaust und der Verfolgung, der das Judentum auch in Rumänien ausgesetzt war.

Im Donaudelta gibt es eine geringe Anzahl an **Lippowenern,** orthodoxen Altgläubigen, deren Zahl weiter am schrumpfen ist.

Die rumänische Orthodoxie

Die **Christianisierung der dako-römischen Bevölkerung,** die zwischen Karpaten, Donau und dem Schwarzen Meer wohnte, erfolgte bereits in den ersten Jahrhunderten. Bereits vor dem Edikt Kaiser *Konstantins* aus dem Jahr 313, das die Religionsfreiheit im ganzen Römischen Reich festschrieb, wurden weite Teile der heutigen Dobrudscha evangelisiert. Der **Apostel Andreas** soll fünf Jahre in einer Höhle nahe der heutigen bulgarischen Grenze gewirkt haben. Noch heute werden in der Nähe des Klosters Dervent auf dem Stein, den er als Altar benutzte, Gottesdienste gefeiert. Auch das erste Bistum auf dem Gebiet des heutigen Rumänien bildete sich in der Dobrudscha in Tomis (= Constanța).

Im 6. Jahrhundert brach die noch junge Kirche unter dem **Ansturm slawischer Eroberer** zeitweise völlig zusammen. Doch im Laufe der Zeit assimilierten die Christen die slawischen Reitervölker, mussten im Gegenzug aber im 10. Jahrhundert das Kirchenslawische als Sprache des Gottesdienstes akzeptieren. **Kirchenslawisch** sollte bis ins 17. Jahrhundert die Sprache der rumänischen Kirche bleiben.

Nachdem Rumänien 1878 zu einer unabhängigen Monarchie geworden war, erhielt auch die rumänische Kirche ihre **Unabhängigkeit.** Ein eigenes Oberhaupt, den **Patriarchen,** erhielt sie erst im Jahre 1925 (außer in Rumänien wird auch die russische, serbische, bulgarische und georgische Kirche von einem Patriarchen geleitet; in der Orthodoxie Griechenlands und Zyperns ist es ein Erzbischof).

Seit 1925 haben sechs **Metropoliten** (so werden die Leiter der fünf höchsten Kirchenkreise, der Metropolien, genannt) den Patriarchenthron bestiegen. Als letzter war es *Daniel Ciobotea,* der im September 2007 das höchste Amt der rumänisch-orthodoxen Kirche übernahm.

Die Kirche zu Zeiten des Kommunismus

In den über 40 Jahren, in denen das kommunistische Regime herrschte, wurde die orthodoxe Kirche langsam aus dem öffentlichen Leben des Landes verdrängt. Bereits 1948 wurde der **Religionsunterricht** an den Schulen **verboten** und Gottesdienste in Krankenhäusern und Heimen untersagt. Über tausend Priester wurden in Ge-

Die Spaltung der christlichen Kirche

Einige westliche Besucher, die die Moldauklöster oder eine der evangelischen Gemeinden Siebenbürgens besuchen, kommen dabei vermehrt auch mit Christen im Osten ins Gespräch. Seitdem Kirchenvertreter der rumänischen Orthodoxie wie der Metropolit *Daniel* das Wort der Ökumene wieder im Munde führen, ist für viele interessant, wie es überhaupt zur Spaltung der christlichen Kirche, dem so genannten **Morgenländischen Schisma,** gekommen ist.

Bereits im 1. Jahrhundert war die christliche Kirche in fünf gleichberechtigte **Patriarchate** aufgeteilt, an deren Spitze jeweils ein Bischof stand. Dies waren Konstantinopel, Jerusalem, Alexandria, Antiochia und Rom.

rum124 Foto: jr

Im 5. Jahrhundert begann die Entfremdung von westlicher und östlicher Kirche. Einige Kirchenhistoriker führen dies auf sprachliche, kulturelle und theologische Gründe zurück, andere betonen, dass allein der politische Machtanspruch der römisch-katholischen Kirche ursächlich gewesen sei.

Der Papst, der kurz nach der Jahrtausendwende wesentlichen Anteil an der Spaltung der Kirche hatte, hieß **Leo IX.** Trotz seines reisefreudigen und für damalige Verhältnisse modernen Pontifikats verlangte der deutsche Papst *Leo IX.* im Jahre 1054 von den östlichen Kirchen die Übernahme der westlichen Riten, in erster Linie die lateinische Sprache in der Liturgie und die Verwendung ungesäuerten Brotes in der Eucharistie. Doch die Machtansprüche der römischen Kirche wurden von allen östlichen Patriarchen zurückgewiesen. Was folgte, führte zur **gegenseitigen Exkommunikation** und weiteren Entfremdung der westlichen und östlichen Kirche.

Über 900 Jahre sollte es dauern, bis es wieder zu einer Verständigung der römisch-katholischen und der östlichen Kirche kam. Erst auf dem **zweiten Vatikanischen Konzil** im Jahre 1965 hoben Papst *Paul VI.* und der Patriarch *Athenagoras* die gegenseitig verhängte Exkommunikation wieder auf. Die Annäherung der beiden Kirchen führte im Mai 1999 zur Einladung des rumänischen Patriarchen *Teoctist* an Papst *Johannes Paul II.,* der mit Rumänien zum ersten Mal ein mehrheitlich orthodoxes Land besuchte.

Der **Dialog** zwischen der westlichen und der rumänisch-orthodoxen Kirche wird in den letzten Jahren verstärkt auch von der evangelischen Kirche betrieben, die vor allem im so genannten Jungen Dialog zu weiteren Treffen und einem bereichernden Austausch anregt.

fängnisse geworfen oder in Arbeitslager gesteckt. **Klöster** wurden **aufgelöst, Kirchen in Bukarest abgerissen** oder „versetzt", Nonnen zur Zwangsarbeit in Fabriken genötigt.

Ostern und Weihnachten

Wer die Religion der meisten Rumänen einmal hautnah erleben möchte, sollte das Land zur Osterzeit besuchen (Achtung: Ostern fällt zeitlich in Rumänien nicht unbedingt mit unserem Osterfest zusammen). Das **dreitägige Osterfest Paşte** ist der **höchste Feiertag des orthodoxen Kirchenjahres.** Nach der streng geregelten 40-tägigen Fastenzeit vor Ostern *(Post),* in der kein Fleisch, keine Eier und keine Milchprodukte gegessen werden dürfen, sind diese Nahrungsmittel in der nachösterlichen Zeit natürlich besonders begehrt. Noch in der Nacht zum Karfreitag *(Vinerea Mare)* backen die Familien **Pasca,** einen Hefekranz, zu dem die erstgelegten Eier des Morgens verwendet werden. Zur Ostermesse schleppen die Kirchgänger Taschen voller Osterbrote und sonstigen Köstlichkeiten in die Klöster und Kirchen, um sie dort segnen zu lassen.

Ostern auf dem Land ist, wie alle anderen Feste auch, eine Zeit, in der das ganze Dorf gemeinsam feiert. Die Wanderschäfer kehren zum Fest aus den Bergen zurück, Lämmer werden geschlachtet, die schönsten Trachten und Kostüme zum Osterspaziergang angezogen.

Die über 12.000 Priester und Diakone Rumäniens haben auch zum **Weihnachtsfest (Crăciun)** alle Hände voll zu tun. Dem zweithöchsten orthodoxen Fest geht ebenfalls eine Fastenzeit *(Postul Crăciunului)* voraus. **Christliche und magisch-rituelle Bräuche** vermischen sich zu dieser Zeit (siehe „Winter-Maskentänze"). Vor einigen der Klöster im Moldaugebiet und Holzkirchen im Maramureş stehen tatsächlich geschmückte Pferdeschlitten mit warmen Decken und Weihnachtsglöckchen, so wie man es hierzulande höchstens aus der Alpenregion oder der Fernsehwerbung kennt. Kinder wandern von Haus zu Haus und singen Weihnachtslieder *(Colinde),* wofür sie dann mit Lebkuchen oder Bratäpfeln belohnt werden.

Kunst und Kultur

Viele Rumänen leben in der Annahme, man würde die Künstler und Schriftsteller aus ihrem Land im Ausland nicht richtig würdigen oder wahrnehmen. Seit der **Öffnung der kulturellen Schranken** sind jedoch vor allem in Frankreich und in Deutschland Kontakte entstanden, die über die oberflächliche Kenntnis eines *Eugène Ionescu, Constantin Brâncuşi,* eines *Gheorghe Zamfir* oder eines *Mihai Eminescu* hinausgehen.

Musik gestern und heute

Bereits im 9. Jahrhundert fanden mit der Übernahme des Christentums auch die **liturgischen Gesänge** Eingang in die rumänische Musik. In Siebenbürgen war es der **gregorianische Choral,** der Einfluss auf die Musiker des Mittelalters hatte. Bis zum 19. Jahrhundert ist im Bereich der weltlichen Musik vor allem die Volksmusik dokumentiert. Die **Hirtenlieder** und volkstümlichen Stücke aus dem Maramureş wurden dabei auf alten Naturinstrumenten gespielt, wie der aus Bambus gefertigten Panflöte *Nai,* der Langflöte *Taragot* oder dem *Cimbal,* einem Hackbrett mit alpenländischem Charakter. Die Volksmusik spiegelt sich, ebenso wie die Festtagsmusik, auch in der **klassischen Musik** Rumäniens wider.

Ausländische Musiker wie *Bela Bartok* oder *György Ligeti* standen schon früh in ihrer musikalischen Entwicklung unter dem Einfluss der rumänischen Volksmusik. *Bela Bartok* ist dabei auch die Sammlung von Stücken und Gründung eines Phonogrammarchivs zu verdanken, das uralte Stücke der Volkstradition bewahrt hat.

Zu den ersten großen Komponisten Rumäniens gehörte **Eduard Caudella** (1841–1923), der im Westen vor allem mit seinen monumentalen Opern wie „Petru Rareş" Furore machte.

Zum Synonym für die klassische rumänische Musik sollte jedoch **George Enescu** (1881–1955) werden, der bereits als fünfjähriges Wunderkind in Wien Violine studierte und dann vor allem durch seine Streichquartette Aufmerksamkeit auf den Bühnen der Welt erlangte. Neben seinem Engagement als Musiker war *Enescu* in Rumänien auch als Dirigent, Lehrer und Musikwissenschafter tätig. Am Ende seines Schaffens waren die französischen Einflüsse unverkennbar. Mit seinen „Sept chansons de Clement Marot" sollte *Enescu* Weltruhm erlangen.

Zu den Dirigenten, die ebenfalls über die Grenzen Rumäniens hinaus berühmt wurden, zählt zweifellos **Sergiu Celibidache** (1912–1996), der neben *Leonard Bernstein* in den 1950er Jahren die Orchester der Welt zu Höchstleistungen führte. Der mehrsprachige *Celibidache* – er studierte zu Beginn seiner Karriere in Berlin Mathematik– lehnte Tonaufnahmen grundsätzlich ab. Bis auf sehr wenige Aufzeichnungen, die zu Beginn seiner Karriere entstanden, gibt es demnach keine Veröffentlichungen. Geheime Mitschnitte, die sehr umstritten sind, wurden dann jedoch nach seinem Tod veröffentlicht.

Zu den herausragenden Einzelinterpreten rumänischer Liedkunst gehörte vor allem **Maria Tănase** (1913–1963). Die bis heute in Rumänien verehrte Musikerin wurde durch ihre gefühlvollen Interpretationen von Volks- und Kinderliedern ebenso bekannt wie durch ihre Chansons, die sie vor allem in Paris populär machten (siehe entsprechenden Exkurs).

Auch der rumänische Panflötenspieler **Gheorghe Zamfir,** geb. 1946, machte in Paris Karriere. Der auch als „Hexer auf der Panflöte" bekannt gewordene Virtuose kehrte nach der Liberalisierung in seinem Land nach Bukarest zurück, wo er heute am George-Enescu-Konservatorium Schüler auf dem rumänischsten aller Musikinstrumente unterrichtet.

rum127 Foto: jr

Die **zeitgenössische rumänische Musik** ist vor allem durch eine neue Stilrichtung im Ausland bekannt geworden, die sich **Manele** nennt. Die in den Zigeunervierteln Bukarests entstandene Musik unterliegt dabei einem deutlichen orientalischen Einfluss. Auf ihrem eigenen Fernsehmusikkanal Taraf ist diese Musik seit Jahren ein Dauerbrenner, und Musiker wie *Adi de la Vâlcea* oder *Florin Salam* werden vor allem von der Jugend abgöttisch verehrt.

Bereits wesentlich länger machen andere **Roma-Musiker** von sich reden. Die sich in Rumänien ganz selbstbewusst als Zigeuner *(Ţigan)* bezeichnenden jungen Blechblaskünstler machen mittlerweile auch auf den Bühnen der Welt Karriere. Die beiden berühmtesten Gruppen sind dabei **„Fanfare Ciocârlia"** aus dem Dorf Zece Prajini und „Taraf de Haiduci" aus dem Dorf Clejani unweit von Bukarest (zu „Fanfare Ciocârlia" siehe Exkurs „Die schnellsten Blechbläser der Welt").

Ähnlich wie „Fanfare Ciocârlia" wurden auch die **„Taraf de Haiduci"** von einem westlichen Musiker entdeckt. Bis dahin (1989) hatten die Dorfmusiker niemals außerhalb ihrer Region gespielt. Mittlerweile jedoch tanzen selbst die Discobesucher in Tokio und

Der Panflötenvirtuose Gheorghe Zamfir begleitet am Flügel einen seiner Meisterschüler am Konservatorium in Bukarest

Maria Tănase (1913–1963)

„Welt, oh Welt ..." Die knisternden Geräusche alter Schelllackplatten können eine ganz eigene Spannung aufbauen, wenn die Instrumente langsam einsetzen und man die Stimme von *Maria Tănase* erwartet. *Lume, Lume* – eine klagende Doina erhebt sich und besingt einfach nichts anderes als die Welt, die Welt. Vor über 50 Jahren war das, und die Rumänen haben *Maria Tănase* nie vergessen.

Die Sängerin, die niemals ein Konservatorium besuchen würde, begann mit dem Singen auf der Veranda ihrer elterlichen Wohnung in einer heruntergekommenen Bukarester Vorstadtsiedlung. Ihre Eltern bewirtschafteten dort eine Blumengärtnerei, und die Legende weiß zu berichten, dass ihr Vater nur Frauen anstellte, die gut singen konnten. Die kleine *Maria* saß also zwischen den Blumen und lernte die Lieder der Gärtnerinnen.

Später ermutigten sie Freunde, sie solle das Singen doch zu ihrem Beruf machen, doch die Tănase befand sich noch auf der Suche nach „ihren Liedern", wie sie es nannte. Gemeinsam mit dem Musikwissenschaftler *Harry Brauner* durchstöberte sie die Archive. Später sollte sie selber auf Reisen im ganzen Land zu einer Sammlerin alter Volksweisen werden. Schätze wolle sie bewahren, „indem sie Musik lebendig mache", sagte sie einmal, und darin war sie wirklich eine Meisterin.

Ihre Stimme hüpft und springt, scheint in den Scherzliedern keinen Regeln folgen zu wollen, die sie zwischen ihren abgrundtief melancholischen Liedern immer wieder platziert.

Wie eine Achterbahnfahrt durch die Gefühlswelt kommt einem heutigen Hörer dieser Wechsel zwischen klassischem, wehmütigem Chanson und dem aufgeregten, lachenden Singen der Trinklieder vor.

Bereits in den 1930er Jahren nahm *Maria Tănase* ihre ersten Platten auf. Es waren vor allem die orientalisch geprägten Volkslieder ihrer Kindheit, die sie von Zigeunern gelernt hatte, die sie in ihren Liederschatz mit aufnahm. Das Spektrum der rumänischen Musik, die sie später in Paris vorführen sollte, reichte mühelos von leise flüsternden Wiegenliedern über erzählende *Cântece* (Volksweisen) bis hin zu temperamentvollen derben Liebesliedern.

Ihren gefühlvollen Interpretationen konnte jedoch kaum ein Orchester folgen, denn die *Tănase* sang sie stets „in ihrem eigenen Takt".

Montreal nach der schnellen „Lăutari-Musik". Den Musikern kann das nur Recht sein. Mit ihren Tantiemen und Konzertauftritten finanzieren sie mittlerweile das ganze Dorf – und jeder junge Musiker dort hat nur einen Wunsch: einmal ein berühmter Haidouk zu werden.

Die aktuellen Strömungen in der rumänischen modernen Musik kann man u.a. auf den im Sommer stattfindenden **Festivals** namens **Ştufstok** (in Vama Veche) und **Fânfest** (in Roşia Montana) erleben. So z.B. die moldawische Band *Zdob şi Zdup,* die Jazzballadengruppe *Blazzaj* oder die rumänische Antwort auf *Jethro Tull* namens *Phoenix.* 1970 bekamen die Musiker von *Phoenix* Auftrittsverbot in Rumänien. Ihr Gründer und Leadsänger *Nicu Covaci* ging ins Exil nach Holland, 1977 schmuggelte er die Bandmitglie-

Die schnellsten Blechbläser der Welt

Noten sind den Musikern zwischen 22 und 60 Jahren fremd – die Kunst des Musizierens wurde und wird seit ewigen Zeiten vom Vater zum Sohn weitergegeben. Die elf Roma der **„Gypsy Brassband Fanfare Ciocârlia"** aus dem Dorf Zece Prajini im Nordosten Rumäniens spielen in enormem Tempo und mit einem unglaublichen Sinn für rasante Rhythmik alles, was ihnen gerade einfällt – von traditionellen Tänzen bis hin zum Jazz.

Die Musik der „Fanfaren" – so bezeichnen die in Rumänien lebenden Roma ihre **Blaskapellen** – begleitet das rituelle Leben des nördlichen Teils von Rumänien. Ob Geburten, Taufen, Hochzeiten oder andere Feste – überall sind die Blasorchester fester Bestandteil.

Im Laufe der Jahrzehnte haben dabei die Blasinstrumente ihren Glanz verloren und eine eigene Patina gewonnen, sie haben unzählige Narben und Beulen davongetragen, doch für eine zünftige *Sîrba, Hora* oder *Brîu* reicht es immer.

rum129 Foto: jr

Das **Repertoire** von „Fanfare Ciocârlia" besteht dabei aus einer schier endlosen Menge an Stücken, deren Wurzeln in der Volksmusik des Landes und der Balkanregion liegen und gleichzeitig eine Musiktradition der Roma repräsentieren. Das Vibrato der Trompeten, der mächtige Bass, treibende Paukenschläge, die schreienden Saxophon- und wilden Klarinettenklänge lassen inzwischen auch Amerikaner und Japaner in Verzückung geraten.

Längst sind aus den armen **Dorfmusikern** Platten- und Geldmillionäre geworden. Doch das hindert sie nicht daran, weiter auf Geburten, Taufen, Hochzeiten oder anderen Festen in ihrer Heimat aufzutreten. Überall sind sie fester Bestandteil. Die Musiker sind stolz auf ihr Orchester: „Wir sind eine der letzten Tzigani-Kapellen dieser Art in Rumänien, mit alter Tradition, reichem Repertoire und – wir sind die Schnellsten ...!" Und damit meinen sie es wirklich ernst: Hat man bei der Dorfhymne „Sîrba de la Zece Prajini" noch die Möglichkeit, den Takt mit dem Fuß mitzugehen, ist die Gefahr groß, bei der „Bâtuta la rînd" den Boden unter den Füßen zu verlieren.

Übrigens hat auch der deutsche Spielfilm „Fanfare Ciocârlia" mittlerweile entdeckt: Der Regisseur *Fatih Akin* lud das Orchester ein, in seinem Film „Gegen die Wand" aufzuspielen. Der Film lief im Februar 2004 im Wettbewerb der Berlinale und gewann den Goldenen Bären.

- Der **Veranstalter Transilvania, Aktiv- und Kulturreisen** hat neben Wanderstudienreisen und geführten Höhlentouren auch Rundreisen zur Roma-Musik in seinem Programm (auch die Musikerdörfer Clejani und Zece Prajini.) Kontakt: Transilvania, Fleetstr. 26, 28219 Bremen, reisen@transilvania-aktiv.de, www.transilvania-aktiv.de, Tel. 0421-380 44 60.

Land und Leute

der in Gitarrenverstärkerkisten nach Deutschland. Seitdem gilt die Gruppe als Legende.

Literatur

Literarische Wurzeln

Die rumänische Literatur hat ihre Wurzeln in der **volkstümlichen Erzählkunst und Volksdichtung.** Neben epischen **Balladen,** wie der in ganz Rumänien bekannten Hirtengeschichte um das Schaf *Miorița,* waren es vor allem die **Märchen,** in die bereits frühzeitig satirische und schelmische Elemente einflossen. Fabeln wurden von Politikern oder Machthabern wie dem moldauischen Fürsten *Cantemir* gerne dazu benutzt, dem Volk „literarische Belehrungen" zuteil werden zu lassen, wie er dies in seiner verschlüsselten Schrift „Istorica ierogifica" aus dem Jahr 1705 tat.

Zu den unbestrittenen Leistungen der **Siebenbürgischen Schule** zählt die **Einführung der lateinischen Schrift.** Zur wichtigsten Kraft im späten 19. Jahrhundert sollten die Mitglieder der neu gegründeten **literarischen Gesellschaft „Junimea"** werden. Die Mitglieder der Gruppe um den „Goethe Rumäniens" – **Mihai Eminescu** (1850–1889) – waren durchweg im Ausland ausgebildete, zumeist deutsch sprechende Intellektuelle, die die literarische Entwicklung Rumäniens entscheidend prägten. Obwohl *Eminescu* einerseits gefühlsmäßig der Vergangenheit zugewandt war und seine Poeme und Schriften vor allem von mythischen Ereignissen des Mittelalters berichten, war er andererseits ein Kind seiner (wissenschaftlichen) Zeit. *Eminescu* gilt als der bedeutendste rumänische Dichter des 19. Jahrhunderts, da sein Werk vor allem für die Entwicklung der rumänischen Hochsprache deutliche Akzente setzte. Bereits 1866, im Alter von 16 Jahren, brannte *Eminescu* mit einem Wandertheater durch. Sein anschließendes Studium der Philosophie in Wien und Berlin brachte ihn in engen Kontakt zur Literatur der Romantiker. Nach seiner Rückkehr übersetzte *Eminescu* u.a. *Friedrich Schiller* ins Rumänische.

Auch die Welt der Märchen und Volksdichtung erlebte zu *Eminescus* Zeit einen neuen Höhepunkt. Einige der Fabeldichtungen des Erzählers **Ion Creangă** (1839–1889) wurden auch über die Grenzen Rumäniens hinaus bekannt, so z.B. der „Geldbeutel mit den zwei Pfennigen" oder das „Märchen vom weißen Mohren".

Zeitgenössische Autoren

Die jährlich stattfindenden **Bukarester Buchmessen „Gaudeamus"** und **„Bookarest"** verzeichnen jedes Jahr Zuwachsraten. An jeder Straßenecke findet man in der Hauptstadt einen Kiosk, in dem man mal auf die Schnelle ein Buch erwerben kann. Bücher lesen ist also vor allem in den großen Städten Rumäniens außerordentlich beliebt.

Die **moderne rumänische Literatur** emanzipierte sich bereits frühzeitig vom kommunistischen Diktat, indem sie sich in schwer deutbare Surrealismen flüchtete oder einfach ins Ausland emigrierte. Der wohl bekannteste rumänische Schriftsteller der Neuzeit, **Mircea Eliade** (1907–1986), wird darum im Ausland oft gar nicht als Rumäne wahrgenommen, weil er bereits 1945 nach Frankreich emigrierte. Der weitere Weg führte den bekannten Mythenforscher dann in die USA, wo seine eigentliche Karriere erst begann. Doch kaum jemand weiß, das *Eliade* bereits 1930 mit „Isabelle und die Wasser des Teufels" einen Roman in rumänischer Sprache veröffentlichte, der in seiner literarischen Qualität seinen späteren Büchern in nichts nachsteht.

Heute sind es vor allem der ehemalige Kultur- und Außenminister **Andrei Pleşu** und das neue Wunderkind der rumänischen Literatur **Mircea Cărtărescu,** um deren Bücher sich die Leser an den Ständen rumänischer Buchmessen scharen. *Pleşu* gehört zu den wichtigsten Intellektuellen im Lande und lästert gerne auch einmal gegen die Mächtigen in der von ihm herausgegebenen Zeitschrift „Dilema". *Mircea Cărtărescu* ist westlichen Lesern bereits aus den frühen 1990er Jahren bekannt, da sein erster Roman „Nostalgia" im Verlag Volk und Welt auch im Westen erschien. Die skurrile Welt abweisender Bukarester Trabantenstädte wird darin seltsam überhöht und sehr humorvoll dargestellt.

Zum erlauchten Kreis der auch im Ausland wahrgenommenen und vor allem von der französischen Literatur geförderten rumänischen **Autoren** gehören neben *Cărtărescu* auch *Gabriela Adamesteanu, Stefan Agopian, Ana Blandiana, Letiţia Ilea, Dan Lungu, Ion Mureşan, Marta Petreu, Simona Popescu, Cecilia Ştefanescu, Vlad Zografi, Filip Florian* und *Florin Lăzărescu.*

Seit der Verleihung das Literatur-Nobelpreises 2009 an die in Rumänien geborene deutsche Autorin **Herta Müller** hat in rumänischen Medien eine Diskussion darüber begonnen, wie man die Diktatur literarisch verarbeiten könnte. *Herta Müller* selbst verweist darauf, dass ihr Buch „Atem-

Kulturelle Feste & Festivals

- **Internationales unabhängiges Film-Festival ANONIMUL** im Sommer (meist August) in Sfântu Gheorghe im Donaudelta.
- **Lyrisches Theater,** Ende Januar, Constanţa.
- **Internationales Festival für zeitgenössisches Theater,** April, Braşov (Kronstadt).
- **Landesfestival der Frühlingsbräuche „Tanjeaua de pe Mara",** April, Hoteni, Bezirk Maramureş.
- **Narzissen-Fest,** Mai, Vlahita, Bezirk Harghita.
- **Internationales Jazzfestival,** Mai, Braşov (Kronstadt).
- **Nationales Schlagerfestival von Mamaia,** Juli/August.
- **Internationales Popmusik-Festival „Der Goldene Hirsch",** September, Braşov (Kronstadt).
- **Musikfestival Ştufstok** in Vama Veche unweit der bulgarischen Grenze, am Schwarzen Meer, August bzw. Sept.
- **Musikbergfestival Fânfest** in Roşia Montana im Apuseni-Gebirge, August bzw. September
- **Internationales Jazzfestival** von Hermannstadt (Sibiu).

schaukel" in enger Zusammenarbeit mit dem ebenfalls in Rumänien geborenen Autor *Oskar Pastior* zustande kam. Beide Autoren sind durch ihr unmittelbares Erleben der Zeit unter *Ceauşescu* unweigerlich Teil der rumänischen Literaturgeschichte.

Aktuelle rumänische Literatur auf Deutsch

- **Mircea Cărtărescu,** Die Wissenden. Zsolnay, Wien, 2007.
- **Mircea Cărtărescu,** Warum wir die Frauen lieben. Suhrkamp Verlag, 2008.
- **Filip Florian,** Kleine Finger. Suhrkamp Verlag, 2008.
- **Florin Lăzărescu,** Unser Sonderberichterstatter. Wieser Verlag, 2007.
- **Dan Lungu,** Das Hühnerparadies. Residenz Verlag, Salzburg, 2007.
- **Dan Lungu,** Die rote Babuschka. Residenz Verlag, Salzburg, 2009.

Film

Drehen in Rumänien ist billig. Das wissen auch die Produzenten in Amerika und Europa, die längst die preisgünstigen Naturkulissen und Statisten für ihre Filme entdeckt haben. So müssen schon einmal, wie im Film „Cold Mountain", die Karpaten für die Berge North Carolinas herhalten. Doch dank dem Überleben der Bukarester Filmhochschule und internationaler Fördergelder boomt auch die rumänische Filmproduktion. Die Filmfabrik in **„Rumäniens Hollywood" Buftea** jedenfalls ist ständig ausgebucht.

Auf den nationalen und internationalen Filmfestivals erscheinen in den letzten Jahren zunehmend interessante Filme von rumänischen Regisseurinnen und Regisseuren. Die großen finanziellen Hürden, die der rumänische Film lange Jahre nicht überwinden konnte, um auch international erfolgreich zu sein, scheinen dabei vor allem dank ausländischer Hilfe zu fallen. So schaffte die in der Schweiz lebende rumänische Filmemacherin **Ruxandra Zenide** mit ihrem Film „Ryna, das Mädchen" einen großen Publikumserfolg. Er schildert die Selbstfindung eines 16-jährigen Mädchens im Donaudelta; dessen Vater erzieht *Ryna* als Jungen, nach dem er sich immer gesehnt hat. Er schert ihr die Haare, und auf den ersten Filmbildern ist sie in der Tat nicht als Mädchen zu erkennen. Doch dann entdeckt sie das weibliche Wesen in sich.

Einen großen Erfolg errang der Regisseur **Cristi Puiu** mit der abenteuerlichen Odyssee des *Dante Remus Lăzărescu* durch die Notaufnahmen der Stadt Bukarest. *Puius* Film „Der Tod des Herrn Lazarescu", 2005 mit dem Publikumspreis in Cannes ausgezeichnet, ist eine Parabel auf Herzlichkeit und Kälte in der rumänischen Gesellschaft.

Das filmhungrigste Publikum soll es in Rumänien übrigens in Cluj-Napoca geben. Kein Wunder, dass sich hier mit dem **„Transilvanischen Filmfestival"** das erste internationale Filmfestival etablieren konnte. Übrigens, nicht nur die Produktion von Filmen ist in Rumänien billig – auch das Anschauen in den Kinos.

Die rasante Entwicklung, die der rumänische Film in den letzten Jahren genommen hat, zeigt sich u.a. an den

Erfolgen des Regisseurs **Cristian Mungiu,** der mit seinem realistischen Abtreibungsdrama „4 Monate, 3 Wochen und 2 Tage“ *(4 luni, 3 saptamâni si 2 zile)* 2007 die Goldene Palme in Cannes gewinnen konnte.

Mythen und Geschichte

Rumäniens Geschichte ist die eines Landes zwischen den Zeiten und zwischen den Welten. Geschichte läuft in Rumänien **in unterschiedlichen Geschwindigkeiten** ab, je nachdem, wo man sie sucht. Die ländlichen Gegenden sind teils noch tief verwurzelt in Mythen und Bräuchen, die weit zurückreichen, weiter zurück, als viele ahnen. Die Städte jedoch preschen voran, schreiben ihre eigene Geschichte, die des schnellen Erfolges, die der Computer-, der Kommunikationstechnik und die der Geschwindigkeit. Rumäniens Geschichte ist auch immer die Geschichte dieser **Parallelwelten.** Es ist die von Einwanderern, die in ihrer eigenen Welt, in ihrer eigenen Geschichte lebten, die von Besatzern, die versuchten, Geschichte neu- und umzuschreiben, die der Unterdrückten, an denen die Geschichte in Kerkern und Verliesen vorbeilief, und die der Glücklichen, in den stillen, bewaldeten Tälern, die selbst von den allgegenwärtigen Römern übersehen wurden.

Frühgeschichte

Obwohl Rumänien über das größte Karsthöhlensystem Europas verfügt, verweisen erstaunlich wenige Fundstücke aus diesen Höhlen auf die Besiedlung in frühgeschichtlichen Epochen. Zu den ältesten Spuren menschlicher Besiedlung auf dem Gebiet des heutigen Rumänien zählt der zur **Moustier-Kultur** (Steinzeit, 100.000 bis 40.000 v.Chr.) gehörende Schädel eines Homo Sapiens. Funde an der Schwarzmeerküste und im Gebiet der Moldauregion belegen die **Einwanderung indoeuropäischer Stämme,** z.B. aus der **Hamangia-** (ab 6000 v.Chr.) und der **Cucuteni-Kultur** (schöne Exponate aus dieser Zeit zeigt das Museum für Geschichte und Archäologie in Constanța).

Daker und Griechen

Ab ca. 2000 v.Chr. ist die Besiedlung durch die **Daker,** einem indoeuropäischen Zweig der Thraker, sowie der **Geten** im heutigen Süd- und Ostrumänien nachgewiesen. Die **Griechen** gründeten ab 700 v.Chr. die **ersten Stadtstaaten** entlang der Schwarzmeerküste, Istros (das heutige Histria im Donaudelta, 657), Tomis (das heutige Constanța, 550) sowie Kallatis (das heutige Mangalia, 281) und begannen mit den geto-dakischen Stämmen **Handel** zu treiben. Die damaligen Tauschobjekte waren vor allem Wein, Öl und Gewürze auf griechischer Seite sowie Honig, Getreide, Salz und Sklaven auf dakischer Seite.

Daker und Römer

Die Rumänen führen ihren Ursprung auf die **Verschmelzung** der Daker und der Römer zurück, die ab 30 v.Chr. begonnen hatten, die Schwarzmeerstädte und die Dobrudscha, ihre zukünftige **Provinz Moesia Inferior,** einzunehmen. Darum finden sich heute in rumänischen Städten neben zahlreichen römischen Denkmälern, wie denen von *Romulus* und *Remus* mit der Wölfin, auch solche zu Ehren der Daker. Unweit des Eisernen Tores direkt an der Donau hat man **Dakerkönig Decebal** 1980 ein gigantisches Denkmal gesetzt, einen über 30 m hohen, in den Kalkfelsen gemeißelten Kopf, der auf die Donau schaut. Die südöstliche Donau war in der Tat einer der Schlüsselpunkte, an dem sich die Römer und die Daker in zwei verlustreichen Kriegen zwischen 101 und 106 n.Chr. bekämpften.

Den Römern stand mit *Decebal* erstmals ein Dakerkönig gegenüber, der auch ein guter Stratege war. Immer wieder konnte er die günstige Lage der Karpaten für seine blitzartigen Überfälle auf das Römische Reich nutzen. Doch in Person des **Kaisers Trajan** stand *Decebal* ein ebenso erfahrener römischer Kriegsherr entgegen, der das Römische Reich bis nach Mesopotamien am Persischen Golf erweitert hatte. Er ließ entlang der Donau Sümpfe trockenlegen und die erste Straße erbauen, um die römischen Truppen auch aus dem Westen auf dem Landweg ins aufständische Dakien ziehen zu lassen (die Donau war zu jener Zeit in Höhe des Donaudurchbruchs nicht befahrbar).

Nachdem *Trajan* in den zwei **Dakischen Kriegen** die Heere des *Decebal* besiegt hatte, wurde aus Dakien die römische **Provinz Ulpia Traiana.**

Das **Gold** und der **Bergbau** der Daker hatten schon länger die römische Aufmerksamkeit geweckt. Von überall aus dem römischen Reich strömten die Goldsucher ins glückliche Dakien *(Dacia felix).*

Der Gründung der neuen römischen Provinz folgte die massenhafte **Ansiedlung von Kolonisten** aus allen Teilen des Reiches. Die **lateinische Sprache** der Römer wurde von den Einheimischen überraschend schnell angenommen, was Sprachwissenschaftler und Historiker lange Zeit vor ein Rätsel stellte, zumal sich aus dem Dakischen nur sehr wenige Worte im Rumänischen erhalten haben. Wieso es zu der schnellen Assimilation der lateinischen Sprache (innerhalb von nur 170 Jahren Besatzungszeit) kam, wird jedoch verständlicher, wenn man sich z.B. vergegenwärtigt, dass sich das rumänische Wort *Mire* für Bräutigam vom römischen Wort *Miles* für Soldat ableitet. Nahezu alle römischen Neusiedler in Dacia waren schließlich ledige Veteranen, und Dakien war durch die lang anhaltenden Kriege *Decebals,* wie sich der römische Geschichtsschreiber *Eutropius* ausdrückt, „von Männern entvölkert" worden – die dakischen Frauen übernahmen also die Sprache der/ihrer römischen Männer.

Im 3. Jahrhundert war die oströmische Provinz Dakien wegen der ständigen **Invasion gotischer Truppen** für die Römer nicht mehr zu halten, und Kaiser *Aurelian* zog sich im Jahr 272 n.Chr. hinter die strategisch günstige Donau zurück.

Der weiße Fleck der Geschichte

Was nach dem Abzug der Römer in den nachfolgenden Jahren und Jahrzehnten auf dem Territorium des heutigen Rumänien geschah, ist unter Historikern nach wie vor heftig umstritten. Schriftliche Quellen, nach denen sich die Ur-Rumänen als dako-romanische Bevölkerung weiterhin auch nördlich der Donau ansiedelten und lebten, sind nicht erhalten. Die Anhänger dieser **„Kontinuitätstheorie"**, die die Ethnogenese der Rumänen aus der Vereinigung der Daker und der Römer heraus erklären, lieferten sich über Jahrhunderte heiße Dispute mit ihren Gegnern.

Völkerwanderungen

Fest steht jedenfalls, dass die Menschen, die rund um den Karpatenbogen und zwischen Donau und Schwarzem Meer wohnten, in den nächsten Jahrhunderten eine „Völkerwanderung" ganz eigener Art über sich ergehen lassen mussten. In mehreren Wellen zogen zahlreiche ursprünglich aus Asien stammende **Kriegerstämme** durchs Land. Außer den Goten, Gepiden, Awaren, Petschenegen und Kumaren war es vor allen Dingen **Attila,** der **König der Hunnen,** der einen bleibenden Eindruck hinterließ, als er das Land im 5. Jahrhundert überrannte. 100 Jahre später waren es **slawische Reitervölker,** die allerdings assimiliert wurden und als Siedler die Tiefebenen des heutigen Moldawiens und des Donaudeltas kolonisierten.

300 Jahre später folgten die **Magyaren** (so bezeichnen sich die Ungarn selbst), die sich vor allem für die transsylvanische Hochebene interessierten und dort niederließen. Im 13. Jahrhundert machten die **Tataren** der vorwiegend auf dem Land lebenden Bevölkerung ihre kriegerische Aufwartung, im 14. Jahrhundert brachten schließlich die **Türken** das gerade erblühte erste unabhängige rumänische Staatsgebilde unter ihre Herrschaft.

Die drei Fürstentümer

Als einziges Volk ließen sich die **Magyaren** auf dem Territorium des heutigen Rumänien dauerhaft nieder. Einige von ihnen hatten bereits im 9. Jahrhundert, kurz nach ihrem Einzug in die pannonische Tiefebene, auch Gefallen an der **transsylvanischen Hochebene** gefunden und diese **besiedelt.** Ihr **König Stefan der Heilige** gliederte Siebenbürgen bereits im 11. Jahrhundert in sein ungarisches Reich ein. Im Laufe der nächsten Jahrhunderte waren die Ungarn vor allem bestrebt, das dünn besiedelte Gebiet gegen die ständigen Angriffe der Tataren zu schützen, und siedelten deutsche Siedler, die so genannten **Sachsen,** dort an (siehe Exkurs „Die deutschen und österreichischen Minderheiten").

Auch an der Ostseite Transsylvaniens entstanden unabhängige Fürstentümer, denn mit den **Széklern** siedelte sich hier ein weiteres Volk an, das sich der Aufgabe verschrieben hatte, das junge Königreich Ungarn und die Christenheit gegen Angriffe zu schützen. Mit dem **ungarischen Adel,** dem **sächsischen Bürgertum** und den **Széklern** bildeten sich also in Siebenbürgen drei Stände heraus, die über weitgehende Rechte und Freiheiten verfügten.

Die **Rumänen** jedoch blieben größtenteils **leibeigene Bauern.** Diese uralte Kluft sollte in der weiteren Geschichte immer wieder zu großen Spannungen, vor allem zwischen Ungarn und Rumänen, führen.

Als das ungarische Königreich alle Fürstentümer unter einem Dach vereinen wollte, führten die Spannungen zu einer unerwarteten Trennung. Die südlich und östlich des Karpatenbogens gelegenen Ländereien der **Walachei** und der **Moldau** entdeckten ihren Freiheitsdrang und sollten fortan gemeinsam mit dem ungarisch-deutsch besiedelten **Transsylvanien** die drei großen Provinzen bilden, aus denen sich Rumänien heute zusammensetzt.

Die Türkenherrschaft

Die jungen, von Ungarn unabhängigen Fürstentümer Moldau und Walachei konnten ihre Freiheit nicht lange feiern, sondern sahen sich von Anfang

Rumänische Fürstentümer in der ersten Hälfte des 16. Jhs.

an neuen kriegerischen Angriffen ausgesetzt. Die Türken überquerten 1394 unter **Sultan Bayasid I.** die Donau und begannen mit dieser Expansion eine 300 Jahre währende Zeit der kriegerischen Auseinandersetzungen und Fremdherrschaft. Sie beendeten in den Jahren 1711 und 1715 die politische Autonomie der Moldau und der Walachei und mussten ihre Herrschaft erst im Jahre 1821 aufgeben.

Die Fürstentümer Moldau und Walachei wurden während dieser Zeit von so genannten **Wojwoden** regiert, die als **kriegerische Statthalter** u.a. über die Höhe des Tributes an die Türken bestimmten. Der Regierungssitz wanderte in der Moldau von Suceava nach Iaşi und in der Walachei von Târgovişte nach Bukarest.

Als **Vlad Ţepeş III. Dracula** den **Thron der Walachei** im Jahre 1456 im Alter von 25 Jahren bestieg, lag bereits ein halbes Jahrhundert der Kämpfe mit den Osmanen hinter den neuen rumänischen Provinzen. Ţepeş war für seine unbeugsame Härte bekannt und provozierte die Türken, indem er ihnen die Tributzahlungen verweigerte. Abgesandte des Sultans *Hamsa Pascha,* die ihn in eine Falle locken wollten, ließ er kurzerhand gefangen nehmen und pfählen. Erst Sultan *Mehmed II.* konnte die Walachei erobern und *Vlad Ţepeş III.* ins Exil nach Ungarn vertreiben.

Auch in der **Moldau** gab es einen Wojwoden, der sich der Herrschaft der Türken standhaft widersetzte. **Stefan der Große, Ştefan cel Mare** (1433–1504), verstand sich vor allem

Das Land der Rumänen

Die Gründung des „Landes der Rumänen", **Ţara Românească,** ist nicht durch schriftliche Quellen verbürgt, so dass heute **Legenden** dieses Vakuum ausfüllen. Im Mittelpunkt stehen dabei die Entstehung der beiden unabhängigen Fürstentümer Rumäniens, der Moldau und der Walachei.

Einer Überlieferung nach soll sich ein Heerführer *(Wojwode)* namens *Dragoş* im Moldaugebiet niedergelassen und 1349 mit dem siebenbürgischen Wojwoden *Bogdan* zusammengeschlossen haben, der sich im Kampf gegen seinen ungarischen Lehnsherren befand. Dem Ergebnis dieser Vereinigung, einem unabhängigen Fürstentum Moldau, folgte im selben Jahrhundert die Gründung des Fürstentums der Walachei.

Eine weitere Legende berichtet, wie der Fürst und Heerführer *Negru Vodă* von der Burg Fagaraş in den Südkarpaten mit einigen Adligen aufbrach, um im Gebiet der heutigen Walachei das „rumänische Land" zu gründen.

In historischen Quellen tauchen die **Walachen** zum ersten Mal im 9. Jahrhundert als „Wlachen" auf. Die Gegend, die nach ihnen benannt ist, die Walachei, wird von den Rumänen als ihr eigentliches Stammland, eben als „Land der Rumänen" bezeichnet, da es ihrem Herrscher **Basarab I.** hier um 1330 zum ersten Mal gelungen war, einen ungarischen Herrscher *(Karl Robert)* zu besiegen und ein unabhängiges Fürstentum zu begründen. Zeitweise konnte *Basarab* sein junges Reich sogar bis an die Schwarzmeerküste ausdehnen, was übrigens auch den **Namen „Bessarabien"** für die Gebiete der heutigen Republik Moldau und der Südukraine erklärt.

als kriegerischer Streiter Christi, aber er war auch ein weitsichtiger kultureller und wirtschaftlicher Stratege und führte die Moldauregion zu einer einmaligen Blütezeit. Obwohl *Stefans* Regierungszeit von ständigen Kämpfen mit den Ungarn und den Türken überschattet war, fand er dennoch die Zeit, die Moldau zu befestigen und zahlreiche Kirchen und Klöster erbauen zu lassen, von denen heute noch 24 im Moldaugebiet zu bewundern sind.

Stefan besiegte die Armee Sultan *Mehmets II.* zweimal vernichtend und bat in der Folge in Rom bei Papst *Sixtus IV.* darum, alle Christen als Allianz gegen die Türken führen zu dürfen. Seine Bitte blieb ungehört, doch in die Kirchengeschichte sollte er als „Athlet Christi" eingehen.

Ein Jahr vor seinem Tod schloss *Stefan* einen Vertrag mit den Türken, der die Unabhängigkeit der Moldauregion festschrieb, aber hohe Tributzahlungen vorsah.

Die wunderbaren Außenfresken der moldauischen Klöster sind auf *Stefans* Sohn **Petru Rareş** zurückzuführen, der das Werk seines Vaters fortsetzte, indem er sich als Mäzen der Kirche und Gründer weiterer Klöster hervortat.

Vor dem Untergang der moldauischen und walachischen Fürstentümer erlebten diese also noch einmal einen wirtschaftlichen Aufschwung und eine kulturelle Blütezeit. In der Walachei war dies vor allem auf **Matei Basarab** und **Constantin Brâncoveanu** zurückzuführen. Letzterer fand auch in die Bücher der Kunsthistoriker Einlass, da nach ihm ein eigener Baustil benannt wurde. Der Brâncoveanu-Stil vereinte zum ersten Mal venezianische und orientalische Stilelemente miteinander.

Nation und Einheit

Die Freiheit der relativ autonomen Provinzen Walachei und Moldau war mit horrend gestiegenen Tributzahlungen an die Osmanen erkauft, und der türkische Machtanspruch hatte sich bereits auf die Region Transsylvanien ausgedehnt, als mit dem **Walachen-**

rum138 Foto: jr

Statue des Fürsten Ştefan cel Mare

Dracula – Legenden und Wirklichkeit

Als der irische Autor *Bram Stoker* die Marke „Dracula" in Form des gleichnamigen Romans im Jahre 1897 in die Welt setzte, bezog er sich dabei auf die historische rumänische Figur des *Vlad Ţepeş* (gespr. Wlat Tzepesch), einem walachischen Wojwoden, der von 1431 bis 1476 lebte. Dieser wird jedoch in der allgemeinen Wahrnehmung im Westen sehr häufig mit seinem Vater **Vlad Dracul** verwechselt, der auf dem Nürnberger Reichstag im Februar 1431 von König *Sigismund von Luxemburg*, der über die deutschen, böhmischen und ungarischen Ländereien herrschte, zum Fürsten der Walachei erhoben und zum Ritter des Drachenordens geschlagen wurde. Dieser Orden, **„Ordo draconis"** (Drachen heißt auf lateinisch *draco*), war vor allem zur „drakonischen" Bekämpfung der Ungläubigen, sprich der Osmanen und Tataren, ins Leben gerufen worden und somit vor allem ein reiner Kampfbund. Der Beiname „Dracul" bezog sich also auf „der Drache", und auch der Sohn *Vlad Ţepeş* sollte diesen Beinamen, sozusagen als reguläres Erbe, erhalten und hieß fortan *Vlad Draculea*, was man mit „Vlad, der Sohn des Drachen" übersetzen könnte.

Der Autor **Bram Stoker,** der Rumänien nie bereist hatte, übernahm diesen Zusatz „Draculea", strich das ihm überflüssig erscheinende „e" und verpflanzte die ganze Geschichte nach Transsylvanien.

Mit **Transsylvanien** hat die wahre Geschichte des Vlad Ţepeş jedoch kaum etwas zu tun. Zwar lebte sein Vater hier in der Stadt Schäßburg, die natürlich auch sein Sohn kannte, aber letztlich waren sie Walachen und keine Siebenbürger. Doch das Wort Transsylvanien hatte um 1890 bereits einen magischen Klang in der Literaturszene Frankreichs und Englands gewonnen. So schwärmte auch *Jules Verne* von Transsylvanien als einem Land der Magier und Vampire, und so wurde aus dem realen, westlich orientierten und zivilisierten Land der Hochebene eines der Gespenster, der dunklen Schlösser und Blut saugenden Vampire in Menschengestalt.

In der Tat hat das historische Vorbild der Dracula-Figur, **Vlad Ţepeş,** es an blutiger Gewalt nicht fehlen lassen. Da er selbst in der frühen Kindheit Opfer von türkischer Folter und Gewalt geworden war, kann es kaum verwundern, dass er den türkischen Invasoren mit Hass und Härte entgegentrat. Sein Beiname „Ţepeş" bedeutet auch **„der Pfähler"** und bezieht sich auf eine der schrecklichsten Strafen der damaligen Zeit.

Die abschreckende Wirkung dieser Tötungsart lässt sich geschichtlich auch am Verhalten der eigenen Landsleute ablesen. Am Waldrand von Târgovişte ließ *Vlad Ţepeş* eine goldene Schöpfschale neben einen Brunnen legen. Jeder, der Durst hatte, konnte ihn aus dem wertvollen Gefäß stillen, musste die Schale aber auf dem Marktplatz lassen. Die goldene Schale wurde während der Herrschaftszeit von *Vlad Ţepeş* nie gestohlen.

rum139 Foto: hz

Land und Leute

fürsten Mihai Viteazul (auch als *Michael der Tapfere* bekannt) erstmals ein **Einheitsfürst** auf den Plan der rumänischen Geschichte trat. Nach seinem **Sieg gegen die Türken** 1595 zog er mit Habsburger Segen auch in die beiden Nachbarprovinzen Transsylvanien und Moldau ein und konnte erstmals in der Geschichte, ohne nennenswerten Widerstand, ein **vereinigtes „rumänisches" Land** vorweisen. Ein Attentat machte jedoch alle Einigungsträume zunichte, und die Türken gingen daran, nun auch Wien zu erobern. Fast 300 Jahre sollte es dauern, bis sich eine erneute Chance zur Vereinigung der Regionen Transsylvanien, Moldau und Walachei ergeben sollte.

Als wesentliche politische und militärische Kraft, die die Einheit Rumäniens im 19. Jahrhundert vorantreiben sollte, erwies sich die **russische Föderation.** Bereits ab 1829 hatten sich die Kräfteverhältnisse wesentlich verschoben und Russland nach sechs (!) Kriegen gegen Österreich-Ungarn seine Position an den Karpaten soweit gestärkt, dass es das Protektorat über die Donaufürstentümer übernahm. Bessarabien ging an das Zarenreich unter *Alexander I.,* nur die Dobrudscha stand noch unter der Hoheit der Osmanen.

Die Ergebnisse der **Krimkriege** (1853–1856) brachten schließlich auch für die Walachei und die Moldau die gewünschte Neuausrichtung. Einen ersten, sehr originellen Schritt in Richtung Einheit machten die beiden Provinzen, indem sie 1859 denselben Fürsten zum Oberhaupt wählten: **Alexandru Ioan Cuza.** Dieser Trick, der zur Personalunion einer ersten rumänischen Nation führte, wurde von den Westmächten geduldet, und das Osmanische Reich konnte, obwohl es weiter die Oberhoheit über die Walachei besaß, aus einer Schwächephase heraus nicht reagieren.

Doch bereits 1866 suchte man einen prestigeträchtigeren Herrscher für die anstehenden Herausforderungen auf dem internationalen Parkett. Es sollte jemand sein, der die rumänische Unabhängigkeit und Einheit auch im Westen sicherstellen könnte. Die Suche nach einem passablen Fürsten gestaltete sich recht einfach. Bereits im Mai bestieg der erst 27-jährige deutsche **Prinz Karl von Hohenzollern-Sigmaringen** den Thron der beiden Donaufürstentümer. Er und seine Nachkommen sollten bis zum Sturz durch die Kommunisten im Jahr 1947 als Könige über Rumänien herrschen.

Nach dem letzten russisch-türkischen Krieg von 1877, in dem die Rumänen an der Seite Russlands kämpften, erfuhr das Land internationale Anerkennung. Auf dem **Berliner Kongress** von 1878 wurde die **Unabhängigkeit Rumäniens** bestätigt. *Karl* bestieg 1881 als *Carol I.* den rumänischen Thron.

Großrumänien

Mit dem neuen Staat Rumänien war ein relativ kleines Land zwischen den damaligen Großmächten geboren worden, das in erster Linie den **Wunsch nach Stabilität und Kontinuität** verspürte und sich darum möglichst aus allen Konflikten heraushalten wollte. Doch das war nicht einfach. Mit Serbien-Montenegro, Bulgarien und Russland hatte Rumänien um 1900 drei slawische Völker als Nachbarn, die durch die neu erwachte **panslawistische Politik** für einen beständigen Unruheherd auf dem Balkan sorgten. Im Südosten war das Osmanische Reich zwar ein wenig auf Abstand gehalten, dafür hatte Österreich-Ungarn im Nordwesten weiterhin die Oberhoheit über die benachbarte Region Transsylvanien, was für permanenten Sprengstoff sorgte.

Obwohl die rumänische Bevölkerung in **Transsylvanien** mit 56 Prozent die absolute Mehrheit besaß, zielte die ungarische Politik darauf ab, die Sprache der Rumänen zu verdrängen. So durfte ab 1907 in allen Bildungseinrichtungen in Siebenbürgen nur noch ungarisch gesprochen werden. Rumänien befand sich durch diese Auflage der Ungarn in einem Dilemma, das sich erst durch den Ausbruch des Ersten Weltkriegs auflösen sollte.

Obwohl durch Geheimbünde mit dem Dreibund (Deutschland, Österreich-Ungarn, Italien) verflochten, wahrte Rumänien anfangs nach außen hin die Neutralität, ging aber bereits kurz nach Kriegsbeginn Geheimverträge mit Russland ein. Diese Allianz sollte aus Rumänien **einen der großen Gewinner des Ersten Weltkriegs** machen. Nach dem Krieg hatte sich das rumänische Staatsgebiet mehr als verdoppelt, die Bevölkerung von 7,1 auf 15,5 Millionen erhöht. Innerhalb kürzester Zeit hatte sich Rumänien transformiert: Aus einem historisch gewachsenen Nationalstaat mit kleinen Minderheiten (4 Prozent Juden) war ein **Vielvölkerstaat** geworden, dessen verschiedene Regionen wirtschaftlich und politisch weit voneinander entfernt lagen.

Die Königs- und die Militärdiktatur

Der plötzlich um die Provinzen Crişana, Banat, Maramureş, Transsylvanien und Bukowina angewachsene Großstaat Rumänien war **innerlich zerrissen.** In der Zeit zwischen den beiden Weltkriegen wich die anfängliche Euphorie schnell den harten Fakten und deren Folgen. Der zu schnell gewachsene Staat stand vor **immensen Problemen.** Die häufigen Regierungswechsel verhinderten Reformen. Nach dem Scheitern der Agrarreformen wurde der Ruf nach einer harten Hand immer lauter. Diese sollte in Form der **rechtsradikalen Eisernen Garde** auf der politischen Bühne erscheinen. Die Garde, die sich auch **„Legion des Erzengels Michael"** nannte, wurde von *Adolf Hitler* unterstützt und war wohl die einzige faschistische Organisation mit religiösem Anstrich in Europa.

Bevor der Eisernen Garde mit ihrem Motto „Totul pentru ţară" („Alles für das Land") nach den Wahlen von 1937 die Machtergreifung gelang, war ihnen ein anderer „Retter des Vaterlandes" zuvorgekommen. König **Carol II.** hatte kurzerhand die **Königsdiktatur** ausgerufen. Im Eilverfahren wurde eine neue Verfassung verkündet und alle politischen Parteien verboten.

Am Anfang des **Zweiten Weltkrieges** gelang es Rumänien erneut, seine Neutralität zu wahren. Doch zwischen den Machtblöcken Deutschland und Russland war diese Position nicht lange zu halten. Bereits im Juni 1940 verliert Rumänien infolge des Hitler-Stalin-Pakts die nördliche Bukowina und Bessarabien an die UdSSR, im August auch das nördliche Transsylvanien an Ungarn. Innerhalb von drei Monaten hatte Rumänien somit ein Drittel seines Staatsgebietes eingebüßt. Als die inneren und äußeren Krisen sich verschärfen, berief *Carol II.* den General **Ion Antonescu** im September zum Regierungschef und dankte zugunsten seines Sohnes *Mihai* ab.

Antonescu genoss vor allem bei den Militärs hohes Ansehen. Bereits einen Tag nach seiner Ernennung zwang er den König zur Abdankung. Die rumänische **Militärdiktatur,** die mit Hilfe der Eisernen Garde errichtet wurde, schlug sich im Krieg anfangs auf die Seite der Deutschen. Gemeinsam mit den Nazis griff Rumänien 1941 Russland an.

Im Landesinnern war die Kriegszeit unter *Antonescu* vor allem für die **jüdische** und die **Roma-Bevölkerung** eine Zeit der **Pogrome,** des Schreckens und der Willkürherrschaft. Allein über 120.000 Juden wurden während der Militärdiktatur ermordet oder kamen in Lagern in Transnistrien am Schwarzen Meer ums Leben.

Außenpolitische wurde die Wende 1942 eingeleitet, als die Rote Armee die rumänischen und deutschen Truppen vor Stalingrad besiegte. *Antonescu,* der sich nicht zu einem Frontwechsel zugunsten Russlands durchringen konnte, wurde durch einen **Staatsstreich 1944** abgesetzt. König **Mihai I.** schlug sich auf die Seite der Russen, was dazu führte, das die rumänischen Truppen am Ende des Krieges noch einmal zahlreiche Verluste durch die Deutschen in Siebenbürgen hinnehmen mussten.

Dennoch hatte Rumänien das Blatt erneut zu seinen Gunsten gewendet und gehörte, wie bereits im Ersten Weltkrieg, zu den **Siegermächten.** Der territoriale Preis, den das Land für seine Wankelmütigkeit im Krieg bezahlen musste, hielt sich in Grenzen. Die Nordbukowina und Bessarabien gingen an die Sowjetunion, die Süd-Dobrudscha an Bulgarien.

Die rote Diktatur

Die **kommunistische Partei** hatte in Rumänien bis zum Ende des Zweiten Weltkrieges allenfalls die Rolle einer politischen Sekte gespielt. Doch mit der Anwesenheit der sowjetischen Truppen im Land sollte sich das grundlegend ändern. Nachdem König *Mihai I.* am 30. September 1947 ins Exil in die Schweiz geschickt worden war, rief man noch am selben Tag die **Volksrepublik Rumänien (Republica Populară Română)** nach sowjetischem Vorbild aus. Alles wurde nun dem marxistisch-leninistischen Weltbild untergeordnet. Meinungs-, Organisations- und Pressefreiheit wurden abgeschafft. Auf dem Höhepunkt der **Stalinisierung** wurden Intellektuelle und Akademiker als Volksfeinde ausgemacht, die sich der Kollektivierung widersetzten. Diese „staatsfeindlich agierenden Kräfte" wurden durch die 1948 gegründete **Securitate (Staatssicherheit)** „umerzogen" oder kurzerhand beseitigt. Die Bauern ereilte ein anderes „sozialistisches" Schicksal. Sie sollten sich seit 1949 in landwirtschaftlichen Genossenschaften organisieren. Doch bereits die bedrückende offizielle Zahl von 80.000 verhafteten Bauern, die sich der **Zwangskollektivierung** widersetzt hatten, zeigt, auf wie wenig Gegenliebe die kommunistischen Ideen bei der rumänischen Landbevölkerung stießen.

Moskau hatte in **Gheorghe Gheorghiu-Dej,** dem rumänischen Regierungschef und Parteiführer, einen loyalen Politiker gefunden, der die Auflagen von *Stalins* Nachfolger *Chruschtschow* überall im Land umsetzte.

Nach dem Tod von *Gheorghiu-Dej* im März 1965 sollte ein 47-jähriger Bauernsohn die weitere Geschichte Rumäniens maßgeblich bestimmen: **Nicolae Ceauşescu.**

Personenkult und Größenwahn

Nach außen hin verstand es *Ceauşescu* von Anfang an, Rumäniens neue Rolle als die eines selbstbewussten Staates zu definieren. Nachdem er die Rumänische Arbeiterpartei PMR wieder in die alte Kommunistische Partei Rumäniens umbenannt hatte, betonte er vor den ranghöchsten KP-Delegationen aus aller Welt auf dem 9. Parteikongress 1965, dass die **Souveränität Rumäniens** für ihn an erster Stelle stünde. Seine **Distanz zur Sowjetunion** wurde vor allem vom Westen mit großem Wohlwollen aufgenommen. Nachdem *Ceauşescu* 1968 den Einmarsch der Ostblockmächte in die Tschechoslowakei aufs Schärfste verurteilte, gaben sich in der Folge die Mächtigen der westlichen Welt in Bukarest die Klinke in die Hand. *Charles de Gaulle* (1968) und *Richard Nixon* (1969) besuchten den von der Propaganda inzwischen als „weisen Führer" gepriesenen Diktator in Bukarest, und nach einem chaotischen Besuch im englischen Königshaus durfte sich *Ceauşescu* zukünftig sogar als blaublütig bezeichnen (siehe Exkurs „Nicolae Ceauşescu").

Doch **im Innern** regierte *Ceauşescu* mit der kalten und eisernen Hand eines **tyrannischen Nationalstalinisten** – und genau so werden ihn die meisten Rumänen in Erinnerung behalten. Geschickt inszenierte Massenspektakel sollten dem Volk die „glorreichste Epoche der rumänischen Geschichte" vorgaukeln. Doch das Volk hatte unter den schwierigen Bedingungen einer **verfehlten Wirtschaftspolitik** zu leiden. *Ceauşescu* wollte Rumänien zu einem modernen Industriestaat ausbauen, setzte dabei aber vor allem auf eine ineffiziente Schwerindustrie, die mit ihren Produkten auf dem Weltmarkt nicht konkurrenzfähig war. Eine Folge dieser Politik war die absolute internationale **Zahlungsunfähigkeit,**

rum144 Foto: hz

N. Ceauşescu bei einer Neujahrsansprache im rumänischen Staatsfernsehen (1979; s/w-Aufnahme)

die der rumänische Staat 1981 eingestehen musste.

Nach dieser peinlichen Bankrotterklärung verkündete *Ceauşescu* 1982 als oberstes Wirtschaftsziel die **Rückzahlung der** 13 Milliarden Dollar **Auslandsschulden.** Für die Bevölkerung hatte dieser Entschluss schlimme und folgenreiche Konsequenzen. **Lebensmittel** wurden **rationiert,** für jeden Haushalt galten regelmäßige Strom-, Gas-, Wasser- und Heizungssperren. Lebensmittelkarten wurden verteilt, und weil *Ceauşescu* der Meinung war, die Bevölkerung würde zu viel essen, wurde der Kalorienbedarf „wissenschaftlich begründet" kurzerhand reduziert. Ende der 1980er Jahre war die rumänische Bevölkerung am Ende der Leidensstrecke angekommen und begann zu **protestieren.** Als erstes gingen die Menschen im Westen des Landes, in Timişoara, auf die Straße.

Sturz und Neubeginn

Der Anfang vom **Ende der „Ära Ceauşescu"** war gekommen, als Hunderttausende, vor allem junger Menschen, die Straßen der Städte erobert hatten und mit ihren **Demonstrationen** die **Verhaftung des Diktatorenpaars** erzwangen. Vom Tod durch Erschießen der *Ceauşescus* sollten die

Nicolae Ceauşescu (1918–1989)

In einem kleinen 2000-Seelen-Dorf im südrumänischen Scorniceşti wurde *Nicolae Ceauşescu* am 26. Januar 1918 als drittes von neun Kindern geboren. Der Sohn eines Bauern ging nach Abschluss von vier Schulklassen bereits im Alter von zehn Jahren nach Bukarest, um dort eine **Schusterlehre** zu beginnen. Für seinen Schustermeister unternahm er als Jugendlicher Botengänge für die kommunistische Partei, die ihn schon bald in Konflikt mit der Polizei brachten. Mit 18 Jahren wurde *Ceauşescu* zu seiner ersten Gefängnisstrafe verurteilt, die sich im Nachhinein als größter Glücksfall seines Lebens herausstellen sollte. Noch hinter den Gefängnismauern lernte er **Gheorghe Gheorghiu-Dej,** den späteren Regierungschef und kommunistischen Parteiführer, kennen und wurde dessen politisches Ziehkind. Nach der Machtergreifung des Faschisten *Antonescu* landete *Nicolae Ceauşescu* erneut im Gefängnis - und mit ihm alle Größen der rumänischen KP.

Als die Antonescu-Diktatur gestürzt wurde, stieg er 1944 zum **Chef des kommunistischen Jugendverbandes** auf und war als **Vize-Landwirtschaftsminister** für die Brutalität der landwirtschaftlichen Zwangskollektivierung mitverantwortlich.

Nach dem Tod seines Förderers *Gheorghiu-Dej* wurde *Ceauşescu* zum **Generalsekretär des Zentralkomitees der Rumänischen Arbeiterpartei PMR** *(Patidul Muncitorilor din România)* ernannt (spätere RKP). Die Hoffnung einiger älterer Funktionäre, man könne das Machtstreben *Ceauşescus* in einer kollektiven Führung einbinden, erwies sich als folgenschwerer Irrtum.

Ceauşescu erwies sich als **geschickter Machtstratege,** der sich vor allem außenpolitisch profilieren wollte, indem er sich vom Kurs der Sowjetunion distanzierte. So verweigerte er den Machthabern in Moskau jeden Beistand, als diese 1968 im Prager Frühling den tschechischen Widerstand zerschlugen. Nach außen hin gab sich der neue Machthaber offen und forcierte die weitere Öffnung hin zum Westen. 1978 erhob die englische Königin den sich selbst als **Conducător** (Führer) bezeichnenden Regierungschef in den Adelsstand.

Nach innen jedoch hatte der um ihn entstandene **Personenkult** dazu geführt, dass *Ceauşescu* jedes politische Augenmaß verlor. So ließ sich der „Held der Karpaten" und „Der Titan der Titanen" den größten Volkspalast der Welt errichten und auch dann noch in riesigen Massenkundgebungen feiern, als sein eigenes Volk schon kaum mehr Lebensmittel in den Läden vorfand.

Durch eine **rigorose Sparpolitik** wollte er Rumänien von 1982 bis 1989 von allen Auslandsschulden befreien. Was er seinem Volk damit zu einer Zeit zumutete, als sich Russland unter *Gorbatschow* schon auf den demokratischen Weg gemacht hatte, waren Hunger, Armut und Hoffnungslosigkeit.

Nicolae Ceauşescu und seine Frau *Elena* wurden am 25. Dezember 1989 in einem **Schnellverfahren ohne Prozess** zum Tode verurteilt und **erschossen.**

Menschen des Landes jedoch erst aus dem Fernsehen erfahren.

Derweil hatte sich eine **„Front der nationalen Rettung“,** ebenfalls via TV, an das Volk gewendet. Neben altbekannten Größen der Securitate, drei Armeegenerälen sowie weiteren Ex-Funktionären verkündete **Ion Iliescu,** ein bekannter Kommunist, Maßnahmen zur sofortigen Rettung und Demokratisierung des Staates.

Auch wenn das politische System Rumäniens sich in den folgenden Jahren erst langsam aus dem kommunistischen Sumpf erheben konnte, orientierten sich die neuen Machthaber letztlich doch an den **Menschen- und Bürgerrechten.** Rumänien wurde in der Folgezeit Vollmitglied im Europarat und assoziierter **Partnerstaat der Europäischen Union.** 1996 kam es zur Festschreibung der Grenzen zwischen Ungarn und Rumänien sowie der Minderheitenrechte in beiden Staaten.

Mit dem Universitätsprofessor **Emil Constantinescu** kam im November 1996 erstmals ein Präsident an die Macht, der der Demokratiebewegung wirklich Beine machte. Die Verhandlungen über den **EU-Beitritt** Rumäniens, die Diskussionen über effektive Gewaltenteilung und administrative bzw. institutionelle Entflechtungen sowie die Bekämpfung der Korruption zeigen auch nach der Wahl des ehemaligen Hochseekapitäns *Traian Băsescu* im Dezember 2004 zum Staatspräsidenten, wie schwierig – und wie wichtig – der Weg Rumäniens nach Europa ist.

Politik und Wirtschaft

Der Wirtschaftszug rollt, wie es scheint, in Rumänien unaufhaltsam in **Richtung Europa.** Vor allem die Regionen um Bukarest und die ehemals deutschen Siedlungsgebiete um Braşov und Sibiu bekommen von Brüssel gute Noten, was die Entwicklung der Infrastruktur betrifft. Auch die Politik möchte den Anschluss an Europa nicht verpassen und entzerrte in den letzten Jahren erfolgreich die Zentren der Macht und die der Institutionen.

Politik in den Jahren nach der Unabhängigkeit

Als Politik der wahren Erneuerung wurde erst die Wahl der demokratischen Opposition unter dem Staatspräsidenten **Emil Constantinescu** von der Bevölkerung angesehen und frenetisch gefeiert. Die vorangegangene Regierungszeit von 1991 bis 1996 unter den Altkommunisten und ihrem Präsidenten **Ion Iliescu** hatte zu keinen wesentlichen demokratischen Fortschritten geführt.

Constantinescu, der schon als Rektor der Bukarester Universität die Bemühungen um Demokratie im Land entscheidend prägte, konnte die Herzen der Rumänen nie erobern. Er galt, vor allem bei der Presse, als schwacher Präsident, und bekundete nach gerade einmal eineinhalb Amtsjahren, er sei „total angewidert“ von der Politik in seinem Land.

Trotz der Frustration des Präsidenten war in Rumänien mit der Wahl *Constantinescus* etwas in Bewegung geraten. Niemals zuvor hatte es in Rumänien so **korrekte Wahlen** gegeben. Die EU hatte Beobachter nach Bukarest geschickt, und diese konnten nur bestätigen, dass Rumänien sich auf dem Weg zu friedlicher, **demokratischer und sozialer Normalität** befinde.

Doch der internationale Vertrauensvorschuss und die Hoffnungen der Bevölkerung wurden bis zum Jahr 2000 bitter enttäuscht. Der lange Schatten des Ceauşescu-Regimes schien immer noch über dem Land zu liegen, denn die politischen Vertreter zeigten in ihrer Amtszeit **politisch** ein **erschreckend unreifes Bild.** Die einfachsten administrativen Vorgänge wurden durch unkoordinierte Abläufe konterkariert. Staatspräsident und Regierungschef kommunizierten kaum miteinander. Anstelle von sozialen und ökonomischen Reformen setzten sich **Populismus und Demagogie** durch, die letztlich zum Wahlerfolg der faschistischen Partei „România Mare" im Jahre 2000 führen sollten.

Zur schlimmsten politischen Krise des postkommunistischen Rumänien kam es, als der Bergarbeiterführer *Miron Cozma* seine Anhänger zum Marsch auf Bukarest führte. Die als **Bergarbeiterrevolten** in die Geschichte eingehenden Proteste und Ausschreitungen der 10.000 Arbeiter aus dem Schiltal waren ein weiteres Zeichen der tiefen Entfremdung von Regierung und Bevölkerung. Die Machthaber hatte das soziale Elend vieler Bevölkerungsgruppen gleichgültig gelassen.

Die Wahlen des Jahres 2000 wurden zur bitteren Pille und Quittung, die das Volk den Regierenden präsentierte. Die demokratischen Parteien erlitten katastrophale Niederlagen. **Corneliu Vadim Tudor,** der sich unverhohlen für die Wiedereinführung der Diktatur einsetzte, errang in der Stichwahl zum Staatspräsidenten den zweiten Platz. Was niemand im Land für möglich gehalten hatte, eine faschistische Kehrtwende Rumäniens, konnte nur durch die erneute Wahl des Altkommunisten *Ion Iliescu* verhindert werden.

Gesellschaft im Umbruch

Die rumänische Gesellschaft befindet sich heute in einem Umbruch, wie sie ihn selten zuvor erlebt hat. Sehr deutlich zeichnen sich dabei **mehrere Geschwindigkeiten** ab. Während in den Städten und manchen Bereichen der Wirtschaft (IT-Technologien, Supraleiter, Mikroelektronik) der Anschluss an die moderne Zeit längst geschafft ist, leben Bauern und Hirten in den Tälern und Bergen des Maramureş, des Banats und Transsylvaniens häufig noch wie anno dazumal. Mehr als 30 Prozent der Rumänen leben auf dem oder zumindest vom Lande, sprich: haben etwas Land, das sie selber bewirtschaften. **Armut** und **Arbeitslosigkeit** (die offizielle Arbeitslosenquote lag 2004 bei 6,6%) betreffen jedoch nicht vorwiegend die sich selbst versorgende Land-, sondern vielmehr die Stadtbe-

Zeittafel

- **Um 100.000 v.Chr.:** Älteste Spuren menschlicher Besiedlung auf dem Gebiet des heutigen Rumänien, Mustier-Kultur.
- **Ab 6000 v.Chr.:** Einwanderung verschiedener indoeuropäischer Stämme, Hamangia- und Cucuteni-Kultur.
- **Ab 2000 v.Chr.:** Besiedlung durch die Daker, einen indoeuropäischen Zweig der Thraker, sowie der Geten im heutigen Süd- und Ostrumänien.
- **Um 700–500 v.Chr.:** Gründung griechischer Kolonien an der Schwarzmeerküste.
- **Ab 30 v.Chr.:** Die griechischen Kolonien geraten unter die Herrschaft der Römer.
- **15 n.Chr.:** Kaiser *Augustus* gründet die römische Provinz Moesia Inferior (in etwa die heutige Dobrudscha).
- **8–17:** Verbannung des *Ovidius Naso* nach Tomis (Constanța).
- **87–106:** Herrschaft des Dakerkönigs *Decebal.*
- **101–106:** Eroberung Dakiens durch *Trajan.*
- **271:** Rom zieht sich aus Dakien hinter die Donaugrenze zurück.
- **4.–6. Jh.:** Einfälle der Gepiden, Awaren, Hunnen und slawischer Reitervölker.
- **9. Jh.:** Die Magyaren (Ungarn) siedeln sich in Transsylvanien an.
- **Um 1150:** Ansiedlung deutscher Einwanderer in Siebenbürgen.
- **Um 1000–1241:** Einfälle von Turkvölkern (Tataren, Petschengen, Kumanen).
- **1241:** Einfall der Mongolen.
- **Um 1324:** Gründung des Fürstentums Walachei durch *Basarab I.*
- **1359:** Gründung des Fürstentums Moldau durch Fürst *Dragoş.*
- **1395:** Lehnsherrschaft der Osmanen über die Walachei.
- **Ab 1456:** Lehnsherrschaft der Osmanen über die Moldau.
- **1457–1504:** Herrschaft von *Ştefan cel Mare* über die Moldau und Widerstand gegen die Türken.
- **1456–1462:** *Vlad Țepeş* herrscht als Fürst über die Walachei.
- **1593–1601:** Erstmalige Vereinigung der drei Fürstentümer Transsylvanien, Moldau und Walachei unter *Mihael Viteazul.*
- **1688–1714:** Herrschaft von *Constantin Brâncoveanu* über die Walachei (wirtschaftlicher und kultureller Aufschwung).
- **1699:** Die Osmanen übergeben Ungarn und Transsylvanien an Habsburg (Friede von Karlowitz).
- **1711–1821:** Herrschaft der Fanarioten (von Osmanen eingesetzte Marionettenfürsten griechischer Abstammung) über die Walachei und Moldau.
- **Ab 1718:** Ansiedlung deutscher Siedler im Banat; Oltenien (die kleine Walachei) wird habsburgisch.
- **1775:** Österreich erhält die Bukowina.
- **1784:** Rumänische Bauernaufstände gegen die Leibeigenschaft im Apuseni-Gebirge werden blutig niedergeschlagen.
- **1812:** Russland erhält Bessarabien.
- **1829–1856:** Russisches Protektorat über die Walachei und Moldau (Friede von Adrianopol 1829).
- **1848:** Niederschlagung der Revolutionsbewegung in den Donaufürstentümern durch Russen und Osmanen.
- **1859:** Personalunion der Moldau und Walachei durch die gemeinsame Wahl von *Alexandru Ioan Cuza* zum Oberhaupt beider Regionen.
- **1866:** Die vereinigten Fürstentümer nennen sich fortan Rumänien.

● **1878:** Die Unabhängigkeit Rumäniens wird durch den Berliner Kongress bestätigt; die Osmanen müssen die Dobrudscha an Rumänien abtreten.

● **1881:** Rumänien wird konstitutionelle Monarchie; *Karl von Hohenzollern-Sigmaringen* wird als *Carol I.* der erste König Rumäniens.

● **1907:** Blutige Niederschlagung der Revolte rumänischer Bauern.

● **1913:** Zweiter Balkankrieg, Rumänien erhält die Süddobrudscha zugesprochen.

● **1914:** *Ferdinand I.* wird König von Rumänien.

● **1916:** Rumänien tritt an der Seite der Alliierten in den Ersten Weltkrieg ein.

● **1918:** In Alba Iulia stimmen die Rumänen aus Transsylvanien und dem Banat für die Vereinigung ihrer Provinzen mit Rumänien.

● **1919/20:** Großrumänien erweitert sich um die Gebiete Bukowina, Transsylvanien, Crişana, Maramureş und das nördliche Banat und verdoppelt dadurch sein Hoheitsgebiet.

● **1930:** *Carol II.* wird König von Rumänien.

● **1938:** *Carol II.* beansprucht alle Macht für sich und ruft die Königsdiktatur aus.

● **1939:** Rumänien verkündet zu Beginn des Zweiten Weltkrieges seine Neutralität.

● **1940:** Im Juni verliert Rumänien infolge des Hitler-Stalin-Pakts die nördliche Bukowina und Bessarabien an die Sowjetunion, im August auch das nördliche Transsylvanien an Ungarn; im September beruft *Carol II.* den General *Antonescu* zum Regierungschef und dankt zugunsten seines Sohnes *Mihai* ab; Militärdiktatur unter *Antonescu.*

● **Juni 1941:** Anlehnung an Nazi-Deutschland; Rumänien tritt dem Dreimächtepakt bei und somit in den Zweiten Weltkrieg ein.

● **1941/42:** Juden- und Roma-Deportationen in bessarabische Konzentrationslager, wo über 100.000 Menschen ums Leben kommen.

● **August 1944:** Die Sowjetarmee dringt nach Rumänien ein; Kurswechsel Rumäniens; König *Mihai I.* setzt *Antonescu* ab und erklärt Deutschland und Ungarn den Krieg.

● **1945/46:** In Rumänien entsteht eine kommunistische Ein-Parteien-Herrschaft sowjetischer Prägung; Eingliederung der Nordbukowina in die UdSSR; Umwandlung Bessarabiens in die Sozialistische Sowjetrepublik Moldau; die südliche Dobrudscha fällt an Bulgarien, der 1940 von Ungarn annektierte teil Transsylvaniens wird wieder Rumänien zugesprochen; Regierungschef wird *Gheorghe Gheorghiu-Dej.*

● **1947:** Die Monarchie wird abgeschafft, König *Mihai I.* geht ins Exil in die Schweiz; im Dezember wird die Volksrepublik Rumänien nach sowjetischem Vorbild ausgerufen.

● **1948:** Alle Banken und Großunternehmen werden verstaatlicht; Machtübernahme durch die Kommunisten.

● **1955:** Rumänien tritt in den Warschauer Pakt ein; *Nicolae Ceauşescu* betritt zum ersten Mal die politische Bühne und tritt ins Politbüro ein.

● **1958:** Die rumänische Regierung unter *Gheorghe Gheorghiu-Dej* distanziert sich zunehmend von Moskau und appelliert an die patriotischen Gefühle der Rumänen; man öffnet sich nach Westen.

● **1965:** Tod von *Gheorghiu-Dej;* der bislang unauffällige *Ceauşescu* wird durch das Zentralkomitee zu seinem Nachfolger bestimmt.

● **August 1968:** Rumänien nimmt am sowjetischen Einmarsch in die Tschechoslowakei nicht teil und verwehrt sich gegen Übungen des Warschauer Paktes auf seinem Staatsgebiet.

● **Seit 1974:** Diktatur des „Conducători" (Führer) *Ceauşescu,* der das von ihm erschaffene Amt des rumänischen Präsidenten bekleidet; zunehmender Personenkult, Ausbau des Überwachungssystems Securitate, Unterdrückung von Intellektuellen.

● **1977:** Erdbeben mit über 1700 Toten im Gebiet um Bukarest.

● **1980:** *Ceauşescu* ernennt seine Frau *Elena* zur Vize-Premierministerin.

● **1982–1989:** Rückzahlung der rumänischen Auslandsschulden durch drastische Sparmaßnahmen; *Ceauşescu* fordert Konsumverzicht und betreibt eine strikte Anti-Gorbatschow-Politik.

● **1984:** Eröffnung des Schwarzmeer-Donau-Kanals.

● **1989:** Zusammenbruch der kommunistischen Regimes im Ostblock; Wiederwahl *Ceauşescus* am 14. Parteitag im November; einen Monat später folgen Unruhen in Timişoara, die auf Bukarest übergreifen; am 22.12. ruft *Ceauşescu* den Notzustand aus; am 25.12. werden die *Ceauşescus* gefangen genommen, verurteilt und hingerichtet.

● **Mai 1990:** Wahlsieg der „Front der nationalen Rettung" unter dem Ex-Kommunisten *Ion Iliescu;* dieser wird zum Präsidenten Rumäniens gewählt und ernennt *Petre Rooman* zum Premierminister.

● **1991:** Selbstauflösung der Warschauer-Pakt-Staaten; die neue Verfassung Rumäniens garantiert Bürger- und Minderheitenrechte und etabliert ein Mehrparteiensystem.

● **1992:** Wiederwahl von *Ion Iliescu;* Ministerpräsident wird der Kommunist *Nicolae Văcăroiu.*

● **1993:** Rumänien wird Vollmitglied im Europarat und assoziierter Partnerstaat der Europäischen Union.

● **1996:** Festschreibung der Grenzen zwischen Ungarn und Rumänien sowie der Minderheitenrechte in beiden Staaten; im November Sieg der Opposition, *Emil Constantinescu* wird neuer Präsident und ernennt *Victor Ciorbea* zum Premierminister.

● **1999:** Beginn der Verhandlungen über den EU-Beitritt Rumäniens.

● **2000:** *Ion Iliescu* wird zum dritten Mal Staatspräsident, *Adrian Năstase* Premierminister.

● **2002:** Rumänien wird Mitglied der NATO.

● **2003:** Überführung des Leichnams *Carols II.* aus der Schweiz nach Rumänien.

● **12.12.2004:** *Traian Băsescu* tritt die Nachfolge des Präsidenten *Iliescu* an, nachdem er die Stichwahl gegen *Adrian Năstase* gewonnen hat.

● **2005:** Auf der Agenda der Politik unter *Băsescu* stehen die Entkoppelung von Macht und Institutionen, die Bekämpfung der Korruption und der Beitritt Rumäniens zur EU.

● **April 2006:** Schwere Überschwemmungen entlang der Donau führen zur Evakuierung ganzer Dörfer.

● **01.01.2007:** Beitritt Rumäniens und Bulgariens zur EU.

● **2007:** Sibiu (Hermannstadt) ist „Kulturhauptstadt Europas".

● **02.–04. April 2008:** Rumänien ist zum ersten Mal Gastgeber eines NATO-Gipfeltreffens.

● **Okt./Nov. 2009:** Die Minderheitsregierung unter Ministerpräsident *Emil Boc* ist nur noch geschäftsführend im Amt.

völkerung, der die steigenden Lebenshaltungskosten stark zu schaffen machen. So reicht das monatliche Durchschnittseinkommen von 180 Euro z.B. in manchen Stadtteilen Cluj-Napocas nicht einmal für die Monatsmiete aus.

Das Aufgehen in der **Europäischen Union** - der Beitritt erfolgte am 1. Januar 2007 gemeinsam mit Bulgarien - wird allerdings nicht durch das niedrige Lohnniveau, die Arbeitslosigkeit, den Niedergang der rumänischen Industrie nach 1989 oder den Mangel an produzierendem Gewerbe erschwert, sondern durch die kaum zu bewältigende **Korruption** (siehe auch Exkurs „Schmiergeld").

Schlaraffenland des Outsourcing

Zynische Zungen behaupten, der letzte wirkliche Exportschlager Rumäniens sei die deutsche Minderheit gewesen, deren Ausverkauf *Ceauşescu* vor 30 Jahren für harte Westdevisen betrieben hat. In der Tat sind mit Blick auf den **internationalen Markt** nur das in Kooperation mit Renault hergestellte Billigauto Dacia Logan und die vor allem zu Halloween massenhaft in die USA verkaufte Weinmarke namens „Dracula" erwähnenswert. Zwar verfügt das Land über zahlreiche **Bodenschätze** wie Erdöl, Erdgas, Steinkohle, Bauxit, Silber, Gold und Uran, doch die werden für den eigenen Bedarf benötigt und stehen für den Export nicht zur Verfügung.

Der spürbare Aufschwung und die hohen wirtschaftlichen Wachstumsraten (2004: 6,5%) sind vor allem auf das weiterverarbeitende Gewerbe und darauf zurückzuführen, dass Unternehmen aus dem Westen ihre Produktion in das **Billiglohnland** Rumänien mit seinen hoch qualifizierten Arbeitern und Ingenieuren verlagern.

Outsourcing boomt in Rumänien, auch und vor allem in der Zuliefererindustrie der Automobilbranche. Der Reifenhersteller und Global Player Continental z.B. hat mehrere Werke im Land eröffnet, und ein Ende ist nicht abzusehen. So steht in Timişoara inzwischen nicht nur eine der größten Shopping Malls Europas, sondern mit

rum151 Foto: jr

Der ehemalige Bürgermeister von Craiova

der dortigen Continental-Fabrik auch das größte Reifenwerk der Welt. International bekannte Herren- und Damenmode wird mittlerweile überall in Rumänien geschneidert. Durch geschickte Arbeitsorganisation gelingt es italienischen Firmen dabei, die letzten „wichtigen Handgriffe" noch in Mailand oder Florenz tätigen zu lassen, sodass das Etikett „Made in Italy" den wahren Herkunftsort eigentlich nur verschleiert.

Flagge, Wappen und Hymne

Die rumänische **Flagge** vom 27. Dezember 1989 zeigt drei senkrechte Querstreifen in Rot, Gelb und Blau *(Roşu, Galben şi albastru),* wobei die Farben für das Schwarze Meer (Blau), die Felder (Gelb) und die Berge (Rot) stehen sollen.

Die Flagge des kommunistischen Rumänien trug in der Mitte das damalige Wappen. Auf den Protestmärschen der Revolution von 1989 hatten viele Menschen dieses kommunistische Wappen herausgeschnitten, ähnlich wie es auch die Deutschen in Ostdeutschland mit Hammer und Sichel in ihrer alten DDR-Fahne taten.

Das rumänische **Wappen** in den drei rumänischen Farben Rot, Gelb und Blau zeigt einen goldenen Adler mit den Insignien der Macht (Schwert, Zepter). Auf einem Emblem vor der Brust des Adlers sieht man die Symbole der historischen Provinzen.

Der Text der **Nationalhymne „Erwache jetzt, Rumäne"** geht auf ein Gedicht von **Andrei Mureşanu** (1816–1863) zurück und wurde während der Revolution von 1848 geschrieben. Die Musik dazu komponierte *Anton Pann* (1796–1854).

Deşteaptă-te, române
Erwache jetzt Rumäne aus deinem Todesschlaf,
in den dich einst verstießen barbarische Tyrannen!
Jetzt oder nie kannst du dein Schicksal wenden,
auf dass dir selbst die Feinde Achtung zollen!

Jetzt oder nie woll'n wir der Welt beweisen,
dass römisch Blut noch in den Adern fließt,
und unsere Herzen voller Stolz den Namen preisen,
des Schlachten-Triumphators, den Namen von Trajan!

Erblickt ihr hehren Schatten, Mihai, Stephan, Corvine,
wie alle eure Enkel vom Stamme der Rumänen
in voller Rüstung und mit eurem Feuer rufen:
Wir wollen eher sterben, als nicht in Freiheit leben!

Ihr Priester mit dem Kreuze, voran dem Heer der Christen,
denn Freiheit, sollt ihr wissen, ist unser heil'ger Zweck,
wir sterben lieber kämpfend, in vollem Glorienschein,
als wieder einmal Sklaven in unserem Land zu sein!

Letztlich könnte man also behaupten, das Outsourcing westlicher Firmen sei das eigentliche wirtschaftliche Pfund, mit dem Rumänien zukünftig wuchern kann, was auch ganz neue „Wirtschaftszweige“ entstehen lässt: So ließ Österreich seit 2004 zwei Gefängnisse nach Rumänien „ausgliedern“, um Geld zu sparen.

Staatsaufbau

Obwohl der Parlamentarismus in Rumänien auf eine mehr als 170-jährige Tradition zurückblicken kann, ist das Land erst seit der **Verfassung vom November 1991** eine **parlamentarische Demokratie.** Die Republik definiert sich im ersten Verfassungsartikel als „souveräner und unabhängiger, einheitlicher und unteilbarer Nationalstaat.“ Das Parlament besteht aus der **Abgeordnetenkammer** und dem **Senat.** Die Mitglieder dieser beiden Häuser werden in **allgemeinen, geheimen, freien und direkten Wahlen** alle vier Jahre gewählt. Dieses Modell des Zweikammersystems geht auf die Verfassung von 1923 zurück, mit dem Unterschied, dass Abgeordnetenkammer und Senat heute gleichberechtigt nebeneinander stehen. Der Staat ist **zentralistisch** organisiert und im Wesentlichen nach dem Muster der französischen Präsidialrepublik aufgebaut.

Zu den Eigenarten der rumänischen Politik zählt, dass Gesetze in beiden Kammern getrennt diskutiert und beschlossen werden. Erst ein **Vermittlungsausschuss** und dann endgültig der Präsident fällen die Entscheidung.

Administrativ gliedert sich Rumänien in 41 Kreise *(Judeţe)* und die Hauptstadt Bukarest. In der Hauptstadt eines jeweiligen Kreises findet man neben dem obligatorischen Rathaus *(Primărie)* auch immer eine Präfektur. Der **Präfekt** ist der Vertreter der Zentralregierung auf Kreisebene. Er wird nicht gewählt, sondern eingesetzt. Die Kreisräte hingegen werden direkt vom Volk gewählt, die dann einen Kreisratsvorsitzenden bestimmen.

Das **Amt des Staatspräsidenten** ist seit 1974 festgeschrieben. Nach der neuen Verfassung von 1991 verleiht der Präsident den Gesetzen Rechtsgültigkeit, hat aber kein Recht auf eigene Gesetzesinitiativen. Er vertritt das Land nach innen und außen. Während seiner vierjährigen Amtszeit (Direktwahl durch das Volk) darf er keiner politischen Partei angehören und kein anderes Amt ausüben. Er schlägt den Ministerpräsidenten vor und ernennt die Regierung nach vorheriger Vertrauensabstimmung im Parlament. Die Innen- und Außenpolitik wird in enger Abstimmung zwischen Präsident und Regierung ausgeübt.

Die Erfolgsgeschichte der privaten Wirtschaft

„Mit dem Staat ist kein Staat zu machen“, auf diese einfache Formel brachte es der Ökonom *Ilie Şerbănescu* bereits Anfang der 1990er Jahre. Denn die **staatliche Unfähigkeit** galt als eine der Hauptursachen für die rumänische **Wirtschaftskrise.** Mit halben Reformen und doppelten Kosten versuchte der Staat auch nach der Unabhängigkeit die maroden und unrentablen Unternehmen am Leben zu erhalten. Doch geringe Arbeitsproduktivität und veraltete Technologien, vor allem bei den staatlichen Eisenbahnen CFR sowie den Chemie- und Raffineriebetrieben, konnten nicht beseitigt werden. Die nach 1990 verabschiedeten Privatisierungsgesetze hatten bis 1996 kaum Erfolge zu verzeichnen, da der Staat gleichzeitig private Initiativen misstrauisch beäugte und kaum unterstützte. Doch dann nahm die **Privatisierung** in Rumänien plötzlich Fahrt auf. Bereits Ende 1996 übertraf der Privatsektor in den Statistiken erstmals die Staatswirtschaft. Das Erstaunliche an dieser Entwicklung ist die Tatsache, dass Rumänien nach wie vor ein sehr hohes Steuerniveau besitzt und mit 38 Prozent Gewinnbesteuerung den privaten Unternehmern das Leben nicht gerade einfach macht.

Die rasante wirtschaftliche Entwicklung Rumäniens nach dem Jahr 2002 ist vor allem auf die **vielen Einzelinitiativen im privaten Sektor** zurückzuführen.

Fast jede vierte rumänische Familie kann derzeit auf Unterstützung aus dem Ausland zählen, da mehr als vier Millionen **Saisonarbeiter in Italien, Spanien oder Kanada** einen Teil ihrer Verdienste wieder in Rumänien investieren. **Sonderwirtschaftszonen** haben sich in manchen Gemeinden, wie beispielsweise in Sibiu, entwickelt, wo mit einer geringen Gewerbe- und Einkommenssteuer Anreize für ausländische Investoren geschaffen werden. Dass dies zu klappen scheint, zeigt die rasante Entwicklung im Bereich der Unternehmensgründungen.

Die qualitativ **sehr gute Ausbildung** rumänischer Ingenieure und Naturwissenschaftler hatte bis zur Jahrtausendwende zu einem Exodus im eigenen Land geführt, da viele Spezialisten ins Ausland auswanderten. Doch seit der Wirtschaftswende bleiben immer mehr von ihnen im Land und machen sich hier selbstständig.

Schmiergeld

Ob **Şpagă** oder **Bacşiş** – Rumäniens Wirtschaft und politisches System kennt viele Ausdrücke für das, was wir im allgemeinen Sprachgebrauch als Schmiergeld bezeichnen. Die meisten dieser Begriffe, die sich heute in erster Linie auf **Korruption** und **Wirtschaftskriminalität** beziehen, haben geschichtlich sehr alte Wurzeln. Dies verdeutlicht, welche Bedeutung diese Form der Bezahlung in der rumänischen Gesellschaft hat. Das Öl im Getriebe der Schmiergeldwirtschaft stellt die meist unverschämt geringe Bezahlung, vor allem im Dienstleistungsbereich, dar. Neben der alltäglichen Bestechung im kleinen Rahmen stand in den 1990er Jahren vor allem die groß angelegte Korruption im Mittelpunkt der meisten Gerichtsverfahren. So legte 1995 eine Parlamentskommission einen Bericht vor, wonach 118 Staatsbeamte vom Minister bis zum Parteiabgeordneten im Besitz illegal erworbener Villen oder Wohnungen waren.

Die Sportnation Rumänien

Zwar zählt Rumänien zu den interessantesten Wintersportländern Osteuropas, hat jede Menge Karpatenschnee, herrliche Skipisten und wunderbare Loipen zu bieten, doch eines fehlt: international erfolgreiche Wintersportler. Aber dafür hat Rumäniens Sportseele andere Trostpflästerchen.

Die überragende Sportlerin des Landes, die 1999 neben *Pelé, Muhammad Ali, Carl Lewis, Steffi Graf* und *Mark Spitz* in Wien als Sportlerin des Jahrhunderts – in der Kategorie Athletik – geehrt wurde, ist die Turnerin **Nadia Comăneci.** Sie gewann 1976 bei den Olympischen Spielen in Montreal im Alter von 14 Jahren drei Gold- sowie eine Silber- und eine Bronzemedaille und erreichte als erste Turnerin der Geschichte in der Wertung am Stufenbarren die absolute Höchstnote 10,0. *Comăneci,* die auch 1980 bei der Olympiade in Moskau, trotz Manipulationen der sowjetischen Kampfrichter, erneut zwei Goldmedaillen gewann, engagiert sich heute in Rumänien vor allem für Waisenkinder.

Den zweiten Namen, den rumänische Sportfans nennen, wenn es um ihre Helden geht, ist der von **Gheorghe Hagi.** Der von rumänischen Zeitungen schnell als „Karpaten-Maradona" gefeierte Fußballer war zeitlebens ein genialer Exzentriker und gewann mit Steaua Bukarest den Europapokal der Landesmeister und in der türkischen Liga mit Galatasaray Istanbul viermal die Meisterschaft. Er selbst gibt jedoch als Höhepunkt seiner Karriere den 3:2-Erfolg bei der Fußball-Weltmeisterschaft 1994 gegen Argentinien an. Rumänien erreichte damals überraschenderweise das Viertelfinale und schied dann im Elfmeterschießen gegen Schweden aus.

Nummer drei im Bunde der rumänischen Sportheroen ist die Läuferin **Gabriela Szabo;** ihr größter Erfolg war der Gewinn der olympischen Goldmedaille über 5000 Meter in Sydney im Jahr 2000.

Die beiden Tennisspieler **Ion Ţiriac** und **Ilie Năstase** schließlich haben die Farben Rumäniens auch auf die Center Courts dieser Welt gebracht. Der sportlich erfolgreichere von beiden war zweifellos Năstase, der 1972/73 die Weltrangliste im Tennis anführte. Gemeinsam mit *Ţiriac* gewann *Năstase* 1970 die French Open im Doppel. *Ion Ţiriac* war dann viele Jahre der Manager von *Boris Becker* und stand als solcher international im Rampenlicht. Seit Jahren ist er laut einem Bericht der rumänischen Zeitschrift „Capital" mit einem Privatvermögen von 1 Milliarde Dollar der reichste Mann Rumäniens.

rum156 Foto: jr

Bukarest – die Hauptstadt

rum157a Foto: jr

rum157b Foto: jr

Das prunkvolle Gebäude der rumänischen Sparkasse (CEC)

Karpfen aus dem Herăstrău-Stadtsee

Das berühmte Restaurant Caru'cu bere

Bukarest – Treffpunkt der Kulturen

⇗ **XXI, C/D2/3**

- **Höhe:** 75 m ü.NN.
- **Vorwahl:** 021
- **Einwohner:** 2.052.000
- **Fläche:** 228 km²
- **Rumänischer Name:** București

Man hat Rumäniens Metropole im Lauf der Zeit **viele Beinamen** verliehen. Vom „Tor zum Orient" schwärmte der Dichter *Ion Luca Caragiale*, vom „östlichsten Punkt des Westens" sprach der Dichter *Dinescu*. In der Gunst der Hauptstädter selbst liegt allerdings ein anderes Kompliment ganz vorne: Bukarest sei ein kleines Paris *(Micul Paris)* oder das **„Paris des Ostens".** Erworben hat sich die Stadt diesen Ruf durch die großzügig angelegten Parks und Seen, ihre breiten Alleen sowie ihren architektonischen Eklektizismus. Selbst die charmanten verwinkelten Gassen der Altstadt, die sich dem oberflächlichen oder schnellen Besucher nicht sofort erschließen und der zentrale Markt Amzei erinnern ein wenig an das französische Vorbild.

Der Vergleich mit Paris mag demjenigen vielleicht übertrieben erscheinen, der den Bukarester Triumphbogen noch nicht kennen gelernt hat und zuerst in den **Außenbezirken** Bukarests gelandet ist. Die in den 1970er Jahren kultivierte Sachlichkeit der Betonfraktion hat hier seelenlose Hochhausinseln geschaffen, die sich allerdings bei ehrlicher Betrachtung auch in den Randgebieten von Paris oder Berlin finden lassen.

Am besten erschließt sich Bukarest dem **Spaziergänger,** der die Zeit hat, sich auf die Labyrinthe der orientalischen Gassen, die Weiten der Parks und den eleganten Charme der historischen Viertel einzulassen. Mehr als jede andere europäische Stadt entpuppt sich Bukarest dabei als Stadt der schönen und überraschenden Geheimnis-

se. Hinter der Fassade der quirligen, lauten und herben Schönheit verbergen sich zahllose stille Plätze, ruhige Arkaden und Hinterhöfe, literarische Salons, mondäne Jugendstilpassagen, urige Biergärten und prunkvolle klassizistische Palais.

Östliche und westliche Kultur scheinen hier eine gemeinsame Schnittmenge und ihren inspirierenden Treffpunkt gefunden zu haben.

Orientierung

Ankunft mit dem Flugzeug

Bukarest verfügt über zwei Flughäfen. Der früher Otopeni genannte internationale Flughafen wurde in **Henri Coandă** umbenannt und liegt 17 km nördlich des Stadtzentrums. Nach der Ankunft ist ein so genannter *Talon de intrare* auszufüllen, der gut aufbewahrt werden sollte, da man ihn bei der Ausreise noch einmal benötigt. Im halbstündigen Rhythmus fährt der **Bus 783** direkt in die City **zum Piața Unirii.** Bustickets können hierbei seit Sommer 2005 ausnahmsweise auch beim Fahrer gekauft werden; ansonsten sind Fahrscheine in Bukarest immer vorab zu erwerben!

Der Flughafen **Băneasa** befindet sich 10 km nördlich der City und wickelt vor allem nationale Flüge ab. Zubringer sind hier der **Bus 335** und **131,** die im Wechsel alle 10 Minuten vom Busbahnhof vor dem Flughafen abfahren. Tickets werden im Kiosk der Station verkauft.

- **Fly Taxi,** einziges offizielles Taxi zur Innenstadt: 3,49 RON/Kilometer, etwa 70 RON bis zur Piața Unirii im Zentrum, Tel. 9440. Alle anderen Taxis sind meist total überteuert.
- Alle Taxigesellschaften müssen den **Kilometer-Preis** außen als Schriftzug angeben. Man sollte dies gundsätzlich in ganz Bukarest kontrollieren, bevor man einsteigt. Sonst besteht die Gefahr von Wucherpreisen!
- Der **Bus 783** fährt eine Etage unter der Ankunftshalle ab. Unten gibt es auch einen Fahrkartenverkaufsschalter (6:15–21 Uhr). Der Bus fährt Mo. bis Fr. alle 15 Min., Sa./So. alle 30 Min. Achtung: Für den ersten Bus um 5:30 Uhr und den letzten um 23 Uhr müssen Karten vorab in einem Reisebüro erworben werden! Fahrpreis: 5 RON, Schwarzfahren kostet umgerechnet 60 Euro.
- **Kurzparker** zahlen am Flughafen 4 RON/Stunde. Die Tageskarte kostet 100 RON (den grünen Chip gut aufbewahren).

Ankunft mit dem Auto

Der Ausspruch „Alle Wege führen nach Rom" ließe sich problemlos auch auf Bukarest anwenden. Wer sich der Hauptstadt auf den **Zubringerstraßen** nähert, landet **unweigerlich im Zentrum,** da alle größeren Hauptstraßen konzentrisch im Herz der Stadt, dem Piața Universitații und dem Piața Unirii, zusammenlaufen, wobei am Piața Universitații sogar der offizielle Nullpunkt der Stadt angegeben ist. Die aus dem Norden, also aus Transsylvanien kommende **DN1** führt dabei direkt an den beiden Flughäfen vorbei, bevor sie in die Şoseaua Kiseleff übergeht und durch den Triumphbogen auf die Stadtmitte zuläuft.

Die **A1** aus dem Westen (Piteşti) bringt motorisierte Besucher zum Piața Cotroceni und zum Fluss Dâmbovița, dessen begleitende Straße Splaiul Independenței direkt zum Piața Unirii führt.

Die von der Schwarzmeerküste kommende **DN3** durchzieht zuerst die modernen Viertel des Pantelimon, um dann in die älteren Stadtteile rund um den Boulevardul Carol I zu münden, der ebenfalls direkt in der Stadtmitte endet.

Wer von der bulgarischen Grenze über die **DN5** kommt, muss sich ein wenig in Geduld üben, da die Anreise sich lange durch die südlichen Trabantenstädte zieht. Aber auch hier ist der Piața Unirii nicht zu verfehlen.

Ganztägig kostenlose, schattige und zudem **bewachte Parkplätze** gibt es übrigens am frühen Morgen noch am B-dul Unirii, mitten im Herzen der Stadt vor der Casa Poporului.

Ankunft mit dem Zug

Der Großraum Bukarest wird nicht, wie dies bei anderen europäischen

Metropolen üblich ist, von einem Autobahnring, sondern von einem **Eisenbahnring** umgeben, der nationale und internationale Züge zum **Gara de Nord** leitet. Von hier lassen sich die anderen Stadtteile bequem mit Metro, Bussen oder Straßenbahn erreichen. Eine durchgehend geöffnete **Gepäckaufbewahrung** *(Deposit de bagaje)* für Handgepäck *(Bagaje de mână)* befindet sich in der Bahnhofshalle gegenüber der Bahnsteige 4 und 5.

Einige lokale Züge enden auch an dem nur 700 m nordwestlich gelegenen bzw. eine Metro-Station entfernten **Gara Basarab.**

Wer seine Reise zum Schwarzen Meer oder ins Donaudelta mit dem Zug unternehmen möchte, kann dies außer vom Gara de Nord auch vom kleineren **Gara Obor** aus tun, der mit den Trolleybus-Linien 69 und 85 zu erreichen ist. Die beliebten Sommerzüge zur Küste verlassen Bukarest auch vom nördlich des Piața Presei Libere gelegenen **Gara Băneasa.**

Ankunft mit dem Bus

Internationale Busse halten meist an den zentral gelegenen Punkten **Gara de Nord** und **Gara Basarab.** Die zwischen den rumänischen Großstädten zirkulierenden Busse steuern hingegen eine der sechs **Busstationen** an, die sich durchweg in den Außenbezirken befinden, wie z.B. den Busbahnhof am Piața Filaret. Als beste Transportmöglichkeit ins Stadtzentrum von hier aus bieten sich die nach wie vor sehr preisgünstigen **Taxis** an.

Erstmals zu Fuß in der City

Der Puls der Stadt schlägt an den **zentralen Plätzen,** dem Siegesplatz, Piața Victoriei, dem Rumänischen Platz, Piața Romană, dem Universitätsplatz, Piața Universitații, sowie dem Einheitsplatz, Piața Unirii, die alle wie an einer Perlenschnur aufgereiht und problemlos über die Metro zu erreichen sind.

Die genannten Plätze folgen hintereinander auf der historischen Nord-Süd-Achse und Hauptschlagader der Stadt, dem **B-dul General Magheru,** der in südlicher Richtung nahtlos in den B-dul Nicolae Bălcescu und den B-dul I.C. Brătianu übergeht.

Vom weiträumigen Piața Unirii aus führt der breit angelegte B-dul Unirii direkt zum unübersehbaren, weil etwas überdimensionierten **Parlamentspalast,** den *Ceaușescu* der Stadt künstlich implantiert hat und um den herum sich kein rechtes Leben entwickeln möchte.

Das eigentliche **Herz der Stadt** schlägt nämlich woanders, und zwar rund um den **Piața Revoluției.** Dieses historisch gewachsene Zentrum mit dem wunderbaren **Athenäum** wird von der **Calea Victoriei** geschnitten, die durchgehend vom nördlich gelegenen Piața Victoriei bis hinunter zur historischen Altstadt verläuft. Wer nach der Besichtigung der zahlreichen hier vertretenen Sehenswürdigkeiten etwas Ruhe braucht: Vom Piața Revoluției sind es zu Fuß nur 15 Minuten bis zum nahe gelegenen **Cişmigiu-Park,** der mit seinem See zum ruhigen Flanieren und Entspannen einlädt.

Stadtgeschichte

Die Stadt der vielen Namen

Die **bewegte Geschichte** Bukarests ist sicherlich kaum ausschließlich in rosaroten Farben zu schildern. Die zahlreichen Plünderungen, Eroberungen und die häufige Fremdherrschaft spiegeln sich wohl nirgends so deutlich wider, wie in den **vielen Namen,** die die Stadt in ihrer Vergangenheit trug: *Buccorsch, Bucheresch, Bükreş, Bucurest, Bucherest, Bucherescho, Bukorest, Buccorest, Bucharest, Bokoresth, Bukearest* und *Bucorest* sind wohl nur der Anfang einer langen Liste von Namen, die das heutige Bukarest im Laufe der Zeit getragen hat. Daker, Römer, Tataren, Walachen, Türken und Kommunisten haben ihre Spuren und Stadtnarben hinterlassen. Aber auch von anderen Katastrophen wie Erdbeben und Überschwemmungen blieb die Stadt nicht verschont.

Im 16. und 17. Jahrhundert gab es nicht weniger als **17 Dörfer** auf dem Gebiet der heutigen Stadt.

Der Sage nach wurde Bukarest von **Bucur,** dem fröhlichen Hirten am Fluss Dâmboviţa, gegründet (*Bucurie* = Freude) und hieß daher auf Deutsch zeitweilig sogar **Freudenstadt.**

Zum ersten Mal urkundlich erwähnt wird die Stadt am 20. September 1459 in einer Urkunde des „Vlad Ţepeş von Bukarest", dem damaligen Fürsten der Walachei. Als Siedlung hat Bukarest jedoch bereits eine längere Geschichte vorzuweisen, da sich hier wichtige **Handelswege** kreuzten und die Stadt **Drehscheibe** für die Wege über die Karpatenpässe und zu den Festungen Olteniţa und Giurgiu geworden war. Jüdische, türkische und armenische Händler tauschten hier auf den Märkten ihre Waren mit den Kaufleuten aus Transsylvanien und der Walachei. Die **Märkte** rund um die **Karawanserei Hanul lui Manuc,** die noch heute (nachgebaut!) im Stadtzentrum zu besichtigen ist, waren dabei die zentralen Handelsplätze.

Den unumstrittenen Status als Hauptstadt hatte Bukarest jedoch nicht von Anfang an inne. Bis ins 17. Jahrhundert hinein machte sich die reine Winterresidenz-Stadt Bucureşti die Vorherrschaft um die Walachei mit der Festungsstadt Târgovişte streitig. Erst **1659** wird Bukarest **alleinige Hauptstadt der Walachei.**

Als Keimzelle des historischen Bukarest ist der **alte Fürstenhof (Curtea Veche)** anzusehen, um den im 18. Jahrhundert zahlreiche Klöster und Patrizierhäuser wuchsen. Diese **„wilde Bauweise",** bei der die Gebäude ohne städtebauliche Pläne entstanden und Kirchen, Paläste, Klöster sowie einfache Wohnhäuser nur durch Höfe oder Gärten getrennt waren, prägt das Stadtbild übrigens bis heute.

Eine erste wirtschaftliche Blütezeit erlebte die junge Hauptstadt unter dem Fürsten **Constantin Brâncoveanu** (1688–1714), der nicht nur die zentralen Straßen wie die Calea Victoriei anlegen ließ, sondern der Stadt auch architektonisch seinen Stempel aufdrückte. Unter dem Einfluss des Orients hießen die Nachbarschaftsviertel der Stadt in jener Zeit **Mahala,** ein Ausdruck, den der heutige Bukarester allenfalls in abfälliger Weise für ein Stadtviertel gebraucht.

Die griechischen Fürsten, die in Bukarest im 18. Jahrhundert eingesetzt wurden, bringen weiteren wirtschaftlichen Aufschwung. Unter diesen **„Phanarioten"** genannten Herrschern lassen sich die Zünfte vor allem rund um die **Lipscani-Straße** nieder, in der es bald nur so von Händlern wimmelt.

Die 60.000 Einwohner, die Bukarest 1831 hat, leben auf verhältnismäßig engem Raum rund um die alte Hofburg. Dennoch ist Bukarest damit nach Istanbul die zweitgrößte Stadt Osteuropas.

Die eigentliche **Modernisierung** beginnt nach der Revolution von 1848. Immer noch befindet sich Bukarest unter türkischem Einfluss. Doch die Feuerwehrtruppen der Stadt sind es, die den Türken ihre empfindlichste Niederlage beibringen. Kurz darauf, im Jahr **1862,** wird Bukarest **Hauptstadt Rumäniens.** Die Nachkommen des Hohenzollernkönigs *Karl* sollten bis zur Machtergreifung durch die Kommunisten von Bukarest aus die Geschicke des Landes lenken.

Nach mittelalterlichen Überschwemmungen, Tatarenangriffen und Feuersbrünsten kam die Stadt auch in der Neuzeit lange nicht zur Ruhe. Die größten **Erschütterungen,** denen sie sich hier ausgesetzt sah, waren nach den Bombenangriffen der Alliierten 1944 das vernichtende Erdbeben im Jahr 1977, das über 1000 Menschen das Leben kostete, sowie die „Systematisierung" durch *Ceauşescu,* bei der viele der schönsten Häuser im Stadtkern für immer verschwinden sollten.

Sehenswertes

Das historische Zentrum

Die **Altstadt** Bukarests erreicht man am schnellsten **vom Piaţa Unirii aus.** Wer auf dem weitläufigen Platz die Orientierung verloren hat, sollte sich nach dem **Hanul lui Manuc** erkundigen. Fast jeder Einheimische kennt die alte Karawanserei, die nördlich des Piaţa Unirii liegt und einen direkt ins Herz der Altstadt führt. Die verwinkelten Gassen des alten Handelsviertels

Highlights Bukarest

- **Athenäum** am Piaţa Revoluţiei
- **Cantacuzino-Palast** mit Enescu-Museum
- **Hanul lui Manuc,** die Karawanserei
- **Herăstrău-Park** mit gleichnamigem See
- **Macca-Vilacrosse-Passage**
- **Museul Satului,** das Dorf- und Volksmuseum
- **Nationales Kunstmuseum**
- **Nationales Museum für zeitgenössische Kunst**
- **Naturkundemuseum Grigore Antipa**
- **Parlamentspalast**
- **Rumänisches Bauernmuseum**
- **Rumänisches Geschichtsmuseum**
- **Stavropoleos-Kirche**

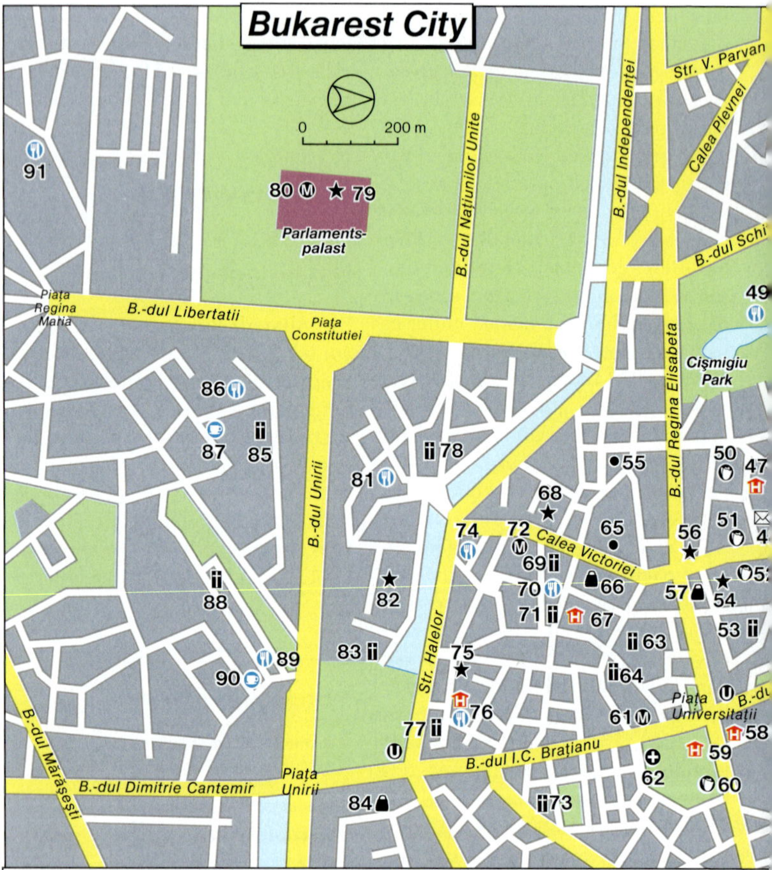

Ⓜ	1	Museul Țăranului Român (Museum des rumänischen Bauern)
Ⓜ	2	Naturgeschichte-Museum Grigore Antipa
★	3	Regierungspalast
✚	4	Krankenhaus Colentina
Ⓜ	5	Gedenkhaus Frederic Storck
ⓘ	6	Casa Vernescu
Ⓜ	7	Cantacuzino-Palast/ George Enescu
★	8	Astronomisches Observatorium
ⓘ	9	La Bastille
ⓘ	10	Avalon
●	11	Goethe-Institut
Ⓜ	12	Kunstmuseum
Ⓜ	13	Literaturmuseum
▲	14	Tee- und Medienhaus Cărturești
●	15	Botschaft Österreich
ⓘⓘ	16	Icoanei-Kirche
✚	17	Krankenhaus Carol Davila
Ⓜ	18	Casa Romanit
▲	19	Amzei-Markt
♪	20	Green Hours 22 Jazz Café

Bukarest – die Hauptstadt

⟳	21	Ion Creangă Theater	♀	33	Buckingham
⍣	22	Trattoria Il Calcio	♨	34	Athénée Palace Hilton
♀	23	Downtown Bar	★	35	Athenäum
♀	24	Office	⚑	36	Evangelische Kirche
♀	25	Planter's Club	●	37	Reisebüro
⍣	26	La Mama 3	★	38	Palais Crețulescu
◐	27	Turabo Café	●	39	Enescu Musikakademie
●	28	Botschaft Schweiz	Ⓜ	40	Nationales Museum für Kunst
●	29	Swissair	★	41	Senat
♀	30	Club Life	◐	42	IO Café
●	31	Reisebüro Dacia Tour-Travel	♀	43	Cuando Club
♨	32	Hotel/Casino Lido	♀	44	Fever Club

entwickeln sich heute mit ihren vielen Musikbars, Galerien, Restaurants und Szene-Lokalen zu einem der angesagtesten Viertel für **Abend- und Nachtschwärmer.**

Alter Fürstenhof (Curtea Veche)

Nach dem Überqueren der nördlich verlaufenden Str. Spaiul Independenței befindet man sich recht schnell in den verwinkelten Gassen, in denen sich im 16. Jahrhundert rund um den alten Fürstenhof die **historische Keimzelle** Bukarests herausgebildet hat. Die **Ruinen der Hofburg** in der Strada Franceză lassen jedoch kaum mehr etwas von der Pracht erahnen, die der von *Vlad dem Pfähler* gegründete, einstmals idyllisch zwischen zwei Flussarmen gelegene Palast am Ausgang des 17. Jahrhunderts verkörperte. Von den Marmorstufen, verzierten Steinsäulen und Wandmalereien, die die Schlachten der Walachenfürsten gepriesen haben sollen, sind leider nur mehr einige sandfarbene Mauergewölbe, Grabsteine und eine kahle Säule übrig geblieben. Den heutigen Namen „Alter Hof" **(Curtea Veche)** erhielt das Palais, weil die Fürsten ihre Residenz seinerzeit in die Mihai-Vodă-Berge verlegten und der alte Regierungssitz verfiel.

● **Alter Fürstenhof/Curtea Veche,** Str. Franceză 25–31, Tel. 314 03 75, Di. bis So. 10–20 Uhr, Mo. geschlossen.

Direkt neben dem alten Fürstenhof befindet sich die im 16. Jahrhundert er-

rum166 Foto: jr

baute **Kirche Sf. Anton Bunavestire,** die jedoch unter dem Namen Kirche des alten Fürstenhofs, **Biserica Curtea Veche,** wesentlich bekannter ist. Sie wurde 1559 von Fürst *Mircea Ciobanul* gestiftet und ist damit das älteste Gotteshaus der Stadt. Lange Zeit war sie Teil des Fürstenhofs und diente den walachischen Wojwoden während zweier Jahrhunderte als „Kirche der heiligen Ölung", sprich: als **Krönungsstätte.** Rund um den Altar sind die Originalfresken erhalten geblieben. Das steingemeißelte Portal im Brâncoveanu-Stil stammt von 1715. Zwischen den Jahren 1928 und 1935 erhielt die Kirche durch den Architekten *Horia Teodoru* ihr heutiges Aussehen mit dem markanten Streifenturm.

Hanul lui Manuc

Gleich gegenüber der Kirche liegt das bereits erwähnte Hanul lui Manuc. Die heute unter dem Namen **„Alte Karawanserei"** geführte Herberge diente den Kaufleuten vor 200 Jahren vor allem als „be-wehrtes", also geschütztes Refugium, auf dem sie Handel und so mancherlei windige Geschäfte betreiben konnten. Das Wort *han* ist übrigens aus dem Persischen über das Türkische nach Rumänien gekommen und bedeutet Herberge.

Von 1804–1808 ließ **Manuc Bey** alias *Emanuel Mirsaian* alias Fürst *Manuc* (siehe Exkurs „Manuc Bey, der dreifache Spion") die Herberge erbau-

Hanul lui Manuc –
Kost und Logis in historischem Ambiente

45 Continental
46 Muntenia
47 Carpați
48 Hauptpost
49 Restaurant Monte Carlo
50 Kleines Theater
51 Maria Tanase Theater
52 Odeon Theater
53 Enei
54 Casa Capşa
55 Internationale Zugtickets (SNCFR)
56 Armee-Palast
57 Humanitas
58 Comfort Suites
59 Intercontinental
60 Nationaltheater
61 Stadtmuseum
62 Krankenhaus Coltea
63 Sf. Niculae
64 Doamnei
65 Polizei
66 Macca-Vilacrosse Passage
67 Hostel Miorița
68 Palast der CEC
69 Zlătari
70 Caru'cu Bere
71 Kloster Stavropoleos
72 Nationales Museum für Geschichte
73 Sf. Gheorghe Nou
74 Asamj
75 Der alte Fürstenhof/ Curtea Veche
76 Hanul lui Manuc
77 Buna Vestire (Curtea Veche)
78 Sfinții Apostoli (Heilige Apostel)
79 Parlamentspalast (Casa Poporului)
80 Museum für zeitgenössische Kunst (MNAC)
81 Casa Bucur
82 Justizpalast
83 Domnița Bălașa
84 Unirea Kaufhaus
85 Kloster Antim Ivireanul
86 Zet
87 Pipe şi Cărți
88 Patriarchenkirche
89 Harp Irish Pub
90 Via Café
91 Becker Bräu

Manuc Bey, der dreifache Spion

Der armenische **Händler, Politiker und Lebemann Emanuel Mirsaian** war ein wirkliches Multitalent. Bereits mit 20 Jahren hatte er durch Handel und Geldverleih ein Vermögen angehäuft. In Rumänien und dem Moldaugebiet kennt man ihn vor allem unter seinem zweiten Namen *Manuc Bey*. Unter Politikern seiner Zeit war er auch als **Fürst Manuc** bekannt. Als Diplomat wirkte er 1812 an der Ausarbeitung der Friedensverträge mit, die den russisch-türkischen Krieg beenden und die Abtretung Bessarabiens an Russland festschreiben sollten. Der sprachgewandte Abenteurer, der sich fließend in mehr als zehn verschiedenen Idiomen ausdrücken konnte, arbeitete zeitweise als dreifacher Spion für die Türkei, Russland und die Habsburger Monarchie. Die „international" gewonnenen Kenntnisse nutzte er geschickt zur Vermehrung seines Vermögens. Da er zeitweilig in Frankreich lebte, spionierte er dort die Verfahren der Weinproduktion aus und führte als erster Händler in der Moldauregion französische Technologien der Weinveredelung ein.

Die von ihm vor mehr als 200 Jahren erbaute **„Herberge des Maniuc"** (Hanul lui Manuic) besteht heute noch und ist dank ihres traditionellen Baustils ein Highlight der Bukarester Altstadt.

en. In der Folgezeit entwickelte sich das „Hanul des Manuc" zur ersten Adresse für Händler aus ganz Europa. Mitte des 19. Jahrhunderts besaß die Festungsherberge bereits 15 riesige Lagerhallen und Kellergewölbe, 23 Geschäfte, 107 Gästezimmer, zwei groß angelegte Empfangssäle und eine Gaststätte für das gemeine Volk.

Nach mehrmaliger Zerstörung sind von der Originalarchitektur nur noch die Pflastersteine im Eingangsbereich des Innenhofs und das Pulverhaus, die **Puşcărie,** erhalten geblieben, das zeitweilig auch als Gefängnis herhalten musste. Von 1968–70 wurde das Hanul lui Manuc nach den Originalplänen durch den Architekten *Constantin Joja* **rekonstruiert.** Die **Holzbalkone,** die den Innenhof umfassen, und die von geschnitzten Holzsäulen getragenen **Arkaden** lassen viel vom rustikalen Charme früherer Zeiten erahnen.

Wer also ein wenig Flair der alten Zeit atmen, **an einem traditionsreichen Ort übernachten** und dabei von Räubern, Händlern und Abenteurern träumen möchte, kann dies für umgerechnet etwa 40 Euro mitten in Bukarests Altstadt tun. Da das Maniuc wegen seiner großen Festsäle und des einladenden Innenhofs gerne für Hochzeiten und andere Feste gebucht wird, sollte sich der schlafbedürftige Besucher voher nach eventuellen Feiern erkundigen, sonst findet er nachts kaum eine ruhige Minute. Die Küche der Herberge kann leider mit der Qualität einiger umliegender Restaurants nicht mithalten und bietet geschmacklich nur Durchschnitt. Allerdings wurde 2007 im Hanul lui Manuc ein sehr schönes Kaffeehaus mit alten Bildern, Antiquitäten und erbaulicher Musik eröffnet. Man kann auch im Hof sitzen. Die Preise im **Café Festival 39** liegen zwar etwas über dem Durchschnitt, doch der Besuch lohnt sich, insbesondere seit die Karawanserei aufwendig renoviert wurde.

rum169 Foto: jr

●**Hanul lui Maniuc,** Str. Franceză 62-64, Tel. 313 14 11, Bilder und Informationen in Rumänisch unter www.hanulmanuc.ro.
●**Café Festival 39,** Str. Franceză 62-64, Tel. 00 40 31 62 00 939, www.festival39.com.

Das „deutsche" Lipscani-Viertel

Da Bukarest sich im 16. und 17. Jahrhundert nach Istanbul schnell zur zweitgrößten Handelsmetropole Südosteuropas entwickelte, zog die Stadt zunehmend auch Händler an, die weitreichende Verbindungen besaßen. So ließen sich Kaufleute, die **Waren aus Leipzig** anboten, im Stadtzentrum in der Nähe der Str. Lipscani (*Lipsca* = Rumänisch für Leipzig) nieder. Um den alten Fürstenhof entstanden zahlreiche neue Zünfte. Die **Namen der Altstadtstraßen** zeugen noch heute von dieser **wirtschaftlichen Blütezeit:**

●**Str. Căldărari** - Kesselschmiede
●**Str. Şelari** - Sattler
●**Str. Zarafi** - Geldwucherer
●**Str. Cavafii Vechi** - alte Schuhmacher
●**Str. Covaci** - Schmiede
●**Str. Şepcari** - Hutmacher
●**Str. Băcani** - Lebensmittelhändler
●**Str. Blănari** - Kürschner
●**Str. Gabroveni** - Tuchhändler aus der bulgarischen Stadt Gabrovo

Neben den Händlern zog es im 19. Jahrhundert vermehrt auch **deutschsprachige Unternehmer** in die Buka-

Restauriertes Gebäude aus der Gründerzeit in der Nähe des Lipscani-Viertels

rester Altstadt. 1809 wurde hier durch *Johann Timpel* die erste Bierbrauerei gegründet, 1824 erfolgte die erste Bepflasterung der Straßen durch den Sachsen *Ernst Meyer*, und 1828 gründete ein Wiener namens *Brenner* im Handelsviertel das erste Hotel der Stadt. Die Reste des **Hotel d'Europe** sind heute in der Smârdan-Straße zu besichtigen, die vor 200 Jahren noch „Deutsche Gasse" hieß.

Da sich die Stadtverwaltung dazu durchgerungen hat, das Lipscani-Viertel in eine **Fußgängerzone** zu verwandeln, lässt sich der historische Bummel jetzt in aller Ruhe genießen und lohnt sich insbesondere für anspruchsvolle Souvenirjäger. So ist die historische **Lindenherberge Hanul cu tei** in der Str. Lipscani 63 mit ihren zahlreichen Galerien und kleinen Cafés eine Oase für Kunstliebhaber. Von Glasskulpturen und Ikonen in der Galeria 23 bis hin zu edelsten Antiquitäten im ersten Stock der umlaufenden Anlage ist hier alles zu finden.

Biserica Stavropoleos

Angesichts des neu entstandenen Reichtums war das alte Handelsviertel Bukarests architektonisch immer für eine Überraschung gut. Von der teils verschwenderischen Pracht ist jedoch nicht viel übrig geblieben. So fielen am 23. März 1847 über 2000 Gebäude der Altstadt einem Großfeuer zum Opfer. Erhalten geblieben ist u.a. die sehens- und hörenswerte (!) **Stavropoleos-Kirche** in der gleichnamigen Straße. Die zu Beginn des 20. Jahrhunderts renovierte Kirche hat eine bewegte Geschichte hinter sich und begann ihre „Karriere" als eine vom griechischen Mönch *Joannikis* gegründete Gasthofskapelle. Heute zeigt sich das ehemals schlichte Gotteshaus im prachtvollen Gewand mit holzverzierter offener Vorhalle, Arkadengängen, Lapidarium, Steinplastiken und gemaltem umlaufendem Medaillonfries. Als einzige Kirche Bukarests verfügt der Stavropoleos-Bau über Außenmalereien, die man sonst in Rumänien nur von den Moldauklöstern kennt, zudem ist sie das einzige Gotteshaus in Bukarest, in dem noch nach der byzantinischen Tradition gesungen wird.

Gleich in der Nähe der Stavropoleos-Kirche besteht die Möglichkeit, sich in historisch eindrucksvollem Ambiente von eventuellen Sightseeing-Strapazen zu erholen und zu stärken: Das 1879 im gotischen Stil erbaute **Caru'cu bere** (der Bierkarren) zählt zu den beliebtesten Restaurants Rumäniens, was nicht allein auf die hervorragende Küche zurückzuführen ist, sondern auch auf den prachtvollen Bau, der im Frühjahr 2007 nach halbjähriger Renovierung erneut seine Pforten öffnete. Die schön geschwungenen Arkaden im barocken Stil sind absolut sehenswert.

- **Caru'cu bere,** Str. Stavropoleos 3–5, Tel. 313 75 60.

Die südliche Calea Victoriei

Beim Wiederaufbau nach den Feuersbrünsten von 1847 lehnten sich die Architekten des neuen Bukarest stark an ihr großes **Vorbild Paris** an. Wohl nirgendwo sonst in der Stadt ist Bukarests Beiname „Paris des Ostens" so gerechtfertigt wie entlang der von Norden nach Süden verlaufenden Siegesstraße, der Calea Victoriei.

Sie beginnt am nördlichen Siegesplatz, **Piața Victoriei,** und verläuft dann in südlicher Richtung hinunter bis zur historischen Altstadt, um am Platz der Nationalen Einheit, **Piața Națiunilor Unite,** zu enden. Ursprünglich war die Allee nicht mit Steinen gepflastert, sondern vollständig mit Eichenbohlen ausgelegt. Der walachische Fürst *Constantin Brâncoveanu* brachte mit dieser **Prachtstraße,** die er 1692 zwischen seinem Bukarester Fürstensitz und dem Mogoşoaia-Schloss anlegen ließ, Eleganz und Ordnung in die bis dahin chaotische Stadtlandschaft. Der 2,7 km lange Holzweg, den die Bukarester Mogoşoaia-Brücke nannten, wurde nach der rumänischen Unabhängigkeit (1878) in Siegesstraße umbenannt.

Geschichtsmuseum

Vom alten Handelsviertel und der Stavropoleos-Kirche kommend, erkennt man links an der Calea Victoriei sogleich das monumentale Rumänische Geschichtsmuseum (**Muzeul Național de Istorie**). Das Gebäude, in dem sich früher das Palais der Post befand, wurde zwischen 1894 und 1900 im neoklassizistischen Stil errichtet. Auf über 8000 Quadratmetern kann der Besucher hier eine **rumänische Zeitreise** unternehmen, die im Paläolithikum beginnt und zur Zeit des kommunistischen Einflusses um 1970 endet. Unter den über 600.000 Ausstellungsstücken gehört die im Lapidarium des Hofes stehende **Nachbildung der römischen Trajansäule** wohl zu den meistbeachteten. In einer durchlaufenden Reliefspirale sind hier die Kampfszenen zwischen den Heeren des Dakerkönigs *Decebal* und denen des römischen Kaisers *Trajan* verewigt. Auch der Selbstmord *Decebals* ist auf dem 200 m langen Relief in dramatischer Pose ins Bild gesetzt. Das 30 m hohe, ursprünglich farbige Original der Säule steht auf dem Forum Ulpia in Rom.

Der „Brâncoveanu-Stil"

Der walachische Fürst **Constantin Brâncoveanu** wird nicht nur oft zitiert, wenn es um einen charakteristischen Baustil geht, den er während seiner Regierungszeit von 1688–1714 initiiert haben soll. Die **architektonische Synthese,** in der sich Elemente aus der venezianischen Renaissance, aus dem Barock und der orientalischen Ornamentik sehr harmonisch vereinigen, ist nach seinem Ableben sogar nach ihm benannt worden. Die Entstehung der im so genannten Brâncoveanu-Stil errichteten Gebäude mit ihren üppigen Fassadenmotiven, den kombinierten Spitz- und Rundbogenfenstern sowie den markanten Spiralsäulen geht jedoch auf seinen Neffen **Mihail Cantacuzino** zurück, der in Italien Architektur studiert hatte. Überall dort, wo sich gemeißelte Steinranken an den Außenfassaden winden oder sich das stilisierende Blumenmotiv des Akanthus auf den Kapitellen zeigt, sollte man also eher vom „Cantacuzino-Stil" sprechen.

In der Schatzkammer, im unteren Kellergewölbe, befindet sich Rumäniens Nationalschatz **Tezaurul Național.** Gut ausgeleuchtet funkeln hier über 2000 alte und neue Schmuckstücke um die Wette. Das wertvollste Objekt dieser Sammlung, die aus dem 3. Jahrhundert v.Chr. stammende Henne mit goldenen Küken **(Cloşca cu puii de aur),** hat bereits so manches Abenteuer hinter sich. Im 19. Jahrhundert hatten zwei Bauern auf einem Acker bei Pietrosa (Buzău) einen gotischen Schatz aus Gold und Edelsteinen entdeckt. Zwischen verzierten Statuen, goldenen Schalen und Schmuckgeschmeide befand sich auch die berühmte Henne mit goldenen Küken. Kaum im nationalen Geschichtsmuseum angekommen, wurde das Kleinod gestohlen. Insgesamt verschwand das edle Stück dreimal und wurde jeweils auf spektakuläre Weise „wiedergefunden".

• **Muzeul Național de Istorie,** B-dul Calea Victoriei 12, Tel. 315 82 07, www.mnir.ro, Mi. bis So. 10–18 Uhr, Mo. u. Di. geschlossen.

Palatul CEC

Folgt man der Calea Victoriei auf der gegenüberliegenden Seite des Geschichtsmuseums ein wenig nordwärts, erscheint bald eines der schönsten Gebäude der Stadt. Das **Bankgebäude der Rumänischen Sparkasse** *(Casa de Economii şi Consemnațiuni, CEC)* mit riesiger Kuppel und einem spektakulären, von korinthischen Säulen umgebenen Eingangsbereich wirkt vor allem in der allabendlichen, goldenen Bestrahlung zauberhaft mondän.

1891 erteilte die Bank dem französischen Architekten *Paul Gottereau* den Auftrag, den prunkvollsten Bankpalast zu bauen, „den Europa je gesehen hat". Nachdem König *Karl I.* und Königin *Elisabeth* das Gebäude 1897 in einer feierlichen Zeremonie eingeweiht hatten, sollte es noch drei weitere Jahre bis zur Fertigstellung dauern.

Leider hat man sich zwei Jahre nach der Privatisierung der Bank im Jahr 2005 entschlossen, der Öffentlichkeit den Zugang zu den imposanten barocken Hallen und Sälen des Prachtbaus CEC zu verwehren. Einigen Lesern ist es verblüffenderweise dennoch gelungen, einen Blick in die sehenswerte Eingangshalle mit ihren riesigen Wendeltreppen und den prachtvoll verzierten Belle-Époque-Laternen zu werfen. Versuchen sollte man es also. Der Autor freut sich diesbezüglich über Rückmeldungen (joscha.remus@email.de).

• **CEC,** B-dul Calea Victoriei 13, www.cec-sa.ro.

Richtung B-dul Regina Elisabeta

Gegenüber des CEC-Gebäudes lohnt ein kleiner Abstecher zur 1637 erbauten **Biserica Zlătari,** in der, direkt vor dem Altar, die „heilige rechte Hand" des *heiligen Ciprian* aufbewahrt und verehrt wird. Der Sage nach soll **Mucenic Ciprian,** bevor er zum Diener der Kirche und zum Patron der Goldschmiede wurde, ein Magier und Hexenmeister gewesen sein. Doch diesseits aller heiligen Reliquien zieht es Besucher heute vor allem wegen

Das jüdische Bukarest

Bereits zu Zeiten des Römischen Reiches kamen die ersten Juden auf das Territorium des heutigen Rumänien. Zuerst noch als **römische Legionäre** aus dem fernen Judäa, später dann auch als **Händler** und **Gelehrte.** Noch 1937 gab es in Bukarest über 100.000 jüdische Einwohner und 80 Synagogen, 2006 waren es nur noch etwa 4000 Juden und vier Synagogen. Allein während der Zeit des **Holocaust** wurden in Rumänien rund die Hälfte der ursprünglich im Land lebenden 800.000 Juden ermordet. Nach dem Zweiten Weltkrieg ist der größte Teil der verbliebenen jüdischen Bevölkerung ausgewandert. Angesichts dieses Verlustes ist es umso erfreulicher, wie lebendig und präsent sich die verbliebene jüdische Gemeinde heute im Stadtbild zeigt und die kulturelle Szene der Stadt prägt und beeinflusst.

Zu den bedeutendsten **Vertretern des rumänischen Judentums** gehören der Dramaturg *Eugène Ionescu,* der Schriftsteller und Nobelpreisträger *Elie Wiesel,* der Dirigent *Lawrence Foster,* die Architekten *Marcel Iancu* und *Horia Creanga,* die Schriftsteller *Paul Celan* und *Rose Ausländer* sowie der Maler *Victor Brauner.*

Leider ist das **Jüdische Viertel,** das rund um den Piața Unirii bestand, größtenteils den Baggern *Ceauşescus* zum Opfer gefallen. Doch einige herausragende Zeugnisse jüdischer Kultur sind in Bukarest immer noch zu finden.

Das aus dem Baraşeum-Theater hervorgegangene **Jüdische Theater (Teatrul Evreiesc de Stat)** ist 1948 als erstes staatsgelenktes jüdisches Theater der Welt entstanden und nach dem bereits 1876 in Iaşi gegründeten Jiddischen Theater „Avraham Goldfaden" die zweite große jüdische Bühne Rumäniens. In den aktuellen Inszenierungen treten international bekannte jüdische Künstler wie *Maja Morgenstern, Rudi Rosenfeld* und *Leonie Waldmann* auf. Dabei werden auch heute noch einige Stücke in Jiddisch gespielt, allerdings der Verständlichkeit halber über Kopfhörer simultan ins Rumänische übersetzt.

Von den verbliebenen vier Synagogen ist der 1866 in der Str. Sf. Vineri 9 errichtete **Choral-Tempel (Templul Coral)** der Sehenswerteste. Das als schönstes jüdisches Gebäude Rumäniens geltende Bauwerk ist zugleich auch der Hauptsitz der Landesgemeinde.

Der **jüdische Friedhof Cimitirul evreiesc de rit sefard** in der Calea Şerban Voda ist von Mittag bis zur Dämmerung geöffnet. Ähnlich dem berühmten Pendant in Prag liegen auch hier anstelle von Blumen kleine Steinchen als altes jüdisches Zeichen der Pietät (Metro-Station Eroii Revoluției).

Neben dem Choral-Tempel ist die unscheinbar in einer Seitenstraße des B-dul Magheru gelegene graue **Synagoge Yeshoah Tova** die zweite funktionierende Betstätte der Juden von Bukarest (Str. Tache Ionescu 9).

Das **Jüdische Historische Museum** wurde in der wunderschönen ehemaligen Schneider-Synagoge aus dem Jahre 1850 errichtet und ist heute das Aushängeschild und die erste Informationsstätte für jüdische Kultur in der Hauptstadt. Eines der Schlüsselwerke der Ausstellung ist eine Skulptur, die an die Deportation und Vernichtung der Juden gemahnt.

- **Jüdisches Historisches Museum,** *Muzeul de Istorie al Comunitatilor Evreiesti din Romania,* Str. Mamulari 3, Tel. 311 08 70.

rum174 Foto: jr

Das monumentale Gebäude des nationalen Militärclubs

des hervorragenden Chors in die kleine Kirche.

Auf derselben Straßenseite kommt man Richtung B-dul Elisabeta nach 100 m zur **Macca-Vilacrosse-Passage,** die in kleinen gebogenen Straßenzügen eine Verbindung zwischen Calea Victoriei und der Str. E. Carada herstellt. Unter dem gelben Dach der ehemaligen Schmuckpassage haben sich die Läden vieler Schmuckhändler mittlerweile in kleine **Cafés und Restaurants** verwandelt, die der Passage noch mehr Leben eingehaucht haben.

Im Sommer, wenn die goldgelb bestrahlten Tische und Stühle der verschiedenen Lokale fast die ganze Straße füllen, entpuppt sich die Passage als eine Mischung aus orientalischem Basar und jugendlichem Szene-Viertel. Während im wuseligen französischen Bistro in der ersten Etage, in dem man übrigens einen exzellenten frischen Kaffee bekommt, kaum mehr ein freier Tisch zu haben ist, paffen bärtige Genießer unten in einem ägyptischen Restaurant eine Wasserpfeife *(Narghila)* zu den Klängen von *Herbie Hancock* oder *Miles Davis,* die aus einem nahen Jazz-Blues-Café herüberwehen.

An der Kreuzung des B-dul Calea Victoriei und des B-dul Regina Elisabeta erhebt sich erneut ein kolossaler

Prachtbau im neoklassizistischen Stil. Der **nationale Militärclub Cercul Militar Național** am Beginn der Constantin-Mille-Straße wurde 1912 genau an der Stelle errichtet, an der früher das Sarindar-Kloster stand. Sehenswert ist der prunkvolle Salon der Generäle, in dem zur Belle-Epoque-Zeit oft die rauschendsten Bälle und elegantesten Bankette der Stadt gefeiert wurden. Im erhöht liegenden Terrassen-Restaurant oder im großzügigen inneren Speisesaal kann man dem Großstadtrummel ein wenig entfliehen.

Gegenüber liegt das berühmte dreistöckige **Casa Capşa,** in dem 1852 zuerst eine Konditorei, dann zusätzlich ein Café, ein Restaurant und 1886 ein Fünfsterne-Hotel entstanden. Der Schriftsteller *Gheorghe Crutzescu* beschrieb das Casa Capşa als „das Herzstück des Landes und lebendige Chronik", da sich hier bekannte Schriftsteller wie *Mircea Eliade* sowie führende Journalisten, Politiker und Diplomaten trafen.

Der Cişmigiu-Park

Wer sich nach all den historischen, kulturellen und kulinarischen Highlights eine Auszeit in der Natur gönnen möchte, sollte unbedingt einen Abstecher in den Cişmigiu-Park (**Grădina Cişmigiu**) unternehmen. Er ist vom Nationalen Militärclub aus über die Constantin-Mille-Straße in 10 Minuten zu erreichen. Vom Revolutionsplatz (Piața Revoluției) aus dauert es dem B-dul Ştirbei Vodă folgend kaum 15 Minuten, bis man den nördlichen Rand des ältesten Parks von Bukarest erreicht.

Auf Betreiben des Fürsten *Gheorghe Bibescu* ließ der Schweriner Gartenbauarchitekt **Carl Meyer** 1847 über 30.000 Pflanzen aus den Karpaten und Österreich heranschaffen, um sie rund um den See nahe des Elisabeta-Boulevards anzupflanzen und einen Park anzulegen.

Heute findet hier jeder, der möchte, ein ruhiges Fleckchen. Zu besonderem Ruhm hat es vor allem die **Allee der Liebenden** gebracht, die den Park, gemeinsam mit einer weiteren Allee, von Norden nach Süden durchzieht. Der **zentral gelegene See** lädt während der warmen Jahreszeit zum Rudern ein, während sich im Winter die Schlittschuhläufer darauf tummeln. Neben dem auf einer Insel gelegenen **Restaurant Monte Carlo,** das einen herrlichen Blick über den See bietet, locken unter schattigen Bäumen stehende Schachtische die Spieler an. Im **Pavillon** des Parks finden regelmäßig klassische Konzerte statt, im kleinen **rumänischen Pantheon** sind all die Schriftsteller als Büsten verewigt, die im Park einige ihrer Inspirationen gewonnen haben sollen.

Am südlichen und nördlichen Ende des Cişmigiu-Parks findet sich je ein Bau des Architekten *Petre Antonescu.* An der Südseite am B-dul Regina Elisabeta ist es das um 1910 entstandene **Rathaus** der Stadt, im Norden der weiße **Crețulescu-Palast** (*Palatul Crețulescu*), der bereits seit dem Jahr 1972 das Zentrum für Hochschulbildung der UNESCO ist.

Ein Palast des Volkes?

Er ist ein Palast der Superlative und das war wohl auch ganz im Sinne seines **Bauherren Nicolae Ceauşescu.** Einige nennen das Gebäude mit den monströsen Ausmaßen das berühmteste Bauwerk Rumäniens, die anderen bezeichnen es als einen gigantomanischen, größenwahnsinnigen Schandfleck – wahrscheinlich ist es beides zugleich.

Vor der Wende im Jahr 1989 hieß der Bau „Haus der sozialistischen Republik Rumänien", nach 1989 dann „Haus des Volkes" **(Casa Poporului).** Seitdem die Abgeordnetenkammer und der Senat eingezogen sind, spricht man vom **Parlamentspalast** *(Palatul Parlamentului),* der sich 1 km westlich des Piaţa Unirii auf einem Hügel erhebt. Wie immer es auch heißen mag, ob Palast des Volkes oder „Politische Festung", das Bauwerk sorgt jedenfalls nach wie vor für Gesprächs- und Zündstoff in der Stadt, die einen **hohen Preis** für den Protzbau zahlen musste.

Gemeint sind nicht allein die umgerechnet 60 Millionen Euro, die das Gebäude seit Baubeginn am 25. Juni 1984 verschlungen hat. Für *Ceauşescus* Obsession, den großen Palast des Volkes in Korea zu übertreffen, den er im Frühjahr 1984 dort gesehen hatte, ließ er über 70.000 Bukarester Bürger zwangsweise umsiedeln. Zwölf Kirchen, drei Klöster und zwei Synagogen wurden dem Erdboden gleichgemacht oder, wie das Antim-Kloster und die Kirche Mihai Voda, „einfach" versetzt. Als Vorwand für diese **beispiellose Abrissaktion** wurde das Erdbeben von 1977 herangezogen. Die Bausubstanz sei schlecht – hieß es. Ein Fünftel der historischen Altstadt Bukarests war danach nicht mehr das, was sie vorher war. Das traditionsreiche Jüdische Viertel gab es nicht mehr. Das historische Viertel Dealul Spirii mit seinen Gärten und ländlich anmutenden Straßen war völlig verschwunden. 20.000 Soldaten und Bauarbeiter sowie 400 Architekten machten aus dem „Projekt des Volkes" eine Baustelle, wie es sie seit dem Bau der Chinesischen Mauer nicht mehr gegeben hatte. Heute erstreckt sich das Stein gewordene Ungetüm auf einer Fläche von 64.800 Quadratmetern – die ganze Dimension erschließt sich erst, wenn man einmal zu Fuß um das Gebäude herumgegangen ist.

Amerikaner kommen scharenweise als Touristen hierher, angelockt von der Aussicht, das der Fläche nach zweitgrößte administrative Gebäude der Welt besichtigen zu können (natürlich nach dem Pentagon!). Auch Chinesen zieht es neuerdings nach Bukarest, da das Haus des Volkes, dem Volumen nach, doch das zweitgrößte Bauwerk des Planeten sein soll (selbstverständlich nach der Chinesischen Mauer!). Mit **Superlativen** wird bei den Besichtigungstouren nicht gegeizt. In den über 1000 Räumen auf zwölf Stockwerken liegen 3 bis 14 Tonnen schwere Teppiche (Diskrepanz je nach Führung und Nationalität), über 2000 Kristallleuchter hängen in den Räumen, einige von ihnen zwischen 2 und 4 Tonnen schwer (Diskrepanz je nach Führung und Nationalität), der schwerste Deckenkandelaber soll 7000 Glühbirnen enthalten (einheitliche Darstellung), alleine die Halle der Einheit ist so groß, dass hier bequem ein Hubschrauber landen könnte (historische Bezugnahme auf *Ceauşescus* Abschiedsflug mit einem Helikopter!).

Was die Besucher nicht erfahren, ist, dass der Diktator jeden der 1000 Räume zuerst in einem 1:1-Modell von einem Architekten und Innenarchitekten errich-

Der Palast des Volkes

ten ließ, um den Raum „probebegehen" zu können. Doch auch nach der Fertigstellung gab sich der Conducător launisch. Oft musste ein und derselbe Raum zehnmal völlig neu umgestaltet werden. Auch von der Materialverschwendung ist bei den Führungen keine Rede. Riesige Marmorblöcke wurden aus Reşiţa, Moneasa und Gura Văii herbeigeschafft, Tonnen von Kirsch- und Nußbaumhölzern für die Vertäfelungen der Riesenräume im ganzen Land abgeholzt.

Aktuell bleibt die Frage, was mit dem Koloss aus Stein geschehen soll. Die **Instandhaltung** der Räume kostet die Stadt ein Vermögen, und so mancher Bukarester Intellektuelle munkelt, man habe 90 Prozent des Palastes bereits innerlich verfallen lassen, um den Touristen wenigstens 10 Prozent in akzeptablem Zustand präsentieren zu können.

Jährlich kommen neue Vorschläge für eine Verwendung aus der Bevölkerung. Sie reichen von der Eislaufbahn bis zum größten Swinger Club der Welt. Das Haus der Abgeordneten, ein Konferenz-Center und zwei Museen haben jedenfalls inzwischen hier ein Zuhause gefunden. *Ceauşescu* und seine Frau *Elena* jedoch niemals. Sie kannten „ihren" Palast nur als Baustelle.

- **Palatul Parlamentului,** Calea 13. Septembrie 1, Tel. 311 36 11, Mo. bis So. 10–16 Uhr, Eintritt 30 RON, mit Studentenausweis 10 RON. Eingang Izvor-Park (auf der rechten Seite des Gebäudes, wenn man vom Piaţa Unirii kommt). Stündliche Führungen in englischer Sprache. Während der Sommermonate sollte man sich auf längere Wartezeiten einstellen. Die Abfertigung (mit Durchleuchten der Taschen und Metalldetektor) kann langwierig sein! Achtung, nicht wundern: Gelegentlich muss an der Kasse der Ausweis oder Führerschein vorgezeigt werden!
- **MNAC,** fahren Sie mit dem Lift zum Museum für zeitgenössische Kunst hinauf, man hat eine wunderbare Aussicht über die Stadt. Wechselnde Ausstellungen rumänischer und internationaler Kunst. Gute Cafeteria. Str. Izvor 2–4, Eingang über die Calea 13. Septembrie.

rum177 Foto: jr

Platz der Revolution

Das Gebäude der letzten Diktatorenrede

Am **21. Dezember 1989** steht der Diktator *Nicolae Ceauşescu* auf dem Balkon des Gebäudes des Zentral-Kommitees, um ein aufbauende Rede an die bestellte 100.000-köpfige Menge unter ihm auf dem Platz des Palastes zu halten. Doch seine Bemühungen fruchten nicht, im Gegenteil. Über den Köpfen der Menschen wehen keine Transparente mit den üblichen Lobeshymnen auf den „Tovarăşul Ceauşescu", den „lieben Genossen Ceauşescu". Die Menge beginnt während der Ansprache zu protestieren. Anstelle des üblichen Jubelrufs „Ceauşescu şi popurul" („Ceauşescu und das Volk") sind deutlich die Rufe „Ceauşescu, dictatorul" („Ceauşescu, Diktator") zu hören – der Anfang vom Ende von *Elena* und *Nicolae Ceauşescu.* Am 25. Dezember wird das Herrscherpaar in einer Kaserne bei Târgovişte nördlich von Bukarest erschossen.

Der mittlere historische Balkon der letzten Rede *Ceauşescus* ist heute Aussichtspunkt des neu geschaffenen Senats. Der Platz des Palastes, Piaţa Palatului, wurde in **Piaţa Revoluţiei,** umbenannt: den Platz, auf dem die rumänische Revolution begann. Das neoklassizistische Senatsgebäude und der Revolutionsplatz stehen in der Gunst historisch interessierter Besucher ganz oben. Frische Blumengebinde vor dem **Senat** erinnern hier an die Opfer, die die rumänische Revolution gefordert hat.

Rumänisches Kunstmuseum

Der ursprüngliche Name des Piaţa Revoluţiei, Platz des Palastes, geht auf das neben dem Senat liegende Gebäude zurück. Hier befand sich einst der **Königspalast,** das prunkvollste Bauwerk der Stadt. Es wurde im Stil des Neoklassizismus für Fürst *Dinicu Golescu* zwischen 1812 und 1815 errichtet, brannte 1927 bis auf die Grundmauern ab, wurde nach den Beschädigungen der Revolution von 1989 aufwendig renoviert und beherbergt heute das nationale Kunstmuseum **Museul Naţional de Artă.**

Der Besuch lohnt sich. Selbst Museumsmuffel könnten hier auf den Geschmack kommen, da die eleganten, hellen und großen Präsentationsräume sowie die übersichtliche Gliederung dem Besucher die Betrachtung der Kunstwerke sehr angenehm machen. Besonders interessant jedoch ist die Idee, im Museum **praktische Workshops** in alter Malerei, Keramik, textiler Grafik und in Bildhauerei (Holz und Stein) anzubieten.

In sieben Abteilungen werden **Werke rumänischer und internationaler Kunst** präsentiert. Die Sektion „Rumänische mittelalterliche Kunst" zeigt im ersten Stock des rechten Flügels herrliche alte Bibeln, Ikonen und Ikonostasen. Besonders eindrucksvoll sind hier die ziselierten Goldschmiedearbeiten und feinen Buchmalereien. In der Abteilung „Rumänische moderne Kunst" im zweiten Stock sind die Statuen des Bildhauers *Constantin Brăncuşi* (1876–1956) besonders sehenswert. Seine berühmten Werke „Das Gebet", „Weisheit der Erde" und „Schlaf" in Raum 7 sind eindrucksvolle Beispiele seiner vorabstrakten Phase. Der Kopf der Schlafenden ist in späteren Versionen von *Brăncuşi* immer wieder aufgegriffen und reduziert worden. Ebenfalls sehenswert sind die Bilder von *Cecilia Cuțescu-Storck* (1879–1969) und *Nicolae Grigorescu* (1838–1907).

Die Abteilung **„Europäische Kunst"** im ersten und zweiten Stock des linken Flügels hat einige imposante europäische Künstler zu bieten. Die Werke von *Monet, Tintoretto, Delacroix, Renoir, Cranach, El Greco, Rembrandt, van Eyck, Rubens* und *Brueghel* sind allesamt Stücke der rumänischen Königsfamilie oder betuchter rumänischer Sammler.

Eines der ersten berühmten Werke des ungarischen Künstlers *Victor Vasarely* (1908–1997), die verschlungenen „Zebras", ist in der Abteilung **„Zeitgenössische Kunst"** zu bewundern. Es gilt als Vorläufer der Op Art, der Kunst, die das Auge des Betrachters durch optisch exakte Tricks in ihren Bann zieht.

In den **übrigen Sektionen** sind u.a. japanische Holzschnittdrucke, orientalische Teppiche und dekorative Kunst zu sehen.

- **Museul Național de Artă,** B-dul Calea Victoriei 49–53, Tel. 313 30 30, Mi. bis So. 11–19 Uhr (Mai bis September), 10–18 Uhr (Oktober bis April), Mo. und Di. geschlossen, http://art.museum.ro.

Das Athenäum

Zwischen der Bibliothek der Universität und dem Hilton-Athenée-Palace-Hotel liegt das wohl markanteste und eleganteste Gebäude Bukarests. Anfangs wurde das Athenäum **(Ateneul Român)** vom französischen Architekten *Albert Galleron* als **Zirkus** geplant und auch als solcher benutzt. Als es um den Ausbau zu einem neoklassizistischen Konzerthaus ging, stellte man fest, dass nicht genügend Geld vorhanden war. Der Verein „Ateneul Român" wandte sich daraufhin an die Bukarester Bevölkerung mit dem Slogan „Dați un Leu pentru Ateneu" („Geben Sie einen Leu für das Athenäum"). Die Aktion wurde ein riesiger Erfolg, wie man heute mit Blick auf den Prachtbau feststellen kann. Dank der Spendierfreudigkeit der Bukarester Bevölkerung konnte das Athenäum **1888 als Konzerthaus eingeweiht** werden. Nach der Revolution von 1989 trat man mit demselben Slogan an die Bevölkerung heran, da die Panzer starke Beschädigungen hinterlassen hatten. Auch diesmal halfen die Menschen, damit ihr „Schmuckkästchen" instand gesetzt werden konnte.

Gewaltige ionische Säulen stützen die **Vorhalle** mit Dreiecksgiebel, in der nachträglich fünf große Medaillons mit berühmten rumänischen Herrschern angebracht wurden. In der großzügigen **Eingangshalle** führen marmorne weiße Bogentreppen zum Kuppelsaal, in dem über 1000 Menschen Platz finden. Ein 70 m langes und 3 m hohes Fresko mit den wichtigsten Szenen der rumänischen Geschichte schmückt die gewaltige **Konzerthalle,** die den Namen des Komponisten *George Enescu* (1881–1955) trägt. Im Laufe der Jahre haben hier große Dirigenten und Komponisten wie *Maurice Ravel, Yehudi Menuhin, David Oistrach* oder eben *George Enescu* den Taktstock geschwungen.

Ein Besuch lohnt sich vor allem zu Konzertzeiten, insbesondere zu den alle vier Jahre stattfindenden **Enescu-Festwochen,** wenn vor dem Athenäum im vorgelagerten kleinen Garten und auf dem Revolutionsplatz Freiluftkonzerte stattfinden.

●**Ateneul Român,** Str. Benjamin Franklin 1–3, Tel. 315 25 67. Das Athenäum kann besichtigt werden, wenn man am Eingang an der rechten Seite des Gebäudes nachfragt (8 RON/Erwachsener). Dort ist auch eine kurze Abhandlung in deutscher Sprache erhältlich.

Ein wenig die Siegesstraße hinunter sieht man, fast erschlagen von den umgebenden Palast- und Bürogebäuden, den kleinen, schlichten Backsteinbau der **Crețulescu-Kirche.** Auch sie erlitt während der Revolution von 1989 großen Schaden und stand einige Jahre als Ruine herum. Heute werden wieder Gottesdienste in der vom Bojaren *Crețulescu* im Jahre 1720 gestifteten Kirche gefeiert.

Die nördliche Calea Victoriei

Der Amzei-Markt

Folgt man der Calea Victoriei in nördlicher Richtung, kommt man unweigerlich zum zentralsten und komfortabelsten Markt der Hauptstadt.

rum180 Foto: ir

Der **Piaţa Amzei** an der gleichnamigen Straße wurde 1841 auf seinem heutigen Gebiet eröffnet und bekam bereits 1877 durch den Architekten *Alexis Godillot* eine **Markthalle** nach französischem Vorbild.

Zwar hat auch hier die kulinarische Globalisierung mit dem professionellen Verkauf von kalifornischem Wein, original Schweizer Käse und französischer Entenleberpastete begonnen, doch Bauern aus den umliegenden Dörfern bestimmen mit ihren **frischen ökologischen Produkten** nach wie vor das Bild. Neben den Ständen mit Bergen von Paprika, Kürbissen, Äpfeln und Wassermelonen zu Spottpreisen kann man hier im Sommer auch so manches ältere Mütterchen mit seinem Petersilienbündel aus dem eigenen Garten antreffen.

Casa-Romanit-Kunstsammlung

Zurück auf der Calea Victoriei ist, ein wenig die Straße hinauf, auf der anderen Seite das **Museum der Kunstsammlungen (Muzeul Colecţiilor de Artă)** zu finden. Es ist auch als „Haus Romanit" bekannt, da es im gleichnamigen ehemaligen Parlament untergebracht ist. Die Sammlung wunderschöner Hinterglasikonen gehört zu den eindruckvollsten Rumäniens.

- **Muzeul Colecţiilor de Artă,** B-dul Calea Victoriei 111, Tel. 650 61 32, Mo. bis Mi. und Sa./So. 10–18 Uhr.

Der Musiktempel Athenäum zählt zu den schönsten Gebäuden der Hauptstadt

Siegeszug der Belle Epoque

Am nördlichen Boulevard der Siegesstraße reiht sich ein geschichtsträchtiges prächtiges Haus an das andere. Gleich gegenüber dem Romanit-Haus, am B-dul Dacia, hat der rumänische Schriftstellerverband seinen Sitz im **Casa Monteoru.** Besichtigt werden kann allenfalls die Eingangshalle. Dafür entschädigt dann das **Restaurant Il Gallopardo** im Erdgeschoss mit original italienischem Parmaschinken, Carpaccio und Tiramisu.

Gleich daneben, im 1820 errichteten **Casa Lenş-Vernescu,** kann man sein Geld „spielerisch" loswerden. Ob die herrliche Außenfassade in den kitschigen Belle-Epoque-Imitationen des **Casino Palace** im Inneren ihre richtige Entsprechung findet, sei dahingestellt. Prächtig dinieren lässt sich jedenfalls im eleganten **Casa-Vernescu-Restaurant** zwischen dunklen Marmorsäulen und unter den Deckenmalereien von *G. d. Mirea.*

Noch eindrucksvoller ist der weiter nördlich auf derselben Straßenseite gelegene **Cantacuzino-Palast,** der nach wie vor zu so manchem Missverständnis Anlass gibt. So ist der Palast nicht etwa nach einem der gleichnamigen Fürsten des Landes benannt, sondern nach Prinzessin *Maria Cantacuzino,* der Ehefrau des **Komponisten George Enescu.** Auch lebte *Enescu* nicht, wie manche vermuten könnten, in dem prächtigen Art-Nouveau-Haus mit seinen flankierenden Löwen, tanzenden Dachfirst-Engeln und dem muschelförmigen Glasdach über der Eingangstür. Der Musiker lebte und arbeitete vielmehr in einem bescheidenen Haus hinter dem Palast. Besucher können heute die Partituren, Briefe und viele persönliche Gegenstände des Komponisten im **George-Enescu-Museum** bewundern, welches in die Häuser des Cantacuzino-Palastes integriert wurde.

• **Palatul Cantacuzino, Muzeul George Enescu,** B-dul Calea Victoriei 141, Tel. 659 63 65, Di. bis So. 10–17 Uhr.

Piața Victoriei

Im Falle unseres bisherigen Rundgangs endet der Bulevardul Calea Victoriei am Piața Victoriei, wobei man es natürlich auch umgekehrt sehen und den Piața Victoriei (Siegesplatz) als Beginn der nach Süden ziehenden Siegesstraße betrachten könnte. Historisch gesehen endete jedoch hier die bereits erwähnte **Mogoşoaiei-Brücke,** jene Holzstraße aus Eichenplanken, die sich *Constantin Brâncoveanu* zu seinem Schloß Mogoşoaia bauen ließ.

Der östliche Teil des Platzes entspricht dem Standort eines 1937 vom Architekten *Duliu Marcu* errichteten **Palais.** In dem hohen Gebäude mit der Parkanlage davor befindet sich heute der **Sitz der rumänischen Regierung.**

Der stets verkehrsreiche Siegesplatz (zehn Straßen strahlen von hier sternenförmig aus) dient den meisten Bukarestern und den Besuchern der Hauptstadt oft nur als Umsteigebahnhof der **Metro-Linien M1** und **M2,** die sich hier kreuzen. Dabei gibt es durchaus noch ein interessante, doch leider häufig „übergangene" Sehenswürdigkeit zu besichtigen.

Das **Naturkundliche Museum Grigore Antipa** gegenüber dem Regierungsgebäude bietet mit über 2 Millionen Exponaten eine der vielfältigsten naturkundlichen Sammlungen Osteuropas an. Kinder fühlen sich in den reich gefüllten Räumen vor allem von einem **Mammutskelett** gewaltigen Ausmaßes wie magisch angezogen.

Ähnlich wie das Nationale Kunstmuseum bezieht auch das nach dem Biologen *Grigore Antipa* (1867–1944) benannte Naturmuseum die Besucher praxisbezogen mit ein. Die Angebote der pflanzenkundlichen oder geologischen **Exkursionen** sind dabei stets sehr schnell ausgebucht.

• **Naturkundliches Museum Grigore Antipa,** Muzeul Național de Istorie Naturală Grigore Antipa, Sos. Kiseleff 1, Tel. 312 88 63, Mi., Do., Fr. 10–19 Uhr, Sa., So. 10–20 Uhr, Mo., Di. geschlossen, Eintritt 5 RON.

Die City-Boulevards

So wie viele andere rumänische Städte ist auch Bukarest nach der Revolution dazu übergegangen, die **Namen** von Straßen, Plätzen und Parks einer strengen Prüfung zu unterziehen. Überall im Land sind z.B. die B-dul Lenin verschwunden. Der Boulevard, der vom Piața Victoriei zum Piața Romană verläuft, hieß noch 1998 B-dul Ana Ipătescu, inzwischen aber B-dul Lascăr Catargiu und zählt ebenso wie seine Nachfolger nach Süden, B-dul General Gh. Magheru und B-dul Nicolae Bălcescu, zu den breit angelegten, verkehrsreichen **Einkaufs- und Amüsiermeilen** der Hauptstadt.

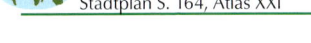

Von der Piața Victoriei zur Piața Romană

Der **B-dul Catargiu** als nördlichster Boulevard der eigentlichen City gehört zu den ältesten und elegantesten der Stadt. Wer sich für Architektur interessiert und den Dauerverkehr zeitweise ausblenden kann, sollte sich die vielen **Villen** aus dem 19. Jahrhundert einmal anschauen, in denen heute Botschaften oder Hotels ein neues Zuhause gefunden haben. Sehenswert ist auch die **Vasile-Urseanu-Sternwarte.** Das Ende des 19. Jahrhunderts errichtete Gebäude gehörte dem Astronom *Urseanu,* der es kurz vor seinem Tod der Stadt Bukarest vermachte

Seinen Abschluss findet der B-dul Catargiu am stets belebten **Piața Romană.** Der „Römische Platz" ist natürlich genau die richtige Stelle, um noch einmal an die römischen Wurzeln Rumäniens zu erinnern, und so hat den auch ein Geschenk der Stadt Rom aus dem Jahr 1906 hier seinen Platz gefunden: Die **Lupoaica,** die römische Wölfin, ist der Lupa Capitolina in Rom nachempfunden. Sie erinnert an die Sage der Gründung Roms, nach der die Zwillinge *Romulus* und *Remus* von einer Wölfin aufgezogen wurden. Mittlerweile hängt das Zwillingspaar in jeder größeren rumänischen Stadt an den Zitzen der wölfischen Mutter.

Das zweite wichtige Denkmal auf dem Piața Romană, das **Revolutionskreuz,** ist für die Menschen aufgestellt worden, die in den blutigen Unruhen im Dezember 1989 genau an diesem Platz sterben mussten.

Von der Piața Romană zur Piața Universitații

Südlich des Piața Romană laden der **B-dul Magheru** und der **B-dul Nicolae Bălcescu** beidseitig zum Bummeln, Shoppen und Genießen ein. Da es Richtung Universität geht, häufen sich auf der „Büchermeile" die Antiquariate, Bouquinisten und Buchhandlungen. Wer sich noch mit **Literatur oder Karten** über Bukarest versorgen möchte, kann das in der Buchhandlung und Teestube Cărturesti (Str. Pictor Verona 1) oder etwas weiter südlich in der Librăria Noi (B-dul Nicolae Bălcescu 18) tun.

Im Gegensatz zu den zahllosen exquisiten und teuren Designerboutiquen entlang der Calea Victoriei ist der **Einkauf** in den meisten Geschäften auf den parallel verlaufenden Boulevards Magheru und Bălcescu eher etwas für den schlankeren Geldbeutel. Teurer kann es allerdings in einer der vielen Kunstgalerien auf dem B-dul Nicolae Bălcescu werden (empfehlenswert die Galeria Orizont, B-dul Bălcescu 23a).

Zwei **Hotels** der gehobenen Kategorie, das **Lido** und das **Ambassador,** befinden sich etwa auf halber Strecke zwischen den beiden Plätzen. Das Lido verfügt über das einzige Wellen-Freibad der City.

Am **Piața Universitații,** der seit der politischen Wende auch **Piața 21. Decembrie 1989** genannt wird, treffen die großen Verkehrsadern der Stadt

Cărtureşti – Kultur zum ruhigen Genießen

Unweit des Piaţa Romană, etwa 100 m in südlicher Richtung, liegt links ein kulturelles Kleinod Bukarests, welches aus dem Kulturleben der Hauptstadt längst nicht mehr wegzudenken ist. Vom belebten B-dul Magheru leicht abgerückt, wirkt das **Teehaus Cărtureşti** wie ein ruhiger Lesehafen inmitten der pulsierenden Wogen der nimmermüden City.

Die **Verbindung zwischen Galerie, Musik- und Buchhandlung** wirkt sich auf die anbrandenden Besucher deshalb so eigenartig besänftigend aus, weil man als „Wellenbrecher" ein Teehaus zwischen die Medienabteilungen integriert hat, eben die Institution, die dem Cărtureşti seinen Vornamen gab: die **Ceainăria.**

Der Bukarester und die Bukaresterin verlangsamen hier ihren sonst so eiligen Schritt, um sich in die neueste Literatur oder Musik zu vertiefen oder sich einfach entspannt einem „Sencha Blutorange" oder „Sencha Elfentau" hinzugeben.

Carţi bedeutet auf Rumänisch Bücher. Der Name Cărtureşti spielt damit auf den Hauptstadtnamen Bucureşti an und ließe sich frei auch mit **„Stadt der Bücher"** übersetzen. Wenn ein berühmter Schriftsteller wie *Maria Vargas Llosa* nach Bukarest kommt, so ist es natürlich das Cărtureşti, in dem er seine Lesung abhält – an den Wänden Fotografien aus seiner kolumbianischen Heimat, in der Hand einen Aloe-Vera-Coconut-Tee mit ein klein wenig Spirulina-Alge darin.

Das Cărtureşti gibt es mittlerweile **dreimal in Bukarest:**

- Str. Arthur Verona 13, Tel. 317 34 59, info@carturesti.ro
- Str. Vasile Lascăr 216, Tel. 210 51 08, anador@carturesti.ro
- Str. Edgar Quinet 9, Tel. 311 06 46, quinet@carturesti.ro

zusammen. In der Mitte des Platzes erinnern **steinerne Kreuze** an diejenigen, die in der Nacht des 21. Dezember gegen das kommunistische Regime rebellierten.

Im größten und höchsten **Hotel** am Platze, dem 1970 als Joint Venture erbauten **Intercontinental,** hatten im Dezember 1989 Mitglieder der Securitate und des Militärs die anwesenden Touristen zum Umzug gezwungen, da sie von diesem strategisch günstigen Gebäude aus glaubten, die Unruhen in der Stadt unterbinden zu können. Leider gibt es die Panorama-Bar und das Restaurant im 21. Stockwerk nicht mehr (hier hat ein Wellness-Center Einzug gehalten). Doch auf Anfrage darf man auf den Hotelbalkon vor dem Schwimmbad und von dort einen Blick auf die City genießen.

Das Architektenteam des Intercontinental hat auch das benachbarte **Nationaltheater Radu Stanca** entworfen. Ähnlich dem Schicksal vieler anderer historischer Gebäude in der Stadt brannte die Ausstellungshalle des 1973 errichteten Theaters im August 1978 vollständig aus. Nach mehrmaligen Umbau und der Renovierung unter der Schirmherrschaft von *Elena Ceauşescu* hat das Nationaltheater heute mehrere Funktionen. Neben Bühnen und Ausstellungsräumen beherbergt es noch einen Jazz-Club und ist, im dritten und vierten Stock, einwöchiger Veranstaltungsort der jährlich im Frühjahr stattfinden **Buchmesse „Bookarest".**

Gegenüber dem Nationaltheater sieht man ein wunderschönes, in den

Jahren 1912–1927 erbautes Gebäude im so genannten Brâncoveanu-Stil (siehe entsprechenden Exkurs). Es handelt sich dabei um das **Institut für Architektur Ion Mincu,** das in den letzten Jahren immer wieder durch wilde Graffitis und politische Proklamationen der Studenten von sich reden machte.

Im Westen des Platzes befindet sich die **Universität** von Bukarest, die 1994 ihr 300-jähriges Jubiläum feierte. 1694 hatte *Constantin Brâncoveanu* hier seine Fürstliche Akademie Sfântul Sava gegründet. Ursprünglich befand sich das Lehrinstitut im Kloster Sf. Sava, und die Vorlesungen wurden in Griechisch gehalten. Heute stehen den 20.000 Vollzeitstudenten an den 18 Fakultäten 3000 Lehrkörper gegenüber – eine im Westen wohl undenkbare Relation.

Das leicht zu übersehende, weil durch Bäume verdeckte Bukarester **Geschichtsmuseum** an der südwestlichen Ecke des Platzes wird von den aus den Metro-Niederungen quellenden Menschen zu Recht links oder rechts liegen gelassen. Die langweilige Sammlung zahlreicher Urkunden, Münzen, Drucke und Dokumente, die hier präsentiert wird, ist nur für Historiker und Kenner der rumänischen Sprache von Interesse.

Von der Piaţa Universitaţii zur Piaţa Unirii

Der Besuch des **B-dul I. C. Brătianu** lohnt vor allem wegen der **Kirche Sf. Gheorghe nou.** Exakt auf halber Strecke zwischen den beiden Plätzen gelegen, gilt sie eigenartigerweise als verkehrstechnischer Mittelpunkt der Stadt. Die Kilometerangaben, die an den Randmarkierungen der großen Boulevards die Entfernung von der Stadtmitte angeben sollen (!), nehmen hier am Kilometer 0 ihren Anfang. Doch auch jenseits dieser nur abstrakten Sehenswürdigkeit hat die Kirche einiges zu bieten. Auf Betreiben von *Constantin Brâncoveanu* zwischen 1714 und 1720 erbaut, befinden sich hier zwei in Stein gemeißelte, reich verzierte **Grabgewölbe.** Neben Mitgliedern der Familie *Cantacuzino* wurden hier auch einige Märtyrer aus jener Zeit bestattet. Die sehr sehenswerte Grabinschrift wurde von *Maria Brâncoveanu* während ihres sechsjährigen Exils in Istanbul angefertigt.

Etwas weiter die abfallende Straße hinunter, findet sich auf der linken Seite am Piaţa Unirii die **Markthalle des Unirea-Platzes** (Piaţa Unirea). Den schönen Gemüse- und Obstmarkt, der viele Jahre zum Stadtbild gehörte, gibt es allerdings nicht mehr; die großen Kaufhäuser im Zentrum haben sich gegen den Lebensmittelverkauf ausgesprochen. Nur ab und an verirrt sich noch ein Keramikverkäufer oder Holzschnitzer in diese Gegend. In der fünften Etage der Halle befindet sich ein Café mit schöner Aussicht und weniger gutem Kaffee.

Der schmeckt im Restaurant des nebenan gelegenen **Kaufhauses Unirea** bereits etwas besser. Zudem kann man die zahllosen Springbrunnen und Wasserfontänen auf dem riesigen **Piaţa Unirii (Einheitsplatz)** von hier aus besser einsehen. Der Einheitsplatz versucht sich im Sommer auch als parkähnliches Gebilde zu präsentieren, was ihm nicht so recht gelingen mag. Die meisten Bukarester jedenfalls benutzen ihn als **Verkehrsknotenpunkt** und gehen sonntags zum Flanieren und Entspannen lieber in den Herestrău- oder Cişmigiu-Park.

Der Boulevard der zerbrochenen Träume

Wer im langen Bukarester Sommer vom überdimensionierten Piața Unirii den schnurgeraden **B-dul Unirii** entlang schlendert, wird sich selbst bei schönstem Sonnenschein auf der 4,5 km langen Strecke bisweilen etwas verloren vorkommen. Wenn in anderen Stadtteilen die Gäste der zahlreichen Cafés mit ihren Tischen und Stühlen längst die breiten Bürgersteige erobert haben und lautes südländisches Palaver die Luft erfüllt, tut sich hier in der City rein gar nichts. Bulevardul Unirii – **4,5 km Tristesse.** Keine Sitzbänke, kein Restaurant, kein Straßencafé. Einer der Gründe für diese bedenkliche großstädtische Flaute mag sicher in den exorbitant hohen Mieten liegen, die hier verlangt werden. Ein Weinhändler und der modische Kinder-Eventladen Pinocchio stemmen sich tapfer gegen den drohenden Leerlauf. Doch der eigentliche Grund für das kommerzielle und kulturelle Brachland ist der nahe gelegene megalomanische Parlamentspalast.

Als *Ceauşescu* das hier historisch gewachsene **Viertel Dealul Spirii** kurzerhand ausradierte, um seinen Traum in Beton und Stein zu verwirklichen, galt ihm der breiteste Boulevard der Stadt als imposante Annäherung, als Auffahrt zur Macht. Für die Besucher der Stadt ist er das in der Tat geblieben, eine reine Verbindung, eine Wegstrecke vom Piața Unirii zum Haus des Volkes mit Banken, mächtigen Bürogebäuden und Wohnhäusern.

Doch seit dem 29. Dezember 2004 gibt es für Kunstfreunde eine neue Motivation, die Geisterstrecke hinter sich zu lassen. Als neuestes Museum der Stadt hat sich das **MNAC (Muzeul Național de Artă Contemporană)** in einem Seitenflügel des Parlamentspalastes niedergelassen. In diesem Museum für zeitgenössische Kunst soll einmal auf über 16.000 Quadratmetern Ausstellungsfläche der ernorme Leerraum des Monumentalpalastes sinnvoll genutzt werden. Noch ist die Museumsfläche deutlich kleiner, doch die **Aussichtsterrasse** im vierten Stock lockt bereits viele Besucher an.

- **MNAC,** Str. Izvor 2–4, Eingang über die Calea 13. Septembrie, Tel. 318 91 37, www.manc.ro, Mi. bis So. 10–18 Uhr.

Botanischer Garten und Cotroceni

Wer vom Stadtzentrum mit der Metro M1 zur Station Eroilor im Westen fährt und dann dem Dâmbovița-Kanal bis zur Şoseaua Cotroceni folgt, befindet sich mitten in einem der edelsten und schönsten Stadtviertel von Bukarest. **Villen, Denkmäler und Palais** reihen sich hier aneinander. Die Gegend zwi-

rum187 Foto: jr

Ein wahres Kleinod in der Großstadt – die Stavropoleos-Kirche

Die geretteten Kirchen von Bukarest

Kirchen, Klöster und Kapellen findet man in Bukarest an den ungewöhnlichsten Stellen. Zwischen hohe Wohnblocks eingeklemmt, neben Supermärkten, als heilige Bewacher von Parkplätzen oder einfach inmitten einer Vorstadtseitenstraße – plötzlich und unerwartet. Viele der ursprünglichen Kirchen haben die **„Systematisierung"** genannte Kahlschlag-Politik *Ceauşescus* nicht überlebt. Diejenigen, die überlebt haben, stehen teilweise nicht mehr dort, wo sie einst standen.

Zu den Kirchen, die zunächst nicht gerettet werden konnten, zählt beispielsweise die berühmte kleine **Spiridon-Kirche,** eine Stiftung des Fanarioten *Constantin Mavrocordats* vor 200 Jahren. Doch 1995 konnte sie nach alten Plänen wieder aufgebaut werden.

Als Rettungsaktion für andere Kirchen mussten sich Bauingenieure in den 1980er Jahren riskante und verwegene Aktionen ausdenken. So wurde die **Kirche Sf. Mihai Vodă** durch eine Verschiebung gerettet. Man hob die ganze Kirche, die durch *Michael den Tapferen* 1595 gestiftet wurde, kurzerhand an, setzte sie auf Schienen und transportierte sie von ihrem ursprünglichen Ort 280 m ostwärts, wo sie heute in der Str. Sapienţei 4 zu finden ist.

Auch das **Kloster Antim Ivireanul** entging seiner Zerstörung durch eine Verschiebung. Die pittoreske Kirche wurde zwischen 1713 und 1715 anstelle einer hölzernen Kirche errichtet. Früher gab es im Kloster eine eigene Druckerei, in der rumänische und griechische Bücher vervielfältigt wurden, heute betet man in der Kirche eine Wunder bringende Ikone der Muttergottes an.

- **Mănăstirea Antim Ivireanul,** Str. Mitropolit Antim Ivireanul 29, Mo. bis So. 10–17 Uhr.

Bukarest – die Hauptstadt

schen Botanischem Garten und der **Elefterie-Kirche** an der Station Eroilor war bis Mitte des 19. Jahrhunderts ausschließlich von Wäldern bedeckt. Diese Tatsache half dem Fürsten **Şerban Cantacuzino** im 17. Jahrhundert aus einer misslichen Lage. Er war nämlich bis über beide Ohren in *Anastasia,* die Frau des Landesfürsten *Gheorghe Duca,* verliebt. Als dieser davon erfuhr, ließ er *Cantacuzino* zum Tode verurteilen und schickte Jäger aus, die den Flüchtigen suchen sollten. Doch *Anastasia* konnte ihren Liebhaber rechtzeitig warnen. Drei Tage lang durchstreiften die Jäger die dichten Wälder von Cotroceni, doch der Gesuchte blieb unauffindbar. Aus Dankbarkeit für diese Rettung ließ *Cantacuzino* mitten im Wald eine Kirche und einen neuen Fürstenhof erbauen.

Dieser wurde jedoch 1893 vom damaligen Königshaus abgerissen, da man beschloss, an derselben Stelle einen noch prächtigeren Königspalast zu errichten und das Kloster in seiner Mitte zu erhalten. Nach den Plänen des französischen Hofarchitekten *Paul Gottereau* entstand so Ende des 19. Jahrhunderts der heutige **Cotroceni-Palast.** Zwischen 1977 und 1988 wurde der Palast aufwendig renoviert, da *Ceauşescu* ihn in ein luxuriöses Hotel für Diplomaten verwandeln wollte. Während der Umbauphase befahl er, die in der Mitte befindliche Kirche abzureißen, da sie ihm die Aussicht verderben würde. Heute sind von dem einst aus Liebe und Dankbarkeit errichteten Gotteshaus nur noch Ruinen und *Cantacuzinos* Grabstein übrig.

Gleich neben dem Palast erstreckt sich der **Botanische Garten** von Bukarest. Zwischen 1860 und 1866 war er als Schlosspark der Öffentlichkeit nicht zugänglich. Doch bereits zehn Jahre später ging er in den Besitz der Universität über und wurde 1884/85 endgültig als Botanischer Garten angelegt. An seinem Eingang steht ein Glashaus für exotische Pflanzen.

Der Süden

Vom Piaţa Unirii aus erschließt sich der interessante Süden Bukarests vor allem dem ausdauernden Wanderer. Für einen Spaziergang durch die begrünten südlichen **Hügel und Parks** zum sehenswerten Bellu-Friedhof sollte man etwa 1,5 Stunden veranschlagen. Wer schneller zu den **Parks Carol I** und **Tineretului** gelangen will, fährt vom Piaţa Unirii aus mit der Metro eine Station in südlicher Richtung (Station Tineretului). Nach einer weiteren Haltestelle (Station Eroii Revoluţiei) gelangt man zum **Bellu-Friedhof** und dem **Friedhof der Helden der Revolution (Cimitirul Eroii Revoluţiei).**

Der Hügel der Patriarchie

Über die Str. P. D. Mitropoliei, eine leicht ansteigende Allee im Südwesten des Piaţa Unirii, erreicht man eine Erhebung mit dem **Gebäudekomplex** der so genannten **Patriarchie (Dealul Patriarhiei).** Ursprünglich lag die zwischen 1656 und 1658 auf Anweisung des Wojwoden *Constantin Şerban Basarab* errichtete **Kirche** im Schönheitswettbewerb mit der Bischofskirche von Curtea de Argeş. Seit 1925 ist sie Patriarchenkirche. Da sie der *hl. Helena* sowie *Konstantin* geweiht ist und die Reliquien des Stadtheiligen *Dimitrie nou* aufbewahrt, lohnt sich ein Besuch besonders zu deren Gedenktagen am 21. Mai und 27. Oktober. In festlichen Kerzenprozessionen ziehen dann die Gläubigen hinauf zur Kirche und singen uralte rituelle Lieder.

Park Carol I

Vom Patriarchenhügel bietet sich auch eine schöne Aussicht auf den grünen Süden Bukarests. Die Str. Patriarhiei hinunter, biegt man links in die Str. 11 Iunie ein, die direkt zum stets geöffneten weitläufigen Park Carol I führt. Freunde des Motorsports und der Fliegerei werden gleich zu Beginn des Parks am Freiheitsplatz vom **Technik-Museum (Muzeul Tehnic)** angelockt. Das 1909 errichtete Museum orientierte sich in den ersten Jahren stark am Deutschen Museum in München, hat dessen Entwicklung allerdings verschlafen. Praktische Versuchsanordnungen und interessante Experimente darf man hier nicht erwarten. Vielmehr werden die erste Betonbrücke und der erste rumänische Straßenbahn-Motor gepriesen. Sehenswert ist einer der ersten Indianapolis-Rennwagen von 1940, der legendäre Duesenberg Straight 8.

• **Muzeul Tehnic,** Dimitrie Leonida, Str. Candiano Popescu 2 (Carol I Park), Tel. 336 77 77, Di. bis So. 10–18 Uhr, Mo. geschlossen

Leiser und sauberer geht es draußen **im Park** zu. Zentral liegen zwei kleine längliche Seen mit der Grotte der Giganten. Im Süden befindet sich das Monument der unbekannten Helden, und über die Calea Şerban Vodă kommt man zum riesigen **Park der Jugend** mit Jahrmarkt und See sowie zu den Friedhöfen Bellu und Helden der Revolution.

Bellu-Friedhof

Direkt am Piaţa Eroii Revoluţiei befindet sich der Eingang zum bekanntesten und bemerkenswertesten Friedhof Bukarests. Die Stadtbevölkerung pilgert mit Vorliebe zum prunkvollen **Mausoleum des Nationaldichters Mihai Eminescu,** der gemeinsam mit zahlreichen anderen Schriftstellern hier seine letzte Ruhestätte fand. Die Grabarchitektur wirkt auf Mitteleuropäer oft monumental und exotisch. Für bekannte Architekten wie beispielsweise *Ion Mincu* galt es als Ehre, die Gruften und Krematorien gestalten zu dürfen, wie man eindrucksvoll am Grab der Familien *Gheorghieff* und *Lahovary* sehen kann. Die im Jahre 1858 angelegte Ruhestätte ist jeden Tag von 8–18 Uhr zu besichtigen.

In direkter Nachbarschaft liegt der **jüdische Friedhof** der Stadt (siehe Exkurs „Das jüdische Bukarest").

Der Norden

Im Norden Bukarests zieht sich ein Kranz aus Seen und Parkanlagen um die Stadt. Bei schönem Wetter kann man zwei der beliebtesten Ausflugsgebiete, den Herăstrău-Park und das Dorfmuseum, durchaus zu Fuß erreichen. Die Gegend um den Tei- und den Plumbuita-See sollte man jedoch auf jeden Fall mit der Metro und dem Bus ansteuern.

Şoseaua Kiseleff

Zu **oft** bereits wurde die nördliche Şoseaua Kiseleff **mit dem Champs-Elysées in Paris verglichen,** als dass man es unbedingt noch einmal tun müsste. Der Vergleich drängt sich dem oberflächlichen Betrachter vor allem wegen des Triumphbogens auf, der sich auf halber Strecke befindet. Doch die Chaussee, die etwa zur Hälfte durch Grünanlagen (**Parcul Kiseleff** und **Parcul Herăstrău**) führt, hat mehr zu bieten als die Kopie der Wahrzeichen anderer Hauptstädte.

rum190 Foto: jr

Kurz nach ihrem Anfang am Piaţa Victoriei, unweit des Grigore-Antipa-Naturmuseums, wartet die in nördlicher Richtung verlaufende Kiseleff-Chaussee mit einer ersten Sehenswürdigkeit auf. Nach etwa 100 m findet man auf der linken Seite ein rotes Backsteinhaus, in dem sich bis zur Wende 1989 das Museum der kommunistischen Partei befand. Heute beherbergt das Gebäude das **Museum für den rumänischen Bauern (Muzeul Ţăranului Român).** Im Jahre 1996 erhielt es den Preis für das „Beste Europäische Museum". Dass dieser Preis durchaus gerechtfertigt war, zeigt sich dem Besucher recht schnell. Die Ausstellungsräume erinnern eher an eine Kunstausstellung als an ein Museum. Die Trachten und Kostüme sind liebevoll arrangiert, die Erläuterungen handgeschrieben. Filme und Fotografien unterstützen den Einblick in das bäuerliche Leben Rumäniens, und in „Großmutters Zimmer" würde man sich am liebsten gleich zu einer gemütlichen Tasse Tee und ein paar Keksen niederlassen. Überraschenderweise erschlagen einen die über 100.000 Ausstellungsstücke nicht, sondern ziehen einen immer wieder in ihren Bann. Jedes Jahr im Juni finden hier traditionelle **Musikfestspiele** statt, die man sich bei seinem Bukarest-Aufenthalt auf keinen Fall entgehen lassen sollte. Im großen Buchladen des Museums sind leider kaum

Der Triumphbogen – errichtet nach dem Pariser Vorbild

Bücher in deutscher Sprache erhältlich. Wer jedoch ein hübsches handgemachtes Souvenir sucht, findet im **Museumsladen** eine reichhaltige Auswahl an bestickten Blusen, Winterjacken, bemalten Ostereiern oder Musikinstrumenten. Besonders beliebt bei allen Bukarestern, aber auch bei Ausländern, sind die **Jahrmärkte** im Museum vor den traditionellen Feiertagen: 24.02.-01.03. Märzchen-Markt, 30.03.-01.04. Pfingstmarkt, 01.-03.06. Markt zum Kindertag, 14.-16.09. Markt der Ikonenmaler und Kreuzmacher, 06.-09.12. Nikolausmarkt.

● **Muzeul Ţăranului Român,** Şos. Dimitrievici Kiseleff 3, Tel. 317 96 60, www.muzeultaranului.ro (auch in Englisch), Di. bis So. 10–18 Uhr, Mo. geschlossen!

Gleich gegenüber des Bauernmuseums befindet sich das **Geologische Museum** mit farbenprächtigen Mineraliensammlungen aus dem ganzen Land.

Der bereits erwähnte **Triumphbogen (Arcul de Triumf)** erscheint nach einem 10- bis 15-minütigen Spaziergang. Die kleine Kopie des gleichnamigen Pariser Monuments war bereits um 1920 vom Architekten *Petru Antonescu* als Denkmal der Einheit Rumäniens konzipiert worden und stand einige Jahre als Holzbau mit fein ausgearbeiteten Stuckarbeiten über der Chaussee. Erst 1935 wurde der Triumphbogen nach den Plänen *Antonescus* in Granit errichtet. Die bekanntesten Bildhauer ihrer Zeit, *I. Jalea, C. Medrea* und *C. Baraschi,* haben die Steinfresken und Reliefs geschaffen. Auf dem 25 m hohen Monument befindet sich eine **Aussichtsplattform,** die von 10–16 Uhr geöffnet ist.

Das Dorfmuseum

Unbedingt empfehlenswert und eines der absoluten Highlights jeden Bukarest-Aufenthalts ist der Besuch des nahe dem Herăstrău-Park gelegenen Dorfmuseums **Muzeul Satului „Dimitrie Gusti".** Im Jahre 1936 gegründet und seitdem kontinuierlich erweitert, zeigt die faszinierende Sammlung von 121 Bauernhäusern, Kirchen, Windmühlen und Gasthäusern aus allen Regionen Rumäniens heute die ganze **Vielfalt der ländlichen Architektur.**

Wer seine Rumänienreise plant und in Bukarest beginnt, kann sich hier bereits ein Bild machen, was ihn später im Land erwartet. Derjenige, der von seinen Reisen zurückkehrt, wird im größten **ethnologischen Freilichtmuseum** des Landes vieles wiederfinden, was er bereits gesehen hat: die Bauernhöfe aus dem Maramureş mit ihren reich verzierten Holztoren, die erfrischend bunten Häuser der Dobrudscha, die hohen, schlanken Holzkirchen, die strohbedeckten Bauernhäuser aus der Alba-Region oder Windmühlen aus Tulcea. Über 53.000 Objekte des täglichen Lebens, vom Webstuhl bis zur Weinpresse, können hier bestaunt werden.

Wer dabei Lust bekommt, einmal selber Bauer oder Holzschnitzer zu spielen, kann dies in einem der angebotenen **Workshops** tun. Kunsthandwerker und Bauern, Müller und Fischer erklären mehrmals im Jahr ihre

Künste (leider bisher nicht mit Übersetzung). Besonders lebendig und farbenfroh geht es zu, wenn kurz **vor Weihnachten** die **Musik- und Tanzgruppen** aus vielen Teilen des Landes im Museumsdorf zusammen kommen. Da das Museum mehrmals durch Brände beschädigt wurde (zuletzt im Februar 2002), herrscht auf dem gesamten Gelände striktes **Rauchverbot.**

- **Muzeul Satului „Dimitrie Gusti",** Şos. Dimitrievici Kiseleff 28–30, Tel. 222 91 06, www.muzeul-satului.ro (auch in Englisch). Das offene Gelände ist täglich 9–17 Uhr geöffnet, der Gheorghe-Focşa-Saal ist Mo. und Di. geschlossen.

Platz der freien Presse

Am Ende der Şoseaua Kiseleff erkennt man bereits von weitem einen massiven weißen Bau, der einen verblüffend an kommunistische Zuckergussbauten in Warschau oder Moskau erinnert. Kein Wunder, das **Haus der freien Presse** an der **Piaţa Presei Libere** ist ein Geschenk *Stalins*. Es wurde vom Architekten *H. Maicu* 1956 nach dem Vorbild der Moskauer Lomonossov-Universität entworfen und beherbergt heute alle wichtigen Zeitungen der Hauptstadt. Bis 1990 wurde es **Casa Scânteia** genannt. Übersetzt bedeutet dies „Funken-Haus"; der „Funke" war das offizielle Organ der kommunistischen Partei.

Boulevard Aviatorilor

Wer sich entschließt, über den Boulevard Aviatorilor in den Herăstrău-Park zu gelangen, kommt am Ende des Parcul Kiseleff am **Fliegerdenkmal Statuia Aviatorilor** vorbei. Der Held der Luftfahrt, der dort mit ausgebreiteten Flügeln auf dem 20 m hohen Sockel steht, scheint sich noch nicht entschieden zu haben, ob er sich tatsächlich in die Lüfte schwingen soll. Würde er es tun, so käme er in Richtung Piaţa Charles de Gaulle fliegend recht bald am **Fernsehzentrum Centrul Televiziunii Române** vorbei, in dem sich in den Monaten Dezember 1989 und Januar 1990 dramatische Machtkämpfe abspielten. Das Fernsehen lieferte die Intrigen und Machtspiele zeitweise live in die Wohnstuben.

Herăstrău-Park und die nördlichen Seen

Mit der U-Bahn ist der größte Bukarester Park schnell zu erreichen. Gerade einmal zwei Stationen sind es mit der M2 vom Piaţa Victoriei bis zur Station Aurel Vlaicu im Südosten des Parks. Der **östliche Eingang** befindet sich **am Piaţa Charles de Gaulle.** Ein absolutes Highlight des knapp 200 ha großen Parks, das Dorfmuseum, wurde bereits oben vorgestellt. Vom Dorfmuseum ist es nur einen Steinwurf zum nahe gelegenen **Herăstrău-See.** Ebenso wie seine Nachbarn, die **Seen Floreasca, Tei** und **Plumbuita,** ist der Herăstrău-See gar nicht so alt, wie man vielleicht meinen könnte. Noch im 19. Jahrhundert gab es hier nichts weiter als Sümpfe. Auf Initiative von König *Carol II.* (1893–1953) hin wurden diese kanalisiert, das Wasser gestaut und das sie umgebende Land trockengelegt. Die Parkanlagen wurden von den Landschaftsarchitekten

Pinard, Dobrescu und *Rebhuhn* gestaltet und im Jahre 1936 eröffnet. Heute zieht es die Kinder auf die zahlreichen **Spiel- und Abenteuerplätze,** die Erwachsenen ins **Sommertheater** mit seinen 2800 Plätzen, in die Sportanlagen (siehe „Aktivitäten"), in die Cafés und Restaurants. Den besten Überblick über die Dimensionen der grünen Lunge Bukarests bekommt man auf der 40-minütigen Bootsrundfahrt.

Die **Villen** an der Ostseite des Parks sind heute bei Künstlern, Politikern und Industriellen sehr beliebt. Noch in den 1980er Jahren wohnte hier die kommunistische Elite. Die *Ceauşescus* lebten in der Vila Primavera am östlichen Ende des Bv. Primăverii.

Einen Abstecher wert ist das **Kloster Plumbuita** am Ufer des östlich gelegenen gleichnamigen Sees. Das Ensemble der Klostergebäude geht auf den walachischen Fürsten *Peter I.,* besser bekannt unter dem Namen *Petru cel Tânăr* (*Peter der Junge,* 1559–1568) zurück. Einst stand hier die erste Buchdrucker-Werkstatt der Stadt.

In der Umgebung

Wer eine kurze Auszeit vom Großstadtleben nehmen möchte, dem bieten sich rund um die Hauptstadt einige interessante Gelegenheiten, die **mühelos an einem Tag** bewältigt werden können. Von eintägigen Ausflügen in die Karpaten, etwa nach Sinaia und Predeal oder etwa nach Braşov und Sibiu, wie sie von einige städtischen Reisebüros angeboten werden, ist jedoch dringend abzuraten. Um alle genannten Städte bzw. deren umliegenden Berge entspannt genießen zu können, benötigt man mehr Zeit.

Palast Mogoşoaia ↗ XXI, C2

Etwa 14 km nordwestlich der Stadt liegt die ehemalige Sommerresidenz des walachischen Fürsten **Constantin Brâncoveanu,** der Mogoşoaia-Palast. Man erreicht ihn mit dem Auto über die Nationalstraße DN1, oder man nimmt die U-Bahn in den Norden der Stadt und dort ein Sammeltaxi oder einen Bus (leider wechselnde Fahrzeiten und Busnummern!).

Fürst *Brâncoveanu* hatte das Anwesen in den ehemals dichten Wäldern an einer Stelle aufbauen lassen, von der aus man die zweitwichtigste Stadt der Wallachei, Târgovişte, schneller erreichen konnte als vom Zentrum aus. Als **zweistöckiges Backsteingebäude** in den Jahren 1698–1702 erbaut, fällt dem heutigen Besucher sofort die **elegante venezianische Loggia** ins Auge. Wie mit einer weißen Zierborde ausgestattet, heben sich die Treppenaufgänge und der Aussichtsbalkon vom roten Mauerwerk ab. Der Palast, der italienische und orientalische Elemente verbindet, gilt heute als eines der besten Beispiele für den walachischen **Brâncoveanu-Stil.**

Über der Terrasse findet sich die Inschrift: „Ich errichte diesen schönen Palast für meinen Sohn *Ştefan.*" Doch diese Bestimmung konnte der Palast nicht mehr erfüllen. *Constantin Brân-*

coveanu war 1714 mit seinen vier Söhnen, nach jahrelanger Folter, in Istanbul hingerichtet worden. Ursprünglich mit einem großen Innenhof ausgestattet und von dichten Eichenwäldern und Seen umgeben, wurde aus dem Anwesen nach *Brâncoveanus* Tod zuerst ein Gasthaus und 1853 ein russisches Armeelager. Heute dient das friedliche Palais als **Museum** und letzte Ruhestätte zweier ausgedienter Alt-Kommunisten. Im Garten hinter dem Palast liegt *Lenin* als 5 m lange Bronzefigur in stiller Eintracht Kopf an Kopf mit der Statue des ehemaligen rumänischen Premierministers *Petru Groza.*

• **Palatele Brâncoveneşti Mogoşoaia,** Str. Valea Parcului 1, Tel. 225 66 90, Di. bis So. 10–18 Uhr.

Snagov

XXI, D2

Über das Grab von *Vlad Ţepeş* hinaus (siehe Exkurs unten) bietet die kleine Gemeinde Snagov vor allem **Naturliebhabern** eine Alternative zu den städtischen Parks und Grünanlagen. Für Bukarester ist Snagov zwar längst

Snagov und die Wahrheit

Etwa 50 km nördlich von Bukarest befindet sich eine oft besuchte Ruhestätte. Alljährlich zieht eine schlichte **Grabplatte in dem kleinen Kloster Sinaia** auf einer Insel im Snagov-See Tausende Besucher an, von denen sich nicht wenige der Hoffnung hingeben, hier das so genannte **Grab von Dracula** vor sich zu haben. Wahrscheinlich erwarten die meisten Besucher, die einen Tagesausflug in Bukarest gebucht haben, nicht gerade, dass sich der Untote pünktlich zu ihrem Besuch aus seiner Gruft zwischen den zwei riesigen Messingleuchtern erhebt, aber eine gewisse Enttäuschung in den meisten Gesichtern ist nach der Anfahrt mit dem Maxi-Taxi oder Bus und der Rudertour über den See nicht zu übersehen.

Sicherlich wissen die meisten Touristen vorab, dass es sich „nur" um das **Grab des walachischen Fürsten Vlad Ţepeş,** also *Vlad dem Pfähler,* handelt, wenn sie durch die mit goldenen Kreuzen verzierte Tür in die Halle treten. Auch die erwähnte schlichte Grabplatte mit einem Bild von *Vlad Ţepeş* und einer ebenfalls mit einem Ţepeş-Bild geschmückten Vase darauf kann nicht der wahre Grund der Enttäuschung sein. Diese stellt sich erst ein, nachdem der ehrliche Reiseleiter eingesteht, dass man erstens nicht sicher sein kann, dass *Vlad Ţepeş* hier wirklich seine letzte Ruhe fand, und zweitens bei einer Öffnung des Grabes im Jahre 1931 kein Skelett gefunden wurde. Üblicherweise wird diese letzte Aussage mit dem Kalauer verbunden, dass eben keiner so genau wüsste, wo sich der Blutsauger jetzt gerade befinden würde ...

Den meisten **Mönchen,** die man im Sommer Kirschen pflückend am Ufer des Sees antreffen kann, scheint der Rummel um *Graf Dracula* unangenehm und peinlich zu sein. Dennoch geben sie Reisenden, die sich auf eigene Faust zum See begeben, seufzend, aber freundlich die Richtung an, in der das „Grab von Dracula" zu finden ist – auch wenn sie die Worte längst schon nicht mehr hören können.

nicht mehr das Wochenendziel Nummer Eins, aber immer noch zieht es Angler, Tennisspieler, Radfahrer und andere Aktivurlauber in die **Eichen- und Tannenwälder rund um den See.** Der Complex Astoria hat neben seiner 3-Sterne-Villa und dem Hotel auch einen Campingplatz mit hundert Zeltplätzen. Hier lassen sich auch Ruderboote zum Inselkloster mieten.

Das rotbraune, dreitürmige **Backsteinkloster Sinaia** wird neben dem berühmten Grabmal meist nur am Rande wahrgenommen, lohnt aber auch einen eigenen Ausflug aus Bukarest nicht. Zwei weitere **Klöster** auf der Insel sind **Căldăruşani** und **Tigăneşti.**

- Für die **Anfahrt** nach Snagov nimmt man den 783er Bus vom Piaţa Romană oder Piaţa Unirii zum nördlichen Busbahnhof Băneasa. Von dort fahren täglich fünf Busse nach Snagov. Vom Gara de Nord fahren auch mehrere Züge. Die beste Haltestelle ist dann Snagov Plajă, 10 Fußminuten vom Complex Astoria entfernt.

Unterkunft

- **Complex Astoria** (***), Snagov Plaja, Tel. 313 67 82. Villa, Hotel, Holzhütten, Campingplatz, EZ 120 RON, DZ 200 RON.
- **Casa Phoenix** (***), Alleea Petunilor 8, Tel. 0722-653 311 (*Magda Szekely Moraru* spricht auch englisch), snagov@k.ro. Von der Terrasse des Hauses bietet sich ein herrlicher Blick auf den See, der im Frühjahr und Frühsommer mit Lotosblüten übersät ist. Die Blüten sind, nach Aussagen der Einheimischen, in den 1940er Jahren von *Ceauşescu* als Gastgeschenk aus China mitgebracht worden (am Snagov-See liegt auch ein ehemaliges Gästehaus *Ceauşescus*). Laut Hinweis einer Leserin riecht das Wasser im Casa Phoenix bisweilen etwas nach Schwefel. Das Haus hat einen eigenen Bootssteg. Essen nach Absprache. EZ/DZ 130–150 RON, je nach Saison.

Was man in Bukarest vermeiden sollte

- Auf „private Fahrdienstler" am Flughafen eingehen, weil „Limousinen" in die Innenstadt astronomische Preise annehmen können. Umgerechnet sollte auch im Maxi-Taxi die Fahrt in die Innenstadt nicht mehr als 5 Euro kosten. Die Fly Taxis sind die einzigen offiziellen Taxis in die Innenstadt (3,49 Ron/km).
- Große Geldbeträge am Flughafen wechseln, da die Kommission eine Menge des Geldes schluckt.
- In ein Taxi einsteigen, ohne den außen angegebenen Km-Preis kontrolliert zu haben. Achtung: 7 RON/km sind zu teuer, eine Fahrt in der Innenstadt kostet so schnell mal 30–50 Euro. Die Metro ist übrigens eine billige Alternative!
- Auf Angebote von herumlaufenden „Taxifahrern", „Hotelboten" oder „Vermittlern" am Gara de Nord eingehen.
- Taxifahrten antreten, obwohl der Fahrer das Taxameter nicht einstellen kann (weil es angeblich defekt ist) oder will.
- Geld auf der Straße wechseln.
- Sonntags auf den Parkplätzen am Piaţa Revoluţiei an uniformierte „Parkwächter" Gebühren zahlen – Parken ist hier an Sonntagen grundsätzlich umsonst.
- Sich mit dem Auto während der Rushhour in die City wagen.
- Sich mit dem Auto nach Bukarest wagen, obwohl man seinen Führerschein erst zwei Monate in der Tasche hat.
- Sich wegen der angeblich hohen Kriminalität verrückt machen. Laut Statistik ist es in Kopenhagen wahrscheinlicher, bestohlen zu werden.
- Bukarest direkt mit Paris zu vergleichen und ständig nach Parallelen zu suchen. Wer das tut, wird letztlich vielleicht enttäuscht sein und das Spezifische der Stadt nicht erkennen.
- Vor Einheimischen über Schlaglöcher, Hunde und Armut nörgeln. Lassen sie das lieber die Bukarester selber tun.

Praktische Tipps

Informationen

Ein eigenes Informationszentrum für Touristen gibt es leider trotz guter Vorsätze der Stadtverwaltung in Bukarest immer noch nicht. Für Neuankömmlinge kann die Stadt aus diesem Grund anfangs ein wenig chaotisch wirken. Die deutschen Kulturinstitute im Stadtzentrum sind jedoch sehr einfach zu finden und auf jeden Fall eine gute Anlaufadresse, zumal man dort auch Deutsch sprechende Hauptstädter treffen kann, die das **Goethe-Institut** und **Schiller-Haus** zu Studienzwecken nutzen. In den angegebenen kostenlosen **Stadtführern** (ausnahmslos in englischer Sprache) sind zwar die neuesten Cafés, Restaurants und Diskotheken aufgeführt, man sollte jedoch wissen, das ein Eintrag in diesen Magazinen für die entsprechenden Lokale mit einer „kleinen Gebühr" verbunden ist. Angesichts der hohen Rotationsgeschwindigkeit neuer In-Lokale sollte man also besser eine(n) Einheimische(n) fragen, welcher Ort gerade besonders angesagt ist. Dies kann man hervorragend (Tipp des Autors) im **Tee- und Literaturhaus Cărtureşti** in der Str. Edgar Quinet nicht weit vom Piața Română.

Reisebüros

Angesichts eines fehlenden zentralen Informationszentrums sind auch die folgenden Reisebüros erste Wahl, um an Informationen über die Stadt und das Umland zu kommen:

- **J'Info Tours,** Str. Jules Michelet 1, Tel. 230 49 74, Fax 230 26 93, www.jinfotours.ro, Gabriela.sararu@jinfotours.ro.
- **Ana Tour,** Calea Dorobanților B-dul 102–110, Tel. 230 76 51, Fax 230 68 22, cmb@travel.ro.
- **Țiriac Travel,** Str. Boteanu 6, Tel. 310 29 22, Fax 314 80 31, www.tiriac-travel.ro.
- **Kompass Eurotravel,** Calea Călăraşi 156, Tel./Fax 327 34 66.
- **Omnia Tour,** Str. Elisabeta, Tel. 312 54 09, Fax 312 54 09, www.omnia-turism.ro.
- **CMB Travel,** Str. Nicolae Bălcescu 20, Tel. 210 52 44, Fax 210 60 71.
- **Anavia Tours,** Calea Victoriei 128a, Tel. 230 02 68, Fax 312 97 77, anaviatours@yahoo.com.

Kulturinstitute

- **Goethe-Institut Bukarest,** Str. Henri Coandă 22, Tel. 210 41 18, goepv@fx.ro, www.goethe.de/bukarest.
- **Schiller-Haus,** Str. Batiştei 15, Tel. 211 32 29.
- **British Council,** Calea Dorobanți 14, www.britishcouncil.ro.
- **Institut Français,** B-dul Dacia 77, Tel. 210 02 24.

Zeitungen (deutsch und englisch)

- **Allgemeine Deutsche Zeitung** (deutsch), Piața Presei Libere 1, Tel. 222 85 37, adz@dnt.ro.
- **DEBizz** (deutsch), Zeitung des deutschen Wirtschaftsclubs, www.debizz-online.com.
- **9 o'clock** (englisch), Tageszeitung.

Kostenlose Stadtführer

- **Şapte seri** und **B-24-FUN,** die beiden Konkurrenzprodukte erscheinen donnerstags.
- **Bucureşti – What, Where, When? ce, unde, când?,** das englisch- und rumänischsprachige Magazin erscheint einmal im Monat.
- **Bucharest night life,** das monatlich erscheinende Heftlein ist durchgehend in Englisch verfasst und befasst sich nicht nur mit dem kulturellen und erotischen Nachtleben der Stadt (Shopping-Tipps, Galerien und Health Clubs).
- **Bucharest Guide,** erscheint ebenfalls nur in Englisch, einmal im Quartal.
- **Bucharest in your pocket,** erscheint alle zwei Monate (engl.).
- **My City Bucharest,** erscheint in Englisch, einmal im Quartal.
- **Visit Bucharest,** erscheint in Englisch, einmal im Quartal.

Botschaften

- **Deutsche Botschaft,** Str. Cpt. Av. Gheorghe Demetriade 6–8, Tel. 202 98 30, Mo. bis

Fr. 8:30–11:30 Uhr, Mi. 14–16 Uhr. Keine telefonische Voranmeldung erforderlich. In Notfällen auch Tel. 0040-721 374 786.

- **Österreichische Botschaft,** Str. Dumbrava Roşie 7, Tel. 210 09 39, autambuk@canad.ro.
- **Schweizer Botschaft,** Str. Grigore Alexandrescu 16–20, 4. Etage, Tel. 206 16 00, vertretung@buc.rep.admin.ch, Mo. bis Fr. 9–12 Uhr.

Postversand und Kurierdienste

- **Post,** Poşta Româna 1, Str. Matei Millo 10, Tel. 315 90 30.
- **DHL International România,** Str. Emanoil Porumbaru 85–87, Tel. 222 17 71, Fax 222 17 66, www.dhl.ro.
- **TNT,** Piaţa Victoriei 155, Tel. 303 45 63, Fax 303 45 43, rofeedback@tnt.com.
- **UPS,** Calea 13 Septembrie 81–83, Tel. 410 06 04, Fax 410 99 10, www.ups.com.
- **Fedex,** B-dul Dacia 55, Tel. 211 79 12, Fax 211 67 19, www.fedex.com/ro.

Banken und Wechselstuben

Banken

- **Alpha Bank Romania,** Calea Dorobanţilor 237b, Tel. 209 21 00, www.alphabank.ro.
- **Bancpost,** B-dul Naţiunele Unite 8, Tel. 336 01 70, www.bancpost.ro.
- **Citibank,** Str. Iancu de Hunedoara 8, Tel. 210 18 50, Fax 210 18 54, www.citibank.ro.
- **Raiffeisenbank,** Str. Mircea Vodă 44, Tel. 323 00 31, Fax 323 60 27, www.banca-agricola-raiffeisen.ro.

Wechselstuben

- **Romania Exchange,** Calea Dorobanţilor 97 & 153, Tel. 230 57 95 Mo. bis Fr. 9–18:30, Sa. 9–14 Uhr.
- **IDM,** Str. Şincai 6, Tel. 330 87 49, Mo. bis Fr. 8–20:30, Sa. 9–16 Uhr.
- **Casa Romană,** Calea Victoriei, Tel. 313 30 18, Mo. bis Fr. 9:30–18, Sa. 9–14 Uhr.

Internet

- **Web Club,** B-dul 1. Mai 12, Tel. 650 64 17, nonstop.
- **Internet Café,** B-dul Carol I 25, am Piaţa Rosetti, nonstop.
- **PC-Net Café,** Calea Victoriei 25, Tel. 311 26 82, nonstop.
- **Sweet Internet Café,** Str. Maria Rosetti, Tel. 212 41 11, nonstop.
- **GDS Library,** Calea Victoriei 120, Tel. 314 14 71, nonstop.
- **Internet Café D&D,** Calea Victoriei 136, Tel. 650 42 14, nonstop.
- **Brit C@fe,** Calea Dorobanţilor 14 (im Gebäude des British Council), Tel. 210 03 14, Mo. bis Fr. 9:30–21:30, Sa. 10–14 Uhr, So. geschlossen.
- **Cyber Espace,** B-dul Dacia 77, Tel. 210 02 24, Mo. bis Fr. 10–22, Sa. 10:30–14 Uhr, So geschlossen.
- **French Institute „Le Bistro",** B-dul Dacia 77, Tel. 210 02 24, 10–23 Uhr.

Notfälle

Notfallnummer

- **Ambulanz: Tel. 961** (sollte ein Ambulanztransport nötig sein, ist die Mitnahme von Bargeld in Höhe von mindestens 100 Euro äußerst sinnvoll.)

Polizei

- Das **Haupt-Polizeipräsidium** der Stadt befindet sich an der Şos. Ştefan cel Mare 10, Tel. 210 25 25.
- Falls es zu unerwünschten Zwischenfällen in der U-Bahn gekommen sein sollte, ist die **Metro-Polizei** zuständig, die man unter Tel. 323 64 35 erreicht.

Kliniken

- **Spitalul de Urgenţă Floreasca,** Calea Floreasca 8 (Ecke Calea Floreasca/Ştefan cel Mare), Tel. 230 49 51. Bei allen dringenden Notfällen ist diese moderne Klinik, falls möglich, zuerst aufzusuchen. 24-Std.-Bereitschaft.
- **Ambulanz Unirea Medical Center,** Notfallnummern 0722-456 711, 0723-308 936. Pri-

vate Ambulanz. Vermittlung von privaten Zimmern in der Notfallklinik. Str. George Enescu 12, Tel. 212 05 67, www.unireamedical.net.

- **Medicover,** u.a. Grigore Alexandrescu 16–20 (in der Nähe des Piața Victoriei), Tel. 314 07 20, www.medicover.ro (auch englischsprachig). Mehrere Privatkliniken, westlicher Standard, alle Fachrichtungen.
- **Bio Medica International,** Str. Mihai Eminescu 42, Tel. 211 71 36, www.bio-medica.ro. Westlicher Standard, alle Fachrichtungen, Ambulanz, Krankentransporte auch nach Mitteleuropa.

Kinderklinik

- **Kinderklinik „Marie Curie“,** Str. Constantin Brâncoveanu 20, Tel. 460 42 60.
- **Zentrale Notfall-Kinderklinik „Grigore Alexandrescu“,** Str. Iancu de Hunedoara 30–32, Tel. 212 93 66.

Zahnärzte

- **Deutsche Zahnklinik/B.B. Clinic,** *Dr. Bogdan Bäder,* Str. Prof. Gh. Ionescu-Gion 4 (Zone des Piața Unirii), Tel. 320 01 51, www.germandentist.go.ro.
- **Dental Center,** Calea 13. Septembrie 90, Tel. 403 44 05.
- **Dent Estet,** Str. Grigore Alexandrescu 7, Tel. 650 51 96.

In diesem Führer wird auf exakte Angaben zu **Abfahrtszeiten von Bussen und Zügen** verzichtet. Der Grund: Die Pläne werden zurzeit mehrmals jährlich geändert. Neben den wechselnden Sommer- und Winterplänen gibt es immer wieder auch zahlreiche außerplanmäßige Veränderungen. Eine Auflistung macht demnach keinen Sinn. Der Autor wird ab Juli 2010 auf seiner Webseite **www.rumänien-reiseführer.de** aktuelle Fahrpläne und Abfahrtszeiten angeben. Informationen zu Abfahrtszeiten von Bussen erhält man auch unter www.autogari.ro, Zugauskünfte unter www.mersultrenilor.ro.

Apotheken (alle nonstop)

- **Amzei,** Str. Piața Amzei 10–22, Tel. 303 85 79.
- **Magheru,** B-dul Nicolae Bălcescu 7, Tel. 212 49 23.
- **Gara de Nord,** Str. Gara de Nord 2, Tel. 212 72 54.
- **Homöopathische Apotheke: Farmacia Help-Net,** Str. Mihai Bravu 112.

Mobilität

Zu diesem Abschnitt siehe auch eingangs des Kapitels den Punkt „Orientierung“.

Flughafen

Bukarest hat zwei Flughäfen. Der frühere Flughafen Otopeni wurde renoviert und heißt nun Aeroportul Henri Coandă. Der zweite Flughafen heißt Aeroportul Băneasa.

- Der **internationale Aeroportul Henri Coandă** liegt 17 km nördlich vom Bukarester Zentrum an der DN1. Tel. 201 40 00, 204 10 00, Fax 201 49 90, www.otp-airport.ro, otp@otp-airport.ro. Vorab: Von der Innenstadt bis zum Flughafen benötigt man zur Hauptverkehrszeit zwischen 90 und 120 Minuten. Dies sollte man in seiner Zeitplanung bedenken. Besonders freitags rechtzeitig losfahren! Seit 2007 gibt es im Flughafengebäude endlich eine sehr gute Information über eingehende und abgehende Flüge, Buslinien und Hotels sowie einen Infostand der Firma **Fly Taxi,** die die einzigen offiziellen Taxis in die Innenstadt betreibt. Die Fahrt mit Fly Taxi (Schriftzug außen deutlich zu sehen!) kostet 20–25 Euro in die City. Info-Tel. 9440. Alle anderen Taxis sind meist total überteuert.

Im Erdgeschoss fährt der **Bus 783** wochentags alle 15 Minuten, am Wochenende alle 30 Minuten in die Innenstadt. Dieser Bus ist die billigste Variante, um in die City zu kommen. Die Tickets können nicht mehr beim Fahrer erworben werden! Der Fahrkartenschalter ist täglich von 6:15–21 Uhr geöffnet. Achtung: Für den ersten Bus um 5:30 Uhr und für den letzten Bus um 23 Uhr müssen Karten vorab in einem Reisebüro erworben werden!

Einige wenige Luxushotels, wie das Marriott und das Athéneé Palace, bieten einen kostenlosen **Shuttle-Service** an. Es stehen auch Limousinen und Minivans zur Verfügung (Kosten zwischen 40 und 60 Euro). Infos unter www.starlimoservices.com.

- Über den **Aeroportul Băneasa** werden vor allem nationale Flüge (sehr wenige internationale) abgewickelt. Er liegt 10 km nördlich vom Zentrum an der Straße nach Ploieşti und ist der ältere der beiden Bukarester Flughäfen. Tel. 232 00 20. Das **Bus-Terminal** für Fahrten in die City liegt nicht mehr am Vorplatz, sondern seit 2007 etwa 50 Meter Richtung Straße, die erst zu überqueren ist, was (mit einigen Koffern) nicht ungefährlich ist, da hier keine Ampeln vorhanden sind. Die **Buslinien 335 und 131** fahren vom Terminal alle 30 Minuten in die City. Tickets müssen vorab am Kiosk in der Busstation erstanden werden und kosten 1–2 Euro. Vom Flughafen fahren auch 535-Maxi-Taxis in die City. Tickets werden hier beim Fahrer gekauft.

Drei Fluggesellschaften

- **Lufthansa,** B-dul Gheorghe Magheru 18, Tel. 315 75 75, www.lufthansa.ro, lufthansa@softnet.ro.
- **Swissair,** B-dul Gheorghe Magheru 18, Tel. 212 57 74, www.swissair.ro, mail@swissair.ro.
- **Austrian Airlines,** B-dul Gheorghe Magheru 16–18, Tel. 312 05 45, www.aua.com, allbuhto@qaua.com.

Inlandsflüge

- Achtung: Die Rückflüge mit der Fluggesellschaft **TAROM** sollten ca. 24 Stunden vor Abflug bestätigt werden, da Flüge ab Bukarest häufig überbucht sind. Die Telefonnummer lautet 317 44 44.
- Vom Flughafen Băneasa werden regelmäßig **folgende rumänischen Städte** angeflogen: Timişoara, Iaşi, Baia Mare, Bacău, Sibiu, Cluj-Napoca, Oradea, Suceava, Satu Mare, Târgu Mureş und Consţanta.

rum199 Foto: jr

Architektonische Symbiose aus Alt und Neu – Gebäude am Platz der Revolution

Bahn

Nationale und internationale Züge enden/starten am zentralen Bahnhof **Gara de Nord.** Von hier lassen sich die anderen Stadtteile bequem mit Metro, Bus oder Straßenbahn erreichen. Einige lokale Züge enden auch an dem nordwestlich gelegenen bzw. eine Metro-Station entfernten **Gara Basarab.**

Air Force Museum

2008 wurde im Norden von Bukarest ein Air Force Museum (Hangar und Außenbereich) eröffnet. Es befindet sich in der Str. Fabrica de Glucoza Nr. 2–4, die man nach einem kleinen Spaziergang von der Endstation der Metro M 2 (Station Pipera) leicht erreichen kann. Weitere Infos unter Tel. 232 04 04 und im Internet: www.roaf.ro.

Von Bukarest aus zirkulieren **sechs verschiedene Zugarten** in die verschiedenen Regionen Rumäniens: *Personal, Accelerat, Rapid, Intercity, Săgeata Albastră* (Blauer Pfeil) und der *Trenul Soarelui* (Abendzug). Letzterer fährt nur in den Sommermonaten von Bukarest aus zur Schwarzmeerküste. Die Sauberkeit der Züge, vor allem der Toiletten, entspricht nur im Intercity, Săgeata Albastră und Trenul Soarelui westeuropäischen Standards.

Intercity-Züge fahren von Bukarest mehrmals täglich in folgende Städte: Arad, Bacău, Bicaz, Braşov, Cluj-Napoca, Consţanta, Craiova, Galaţi, Iaşi, Oradea, Sibiu, Sighişoara, Suceava, Târgu Mureş, Timişoara und Tulcea.

Die **Agenturen der CFR** (der rumänischen Eisenbahn) befinden sich an folgenden Stellen:
- Str. Ion Brezoianu 10–14, Tel. 222 64 83 (für internationale Fahrten), Tel. 313 26 43 (für Fahrten im Inland).
- B-dul Ferdinand 96, Tel. 252 94 57.
- B-dul Nicolae Grigorescu 2, Tel. 340 35 30 und 340 53 00.
- B-dul Obregia 25–29, Tel. 460 96 00.
- Şos. Griviţei 139, Tel. 212 89 47 (für internationale Fahrten).

Busse und Straßenbahnen

Busse, Trolley-Busse (Oberleitungsbusse) und Straßenbahnen verkehren **von morgens 5 Uhr bis 23 Uhr.** Tickets oder Magnetstreifen-Karten können an allen gelb gestrichenen Kiosken mit dem RATB-Logo gekauft werden. Diese befinden sich an allen großen Kreuzungen oder in der Nähe von Busstationen. Nach dem Besteigen eines Busses ist das Ticket zu entwerten, indem man es in die kleinen Entwerter schiebt und dann mechanisch locht (am besten einmal zeigen lassen!). Die Kontrolleure erkennen am Muster der Lochung, ob die Karte aktuell und damit gültig ist. Ticket also gut aufbewahren. Nähere Informationen erhält man auch unter **www.ratb.ro.**

Auf drei Linien verkehren **Express-Busse** (Trasee-Express), die **nicht an jeder Haltestelle stoppen:**
- **Linie 781** vom Piaţa Reşiţa bis zum Piaţa Victoriei.
- **Linie 783** vom Piaţa Unirii zum Flughafen Henri Coandă.
- **Linie 784** vom Piaţa de Gros zum Piaţa Victoriei.

U-Bahn

Die seit 1979 bestehende U-Bahn (Metro) **verbindet** mittlerweile **alle wichtigen Stadtbereiche.** Als Ticket-Alternative bestehen zwei Möglichkeiten: Entweder man erwirbt eine Magnetkarte für zwei Fahrten oder eine Streifenkarte für 10 Fahrten. Ohne Magnetkarte ist der Zutritt in den U-Bahn-Bereich nicht möglich. Die Bahnen verkehren **zwischen 5.30 und 23.30 Uhr.** Die Internetseite www.metrorex.ro bietet einen aktuellen Plan und nähere Informationen zu Metrostationen und Fahrzeiten.

Autovermietung

- **Avis,** Str. Mihail Moxa 9, Tel. 210 43 45, www.avis.ro.
- **Budget,** Str. Polonă 35, Tel. 210 28 67, www.budget.ro.
- **Compact,** B-dul Niculae Titulescu 1, Bl. A7, Ap. 16, Tel. 312 98 57, www.compact-rentacar.ro.
- **Europcar,** Str. Calea Călăraş 46, Tel. 320 85 54, www.europcar.com.
- **Hertz (AAA Autorent),** Str. Ion Bianu 347, Tel. 222 12 56, reservations@hertz.com.ro.
- **Sixt,** Str. Cloşca şi Crişan 17, Tel. 233 22 22, www.sixt.ro.
- **Top Cars,** B-dul Dimitrie Cantemir 1, Tel. 331 15 55, www.topcars4rent.com.

Taxis

Seit 2001 dürfen nur noch **lizenzierte Fahrer** Gäste befördern. Fahrten ohne oder mit nicht funktionierendem **Taxameter** sollten nicht angetreten werden. Die Fahrtkosten liegen je nach Tages- oder Nachtzeit zwischen 1 und 1,5 RON/km. Eine Taxifahrt zum oder vom Flughafen in die City kostet auf keinen Fall mehr als umgerechnet 20 Euro. Die meisten Taxis lassen sich telefonisch direkt bestellen. Empfehlenswert sind folgende **Gesellschaften:**

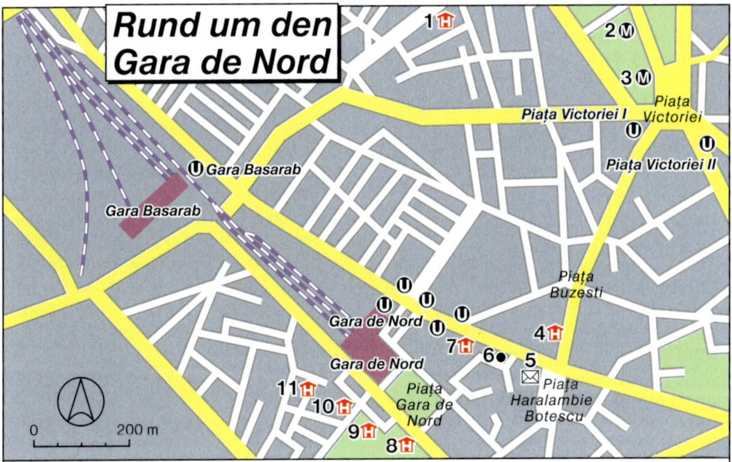

- 1 Irisa
- 2 Museul Țăranului (Bauernmuseum)
- 3 Museum Grigore Antipa
- 4 Marna
- 5 Post
- 6 CFR (Fahrkartenverkauf)
- 7 Ibis
- 8 Astoria
- 9 Cerna
- 10 Andy
- 11 Villa 11

Taxifahrten in Bukarest

Bei Taxifahrten in Bukarest sind höchste Aufmerksamkeit und Entschlusskraft gefragt! Selbst mit den seriösen Fly Taxis kann man Überraschungen erleben. Achten Sie unbedingt darauf, dass das Taxameter eingeschaltet ist, insbesondere bei längeren Fahrten (nach Mogoșoaia zum Beispiel). Sonst wird aus einem vorher geschätzten Preis von maximal 50 RON schnell ein ausgemachter Preis von 50 Euro! Und immer kleine Scheine dabeihaben, damit Sie nicht auf das Wohlwollen des Taxifahrers beim Wechseln angewiesen sind!

- **Cristaxi,** Tel. 9461, 9421, 9466
- **Leone,** Tel. 9425
- **Fly Taxi,** Tel. 9440, 9441
- **Meridian,** Tel. 9444, 9888

Unterkunft

Zu Hotels rund um den Gara de Nord siehe auch die entsprechende Karte.

Hotels in der Nähe des Flughafens Henry Coandă

In unmittelbarer Nähe des Flughafens haben sich in den letzten Jahren zahlreiche neue Hotels niedergelassen. Für betuchte

Kurzbesucher Bukarests sind einige davon eine echte Alternative zu den oft noch teureren Hotels in der Innenstadt.

•**Airport Golden Tulip** (****), nur 1 km vom Flughafen entferntes Luxushotel. Gutes Restaurant und schöne Fitnessräume. EZ 158 Euro, DZ 179 Euro, Suite 207 Euro, Executive 199 Euro, Frühstück und Tax inkl.

•**Hotel Confort** (***), ebenfalls nur 1 km vom Flughafen entferntes Hotel mit relativ vernünftigen Preisen. EZ/DZ 65 Euro, Suite 120 Euro, Junior Suite 80 Euro, Frühstück 6 Euro. Buchbar über Omega Tour, Tel. 9697, mobil 0725-15 15 15.

•**RIN Hotel** (***), 2007 eröffnetes Wellnesshotel mit Spa-Bereich. Ideal zum Ausspannen oder für eine Massage zwischen zwei Flügen. EZ/DZ 89 Euro, Suite 149 Euro, Junior Suite 109 Euro, Frühstück 8 Euro.

•**Grand Hotel RIN (****),** benachbartes Komforthotel mit 600 Zimmern. EZ 99 Euro, DZ 110 Euro, Suite 125 Euro, Frühstück 9 Euro.

Hotels (5 bis 2 Sterne)

•**Athénée Palace Hilton** (*****), Str. Episcopiei 1–3, Tel. 303 37 77, Fax 315 38 13, www.hilton.com, Hilton@hilton.ro. Wer sich im 1914 erbauten und 1995 vollständig renovierten und modernisierten Haus einquartiert, hat den Vorteil, direkt im Stadtzentrum zu loggieren (unmittelbar am Piața Revoluției). Sommer-Garten, Casino, Englische Bar etc. Zimmerpreise ab 180 Euro aufwärts.

•**InterContinental** (*****), B-dul Nicolae Bălcescu 4, Tel. 310 20 20, Fax 312 04 86, www.intercontinental.com, bucharest@interconti.ro. Das unübersehbare „Luxushotel" wirbt neuerdings gerne mit seiner Lage im Studentenviertel. Nun, dann sollten auch die Preise dementsprechend auf Studentenniveau gesenkt werden. Die Betonbettenburg bietet 3 Restaurants, renovierte Zimmer, Fitness-Center und Swimmingpool in der City von Bukarest. Zimmerpreise ab 150 Euro aufwärts.

•**Howard Johnson Grand Plaza** (*****), Calea Dorobanților 5–7, Tel. 201 50 55, Fax 201 18 88, www.hojoplaza.ro. Das Plaza ist eines der höchsten Hotels der Stadt und bietet in seinen oberen Etagen eine spektakuläre Aussicht. Zimmerpreise ab 140 Euro aufwärts.

•**K+K Elisabeta** (****), Str. Slanic 26, Tel. 311 86 31, Fax 311 86 32, www.kkhotels.co.ro, hotel.elisabeta@kkhotels.co.ro. Seit Januar 2006 gibt es dieses sehr elegante Hotel in avantgardistischem Design mitten in Bukarest. Mit 67 Zimmern zählt es zu den „kleineren" neuen Hotels in der Stadt und setzt auf Klasse statt Masse. Von der Sauna bis zum Internetanschluss findet man hier alles, was das Herz begehrt. In dieser Preisklasse eines der besseren Häuser. Zimmer sind hier am Wochenende billiger zu haben. Zimmerpreise ab 160 Euro aufwärts.

•**Lido** (****), B-dul Gheorghe Magheru 5–7, Tel. 314 49 30, Fax 312 65 44, www.lido.ro, hotel@lido.ro. Das altehrwürdige, 1930 erbaute Lido-Hotel wird der Besucher der Stadt sicherlich mehrmals während einer Tour durch die Stadt zu sehen bekommen. Es steht mitten an einem der belebtesten und meistbefahrenen Boulevards der Stadt, weshalb man die Zimmer von 1993–1996 auch mit Schallschutzfenstern ausgestattet hat. Vom Jacuzzi bis zum Swimmingpool bietet das Haus jeglichen Komfort. Zimmerpreise ab 100 Euro aufwärts.

•Zentraler geht's kaum. Gleich gegenüber dem InterContinental-Tower liegen die **Comfort Suites** (****) am B-dul Nicolae Bălcescu 16, Etage 2–3, Tel. 310 28 84, Fax 310 28 87, www.comfort-suites.ro, office@comfort-suites.ro. Da die Suiten nicht nur wesentlich günstiger als die Bettenburg gegenüber sind, sondern auch etwas „familiärer" (in einem Wohnhaus gelegen), stellen sie eine gute Alternative für alle dar, die direkt in der City wohnen möchten. Preise von 100–150 Euro (alle Zimmer mit Balkon und Blick zur Stadt, Fernseher, Klimaanlage).

•**Hotel #7** (****), Str. Aurel Vlaicu 20, Tel. 211 69 84, Fax 211 65 26, www.hotel7.ro. Der eigenartige Name dieses sehr neuen kleinen Hotels ist kein Schreibfehler des Autors (obwohl man die Raute nicht mitliest). Leider ist dieses schöne Kleinod mit 150 Euro für ein Zimmer sehr teuer. Doch anscheinend besteht weiterhin großer Bedarf an luxuriös ausgestatteten Hotels in der Innenstadt. Nur 500 m vom Piața Romana entfernt bietet das Hotel neben Jacuzzi, Internet, Massagen und Pay-TV auch eine eigene Autovermietung an.

● **El Greco** (****), Str. Jean Louis Calderon 16, Tel. 315 81 41, Fax 315 88 98, www.hotelgreco.ro, office@hotelgreco.ro. Das Greco ist eines der ganz wenigen Bukarester Hotels, die noch im eklektischen Stil der Jahrhundertwende erhalten geblieben sind. Man findet das schöne Haus aus dem Jahr 1896 an der Ecke der Str. Diana ganz in der Nähe des B-dul Carol I. Auch das Restaurant Rodon atmet den Geist der alten Zeit. Leider setzt die Geschäftsleitung etwas zu sehr auf verstaubten Retro-Look zu überzogenen Preisen. Aber Anschauen kostet ja nichts. Zimmerpreise ab 160 Euro aufwärts.

● **Phoenicia** (****) am B-dul Alexandru Şerbănescu 87. Mit 322 Zimmern und 21 Appartements misst sich das Hotel architektonisch an den Vorbildern in Las Vegas. EZ ab 90 Euro aufwärts.

● Eine wirkliche Überraschung bietet das schmalste Hotel Rumäniens, das **Rembrandt** (***) in der Str. Smârdan 11 (Lipscani-Viertel), Tel. 313 93 15. Die sehr modern eingerichteten Zimmer sind zwar nur zwischen 12 und 26 m² groß, aber meistens ausgebucht, obwohl die Preise nicht gerade als schlank zu bezeichnen sind. EZ/DZ in der Business Class 135–143 Euro, Standardklasse 105–113 Euro, Touristenklasse (12 m²) 83–91 Euro. Das Hotel wird von Lesern sehr empfohlen. Der Besitzer hat neben dem Hotel ein Bar-Café namens Van Gogh eröffnet.

● Von einem Stadtführer unter die besten 30 Hotels der Stadt gewählt (Platz 21) wurde das **Mioriţa** (***). Das kleine Hotel in der Str. Lipscani 12 (Tel. 312 03 61, Fax 312 03 28, www.hostel-miorita.ro) schaut man sich am besten erst einmal im Internet an, da die Einrichtung (getigerte Tagesdecken) nicht jedermanns Geschmack treffen dürfte (Bilder der Zimmer sind unter der Rubrik „Gefolge" zu sehen). Der Zimmerpreis liegt bei 65 Euro aufwärts.

● **Herăstrău** (***), Str. Nordului 7–9, Tel. 232 96 66, Fax 203 99 23, www.herastrau.ro, hotel@herastrau.ro. Wer nicht unbedingt Wert darauf legt, im Stadtzentrum zu wohnen, kann seit Ende 2005 im Herăstrău Hotel am gleichnamigen See inmitten eines weitläufigen Parks übernachten. Vom sehr ruhig gelegenen Hotel sind es nur 20 Min. zu den beiden Flughäfen der Stadt. EZ ab 75 Euro.

● **Ibis** (***), Calea Givriţei 143, Tel. 300 91 00, EZ/DZ 65–85 Euro. 2007 renoviert, Preis-Leistungsverhältnis in Ordnung.

● **Cerna** (***), B-dul Dinicu Golescu 29, Tel. 311 05 35. EZ 75–105 Euro, DZ 120–180 Euro. Nach der Renovierung im März 2008 ist ein Preisaufschlag von 20% zu erwarten.

● **Andy** (***) (früheres Hotel Bucegi), Str. Witing 2, Tel. 212 71 54. EZ 79–90 Euro, DZ 99 Euro, Frühstück 9 Euro. Renoviertes Hotel.

● **Caro Club** (**), B-dul Barbu Văcărescu 164, Tel. 208 61 00, Fax 208 61 01. Am Rande des Tei-Sees in Bukarests Norden gelegen, empfiehlt sich das sehr freundliche Hotel nicht nur für alle, die morgens schnell zum Flughafen möchten (20 Min.). Das Hotel hat drei verschiedene Sektionen von 2 bis 4 Sternen. Das günstigste Zimmer kostet 55 Euro (EZ), DZ sind ab 65 Euro zu haben.

● **Euro** (**), Str. Gheorghe Polizu 4, Tel. 212 88 39, Fax 212 83 60, www.eurohotels.ro. Wer ein Zimmer in der Nähe des Nordbahnhofs sucht, sollte einmal im sauberen und gepflegten Hotel Euro vorbeischauen. Die hellen Zimmer sind gerade einmal 500 m vom Bahnhof entfernt, allerdings aufgrund der Lage nicht gerade billig für ein 2-Sterne-Haus. Ab 75 Euro (Single Standard), ab 70 Euro (Tineret Single).

● **Hotel Siqua** (**), Calea Plevnei 59A, sector 1, Tel. 319 51 60, www.hotelsiqua.ro. Dieses nicht zentral gelegene, aber gute Hotel ist die Empfehlung eines Lesers. Der Preis für ein DZ liegt bei ca. 90 Euro. Das Frühstück sei gut, das Hotel sehr ruhig und sauber.

● **Irisa** (**), B-dul Banu Manta 24, Tel. 223 49 65. EZ/DZ 80 Euro (überteuert).

● **Astoria** (**), B-dul Dinicu Golescu 27, Tel. 212 66 54. EZ 60 Euro, DZ 80 Euro (zu teuer).

Budget-Hotels

● **Hotel Carpaţi,** Str. Matei Milo 16, Tel. 315 01 40, www.hotelcarpatibucuresti.ro. Sauberes, empfehlenswertes Hotel direkt im Zentrum am Cişmigiu-Park mit 39 Räumen. EZ ab 40 Euro, je nach Ausstattung bis 80 Euro.

• Das **Cameliei** (**) in der Str. Cameliei 37 (Tel. 0788-776 456, Fax 318 37 26) liegt im Sector I, unweit des Piața Matache. Die sehr einfachen Zimmer (26 m²) gehören mit 35 Euro für das EZ und 42 Euro für das DZ (30 m²) zu den Schnäppchen in Bukarest, die leider in der Hauptstadt immer seltener werden. Auf www.hotel-cameliei.ro kann man einen Blick auf die Betten werfen. Das Hotel wurde von einigen Lesern sehr empfohlen.
• **Marna** (*), Str. Buzeşti 3, Tel. 310 70 74, Fax 310 70 76. Das Marna hatte vor einigen Jahren einen furchtbaren Ruf als Billigabsteige. Mittlerweile sind alle Zimmer renoviert, und da sie nach wie vor nur 200 m vom Gara de Nord entfernt sind, wieder eine Alternative zum Übernachten im Park. EZ 21–23 Euro, DZ 32–34 Euro, (mit eigenem Bad 51 Euro, Dreibett-Zimmer 46 Euro (Handeln ist absolut sinnvoll, vor allem in der Nebensaison). Eine Leserin wies auf den sehenswerten Markt in der Str. Buzeşti hin (vom Marna rechts über die Straße, dann 100 Meter halb links einbiegen; hier gibt es preiswertes und gutes Essen sowie günstige Kleider).

Pension

• **Pensiunea Casa Verde** (**), Tel. 319 06 81, Fax 319 06 79, www.casaverdestar.tk. Das sehr schöne Holzhaus liegt mitten im Baneasa-Wald an der Aleea Teişani 70. Es bietet 11 Zimmer mit Bad und 3 Küchen. Im Sommer

Wohnen und Übernachten in Bukarest – Empfehlungen des Autors

1.) Da die Preise für Hotels oder so genannte Pensionen in Bukarest oft maßlos überzogen sind und sich neue Luxushotels fast ausschließlich an solvente Geschäftsreisende wenden, sollte man in der Hauptstadt andere Wege gehen, um an schöne, gepflegte und günstige Zimmer zu kommen. Für 25–30 Euro pro Tag bieten **Kurzzeit-Vermieter** Zimmer tage-, wochen- oder monatsweise an. Der Preis vermindert sich entsprechend der Länge und ist oft (besonders zur Nebensaison) frei verhandelbar. Hier einige der Anbieter:

• **Unid,** B-dul Corneliu Coposu 3, Tel. 320 80 80, www.unid.ro, office@unid.ro.
• **RomVision,** Str. Maximilian Poperstr. 30, Gebäude F6, Eingang 2, Tel. 322 65 33 (Mo. bis Fr 9–18 Uhr, Sa./So. 10–14 Uhr), mobil 723 859 437 (24 Std.), Fax 326 15 96, office@romvision.ro. Achtung: Reservierungen werden nicht telefonisch angenommen!
• **Bucharest Comfort Suites,** B-dul Nicolae Balcescu, www.bucharest-apartments.ro.
• **Elin,** www.elin.ro, Tel. 728 50 51 22, office@elin.ro, reservations@elin.ro.
• **Grand,** Tel. 0722-367 568, www.for-rent.ro, office@for-rent.ro.
• **Luxury,** Tel. 231 35 93, www.accommodation-bucharest.com, office@accommodation-bucharest.com.

2.) Wer mit Familie oder Freunden unterwegs ist, sollte sich die **Appartements von RomanianBeauty** einmal anschauen. Mitten im Stadtzentrum am Universitätsplatz oder am Cişmigiu-Park gelegene schöne 2- bis 3-Zimmer-Appartements sind hier für 80–100 Euro pro Tag zu haben. Auch für Alleinreisende machen die Appartements Sinn, vor allem wenn man länger in der Stadt bleibt. Die Wochen- bzw. Monatspreise sinken dementsprechend. Wer vorab eine Ansicht haben möchte, bekommt sie auf der Webseite www.romanian-travel-guide.com/acc-bucharest.php. Ansonsten erreicht man die Agentur, die auch persönliche Stadtführer vermittelt und Autos vermietet, unter athmossphere@yahoo.com oder Tel. 4072-724 87 95.

Grillmöglichkeiten. Kontakt: baneasaforest@home.ro. Ein Zimmer kostet 45 Euro, bei längerem Aufenthalt vermindert sich der Preis.

Jugendherbergen/Hostels

- **Villa 11,** meine Empfehlung für Rucksackreisende, denen ein Mehrbettzimmer nichts ausmacht und die notfalls auch etwas klettern können! Eine gute und freundliche Adresse für Traveller in der Hauptstadt. Das Hostel liegt etwas versteckt. Man geht rechts am City Casino und Andy Hotel entlang bis zu einem Durchgang (zwischen Haus 31 und 53). Dahinter liegt die Str. Institutul Medico Militar. Die Hausnummer 11 ist ca. 50 Meter entfernt, fast am Ende der Straße, hinten links. Das Suchen lohnt sich. Sauber und pittoresk. Die Besitzerin ist sehr hilfsbereit und kennt sich in Bukarest sehr gut aus. Gemeinschaftsraum 15 Euro, EZ mit eigenem Bad 25 Euro, DZ mit eigenem Bad 38 Euro, Kinder unter 12 Jahren zahlen nichts, Frühstück inkl., Fahrradverleih inkl., Flughafentransfer 28 Euro, Tel. 0722-495.
- **Butterfly Villa,** meine Empfehlung für Traveller in Bukarest! Str. Dumitru Zosima 82, www.butterfly-villa.com. Das große Plus dieser sehr sauberen Hostel-Villa mit drei Etagen ist die entspannte Atmosphäre und das freundliche, sehr hilfsbereite Personal, das auch ausgezeichnete Wegbeschreibungen gibt. Kostenloses Internet, geteilte und saubere Badezimmer. Das Hotel liegt etwa 30 Minuten (zu Fuß) vom historischen Zentrum entfernt. Sehr gute Anbindung an den Nordbahnhof. Ausgezeichnetes Frühstück von 7–13 Uhr.
- **Funky Chicken Hostel,** Str. Gen. Berthelot 63. 10 Min. vom Gara de Nord. Frauen und Männer schlafen im gemischten Gemeinschaftssaal ab 12 Euro.
- **Hostel Casa,** Str. Lugoj 52. Das Casa ist ebenfalls kaum 10 Min. vom Gara de Nord entfernt und wirbt mit folgendem kostenlosen Service: Kaffee, Mineralwasser, Gepäckaufbewahrung, Bettzeug, Küchenbenutzung etc. Auch hier kostet die Schlafgelegenheit ab 12 Euro.
- **Friendly Hostel,** diese Herberge ist eine Empfehlung der Besitzerin der Villa 11, die auch gerne nähere Informationen gibt, falls ihr eigenes Hostel ausgebucht ist. Das Hostel ist eine ganz neue Unterkunft in der Str. Vulcanescu 14. Die EZ-Preise liegen je nach Saison zwischen 25 und 35 Euro.
- **Elvis Villa,** Str. Avram Iancu 5, Tel. 312 16 53, www.elvisvilla.ro. Saubere, billige Unterkunft geht. Im „Elvis" trifft man nicht nur Traveller aus aller Herren Länder, sondern man bekommt auch alle Hilfestellungen, die man in einer Stadt wie Bukarest benötigt: kostenlose Stadtpläne, freien Internet-Zugang, DVD-Filme über die Stadt, Safedepot für die Wertsachen usw. Die Elvis Villa reduziert die Preise für Gruppen. Im Gemeinschaftsraum (5 bis 12 Betten) kostet ein Schlafplatz 8 Euro. Leider gibt es in der Elvis Villa keine Einzel- und Doppelzimmer mehr!

Essen und Trinken

Restaurants

- **Caru'cu bere,** Str. Stavropoleos 3–5, Tel. 613 75 60. In direkter Nachbarschaft der Stavropoleos-Kirche. Restaurant mit Geschichte und Flair, das häufig als Filmkulisse herangezogen wurde (Doua lozuri, Telegrame). Live-Musik, Probieren: *Sărmăluțe cu Mămăliguță, Pui cu Sos dobrogean, Crenvurst cu Hrean.* Einige Leserkritiken wegen fadem, uninspiriertem Essen!
- **La Mama 1,** B-dul Barbu Văcărescu 3 (Ecke Ştefan cel Mare), Tel. 212 40 86, www.lamama.ro (bietet auf seiner Website ein Rezept des Tages und die Möglichkeit zur Reservierung). Das La Mama ist mittlerweile eine Institution in Bukarest. Klingt zwar nach Pizza & Pasta, bietet aber ausgewählte traditionelle rumänische Küche, „wie bei Mama" eben. Exzellente Qualität, große Portionen zu erträglichen Preisen. Nicht-Raucher-Sektion. Es gibt auch einige Ableger: **La Mama 2,** Delea Veche 51 (Ecke Calea Călăraşi), Tel. 320 52 13; **La Mama 3,** Str. Episcopiei 9 (neben dem Athenäum), Tel. 312 97 97.
- **Smart's,** Str. Alexandru Donici 14, Tel. 211 90 35. Sehr gute Küche, große Bar, kleine Sommerterrasse. Viele Bukarester behaupten, sie würden sich im gemütlichen, nicht überladenen Ambiente wie zu Hause fühlen. Sehr angenehm: Auf Wunsch bekommt man

Bukarest – die Hauptstadt

rum206 Foto: jr

auch halbe Portionen. Tipp: alle Penne-Gerichte.

● **Monaco Lounge Café,** Str. Covaci 16, Tel. 314 00 79. Ein völlig neues französisches Restaurant ist heute anstelle des ehemaligen Cafeneaua Veche entstanden. Guter Service zu fairen Preisen in schönem, klarem Ambiente. Kleine Terrasse, manchmal dezente Live-Musik. Preisbeispiele: Entenfilet *(Filet de rața)* 48 RON, Crevetten und Spargelsoufflé *(Soufflet de creveți și sparănghel)* 42 RON.

● **Mica Elvetie,** Str. Caragiale 36, Tel. 210 41 77. Schweizer Restaurant der Extraklasse. Tipp: *Șnițel de vitel cu Sos de vin și ciuperci.* Englisch-/deutschsprachige Webseite mit Rezeptideen: www.micaelvetie.ro.

Musikanten spielen zu einer Taufe in der Innenstadt auf

● **Il Gattopardo Blu,** Calea Victoriei 115, Tel. 212 78 86. Wer einmal sehr elegant in einem Gebäude aus dem Jahr 1889 speisen möchte, sollte den „Blauen Leoparden" besuchen. Die Möbel des Salons wurden in Wien hergestellt, das Essen ist jedoch italienisch inspiriert. *Prosciutto di Parma, Mozzarella Caprese* und *Filetto al Gorgonzola* in edlem Interieur – etwas teuer.

● **Hanul lui Manuc,** Str. Franceză 62–64, Tel. 313 14 15. 2009/10 wurde die einzige erhalten gebliebene Karawanserei Bukarests frisch renoviert und herausgeputzt. Nun wird sich zeigen, ob dieses traditionsreiche Gasthaus seinen schlechten Ruf (müder Service und durchschnittliches Essen) abschütteln kann. Allerdings sollte man das sehr interessante Gebäude auf jeden Fall gesehen haben.

● Ein Sommertipp ist das **Zafferano** in der Str. Popa Savu 29 (in der Nähe des Flieger-Denkmals), Tel. 222 72 10. Auf der völlig umgrünten Terrasse fühlt man sich wie in einem

Garten. Das mäßige Essen muss mit Dauerdiscounts beworben werden (Sa./So. 50%!). Doch im Sommer reicht auch ein kühler Drink im Grünen. Mo. bis So. 11–1 Uhr.

● **Cucina,** Av. 13. Septembrie 90, Tel. 403 19 02. Rustikale italienische Atmosphäre. Live-Musik möglich. Erstklassige Bedienung und das wohl beste Tiramisu der Stadt. Tipp: *Friptură de Vită in Sos Gorgonzola.*

● **Mythos,** Str. Costache Negri 28 (nahe der Oper), Tel. 410 23 76. Griechische Spezialitäten in ganz in Rot gehaltenem Ambiente. Gut und günstig.

● **Becker Bräu,** Calea Rahovei 155, Tel. 335 56 48. Filtriertes und unfiltriertes Bier aus eigener Brauung, Bockwurst mit Sauerkraut, Weißwurst mit Süßsenf und Weißbier – kurzum: deutsche/bayerische Spezialitäten, die sonst wohl nirgends in Bukarest zu bekommen sind. Bedienung in passendem bayerischem Outfit in riesigem Bierkeller. Die Stimmung steigt vor allem abends.

● **Jade,** Str. Mendeleev (Piaţa Amzei), Tel. 223 46 08. *Mr.* und *Mrs. Wu* präsentieren authentische chinesische Küche zu leicht überhöhten Preisen.

● **Bolta Rece,** Str. Emanoil Porumbaru 62, Tel. 222 72 58. Das bereits 1889 gegründete Restaurant kann sich leider nicht mit seinem berühmten Namensvetter in Iaşi messen. Man sollte sich also nicht vom großen Namen beeindrucken lassen, falls man sich in der rumänischen Restaurant-Historie auskennt. Ein wenig steifes Ambiente, die Küche ist aber in Ordnung. Typisch rumänische Kost, z.B. *Ficatul de Găsca cu Sos Franţuzesc.*

● **Decebal,** B-dul Decebal 17, sector 3, Tel. 321 67 00, mobil 0723-515 009. Ein Leser empfahl dieses Restaurant, in dem eine Gruppe von 15 Personen die Hauptspeisen testete. Alle Speisen waren sehr empfehlenswert und kosteten im Schnitt 15 RON. Zum gleichen Preis ist eine Karaffe mit sehr gutem Rotwein erhältlich. Verzehrtipps: Forelle mit Polenta oder Pfeffersteak.

Teehaus

● Der Tipp des Autors für einen kleinen ruhigen Zwischenstopp im hektischen Betrieb des Bulevardul Magheru ist das **Cărtureşti.** Es liegt in der Nähe des Piaţa Romană etwas vom B-dul Magheru zurückversetzt in der Str. Pictor Verona 13, Tel./Fax 311 06 46. Eigentlich ist das Cărtureşti ein Kulturhaus mit angegliederter Buchhandlung. Es ist der ideale Ort, um Kulturschaffende, Literaten, Künstler und Kunstinteressierte kennen zu lernen, um einfach einen Grünen Tee zu trinken oder sich die neuesten Interpreten der rumänischen Musikszene anzuhören (Musikabteilung mit Kopfhörern).

Cafés/Bars/Bistros

● **Edgars Pub,** Str. Edgar Quinet 9, Tel. 314 18 43. Der zentral gelegene, berühmte englische Pub ist abends immer voll, so dass man ihn ruhig tagsüber aufsuchen sollte. Gute Weine, auch Imbisse: Omelettes, Pfannkuchen, Gegrilltes und Salate. 10–2 Uhr.

● **IO – Coffee Bar,** Str. Demetrie Dobrescu 5. Die hübsche, kleine Italo-Bar unweit des Revolutionsplatzes ist vor allem abends einen Besuch wert. Erstklassiger Service und wunderbare Stimmung garantiert. Der Espresso soll einer der besten der Stadt sein.

● **Die Deutsche Kneipe,** Str. Stockholm 9, Tel. 679 23 63. Wer es absolut nicht mehr ohne deutsche Gemütlichkeit aushält und die deutsche Küche vermisst, kann es ja mal hier versuchen. Mo. bis Sa. 17–24 Uhr, So. geschlossen.

● Es tut sich was im völlig neu restaurierten historischen Lipscani-Viertel. So öffnete das **Café Market 8** im Juni 2006 seine Pforten, ein Café, das auf drei Etagen die Möbelstücke der besten Designer der Stadt ausstellt. Probieren: *La Dolce Triest,* Vanille-Eis mit Milchkaffee und schwarzer Schokolade. Str. Stavropoleos 8, Tel. 313 41 67, Mo. bis Sa. 8–21 Uhr, So. geschlossen.

● Auch das **Kartell Café** wertet das alte Handelsviertel Lipscani seit Juni 2006 auf. Die Maxime: Luxusausstattung bis zum Abwinken. Edle Hölzer, guter Kaffee und nette Bedienung. Str. Smârdan 7, Tel. 0721-406 885.

● **Segafredo Expresso Bar,** im Orhideea-Einkaufszentrum in der Şoseaua Vergului 20. Über 14 Arten Kaffee, frischer Kuchen und Croissants. Mo. bis So. 9–21 Uhr.

● **Caffe&Latte,** B-dul Schitu Măgureanu 35 (neben der Wein-Bar), Tel. 314 28 00. Leckerer Kuchen, viele Teesorten, sehr guter Kaffee und Milchshakes sowie exzellente heiße Schokolade.

●**Amsterdam Grand Café,** Str. Covaci 6, (Lipscani-Viertel), Tel. 313 75 80, www.amsterdam.ro. Das „Café" ist alles in einem, also ebenso Bar, Restaurant und unten auch Tanzschuppen. Musik von *Aretha Franklin* bis *Aerosmith*. Lecker vom Gazpacho bis hin zum Irish Coffee. (Dass die Bilder an den Wänden nicht aus Amsterdam, sondern Rotterdam stammen, merkt eh keiner.)

●**Picasso Café,** Str. Franceză 2–4, Tel. 312 15 76. Morgens Kaffee und abends Cocktails. Verrückte Atmosphäre, sehr freundliche Bedienung. Mo. bis Sa. 8 Uhr bis zum letzten Gast, So. ab 12 Uhr.

●**Bistro Café Royal,** Str. Episcopiei 1–3, Tel. 303 37 77. Das zum Hilton-Hotel gehörende Bistro schafft es, ein wenig französischen Charme in die City zu bringen. Leckere Baguettes, Brioches, Croissants und Kaffees.

●**Blues Café,** Calea Victoriei 16–20, Tel. 0723-520 643. Im kleinen Café in der Pasajul Villacrose lassen sich im Sommer auf den Korbstühlen draußen auf der Straße wunderbar die Sonnenstrahlen genießen. Gute Bluesmusik und Kaffee gibt es auch.

●**Champions,** Str. 13. Septembrie 90, Tel. 403 00 00. Die große, weitläufige Sports Bar im amerikanischen Stil ist etwas für Freunde der Live-Berichterstattung sportlicher Events mit zahlreichen Monitoren. Auf Wunsch gibt es anstelle von Hamburgern auch vegetarische Gerichte.

●Die **Pavillon Lounge** gehört ebenso wie das Champions zum Marriott Hotel, Str. 13. Septembrie 90. Exquisite Cocktail-Bar mit Piano-Live-Musik.

Abends unterwegs

Jazz

●**Green Hours 22 Jazz Café,** Calea Victoriei 120, Tel. 314 57 51, nonstop. Der beste Platz, um in Bukarest Jazz zu jeder Tages- und Nachtzeit zu hören. In der Zeit von 8 Uhr morgens bis 18 Uhr gibt es 25% Discount auf alle Getränke.

●**Art Jazz Club,** B-dul Nicolae Bălcescu 23a, Tel. 0722-589 058. An allen sieben Tagen der Woche bietet der Club Vollblut-Jazz. Gelegentliche Live Acts rumänischer Jazzgrößen von *Cristian Soleanu* bis *Maria Raducanu*.

Club/Disco

●**Salsa,** Str. Luterană 7–9, Tel. 0723-263 567. Für alle Latinofans von 22–5 Uhr täglich.

●**Cotton,** Calea Victoriei 48–50, Tel. 313 13 13. Das Cotton ist einer der größten und bekanntesten Tanz-Clubs der Stadt. Wie in vielen Clubs in Bukarest üblich, animieren Go-Go-Tänzerinnen die Gäste zu später Stunde. Nonstop.

●**Terminus,** Str. George Enescu 5, Tel. 211 28 52. Das Terminus liegt an der Kreuzung zur Calea Victoriei und gegenüber der Weißen Kirche (Biserică Alba).

●**Blue Night** und **Club Maxx** findet man im Complex Regie im Splaiul Independenţei 290. Die beiden Tanzschuppen sind die beliebtesten Studenten-Discos.

●**Space,** Strada Academiei 35–37, Tel. 0723-427 845. Über 800 Gäste sollen angeblich im Space Platz finden. Die Musikrichtungen reichen von Hip-Hop bis House. Der Disco-Club hat Air-Condition.

●**Cuando,** gleiche Adresse wie das Space, aber etwas kleiner und in rotem Schummerlicht gehaltener Edel-Tanzschuppen. Musik: eigentlich alles von Pop bis House.

●In der ruhigen Umgebung des Herăstrău-Parks liegt der **Disco Club Herăstrău** mit eigener Bar und rumänischem Restaurant. Die Disco startet gegen 22 Uhr. Klientel: rumänische Familienväter und ihre Begleiterinnen.

Kasinos

Seriöse Kasinos findet man in erster Linie **in den großen Hotels** der Stadt, im Marriott Bucharest Grand Hotel, Sofitel (Nevada), Grand Plaza (Queen) und im Athénée Palace Hilton. Die anderen Kasinos an den großen Boulevards kann der Autor nicht beurteilen. Zumindest sollte man den Geldbeutel nicht allzu gefüllt mitnehmen, falls man einmal in die folgenden Kasinos reinschauen möchte (alle nonstop):

Skulpturenreihe im Herăstrău-Park

- **Palace Casino,** Calea Victoriei 133.
- **Perla Princess,** B-dul Regina Elisabeta 9.
- **Mirage Casino,** B-dul Magheru 8–10.

Einkaufen

Shopping-Center

- **Bucureşti Mall,** Calea Vitan 55–59.
- **Carrefour Gallery Colentina,** Şoseaua Colentina 426.
- **Carrefour Orhideea,** Splaiul Independenţei 210.
- Einen relativ neuen **Carrefour** gibt es neben dem Unirea Shopping Center. Der Eingang liegt am B-dul I.C. Stratianu.
- **Esplanada,** Str. Vergului 20, www.cora.ro.
- **Home & Design Mall,** Calea 13. Septembrie 90.
- **Mario Plaza,** Calea Dorobanţi 172.
- **Plaza Romania,** B-dul Timişoara 26.

Fisch

- Das **Carrefour-Einkaufszentrum** hat die größte Auswahl an frischem Fisch.
- **No 1,** Fischmarkt in der Str. Ritmului.

Souvenirs/Antiquitäten

- **Hanul cu Tei,** Str. Lipscani 63–65.
- **Aureola,** B-dul Nicolae Bălcescu 34.
- **Da Vinci,** B-dul Calea Victoriei 118.
- **Galla,** B-dul 1. Mai (bemalte Möbel).
- **Dorobanţi Galleries,** Str. Tudor Ştefan 13 (Antiquitäten).
- **Totem,** Bucharest Mall, Calea Vitan 55–59.

Buchhandlungen

- **Cărtureşti,** Str. Edgar Quinet 9, Tel. 317 34 59, und Str. Arthur Verona 13, Tel. 212 1 22. Neben Büchern kann man sich hier auch rumänischer Musik oder der Bildsprache moderner Künstler hingeben.

rum209 Foto: jr

- **Librăria Noi,** B-dul Nicolae Bălcescu 18, Tel. 311 07 00. Hier gibt es die wohl größte Auswahl an Reiselektüre. Neben zahlreichen Bildbänden über Bukarest und Rumänien findet man hier die guten Dimap-Bergkarten sowie einige DVDs und Videos über Land, Kultur und Menschen.
- **Salingers,** Calea 13. Septembrie 90, Tel. 403 35 34, www.salingers.ro. Seit 2001 der größte englische Buchladen Rumäniens.
- **Micul Paris,** u.a. im Athénée Palace Hilton, Crowne Plaza und Intercontinental, Tel. 233 39 80.
- **Diverta,** Piața Unirii 1, im Unirea-Einkaufszentrum.
- **La Calu'Bălan,** Str. Halelor 3, Tel. 310 19 32.

Kinos

- **Hollywood Multiplex,** Bucharest Mall, Calea Vitan 55–59, Tel. 327 70 20, www.hmultiplex.ro.
- **Cinemateca,** Str. Eforie 2, Tel. 313 04 83.
- **Scala,** B-dul General Magheru 2–3, Tel. 211 03 72.

Kunstgalerien

- **Assemblage,** Calea 13. Septembrie 90, Tel. 403 36 04. Im schicken Ambiente der Einkaufsgalerie des Marriott-Hotels versucht man die neuesten Trends der rumänischen Kunst aufzuspüren. Das weite Feld reicht dabei von Malerei über Skulpturen und Keramik bis hin zu Goldschmiedearbeiten.
- **Baku Art Gallery,** Demetru Dobrescu 11, Tel. 307 29 77. Eine der bekanntesten Kunstgalerien der Stadt macht sich auch im Ausland für rumänische Künstler stark. Sehr schöne Glasarbeiten, Stiche und Skulpturen. Die bekanntesten Künstler sind hier *Dorin Lupea, Rodica Toth Poiata* und *Anton Ratiu.*
- **Galeria Orizont,** B-dul Nicolae Bălcescu 23A, Tel. 315 40 55, www.galeria-orizont.ro, Mo. bis Fr. 10–19, Sa. 10–16 Uhr. Die seit 1960 bestehende Galerie ist eine der größten Bukarests und widmet sich neben bekannten Künstlern wie *Vasile Rotaru* oder *Radu Daranga* auch aufstrebenden Talenten wie *Mihaela Schiopu* oder *Vasile Grigore.*
- **Galeria Nouă,** Str. Academiei 15, Tel. 313 551 11, Mi. bis So. 11–19 Uhr.
- **Galeria Simeza,** B-dul Magheru 20, Tel. 659 75 80, Mo. bis Sa 11–19 Uhr.
- **Val House,** Str. Gabroveni 24, Tel. 312 42 04, englischsprachige Webseite www.picturi.ro, Mo. bis Sa. 11–19 Uhr.

Bukarest für Kinder

- **Puppentheater Țăndărică,** Calea Victoriei, Tel. 211 40 14. Auf Deutsch bedeutet *Țăndărică* so viel wie „Holzsplitterchen", was darauf verweist, woraus die „Hauptakteure", die Spielfiguren dieses Theaters, bestehen. Das international renommierte Holzpuppentheater war bereits in kommunistischen Zeiten wegen seiner versteckt gespielten Proteste berühmt. Die Mischung aus Marionettentheater, Pantomime und Ausdruckstanz ist auch für nicht rumänisch sprechende Kinder und Erwachsene interessant.
- **Kindertheater Ion Creangă,** Piața Amzei, Tel. 212 85 90, www.teatrulioncreanga.ro. Als eine der Spielstätten mit der ältesten Kindertheaterabteilung (2005 feierte man 40-jähriges Jubiläum) ist es vor allem die intensive lebendige Atmosphäre, die hier auch die Jüngsten in den Bann zieht.
- **Herăstrău Park,** Șos. Kiseleff. Im größten Park Bukarests gibt es neben vielen Spielplätzen auch eine Go-Kart-Bahn und eine eigene Übungsbahn fürs Rollerbladefahren (Șos. Nordului 7–9).
- **Eislaufbahn Floreasca,** Str. Mircea Eliade 16, Tel. 230 12 15. Die nur in der Wintersaison geöffnete Eisbahn dient auch jungen Eishockeyfans als Spielstätte.
- **See im Cişmigiu-Park,** auch hier kann man im Winter Eislaufen. Doch der älteste Park Bukarests und sein See haben mehr zu bieten. Im Sommer ziehen in dieser ruhigen Oase Boote ihre Runden, und abseits des hektischen Betriebs gibt es jede Menge Rasenfläche zum Fußball- oder Volleyballspielen.
- **Circul Globus,** Str. Aleea Circului 15, Tel. 210 51 52. Der seit 1960 bestehende Bukarester Zirkus bietet in seinem Dauerzelt über 3500 Zuschauern Platz. Nachmittags finden auch spezielle Kindervorstellungen statt.

●**Astronomisches Observatorium,** Observatorul Astronomic din Bucureşti, B-dul Lascăr Catargiu 21, Tel. 212 96 44, Mo. bis So. 9–22:30 Uhr. Bietet nach Vorabsprache auch Führungen für Kinder an.

●**Jahrmarkt im Jugendpark Parcul Tineretului,** Metrostation Tineretului, Mo. bis So. 9–19 Uhr.

Sport/Aktivitäten

Billard & Bowling

●**Club Champion,** Şoseaua Kiseleff 32 (nahe dem Dorfmuseum), Tel. 222 93 21. 12 Billardtische, 1 Bowlingbahn, Bar u. Restaurant.

●**Good Time Texas,** Splaiul Indeendenţei 290, Tel. 220 76 68.

●**Bucureşti-Mall,** Calea Vitan 55–59, Tel. 327 61 00, www.bucurestimall.com. Auf der zweiten Etage des Einkaufszentrums Bucureşti-Mall.

Eislaufen

●**Stadionul Lia Manoliu,** Eislaufhalle „Patinarul Naţional Bucureşti", B-dul Basarabia 35, Tel. 324 65 35. Die Öffnungszeiten telefonisch erfragen, da die Halle oft wegen Eishockeytrainings geschlossen ist.

●**Floreasca-Eislaufhalle,** Str. Mircea Eliade 16, Tel. 230 12 15. Nur im Winter geöffnet.

Fitness

●**Sportplanet,** Str. Emil Racoviţă 1, Mobil 0724-849 340. Fitnesszentrum, Aerobic, Tae-Bo, Kickboxing, Außenschwimmbad, Sauna.

●**Body Dynamic,** Str. Giuseppe Verdi 2 (im Blue Ciel Club), Mobil 0722-136 721, www.bodydynamic.ro. Tae-Bo, Aerobic, Bauchtanz, Yoga, Tanz-Workshops: Salsa, Tango, Samba, Flamenco.

●**Afisos** (exklusiv für Frauen), Hotel Floreta de Aur, Str. Popa Marin 2, Tel. 231 51 34, www.afisos.ro. Fitnesszentrum, Aerobic, Bodybuilding, Massage, Sauna.

Flugsport

●**Aeroclub România,** B-dul Lascăr Catargiu 54, Tel. 312 36 19, www.airclub.rdsnet.ro. Infos zu Motor- und Segelfliegen, Paragliding, Fallschirmspringen, Modellfliegen. Flugschule: Academia Aeronautică România (auf dem Flughafen Băneasa), drei Cessna 172, zwei Seneca Piper, Helicopter EC 120.

Go-Kart

●**AMCKART,** Şos. de Centură 5A (hinter der Lukoil-Tankstelle, Nähe Kreuzung zu Şos. Tunari), Tel. 267 56 86, www.amckart.ro. Außenbahn 1240 m, Hallenbahn 210 m, Kurse; nur bedingt für Kinder geeignet!

●**Herăstrău Racing Team,** Şos. Nordului 7–9, am Nordufer des Herăstrău-Parks, kinderfreundlicher.

Golf

●**Bucharest Golf Center,** 3 km nördlich der neuen amerikanischen Schule an der Şos. Pipera-Tunari, außerhalb des Dorfes Tunari, Tel. 222 94 73. Verleih von Golfschlägern und Bällen. Mo. geschlossen.

Laufen

●**Stadionul Iolanda Balaş-Söter,** Jugendzentrum, B-dul Mărăşti 26. Sehr gute Kunststoffbahn für athletisches Lauftraining.

●**Im Herăstrău-Park.**

Reiten

●**C. S. Hipocan & Agroturism,** Clubul de Echitaţie „Hipocan-Corbeanca", Drumul Judeţean 101, Com. Corbeanca, jud. Ilfov, Mobil 0723-257 533, Tel. 266 61 10, www.hipocan.as.ro. Das Reitzentrum liegt im Dorf Corbeanca. Man erreicht es am besten über die Straße DN1, auf der man 5 km nach dem Flughafen Otopeni am Prisma-Einkaufszentrum links abbiegt. Den Ortsschildern nach Corbeanca folgend, sieht man die Farm nach 3 km auf der rechten Seite. Angeboten werden Reiten, Springreiten, Unterricht, Ponyreiten, offene Kutschfahrten. Angeschlossen ist **„Fermul Spicul de aur"**, eine **Molkerei** mit Vertrieb von natürlichen Milchprodukten.

●**Club de Echitaţie Bucureşti,** Str. Jandarmeriei 2, Mobil 0745-178 020, nördlich von Selgos an der Straße DN1. Reitunterricht, Miet- und Pensionspferde, Reithalle und Außenplatz, Ausrittmöglichkeiten.

●**Ecvalahis,** Aleea Privighetorilor 35, Mobil 0722-409 543, ecvalahis@home.ro. Reitunterricht und Ausritte im Wald, offene Reitarena, Kutschfahrten, Pension.

Segeln

- Im Sommer Verleih kleinerer Segelboote **am Nordufer des Herăstrău-Sees.**

Schwimmen

- **La Blue Ciel,** Str. Giuseppe Verdi 2. Außenpool.
- **Lucian-Grigorescu-Halle,** Str. Popa Marin 2, Tel. 230 07 85. Große Schwimmhalle.
- **Complexul Sportiv Lia Manoliu,** B-dul Basarabia 37–39, Tel. 324 91 78. Olympisches Schwimmbad.
- **Water Park Bucureşti-Otopeni,** Calea Bucureşti 255 A (zwischen dem Hotel Confort und dem Metro-Großmarkt an der Chaussee Bucureşti - Ploieşti), Tel. 266 48 84/86, www.waterpark.ro. Aquaparkanlage auf einem Areal von 40.000 m², Rutschbahnen, Schwimmbäder, Restaurants etc. (nur im Sommer geöffnet).

Sportzentren

- **Complexul Sportiv Lia Manoliu,** B-dul Basarabia 37–39, Tel. 324 91 59. Nationalstadion mit 60.000 Sitzplätzen, olympisches Schwimmbad, Eislaufring, Tennisplätze, Basketball- und Volleyballfelder, Gymnastikhalle, Boxring etc.
- **Clubul Sportiv Steaua,** B-dul Ghencea 35, Tel. 413 60 07. Stadion und Rugbyfeld, 28.000 Sitzplätze.
- **Clubul Sportiv Dinamo,** Şos. Ştefan cel Mare 7–9, Tel. 210 12 88. Stadion für 20.000 Zuschauer. Außenschwimmbad, Sporthalle.

Tanzsport

- **Şcoala de Dans „Let's Dance“,** Calea 13. Septembrie 177, Mobil 0721-298 160, www.letsdance.ro. Breite Palette von Rumba, Jive und Samba bis hin zu Salsa, Merengue und Tango.
- **Mirela S.R.L.,** Str. Gala Galaction 89 (Nähe Piaţa 1. Mai), Mobil 0745-084 240. Ballett für Kinder und Erwachsene.

rum212 Foto: jr

Volkstanz

- Die deutschen Siedler in Siebenbürgen nennen sich selber Sachsen und beleben durch ihre Traditionen altes Handwerk und Gebräuche. Die **Burzenländer Volkstanzgruppe** hat sich ganz den alten Tänzen verschrieben und unterhält eine Kontaktadresse in Bukarest: Str. Clucerului 35, Et. 3, Sect. 1, Tel. 142 443, Fax 475 848, saxonia@brasovia.ro.

Tennis

Keine Frage, Tennis erfreut sich in Bukarest **besonderer Beliebtheit.** Seitdem *Ion Ţiriac,* einer der großen Sporthelden des Landes, zu Beginn der 1970er Jahre Rumänien durch seine Daviscup-Teilnahmen zu internationalen Erfolgen führte, ist Tennis in der Hauptstadt eine absolute Top-Sportart. In fast sämtlichen Stadien und auch im Herăstrău-Park gibt es öffentliche Tennisplätze.

- **Tenis Club Bucureşti,** Str. Barbu Văcărescu, Tel. 242 16 15, ana.pescariu@tenisclub.ro, www.tenisclub.ro. Der Tennisclub liegt am Tei-See und bietet neben Tennis auch Aerobic, Fußball und Tae-Bo an.
- **Nationales Tenniszentrum,** B-dul Pierre de Coubertin 8–10, Tel. 250 49 41. Verfügt über Hallen- und Außenplätze und bietet auch Kindern Unterricht an.
- **Arenele Sportive „BNR“,** Str. Dr. Nicolae Staicovici, Tel. 410 67 03. Hier kann man auch eine komplette Ausrüstung ausleihen.
- **Tenis Club BTT,** Şos. Nordului 7–9, Tel. 232 85 46, 230 59 48.
- **Complex Herăstrău,** Şos. Nordului 5–7, Tel. 232 96 68. Auf vier Plätzen wird auch Unterricht angeboten.

Die prächtige Front des Art-Nouveau-Palastes Cantacuzino

Festtage und Events

Festtage

- **15. Januar,** Geburtstag des Nationaldichters *Mihai Eminescu* mit Lesungen und Theateraufführungen.
- **24. Januar,** Tag der Vereinigung von 1859.
- **1. März** *(Mărţişor),* zu Beginn des „Märzchen“-Tages erhalten Frauen Blumen und Glücksbringer mit weiß-roter Schnur *(Mărţişoare).*
- **8. März,** Frauentag, an dem in Rumänien nicht nur den Müttern gedacht wird.
- **April,** Ostern, um Mitternacht wird in allen Kirchen Bukarests die Auferstehung Christi gefeiert.
- **1. Mai,** internationaler Tag der Arbeit, an dem die Arbeit in vielen Teilen der Stadt ruht.
- **1. Juni,** Kindertag, über die ganze Stadt verteilt finden Feste und Rock- und Popkonzerte im Freien statt.
- **1. Dezember,** Nationalfeiertag mit Musikumzügen und festlichen Konzerten.
- **6. Dezember,** Nikolaus.

Events

- **Volkskunstmesse,** Produkte der Volkskunst und des Kunsthandwerks werden im Juni im Dorfmuseum ausgestellt.
- **Sf.-Demetrios-Fest,** in der letzten Oktoberwoche wird der Tag des Schutzheiligen der Stadt Bukarest mit vielen Theater-, Musik- und Tanzveranstaltungen gefeiert.
- **Filmfest DAKINO,** Ende Oktober werden im Kinderpalais internationale Filme und eigene Produktionen aus der Filmstadt Buftea gezeigt.
- **GAUDEAMUS-Buchmesse,** die meist Mitte November veranstaltete Bücherschau im Gebäude des öffentlich-rechtlichen Fernsehens.
- **„Die weißen Blumen“, Florile albe,** eine Show mit Winterbräuchen aus ganz Rumänien, am 19./20.12. im Dorfmuseum.

rum214 Foto: jr

Süd- und Zentral-transsylvanien

rum215a Foto: jr

rum215b Foto: jr

Schäferidyll nördlich von Mediaş

Die Oberstadt von Sighişoara

Treppengasse in Hermannstadt (Sibiu) hinauf zur Oberstadt

Einleitung

Viele Rumänienbesucher beginnen ihre Entdeckungsreise durch die südöstlichen Karpaten von Bukarest aus entweder mit dem Zug Richtung Braşov oder mit dem Auto über Ploieşti und die E60 kommend. Bevor die ersten Bergstädte Sinaia und Predeal erreicht sind, zieht sich die **walachische Tiefebene** dabei über mehr als 140 km recht monoton dahin. Faszinierend dann aber der überraschende Wechsel. Die Vegetation verwandelt sich und streift sich rasch ein alpines, farbenfrohes Kleid über. Schroffe, **steil aufragende Felsen** begleiten plötzlich auf der linken Seite die Fahrtstrecke, und der Gebirgs-Fluss Prahova kommt einem auf manchen Abschnitten plätschernd entgegen.

Ein anderes Bild bietet sich demjenigen, der aus dem Norden oder Westen in das so genannte **Burzenland** reist. Über die Hochebene kommend, durchquert man mittelalterlich anmutende Städte wie Sighişoara, Mediaş oder Sibiu, bevor man **Braşov** (Kronstadt) erreicht. Die Städte im Süden und Südosten Transsylvaniens werden einem schnell vertraut vorkommen, da sich der Einfluss der sächsischen Siedler überall deutlich im Stadtbild niederschlägt.

Im Gegensatz zu vielen anderen siebenbürgischen Städten lassen sich von den südlichen Randgebieten Braşovs aus die angrenzenden **Berge** unmittelbar per pedes erobern. Insofern ist die Metropole des Burzenlandes hervorragend als Ausgangsbasis für **Wanderungen** geeignet. So z.B. ins Timiş-Tal mit den Postăvarul- und Piatra-Mare-

Transsylvanien – Wälder, Berge, Kirchenburgen

Transsylvanien (rum. *Transilvania,* ungar. *Erdely*) oder **Siebenbürgen,** wie die zentrale Region rund um die Karpaten auf Deutsch genannt wird, ist eines der international bekanntesten Gebiete Rumäniens. Längst zieht es nicht nur Europäer in die Eis- und Tropfsteinhöhlen, in die mittelalterlichen Städte, auf die Karpatengipfel und zu den Kirchenburgen und Schlössern. Das starke amerikanische Interesse an diesem Land ist durch Filme wie *Roman Polanskis* „Tanz der Vampire", die Kinofassung des Musicals „Rocky Horror Picture Show" oder die zahlreichen Dracula-Verfilmungen sicherlich mit genährt worden. Der Mythos von dunklen Karpatenschlössern, von Bauern, die Kreuze, Holzpflöcke und Knoblauch stets bei sich führen, von herumflatternden Vampiren und von Wolfgeheul, das jede beginnende Dämmerung begleitet, hat sich durch die Bilder der Medienindustrie längst in den Köpfen der Menschen in aller Welt festgesetzt.

Der **Mythos eines rückständigen Transsylvanien** lebt – und ließ sich im internationalen Tourismus-Marketing Rumäniens einfach zu lange zu gut verkaufen, als das man sich vehement gegen die festgefahrenen Vorurteile gewehrt hätte. Doch die Städte Cluj-Napoca (Klausenburg), Braşov (Kronstadt) oder Sibiu (Hermannstadt) sind alt und hochmodern zugleich. Auch die Menschen, die auf dem siebenbürgischen Land leben, sind alles andere als „hinterwäldlerisch", wie man schnell feststellen wird.

Siebenbürgen gehörte im Laufe der Geschichte unterschiedlichen Staaten an. Zu **viele Völker** haben somit Transsylvanien seinen Stempel aufgedrückt, als das man hier alles über einen kulturellen Kamm scheren könnte. Neben den Römern und Osmanen sowie den auch in der Geschichte Transsylvaniens unvermeidlichen Reitervölkern haben vor allem Rumänen, Ungarn, Habsburger und Deutsche das zentrale Hochland geprägt. Zum Zeitpunkt des Friedens von Trianon 1920, der das „Land jenseits der Wälder" (lateinisch: *Terra ultransilvana*) förmlich dem rumänischen Staat eingliederte, lebten hier 56 Prozent Rumänen, 33 Prozent Ungarn und 10 Prozent Deutsche.

Obwohl der Massenexodus der sich selbst **Sachsen** nennenden Deutschen nach der Revolution von 1989 groß war, spiegeln die Städte Sighişoara, Mediaş, Braşov und Sibiu nach wie vor viel von der ehemaligen sächsischen Lebensweise wider, während in den eher ungarisch geprägten Städten Cluj-Napoca und Târgu Mureş die Kultur der **Magyaren** unverkennbar und unüberhörbar weiterlebt.

rum217 Foto: jr

Wo bin ich denn hier ...?

Der Besucher Siebenbürgens wird in **Ortschaften** meist mit **mehreren Namen** konfrontiert. Vor allem um die Siedlungsgebiete der Ungarn und Sachsen werden deren jeweilige Ortsnamen gleichberechtigt verwendet und tauchen zusätzlich auch auf den meisten Ortsschildern auf. So heißt das rumänische *Agnita,* zwischen Sighişoara und Sibiu gelegen, für die Deutschen ganz selbstverständlich auch *Agnetheln,* die Sachsen verwenden ihre Bezeichnung *Ognitheln* (die freilich auf keinem Ortsschild zu finden ist!), und die Ungarn sprechen von *Szent Ágota.* Wundern Sie sich also nicht, wenn auch der Autor in seinen Orts- (und Regional-) Beschreibungen die verschiedenen Namen verwendet. Dies soll nicht der Verwirrung dienen, sondern ist auch in Siebenbürgen gang und gäbe.

Schließlich kann es bei Erkundigungen durchaus vorkommen, dass ein Einheimischer von einem *Bogeschdorf* noch nie gehört hat, geschweige denn vom ungarischen *Szászbogács,* und nur das rumänische Wort *Bagaciu* wirklich weiterhilft. Am Anfang jeder Ortsbeschreibung finden Sie also auch die jeweiligen deutschen und ungarischen Bezeichnungen. Bei großen Städten wie *Sighişoara (Schässburg)* oder *Sibiu (Hermannstadt)* bot es sich an, beide Bezeichnungen im Text zu verwenden, da sie auch in den jeweiligen Orten gleichberechtigt zum Einsatz kommen. Überall dort, wo im Text eine bestimmte Version häufiger verwendet wird, geschieht dies nicht in diskriminierender Absicht den anderen Bezeichnungen gegenüber.

Bergen oder hinauf zum nah gelegenen stadteigenen Tâmpa-Berg. Auch Fahrradausflüge und Rundreisen lassen sich wunderbar von Braşov aus starten. Im Umkreis von 40 km locken attraktive Ziele wie Cheia, Moeciu oder Bran.

Prahova-Tal und Bucegi-Berge

Südlich von Braşov bahnt sich der **Prahova-Fluss** seinen Weg zwischen den über 2000 m hohen **Bucegi-Bergen,** einem Gebiet, das im Sommer und im Winter gleichermaßen beliebt ist. Das Bucegi-Gebirge hat die Form eines Hufeisens. Seine Steilabstürze an der östlichen Seite reizen vor allem ambitionierte Wanderer und Kletterer.

Die **Grenze zwischen der Walachei und Transsylvanien** verläuft nördlich des Ortes **Azuga** und trennt damit das historisch zusammengehörige Gebiet des Prahova-Tals. So gehört der bekannte Kur- und Urlaubsort Sinaia mit seinen flankierenden Bergen noch zur Walachei, während die nördlicher gelegene, in der Besuchergunst mit Sinaia konkurrierende Bergstadt Predeal bereits in Transsylvanien liegt. Praktischerweise werden das Gebiet des Prahova-Tals und der Bergkette der Bucegi an dieser Stelle als eine Einheit behandelt.

Sinaia

↗ XVI, A3

- **Höhe:** 850–950 m
- **Vorwahl:** 0244
- **Einwohner:** 14.000

Die **„Perle der Karpaten"** ist Gegenstand vieler Bücher, Gedichte und Lieder. Die kleine Bergstadt gilt als **eines der beliebtesten Reiseziele** in Rumänien, da sie ein Ort für alle Jahreszeiten ist. Im Winter locken die sieben Skipisten des Furnica-Berges, im Frühling und Sommer das Schloss Peleş und die Berge zum **Wandern,** im Herbst nutzen die Besucher vor allem die **Kur- und Thermalangebote.**

Die **Orientierung** im lang gestreckten Luftkurort fällt relativ leicht. Der Hauptbahnhof liegt etwa in der Mitte der Stadt, auf der den Bergen abgewandten Seite. Zugreisende brauchen sich also anfangs nur bergan zu bewegen und kommen unweigerlich zur Hauptstraße mit den wichtigsten Hotels. Pensionen befinden sich in den Seitenstraßen, die sich weiter nach oben winden. Im sehr professionellen und neu eingerichteten **Informationszentrum** gleich an der Hauptstraße, in der Nähe des Rathauses, erhält man Info-Broschüren, Stadtpläne und Listen mit Pensionen und Hotels.

Die Hauptattraktion der Stadt, das **Schloss Peleş,** liegt am nördlichen Ende der Stadt, vom Bahnhof aus rechts, auf einer Anhöhe und ist vom Zentrum aus zu Fuß in 20 Minuten zu erreichen. Neben dem **Kloster Sinaia,** Schloss Peleş und dem **Gedenkhaus George Enescu** sind auch die **zahlreichen Villen** entlang der Str. Furnica und der Str. Cantacuzino sehr sehenswert. Reiche Familien und Aristokraten haben hier versucht, das Schloss Peleş nachzuahmen, was ihnen allerdings nirgendwo so recht gelingen wollte. In einem dieser prachtvollen Gebäude, in der **Vila Carola** in der Str. Furnica, lebte im Jahre 1927 der berühmte Geiger und Dirigent *Yehudi Menuhin.*

Folgt man der Hauptstraße, dem Bv. Carol I, in Richtung Predeal/Braşov, kommt man am Ende zum **Dumitrie-Ghica-Park,** der vom **Kasino** von Sinaia abgeschlossen wird. Der im Jahre 1912 auf Initiative von König *Karl I* nach dem Vorbild des Kasinos von Monaco errichtete Bau zog früher bis zu 800 Spieler täglich an. Heutzutage werden in den riesigen Hallen auch Computer- und Elektronikmessen abgehalten.

- **Informationszentrum Sinaia,** B-dul Carol I Nr. 47, Tel. 32 56 56, contact@infosinaia.ro, www.infosinaia.ro.

Kloster Sinaia

Bis zum Jahre 1874 trug die Gemeinde den Namen Izvor (Quelle). Der heutige Name der Stadt geht auf das Kloster Sinaia *(Mânăstirii Sinaia)* zurück. **Mihai Cantacuzino,** ein Bruder des walachischen Fürsten *Şerban Cantacuzino,* hatte sich nach der Rückkehr von seiner Pilgerreise zum Berg Sinai im Jahre 1675 dazu entschlossen, das Kloster zu Füßen der rumänischen Karpaten erbauen zu lassen. Er nannte es im Andenken an seine Reise Kloster Sinaia (Betonung auf dem ersten a).

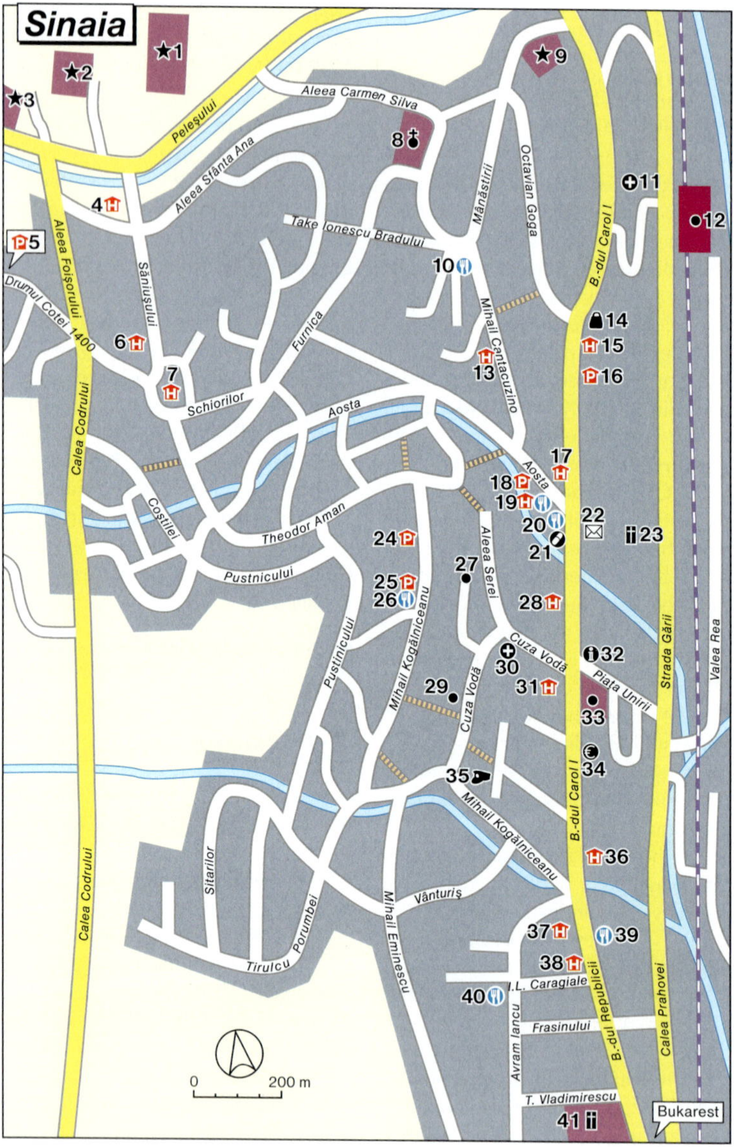
Sinaia
1
2
3
Peleşului
Aleea Carmen Silva
8
9
Aleea Sfânta Ana
4
Octavian Goga
Mânăstirii
11
12
Take Ionescu Bradului
5
Aleea Foişorului
Săniuşului
B.-dul Carol I
10
Drumul Cotei 1400
Mihail Cantacuzino
14
15
6
Furnica
13
7
16
Schiorilor
Calea Codrului
Aosta
17
Aosta
18
Coştilei
19
Theodor Aman
20
22
23
21
24
Aleea Serei
Pustnicului
27
25
26
28
Pustnicului
Mihail Kogălniceanu
Cuza Vodă
32
30
Piaţa Unirii
Strada Gării
Valea Rea
29
Cuza Vodă
31
33
34
35
Mihail Kogălniceanu
B.-dul Carol I
36
Sitarilor
Vânturiş
Mihail Eminescu
Porumbei
37
39
Tirulcu
38
I.L. Caragiale
40
Calea Prahovei
Frasinului
Avram Iancu
B.-dul Republicii
0
200 m
T. Vladimirescu
41
Bukarest

★	1	Schloss Peleş
★	2	Pelişor
★	3	Foişor
H	4	Economat
P	5	Schiori-Hütte
H	6	Hotel Marami
H	7	Hotel Furnica
☦	8	Kloster Sinaia
★	9	Casino
R	10	Liliana
✚	11	Klinik
●	12	Bahnhof
H	13	Vila Camelia
●	14	Buchhandlung Sina-Libri
H	15	Cerbul
P	16	Vila Holiday
H	17	Vila Prahora
P	18	Vila Aosta
R	19	Irish House und
H		Hotel Irish House
R	20	Perla Bucegi
●	21	Apotheke
✉	22	Post
✝	23	Kath. Kirche
P	24	Pensionea Gabriel
P	25	Vila-Hotel Roberto
R	26	Restaurant Roberto
●	27	Seilbahn
H	28	New Montana
●	29	Kulturhaus
✚	20	Unfalldienst
H	31	Hotel Anda
i	32	Informations-Center
●	33	Rathaus
●	34	Geldautomat
●	35	Polizei
H	36	Paltiniş
H	37	International
H	38	Rowa Dany
R	39	Casa Noastră
R	40	El Dorado
✝	41	Sf. Ilie

Nur langsam entstanden um das zwischen 1678 und 1688 erbaute Kloster Herbergen, Pferdestationen und Gasthäuser für die Karpatenreisenden. Anfänglich dienten die dicken Wände allein dem Rückzug der Mönche zum täglichen Gebet, erst in späteren Zeiten erwiesen sie sich auch als guter Schutz gegen Angriffe.

Zwischen 1843 und 1846 entstand die **Neue Kirche,** ein im byzantinischen Stil errichtetes Gebäude. Während einer kurzen Periode diente sie als Residenz des königlichen Hofes, 1895 wurde das Gotteshaus zu einem Museum für religiöse Kunst.

Schloss Peleş

Die Entwicklung Sinaias zu einer Stadt wird oft auf das Ende des 19. Jahrhunderts zurückgeführt, nachdem sich **König Carol I.** dazu entschlossen hatte, hier seine prächtige **Sommerresidenz** Schloss Peleş zu errichten. Auf alten Stichen aus dem Jahr 1900 ist von einer Stadt allerdings noch nichts zu erkennen. Dichte Wälder umgeben das Schloss und Weideflächen das Kloster. Lange Jahre lebte die Königsfamilie hier in der vollkommenen Ruhe dichter Karpatenwälder.

Heute kann von Ruhe keine Rede mehr sein. Vor allem im Sommer belagern Touristen den Prachtbau, weshalb sich der frühmorgendliche Aufstieg zum Schloss empfiehlt, das um 9 Uhr morgens seine Tore öffnet.

Zu Fuß erreicht man das Anwesen über den Weg, der sich hinter dem Kloster nach oben windet; **mit dem**

Auto von der Hauptstraße aus, über die Str. Peleşului (hier sind Parkgebühren zu entrichten).

Die Geschichte des **schönsten Schlosses Rumäniens** begann im Jahre 1866, als König *Carol I.* das Kloster Sinaia zum ersten Mal besuchte. Nach mehreren weiteren Besuchen begann man 3 km nördlich des Klosters mit dem Bau seines Sommersitzes. Am 22. August 1875 wurde der Grundstein gelegt. Gleichzeitig entstanden zahlreiche andere Gebäude im königlichen Park. So errichtete man für die Ritter des Ordens *Michaels des Tapferen* ein wenig oberhalb des Schlosses die **Villa Pelişor (Vila Cavalerilor).** Einige eilige Besucher übersehen dieses „kleine Schloss Peleş", weil es sich etwas erhöht links an einem Seitenweg versteckt. Nicht zu übersehen ist jedoch der **Sitz der königlichen Wache.** Sie empfängt einen als erstes Gebäude der Anhöhe gleich gegenüber dem Schloss mit Sommerterrasse und kleinem Café. Weitere Gebäude im **weitläufigen Park** sind das **Jagdschloss Foişor (Casa de Vânătoare),** die Vila Şipot, die Stallungen *(Grajdurile),* die Villa König *Ferdinands* und die königliche Schäferei *(Stâna Regală).*

Als erstes wurde 1879 das **Jagdhaus** fertig gestellt. König *Carol I.* und Königin *Elisabeth* bewohnten es bis zur prunkvollen Einweihung des Schlosses 1883. In der Folgezeit wurde es von dem tschechischen Architekten *Karel Liman* stetig erweitert und ausgebaut.

rum08-222 Foto: jr

Das **Hauptschloss Peleş** entstand auf einer Lichtung, die auch heute noch von dichten Tannenbäumen umringt ist. Seine umgebenden **Terrassen** wurden im Stil der **italienischen Neorenaissance** erbaut und mit zahlreichen Marmorstatuen, dekorativen Vasen, Wasserspielen und Basreliefs geschmückt. Das Hauptgebäude erinnert mit seiner Mischung aus Stein- und Fachwerkbau an die Architektur der deutschen Romantik.

Der fortschrittliche König *Karl* versuchte mit Blick auf den **Innenausbau** des Schlosses immer auf der Höhe seiner Zeit zu sein. So verfügte es bereits um 1900 über eine Zentralheizung, Aufzüge, Telefon und war als erstes Schloss Europas **voll elektrifiziert,** da man am kleinen Fluss Peleş ein eigenes Elektrizitätswerk errichten ließ. Auf diese Weise konnte das Glasdach der Ruhmeshalle elektrisch geöffnet werden, ein zur damaligen Zeit einmaliger Luxus. Im hauseigenen Theater fand 1906 die **erste Kinovorstellung Rumäniens** statt.

Die **170 Räume** des königlichen Sommersitzes zeigen sich in ihrer Gestaltung überaus abwechslungsreich. Die Einrichtung der eigenen Konzerthalle, des Theatersaals, der königlichen Bibliothek, des türkischen Raums und zahlreicher anderer Räume geht größtenteils auf die exzentrische Königin *Elisabeth* zurück, die auch unter ihrem Künstlernamen *Carmen Sylva* („Lied des Waldes") bekannt wurde. So präsentiert sich die Dekoration und Möblierung wahlweise in italienischer und englischer Neorenaissance, im maurischen oder türkischen Stil, in dem des überbordenden Rokoko oder in deutschem bzw. österreichischem Barock. Der Kunstliebhaber *Karl* sammelte alle großen Meister von *Rembrandt* bis *Tizian,* von *Velasquez* bis *El Greco.* Die meisten dieser Gemälde sind heute im Nationalen Kunstmuseum in Bukarest zu bewundern.

Nach dem Niedergang des rumänischen Königshauses im Jahr 1947 bewohnten Schriftsteller und bildende Künstler das Haus. Nach einem kleinen Zwischenspiel als *Ceauşescus* Staatspalast wurde es nach der Revolution von 1989 als **Museum** eröffnet. Den Besuchern präsentiert sich das prächtige Schloss auch heute noch in seiner ganzen, etwas überladenen Fülle. Die Holzintarsien in der großen Empfangshalle, persische Teppiche, Lüster aus Muranoglas, orientalische Jagdwaffen, Tischgedecke aus feinstem Porzellan, Möbel aus Edelhölzern und vieles mehr können von 9–15 Uhr besichtigt werden.

- **Schloss Peleş,** Öffnungszeiten: Mi. bis So. 9–17 Uhr (Einlass letzte Gruppe 16:30 Uhr), Mo. und Di. geschlossen! Achtung: In der Hochsaison im Sommer ist Geduld angesagt. Der Rundgang für Gruppen ist oft schlecht organisiert. Einige Leser erhielten trotz der angegebenen Öffnungszeiten erst ab 11 Uhr Einlass! Nicht entmutigen lassen. Das Schloss Peleş und die einmalig schöne Landschaft um Sinaia sind immer einen Besuch wert und sollten auf keiner Rumänienreise fehlen!

Peleş – das schönste Schloss Rumäniens

rum224 Foto: jr

Das Gedenkhaus George Enescu

Folgt man der Hauptstraße in Richtung Predeal, zweigt am Ortsausgang rechts eine Straße zur Villa des großen rumänischen **Komponisten George Enescu** ab. Leider ist die Wegstrecke zur **Luminiş-Villa** nicht gut ausgeschildert. Wer den verschlungenen Weg (½ Std.) nicht erfragen kann, sollte sich ab der Ortsmitte ein Taxi nehmen.

Im eleganten und vollständig in rumänischem Stil eingerichteten Gebäude sind viele **Originalstücke aus Enescus Schaffenszeit** zu sehen, so sein aus Lausanne stammendes Ibach-Klavier, auf dem er die rumänischen Rhapsodien komponiert hat. Eine hölzerne Wendeltreppe führt in den Belvedere-Turm und von dort in die Mansarde, in der heute ein Ausstellungsraum Noten, Fotografien und andere Zeugnisse aus *Enescus* Leben präsentiert. Während sich der Salon im ersten Stock der Villa mit Möbeln aus der Biedermeierzeit und orientalischen Teppichen schmückt, ist der eigentliche Rückzugsraum des Komponisten schlicht gestaltet. In der „Zelle", wie *Enescu* seine mit traditionellen rumänischen Wandteppichen geschmückte Kammer nannte, sollen viele seiner Hauptwerke entstanden sein, so auch Teile seines berühmtesten Werks, der Oper „Oedipe".

Im westlichen Teil des Bucegi-Nationalparks kommen Kletterer, Wanderer und Radfahrer auf ihre Kosten

Im Jahr 1927 hielt sich **Yehudi Menuhin** für zwei Monate in der Luminiş-Villa auf, um bei seinem Meister *Enescu* Violinunterricht zu nehmen.

- **Luminiş-Villa** oder Casa Memorială George Enescu, Cumpătu, Tel. 31 17 53.

Informationen

- Das Informationszentrum **Centrul de Informare şi Promovare Turistică Sinaia** am Boulevardul Carol I gehört zu den besten in Rumänien. Hier erhält man eine Liste mit den aktuellen Pensionen, einen Stadtplan, Pläne über Skipisten sowie Berghütten und alle nur erdenklichen Hinweise, vom guten Restaurant bis zu Wanderrouten im Gebirge. Sehr freundlich und hilfsbereit. Tel. 315 656, office @info-sinaia.ro, www.info-sinaia.ro.

Unterkunft

- Tipp: Was auch die meisten Rumänen nicht wissen: Genau gegenüber dem Schloss Peleş gibt es eine interessante und gar nicht einmal teure Übernachtungsmöglichkeit. Man frage nach dem **Corpu de Garda.** Direkt über dem Tordurchgang gibt es vier schöne Appartements mit Blick auf das Schloss und den Garten. Eigenes Bad, Kühlschrank, Kabel-TV. Preise je nach Saison ab 100 RON (am Wochenende ab 120 RON.)

Hotels

- **Hotel Internaţional** (****), Str. Avram Iancu 1, Tel. 313 851, www.international-sinaia.ro. 172 Zimmer, EZ 270 RON, DZ 350 RON, Großraum-Zimmer 450 RON, Appartement 750 RON, inkl. Frühstück. Pool, Sauna, Restaurant.
- Unweit des Großhotels International gibt es seit Sommer 2007 die bessere Alternative im Zentrum von Sinaia, das **Hotel Rowa Dany** (***), Bd. Carol I Nr. 65. EZ 255 RON, DZ 315 RON, Appartement 680 RON, ein zusätzliches Bett kostet 70 RON. Während der Sommersaison 4% Aufschlag. Kurtaxe extra 2 RON, Frühstück inkl.
- **Hotel Furnica** (***), Str. Furnica 50, Tel. 311 151. Wunderschönes Fachwerkhotel aus dem Jahr 1899 mit 29 Zimmern und hervorragendem Restaurant. Sehr empfehlenswert. Schöner Innenhof, im Sommer mit Bänken, gelegentlich Live-Musik. Night-Club. Sehr freundlicher Service in unmittelbarer Nähe des Schlosses Peleş. EZ 85 RON, DZ 120–140 RON, 3er-Zimmer 180 RON, 4er-Zimmer 220 RON, Appartement 300 RON. Kurtaxe extra 2 RON.
- **Hotel Marami** (***), Str. Furnica 52, Tel. 315 560, maramihotel@xnet.ro, www.marami.ro. Sehr gutes neues Hotel mit eigenem Restaurant und Bar. 15 Minuten zum Schloss. Zimmer mit schönem Ausblick, sehr ruhige Lage. Sehr gepflegt und modern. Sauna, Jacuzzi, Fitness, Konferenzraum. Für Herbst 2008 ist ein Swimmingpool geplant. EZ 200 RON, DZ 220 RON, Luxus-DZ 240 RON, zusätzliches Bett 60 RON.
- **Hotel Cerbul** (***), Bd. Carol I Nr. 19, Tel. 312 391. 35 Zimmer, EZ 88 RON, DZ 124 RON (ohne Frühstück).
- **Hotel Irish House** (***), Bd. Carol I Nr. 18, Tel. 310 060. 12 Zimmer, eigener Parkplatz, Terrasse und Restaurant. Abends kann es – in unmittelbarer Nähe des Irish Pub – etwas laut zugehen. EZ/DZ 160 RON, Frühstück inkl.
- **Casa Noastră** (***), schlichtes Holzhaus am Ende von Sinaia (Richtung Bukarest) mit schöner Aussicht. EZ/DZ 70 RON, 3er-Zimmer 80 RON, Frühstück extra.
- **Hotel Paltiniş** (***), Bd. Carol I Nr. 67, Tel. 314 651. Großhotel mit 97 Zimmern an der Hauptstraße, laut, renoviert, aber unpersönlich. Balneotherapeutische Abteilung. EZ/Dusche 105 RON, DZ/Dusche 128 RON, Appartement 150–177 RON.
- **New Montana** (***), Bd. Carol I Nr. 22, Tel. 312 751, marketing@newmontana.ro. Das Montana wurde 2007 renoviert und heißt jetzt New Montana. In der höheren Preisklasse angesiedeltes Luxushotel mit 177 Zimmern an der Hauptstraße. Im Zentrum keine schlechte Wahl. Eigene Garage, Sauna, Pool, Jacuzzi, Fitness, Internet, Terrasse u.v.m. Preise auf Anfrage, EZ ab 120 RON. Je nach Saison und Aufenthalt Preisschwankungen.
- **Hotel Anda** (***), Bd. Carol I Nr. 30, Tel. 306 020. 30 Zimmer, eines der wenigen klei-

neren Hotels an der Hauptstraße. Eigener Parkplatz, Internet, Bad, TV. Preis nach Renovierung für EZ ab 100 RON, Frühstück inkl.

- **Hotel Economat** (***), Str. Peleşului 2, Tel. 310 353. Hotel nahe dem Schloss (5 Min.). Konferenzräume, Parkplatz, Terrasse. 34 Zimmer, EZ/DZ je nach Saison ab 140 RON.

Villen/Pensionen

Wer sich die Mühe macht und die kurvigen Straßen nach oben fährt/läuft, wird auf so manches architektonische Schmuckstück stoßen. Viele schöne Villen werden gerade renoviert. Ein kleiner Entdeckungsspaziergang und Nachfragen lohnt sich. Die meisten der hübschen Häuser sind nicht nur wesentlich ruhiger als die Hotels unten an der Hauptstraße, sondern bieten zudem auch eine herrliche Aussicht auf den Kurort Sinaia.

- Die Empfehlung des Autors ist das **Vila-Hotel Roberto** (***), Str. Kogălniceanu 39, Tel. 315 675. Dieses wunderschön restaurierte alte Haus mit 14 Zimmern bietet nicht nur eine exzellente Ausstattung (Fitnessraum, Sauna, Jacuzzi, eigene Garage), sondern auch einen der schönsten Ausblicke auf das Bergstädtchen. Einige der modern gestalteten Räume haben einen eigenen Balkon. 15 Fußminuten zum Schloss Peleş. Sehr freundlicher Service. EZ/DZ 200 RON, Appartement 300 RON, Luxusappartement 400 RON. Gutes Frühstück inkl.
- **Vila Camelia** (***), Str. Spătar Mihail Cantacuzino 5, Tel. 312 381, Fax 315 009, www.vilacamelia.com. Salon mit viel Holz, Buntglasfenstern, Kamin. Moderne Zimmer. Preise auf Anfrage, je nach Saison EZ/DZ ab 100 RON.
- **Vila Aosta** (***), Str. Kogălniceanu 21. Sieben sehr gepflegte Zimmer in einer alten Villa aus der Gründerzeit. Die Besitzerin Frau *Baltă* spricht französisch. EZ/DZ 80 RON (ohne Frühstück).
- **Vila Prahova** (***), eine der wenigen wunderschönen Villen unten an der Hauptstraße Bd. Carol I, gleich gegenüber der Post. Sehr große Zimmer, Kühlschrank und TV. EZ/DZ 120 RON, Frühstück 8,50 RON extra.
- **Hostel El Dorado** (**), Str. Avram Iancu 14, Tel. 0233-312 667 oder direkt beim Besitzer *Nicolae Gabriel* 0744-826 676. Budget-Hostel mit 27 einfachen Zimmern. EZ/DZ 80 RON, 3er-Zimmer 90 RON, Appartement 140 RON. Eigenes Bad, TV.
- **Pensiunea Gabriel** (***), Str. Kogălniceanu 35, Tel. mobil 0747-050 291. EZ 80 RON, DZ 109 RON, 3er-Zimmer 149 RON, Frühstück extra 13 RON.

Essen und Trinken

- **Roberto,** Str. Kogălniceanu 39, Tel. 315 675. Eines der besten Restaurants in Sinaia, unbedingt empfehlenswert. Rumänische und internationale Küche.
- **Perla Bucegi,** Bd. Carol I Nr. 22, Tel. 313 902. Sehr gutes Wildschwein in Sahnesoße *(Medalion de Mistreţ).*
- **Liliana,** Str. Spătar Mihail Cantacuzino 5. Rumänische Küche.
- **Irish House,** Bd. Carol I Nr. 18, Tel. 310 033. Wie der Name schon sagt: irische Spezialitäten. Daneben aber auch traditionelle rumänische Küche.
- **Casa Noastră,** Bd. Carol I Nr. 22. Rumänische Küche.
- **El Dorado,** Str. Avram Iancu 14. Fastfood und rumänische Küche.

Bergtouren ab Sinaia

Wer seine Ausflüge in die Bucegi-Berge von Sinaia aus beginnen möchte, hat dazu mehrere Möglichkeiten. Neben dem Hotel Montana an der Hauptstraße führt die Str. Cuza Vodă hinauf zur **Kabelbahn** (Teleferic, Di. bis So. 9–16 Uhr). Mit dieser sind die Gipfel des **Cota 1400** und **Cota 2000** binnen einer Viertelstunde zu erreichen. Die Bezeichnung Cota steht im Rumänischen für das Wort „Höhe“. Bis zur Cota 1400, also zur Höhe von 1400 m, führt auch die alpine **Bergstraße Noul Drum al cotei,** eine Abzweigung der Calea Codrului, hinauf. Zu Fuß erreicht man diesen ersten markanten Punkt über den **Plaiul-Căşăriei-Pfad,** der sich neben der Bergstraße hinaufwindet. Oben angekommen, bieten sich zahlreiche Hütten und Hotels zur Übernachtung an.

Vârful cu Dor (2030 m) – Cabana Mioriţa (1887 m)

Diese insgesamt **ca. vierstündige Bergwanderung** führt zuerst über den mit einem roten Senkrechtstreifen markierten Pfad Plaiul Căşăriei zur Cota 1400. Da Sinaia auf einer Höhe von 800 m liegt, ist für diese etwa zweistündige Teilstrecke ein Höhenunterschied von 600 m zu bewältigen. Unterwegs laden die Cabana Brădet, Cabana Valea cu brazi und das Hotel Alpin zum Verweilen ein. Von der Cota 1400 führt eine weitere Seilbahn zur Cota 2000 und ein Sessellift zur Höhe von 1950 m. Von beiden Stellen aus sind es nur 5 Minuten zur **Cabana Mioriţa** auf dem Furnica-Berg. Der **Vârful cu Dor** (2030 m), der „Gipfel der Sehnsucht", erhebt sich oberhalb der Mioriţa-Hütte ca. 40 Minuten Fußmarsch entfernt.

Unterkunft:

- **Hotel Cota 1400,** 1400 m 127 Betten, Tel. 312 351, DZ 100–120 RON. Seit 2007 gibt es von diesem Hotel aus auch einen Sessellift zur Cabana Mioriţa.
- **Cabana Valea cu brazi,** 1500 m, 43 Betten, Tel. 313 605, DZ 60–80 RON.
- **Cabana Mioriţa,** 1887 m, 48 Betten, Tel. 312 299, DZ 80 RON.

Bergrettung:

- **Salvamont Cota 2000,** Tel. 313 131.

Cabana Mioriţa – Coteanu-Schlucht – Bärenhöhle

Der durch einen roten Streifen markierte **dreistündige Wanderweg** führt auf der anderen Seite der Bucegi-Berge wieder hinunter auf eine Höhe von 1500 m ins Ialomiţa-Tal. Über die hoch gelegene **Cabana Valea Dorului,** die nur 15 Minuten von der Mioriţa-Hütte entfernt liegt, geht es hinunter zum Valea-Dorului-Sattel. Von dort gelangt man zum Lăptici-Sattel und hinunter zur Cabana Diana. Südlich der Hütte führt ein Wanderweg mit blauem Kreuz durch die **Schlucht Cheile Coteanu,** in die sich der wilde Coteanu-Bergbach eingegraben hat. Durch einen weiteren Engpass, die **Tatarenschlucht (Cheile Tătarului),** gelangt man direkt zum **Bolboci-See (Lacul Bolboci).** An der Nordseite des Sees befindet sich die sehenswerte **Bärenhöhle Peştera Ursului.**

Ein Wanderweg führt links, am dicht mit Tannenwald gesäumten Stausee Bolboci, entlang südwärts. In der **Hütte Bolboci** in einem Seitental oberhalb des Sees lässt sich ganzjährig der Durst stillen und übernachten. Am Südende des Sees kann man in den Berghütten Cheile Zănoagă und Scropoasa übernachten.

Unterkunft:

- **Cabana Valea Dorului,** 1820 m, 32 Betten, Tel. 313 531, DZ 80 RON.
- **Cabana Bolboci,** 1460 m, 33 Betten, Tel. 772 204, DZ 80 RON.
- **Cheile Zănoagă,** 1380 m, 40 Betten, Tel. 772 176, DZ 80 RON.
- **Cabana Scropoasa,** 1205 m, 48 Betten, Tel. 772 097, DZ 80 RON.

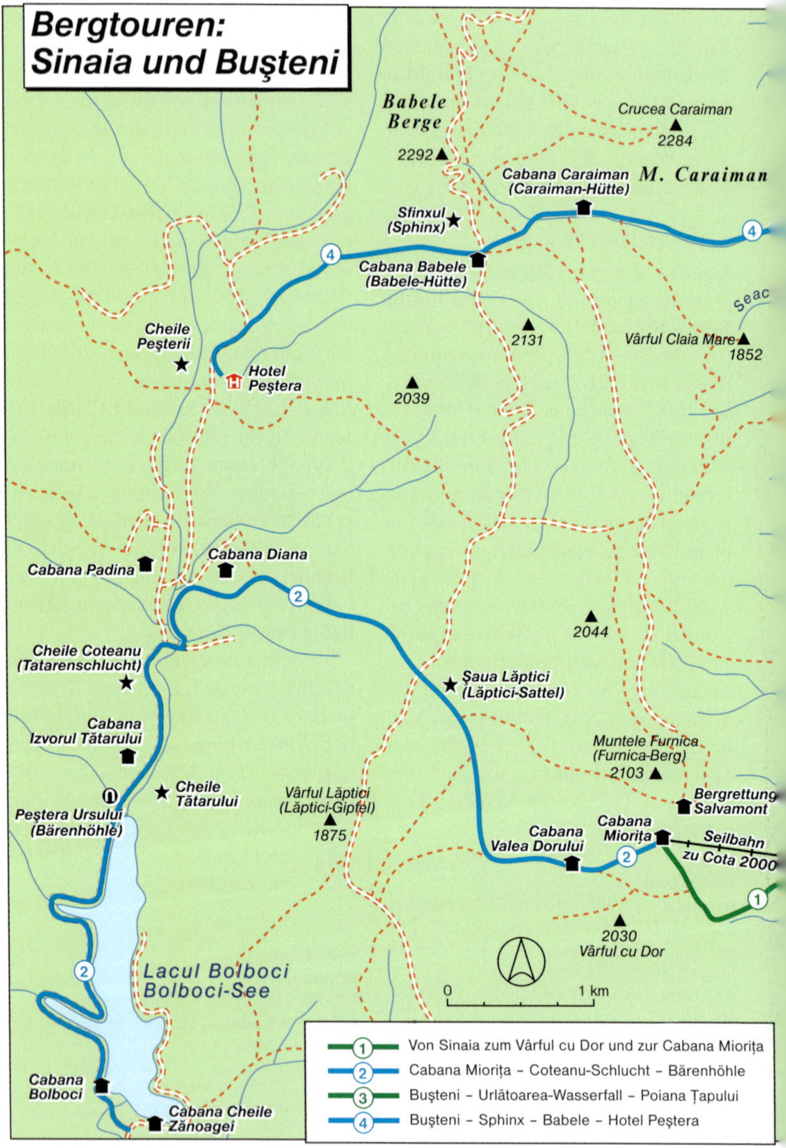
Bergtouren:
Sinaia und Buşteni
Babele Berge
2292
Crucea Caraiman
2284
Cabana Caraiman (Caraiman-Hütte)
M. Caraiman
Sfinxul (Sphinx)
Cabana Babele (Babele-Hütte)
Seac
Cheile Peşterii
Hotel Peştera
2131
Vârful Claia Mare
1852
2039
Cabana Diana
Cabana Padina
2044
Cheile Coteanu (Tatarenschlucht)
Şaua Lăptici (Lăptici-Sattel)
Cabana Izvorul Tătarului
Muntele Furnica (Furnica-Berg)
2103
Cheile Tătarului
Vârful Lăptici (Lăptici-Gipfel)
1875
Bergrettung Salvamont
Peştera Ursului (Bärenhöhle)
Cabana Valea Dorului
Cabana Mioriţa
Seilbahn zu Cota 2000
2030
Vârful cu Dor
Lacul Bolboci
Bolboci-See
0
1 km
Cabana Bolboci
Cabana Cheile Zănoagei
1 Von Sinaia zum Vârful cu Dor und zur Cabana Mioriţa
2 Cabana Mioriţa - Coteanu-Schlucht - Bärenhöhle
3 Buşteni - Urlătoarea-Wasserfall - Poiana Ţapului
4 Buşteni - Sphinx - Babele - Hotel Peştera

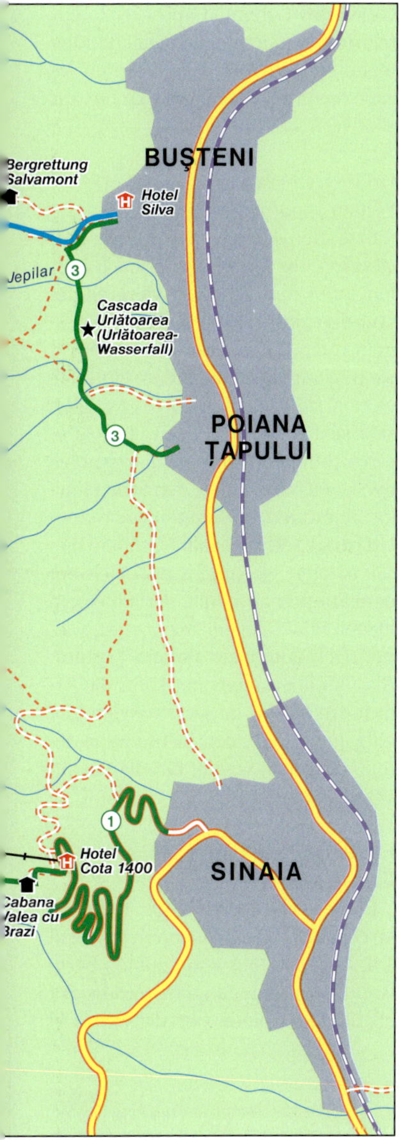

Bergrettung:
- **Salvamont,** Tel. 313 131.

Wintersport im Bucegi-Gebirge

Die **sieben Skipisten des Furnica,** des Hausbergs von Sinaia, zählen zu den beliebtesten im Land. Die kürzeste der Strecken liegt auf 1820 m, direkt unterhalb der Cabana Valea Dorului, und ist nur 455 m lang. Die längste und auch leichteste Strecke führt über 4 km von der Cabana Valea cu brazi auf 1,5 km hinunter zur Cabana Schiori auf 980 m Höhe. Der schwierigste und anspruchsvollste Abschnitt heißt „Carp" (nach *Petre Carp* benannt) und ist 2,5 km lang. In rasanter Abfahrt geht es hier von der Cabana Mioriţa über einen Höhenunterschied von 600 m hinunter zur Cabana Valea cu brazi.

Die Skipisten im Einzelnen

Name/Schwierigkeit/ Länge/Höhenunterschied

- **Drum Vechi**/leicht/4 km/420 m
- **Valea Dorului**/mittel/900 m/180 m
- **Valea Soarelui**/mittel/900 m/180 m
- **Turistică**/mittel/2,8 km/440 m
- **Drum de Vară**/mittel/2,9 km/600 m
- **Scândurar**/mittel/455 m/150 m
- **Carp**/schwierig/2,5 km/600 m

Transport in die Berge

Art/Strecke/Länge/ Dauer/Höhenunterschied

- **Seilbahn/Sinaia – Cota 1400/** 2330 m/7 Min./590 m
- **Seilbahn/Cota 1400 – Cota 2000/** 1945 m/6 Min./600 m
- **Sessellift/Valea Dorului – Furnica/** 980 m/7 Min./180 m

Buşteni

XVI, A3

- **Höhe:** 850–950 m
- **Vorwahl:** 0268
- **Einwohner:** 4800

Gerade einmal 10 km nördlich von Sinaia liegt die kleine Bergstadt Buşteni. Die Bergkette des Bucegi-Gebirges reicht hier im ganzen Prahova-Tal am dichtesten an eine Gemeinde heran. Imposant erheben sich die Gipfel des **Caraiman** (2284 m) und des **Coştila** (2490 m) direkt steil über dem Ort. Buşteni selbst hat außer dieser Bergkulisse und den sich daraus ergebenden Sport- und Freizeitmöglichkeiten nicht viel zu bieten. Der durchschnittlich auf 883 m Höhe liegende Ort ist somit vor allem für **Wintersportler, Bergwanderer und Kletterer** interessant. Die meisten Besucher fahren mit der Seilbahn zu den in ganz Rumänien berühmten Wahrzeichen des Bucegi-Gebirges hinauf: der **Sphinx** und den **Babele.** Im Winter 2005 wurde an den Bergen des Jepii-Tals die modernste Skianlage Rumäniens in Betrieb genommen.

Bergtouren bei Buşteni

Die meisten Bergstrecken von Buşteni und der Nachbargemeinde Azuga aus sind **recht schwierig,** weil außerordentlich steil. Sie sind teilweise durch Halteseile bzw. Kabel gesichert und nur für erfahrene und ausdauernde Wanderer geeignet. Was des einen Leid, ist des anderen Freud. Für Klettersportler ist das Gebiet rund um die Gipfel des Caraiman und Coştila das reinste Bergparadies. Zahlreiche Klettersteige und freie Kletterrouten locken hier im Sommer die Climber aus aller Welt an.

Urlătoarea-Wasserfall (1100 m) – Poiana Ţapului (860 m)

Eine der kürzesten Rundwanderstrecken, die einen wieder nach Buşteni zurückbringt, ist die **viereinhalbstündige Route,** die anfangs mit einem roten Punkt gekennzeichnet ist. Sie beginnt direkt hinter dem Hotel Silva und steigt nach etwa 10 Minuten sehr steil an. Im Winter ist diese Strecke nicht begehbar. Nachdem man einen kleinen Bergbach, den Seaca Jepilor, überquert hat, kommt man zum **Urlătoarea-Wasserfall.** Nachdem dieser passiert ist, begibt man sich auf dem Streckenabschnitt, der mit einem blauen Punkt gekennzeichnet ist, wieder nach unten, zur **Poiana Ţapului.** Als Orientierungspunkt kann die orthodoxe Kirche gewählt werden, die eingangs von Buşteni steht und in deren Nähe man wieder auf die Hauptstraße kommt.

Caraiman (2284 m) – Sphinx – Babele – Hotel Peştera

Diese **sehr schwierige Wanderstrecke** mit einer Höhendifferenz von 1360 m sollte nur von geübten Bergwanderern angegangen werden. Für alle anderen bietet sich die Fahrt mit

Die berühmte Felsformation Babele erinnert an überdimensionale Pilze

der Kabinenseilbahn an, die einen in 15 Minuten zu den Hauptattraktionen der Bucegi-Berge bringt. Die mit einem blauen Kreuz gekennzeichnete **sechsstündige Strecke** beginnt direkt hinter dem Hotel Silva. Die steilsten Streckenabschnitte im Jepii-Tal sind mit Kabeln und Seilen gesichert. Nach ca. 3½ Stunden steilen Aufstiegs und manchem sehnsuchtsvollen Blick auf die über einem schwebenden Seilbahn-Kabinen erreicht man die **Caraiman-Hütte.** Ein kurzer, durch einen roten Punkt markierter Weg führt zum **Heldenkreuz,** einem 40 m hohen Stahlkreuz mit Steinsockel, das in den Jahren 1926 bis 1928 zu Ehren der rumänischen Soldaten des Ersten Weltkriegs auf dem Gipfel des Caraimanberges errichtet wurde.

Von der Ankunftsstelle der Kabelbahn aus braucht man bis zum stählernen „Gipfelkreuz" etwa 45 Minuten. Diese Strecke ist durch ein rotes Kreuz gekennzeichnet.

In umgekehrter Richtung werden die Wanderer, die den harten Aufstieg hinter sich gebracht haben, den Weg zur **Cabana Babele** wahrscheinlich schneller zurücklegen. Die renovierte Unterkunft liegt direkt neben den berühmten **Babele.** Da früher Touristen liebend gerne auf den von Wind und Wetter geformten Pilzfelsen herumgeklettert sind, hat man sie eingezäunt und auch das Mitnehmen von „steinernen Souvenirs" untersagt.

Keine drei Kraxel-Minuten von den berühmten, jedoch etwas unspektakulären „Steinpilzen" befindet sich ein

rum229 Foto: jr

anderes nationales Bergdenkmal. Die geheimnisvolle **Sphinx** gibt ihre Ähnlichkeit mit dem in Giseh/Kairo stehenden Original jedoch nur dem Betrachter preis, der sich im richtigen Winkel vor sie hinstellt. Mit etwas Fantasie erkennt man dann tatsächlich in der Felsstruktur einige Ähnlichkeiten, zumindest mit dem Kopf des ägyptischen Vorbilds, mit dem Unterschied, dass das steinerne Bildnis nicht von Menschenhand geschaffen wurde.

Auf der Westseite des Berges führt ein mit blauem Kreuz markierter Weg nach unten, zum **Hotel Peştera.** Bei gutem Wetter benötigt man für diese letzte Wanderetappe etwa 30 Min.

Unterkunft:
- **Cabana Caraiman,** 2025 m, 30 Betten, Tel. 0745-854 892, DZ 60–80 RON.
- **Cabana Babele,** 2200 m, 94 Betten, Tel. 315 304, DZ 80–100 RON.
- **Hotel Peştera,** 1610 m, 116 Betten, Tel. 311 094, DZ 100–120 RON.

Bergrettung:
- **Salvamont,** Tel. 313 131.

Buchtipps zu Siebenbürgen

- **Kirchenburgen in Siebenbürgen,** *Stollberg, Robert,* 1. Auflage 2007, Böhlau Verlag. Ein ausgezeichnetes Buch, in dem alle siebenbürgischen Kirchenburgen in Bild und Text vorgestellt werden.
- **Siebenbürgische Gästehäuser,** *Roth, Anselm,* 1. Auflage 2007, Schiller, Hermannstadt (Sibiu). Dieses Buch beschreibt Unterkünfte abseits der üblichen Hauptverkehrsrouten. Alle erwähnten Gästehäuser unterstützen den Erhalt der Kirchenburgen.

Predeal

↗ XVI, A2

- **Höhe:** 1060 m
- **Vorwahl:** 0268
- **Einwohner:** 5700

Die mit 1060 m am höchsten gelegene Stadt Rumäniens sieht sich gerne in direkter Konkurrenz zum 30 km entfernten mondänen Sinaia. Zumindest was **preiswerte Unterkünfte** anbelangt, läuft der Luftkurort Predeal, der um 1700 als Gasthof seinen Anfang nahm, Sinaia den Rang ab. Der wirtschaftliche Aufschwung begann um 1850, als die Zollstelle zwischen der Walachei und Österreich-Ungarn von Breaza nach Predeal verlegt wurde.

Heute hat Predeal, das erst 1952 die Stadtrechte erhielt, zwar nur knapp 7000 Einwohner, aber über 80 Pensionen und Hotels. Viele Besucher der Bergregion südlich von Braşov, die ein wenig auf den Geldbeutel schauen und die die Hauptsaisonpreise in Sinaia für rumänische Verhältnisse als überteuert ansehen, haben ihr Urlaubsdomizil inzwischen nach Predeal verlegt. Die Pass-Stadt hat zwar die Berge nicht ganz so dicht vor der Nase wie das benachbarte Buşteni, doch die **günstige Lage** zwischen der Metropole Braşov (35 km) und den Karpaten-Highlights Burg Bran (32 km), der Bauernburg Râşnov (23 km) und dem idyllischen Moieciu de Sus (42 km) machen aus Predeal einen idealen Ausgangspunkt für Exkusionen aller Art. Da die Höhenunterschiede in den östlich gelegenen **Hohenstein-Bergen (Piatra Mare)** keine übermäßigen Kletterkünste erfordern, ist diese abwechslungsreiche Gegend für Radler wie geschaffen.

Sehenswert ist das **Kloster** Predeal, dessen 1740 vom Mönch *Ioanichie* gegründete Kirche 1819 vom Künstler *Nicolae Zugravu* verschönert wurde.

Information

- Das **Informationszentrum** in der Str. Întrarea Gării 1 gegenüber dem Bahnhof zählt in Bezug auf Freundlichkeit und Service zu den Top 10 Rumäniens.

Unterkunft

- **Hotel Trei Brazi** (***), Str. Trei Brazi 13, Tel. 0722-372 998, www.treibrazi.ro, EZ 70 RON, DZ 100 RON, App. 130 RON.
- **Cabana Fulg de Nea** (***), Str. Teleferic 1, Tel. 456 089, Fax 455 463, sabido.sky@xnet.ro, 10 DZ, 17 3-Bett-Zimmer, 2 App. Riesige gepflegte „Holzhütte" am Waldesrand. Pro Person 45 RON, 10% Discount möglich. Verleih von Fahrrädern.
- **Confort Suites** (*****), Str. Trei Brazi 33, Tel. 455 795. EZ/DZ 41–82 Euro.
- **Hotel Piemont** (****), M. Saulescu 149, Tel. 455 849. EZ/DZ 26–49 Euro.
- **Ski&Sky** (****), Str. Liviu Rebreanu 2, Tel. 455 868. EZ/DZ 28–30 Euro.
- **Robinson** (***), Str. Muncii 10, Tel. 456 753. EZ/DZ 20–35 Euro.
- **Villa Cota 1200** (***), Str. Brazi 64, Tel. 455 343. EZ/DZ 28–42 Euro.
- **Gästehaus Darius** (***), Str. Caprioarei 22, Tel. 455 598. EZ/DZ 13–28 Euro (Empfehlung des Autors).

Braşov/ Kronstadt

↗ XVI, A2

- **Höhe:** 620–967 m
- **Vorwahl:** 0268
- **Einwohner:** 283.900
- **Ungarischer Name:** Brassó

Die vom **Berg Tâmpa** (Zinne) und der **Bergkette Postăvarul** umgebene und klimatisch geschützte Stadt Braşov, die am Kreuzpunkt alter Handelsstraßen **im Herzen Rumäniens** liegt, galt im 13. Jahrhundert als idealer Ort für die Gründung einer mittelalterlichen Festung. Der deutsche Ritterorden (siehe entsprechenden Exkurs) erkannte dies sehr schnell und gründete um das Jahr 1235 die Stadt **Corona,** wie Dokumente aus der Zeit belegen. Die erste Siedlung des bald darauf **Kronstadt** genannten Ortes lag etwa an der Stelle, an der heute die bekannte Schwarze Kirche steht. Im Laufe der Zeit ereilte Braşov das Schicksal vieler anderer rumänischer Städte. Die Stadt wechselte kurzfristig je nach Eroberer oder Regent ihren Namen und ging somit (neben Kronstadt und Braşov) zeitweise auch als *Brassovia, Brasco, Brassó* oder *Stephanopolis* in die Annalen ein. Den ungewöhnlichsten Namen trug Kronstadt in der Zeit von 1950 bis 1960, als die kommunistischen Machthaber den Namen kurzerhand in **Oraşul Stalin** (Stalinstadt) änderten. Auf dem hauseigenen Berg Tâmpa, von dem heute á la Hollywood der Schriftzug Braşov in riesigen weißen Lettern herunterstrahlt, wurde um 1950 als Huldigung an *Stalin* der neue

Name der Stadt kunstvoll in den Wald gefräst, sodass ihn jeder Einwohner von unten gut lesen konnte.

Im Laufe des 15. Jahrhunderts wurde Kronstadt infolge der türkischen Invasionen immer mehr zur **Festung** ausgebaut. Von den starken Bastionen und Türmen des alten Stadtrings sind der Schwarze und der Weiße Turm sowie die Schmiedebastei vollständig erhalten geblieben. Der zentrale große **Piața Sfatului** zählt mit dem Rathaus von 1420 zu den am besten renovierten historischen Plätzen des Landes. Neben dem Erhalt seines alten Stadtkerns hat es Braşov dank seiner wirtschaftlichen Kraft geschafft, auch **moderne Lebensart** und Kultur in der Stadt zu integrieren.

Orientierung und Information

Die neue zentrale Anlaufstelle Braşovs, das moderne **Informationszentrum,** befindet sich im Rathausgebäude, das unübersehbar mit seinem berühmten Trompeterturm mitten auf dem Marktplatz steht. Besucher werden dabei auch schon einmal einen Blick auf das angegliederte **Historische Museum** der Stadt werfen können, da man nur durch dieses Museum ins rechts liegende Informationszentrum gelangt.

Falls man noch keine Unterkunft hat, sollte man auf jeden Fall die geduldige und überaus **freundliche Hilfe** der Mitarbeiter in Anspruch nehmen, die man sich so auch in Bukarest wünschen würde. Oft erhält man so die entscheidenden Tipps über neueste Jugendherbergen, Pensionen oder Hotels, über Ermäßigungen, Buslinien oder aktuelle Ausstellungen.

Neben einem **Stadtplan** bekommt man hier auf Wunsch auch eine Kopie der Liste mit den aktuellen Unterkünften und Preisen. Als weiterführende Information können die kostenlosen **Stadtbroschüren „Zile şi nopți"** und **„ŞapteSeri"** herangezogen werden, die ebenso wie das englischsprachige **Magazin „Braşov Visitor"** im Infozentrum ausliegen.

Fußgänger werden die **verkehrsberuhigte Zone** rund um die Schwarze Kirche, den Marktplatz und entlang der Str. Republicii zu schätzen wissen. Einen wirklichen Überblick über die Stadt gewinnt man, wenn man mit der **Kabelbahn** auf die bewaldeten Höhen des 967 m hohen Berges Tâmpa fährt. Auch vom Schwarzen und vom Weißen Turm bietet sich ein herrlicher Blick auf die Altstadt.

- **Centru de Informare Turistică** (Informationszentrum), Piața Sfatului 30, Tel. 0268-419 078, infoturismbrasov@yahoo.com, www.brasovcity.ro.

Sehenswertes

Rund um den Marktplatz

Der **Mittelpunkt der Altstadt,** der mittelalterliche Marktplatz **Piața Sfatului,** ist die Hauptbühne der transsylvanischen Metropole. Das **Alte Rathaus (Casa Sfatului)** steht mitten auf dem großen Marktplatz. Es wurde zum ersten Mal am 23. Dezember 1420 in einem Dokument der Kürschner-Gilde erwähnt, die damals hier ih-

rum233 Foto: jr

ren Sitz hatte. Seine mächtigen, dicken Mauern erhielt das Rathaus zwischen 1515 und 1528, eine Zeit, in der auch der Rathausturm gebaut wurde. Der heutige Name **Trompeterturm** geht auf seine Verwendung während der Türkenkriege zurück. Ursprünglich wurde er als reiner Wehrturm errichtet, die Annäherung von Feinden wurde von einem Wächter von oben lautstark angekündigt. Neben dem bereits erwähnten neuen **Informationszentrum** ist in dem gelb leuchtenden Bau auch das **Geschichtsmuseum** des Bezirks untergebracht. Sehenswert ist ein Modell des historischen Kronstadt, in dem noch alle ursprünglichen acht Bastionen und der Verlauf der Stadtmauer zu erkennen ist.

Ein weiteres Museum befindet sich an der Westseite des Marktplatzes. Das **Mureşenilor-Museum** wurde zu Ehren der berühmten Familie *Mureşianu* errichtet, die im 19. Jahrhundert zahlreiche Politiker und Hochschullehrer hervorbrachte. Das kleine hellblaue Haus beherbergt heute Gemälde, Möbel, Skulpturen und mehr als 25.000 Dokumente, Briefe und Fotografien der Familie.

Gleich neben dem italienischen Restaurant Stradivari an der Ecke zur Str. Mureşenilor liegt der prächtige byzantinische Eingang zur **Kirche Sf. Treime**

Die Altstadt von Braşov gehört zu den besterhaltenen Stadtkernen Siebenbürgens

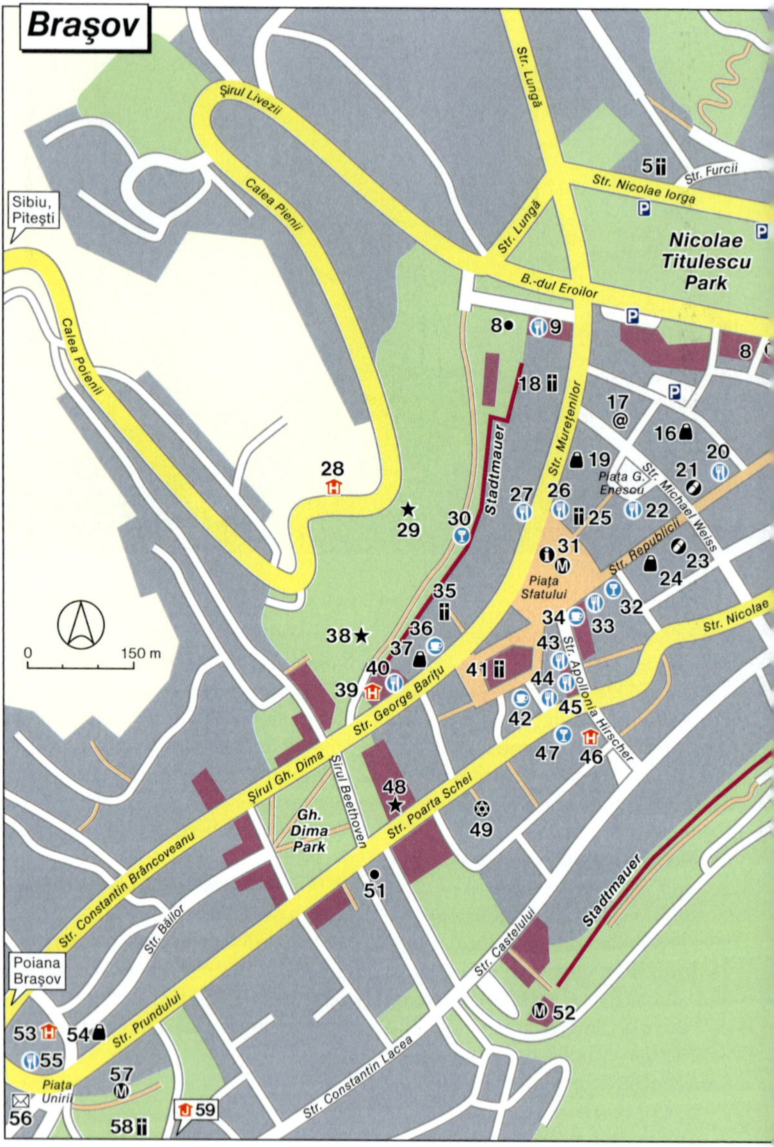
Brașov
Sibiu, Pitești
Șirul Livezii
Calea Pienii
Calea Poienii
Str. Lungă
Str. Furcii
Str. Nicolae Iorga
Nicolae Titulescu Park
B.-dul Eroilor
Str. Mureșenilor
Stadtmauer
Piața G. Enescu
Str. Michael Weiss
Str. Republicii
Piața Sfatului
Str. Nicolae
Str. Apollonia Hirscher
Str. George Barițu
Șirul Gh. Dima
Șirul Beethoven
Gh. Dima Park
Str. Poarta Schei
Str. Constantin Brâncoveanu
Str. Băilor
Str. Castelului
Str. Prundului
Str. Constantin Lacea
Poiana Brașov
Piața Unirii
0
150 m
5
8
9
16
17
18
19
20
21
22
23
24
25
26
27
28
29
30
31
32
33
34
35
36
37
38
39
40
41
42
43
44
45
46
47
48
49
51
52
53
54
55
56
57
58
59

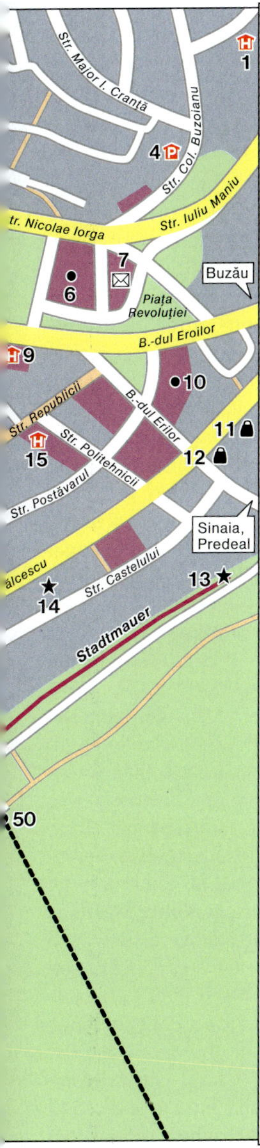

1 Ambient
2 Pension Simone
3 Orth. Kirche
4 Rathaus
5 Hauptpost
6 Multikulturelles Zentrum
7 Formula Pub
8 Museum für Kunst und Völkerkunde
9 Capitol
10 Präfektur
11 Markt
12 Kaufhaus Star
13 Tuchmacherbastei
14 Honterus-Geburtshaus
15 Coroana
16 Librăria Mix
17 Internet Blue Club
18 Peter und Paul Kirche
19 Buchhandlung Arta
20 Deanes Irish Pub
21 Apotheke Eurofarm
22 Bistro d'Arte
23 Apotheke (Non Stop)
24 Himalaya
25 Adormirea Maicii Domnului Kirche
26 Stradivari
27 Saloon
28 Montana
29 Der Weiße Turm
30 Café Graft in der Bastei
31 Informations-Zentrum / Historisches Museum
32 Opium
33 Cerbul Carpatin
34 Turabo Café
35 Sf. Treime Kirche
36 La Vatra Ardealului
37 Travel Sport
38 Der Schwarze Turm
39 Bella Muzica
40 Bella Muzica
41 Schwarze Kirche
42 Teehaus (Ceainărie)
43 Spaghetteria Venezia
44 Pizzeria Roma
45 Poarta Schei 4
46 Résidence Hirscher
47 Crew Bar
48 Waisenhaus-gässertor / Poarta Schei
49 Synagoge
50 Kabelbahn
51 Deutsches Demo-kratisches Forum
52 Stadtmuseum / Weberbastei (Bastionul Țesătorilor)
53 Curtea Brașoveană
54 Markt
55 Casa Românească
56 Post
57 Museum Erste rumänische Schule
58 Sf. Nicolae
59 Tao

Adormire. Verspielt zeigt sich die Außenfassade mit ihrem Rundturm, den Zwillingsfenstern, der goldenen Mosaik-Maria über der Tür und den beiden Säulenkapitellen am Eingang. Um in die orthodoxe Kirche aus dem Jahr 1895 zu gelangen, muss man erst eine kurze Passage durchqueren.

Von allen Handels- und Gildehäusern rund um den Marktplatz ist das **Hirscher-Haus** an der Ostseite des Platzes (Ecke Str. Hirscher) stets das bedeutendste gewesen. In den Jahren 1539–45 von der Bürgermeisterfrau *Apollonia Hirscher* im Renaissancestil errichtet, diente es den Gilden und Zünften Kronstadts über Jahrhunderte als Versammlungsort. Heute befinden sich in dem 70 m langen Eckgebäude u.a. das Restaurant und der Biergarten Cerbul Carpatin, ein Weinkeller sowie eine neu errichtete Edel-Einkaufsmeile.

Der Neid des Baumeisters

Auf dem ehemals am reichsten verzierten Portal der Schwarzen Kirche, der **Goldenen Pforte,** war außen das Bildnis eines gebückten jungen Mannes zu sehen. Heute findet man diese Figur im Innern der Kirche an der Westfassade wieder. Der Sage nach handelt es sich um einen **Maurergesellen,** der so talentiert gewesen sein soll, dass er mit seinem Können bald die Fähigkeiten seines Meisters weit übertraf. Da dieser befürchtete, vom Gesellen aus seiner Stellung verdrängt zu werden, stieß er ihn bei nächster Gelegenheit vom Baugerüst. Bald darauf bereute der Meister seine Tat, stellte sich dem Richter der Stadt und wurde hingerichtet.

- **Muzeul Județean de Istorie,** Geschichtsmuseum, Di. bis So. 10–17 Uhr.
- **Muzeul Memorial Casa Mureşenilor,** Str. Mureşenilor 67, Tel. 477 864, Mo. bis Sa. 9–15 Uhr.
- **Kirche Sf. Adormire,** Piața Sfatului 3.

Die Schwarze Kirche

Vom Marktplatz sind es nur fünf Minuten zu einer der Hauptattraktionen der Stadt. Ganz offiziell wird das **Wahrzeichen von Braşov,** die **Pfarrkirche der Kronstädter Honterusgemeinde,** heute Schwarze Kirche **(Biserica Neagră)** genannt. Dieser ursprünglich nur volkstümliche Name geht auf den Stadtbrand im Jahr 1689 zurück, dessen Feuersbrünste die Kirchenmauern der größten gotischen Kathedrale Südosteuropas schwarz färbten. Das starke Feuer hatte sogar die Glocken im Turm zum Schmelzen gebracht und hinterließ über Jahre hinweg eine geschwärzte Ruine.

Bereits während ihrer etwa einhundertjährigen Bauphase seit 1383 musste die der *heiligen Maria* geweihte Kirche so manchen kriegerischen Sturm über sich ergehen lassen. 1421 waren es die Türken, die den unfertigen Bau zerstörten. Die angespannte Lage während der Türkenkriege verzögerte den Wiederaufbau. Als Stifter trat vor allem der ungarische **König Matthias Corvinius** in Erscheinung, der auch die Wandmalereien über dem Südportal finanzierte. Nach ihrer Fertigstellung machten dann ab 1532 Erdbeben dem Kirchenchor und dem Dach der Kathedrale zu schaffen. Nach der Rekonstruktion fand im Oktober 1542 der **erste evangelische Gottesdienst**

Honterus – Kartograf der Bildung

Rund um die Schwarze Kirche hat man einem der größten Söhne der Stadt Braşov, dem **Humanisten Johannes Honterus** (1498–1549), manche Ehre zuteil werden lassen. So ist das 1388 gegründete deutschsprachige Gymnasium nach ihm benannt, das gleich neben der Kirche zu finden ist, und direkt vor der Schwarzen Kirche steht der große Reformator als Statue auf einem erhöhten Sockel. Das Standbild spiegelt ziemlich gut wider, wie wir uns den Gelehrten vorzustellen haben. In der Linken hält er ein Buch, in dem er gerade gelesen zu haben scheint. Die neu gewonnenen Erkenntnisse werden durch eine ausdrucksvolle Geste des rechten Arms gleich in eine Handlung umgesetzt. *Honterus* zeigt nämlich energisch in die Richtung, die ihm die liebste war – nach vorne.

Johannes Honterus war **Übersetzer, Stadtpfarrer, Hochschullehrer, Lektor, Erfinder, Schriftsteller und Verleger** in einer Person. Die erste Karte von Transsylvanien aus dem Jahr 1532 ist auf ihn zurückzuführen. Als Kartograf vermaß er die Entfernung zwischen Kronstadt und Hermannstadt, indem er das Rad eines Pferdewagens mit einer Vorrichtung versehen ließ, die bei jeder Umdrehung ein Klacken von sich gab. Mit diesem originellen „Tachometer" brauchte er nur den Radumfang mit der Anzahl der Geräusche zu multiplizieren, um die Distanz der beiden Städte zu bestimmen.

Nach einem Studienaufenthalt in Wien und einer Professur in Krakau hatte er in Basel, der damaligen Hochburg des Humanismus in Europa, die Kunst der Holzschnitte kennen gelernt. Er fertigte zwei **Sternkarten** nach Vorlagen von *Albrecht Dürer* an und vertiefte sich ganz in die Technik der Reproduktion und Kartografie.

Diese Kenntnisse sowie die auf dem Gebiet der Buchdruckkunst und des Verlagswesens machte sich *Honterus* nach seiner Rückkehr nach Kronstadt im Jahr 1533 zunutze. Er gründete eine Papiermühle und mit Hilfe einer aus Basel mitgebrachten Druckerpresse eine **Druckerei,** aus deren Produktion die ersten Schulbücher Rumäniens hervorgingen. Neben antiken Schriftstellern verlegte *Honterus* im Jahr 1548 auch *Luthers* „Kleinen Katechismus" und verwurzelte damit die **Reformation** in Siebenbürgen. Sein Hauptinteresse galt der „friedlichen Bildung der Jugend". Ab 1541 veranlasste er den Neubau einer Schule statt eines neuen Klosters und führte die zur damaligen Zeit revolutionäre Idee einer **Schülerselbstverwaltung** ein. Das von *Honterus* gegründete **humanistische Gymnasium** galt damals als eines der fortschrittlichsten in ganz Europa und führte 1542 als erste Schule auch das Unterrichtsfach „Schauspiel" in die Curricula ein.

Das Grab des Gelehrten *Honterus,* der im Jahre 1544 zum Stadtpfarrer von Kronstadt gewählt wurde und fünf Jahre später starb, befindet sich ganz in der Nähe seines letzten Wirkens, in der Schwarzen Kirche.

in der Schwarzen Kirche statt. Nach erneuten Erdbeben und der Pestepidemie im Jahr 1602 waren es 1689 die Österreicher, die durch ihren Angriff der bis dahin hellen Kirche zu ihrem heutigen Namen verhalfen.

Nach der völligen Zerstörung dauerte es fast 100 Jahre bis zur Neueinwölbung im Jahre 1772 und fast weitere 100 Jahre bis zur Errichtung eines neuen Altars 1866. Vom ehemaligen Kirchenbau ist heute nur noch ein **Taufbecken** aus dem Jahr 1472 erhalten geblieben. Das ehemals gotische Gewölbe hat man zwischenzeitlich durch ein barockes Tonnengewölbe ersetzt. Die Restaurierungen halten bis in die letzten Jahre an. Wer heute das Westportal der Schwarzen Kirche mit seinem reich verzierten Kielbogen betritt, dem erscheint es nach all den historischen Wirren fast wie ein Wunder, dass das Wahrzeichen Brașovs die letzten Jahrhunderte überlebt hat.

Hier einige der **Superlative,** die die Schwarze Kirche zu bieten hat:

- Im Innenraum der Kirche befindet sich die **größte Sammlung orientalischer Teppiche außerhalb der Türkei.**
- Sie besitzt die **größte mechanische Orgel Rumäniens** mit rund 4000 Pfeifen, vier Manualen und 76 Registern.
- Im Kirchenturm erklingt die **größte frei schwingende Glocke Rumäniens** mit einem Gewicht von 6000 kg.
- Die Schwarze Kirche ist das **größte Kultgebäude Rumäniens.**
- Sie ist die **größte spätgotische Hallenkirche östlich von Wien.**
- Di., Do. und Sa. findet jeweils um 18 Uhr in der Schwarzen Kirche ein **Orgelkonzert** des Deutschen Kulturkreises statt.
- **Achtung:** Sonntags ist die Schwarze Kirche für Besichtigungen geschlossen!

Der Schwarze und der Weiße Turm

Ihre größte Demütigung erfuhr die Stadt im Jahr 1421, in dem **türkische Eroberer** die Stadt erstürmten und den Stadtrat verschleppten. Als die türkischen Angriffe im 15. Jahrhundert zunahmen, begannen die Kronstädter ihre Stadt stärker zu befestigen. Um zwei der markantesten Überbleibsel aus dieser Zeit, den Weißen und den Schwarzen Turm, zu besuchen, muss man den Weg hinter der **alten Stadtmauer** im Westen Brașovs finden. Die **Str. După Ziduri** (Straße hinter der Mauer) ist dabei nur über einen nördlichen und einen südlichen „Eintritt" zugänglich. Vom Piața Sfatului aus erreicht man den Zugang am schnellsten über die Strada Barițiu. Etwa 50 m nach dem bekannten Café La Vatra Ardealului kommt man zur **Schmiedebastei (Bastionul Fierarilor).** Ab hier führt rechts der Weg direkt hinter die alten Stadtmauern.

Als erstes erkennt man den im 14. Jahrhundert errichteten **Schwarzen Turm (Turnul Neagra),** der sich links auf dem steilen Hang des Warthe-Hügels erhebt (hinter der Stadtmauer nicht gleich den kleinen, sehr steilen Waldweg nehmen, der bessere Aufstieg kommt etwa 30 m weiter.) Etwa 100 m weiter folgt sein 100 Jahre später errichtetes Pendant, der Weiße Turm. Zwischen dem Schwarzen Turm und der 30 m entfernten Schmiedebastei gab es früher eine bewegliche Holzbrücke, über die Soldaten schneller zu den Schießscharten des Turms gelangen konnten. Heute kann man hier Reproduktionen von Karten aus dem 17. Jahrhundert kaufen (Eintritt 2 RON).

Wer die 134 steilen Stufen zum **Weißen Turm (Turnul Alb)** hinaufgestiegen ist, dem bietet sich ein wunderbarer Blick auf die roten Ziegeldächer und Schindeln der Altstadt. Nach dem Abstieg vom Weißen Turm sollte man sich den **Souvenirladen** in der Graftbastei und das angegliederte **Café,** die man gradewegs über eine kleine Brücke erreicht, auf keinen Fall entgehen lassen. Beide sind in die alte Befestigungsanlage integriert und werden nur allzu leicht übersehen.

Das Schei-Viertel

Zur Blütezeit der sächsischen Herrschaft war es der rumänischsprachigen Bevölkerung Kronstadts nicht erlaubt, innerhalb der Befestigungsanlagen zu wohnen. Sie durften nur zu bestimmten Zeiten zum Handeln oder Arbeiten durch die Stadttore kommen und mussten dafür Abgaben entrichten. Einige **Stadttore** sind noch erhalten. Wenn sich heutzutage der Feierabendverkehr durch die enge **Poarta Schei** (Waisenhausgässertor) quält, denkt wohl kaum mehr ein Rumäne an diese Zeit zurück oder an den Stadtteil, nach dem dieses Stadttor benannt wurde. Hier im ehemaligen Arbeiterviertel Schei, rund um den **Piaţa Unirii,** der von der Schwarzen Kirche zu Fuß in 15 Minuten erreicht ist, lebten einst die Ärmsten der Armen. Heute dagegen gilt der Hügel, der sich links neben der Nikolauskirche am Einheitsplatz erhebt, als eine der begehrtesten Wohngegenden der Stadt.

Die **Nikolauskirche (Sf. Nicolae)** war die erste orthodoxe Kirche Transsylvaniens und wurde auf Initiative der Wojvodenfürsten *Neagoe Basarab* und *Vlad Calugarul* 1495 im gotischen Stil erbaut. Später erfuhr die Kirche einige barocke Veränderungen. Sehenswert sind neben der reichhaltigen Sammlung alter Ikonen auch die schönen alten Türen und Innenmalereien.

Aufgrund der aufblühenden Buchdruckerkunst war es der Orthodoxie möglich, in der Nikolauskirche ihre ersten kirchlichen Werke in rumänischer Sprache vorzustellen. Auch die 1495 gegründete **erste rumänischsprachige Schule,** die man nach Betreten des Kirchhofs auf der linken Seite findet, machte sich die neuen Errungenschaften des Humanisten **Johannes Honterus** zunutze. Dieser hatte aus Basel eine alte Druckerpresse mitgebracht und nutzte sie vor allem zur Herstellung „bildender Literatur" (siehe den Exkurs zu *Honterus*).

Auf dem Rückweg ins Stadtzentrum gelangt man in direkter Nachbarschaft der Poarta Schei zum schönsten Stadttor Braşovs, dem **Katharinentor (Poarta Ecaterinei)** von 1559. Der massive, mit dem alten Stadtwappen geschmückte Hauptturm mit seinen vier gerundeten Ecktürmen und den markanten Spitzdächern ist das einzig vollständig erhaltene Stadttor von Kronstadt. Direkt vor diesem ehemaligen Zugang zur Altstadt zog sich im Mittelalter entlang der südwestlichen Stadtmauer ein tiefer, mit Wasser gefüllter **Stadtgraben.** Wer sich heute, das Stadttor im Rücken, nach links wendet und der Stadtmauer folgt, gelangt über die Str. Brediceanu und die Str. Cosbuc zur **Weberbastei (Bastionul Ţesătorilor).** Von den sieben ehemaligen Basteien, die in die Stadtmauer integriert waren, ist die Weberbastei am besten erhalten geblieben. Mit ihren dicken Mauern gleicht die dreigeschossige Bastion fast einer Burg. Aufgrund der guten Akustik finden in ihr immer wieder **Konzerte** statt. Im angegliederten **Weberbastei-Museum** ist ein sehr sehenswertes Stadtmodell aus dem Jahr 1896 zu sehen. Es zeigt das alte Kronstadt des 17. Jahrhunderts.

- **Muzeul Bastionul Ţesătorilor,** Str. George Cosbuc 9, Tel. 472 368, Di. bis So. 10–16 Uhr.
- **Biscerica Sf. Nicolae,** Str. Nicolae din Schei (am Piaţa Unirii), Mo. bis So. 6–21 Uhr.

Die östliche und nördliche Altstadt

Folgt man, von der Weberbastei kommend, der Str. Coşbuc, erblickt man an der Kreuzung mit der Str. Porta Schei rechts, etwas zurückgesetzt, die renovierte **Synagoge** von Braşov mit ihren neuen Buntglasfenstern. Interessant und köstlich ist die Küche des einzigen **koscheren Restaurants** von Braşov gleich neben der Synagoge, das leider nur werktags über Mittag geöffnet hat.

Das **alte Jüdische Viertel** entlang der Str. Porta Schei und den parallel verlaufenden Str. Cerbului und Str. Castelului gibt sich heute ruhig und beschaulich. Wie lebhaft es hier früher zuging, erfährt man bei den Mitarbeitern vom **Deutschen Kulturzentrum**

rum240 Foto: jr

Kronstadt, das in der Str. Lungă 3 liegt. Hier bekommt man neben geschichtlich interessanten Zusammenhängen auch viele Informationen über die aktuelle Kulturarbeit im Viertel bzw. in der Stadt vermittelt.

Wer sich neben einem theoretischen auch einen konkreten Überblick über Braşov verschaffen möchte, kann über die Serpentinen eines Waldwegs (Markierung: rotes Dreieck) den **Stadtberg Tâmpa (Zinne)** besteigen (1 Stunde) oder sich von der Seilbahn nach oben ziehen lassen (5 Minuten). Die **Telecabina Tâmpa** startet in der Alleea Tiberiu Brediceanu, die man vom Stadtzentrum in 15 Minuten erreicht. Entlang der östlichen Stadtmauer kommt man über die Str. Julius Römer zum Zugang des Tâmpa-Berges. Vom 967 m hohen Berg hat man einen tollen Blick über die gesamte Stadt und kann sich im Restaurant Panoramic auch ein wenig stärken.

Die östliche Stadtmauer endet im Norden der Altstadt, in der sich noch **zwei sehenswerte Museen** befinden. Am besten erreicht man das Ethnografische Museum und das Kunstmuseum über die Fußgängerzone. Am Ende der Str. Republicii biegt man links in den Heldenboulevard (B-dul Eroilor) ein und sieht die beiden Museen nach 50 m auf der linken Seite.

Das alte Rathaus mitten auf dem Marktplatz (mit sehr gutem Info-Zentrum)

Das **Ethnografische Museum** vermittelt mit über 10.000 Exponaten das frühere Leben im Burzenland. Das benachbarte **Kunstmuseum Muzeul de Arta** wurde im Jahre 1970 eröffnet und ist heute eine der ersten Kulturadressen der Stadt. In der Halle im Erdgeschoss finden regelmäßig Vernissagen und Konzerte statt. Das Museum zeigt eine permanente Ausstellung, in der u.a. Künstler wie *Nicolae Tonitza, Ştefan Luchian* oder *Nicolae Grigorescu* zu sehen sind.

- **Deutsches Kulturzentrum Kronstadt,** Str. Lungă 31, Tel. 473 104, ccbgv@pcnet.ro.
- **Synagoge,** Str. Porta Schei 18, Tel. 511 867. Mo. bis Fr. 9–13 Uhr. Für Gruppen können nach Voranmeldung gesonderte Vereinbarungen getroffen werden.
- **Telecabina Tâmpa,** Alleea Tiberiu Brediceanu, Tel. 443 732, Mo. bis So. 9–19 Uhr (Sommer), Mo. bis So. 9.30–16.45 Uhr (Winter). Bei einer Fahrt mit der Kabelbahn zum Berg Tâmpa am besten auch wieder runterfahren, denn der Fußweg ist kaum ausgeschildert. Die Berg- und Talfahrt kostet zusammen 8 RON (Stand Anfang 2010). Achtung: Bei ausländischen Touristen wird an der Kasse ab und an der doppelte Preis verlangt. Behalten Sie beim Passieren der Schranke in jedem Fall das Ticket, sonst könnte es sein, dass die Rückfahrt nochmals in Rechnung gestellt wird!
- **Muzeul de Etnografie,** B-dul Eroilor 21a, Tel. 475 595, Di. bis So. 9–17 Uhr, www.etnobrasov.ro, Eintritt 2 RON, ermäßigt 1 RON (Fotografieren 13 RON, Video 20 RON).
- **Muzeul de Artă,** B-dul Eroilor 21, Tel. 477 268, Di. bis So. 9–17 Uhr.

Informationen

- **Im alten Rathaus** (Piaţa Sfatului 30, Tel. 419 078, infoturismbv@yahoo.com) findet man ein wunderbares Informationszentrum mit sehr freundlichen Helfern. Stadtpläne,

Hotel- und Pensionslisten gibt es umsonst, eine bebilderte Mappe mit Unterkünften kann eingesehen werden. Seit 2007 gibt es, ähnlich wie in Sibiu, elektronische Bildschirme in der Innenstadt (Touch-Screen), die auch auf Deutsch u.a. Infos zu kulturellen Veranstaltungen und historischen Gebäuden geben.

• **Telefonische Stadt-Informationen:** 0040-268 951.

• **Demokratisches Forum der Deutschen in Siebenbürgen,** Regionalforum Kronstadt, Str. Bicazului 2, Tel. 142 443, Fax 152 272, saxonia@hip.ro.

• **Reisebüro: Apollonia Tour,** Str. A. Hirscher 10, Tel. 410 195.

Braşov und die Bären

Fast täglich werden in den Randbezirken von Braşov **Braunbären** gesichtet. Die Hauptstadt des Burzenlandes ist damit eine der wenigen Großstädte Europas, in denen sich Meister Petz regelmäßig sehen lässt. Einige geschäftstüchtige Rumänen möchten diese **„Attraktion"** gerne **vermarkten** bzw. zu barer Münze machen. Sie bieten „nächtliche Exkursionen" an und versprechen „ökologische Beobachtungen" und „gefahrlose Pirschfahrten". Besucher Braşovs sollten auf solche Angebote nicht eingehen. Erstens hat das nächtliche Beobachten von Müll durchwühlenden Bären, die mit Taschenlampen angeleuchtet werden, nicht gerade etwas mit Ökologie zu tun. Zweitens werden viele der Bären zu diesen Beobachtungszwecken eigens angelockt und auf diese Weise in eine Abhängigkeit von ihren „Verkäufern" gebracht. Nächtliche Exkursionen mit selbst ernannten Bärenkundlern und Fremdenführern können zudem, selbst im friedlichen Braşov, zu unangenehmen „Verhandlungen" und Auseinandersetzungen führen. Wer Bären in freier Wildbahn sehen möchte, sollte sich im neuen Informationszentrum nach legalen Möglichkeiten erkundigen.

Post

• **Hauptpost,** Str. Nicolae Iorga 1, neben dem Rathaus am Park Central. Für Behinderte separater Eingang über den Hof. Edel-Post mit Brunnen in der Hallenmitte und Marmorsitzen. Briefmarken gibt es auch im Laden in der Halle rechts. Mo. bis Fr. 7–20 Uhr, Sa. 8–13 Uhr.

Geldwechsel

• **Volksbank,** B-dul Eroilor 27, Tel. 474 100; auch Geldautomat vorhanden.

• **Raiffeisenbank,** Mihael Kogălniceanu 3, Tel. 415 670; auch Geldautomat vorhanden.

Internet

• **Internet Blue Club,** Str. Michael Weiss 26 (Seitenstraße vom Fußgängerzentrum), 16 Computer, nonstop, Nichtraucher, 2 RON/Stunde.

• **Internet CoBo,** Str. Toamnei 15, Tel. 256 643, nonstop, Raucher, 2 RON/Stunde.

Notfälle

• **Bergrettung:** Tel. 472 461 oder 0744-503 585.

• **Salvamont-Bergrettung,** Tel. 0722-523 298.

• **Apotheke: Farmacia HelpNet,** Piaţa Sfatului (direkt am Marktplatz) Tel. 406 401, täglich 10–21 Uhr.

• **Landesklinik: Spitalul Judeţean Braşov,** Calea Bucureşti 25–27, Tel. 333 666, Notfälle Tel. 331 457.

• **Poliklinik,** Str. Livada Vulturului 10, Tel. 315 115, Krankenhaus mit Schnelldiagnose.

• **Private Poliklinik,** Str. Matei Basarab 3, Tel. 418 390.

Mobilität

Einen **Flughafen** besitzt Braşov noch nicht. Der Bau soll im Herbst 2006 beginnen; so lange muss man auf den 120 km entfernten

Airport in Sibiu oder den 320 km entfernten Flughafen in Bukarest ausweichen.

Eine Zugreise mit dem **Intercity** von Bukarest aus dauert etwa 3 Stunden. Der **Hauptbahnhof** von Braşov befindet sich 2 km nordöstlich der Altstadt. Die Buslinie 4 bringt einen in 10 Minuten zum Parc Central, von dem man über die Str. Mureşenilor zu Fuß in weiteren 10 Minuten in die Altstadt gelangt (Busticket vor dem Einsteigen kaufen!).

Wer **mit dem Auto** in Braşov ankommt, sollte die **Parkmöglichkeiten** am Parc Central entlang der Str. Nicolae Iorga nutzen. Die Parkgebühren sind gering, das Fahrzeug ist bewacht, und ins Zentrum der Stadt sind es nur 10 Minuten.

Fernbusse findet man an drei Busstationen. Einige Langstreckenbusse nach Deutschland (Eurolines) und die meistfrequentierten Busse zur Burg Bran und nach Râşnov fahren vom **Autogara 2** los, der sich an der Ecke Str. Avram Iancu und Str. Sportul Popular befindet und den man vom Zentrum aus mit den Buslinien 12 und 16 erreicht. Die Busse nach Istanbul und Budapest sowie in die meisten rumänischen Städte starten am **Autogara 1** gleich gegenüber dem Hauptbahnhof. **Autogara 3** bedient die Fahrstrecke ins Székeler Land, nach Iaşi und Botoşani.

Züge

- **Bahnhof (Gara),** B-dul Gării 1, Tel. 410 233, Info-Tel. 952; ins Zentrum Bus Nr. 4, 7 RON.
- **CFR (Fahrkarten-Agentur),** seit 2008 am B-dul 15. Novembrie Nr. 43.

Busse

Braşov hat ein **sehr gut ausgebautes Bus- und Trolleybus-System.** Busse fahren werktags zwischen 5:30 und 24 Uhr, am Wochenende zwischen 6 und 22:30 Uhr.

- **Autogara 1,** B-dul Gării 5, Tel. 427 267; ins Zentrum Bus Nr. 4, 7 RON; Richtungen: Sibiu, Bucureşti, Târgu Mureş, Bistriţa, Galaţi, Iaşi.
- **Autogara 2,** Str. Avram Iancu 114, Tel. 426 332; ins Zentrum Bus Nr. 16, 7 RON; Richtungen: Piteşti, Rm Vâlcea, Făgăraş, Bran, Moieciu.
- **Autogara 3,** Str. Hărmanului 47a, Tel. 332 002; ins Zentrum Trolley-Bus Nr. 1, 7 RON; Richtungen: Bacău, Botoşani, Iaşi, Vaslui, Hărman, Prejmer.

Taxis

- **Martax,** Tel. 313 040.
- **Tod Taxi,** Tel. 321 111.

Mietwagen

- **Best Accomodation,** St. Lungă 70, Tel. 415 467, www.best-accomodation.ro. Clio, Scenic Rx4, Land Rover Freelander, Hyundai Galoper u.a. von 15–115 Euro/Tag.

Einkaufen

Lebensmittel

- **Wochenmarkt** in der Str. Băilor, direkt gegenüber der Pensiune Curtea Braşoveană (Str. Băilor 16), täglich 8–19 Uhr.
- **Star,** Str. Balcescu 62, Ecke B-dul Eroilor. Das größte Kaufhaus der Innenstadt bietet auf drei Etagen (fast) alles, was das Herz begehrt. Wer ein letztes Mitbringsel kaufen möchte, wird vielleicht in der großen Keramik-Abteilung fündig. Mo. bis Sa. 9–20 Uhr.

Bergausrüstung

- **Himalaya,** Str. Republicii 23, Mo. bis Sa. 10–20 Uhr, So. 11–14 Uhr, www.himalaya.ro. Vom Eispickel über Handschuhe bis zu guten Bergschuhen ist hier alles erhältlich, um sich in den Karpaten keine Beulen oder Blasen zu holen.
- **Travel Sport,** Str. Gheorghe Bariţiu 24, Tel. 418 115, svirus@xnet.ro. Kleines, gut sortiertes Sportgeschäft nahe des Marktplatzes.

Bücher

- **Librăria Arte,** Str. Mureşenilor 14, Mo. bis Fr. 10–19, Sa. 11–18, So. 12–16 Uhr. Das ehemalige Kunsthaus „Sala de Arte" ist jetzt ein Buchladen. Hier gibt es gutes Kartenmaterial für Exkursionen in die Berge.
- **Librăria Mix,** Str. Sf. Ioan 30, Tel. 475 215, www.librariamix.ro. Die etwas andere Buchhandlung; die Psychologie gewinnt auch in Transsylvanien immer mehr Anhänger.

•Librăria Ralu, Str. Republicii 39 und Str. Mureşenilor 16, Tel. 411 986.

Antiquariat

•Antiquariat Aldus, Piaţa Sfatului 17, Mo. bis Fr. 9–17, Sa. 10–14 Uhr. Wer alte historische Karten von Kronstadt sucht, kann hier fündig werden.

Souvenirs und Mode

•Souvenirs, Tel. 0788-571 351. In der Bastion Graft unterhalb des Weißen Turms gibt es nicht nur ein nettes Café, sondern auch einen Laden mit traditioneller Kunst, rumänischer Kleidung, handgemalten Ikonen und Glasmalereien. Zum Innenausbau des Ladens verwendete man teilweise die Originalbalken der Bastion aus dem 16. Jahrhundert.

•Galeria Corona, Str. Apollonia Hirscher 14. Im Hirscher-Haus hat sich in der ersten Etage eine **Edel-Einkaufsmeile** (House of Style) entwickelt. Tipp: **Sabon,** der schönste Seifenladen Rumäniens (Filialen in Bukarest und Constanţa). Hier gibt es alle möglichen Arten selbst gemachter Bio- und Luxusseife, die frisch vom Block geschnitten und pro Gramm bezahlt wird. Außerdem: Rumänische Designerkleidung für Sie und Ihn.

Unterkunft

Hotels

•Résidence Hirscher (****), Str. Apollonia Hirscher 14, Tel. 0368-401 212, www.residence-hirscher.com. 12 elegante Wohnungen mit allem Komfort direkt im Zentrum; Miete mindestens für eine Woche, Preis Verhandlungssache (150–200 RON/Tag).

•Hotel Bella Muzica (***), Piaţa Sfatului 19, Tel. 477 956, www.bellamuzica.ro. Die neuen, vollständig renovierten Räume des schönen Hotels haben die Bauweise (alte Holzverstrebungen und Dachstützen) und damit den Charakter des 400 Jahre alten Hauses auf sehr elegante Weise erhalten. EZ/DZ ab 220 RON, App. 540 RON, Frühstück inkl.

•Hotel Coroana (**), Str. Republicii 62, Tel. 477 448, Fax 418 469. Das 1910 erbaute, zentral gelegene Hotel war einmal das modernste der Stadt. Heute wirkt die Einrichtung überholungsbedürftig. EZ ab 100 RON.

•Casa Rozelor (****), Str. Michael Weiss, Tel./Fax 475 212, www.casarezelor.ro. EZ 80 Euro, DZ 90 Euro.

•Hotel Ambient (***), www.hotelambient.ro, EZ/DZ 215–500 RON, Frühstück inkl.

•Casa Wagner (***), Piaţa Sfatului 5, Tel. 411 254, www.casa-wagner.eu, office@casa-wagner.eu. Die Empfehlung des Autors für Braşov! Direkt im historischen Zentrum gelegenes neues, freundliches Hotel. Das Haus ist im antiken Stil eingerichtet und urgemütlich. Herr *Chicomban* spricht deutsch. EZ ab 59 Euro, DZ ab 69 Euro, App. 119 Euro.

•Hotel Apollonia (***), www.hotelapollonia.ro. Vom EZ für 55 Euro bis zum Luxusappartement für 260 Euro. Frühstück inkl.

•Casa Bono (***), www.casabono.ro, EZ 46 Euro, App. 65 Euro, Frühstück inkl.

•Casa Mureşan (***), Str. Nicopole 54, Tel./Fax 414 373, www.casamuresan.ro. EZ 45 Euro, DZ 55 Euro, App. 70 Euro, Frühstück inkl.

•Casa Christina (***), Str. Curcanilor 62a, Tel. 0722-322 021. Sehr günstige schöne Zimmer. EZ/DZ 30–35 Euro.

•Hotel Helis (***), Str. Memorandului 29, Tel. 410 223, www.hotelhelis.ro. EZ 30 Euro, DZ 50 Euro, 3er-Zimmer 60 Euro, DZ mit Jacuzzi 70 Euro, Frühstück inkl.

•Hotel Residenza (***), Str. Grădinarilor 18, Tel. 473 377. EZ 92 Euro, DZ 110 Euro, App. 125 Euro.

•Villa Prato (***), www.villaprato.ro, EZ 85 Euro, DZ 100 Euro.

Poiana Braşov, 15 km von Braşov entfernt, gehört zu den beliebtesten Wintersportorten Rumäniens

rum245 Foto: jr

Pensionen

●**Pensiunea Curtea Braşoveană** (****), Str. Băilor 16, Tel. 472 336, Fax 472 145, curteabrasoveana@rdsbv.ro. Modernes Hotel mit Innenhof und Brunnen in der Nähe des Piaţa Unirii. Die Juniorsuite (Garsonieră) hat Steinrundbögen im Zimmer. Alle Räume sind mit Internet ausgestattet. Sauna im Haus. EZ 195 RON (56 Euro), DZ 240 RON (68 Euro).

●**Pensiunea Da Vinci** (***), Str. Apollonia Hirscher 4, Tel. 415 530, www.pensiuneadavinci.ro. Sehr schöne Pension, keine 100 Meter vom Marktplatz entfernt. Absolut empfehlenswert. EZ/DZ 50 Euro, App. 100 Euro.

●Nur 300 Meter vom Hauptplatz in der Innenstadt entfernt liegt die **Pensiunea Natural** (***). EZ 160 RON, DZ 180 RON, App. 200 RON. Nähere Infos unter www.pensiuneanatural.ro

●**Pensiunea Sofle** (***), Str. Codri Cosminului 122, Tel. 420 011. Luxuspension. EZ 52 Euro, DZ 65 Euro, 3er-Zimmer 80 Euro.

●**Pensiunea Andy** (***), www.pensiuneaandy.ro, EZ/DZ 35 Euro, Frühstück inkl.

●**Pensiunea Italiana** (***), www.pensiuneaitaliana.ro, EZ 30 Euro, DZ 35 Euro, DZ de luxe 60 Euro.

Jugendherbergen und Hostels

●**Kismet Dao Villa,** Str. Democraţiei 2 B, Tel. 514 296, brasov@kismetdao.com, www.kismetdao.com. Erreichbar mit dem Bus Nr. 4 vom Hauptbahnhof, Haltestelle Piaţa Unirii. Hinter dem Piaţa Unirii die Str. Bâlea hinauf und oben rechts in die Str. Democratiei abbiegen. 40 Plätze im Mehrbettzimmer. Gemeinschaftsküche und große Veranda mit Blick auf die Stadt. Frühstück inkl. Organisation von Gruppenreisen. Pro Nacht ½ Liter Bier und 1 Stunde Internet kostenlos! Ideal, um internationale Bekanntschaften zu machen. Die Herberge reserviert auch Übernachtungen in Bukarest, Cluj und Sighişoara. 36 RON pro Schlafplatz.

• **Guesthouse Postavarului** (**), Str. Postavarului 16, Tel. 478 495. Das Haus aus dem 17. Jahrhundert liegt direkt im historischen Zentrum. EZ/DZ 25–50 Euro. Siehe auch unter www.brasovguesthouse.com.
• **Hotel pentru Tineret Ada Belle** (**), Str. Pieţii, Tel. 411 080, www.adabelle.ro. Eigener Parkplatz, Bad, Farb-TV, Telefon, Terrasse. Schönes Jugendhotel mit 23 Räumen. EZ 100 RON, DZ 150 RON, Frühstück inkl.

Essen und Trinken

Restaurants

• **Pizzeria Roma,** Str. Apollonia Hirscher 18, Tel. 415 530, www.pizzaroma.ro. Der Besitzer der beiden Pizzerien Roma und Venezia lässt seine Mitarbeiter vor ihrer Ausbildung vier Monate lang in Italien die Kunst der Zubereitung von Pizza & Pasta erlernen. Die Qualität ist exzellent, die Preise niedrig. Selbst Italiener sind begeistert von der Küche. Lecker: *Pizza Prociutto Funghi* für 10 RON.
• **Pasta Pizza Venezia,** Str. Apollonia Hirscher 2, Tel. 470 511, www.pizzaroma.ro. Siehe Kommentar zur Pizzeria Roma. Probieren: *Penne Quattro Formaggi* für 13,20 RON.
• **Da Vinci,** Str. Apollonia Hirscher 4, direkt neben den beiden vorgenannten Pizzerien. Hier gibt es neben italienischer Küche auch traditionell Rumänisches.
• **Keller Steak House,** Str. Apollonia Hirscher 2, Tel. 472 278. Nicht unbedingt günstiges, aber exzellentes Essen. Argentinische Rind-Spezialitäten, aber auch rumänische Speisen. Suppen 7 RON, Salat 13–20 RON, Steak 40 RON. Sehr aufmerksame Kellner, sehr positive Leserresonanz.
• **Poarta Schei 4,** Str. Poarta Schei 17. Kleines, aber sehr feines Bistro-Restaurant (von der Pizza Roma aus gleich rechts um die Ecke.) Spezialitäten: *Supă Gulaş, Raţă cu portocale* (Ente mit Orangen).
• **Bella Muzica,** Str. Gheorghe Bariţiu 2, Tel. 476 946. 200 Jahre lang waren die schönen Kellergewölbe geschlossen, die in einer vor 400 Jahren geschaffenen Höhle 2005 renoviert wurden. Mit der Speisekarte erhält man auch ein eigenes Musik-Menü (u.a. *Leonard Cohen, Kitaro, Norah Jones*), aus dem man die passende Musik zum Essen wählen kann (Warteliste!). Ungarische und spanisch-mexikanische Küche. Probieren: Bohnensuppe im Brot. Reservierung abends dringend erforderlich.
• **Casa Românească,** Piaţa Unirii 15, Tel. 513 877, tägl. 12–24 Uhr. Rustikales Restaurant mit guter traditioneller Küche. Tipp: *Piept de pui roladă cu sos de smântână şi ciuperci* (Hühnchenroulade in Sahnesoße mit Pilzen).
• **Restaurant Altstadt,** Piaţa Sfatului 1, Tel. 476 945, www.altstadt.ro. Fabelhafte deutsche Küche, auf Wunsch mit rumänischem Einschlag. Betrieben von einem deutsch-rumänischen Ehepaar. Herrlich: Rinderfilet Altstadt mit Steinpilzsoße.
• **Cerbul Carpatin,** Piaţa Sfatului 12, Tel. 143 981. Der „Karpatenhirsch", der von Kronstädtern nur kurz Cerbu genannt wird, zählt zu den bekanntesten Restaurants der Stadt. Der große Biergarten direkt am Marktplatz bietet trotz hohen Besucherandrangs kein Fast Food, sondern gute Grillspezialitäten wie *Ciolan la rotisor* (Schweinehaxe). Oft treten hier Musikgruppen in landestypischer Tracht auf. Eine Probe wert ist auch das Weinangebot im Keller *(Crama)*.
• **Casa Hirscher,** Str. Hirscher 2, Tel. 410 533, www.casahirscher.ro. Im großen, von der UNESCO als schützenswertes historisches Monument eingestuften Hirscherhaus gibt es auch gehobene Kochkunst. Probieren: *Supa crema de cartofi* (Kartoffelcremesuppe) und *Piept de pui cu sos de masline* (Hühnchenbrust mit Olivensauce).
• **Şirul Vămii,** Str. Mureşenilor 18, Tel. 477 725, www.sirulvamii.ro (Webseite auch auf Deutsch). Eines der „In-Restaurants" von Braşov. Zweigeschossiges Speiselokal mit Terrasse und buntem Bierkeller La Brauerei.

Kaffee- und Teehäuser

• **Teehaus Ceainărie,** Str. Gheorghe Bariţiu 28, Tel. 473 005, www.teehaus.ro. Im Teehaus gibt es neben Darjeeling, Rooibos und Earl Grey auch gute Espressos und Cappuccinos. Probieren: *Cafea în 3 culori* (Drei-Farben-Kaffee) und *Guarana Energy Mix*.
• **Cafeneaua Graft,** in der Bastion Graft unterhalb des Weißen Turms, Tel. 0788-571

351. Kaffee, Bier oder Eiscreme in mittelalterlichem Ambiente. Tägl. 10–23 Uhr.

●**Turabo Café,** Piața Sfatului 3, Tel. 0743-887 226, www.turabo-cafe.ro, tägl. 9 Uhr bis zum letzten Gast. In der ersten Etage des Hirscher-Hauses, den so genannten Corona-Galerien, liegt dieses schicke Café mit Blick auf den Marktplatz und auf ein Riesenaquarium. Sehr gut: *Caffe Latte* und das *Turabo Frappé*.

●**La Vatra Ardealului,** Str. Gheorghe Barițiu 14, Tel. 477 751, Mo. bis Sa. 8.30–22 Uhr, So. 10–20.30 Uhr. Ganz in der Nähe des Marktplatzes liegt die Patisserie mit dem besten Kuchen der Stadt. Ständig voll mit Dauerschlange, aber das Warten lohnt sich.

Bars, Pubs und Cafés

●**Opium – Chill out Caffé,** Str. Republicii 2, Tel. 0723 050 575, www.opium.ro (Impressionen per Webcam!). Keine Angst, hier werden keine Drogen gereicht, sondern raffinierte Cocktails (teilweise aus Geheimrezepten). Edles Ambiente im Herzen der Fußgängerzone. Tipp: *Opium Caffe* und *Opium Hell*.

●**Crew Bar,** Tel. 410 707, gleich gegenüber dem Poarta Schei 4. Gute Milchshakes und Frappés, gleich nebenan gibt's die passenden Sandwiches dazu.

●**Bistro de Árte,** Piața Enescu 11, Tel. 0722-219 980, www.bistrodelarte.ro, Mo. bis Sa. 9–1 Uhr, So 12–1 Uhr. Lecker sind die Sachertorte und die *Dovlecei şi vinete* (Zucchini und Aubergine gefüllt mit Hühnerleber und Ragout.) Küche mit französischem Einfluss. Treffpunkt für Künstler, häufig Ausstellungen.

●**Med Art Café,** Piața Sfatului 27, kein Telefon (in der Tunnelgasse vom Marktplatz aus). Rock- und Hip-Hop-Bar.

●**Deana's Irish Pub & Grill,** Str. Republicii 19, Tel. 411 767. Gutes Bier (Guiness und Kilkenny) und irische Küche zu Live-Musik.

●**Formula Pub,** B-dul Eroilor 29, Tel. 414 113. Gleich neben dem Centrul Multicultural „George Barițiu". Außer Live-Übertragungen von Sportereignissen auf einer Großleinwand gibt es hier auch Live-Musik und eine reichhaltige Speisekarte. Spezialitäten: *Filet de vită formula* und *Pasta cu fructe de mare*. Im Kellergewölbe zapft man frisches Bier vom Fass, oben gibt es den Biergarten dazu.

●**Saloon,** Str. Mureşenilor 11–13, Tel. 477 317. Die Kneipe im Herzen der Stadt ist nichts für Gourmets. Dafür gibt es durchgehend gute Musik und gute Laune (vor allem im Sommer, wenn sich der Saloon in ein Straßenlokal verwandelt).

●**Gelateria/Cafébar Fantasia,** 24 wunderbare Eissorten von Minze bis Kirschpraline.

●**Cafe Faberge,** Piața Enescu 13, Tel. 478 590. Gute Atmosphäre, guter Kaffee.

Abends unterwegs

●**Blue Sensation Club,** am Rande der Stadt, Str. Uranus 1 (neben dem Piața Astra). Nobler und kitschiger Schicki-Micki-Club mit aufwendiger Animation und sehr hohen Preisen. Dennoch ein interessanter Einblick in die neureiche rumänische Nachtkultur. Eintritt 20 RON. Bilder auf der Webseite (rumänische Sprache): http://www.pubbing.ro/local/brasov/blue-sensation-club.

●**Club Harley,** B-dul Mureşenilor 11–13, Tel. 477 317, tägl. 23–8 Uhr. Ein Nachtclub, in dem die Nacht durchgetanzt werden kann (gehört zum Restaurant Saloon).

●**Pub Rossignol,** Str. Mureşenilor 24, Tel. 414 145. 8–1 Uhr. Neue Bar mit funky Ledersesseln und permanentem Après-Ski-Feeling. Die Treppe runter gibt es Pizza.

Aktivitäten

Bowling und Billard

●**Tequila Bowling,** Str. Avram Iancu 32, Tel. 477 896. Bowling und Billard. Live-Musik und Tanz im gleichnamigen Club, traditionelle Küche im angegliederten Restaurant.

Fahrradverleih

●In der **Pensiunea Babilon,** Str. Lungă 222, Tel. 257 877. 25 RON/Tag (verhandelbar je nach Leihdauer).

Fest

●**Sărbătoarea Junilor,** Pferdepromenade im Juli in altem historischem Ambiente.

In der Umgebung von Braşov

Poiana Braşov ⇗XVI, A2

- **Höhe:** 1050 m
- **Vorwahl:** 0268
- **Einwohner:** 8500
- **Deutscher Name:** Schulerau

Die vor allem bei Wintersportlern beliebte Gemeinde Poiana Braşov ist in erster Linie ein **Sportresort** mit zahlreichen größeren und kleineren Hotels. Von Braşov aus ist Poiana leicht zu erreichen. Der Bus Nr. 20 fährt halbstündlich von der Haltestelle Livada Poştei nahe des Park Central in den 15 km entfernt liegenden Ort. Die Hotelpreise fallen je nach Saison unterschiedlich aus.

Die Frauen aus Tartlau

Bei einem Angriff der Türken im 15. Jahrhundert wurden drei Frauen aus Tartlau auf ihrem Hof von einem Türken überrascht, als sie gerade dabei waren, Brot zu backen. Da sie auf die Provokationen des Angreifers nicht reagierten und einfach mit ihrer Arbeit weiter machten, schnappte der Osmane sich einige Brote und warf sie auf einen Misthaufen. Ohne zu zögern ergriffen die drei Frauen den Mann und warfen ihn in den Backofen.

Auch im 17. Jahrhundert wussten sich die Frauen von Tartlau zu helfen. Als die Türken die Kirchenburg für lange Zeit belagerten, wurden die Vorräte der Verteidiger knapp. Doch die Frauen dachten sich eine List aus und wählten die dickste von ihnen aus, die daraufhin die Ringmauer hochstieg, um für alle Türken deutlich sichtbar oben über den Zinnen herzhaft und triumphierend in ein großes Weißbrot zu beißen. Als sie dann auch noch ihren Rock hochhob und sich mit eindeutiger Geste auf den blanken überdimensionierten Allerwertesten schlug, waren die Türken endgültig bedient und zogen ab.

Unterkunft:

- **Hotel Sport** (****) + (***), Str. Poiana, Tel. 262 313, EZ 50–55 Euro, DZ 72–80 Euro.
- **Hotel Tirol** (***), Valea lui Stechil, Tel. 322 94 91, EZ 60–65 Euro, DZ 75–80 Euro.
- **Hotel Poiana** (***), Str. Poiana, Tel. 262 313, EZ 44–48 Euro, DZ 67–70 Euro, Suite 100–110 Euro.
- **Hotel Bradul** (***), Str. Poiana, Tel. 262 406, EZ 50–55 Euro, DZ 75–80 Euro, Suite 110–125 Euro.
- **Vila Daria** (***), www.viladaria.ro. Sehr empfehlenswert! Fitness-Raum, Sauna, Jacuzzi, Frühstück inkl.
- **House of Dracula** (***), EZ 100 Euro, DZ 115 Euro, App. 145–165 Euro.
- **Hotel Alpin** (***), www.hotelalpin.ro. EZ 42–76 Euro, DZ 56–88 Euro.
- **Vila Crocus** (***), EZ 80–120 Euro, DZ 100–130 Euro, Studio 150–180 Euro.

Prejmer/Tartlau ⇗XVI, A2

Die **Kirchenburg von Prejmer** (18 km nordöstlich von Braşov) gilt als die am besten erhaltene und eindrucksvollste in ganz Siebenbürgen. Sie wurde in ihrer Geschichte niemals von Feinden erobert. Während der Angriffe von Türken und Tartaren zog sich der ganze Ort in das Innere der Kirchenburg zurück. Hinter den 4,5 m dicken Wehrmauern hatte jede der 272 Familien des Ortes ihre eigene Vorrats- und Schutzkammer, die sich auch heute noch in drei Ebenen türmen und aussehen wie die Waben eines Bienenstocks. Zusätzlich war die gewaltige Festung früher von Wasserkanälen, eisernen Toren und Zugbrücken umgeben. In den Arkaden der Außenmauer befinden sich Schießscharten, auf den Zinnen gab es Pechnasen.

In der Mitte des inneren Hofes steht die 1250 erbaute Kirche mit dem **ältesten Altar Siebenbürgens.** Der doppelseitig bemalte Flügelaltar aus dem Jahr 1450 gefiel dem schwedischen Regisseur *Ingmar Bergman* so gut, dass er einige Szenen für seinen Film „Die Päpstin" mit *Liv Ullman* hier drehte.

Prejmer hat nicht nur während der warmen Jahreszeit etwas zu bieten. Das evangelische Pfarramt lädt im Februar zum **Fasching** ein. Dieser wird traditionellerweise mit landestypischen Masken und einem Faschingsessen gefeiert.

- **Achtung:** Die Kirche in Prejmer ist sonntags geschlossen!

Unterkunft:

- In einem **Bauernhof** neben dem Pfarrhaus, 3 Gästezimmer, 18 Betten, großer Aufenthaltsraum, separate Bäder. Tel. 0268-362 042 oder 0723-055 404 (Pfarrer *Andras Pal,* Pal.andras@rdslink.ro).
- **Jugendgästehaus Tartlau,** Piaţa Sfatului 18, Tel. 0268-114 260, Fax 482 042, ebbe@deuoconsult.ro. 3 Zimmer mit 20 Betten, jedes Zimmer mit separatem Bad und WC. Fr. für Jugendgruppen ermäßigte Übernachtungspreise.

Mobilität:

- Tägliche **Zugverbindungen von Braşov.**
- **Busse** fahren u.a. täglich vom Autogara 1 in Braşov nach Prejmer.

Sonstiges:

- **Evangelisches Pfarramt,** Str. Mică 6, Tel. 0268-482 042.

Hărman/Honigberg ⇗ XVI, A2

Die **Kirchenburg von Hărman** ist vielleicht nicht so imposant wie die von Prejmer, ihre Geschichte jedoch ist mindestens ebenso spannend. Am besten lässt man sie sich von einem Einheimischen auf Deutsch erzählen (mit der Klingel „Bitte läuten" links am Haupttor ruft man den Burghüter herbei, der auch die Führungen übernehmen kann.)

Die Kirchenburg von Hărman ist eine der am besten erhaltenen Wehranlagen der Siebenbürger Sachsen. Die **ehemals romanische Kirche der Zisterzienser** (1280–1290) erhielt ihre Wehrmauer um 1500. Von den ursprünglich sieben Türmen der Befestigungsmauer sind noch sechs erhalten. Der **Glockenturm** ist mit 56 m der höchste im ganzen Burzenland und zeigt mit nur noch einem Zeiger nur die Stunden an. In der Kapelle zeigen Wandmalereien das Jüngste Gericht. Von allen Schlachten, die hier geschlagen wurden, verloren die Einwohner von Honigberg keine einzige.

Man erreicht Hărman am besten **mit dem Zug** von Braşov aus (Richtung Târgu Mureş oder Deva, 10 Min.) Die Kirchenburg ist 2 km von der Bahnstation entfernt.

Unterkunft:

- **Pfarrhaus,** 3 Gästezimmer (9 Betten), Tel. 0268-367 120.

Züge:

- **Zugverbindung Braşov – Hărman** (10 Min.): 8:03, 11:33, 14:25, 16:22, 19:32 Uhr.
- **Zugverbindung Hărman – Braşov** (10 Min.): 8:44, 13:43, 15:47, 16:57, 18:16 und 22:33 Uhr.

Râşnov/ Rosenau

XVI, A2

Die interessante Stadt Râşnov (gesprochen etwa Rischnow) wird von vielen durchreisenden „Dracula-Schloss-Besuchern" links liegen gelassen. Dabei kann die **Rosenauer Burg,** die über der Stadt thront, es als Attraktion durchaus mit dem berühmteren „Karpatenschloss" in Bran aufnehmen.

Man erreicht Râşnov **von Braşov aus** vom Autogara 2 (Str. Avram Iancu 114). Busse fahren hier halbstündlich in Richtung Râşnov/Bran. Der Weg zur Burg ist gut ausgeschildert und führt an einem Sportplatz vorbei, von dem es ca. 2 km bergan geht.

Ähnlich den Kirchenburgen war die 1215 durch den Deutschen Ritterorden erbaute Rosenauer Burg dazu bestimmt, der ganzen Gemeinde Rosenau Schutz vor Angriffen zu bieten. Die Festung war am Anfang jedoch klein und wurde erst im Laufe der Jahrhunderte zu ihrer jetzigen Größe ausgebaut, die sie heute zur **größten Festungsanlage in Südtranssylvanien** macht. So bot sie neben der Gemeinde Rosenau im Laufe der Geschichte auch den Bewohnern der sächsischen Nachbardörfer Wolkendorf und Neustadt Schutz und Zuflucht.

Wer unter dem Wappen der Rose hindurch in den inneren Hof der auf einem 150 m hohen Kreidefelsen errichteten Festung kommt, findet ein liebevoll arrangiertes **Freilichtmuseum** vor (Eintritt 10 RON). Kleine verwinkelte Gassen und Treppen führen einen um die 30 kleinen Häuschen, die sich im Innern der Festung befinden. Bäuerliche, kriegerische und antike Gerätschaften, wie alte Leiterwagen, historische Waffen und Gegenstände des Alltags, die im Hof aufgestellt sind, machen die kleine Zeitreise sehr lebendig. Ein 146 m tiefer Brunnen gibt Zeugnis von der Baukunst und Unabhängigkeit der Festungsbewohner. Von der Anlage mit ihren zehn Wehrtürmen bietet sich zudem ein herrlicher Blick auf das 20 km lange Massiv des Königsteins.

Unterkunft

- **Pensiunea Ştefi** (***), Piața Unirii 5, Tel. 0268-231 618, www.hotelstefi-ro.com. Genau im Stadtzentrum von Râşnov liegt das sehr angenehme, kinderfreundliche Hotel mit Terrasse, Sauna, Fitnessraum, Internet, Bar und Sommerschwimmbad. Auf Wunsch werden Reitausflüge organisiert oder japanische Massagen angeboten. Fahrradverleih. DZ 25 Euro.
- **Casa Saxonia** (***), Str. Caraiman 34, Tel. 0268-231 135, saxonia@brasovia.ro. Die neue, moderne und sehr saubere Anlage findet man von Braşov kommend 300 m nach Ortseintritt. Angegliedert ist das Wiener Café. 60 Plätze. EZ 75 RON (20 Euro), DZ 110 RON (30 Euro).

Bergtour bei Râşnov

Die lange, weil mindestens **achtstündige Wanderung** aus der „Ebene" um die Stadt Râşnov in die raue Bergwelt des Bucegi ist ausgesprochen reizvoll. Man sollte jedoch bereits ein wenig erfahren sein, was längere Wandertouren angeht, früh losgehen und sich nicht zu viel Gepäck zumuten.

Râşnov (675 m) – Mălăieşti (1720 m) – Vârful Omul (2505 m)

Die mit einem blauen senkrechten Streifen markierte Strecke ist das ganze Jahr über bis zur Hütte Mălăieşti begehbar. Von Râşnov aus geht man auf der Nationalstraße DN73 A zuerst in Richtung Predeal, um dann nach ca. 3 km rechts in einen Feldweg abzubiegen, der später in einen Waldweg übergehen wird. Nach 8 km flachen Gangs durch das **Ghimbavului-Tal** erreicht man ein Elektrizitätswerk. Von hier aus folgt man den Markierungen ins **Glăjăriei-Tal,** bis etwa 3 km nach dem E-Werk das **Mălăieşti-Tal** beginnt. Der Weg steigt nun im Wald leicht an, man überquert die Lichtung Poiana Izvorul Mălăieşti und geht die Anhöhe rechts im Tal hinauf zur **Cabana Mălăieşti** auf 1720 m. Von der Berghütte aus sind es noch 2 Stunden bis zum Gipfel des Omul. Auf dem Weg sieht man wunderbar das nördlich liegende Postăvaru-Gebirge, den Zeidener Berg Codlea und das ganze Barsa-Tal. Auf dem Gipfel des 2505 m hohen **Omul-Berges** bietet sich die gleichnamige Hütte zur Übernachtung an.

Unterkunft:
- **Cabana Omul,** 2505 m, 34 Betten, Tel. 0744-567 290, DZ 60–80 RON.

Bergrettung:
- **Salvamont Mălăieşti,** Tel. 0744-592 525, 0745-039 043.

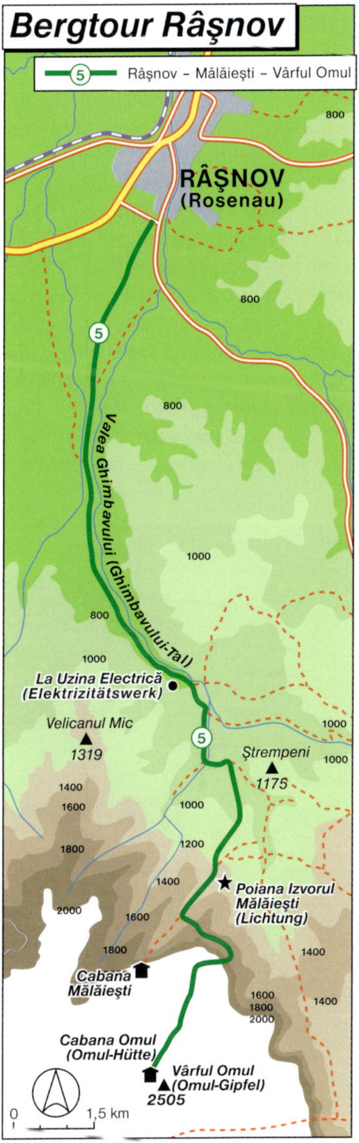

Bran/Törzburg ⇗XV, D2

Täglich machen sich Hunderte, im Sommer Tausende von Besuchern in Transsylvanien auf den Weg, um es dem englischen Anwalt *Jonathan Harker* aus **Bram Stokers Roman „Dracula“** gleichzutun. Sie sind auf der Suche nach jenem legendären, finsteren Karpatenschloss, das *Stoker* im Buch so einprägsam beschrieben hat und das seitdem als **Sinnbild für alle Dracula-Schlösser** in unzähligen Filmen diente. So oft zitiert, verfilmt, beschrieben, muss es dieses Schloss einfach geben. Die meisten glauben, es in Gestalt der Törzburg, 27 km südlich von Braşov, gefunden zu haben. Doch die Burg Bran kann weder mit der Romanfigur *Dracula* noch mit dem historischen *Vlad Ţepeş* in Verbindung gebracht werden. *Vlad Ţepeş (der Pfähler)* hat lediglich drei Tage auf der Burg verbracht.

Der 1377 von Kronstädter Bürgern in ungarischem Auftrag begonnene Bau der Burg hatte denn auch keine mystischen, sondern ganz reale, nämlich **strategische und ökonomische Gründe.** Die Lage erlaubte gleichermaßen eine weite Einsicht ins südlich gelegene Moieciu-Tal wie ins nördliche Burzenland und bot somit einen optimalen Schutz vor Angriffen. Die fleißigen Kronstädter, die die Burg, wie es in alten Dokumenten heißt, „freiwillig und einstimmig“ sowie „aus eigener Anstrengung und mit eigenen Mitteln“ erbauten, bekamen als Gegenleistung Handelsprivilegien und Steuererleichterungen.

Im Jahr 1413 wurde die Törzburg durch den ungarischen Herrscher *Sigismund von Luxemburg* an den walachischen Fürsten *Mircea den Alten* verschenkt. Genau 100 Jahre später erhielt Kronstadt das volle Besitzrecht und verschenkte die Burg seinerseits am 1. Dezember 1920 an die königliche Familie Rumäniens.

Wer heute ehrfurchtsvoll durch das **Museum,** sprich: den genau festgelegten Weg durch ausgewählte Zimmer

rum252 Foto: jr

Törzburg bzw. Burg Bran – das idealtypische Dracula-Schloss

der Törzburg schreitet, wird daher keine Folterkammern und keine Gruselkabinette, sondern die **Wohnwelt der rumänischen Königin Maria** besichtigen. Im Schlafzimmer der Königin im ersten Stock sind alle Möbelstücke und Ikonen, ja selbst die Kerzenständer exakt nach ihren Wünschen angefertigt worden. Sehenswert sind die reich verzierte Truhe und das sechseckige Tischchen im Art-Nouveau-Stil. Nicht für alle Besucher verständlich, hängt an einigen Stellen über den Türen ein Hinweisschild mit der rumänischen Aufschrift „Atenție la cap!" („Auf den Kopf aufpassen!"). Also bitte am Ende der Treppe zum Salon der Musik den Kopf einziehen, denn das ist gemeint (die Treppe ist deswegen so eng, weil sie lange Zeit als Geheimtreppe diente.)

Wer sich auch ohne *Dracula* etwas Gänsehaut zulegen möchte, kann übrigens nach dem **15 m langen Tunnel** fragen. Er bringt einen geradewegs vom zweiten Stock aufs Dach, ist schön eng und auch ein wenig gespenstig.

Oben **auf dem Dach** angekommen sollte man den bemerkenswerten Klappen im Mauerwerk ein wenig Aufmerksamkeit schenken. Über die Köpfe der Feinde entleerte man dadurch nicht nur Pech und Federn, sondern auch heißes Fett und unaussprechbare andere ekelige „Kriegsmittel".

Außer der Törzburg gibt es in deren unmittelbarer Nähe noch ein **Dorfmuseum (Muzeul Satului)** zu besichtigen, in dem einige traditionelle Bauweisen bewundert werden können. Der kleine Park gegenüber der Bushaltestelle zeigt in einer Dauerausstellung **Steinskulpturen** internationaler Künstler, etwa von *Nicolae Popa, Daniel Kaminker* und *Mircea Lăcătuş*.

Man erreicht die Burg **von Braşov aus** vom Autogara 2 (Str. Avram Iancu 114) mit dem Bus, der halbstündlich von 6.30–23.30 Uhr zwischen Bran und Braşov pendelt (3 RON). Die Bushaltestelle in Bran für die Rückreise nach Braşov befindet sich gegenüber dem kleinen Park mit der Statue des *Cavaler Ioan de Puşcariu.*

Unterkunft

Im Juli und August gibt es in Bran keine freien Zimmer mehr. Dasselbe gilt auch für die Weihnachtszeit. Voranmeldungen müssen drei Monate im Voraus erfolgen. Entsprechend sinken die Preise außerhalb der Saison um bis zu 50%. Empfehlenswert ist es, sich in der Hauptsaison Zimmer in Râşnov oder Zărneşti zu mieten (10 bzw. 15 km entfernt).

- **Clubul Agroturistic Vila Bran** (***), Str. Sohodol 271A, Tel. 0268-236 866, www.vilabran.ro. Neben 5 Villen mit je 5 bis 9 Zimmern von 70–150 RON bietet der Club u.a. einen kleinen Zoo, Reitunterricht, eine *Stâna* (die Wortbedeutung liegt hier auf gutem Essen), Kochkurse, ein Restaurant mit Naturprodukten und, wenn man den kleinen hauseigenen „Berg" bestiegen hat, eine schöne Aussicht zur Törzburg.
- **Select Holiday Villas** (**), Str. Sohodol 170 (gegenüber der Rompetrol-Tankstelle), Tel. 0268-259 940, 2-Sterne-Haus mit 3-Sterne-Standard! 1 Appartement mit zwei Zimmern 330 RON, ganze Villa (4 Zimmer) 520 RON, Frühstück extra.
- **Pensiunea Mir** (***), Str. Branului 55, Tel. 0723-507 300, Zimmer mit Bad und Küche, EZ/DZ 70 RON, App. 100 RON.
- **Casa Valy Saramet** (**), Poarta 155, Tel. 0727-167 110, 7 Zimmer, 5 Bäder, Gartengrill, EZ/DZ 50 RON.

- **Pensiunea Christina** (**), Aluniş 116A, Tel. 0268-236 793, 4 Zimmer mit TV, Küche, Garten und Grillbenutzung, Kinderspielplatz, EZ/DZ 60 RON.
- **Pensiunea Georgiana** (**), Poarta 231, Tel. 0268-236 723, nur 15 Minuten zur Skipiste bzw. zum Wanderweg Richtung Omul-Gipfel. Ruhig gelegenes Haus abseits der Straße. EZ/DZ 50 RON.
- **Pensiunea Florin** (**), Str. Simon 62A, Tel. 0741-266 810, 4 Zimmer, 3 Bäder, viele Grünflächen, Kinderspielplatz, EZ/DZ 50 RON.

Camping

- **Vampire Camping,** direkt an der E574, Tel. 0744-574 003, www.vampirecamping.com. 24 Caravansteh- und 250 Zeltplätze auf 30.000 m². Obstgarten, Waschmaschine. Pro Person 12 RON (3 Euro), Zelt *(Cort)* 10 RON (2,50 Euro), Caravan 20 RON (5 Euro, Elektrizität 2,50 Euro extra). Reservierung über Internet möglich!

Moieciu und Fundata

↗ XV, D2/3

Keine 10 km hinter dem stets überlaufenen Ort Bran gibt es zwei „Geheimtipps" für diejenigen, die nach der Besichtigung von mittelalterlichen Kirchenburgen, Festungen und Schlössern einmal etwas **Ruhe in der Natur der Berge** tanken wollen. Tagesausflügler aus Braşov kommen mit den Bussen Richtung Piteşti nach Moieciu (sie fahren vom Autogara 2, Str. Avram Iancu 114, und am Autogara Bartolomeu in Braşov los).

Direkt entlang der E574 liegt der reizvolle Ort **Moieciu de Jos,** den viele von der Durchfahrt her kennen. Wesentlich interessanter und spannender wird es jedoch in der Nachbargemeinde **Moieciu de Sus** und deren Umgebung. Von Braşov kommend, biegt man 1 km nach der Durchfahrt von Moieciu de Jos links ab und folgt dem **Tal (Valea Moieciului)** an traumhaft blühenden Bergwiesen vorbei Richtung Nationalpark Bucegi. Die Strecke wird nach 6 km zunehmend bergiger. Erkundigen Sie sich nach der **Cheile Grădiştei.** Es handelt sich dabei um eine sehr schöne, relativ ruhige Bergschlucht (und um einen gleichnamigen „Complex Turistic"). Serpentinen führen hinauf in die Berge, von wo man zum Teil atemberaubende Ausblicke genießen kann. Es empfiehlt sich auf der Strecke von Moieciu de Jos nach Moieciu de Sus nach Pensionen Ausschau zu halten, die hier gerade neu entstehen. Die Cheile Grădiştei sind ein ideales Wander- und Mountainbike-Revier.

Wenn man von Moieciu de Jos auf der E574 weiter nach Süden fährt, geht nach 4 km links ein Weg ab, der in den bei Touristen relativ unbekannten Ort **Fundata** führt. Das Dorf ist eine der höchstgelegenen Ortschaften Rumäniens und liegt am spektakulären **Giuvala-Pass** (1290 m). Fundata wird nur selten direkt von Bussen angefahren, darum sollte man sich von Moieciu aus notfalls ein Taxi besorgen.

Fundata ist bei den Rumänen sehr populär, da hier alljährlich am letzten Sonntag im August das bekannte **Bergfest Nedeia Muntelui** stattfindet. Bauern, Handwerker und Händler aus dem südlichen Burzenland präsentieren dann stolz ihre Produkte und Leckereien.

Unterkunft

Moieciu de Jos:

- **Pensiunea Miruna** (**), Str. Principală 537B (orangefarbenes Haus neben der kleinen Brücke), Tel. 0268-236 992, www.puisorul-albastr.go.ro. Ruhiges Haus mit großer Terrasse direkt an einem kleinen Bach. Sehr modern, hell und klar. 7 EZ/DZ für 90 RON, 1 EZ/DZ für 125 RON, Frühstück 12,50 RON.
- **Villa la Grec** (**), Drumul Mic 340, Tel. 0268-259 919. Riesengarten mit *Foişor* (Gartenlaube), Terrasse und Bar. EZ/DZ 60–70 RON (verhandelbar), App. 120 RON, Frühstück extra.

Moieciu de Sus:

- **Zentrum für Bergökologie,** in Moieciu de Sus, Haus 125, bietet *Michael Orleanu* Tagestouren zu Entwicklungsprojekten im ländlichen Bereich an. Vollverpflegung in den Gästehäusern. Gebiete: u.a. Bucegi-Nationalpark, Moieciu-Gebiet, Königstein-Nationalpark. Tel. 0745-978 023, office@cem.ro, www.cem.ro.
- **Complex Turistic Cheile Gradistei** (****), Str. Principală, Tel. 0268-418 727. Auf den ersten Blick wirkt das große Hotel wie eine Schweizer Fata Morgana in den rumänischen Bergen. Hier kann fast alles gebucht werden, was das klassische Urlauberherz begehrt. Sehr komfortabel, freundlich und professionell. Neben dem Hotel gibt es noch mehrere Villen in verschiedenen Kategorien, die weiter oben am Berg stehen. Viele Sport- und Freizeitangebote: Tennis, Volleyball, Mountain-Biking, Snowboard, Skiverleih, Kinderskischule, Verleih von Quads, Jacuzzi, Massagen, Schlitten- und Kutschfahrten, Lagerfeuer u.v.m.
- **Pensiunea Veronica** (**), Str. Principală, Zentrum von Moeiciu de Sus (der Name steht an der Fassade des weißen Hauses am Hügel), Tel. 0740-873 427. Schönes, ruhiges Haus mit gepflegten, hellen Räumen und herrlichem Ausblick auf die Berge. 10 Zimmer, EZ/DZ 70 RON.
- **Pensiunea Camelia** (**), Str. Principală, Tel. 0745-039 458. Haus im Valea Moieciului mit schönem Ausblick. Großer Obstgarten und Terrasse. 7 Zimmer, EZ/DZ 55 RON (Gemeinschaftsbad), EZ/DZ 70 RON (Bad im Zimmer).

Fundata:

- **Vila Safir** (**), Str. Principală 23, Tel. 0723-355 580. Großes dreigeschössiges Holzhaus mit hellen, modernen Zimmern. Jeder der acht Räume hat eine eigene Terrasse. EZ/DZ 22 Euro.
- **Pensiunea la Norel** (**), Str. Principală, Tel. 0721-740 537. Nach 3 km auf der Hauptstraße kommt man zu diesem Holzhaus älterer Bauart. Die renovierten Räume sind geräumig und gemütlich. EZ/DZ 85 RON.
- **Pensiunea Padina Ursului** (*****), Str. Principală 210, Tel. 0213-149 247. Zwei Häuser mit großem Angebot: Sauna, Billard, im Sommer *Stâna,* Exkursionen. Traditionelle rumänische Küche. DZ 30 Euro, 4–7 Euro Frühstück, 7–12 Euro Mittag-/Abendessen.

Măgura:

- **Pension Vila Hermani,** *Hermann* und *Katharina Kurmes* sind Reiseveranstalter für Rumänien und betreiben im Gebirgsdorf Măgura (5 km von Bran entfernt) eine Pension auf 1080 m Höhe (GPS-Position: N 45°31′26,6″, E 25°17′51,1″). Vom Balkon der Zimmer hat man einen herrlichen Blick auf eine unverbaute Landschaft, auf Heuwiesen und die Berge. 12 Zimmer (alle mit Bad und Balkon), Sonnenterrasse, Verleih von Langlaufski und Schneeschuhen. Pferdekutschfahrten und Massage möglich. Sauna geplant. Das rauchfreie Haus ist ideal für Familien mit Kindern und Haustieren (nach Absprache). Weitere Infos: Tel. 0745-512 096 oder 0740-022 384, cnt@zappmobile.ro, www.cntours.ro.

Königstein-Gebirge/ Piatra Craiului

Der wunderschöne Gebirgszug aus strahlend weißem **Jura-Kalkstein** zählt zu den beliebtesten Wander- und Klettergebieten Rumäniens. Seit 1938 ist das Gebiet um den Königstein ein **Naturschutzgebiet,** dessen intaktes Waldökosystem mit reichem Tierbestand seit 1999 auch vom WWF und der Weltbank unterstützt wird. Naturfreunde können hier durchaus Auerhähne, Füchse, Rotwild, Falken und Mäusebussarde zu Gesicht bekommen. Die Wahrscheinlichkeit, einem Wolf oder Bär zu begegnen, ist trotz ausreichender Population dieser Tiere sehr gering, da sie Menschen aus Scheu meiden.

Wölfe und Bären in der Natur erleben

Wer einmal Braunbären im Wald, Wölfe in ihrer natürlichen Umgebung, Luchse, Wildschweine, Rot- und Schwarzwild, Auerhahn, Greifvögel und Eulen beobachten möchte, kann über **Carpathian Tours** entsprechende Erlebnistouren buchen. Die Firma entstand 1999 in Kooperation mit dem *Carpathian Large Carnivore Project (clcp).* Gemeinsam mit dem Leiter des Wolfsprojektes, *Christoph Promberger,* entwickelte man ein Ökotourismusprogramm im Nationalpark Piatra Craiului zum Erhalt der Landschaft und zum Schutz der europäischen Großraubtiere Wolf, Bär und Luchs. Seitdem liegt das Hauptaugenmerk auf Wander- und Naturerlebnisreisen (ganzjährig). Außerdem im Angebot: **Wildtierbeobachtung** (insbesondere Bären und je nach Jahreszeit Rot- und Schwarzwild, Auerhahn), Reviergänge mit dem Förster, ornithologische Exkursionen für Anfänger und Fortgeschrittene, Reisen zur Geschichte und **Kultur der Siebenbürger Sachsen,** Mountainbiketouren, Donaudeltaexkursionen u.v.m.

- **www.cntours.ro**
- cnt@zappmobile.ro

Bergtouren am Königstein

Der beste Ausgangspunkt für Exkursionen ist das Städtchen **Zărneşti,** von dem man zu den Hütten Plaiul Foii, Gura Răului, Curmătura und zu den meisten Aufstiegsrouten gelangt. Die **besten Kletterwände** befinden sich an der Zărneşter Klamm und im Turnu-Gebiet.

Zărneşti (750 m) – Poiana Diana – Curmătura-Hütte (1440 m)

Die durch einen senkrechten blauen Streifen markierte **siebenstündige Strecke** verläuft zuerst westlich von Zărneşti auf der Straße in Richtung **Plaiul Foii,** einer Hütte in 849 m Höhe, die auf der linken Seite des Flusses Bârsa Mare zu finden ist. Ab dem Stadtrand zweigt links nach ca. 300 m ein leicht ansteigender Feldweg ab, der durch einige sehr schöne Fichtenlichtungen führt. Während der Wanderung hat man meist schon die weißen Grade des Königsteins lockend vor der Nase. Nach 1 Stunde durchquert man das **Valea Crăpături** (Tal der Risse), überquert dann den kleinen Bach namens Chicera und gelangt zum Sattel Şaua Chiliilor.

Rechts geht ein Wagenweg zur Bisericuța, der „kleinen Kirche", ab. Doch die Wegstrecke zum Königstein verläuft vom Sattel aus in südlicher Richtung und mündet bald in einen Wald ein. In immer stärker ansteigenden Windungen gelangt man auf die **Lichtung Curmătura Prăpăstiilor** auf 1510 m Höhe, auf der früher die Diana-Hütte stand und die heute deshalb auch **Diana-Lichtung (Poiana Diana)** genannt wird.

Der weitere Streckenabschnitt ist etwas schwieriger und anstrengender. Der Aufstieg erfolgt über felsiges Gelände; man durchquert die Quellenschlucht, durch die das **Ziegenbächlein (Brâul Caprelor)** fließt. Am oberen Aussichtspunkt kann man die Felsformation der so genannten **Großen Orgel** bewundern, ein Ensemble aus herrlichen weißen Kalksteintürmen. Der Weg führt dann noch weiter hinauf zum Şaua-Padinii-Închise-Sattel. Von hier hat man eine herrlichen Ausblick über das Törzburger Land. Der Abstieg zur **Curmătura-Hütte** dauert anschließend noch ca. 1,5 Stunden.

Unterkunft:
- **Cabana Curmătura,** Tel. 0745-995 018.

Bergrettung:
- **Salvamont Zărneşti,** Tel. 092-737 911.

Hütte Plaiul Foii (850 m) – La Om – Gipfel (2238 m)

Die **anspruchsvolle Strecke** mit schwierigen Passagen nimmt **6 Stunden** in Anspruch.

Vorab I: Wer von der Plaiul-Foii-Hütte die zweieinhalbstündige Strecke zur **Diana-Lichtung** wandern möchte, sollte sich nicht nur auf das gelbe Dreieck als Markierung verlassen. Die

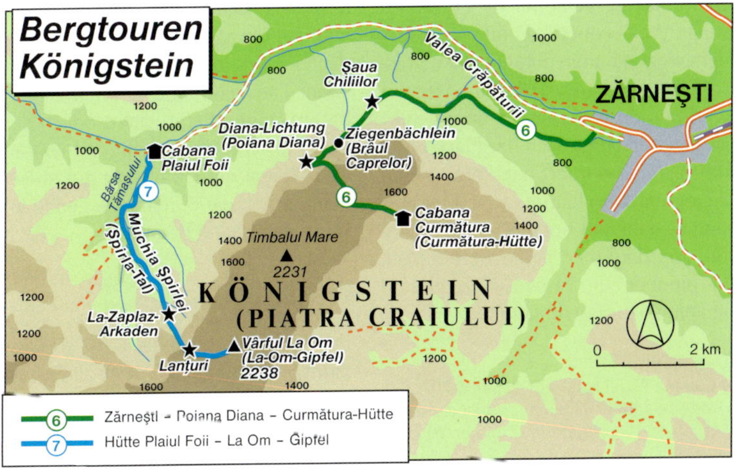

Kennzeichnung ist alt und schwer bzw. manchmal gar nicht auffindbar!

Vorab II: Wanderer, die nicht **trittfest und schwindelfrei** sind, sollten diesen Weg auf keinen Fall angehen!

Der fünfstündige Weg zum **La Om** (Sommerstrecke!) führt über eine mit einem senkrechten roten Streifen markierte Strecke. Man folgt zunächst dem Forstweg 2 km entlang des kleinen Flüsschens Bârsa Tămaşului und biegt dann links ins **Şpirla-Tal** mit dem kleinen Refugium (Şpirla-Unterkunft), um nach 1,5 km den Kamm zu erreichen. Von hier geht man links entlang und kraxelt nach oben. Sehr bald schon erreicht man die **La-Zaplaz-Arkaden.** Wie durch gewaltige steinerne Fenster kann man von hier aus zwischen den erodierten Naturwundern hindurch in die Törzburger Senke schauen. Durchs Kalkgestein geht es dann weiter zu einer Stelle, an der man (mit Hilfe eines Seiles) in den **Grind-Sattel (Deubel-Weg)** hinabsteigt. Weiter oben kommt man zu einem weiten Kamin mit mehreren Wasserfällen, der **Lanţuri** (Ketten) genannt wird und durch Stahlseile abgesichert ist. Nachdem man den Bergbach Brâul de Mijloc überquert hat, kommt man zu einem Bergkamm. Von hier aus sind es dann nur noch 80 m zum **Gipfel,** von dem man einen weiten Blick bis hinüber zum Făgăraş-Gebirge und tief hinein ins Burzenland hat.

Unterkunft:
- **Cabana Plaiul Foii,** Tel. 0723-035 702 oder 0744-985 904, plaiul-foii@turistic.ro, DZ Mansarde 15 Euro, 3-Bett-Zimmer 20 Euro, App. 40 Euro.

Sighişoara/ Schässburg

↗ IX, C3

- **Höhe:** 580–640 m
- **Vorwahl:** 0265
- **Einwohner:** 32.280
- **Ungarischer Name:** Segesvár

Rumänische Städte werden bisweilen gerne mit westlichen verglichen, wie das bekannte Beispiel „Bukarest, das Paris des Ostens" zeigt. Auch für die im Bezirk Mureş liegende Stadt Sighişoara hatte man nach 1990 schnell einen Vergleich parat und nannte sie kurzerhand **„das rumänische Rothenburg ob der Tauber".** Wie kaum wo anders in Siebenbürgen fühlt man sich in dem kleinen Ort am Fluss Târnava Mare (dt.: Große Kokel) in eine frühere Zeit versetzt.

Die heutige **Oberstadt** mit ihrer vollständig erhaltenen, 8 m hohen Mauer ist gleichzeitig eine riesige mittelalterliche **Zitadelle,** von deren Rand man auf die roten, pittoresken Ziegeldächer der Unterstadt herabschauen kann. Die Silhouette der auf einem 850 m langen Bergrücken südlich der Kokel errichteten Befestigung ist von allen Seiten der Unterstadt gut zu sehen, da sich die Burganlage genau im Herzen der Stadt befindet.

Geschichte

Der lateinisch erstmals 1280 als **Castrum Sex** und deutsch 1298 als **Schespurch** schriftlich erwähnte Ort wurde ca. 100 Jahre zuvor durch die Siebenbürger Sachsen gegründet. Die **Ring-**

mauer entlang des Bergrückens entstand ab 1350, musste aber im Laufe der vermehrten Angriffe von Reitervölkern im 15. Jahrhundert ständig auf ihre heutigen Ausmaße erhöht und ausgebaut werden. So erhielt der Komplex 14 Wehrtürme, drei Bastionen und zahlreiche Wehrgänge. Da Schässburg, im Gegensatz zu den größeren transsylvanischen Städten Hermannstadt und Kronstadt, im Mittelalter eine eher kleine Stadt mit geringer Bevölkerungszahl war, wirkten sich die diversen **Katastrophen** hier umso verhängnisvoller aus. Ganz besonders hart traf es die Schässburger in den Jahren 1676, als drei Viertel ihrer Stadt nach einem Angriff niederbrannten, und 1706, als fast die Hälfte der 3000 Einwohner der Pest zum Opfer fiel.

Nach dem Erhalt der Stadtrechte 1367 hatte sich das günstig an Handelsstraßen gelegene Schässburg rasch zu einem **Mittelpunkt des siebenbürgischen Handels** und Handwerks entwickelt. Zwangsläufig stieg auch die politische Attraktivität der Stadt. **Vlad Dracul,** der 1431 im Nürnberger Dom zum Herrscher über die Walachei und zum Ritter des Drachenordens ernannt worden war, weilte vier Jahre hier. Einer Überlieferung nach soll sein Sohn, der später unter dem Namen *Vlad Ţepeş Draculea* bekannt und berüchtigt wurde, in Schässburg geboren sein.

Ihre Blütezeit erlebte die Stadt im 16. und 17. Jahrhundert, als sie zu einem Zentrum der **Münzproduktion** wurde (der Silberdukat wurde in einer Werkstatt in der Oberstadt geschlagen) und zu einem gewissen Wohlstand gelangte. Die hohe Kunstfertigkeit der Schässburger Zünfte hatte sich bis nach Westeuropa herumgesprochen und zog Maler und Bildhauer aus Königsberg, Salzburg und Böhmen in die Stadt an der Kokel.

Viele der **bunten Häuser** in den Zunftgassen, der alten Gaststätten und der mittelalterlichen Herbergen sind noch erhalten und machen Sighişoara zu einem einmaligen architektonischen Zeitzeugen. Die Schässburg ist eine der wenigen mittelalterlichen Burgen in Europa, die heute noch be-

rum257 Foto: jr

Der Stundturm – das Wahrzeichen von Sighişoara

wohnt ist. Und einmal im Jahr, im späten Juli zum **Mittelalter-Festival (Festivalul de Artă Medievala)**, wird den alten Gemäuern sogar ein wenig mittelalterliches Leben eingehaucht.

Orientierung und Information

Da die Distanzen in Sighişoara nicht übermäßig groß und das historische

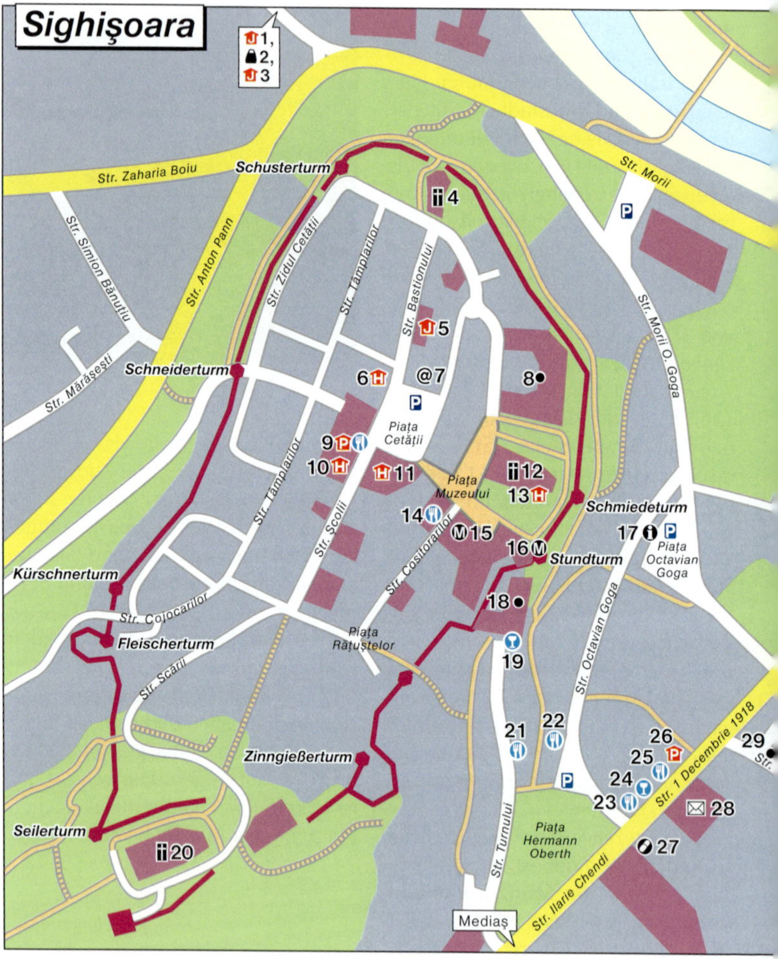

Zentrum sehr kompakt ist, kann man sämtliche **Sehenswürdigkeiten** der Stadt durchaus **zu Fuß** angehen. Schwer beladene Rucksackreisende, die am Hauptbahnhof oder Busbahn-hof ankommen, sollten sich jedoch vor Ersteigen des steilen Wegs hinauf zur Zitadelle ihres Gepäcks entledigen (Deposit im Hbf). Der **Hauptbahnhof** liegt ca. 2 km nördlich des Stadtzen-

	1	Nathan's Villa Hostel
	2	Markt
	3	Ellen Villa
	4	Röm.-Kath. Kirche
	5	Burg Hostel/Internet
	6	Casa Wagner
@	7	Internationales Café/ Jugendzentrum
•	8	Rathaus
P	9	Pension Restaurant San Gennaro
	10	Hotel Sighişoara
	11	Haus mit dem Hirschgeweih Casa cu Cerb
	12	Klosterkirche
	13	Hotel Casa Saseasca
	14	Casa Vlad Dracul
Ⓜ	15	Waffen-Museum
Ⓜ	16	Historisches Museum im Stundturm
❶	17	Informationszentrum
•	18	Kulturhaus
	19	Discotheca Office Club
	20	Bergkirche
	21	Pizzeria Terasa Jo
	22	Restaurant Concordia
	23	Restaurant Perla
	24	Club Bizzare
	25	Restaurant Rustic
	26	Baier Hoff
	27	Apotheke Aesculap
✉	28	Hauptpost
•	29	Reisebüro
	30	Hotel Steaua
⚠	31	Camping
	32	Orth. Kathedrale Sfânta Treime
•	33	Hauptbahnhof
Ⓑ	34	Busbahnhof

trums, der **Busbahnhof** gleich daneben an der Str. Libertății. Zu Fuß erreicht man das Zentrum am besten über die **Str. Gheorghe Lazăr,** die über den Fluss Târnava Mare direkt in die zentrale Straße 1. Decembrie 1918 führt. Taxis ins Zentrum sind jedoch ausgesprochen billig.

Überraschenderweise hat der Touristenmagnet Sighişoara **kein offizielles Informationsbüro.** Post, Reisebüros und Buchläden findet man direkt in der **Str. 1. Decembrie 1918,** von der auch eine kleine Nebenstraße zum zentral gelegenen Campingplatz führt.

Sehenswertes

Stundturm mit Geschichtsmuseum

Man erreicht den **Burgberg der Stadt** am besten über die Turmstraße (Str. Turnului), die vom Hermann-Oberth-Platz an einer Terrassen-Pizzeria vorbei geradewegs hinauf zum bekanntesten und mächtigsten Turm der Stadt, dem **Stundturm,** führt. Die Rumänen nennen ihn schlichtweg **Turnul cu Ceas,** also „Turm mit der Uhr". Das Wahrzeichen Sighişoaras war früher nicht nur Wehrturm, sondern gleichzeitig auch Schatzkammer und mächtiges Haupttor zur Oberstadt. Zudem beherbergte der fünfstöckige, 64 m hohe Turm zeitweise den Schässburger Stadtrat. Sein durch den Großbrand von 1676 völlig zerstörtes Dach wurde mehrmalig wieder instand gesetzt. 1894 erhielt das Turmdach mit seinen Zwiebelkuppeln sein heutiges charakteristisches Aussehen durch die emaillierten vielfarbigen Mosaikziegel. Seit dem Jahr 1899 befindet sich das durch den Arzt und leidenschaftlichen Sammler *Josef Bacon* errichtete städtische **Geschichtsmuseum** im Stundturm, das in seiner Ausstellung einen mehr oder minder eleganten Bogen vom Mittelalter zur Raketenforschung schlägt.

Die **Archäologie-Ausstellung** in der ersten Etage zeigt u.a. Opferaltäre, Keramiken und Waffen der Wietenbergkultur (Bronzezeit), Kultgefäße und Schmuck der Daker sowie einen Altar des römischen Gottes *Mithras.*

Sehr sehenswert ist die Sammlung **Medizin und Pharmazie des Mittelalters** im zweiten Obergeschoss. Bereits sehr früh, nämlich ab 1461, wurden in Schässburg kirchliche Spitäler für Aussätzige (Leprakranke) gegründet. Weitere Säle des Museums zeigen Möbelstücke und anderes Kunsthandwerk der damaligen Zünfte. Im fünften Stock folgt schließlich die Abteilung, die sich mit der heutigen Hauptaufgabe des Turms auseinandersetzt, dem Anzeigen der Zeit. Im **Uhrenmuseum** des Stundturms sieht man neben Sand-, Wand- und Sonnenuhren auch das Schässburger „Rad der Zeit", das derzeitige Uhrwerk der Turmuhr mit seinen Figuren.

Auf der **obersten Plattform des Turms** angelangt, ist die kleine Zeitreise zuerst einmal zu Ende. Die offene Holzgalerie bietet dem Besucher einen weiten Blick über Sighişoara. Still und friedlich liegen die rotbraunen Ziegeldächer der Unterstadt im grünen Hügelbett. Hier oben haben einst an Feiertagen die Stadtmusikanten mit ihren weit klingenden Blasinstrumenten aufgespielt.

Raketen und Folterkammer

Auf dem Rückweg und der Reise in die Unterwelt des Stundturms kommt man noch an einer Ausstellung vorbei, die einem rumänischen Pionier der Neuzeit gewidmet ist: **Hermann Oberth,** der acht Jahre lang das deutsche Gymnasium in Schässburg besuchte, gilt als einer der Väter der Raumfahrt. Seine Experimente mit der berühmten „Kegeldüse" bildeten die Grundlage der späteren Flüssigtreibstoff-Raketenantriebe. *Oberth* war auch maßgeblich an der amerikanischen Satellitenforschung beteiligt.

Der Tod spielte in der dunklen Zeit des Mittelalters auch in Schässburg eine sehr zentrale Rolle. Vor dieser Erlösung jedoch warteten, wie man in der **Folterkammer des Museums** sehen kann, auf manchen Delinquenten noch Folterjoch und Streckleitern. Das Schässburger Strafgesetz sah auch vor, dass man zu Schuld gekommene Bürger der Stadt an einen Schandpfahl im Stadtzentrum kettete und ihnen einen 6 kg schweren Stein um den Hals hing (der auch im Museum besichtigt werden kann).

Der Direktor des Geschichtsmuseums hatte 2004 die Idee, eine **Amateur-Theatergruppe** im Museum historisch verbürgte Szenen nachspielen zu lassen, um den ewigen touristischen Nachfragen nach *Dracula* und Vampiren ein wenig historische Realität entgegenzusetzen. Mittlerweile hat sich diese im Sommer stattfindende Veranstaltung als Touristenattraktion etabliert.

● **Geschichtsmuseum** im Stundturm, 9–15:30 Uhr (15. Sept. bis 15. Mai), im Sommer drei Stunden länger geöffnet.

Figurenwerk des Stundturms

Der Name Stundturm geht auf die ursprüngliche Uhr zurück, die nur einen Stundenzeiger besaß. Erst Jahre nach Befestigung der „Stundenuhr" baute ein aus Königsberg stammender Uhrmacher einen Minutenzeiger ein. Auch heute noch schlägt ein **kleiner Trommler** im drehbaren Figurenwerk, das die Stunden und Wochentage anzeigt, auf seiner Bronzetrommel die Stunden an. Um 6 Uhr in der Früh erscheint ein **Engel des Morgens** und um 24 Uhr der **Engel der Nacht** mit seinen zwei Kerzenleuchtern. Die einzelnen **Figuren für die Wochentage** sind auf einem Rad angebracht und tauchen pünktlich um Mitternacht auf. Als stete Ermahnung ist die **Figur eines Henkers** den Bewohnern der Unterstadt zugewandt. Außerdem gibt es eine Friedensgöttin (mit Ölzweig), eine Göttin der Gerechtigkeit (mit Waage) und eine Göttin der Justiz (mit Schwert) zu sehen.

Die Wehrtürme der Oberstadt

Die Anlage der Burg erhebt sich auf 350 bis 429 m über der Stadt. Diese Höhendifferenz ergibt sich daraus, dass man die **Oberstadt auf zwei Bergen,** dem (unteren) Burgberg und dem (oberen) Schulberg, errichtet hat. Von den ursprünglich vierzehn Wehrtürmen, die jeweils einer der **Zünfte** gehörten, sind heute noch **neun erhalten.** Die meisten der nicht mehr vorhandenen Türme wurden jedoch nicht zerstört, sondern aus praktischen Gründen demoliert. So wurde der Weberturm 1858 abgetragen, um mit seinen Steinen zum ersten Mal die Straßen der Stadt zu pflastern.

Sehr eindrucksvoll und ungewöhnlich ist der gut erhaltene **Zinngießerturm.** Auf seinem soliden viereckigen Fundament trägt er ein fünfeckiges Mittelteil, auf dem ein achteckiges Oberteil mit einem sechseckigen Dach ruht.

In der südwestlichen Ecke der Bastion, ihrem empfindlichsten Punkt, ließen die kräftigen Schmiede der Stadt im 17. Jahrhundert einen mächtigen Trutzturm mit dickem Mauerwerk errichten. Dieser Turm der Goldschmiede ist leider nicht mehr erhalten. Als Zeugnis des „zierlichen" Baustils kann uns aber heute noch der **Kürschnerturm** dienen, den die Fellschneider in nächster Nähe des Fleischerturms bauten.

Als reichste Gilde galt die der Schneider. Ihr **Schneiderturm** ist heute noch sichtbares Zeichen dieses Wohlstands. Ebenso wie der Stundturm hat der imposante Bau einen aus zwei gewölbten Gängen bestehenden Durchgang. Dieser war ursprünglich mit dicken Eichenholztoren und Eisengittern versehen. Beim Großbrand von 1676 explodierten hier die gelagerten Schießpulver-Depots und zerstörten große Teile des Turms. Erst im Laufe

rum262 Foto: jr

der letzten Jahre konnte er wieder vollständig restauriert werden.

Die Festungskirchen

Gleich auf der rechten Seite des Stundturms befindet sich die **Klosterkirche,** ein Überbleibsel des bis Ende des 19. Jahrhunderts bestehenden Dominikanerklosters am gleichen Ort. Mit ihrem sachlichen, „nur" mit 35 prachtvollen Teppichen geschmückten Inneren erinnert die heutige evangelische **Stadtpfarrkirche** ein wenig an die berühmte Schwarze Kirche im nahen Braşov. Grundsätzlich versuchten die siebenbürgischen Kirchen und Klöster der durch den Protestantismus entstandenen Nüchternheit der Innenausstattung Kontrapunkte entgegenzusetzen. In der Klosterkirche übernehmen der barocke Altar von 1680 und die barocke Orgel diese belebende Funktion.

Am südlichen Ende der Zitadelle fügt sich die **Bergkirche** nahtlos in das Ensemble der Festung ein. Sie ist über die 175 Stufen der **Schülertreppe,** eines langen überdachten Holzgangs, zu erreichen, der auch zur deutschen Schule *(Lyzeum Joseph Haltrich)* führt. Ein fürsorglicher Schulmeister hat die Treppe bereits im Jahr 1642 errichten lassen, um seinen Schülern den Weg im Winter zu erleichtern.

In der Kirche sind die geschnitzte Kanzel mit steinerner Brüstung aus dem Jahr 1480 und das steinerne, gotisch verzierte Taufbecken aus dem 15. Jahrhundert sehenswert.

Im nordöstlichen Teil der Burg, direkt neben der Wehrmauer, befindet sich die katholische **Kirche des heiligen Josef** von 1894. Sie ist an der Stelle des abgerissenen Franziskanerklosters entstanden. Nach einem mysteriösen Brand im Jahr 1983 wurde ihr Inneres mittlerweile wieder in den ursprünglichen Zustand gebracht.

Patrizierhäuser rund um den Markt

Einer der ganz großen Publikumsmagneten der Festung ist sicherlich das **Haus des Vlad Dracul (Casa Vlad Dracul).** Es liegt gleich linker Hand, nachdem man die Torbogengasse des Stundturms durchquert hat. Untersuchungen am Steingewölbe im Erdgeschoss des Hauses haben ergeben, dass es sich mit großer Wahrscheinlichkeit um das älteste zivile Gebäude der Oberstadt handelt. Aus Werbegründen kolportiert man gerne, es handele sich um das Geburtshaus des *Vlad Ţepeş Draculae.*

Etwas weiter, im **Casa cu Cerb,** dem Haus mit dem Hirschgeweih an der Außenfassade, gegenüber dem Hotel Sighişoara, befindet sich das gleichnamige Hotel mit Restaurant-Café und das **Rumänisch-Deutsche Kulturzentrum.** Nach der Besichtigung der Kunstgalerie oder der Antiquitäten-Ausstellung könnte man den Plausch über die deutsch-rumänischen Beziehungen oder die Kultur wahlweise auch im Jugendclub oder im **International Café,** einem multikulturellen Begegnungszentrum gleich auf der

Dracula – die rumänische Werbe-Ikone

anderen (nördlichen) Seite des Platzes, fortsetzen.

Der **alte Burgplatz,** um den sich das Haus mit dem Hirschgeweih, das International Café und das Hotel Sighişoara gruppieren, war im Mittelalter der Marktplatz der Schässburg. Hier wurden Zunftwaren, Obst, Gemüse, Brot und Fleisch verkauft und alle öffentlichen Prozesse der Stadt abgehalten. Mitten auf dem Platz stand der Schandpfahl, eine mit eisernen Ringen versehene Säule, an der die Verurteilten sich dem Zorn und dem Spott der Bevölkerung aussetzen mussten.

Gleich um die Ecke des alten Marktplatzes mündet die Basteistraße (Str. Bastionului), in der sich das **Schindelhaus** (das frühere Everthaus) befindet. In diesem typischen Handwerkerhaus hat sich heute, ebenso wie im Haus auf dem Felsen, ein kulturelles Begegnungszentrum gebildet.

Die Unterstadt

Was das historische Flair betrifft, kann sich die Unterstadt nicht mit der Bergburg messen, und auch architektonisch hat sie nicht viel zu bieten. Allein nahe des Oberth-Platzes haben sich einige ältere sehenswerte Häuser erhalten, deren Restaurierung dieses Zentrum aufwerten wird. So lässt das **Haus der Handwerker,** ein aus dem 19. Jahrhundert unter dem Einfluss der deutschen Renaissance entstandenes Gebäude, erahnen, wie es in Schässburg vor 150 Jahren einmal ausgesehen hat. Heute befindet sich in diesem imposanten Eckhaus das Restaurant Perla.

In der Str. Zaharia Boiu steht das **Hermann-Oberth-Haus,** in dem der spätere Wissenschaftler und Weltraumforscher *Oberth* (1894–1989) seine Kindheit verbrachte.

Auf dem Weg nach Mediaş gibt es auf der linken Straßenseite noch eine interessante Stelle, einen **kleinen Hügel mit dem Türmchen Zum Antlitz (La chip).** Der Sage nach soll es einem geschickten Schässburger Schützen an dieser Stelle gelungen sein, einen heraneilenden türkischen Pascha auf einem Elefanten mit einer einfachen Flinte tödlich zu treffen. Der beerdigte Elefant bildet bis heute den Hügel, auf dem zur Erinnerung an diese große Tat das Türmchen errichtet wurde.

Informationen

- **Informationszentrum,** Str. Octavian Goga 8 (direkt am Piaţa Octavian Goga in der Altstadt). Stadtpläne und Informationen auch auf Deutsch. Mo. bis Sa. 10–17 Uhr, Tel. 770 415, office@sighisoara-infotourism.com.
- Gut organisierte geführte Touren durch die mittelalterliche Stadt bietet die **Fundaţia Veritas Sighişoara** an. Studenten verdeutlichen sehr kompetent die historischen Zusammenhänge und erläutern das heutige Engagement zur Erhaltung der Stadt. Piaţa Cetăţii 8 (im Haus auf dem Stein direkt am Marktplatz der Zitadelle), Tel. 777 844, Fragen an Frau *Dorothy Tarant.*
- **Steaua Turist,** Str. 1. Decembrie 1918 No. 10, Tel. 771 932. Das einzige **Reisebüro** der Stadt befindet sich neben dem Hotel Steaua. Verleih und Verkauf von Anglerzubehör.

Service

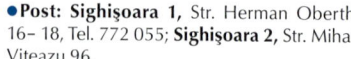

- **Post: Sighişoara 1,** Str. Herman Oberth 16–18, Tel. 772 055; **Sighişoara 2,** Str. Mihai Viteazu 96.

- **Telefonieren:** auf dem Hauptpostamt in der Str. Herman Oberth 16–18.
- **Geldwechsel: Banca Comercială Română,** Str. Justiţiei 12 (Geldautomat).
- Sehr gute **Parkmöglichkeiten** entlang der Str. 1. Decembrie 1918 Richtung Fluss Târnava Mare.

Notfälle

- **Polizei,** Str. Justitiei 10, Tel. 771 212.
- **Apotheke: Farmacia Aesculap,** Str. Herman Oberth 22, Tel. 779 913, Mo. bis Fr. 9–19 Uhr, Sa. 8–13 Uhr.
- **Apotheke: Farmacia Humanitas,** Str. Mihai Viteazu 40, Tel. 772 067, Mo. bis Fr. 9–19 Uhr, Sa. 8–13 Uhr.
- **Stadtkrankenhaus: Spitalul Municipal,** Str. Morii 11, Tel. 772 010.

Mobilität

Züge

- **Bahnhof (Gara),** Str. Libertaţii 51, Tel. 771 886 oder 771 906.
- **CFR (Fahrkarten-Agentur),** Str. Octavian Goga 6a, Tel. 771 820. Die Agentur verkauft alle Bahntickets vorab und übernimmt Reservierungen.

Busse

- **Autogara,** Str. Libertaţii 58, Tel. 771 260.
- **Atlassib,** Str. Morii 21, Tel. 777 249.
- **Eurolines,** Str. Octavian Goga 9, Tel. 773 977.

Unterkunft

Die **Preise** für Übernachtung und Gastronomie sind in der Oberstadt ganzjährig höher als in der Unterstadt, und auch die Preisdifferenzen zwischen dem Sommer und der kalten Jahreszeit können beträchtlich sein.

Hotels

- **Casa Wagner** (***), Str. Piaţa Cetăţii 7, Tel. 506 014, www.casa-wagner.com. Modernes Hotel in altem Gemäuer direkt im Herzen der Oberstadt. Terrasse mit altem Nussbaum, mittelalterlicher Weinkeller. EZ 40 Euro, DZ 50 Euro, App. 70 Euro (im Sommer 10 Euro teurer).
- **Hotel Sighişoara** (***) Str. Şcolii 4–6, Tel. 771 000, hotelsighisoara@elsig.ro. Zweckmäßige, gepflegte rusikale Zimmer in einem 500 Jahre alten Gebäude (früheres Rathaus von Sighişoara). Neben einem Restaurant, einem Weinkeller und einer Terrasse hat das Hotel auch einen eigenen Schönheitssalon. DZ 65 Euro inkl. Frühstück.
- **Hotel Korona** (***), Str. Zaharia Boiu 12–14, Tel. 770 480, www.hotelkorona.ro. Etwa 2 km von der Altstadt entfernt liegt das neueste Hotel der Stadt mit Mietwagen-Service, Safe, 24-Std.-Rezeption und Massage im Angebot. EZ 44 Euro, DZ 48 Euro, DZ groß 57 Euro, Suite 79–98 Euro. Ab Sommer 2008 mit Swimmingpool, dadurch leichte Preiserhöhung möglich. Die Preise sind verhandelbar, je nach Dauer.
- **Casa Epoca** (***), Str. Tâmplarilor 4, Tel. 773 232. Sehr uriges und dabei stilvolles Haus in der Zitadelle mit prächtigen Kellergewölben und alten Himmelbetten. Innenhof, teilweise Aussicht auf die Unterstadt. DZ 40 Euro.
- **Casa cu Cerb** (**), Str. Şcolii 1, Tel. 774 625, Fax 777 349. Das traditionsreiche Haus mit dem Hirschgeweih bietet auf Wunsch einen Shuttle-Transport zum Flughafen in Sibiu und Ausflüge zu den Kirchenburgen Siebenbürgens an. 9 Gästezimmer mit eigenem Bad, Telefon, TV. EZ 35–40 Euro, DZ 50–60 Euro (saisonal unterschiedliche Preise).
- **Hotel Rex** (**), Str. Dumbravei 18, Tel. 777 615, hotelrex@sighisoara.com. Funktioneller, sauberer Mittelklasse-Neubau, 1 km östlich des Zentrums an der Straße nach Braşov. Zählt nach wie vor zu den guten Hotels der Stadt. DZ 40 Euro.
- **Casa Saseasca,** neues Hotel in der Oberstadt mit 9 Zimmern und schönem Blick auf den Stundturm. Handbemaltes Mobiliar. EZ 100 RON, DZ 120 RON, 3er-Zimmer 150 RON, Frühstück inkl.
- **Hotel Steaua** (½*), S.C. Prinţul Dracula, Tel. 771 594. Achtung: Seit 2007 hat dieses eigenartige „Hotel" nur noch einen halben Stern, eine in Rumänien wohl einzigartige Bewertung! Das Hotel wird vom Autor nicht

empfohlen! Es ist allerdings aus „nostalgischen" Gründen sehenswert, denn zu kommunistischen Zeiten war dieses Hotel das Top-Hotel der Stadt, was man heute kaum glauben mag ... Nur zur Info: Ein „renoviertes" DZ kostet ca. 35 Euro.

Pensionen

- **Pension Baier Hoff** (***), Str. 1. Decembrie 1918 No. 5, Tel. 0265-771 521, www.baierhoff.ro. Der eigenartige Name des Hotels beruht auf einem Irrtum der Druckerei, die sämtliche Werbebroschüren und Visitenkarten falsch bedrucken ließ (anstatt Baier Hof eben Baier Hoff). Der Besitzer beließ es dabei und wandelte den Namen kurzerhand entsprechend um. Das in einem Hinterhof gelegene sehr gepflegte Hotel gehört, was das Preis-Leistungs-Verhältnis betrifft, zu den besten von Sighişoara. Es liegt genau im Herzen der Unterstadt 10 Min. von der Zitadelle entfernt. Die Einfahrt in den Hof befindet sich neben dem Restaurant Rustic. EZ 100 RON, kleines App. 130 RON (ohne Frühstück).
- **Pensiune Joker** (**), Str. Tache Ionescu 17–19, Tel. 775 042. Die Pension und das gleichnamige Restaurant liegen noch im historischen Zentrum. 11 Zimmer mit Bad und Kabel-TV. DZ ab 25 Euro.
- **San Gennaro,** gleich gegenüber dem Casa cu Cerb (s.o.) hat im Sommer 2007 diese hübsche Pension mit sehr gutem italienischem Restaurant eröffnet. EZ/DZ 36 Euro, 3er-Zimmer 40 Euro (ohne Frühstück).
- **Vila Franka,** DZ 99 RON, DZ mit Baldachinbett 125 RON, DZ mit Sauna 155 RON (Winter-Preise, im Sommer liegen sie um etwa 30% höher).
- **Pensiune Gia-Hostel,** neue Pension in unmittelbarer Nähe zum Bahnhof. 10 Zimmer, in Rot gehaltenes Valentins-Zimmer. EZ/DZ 99 RON.

Privatzimmer

- Im Herzen der Zitadelle bietet die **Familie Marius Adam** zwei Übernachtungsmöglichkeiten an: neu errichtete Wohneinheiten mit 1 bis 3 Betten (Kabel-TV/Bad) 8,50–10 Euro/Person und ein Zimmer für bis zu 5 Personen in einem 400 Jahre alten Haus (Küche/Bad) 9–11 Euro pro Person. Herr *Adam* spricht englisch, sein Sohn deutsch. Strada Tâmplarilor 6, Tel. 771 203, marius_adam@yahoo.com.

Jugendherbergen/Hostels

- **Burg Hostel pentru Tineret** (**), Bastionul 4–6, Tel. 778 489, www.ibz.ro (Webseite auf Deutsch). Das Hostel im Schindelhaus in der Oberstadt ist u.a. ein Jugendbildungszentrum und eine interkulturelle Begegnungs-Stätte, die Seminare und Ausstellungen anbietet. 52 Schlafplätze, Internetcafé, Keramik-Arbeitsraum, Restaurant und Bar. Zimmerpreise (saisonal gestaffelt, aktuelle Preise auch auf der Webseite): im Gemeinschafts-Schlafsaal 30 RON, EZ mit Gemeinschaftsbad 50 RON (DZ 78 RON), EZ mit eigenem Bad 70 RON (DZ 86 RON).
- **Nathan's Villa Hostel,** Str. Libertăţi 12, in unmittelbarer Nähe des Bahnhofs, www.nathansvilla.com. Sauberes und im Sommer stets belegtes Hostel. Frühstück inkl., kostenloses Waschen, Gepäckaufbewahrung, Safe. EZ 10 Euro, Frühstück 3 Euro.
- **Hostel Ellen Villa,** Str. Libertăţi 10, in unmittelbarer Nähe des Bahnhofs, direkt neben Nathan's Villa Hostel. Schöner Innenhof, Grillterrasse, TV, Bad. Bett im Mehrbettzimmer 10 Euro, Frühstück 3 Euro.

Camping

- **Camping Central,** Str. 1. Decembrie 1918 Nr. 30a, Tel. 771 946, cristub@club.sigedu.ro. Der Campingplatz befindet sich mitten im Zentrum der Unterstadt in der grünen Zone des Jugendclubs *(Clubul Copiilor)*. Er ist in der Zeit vom 15. Juni bis 31. August geöffnet. 90 Zeltplätze, 2 Holzhütten, Sanitäranlagen, Internet, Tiere erlaubt. Zeltplatz 8 RON/2 Euro pro Person/Tag.

Essen und Trinken

Restaurants

- **Pizzerie Restaurant Perla,** Str. Herman Oberth 15, Tel. 771 900, tägl. 8–24 Uhr. Vielleicht nicht gerade eine trendy Empfehlung, aber im gediegenen Haus der Handwerker versteht man etwas vom Pizza-Machen. Spezialität: *Ciorbă acră de pui* (Saure Hühnchensuppe) und *Pastramă de oaie cu Mămăliguță* (Lammbraten mit Polenta) sowie alle Pizzen (auf Holzfeuer gebacken).

• **Restaurant Casa Vlad Dracul,** Str. Cositorarilor 5, Tel. 771 569. Im großen Mittelalter-Non-Stop-Restaurant werden meist Touristenmassen abgefertigt, die auch vor in Blut schwimmenden Steaks nicht Halt machen. Seit Sommer 2009 häuften sich negative Leserkritiken (zu fett, verkocht, überteuert).

• **Café/Restaurant Rustic,** Str. 1. Decembrie 1918 No. 5, direkt an der Einfahrt zum Hotel Baier Hoff. Traditionsreiches Restaurant ganz in dunklem Holz. Hervorragende *Sarmăluțe* und *Fasole frecată* (das Menü gibt's auch auf Deutsch). Probieren: Schweinebraten und gefüllte Kohlrouladen aus dem Ofenrohr.

• **Pizzeria Terasa Jo,** Str. Herman Oberth 7, Tel. 777 970. Im Terrassen-Restaurant Richtung Oberstadt sollte man (vor allem in der Hochsaison) Zeit und Nerven mitbringen. Die durchgehend guten Pizzen und Nudelgerichte brauchen hier bisweilen ein wenig, bis sie ihren Weg auf die Tische finden.

• **Restaurant Casa cu Cerb,** Str. Şcolii 1, Tel. 774 625, Fax 777 349. Eines der wenigen Nonstop-Restaurants der Stadt. Außerdem: Café, Frühstücksraum, Bar, Terrasse. Sehr gutes, etwas höherpreisiges Essen. Von Lesern sehr empfohlen, vor allem das Rehragout.

Cafés

• **Casa cu Cerb,** Str. Şcolii 1, Tel. 774 625. Das gleichnamige Hotel verfügt über eine eigene Konditorei, ein Restaurant und ein Café, in dem rumänische und deutsche Backwaren angeboten werden.

Abends unterwegs

• **Discotheca Office Club,** Str. Turnului 1, im Tor zur Oberstadt, Nightclub, tägl. 20–4 Uhr.

• **Discotheca Kramer,** Str. Ana Ipătescu 73, Tel. 795 155, nur Fr. u. Sa. von 20–4 Uhr.

• **Club B,** Str. Muzeului 7 (in der Burg, gleich neben der Klosterkirche), Tel. 772 045, www.baumnet.com/pub html. Bar, Billard, Internetcafé und am Wochenende Disco mit gelegentlicher Live-Musik. 22–4 Uhr.

• **Aristocrat,** dieses neue elegante Kasino ist gleichzeitig auch Bar, Tanzpalast und Kino (Cinematograph). Die Filmauswahl war 2007 außergewöhnlich gut und zeigt, dass sich das Aristocrat in die vordere Reihe der siebenbürgischen Kulturpaläste einordnen möchte.

Einkaufen

Bücher/Landkarten

• **Librăria Hyperion,** Str. 1. Decembrie 1918 Nr. 11, Tel. 772 044. Mo. bis Sa. 8–15 Uhr.

Foto

• **Foto la Rely,** Str. Octavian Goga 6, Tel. 770 275. Mo. bis Sa. 8–19 Uhr.

Sportbekleidung

• **Articole Sportive,** Str. Mihai Viteazu 7, Mo. bis Fr. 9–18 Uhr, Sa. 9–15 Uhr.

Souvenirs

• **Artizanat – Souvenir,** Str. Muzeului 6, Tel. 773 009. Mo. bis Sa. 9–19 Uhr.

Feste und Events

• In Sighişoara finden alljährlich zahlreiche Kulturfeste statt. Das bekannteste ist sicherlich das **Mittelalter-Festival Festivalul de Arta Medievala,** das regelmäßig am letzten Juli-Wochenende abgehalten wird.

• Vom 1. bis 10. August treten beim **Festival der akademischen Musik** bekannte Künstler und hoffnungsvolle Talente auf.

• Als Fest zum Verständnis fremder Kulturen möchte sich das **Festival Proethnica** verstanden wissen. Die beiden interkulturellen Begegnungsstätten in der Oberstadt sind am Programm dieses Festes maßgeblich beteiligt und freuen sich auch über Hilfe aus Mitteleuropa.

• Jeden Freitag finden in der Klosterkirche **Orgelkonzerte** statt.

• Am Nationalfeiertag spielen **Brass-Bands** zum schnellen Tanz auf dem alten Marktplatz in der Oberstadt auf (mit dem deutschen Ausdruck Blasorchester ist der Begriff Brass-Band übrigens nicht zu fassen ...).

Aktivitäten

- Wer möchte, kann im **House on the Rocks** in der Oberstadt Rumänischkurse belegen. Im Sommer unternimmt das Haus der Veritas-Stiftung auch Burgführungen, berät und informiert Touristen. Ein idealer Ort der Begegnung mit eigenem Café (Internet). Man findet ihn direkt am Hauptplatz, vom Stundturm aus gesehen rechts.
- **Angeln:** 12 km südlich von Sighişoara liegt das Dorf **Brădeni.** Der wunderschön gelegene dorfeigene See bietet Anglern ideale Bedingungen. Im Reisebüro Steaua Turist (s.o.) kann man sich das passende Anglerzubehör auch ausleihen.
- **Reiten:** Die **Pension Baier Hoff** (s.o.) vermittelt Möglichkeiten für Reitausflüge ins Umland.
- **Schwimmen:** Taxifahrer kennen den Weg zum kleinen **Badesee** der Stadt. Fragen Sie nach dem „Lac".

In der Umgebung von Sighişoara

Agnita/Agnetheln ⇗XV, C1

Bereits auf dem Weg von Sighişoara nach Agnita hat man reichlich Gelegenheit, einige kleine Kirchenburgen in Augenschein zu nehmen. Ein erster Halt lohnt in **Trappold/Apold,** mit der gut erhaltenen Kirchenburg auf einem Bergkegel. Die dreischiffige Hallenkirche ist mit Wehrmauern, fünf Türmen und Basteien sowie Fruchthaus ausgestattet. Sie wird zurzeit mit Unterstützung einer deutschen Stiftung von dem Berliner *Sebastian Bethke* restauriert. Auf der Wegstrecke liegt auch die um 1300 errichtete Andreaskirche von **Brădeni (Henndorf).** Auf dem Dachboden befindet sich eine beachtliche Sammlung von siebenbürgischen Stollentruhen.

Die von den Sachsen Ognitheln und auf Deutsch Agnetheln genannte heutige Stadt **Agnita** liegt etwa auf halber Strecke zwischen Sighişoara und Sibiu. Man erreicht sie von Sighişoara aus südwärts fahrend nach 46 km. Der im **Harbachtal (Valea Hârtibaciului)** errichtete Ort mit seiner Kirchenburg von Agnetheln wurde urkundlich 1280 zum ersten Mal als **Henricus de Sancta Agatha** erwähnt. An seine reiche und bewegte Vergangenheit als siebenbürgisches Handelszentrum erinnert das zur Faschingszeit Anfang Februar veranstaltete **Urzelnlaufen.** Die Zünfte der Gerber, Fassbinder, Schuhmacher, Schneider, Töpfer usw. führten bereits im Mittelalter zum Fasching ihre jeweils eigenen Handwerkertänze auf. Nach Auswanderung der Agnethler Sachsen wurde der Brauch aufgegeben, um Anfang 2007 mit Hilfe der Aussiedler und der Einheimischen wieder aufgenommen zu werden.

Das städtische **Museum** (reich verzierter Bau an der Hauptstraße) bewahrt einige schön gefertigte Zeugnisse der qualitativ hochwertigen mittelalterlichen Handwerkskunst auf.

Gut erhalten ist die **Kirchenburg,** die mit ihren weißen Wehrtürmen das Stadtbild prägt. Der auf der Nordseite etwas vorgezogene **Fassbinderturm** ist zugleich auch Eingangsportal zum gesamten Kirchenkomplex. Um die Kirche und den Hauptturm waren ursprünglich drei Ringmauern gezogen,

Leider nur noch Erinnerung: Die originelle Alchemie-Bar in Sighişoara hat geschlossen

in denen sich die Vorrats- und Schutzkammern der Bürger befanden. Die vier heutigen Ecktürme der inneren **Ringmauer** gehörten den Zünften der Schneider, Schmiede, Schuster und Fassbinder. Zwischen dem inneren Ring und der zweiten Wehrmauer war in Belagerungszeiten das Vieh untergebracht. Zusätzlich erschwerten ein äußerer Wassergraben und umliegendes Sumpfgelände das Erstürmen der Kirchenburg.

Der **Doppelflügelaltar** aus dem Jahr 1650 zeichnet in geschlossenem Zustand in acht Bildern die Passionsgeschichte Jesu nach. In der ovalen Abbildung darunter sieht man eine im Zeitalter des Barock entstandene Darstellung des Abendmahls.

Viscri

In Siebenbürgen ist der abgelegene Ort Viscri besser unter dem Namen **Deutsch-Weißkirch** bekannt (die Ungarn nennen ihn kryptisch Szászfehéregyháza). Man erreicht ihn von Sighişoara aus über die E60 in östlicher Richtung. In Buneşti führt eine ungeteerte Straße nach Viscri und weiter in den kleinen Ort Dacia (Stein). Die exponierte Lage im **Zekel-Tal** und die schwierigen Straßenverhältnisse machen Deutsch-Weißkirch zu einem kleinen Geheimtipp. Da der Ort auch im Mittelalter abseits der Haupthandelsrouten lag, wurde er kaum überfallen und ist darum im Ortskern noch recht gut erhalten und **sehr pittoresk.** Während unten im Dorf ein kleiner

Süd- und Zentraltranssylvanien

rum267 Foto: jr

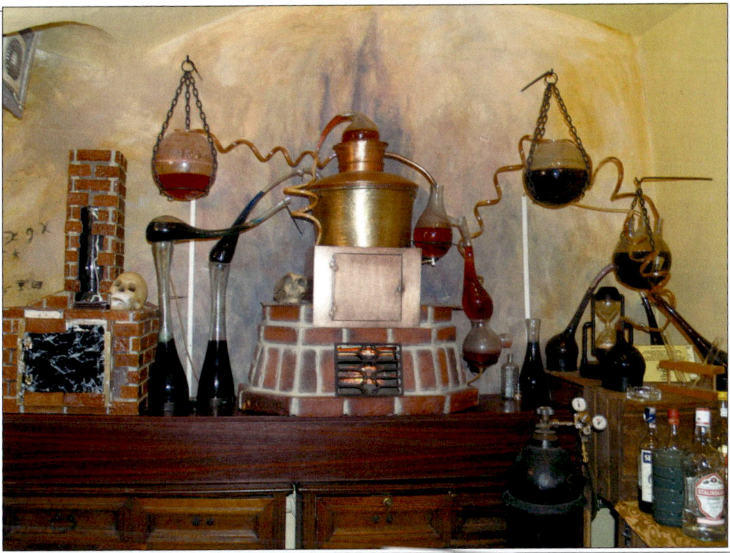

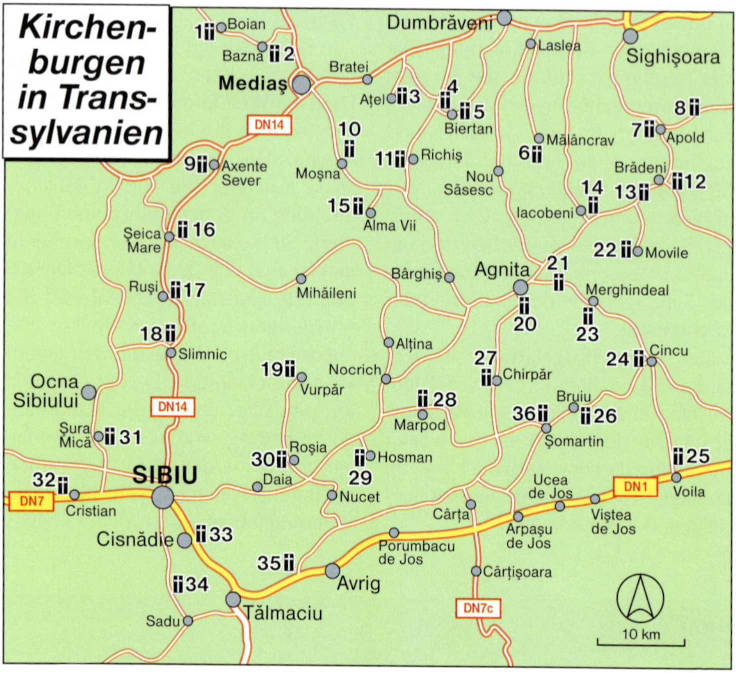

1 Boian/Bonnesdorf
2 Bazna/Baassen
3 Aţel/Hetzeldorf
4 Biertan/Birthälm
5 Copşa Mare/Gross-Kopisch
6 Mălâncrav/Malmkrog
7 Apold/Trappold
8 Vulcan/Wolkendorf
9 Axente Sever/Frauendorf
10 Moşna/Meschen
11 Richiş/Reichesdorf
12 Brădeni/Henndorf
13 Netus/Neithausen
14 Iacobeni/Jakobsdorf
15 Alma Vii/Almen
16 Şeica Mare/Groß-Schelken
17 Ruşi/Reussen
18 Slimnic/Stolzenburg
19 Vurpăr/Burgberg
20 Agnita/Agnetheln
21 Dealul Frumos/Schönberg
22 Movile/Hundertbücheln
23 Merghindeal/Mergeln
24 Cincu/Groß-Schenk
25 Cincşor/Klein-Schenk
26 Bruiu/Braller
27 Chirpăr/Kirchberg
28 Marpod/Marpod
29 Hosman/Holzmengen
30 Roşia/Rothberg
31 Şura Mica/Kleinscheuern
32 Cristian/Großau
33 Cisnădie/Heltau
34 Cisnădioara/Michelsberg
35 Bradu/Gierelsau
36 Şomartin/Martinsberg

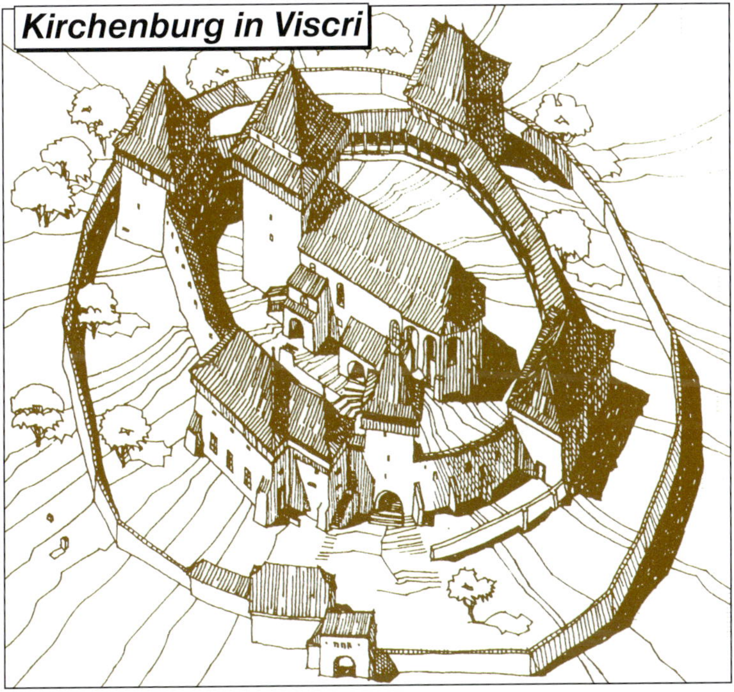

Abb.: Hermann Fabini, Atlas der siebenbürgisch-sächsischen Kirchenburgen und Dorfkirchen, Hermannstadt, Heidelberg 1998

Bach vor sich hinplätschert, thront die Kirchenburg am Ende einer Nebenstraße über den Dächern des Dorfes.

Die **Kirche** wurde im 16. Jahrhundert wehrhaft umgebaut, indem man die Ringmauer der Burg mit Pechnasen, Schießscharten und auf ihrer Innenseite mit einem gedeckten hölzernen Wehrgang versah. Sehenswert ist die über dem Altar stehende weiße Orgel aus dem Jahr 1723.

Der sehr gute Zustand der strahlend weißen Türme und Wehrmauern sowie der Fachwerkbrüstungen, Holzgalerien und pyramidenförmigen Dächer der Kirchenburg ist vor allem dem Engagement der Gemeinderätin zu verdanken, die sich vehement gegen den Zerfall des Ortes und für **sanften Tourismus** einsetzt.

Auf der isometrischen Zeichnung der Kirchenburg von Deutsch-Weißkirch (Viscri) kann man sehr deutlich die doppelte Ringmauer erkennen

- Wer die Kirchenburg besichtigen möchte, wende sich an **Caroline und Walter Fernolend-Schuster** (Haus Nr. 13). Sie vermitteln auch Ferien auf dem Bauernhof und Übernachtung in elf Gästehäusern im Ort.

Mediaş

↗ XIV, B1

- **Höhe:** 520 m
- **Vorwahl:** 0268
- **Einwohner:** 55.203
- **Deutscher Name:** Mediasch
- **Ungarischer Name:** Medgyes

Genauso wie Sighişoara liegt das mittelalterliche Städtchen Mediaş am **Fluss Târnava Mare,** der Großen Kokel, die sich am westlichen und nördlichen Rand der Stadt entlang windet, um 30 km westwärts in die Mureş zu münden. Da Mediaş keine Bergzitadelle besitzt, spielt sich das beschauliche Leben vor allem um den zentralen **Piaţa Regele Ferdinand** und dessen angrenzende Straßen ab. Der Name der in den Urkunden um 1267 auftauchenden Stadt verweist auf das lateinische Wort *media* für „Mitte" oder „zentral". Freilich war damit in früher Zeit noch nicht die Mitte Siebenbürgens gemeint, sondern der Name einer römischen Siedlung, die sich „mittlerer Weg" *(per medias vias)* nannte.

Wie die meisten Städte Siebenbürgens sind auch die alten Mauern von Mediaş prall gefüllt mit Geschichte und Geschichten. Voller Stolz erinnert man an Stadtjubiläen noch heute an jenes Jahr 1315, in dem der ungarische **König Carol Robert von Anjou** der Stadt Mediaş die gleichen Rechte erteilte, wie sie die Hermannstädter Provinz bereits besaß. Doch die Geschichte konnte leider auf diese Gleichstellung nicht immer Rücksicht nehmen. So hielt sich der türkische **Sultan Murad II.** nach achttägiger erfolgloser Belagerung von Hermannstadt am gleichberechtigten, aber auch wesentlich kleineren Mediasch schadlos und plünderte die Stadt im Jahr 1438 restlos aus.

Wer **mit dem Zug oder Bus** reist, kommt gleich südlich des Zentrums am Bus- und Hauptbahnhof in der Str. Unirii an. Von hier sind es 15 Minuten zu Fuß an der Synagoge vorbei über die Str. Pompierilor und die rechts abgehende Str. Roth ins historische Zentrum der Stadt, den früheren Marktplatz Piaţa Regele Ferdinand, von dem man den Bummel durch das schöne Städtchen beginnen kann.

Wer **mit dem Auto** nach Mediasch kommt, kann ebenfalls den zentralen Marktplatz als Ziel ins Auge fassen, da es hier bis gegen 9 Uhr morgens auf der Südseite durchaus noch (gebührenpflichtige) Parkplätze gibt.

Sehenswertes

Stadtrundgang im historischen Zentrum

Der Platz des Königs Ferdinand, wie der **Piaţa Regele Ferdinand** in deutscher Übersetzung heißt, ist recht großzügig angelegt und gleicht mit seiner reichen Bepflanzung im Frühjahr und Sommer einem kleinen Stadtpark. Von der Südseite aus liegt die **Margarethenkirche (Biserica Sfânta Margareta)** linker Hand und domi-

rum273 Foto: jr

niert mit ihrem in die Westfront der Kirche eingegliederten **Tromperterturm (Turnul Trompeţilor)** das zentrale Stadtbild. Ebenso wie beim Stundturm in Sighişoara ist das Dach des fast 70 m hohen Turms reich mit bunten emaillierten Zierplatten geschmückt, und auch die am Spitzdach angebrachten Ecktürmchen verweisen auf die gleiche Bedeutung wie die des Stundturms: Sie symbolisieren die Hochgerichtsbarkeit, ein Stadtprivileg, das es den Richtern von Mediasch erlaubte, Todesurteile zu fällen und zu vollstrecken. Eine markante Eigenschaft hat der Tromperterturm mit dem Turm zu Pisa gemeinsam: Er **steht schief**. Als man ihn 1550 auf 68,5 m aufstockte, hatte man wohl das Lot vergessen, so dass der Turm heute oben 2,3 m von der Senkrechten abweicht. Als die schiefe Sache den Bürgern um 1927 zu bedrohlich wurde, verpassten sie dem Turm kurzerhand ein mit Eisen verstärktes Betonkorsett.

Eine Besonderheit stellt der **gotische Flügelaltar** aus dem Jahr 1490 in der Margarethenkirche dar. Während des Bildersturms im Zuge der beginnenden Reformation wurden die zwei schwenkbaren Schreintüren entfernt. Heute sieht man auf den acht Altarbildern aus der Neuzeit nicht nur die Pas-

Schickes Haus in der Peripherie von Mediaş

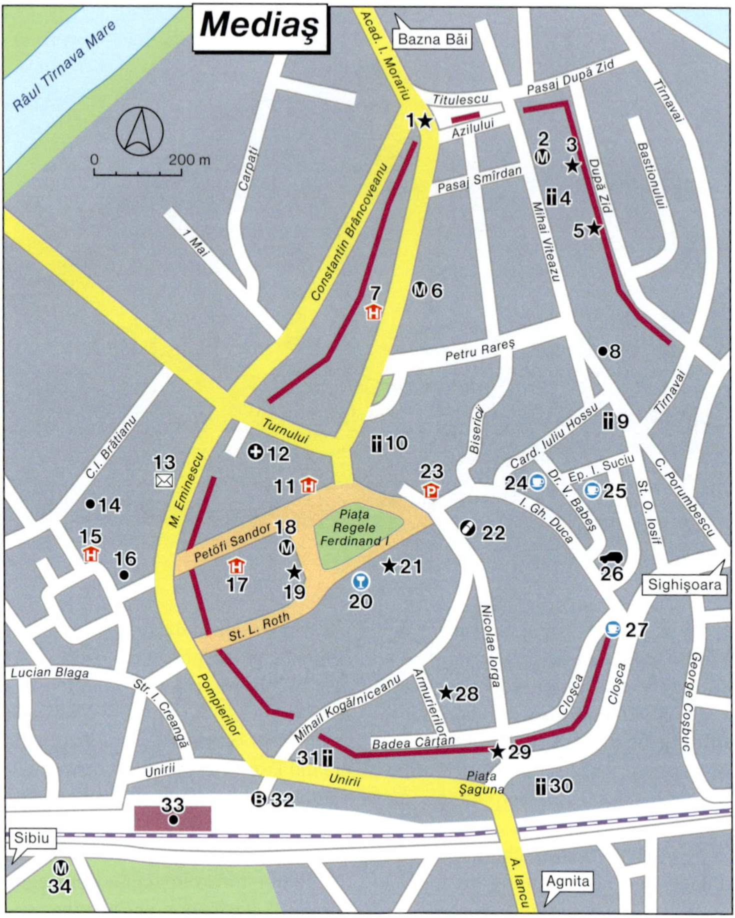

sion Christi, sondern im Hintergrund des Kreuzigungspfads auch ein Kuriosum: Anstelle der Stadt Jerusalem hat der Maler sich einen „Spaß" erlaubt und deutlich die Umrisse der Stadt Wien abgebildet.

Vom **Kastell,** also den verstärkten Mauerringen und Wehrtürmen um die Kirche, sind noch der Glocken-, der Schul-, Seiler-, Schneider- und der Marienturm (mit Resten von Fresken) erhalten geblieben.

★	1	Steingässer Torturm
Ⓜ	2	Stadtmuseum
★	3	Wehrtürme
	4	Ehem. Franziskanerkloster
★	5	Wagnerturm
Ⓜ	6	Stephan L. Roth Gedenkhaus
	7	Hotel Select II
•	8	Schule
	9	Griech. - Kath. Kirche
	10	Kirchen-Kastell
	11	Hotel Zur Traube
	12	Krankenhaus
✉	13	Romtelecom
•	14	Rathaus
	15	Hotel Central
•	16	Kulturhaus
	17	Hotel Select I
Ⓜ	18	Schuster Dutz Gedenkhaus
★	19	Piaristenschule/ Guggenberger Haus
	20	Colours Pub u. Diskothek
★	21	Altes Rathaus
	22	Apotheke Adonis Med
	23	Schullerhaus
	24	Café Corso
	25	Medieval Bistro
	26	Autovermietung Eurolines
	27	Art Café im Schmiedgässerturm
★	28	Alte Waffenschmiede
★	29	Forkeschgässer Torturm
	30	Orthodoxe Kirche
	31	Margarethenkirche
Ⓑ	32	Busbahnhof
•	33	Hauptbahnhof
Ⓜ	34	Herman Oberth Gedenkhaus

•**Biserica Sfânta Margareta,** Piaţa Castelului 2. Die reformierte Kirche ist Mo. bis Sa. von 10–18 Uhr und So. nur vormittags geöffnet. Von ihrem Turm bietet sich ein wunderbarer Rundumblick auf Mediaş.

Schullerhaus

Am nördlichen Teil des König-Ferdinand-Platzes liegt das Schullerhaus **(Casa Schuller)** – kaum zu glauben, dass dieser wunderbar renovierte Bau auf das stolze Alter von über 500 Jahren zurückblickt. Im Jahr 1588 war das Gebäude noch Eigentum des damaligen Bürgermeisters *Johannes Schuller.* Doch im weiteren Verlauf machte es eine zwischenzeitliche Karriere als **Han,** also als Herberge, Wirtshaus und Kneipe. Der Innenhof, von dem heute hölzerne Treppen in die Etagen zu den Gästezimmern führen, war einst beliebter Treffpunkt trinkfester und gaumenverwöhnter Mediascher Bürger. Heute übernimmt das Schullerhaus mit seinem zum Markt hin gelegenen **Kulturzentrum** und **Deutschen Forum** vor allem die Aufgabe, sächsische Traditionen und Kunsthandwerk zu bewahren. Der ebenfalls dem Haus angegliederte **KirchenBurgenSchutzVerein** hat es sich zur Aufgabe gemacht, die wertvollen Kulturdenkmäler der Wehrkirchen zu erhalten. Es lohnt sich durchaus, einmal in die diversen Workshops oder Kochkurse des Schullerhauses hineinzuschnuppern und auszuprobieren, ob man die sächsische Mundart versteht.

•**Schullerhaus,** Piaţa Regele Ferdinand 25, Tel. 831 347, Fax 832 390.

Befestigungen

Gleich rechts neben dem Schullerhaus führt die Str. Gheorghe Duca entlang einiger kleiner gemütlicher Altstadt Cafés und „Mittelalter-Bistros" zu dem rechts am Ende der Straße gelegenen **Schmiedgässerturm (Turnul Fierarilor).** Auch der ehemalige Wehrturm beherbergt ein Café (Art Café), dessen rustikale, holzbetonte Innenarchitektur durchaus sehenswert ist. Insgesamt existierten in Mediaş drei Befestigungsmauern; zwei davon umgaben das Kirchenkastell, eine begrenzte die Altstadt. Neben dem Schmiedeturm, dem **Forkeschgässer-** und dem **Steingässerturm** sind in Mediaş drei weitere mittelalterliche Türme und Basteien erhalten geblieben.

Auch das **Franziskanerkloster** und die griechisch-katholische Kirche am Zeckesch, beide in der Str. Mihai Viteazu an der östlichen Befestigungsmauer gelegen, stammen ursprünglich aus dem Mittelalter. In dem bereits im 15. Jahrhundert erwähnten und im gotischen Stil erbauten Kloster befindet sich heute das **Stadtmuseum (Muzeul Municipal)** mit seinen Sektionen für Geschichte, Volkskunst und Naturgeschichte.

Besonders stolz ist Mediaş auf zwei Söhne der Stadt: auf den humanistischen Kämpfer für die Gleichberechtigung und Schüler *Pestalozzis,* **Stephan Ludwig Roth,** und auf den Vater der Raketenforschung, **Hermann Oberth,** einst Lehrer in Mediasch. Beiden hat die Stadt Ausstellungen in jeweils eigenen Gedenkhäusern gewidmet.

Informationen

- **Primăria Municipiului Mediaş,** Piaţa Corneliu Coposu 3, Tel. 844 242, primaria@primariamedias.ro. Die Stadt Mediaş verfügt über kein ausgewiesenes Informationszentrum. Das Sekretariat des Rathauses steht Besuchern jedoch nach Anmeldung gerne für Auskünfte zur Verfügung (in englischer Sprache). Neben einer Informations-DVD über die Stadt „Zwischen Tradition und Moderne" (in Englisch, Rumänisch und Deutsch) kann das Rathaus auch Empfehlungen zu aktuellen Hotels und Pensionen geben.

Service

- **Hauptpostamt: Mediaş 1,** Str. Ludwig Roth 21, Tel. 841 721.
- **Telefonieren:** Romtelecom.
- **Geldwechsel: Raiffeisenbank,** Str. I.C. Brătianu; **Banc Post,** Str. Unirii 1; **Banca Comerciala Romana,** Str. Mihai Eminescu 2 (Geldautomaten).
- **Reisebüro: Select Tour,** Piaţa Regele Ferdinand 29, Tel. 839 899.
- **Parkmöglichkeiten** ganztags am südlichen Piaţa Regele Ferdinand. Bewachte Parkplätze, 4 RON pro Tag.

Notfälle

- **Apotheke: Farmacia Non Stop,** direkt neben der Stadtklinik, Str. I. G. Duca 33/22, Tel. 779 913, Mo. bis Fr. 9–19 Uhr, Sa. 8–13 Uhr.
- **Apotheke: Farmacia Adonis Med,** Piaţa Regele Ferdinand 26, Tel. 841 622, Mo. bis Fr. 8–19 Uhr, Sa. 8–13 Uhr. Apotheke im historischen Haus der früheren „Apotheke zum Schwarzen Adler".
- **Stadtkrankenhaus,** Str. I. G. Duca 33, Tel. 842 550.
- **Policlinica Dobsi,** Str. Turnului 12, Tel. 846 281.

Mobilität

Züge

- **Information:** Tel. 952.
- **Bahnhof (Gara),** Str. Libertaţii 51, Tel. 771 886 oder 771 906.
- **CFR (Fahrkarten-Agentur),** Str. Octavian Goga 6a, Tel. 771 820. Die Agentur verkauft alle Bahntickets vorab und übernimmt Reservierungen.

Busse

- **Autogara,** Tel. 844 326.
- **Eurolines,** Str. V. Babes 21, Tel. 821 015, Mo. bis Fr. 9–18 Uhr, Sa. 9–14 Uhr.
- **Atlassib,** Str. Unirii 1, Tel. 841 775.

Taxis

- **Klim Taxi,** Tel. 965.
- **City Taxi,** Tel. 944.
- **Yellow Taxi,** Tel. 947.
- **Sol Taxi,** Tel. 940.

Unterkunft

Hotels

- **Hotel Traube** (***), Piaţa Regele Ferdinand I, Nr. 16, Tel. 832 000. Das ambitionierte Hotel und Restaurant ist die beste Adresse der Stadt. Einige der 15 Räume haben über Wendeltreppen erreichbare Hochplateaus. Alle Zimmer verfügen über Internet, Air-Condition und Bad. EZ 180 RON, DZ 220 RON, Business-Räume 320 RON, App. 420 RON, Frühstück inkl.
- **Select I** (**), Str. Petöfi Sandor 3, Tel. 837 874, EZ 95 RON, DZ 125 RON.
- **Select II** (**), Str. Honterus 11, Tel. 846 750, EZ 95 RON, DZ 125 RON.
- **Vila Flora** (**), Str. H. Oberth 43, Tel. 836 093, EZ 100 RON, DZ 140 RON.
- **Hotel Central** (**), Str. Mihai Eminescu 4–7, Tel. 841 787, EZ 100 RON, DZ 140 RON.
- **Hotel Edelweiss,** Internet, Kabel-TV, 27 Zimmer, EZ 112 RON, DZ 142 RON, App. 203 RON.

Pensionen

- **Kirchenkastell,** Piaţa Castelului 2, Tel. 841 962. Das Kastell bietet Gästezimmer an.
- **Schullerhaus,** Piaţa Regele Ferdinand 25, Kontakt: *Franz Dizmarcsek,* Tel. 831 347, Fax 841 962. Im schön restaurierten Haus im Herzen der Stadt stehen Räume für acht Personen in schlichten, sauberen Ein- und Zweibett-Zimmern zur Verfügung. Frühstück und auf Wunsch viele interessante Informationen inklusive. Parkmöglichkeit für 1 bis 2 Autos im Innenhof. EZ 80 RON, DZ 95 RON, Dreibett-Zimmer 120 RON. Im Schullerhaus gibt es auch ein Zentrum für Lehrerfortbildung in deutscher Sprache.
- **Pfarrhaus in Moşna** (dt. Meschen), 9 km von Mediasch in Richtung Agnetheln. In fünf Räumen des Pfarrhauses können 26 Personen sehr günstig und ruhig in malerischer Umgebung übernachten. Speisesaal, Aufenthaltsraum, Küche und drei Badezimmer. Auf Wunsch ist Voll- bzw. Halbpension möglich. Spielplatz und Parkmöglichkeiten sind vorhanden. Anmeldung unter Tel. 862 154, Preise auf Anfrage.
- **Pfarrhaus in Bratei** (dt. Pretai), 5 km von Mediasch in Richtung Schässburg, auf dem Hauptplatz seitlich der Kirche. Übernachtungsmöglichkeit für Familien sowie Kinder- und Jugendgruppen in zwei Zimmern mit jeweils vier Betten und einem Zimmer mit vier Stockbetten. Außerdem vorhanden: eine Küche, Gemeinschaftsraum, zwei Duschen und WCs sowie ein schöner Garten. Anmeldung bei Kurator *Hans Hatt,* Hausnummer 437, Tel. 863 106.

Essen und Trinken

Restaurants

- **Traube,** im gleichnamigen Hotel (s.o.). Spezialität: Knödelsuppe *(Supă de galuşte)* und Dorada, Meeresbarsch in Salzkruste.
- **Select,** Str. Mihai Eminescu, Tel. 334 928. Das etwas außerhalb gelegene Restaurant war früher eine Waldwirtschaft.
- **Vila Flora,** s.o.

Cafés

- **Art Café,** Str. Gh. Duca 44. Das im Schmiedeturm gelegene Zwei-Etagen-Café hat sich mit seiner steilen Holztreppe dem wehrhaften Baustil nahtlos angepasst. Sehr guter *Latte Macchiato* und *Irish Coffee.*
- **Medieval Bistro,** Str. V. Babes 23.

Biertan/ Birthälm

↗XV, C1

Den Weinort Biertan, der auf Deutsch Birthälm heißt, erreicht man von Sighişoara mit dem Auto über die DN14. In der Ortschaft **Şaroş pe Târnave (Scharosch),** die etwa auf halber Strecke nach Mediaş liegt, führt eine ca. 10 km lange, gut befahrbare Asphaltstraße nach Biertan. Von Mediaş fährt man per Bus oder Auto über Scharosch nach Birthälm.

Birthälm wurde 1283 erstmals urkundlich erwähnt und machte sich bereits im Mittelalter einen Namen als **Weinbaugemeinde.** Die Kirchenglocke der in den Jahren 1468 bis 1523 errichteten Wehranlage läutete die Bürger vor allem im 16. Jahrhundert recht häufig hinter die Schutzmauern, die 1993 von der UNESCO ins Weltkulturerbe aufgenommen wurden. Von 1572 bis 1867 war Birthälm Sitz der Bischöfe der Evangelischen Landeskirche.

Die **Kirchenburg von Birthälm** zählt zu den bekanntesten überhaupt, da sie nicht nur sehr schön ist, sondern auch einige interessante Besonderheiten aufzuweisen hat. Zum einen wäre da der eindrucksvolle **Flügelaltar,** der mit seinen 28 bemalten Tafeln mit Szenen aus dem Marienleben die gesamte Chorwand ausfüllt. Die Heiligen und Märtyrer auf der geschlossenen Seite des Altars (der Werktagsseite) spendeten den Kirchgängern vor allem in den harten Zeiten einer Belagerung Trost und Hoffnung. Ins Kircheninnere zogen sich vor allem Frauen und Kinder in Kriegs- oder Epidemiezeiten zurück, um zu ihren Pestheiligen und Märtyrern zu beten. So ist auf dem Altar u.a. der *heilige Rochus* abgebildet, der sich bei der Pflege und Heilung von Pestkranken selbst angesteckt hatte.

Lange Zeit beflügelten **unterirdische Geheimgänge,** die vom Dorf direkt in die befestigte Anlage führen sollten, die Fantasie der Besucher.

Der Schutz der Kirchenburgen

In früheren Zeiten boten die Wehrkirchen Siebenbürgens den Menschen der jeweiligen Ortschaften Sicherheit und Schutz. Heute brauchen die Kirchenburgen selbst Schutz, da viele der Einwohner ausgewandert oder ausgestorben und die historischen Gebäude darum vom Verfall bedroht sind.

Interessant ist darum eine Initiative des **KirchenBurgenSchutzVereins** (siehe „Mediaş/Schullerhaus"), die sich zum Ziel gesetzt hat, die kultur- und baugeschichtlich wertvollen und zum Teil einzigartigen Wehrkirchen Siebenbürgens zu erhalten. Als erstes wurden die zum großen Teil verwaisten evangelischen Pfarrhäuser wiederaufgebaut, um darin Übernachtungsmöglichkeiten für Touristen zu schaffen. Der in Mediaş und Sibiu ansässige Verein benutzt die Einkünfte aus den Übernachtungen zur Instandhaltung der wertvollen Baudenkmäler.

- **Schullerhaus Mediaş,** siehe dort.
- **Redaktion Gästehäuser in Siebenbürgen,** Sibiu, Piaţa Huet, Tel. 069-211 203, Kontakt: *Hermann Fabini* und *Kilian Dörr.*

Doch – sie sind nur **Legende.** Dennoch erzählt so mancher Fremdenführer immer noch die schöne (aber eben erfundene) Geschichte von den Bürgern, die in Belagerungszeiten von der Kirchenburg Verbindungstunnel nach draußen gruben, um nachts heimlich Wasser aus den Brunnen vor den Toren schöpfen zu können.

Besuchern hat Bierthälm heute neben frischem Quellwasser vor allem regionale **Weine** zu bieten. Am südlichen Ortsende Richtung Richiş (Reichesdorf) lädt ein Weinkeller zur Weinprobe ein.

Unterkunft

- **Gästehaus Casa Dornröschen,** Str. George Coşbuc 25, Tel. 0269-868 294, office@biertan.net, Buchungen auch über www.biertan.net/de/gaestehaus.php. Das renovierte Haus direkt an der Ringmauer der Kirchenburg bietet 39 Personen Platz. EZ 25 Euro, DZ 35 Euro, 3-Bett-Zimmer 45 Euro, 4-Bett-Zimmer 55 Euro, 6-Bett-Zimmer 57 Euro, Kinder 5 Euro (alle inkl. Frühstück).
- **Predigerhaus am Pfarrhof,** P-ţa 1. Decembrie 3, Tel. 0269-868 262. Das Gästehaus eignet sich sehr gut für Familien. 16 Betten, Gemeinschaftsraum und eigene Küche. Preise auf Anfrage.

Kleinod in Malmkrog

Die **Kirchenburg** in Malmkrog (rum. Malâncrav) nahe Biertan bietet mehr als Zinnen und Wehrtürme. Hier haben sich im Chor und an der nördlichen Seitenwand romanische und gotische Wandmalereien bestens erhalten. Den Schlüssel zur Kirchenburg bekommt man im Haus Nr. 130. Fotografieren ohne Blitz ist erlaubt. Reichhaltiges Angebot an Postkarten und Beschreibungen der Fresken.

Sibiu/ Hermannstadt

↗ XIV, B2

- **Höhe:** 540–620 m
- **Vorwahl:** 0269
- **Einwohner:** 170.000
- **Ungarischer Name:** Nagyszeben

Geschichte

Bereits Besucher früherer Jahrhunderte wähnten sich in einer deutschen Stadt, so sehr prägte die **deutsche Besiedlung** seit der Gründung im Jahr 1150 das architektonische Stadtbild von Hermannstadt. Der Kosmograph *Sebastian Münster* bereiste zwei Jahre vor seinem Tod im Jahre 1550 Hermannstadt und schrieb: „Eine grosse statt nit viel kleiner dann wien." Der 1223 noch unter dem Namen **Villa Hermanni** in den Urkunden erwähnte Ort konnte sich seinen historischen Stadtkern und seinen Wohlstand über die Jahrhunderte bis heute erhalten, da niemand ihn während der vielen Kriege und Belagerungen je erobern konnte. Die einzige Zerstörung geht auf die **Tataren** zurück, die 1241 in die Stadt einfielen. Der anschließende Bau von drei Ringmauern und 40 Wehrtürmen um die Stadt, die heute nur noch in Gestalt der Stadtmauer, des Dicken Turms und einiger Verteidigungstürme erhalten sind, konnte von türkischen Angreifern niemals überwunden werden.

Ihren politischen und kulturellen Aufstieg erlebte die Stadt ab 1437, als die Vertretung der Deutschen, die **Sächsische Nationsuniversität,** gegründet wurde und die drei siebenbürgischen Parteien des Adels, der Sachsen und der Székler sich zu einer „Unio trium nationem“ zusammenschlossen. Zur politischen Autonomie kam der **wirtschaftliche Erfolg.** Um 1650 genoss Hermannstadt den Ruf, die östlichste Stadt Europas mit Postanbindung zu sein. 1692 wird sie **Hauptstadt Siebenbürgens.** Seine Blütezeit erlebte der Ort unter dem **Gouverneur Samuel von Brukenthal** (1721–1803), dessen Sammlung zeitgenössischer Kostbarkeiten heutige Besucher im Brukenthalmuseum am Großen Ring bewundern können.

Den Ersten Weltkrieg überstand Sibiu unbeschadet, und auch von der unter *Ceauşescu* üblichen Kahlschlagpolitik blieb das sächsische Zentrum verschont. Die Trabantenstadt am Rande schien wohl unvermeidlich, doch selbst diese Häuser umweht inzwischen der lebendige Charme postkommunistischer Aufbruchsstimmung. Über 160 Firmen haben sich mittlerweile im Speckgürtel Sibius niedergelassen. Die Wirtschaft brummt und die Bevölkerung freut sich über den beginnenden Wohlstand, der sich in Form bunter Boutiquen, Bioläden und Bars im Zentrum von Europas Kulturhauptstadt des Jahres 2007 abzuzeichnen beginnt.

Sibiu glänzte als Kulturhauptstadt Europas im Jahr 2007

Orientierung und Information

Direkt **am Großen Marktplatz (Piaţa Mare)** im Zentrum der Stadt wurde 2006 ein neues **Informationszentrum** erbaut. Die sehr freundlichen und hilfsbereiten BeraterInnen helfen bei der Unterkunftssuche ebenso wie beim Zusammenstellen eines Kulturprogramms. Sie geben gute Restaurant-Empfehlungen, helfen bei Fahrplänen und stellen auf Wunsch auch eine persönliche, professionelle **Stadtführung** auf die Beine. Stadtführungen und Beratungen werden auch im **Luxemburghaus (Casa Luxemburg)** am Kleinen Ring angeboten.

Wer sich in Sibiu selber auf den Weg machen möchte, kann sich an den so genannten **Kulturweg** halten, einen gut ausgeschilderten Rundwanderweg, der die wichtigsten Highlights der Stadt kompakt zusammenfasst.

Direkt am Piaţa Mare befindet sich der **einzige deutsche Buchladen Siebenbürgens;** in der **Librăria Schiller** gibt es ein einmaliges Angebot an Reiseführern, Karten sowie Literatur zur Kirchengeschichte, Kunst und Kultur der Sachsen. Unter anderem findet man hier einen ziemlich guten Stadtführer und den einzigen Fahrradführer Siebenbürgens. Im Stiefel-Verlag ist der bislang beste Stadtplan von Sibiu erschienen.

Wer aktuelle Informationen über die Stadt sucht, findet diese in der wöchentlich (am Freitag) in deutscher Sprache erscheinenden **„Hermannstädter Zeitung“.**

Wer beabsichtigt, sich länger in Rumänien aufzuhalten, Fragen zu versicherungsrechtlichen Problemen hat oder seinen Reisepass nicht mehr findet, wird sicherlich die Hilfe des **Deutschen Generalkonsulats** in Anspruch nehmen müssen. Das Konsulat in Sibiu ist eines von drei in Rumänien.

Wer Näheres zum wirtschaftlichen Aufschwung in Hermannstadt und den kooperativen Partnerschaften mit Deutschland wissen möchte, wende sich an den **Deutschen Wirtschaftsclub Siebenbürgen.**

Den **Haupt- und Busbahnhof** findet man recht einfach, indem man auf der Ostseite des Großen Marktes der Str. General Magheru (Sporergasse) folgt. Beide Bahnhöfe befinden sich etwa eine halbe Stunde Fußmarsch vom Zentrum entfernt am Ende der Str. Magheru. Am einfachsten erreicht man sie mit den Trolleybuslinien (die unter „Verkehr“ aufgelistet sind).

Der **Flughafen** von Sibiu ist gerade einmal 5 km entfernt und bietet tägliche Flüge nach Bukarest und Deutschland an.

- **Hermannstädter Zeitung,** Str. Tipografilor 12, Tel. 069-213 422, www.hermannstaedter.ro, hz@logon.ro.

Sehenswertes

Sibiu hat gleich drei Plätze im Zentrum aufzuweisen, die fast nahtlos ineinander übergehen. Für Fußgänger ist es so ein Leichtes, sich innerhalb einer

rum281 Foto: jr

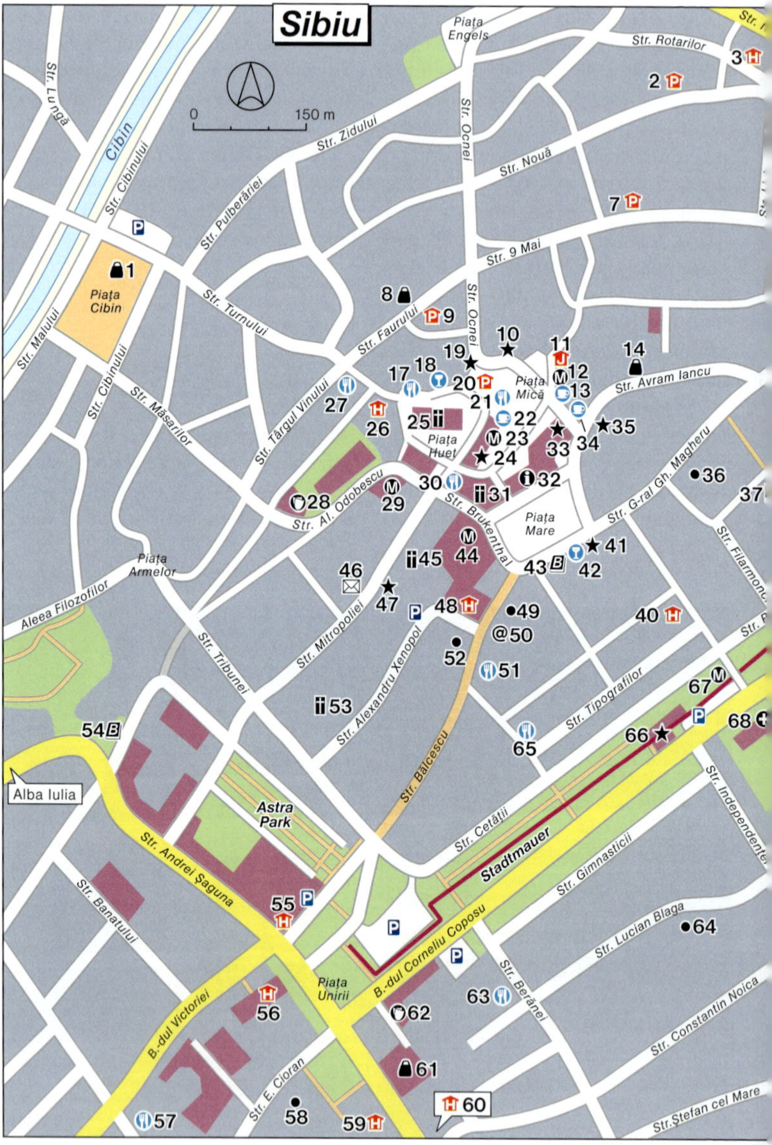
Sibiu
0
150 m
Piața Engels
Str. Rotarilor
Str. Lungă
Cibin
Str. Cibinului
Str. Zidului
Str. Ocnei
Str. Nouă
Str. Pulberăriei
Str. 9 Mai
Piața Cibin
Str. Turnului
Str. Faurului
Str. Malului
Str. Cibinului
Str. Măsarilor
Str. Târgul Vinului
Piața Mică
Str. Avram Iancu
Piața Huet
Str. Al. Odobescu
Str. Brukenthal
Str. G-ral Gh. Magheru
Piața Mare
Str. Filarmonicii
Piața Armelor
Aleea Filozofilor
Str. Mitropoliei
Str. Tribunei
Str. Alexandru Xenopol
Str. Bălcescu
Str. Tipografilor
Alba Iulia
Astra Park
Str. Cetății
Stadtmauer
Str. Independenței
Str. Andrei Șaguna
Str. Gimnasticii
Str. Banatului
B.-dul Corneliu Coposu
Str. Lucian Blaga
Piața Unirii
B.-dul Victoriei
Str. Berăriei
Str. Constantin Noica
Str. E. Cioran
Str. Ștefan cel Mare
1
2
3
7
8
9
10
11
12
13
14
17
18
19
20
21
22
23
24
25
26
27
28
29
30
31
32
33
34
35
36
37
40
41
42
43
44
45
46
47
48
49
50
51
52
53
54
55
56
57
58
59
60
61
62
63
64
65
66
67
68

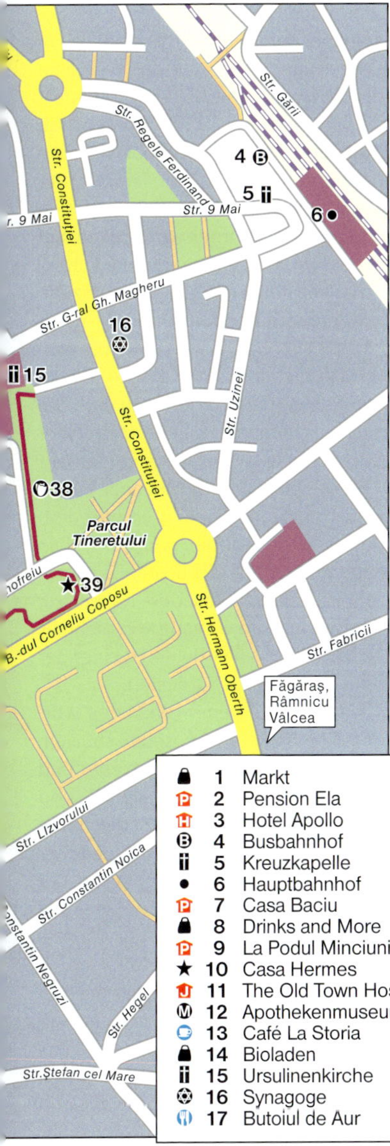

- 1 Markt
- 2 Pension Ela
- 3 Hotel Apollo
- 4 Busbahnhof
- 5 Kreuzkapelle
- 6 Hauptbahnhof
- 7 Casa Baciu
- 8 Drinks and More
- 9 La Podul Minciunilor
- 10 Casa Hermes
- 11 The Old Town Hostel
- 12 Apothekenmuseum
- 13 Café La Storia
- 14 Bioladen
- 15 Ursulinenkirche
- 16 Synagoge
- 17 Butoiul de Aur
- 18 Weinkeller Bußwinkel
- 19 Lügenbrücke
- 20 Luxemburghaus
- 21 La Piazzetta
- 22 Il Cappuccino
- 23 Franz Binder Museum
- 24 Brukenthal Kolleg
- 25 Evangelische Pfarrkirche
- 26 Hotel Leu
- 27 Pasaj
- 28 Puppentheater Gong
- 29 Historisches Museum
- 30 Eiscafé Venezia
- 31 Katholische Kirche
- 32 Info-Center
- 33 Ratsturm
- 34 Café u. Disco Chill Out
- 35 Brukenthalhaus
- 36 Deutsches Kulturzentrum
- 37 Franziskanerkirche
- 38 Sommertheater
- 39 Hallerbastei
- 40 Flying Time Hostel
- 41 Casa Haller
- 42 Club Hermannstadt
- 43 Buchhandlung Schiller
- 44 Brukenthal Museum
- 45 Reformierte Kirche
- 46 Post
- 47 Casa Cariatide
- 48 Römischer Kaiser
- 49 Salvamont
- 50 Internetcafé neben The Place
- 51 Mara
- 52 Reisebüro CFR
- 53 Kathedrale Sfânta Treime
- 54 Buchhandlung Erasmus
- 55 Hotel Continental Forum
- 56 Hotel Ramada
- 57 Restaurant Fellini
- 58 Kulturhaus
- 59 Continental (wird restauriert, evtl. neuer Name u. Besitzer)
- 60 Reghina Blue
- 61 Kaufhaus Dumbrava
- 62 Nationaltheater Radu Stanca
- 63 Ileana
- 64 Deutsches Konsulat
- 65 Sibiul Vechi
- 66 Der dicke Turm
- 67 Naturkundemuseum
- 68 Krankenhaus

Viertelstunde einen Überblick über den Stadtkern um den Piața Huet, den Piața Mare und den Piața Mică zu verschaffen.

Rund um den Großen Ring (Piața Mare)

Über die Fußgängerzone der Str. Nicolae Bălcescu erreicht man das **historische Zentrum,** den **Marktplatz,** innerhalb weniger Minuten. Seit Jahrhunderten nennen die Sachsen den Mittelpunkt ihrer Stadt Großer Ring. Hier fanden im Mittelalter riesige Jahrmärkte, Theater- und Zunftfeste sowie die öffentlichen Versammlungen und Hinrichtungen statt.

Auf der südlichen Seite des Platzes befindet sich eines der schönsten Gebäude der Stadt, das **Filekhaus** aus dem Jahr 1802. Gegenüber liegt die **katholische Kirche,** eine zwischen 1726 und 1738 erbaute Saalkirche im barocken Stil. Sehenswert darin ist das Fresko „Maria mit dem Kindlein" des österreichischen Künstlers *Anton Steinwald.* Gleich neben der Kirche und dem Stadtpfarramt liegt das **erste Rathaus** der Stadt, das heute mit einem Turm verbunden ist. Wer einen Blick über Hermannstadt werfen möchte, kann dies vom Ratturm aus tun. In seinem Innern befindet sich auch ein kleines **Stadtmuseum.** Das **neue Rathaus** befindet sich seit 2006 an der nordwestlichen Ecke des Platzes, im Gebäude der ehemaligen Bodenkreditanstalt.

Im Zentrum des Großen Rings steht die **Statue von Gheorghe Lazăr,** dem Gründer des rumänischen Schulwesens, mit einer Gedenktafel für die Revolutionsopfer von 1989. Keine 30 m entfernt findet sich auf der Westseite des Platzes das bedeutendste Barockdenkmal der Stadt, das **Brukenthalmuseum.** Der Gouverneur von Siebenbürgen und enge Freund der österreichischen Kaiserin *Maria Theresia,* **Baron Samuel von Brukenthal** (1721–1803), galt als einer der leidenschaftlichsten Sammler und Mäzene zeitgenössischer Kunst. Als Provinzkanzler am Hof in Wien hatte *von Brukenthal* die einmalige Chance, Werke von *Rubens, van Dyck, Tizian* und *Cranach* zusammenzutragen. Nach seiner Rückkehr nach Hermannstadt im Jahr 1778 begann der Kunstkenner unverzüglich mit den Planungen und dem Bau eines passenden Museums. Die Sammlung der wichtigsten europäischen Malerschulen des 15. bis 18. Jahrhunderts im Umfang von mehr als 1200 Werken zählt heute zu einer der bedeutendsten in Rumänien.

Nach dem Zweiten Weltkrieg wurden dem Brukenthalmuseum Abteilungen für Ethnografie, Geschichte und Naturwissenschaft angegliedert und eine **Bibliothek** angelegt, die heute über 280.000 Werke enthält, darunter 386 Inkunabeln, also Bücher aus der Zeit der Buchdruckerkunst. Der Stolz der Bibliothek ist ein Buch von *Thomas von Aquin* aus dem Jahr 1469.

An der Südseite des Großen Rings findet sich eine weitere architektonische Perle von Hermannstadt, das **Hallerhaus.** Der Name geht auf den Besitzer, die Familie *Haller,* zurück, in deren Besitz sich das Renaissancehaus mit Arkadeneingang, gotischen Verzierungen und einem sehenswerten Wohnturm im Hof über 345 Jahre lang befand. Das Wappen von *Petrus Haller* findet man gleich am Eingang, einem prächtigen Steinportal.

- **Brukenthalmuseum,** Piața Mare 4–5, Di. bis So. 9–17 Uhr, Mo. geschlossen.
- **Hallerhaus,** Piața Mare 10.

Am Piața Huet

Vom Brukenthalmuseum ist es kaum fünf Minuten zu Fuß zum nächsten zentralen Platz, dem Piața Huet. Benannt wurde der frühere Piața Grivița nach dem Königsrichter der Sachsen, *Albert Huet (von Hutter,* 1537–1607). Als erstes wird einem am Piața Huet die **Evangelische Stadtpfarrkirche** mit ihrer imposanten Größe ins Auge fallen. Als die Vorgängerkirche an dieser Stelle muss eine romanische Basilika gelten, die der Jungfrau Maria geweiht war und bereits Ende des 12. Jahrhunderts errichtet wurde. Der Umbau der Kirche in eine gotische Basilika erfolgte gegen 1332. Im Westen wurde ein Turm errichtet, dessen frühgotisches Portal zum Haupteingang der Kirche wurde.

Aus Geldmangel musste man den Ausbau um 1390 unterbrechen. Erst in den letzten Jahren des 15. Jahrhunderts wurde der südliche Teil der Basilika zu einer **Hallenkirche** umgebaut. Geschickt erhellen die großen gotischen Fenster an der Südwand seitdem den Kirchenraum. Die letzte Bauphase erfolgte um 1520. Heute hat leider nur eines der zahlreichen gotischen Wandgemälde die Veränderungen der Neuzeit überdauert. Das um 1445 gemalte **Rosenauerbild** zeigt eine Darstellung der Kreuzigung und ist an der Nordwand des Chores zu finden. Von den vor der Reformation vorhandenen 24 Altären ist noch der **neugotische Altar** erhalten, der in einer Wiener Werkstatt gefertigt wurde.

Die wichtigsten **Kunstschätze** der Kirche sind in der Ferula zu sehen, die sich gleich hinter dem Eingang am Westportal befindet. Zu ihnen zählen die Fragmente eines spätgotischen Altars aus Großkopisch und eine mittelalterliche farbige Kanzel, deren Balda-

rum285 Foto: jr

Die Evangelische Stadtpfarrkirche

Die Lügenbrücke von Hermannstadt

Die **erste gusseiserne Brücke Rumäniens,** die 1859 erbaut wurde und den Piața Huet und den Piața Mică verbindet, ist sicherlich die populärste Brücke der Hermannstädter. Über die **Entstehung ihres Namens,** den sie wohl schon recht früh erhielt, sind sich die Bewohner der Stadt nicht so recht einig.

Einer Version nach soll ihr Name auf einem Irrtum beruhen. Die gusseiserne Brücke müsste demnach eher „Liegenbrücke" genannt werden, da sie über der Straßenauffahrt von der Unter- zur Oberstadt „zum Liegen" gebracht wurde. Andere Versionen berichten von den Lügen der Händler, die sich zum Feilschen auf der Brücke getroffen haben, oder von Liebespaaren, die sich hier, im Schein der schön geschwungenen Laternen, die ewige Liebe geschworen haben, was nach Meinung einiger Kenner auf diesem Gebiet wohl mit einer Lüge gleichzusetzen ist. Die in der Bevölkerung jedoch populärste Version der Namensentstehung besagt, dass die Brücke unter Lügnern sofort zusammenbricht. Da dies in der beinahe 150-jährigen Geschichte der Brücke glücklicherweise noch niemals geschehen ist, spricht dies nach übereinstimmender Meinung der Hermannstädter für die Ehrlichkeit der Bürger der Stadt (und natürlich auch für die ihrer Besucher).

chin auch noch in der Kirche zu sehen ist. Die **größte Orgel Siebenbürgens** aus dem Jahr 1585 zählt zu den besonderen Kostbarkeiten der Stadtpfarrkirche. In den Sommermonaten von Juni bis September finden mittwochs um 18 Uhr **Orgelkonzerte** statt. Gottesdienste werden an allen Sonn- und Feiertagen von 10–11 Uhr in deutscher Sprache gefeiert. Die Stadtpfarrkirche kann in den Sommermonaten täglich von 9–20 Uhr und in den Wintermonaten von 10–15 Uhr besichtigt werden. Wer auf den Kirchenturm steigen möchte, kann die Zeiten im Pfarramt erfragen.

• **Stadtpfarramt,** Piața Huet 1, Tel./Fax 211 203, hermannstadt@evang.ro, www.evang.ro/hermannstadt, Mo. bis Fr. 8–15 Uhr.

Lügenbrücke und Kleiner Ring (Piața Mică)

Noch am Piața Huet sieht man gleich gegenüber der Kirche das Brukenthal-Gymnasium und das **Denkmal von Georg Daniel Teutsch** (1817–1893), der als Bischof die Interessen der sächsischen Kirchengemeinde erfolgreich gegenüber der damaligen österreichisch-ungarischen Regierung vertreten hat. Eine kleine, spektakuläre gusseiserne Brücke, die einem einen kleinen Einblick in die verwirrenden Verhältnisse der Unterstadt gewährt, führt vom Piața Huet zum Kleinen Ring (Piața Mică). Um diese so genannte **Lügenbrücke (Podul Minciunilor)** ranken sich zahlreiche Geschichten und Legenden (siehe Exkurs links). Gleich neben der mit verzierten Geländern und historischen

Laternen geschmückten Brücke liegt das **Schatzkästlein (Casa Artelor).** Dieses sandfarbene Haus, das 2005 aufwendig renoviert wurde, war früher das Zunfthaus der Schlachter und wurde 1370 erstmals urkundlich erwähnt. Im Erdgeschoss wandelt man durch einen schönen Laubengang, im Obergeschoss gibt es heute in einigen Ausstellungsräumen Kunst zu sehen.

Der **Kleine Ring** war früher der Platz der Handwerker. Im Gegensatz zu den reich verzierten Patrizierhäusern des Großen Marktplatzes überwiegen hier die bunten Zunft- und Wohnhäuser. Früher war der Platz ringsum mit Arkadengängen umgeben, unter deren Gewölbe die Handwerker ihre Werkstätten hatten.

Luxemburghaus und Apothekenmuseum

Geht man über die Lügenbrücke auf den Piața Mică, sieht man gleich rechter Hand das rote **Luxemburghaus,** den **Ausgangspunkt des Hermannstädter Kulturweges,** der einen auf einem Rundweg zu wichtigen Monumenten und Sehenswürdigkeiten der Stadt führt. Einige Restaurants und Cafés laden mit ihren Terrassen bei warmem Wetter zum Schlemmen und Sonnenbaden ein.

Gegenüber dem Luxemburghaus, auf der anderen Seite des Platzes, liegt gleich neben einer Jugendherberge (Old Town Hostel, das frühere Black Cat) rechts das **Apothekenmuseum (Muzeul farmaciilor).** Innen ist es in der Art einer klassischen mittelalterlichen Apotheke eingerichtet. Hölzerne Behälter und Theken bestimmen den Raum, und einige der gemalten Aufschriften erinnern an die damalige enge Verbindung von Apothekerskunst und Alchemie. Um das Jahr 1600 befand sich hier eine der ersten Apotheken Osteuropas, die **Apotheke „Zum Schwarzen Adler".** Alle 6600 Exponate und Apparate im denkmalgeschützten Bau sind Originale, wobei allein die homöopatischen Ausstellungsstücke fast die Hälfte ausmachen. Kein Wunder, schließlich lebte und arbeitete der Begründer der Homöopathie, *Samuel Hahnemann,* zeitweise in Hermannstadt.

Tritt man wieder nach draußen auf den Kleinen Ring, fällt einem ein abgestuftes, ockerfarbenes Gebäude auf der gegenüberliegenden Seite auf. Im so genannten **Hermes-Haus** mit seiner interessanten Fassade ist das 1993 gegründete **Franz-Binder-Völkerkundemuseum (Muzeul de Etnografie universală)** untergebracht. Das in den Jahren 1865 bis 1867 im neugotischen Stil errichtete Haus ist das erste Museum für außereuropäische Völkerkunde in Rumänien. Neben wechselnden Ausstellungen mit jeweils anderen Themenschwerpunkten sind in einer ständigen Ausstellung Sammlerstücke des österreichischen Weltreisenden *Franz Binder* zu sehen.

- **Apothekenmuseum,** Eintritt 4 RON, Kinder 2 RON, Gruppen 11 RON. Wer hier filmen möchte, muss tief in die Tasche greifen; die Gebühr dafür beträgt 600 (!) RON.
- **Museum Franz Binder,** Piața Mică 11, Tel. 218 195, Di bis So. 10–18 Uhr, Mo. geschlossen, Eintritt 4 RON.

Ins Labyrinth der Unterstadt

Vom Piața Mică aus bieten sich gleich mehrere Varianten an, die tiefer liegende Unterstadt zu erreichen. Die Stiege, Treppen und Gassen sind dabei selbst schon eine Attraktion. Gleich links neben dem Apothekenmuseum führt die **Fingerlingsstiege (Pasajul aurarilor)** hinunter zum Fingerlingsplatz (Piața aurarilor).

Eine Alternative für den Abstieg in die Unterstadt bietet sich über die so genannte **Bürgerstiege** gleich neben der Lügenbrücke an. Von ihr aus kann man gleich unten geradewegs zur ehemaligen **Dragonerwache** (Ecke Str. Ocnei/Str. 9. Mai) gehen, einer platzartigen Kreuzung, an der eine Säule des Kulturweges über die historischen und sozialen Besonderheiten der Unterstadt informiert.

An der Ecke Str. Faurului (Schmiedgasse) biegt man links in die Str. Turnului (Saggasse) ab. Die so genannte **Sagtreppe** würde einen hier, an der Ecke des Restaurants Butoiul de Aur, wieder gerade und steil nach oben zur evangelischen Pfarrkirche führen. Die gemütlichere, nicht so steile Variante führt jedoch rechts herum über den breiten Aufgang der **Pemfflinger Stiege.** Sie ist mit Flusssteinen, so genannten „Katzenköpfen“, gepflastert. Oben angekommen, begrüßt einen gleich linker Hand erneut das Alte Rathaus an der Ecke zur Str. Mitropoliei (Fleischergasse). Es beherbergt heute das Geschichtsmuseum der Stadt.

rum288 Foto: jr

Geschichtsmuseum

Das **Alte Rathaus** flößte vielen Menschen des Mittelalters Respekt und einigen sogar Angst ein. Die gedeckte Galerie im Innenhof führt geradewegs zu einem kleinen Wohnturm, in dem sich in früherer Zeit das **„Arme Sünderglöckchen“** befand. Sein Läuten begleitete die Verurteilten zur Hinrichtung auf dem nahe gelegenen Großen Marktplatz. Vorher konnte es bisweilen auch zu „peinlichen Befragungen“ und Folterungen in einem benachbarten Hof des Rathauses kommen, der darum auch das „Martergärtchen“ genannt wird. Heute sieht man hier nur noch eine schön gearbeitete Loggia.

Im Museumstrakt des Alten Rathauses, das auch unter dem Namen **Altemberger Haus** in die Annalen der Stadt einging, befinden sich eine umfangreiche **Münzsammlung** (60.000 Stück), über 2000 Waffen und zahlreiche archäologische Funde aus der Umgebung um Hermannstadt.

- **Geschichtsmuseum,** Str. Mitropoliei 2, Tel. 218 143.

Orthodoxe Kathedrale

Auch wenn die evangelischen und katholischen Kirchen das Stadtbild im Zentrum dominieren, gibt es doch ein ausgesprochen sehenswertes orthodoxes Gotteshaus in Sibiu zu besichtigen. Vom Alten Rathaus geht man dazu ein wenig die Str. Mitropoliei (Fleischergasse) hinunter. Zuerst führt einen der Weg an der **Reformierten Kirche** vorbei, die 1786 erbaut wurde. Nach ca. 100 m taucht auf der linken Seite hinter Bäumen als rotgestreiftes Gebäude die **Orthodoxe Kathedrale** auf, die der Hagia Sophia in Istanbul nachempfunden ist. Einen guten Eindruck von den imposanten grünen **Kupferkuppeln** gewinnt, wer sich nicht sofort auf den Weg ins Innere macht, sondern erst einmal links um die Kathedrale herum zum rückwärtigen Teil geht. Die größte Kuppel des in den Jahren 1902 bis 1906 erbauten Gotteshauses hat einen Durchmesser von 15 m.

Im Eingangsbereich befinden sich Marmorplatten mit den Inschriften der Stifter. Das Pronaos endet in vier Granitsäulen mit verzierten Kapitellen und vielen kleinen spiralförmigen Bögen.

- **Catedrala Ortodoxă,** Str. Mitropoliei 35.

Die Orthodoxe Kathedrale weist Ähnlichkeiten mit der Hagia Sophia auf

Wehranlagen

Ein etwa 1 km langer, vollständig erhaltener Abschnitt der alten **Stadtmauer** mit **Armbruster-, Töpfer- und Zimmermannsturm** findet sich im Südosten des Stadtzentrums. Vom Piața Mare aus erreicht man diesen Ort in 10 Minuten über die Fußgängerzone (Str. Nicolae Bălcescu). Dazu biegt man links an der Str. Papiu Ilarian (Honterusgasse) ab und geht bis ans Ende durch. Die Stadtmauer ist Bestandteil des dritten Mauerrings, der die Stadt ursprünglich umgab. Die kleinste und zentralste Ringmauer galt dem Schutz des Huet-Platzes mit dem Rathaus und der evangelischen Kirche. Das Luxemburghaus gehörte zu diesem Abwehrring dazu. Ein zweiter Mauergürtel umzog den kleinen Ring, dessen Rathausturm einst ein Wehrturm war.

Ein besonders beeindruckendes Zeugnis der dritten Wehrmauer ist der **Dicke Turm (Turnul Gros).** Man sieht seine mächtige Wölbung bereits sporadisch, wenn man mit dem Auto den B-dul Corneliu Coposu entlangfährt. Sein Inneres ist derartig geräumig, dass darin bereits 1788 das erste Theater Hermannstadts eröffnet werden konnte. Heute ist der Bauch des Dicken Turms zum **Konzertsaal** der Philharmoniker geworden, da er eine überragende Akustik bietet.

Stadt der Museen

Zu den schon genannten Museen kommen noch weitere hinzu. Das **Naturkundemuseum** an der Wehrmauer ist vor allem für jüngere Besucher spannend, bekommen sie doch hier neben farbenprächtigen Schmetterlingssammlungen auch das vollständige Skelett eines in der Nähe von Sighişoara gefundenen Wisents zu sehen. Darüber hinaus finden sich im Museum über eine Million Exponate, die es zum größten Naturkundemuseum Rumäniens machen.

Die Frage, wie einige der ausgestopften Tiere ins Museum für Naturkunde gekommen sind, lässt sich vielleicht im **Museum für Jagdwaffen und Jagdtrophäen** beantworten. Der Bestand an Waffen und Trophäen des 1966 eröffneten Museums geht zum großen Teil auf private Schützen und Sammler zurück.

Das Kind im Manne wird im **Eisenbahnmuseum** geweckt. Zu sehen gibt es altertümliche Lokomotiven und schienengebundene Kranfahrzeuge. Die Tore des Bahnbetriebswerkes sind allerdings etwas schwierig zu finden. Am besten erreicht man den Ort mit einem Taxi.

- **Naturkundemuseum,** Str. Cetăţii 1, Tel. 436 868, Di. bis So. 9–17 Uhr.
- **Museum für Jagdwaffen und Jagdtrophäen,** Str. Şcoala de Înot 4, Tel. 217 873, Di. bis So. 9–17 Uhr.
- **Eisenbahnmuseum,** der Zutritt erfolgt vom Bahnhof oder von der Dorobanţilor-Straße aus. Ganztägig geöffnet, die Führungen müssen jedoch vorher mit dem Chef des Lok-Depots vereinbart werden. Tel. 230 302.

Informationen

- **Informationszentrum,** Piaţa Mare, Str. Brukenthal 2, Tel. 208 913. Dieses neue Info-Zentrum gehört zu den besten Rumäniens. Kostenlose Stadtpläne, freundlicher Service. Man findet es im Parterre des neuen Rathauses, direkt am Großen Ring. Das Team um *Dragoş Minea* hat in der Innenstadt auch elektronische Info-Säulen mit Touch-Screen-Bedienung aufgestellt (auch in deutscher Sprache). Geplant ist ein weiteres Info-Zentrum am Hauptbahnhof. Informationen über Sibiu auch direkt beim deutsch sprechenden *Dragoş Minea* unter Tel. 0730-250 788.
- **Am neuen Flughafen** in Sibiu befindet sich ein hervorragendes Informationszentrum. *Luminiţa Şandru* und *Cristina Gherghinescu* helfen auch gerne und kompetent bei der Hotelsuche sowie der Reiseplanung und kennen die aktuellen Busbahnhöfe, Abfahrtszeiten von Zügen etc. Tel. 253 135.
- Informationen über kulturelle Veranstaltungen auch unter **www.sibiu.ro.**

Freilichtmuseum Astra

Wer sich für alte Häuser und Werkstätten, Windmühlen, Pflaumendörröfen oder Schnapsbrennereien interessiert oder wissen möchte, wie Kerzen gezogen und Wein gekeltert wurde, sollte unbedingt die Straßenbahnlinie 1 am Hauptbahnhof besteigen und sich in Richtung des so genannten „Jungen Waldes" auf den Weg machen.

Wenn man nach der Ankunft das alte beschnitzte Holztor aus dem Ort Mârşa durchschreitet hat, wird man den Begriff „Museum" sehr schnell vergessen. Das riesige Areal von 100 ha (über 130 Fußballfelder) ist ein **wunderschöner Park** mit **zentral gelegenem See und kleinen Bächen,** die einige der rustikalen alten Mühlen antreiben.

Alle **350 Gebäude,** die man auf dem Gelände sieht, sind Originale. In ganz Rumänien hat man alles zusammengetragen, was das Land zu bieten hat: Windmühlen, Kabelfähren, Sennhütten, Branntweinkeller, Wirtshäuser, ja ganze Gehöfte mit Werkstätten, zum Beispiel zur Verarbeitung zur Rohseide.

Im Juli und August füllen sich die Töpfergehöfte, Fassbinder-Werkstätten und Tanzpavillone mit Leben. Frauen und Männer in **traditionellen Trachten** arbeiten dann auf dem Gelände, und es scheint fast so, als wenn sie immer hier gelebt hätten. Man sieht, wie Hanf gezwirnt, Wolle gesponnen und Wachs gepresst wurde. Auch Jugendliche beginnen sich wieder für das alte Handwerk zu interessieren und schwingen die Fischernetze oder stampfen das Obst.

Auch Touristen dürfen gerne mal „Hand anlegen" und ihre Geschicklichkeit testen. In zwei Gasthäusern kann man sich anschließend stärken. Der im alten Stil errichtete **Hanul Rustic** befindet sich etwa auf halber Strecke des Rundgangs am südlichen Ende des Sees, das **Restaurant Cârciuma din Bătrâni** findet man gleich am Eingang neben dem sehr gut ausgestatteten Souvenirladen. Sehr empfehlenswert ist es, sich am Eingang einen **Katalog** zu kaufen. Er kostet umgerechnet etwa 3 Euro und bietet auf 350 prall gefüllten Seiten erstklassige Informationen zu allen gezeigten Gebäuden und alten Verfahren.

• **Muzeul „Astra", Civilizaţiei Populare Tradiţionale din Romania,** Calea Răşinari, Tel. 242 599, astra@sbx.logicnet.ro (mit dem Bus A1 im 30-Min.-Takt ohne Umsteigen ab dem Piaţa Unirii oder dem Bahnhof, Endhaltestelle ist das Museum; oder mit der Straßenbahnlinie 1 oder 5 vom Bahnhof oder der Piaţa Unirii bis zum Friedhof, dann mit der halbstündlichen Straßenbahn Richtung Süden und Gemeinde Răşinari 4 km vom Stadtzentrum), Mai bis Oktober, Di. bis Fr. 10–19 Uhr, Sa./So. 10–20 Uhr (Mo. geschlossen).

rum291 Foto: jr

Windmühle aus dem Donaudelta im Freilichtmuseum Astra

●**Luxemburghaus: Centrală Turistică Sibiu** (Kultours), Piața Mică 16 (Kleiner Ring 16), Tel./Fax 216 854, info@kultours.ro, www.kultours.ro, tägl. 8–22 Uhr. Fahrradverleih, Kartenverkauf, Stadtführungen.
●**Deutsches Begegnungs- und Kulturzentrum „Friedrich Teutsch"**, Str. General Magheru 4, Tel. 210 830 oder 206 782, ccg.sibiu@artelcom.net.
●**Asociația Turismului Sibian,** Piața Huet 16, Tel. 218 210, www.transilvania-turism.ro. Hier werden Tagesprogramme angeboten, die sich nach der Länge des Aufenthaltes richten. Außerdem interessante Ausflüge in die Umgebung, Infos über Berghütten.
●**Kulturhaus (Casă de Cultură),** Parcul tineretului 1, Tel. 229 627, ccmfestsibiu@yahoo.com.
●**Deutsche Bibliothek der Lucian-Blaga-Universität,** B-dul Victoriei 5–7, Tel. 216 062, Mo., Mi., Fr. 8–16 Uhr, Di., Do. 11–19 Uhr. Die Bibliothek ist eine interessante Möglichkeit, um in Kontakt mit Hermannstädter Studenten zu kommen, die auch Deutsch verstehen. Da viele Dolmetscher werden wollen, stehen die meisten von ihnen Fragen und Gesprächen sehr aufgeschlossen gegenüber. Und kaum jemand kennt die Cafés und Clubs der Stadt besser als sie.
●**Demokratisches Forum der Deutschen in Hermannstadt,** Str. General Magheru 1–3, Tel. 215 417, Fax 218 255, Ansprechpartner ist Frau *Sigrid Ziegler.*
●**Deutscher Wirtschaftsclub Siebenbürgen,** Str. Livezii 55, Tel. 206 357, Fax 206 358, www.dws.ro. Wer sich in Siebenbürgen selbstständig machen möchte, bekommt hier Hilfestellung. Auch für diejenigen, die in Rumänien einen Job suchen, ist der DWS der ideale Ansprechpartner.

Service

●**Deutsches Generalkonsulat,** Str. Lucian Blaga 15–17, Tel. 211 133, Info@GermanConsulSibiu.ro.
●**Post: Hauptpost,** Mitropolitiei 14, Tel. 211 337.
●**Telefonieren:** Alle Straßentelefone haben internationale Anschlüsse und funktionieren mit Telefonkarten, die im Telefongebäude in der Nicolae-Balcescu-Straße oder in den Romtelecom-Büros gekauft werden können.
●**Reisebüro: Bon Voyage,** Str. Lupas Ioan 30, Tel. 239 095.
●**Parkmöglichkeiten** (frühmorgens) am Platz am Ratturm (in der Nähe von Piața Mică und Piața Huet). Bewachter Parkplatz. Stunde 1 RON, Tag 4 RON (wundern Sie sich jedoch nicht, wenn abends ihr Auto gewaschen ist und man einen kleinen Obolus dafür haben möchte).

Geldwechsel

Wechselstuben

●**Euro Exchange,** Str. Nicolae Bălcescu 24.
●**Cambio,** Piața Unirii 4, Tel. 210 493.
●**Valutex,** Str. Nicolae Bălcescu 18.
●**Eurogeneral,** Str. Nicolae Bălcescu 26.

Banken/Geldautomaten

●**Raiffeisenbank,** Str. Nicolae Bălcescu 29, Tel. 210 875.
●**Banca Transilvania,** Piața Aurel Vlaicu 1, Tel. 211 568.
●**Banca Romanească,** B-dul Vasile Milea 12, Tel. 214 490.

Internet

●**Cybernet,** Str. Constitutiei 7, Tel. 0369-401 438. Das Non-Stop-Internetcafé bietet auch Fotokopien, Fax-Service und Scannen an.
●**Cristinnet,** Str. Pedagogilor. 18 (gegenüber dem Gymnasium Carol I), Tel. 0744-343 10 96. Angegliedert an das Restaurant und Pub Christinne.
●**Internetcafé** neben The Place, Str. Nicolae Bălcescu 27. Direkt neben dem Fast-Food-Lokal in der Fußgängerzone geht ein Aufgang zum zentral gelegensten Internetcafé der Stadt. Stunde 2 RON.

Notfälle

●**Apotheken: Farmacia 24 Non Stop,** Str. Nicolae Bălcescu 24; **Farmacia Polisano Non Stop,** Bd. Mihai Viteazul.

- **Kreiskrankenhaus (Spitalul Clinic Județean),** Bd. Corneliu Coposu 2–4, Tel. 215 050, www.scjs.directnet.ro.
- **Kinderkrankenhaus (Spitalul Clinic de Pediatrie),** Str. Pompeiu Onofreiu 2, Tel. 217 927 oder 230 260, www.pediatriesibiu.ro.
- **Tierarzt: Medic veterinar,** *Christian Valentin,* Str. Sibiului 111, Tel. 0722-393 047.
- **Bergrettung Salvamont,** Str. Nicolae Bălcescu 9, Tel. 216 477 oder 0745-140 144. Die Bergwacht Sibiu bietet einen 24-Std.-Dienst für alle, die in den Bergen in Schwierigkeiten gekommen sind. Man findet sie ganz hinten links im Hinterhof.

Mobilität

Flugzeug

- **Flughafen Sibiu: Aeroportul Sibiu,** Șos. Alba Iulia 73, Tel. 228 347. Der Flughafen befindet sich westlich, nur 5 km außerhalb der Stadt. U.a. Flüge nach Bukarest, München, Stuttgart, Düsseldorf, Turin und Rom. Erreichbar ist der Flughafen mit den Buslinien 11 und 20, Trolleybus T8 oder mit den Bussen vor der Agenția TAROM.

Seit 2007 gibt es ein **Flughafenterminal,** von dem Lufthansa-Direktflüge nach Deutschland starten und das ein hervorragendes Informationszentrum umfasst (s.o.). Austria Airlines besitzt ein eigenes Info-Center in der Flughafenhalle.

- **Agenția TAROM,** Str. Balcescu Nicolae 10, Tel. 211 157, Mo. bis Fr. 7–18 Uhr und Sa. 8–14 Uhr. Seit Oktober 2007 unterhält die TAROM auch eine Infostelle im Flughafengebäude, Tel. 253 090.

Züge

Sibiu liegt leider **nicht an den Hauptstrecken** und wird von Intercity-Zügen darum nicht angefahren. Wer nach Bukarest möchte, tut gut daran zu fliegen. Busse brauchen in die Hauptstadt etwa die gleiche Zeit wie die Bahn, ca. 5:30 Std. Wer nach Sighișoara möchte, muss in Copșa Mică oder Mediaș umsteigen. Den direkten Weg nehmen die Züge frühmorgens nach Cluj-Napoca (über Alba Iulia) und der Zug nach Craiova.

- **Information und Bahnauskunft:** Tel. 952.
- **Bahnhof (Gara),** Piața 1. Decembrie (am nordöstlichen Ende der Str. General Magheru). Erreichbar mit den Trolleybuslinien T1, T2, T3, T8.
- **CFR (Fahrkarten-Agentur),** Str. Nicolae Bălcescu 6, Tel. 212 085, und Str. Magheru Gheorghe 17, Tel. 232 791, horidan_sibiu@yahoo.com. Die Agenturfilialen verkaufen alle Bahntickets vorab und übernehmen Reservierungen.

Busse

- **Autogara,** Piața 1. Decembrie (gegenüber dem Hauptbahnhof).
- **Hannover Tours S.R.L.,** Șos. Alba Iulia 100, Tel. 229 350.
- **Atlassib,** Str. Tractorului 1, Tel. 224 101, 224 107. Täglich Busfahrten nach Deutschland.
- **Armin Mayer,** Tel. 235 239. Täglich Busfahrten nach Deutschland.

Trolleybusse

Die meisten **Oberleitungsbusse** fahren **zum Hauptbahnhof:**

- **T1:** Han Dumbrava – Gara.
- **T2:** Piața Rahova – Gara.
- **T3:** Valea Aurie – Gara.
- **T8:** COMAT – Gara.

Taxis

- **Comis,** Tel. 242 424.
- **Corso,** Tel. 946.
- **Galaxy,** Tel. 943.
- **Wichtige Stationen:** Piața Mare, Autogara Turnișor, Piața Unirii (Hotel Bulevard), Piața Cibin, Piața Rahova.

Mietwagen

- **A1 Rent-a-Car,** Șos. Alba Iulia, Tel./Fax 228 800, www.a1sibiu.com. Preisbeispiel: Logan Laureat, 1–3 Tage 48 Euro pro Tag, 8 Tage 40 Euro pro Tag.
- **Toto Rent-a-Car,** Str. Filarmonicii 5, Tel./Fax 232 237, www.totorent.ro.
- **Advantage,** Str. Nicolae Bălcescu 37, Tel./Fax 216 949, www.advantage-rentacar.ro.
- **Mega Rent-a-Car,** Piața Unirii 5, Tel. 223 340, Fax 210 077.

Einkaufen

Lebensmittel

- Wer in Sibiu **Kaufhaus** sagt, meint damit nur eines, nämlich das **Magazinul Dumbrava** am Piaţa Unirii 5. Die erste Adresse der Stadt hat in der zweiten Etage ein „Magazin Mixt" der besonderen Art zu bieten, den so genannten Baron von Hermannstadt, in dem man alles findet oder, falls nicht, zumindest jemanden findet, der einem sagt, wo man es findet.
- **Biocoop,** Str. Avram Iancu 11, Mo., Mi. und Fr. 12–18 Uhr. Der einzige **Bioladen** der Stadt liegt unweit des Zentrums. Da Biogemüse, frische Presssäfte und Vollkornbrot in Sibiu wie eine Bombe eingeschlagen haben, wird die gefragte Ware am Nachmittag knapp. Die deutsch sprechenden Besitzer sind bei Bioterra organisiert und erzählen (so es die Zeit zulässt) vor Ort gerne mehr über die grüne Revolution in Rumänien.
- Einen der interessantesten Wochenmärkte Rumäniens findet man, wenn man vom Zentrum in die Unterstadt hinuntergeht und der Str. Turnului zum Fluss Zibin folgt. Kurz bevor es über die Brücke geht, sieht man auf der linken Seite den **großen Markt** mit seinen bunten Ständen. Fisch und Fleisch gibt es hier nicht mehr wie früher „an der frischen Luft", sondern in gepflegten und sehr auf Hygiene bedachten kleinen Häuschen. Obst und Gemüse hingegen werden bei Wind und Wetter nach wie vor draußen verkauft.

Bücher

- **Erasmus,** *Liana* und *Jens Kielhorn* haben unweit des Astra-Parks eine schöne Buchhandlung eröffnet. Neben deutschsprachiger wird auch internationale Literatur angeboten. Wer möchte, kann bei einem leckeren Kaffee kostenlos wireless im Internet surfen. Außerdem: Kunstausstellungen, Zeitschriften, die Hermannstädter Zeitung und gelegentliche Lesungen. Str. Mitropoliei 30 (ehemaliges Casă de Cultură a Studenţilor), Tel. 221 060.
- **Librăria Schiller,** Piaţa Mare 7, Tel. 0722-196 932, Mo. bis Fr. 9–17 Uhr, Sa. 10–13 Uhr. Kleine, gut sortierte Buchhandlung, in der es ausschließlich deutschsprachige Literatur zu rumänienrelevanten Themen gibt. Gelegentliche Lesungen.
- **Librăria Humanitas C. Noica,** Str. Nicolae Bălcescu 16, Tel. 211 434, www.librariilehumanitas.ro.
- **Librăria Dacia Traiana,** Atr. Arhivelor 1, Tel. 213 212. Fotokopierer.

Sonstiges

- **Feinkostladen: Prima,** Str. Nicolae Bălcescu 23, Tel. 217 025, Mo. bis Fr. 7.30–21 Uhr, Sa. 7.30–19, So. 9–15 Uhr.
- **Weine und Spirituosen:** Das wohl reichhaltigste Angebot (über 800 Sorten) an Weinen, Whiskey und *Pălincă* bietet **Drinks and More** in der Str. Faurului 5, Tel. 239 439.
- **Bergausrüstung/Sporttourismus: S.C. Travel Sport,** Str. Calea Dumbrăvii 14, Tel. 216 641. Der Explorer-Sportausrüster bietet neben Rucksäcken und anderem Equipment für Berg- und Flachlandausflüge auch einen **Fahrradverleih** (Rad für 7 Euro am Tag).
- **Antiquitäten: Art-Antik,** Piaţa Huet 1, Verkauf Mo. bis Fr. 10–13 Uhr, Sa. 13.30–16 Uhr. Hier findet man u.a. antike Bügeleisen, Porzellangeschirr, Silberbesteck, Standuhren, alte Schreibmaschinen, Ikonen, Bücher und Medaillen.
- **Souvenirs und Mode:** Die elegante, in trendiges Orange gekleidete **Boutique Boheme** unweit des Bioladens in der Str. Avram Iancu 11 zeigt auch Entwürfe von Designern aus Siebenbürgen. Mo. bis Fr. 11–19 Uhr, Sa. 10–14 Uhr, Tel. 217 447.

Unterkunft

Hotels

- **Hotel Ramada** (***), Str. Emil Cioran 2, Tel. 235 505, Fax 235 504, www.ramadasibiu.ro. Das Ramada dominiert mit seiner imposanten Fassade seit 2007 die Innenstadt an der wohl exponiertesten und begehrtesten Stelle gegenüber dem Kaufhaus Dumbrava. Es liegt nur 10 Minuten zu Fuß vom Großen Ring entfernt. Hoher Standard, der sich vor allem an betuchte Business-Kunden richtet. EZ 125 Euro, DZ 145 Euro, Executive Room 165 Euro, App. 220 Euro, Presidential Suite 480 Euro, Frühstück inkl.

• **Hotel Impăratul Romanilor** (***), Str. Nicolae Bălcescu 4. Das im Jahr 1773 gegründete Hotel „Römischer Kaiser" besinnt sich auf die Pracht früherer Zeiten. So ist das gleichnamige Restaurant im Art-déco-Stil eingerichtet. U.a. nächtigten hier *Franz Liszt* und *Johann Strauss*. DZ ab 75 Euro, Zimmer mit 4 Betten ab 90 Euro, Studio ab 100 Euro, App. ab 135 Euro.

• **Hotel Apollo** (***), Str. Nicolae Teclu 14, Tel. 212 485, www.hah.ro. Noch im Einzugsbereich des historischen Zentrums liegt das Hotel Apollo mit eigenem Parkplatz. Die Räume sind modern und geradlinig, das Restaurant mit Terrasse ebenso. Allein der Weinkeller wurde in historischem Outfit belassen. Zimmer mit Internet, Minibar und Telefon. DZ ab 75 Euro.

• **Hotel Ibis** (***), Calea Dumbrăvii 2–4, Tel. 401 10 11, Fax 401 10 10. Das frühere Hotel Continental ist jetzt in neuer Hand. 195 schalldichte Zimmer mit Klimaanlage, Bar, Restaurant (La Table Rouge), Internetzugang. Das Ibis liegt fünf Minuten vom Zentrum entfernt und verfügt über eine eigene Tiefgarage. DZ ab 35 Euro, Frühstück 8 Euro. Es gibt saisonale Sondertarife!

• **Palace** (***), hervorragendes Hotel in guter Lage. Luxus pur. Saunapool, Jacuzzi, 3 Restaurants, französische Küche, Flachbildschirme. EZ 125 Euro, DZ 135 Euro, App. 185 Euro (ohne Frühstück).

• **Casa Elexia** (***), TV, Sauna, Internet, Massage, zwei Räume mit direkter Verbindung zum Swimmingpool. EZ 190 RON, DZ 240 RON, Frühstück inkl.

• **Happy Day** (***), Internet (wireless), Jacuzzi. EZ 150 RON, DZ 175 RON.

• **Luxemburghaus** (**), Piața Mică 16, Tel. 210 675. Das Haus inmitten der Stadt hat über seinem Reise- und Informationsbüro auch 19 Betten im Angebot. EZ ab 35 Euro, DZ ab 45 Euro (ohne Frühstück).

• **Hotel 11 Euro** (**), Str. Tudor Vladimirescu 2, Tel. 222 041, www.11euro.ro. Der Name des Hotels erweckt bei vielen Interessenten den Eindruck, eine Übernachtung würde hier 11 Euro kosten. Doch das war einmal, heute sind die Beträge allenfalls noch durch 11 teilbar. Dies soll keinesfalls als Kritik verstanden werden, denn die Räumlichkeiten des Hotels gehören zum Besten, was Sibiu in dieser Preisklasse zu bieten hat. EZ ab 35 Euro, DZ ab 43 Euro.

• **Hotel Leu** (**), Str. Moş Ion Roată, Tel. 218 392. In der ehemaligen Entengasse nur 300 m vom Zentrum liegt dieses einfache Hotel mit Duschen auf den Zimmern. EZ ab 80 RON, DZ ab 108 RON, 3-Bett-Zimmer ab 130 RON. Negative Leserresonanz, bemängelt wurde das Preis-Leistungsverhältnis.

• **Hotel Continental Forum** (**), Piața Unirii 10, Tel. 216 060, Fax 215 175, http://bulevard.atlassib.ro. Direkt am quirligen ehemaligen Hermannsplatz liegt eines der größten Hotels der Stadt mit einer Kapazität von 250 Betten. Das Gebäude aus dem Jahr 1914 bietet Mittelklasse zu fairen Preisen. EZ ab 50 Euro, DZ ab 60 Euro, App. ab 70 Euro.

Pensionen

• **Casa Baciu** (**), Str. 9. Mai 29, Tel. 214 701, www.casa-baciu.com. Sehr empfehlenswerte Pension, die nur 10 Fußminuten vom Zentrum entfernt liegt (zur besseren Orientierung: Die unscheinbare Toreinfahrt liegt neben einem DHL-Paketversand). Obwohl mitten in der City, schläft man sehr ruhig und bequem in den Zimmern im Hinterhof des Herrn *Baciu*. Parkmöglichkeit im Hof, Kochen in eigener Küche. Buchung auf Deutsch per Internet möglich. EZ 90 RON, DZ 120 RON, 3-Personen-Zimmer 180 RON.

• **Pensiunea/Hotel Ela** (**), Str. Noua 43, Tel./Fax 215 197, www.hotel-ela.as.ro. Wunderschöne Pension am nördlichen Rand der Altstadt. 9 Zimmer jeweils mit Bad und Fernseher. Eigene Küche, Parken im Hof, Terrasse, Garten und Sommerlaube. Die Besitzerin spricht deutsch. DZ 190 RON.

• **Pensiunea Podul Minciunilor,** Str. Azilului 1, Tel. 217 259. Keine 300 m vom Zentrum entfernte kleine, gepflegte Pension. Alle Zimmer mit Bad oder Dusche und Kabel-TV. EZ ab 30 Euro, DZ ab 35 Euro.

• **Green House,** Str. Bieltz Albert Edward 67, Tel. 227 800. Übernachtung mit Frühstück 140 RON für 2 Personen, 110 RON ohne Frühstück.

• **Pensiunea Daniel,** Tel. 234 392, www.elahotels.ro (ganz neu, Preise vor Ort erfragen)

Jugendherberge/Hostel

• **Old Town,** Tel. 0788-712 087. Das direkt neben dem Apothekenmuseum gelegene Hostel Old Town ist das frühere Black Cat. Das über 450 Jahre alte Haus bietet sehr preiswerte Übernachtungen im Stadtzentrum an: Preis pro Bett im Gemeinschaftsraum 40 RON, EZ 90–100 RON.

• **Flying Time Hostel,** Str. Gheorghe Lazar 6, Tel. 730 179 oder 0726-278 330, Buchung auch unter booking@sibiuhostel.ro, www.sibiuhostel.ro. Neues und sehr gepflegtes Hostel in einem Gebäude aus dem 18. Jahrhundert im Herzen der Altstadt. Zum sehr umfangreichen Service gehören u.a. eine 24-Stunden-Rezeption, Gästeküche, freier Internet-Zugang (WiFi), ein Gepäckzimmer, Kabel-TV, eine Bibliothek und ein eigenes Café sowie ein Pub. Bislang gab es für das Hostel sehr positive Leserkritiken. Preise je nach Mehrbettzimmer 10–13 Euro, ein DZ mit Bad kostet stolze 40 Euro.

Sonstiges

• **Dr. Carl Wolff,** Str. Pedagogilor 2–5, Tel. 221 131. Wer etwas über die „gute alte Zeit", die Sitten und Gebräuche der Sachsen erfahren möchte, findet im Altersheim bestimmt Gelegenheit dazu. Ansprechpartnerin: Frau *Rhein.* Übernachtung: EZ/DZ ab 90 RON.

• **Evangelische Akademie,** Str. Livezzii 55, Tel. 219 914. Übernachtung mit Frühstück pro Person 17 RON.

Essen und Trinken

Restaurants

• **Fellini,** Str. Justiţiei 2, Tel. 0729-442 266, www.fellini.ro. Der deutsch sprechende Italiener *Salvatore Fratantonio* hat sich mit dem Salon-Caffe und Edelrestaurant Fellini in Sibiu seit 2007 ein kulinarisches Denkmal gesetzt. Die Küche gehört zum Besten, was man in Rumänien derzeit bekommt. Bereits die Pizzen sind eine Wucht und heißen „del Mafioso", „Sofia Loren" oder „Mastroianni". Hervorragend sind die Fischgerichte, insbesondere die frischen Mittelmeer-Doraden. Unbedingt probieren: die raffinierten Desserts und die *Orata al forno di Mamma Santina. Salvatore* serviert gerne selbst und verrät bei einem *Café Fellini* auch mal einige Kochgeheimnisse seiner Mutter.

• **Weinkeller im Bußwinkel** (Restaurant Pivniţa de vinuri), heißt zwar Weinkeller, ist jedoch auch ein wunderbar uriges Restaurant mit toller Beratung, sehr guter Küche und freundlichem Service. Ganz besonders gut schmecken bei *Marianna* der Tafelspitz, der Sauerbraten und die Königsberger Klopse. Die Weinempfehlung des Hauses: ein trockener roter *Casa Davino,* ein *Terra Romana* oder eine *Cuveé Charlotte.* Str. Turnului 2, Tel. 210 319, 0742-419 906, aktuelle Infos und Speisekarte unter www.weinkeller.ro.

• **Crama Sibiul Vechi,** Str. Papiu Ilarian 3, Tel. 210 461. Die Innengestaltung dieses Restaurants ist einem Bauernhaus des Hermannstädter Umlandes (einer *Mărginime*) nachempfunden. Zu Spezialitäten wie dem delikaten Gericht „Schäfers Brotsack" *(Traistă ciobanului)* oder gespicktem Schweinebraten *(Muşchi de porc împănat)* werden frischer Pflaumenschnaps vom Fass und unaufdringliche Live-Musik geboten. Lecker sind auch die Pflaumenklößchen *(Găluşte cu prune).*

• **Butoiul de Aur,** Pasajul Scărilor, Tel. 214 575. Das „Goldene Fass" wurde im Übergang von der Unter- zur Oberstadt auf vier Etagen errichtet. Das elegante Restaurant hat bei einigen Wänden seines Kellergewölbes das ursprüngliche Mauerwerk belassen und somit einen pfiffigen Mix aus Neuzeit und Mittelalter geschaffen. Sehenswert die Hinterglasmalerei.

• **Ileana,** Piaţa Teatrului 2, Tel. 434 343, www.cramaileana.ro, täglich 12–2 Uhr. Der Ausflug in diesen Weinkeller ist nicht nur etwas für den Gaumen, sondern auch für die Augen. Das urige rumänische Ambiente mit alten Holzschnitzarbeiten und traditionellen Hirtentrachten nimmt vorweg, in welche Richtung die Küche tendiert. Im Mittelpunkt stehen bäuerliche Speisen; empfehlenswert

Obst und Gemüse auf dem Zibin-Markt

das Hermannstädter Rinderfilet *(Muşchi de Vită Hermannstadt)* und die Bohnensuppe mit geräucherten Schweinerippen *(Ciorbă de fasole boabe cu costiţă afumată).*

● **Pivniţa de vinuri,** Str. Turnului 2, Tel. 210 319. Ein weiterer Weinkeller, der eigentlich auch Restaurant ist. Da das Platzangebot im „Weinkeller im Bußwinkel" sehr beschränkt ist, wird eine Reservierung für den Abend dringend empfohlen.

● **La Piazzetta,** Piaţa Mică 15, Tel. 230 879, tägl. 12–24 Uhr. Gleich neben dem Luxemburghaus liegt dieses sehr gute italienische Restaurant.

● **Mara,** Str. Nicolae Bălcescu 21, Tel./Fax 218 307. Traditionelle rumänische Küche. Das *Filete Diavolo* ist empfehlenswert und überraschenderweise nicht scharf. Im Kellergewölbe des Restaurants gibt es eine Taverna, in der vor allem einheimische Weine angeboten werden.

● **Pasaj,** Str. Turului 3A, Tel. 233 287. Ein neues italienisches Restaurant in der Stadt mit einer famosen *Pizza San Daniele* und einem erstklassigen Tomaten-Mozzarella-Schinken-Rucola-Salat.

● **The Place,** Str. Nicolae Bălcescu 27. Ein Fast-Food-Restaurant für den großen Hunger zwischendurch. Riesenportionen sind hier die Regel, z.B. *Steak Pui la grătar* (gegrilltes Hähnchenschnitzel).

● **Hanul Rustic,** Calea Răşinari, Tel. 242 177. Auf dem südlichen Gelände des Astra-Museums (Muzeul Civilizaţiei Populare) liegt das traditionelle Restaurant mit historisch-rustikalem Ambiente. Halbstündige Fahrt mit der Buslinie 32 vom Bahnhof.

Cafés

● **Il Cappuccino,** Piaţa Mică 14, täglich 8.30–24 Uhr. Kleine elegante „Caffetteria" gleich neben dem La Piazzetta – die Terrasse auf der Piaţa ist ein idealer Ort, um ein Frühstück im Sonnenschein einzunehmen. Zum *Cornetto* empfehlen sich ein exzellenter *Latte Macchiatto* und ein frisch gepresster Orangensaft *(Suc natural de portucale).*

rum297 Foto: jr

- **Kultur Café,** Piața Mică 16, Tel. 213 088, Mo. bis Fr. 9–2 Uhr, Sa. 11–2 Uhr, So. 16–2 Uhr. Das dem Luxemburg angeschlossene Café mit Terrasse bietet neben dem schönen Blick auf die Unterstadt mit Lügenbrücke auch guten Kaffee.
- **Art Café,** Str. Filarmonicii 2, Tel. 265 992, Mo. bis Fr. 8–2 Uhr, Sa. bis So. 10–2 Uhr. Das kleine Kunstcafé veranstaltet auch Ausstellungen, „Kaffeetheater", Konzerte und literarische Abende.
- **Venezia Eiscafé,** Str. Samuel Brukenthal 4, Tel. 217 002. Im täglich bis 22 Uhr, samstags bis 23 Uhr, geöffneten Eiscafé bekommt man das beste italienische Eis weit und breit. Der Besuch lohnt sich nicht nur im Sommer. Es gibt auch sehr delikaten Kuchen.

Abends unterwegs

Bars

- **Café La Storia,** direkt neben dem Chill out an der Piața Mica gelegenes neues hübsches Café. Spezialitäten: *Crostata* (Gitterkuchen), *Torta di Frutta.*
- **Imperium Pub,** Str. Nicolae Bălcescu 24, Tel. 0722-244 456, Mo. bis Fr. 8–22 Uhr, Sa./So. 10–22 Uhr. An der Ecke der Volksbank liegt eine der elegantesten Abendverführungen der Stadt. Air-Condition, Raucher, eigener Parkplatz.
- **Teea,** General Magheru 10, Tel. 0722-265 992, Mo. bis Fr. 8–22 Uhr, Sa./So. 10–22 Uhr. Im einzigen Teehaus der Stadt (direkt im Zentrum) ist es immer sehr belebt.

Diskotheken und Tanzclubs

- **Club Hermannstadt,** Piața Mare 8. Eine Empfehlung für den Abend: Diskothek im Keller des Restaurants Hermannstadt am zentralen Großen Ring. Aktuelle Musik und Tanz für jedermann ohne großes Schicki-Micki-Gehabe. Kostenloser Eintritt und günstige Preise.
- **Chill out,** Piața Mică 23, Tel. 217 694. Am Tag ist das Chill out ein kleines, gemütliches Café, abends geht man über den Hinterhof (mit Terrasse) abwärts in die gleichnamige Disco. Auf Wunsch wird hier auch Jazz gespielt. Live-Konzerte möglich.

Musik und Theater

- **Staatsphilharmonie: Filarmonica de Stat,** Str. Cetății 3–5, Tel. 206 507, www.filarmonicasibiu.ro.
- **Kunst: European House of Arts,** Rusciori 5, www.europeanhouseofarts.com. Neben Kunstausstellungen veranstaltet das Europäische Kunsthaus auch Happenings und überraschende Art-Events.

Sibiu für Kinder und Jugendliche

- Im **Freilichtmuseum Astra** gibt es im Sommer die Möglichkeit für künstlerisch interessierte Kinder, sich im Schnitzen und in alten Handwerkstechniken zu üben. Wer dazu keine Lust hat, kann alte Mühlen besichtigen, Kutschfahrten machen, Mini-Car fahren oder einfach über den See rudern. Muzeul Astra, Civilizației Populare Tradiționale din Romania, Calea Rășinari, Tel. 242 599, astra@sbx.logicnet.ro; mit der Straßenbahnlinie 1 4 km vom Stadtzentrum Richtung Süden und Gemeinde Rășinari; Mai bis Oktober Di. bis Fr. 10–19 Uhr, Sa./So. 10–20 Uhr (Mo. geschlossen).
- In der Gemeinde **Rusciori** gibt es einen **Kinderbauernhof.** Tel. 213 387, info@kinderbauernhof.org.
- Im **Gong-Theater** finden ausschließlich Aufführungen für Kinder und Jugendliche statt. Str. Alexandru Odobescu 4, Tel. 211 349, www.teatru-gong.ro.
- **Deutsches Jugendforum:** Viele der jungen siebenbürgischen Sachsen treffen sich hier zum Diskutieren, Tanzen, oder um ihr Wissen bzgl. Diskotheken und den neuesten und angesagtesten Club der Stadt weiterzugeben.
- **Cramă studențească,** das billigste Restaurant der Stadt am Kleinen Ring, in dem sich vorwiegend Schüler und Studenten treffen.

Sport/Aktivitäten

Reiten

- 10 km westlich von Hermannstadt, in **Cristian,** bietet die **Casa Pandora** (****) Reitunterricht und Ausritte an. Preis nach Vereinbarung. Cristian Str. 24, Tel./Fax 579 717, www.casapandora.ro.

- Reiten und Springreiten kann man in der **Baza Hipică,** Str. Vasile Aaron 20, erlernen. Unterrichsalter 6–80 Jahre. Die Lektionen finden auf Wunsch gleich im **Pădurea Şopa (Schuppich-Wald)** statt. Kontaktperson: *Dorel Galasiu,* Tel. 560 140.

Tanzen

- **Deutsches Jugendforum:** Wer wissen möchte, was eine Sternpolka, der Neppendorfer Landler oder eine Walzquadrille ist, sollte sich an die Jugendlichen des Forums wenden. Sie wissen, wo und wann man diese alten siebenbürgischen Tänze lernen kann. Montags um 20 Uhr tanzen die Jugendlichen der Tanzgruppe im Spiegelsaal des Hermannstädter Forums.
- **Forever Dance,** Str. Gladiolelor 9, Ap. 20, Tel. 212 258. Sporttanz.
- **Dance with me,** Str. Olteniei 5, Ap. 10, Tel. 0745-139 936, dance_with_me_sibiu@yahoo.com.

Sonstiges

- **Fitness: Activ Fitness,** Aleea Călaraşilor 10, Tel. 242 538; **Fit for Fun,** Str. James Watt 2, Tel. 234 827; **Fitness Centrum,** Str. Tribunei 8, Tel. 216 529.
- **Fliegen: Air Adrenalin,** Str. Tipografilor 18, Tel. 430 541, Fax 212 999, www.aviatia.ro/airadrenaline/; Flugunterricht und Rundflüge. Maschinen u.a. Airwave-Alto MX 1996, Edel-Superspace 1994.
- **Fahrräder** für Ausflüge ins Umland können bei **Travel Sport,** Str. Calea Dumbravii 14, Tel. 216 641, für 7 Euro/Tag ausgeliehen werden.
- **Bergwandern: Clubul de Turism Montan Amicii Muntelor,** Str. Emil Cioran 1a (im Kulturhaus), Tel. 0745-257 935, www.amiciimuntilor.ro. Treffen der Bergfreunde mittwochs um 18 Uhr im Studiosaal.
- **Schwimmen: Complex Baia Neptun,** Str. Andrei Şaguna, Tel. 214 445. Dieses so genannte Volksbad wurde bereits 1904 in Betrieb genommen. Das altertümliche Becken ist 20 m lang. Außerdem gibt es Trocken- und Dampfsauna, Badewannen und einen Massagesalon. Di. bis Sa. 8–20 Uhr.

Feste und Events

- Das **Internationale Jazz-Festival,** das in der Regel im Frühjahr zwischen März und Juni stattfindet, zieht meist auch einige Musiker aus Übersee in die siebenbürgische Stadt.
- Auch das **Internationale Theater-Festival** findet im Frühling statt. Einige Gruppen führen ihre Stücke auch auf der Straße auf. Der neueste Hit ist Improvisationstheater, bei dem auch die Zuschauer mit einbezogen werden.
- Um den 15. bis 17. Mai findet das internationale **Festival der unkonventionellen Kunst „La Strada"** statt.
- Im Juni veranstaltet die 18 km entfernte Gemeinde Avrig das **Folklorefestival Florile Oltului.**
- In Bazna findet ebenfalls im Juni das **Folklorefestival Rapsodia Târnavelor** statt.
- Im Juli sollte man das **Freilichtmuseum Astra** (siehe Exkurs weiter vorn) besuchen, denn dann zeigen hier Handwerker und Künstler ihr traditionelles Können.
- **Crazy Biker Motor Party** am letzten Wochenende im Juli.
- 3./4. August: **Festival Pe Mureş şi pe Târnave** in Bazna.
- Am ersten Sonntag im September findet am Großen Ring (Piața Mare) der bekannte **Töpfermarkt Târgul Olarilor** statt. Neben dem reinen Verkauf und der Präsentation kann man auch selbst einmal seine Fähigkeiten an der Drehscheibe ausprobieren.

In der Umgebung von Sibiu

Răşinari und Păltiniş (Hohe Rinne) ⇗ XIV, B2

Wer einen Ausflug ins 4 km südlich vom Stadtzentrum entfernte Freilichtmuseum Astra (s.o.) macht, befindet sich dort bereits auf halber Strecke nach **Răşinari.** Man kann den kleinen Ort sehr einfach mit der Straßenbahn erreichen. Bekannt ist das Dorf neben seinem **guten Käse** vor allem wegen des jährlich am dritten Sonntag im April stattfindenden **Folklorefestivals Pastoral.** Stolz sind die Bürger des kleinen Ortes auf ihre Dichtersöhne *Octavian Goga* und *Emil Cioran.*

Hinter Răşinari beginnt bereits der Aufstieg auf der serpentinenreichen Strecke hinauf zum **Cindrel-Gebirge.** Die **Hohe Rinne (Păltiniş),** der Ausflugsberg der Hermannstädter, ist 1442 m hoch und etwa 32 km von Sibiu entfernt. Der **Luftkurort Păltiniş** ist in erster Linie ein Wintersportressort, wird aber im Sommer auch gerne als Ausgangspunkt für Bergwanderungen in die Tannenwälder der Cindrel- und Lotrului-Berge genutzt. Die Skipiste am Onceşti-Berg verfügt über Sessel-, Ski- und Kinderlifte. Einige der bereits im 19. Jahrhundert errichteten **Bergvillen** sind auch heute noch erhalten, u.a. die Casa Turistilor (1894) und die Casa Medicilor (1895). Als Kurort empfiehlt sich Păltiniş vor allem zur Behandlung von Atemwegserkrankungen. Ein kleines Kloster auf 1400 m Höhe liegt an einem beschaulichen Fleck. Es wurde von Handwerkern aus der Umgebung im Stil siebenbürgischer Holzkirchen erbaut und innen von einheimischen Künstlern ausgemalt.

Răşinari:
- **Anfahrt:** vom Hauptbahnhof Sibiu mit der Straßenbahnlinie 1 oder der Buslinie 22.
- **Unterkunft: Casa Radu** (Haus für 2 bis 4 Personen mit Küche, Bad, Telefon), Kontakt in Sibiu Tel. 244 165 oder info@reky-travel.de, Wochenpreis 266 Euro. Auf dem Weg nach Păltiniş liegt hinter Răşinari rechts die neu errichtete **Pensiunea Mioriţa,** Răşinari Nr. 971, Tel. 0744-538 113, Fax 0269-557 248, DZ 80 RON. Wer bei den Nachfahren des Philosophen *Emil Cioran* einkehren möchte, kann das tun bei **Petru Cioran,** Str. Protopop Emil Cioran 1503, Tel. 0269-557 170, eigener Parkplatz, DZ 80–100 RON.

Păltiniş:
- **Anfahrt:** Buslinie 22 von Sibiu 7, 11, 15.30 und 19:30 Uhr, von Păltiniş nach Sibiu 9, 13:30 und 17:30 Uhr.
- **Unterkunft:** Empfehlenswert ist die Übernachtung an der Strecke zum Berg hoch, hier haben viele interessante Pensionen eröffnet. So die **Pensiunea Mai,** die man am Berg nach 16 km (von Sibiu) erreicht, Tel. 0744-771 846, 0744-866 267, info@pensiunea-mai.ro, Preis auf Anfrage. Das Preis-Leistungs-Verhältnis auf dem Berg Păltiniş lässt derzeit Empfehlungen nicht zu.
- **Skipisten: Oneşti I,** mittlere Kategorie mit einem Höhenunterschied von 241 m, einer Länge von 1150 m und einer Breite von 35 m, Nachtbeleuchtung und Sessellift vorhanden; **Oneşti II,** leichte Kategorie, Höhenunterschied von 38 m, Länge 450 m und Breite von 25–35 m, Kinder- und Sessellift vorhanden. Die Skipisten zum Dealul Poplacii, Santa und Daneasă wurden unbefristet geschlossen.

Cisnădioara/ Michelsberg

↗ XIV, B2

Die Gemeinden Cisnădie/Heltau (s.u.) und Cisnădioara/Michelsberg liegen 12 bzw. 15 km südlich von Hermannstadt und sind mit dem Bus gut zu erreichen. Im Sommer jedoch empfiehlt es sich, den Ausflug von Sibiu aus **mit dem Fahrrad** zu unternehmen. Folgt man der südlichen Calea Răşinari, so trifft man kaum 1 km nach dem rechts liegenden Freilichtmuseum Astra auf eine Abzweigung, die links nach Cisnădioara führt. Weiter unten im Ort kann man die romanische Burgbasilika auf dem Berg erkennen. Der steile Anstieg auf den 70 m hohen Hügel führt hinauf auf eine wild bewachsene **Plattform,** auf der noch einige der **Steinkolosse** herumliegen, die früher auf die Feinde gerollt wurden. Diese Flusssteine, so wollte es der Brauch, wurden von heiratswilligen jungen Männern hier herauf befördert, um so ihre Mannbarkeit unter Beweis zu stellen. Die Plattform diente zudem den mittelalterlichen Bogenschützen als Laufring und ist ein einzigartiges Zeitzeugnis. Die **Kirche,** die am 20. November 1223 dokumentarisch erwähnt wurde, ist wahrscheinlich die älteste romanische Kirche in Rumänien. Im Innern der kleinen dreischiffigen Basilika findet man heute einige Grabplatten von deutschen und österreichischen Soldaten des Ersten Weltkriegs. Draußen sollte man auf keinen Fall den Blick durch die Schießschächte der alten Wehrmauer auf das idyllische Michelsberg versäumen.

- **Parkplätze** auf dem Dorfplatz.

Unterkunft:

- **Apfelhaus** (**), schöne Alternative zur Übernachtung in der Innenstadt von Sibiu. Vom Zentrum Sibius 15–20 Min. mit dem Taxi. Hinweisschild bei der Einfahrt nach Michelsberg links. Sommerbad und Sauna, Spielplatz. Hervorragendes Restaurant mit Sommergarten. Im Haupthaus 2 EZ zu 35 Euro, 6 DZ zu 48 Euro, in der benachbarten kleinen Villa noch einmal 3 DZ. Tel. 0269-563 00 33.
- **Casa Rotunda,** der Holländer *Henry* hat sich gleich bei der Einfahrt nach Michelsberg (vom Astra-Museum kommend) ein wunderschönes ökologisches, rundes, zweigeschossiges Holzhaus mit Solaranlage und schönem Garten gebaut und bietet dort auch Unterkunft an. Einfach mal anklopfen und nachfragen. Sehr schöne Zimmer mit herrlichem Blick auf Michelsberg. Der Preis ist Verhandlungssache, je nach Länge des Aufenthalts (ab 30 Euro).
- **Lia's Pension,** 5 DZ, 4 Badezimmer, 12 Euro/Person inkl. Frühstück; **Jugendherberge** des Demokratischen Forums, Ansprechpartner: Demokratisches Forum der Deutschen in Hermannstadt, Str. General Magheru 1–3, Tel. 215 417, Fax 218 255.

Cisnădie/Heltau

Das Dorf Cisnădie liegt nur 2 km östlich von Cisnădioara und ist von Hermannstadt auch über die Nationalstraße E81 erreichbar (Richtung Avrig/Făgăraş). Als sächsische Gemeinde Heltau wurde der Ort 1323 erstmals urkundlich erwähnt. Seine Hauptattraktion ist die **Kirchenburg Heltau,** die mit ihrem mächtigen Glockenturm mitten im Ortszentrum gleich an der Hauptstraße steht. Die Wehrkirche in Heltau hatte ehemals einen Wassergraben, an dessen Stelle heute teilweise kleine Geschäfte in die Mauer integriert sind. Nachdem ein Blitzschlag im 16. Jahrhundert den Kirchturm in Brand gesetzt hatte, wurde 1795 der erste Blitzableiter angebracht. Noch heute sieht man das grünliche Kupfer von oben in die Erde laufen.

Sobald ein **Angriff** drohte, wurde 25 km entfernt, hinter dem heutigen Avrig, ein Warnfeuer entzündet. Diese Rauchzeichen führten dann zum Glockenläuten der Wehrkirche, dem Signal für die Gemeinde. Diese zog sich dann vollständig in die Wehrkirche zurück. Während die Frauen beteten, schafften die Männer Getreide und Lebensmittel hinter die dicken Wehrmauern. Ein eigenes Ochsentor diente als Einlass. Die Kirche wurde insgesamt von zwei Wehrmauern umringt, wobei eine der Lagerung von Stroh und Nahrungsmitteln diente.

Früher haben sich die Menschen in der Kirche in Sicherheit gebracht, heute bietet sie einer kirchlichen Kostbarkeit Schutz: Der **Altar aus dem** 30 km entfernten **Ort Braller** (rum. Bruiu) wurde, aus Angst vor Kirchenräubern, hierher in Sicherheit gebracht. Bestandteil des Altars ist die Madonna aus Braller, eine eindrucksvolle Statue der Jungfrau mit Kind.

Die am Fuße des Götzenberges gelegene Gemeinde war vor allem auch für ihr Wollweberhandwerk berühmt. Das **Textilmuseum** von Heltau zeigt in fünf Räumen Apparate, Bücher und Techniken der Webkunst.

● **Unterkunft:** Informationen im Sebastian-Hann-Laden in der Mauer der Kirchenburg (Frau *Schneider*), tägl. 9–17 Uhr, Str. Cetății 1, Tel. 0269-561 236, cos@logon.ro.

Cristian/Großau und Sibiel/Budenbach ↗ XIV, B2

Westlich von Hermannstadt empfiehlt sich eine interessante Strecke für einen **Auto- oder Fahrradausflug** nach Sibiel und zu seinem sehenswerten Museum für Hinterglasikonen. Mit dem Auto fährt man dazu zuerst auf der Europastraße 1 Richtung Sebeş und kommt nach 11 km in die sächsische Gemeinde Großau, die auf Rumänisch Cristian heißt.

Die Gemeinde **Großau** taucht erstmals 1223 als Insula Cristiana in den Annalen auf, wodurch sich auch der rumänische Name Cristian erklärt. Die um 1500 erbaute **Kirchenburg** findet man gleich in der Ortsmitte an der Stelle, wo die in Nord-Süd-Richtung verlaufende Hauptgasse den Fluss Zibin überquert. Der Verteidigungsring besteht aus doppelten Mauern, die ein unregelmäßiges Fünfeck bilden. An strategisch wichtigen Stellen wurden

Großaus schlimmste Stunde

Die Gemeinde Großau (rum. **Cristian**) **11 km westlich von Hermannstadt** erlebte ihre schlimmste Stunde im Jahr 1658, als ein großes **Türkenheer** Richtung Hermannstadt zog. Dem geschickten Dorfpfarrer *Johann Oltart* war es bereits gelungen, die Eroberer zu besänftigen und von einem Angriff auf Großau abzuhalten. Er hatte einem rumänischen Bojaren 60 Taler Belohnung gegeben, der sich diesen fürstlichen Lohn nun mit den Türken teilte. Das Heer zog daraufhin am Dorf vorbei und belästigte seine Bewohner nicht.

Ein betrunkener Großauer griff jedoch unglücklicherweise zur Waffe und schoss dem Heer hinterher. Die Türken machten daraufhin kehrt und erstürmten die Burg. Als sie den mächtigen Kirchturm nicht erobern konnten, zündeten sie Holz und Stroh an und erstickten die Verteidiger und fackelten das gesamte Dorf ab. Nur wenige Augenzeugen konnten dem dann folgenden Gemetzel entfliehen. Der lange Zeit fast verwaiste Ort wurde im 18. Jahrhundert mit Landlern aus dem Salzkammergut in Oberösterreich neu besiedelt.

Türme erbaut, von denen heute noch vier erhalten sind. Die orthodoxe Kirche, die der Verkündigung Mariä geweiht ist, wurde Ende des 18. Jahrhunderts im Barockstil erbaut. Ein 1969 eröffnetes **Heimatmuseum** zeigt sächsische Volkskunst der letzten Jahrhunderte.

Auf ihrem Weg nach Sibiel biegen Autofahrer auf der Europastraße 1 in der Ortschaft **Săcel** links ab. Sibiel (Budenbach) ist von hier aus gut ausgeschildert und ca. 5 km entfernt.

Der Sammelleidenschaft des Dorfpfarrers *Zosim Oancea* ist es zu verdanken, dass der malerische Ort **Sibiel** heute über das wohl eindrucksvollste **Museum für Hinterglasikonen** Rumäniens verfügt. 1969 hatte man mit acht gefundenen Ikonen begonnen. Durch Spenden aus dem ganzen Land sind es heute über 700 Ausstellungsstücke. Neben den Hinterglasikonen sind auch Holzikonen, volkstümliche Keramik, Möbelstücke, Webarbeiten und alte Bücher zu sehen.

- **Museum für Hinterglasikonen (Muzeul de Icoane pe Sticlă),** bei der Dreifaltigkeitskirche (Sfânta Treime), Tel. 0269-553 818, Besuch nach Vereinbarung, Eintritt 4 RON.

Unterkunft im Ausflugsgebiet

- **In Cristian** bietet sich die **Casa Pandora** (****) zur Übernachtung an. In dem großen Haus mit 8 Gästezimmern, Restaurant, Terrasse, Internet und Pferdekoppel kostet ein DZ 140 RON inkl. Frühstück. Positive Leserresonanz. Reitunterricht und Ausritte nach Vereinbarung. Str. Cristian 24, Tel./Fax 0269-579 717, www.casapandora.ro.
- **In Sibiel: Casa Orlandea,** Tel. 0722-562 755, www.holidaysibiel.ro. In Cristian geht es links nach Orlat und weiter nach Sibiel (Sibiu – Sibiel 23 km). Das Landhaus ist im rustikalen Stil eingerichtet und verfügt neben einem Obstgarten, einem Spiel- und Tennisplatz auch über einen Brotbackofen und eine eigene Quelle. Wer möchte, kann das ganze Haus mit 16 Schlafplätzen für 160 Euro die Nacht mieten. DZ 36 Euro (inkl. Frühstück).
- **Casa Bunica Eugenia in Sibiel,** Tel. 0269-552 509, 5 Zimmer, DZ 70 RON, hervorzuheben sind die Kochkünste der Gastgeberin.
- Weitere **Infos Sibiel: Aurelia Banciu,** Sibiel, Haus 234, Tel. 0269-552 563.
- Im Nachbardorf von Sibiel, **in Săliște** (2 km entfernt), empfiehlt sich der agrotouristische **Gasthof Casa Ittu** (****), Str. Nicolae Iorga 1271, Tel./Fax 0269-211 432, www.casa-ittu.ro, DZ 20 Euro, Frühstück inkl.
- In **Șura Mica** (Richtung Ocna Sibiului) betreibt die Besitzerin des Hotels Leu in Sibiu eine sehr hübsche Pension mit ausgezeichneter rumänischer Küche. EZ/DZ 80 RON, 3er-Zimmer 120 RON, Frühstück extra.

Ocna Sibiului – das andere Salzburg

↗ XIV, B1

Salzburg liegt nicht nur in Österreich, sondern auch in Siebenbürgen. Und zwar etwa 18 km nordwestlich von Hermannstadt. Auf Rumänisch nennt sich der Ort Ocna Sibiului. Bereits im Mittelalter entwickelte sich die Stadt dank ihres großen **Salzvorkommens** zu einem blühenden Handelszentrum, das im Jahr 1344 zum Marktflecken *(Oppidum)* erklärt wurde. Doch viele archäologische Funde aus der Römer- und Dakerzeit machen es wahrscheinlich, dass bereits im Altertum die Sehnsucht nach dem „weißen Gold" die Siedler in dieses Gebiet gezogen hat und sie das Salz auch für therapeutische Anwendungen nutzten. Heute wird in Salzburg kein Salz mehr gefördert, das letzte Bergwerk wurde 1931 geschlossen. Nach der

Schließung ließ man die **Gruben** einfach offen, was zur Folge hatte, dass einige von ihnen einstürzten. Das salzige Grundwasser führte zur Bildung der heutigen **Salzseen.** Auch wenn Salzburg seinen offiziellen Status als Heilbad verloren hat, entfalten die 15 Badeseen rund um die Stadt nach wie vor ihre **therapeutische Wirkung.** Für Schwimmanfänger sind einige der Seen bestens geeignet, da der hohe Salzgehalt großen Auftrieb verursacht.

Der 20 m tiefe **Tököly-See** hat einen Salzgehalt von 31 Prozent (zum Vergleich: Totes Meer 33 Prozent). Mit einer Tiefe von 126 m ist der **Avram-Iancu-See (Schwalbensee)** das tiefste Gewässer um Salzburg.

Die **Architektur der Stadt** wurde maßgeblich von der Jugendstilarchitektur des ungarischen Architekten *Ödon Lechner* geprägt.

Vom Spinnen und Weben

Neben der alten siebenbürgischen Tradition der häuslichen Textilherstellung und -verarbeitung haben sich rund um Kronstadt, Hermannstadt und Schässburg bereits sehr früh handwerkliche Zünfte mit dem Thema **Bekleidung** beschäftigt. Im Mittelalter und der frühen Neuzeit waren es vor allem die Tuchmacher, Tuchscherer (rum. *Perpertarilor*), Leineweber, Färber und Schneider, denen das Textilgewerbe zu Lohn und Brot verhalf. Anfang des 19. Jahrhunderts waren es die Manufakturen, die mit ihren mechanischen Webstühlen und neuen Färbeverfahren die moderne Zeit mit ihren Textilfabriken einläuteten. Doch rund um das Burzenland hat sich die **Tradition der textilen Handarbeit** bis in die heutigen Tage erhalten.

Als Rohstoffe dienten in siebenbürgischen Dörfern seit jeher sowohl **tierische Fasern** (Ziegenhaar, Wolle, Seide) als auch **pflanzliche** (Hanf, Flachs, Baumwolle). Die beste Wollqualität lieferten immer schon die aus südlichen Regionen stammenden Tzigaia- und Merino-Schafe. Deren Wolle wurde zu feinem Tuch verarbeitet. Von minderer Güte ist die Wolle der weit verbreiteten und billigeren Tzurkana-Schafe. Sie ist dicker und gröber, deshalb diente sie vor allem zur Herstellung lodenähnlicher Stoffe für die bäuerliche Bekleidung.

Flachs (und Hanf) müssen vor dem Spinnen **verarbeitet** werden. Nach dem Reifen am Halm werden die Fasern geerntet, getrocknet und in Wasser „geröstet", um die holzigen Bestandteile zu lösen. Nach dem Trocknen werden die Stängel mit Hilfe einer Flachsbreche „gebrochen". Hierbei werden die harten Teile von der Faser getrennt. Danach wird durch Kämmen mit verschiedenen Zahnweiten das Flachs in drei Güteklassen geteilt. Der feinste Kamm erzeugt die Faser für feine Leinwand (Hemden), die zweite Klasse ergibt grobe Leinwand, die dritte Sackleinen.

Das **Spinnen** ist der Hauptarbeitsgang. Dabei wird das Garn (aus Wolle, Baumwolle, Flachs oder Hanf) mit Hilfe einer Spindel oder (später) eines Spinnrads zusammengedreht. Vor dem Weben standen noch die Arbeitsgänge des Beizens, Spulens und Aufwickelns der Kettenfäden mit Hilfe einer so genannten Haspel (wovon sich unser Ausdruck „verhasple dich nicht" ableitet).

Das Făgăraş-Gebirge

Die **Fogarascher Berge** werden sie von den Siebenbürgern genannt, oder von manchen auch ehrfurchtsvoll die **Transsylvanischen Alpen.** Die **längste und höchste Bergkette der Karpaten** erhebt sich nur im nördlichen, nach Transsylvanien hin gerichteten Teil. Nach Süden (Richtung Muntenien) hin fallen die Berge weniger spektakulär ab. Die Gletscher der Eiszeit haben die durch tektonisches Wirken entstandenen Berge geschliffen und geformt. Über 50 **Gletscherseen** sind Zeugnisse aus dieser Zeit, wovon der Bâlea Lac der größte, der Podragu Lac der tiefste und der Mioarelor Lac der höchstgelegene ist.

Das Făgăraş-Gebirge zieht mit seinen acht Gipfeln **über 2000 m Höhe Kletterer und Bergwanderer an.** Im Bulea-Kessel finden Eiskletterer, Snowboarder und Skifahrer ihr Winter-Eldorado. Im Balea-Gebiet (etwa 85 km von Hermannstadt entfernt) liegen Abflugplätze für **Gleitsegler.**

Man erreicht die Fogarascher Berge von Norden aus vom Ort **Făgăraş (Fogarasch),** also über die E68 und bis hin nach **Avrig** (18 km vor Hermannstadt) über zahlreiche Orte entlang der Nationalstraße E68, die parallel zur Bergkette verläuft. Ein beliebter Ausgangspunkt für Wanderungen und Klettertouren ist dabei der Ort **Sămbăta de Jos** (direkt an der E68, 13 km westlich vom Ort Făgăraş), wo die Strecke zum Sămbăta-Tal und Sămbăta-Kloster abzweigt.

Auch **Ucea de Jos** bietet sich als nördlicher Startpunkt für Ausflüge an, die beliebteste Basisstation für Exkursionen in die Fogarascher Berge ist jedoch die Stadt **Victoria.** Sie liegt 8 km südlich von Ucea de Jos und der Nationalstraße und eignet sich sowohl für Touren zum Balea-Lac-Gebiet als auch für solche zum höchsten Berg Rumäniens, dem **Moldoveanu** (2544 m).

Weitere Einstiegspunkte ins Gebirge sind der Bahnhof **Podu Olt,** der Ort **Turnu Roşu** (beide am Olt-Fluss) sowie **Porumbacu de Jos,** eine Gemeinde an der Nationalstraße E68, von der die Negoiu-Hütte gut zu erreichen ist.

Wer seine Bergtouren am liebsten oben beginnt, nur mal einen Überblick über die Fogarascher Bergwelt gewinnen möchte oder den Gebirgszug Richtung Süden überqueren möchte, benutzt dazu die **Transfăgăraşan** oder 7c. Die serpentinenreiche Hochgebirgsstraße wurde in den 1970er Jahren von Zwangsarbeitern in Rekordzeit unter schwierigsten Bedingungen errichtet. Im Winter ist die von **Curtea de Argeş** aus nach Norden verlaufende Transfăgăraşan gesperrt.

Unterkunft

- **Pfarrhaus in Ticuşu Veche** (dt. Deutschtekes), Casa Parohiala, Strada Principala 206. Blitzsauberes Gästehaus (rechts von der Kirche) mit zwei kleinen DZ und einem Wohnzimmer; mit riesigem Garten. Die Dachmansarde ist auch für eine kleine Gruppe geeignet. Übernachtung mit Frühstück ab ca. 15 Euro pro Person, weitere Mahlzeiten auf Wunsch (*Lydia Zapf* ist Deutsche, kocht aber fantastisch gut einheimische Gerichte). Von Făgăraş fährt täglich ein Bus über Cercaia und Comana in den kleinen Ort. Taxis kosten ab Făgăraş etwa 12,50 Euro über Felmer und Cobor. Auf Wunsch holt Fam. *Zapf* Gäste auch mit dem Auto vom Bahnhof ab. Tel. 0268-285 833, lydiazapf@yahoo.de, Voranmeldung erforderlich!

- Erstmals im Winter 2005/06 gab es am See Bulea Lac ein **Eishotel;** das ganze Gebäude war völlig aus Eis gebaut. Die Anzahl der Räume und die Architektur des Hauses werden von Winter zu Winter variieren, ebenso die Preise. Informationen und Kontakt über Herrn *Klingeis* (er heißt wirklich so und spricht deutsch), Tel. 0745-072 602.

Fest

- Am Bulea-See im Făgăraş-Gebirge wird im Juni ein sommerliches **Schnee-Fest** gefeiert.

Bergtouren im Făgăraş-Gebirge

Am Anfang ist die nachfolgend beschriebene Strecke keinesfalls anstrengend, sie wird in ihrem weiteren Verlauf allerdings anspruchsvoller. Kletterkenntnisse sind jedoch nicht erforderlich. Man erreicht den Ausgangsort Victoria von Sibiu aus in östlicher Richtung über Avrig und das 20 km entfernte Ucea de Jos auf der E68. Von Ucea de Jos nach Victoria verkehrt nur jeweils vormittags und nachmittags ein Bus. Mit dem Taxi kostet die Fahrt ca. 25 RON.

rum08-310 Foto: jr

Victoria (450 m) – Podrăgu-Hütte (2136 m)

Der mit einem blauen, senkrechten Streifen markierte **achtstündige Wanderweg** führt vom Ort Victoria zuerst in südlicher Richtung über einen Feldweg am Flüsslein Ucea und später Ucişoara Seacă entlang. Nach etwa 1,5 km beginnt der so genannte **Piciorul-Ucei-Bergpfad,** der über die La-Şeuţa-Lichtung und nach etwa zweistündiger Wanderung zur **La-Şipot-Quelle** führt. Hier mündet von rechts kommend ein anderer Wanderweg ein, der mit einem blauen Dreieck markierte Weg von der nördlich gelegenen Arpaşu-Hütte (600 m). Gleich hinter der Quelle führt der Weg am links liegenden und einsam aufragenden **Boldanu-Berg (Vârful Boldanu)** vorbei. Noch im Waldbereich kommt man gleich anschließend zu einer Lichtung, von der rechts der mit einem roten Dreieck gekennzeichnete Wanderweg zur **Turnuri-Hütte** (1520 m) abzweigt. Beim Verlassen des Waldes steht man vor dem nördlichen Ausläufer des Tărăţa-Bergzuges. Rechts, an der Westflanke entlang, geht es nun zur **Curmătura Lespezilor** (1908 m). 300 Höhenmeter darüber erreicht man nach etwa einer weiteren dreiviertel Stunde den **Calea-Carelor-Pass** auf 2280 m. Von dort oben hat man einen herrlichen Blick auf den rechts liegenden Podrăgul-Kessel und den darin liegenden Podrăgu-See. An der Nordseite des Sees geht es hinab und anschließend wieder etwas hinauf zur Podrăgu-Hütte.

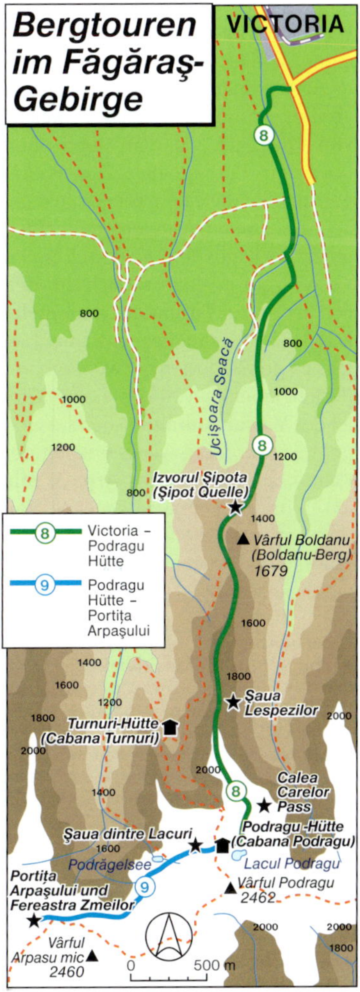

Eiskirche im Făgăraş-Gebirge

Podrăgu-Hütte (2136 m) – Portița Arpașului (2175 m)

Dieser sehr schöne Ausflug (hin und zurück 7 Stunden), der auf einem Weg verläuft, der durch einen blauen, senkrechten Streifen markiert ist, ist im Winter nur für erfahrene Kletterer geeignet. Er führt westwärts von der Hütte zur Curmătura dintre Lacuri. Dann geht es westwärts weiter zum **Kessel von Podrăgel,** wo man hoch oben über dem Podrăgel-See (Lac Podrăgel) auf den mit einem roten Punkt gekennzeichneten Wanderweg aus den unterhalb liegenden Wäldern trifft. Im Kessel geht es dann südlich um den See herum zur **Curmătura Podrăgelului** (2153 m). Von diesem Kamm bietet sich gen Südosten ein wunderbarer Blick hinüber zum 2462 m hohen Gipfel des **Vârful Podrăgu.** Anschließend geht es sehr felsig weiter entlang der Klamm zum Gipfel des **Arpașu mic** (2175 m) am Fereastra Zmeilor. Von dort hat man eine fantastische Rundumsicht und kann einen Blick ins südwestliche Capra-Tal werfen.

Unterkunft:

- **Turnuri-Hütte (Cabana Turnuri),** Tel. 0744-936 809, www.turnuri.ro (Bildergalerie). 30 Plätze, Ü 30 RON/Person (Frühstück, Mittag- oder Abendessen nach Absprache).
- **Podrăgu-Hütte (Cabana Podrăgu),** von Mai bis Nov. geöffnete Hütte, Tel. 0268-430 766 oder 0745-319 766, www.podragu.ro (Bildergalerie). 20 Plätze, Ü 40 RON/Person (Frühstück und Essen nach Absprache).

Bergrettung:

- **Salvamont Victoria,** Tel. 0268-241 940 oder 0726-686 692.
- **Salvamont Sibiu,** Tel. 0269-216 477 oder 0745-140 144.

Alba Iulia/ Karlsburg

↗ XIV, A1

- **Höhe:** 420 m
- **Vorwahl:** 0258
- **Einwohner:** 66.369
- **Ungarischer Name:** Gyulafehérvár

Wer sich über die gut ausgebaute Europastraße E1 von Sibiu oder Cluj oder über die nicht weniger gut befahrbare Europastraße E7 von Deva aus auf den Weg nach Alba Iulia macht, tut dies wahrscheinlich nur aus einem guten Grund: Er will die **Festung Alba Carolina** besichtigen. Außer dieser sternenförmigen Festungsanlage hat die berühmte historische Metropole recht wenig zu bieten.

Die **Bahnhöfe** (für Züge und für Busse) sind 2 km südlich des Stadtzentrums an der Str. Republicii zu finden und mit dem Bus 18 in 15 Minuten zu erreichen. Auch zu Fuß sind die City und die Zitadelle über die Str. Iașilor leicht und schnell zu finden. Wer zur Zitadelle möchte, biegt an der Hauptpost bzw. der Polizei nach links ab, Richtung Str. Decebal und Obelisk.

Geschichte

Die weiße Stadt

Alba Iulia hat bei geschichtsbewussten Rumänen einen ganz besonderen Stellenwert. Die Stadt am Mittellauf der Mureș wurde im Jahr 1599 **Hauptstadt der drei vereinigten Fürstentümer Moldau, Walachei und Transsylvanien,** und 1918 wurde hier der **Anschluss Siebenbürgens an Rumä-**

nien beschlossen. Doch die geschichtliche Bedeutung der Stadt im Herzen des Dakerlandes reicht weit zurück ins Altertum. Als die Römer die alte dakische Siedlung **Apoulon** eroberten, behielten sie diesen Namen zunächst als Castrum Apulum bei. Die Bedeutung der Ortschaft kann man daran ermessen, dass bereits der griechische Geschichtsschreiber *Ptolemäus* die dakische Siedlung Apoulon in seinem Werk „Geographyca" erwähnte.

Als das slawische **Reitervolk der Awaren** die Stadt um 600 n.Chr. eroberte, bekam die Siedlung den Namen **Bălgrad,** die **„weiße Stadt".** Kein wirklich origineller Einfall, schließlich hatten die Awaren zur selben Zeit auch die römische Siedlung Singidunum 300 km südwestlich (im heutigen Serbien) erobert und sie Bélgrad, also die „weiße Stadt", getauft. Zukünftige Eroberer störte dies wenig, sie übernahmen den Awaren-Namen in ihre jeweiligen Sprachen. Die Deutschen nannten die Stadt **Weißenburg** (genauso wie Belgrad), die Ungarn Gyulafehervar und die Rumänen schließlich Alba Iulia.

Symbol der Einheit, Symbol der Verwüstung

In Alba Iulia oder Karlsburg (Alba Carolina) dreht sich alles um die Festungsanlage. Während andere siebenbürgische Städte ihre Altstädte zum großen Teil bewahren konnten, kann in der Stadt an der Mureş von einer Altstadt außerhalb der Festung nicht die Rede sein. Und das hat seinen guten Grund. Bereits 1241 schleiften die Tataren die gesamte Stadt. Bis auf die im Zentrum gelegenen Reste der ehemaligen römischen Festung Castrum Apulum blieb kein Stein auf dem anderen. Um diese so genannte Oberstadt, die sich freilich höhenmäßig kaum von der sie umgebenden Unterstadt abhob, wurden nun dicke Erdwälle und Holzmauern hochgezogen. Zum Zeitpunkt der Erhebung Siebenbürgens zum autonomen Fürstentum (unter türkischer Oberhoheit!) in den Jahren 1551 bis 1555 glaubte sich die Stadt gegen weitere Angriffe gerüstet. Der triumphale **Einzug Mihai Viteazuls** *(Michael der Tapfere)* am 1. November **1599** durch die Stadttore Alba Iulias gilt als einer der Höhepunkte der rumänischen Geschichte. Zum ersten Mal vereinigten sich die drei Fürstentümer Moldau, Walachei und Siebenbürgen unter einem gekrönten Haupt. Zum ersten Mal entflammte so etwas wie eine rumänische Identität. Und Alba Iulia war ihr Symbol.

Doch der Triumph der Einheit sollte nicht lange dauern. *Michael der Tapfere* fiel bereits 1601, ausgerechnet in der Nähe von Alba Iulia. Der Ort wurde in den Jahren der kurzen Einheit erneut vollständig verwüstet. Krieg, Feuersbrünste und Pest hießen die neuen „Regenten" der einst so stolzen Stadt.

Der Wiederaufbau gelang dem Fürsten **Gabriel Bethlen** in den Jahren 1613 bis 1629 fast vollständig. Sogar eine Akademie wurde im Zentrum errichtet. Doch bereits 1658 und 1661 wurde die Stadt von osmanischen Heeren endgültig in Schutt und Asche gelegt.

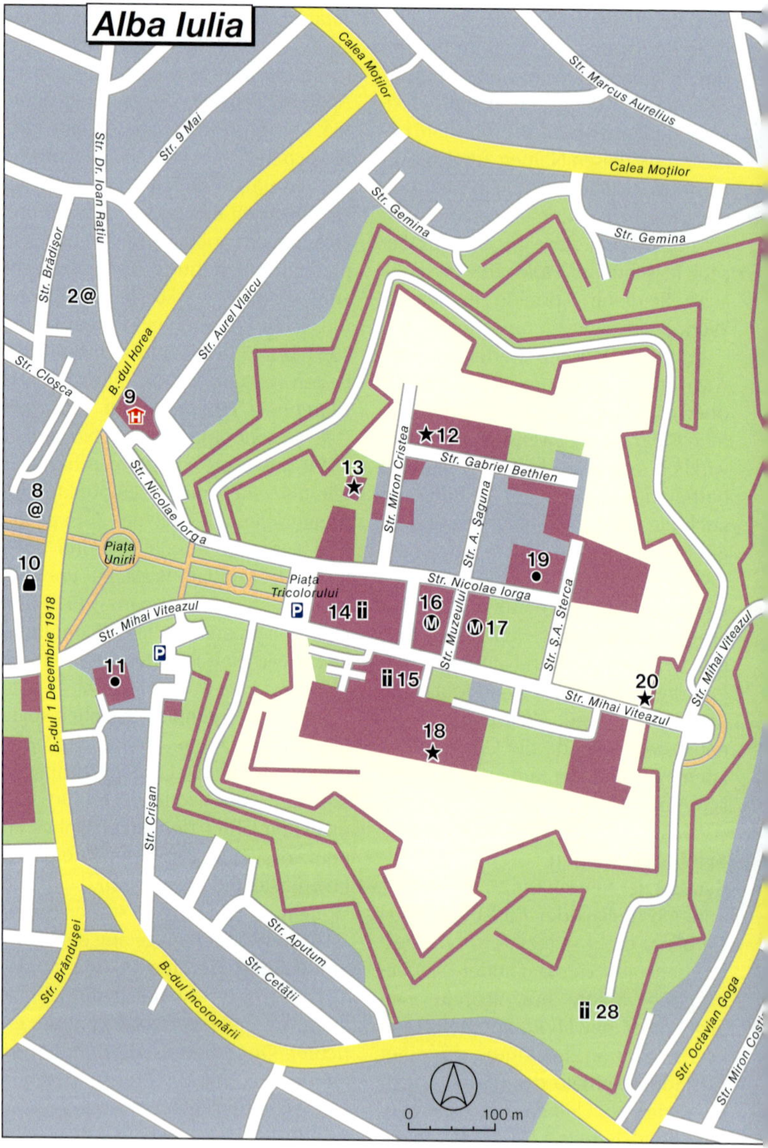
Alba Iulia
Calea Moților
Str. Marcus Aurelius
Calea Moților
Str. 9 Mai
Str. Dr. Ioan Rațiu
Str. Gemina
Str. Gemina
Str. Brădișor
2@
Str. Aurel Vlaicu
B.-dul Horea
Str. Cloșca
9
★12
Str. Miron Cristea
Str. Gabriel Bethlen
13
Str. Nicolae Iorga
8
@
Str. A. Șaguna
Piața Unirii
10
19
Piața Tricolorului
Str. Nicolae Iorga
Str. Mihai Viteazul
14
16
17
Str. Ș.A. Sterca
Str. Muzeului
Str. Mihai Viteazul
B.-dul 1 Decembrie 1918
11
15
20
Str. Mihai Viteazul
18
Str. Crișan
Str. Aputum
Str. Cetății
Str. Brândușei
B.-dul Încoronării
28
Str. Octavian Goga
Str. Miron Costin
0
100 m

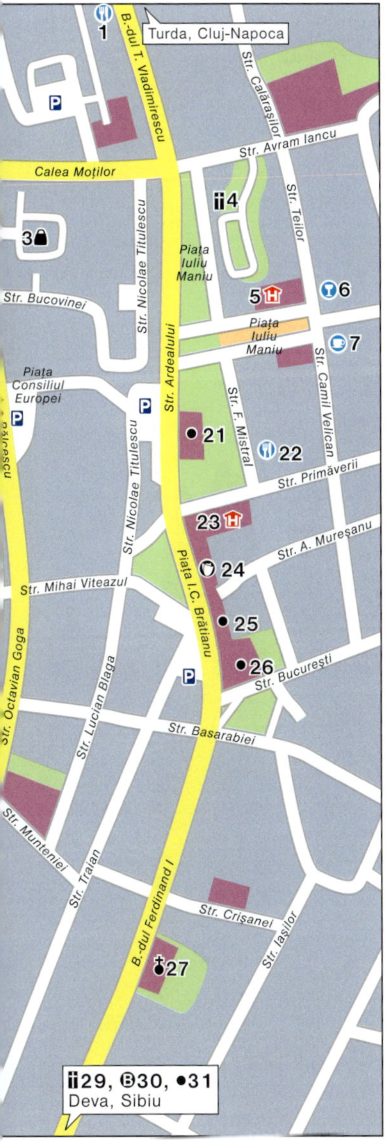

Turda, Cluj-Napoca

Str. Călărașilor
B-dul T. Vladimirescu
Str. Avram Iancu
Calea Moților
Str. Nicolae Titulescu
Str. Teilor
Str. Bucovinei
Piața Iuliu Maniu
Piața Iuliu Maniu
Str. Ardealului
Str. Camil Velican
Piața Consiliul Europei
Str. F. Mistral
Str. Primăverii
Str. Nicolae Titulescu
Piața I.C. Brătianu
Str. A. Mureșanu
Str. Mihai Viteazul
Str. Octavian Goga
Str. Lucian Blaga
Str. București
Str. Basarabiei
Str. Munteniei
Str. Traian
B-dul Ferdinand I
Str. Crișanei
Str. Iașilor

29, 30, 31
Deva, Sibiu

	1	Roberta
@	2	Domino Internet
	3	Markt
	4	Kath. Kirche
	5	Transilvania
	6	Bar Allegria
	7	Antik Café
@	8	Virusnet
	19	Cetate Apuseni
	10	Buchhandlung Humanitas
•	11	Kulturhaus I
★	12	Bibliothek Batthyaneum
★	13	Ehemaliges Militärhospital
	14	Wiedervereinigungs-Kathedrale
	15	Röm.-Kath. Kathedrale
Ⓜ	16	Nationalmuseum
Ⓜ	17	Halle der Einheit
★	18	Palatul Princiar
•	19	Universität
★	20	Die Zelle des Horea
•	21	Kulturhaus II
	22	Prometeu
	23	Parc
	24	Puppentheater
•	25	Rathaus
•	26	Präfektur
	27	Kloster Sfântul Josif
	28	Mihai Viteazul
	29	Orth. Kirche
Ⓑ	30	Busbahnhof
•	31	Hauptbahnhof

rum312 Foto: jr

Auferstanden aus Ruinen

In der nachfolgenden Blütezeit des 17. und 18. Jahrhunderts konnte Alba Iulia historisch gesehen endlich einmal durchatmen. Die verwüstete Stadt holte nun all das nach, was andere siebenbürgische Städte sich längst geleistet hatten: Sie baute sich **repräsentative Prunkbauten,** wie beispielsweise den Fürstenpalast, den Bischofspalast oder das Akademische Kollegium. Alle Kräfte der jungen alten Stadt wurden nun auf die Sicherung der neuen Prunkbauten im Zentrum der Festung konzentriert. Schließlich wollte man die neu erworbenen architektonischen Schätze nicht wieder in einem Krieg verlieren.

Die **Festung** überlagerte im 17. Jahrhundert bereits alle vorangehenden Verteidigungswerke und schloss sie vollständig in sich ein. Die neu entstehenden sternförmigen **Schutzwälle, Bastionen und Wehrmauern** umschlossen die darin befindlichen Paläste und Wohnhäuser wie mehrschichtige mächtige „Zwiebelschalen". Architekturhistorisch entstand in Alba Iulia etwas Einmaliges: Eine Stadt zog sich aus dem Trauma ihrer ewigen Zerstörung auf ihren Kern zurück.

Die Orthodoxe Kathedrale (Krönungskathedrale) im Stadtzentrum

20.000 leibeigene Bauern benötigten für den Bau des **mächtigsten Verteidigungswerkes von Rumänien** 24 Jahre (1714–1738). Gegen Ende hatte man einen siebeneckigen, sternförmigen Koloss geschaffen, dessen Mauerlänge alleine 10 km maß. Die Innenfläche der Zitadelle umfasst heute 100 ha. Alle Dimensionen der Festung sind und waren gewaltig. Zu Ehren des Vaters von *Maria Theresia,* Kaiser *Karl VI.,* gab man der Festung den Namen **Alba Carolina (Karlsburg).**

Sehenswertes

Alle nachfolgenden Sehenswürdigkeiten liegen auf dem **Territorium der Zitadelle** und lassen sich an einem halben Tag besichtigen. Alba Iulia ist somit eine Stadt, in die man einen Ausflug unternimmt, und kein Ort, wo man sein Domizil wählt, um zu Exkursionen ins Umland aufzubrechen (zumal die Hotelpreise in der Stadt teilweise maßlos überhöht sind).

Die sehenswerten Bauten in der Karlsburg

- **Orthodoxe Kathedrale**
- **St. Michaelskathedrale**
- **Saal der Einheit**
- **Museum der Einheit**
- **Apor-Palast**
- **Bischofspalast**
- **Bathyaneum-Bibliothek**
- **Fürstenpalast**

Orthodoxe Kathedrale

Als guter Ausgangs- und Endpunkt zur Besichtigung der Festung bietet sich der **Piața Unirii** an (Bus- und Autoparkplatz sowie Hotel Cetate). Von dort gelangt man geradewegs an der Westseite der Festung durch einen Park (Parcul Tineretului) zur Orthodoxen Kathedrale. Ein 58 m hoher **Glockenturm** gewährt den Besuchern Einlass in die **Kirchenanlage,** die aus einem arkadengesäumten Innenhof mit einer Ausstellung antiker Funde, zwei großen Gebäudeflügeln und dem Kirchenbau besteht. Die Arkadengänge sind reich mit Friesen und korinthischen Kapitellen verziert. Als Inspirationsquelle diente dem Architekten *Gheorghe Ştefanescu* die Domnească-Kathedrale in Târgovişte. Heute dominiert die Kathedrale, die in Form eines griechischen Kreuzes mit nach vorne offenem Portal und Vorbau errichtet wurde, die Karlsburg.

Die Rumänen nennen die Orthodoxe Kathedrale auch **Catedrala Încoronării (Krönungskathedrale),** denn einer der Hauptgründe für ihre Errichtung in den Jahren 1921–1923 war die Krönung von König *Ferdinand I.* und Königin *Maria.* Die Porträts der frisch gekrönten Oberhäupter sind heute, neben **Wandmalereien** im neubyzantinischen Freskostil, im Kircheninneren zu sehen. Besonders sehenswert ist das Fresko „Mariä Himmelfahrt" des Künstlers *Costin Petrescus,* der auch die Malereien im Bukarester Athenäum geschaffen hat.

St. Michaelskathedrale

Gleich rechts der Orthodoxen Kathedrale, am südlichen Ende der Str. Mihail Viteazul, befindet sich der **römisch-katholische Dom,** der seit seinem Baubeginn im 13. Jahrhundert von Zerstörungen größtenteils verschont geblieben ist. Dennoch wird der Betrachter das Gefühl nicht los, als wenn wesentliche Teile der Kirche fehlen würden, denn neben dem riesigen Portalsbogen erhebt sich auf der rechten Seite nur ein einsamer Turm. Und richtig: Ursprünglich war der Dom als dreischiffige Basilika mit zwei Türmen geplant, später jedoch fehlten zum Bau des zweiten Turms die nötigen Finanzmittel.

Den Stellenwert der Michaelskathedrale als eine der wichtigsten siebenbürgischen Kathedralen erkennt man an der Vielzahl der **Sarkophage** und **Grabplatten** sowie der restaurierten Grabplastik im Innenraum. Bedeutende Könige, Fürsten und Bischöfe liegen hier einträchtig nebeneinander, u.a. Königin *Isabella,* Fürst *Gabriel Bethlen* und *Iancu de Hunedoara.*

Saal der Einheit (Sala Unirii)

Innerhalb der Zitadelle gibt es fast an jeder Ecke eine Sehenswürdigkeit. So sind es beim Austritt aus der katholischen Kathedrale gerade einmal 30 m zum nächsten Höhepunkt. Dazu geht man die Str. Mihai Viteazul rechts (in östlicher Richtung) weiter und biegt dann am Denkmal für *Michael den Tapferen,* wie *Mihai Viteazul* von den Sachsen auch genannt wird, gleich links in die Str. Ecaterina Varga. An der Allee, die von zahlreichen Büsten bedeutender Rumänen gesäumt wird, hat man die Wahl: Links geht es in den **Sala Unirii (Saal der Einheit),** rechts ins **Muzeul Unirii (Museum der Einheit).**

Im Saal der Einheit wurde am 1. Dezember 1918, als Folge des Ersten Weltkriegs, der **Anschluss Siebenbürgens an Rumänien** ausgerufen. Insgesamt wohnten der feierlichen Veranstaltung 1228 Deputierte bei. Ausgestellt sind heute im Saal neben Originaldokumenten auch die Fahnen der Delegierten. Die im **Vertrag von Trianon** geregelte neue Grenze wurde von den Rumänen natürlich enthusiastisch gefeiert, die Ungarn hingegen setzten 20 Jahre lang alle Flaggen in ihrem Land auf Halbmast.

Apor-Palast und Bischofspalast

Der in der Spätrenaissance zwischen 1670 und 1690 errichtete **Apor-Palast** befindet sich in der Nähe der Bathyaneum-Bibliothek. Das Palais, nach seinem ehemaligen Besitzer, dem Grafen *Apor,* benannt, diente über 30 Jahre als Sitz der österreichischen Truppenkommandantur. In dieser Zeit (1714–1738) wurde das Gebäude um einige barocke Elemente, vor allem Portale, erweitert.

Der römisch-katholische **Bischofspalast** aus dem 17. bis 19. Jahrhundert ist an der südwestlichen Seite der Karlsburg errichtet worden. Er durchlief im Laufe seiner zweihundertjährigen Bauzeit zahlreiche Veränderungen; heute fallen vor allem der Renaissance- und Barockstil auf.

Bathyaneum-Bibliothek

Die im ehemaligen Trinitarierkloster eingerichtete Bibliothek wurde 1780 von Bischof *Ignatio Bathyani* initiiert. Die neugierigen Hirten des Herrn stellten hier bereits 1792 ein astronomisches **Observatorium** auf die Beine und beschäftigten sich mit dem Kopieren alter kirchlicher und wissenschaftlicher Werke. Besonders stolz ist die Stadt Alba Iulia auf den in der Bathyaneum-Bibliothek aufbewahrten **Codex Burgundus,** einen Frühdruck aus dem 15. Jahrhundert, und eine Bibel aus dem 13. Jahrhundert mit wunderbaren farbig verzierten Majuskeln (Großbuchstaben am Anfang eines Textes).

Fürstenpalast

In den historischen Urkunden wird das **Palais von Michael dem Tapferen** zwar als luxuriöses Bauwerk erwähnt, der darin geschilderte Prunk ist jedoch nur noch zum Teil erhalten. Die meisten Kostbarkeiten der heute um zwei Innenhöfe angeordneten mehr als 60 Räume fielen den Überfällen der Tataren und Türken im 15. Jahrhundert zum Opfer. Auch die Verschönerungen und der neue Glanz, der durch die Fürsten *Bethlen Gabor* und *Georg Rakoczi II.* Einzug hielt, ging im 17. Jahrhundert wieder verloren, als man den Bau kurzerhand in eine Kaserne verwandelte.

Informationen

Reisebüros

Da die Stadt leider über kein Informationsbüro verfügt, empfiehlt es sich, eines der folgenden Reisebüros aufzusuchen:

- **Delta,** Str. Morii 5, Tel./Fax 810 795. Vermittelt auch Unterkünfte in der Umgebung.
- **Silvana Tour,** B-dul Ferdinand I, Tel. 101 040, Mo. bis Fr. 9–17 Uhr, Sa. 9:30–12:30 Uhr. Vermittlung von Bus- und Flugtickets.

•**Transilvania Tourism,** Piața Iuliul Maniu 22, Tel. 813 206.
•**Cetate Apuseni,** Str. Unirii 3. Die im gleichnamigen Hotel agierende Reiseagentur hält für nette Nachfragen gelegentlich einige Stadtpläne bereit, ist aber kein guter Ansprechpartner, wenn es um günstige Unterkünfte in der Umgebung geht.

Horea, Cloşca und Crişan

Neben den Adligen, Bischöfen und Fürsten, denen in der Zitadelle von Alba Iulia mit Statuen und Büsten gedacht wird, hat man auch drei Bauern ein Denkmal gesetzt. 1784 hatte Kaiser *Josef II.* allen Bauern Siebenbürgens, die sich zum Einsatz im Heer melden würden, die Befreiung vom Frondienst versprochen. Doch die Adligen vor Ort ignorierten diese Weisung und setzten sie nicht in die Tat um. Innerhalb kürzester Zeit schlossen sich über 30.000 Bauern zusammen und erhoben sich gegen die Leibeigenschaft. In den **Bauernaufständen von 1784** wurde den **drei Bauernführern Horea (Vasile Urs), Cloşca (Ion Oarga) und Crişan (Giurgiu Marcu)** besonders übel mitgespielt. Nach wochenlanger Folter und unglaublichen Leiden erlagen *Horea* und *Cloşca* den Torturen an der Stelle, wo heute ihnen zu Ehren ein Obelisk (außerhalb des Osttores der Karlsburg) zu sehen ist. Auch *Crişan* sollte hier aufs Rad geflochten und hingerichtet werden, doch er kam seinen Peinigern durch Selbstmord zuvor. Zur Abschreckung wurden die zerteilten Leichen im ganzen Land ausgestellt. Dennoch wurde die Leibeigenschaft noch im selben Jahr aufgehoben. Symbolisch hat man 1937 in der Zitadelle von Alba Iulia eine Zelle des *Horea* eingerichtet und einen von dem Architekten *Mihaltan* und dem Künstler *Negrulea* entworfenen und geschaffenen Obelisken aufgestellt, um an das grausame Schicksal der drei Bauern zu erinnern.

Rathaus

•Fragen zur Stadt werden auch gerne im Sekretariat des Rathauses beantwortet: **Primaria Municipiului Alba Iulia,** B-dul I. C. Brațianu 1, Tel. 819 462, Fax 812 545, primaria@apulum.ro.

Service

•**Internet: Cybernet,** Str. Constituției 7, Tel. 0369-401 438. Das Non-Stop-Internetcafé bietet auch Fotokopien, Fax-Service und Scannen an.
•**Post: Hauptpost,** Mitropoliției 14, Tel. 211 337.
•**Kostenlose Telefon-Auskunft** (auch auf Deutsch): 931.
•**Telefonieren:** Telefonkarten gibt es im Romtelecom-Gebäude.
•**Parkmöglichkeiten** bestehen rund um den Piața Unirii und entlang des B-dul 1. Decembrie 1918.

Geldwechsel

Wechselstuben

•**Euro Exchange,** Str. Nicolae Bălcescu 24.
•**Cambio,** Piața Unirii 4, Tel. 210 493.
•**Valutex,** Str. Nicolae Bălcescu 18.
•**Eurogeneral,** Str. Nicolae Bălcescu 26.

Banken/Geldautomaten

•**Raiffeisenbank,** B-dul Brațianu 20, Tel. 810 333.
•**Banc Post,** Cal. Moților 5a, Tel. 813 411.
•**Banca Comerciala Carpatica,** B-dul Vladimirescu Tudor 3, Tel. 831 042.

Notfälle

•**Ambulanz,** Str. Calea Moților 38, Tel. 834 211, ambualba@apulum.ro.
•**Apotheke: Farmacia Filantropia,** B-dul Ferdinand I, Tel. 814 100, Mo. bis Fr. 8–20 Uhr, Sa. 8–14 Uhr.
•**Privatklinik: Clinimed,** Str. Mărăşeşti 22, Tel. 811 603.

Mobilität

Züge

- Der **Hauptbahnhof (Gara)** liegt 2 km südlich des Zentrums am B-dul 1. Decembrie 1918.
- **Information/Bahnauskunft:** Tel. 813 619.
- **R-Zugverbindung Alba Iulia – Bucureşti:** 2 Züge täglich zum Gara de Nord (ca. 5:30 Std.): 6:23, 23:27 Uhr; 1 R-Zug täglich zum Gara Basarab über Braşov: 7:27, 10:40 Uhr.

Busse

- Fast alle Buslinien der Stadt fahren zum **Hauptbahnhof.** Die Linie 4 fährt direkt vom Bahnhof ins Zentrum.
- **Busbahnhof (Autogara Autotrans),** Str. Iaşilor 94, Tel. 812 967.
- **Busverbindung Alba Iulia – Aiud** (Abfahrten: 12:45, 14:45, 15 und 15:30 Uhr, 45 Min. bis 1 Stunde).
- **Busverbindung Alba Iulia – Deva** (Abfahrten: 9:30, 15:15, 15:30, 19:30 Uhr, 2:30 Std.).

Mini-Busse

- **Florea Oil,** B-dul Horea 2–4, Tel. 833 749. Organisiert auch Gruppen-Transporte.

Taxis

- **Bingo Taxi,** Tel. 942.
- **Confort Taxi,** Tel. 944.
- **City Taxi,** Tel. 953.

Unterkunft

Die drei großen zentralen Stadthotels in Alba Iulia sind allesamt Hochhaus-Bettenburgen. Wer eine günstigere Unterkunft sucht, sollte dies vor den Toren der Stadt tun.

Hotels

- **Hanul cu Berze** (**), empfehlenswertes, direkt am Fluss Mureş gelegenes Hotel, Str. Republicii 179, Tel. 0747-110 143, DZ 35 Euro, Frühstück inkl.
- **Hotel Transilvania** (***), Piaţra Iuliu Maniu 22, Tel. 812 546, Fax 811 195. Lang gestreckter Hotelkomplex mit 83 Zimmern und zahlreichen Läden.
- **Hotel Parc** (**), Str. Primăverii 4, Tel. 811 723, Fax 812 130. Hoteleigenes Schwimmbad. 35 Räume, EZ 155 RON, DZ 190 RON, App. 240 RON, Frühstück inkl.
- **Hotel Cetate Apuseni** (**), Str. Unirii 3, Tel. 815 833, Fax 831 501. Die in unmittelbarer Nähe der Festung gelegene Hotelfestung verlangt für mittelklassige Zimmer sehr saftige Preise. EZ 50 Euro, DZ 70 Euro, App. 110 Euro, Frühstück inkl.

Pension

- **Mihaela** (**), Vermittlung über Antrec, Str. Rozelor 3, Tel. 833 064, alba@antrec.ro. Das Haus verfügt über einen gesicherten Hof zum Parken. 3 DZ in ruhiger Umgebung, ab 90 RON.

Essen und Trinken

Restaurants

- **Pub 13,** an der Wand der Zitadelle, nahe dem Obelisken, kann man täglich von 12–2 Uhr auf massiven Holztischen rumänische und internationale Kochkunst genießen. Von der Terrasse hat man eine schöne Aussicht auf die Zitadelle. Reservierungen unter Tel. 839 555.
- **Pizzeria Erol,** in der Calea-Moţilor-Passage am Unirea-Kaufhaus, Tel. 831 400. Mo. bis Sa. 9–1 Uhr, So. 16–1 Uhr. Die Pizzeria mit dem schönen Ambiente aus Holz und Stein gilt als die beste der Stadt. Probieren: *Pizza Erol Plus* für 8 RON.

Café

- **Antik Café,** Piaţa Iuliu Maniu, tägl. von 8–20 Uhr. Reiche Auswahl an Kaffees und Cocktails (z.B. *Café Antik* für 8,50 RON).

Bar

- **Go in,** B-dul 1. Decembrie 1918, Nr. 105, Tel. 401 174.

Einkaufen

- **Einkaufszentrum: Unirea City Center,** Str. Tudor Vladimirescu 1, Mo. bis Fr. 9–19 Uhr, Sa./So. 9–15 Uhr. Vom Buch bis zu Juwelen.

Aktivitäten

Schwimmen, Sauna, Fitness

● **Bazinul Olimpic,** B-dul Revoluției 4, Tel. 835 947, Mo. bis Fr. 11–21 Uhr, Sa./So. 11–19 Uhr. Hallenbad, Sauna, Fitness, Massagen. Eintritt 5 RON (Kinder, Stud. 2,50 RON).

Golf

● **Golf Club Paul Tomita,** Pianu de Jos, Tel. 0258-761 733. 8 km südlich von Alba Iulia, Richtung Vintu de Jos liegt der kleine Ort Pianu de Jos mit seinem Golfplatz zu Füßen der Sebeş-Berge. Er ist mit 35 ha der größte Platz in Rumänien. Training auf dem Parcours ist mit einem Trainer nach Voranmeldung möglich.

In der Umgebung von Alba Iulia

Kloster Râmeț ⇗ VIII, A3

Zu den wichtigsten Zeugnissen der siebenbürgischen Kirchengeschichte zählt das 36 km nordwestlich von Alba Iulia idyllisch gelegene Kloster Râmeț **(Mănăstirea Râmeț).** Man erreicht es mit dem Bus von der Gemeinde **Tejus** aus (4 Busse täglich).

Das Kloster zählt zu den ältesten orthodoxen Plätzen Rumäniens, da es bereits um 1250 gestiftet wurde. Der Name Râmeț geht auf das Wort für Eremit zurück und verweist darauf, dass das Kloster von Einsiedlern gegründet wurde. Die **Innenmalereien** des Künstlers *Mihu de Crişul Alb* stammen einer Inschrift zufolge aus dem Jahr 1376 und sind, was die Farbgebung und Gestaltung der Physiognomien betrifft, einzigartig in Rumänien. Insgesamt gibt es in der Kirche des Klosters sieben verschiedene Gemäldeschichten aus sieben verschiedenen künstlerischen Epochen. Das **Klostermuseum** kann nur auf Anfrage bei einer der Nonnen besichtigt werden und präsentiert Hinterglas- und Holzikonen.

● **Mănăstirea Râmeț,** Sf. Apostoli Petru şi Pavel, Valea Geoagiului, Tel. 0258-880 111. **Übernachtungen** im Kloster auf Nachfrage möglich; fragen Sie nach der „Casa de Oaspeți“. Achtung: Sehr schwierige Anfahrt über eine sehr schlechte Straße. Fotografieren ist, auch außerhalb des Klosters, nicht erlaubt! Ausländische Touristen werden hier nicht unbedingt hofiert. Also bitte unauffällig agieren!

Naturpark und Narzissenfelder ⇗ XIV, A1/⇗ VII, D3

Zwei landschaftlich sehr reizvolle Gebiete findet man im Nordwesten von Alba Iulia. Der **Naturpark Piatra Corbului** („Der Stein des Raben“) 20 km von Alba Iulia hat nichts mit dem gleichnamigen Reservat im weit entfernt liegenden Calimani-Gebirge zu tun. Man erreicht ihn über die Bundesstraße 74 Richtung Zlatna. 4 km vor der Stadt Meteş führt rechts an der **Burgruine Ampoița** ein Weg zum gleichnamigen Ort und zum Rabenstein. Besonders sehenswert ist der Pflanzenzauber dieser fruchtbaren Gegend im Frühling. Leider findet die Schönheit der Natur keine Entsprechung in dem kleinen Industrieort Zlatna.

Die Kirchenburg von Aiud mit ihren Wehrtürmen gehört zu den besterhaltenen ihrer Art in Transsylvanien

Ein weiteres Naturschauspiel, das weit über die Landesgrenzen des Bezirkes Alba hinaus berühmt geworden ist, sind die **Narzissenfelder (Poiana de Narcise)** in der Nähe von **Abrud.** Im Frühling zieht sich ein endloser weißer Teppich von Narzissenblüten über die sanft geschwungenen Hügel und lädt zu einem Spaziergang durch die atemberaubende Landschaft ein.

Teiuş, Blaj und Aiud ⇗VIII, A/B3

Die ungarisch beeinflussten Städtchen Teiuş, Blaj und Aiud sind einen Ausflug wert. Das ruhige und saubere **Teiuş** (ung. Tövis) liegt am Rande eines Weinanbaugebietes und weist eine sehenswerte römisch-katholische Kirche im gotischen Stil auf, die 1449 von *Iancu de Hunedoara (Janos Hunyadi)* gegründet wurde. Wer vom Bahnhof in den Ort wandert, kommt auch an einer unitarischen Kirche vorbei, deren Innenwände vollständig von Fresken im byzantinischen Stil bedeckt sind.

Nahe der Ortschaft **Blaj (Blasendorf)** forderten auf dem **Feld der Freiheit (Câmpul Libertăţii)** 1848 über 40.000 Leibeigene unter der Führung von *Avram Iancu,* dem Vorkämpfer für Freiheit und Demokratie, gleiche politische Rechte für alle Bürger Rumäniens ein. Östlich der Stadt findet man auf dem Feld der Freiheit eine Erinnerungsstätte an die Freiheitskämpfe der Menschen im Revolutionsjahr. Interessante Dokumente und Bilder zu den

rum319 Foto: jr

Kirche ohne Dogmen – der Unitarismus

Wer heute durch das westliche Transsylvanien reist, wird gelegentlich auf kleinere Gemeinden wie Blaj oder Aiud treffen, in denen sich die ungewöhnliche und tolerante **Glaubensgemeinde der Unitarier** erhalten hat. Die Anhänger dieser Freigläubigen erkennen keine kirchlichen Dogmen an, propagieren die untrennbare Einheit Gottes mit der Natur und bestärken jedes Mitglied, frei seine religiösen Vorstellungen in eigene Worte zu fassen. Diese religiösen Gemeinschaften ohne dogmatische Einengung und Regulierung haben sich aus dem Protestantismus entwickelt.

Die religiöse Bewegung des Unitarismus entstand etwa um 1550 in Transsylvanien als Reaktion auf die Dogmen und Vorschriften der christlichen Kirchen. Bei den deutschen Siedlern hatte sich zu dieser Zeit der Glaube *Luthers* weitgehend durchgesetzt. Die ungarischen Anhänger der Reformation hingegen waren Calvinisten, die meisten Rumänen blieben der Orthodoxie treu. Alle diese Glaubensrichtungen wurden sich im Jahr 1557 mit den Katholiken darin einig, dass man sich im gemeinsamen Kampf gegen die türkische Bedrohung gegenseitig als Christen tolerieren und nicht bekämpfen sollte. Eines ihrer verbindenden Dogmen, die Dreifaltigkeit Gottes, wurde jedoch von einem jungen calvinistischen Theologen, dem deutschen **Franz David,** angezweifelt. Als Hofprediger des Fürsten *Johann Sigismund* stellte er in Streitgesprächen dieses und andere Dogmen der Kirche in Frage. In erster Linie wandte er sich aber gegen den Glauben an die Trinität Gottes, da es nach seiner Meinung nur einen unteilbaren Gott geben könnte. Er ging damit weit über die eigentliche Reformation hinaus, konnte jedoch den Fürsten und einen Teil des Adels überzeugen.

Die Anhänger *Davids* organisierten sich in der Stadt Klausenburg (Cluj-Napoca) und gründeten hier ihre neue Religionsgemeinschaft, die sich Unitarier nannte. Als der unitarische Fürst *Sigismund* 1571 starb, schrieb sein Nachfolger (ein Katholik) den konfessionellen Status Quo fest.

Die neue Kirche wuchs rasch, wurde aber vielfältigen **Schikanen** ausgesetzt. Bereits im 17. Jahrhundert verließen die ersten Unitarier Siebenbürgen und gingen nach Deutschland, England und in die Vereinigten Staaten von Amerika, wo sich heute die größten unitarischen Gemeinschaften herausgebildet haben.

revolutionären Ereignissen gibt es im **Historischen Museum** von Blaj zu sehen (Str. Republicii 39, Di. bis Fr. 9–16 Uhr, Sa./So. 10–14 Uhr). Eine Revolution ganz anderer Art verkörpert die unweit des zentralen Piața 1848 stehende **Kathedrale** der unierten (griechisch-katholischen) Kirche. 1749 bis 1779 entstanden, war es das erste kirchliche Gebäude in Transsylvanien, das im barocken Stil errichtet wurde.

Da die historische Stadt **Aiud (Strassburg am Mieresch)** an der Hauptstrecke zwischen Alba Iulia und Cluj-Napoca liegt, wird sie von den meisten Besuchern Rumäniens nur beiläufig und im Vorbeifahren wahrgenommen. Dabei lohnt sich ein Halt in der Stadt auf jeden Fall, vor allem wenn man sich für Kirchenburgen und alte, intakte mittelalterliche Stadtviertel interessiert. Im Stadtzentrum befindet sich eine der ältesten Wehranlagen Siebenbürgens aus dem Jahr 1302. Die meisten der noch erhaltenen acht Wehrtürme sind in erstaunlich gutem Zustand, und im **Museum für Geschichte** gibt man sich alle Mühe, den neuzeitlichen Besuchern die Historie der Stadt nicht allzu verstaubt zu vermitteln.

Unterkunft:

- **In Blaj** empfehlen sich zwei Hotels, einmal das **Hotel Dragana** (**), Str. Alexandru Sahia 86, Tel. 0258-751 980, DZ 70 RON, und das **Hotel Târnavele,** B-dul Republicii 1, Tel. 0258-710 255, DZ 80 RON.
- **In Aiud: Hotel Mureşul** (**), Str. Transilvania 3, Tel. 0258-861 820, DZ ab 80 RON.

Mobilität:

- **Aiud:** Vom Hauptbahnhof aus dauert es über die Str. Coşbuc nur eine Viertelstunde bis ins Stadtzentrum. Auch mit Bussen (Bahnhof in der Str. Băilor) ist die Stadt von Alba Iulia aus gut zu erreichen.

Sebeş ⇗ XIV, A1

Im Süden lohnt ein kurzer Abstecher in das kleine Städtchen Sebeş (Mühlbach) an den beiden Flüssen Sebeş und Secaş. **Kulturelle Highlights** sind die evangelische Kirche mit ihrem eindrucksvollen, 13 m hohen Flügelaltar, die mittelalterliche Wehrtürme, in die alte Befestigungsanlage integrierte Wohnhäuser und das Stadtmuseum, aber auch die Natur hat hier „Kunstschätze" anzubieten. 4 km nordöstlich der Stadt sind in der **Roten Schlucht (Râpa Roşie)** erstaunliche Sandsteinfriese in allen möglichen Rottönen zu bestaunen. Ein Wildbach hat dieses Kunstwerk der Natur mit seinen Steinskulpturen und Witterungsbildern geschaffen und sich dabei, wie in der Natur üblich, einige Millionen Jahre Zeit gelassen.

Unterkunft:

- In Sebeş bietet sich das einfache **Hotel Dacia** (*) zur Übernachtung an. Drumul Sibiului 100, Tel. 0258-732 743. EZ/DZ 30 Euro, Dreibett-Zimmer 45 Euro, Frühstück inkl.
- **Hotel Clasic** (***), neues Luxushotel an der Ausfahrt Richtung Sibiu, Tel. 0258-733 016. Internet (wireless), TV, AC. DZ 200 RON, Frühstück inkl.

Das Dakerland ⇗ XIII

Südwestlich von Alba Iulia weisen zahlreiche dakische Festungen auf das eigentliche **Stammland der frühen Bewohner Rumäniens** hin. Wer den Spuren des vorrömischen Rumänien folgen möchte, kann dies am besten von Orăştie (dt. Broos, ung. Szászvaros) aus tun, einer kleinen ruhigen Stadt, die über die hervorragend ausgebaute E68 sowohl von Westen als auch von Osten gut zu erreichen ist. Neben den Zeugnissen vergangener Zeiten zieht vor allem das **Retezat-Gebirge** mit seinen zahllosen Seen und seiner naturbelassenen Wildnis die Besucher ins Land der Daker.

Auch **Deva** (s.u.) am Rand des Apuşeni-Gebirges bietet sich als Startpunkt für Exkursionen ins historische Hinterland an, zumal man sich dort im Museum der dakischen und römischen Zivilisation vorab bestens über die ehemalige Hauptstadt des Dakerreiches Sarmizegetusa und ihre frühzeitlichen Festungen informieren kann.

Orăştie ⇗ XIII, D2

Der ideale Ausgangspunkt für Exkursionen zu den bewaldeten und schwer zugänglichen Hügeln der **dakischen Festungen** ist die kleine Stadt Orăştie 30 km südwestlich von Alba Iulia. Wer mit dem Zug anreist, gelangt vom Hauptbahnhof mit halbstündlich fahrenden Bussen ins 3 km entfernte, östlich gelegene Stadtzentrum.

Erstmals erwähnt wird die Stadt im Jahr 1224 in einem Freibrief des ungarischen Königs *Andreas II.,* der darin deutschsprachigen Einwanderern ihren rechtlichen Sonderstatus verleiht. Die historische Keimzelle der Stadt ist die **Kirchenburg,** in der man 1999 anlässlich archäologischer Grabungen zum 775-jährigen Stadtjubiläum eine alte Rotunde ausgegraben hat, deren historisches Gegenstück in Aachen zu finden ist.

Das heutige Wahrzeichen des Ortes ist die mächtige **orthodoxe Kathedrale** auf dem historischen Marktplatz, deren Innenraum vollständig von Malereien bedeckt ist. Besichtigungen des zur Straße hin stehenden Turmes, des höchsten Bauwerks von Orăştie, sind nach Absprache möglich.

Unterkunft

- **Hotel Dacia** (*), Str. Bălcescu 5, Tel. 0524-247 381, DZ 50 RON.
- In Simeria, 10 km westlich von Orăştie, gibt es den Campingplatz **Camping Strei,** Tel. 0254-260 581, Preis pro Platz 15 RON.

Mobilität

Vom zentral gelegenen **Busbahnhof Statie Micro 2** fahren täglich 7 Busse nach Alba Iulia (u.a. 8:15 und 8:30 Uhr, Preis 5 RON). Vom **Busbahnhof Transcolect** (Str. Primăverii 25, Tel. 0254-243 390) starten Sammelbusse zu den Ruinen um Sarmizegetusa. Wer gerne wandert, sollte jedoch für 5 RON mit den öffentlichen Bussen (stündlich) vom zentralen Autogara aus nach Costeşti fahren. Von hier aus sind es etwa 2 Stunden zu Fuß durch eine traumhafte Landschaft über Grădiştea de Munte nach Sarmizegetusa.

Costeşti und Blidaru

Eine wunderschöne Landschaft und eine gute Straße reichen oft aus, um einem den Tag in Rumänien zu versüßen. Beides ist auf der Strecke von Orăştie nach Costeşti gegeben. Die erste der dakischen Festungen im **Grădiştea-Tal** ist vom Ort Costeşti nur zu Fuß zu erreichen. Etwa 1 km nach dem Campingplatz Popas Salcâmul dauert es noch 3 km (in westlicher Richtung), eine Flussüberquerung und einen halbstündigen Anstieg, bis man die Lichtung mit den dakischen Ruinen der **Festung Costeşti (Cetatea Costeşti)** auf einem Hügel in 561 m Höhe erreicht. Seien Sie nicht enttäuscht, wenn es hier nicht mehr viel zu sehen gibt. Die dakische Zitadelle ist im Laufe der Zeit zu oft von den Römern geschleift worden, als dass man hier noch eine vollständige Bastion erwarten dürfte. Die Grundmauern der Festung verraten jedoch sehr viel über die Art und Weise, wie die Daker vor 2500 Jahren ihre Verteidigungsanlagen befestigt haben.

Dazu legten sie drei Verteidigungsringe um die Bastion. Als äußerste Verteidigungslinie errichteten sie einen etwa 2 m hohen Erdwall, dahinter eine 3 m hohe Steinmauer, die seitlich mit drei Bastionen flankiert war, und als letztes einen doppelten Palisadenzaun. Hinter jeder Verteidigungslinie erwartete man den Feind.

Die **Festung Blidaru (Cetatea Blidaru)** liegt 3 km weiter südlich. Während die nördlicher gelegene Festung Costeşti als wahrscheinlicher Sitz des dakischen Königs *Burebista* gilt, spielte die Festung Blidaru eine wichtige strategische Rolle. Sie war wesentlich besser befestigt, da sie als letzte Festung vor der Hauptstadt Sarmizegetusa Regia eine Schlüsselstellung innehatte.

Unterkunft

- **Cabana Costeşti,** Tel. 0254-211 976. Sehr einfach, in den 13 Hütten am Ortsrand ist Wasser vorhanden. Pro Person 30 RON.

Sarmizegetusa Regia ⇗XIV, A2

Falls man kein eigenes Transportmittel hat, kommt man nur per Anhalter oder per pedes zu den 8 km von Costeşti entfernten **Ruinen der ehemaligen dakischen Hauptstadt** Sarmizegetusa Regia. Als schwierigster Teil erweist sich für den Wanderer dabei die nach der Gemeinde Grădiştea de Munte ansteigende Strecke zu den 1200 m hoch gelegenen ehemaligen Festungsplateaus.

Als Gründer der Stadt gilt der **Dakerkönig Burebista,** der die geto-dakischen Stämme 82 v.Chr., teilweise mit Gewalt, vereinte und erster Herrscher eines zentralen Dakerstaates wurde. Die Daker hatten die versteckt in den Bergen des Rezetat liegende Hauptstadt auf mehreren künstlichen Terrassen errichtet, die teilweise mit bis zu 15 m hohen Mauern gestützt wurden.

Unter **König Decebal** wuchs die antike dakische Stadt Sarmizegetusa Regia zum militärischen, politischen und religiösen Zentrum des Dakerreiches heran. Sie bestand ursprünglich aus **drei Teilen,** zwei bewohnten zivilen Bereichen und einer **heiligen Zone.** Die beiden Stadtteile waren durch eine dazwischen liegende, 3,5 ha große Burg getrennt. Archäologische Grabungen brachten neben Tempeln und Säulengängen auch zwei runde Heiligtümer zutage, darunter einen mysteriösen Kreis aus Andesitblöcken, die so genannte **Solarscheibe.**

Die **Griechen** waren zu guten Handelspartnern der Daker am Schwarzen Meer geworden und erwiesen sich auch beim Bau der Bastionen im Retezat-Gebirge als gewiefte Strategen und gute Partner. Kein Wunder also, dass neben dakischen auch hellenistische Stilelemente an den antiken Überresten zu finden sind. Auch der Bau von Wasserleitungen und Entwässerungskanälen wurde von den Dakern mittels griechischer Hilfe bereits vor der römischen Eroberung der Hauptstadt abgeschlossen. Doch zumindest eine römische Errungenschaft konnte auf dem Territorium der Festungsstadt nachgewiesen werden: Im Süden fand man die Reste eines römischen Badehauses.

Hunedoara ⇗XIII, D2

- **Höhe:** 380 m
- **Vorwahl:** 0254
- **Einwohner:** 79.235
- **Deutscher Name:** Eisenmarkt
- **Ungarischer Name:** Vajdahunyad

In der südwestlichsten Ecke Transsylvaniens, in der unmittelbaren Nachbarschaft zur Stadt Deva und unweit der ehemaligen römischen Provinzhauptstadt Ulpia Traiana, liegt eine **Industriestadt,** an der man eigentlich getrost vorbeifahren könnte. Die mächtigen und trostlosen Produktionsanlagen für Eisenverhüttung und Chemieanlagen der Stadt Hunedoara (dt. Eisenmarkt) ragen heute nur noch als stählerne, verrostete Zeitzeugen in den Himmel. Westlichen Filmproduzenten dienen sie als interessante Kulisse. Doch vor dem heute stillgelegten Ungetüm und Relikt kommunistisch-industrieller Allmachtsfantasien erhebt sich, völlig unpassend, mit dem **Burgschloss Corvineşti** eines der interessantesten Bauwerke Siebenbürgens. Nirgendwo sonst in Rumänien begegnen sich Mittelalter und Industrialisierung auf derart absurde Weise.

Burgschloss Corvineşti ⇗XIII, D2

Als ehemaliges Castrum im 14. Jahrhundert errichtet, wirkt das Schloss heute wie eine Burg aus einem Märchen, da es mit seiner Wehrbrücke und den zahlreichen Türmen, Erkern und dem schönen Burghof der idealty-

rum08-328 Foto: jr

Namenswirrwarr in Hunedoara

Besucher des Schlosses in Hunedoara werden bei geführten Rundgängen erstaunt feststellen, dass um die Benennung der wunderschönen Anlage, ebenso wie um den Namen ihrer Besitzer, einige Verwirrung herrscht. Offiziell als Schloss bezeichnet, ähneln die Erker, Türme und Mauern eher einer Burg. Tatsächlich heißt das Schloss Corvineşti in einigen deutschen historischen Aufzeichnungen auch **Burg Hunedoara** oder Burg Eisenmarkt und wird auch von manchen deutschen Fremdenführern so genannt. Die Ungarn nennen sie Vajdahunyad Vára (Burg), was vom ungarischen Ortsnamen für Hunedoara abgeleitet ist. Oft wird die Schlossburg aber auch nach einem ihrem Besitzer *Johannes Corvin* benannt. Auf Deutsch heißt sie dann **Schloss Corvin,** auf Rumänisch **Castelul Corvineştilor** und auf Ungarisch Corvin Vára.

Wenn man alle kursierenden Begriffe für die Schlossburg aufzählen würde, so wäre die Verwirrung wohl komplett. Doch auch wenn Ihnen die Bezeichnungen Burg Hunyad oder Castelul Corvinius begegnen sollten, lassen sie sich nicht durcheinander bringen, es handelt sich nur um ein **Sprachenwirrwarr** zwischen Deutschen, Rumänen und Ungarn.

Historisch problematischer hingegen wird es, wenn man Ungarn, wie den zeitweiligen Besitzer der Burg, **Hunyadi János,** als Rumänen bezeichnet, wie dies auf rumänischen Führungen durch die Anlage immer noch getan wird. Der 1407 geborene und 1456 gestorbene siebenbürgische Fürst entstammte einem ungarischen Adelsgeschlecht. Da er aber in seinem kurzen Leben zahlreiche ruhmreiche Taten gegen die einfallenden Türken vollbrachte, versucht die rumänische Geschichtsschreibung gerne, ihn unter dem Namen **Iancu de Hunedoara** für sich zu vereinnahmen. Da die deutschen Siedler und Geschichtsbücher ihn als *Johannes Corvin* oder in lateinischer Form als *Corvinius* benennen, wird das Verständnis für Besucher Rumäniens nicht gerade erleichtert. Dass man in Rumänien jedoch auch den Sohn des ungarischen Adligen namens *Hunyadi Mátyás (Matthias Corvin),* den späteren König von Ungarn (!), als Rumänen bezeichnet *(Matei Corvin),* sollte als äußerst fragwürdig und problematisch eingestuft werden.

pischen **Verkörperung mittelalterlicher Burgbaukunst** sehr nahe kommt. Im Jahr 1409 schenkte es *Sigismund von Luxemburg Voico Corvin* für dessen Verdienste in den Türkenkriegen. Dessen Sohn **Johannes Corvin** (siehe Exkurs oben) vergrößerte die damalige Burgfestung durch den Bau einer Burgkapelle.

Burgschloss Corvineşti

Der Umbau der Festungsanlage zu einer Residenz erfolgte ab dem Jahr 1441. Besonders eindrucksvoll wirkt auf heutige Besucher der riesige **Rittersaal** im Erdgeschoss mit seinen interessant nach oben bogenförmig auslaufenden Stützpfeilern. Über dem Rittersaal befindet sich der **Saal des Landtages,** den man über eine Wendeltreppe im Turm erreichen kann. Im Innenhof des Burgschlosses mit seinen Arkadengängen überrascht eine Art Loggia, von der aus wohl so mancher

Gast die Aufführungen im Burghof bewundert haben mag.

Auch für „transsylvanischen Grusel" ist gesorgt. Auf Wunsch können eine unheimliche **Grabkammer** und ein nicht minder schauriges **Verlies** besichtigt werden. Auch an blutrünstigen Burggeschichten mangelt es nicht. So mussten türkische Gefangene einen 30 m tiefen Burgbrunnen graben, um die Trinkwasserversorgung zu gewährleisten, bevor sie gefoltert und ermordet wurden.

- Die Anlage des **Burgschlosses Corvineşti** kann von Nov. bis Febr. täglich von 9–16 Uhr besichtigt werden, in der Saison von März bis Mai bis 17 Uhr, von Juni bis Sept. bis 18 Uhr (Mo. immer nur von 9–15 Uhr.) Der Eintrittspreis beträgt für Erwachsene 6–8 RON (Saison), für Schüler 3–4 RON. Kostenpflichtige Parkplätze gibt es direkt vor dem Schloss (Preis 1 RON/Tag). Führungen auf Englisch und Rumänisch sind möglich. Für Hobbyfotografen empfiehlt sich die Mitnahme eines starken Weitwinkel-Objektivs, da die Dimensionen der Burg enorm sind.
- In der Burg gibt es einen **Antiquitätenladen,** Tel. 0745-309 306, www.antikhd.ro, tägl. 10–16 Uhr, Mo. geschlossen.

Mobilität

- **Busse nach Haţeg** (dem Tor zum Retezat-Gebirge): 6, 8:10, 10:30, 13:30, 16:30 Uhr.
- **Busse nach Deva:** alle 20 Minuten; Direktverbindung im Gegensatz zum Zug, bei dem man in Simeria umsteigen muss.
- **Bus nach Alba Iulia:** nur um 8 Uhr.
- **P-Zugverbindungen nach Deva** (in Simeria umsteigen): 6:50, 8:30, 11:08, 15:32, 17:05, 19:33, 20:50, 22:38 Uhr.

Unterkunft

- **Hotel Löwe** (***), Näheres unter www.motellowe.ro.
- **Hotel Alaska** (***), 5 km vor der Stadt Deva. EZ 55 Euro, DZ 66 Euro, 3er-Zimmer 75 Euro.
- **Hotel Wien** (***), EZ 65 Euro, DZ 75 Euro, Frühstück inkl. (sonntags alle Zimmer 50 Euro ohne Frühstück).

Haţeg

↗ XIII, D2

Die kleine Stadt Haţeg (Wallenthal) ist der ideale Ausgangspunkt für **Exkursionen ins Retezat-Gebirge** und nach Ulpia Traiana (s.u.). 3 km nördlich der an der E79 gelegenen Stadt befindet sich eines der größten **Bisonreservate** Rumäniens, wobei die Rumänen vor Ort besonders unterstreichen möchten, dass die Bisons hier rein rumänischen Ursprungs sind, während die Neuansiedlungen in den restlichen Reservaten des Landes auf importierten Tieren beruhen. Die umliegenden Gemeinden mit ihren sehenswerten **romanischen Kirchen** sind, ebenso wie die südlich gelegenen Dörfer, die als Beginn einer Tour ins Retezat geeignet sind, vom Busbahnhof aus gut zu erreichen.

Informationen

- Die Touristeninformation **Asociatia de Turism Retezat** (man spricht englisch; www.turismretezat.ro) an der Straße Nr. 68 hat Broschüren, Landkarten und Bücher und gibt Tipps für Wanderungen und Ausflüge.

Mobilität

- **Busbahnhof:** Str. Caragiale 14.
- Der **Endbahnhof** von Haţeg heißt **Subcetate** und liegt 5 km südöstlich der Stadt.

Unterkunft

- **Casa Veche** (***), die sehr empfehlenswerte Pension (www.casa-veche.ro) liegt in der Nähe des Plus-Supermarktes und ist im Ort ausgeschildert. Sehr ruhig, neu und gepflegt. Keine Durchgangsstraße! Einer der Eigentümer spricht deutsch.
- **Motel Belvedere,** Str. 57, Tel. 0254-777 604. Das Motel liegt direkt an der E79 am Ortseingang. DZ 30 Euro.
- **Pensiune Arizona Exim,** Str. Carpaţi 2, Tel. 0254-777 115, arizonaexim@yahoo.com. Das trophäengeschmückte Haus des jagdfreudigen *Lucian Maruta* mag vielleicht nicht jedermanns Sache sein, doch wer sich über die Tiere des Retezat und Exkursionen erkundigen möchte, ist hier richtig. Ü 20 Euro p.P.
- **Pensiunea Getasim Impex,** Str. Viilor 44, Tel. 0254-709 473 oder 0744-761 290, DZ 70 RON.

Ulpia Trajana

↗XIII, C2

Ungefähr 16 km südlich von Haţeg liegt der kleine Zungenbrecher-Ort **Sarmizegetusa.** Er ist nicht zu verwechseln mit der östlich gelegenen ehemaligen Hauptstadt der Daker namens Sarmizegetusa Regia, deren Ruinen heute in den Bergen des Rezetat zu finden sind. Bei der heutigen rumänischen Ortschaft gleichen Namens handelt es sich um die Nachfolgersiedlung der **ehemaligen römischen Stadt** Ulpia Traiana, die etwa 3 km südlich errichtet wurde. Heute befindet sich auch hier ein Ruinenfeld.

Nach der Unterwerfung der Daker baute der römische **Kaiser Trajan** die neue **Hauptstadt der römischen Provinz Dacia** 30 km westlich der alten dakischen Stadt Sarmizegetusa Regia auf und nannte sie Ulpia Traiana Dacia Sarmizegetusa. Ganz bewusst fügte er die dakische Ortsbezeichnung hinzu, um aufzuzeigen, dass er die Daker und ihren König *Decebal* achtete.

In ihrer Blütezeit lebten bis zu 30.000 Menschen in der römischen Stadt, die sich über eine Fläche von 32 ha erstreckte. Das **Forum** bildete das Zentrum des politischen und gesellschaftlichen Lebens, größtes Bauwerk war das **Amphitheater,** dessen Überreste etwa 100 m von der nördlichen Stadtmauer stehen. In der **heiligen Zone** der Stadt standen zehn Sanktuarien, von denen ein großer Steinaltar erhalten geblieben und heute im archäologischen **Museum** des Geländes zu sehen ist. Außerdem errichteten die Römer eine eigene Gladiatorenschule und einen **Nemesis-Tempel** am östlichen Tor des Amphitheaters, denn *Nemesis,* die Göttin der Rache und Strafe, erfuhr bei den Gladiatoren eine besondere Verehrung.

Zahlreiche andere Tempel machten die Hauptstadt Dakiens zu einem kleinen Rom am Rande der Karpaten. Der **Liber-Tempel** 300 m nordöstlich des Amphitheaters war dem Götterpaar *Liber* und *Liberia* geweiht, die als Götter der schöpferischen Natur später mit *Dionysos* gleichgesetzt wurden. Im **Hygia- und Aeskulaptempel** wirkten die ersten Ärzte der römischen Provinz, schließlich war der Tempel dem Heilgott *Aeskulap* und seiner Tochter, der Göttin der Gesundheit *Hygia,* geweiht. Ob die Römer der Hygiene, die wir ja von der lateinischen Bezeichnung *Hygia* abgeleitet haben, auch in

Form von Thermen oder Badehäusern gehuldigt haben, ist nicht bekannt, liegt aber nahe. Leider sind von den genannten römischen Gebäuden oft nur noch die Grundmauern erhalten.

Mobilität

- Von Haţeg aus fahren täglich 4 **Busse über Sarmizegetusa nach Caransebeş** im Banat: 6:15, 10, 12 und 17 Uhr.

Unterkunft

- Zur Übernachtung bieten sich die Pensionen im 12 km entfernten **Haţeg** an (s.o.).

Deva

↗ XIII, D1

- **Höhe:** 320 m
- **Vorwahl:** 0254
- **Einwohner:** 75.918
- **Deutscher Name:** Diemrich
- **Ungarischer Name:** Déva

Die Hauptstadt des Bezirkes Hunedoara am linken Ufer der Mureş kann ihre dakischen Wurzeln nicht verleugnen. Der Name Deva geht auf das dakische Wort *Dava* für Festung zurück (wie auch in Petrodava, Zargidava usw.) So hieß die Stadt auch in ihrer frühesten Zeit **Singidava.** Der erste urkundliche Nachweis geht auf das Jahr 1269 zurück. Unter *Hunyadi János (Iancu de Hunedoara)* erlebte die Bergarbeiterstadt am westlichen Rand Siebenbürgens ihre Blütezeit und stieg zu einem wichtigen militärischen Zentrum auf. Im Westen der Stadt ist die **Cetatea Devei,** eine der ehemals stärksten Befestigungen Siebenbürgens, aus dem 13. Jahrhundert zu besichtigen, die zwar selten erobert, dafür aber 1849 von Schmieden versehentlich in die Luft gejagt wurde, als diese ein Pulverlager entzündeten. Seit dem Jahr 2003 führt eine **Kabelbahn** auf den 342 m hohen Festungsberg, wo natürlich die Statue des Dakerkönigs *Decebal* nicht fehlen darf.

Auch die beiden wichtigsten Museen der Stadt liegen gleich zu Füßen der Festungsanlage. Im **Historischen Museum (Muzeul Civilizaţiei Dacice şi Romane)** sind vor allem wichtige archäologische Funde aus der Dakerzeit ausgestellt, im **Naturkundlichen Museum** gleich auf der anderen Seite der Straße (nahe dem Hotel Decebal) liegt der Schwerpunkt der Ausstellung auf der Tier- und Pflanzenwelt des nahen Retezat-Gebirges. Eine Abteilung der städtischen Museen widmet sich der zeitgenössischen Kunst *(Sectia de Artă)* und ist an der Ecke Str. 1. Decembrie und Str. Avram Iancu zu finden.

Den meisten Rumänen ist Deva vor allem wegen des dortigen Trainingszentrums der rumänischen **Turn-Nationalmannschaft** und deren prominentestem Turnkind, *Nadia Comăneci,* bekannt, die über sieben Jahre in der Stadt trainierte.

Alle Sehenswürdigkeiten der 70.000 Einwohner zählenden Stadt können mühelos zu Fuß erkundet werden.

Sehenswertes

Festung Deva (Cetatea Devei)

Auf Weisung der habsburgischen Könige wurde 1385 mit dem Bau der

Festungsanlage von Deva begonnen, die außer einigen schaurigen **Legenden** und einem **herrlichen Ausblick** über die Stadt nicht viel zu bieten hat. So soll der Sage nach die Frau des leitenden Steinmetzes lebendig in das Gemäuer eingemauert worden sein, um dessen Schutz zu gewährleisten. Nachgewiesen ist hingegen der Tod des jungen calvinistischen Theologen aus Wittenberg, **Franz David.** Der Gründer der unitarischen Kirche war auf der Festung gefangen gehalten worden und kam hier auch zu Tode.

Nachdem im Jahre 1849 ungarische Nationalisten die Festung angegriffen hatten, kam es nach vierwöchiger Belagerung zur versehentlichen **Explosion der Pulverkammer.** Seither künden nur noch Ruinen von einstigen ruhmreicheren Tagen.

Historisches Museum

Das Museumsgebäude ist im **Magna-Curia-Palast** aus dem Jahr 1621 untergebracht. Es wurde auf Weisung des Wojwodenfürsten *Gabor Bethlen* errichtet, unter dessen Herrschaft Deva kurzfristig Hauptstadt Siebenbürgens war. Der Museumspalast befindet sich gleich zu Füßen des Festungshügels am Rande eines kleinen Parks.

Die permanente Ausstellung des Museums zeigt in 20 Räumen die wichtigsten Stationen der rumänischen Geschichte auf. Natürlich gilt dabei ein Schwerpunkt und Hauptaugenmerk der **dakischen Kultur.** Im Abschnitt über die Altsteinzeit und das Paläolithikum finden sich Skelette von Höhlenbären und Fragmente von Mammuts und kleinen Ur-Pferden. Die Räume zur Bronze- und Eisenzeit präsentieren neben ausgefeilten Instrumenten zur Jagdtechnik auch interessante Grabbeigaben und Schmuckgegenstände.

- **Muzeul Civilizației Dacice și Romane,** B-dul 1. Decembrie 1918 Nr. 39, Tel./Fax 212 200, Di. bis So. 9–17 Uhr, Mo geschlossen, Eintritt 4 RON.

Informationen

Da Deva über kein eigenes Informationsbüro verfügt, empfiehlt es sich, bei eventuellen Anfragen eins der folgenden **Reisebüros** zu kontaktieren:

- **Deva,** B-dul 1. Decembrie 1918 Nr. 7, Tel./Fax 218 887.
- **Agentie de Turism Sarmis,** Piața Victoriei 3, Tel. 213 173.

Notfälle

- **Krankenhaus: Spitalul Județean,** B-dul 22. Decembrie 56, Tel. 215 865.

Mobilität

- **Hauptbahnhof (Gara),** Piața Garii (in nordöstlicher Richtung am Ende der Str. Libertații, 10 Min. vom Zentrum entfernt).
- **Busbahnhof:** gleich rechts neben dem Hauptbahnhof; wichtige **Verbindungen:** Deva - Arad: 5:45 und 9:11 Uhr, Deva - Hunedoara: morgens alle 10 Min., Deva - Hațeg: keine direkte Verbindung, in Hundedora umsteigen.

Unterkunft

- **Villa Venus** (****), Str. M. Eminescu 16, Tel. 212 243, www.villavenus.ro. Kleines Hotel mit großem Standard. Von Air-Condition und Internet bis zum Solarium ist hier alles vorhanden, was Urlauberherzen wünschen. EZ 52 Euro, DZ 62 Euro, Suite 75 Euro

- **Hotel Decebal** (***), Str. 1. Decembrie 1918 Nr. 37a, Tel. 212 413. Sehr ruhiges, im Grünen gelegenes Hotel mit 73 Plätzen zu Füßen des Festungsberges. DZ 65 Euro.
- **Vila Paradis** (***), Aleea Crişului 1a, Tel. 220 130. Saubere, helle Zimmer. DZ 35 Euro.
- **Deva** (**), Str. 22. Decembrie 1918, Tel. 211 290, EZ 36 Euro, DZ 48 Euro, Suite 69 Euro.
- **Motel Beno Oil** (**), Str. Santuhalm 7, Tel. 234 212. Eine der günstigsten Übernachtungsmöglichkeiten in der Stadt. DZ 60 RON.

Retezat-Gebirge und -Nationalpark

XIII, C/D3

Südlich der Städte Hunedoara, Călan und Haţeg erstreckt sich eines der faszinierendsten Gebirgsmassive und Naturschutzgebiete Südosteuropas, das jährlich zahlreiche **Bergsportler, Wanderer und Naturliebhaber** in seinen Bann zieht. Der unter der Protektion der UNESCO stehende Nationalpark Retezat ist nicht nur der älteste Naturpark Rumäniens, sondern auch einer der artenreichsten. Allein **über 1100 Pflanzenarten** sind in dem bereits 1935 gegründeten Schutzgebiet nachgewiesen, darunter 62 endemische Arten. Dieser Reichtum ist vor allem auf das steigende Engagement der rumänischen Naturschützer zurückzuführen, die sich dafür einsetzen, das Retezat-Gebirge in seiner ursprünglichen Schönheit zu erhalten.

Neben der reichhaltigen Flora kann auch die Fauna des Retezats die Besucher in Entzücken versetzen. So mancher wird hier vielleicht seine Bärentaufe erleben, sprich: seinen ersten **Braunbären** mit eigenen Augen zu sehen bekommen. In den bergigen Wäldern tummeln sich außerdem zahlreiche Hirsche, Gemsen, Wölfe und Wildschweine. Da die Eiszeit hier **über 100 Gletscherseen** und mit ihnen zahllose Wasserläufe hinterlassen hat, ist natürlich auch die Unterwasserwelt mit Barben, Forellen und Äschen zahlreich vertreten. Die Seen zählen sicherlich zu den größten touristischen Attraktionen des Gebirgszuges. Die meisten von ihnen befinden sich auf einer Höhe zwischen 1900 und 2000 m. Die größten Gletscherseen sind der **Lacul Bucura** (8,8 ha) und der **Lacul Zănoaga** (6,5 ha), der mit 29 m auch die größte Tiefe aufweist.

Neben dem großen und bekannten Retezat-Gebirge gibt es weiter südlich auch noch eine **kleines Retezat,** das kaum bekannt ist und in dem es u.a. sehr schöne **Karsthöhlen** zu entdecken gibt. Man erreicht es über die Gura Bucurei und den 1879 m hohen **Saua Plaiul Mic.**

Anreise

- Das Retezat-Gebirge kann man von verschiedenen Seiten aus erreichen. Eine Variante ist die (Zug-) Fahrt nach **Petroşani,** wo man in einen Zug nach **Lupeni** umsteigen oder einen Bus zum **Câmpu lui Neag** nehmen kann, einer Gemeinde, die in der Nähe des Lacu Valea de Peşti (Fischtalsee) liegt. Man nähert sich dem Retezat auf diese Art von Osten her und erreicht so auf schnellstem Wege die ruhigeren Passagen im Kleinen Retezat-Gebirge.
- Von Norden kann man Wanderungen gut vom Ort **Pui** (10 km südöstlich von Haţeg) aus starten. Die direkt nördlich gelegene **Pietrele-Hütte** kann man nicht mehr mit dem

Auto erreichen, auch nicht mit Allrad, sondern nur noch zu Fuß. Rumänische Hütten sind meist nicht bewirtschaftet, also Wasser und Proviant mitnehmen. Der Weg ist gut markiert, den ungenauen Zeitangaben sollte man keinen Glauben schenken. Die Angaben über Preise für Eintrittskarten in den Park sind sehr unterschiedlich, aktuell erkundigen kann man sich z.B. in Nucşoara.

- Am Ortseingang von Nucşoara (von Haţeg kommend) hat seit Mai 2006 ein großes Informations- und Verwaltungszentrum eröffnet, das sich ausschließlich um das Naturschutzgebiet und den Tourismus des Retezat kümmert. Übernachtungsmöglichkeiten werden erst im Laufe des Jahres 2007 entstehen. Kontakt über **Centrul de Vizitare Nucşoara,** Tel. 0254-383 974, www.retezat.ro/en.

Bergtouren im Retezat-Gebirge

Cârnic-Cascadă-Hütte (1000 m) – Pietrele-Hütte (1480 m)

Vom kleinen Ort Nucşoara aus sind es 5 km in südlicher Richtung bis zum Ausgangspunkt der ersten Wanderung ins Retezat-Gebirge. Die mit einem blauen, senkrechten Streifen ausgeschilderte Tour dauert nur **1½ Stunden.** Vor Antritt der Tour sollte man sich in einer der unten aufgeführten Salvamont-Stellen oder Hütten eine **Eintrittskarte für den Nationalpark** *(Bilet de Vizitare)* besorgen. Sie kostet umgerechnet etwa 3 Euro, und man erhält dazu ein Faltblatt mit den wichtigsten Angaben wie Trassenverläufen, Hütten und Zeltmöglichkeiten.

Von der **Cabana Cârnic Cascadă** aus, an der es übrigens auch eine **Informationsstelle** zum Nationalpark gibt, betritt man nach ca. 1,5 km die Kontrollstelle des Reservats. Nach etwa 20 weiteren Gehminuten geht links ein Weg zu den **Lolaia-Wasserfällen** ab, die nur 7 Minuten entfernt sind. Rechts geht der blau markierte Weg weiter durch das **Pietrele-Tal,** rechtsseitig am gleichnamigen Flüsschen entlang durch den Wald, bis man die **Pietrele-Hütte** auf 1480 m Höhe erreicht hat.

rum331 Foto: jr

Gebirgsbach im Retezat-Nationalpark

Pietrele-Hütte (1480 m) – Buta-Hütte (1580 m)

Die zweite Wanderung kann auch als separate Teilstrecke angegangen werden, da die Pietrele-Hütte auch mit dem Taxi (oder eigenen Wagen) ange-

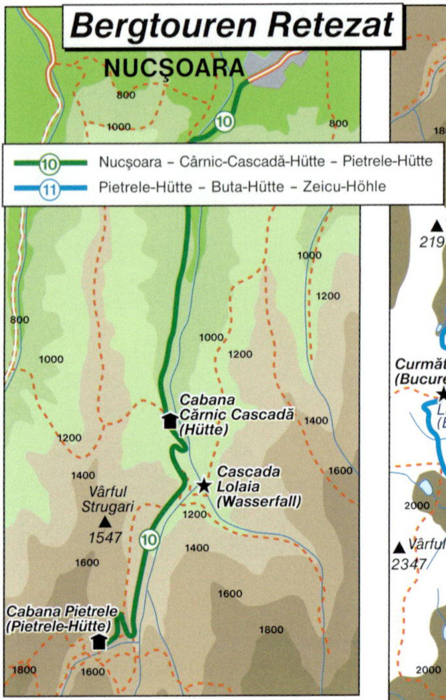

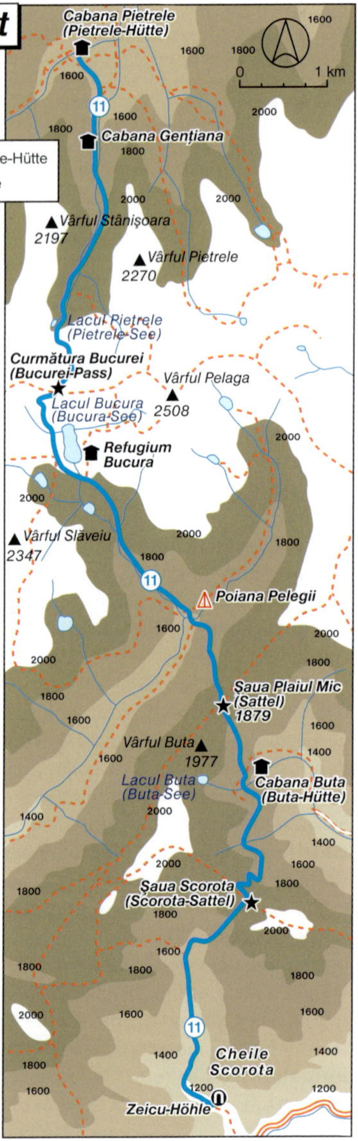

fahren werden kann. Auch sie ist mit dem senkrechten blauen Band markiert und nimmt **6½–7 Stunden** in Anspruch. Dabei führt sie von Norden nach Süden durch das große Retezat und anschließend am einzigen Durchgang, der Flanke des **Şaua Plaiul Mic,** vorbei zum südlich gelegenen Kleinen Retezat.

Anfangs geht es dabei durch den Wald, bis man nach etwa 35 Minuten eine Lichtung mit dem Refugium, der **Hütte Genţiana** (1670 m), erreicht. Ab jetzt steigt der Weg im Pietrele-Tal stetig an, man passiert die **Pietrele-**

Wasserfälle und den gleichnamigen See, um auf 2206 m Höhe nach 3 bis 4 Stunden den Bucurei-Pass zu erreichen **(Curmătura Bucurei).** Hier kreuzt der von Osten kommende, mit einem roten Streifen markierte Weg, der westwärts hinab zur **Gurs-Zlata-Hütte** (2 Stunden entfernt) führt. Von oben hat man einen herrlichen Ausblick auf den südlich gelegenen großen **Bucura-See,** den man nach kurzer Wanderung rechts passiert (am östlichen Ufer des Sees liegt das Refugium Bucura auf 2070 m Höhe). Links ist der höchste Berg des Retezats, der **Vârful Peleaga** (2508 m), zu sehen.

Nach Verlassen der Gletschersenke von Bucura steigt die nun auch mit einem roten Kreuz markierte Wegstrecke wieder kontinuierlich an, bis man die **Poiana Pelegii** erreicht hat, eine Bergwiese mit Zeltplatz. Von hier aus geht es hinunter über eine Holzbrücke am kleinen Peleaga-Bach und dann wieder steil hinauf zum **Saua-Plaiul-Mic-Sattel** (1884 m). Der Schluss der Tour ist dann wieder etwas abschüssig. Durch zahlreiche Lichtungen geht es hinab zur **Buta-Hütte,** die man vom Sattel aus nach etwa einer halben Stunde auf 1580 m erreicht.

Wer sich für **Höhlen** interessiert, sollte sich nach den **Peştera din Valea Scorota** erkundigen. Man erreicht die Höhlen von der Buta-Hütte aus über die Şaua Scorota (der Weg ist mit einer gelben, senkrechten Linie markiert) und dann über die mit einem gelben Punkt markierte Strecke ins **Cheile Scorota.** Interessant ist vor allem die **Peştera Zeicu.**

- **Transporte zur Cabana Pietrele** übernimmt **Bebe Murar,** Tel. 0744-906 299.

Unterkunft:

- **Cabana Pietrele,** Tel. 0721-291 779 oder 0722-246 639, eine „Cabanuţe", also eine Hütte mit 2 Betten, 1 Tisch und 2 Stühlen, kostet 12 RON pro Person. Im Sommer sind die Holzhüttchen meist ausgebucht, telefonische Reservierung ist erforderlich. Zeltplätze sind aber immer vorhanden.
- **Cabana Genţiana,** Tel. 0722-715 595 oder 0721-052 920.
- **Cabana Buta,** Kontakt über *Piekny Albert,* Uricani, Tel. 0254-511 223 oder 0724-994 703 (geöffnet März bis Okt.). Die im Jahr 2000 neu erbaute Cabana bietet 4 Zimmer mit 24 Übernachtungsmöglichkeiten. Vollpension ist möglich.

Zeltplätze:

- Bei der **Cabana Pietrele, Cabana Genţiana,** am **Bucura-See,** auf der **Poiana Pelegii** und bei der **Cabana Buta.**

Bergrettung:

Das Retezat fällt in die Verantwortung von zwei Gebieten. Zum einen ist dies die **Salvamont Hunedoara,** Tel. 0744-938 812 oder 0254-735 405, zum anderen die **Salvamont Lupeni,** Tel. 0254-560 331 oder 0723-291 746. Sie sind von den Hostels Pietrele, Râuşor und Buta sowie von der Salvamont-Bucura-Hütte aus (im Sommer) zu erreichen. Die nächstgelegenen **Krankenhäuser** sind in Lupeni, Haţeg, Pui, Uricani und Petroşani.

Székely-Land

↗ IX, D2/3

In der **Provinz Harghita** spricht man vor allem **Ungarisch.** Die Bewohner nennen sich Székely, ihr Ursprung liegt, trotz der gemeinsamen Sprache mit den Magyaren, im Dunkeln. Ethnologen betonen die nahe Verwandtschaft der alten Székely-Runenschrift mit der turkmenischer Nomadenstäm-

Die Székler – Nachfahren der Hunnen?

In *Bram Stokers* berühmtem Roman „Dracula" wird die in Rumänien lebende Volksgruppe der Székler fälschlicherweise Szekeler genannt, und in *John Badhams* gleichnamiger Verfilmung (1979) wird derselben rumänischen Minderheit unterstellt, sie könne kein Ungarisch. Die fehlerhafte Benennung mag einfach auf die schlechte Recherche des Dracula-Erfinders zurückzuführen sein, die zweite Behauptung hingegen ist schlicht und ergreifend falsch. Wenn jemand in Rumänien Ungarisch spricht, dann sind es die Menschen, die im **Gebiet zwischen dem Harghita-Gebirge und den Karpaten** leben, dem **Széklerland.** Die **Verwandtschaft mit den Magyaren** und die **gemeinsame asiatische Vergangenheit** der sich selbst „Székely" nennenden Bevölkerung sind mittlerweile eindeutig nachgewiesen. Dennoch verliert sich die genaue Herkunft der rumänischen Székler in den dunklen Tiefen der Geschichte. Einer Überlieferung nach sollen sie direkte Nachfahren der Hunnen, einer anderen zufolge Nachfahren der Gepiden oder Awaren sein. Als Hunnen wären sie im 5. Jahrhundert eingewandert und hätten die ungarische Sprache schnell adaptiert.

In schriftlichen Quellen taucht der Begriff **Siculi,** von dem der rumänische Begriff **Ţara Secuilor** für das Széklerland abgeleitet ist, erstmalig im Jahr 1116 auf. Seit je war das Gebiet der Székler ein Zankapfel zwischen den verschiedenen Völkern. Während des 18. Jahrhunderts, als sich ihre Heimat in der Hand der Habsburger befand, wurden Tausende Székler in der österreichischen Armee zwangsverpflichtet. Während des Volksaufstands von Madéfalva im Jahr 1764 flohen viele in die Republik Moldau. Diese Volksgruppe wurde fortan von den Széklern **Csángós** genannt, was so viel wie die „Abgespaltenen" bedeutet. Mittlerweile wird die Bezeichnung Csángó meistens abfällig gebraucht.

me und stellen eine Verbindung her zwischen einigen schamanistischen Elementen der Székely-Kunst und derjenigen, die man heute noch in Zentralasien, vor allem der Mongolei, finden kann.

Touristisch gesehen kann die Provinz Harghita vor allem wegen ihrer zahlreichen **Heilquellen** und über zwanzig Heilbäder punkten. Jeder in Rumänien kennt den **Kurort Sovata** oder das **Heilbad Borsec** und sein überall im Land erhältliches Mineralwasser. Naturfreunde werden die Schönheiten des **Câliman- und Harghita-Gebirges** vor allem im Sommer genießen wollen, da die Winter in den Senken des transsylvanischen Hochlands doch sehr streng sein können, weshalb man die Provinz auch gelegentlich „den Nordpol Rumäniens" nennt. Entschädigt werden kälteempfindliche Besucher durch den überaus langen und sonnigen Herbst, der vor allem entlang den nördlichen Hügeln der Mureş zu einem atemberaubend bunten „Indian Summer" rumänischer Art einlädt.

● **Unterbringung und geführte Kulturwanderungen** im Széklerland bieten die Kalnoky-Gästehäuser. Die Gäste leben in traditionellen Székler-Sachsen-Häusern, HP und VP sind möglich, familien- und kinderfreundlich, geführte Natur- und Kulturtouren. Zimmer mit antiken Möbeln, Bad mit Fußbodenheizung, Billardraum, Sauna, großer Garten, Weinkeller, Sommerküche. Preis auf Anfrage. Dorf: Miklosvar, Kontakt: *Graf Tibor Kalnoky*, Tel. 0742-202 586, k@transylvaniancastle.com, www.transylvaniancastle.com.

Corund

IX, D3

Über die in nördlicher Richtung von Odorheiu Secuiesc nach Sovata verlaufende Hauptstraße 13a gelangt man nach 25 km in den Ort Corund. Auf seinem lang gestreckten **Markt** entlang der Hauptstraße dürfen natürlich neben Stroh, Woll- und Flechtwaren die **Töpferwaren** nicht fehlen, die die 5000 Einwohner zählende Gemeinde weit über die Grenzen Transsylvaniens hinaus bekannt gemacht haben. Die aus grauem Schieferton hergestellte Keramik wird wahlweise mit grüner, brauner oder der im 18. Jahrhundert durch die Sachsen eingeführten kobaltblauen Glasur auch auf Märkten in Bukarest verkauft. Ein Abstecher nach Corund lohnt sich vor allem am zweiten Augustwochenende, an dem einer der buntesten Märkte des Széklerlandes hier in der Nähe der ab 1720 erbauten unitarischen Kirche veranstaltet wird.

Praid

IX, D2

Die kleine Gemeinde Praid am Fuß der **Gurghiu-Berge,** 10 km nördlich von Corund, verdankt ihren Ruhm dem **Salz.** Bereits im 16. Jahrhundert entwickelte sich der Ort zu einem bedeutenden Zentrum der Salzgewinnung. Der 567 m hohe **Salzberg (Dealul Şarii)** ist eine geologische Kuriosität, da er aus einer 2000 m dicken, massiven Schicht aus geschätzten drei Milliarden Tonnen Salz besteht. Auch heute noch werden in den acht Salzstöcken täglich Tonnen des weißen Goldes gewonnen.

Auch alle Sehenswürdigkeiten des Ortes haben etwas mit Salz zu tun. So kann man die 1500 m lange **Salzmine** am nördlichen Ende des Ortes (Ecke Hauptstraße 13a und Strada Ocna/ Grubenstraße) mit Minibussen besichtigen oder sich im **unterirdischen Sanatorium** für Lungenkrankheiten (120 m unter der Erde) kurieren lassen. Vor allem Asthmatiker wissen die Luft der Salzmine sehr zu schätzen. Der Aufenthalt in einem der thermalen Salzbäder oder im **Salzfreibad** am Eingang der Mine ist vom 1. Juni bis 15. Oktober möglich.

Informationen

- Eine Liste der zahlreichen, auch privaten Unterkünfte in Praid erhält man über das **Informationszentrum,** Str. Principală 211.
- Informationen (in Englisch) über Praid und die Salzmine unter **www.salinapraid.ro.**

Mobilität

- **Autobusse** von Odorheiu Secuiesc nach Corund und Praid: 6:10, 10:45, 15, 18 und 22:30 Uhr (Mo. bis Fr.), 6 RON.

Unterkunft

- **Parajd Panzió** (***), seit Nov. 2007 gibt es endlich eine schöne, empfehlenswerte Pension nahe dem Kurort Praid. Man findet sie leicht im Zentrum des Ortes Panzió. Fitnessraum, Sauna, Jacuzzi, auf Wunsch preisgünstige Massage möglich. Zimmer mit Küche, kein Restaurant im Haus, kein Frühstück. Tel. 0266-240 471, EZ 24–40 Euro, DZ 26–42 Euro (im Sommer höhere Preise).

●An der Ausfahrt nach Gheorgeni findet man die neue hübsche **Pension Sebelin** (***), Tel. 0741-151 359, EZ/DZ 80–100 RON.

Essen und Trinken

●**Restaurant Casa Telegdy,** direkt im Zentrum von Praid. Gute ungarische und rumänische Küche, Frühstück.

Sovata IX, D2

Auch im Kurort Sovata 7 km nördlich von Praid spielen Wasser und Salz eine zentrale Rolle. Die Attraktion ist der von dichten Tannenwäldern gesäumte **Bärensee (Lacul Ursu)** in einer Höhe von 530 m. Er hat im Sommer eine seltene Kapriole der Natur zu bieten, die wissenschaftlich **Heliothermie** genannt wird. Die wärmeren Wasserschichten sind im Bärensee unten zu finden, während die Schwimmer an der Oberfläche durch verhältnismäßig kühles Süßwasser gleiten. „Kühler" bedeutet allerdings immer noch 20 bis 24 Grad Celsius. Rund um den See hat sich das **Kur-Ressort Sovata Băi** herausgebildet. Das Spektrum der Anwendungen reicht von Psoriasis und Atemwegserkrankungen bis hin zu Rheuma und Hormonstörungen.

Rund um die zentrale Strada Trandafirilor, 200 m vom Bärensee entfernt, haben sich neben der Bettenburg Alunis Hotel auch zahlreiche private **Pensionen** und kleinere **Hotels** angesiedelt.

Ein echter Tipp für Angler ist der kleine Ort **Câmpu Cetății** 10 km nördlich von Sovata. Nach dem Fang der **Forellen** im dorfeigenen Teich kann man sich anschließend im Restaurant zeigen lassen, wie die Fische auf transsylvanische Art zubereitet werden.

Unterkunft

Das Angebot in Sovata ist reichhaltig. Es lohnt sich, die Str. Trandafirilor und ihre Nachbarstraßen entlangzufahren. Die Preise bewegen sich je nach Saison zwischen 60 und 120 RON für ein Zimmer und verringern sich bei längerem Aufenthalt und Gruppen. Handeln ist fast überall möglich.

●**Vila Parc** (***), Str. Tivoli 1, Tel. 0265-570 851. Mitten im Grünen liegt das mit Holz verkleidete Hotel mit Swimmingpool und Sauna.
●**Casa de vacanță,** Str. Teilor 22, Tel. 0265-254 548, iszlaijeno@rdslink.ro, www.doina-jeno.ro. 8 Zimmer, gesicherter Hof mit Sommerterrasse, Grillofen und großen Rasenflächen. Voll ausgestattete Küche.
●**Vila Magdalena,** Str. Trandafirilor 66. Außen verspielt wirkendes Haus mit schönem Holzarkadenvorbau, innen eher schlicht und spartanisch eingerichtet.
●**Pension Paunica,** Str. Principala 171 B, Tel. 0265-570 378, www.pension-paunica.de (auf Deutsch, mit Bildern und aktuellen Preisen). Empfehlenswerte, ruhig gelegene, schöne Pension mit eigenem Garten. Preise je nach Saison und Zimmer 15–40 Euro (bis zu 4 Personen).
●**Renaissance-Pension,** in der Ortschaft Calugareni (ungar. Mı́kháza), 12 km von Sovata entfernt. Große Pension mit großen Zimmern (45 m²) im Grünen. Auf Wunsch auch (Luxury) Suiten, falls man im Urlaub mal kurz in ein Jacuzzi springen möchte. Restaurant und großer Garten. Reiten, Grillfeste, Jagen. Preise: 20–30 Euro pro Person, je nach Saison und Kategorie. Tel. 0265-347 338, www.reneszansz.com (auf Englisch).

Camping

●**Camping Stâna de Vale,** Str. Trandafirilor 153, Tel. 0265-571 048. Saison: 15. Juni bis 1. Sept., Öffnungszeit 7–22 Uhr.
●**Camping Vasskert,** Str. Principală 129A, Tel. 0265-570 902. Saison: Mai bis Sept., Öffnungszeit 7–22 Uhr.

rum337 Foto: jr

Miercurea Ciuc

X, A3

- **Höhe:** 655–730 m
- **Vorwahl:** 0266
- **Einwohner:** 42.100
- **Deutscher Name:** Széklerburg
- **Ungarischer Name:** Csikszereda

Miercurea Ciuc (gesprochen: Mirkurea Tschiuk) liegt inmitten des **Ciucer Beckens.** Die Stadt entstand als Zusammenschluss dreier Marktsiedlungen und wurde zur Gründerzeit um 1558 „Stadt der Ebene" genannt. Sehr langsam nur wuchs die Gemeinde, die anfangs kaum 100 Einwohner hatte, zum kulturellen und industriellen Zentrum heran. Ihre Lage in der Senke macht sie zu einem der kältesten Orte Rumäniens, wobei es im Winter durchaus zu Tiefpunkten von minus 40 Grad kommen kann. Die **kalten Winter** bringen die Durchschnittstemperatur des Jahres auf 5,9 Grad, obwohl die Sommertemperaturen durchaus 35 Grad erreichen können. Eine Reise im Spätherbst und Winter ist also nur etwas für Hartgesottene, zumal sich in diesen Jahreszeiten häufig Nebel bildet, der sich im Becken staut.

Besonders lohnt der Besuch der Stadt zu Pfingsten, wenn sich zur berühmten **Székely-Prozession von Şu-**

Str. Petőfi – wohl das Schmuckstück von Miercurea Ciuc

muleu Tausende von Wallfahrern aus allen Landesteilen auf den Weg ins Harghita machen. Am Pfingstsonntag geht es dann im **Franziskanerkloster von Şumuleu (Csiksomlyó)** 3 km nordöstlich vom Stadtzentrum sehr bunt und lebhaft zu. Rund um die drei Kapellen auf dem Hügel des Klostergeländes stimmt die Masse der frommen Besucher stimmgewaltig alte religiöse Lieder an, während sich zu ihren Füßen die prächtige Kulisse der Ciucer Senke auftut.

• **Franziskanerkloster** in Şumuleu (Csiksomlyó/Schomlenberg), Busse 11, 21, 40, 41, 42 Richtung Păuleni und Şoimeni, 1,50 RON.

Sehenswertes

Schloss Mikó

Seine touristischen Pluspunkte verdient sich Miercurea Ciuc als günstiger Ausgangspunkt in die Harghiter Bergwelt und weniger aufgrund seiner architektonischen Schönheit. Obwohl die Stadtverwaltung es nicht vermei-

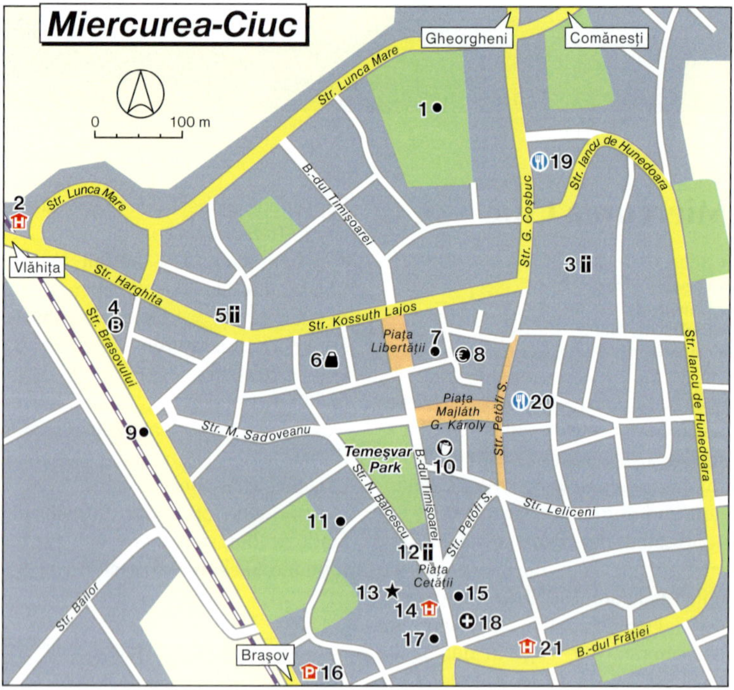

den konnte, das **Zentrum** rund um den **Piața Libertații** „massiv" zu modernisieren, sind in der Fußgängerzone entlang der **Strada Petöfi Sandor** noch zahlreiche schöne, alte Fassaden erhalten geblieben.

Das Prunkstück der Stadt ist das **Schloss Mikó (Castelul Miko),** das vom Landesfürsten *Ferenc Miko* in der Periode zwischen 1620 und 1635 erbaut wurde. Man findet es 300 m südlich des zentralen Platzes, am Schnittpunkt des Bulevardul Timişoarei und der Str. Balcescu. Der Fürstensitz wurde von vorneherein als Festung konzipiert. *Ferenc Miko* ließ das Schloss mit vier Bastionen ausstatten, wobei es die so genannte **Goldene Bastion** zeitweise sogar weit über die Region hinaus zu Bedeutung gebracht hat. Bereits 1661 wurde die Festung von den Tartaren geschleift. Jährlich im Juli wird im Innenhof des Schlosses das **Festival der Alten Musik** organisiert. Neben typischen Tänzen und Instrumenten aus der Region beeindrucken dabei vor allem die Chöre aus der benachbarten Stadt Odorheiu Secuiesc.

•	1	Stadion
🏨	2	Prince
⛪	3	Neue Kirche
Ⓑ	4	Busbahnhof
⛪	5	Röm.-Kath. Kirche
🛍	6	Markt
•	7	Kulturhaus
💱	8	Bankautomat
•	9	Hauptbahnhof
🎭	10	Stadttheater Játékszin
•	11	Eislaufbahn
⛪	12	Orth. Sf. Cruce
★	13	Mikó-Zitadelle und Museum
🏨	14	Fenyö
•	15	Rathaus
🅿	16	Panzió Turul
•	17	Justizpalast
⊕	18	Krankenhaus
🍴	19	Borona
🍴	20	Alzo
🏨	21	Floare de Colț

Das Schloss beherbergt heute das **Csiki-Székely-Museum.** Sehenswert ist hier vor allem die Sammlung alter Bücher, ein Bestand von über 6700 Werken, der auf die bibliophile Leidenschaft des Franziskanerordens zurückzuführen ist.

● **Castelul Miko** und **Csiki Székely Múzeum,** Str. Gh. Doja 2, Di. bis So. 9–17 Uhr, Eintritt 2 RON.

In der Altstadt

Außer dem in der Nähe des Schlosses gelegenen Rathaus und dem 1786 im klassizistischen Stil errichteten ehemaligen Gerichtshof, der heute ein Krankenhaus beherbergt, hat die Stadt architektonisch nicht viel zu bieten. Erwähnenswert ist die in der Strada Virág zu findende barocke **Szent-Kereszt-Kirche.** Das römisch-katholische Gotteshaus wurde 1758 errichtet und steht heute, wie in so vielen anderen rumänischen Städten, in Konkurrenz zu aktuellen Kirchenneubauten wie der Milleniums-Kirche, die als Werk des ungarischen Architekten *Makovecz Imre* die liturgische Kraft der Stadt stärken soll.

2 km südlich des Zentrums findet sich im Stadtteil Jigodin (Csikzsögöd) eine interessante Ausstellung des Székely-Künstlers **Nagy Imre.** Kenner der Székely-Kunst werden seine Holzschnitzereien bereits im Csiki Székely Múzeum bewundert haben. Im ehemaligen Wohnhaus des Malers sind außer Werken aus seiner Schaffenszeit zwischen 1920 und 1970 auch Arbeiten lokaler Textil- und Keramikkunst (Corunder Keramik) ausgestellt.

- **Galeri Nagy Imre,** Tel. 113 963, Mi. bis Mo. 9–17 Uhr, Eintritt 1 RON.

Informationen

- **Touristeninformation,** Str. Florilor 12, Tel. 317 007, Mo. bis Fr. 9–18 Uhr, Sa. bis So. 9–15 Uhr.
- **Molnar Tour,** Str. Gál Sandor 7, Tel. 311 217. Das **Reisebüro** vermittelt auch günstige Übernachtungsmöglichkeiten in den nahen Bäderstädten Băile Tuşnad und Covasna.
- **Reisebüro: Univers Tourist,** Piaţa Majláth Gusztáv Károly 6, Tel. 171 178.

Service

- **Post,** Str. Florilor 3, Mo. bis Fr. 7–20 Uhr, Sa. 8.30–13 Uhr.
- **Telefon,** Romtelecom am Piaţa Majláth Gusztáv Károly.
- **Geldwechsel: Banca Comercială** (Kereskedelmi Bank), Str. Florilor 17–19, Tel. 171 766; **Banca Naţională,** Str. Libertăţii 14, Tel. 171 661.

Notfälle

- **Polizei,** Tel. 112 224.
- **Erste Hilfe, Ambulanz,** Tel. 124 193.
- **Poliklinik,** Str. Tudor Vladimirescu 48, Tel. 124 193.
- **Kreiskrankenhaus: Spitalul Judeţean Harghita,** Str. Tudor Vladimirescu 50, Tel. 124 674.
- **Apotheke: Farmacia Nr. 50,** Piaţa Majláth Gusztáv Károly 4, Tel. 111 718.

Mobilität

Züge

- **Bahnhof,** Str. Braşovului 1, Tel. 115 102. Der Bahnhof liegt etwa 400 m westlich des Zentrums. Richtung Bukarest besteht keine direkte Zugverbindung.
- **IC-Zug-Verbindung Miercurea Ciuc – Braşov:** 17:35 Uhr (Ankunft: 19:28 Uhr).
- **R-Zug-Verbindung Miercurea Ciuc – Braşov:** 6:18 Uhr (Ankunft: 7:58 Uhr).

Busse

- **Busbahnhof (Autogara),** Str. Vânătorilor 7, Tel. 771 260. Der Busbahnhof liegt etwa 100 m nördlich des Zugbahnhofs nahe der Straße nach Odorheiu Secuiesc.
- **Busverbindung Miercurea Ciuc – Bucureşti:** 6, 9, 12 und 15 Uhr, 5 Std., 34 RON; die Busse nach Bukarest fahren über Băile Tuşnad, Sfântu Gheorghe, Braşov und Piteşti.

Taxis

- Tel. 953, 954

Unterkunft

Hotels

- **Hotel Harghita** (***), Piaţa Libertaţii 1, Tel. 171 543. Das sehr zentral gelegene Hotel der gehobenen Preisklasse bietet alle erdenklichen Einrichtungen. EZ 200 RON, DZ 260 RON.
- **Hotel Flamingo** (***), Str. Topliţa 141a, Tel. 313 600, office@hotelflamingo.ro, www.hotelflamingo.ro (deutschsprachig). Neu erbautes, modernes Hotel mit 26 Zimmern, angegliederter Bar, Diskothek, Schwimmbad und Restaurant. Außerdem: Wäsche-Service, TV,

Internet und bewachte Parkplätze. EZ 35 Euro, DZ 40 Euro (jeweils inkl. Frühstück). Das Hotel liegt 1 km nördlich außerhalb der Stadt (DN 12 Richtung Ciceu).

- **Hotel Fenyö** (***), Str. Nicolae Bălcescu 11, Tel. 311 493, reserve@hunguest-fenyo.ro, www.hunguest-fenyo.ro. Das 1972 erbaute, biedere achtstöckige Hotel ist nur 1 km vom Hauptbahnhof entfernt und liegt direkt am zentralen Park. Nach einem Umbau bietet es vom Fitnesscenter über Jacuzzi, Sauna und Internet allen möglichen Komfort. EZ 189 RON, DZ 224 RON, Suite 328 RON.
- **Hotel Prince** (**), Str. Harghita 74, Tel. 371 583, prince@topnet.ro. Das im Jahr 1998 erbaute, sehr gepflegte Hotel liegt im westlichen Teil der Stadt, an der Straße nach Odorheiu Secuiesc. Es gehört vom Preis-Leistungsverhältnis her zu den besten Hotels der Stadt. 20 Zimmer mit Bad. EZ 20 Euro, DZ 25 Euro (jeweils inkl. Frühstück).
- **Floare de Colț** (**), B-dul Frăției 7, Tel. 172 068. Eines der preiswertesten Hotels der Stadt, zudem ist es sauber und der Service freundlich.

Pensionen

- **Panzió Inkognito** (***), Iancu de Hunedoara 45, office@inkognitopanzio, www.inkognitopanzio.ro. Die 2005 im Grünen erbaute preiswerte und familienfreundliche Pension verfügt neben einer großen Terrasse, einem Spielplatz und einem Grillplatz auch über eine beheizbare Garage und organisiert für Naturfreunde auch Ausflüge mit dem Pferdewagen. Ein Thermalbad ist etwa 20 km entfernt. EZ 20 Euro, DZ 26 Euro (jeweils inkl. Frühstück), Appartement für 4 Personen 40 Euro (Kinder unter 10 Jahren und Gruppen erhalten Ermäßigungen.
- **Panzió Csiki** (**), Str. Petöfi 5, Tel. 314 377. Obwohl die sehr gepflegte Pension mitten in der Fußgängerzone liegt, ist sie erstaunlich billig und ruhig. Frühstück und warme Mahlzeiten werden extra berechnet. 7 Zimmer, EZ/DZ 17 Euro.
- **Panzió Turul** (**), Str. Brașovului 35a. Pension mit vielfältigem Angebot (Sauna, Garten) und schlichten Zimmern. EZ 15 Euro, DZ 20 Euro (jeweils inkl. Frühstück).

Essen und Trinken

- Im **Restaurant Alzo** in der Fußgängerzone bekommt man von Pizza und Pasta bis hin zu ungarischen und rumänischen Spezialitäten alles geboten. Achtung: reichliche Portionen. Str. Petöfi Sandor 16, Tel. 371 682.
- Trotz des seltsam chemisch klingenden Namens kann man ganz in der Nähe des Alzo, im **Carbonapetit** (Str. Petöfi Sandor 16, Tel. 116 828), bestens speisen. Schwerpunkt auf italienischer Küche.
- Im **Dany** in der Str. Mihail Sadoveanu 27, Tel. 171 860, findet man viele Einheimische. Wie meistens ist dies ein gutes Zeichen für die angebotenen regionalen Spezialitäten.
- Mit der Renovierung vieler historischer Häuser in der Fußgängerzone ging auch die Eröffnung des neuen **Restaurants Bandido's** einher. Das Lokal in der Str. Petöfi Sandor 25 gibt sich vom Interieur her mexikanisch, hat neben mittelamerikanischen aber auch klassische rumänische, ungarische und italienische Gerichte im Angebot. Achtung: scharf! Tel. 314 749, täglich 10–24 Uhr.

Feste und Events

- Im Februar findet kurz nach dem Fasching das **Schneefestival** statt.
- Das Franziskanerkloster in Csiksomlyó wird zur **Pfingstfeier** zu einem Pilgerort für Tausende von Széklern.
- Im Juli findet der **Tag der Tausend Székler Mädchen** statt – früher und heute ein Fest, bei dem es um Tanz, Musik und Brautschau geht.
- Ebenfalls im Juli spielen verschiedene Musik- und Tanzgruppen im Innenhof des Schlosses Mikó zum **Festival der Alten Musik** auf. Ein Tag, an dem vor allem die traditionelle Musik der Székler gepflegt wird.
- An den **Stadttagen von Széklerburg** im August präsentiert sich der ganze Ort auch kulinarisch von seiner besten Seite. Den ganzen Sommer über werden zudem bunte **Straßenfeste** mit Theater und Musik gefeiert. Erkundigen sie sich, ob es im August wieder ein **Kartoffelfest** geben wird.

- Im September findet das **Fest der Csángó** statt, ein Fest zu Ehren der aus der Székler-Region ausgewanderten ungarischstämmigen Gruppen.
- Zu Weihnachten findet traditionellerweise der **Wettbewerb im Weihnachtsbaumschmücken** statt.

Băile Tuşnad

XVI, A1

- **Höhe:** 650 m
- **Vorwahl:** 0266
- **Einwohner:** 1800
- **Deutscher Name:** Bad Tuschnad
- **Ungarischer Name:** Tusnádfürdó

Südlich von Miercurea Ciuc hat sich der **Olt-Fluss** ein imposantes Tal gegraben, in dem inmitten von Fichten und Lärchenwäldern der **bekannte Kurort** Băile Tuşnad zu finden ist. Mit ihren gerade einmal 1800 Einwohnern ist die Gemeinde zwischen den Nagy-Piliske und Csomád-Bergen die kleinste Stadt Rumäniens, denn 1968 hat man ihr ehrenhalber die Stadtrechte verliehen. Berühmtheit erlangte der Kurort vor allem aufgrund seiner zahlreichen **mineralischen Quellen** und deren Heilkraft. Die Gründung des Ortes im Jahr 1842 geht der Sage nach auf die Heilung eines Schäferjungen zurück, dem die Heilwasser von Tuşnad das Leben retteten. Diesem Wunder folgte schon bald der Bau der ersten so genannten **Schweizer Häuser** sowie eines überdachten Heilpfads zu den **Apor-Quellen.** Nachdem man um 1900 auch das sumpfige Gelände entlang des Olt trockengelegt hatte, begann der unaufhaltsame Aufstieg der Siedlung zu einem der bekanntesten Kurorte Rumäniens. Von den 44 Quellen rund um Bad Tuşnad zählen neben der bereits erwähnten Apor-Quelle die Mikes-, Rudi- und Sankt-Anna-Quellen zu den bekanntesten und meistbesuchten.

Băile Tuşnad ist sehr übersichtlich. Südlich des Bahnhofs finden sich versprengt in den Hügeln einige wenige Hotels. Von der Ortsmitte führen gut markierte Wege zu den Hauptattraktionen rund um den Kurort. Neben dem **Aussichtspunkt Ludmilla** locken vor allem der östlich der Stadt gelegene Sankt-Anna-See und das Mohos-Torfmoor die Wanderer und Kurgäste.

Den **Sankt-Anna-See (Lacul Sf. Ana)** erreicht man nach einem zweistündigen Fußmarsch über den südlichen Ortsrand Bixad. Der See ist der **einzige Vulkansee Rumäniens** und füllt auf einer Höhe von 950 m den **Krater des Ciumatu-Berges.** Jährlich ist das Ufer des spektakulären Sees Aufführungsort für ein Festival zu Ehren der Heiligen Anna am 26. Juli. In den 1970er Jahren wurde das Festival auch als politische Bühne der Opposition gegen *Ceauşescu* genutzt, was die Securitate lange Zeit vor der politischen Führung geheim hielt.

Wer die Bank auf die richtige Seite des Hauses stellt, so ein rumänisches Sprichwort, sitzt immer auf der Sonnenseite des Lebens

Als weiteres Naturphänomen erkennt man vom See aus auf der anderen Seite des Sattels das **Torfmoor von Mohos.** Die Wasseroberfläche des heutigen Moors war früher viermal größer als die des Sankt-Anna-Sees. Im Laufe der Jahrtausende verschwanden jedoch die Wassermassen und hinterließen ein echtes Hochmoor.

Informationen

- **Molnar Tur Tuşnad,** Str. Oltului 78, Tel. 0266-311 217, molnartur@almafa.ro.

Unterkunft

- **Hotel Fortuna** (***), Str. Kovacs Miklos 68. Luxuriöses Holzhaus am Waldrand mit Jacuzzi, Massage-Angebot, Sauna, Internet und Air-Condition. EZ/DZ 42 Euro, Suite 75 Euro (inkl. Frühstück).
- **Motel Bradul** (**), Str. Kovacs Miklos 30. Das Motel „Die Tanne“ mit eigenem Restaurant bietet das beste Preis-Leistungs-Verhältnis. EZ/DZ 18 Euro.
- **Pensiunea Szurdok,** Str. Oltului 78, Tel. 0266-335 298. 5 saubere Zimmer mit eigenem Bad und Doppelbett. EZ/DZ 10 Euro.
- **Pensiunea Csomad** (**), Str. Kovacs Miklos 62–64. Kleine Pension am Waldrand mit Kabel-TV, Massage-Angebot und Fax. EZ/DZ 18 Euro.

Fest

- **Stadttage** mit festlichen bunten Trachtenumzügen jährlich im Juni.

Süd- und Zentraltranssylvanien

rum343 Foto: jr

Mofetten – die sanften, ruhenden Geysire

In Rumäniens Vulkanlandschaft rund um die Kurorte Covasna und Băile Tuşnad läuft das Leben ähnlich beschaulich ab wie in der Eifel. Still, glatt und ruhig liegt der Teufelssee in der Mitte Covasnas, nur hier und da blubbern mineralische Quellen. Sanft und still wie die Maare der Vulkaneifel liegt auch der See der Heiligen Anna in der Nähe von Băile Tuşnad in seinem Kraterbecken. Doch so ruhig und bedächtig war die Natur hier nicht immer zu Gange. Tausende von Jahren kam die Erde im östlichen Széklerland nicht zur Ruhe.

Als Überbleibsel dieser vulkanisch aktiven Zeit kam es in **Covasna** zu einer in Europa seltenen geologischen Eigenart. Eine sprudelnde Kohlenstoffdioxidquelle, eine so genannte **Mofette,** hat sich hier mitten im Ort gebildet. Es handelt sich dabei um eine unterirdische Blase, die auch Methan oder Schwefel enthalten könnte. Glücklicherweise enthält die Mofette von Covasna jedoch nur Kohlenstoffdioxid und stellt keine Gefahr für Menschen und Tiere dar. In Island entladen sich die Mofetten von Zeit zu Zeit, da der heiße Wasserdampf für entsprechenden Druck sorgt. Man nennt sie dann **Geysire.** Die rumänischen Mofetten jedoch sind Indikatoren für passiven Vulkanismus, blubbern allenfalls ein wenig gespenstisch vor sich hin und würden erst dann zu Kaltwassergeysiren, wenn man sie aufbohren würde.

Die heutigen Kurgäste merken darum auch kaum etwas vom moffetigen Treiben unter ihren Füßen. Geologen gehen davon aus, dass sich die rumänische Erde hier am Rande der Karpaten noch einige Jahrhunderte ausruht, bevor es wieder zu Eruptionen und vulkanischer Aktivität kommt.

Covasna

↗XVI, B1/2

- **Höhe:** 850 m
- **Vorwahl:** 0267
- **Einwohner:** 11.204
- **Deutscher Name:** Kovasna
- **Ungarischer Name:** Kovászna

Einen ebenso hervorragenden Ruf wie Băile Tuşnad genießt der **Kurort** Covasna in der gleichnamigen kleinen Provinz. Man erreicht die Kleinstadt in den Bergen von Braşov aus in einer Stunde mit dem Pkw über die gut befahrbare E574 (rechter Abzweig hinter dem Ort Reci). Auch zahlreiche Züge und Busse fahren von Miercurea Ciuc über Sfântu Gheorgheni und von Braşov aus in den Kurort.

Vom Bahnhof aus bringen Zubringerbusse Reisende ins Zentrum der 3 km entfernt liegenden **Stadt der „tausend Quellen".** Von hier aus sind es 5 km zu den Kliniken, Sanatorien und Heilbädern im sagenhaften **Tal der Feen (Valea Zânelor).**

Bereits seit 1548 ist die Heilkraft der **salzhaltigen Quellen** überliefert, doch erst im Jahr 1840 erhielt die Stadt das Recht, einen eigenen Markt abzuhalten, und erst im Jahr 1889 begann man die balneologischen Vorzüge des Ortes auch kommerziell zu nutzen. Landesweit wurde das Heilwasser in Flaschen abgefüllt und an die ärztlichen Praxen des Landes verkauft.

Mofetten, Waldbahn und Teufelsteich

Covasna liegt in einer Zone ehemals hoher vulkanischer Aktivität, die den zahlreichen Heilquellen und Mofetten (siehe Exkurs „Mofetten - die sanften, ruhenden Geysire“) zu einem erhöhten Mineralienanteil verhilft. Das **Wasser der Heilquellen** ist in seiner Zusammensetzung überaus komplex. Über 1500 verschiedene, meist mineralische Bestandteile machen es zu einem der therapeutisch wirksamsten ganz Europas.

Ein Überbleibsel der vulkanischen Kraft kann man im Zentrum von Covasna bewundern: Aufgrund einer gewaltigen vulkanischen Eruption ist hier der **Teufelsteich (Balta Dracului)** entstanden.

Eine weitere Attraktion des Kurortes ist die 1886 erbaute **Waldbahn,** die neben der im Maramureş noch heute aktiven Dampflokomotive vom Valea Vaser zu den letzten Fahrzeugen ihrer Art in Europa zählt. Seit einiger Zeit bemühen sich Vereine und Dampflok-Fans, die lange stillgelegte Waldbahn von Covasna nach Comandau wieder in Fahrt zu bringen. Einer Initiative gelang es bereits 2002, die alte Krauss-Lok in Comandau und die neu gebaute Lok aus Reghin fahren zu lassen. Vorerst sollen nur Touristen in den Genuss der Standseilbahn kommen.

Mobilität

Züge

- **P-Zugverbindung Miercurea Ciuc - Covasna:** 6:32, 13:33, 15:28 Uhr, Ankunft in Sfântu Gheorghe 7:26, 8:03, 15:14 Uhr, Abfahrt Sfântu Gheorghe 8:54, 17:50 Uhr, Anfunft in Covasna 10:07, 19:03 Uhr.
- **P-Zugverbindung Braşov - Covasna:** Abfahrt 8:03 Uhr, Ankunft 10:07 Uhr.

Busse

- **Miercurea Ciuc - Covasna:** Abfahrt 11:30 Uhr, Ankunft 13:34 Uhr, 13 RON.
- **Braşov - Covasna:** Abfahrt 15 und 18:30 Uhr, 1½–2 Std., 8 RON.

Unterkunft

- **Hotel Bradul** (***), Str. Valea Zânilor 10, Tel. 340 081. Bestes Haus im Ort ist das moderne, gegenüber dem Krankenhaus liegende Hotel „Die Tanne“. EZ/DZ 40 Euro.
- **Hotel Covasna** (**), Str. 1. Decembrie 1918 Nr. 1–2, Tel. 340 401. Hotel mittlerer Kategorie. EZ/DZ 22 Euro.
- **Hotel Turist** (*), Str. 1. Decembrie 1918 Nr. 4, Tel. 340 573. Einfaches, aber gutes Hotel im Stadtzentrum. EZ/DZ 16 Euro.
- **Pensiunea Schneider** (**), Str. Ştefan cel Mare 106, Tel. 304 758. Preiswerte und ruhige Pension. EZ/DZ 12 Euro.

Camping

- **Camping Valea Zânilor,** Valea Zânilor, Tel. 340 401. Platz ab 6 Euro.

rum346 Foto: jr

Das nördliche Transsylvanien

rum347a Foto: jr

rum347b Foto: jr

Riesige Sonnenblumenfelder gehören im Sommer zum Erscheinungsbild des nördlichen Transsylvaniens

Kloster Sfântul Ilie

Kaffeeröstung auf heißem Sand

Einleitung

Der nördliche Teil Transsylvaniens fiel im Zweiten Weltkrieg an **Ungarn.** Die Achsenmächte Deutschland und Italien drängten Rumänien dazu, das fast 44.000 Quadratmeter große Gebiet zwischen Cluj-Napoca und Topliţa an den deutschen Verbündeten abzutreten. Während der vier Kriegsjahre wurden Tausende Rumänen inhaftiert und gefoltert. Erst ab dem Tag der deutschen Kapitulation am 25. Oktober 1944 fiel das Gebiet, einschließlich der Crişana und dem Maramuresch, wieder an Rumänien.

Geografisch lässt sich das nördliche Transsylvanien klar umgrenzen. Der **Fluss Mureş** bestimmt und prägt einen großen Teil des Gebietes. Nach seinem östlichen Ursprung im Harghita-Gebirge nahe der Stadt Gheorgheni liegen mit Topliţa, Reghin und Târgu Mureş einige der wichtigsten Städte Nordtranssylvaniens an diesem Fluss, bevor er sich bei Ocna Mureş Richtung Süden verabschiedet.

Kulturell und sprachlich gesehen steht das nördliche Transsylvanien nach wie vor stark unter **ungarischem Einfluss.** Vor allem in den „westlichen" Städten Târgu Mureş und Cluj-Napoca führt dies auch zu einem höheren Tempo, was das wirtschaftliche Leben betrifft. Alles geht hier ein wenig flotter und unbürokratischer zu als in den östlichen Teilen des Landes.

Die Gliederung dieses Kapitels folgt, im Großen und Ganzen, dem Lauf der Mureş von Ost nach West.

Gheorgheni ⇗X, A2

- **Höhe:** 680 m
- **Vorwahl:** 0266
- **Einwohner:** 20.020
- **Deutscher Name:** Niklasmarkt
- **Ungarischer Name:** Gyergyószentmiklós

Landschaftlich zauberhaft zwischen den Gurghiu-Bergen und den östlichen Karpaten gelegen, hat die Stadt selbst nichts zu bieten. Sehenswert ist nur die **armenisch-katholische Kirche** aus dem 18. Jahrhundert. Vor allem die destruktive Planungs- und Baupolitik der einst kommunistischen Stadtverwaltung führte rund um den zentralen Piața Libertății zu einer atemberaubend trostlosen Ansammlung schäbiger Gebäude. Und so könnte man sagen, das Schönste an Gheorgheni sei der Weg in die nahen **Harghiter Berge,** zum sagenumwobenen **Lacu Roşu** oder zum 7 km entfernten **Schloss Lăzarea,** gäbe es da nicht ein Museum in der Stadtmitte.

Das **Museul Tarisznyás Márton** am östlichen Rand des zentralen Freiheitsplatzes zeigt einige faszinierende Holzschnitzereien und Textilarbeiten ungarischer und einheimischer Székely-Künstler. Interessant vor allem die an schamanistische Motive aus Zentralasien erinnernden **Schnitzereien,** die man an Wetterschenkeln und Türen finden kann.

Im Garten des Museums befindet sich eine **historische Dampflokomotive,** die an die alten Zeiten der Schmalspurbahn zwischen Gheorgheni und dem Lacu Roşu erinnern soll.

- **Museul Tarisznyás Márton,** Str. Rácóczi 1, Di. bis Sa. 9–16.30 Uhr, So. 9–13 Uhr, Eintritt 2 RON.

Schloss Lăzarea ⇗X, A2

7 km nördlich von Gheorgheni liegt das kleine Städtchen Lăzarea, das im ungarischsprachigen Gebiet nahe der Mureş-Quellen auch Szárhegy genannt wird. Ein Stopp lohnt auf jeden Fall, allein schon aufgrund der wunderschön bemalten **Renaissancehallen** des Schlosses. Jeden Sommer treffen sich einheimische **Maler** in dem kleinen Ort zu einem Sommercamp, auf dem die neuesten Techniken der Freskenmalerei und Rekonstruktionskunst vorgestellt werden. Auch die Fresken der Schlossfassaden profitierten vom Engagement der Künstler und erstrahlen in neuem, altem Glanz.

In der schlosseigenen **Galerie** sind Werke der Künstler ausgestellt und käuflich zu erwerben; ein **Park der Skulpturen** präsentiert Plastiken und Schnitzereien aus der Region.

Unterkunft

- 16 km vor Gheorgheni (von Sovata/Praid, aus dem Westen kommend) steht linker Hand ein wunderschönes (Anfang 2008 noch namenloses) **Holzhotel** (***) in Blockbauweise (Fichtenholz). Bei Tageslicht nicht zu übersehen! Alle Zimmer mit Bad und TV. Sehr angenehme Atmosphäre und hervorragendes Restaurant. Eine Empfehlung des Autors. 10 Zimmer, je 35 Euro, Frühstück inkl.
- **Pensiune Kastély** (***), Lăzarea, Strada Principală, Tel. 352 736, office@kastely.ro, www.kastely.ro (deutschsprachige Site), EZ 12 Euro, DZ 17 Euro, TZ 26 Euro (Frühstück extra 7 Euro).

• **Hotel Rubin** (***), direkt im Ortsinnern von Gheorgheni. Fitnessraum, Sauna, Internet (wireless). EZ 22 Euro, DZ 35 Euro, App. mit Jacuzzi 45–50 Euro.

Toplița

↗ IX, D1

- **Höhe:** 540 m
- **Vorwahl:** 0266
- **Einwohner:** 15.880
- **Deutscher Name:** Bad Toplitz
- **Ungarischer Name:** Marosháviz

Leider kann man dem **Kurort** Toplița nur Drittklassigkeit bescheinigen. Das Stadtzentrum ist nicht der Erwähnung wert, und viele Besucher Rumäniens kennen die Stadt nur von der Durchfahrt, wenn sie von Cluj-Napoca über Reghin nach Piatra-Neamț und zu den Moldauklöstern fahren. Doch Besuchern des nahen **Căliman-Gebirges** bieten sich in der Mureș-Stadt Toplița vielfältige günstige Übernachtungsmöglichkeiten, und wie so oft in Rumänien versteckt sich hinter jedem hässlichen oder unansehnlichen Entlein überraschenderweise irgendwo ein hübscher Schwan. Man muss nur ein bisschen danach suchen.

Kloster Sfântul Ilie

In Toplița taucht dieser „Schwan" gleich von Westen, also Reghin kommend, in Form eines Klosters auf, das linker Hand, direkt am Ortseingang, liegt. Unachtsame Besucher werden das Mănăstirea Sfântul Ilie leicht übersehen, da die hoch frequentierte Straße Konzentration erfordert und sich das Kloster hinter Bäumen und einer **Parkanlage** versteckt. Allein der Garten ist einen Halt wert. Viele Besucher treten völlig erstaunt von der lebhaften Straße durch das reich verzierte Holztor und sehen sich unvermittelt auf einer ruhigen schattigen Allee, die sie direkt zur kleinen zentralen Holzkirche führt.

In unmittelbarer Nähe der Holzkirche, neben dem mit einem kleinen Holzpavillon überdachten Brunnen, steht ein hölzernes Schlaginstrument, die so genannte **Toaca.** Sie wird von den Mönchen benutzt, um Messen und Meditationen anzukündigen.

Im Kloster schlägt das Leben in einem langsamen Rhythmus. Bedächtig schreiten die **Mönche** durch die im Jahre 1911 durch den Patriarchen *Miron Cristea* angelegte Anlage. Im Mittelpunkt des Interesses im 1995 eröffneten **Klostermuseum** stehen die hölzernen Ikonen aus dem 18. Jahrhundert. Eine von *Andrei din Sunfalău* im Jahr 1755 geschaffene, farbenprächtige Ikone solle man sich auf keinen Fall entgehen lassen.

• **Mănăstirea Sfântul Proroc Ilie,** Str. Luncani, Übernachtung 5–10 Euro.

Die Tannenquelle

Die größte Quelle von Toplița ist die so genannte **Bradul,** also zu Deutsch Tannenquelle, die ein kleines therapeutisches Heilwasserbecken mit einer konstanten Wassertemperatur von 27,5 Grad Celsius versorgt. Eine kleinere Quelle, die **Izvorul Tineretului,** soll angeblich als wahrer Jungbrunnen dienen, daher auch ihr Name, der „Quelle der Jugend" bedeutet.

Von Westen kommend, erreicht man die Kurstation **Stațiunea Bradul** über die nach links abzweigende Str. Măgura. In Toplița ist das Ressort vor allem unter dem ungarischen Namen **Bánffyfürdö** bekannt. Oben, nahe der Kurzentren, haben sich einige Pensionen, aber auch einige preiswerte Campingplätze mit einfachen Holzhütten angesiedelt.

Mobilität

- **Busverbindung Târgu Mureş – Toplița:** 14 Uhr (ca. 3:30 Std.), 13 RON.

Unterkunft

- **Pensiunea Căprioara,** Str. Luncani. Gleich an der westlichen Ortseinfahrt liegt das neue, gelb leuchtende Haus. Die Zimmer sind akurat und modern eingerichtet. EZ 50 RON, DZ 80 RON
- **Pensiunea Platon** (**), Str. Vilelor 1, Tel. 341 735, EZ/DZ 25 Euro.
- **Pensiunea Mureşan** (**), Str. Magură 50a, Tel. 341 363, georgeta@exclusivcatering.ro, EZ/DZ 22 Euro.
- **Pensiune Dia** (**), Sarmaş, Tel. 0744-666 151. Eine gute und ruhige Alternative zu Toplița bietet die 5 km südlich (Richtung Gheorgheni) liegende Pension an. Auf dem neu errichteten Gelände, das man gleich am Ortseingang rechts erkennt, kann man zwischen mehreren Häusern wählen. Im **Restaurant Dia** wird die regionale Küche bevorzugt. EZ 60 RON, DZ 80 RON, ein ganzes Haus für 4 Personen kostet 200 RON.

Der Căliman-Nationalpark

↗ IX, C/D1

Die **Căliman-Berge,** die sich nördlich des Flusses Mureş erheben, gehören erdgeschichtlich und ästhetisch zu den interessantesten Erhebungen Rumäniens. Sie haben geologisch drei verschiedene vulkanische Perioden durchlaufen. Ihre Einzigartigkeit, die sie in den Fokus der Forscher und Bergwanderer rückt, ist auf die Tätigkeit der Eiszeitgletscher zurückzuführen, die hier, in den östlichen Karpaten, zu vielen morphologischen Besonderheiten des vulkanischen Karsts, wie **Dolinen, Mulden und Hohlräumen,** geführt haben. Auch viele bizarre Felsformationen wie die Zwölf Apostel, Lucaciu, Pietrele Roşii und Tămăului sind hier zu finden.

Der **Waldbestand** des Căliman ist außerordentlich vielseitig. Unter anderem finden sich hier Buchen, Eichen, Pinien, Ahornbäume, Fichten, Weißbuchen und Latschenkiefern. Auf einer Höhe von 910 m befindet sich mit einer Fläche von über 677 ha eines der größten **Torfmoore** Rumäniens.

Naturfreunde können, was die Fauna betrifft, darauf hoffen, hier einige der seltenen **Luchse** oder **Bären** zu Gesicht zu bekommen. Außerdem tummeln sich zahlreiche Marder, Wölfe, Füchse, Wildkatzen und Adler im Nationalpark.

Die schönsten und ursprünglichsten **Ortschaften,** die im Gebiet des Nationalparks liegen sind Bilbor, Poiana Negrii, Păltiniş, Dorolea und Petriş.

Man erreicht den Nationalpark von Transsylvanien kommend über die E60 auf der Strecke Târgu Mureş - Deda - Topliţa. Zwischen den Orten Lunca und Neagra führt eine Bergstraße hinauf ins Reservat Sarului und weiter nach Vatra Dornei (von der Bukowina kommend über Vatra Dornei natürlich in umgekehrter Richtung südwärts). Von Bistriţa aus geht es über die E576 oder über westliche Bergstraßen bis hinauf zur Cabana Aluneasa, Cuşma oder Sebiş.

- **Bergwacht Vatra Dornei,** Tel. 0230-372 767.

Borsec

⇗ X, A1

- **Höhe:** 850–950 m
- **Vorwahl:** 0266
- **Einwohner:** 2864
- **Deutscher Name:** Bad Borseck
- **Ungarischer Name:** Borszék

Jeder Rumäne kennt den Namen Borsec, auch wenn die meisten Rumänen den kleinen **Kurort** 28 km östlich von Topliţa nie in ihrem Leben besucht haben. Das liegt daran, dass in Borsec das **bekannteste Mineralwasser Rumäniens** gewonnen wird. Internationales Renommee gewann das sprudelnde Produkt im September 2004, als ihm in Berkeley Springs in den USA die Goldmedaille für das beste Mineralwasser der Welt verliehen wurde. Bereits im 16. Jahrhundert entdeckte der italienische Arzt *Bucella* die Heilkraft des Wassers aus Borsec, als er den schwer erkrankten Fürsten *Sigismund Bathory* mit einer Wasserkur heilte.

Wer sich der kleinen berühmten Gemeinde von Westen über den 1105 m hohen **Borsec-Pass** nähert, wird bereits am Eingang des Ortes von überdimensionierten blau-weiß-roten Reklametafeln empfangen, auf denen der rumänische Exportschlager angepriesen wird. Auch die Viadukt-Bogenbrücke, die zum Kurort hinauf führt, ist mit einem riesigen Transparent des Mineralwassers geschmückt.

Wer die Quellen der Kurgemeinde besuchen möchte, fährt vom Zentrum des Ortes, der direkt an der DN15 liegt, links den Berg hinauf. Die Hinweisschilder weisen die **Staţiunea Borsec** aus. Wer möchte, kann auf halber Strecke, kurz nach der aquäduktartigen Bogenbrücke, anhalten und sich die Borsec-Mineralwasser-Werke ansehen (gleich in der Nähe des gut sichtbaren dreieckigen Romtelecom-Gebäudes). Führungen und ein kleiner Umtrunk sind jedoch nur nach vorheriger Anmeldung möglich.

Mineralwasser-Kuren

Der weiter oben im Waldgebiet von Borsec gelegene **Kurpark** hat einiges vom früheren Glanz verloren. Viele Fassaden der zahlreichen Prunkbauten entlang der **Quellen-Promenaden** sind in einem erbärmlichen Zustand. Doch wer sich eine Weile zwischen den alten Patrizierhäusern, Kurvillen und Hotels umgesehen hat, wird entdecken können, dass die Patina der liebevoll ausgestatteten Gebäude ihnen einen ganz unverwechselbaren Charakter verleiht. Es lohnt sich hier besonders, die ausgetretenen Pfade der organisierten Touristengruppen zu verlassen und selbst auf Entdeckungsreise zu gehen. Alte moosbedeckte Waldhäuser, bröckelnde Stuckfassaden und zerfallende Jugendstilvillen sind nicht nur etwas für passionierte Fotografen.

An den verschiedenen kleinen hübschen **Pavillons** mit den Bezeichnungen Quelle 3, 5, 6, 10 oder 11 findet man groß dimensionierte **Hinweistafeln,** die minutiös darüber Auskunft geben, welche Zipperlein mit welchem Wasser zu kurieren ist. Denn Heilwasser ist schließlich nicht gleich Heilwasser. So hilft das kalzium- und magnesiumreiche, kohlensäurehaltige Wasser der Quelle 3 vor allem bei Gastritis, Verstopfung, Leberleiden und Nierensteinen.

Husky-Rennen und Märchenlichtung

Da die Winter im waldreichen, geschützten Gebiet um Borsec erstaunlicherweise nicht allzu „sibirisch" ausfallen, bietet die Mineralwasser-Gemeinde vermehrt auch sportliche Schneeattraktionen an. Neben dem traditionellen **Maskenfest,** das zu Weihnachten die rumänische Form des Karnevals einleitet, wurde das Mitte Februar stattfindende **Schlittenhund-Rennen im Spa** zu einem festen jährlichen Ereignis. Besonders im Februar, wenn die Pisten rund um Borsec Langläufer und alpine Skifahrer (Lorinc Pal Cup) anlocken, bietet der kleine Ort seinen Besuchern zahlreiche Winterevents, Schneefeste und die Besichtigung der Eishöhle an.

Im Sommer können Wanderer Exkursionen zur **Bärenhöhle,** der **Märchenlichtung** und der **Quelle Pierre Curie** unternehmen. Diese Attraktionen sind nur 2 km vom Kurort entfernt und werden vom Touristenamt Borsec auch als geführte Exkursionen angeboten. Wer möchte, kann sich auch alle Quellen zeigen und die Geschichte des Ortes in deutscher Sprache erklären lassen.

Informationen

- Infos und Führungen: **Touristenamt Borsec,** Borsi Viorica, Strada Cerbului 20, Tel. 337 064, 0744-708 344, borsi@nextra.ro.

Unterkunft

Die Preise in den Pensionen und Hotels können je nach Saison stark variieren. Handeln und Feilschen ist sinnvoll, da in Borsec ein reiches Angebot an Übernachtungsmöglichkeiten vorhanden ist.

- **Villa Riki** (***), Str. Jókai Mór 19, Tel. 337 602, hotel@villariki.com, www.villariki.com. Am Waldrand gelegenes Hotel mit Restaurant, Terrasse und eigener Sauna. Breites Angebot an Exkursionen und Besichtigungen. EZ 100 RON, DZ 120 RON.
- **Pensiunea Palma** (**), Str. Topliței 4, Tel. 337 210. Im Grünen gelegene gepflegte Pension mit vielen Sportmöglichkeiten (u.a. Tennis). Im Winter Transport zu den Skipisten und Loipen. EZ 70 RON, DZ 90 RON.
- **Pensiunea Kerek** (**), Str. Nouă 6, Tel. 337 109, borseckerek@yahoo.com. Familienfreundliche Pension mit Internetanschluss. Hunde sind kein Problem, und Familie *Kerek* bekocht ihre Gäste auch gerne diätetisch.

Reghin

↗ IX, C2

- **Höhe:** 350–455 m
- **Vorwahl:** 0265
- **Einwohner:** 36.023
- **Deutscher Name:** Sächsisch Regen
- **Ungarischer Name:** Szászrégen

Die am längsten Fluss Siebenbürgens, der Mureş, gelegene hübsche Stadt Reghin liegt direkt im Transitbereich der Straße DN15, die von Târgu Mureş kommend weiter Richtung Osten führt. Von Cluj-Napoca ist Reghin mit dem Auto auch über Apahida, über die hügelige Straße 16 zu erreichen, die zwar etwas kürzer ist, dafür aber in der Nähe der Ortschaft **Fărăgău** über die schlimmsten und zahlreichsten Schlaglöcher Transsylvaniens führt (ironischerweise bedeutet *fără găuri* auf Rumänisch „ohne Loch"!).

Der Stadtname taucht 1228 zum ersten Mal in historischen Dokumenten als **Regun** auf. Die ehemals hier ansässigen Sachsen nannten die Stadt kurz und knapp **Reen.** Bereits 1241 wurde die junge Gemeinde durch einen Tatarenansturm fast vollständig zerstört. Während der folgenden Jahrhunderte und der wechselnden Herrschaft über das nördliche Transsylvanien siedelten sich die unterschiedlichsten Völker an der Mureş an, die ihr Auskommen zum größten Teil der **Flößerei** und dem **Holzhandel** verdankten. Im Jahr 1882 verteilte sich die Bevölkerung auf jeweils 30 Prozent Sachsen und Ungarn sowie jeweils 20 Prozent Rumänen und Juden. Bis Ende des 19. Jahrhunderts lebten die verschiedenen Völker friedlich zusammen. Die heutige Bevölkerungs-Struktur von zwei Drittel Ungarn und einem Drittel Rumänen zeigt auf, dass die ehemals deutschen und jüdischen Siedler fast vollständig verschwunden sind. Anfang der 1990er Jahre wurde die jüdische Synagoge verkauft, womit das Aussterben der jüdischen Gemeinde besiegelt war.

Sehenswertes

Altstadt und zentraler Park

Die **kleinen bunten Häuser** im Altstadtzentrum rund um den Parcul Central und die Str. Mihail Viteazul sind das Aushängeschild der Stadt. Seit Jahren schon werden sie liebevoll restauriert und konserviert. Zum engen Kreis der Kandidaten für eine Restaurierung sind auch die sächsischen und ungarischen Häuser entlang der Str. Petru Maior und der Str. Republicii (ehemalige Str. Comerciala) hinzugekommen.

Für die meisten Bürger von Reghin schlägt entlang dieser zentralen Straßen und des angegliederten Parks das Herz ihrer Stadt. Vor allem im Frühling und Sommer laden die **Promenaden** des kleinen Stadtparks zum Bummeln ein. Neue Straßencafés und moderne Einkaufszentren bereichern das Bild des beschaulichen Städtchens.

Die große Kathedrale

Über die Str. Sării, gegenüber dem Stadtpark, gelangt man vom Zentrum direkt in die **Unterstadt,** die etwa 100 m tiefer als die Oberstadt liegt und über den Morii-Kanal hinab zur

Mureş führt. Sehenswert ist hier die **römisch-katholische Kathedrale** an der Str. Castelului, die sich im Sommer 2006 noch im Bau befand.

Überall in Rumänien entstehen seit der Jahrtausendwende neue Kirchen. Vor allem in den Ausbau der orthodoxen Kirchen wird viel Zeit und Geld investiert, und manchmal gewinnt man den Eindruck, als handele es sich um einen **Wettkampf der Konfessionen.** Überall entstehen noch größere und noch eindrucksvollere Kirchen. Die katholische Kathedrale von Reghin hat von ihrer Dimensionierung her demnächst kaum Konkurrenz zu befürchten. Es gibt nur eine kleine **orthodoxe Holzkirche** namens **Sf. Nicolae** in der Strada Măceşului 5.

Musik im Blut

Seit jeher gilt das nördliche Transsylvanien als **Heimat begnadeter Musiker.** In vielen Familien der Region ist es Tradition, die Kinder frühzeitig an ein Instrument heranzuführen, und nicht wenige Musiker sind auch in der Lage, sich ihre Holzinstrumente selber anzufertigen.

Leider hat sich in Rumänien noch kaum herumgesprochen, dass Reghin ein **Zentrum des traditionellen Instrumentenbaus** ist. So lässt der rumänische Panflötenvirtuose *Gheorghe*

Wer ein preiswertes Instrument erstehen möchte, ist in Reghin genau richtig

rum356 Foto: jr

Der Mädchenmarkt von Gurghiu

Der Begriff **Mädchenmarkt (Târgul de fete)** mag sicher für moderne Westeuropäer absonderlich klingen und auch einigen Frauenrechtlerinnen die Zornesröte ins Gesicht treiben. Doch mit diesem Namen wird nicht etwa der sklavenmäßige Verkauf von Frauen bezeichnet, sondern ein Treffen, das in der Gemeinde Gurghiu, 20 km östlich von Reghin, traditionellerweise am zweiten Maisonntag stattfindet. Früher handelte es sich dabei in der Tat um einen **Heiratsmarkt,** auf dem sich Jungen und Mädchen zum Tanz und ersten Beschnuppern trafen. In vielen der abgelegenen Berghöfe und Landhäuschen wurden die Jugendlichen von Kindesbeinen an in die Feldarbeit und die Versorgung der Tiere mit einbezogen. Zeit für Vergnügungen war da nur sehr selten zu finden, und über ein schnelles Transportmittel, das einen mal so eben in die Stadt bringt, verfügte niemand.

Ähnlich dem berühmten Vorbild, dem Heiratsmarkt am Găina-Berg, der im Juli stattfindet, wurde bereits im 19. Jahrhundert auch in Gurghiu ein „Verkupplungsmarkt" eröffnet. In Zeiten des Automobils kommt man in der Gemeinde am zweiten Maisonntag vor allem zusammen, um gut zu essen, zu feiern und das eine oder andere Geschäft zu machen.

Zamfir seine Konzert-Nais hier fertigen. Die meisten rumänischen Violinen und Kontrabasse kommen aus Reghin, und wer auf der Suche nach einem alten historischen Hackbrett, der so genannten **Ţimbal,** ist, wird bestimmt im kleinen Mureş-Städtchen fündig. Wer einmal zuschauen möchte, wie traditionelle und klassische Instrumente (z.B. Geigen) hergestellt werden, kann dies in Reghin tun.

Auf Wunsch und nach vorheriger Anmeldung ist es möglich, das größte **Musikinstrumenten-Werk** Rumäniens namens **Hora** zu besichtigen. Es liegt in der Str. Salcâmilor im Süden der Stadt, unweit der ehemaligen Silva-Brauerei, die 2003 geschlossen wurde. Selbstverständlich bietet Hora alle Instrumente auch zum Kauf an.

In der Umgebung

Die älteste Holzkirche

Viele vermuten die ältesten Holzkirchen Rumäniens im Maramuresch. Doch 16 km östlich von Reghin steht im kleinen Dorf **Nadaşa** die älteste Holzkirche Rumäniens. Sie ist ohne einen einzigen Nagel gebaut worden. Freunde der Zimmermannskunst werden ihre helle Freude an diesem Bauwerk haben. Nur Nut und Federn.

Die Mureş

Entlang des Flusses Mureş, Richtung Topliţa, gibt es zahlreiche felsige Naturschönheiten und lauschige **stille Plätze,** an denen sich ein Picknick oder eine Wanderung lohnen. Besonders schön ist die Mureş zwischen den

Ortschaften Deda und Topliţa. Jeder der Mureş-Orte versucht sich hier gegenseitig beim **Kirchenbau** zu übertreffen. Die schöne orthodoxe Kirche in **Deda** ist besonders sehenswert. Eine etwas überdimensionierte, aber nicht minder schöne Kirche mit wunderbaren Außenfresken, in denen Himmel, Tod und Teufel eine wichtige Rolle spielen, leistet sich die kleine Gemeinde **Bistra Mureşului.**

Wer auf der nachfolgenden Strecke entlang der Mureş **campieren** möchte, sollte sich direkt an die Bürgermeister *(Primar)* der kleinen Ortschaften wenden. Einen eigenen „wilden" Campingplatz direkt an der Mureş gibt es z.B. im Ort **Răstoliţa.** Etwa 8 km weiter (Richtung Topliţa) kann man kurz vor dem Örtchen **Lunca Bradului** im Non-Stop Popas Turistic durchgehend sehr preiswert übernachten und essen. Eine weitere *Popas* (Unterkunft) findet man im Ort **Stânceni.**

- **Camping in Răstoliţa,** Informationen in der Str. Mihai Eminescu 2.
- **Non-Stop Popas Turistic,** direkt an der E15 nahe Lunca Bradului, EZ 30 RON.

Informationen

- **Reisebüro: CFR Sabrasov Agenţia de Voiaj,** Str. Petru maior 50, Tel. 521 800. Leider gibt es in Reghin noch keine offizielle Informationsstelle. Die freundlichen Mitarbeiter dieses Reisebüros beantworten jedoch gerne alle Fragen zur Stadt und zur Umgebung und stellen auch Zugtickets aus.

Service

- **Post,** Str. Petru Maior 30, Mo. bis Fr. 7–20 Uhr, Sa./So. geschlossen.
- **Geldwechsel: Banca Comercială Română,** Piaţa Petru Maior 39, Tel. 520 634.
- **Internetcafés: Image Computers,** Str. Petru Maior 34, 18 Computer, 1,80 RON/Stunde; **Internet S.R.L.,** Str. Scolii 5a, Tel. 512 435, 2 RON/Stunde.
- **Autoreparatur: Auto Complet,** Str. Iernuţeni 12, Tel. 511 508.

Notfälle

- **Erste Hilfe, Ambulanz:** Tel. 961, 210 878.
- **Stadtkrankenhaus: Spitalul Municipal Eugen Nicoară,** Str. Spitalului 19–20, Tel. 537 712.
- **Apotheke: Farmacia Aesculap,** Petro Maior 2, Tel. 511 892.

Mobilität

Züge

- **Bahnhof (Gara),** Str. Garii 79, Tel. 521 960. Der Bahnhof liegt etwa 800 m südlich des Zentrums, auf der gegenüberliegenden Seite der Mureş. Die Strada Sarii gegenüber dem zentralen Park geht nahtlos in die Strada Garii über. Schwer beladen sollte man sich besser ein Taxi leisten!
- **Richtung Cluj-Napoca** besteht keine direkte Zugverbindung; Umsteigebahnhöfe sind Razboieni, Târgu Mureş, Teius oder Aiud. Beispiel: Reghin – Târgu Mureş 12:33 Uhr, Anschluss nach Cluj-Napoca 15:32 Uhr.
- **P-Zug-Verbindung Reghin – Târgu Mureş:** 6:30, 11:11, 12:33, 15:13, 16:33, 18:06 Uhr (etwa 55 Min.).
- **IC-Zug-Verbindung Reghin – Târgu Mureş:** 21:03 Uhr, Ankunft 21:48 Uhr.

Busse

- **Busbahnhof (Autogara),** Reghin verfügt über mehrere Busbahnhöfe. Der wichtigste liegt in der Str. Garii 64 unweit des Bahnhofs und heißt **Tram SA Autogara,** Tel. 520 828. Der **Busbahnhof der Atlassib** liegt in der Str. Iernuţei 2–8, Tel. 511 014, etwa 600 m westlich des Stadtparks. Von der Str. Mihai Viteazu geht es über die Str. Izvorului zur Str. Iernuţei.

- **Busverbindung Reghin – Cluj-Napoca:** Str. Garii 64, Abfahrt 6:10 Uhr, Ankunft 9:40 Uhr; Tickets gibt's bei der TRAM, Str. Liveezilor 2, Tel. 521 798.
- **Busverbindung Reghin – Târgu Mureş:** zu jeder vollen und halben Stunde von 6–21 Uhr fährt ein Bus nach Târgu Mureş, 5 RON.

Taxis

- **Prodcom Taxi,** Tel. 524 240 (Piaţa Mică 2).

Unterkunft

Hotels

- **Hotel Anker** (***), Str. Iernuţeni 81, Tel. 512 519. Das unter ungarischer Leitung geführte Haus ist die erste Wahl in Reghin. EZ 98 RON, DZ 180 RON.
- **Motel Adra** (**), Str. Iernuţeni 11, Tel. 551 328. Wer nachts um 3 Uhr noch ein Plätzchen zum Schlafen sucht, kann hier (ebenso wie im Hotel Anker) noch anklopfen. Die Rezeption ist nonstop geöffnet. EZ 80 RON, DZ 100 RON.

Pensionen

- **Pensiunea Blanca** (***), Str. Scolii 9, Tel./Fax 512 051, rezervari@pensiuneablanca.ro, www.pensiuneablanca.ro. Sehr moderne, schicke und saubere Top-Class-Pension mit eigenem Restaurant, Internetanschluss und Kabel-Fernseher auf jedem Zimmer. EZ 100 RON, DZ 180 RON.
- **Pensiunea Central** (**), Str. Cosbucului 22, Tel. 512 698. Einfache und, wie der Name schon sagt, sehr zentral gelegene Pension. Die Bar der Pension ist nonstop geöffnet. EZ 80 RON, DZ 100 RON.
- **Pensiunea Club Class** (**), Str. Mihail Viteazu 59, Tel. 512 111. Nonstop geöffnet, mit angegliedertem Restaurant und Club; es kann also gelegentlich etwas lauter werden. EZ 80 RON, DZ 100 RON.

Essen und Trinken

- Im **Restaurant Stejarul** in der Str. Mihail Eminescu 6 bekommt man nicht nur wunderbare *Sarmale,* sondern auch exzellente *Maliguţa cu Brânza.* Tel. 523 708, tägl. 8–22 Uhr.
- Trotz seiner zentralen Lage ist das **Café Exotic** in der Str. Mihai Viteazu 24 ruhig und angenehm, da es über eine große Gartenterrasse *(Gradina de Vară)* verfügt. Sehr preisgünstige und gute Küche. Tel. 512 635.
- Im **Non-Stop Restaurant Gizella** in der Str. Pandurilor 117A gibt es natürlich „schnelles Essen", aber das gar nicht mal so schlecht und vor allem sehr preisgünstig.
- Ein kleines Stück weiter in der Str. Pandurilor 7 hat das **Restaurant zur Quelle (La Izvor)** eröffnet, Tel. 512 597. Neben dem Essen stehen an der Bar des Hauses natürlich, wie der Name schon sagt, die Getränke im Mittelpunkt.
- Ebenfalls nonstop kann man im **Restaurant Casablanca** in der Str. Pandurilor 16 essen. Spezialitäten: *Mititei* und *Supă de Legume.*
- Gute Pizzas und Pasta zu kleinen Preisen werden in der **Pizzeria Prosilva** in der Str. Mihail Viteazu 63 serviert. Tel. 512 700, tägl. 10–24 Uhr.

Abends unterwegs

Diskothek

- **Club Shark,** Str. Mihail Viteazu 92, Mo. bis So. 10–6 Uhr. In der Mihail-Viteazu-Straße gibt es zwei weitere Clubs: den **Club Class** (Nr. 59) und den **Terasa Club David** (Nr. 5). Letzterer schließt bereits um 23 Uhr seine Pforten. Kein Wunder, dass sich die Freunde des nächtlichen Tanzes dann alle im „Haifisch-Club" treffen.

Einkaufen

Musikinstrumente

- **Musikalien-Handlung Fabrians,** Str. Mihai Viteazul 36. Hier findet man neben Violinen, Gitarren und Lauten auch Panflöten und Kontrabasse.
- **Hora,** Str. Salcâmilor 3, Tel. 512 411, www.hora.ro. Musikinstrumentenbau. Möglichkeit der Besichtigung nach vorheriger Anmeldung.

Elektrofachhandel

- **Altex,** Str. Iernuțeni 12, Tel. 511 021. Wer Batterien sucht oder ein neues Handy benötigt, ist hier am richtigen Platz.

Bistrița

↗ IX, C1

- **Höhe:** 580–620 m
- **Vorwahl:** 0263
- **Einwohner:** 83.020
- **Deutscher Name:** Bistritz
- **Ungarischer Name:** Beszterce

Die bescheidene Hauptstadt des nördlichsten transsylvanischen Bezirks Bistrița-Năsăud steht kulturell und landschaftlich für den Übergang vom Maramuresch zur südlicher gelegenen Mureș-Region. Am südwestlichen Ende des bewaldeten **Bârgău-Tals** gelegen, steht Bistritz auch unter dem Einfluss der östlich gelegenen Bergwelt des Căliman.

Man erreicht die Stadt von Cluj-Napoca über die E576, wobei man die Städte Gherla, Dej und Beclean passiert. Von Vatra Dornei im Osten führt einen ebenfalls die E576 (diesmal in westlicher Richtung) in die Stadt am gleichnamigen Fluss Bistritz.

Archäologische Funde dokumentieren, dass die Gegend um Bistritz nachweislich bereits im Neolithikum besiedelt wurde. Die ersten schriftlichen Quellen verweisen auf eine **deutsche Gründung** durch die Sachsen um 1241, wobei die Stadt eine von sieben sächsischen Hauptsiedlungen war und ursprünglich **Markt Nösen** hieß.

Wie in fast jeder rumänischen Stadtgeschichte üblich, wurde auch Bistritz von den **Tatarenstürmen** nicht verschont. Noch im Jahr ihrer Gründung, also 1241, verwüsteten die Reitervölker die Siedlung vollständig.

Die Stadtrechte und die auf einen eigenen Markt erhielt Bistritz im Jahr 1353. Die sächsische Vergangenheit spiegelt sich heute noch im Stadtbild wider. Vor allem in der Altstadt sind noch einige der malerischen **Handelshäuser** zu sehen, denen das Städtchen seinen wirtschaftlichen Aufschwung zu verdanken hatte. Dieser gründete sich auf **Münzprägerechte** (bereits seit 1325 wurden in Bistritz die ersten Goldgulden geprägt) und den regen Handel mit bayerischen und Wiener Kaufleuten. Reichtum jedoch wollte so recht niemals in die Stadt einkehren, und obwohl die Bürger stolze Städter sind, glaubt man sich doch gelegentlich eher in einem großen Dorf.

Sehenswertes

Rund um den kleinen Platz

Ähnlich wie in Hermannstadt gruppiert sich das Leben in Bistritz um zwei zentrale Plätze. Einer davon heißt **Piața Mică,** also Kleiner Platz, genauso wie sein Namensvetter in Sibiu. Der daneben liegende Platz ist zwar ebenfalls ein großer wie in der südlich gelegenen Metropole, heißt aber hier **Piața Centrală.**

Von den nebeneinander liegenden **Zug- und Busstationen** im Westen der Stadt sind es gerade einmal zehn Minuten zu Fuß ins Zentrum. Anfangs muss der Besucher wieder ein Auge zudrücken, da auch hier, an der Peripherie des Stadtzentrums, einige Gebäude den Charme grauer Schuhkartons verströmen.

Doch je weiter man in den Kern von Bistritz vordringt, desto schöner wird die Stadt. Der große zentrale Platz wird von der **evangelischen Kirche** und ihrem fast 77 m hohen Kirchturm dominiert. Im gotischen Stil errichtet, hat die aus dem 14. Jahrhundert stammende Kirche auch unverkennbar Stilelemente der Renaissance aufzuweisen. Dies ist vor allem dem Architekten *Petrus Italus* aus Lugano zu verdanken, der diesen Stil bis nach Polen und Moldawien brachte.

Die sich an der westlichen Seite des Platzes aneinander reihenden kleinen **Handelshäuser,** die so genannte **Șugălete (Kornmarktzeile),** vermitteln einen Eindruck davon, wie Bistritz vor 500 Jahren ausgesehen haben könnte. Die 13 zwischen 1480 und 1550 errichteten Häuser waren ursprünglich über Arkadengänge und Terrassen miteinander verbunden. Am Beginn der vom großen Platz abführenden Str. Dornei sieht man rechter Hand das Haus der Bistritzer Silberschmiede. Das mit Stucksteinen verzierte Renaissancegebäude **Casa Argintarului** beherbergt heute eine kleine Kunstakademie.

Reste der Bastion

Wenn man der Str. Dornei folgt, kommt man an einen weiteren kleinen

rum360 Foto: jr

Platz, den **Piața Unirii,** der ganz und gar der **orthodoxen Kirche** der Stadt zur Verfügung steht. Sie wurde zwischen 1270 und 1280 erbaut und ist damit eines der ältesten Gebäude von Bistritz. Etwas weiter nördlich, in der Str. General Balăn, sind im **Landesmuseum** Funde aus thrakischer und keltischer Zeit ebenso zu bewundern wie handwerkliche Zeugnisse des sächsischen Mittelalters.

Wie alle sächsisch-transsylvanischen Städte war auch Bistritz ursprünglich im 14. Jahrhundert als **Zitadelle** angelegt und mit einer **Stadtmauer** umgeben. Reste dieser Befestigungsanlagen sind heute noch im Osten des Stadtzentrums zu sehen. Als einzig erhaltener Teil zieht sich die Stadtmauer entlang der beiden Straßen Kogălniceanu und Ekaterina Teodoroiu. Im dahinter liegenden **Stadtpark (Parc municipal)** ist am südlichen Ende der Mauer als einziger der ehemals 18 Wehrtürme der **Turnul Dogarilor,** der Turm der Kupferschmiede, vollständig erhalten geblieben. In seinen Innenräumen ist heute die dauernde Ausstellung mittelalterlicher Waffen untergebracht.

Berge versetzen

Noch um das Jahr 1350 besaß Bistritz einen eigenen Burgberg. **János Hunyadi** hatte auf seinem höchsten Punkt eine Zwingburg gegen die Sachsen des Nösnergaus errichten lassen, nachdem er den Bistritzer Bezirk als Erbgrafentum von König *Ladislaus V. von Ungarn* erhalten hatte. Kaum in Bistritz angekommen, belegte *Hunyadi* die Stadt mit einer unglaublich hohen Steuerabgabe. Dem Gesetz nach waren die Sachsen den Bewohnern von Hermannstadt gleichgestellt und konnten aus diesem Grunde die Schande der überhöhten Abgabenlast an den ungarischen Reichsverweser nicht lange ertragen.

Sie baten den siebenbürgischen **König Matthias** um Hilfe. Dieser gewährte ihnen nicht nur die alten Rechte, sondern gab ihnen auch die Erlaubnis, die Burg des *János Hunyadi* zu zerstören. Nie wieder wollten die Bürger von Bistritz ihre Geldbörsen von einem Herrscher inmitten ihrer eigenen Stadt „belagern" lassen. Die Burg wurde um das Jahr 1410 vollständig zerstört, Teile des Berges abgetragen.

Man entschloss sich dazu, die Steine der Burg als Baumaterial für den Bau einer **Ringmauer** um die Stadt zu verwenden. Teile dieser Mauer sind heute noch im östlichen Stadtzentrum zu sehen.

In der Umgebung

Weinland Lechința ⇗ VIII, B1

Eines der bekanntesten Weinanbaugebiete Siebenbürgens liegt gerade einmal 15 km südwestlich von Bistrița. Der Ort Lechința, auf Deutsch Lechnitz, wird von den wenigen einheimischen **Sachsen,** die dort noch leben, **Lachenz** genannt. Sie haben den Weinbau im 12. und 13. Jahrhundert nur als bäuerlichen Nebenerwerb nach Siebenbürgen gebracht. Mittlerweile zählen die Lechnitzer Weine zu den besten Transsylvaniens. Als Trauben mit schönem Bukett werden hier

Der 77 m hohe Kirchturm der evangelischen Kirche

vor allem die **Sorten** Fetească regală und albă, Riesling italian, Pinot gris und Neuburger angebaut. Als neue, bekannteste Traubensorte ist in den letzten Jahren der Muscat Ottonel de Lechința hinzugekommen. Einen Besuch wert sind die **Weinkeller** von Lechința. Wer einen *Crama* besucht, sollte sich am besten gleich im Ort einquartieren, denn wie in allen Weinanbaugebieten Rumäniens führt die Polizei hier vermehrte Verkehrskontrollen durch.

Essen und Trinken:
- **Restaurant Gomar Lux,** in Crainimat, Tel. 211 075.

Bârgău-Tal

Über die gut befahrbare E576 ist es von Bistritz aus nicht weit ins benachbarte Bârgău-Tal. Man könnte es auch Tal der **Bistritz** nennen, da dieser Fluss den Talverlauf zum großen Teil begleitet, dieser Name ist jedoch einem kleinen hübschen Seitental hinter **Prundu Bârgăului** vorbehalten. Das lang gezogene Bârgău-Tal führt über eine atemberaubend schöne Strecke hinauf ins 70 km entfernte **Vatra Dornei.** Anfangs passiert die Strecke sanfte Hügel, auf denen Obstbäume und Weinreben stehen. Später kommen dann bewaldete Hänge hinzu, in denen die dunkelgrünen Tannen dicht an dicht stehen. An der Nordseite des Bârgău-Tals strecken sich die wilden **Bârgău-Berge** gen Himmel, während an der Südseite das **Căliman-Gebirge** mit dem nahen Colibița-See zum Wandern und Klettern einlädt.

Colibița-See und Căliman-Berge

In der Ortschaft **Prundu Bârgăului** 15 km östlich von Bistrița führt rechts gegenüber der Kirche eine Bergstraße hinauf nach **Bistrița Bârgăului.** Auf der nachfolgenden kurvenreichen Strecke wird die Landschaft immer wilder und ursprünglicher. Nach etwa 7 km taucht dann der **Colibița-See** auf. Der Stausee ist von der Staumauer aus nicht ganz einzusehen, denn seine Ausmaße sind gewaltig. Zwei Stunden bräuchte man mit dem Auto (vorzugsweise mit einem Geländewagen), um den See zu umrunden. An seiner Nordseite gibt es zahlreiche Parkplätze, wo man sein Fahrzeug abstellen und eine Exkursion um den See oder in die **Căliman-Berge** starten kann. Wer zum 1590 m hohen **Poiana-Cofii-Gipfel** (ungarisch: Kofa-Tetö) wandern möchte, sollte seinen Wagen jedoch bereits 3 km vor der Staumauer in der Siedlung **Colonia Colibița** abstellen. 1 km bergan geht rechts ein Bergweg hinauf zum Poiana Cofii (Wanderung ca. 3 Stunden, eine Strecke).

Unterkunft:
- **Hotel Lumina Lacului** (**), Tel. 265 570, luminalacului@web.de. Das Hotel „Licht des Sees“ liegt direkt am Colibița-See, ca. 1,5 km hinter der Staumauer. Fast alle Zimmer des Holzhauses haben Seeblick und Balkon. Man spricht deutsch und englisch. Zimmerpreise (ohne Frühstück) je nach Anzahl der belegten Betten zwischen 18 und 28 Euro.
- **Pensiunea Târnăveanca** (**), Colibița 169, Tel. 266 312 *(Tolan Niculina).* Neben 3 Zimmern mit 7 Plätzen bietet der Besitzer auch die Möglichkeit an, in einer der 5 Hütten mit Seeblick zu übernachten. Preise je nach Saison. Zimmer 60–80 RON, Hütte 35–50 RON.

Informationen

• Das **Informationszentrum** für Touristen befindet sich im Kulturhaus der Stadt **(Casa de Cultură)** in der Str. A. Berger 10, Tel. 219 919, Mo. bis Fr. 9–17 Uhr. Hier sind auch Stadtpläne von Bistritz und eine Liste mit Übernachtungsmöglichkeiten erhältlich. Die freundlichen Kulturmanager der Stadt helfen auch gerne, wenn es darum geht, Routen für Wanderungen zusammenzustellen, Hütten für den Skiurlaub anzumieten oder Pferde für den Reiterurlaub zu finden.

• Bei **Simcotour,** dem **Reisebüro** auf dem B-dul Republicii 12, Tel. 215 157, kann man darüber hinaus noch einige Exkursionen ins nahe Umland buchen oder sich nach Möglichkeiten des Agrotourismus erkundigen.

Service

• **Post,** Piața Petru Rareş 30, Mo. bis Fr. 8.30–16.30 Uhr, Sa. 8.30–12 Uhr.

• **Geldwechsel: Banca Comercială Română,** Piața Petru Rareş 1a.

• **Internet:** Im **Sală Internet** am Piața Mică kann man von 10 Uhr morgens bis 2 Uhr nachts surfen. Stunde 2 RON.

Notfälle

• **Polizei:** Tel. 112

• **Kreiskrankenhaus: Spitalul Județean Bistrița,** Str. General Grigore Balan 43, Tel. 231 404.

• **Optimus Media,** Str. General Grigore Balan 7, Tel. 235 535. Kleine Privatklinik mit großem Service.

Mobilität

Züge

• **Bahnhof,** Str. Garii 1. Der Bahnhof liegt etwa 300 m westlich des Zentrums.

• **P-Zug-Verbindung Bistrița – Cluj-Napoca:** 7:46, 15:40 Uhr (etwa 3 Std.).

• **IC-Zug-Verbindung Bistrița – Bistrița Bârgăului:** 15:50 Uhr, Ankunft 16:50 Uhr.

Busse

• **Busbahnhof (Autogara),** Str. Rodnei 1.

• **Busverbindung Bistrița – Cluj-Napoca:** 5:40, 12, 15, 16:30 Uhr (etwa 2:30 Std.), 16 RON.

• **Busverbindung Bistrița – Târgu Mureş:** 6:45, 15:15, 18 Uhr (Fahrzeit morgens 3.18 Std., nachmittags 4:40 Std.), 14 RON.

• **Busverbindung Bistrița – Bistrița Bârgăului:** 8:10, 9, 10:30, 12:30, 19:30 Uhr (1 Std.), 4 RON.

Motorrad-Verleih

• **Yamaha,** Str. Castanilor 3, Tel. 610 649.

Unterkunft

Hotels

• **Hotel Coroana de Aur** (***), Piața Petru Rareş 4, Tel. 232 470. Wer nicht ohne ein „Elixier Dracula" einschlafen kann, ist hier genau am richtigen Ort. Im ersten Stock des Hotels vermittelt die Reiseagentur Enzian Ausflüge ins Umland (vorzugsweise ins Hotel Castel Dracula). Insgesamt 109 Zimmer, EZ 35 Euro, DZ 52 Euro.

• **Hotel Bistrița** (***), Piața Petru Rareş 2, Tel. 231 205. Neues Hotel im modernen „Outfit" mit empfehlenswertem Restaurant. EZ 33 Euro, DZ 43 Euro, App. 52 Euro (Ermäßigungen für Gruppen möglich).

• **Hotel Minerva** (**), Str. Compozitorilor 2, Tel. 234 156, www.hotel-minerva.ro. Das ruhig gelegene bürgerliche Hotel ist eines der preiswerteren in Bistritz. EZ 70 RON, DZ 90 RON, App. 150 RON.

Pensionen

• **Motel Roza Vânturilor** (**), direkt an der DN17 im Ort Crainimat gelegen (Km 10), ist diese hübsche kleine Pension eine wirkliche Alternative zu den Bettenburgen der Bistritzer Innenstadt. Tel. 277 100, EZ 60 RON, DZ 80 RON.

• **Makk & Barth** (**), genau zwischen Reghin und Bistritz liegt die kleine Gemeinde Teaca. Die Pension (Str. Mihai Eminescu 461, Tel. 276 110) ist sehr familienfreundlich (riesiger Kinderspielplatz). EZ 60 RON, DZ 70 RON.

Essen und Trinken

- Im **Restaurant Crama Veche** in der Str. Berger 10, ganz in der Nähe des Kulturhauses (Casa de Cultura), gibt es nicht nur einen guten *Muscat Ottonel de Lechința,* sondern auch exzellente Gemüse- und Fleischgerichte aus der Region. Tägl. 10–24 Uhr, Tel. 218 047.
- **Restaurant Bistrița,** Piața Petru Rareş 2, Tel. 231 205. Spezialitäten des empfehlenswerten Hauses sind *Piept de Pui „Bacus"* (Hühnchenbrust in Weißweinsauce) und *File de crap cu sos picant* (pikanter Karpfen).

Abends unterwegs

- **Tanzclub: Red & White,** der Nachtclub mit offener Terrasse befindet sich direkt an der DN17 im Cartier Viişoară 17. Am besten lässt man sich vom Zentrum aus mit dem Taxi hinfahren (7 RON). Kein Eintritt.

Einkaufen

- Im Dorf **Tonciu** flechtet man seit Jahrhunderten **traditionelle Körbe aus Schilfrohr.** Die Korbflechter bieten vom Katzenkörbchen über Einkaufskörbe bis hin zu wunderbaren Sonnenhüten vieles an. Im Dorf muss man sich allerdings zu den Korbflechtern und ihrer aussterbenden Kunst durchfragen (s.a. im Internet: www.rumaenien-adventskalender.de/08/04.php).

Aktivitäten

- **Freibad:** Von der Str. Dogarilor an der Stadtmauer führt eine kleine Straße hinunter zum Fluss. Über eine Fußgängerbrücke gelangt man zum **Codrişor Swimming Pool.** Eintritt Erwachsene 3 RON, Kinder 1,50 RON.
- Wer sich für **Wasserski** begeistert, dem helfen die Reisebüros weiter.

Draculas Vermarktung

Wer kann es einem armen Land wie Rumänien verdenken, wenn Unternehmer auf die Idee kommen, Markenprodukte des Landes weltweit zu bewerben, zu vermarkten und Gewinn daraus zu erzielen. Das bekannteste dieser Produkte ist „Dracula" und spaltet die Menschen des Landes in Befürworter und Gegner.

Größtenteils findet Draculas Vermarktung **im südlichen Transsylvanien um Sighişoara und Bran** statt. Doch *Bram Stoker,* der schottische Schöpfer des blutsaugenden Mythos, hat einige Kapitel seines Romans auch in die Nähe von Bistritz verlegt. Zwangsläufig wird es aus diesem Grund auch im nördlichen Transsylvanien zukünftig vermehrt Anstrengungen geben, aus diesem belletristisch-geografischen Geschenk Kapital zu schlagen.

Draculas Schloss liegt dem Roman zufolge im nahen Bârgău-Tal, und genau in Bistritz stellte der Rechtsanwalt *Jonathan Harker* seine ersten Vermutungen darüber an, dass irgendetwas mit dem Herrn Grafen *Dracula* nicht stimmen konnte.

Kein Wunder also, wenn in Bistritz das stadteigene Hotel Coroana de Aur gelegentlich Jonathan-Harker-Abende mit festlichem Dinner veranstaltet, die mit dem Werbespruch angepriesen werden, „Herr *Jonathan Harker* hat sich in diesem Hotel wie zu Hause gefühlt." Auch private Reiseveranstalter der Stadt werben gerne mit Dracula-Exkursionen. Diese enden dann nicht selten im Bârgău-Tal und dem **Hotel Castel Dracula** am Piatra Fântânele.

Gruselige Events sind allerdings seit den 1980er Jahren verpönt. Seit ein kanadischer Gast vor Aufregung einem Herzinfarkt erlag, geht alles ein wenig unspektakulärer zu.

- **Bergtouren ins Căliman-Gebirge:** Von Bistritz ist es mit dem Auto gerade mal eine halbe Stunde an den Fuß des Gebirges (z.B. nach Cuşma oder zur Hütte Aluneasa hinauf). Zahlreiche einfache Routen machen den Căliman-Nationalpark zu einem idealen Wanderparadies.

Târgu Mureş

↗ IX, C2/3

- **Höhe:** 290 m
- **Vorwahl:** 0265
- **Einwohner:** 149.600
- **Deutscher Name:** Neumarkt am Mieresch
- **Ungarischer Name:** Marosvásárhely

Die **schöne Stadt** Târgu Mureş sollte man sich auf keinen Fall entgehen lassen. Sie liegt am **Schnittpunkt** der alten Handelsrouten des Muresch- und des Nirajului-Tals, 70 km östlich von Cluj-Napoca. Verkehrstechnisch begegnen sich hier heute keine alten Handelsstraßen mehr, sondern die sehr gut befahrbaren Nationalstraßen DN15 und DN13. Letztgenannte führt einen in wenigen Stunden ins Herz Transsylvaniens, nach Sighişoara oder Braşov. Târgu Mureş hat eine sehr gute Bus- und Bahnanbindung und verfügt darüber hinaus über einen eigenen Flughafen in der Nähe des westlich gelegenen Ortes Ungheni.

Geschichte

Wie der Stadtname schon sagt, verstand sich Târgu Mureş seit jeher als **Marktplatz** (*Târg* heißt auf Rumänisch Markt). Der Handel hat die Stadt über die Jahrhunderte hinweg bestimmt. Bereits im frühesten Dokument aus dem Jahr 1300 wird sie auf Lateinisch als **Forum Siculorum,** also als „Markt der Székler" bezeichnet. Ein Name, der bereits 30 Jahre später um den Zusatz *Novum Forum* (Neumarkt) ergänzt wurde. Die Ungarn und Székler, die heute zum großen Teil das Stadtbild beherrschen, nannten die Stadt als erstes „Marktplatz am Maros" und mit ihnen übernahmen auch die Rumänen und Deutschen diesen Stadtnamen.

Nachdem König *Matei Corvin* der Stadt 1482 das Recht erteilte, jährlich drei Märkte abzuhalten, begann ihr Aufstieg zum **zentralen Handelsplatz an der Mureş.** Bereits zehn Jahre später wurde die erste Schule gegründet. **Kunst,** Bildung und Schriftkultur prägten und vermehrten in den nachfolgenden Jahrhunderten das Ansehen der Stadt – auch im Westen. Stolz verweist man heute darauf, dass der größte ungarische Dichter, *Petőfi Sándor,* der in den Wirren der 1848er Revolution tödlich verwundet wurde, seine letzten Tage in Târgu Mureş verbrachte. Auch die sehenswerte **Büchersammlung** des siebenbürgischen Grafen *Sámuel Teleki von Szék,* die alle Kriege unversehrt überstanden hat und bereits um 1800 über 40.000 Werke umfasste, weist auf den Stellenwert hin, den die Kultur seit jeher in Târgu Mureş einnimmt.

Der Wandel zu einer **modernen Stadt** setzte im 19. Jahrhundert mit dem Bau der Eisenbahnlinie ein. Zum Glück hat die Industrialisierung im Zentrum der Stadt keinerlei Spuren hinterlassen. Auch von städtebaulichen Sünden der kommunistischen

Ära ist die Altstadt von Târgu Mureş größtenteils verschont geblieben.

Sehenswertes

Erster Überblick

Vom **Corneşti-Plateau,** dem höchsten Punkt von Târgu Mureş, hat man eine herrliche Panoramasicht auf die Stadt und das Mureş-Tal. Es liegt 197 m über dem Stadtkern und 488 m über dem Meeresspiegel. Das Plateau ist der ideale Ort, um sich der Stadt (auch kulinarisch) anzunähern. Im ältesten Restaurant von Târgu Mureş werden Gäste bereits seit 100 Jahren bewirtet. Außerdem findet man auf dem Plateau ein Sommertheater und einen mitten im Wald gelegenen **Zoologischen Garten** mit einem tropischen Gewächshaus. Am besten lässt man sich mit dem Taxi hinauffahren, ansonsten dauert die Wanderung nach Corneşti etwa eine Stunde.

Der Siegesplatz

Unten im Stadtzentrum gruppieren sich die markantesten Sehenswürdigkeiten hauptsächlich um die zwei wichtigsten Plätze der Handelsmetropole. Die Verwaltung hat sich die Renovierung der prachtvollen Jugendstilbauten, Paläste und Kirchen rund um den **Piaţa Trandafirilor** (Rosenplatz) und den **Piaţa Victoriei** (Siegesplatz) einiges kosten lassen.

Wer frontal vor dem **Siegesplatz** steht, wird am äußersten linken Rand zuerst die **Kleine Kathedrale (Catedrala Mică)** bemerken. Die zwischen 1926 und 1936 errichtete Kirche ist eine 1:6-Kopie der San-Pietro-Kathedrale in Rom. Anfangs eine griechisch-katholische Kirche, in der bis 1948 die Messe nach griechischem Ritual zelebriert wurde, wird die Liturgie heute nach den Ritualen der römisch-katholischen Kirche begangen. Neben der Kleinen Kathedrale befindet sich das **Rathaus (Primărie)** von Târgu Mureş.

Dominiert wird der Siegesplatz vom **Palast der Präfektur (Palatul Administrativ)** mit seinem eindrucksvollen, 60 m hohen Turm, der ursprünglich als reiner Feueralarmturm konzipiert war. Zwischen 1905 und 1907 erbaut, war der Palast das erste Gebäude der Stadt, das einen modernen architektonischen Aspekt ins Zentrum brachte.

Gleich vor der Präfektur und dem Rathaus steht seit 1924 eine Wölfin, die **Lupoaica Romei,** mit den säugenden Zwillingen *Romulus* und *Remus* auf einem Sockel. Dieses Zeichen der Verbundenheit mit dem einstigen römischen Imperium mag einigen Besuchern etwas penetrant erscheinen (mittlerweile gibt es diese Statue in über 20 rumänischen Städten und Gemeinden), doch die Stadtverwaltung von Târgu Mureş sieht dies eher pragmatisch – das Denkmal eines Politikers oder Künstlers wäre entweder schnell veraltet oder im Schmelztiegel der ungarisch-deutsch-rumänischen Kulturlandschaft zumindest problematisch.

- **Catedrala Mica,** Piaţa Victoriei 4.
- **Palatul Administrativ,** Str. Primăriei 2.

Der Siegesplatz der Stadt

Kulturpalast

Das schmucke Prunkstück der Stadt ist eindeutig der rechts am Siegesplatz gelegene Kulturpalast - eine der repräsentativsten Bauten Rumäniens. Er ist der ideale Ausgangspunkt für einen **Stadtrundgang,** vor allem seit dem sich eines der besten Informationsbüros Rumäniens in seinen Mauern niedergelassen hat.

Geplant wurde der Palast auf Initiative des Bürgermeisters *Bernády György* von den beiden ungarischen Architekten *Jakab Dezsó* und *Komor Marcell* und zwischen 1911 und 1913 verwirklicht. Der **Stil der Sezession,** der damals in Mode war, schwappte aus Budapest nach Siebenbürgen herüber. Gerne kopierte man die prachtvollen Bauten der Donaumetropole, um der Stadt Neumarkt ein wenig architektonische Politur zu verleihen.

Besonders glitzernd fällt heute das **Dach** des Kulturpalastes ins Auge. Bunt glasierte, handgefertigte Ziegel, so genannte **Majolica,** schimmern in leuchtendem Weiß, Rot und Blau. Neben dieser eindrucksvollen Fayencearbeit besticht die Fassade des Kulturpalastes aber auch durch ihre vergoldeten Mosaike, feinen Reliefs und Buntglasfenster.

rum08-371 Foto: jr

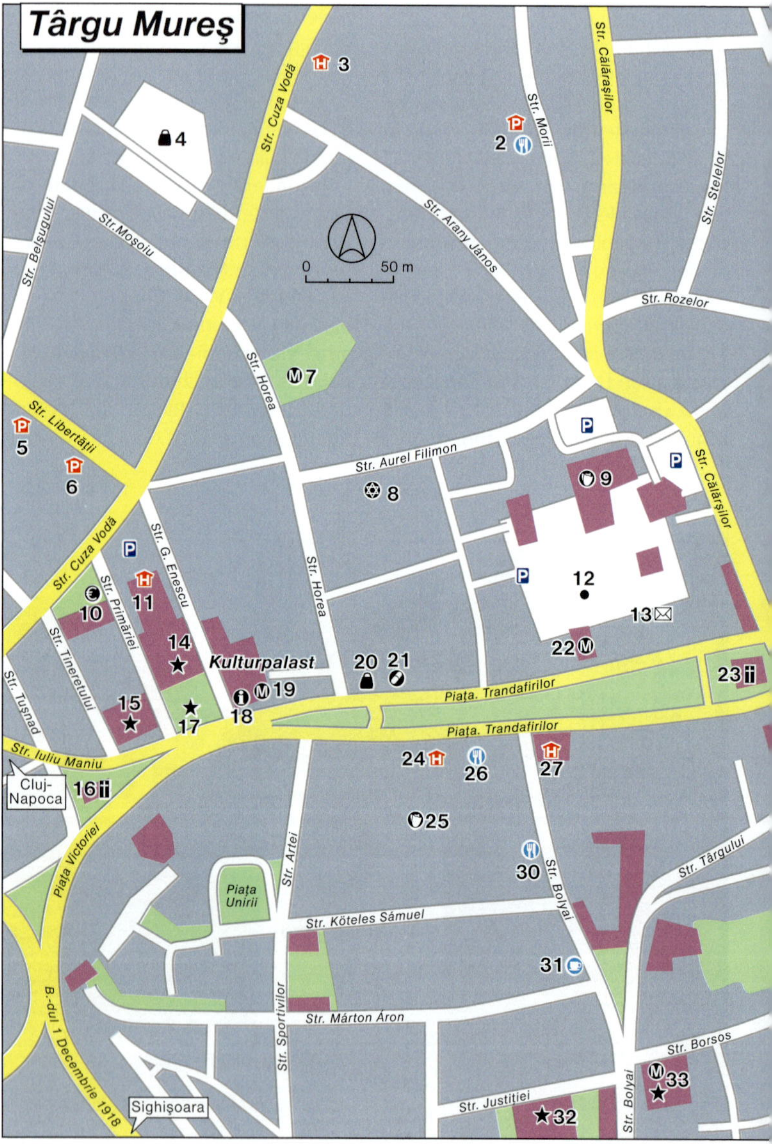
Târgu Mureş
0
50 m
Str. Cuza Vodă
Str. Morii
Str. Călăraşilor
Str. Stelelor
Str. Arany János
Str. Rozelor
Str.Moşoiu
Str. Belşugului
Str. Horea
Str. Libertăţii
Str. Aurel Filimon
Str. G. Enescu
Str. Primăriei
Str. Tineretului
Str. Tuşnad
Kulturpalast
Piaţa. Trandafirilor
Str. Iuliu Maniu
Cluj-Napoca
Piaţa Victoriei
Str. Artei
Piaţa Unirii
Str. Köteles Sámuel
Str. Bolyai
Str. Târgului
Str. Sportivilor
Str. Márton Áron
Str. Borsos
Str. Justiţiei
B.-dul 1 Decembrie 1918
Sighişoara
2
3
4
5
6
7
8
9
10
11
12
13
14
15
16
17
18
19
20
21
22
23
24
25
26
27
30
31
32
33

1 Nordbahnhof
2 Pension Tempo,
Laci Csárda (Tempo!)
3 Curtea Bavareză
4 täglicher Markt
5 Pension Atlantic
6 Pensiunea Monica
7 Naturwissenschaftliches Museum
8 Synagoge
9 Nationaltheater
10 Geldwechsel
11 Hotel Parc
12 CFR
13 Post
14 Prefäktur
15 Rathaus
16 Kleine Kathedrale
17 Romulus u. Remus
18 Infozentrum
19 Historisches Museum
20 Buchhandlung Romulus Guga
21 Apotheke B&B
22 Ethnologisches Museum
23 Orthodoxe Kathedrale
24 Hotel Concordia
25 Sommertheater
26 Leo
27 Hotel Transilvania
28 Reformierte Kirche
29 Cafeneaua Literară
30 China Blue
31 Café Tutun
32 Justizpalast
33 Museum u.
Bibliothek Teleki-Bolyai

Historisches Museum und Spiegelsaal

Wer einen Eindruck vom prachtvollen Sezessionsstil der Zeit um 1920 bekommen möchte, sollte das Historische Museum und den Spiegelsaal im Kulturpalast besuchen. Außerdem befinden sich unter seinem schönen Dach ein Kunstmuseum, eine Philharmonie, eine Bibliothek, ein Theater und ein Konferenzsaal.

Der 45 m lange **Spiegelsaal** ist vollständig mit Carrara-Marmor ausgelegt. Venezianische Spiegel und zwölf Buntglasfenster mit Szenen aus dem Leben und Mythen der Neumarkter Székler schmücken die Wände. Durch die großen Spiegel sollte, so die Absicht der Architekten, „ein Hauch von Ewigkeit" in den Palast einziehen. In der Philharmonie setzt sich der Glanz nahtlos fort, wie deutlich an der strahlend weißen Orgel mit 4463 Pfeifen zu sehen ist. Neu hinzugekommen im Spiegelsaal sind seit 2007 neben den reich verzierten gold-grünen Decken auch die Statuen von *George Enescu* und *Ludwig van Beethoven.*

- **Kulturpalast** (rum. *Palatul Culturii,* ung. *Kulturpalota),* Str. Enescu 2, Mo. bis Fr. 7–15 Uhr, Eintritt: 6 RON Erwachsene, 3 RON Kinder.

Rund um die Synagoge

Gleich ums Eck des Kulturpalastes, in der Str. Horea, befindet sich die 1898/99 erbaute **Synagoge** von Târgu Mureş. Die Fensterrosen und Kuppeln wurden nach den Entwürfen des österreichischen Architekten *Jakob Gartner* angefertigt. Auf der anderen Seite der kreuzenden Str. Aurel Filimon kommt man zur **naturkundlichen Sektion des Landesmuseums,** eine Sammlung ausgestopfter Tiere. Wesentlich interessanter ist die **ethnografische Sektion,** die seit 1984 zwei Blöcke entfernt vom Kulturpalast im **Toldalagy-Haus** zu finden ist. Allein schon die Architektur des Gebäudes ist einen kleinen Ausflug in die Str. Trandafirilor 11 wert. Der Barockbau, benannt nach seinem Erbauer *Toldalagy Laszlo,* zählt zu den schönsten Transsylvaniens. Von 1759 bis 1762 erbaut, ist er komplett in seinem ursprünglichen Zustand erhalten geblieben.

Sehenswert ist auch das **Nationaltheater,** das leicht zu finden ist, wenn man die Str. Aurel Filimon hinter der Synagoge rechts hinuntergeht. Das Theater hat zwei Abteilungen, in denen jeweils Stücke auf Ungarisch oder Rumänisch eingeübt werden. Gerne geben die Regisseure dem gleichen Stück in den verschiedenen Sprachen eine andere Färbung – für sprachkundige Theaterfreunde ein ganz besonderer Genuss.

Bereits Kinder und Jugendliche werden im angegliederten **Ariel-Puppentheater** auf die Feinheiten der zwei Hauptsprachen von Târgu Mureş aufmerksam gemacht.

- **Synagoge,** Str. Aurel Filimon 21.
- **Muzeul de Ştiinţele Naturii (naturkundliche Sektion des Landesmuseums),** Str. Horea 24, Di. bis Fr. 9–16 Uhr, Sa. 9–14 Uhr, So. 9–13 Uhr, 3 RON.
- **Muzeul de Etnografie şi Arta Populară (Ethnografisches Museum),** Piaţa Trandafirilor 11.
- **Teatrul Naţional (Nationaltheater),** Piaţa Teatrului 1, Tel. 214 240.

Teleki-Bolyai-Bibliothek

Die **Biblioteca Telekiana,** die **größte Büchersammlung Transsylvaniens,** ist in der Str. Bolyai gleich neben dem gleichnamigen Museum. Dass nicht nur Buchfreunde hier ihre helle Freude haben, liegt an der edlen und hellen Gestaltung, die dem Lesesaal mit seinen geschwungenen Deckenbögen und weißen Ecksäulen fast einen sakralen Charakter verleiht.

In der Bibliothek vermitteln mittlerweile annähernd **200.000 Bände** das enzyklopädische Wissen vergangener Zeiten. Der Gründer, **Graf Sámuel Teleki von Szék,** ließ die Bibliothek zwischen 1799 und 1802 eigens für seine Sammlung von 40.000 Bänden erbauen. Direkt nach ihrer Fertigstellung wurde sie für alle Bildungshungrigen geöffnet. Der andere Teil der Sammlung alter Bücher ging aus der **Bolyai-Bibliothek** des reformierten Kollegiums in Târgu Mureş hervor, die bereits 1557 gegründet wurde. Zu den **wertvollsten Bänden** der Sammlung zählen Originalschriften des Humanisten *Erasmus von Rotterdam,* erste Ausgaben der französischen Enzyklopädisten *Diderot* und *d'Alembert* sowie Inkunabeln aus dem Jahr 1475.

• **Biblioteca Telekiana (Teleki-Bolyai-Bibliothek),** Str. Bolyai 17, Di., Do. 8–18 Uhr, Mi. 8–14 Uhr, Sa./So. 10–13 Uhr, Eintritt 2 RON.

Bolyai-Museum

Gleich neben der Biblioteca Telekiana wird im Bolyai-Museum an die beiden größten **Mathematiker** Rumäniens, **Farkas Bolyai** (1775–1856) und

Der Büchergraf

Graf Sámuel Teleki von Szék begann bereits während seiner Studienzeit um 1750 an den Universitäten von Basel, Paris, Utrecht und Leiden Bücher zu sammeln. Im Laufe der Zeit hatte der gebildete Graf ein raffiniertes Netzwerk über ganz Europa gesponnen, um an die begehrten Werke zu kommen. In über 25 europäischen Städten kaufte er die Raritäten ein. Sein Interesse galt dabei allen Bereichen, von handkolorierten Naturkundebüchern über Bibeln und philosophische Schriften bis hin zu den ersten Ausgaben der französischen Enzyklopädisten. Bereits in jungen Jahren hatte er sich so einen wertvollen Fundus von über 10.000 Werken zusammengestellt und wurde zu einem der wichtigsten privaten Büchersammler seiner Zeit.

In seiner Heimat Siebenbürgen hatte der **Protestantismus** um 1800 bereits maßgeblichen Einfluss auf die Schulen und die Bildung gewonnen. Graf *Teleki* machte sich zu einem Vorreiter der **Bildungsreform,** war Mäzen vieler wissenschaftlicher Einrichtungen und unterstützte die Aufklärung, indem er seine Büchersammlung nach Târgu Mureş schickte. Als er von Kaiser *Josef II.* zum Kanzler Siebenbürgens ernannt wurde, gelang es ihm, aufgrund seiner neuen Position und besserer finanzieller Mittel seine Buchsammlung auf über 40.000 Bände aufzustocken.

Sein **Testament** sah vor, dass der Bestand der Bibliothek, die er mittlerweile vollständig nach Târgu Mureş geschafft hatte, niemals verkauft oder geteilt werden dürfte. Unter mysteriösen Umständen gelangte das wertvollste Buch, eine so genannte *Corvina,* dennoch in amerikanischen Besitz. Alle anderen Bücher *Telekis* kann man heute in einer der wertvollsten europäischen Bibliotheken in Târgu Mureş besichtigen.

seinen Sohn **János Bolyai** (1802-1860) erinnert. Die Begründer der nicht-Euklidschen Geometrie sind heutzutage kaum noch bekannt, was jedoch vor 200 Jahren in Gelehrtenkreisen anders war. So hatte *Farkas Bolyai* während seines Studiums in Göttingen eine enge Freundschaft zum deutschen Mathematikgenie *Carl Friedrich Gauss* aufgebaut und pflegte auch von Rumänien aus eine rege Korrespondenz mit ihm.

Zu sehen sind im Museum vor allem **persönliche Dinge** der Wissenschaftler wie Möbel, Schachspiele, Gemälde und Zeichnungen. Der Bestand an 20.000 Seiten ihrer handgeschriebenen Manuskripte wurde 1955 in die Teleki-Bolyai-Bibliothek eingegliedert.

● **Muzeul Bolyai (Bolyai-Museum),** Str. Bolyai 17, Di., Do. 8–18 Uhr, Mi. 8–14 Uhr, Sa./So. 10–13 Uhr, Eintritt 2 RON.

Kirchen

Am Ende des Piaţa Trandafirilor steht wie ein gewaltiger Schlussstein im architektonischen Ensemble der Innenstadt von Târgu Mureş die dreikupplige **orthodoxe Kathedrale.** Sie wurde von der rumänischen Stadtbevölkerung in den Jahren 1925 bis 1934 bewusst als religiöser Kontrapunkt zu den administrativen Prunkbauten am westlichen Ende des Platzes errichtet.

rum372 Foto: jr

Eindrucksvoll sind die Außenmalereien, die von *Aurel Ciupe* ausgeführt wurden und heute die größte bemalte Fläche des Landes darstellen.

Die **römisch-katholische Kirche Sfântul Ioan Botezătorul,** die ebenfalls am Piaţa Trandafirilor zu finden ist, gilt als das wichtigste rein barocke Gebäude der Stadt. Sie wurde vom Orden der Jesuiten in einer langen, oft von Kämpfen und Geldsorgen unterbrochenen Bauzeit zwischen 1728 und 1764 errichtet.

Ein wahres Kleinod der Kirchenarchitektur von Târgu Mureş ist die hölzerne **Kirche Biserica de lemn** etwas außerhalb des Zentrums. Bereits im Jahr 1793 erbaut, vereint sie die klassische Bauweise der Kirchen der Maramureş-Region mit einigen wenigen, sehr dezent gesetzten Barockelementen. Zu ein wenig Berühmtheit gelangte sie im Sommer 1866, als der Nationaldichter Rumäniens, *Mihail Eminescu,* sie mit seinem Besuch beehrte.

Die mittelalterliche Zitadelle

Gleich hinter der orthodoxen Kathedrale und dem zur protestantischen Kirche gehörenden **Haus Teleki,** der Residenz des Grafen *Teleki Domokos,* liegt die Zitadelle der Stadt. Heute beschützt sie das Stadtzentrum nur noch symbolisch, doch im 16. und 17. Jahrhundert mussten die beinahe 2 m dicken Mauern so manchem kriegerischen Sturm standhalten. Die erste Befestigungsanlage wurde an dieser Stelle bereits 1492 auf Betreiben des Fürsten von Transsylvanien, *Báthori István,* begonnen. Beendet wurde der Monumentalbau mit seinen **sieben Bastionen** jedoch erst in der fünfzigjährigen (!) Bauzeit von 1602 bis 1652. Architektonisch sind zahlreiche Renaissanceelemente in die Festung mit eingeflossen. Die vier Etagen wurden aus Flusssteinen konstruiert. Da die Anlage auch heute noch sehr gut erhalten ist, wird sie natürlich (leicht zweckentfremdet) ins kulturelle Leben der Stadt integriert. Jährlich finden hier die **Stadttage** mit über 80.000 Besuchern statt. Auch das **Bier- und Weinfest** sowie die **Kindertage** von Târgu Mureş werden gerne im eindrucksvollen historischen Rahmen gefeiert.

Kaffee vom Feinsten im Café Tutun

In der Umgebung

Gottes Stuhl

Etwa eine Stunde östlich von Târgu Mureş liegt kurz hinter Deda der kleine Ort **Bistra Mureşului.** Von hier aus bietet sich eine gute Möglichkeit, den 1381 m hohen **Gottes Stuhl (Scaunul Domnului)** auf einer Bergtour anzugehen. Man folgt dazu dem Bett des kleinen Bergbachs Bistra nach Norden. Im Informationszentrum im Kulturpalast werden auch geführte Touren angeboten bzw. Tourenvorschläge gemacht.

Vârful Fâncelu

Eine andere Möglichkeit, das umliegende Bergland zu entdecken, bietet der Vârful Fâncelu (Fâncelu-Gipfel) in den nordöstlich von Târgu Mureş liegenden **Ghurghiului-Bergen.** Auch hier dauert die Anreise zum Startpunkt der Wanderung, dem kleinen Ort **Stânceni** an der Mureş, etwa eine Stunde. Der 1684 m hohe Gipfel liegt etwa fünf Stunden zu Fuß entfernt an der Grenze der Bezirke Mureş und Harghita.

Informationen

- Das **touristische Info-Zentrum Centrul de Informare Turistică** im Kulturpalast an der Str. Enescu 2 gehört zu den besten in ganz Rumänien. Rund um *Ujváry Jehö* und *Kati Nagy* betreut das Infoteam der Stadt seine Besucher mit allem, was das Touristenherz begehrt. Man erhält Pläne und Informationsmaterial in ungewohnt guter Qualität, kompetente, freundliche Auskunft und hat jederzeit das Gefühl, ganz individuell durch die Stadt geführt zu werden. Tel. 0040-365 404 934, 8–20 Uhr.

Service

- **Post,** Str. Revoluţiei 2A, Tel. 213 386; Str. Liviu Rebreanu 41, Tel. 251 059, Mo. bis Fr. 7–20 Uhr, Sa. 8–14 Uhr, So. geschlossen.
- **Geldwechsel: IDM Exchange,** Piaţa Trandafirilor 27, Tel. 268 410 (keine Kommission); **Raiffeisenbank,** Str. Bolyai 2–4, Tel. 261 284; **C.E.C.,** Piaţa Trandafirilor 26, Tel. 268 441.
- **Internet/Kopien/Print:** Das **Kiro** in der Str. Victor Babeş 11, Tel. 211 122, bietet nicht nur die Möglichkeit, online zu gehen, sondern auch Fotokopien, Telefonkarten, Druck und Gestaltung an.
- **Telefonvorwahl:** Achtung! Die Vorwahl von Târgu Mureş kann bei einer mobilen Anwahl je nach Anbieter (RDS, Romtelecom) eine andere sein (0265 oder 0365).

Notfälle

- **Landeskrankenhaus: Spitalul Clinic Judeţean,** Str. General Marinescu 50, Tel. 217 235.
- **Stadtkrankenhaus: Spitalul Clinic Municipal,** Str. Revoluţiei 1, Tel. 214 215.
- **Top Med,** Str. Dorobanţilor 1, Tel. 225 002.
- **Apotheken: Farmacia B&B,** Piaţa Trandafirilor 16, nonstop, Tel. 260 103; **Farmacia Aesculap 1,** B-dul 1. Decembrie 1918 Nr. 11–13, Tel. 268 160; **Farmacia Salvia,** Str. Bela Bartok 1, Tel. 219 153; **Farmacia Firu Farm,** Str. Horea 43, Tel. 261 357.

Mobilität

Flüge

- **Flughafen: Aeroportul Târgu Mureş,** Gemeinde Vidrasău, Tel. 328 259, Fax 328 257. Vom Flughafen aus, der direkt an der Straße nach Cluj-Napoca liegt, sind es nur 15–20 Minuten in die Stadt (12 km).
- Aktuelle Informationen zu Flügen und Flugzeiten findet man unter der Web-Adresse **www.targumures.airport.ro.**
- Di., Do. und Sa. gibt es um 7 Uhr **Direktflüge** von Târgu Mureş mit Carpatair nach München, Stuttgart und Düsseldorf (Hinflüge von München, Stuttgart und Düsseldorf nach Târgu Mureş am Mo., Mi. und Fr.).

  Dreimal in der Woche bietet die Fluglinie TAROM direkte Flüge nach Bukarest an.
- Ein **TAROM-Reisebüro** gibt es am Piaţa Trandafirilor 6–8, Tel. 136 200.

Züge

- **Bahnhof (Gara CFR),** Str. Grivţa Roşie 52, Tel. 230 304. Der Bahnhof liegt etwa 800 m südwestlich des Zentrums. Die Strada Grivţa Roşie beginnt unmittelbar am Piaţa Victoriei.
- Die Bahnlinie von Târgu Mureş liegt unmittelbar an der Strecke von Războieni nach Deda. Das bedeutet, die Anbindung an große rumänische Städte ist schlecht und meist mit Umsteigen verbunden. **Von Războieni** aus fahren Züge nach Oradea, Huedin, Cluj-Napoca, Teiuş, Mediaş, Sighişoara, Braşov, Ploieşti und Bukarest. **Von Deda** aus kommt man nach Satu Mare, Dej, Topliţa, Gheorgheni, Miercurea Ciuc, Sfântu Gheorghe, Braşov, Ploieşti und Bukarest.

Busse

- **Busbahnhof (Autogara),** Str. Gheorghe Doja 143. Der Busbahnhof liegt etwa 300 m südlich des Siegesplatzes. Die Str. Gheorghe

Doja geht unmittelbar südlich des Piaţa Victoriei ab.

- Die **Hauptbuslinien** haben die Ziele Sighişoara, Mediaş, Sovata, Reghin, Făgăraş, Piatra Neamţ und Vatra Dornei.

Taxis

- **Bravo,** Tel. 260 211.
- **Cornişa,** Tel. 211 211.
- **Relaxa,** Tel. 204 946.

Auto

- **Auto-Reparatur: Autohaus Westcar,** Str. Barajului 8, Tel. 251 126; **Landcar,** Str. General Doja 107, Tel. 269 289; **ATU,** Str. Podeni 13, Tel. 268 444.
- **Parkplätze:** Glücklicherweise ist die Straße entlang des Piaţa Trandafirilor so breit, dass sich an deren Seite (morgens) leicht ein Parkplatz finden lässt. Da die Knöllchenschreiber hier ständig unterwegs sind, empfiehlt sich der überaus preiswerte Tagestarif.

Unterkunft

Hotels

- **Hotel Concordia** (****), Piaţa Trandafirilor 45, Tel. 260 602. Eines der besten und elegantesten Häuser der Stadt, unmittelbar im Zentrum. Exzellentes Restaurant. Designer mit einer Vorliebe für Rot- und Weißtöne haben das Interieur unverwechselbar gestaltet. Die Lounge ist im Zebra-Look gehalten. Super Betten, Internet und Jacuzzi auf dem Zimmer. Das alles hat natürlich seinen Preis: EZ 100 Euro, DZ 118 Euro, App. 175 Euro, alle aktuellen Preise auch im Internet. Die neue Bar im Concordia bietet leckere Snacks an, auch Salate und Pasta.
- **Hotel Transilvania** (*) + (**), Piaţa Trandafirilor 46–47, Tel. 265 616. Teilweise modernisiertes Hotel mit gepflegten Zimmern und gutem Service. Zwei Kategorien: EZ/DZ 85,10 RON, TZ 148 RON, modernisiertes Zimmer 264,55 RON (inkl. Frühstück).
- **President** (***), Str. Gh. Doja 231, Tel. 0365-410 420, www.presidenthotel.ro, EZ 95 Euro, DZ 110 Euro.

Pensionen

- **Pensiunea Atlantic** (*****), Str. Libertăţii 15, Tel. 268 381. Die elegante und neue Luxuspension ist 300 m vom Stadtzentrum entfernt und bietet allen erdenklichen Komfort (inkl. beheizter Garage, Mietwagen und Jacuzzi). Empfehlung des Autors. EZ 25 Euro, DZ 45 Euro, App. 60 Euro, App. mit Jacuzzi 85 Euro.
- **Pensiunea Tempo** (****), Str. Verii 27, Tel. 213 552, office@tempo.ro, www.tempo.ro (deutsche Seite). Schöne Pension mit zweckmäßigen Zimmern und gutem Restaurant. EZ (je nach Saison) 45 Euro, DZ 47 Euro.
- **Pensiunea Doina & Jenö** (***), Str. Evreilor Martiri 25, Tel. 255 926, iszlaijeno@rdslink.ro, www.doina-jeno.ro. Sehr schicke und saubere Top-Class-Pension in Waldlage im Süden der Stadt (Richtung Sighişoara). 10 Zimmer, Gartengrill, Internetanschluss, Kabel-Fernseher. EZ/ DZ 30 Euro.
- **Pensiunea Christina** (***), Str. Piatra de Moară 1a, Tel. 266 490. Neues Haus mit erstklassigem Restaurant und „Bar de Luxe". 4 Zimmer, 2 Appartements, Air-Condition. EZ/ DZ 25 Euro, App. 38 Euro.
- **Pensiunea Ana** (***), Str. Gh. Marinescu 50, Tel. 214 977, www.anapension.go.ro. Pension mit großem Parkplatz, gutem Restaurant und Erholungs- und Freizeitgelände (Grill, Freisitze). EZ 28 Euro, DZ 34 Euro.
- **Pensiunea Monica** (***), AC, TV, Internet (wireless), Parken im Innenhof. 9 Zimmer, EZ/DZ 45 Euro (Preise bei längerem Aufenthalt verhandelbar).
- **Pensiunea Tip Top** (**), Str. Plopiilor 7, Tel. 226 248, tiptop@rdslink.ro, www.eweb.ro/ tiptop. Die Pension macht ihrem Namen Ehre und verfügt u.a. über Sauna, Gartengrill, Schwimmbad und Air Condition. EZ 28 Euro, DZ 32 Euro, App. 45 Euro.

Pensionen und Restaurants im Umland

- **Schwabenhof** (***), lohnender Abstecher: Auf der Straße 15 hinter Ernei rechts nach Sovata abbiegen; nach ca. 10 km liegt, mitten im Niemandsland vor Isla, links die wunderbare Pension/Restaurant von *Michael* und seiner rumänischen Frau (die fantastisch kocht). Empfehlenswert alle einheimischen Gerichte, aber auch delikates Rahmschnitzel, Rehmedaillons und schwäbische Maultaschen. *Michael* kennt sich auch sehr gut im Muresch-Gebiet aus. 4 Zimmer mit Bad und eigener Terrasse (Preis ca. 50 Euro inkl Frühstück). Tel. 0788-311 429, schwabenhof@zappmobile.ro.

• **Pension Renaissance** (***), schöne Pension hinter Eremita auf der Fahrt nach Sovata. Alle Infos unter www.erdelyutazas.hu.

• **Pensiunea History** (***), dritte gute Alternative auf dem Weg nach Sovata. Infos unter www.historypension.ro.

• Gute Forellen gibt es ca. 4 km nach Erimitu im **Han Pescaresc,** Tel. 0265-347 017.

Essen und Trinken

Restaurants

• Das **Restaurant Laci Csárda** in der Str. Morii führt als Vorspeisenspezialität *Os cu Măduvă* bzw. ungarisch *Velöcsont* (gefülltes Knochenmark) – vielleicht nicht jedermanns Sache. Delikat sind auf jeden Fall der Lammbraten *(Friptură de Miel)* und die Kalbspaprika mit Klößen *(Papricaş de Viţel cu Ciuperci galuşte).* Als Nachtisch empfiehlt sich ein Pflaumenkloß *(Compot cu Prune)* oder das Gebäck *Somloi.* 12–24 Uhr.

• Das **Restaurant Concordia** steht mit seiner Luxusküche nicht hinter dem Komfort des gleichnamigen Hotels zurück. Wer also auch in Rumänien nicht auf sein Haifisch-Steak und Tiger-Prawns verzichten und zudem etwas Geld entbehren kann, speist hier nobel und gut. Empfehlenswert das Pfeffersteak. Str. Trandafirilor 45, Tel. 260 602.

• Aufgrund ihrer zentralen Lage ist die **Pizzeria Leo** in der Str. Trandafirilor 43 immer gut frequentiert. Dennoch sind Pizzen und Pasta ausgezeichnet. Auf Wunsch wird das Essen auch ins Hotel oder die Pension geliefert. Bestellungen unter Tel. 214 999. Abends traditionelle Live-Musik.

• Im **St. Patrick Irish Pub** am Boulevard 1848 werden gute „irische Spezialitäten" serviert, aber auch einheimische Küche.

• Mal ganz was Neues: Sushi in einem chinesischen Restaurant in Rumänien. Wer es probieren möchte, sollte ins **China Blue** gehen. Str. Bolyai 10, Tel. 269 401.

• Wer die Heimatküche ein wenig vermisst, könnte vielleicht im **Casa Bavareză** (Bairisches Haus) oder in der **Villa Helveţia** (Schweizer Villa) wieder auf den Geschmack kommen. Ohne Gewähr. Ersteres befindet sich in der Str. Cuza Vodă 6, Letzteres in der Str. Borsos Tamas 13.

• Sehr gute italienische Küche gibt es im **Restaurant Venezzia** am Piaţa Trandafirilor 2, Tel. 250 255.

• **Atlantic,** Str. Libertăţii 15, Tel. 268 381. Das neue Restaurant hat von 12–24 Uhr geöffnet. Es ist vor allem bei Einheimischen sehr beliebt. Traditionelle rumänische Gerichte.

• **Excalibur,** Str. Revoluţiei 29, Tel. 210 120, www.loculcavalerilor.ro.

• **Steak-House Manadas,** Str. Gh. Doja 221, Tel. 212 160.

• **Majestic,** Studentenrestaurant mit vielen Gerichten zu vernünftigen Preisen.

Cafés

• Ein echter Tipp ist das exquisite **Café Tutun** in der Str. Bolyai 12, Tel. 250 454. Motto: „Because good things take time." Wer schon immer einmal wissen wollte, wie richtiger türkischer Kaffee in Sand gemacht wird und Menschen aus der Künstlerszene treffen möchte, ist hier genau richtig. Das kleine Café und ehemalige Schlachthaus war bereits in den 1970er Jahren Treffpunkt der Murescher Intellektuellen. 1978 wurde es von der Securitate geschlossen, weil zu viel „diskutiert" wurde. Mo. bis So. 8–4 Uhr nachts. Unbedingt probieren: Unikum Kräuterschnaps. Wahrscheinlich eröffnet der Besitzer *Edwald Weinraub* 2010 ein Lokal an anderer Stelle und schließt das Tutun. *Edwald* gibt gerne Auskünfte zu seiner Stadt – auf Deutsch, Tel. 0744-556 417.

Abends unterwegs

• **Diskothek: Show Club Jo,** Str. Livezeni 4 92, Tel. 254 430. In einem der modernsten Clubs der Stadt können alle, die nicht das Tanzbein schwingen möchten, auch Darts oder Billard spielen. Pizzaservice inkl.

Einkaufen

Bücher

- **Librăria Gauss-Bolyai,** Str. Bolyai 3. Tel. 262 475. Hier findet man in erster Linie naturwissenschaftliche Literatur.
- **Editura Sherpa,** Str. Tuşnad 2/16 3, Tel. 265 691. In dieser kleinen Buchhandlung dreht sich alles ums Reisen und die dazugehörige Belletristik.
- **Librăria Mihail Eminescu,** Str. Cutezanței 19. Jede Buchhandlung möchte sich mit dem Namen des Nationaldichters schmücken – diese hier hat es sich auf jeden Fall redlich verdient. Große Auswahl auch an englischsprachiger Literatur.

Antiquitäten

- **Liliput Antique,** Str. Horea 7, Tel. 267 220, Mo. bis So. 9–18 Uhr. Wer bei diesem Angebot an Antiquitäten nicht fündig wird, ist selber schuld – oder der Geldbeutel streikt angesichts der stolzen Preise.

Aktivitäten

- Sportlich betätigen kann man sich in Târgu Mureş in vielfältiger Weise. Fast alle möglichen Aktivitäten unter einem „Hut" findet man im **Complexul de Agrement şi Sport „Mureşul".** Die Einheimischen nennen das Zentrum nur kurz und knapp „Weekend", was darauf hindeuten mag, dass es hier an Wochenenden sehr voll werden kann. Begonnen hat das Zentrum an der Mureş im 19. Jahrhundert mit dem Kanusport. Auch heute kann man sich hier in den Sommermonaten Kanus ausleihen. Vier große Becken sind inzwischen hinzugekommen, in denen Schwimmer wie Nichtschwimmer ihren Platz finden. Nahe einem als Raddampfer getarnten Holzboot kann man auch Paddelboote mieten, auf langen Freiluftbahnen bowlen, oder man tobt sich auf einem der zahlreichen Mini-Fußball-, Basketball-, Volleyball- oder Tennisplätze aus.
- Wer hinauf zum Corneşti-Plateau, dem höchsten Punkt der Stadt, wandert, hat nicht nur eine herrliche Panoramasicht auf die Stadt und das Mureş-Tal, sondern kann sich im **Zoologischen Garten** auch zwischen exotischer Flora und Fauna erholen. An Schlechtwettertagen ist das Tropische Haus geradezu ideal, an sonnigen Tagen locken die umgebenden Hainbuchen und Eichenwälder, der so genannte **Pădure de Ledu,** zum Spaziergang.

Feste und Events

- Der festliche Jahresreigen wird im April mit den **Herz-Tagen,** den **Zilele Inimii,** eröffnet. Gemeint ist damit nicht etwa eine versteckte Aufforderung zum gemeinsamen Blutspenden, sondern die rumänische Variante des im Februar stattfindenden **Ziua îndrăgostiților,** des **Valentinstages.** Man denkt allerdings an den Zilele Inimii nicht nur an den oder die Herzallerliebsten, sondern an auch die nächsten Verwandten und Bekannten.
- **Rockfestival,** Ende Juli findet eines der größten rumänischen Musikfeste **(Festivalul peninsula)** statt. Dauer: 1 Woche. Nähere Infos unter www.felsziget.ro.
- **Bierfest (Festivalul berii),** Volksfest für alle Freunde der Braukunst im August.
- **Alternatives internationales Kurzfilm-Festival,** findet meist im November im Kulturpalast statt. Nähere Infos (auf Englisch) vom Leiter *Sipos Levente* unter Tel. 0744-474 875.
- Im Mai finden in Târgu Mureş die **Musikalischen Tage** statt. An diesen **Zilele Muzicale Târgumureşene** tritt so ziemlich alles auf, was sich in der Stadt an Tanz- und traditionelle Musikgruppen einen Namen gemacht hat.
- **Konzerte des Philharmonischen Orchesters** finden von Juni bis September jeden Do. um 19 Uhr im Kulturpalast statt. Weitere Informationen und Reservierungen gibt's im **Casa de bilete** direkt an der Ecke Str. Enescu/Piața Trandafirilor, Tel. 261 420, Mo. bis Fr. 10–13 Uhr, an Konzerttagen auch von 17–19 Uhr.
- Das **große Stadtfest,** die **Zilele Târgumureşene,** findet üblicherweise in der letzten Juniwoche inmitten der mittelalterlichen Zitadelle statt. Zum ersten Mal wurde es am 28. August 1482 zu Ehren von König *Matei Corvin* abgehalten, der das Privileg eines Festes

bewilligt hatte. Wer die Stadt an diesen Tagen besuchen möchte, sollte sein Zimmer frühzeitig gebucht haben. Alljährlich überfluten dann über 80.000 Menschen die City.

- Eines der bekanntesten **Folkfestivals** Rumäniens beginnt meist Mitte Juli. Die **Jocul din Batrani** finden üblicherweise auf großen Bühnen entlang des Piața Trandafirilor statt.
- Der Oktober ist in Târgu Mureş einer der intensivsten Festivalmonate. Es beginnt in der ersten Woche mit dem **Festivalul de Muzică Constantin Silvestri.** Kurz darauf kommen auch die Schauspielfreunde beim **Festivalul de teatru „Dramafest"** auf ihre Kosten. Den Abschluss bildet dann das **Weinfest Sărbătoarea Vinului şi a Mustului,** bei dem es sehr fröhlich zugeht.
- Beendet wird der festliche Reigen im Dezember mit dem **Musikfestival der heiligen Musik, Festivalul de Muzică Sacra,** dem **Kindergeschenkfest** der Stadt Luna Cadourilor **(Orăşelul Copiilor)** und dem **Neujahrsfest** auf der Straße Revelion în Stradă.

Cluj-Napoca/ Klausenburg

VIII, A2

- **Höhe:** 350–455 m
- **Vorwahl:** 0264
- **Einwohner:** 316.000
- **Ungarischer Name:** Kolozsvár

Das an den beiden Flüssen Nadăş und Someşul mic gelegene Cluj-Napoca ist die **drittgrößte Stadt Rumäniens.** Sechs Zug- und Autostunden von Bukarest entfernt, ist die transsylvanische Metropole der zentrale Dreh- und Angelpunkt des wirtschaftlichen und kulturellen Lebens in Nordwestrumänien.

Besonders eindrucksvoll ist die Annäherung an die Stadt von Süden her, wenn man sich über die steil nach unten führende E60 von Turda aus ins Someş-Tal begibt. Von den Bergen rund um die Ortschaft **Feleacu** 8 km südlich von Cluj-Napoca lässt sich bereits die gesamte Stadt gut überblicken.

Die meisten westlichen Besucher werden sich der Hauptstadt des Bezirks Cluj jedoch wahrscheinlich mit dem Auto von der ungarischen Grenze über **Oradea** nähern. Die E60 führt dabei über den kleinen **Piatra-Craiului-Pass** (582 m), einen Ausläufer der Westkarpaten. Die Schlaglöcher früherer Zeiten sind mittlerweile verschwunden, die Straße ist auf der gesamten Strecke hervorragend befahrbar.

Der **Flughafen** im Stadtteil Someşeni ist gerade einmal 8 km vom Stadtzentrum entfernt.

Geschichte

Cluj ist eine **sehr alte Stadt.** Ihren Zusatz Napoca erhielt sie aber erst 1974 durch *Ceauşescu,* der damit auf die dako-römische Vergangenheit der alten Siedlung verweisen wollte. Bereits der griechische Geograf *Claudius Ptolemäus* beschrieb um 130 n.Chr. „eine der wichtigsten vorrömischen Siedlungen" namens **Napuca.**

Nach der Eroberung Dakiens durch den römischen Kaiser *Trajan* entwickelte sich aus dem einfachen Legionärslager aufgrund seiner verkehrs-

Das lange Zeit heiß umstrittene Reiterstandbild des Matthias Corvinius vor der Michaelskirche

günstigen Lage schnell eine Stadt. Bereits um 124 n.Chr. wird sie offiziell zum **Municipium Aelium Hadrianum Napoca,** erhält also die gleichen Rechte und Pflichten wie andere autonome Städte des Römischen Reiches. Erst im Jahr 1167 taucht der Name Cluj als **Castrum Clus** zum ersten Mal in den Dokumenten auf. Er geht auf den lateinischen Begriff *clusius* für Klause zurück.

Der Ausbau und **Aufstieg zur Handelsmetropole** begann mit der deutschen Besiedlung des Gebiets am Kleinen Samosch (Someşul Mic) im 13. Jahrhundert. 1405 erhält Cluj die Rechte einer freien Stadt durch *Sigismund von Luxemburg* und verdrängt während der Herrschaft von König *Matei Corvin* im 15. Jahrhundert die Vorherrschaft der transsylvanischen Stadt Alba Iulia. Hinzu kommt der **kulturelle Aufstieg,** der 1550 mit der Einführung des Buchdrucks durch *Gaspar Heltai* beginnt. Kurz nach der Französischen Revolution schwingt sich Cluj 1790 zur **Hauptstadt von Siebenbürgen** auf. 1867, im Jahr der Entstehung der Monarchie Österreich-Ungarn, wird Cluj zu einer der größten Städte des neuen königlich-kaiserlichen Staates.

In der Folgezeit bestimmen **habsburgische Architekten und Künstler** das Stadtbild. Man eifert den Metropolen Wien und Budapest nach, auch was den Bau von Schauspielhäusern betrifft. Als imposantes Beispiel möge

rum379 Foto: jr

Cluj-Napoca
Oradea, Turda
Calea Moţilor
Str. V. Alexandri
Str. Sindicatelor
Str. Clinicilor
Str. Prof. Victor Babeş
Str. Petru Major
Str. Emil Isac
Piaţa Lucian Blaga
Str. Gheorghe Şincai
Str. Samuil Micu
Str. Memorandumului
Str. Ion Creangă
Str. Republicii
Str. Ep. Ion Bob
Str. Ion Raţiu
Str. Inocenţiu Micu Klein
Str. Napoca
Str. Avram Iancu
Str. Potaissa
Str. Fortăreţei
Str. P. Ispirescu
Str. Bisericii Ortodoxe
Str. Universităţii
B.-dul Eroilor
Str. Mihail Kogălniceanu
Str. Ion I.C. Brătianu
Str. Matei Basarab
Str. V. Hugo
Str. Av. Bădescu
Str. S. Dragomir
Str. Zaharia Bârsan
Str. Alba Iulia
Str. Baba Novac
Piaţa Ştefan cel Mare
0
100 m
1
2
3
4
5
6
7
8
9
10
11
12
13
14
15
16
17
18
19
20

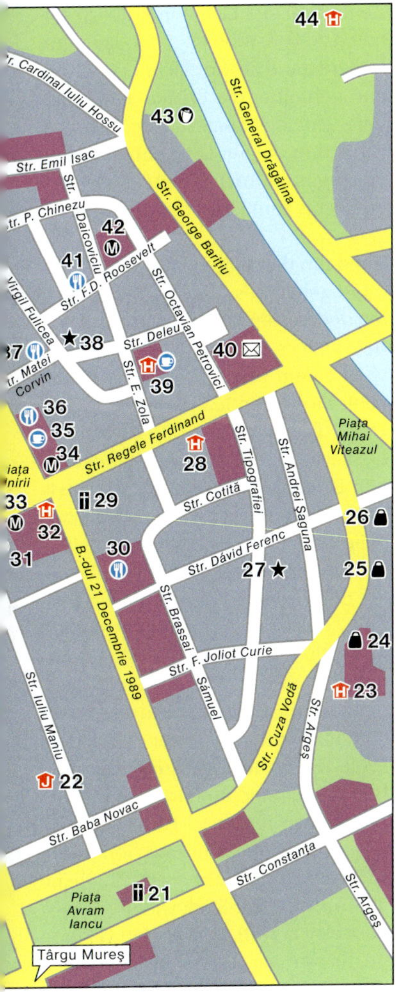

- ★ 1 Botanischer Garten
- 2 Botanisches Museum
- 3 Kreiskrankenhaus
- 4 Kulturhaus der Studenten
- 5 Apotheke Diapharm
- @ 6 Internet Café
- 7 Orth. Kirche Sf. Mihai
- 8 Galeria Veche
- 9 Sfântul Mihai (Museumshof)
- 10 Café Diesel
- 11 Völkerkundemuseum
- 12 Griech.-Kath. Kirche
- 13 Buchhandlung Humanitas
- 14 Buchhandlung Universității
- ★ 15 Babeș-Bolyai-Universität
- 16 Agape Hotel/Restaurant
- 17 Vinotheca
- @ 18 Internet Goldnet Café
- 19 Reformierte Kirche
- 20 Nationaltheater
- 21 Orthodoxe Kathedrale
- 22 Transylvania Hostel
- 23 Hotel Christian
- 24 Zentraler Markt
- 25 CFR (Zugtickets)
- 26 Tarom (Flugtickets)
- ★ 27 Feuerwehrturm
- 28 Hotel Vlădeasa
- 29 Evang. Kirche
- 40 Restaurant Casa Ardeleană
- @ 31 Café Nargila/Internet
- 32 Hotel Melody-Central
- 33 Kunstmuseum
- 34 Apothekenmuseum
- 35 Café Illy
- 36 Restaurant Ernesto
- 37 Restaurant Casa Matei
- ★ 38 Geburtshaus Matei Corvin
- 39 Hotel/Café Fullton
- 40 Post
- 41 Restaurant Lugano
- 42 Historisches Museum
- 43 Ungarisches Theater
- 44 Hotel Transilvania

die barocke Innengestaltung des Nationaltheaters dienen, das sich eng an die Wiener Vorbilder anlehnt.

Sehenswertes

Erster Überblick

Wer in die Großstadt Cluj-Napoca kommt, sollte sich als Autofahrer ruhig direkt ins **Zentrum** am **Piața Unirii** oder entlang des **B-dul Eroilor** aufmachen. Parkplätze stehen vor allem entlang dem letztgenannten reichlich zur Verfügung. Lassen Sie sich nicht von den Hochhausbauten in der Peripherie abschrecken. Diese modernen Trutzburgen gehören heute leider zum obligatorischen Erscheinungsbild moderner rumänischer Großstädte. Im Zentrum von Cluj-Napoca wird's nicht nur wesentlich schöner, sondern auch übersichtlicher.

Wie so manche rumänische Stadt wurde auch Klausenburg an der Verengung eines Flusstals errichtet. Aufgrund dieser geografischen Besonderheit bietet sich die Möglichkeit, die Metropole auch von oben anzusehen. Fragen sie einen Einheimischen nach dem **Hotel Belvedere.** Jeder in Cluj kennt diesen Namen. Dieses Hotel heißt zwar heute eigentlich Hotel Transilvania, aber der alte Name „Hotel zur schönen Aussicht", der aus unerfindlichen Gründen abgelegt wurde, spiegelt die herrliche Lage dieses Hotels wesentlich besser wider und wird darum von den Bürgern auch weiter verwendet. Sie erreichen den **Parcul Cetățuia,** den alten Festungshügel, auf dem das Hotel zu finden ist, vom Zentrum (Piața Unirii) in etwa 20 Minuten zu Fuß. Man folgt der Str. Regele Ferdinand in nördlicher Richtung und geht über die Brücke auf die andere Seite des Someşul mic. Links, etwa 100 m die Str. Dragalina am Fluss entlang, sieht man bereits die Stufen, die rechts zum Hotel hinaufführen.

Rund um den Piața Unirii

Oft gehen Besucher an den schönsten und besten Stellen einer Stadt vorbei, ohne es zu bemerken, da sich diese in einem versteckten Winkel oder Hinterhof befinden. Auch am Piața Unirii (Einheitsplatz) von Cluj-Napoca existiert solch ein Ort. Man findet seinen Eingang gleich neben dem stylischen **Café Diesel** an der westlichen Seite des zentral gelegenen Piața Unirii. Es ist der ideale Ort, um im Gewusel der Großstadt einen ersten Halt und Anhaltspunkt oder ein wenig Ruhe zu finden. Wer in den **Museumshof der Kirche Szent Mihály** bzw. Sfântul Mihai (Sankt Michaelskirche) kommt, betritt unmittelbar eine andere Welt. Die kostenlose **Ausstellung** im begrünten Innenhof ist den beiden **Bildhauern Jenö** und **Tibor Szervátiusz** gewidmet. Vater und Sohn *Szervátiusz* belebten kurz nach 1920 eine alte Tradition der Stadt wieder, die seit dem bleichen 19. Jahrhundert verloren gegangen war. Das Kunsthandwerk, das in Klausenburg einst bis in die Barockzeit hinein erblühte, stagnierte zu Zeiten der Habsburger Monarchie. Bildhauer wie der berühmte *Brăncuşi* aus Târgu Jiu und die Clujer Familie *Szervátiusz* gaben mit ihrer Kunst auch

Klausenburg – die Schatzkammer Transsylvaniens

Das mittelalterliche Klausenburg lag nicht weit von den **Goldminen** des Apuseni und des Maramureş entfernt. Händler und Handwerker aus dem Osten, Norden und Süden brachten bereits zu Beginn des 13. Jahrhunderts **Edelsteine** und die Kunst des Veredelns in die aufstrebende Gemeinde. Schnell entwickelten sich in der Stadt am Kreuzungspunkt alter Handelslinien all die Stände, deren Kunsthandwerk darin bestand, die edlen Materialien zu veredeln. Anfangs waren es die Klausenburger **Steinmetze,** die den neu entstehenden Kirchen und Palästen der Stadt zu Glanz und ihrem eigenen Handwerk zu Ruhm verhalfen. Dann kamen die **Kunst- und Goldschmiede** hinzu, die den unersättlichen Hunger der Kirche, der Ritter, Adligen und reichen Damen nach Gold, Silber, mit Edelsteinen besetzten Säbelgriffen, Schmuckstücken, Bestecken und geschliffenen oder emaillierten Kelchen stillten. Schon bald wurde Klausenburg als **„Edelstein Siebenbürgens"** bezeichnet. In den Annalen jener Zeit sind fast 1000 Schmiedemeisternamen enthalten, eine Größenordnung, die in etwa widerspiegelt, welch hohes Ansehen und welchen Stellenwert dieses Kunsthandwerk einst im nördlichen Rumänien hatte. Zu den bekanntesten und wichtigsten Namen zählen die der Söhne des Malers *Nicholas von Klausenburg. Martin* und *Georg,* das vielleicht begabteste Geschwisterpaar der Stadt, betätigten sich auch als **Bildhauer.** Ein großes Werk, das sie Klausenburg hinterließen, ist ihre 1373 geschaffene Reiterstatue des heiligen *Sankt Georg.* Sie ist heute als Kopie vor der reformierten Kirche in der Str. Kogălniceanu (Farkas) zu bewundern.

alten Traditionen neue Impulse und wurden so zu Vorreitern modernen Kunsthandwerks.

Die **Skulpturen,** die im Museumshof der Kirche Szent Mihály zu sehen sind, gewinnen ihre Faszination vor allem aus drei künstlerischen Quellen: den Altarskulpturen siebenbürgisch-mittelalterlicher Dorfkirchen, volkstümlicher Schnitzerkunst und der Tradition des Expressionismus.

Sankt Michaelskirche

Die **Kirche Sfântul Mihai** ist nach der Schwarzen Kirche von Braşov das größte Gotteshaus in Transsylvanien. Sie wurde Mitte des 14. Jahrhunderts als Basilika begonnen und 100 Jahre später als gotische, dreischiffige Hallenkirche ausgebaut. Der 80 m hohe **Glockenturm im neugotischen Stil** wurde erst im 19. Jahrhundert errichtet, nachdem der ursprüngliche Turm nach einem Erdbeben 100 Jahre zuvor schwer beschädigt und abgetragen worden war. Dort, wo sich normalerweise ein Kreuzgewölbe befindet, ist die Kirchendecke einem **Sternengewölbe** nachempfunden worden, das durch figurative Kapitelle gestützt wird. Man erkennt einen Steinmetz, einen melkenden Ziegenhirten, einen Professor und eine Frau mit Gebetbuch. Geschickt vergrößern betonte Bögen den Raum optisch nach oben hin.

An der **Westfassade** beschützt der *heilige Michael* ein altes Tor aus dem Jahr 1444. Besonders fein gearbeitet ist die aus dem Jahr 1528 stammende Sakristeitür, die mit ziselierenden Motiven rund um das Stadt- und das Stifterwappen (das mit dem Pelikan) reich verziert wurde. Sehenswert auch die **Barockkanzel,** die von einem Drachen tötenden *heiligen Michael* bekrönt wird.

Messen und Andachten werden in der Sankt Michaelskirche in rumänischer und ungarischer Sprache gehalten. Die Mitarbeiter rund um *Preot Korom Imre* erteilen gerne Auskunft, wann die abendlichen **Orgelkonzerte** stattfinden, die sehr empfehlenswert sind.

rum384 Foto: jr

•**Biserica Sfântul Mihai** (Szent Mihály), Piața Unirii 6, Mo. bis So. 6–20 Uhr, Eintritt frei.

Zankapfel Corvinius

An der Südseite der Michaelskirche steht das 1894 bis 1902 errichtete, etwas überdimensionierte **Reiterstandbild von Matthias Corvinius.** Bereits mehrfach hat es zwischen der ungarischen und rumänischen Bevölkerung für Streit und Unruhe gesorgt, da beide Volksgruppen den späteren König der Ungarn für sich in Anspruch nehmen. So musste auch die Sockelinschrift bereits öfters geändert werden. Zu Beginn des 20. Jahrhunderts trug der Reitersockel die ungarische Inschrift **„Mátyas Corvin"** sowie ein Wappen des Habsburgerreiches. Als Siebenbürgen 1918 Teil Rumäniens wurde, ersetzte man die Namensbezeichnung kurzerhand durch das rumänische **„Matei Corvin".** Doch kurz darauf, nämlich von 1940 bis 1944, fiel Siebenbürgen wieder an Ungarn, und es folgte die nächste Namensänderung, diesmal natürlich wieder im ungarischen Sinne. Die Kommunisten versuchten diesem munteren Namenswechsel-Spielchen durch die „neutrale" Bezeichnung **„Mathias Rex"** schließlich ein Ende zu setzen. Doch nach der Revolution verpasste der zur nationalistischen Partei *Romania Mare* gehörende Bürgermeister *Gheorghe Funar* dem Standbild erneut den rumänischen Namen. Am liebsten

Holzschnitzkunst im Museumshof der Michaelskirche

hätte er das streitbare Denkmal gleich ganz abgerissen, doch die zahlenmäßig immer noch starke Fraktion der Ungarn im Rathaus konnte dies bis heute verhindern. Ein Verbot gilt hier heute für Ungarn und Rumänen gleichermaßen: Wer das Reiterstandbild beklettert, muss eine Strafe von 50–100 RON bezahlen.

Nationalmuseum für Kunst

Ebenfalls noch am Piața Unirii, der früher Piața Libertații genannt wurde, befindet sich gleich in Blickrichtung des bronzenen *Matthias Corvinius* einer der prächtigsten Barockbauten Transsylvaniens. Der 1775 fertig gestellte **Palatul Bánffy** wurde vom deutschen Architekten *Johann Eberhard Blaumann* geplant, der auch für den Brukenthal-Palast in Sibiu verantwortlich war. Seit 1951 ist in dem für den Gouverneur *György Banffy* erbauten Palast das Nationalmuseum für Kunst untergebracht. Zu den Höhepunkten der Ausstellung zählen die Sammlung von *Virgil Cioflec,* viele mittelalterliche Ikonen und ein Altar aus dem 16. Jahrhundert. In einigen der 22 Räume gibt es bekanntere Künstler wie *Niculae Grigorescu* und *Ştefan Luchian* und einige überraschend gute unbekannte Künstler aus dem 18. Jahrhundert zu sehen.

- **Muzeul Național de Artă,** Piața Unirii 30, Mo. bis So. 12–19 Uhr, Eintritt 3 RON.

Nördlich des Piața Unirii

Die direkt am Piața Unirii vorbeiführende Str. Regele Ferdinand führt in nördlicher Richtung zum **Apothekenmuseum.** Die Ausstellungsräume sind im **Hintzhaus,** der ersten Apotheke Clujs, untergebracht, die dort bereits im Jahr 1573 eröffnet wurde. Zu den interessantesten der über 2300 verschiedenen pharmazeutischen Exponate zählen neben den alten Rezepturen sicherlich einige Fläschchen mit Aphrodisiaka aus dem 18. Jahrhundert. Vom Apothekenmuseum sind es über die Str. Vasile Goldiş (rechts um die Ecke) nur 50 m zum **Geburtshaus von Matthias Corvinius.** Von der nordwestlichen Ecke des Piața Unirii führt auch die Str. Mathei Corvin direkt zu dieser Gedenkstätte hin. Hinter dem Eingangstor des schlichten, weiß getünchten Hauses aus dem 15. Jahrhundert befindet sich heute die **Kunst-**

Mehr als nur Fledermäuse

Einige der imposantesten Höhlen Rumäniens, wie die **Gletscherhöhle (Peştera Scărişoara)** oder die **Bärenhöhle (Peştera Urşilor),** liegen kaum 100 km von der transsylvanischen Metropole Cluj-Napoca entfernt. So mag es nicht verwundern, wenn es an der stadteigenen **Babeş-Bolyai-Universität** den weltweit einzigen **Lehrstuhl für Höhlenforschung** gibt. Die Speläologie ist eine interdisziplinäre Wissenschaft. Das heißt, sie beschäftigt sich nicht nur mit Stalaktiten und Stalagmiten, sondern auch mit solch interessanten Fragen wie zum Beispiel: „Warum können Fledermäuse mit kleinerem Gehirn besser fliegen?“. Cluj-Napoca verfügt auch über das einzige **Museum für Speläologie** in Europa.

und Designfakultät der Universität mit interessanten Ausstellungsstücken der Studenten in der Aula und einem ruhigen Innenhof. Rechts vom Mathei-Corvin-Haus führt die Victor-Deleu-Straße zum Piața Muzeului, an dessen rechter Seite die wunderschön dekorierte **Kirche des Franziskanerordens** zu besichtigen und zu bewundern ist. Sie zählt zu den ältesten und besterhaltenen Gebäuden der Stadt.

- **Muzeul Farmaciei (Apothekenmuseum),** Piața Unirii 28, Tel. 597 567, Mo. bis Fr. 10–16 Uhr, Eintritt 2 RON.
- **Casa lui Matei Corvin,** Str. Matei Corvin 6, keine Besichtigung möglich.
- **Biserica Franciscanilor,** Str. Victor Deleu 4, Mo. bis So. 7–19 Uhr, Eintritt frei.

Weitere Museen

Auf der anderen Seite des kleinen Museumsplatzes liegt das **Geschichtliche Landesmuseum.** Die erste Etage bietet einige spektakuläre Skelette, u.a. das eines Mammuts, sowie Jagdwaffenfunde aus dem Neolithikum. Interessant ist das Miniaturmodell der dakischen Siedlung Sarmizegetusa, die es im Original etwa zwei Autostunden von Cluj-Napoca entfernt zu besichtigen gibt.

Etwas versteckt am Ende der Str. Sextil Puscariu findet man das einzige Höhlenmuseum Rumäniens. Das **Museum für Speläologie** ist nach dem Klausenburger Naturforscher *Emil Racoviță* benannt und zeigt neben Fossilien, die *Racoviță* in einigen Höhlen gefunden hat, u.a. auch die alte Fotokamera des Forschers. Das Museum ist für alle Höhlenfreunde und diejenigen, die es noch werden wollen, ein unbedingtes Muss. Die Betreiber und der höhlenkundige Fotograf *Radu Sălcudean* bieten auch **Höhlentouren** an.

- **Muzeul Național de Istorie a Transilvaniei,** Str. Constantin Daicoviciu 2, Tel. 591 718, Di. bis Fr. 10–16 Uhr, Eintritt 3 RON.
- **Muzeul de Speologie „Emil Racoviță",** Str. Sextil Puscariu 8, Eintritt 2 RON.
- **Radu Sălcudean,** der erfahrene Höhlenkundler und Fotograf organisiert geführte Höhlentouren und veranstaltet Fotoseminare zum Thema Natur, Tel. 0742-913 373, salcudean@yahoo.com, www.radusalcudean.ro.

Westlich des Piața Unirii

Das **Etnografische Landesmuseum** in der Str. Memorandumului zeigt die umfassendste Ausstellung traditioneller Teppiche und folkloristischer Trachten und Kostüme Siebenbürgens. Wer den Zweck sächsischer Sternhauben kennen lernen oder den Ursprung der typisch rumänischen Ornamente auf den *Trăistuțe,* den bunten Umhängetaschen aus Wolle, erforschen möchte, kann sich hier an die mehrsprachigen Völkerkundler wenden. Besonders interessant sind die farbenprächtigen Kopfaufsätze aus Pfauenfedern, die in der Gegend um Nasăud an Festtagen von den Männern getragen werden.

Das Museum verfügt auch über eine hervorragende Freilichtsektion, den **Volkskundepark Romulus Vuia,** in dem über 200 rumänische, sächsische und ungarische Bauernhäuser, Mühlen und Schäfereien sowie drei Holzkirchen stehen; der Park ist im Nordwesten von Cluj auf dem Hojaberg zu finden.

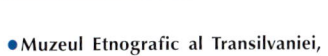

- **Muzeul Etnografic al Transilvaniei,** Str. Memorandumului 21, Tel. 592 344, Di. bis So. 9–17 Uhr.
- **Parcul Etnografic Romulus Vuia,** Str. Tăietura Turcului. Der Volkskundepark ist im Hojawald zu finden (5 km nordwestlich des Stadtzentrums). Man kommt mit dem 30er Bus vom Piața Unirii in 15 Minuten zur Str. Hațeg im westlichen Teil von Cluj. Von hier aus sind es noch einmal etwa 15 Minuten in nördlicher Richtung über die Str. General Grigorescu hinüber und die Str. Tăietura Turcului hinauf. Das Gelände liegt linker Hand am Hügel. Mo. bis So. 9–17 Uhr (Mai bis Sept.), 9–16 Uhr (Okt. bis April), Eintritt 4 RON.

Rund um die Universität

Das eigentliche Universitätsgelände liegt südlich des Piața Unirii zwischen den Straßen Ion Brățianu und Mihail Kolgălniceanu, während sich **studentische Institutionen,** Lehr- und Forschungsstätten über die ganze Stadt verteilen. So befinden sich der Studentenclub und die alte Universitätsbibliothek etwas weiter westlich, am Piața Blaga, und die so genannten *Complexe Studențesc* sind im Süden und Osten zu finden.

Die bereits 1872 gegründete Universität von Cluj-Napoca soll die Kluft zwischen der ungarischen und rumänischen Bevölkerung überwinden helfen. Darauf deutet bereits ihr Name hin: Ursprünglich waren der nach dem ungarischen Mathematiker *János Bolyai* benannte Teil und der nach dem rumänischen Mediziner *Victor Babeş* benannte Teil der Universität streng getrennt. Erst in den 1960er Jahren verschmolzen beide zur heutigen **Babeş-Bolyai-Universität.**

Mit über 47.000 Studenten und 1500 Lehrkräften ist sie die zweitgrößte Universität Rumäniens. Besonderen Wert legte man auf die Verankerung eines **multikulturellen Profils** in der Charta der Universität. Die in den Jahrhunderten zuvor oft verfeindeten deutschen, ungarischen und rumänischen Bevölkerungsgruppen Siebenbürgens sollen in interkulturellen Studiengängen auf ein vereintes Europa und ein friedliches Miteinander hingeführt werden.

Bereits seit 1994 bereichert auch ein deutsches Kulturzentrum die Klausenburger intellektuelle Szene. In den letz-

Studium in Rumänien

Die Sprache ist bereits seit über zehn Jahren keine Hürde mehr. Wer unbedingt Biologie, Geologie, Höhlenforschung, Journalistik oder den neuen Studiengang der Europawissenschaft (Internationale Beziehungen und Europastudien) in Rumänien studieren möchte, kann dies in deutscher Sprache **mit international anerkanntem Abschluss an der Babeş-Bolyai-Universität** von Cluj-Napoca tun. Für viele Studenten ist das preisgünstige Land Rumänien längst eine wirkliche Alternative, und Medizinstudenten machen bereits seit den 1980er Jahren von der sehr guten, praxisnahen Ausbildung an rumänischen Universitäten Gebrauch.

Seit kurzem ist auch die Babeş-Bolyai-Universität zum **Bologna-System** übergegangen. Das bedeutet eine Verkürzung der Studienzeit für alle Bachelor-Studiengänge auf drei Jahre.

Wer sich genauer über ein Studium in Rumänien und mögliche Stipendien informieren möchte, sollte sich einmal auf der deutschsprachigen Webseite **www.ubbcluj.ro** umschauen.

ten Jahren ist das Engagement der **Deutschen** in Cluj stark gewachsen, und neben der bestehenden Deutschen Bibliothek sind auch ein Spielezentrum entstanden und mehrere Sprachinstitute hinzugekommen.

Studenten aus zahlreichen Ländern prägen heute das Stadtbild und die Kultur Cluj-Napocas ganz wesentlich mit. Bistros, Jazzlokale und Internetcafés findet man längst nicht mehr nur rund um die Studentenviertel.

- **Universitatea Babeş-Bolyai,** Str. Mihail Kolgălniceanu 1, Tel. 405 300, Fax 591 906, www.ubbcluj.ro (auch deutschsprachige Website).
- **Deutsches Kulturzentrum Klausenburg,** Str. Universităţii 7–9, Tel. 594 492, ccg@polito.ubbclu.ro, www.kulturzentrum.ubbcluj.ro.

Ein bisschen Festung

Ganz in der Nähe der Universität, entlang der Str. Mihail Kolgălniceanu, sind noch einige **Fragmente der alten Stadtmauer** erhalten geblieben. Im Rahmen der ersten großen Stadterweiterung wurde sie im 15. Jahrhundert errichtet und mit mehreren **Bastionstürmen** verstärkt. Wie in anderen siebenbürgischen Städten auch, gehörten diese Türme den verschiedenen **Zünften,** die im Falle eines Angriffs für den jeweils eigenen Turm die Verteidigung übernehmen mussten. Als eines der wenigen Monumente der Klausenburger Befestigung ist die restaurierte **Schneiderbastei (Bastionul Croitorilor)** am Piaţa Baba Novac heute noch zu sehen.

- **Bastionul Croitorilor,** Str. Mihail Kolgălniceanu, keine Besichtigung.

Das zweite Zentrum

Neben dem Piaţa Unirii gibt es in Cluj-Napoca ein weiteres Stadtzentrum, das etwa 300 m weiter östlich zu finden ist. Gleich zwei Plätze, der **Piaţa Avram Iancu** (der frühere Piaţa Victoriei), und der **Piaţa Ştefan cel Mare,** vereinigen sich hier zu einer großen zentralen Fläche, die nur durch die Allee der Helden, den B-dul Eroilor, unterbrochen ist. Jeder der beiden Plätze hat sein eigenes Denkmal vorzuweisen. Der nördliche Avram-Iancu-Platz bietet die Kulisse für die imposante, 1933 nach 13-jähriger Bauzeit fertig gestellte **orthodoxe Kathedrale (Catedrala Ortodoxă).** Im Innern des von *Constantin Pomponiu* und *Gheorghe Cristinel* im neobyzantinischen Stil errichteten Gotteshauses sind einige bemerkenswerte Fresken zu sehen.

Nur 80 m südlich der Kathedrale steht das **Nationaltheater (Teatrul Naţional)** mit angeschlossener Oper inmitten des Piaţa Ştefan cel Mare. Seine erfrischend wirkende, spätgotische gelb-weiße Fassade und die berauschende Innenarchitektur sind das Werk der beiden Wiener Architekten *Fellner* und *Helmer,* die mit ihrer Baukunst 1906 ein wenig vom Glanz des Wiener Burgtheaters nach Siebenbürgen brachten.

Der Botanische Garten

Für den südlich der Universität gelegenen Botanischen Garten sollte man im Sommer einige Stunden einplanen. 1921 vom heutigen Namensgeber, dem **Botaniker Alexandru Borza,** begründet, gehört die Präsentation der

Pflanzen zur größten und eindrucksvollsten Europas. Für viele Besucher ist der Botanische Garten aus diesem Grund das wahre Highlight der Stadt, und Naturfreunde könnten ihre Rumänienreise zu Studienzwecken durchaus in Cluj-Napoca beginnen.

Auf etwa 15 ha präsentiert sich eine Pflanzensammlung von **mehr als 10.000 Arten.** Besondere Attraktionen sind der **Plinius-Garten,** der die Vegetation aus römischer und dakischer Zeit noch einmal auferstehen lässt, der **orientalische Teil** mit seinem japanischen Garten und der große **Rosengarten** mit über 600 Sorten. Eine veritable botanische Weltreise kann man in den riesigen **tropischen Gewächshäusern** unternehmen. Pflanzen von Ecuador bis Australien sind hier zu finden. In der medizinischen Abteilung des Botanischen Gartens werden Führungen angeboten, die auch auf einige **Heilpflanzen** hinweisen, die in Mitteleuropa nicht so bekannt sind. Abgerundet wird der Wandelgarten durch ein ausführliches **Herbarium** (über 655.000 Seiten) und das **Botanische Museum.**

● **Grădina botanică,** Str. Gheorghe Bilascu 42, Tel. 597 604.

In der Umgebung

Turda (Thörenberg)

Über die E60 sind es nur 30 km hinauf zu den berühmten, seit der Römerzeit bekannten **Salinen** von Turda. Aus therapeutischen Gründen steigt man jedoch erst seit dem 13. Jahrhundert in die 300 m langen unterirdischen Galerien. Über neu angelegte hölzerne Stufen geht es mittlerweile sogar noch tiefer unter die Erde.

Auf dem Weg nach Turda kommt man von Cluj nach 10 km am kleinen Ort **Feleacu** vorbei. Von hier aus bietet sich bei klarem Wetter ein wunderbarer Blick über das Tal des Somesch und Cluj-Napoca. Kaum bekannt, ist die Kirche des Ortes in Vergessenheit geraten, die von *Ştefan cel Mare* gestiftet wurde.

● **Salina Turda,** Str. Salinelor 54, Besichtigung tägl. 9–17 Uhr, Eintritt 7 RON.

Die Turda-Schlucht

Eine der zweifellos populärsten Attraktionen der Apuseni-Berge liegt gerade einmal 30 Autominuten von Turda und den Salzminen entfernt. Zu Fuß erreicht man die mächtigen, steil aufragenden, 300 m hohen Bergwände der **Cheile Turzii** auf einer zweistündigen **Wanderung** von der Stadt aus. Die Strecke ist mit roten bzw. blauen Kreuzen markiert und führt über den Ort **Mihail Viteazu** und die DN75 zur Schlucht. Man kann die Strecke teilweise auch mit dem Bus zurücklegen. Auf dem Weg Richtung Corneşti verlässt man den Bus etwa 2 km nach dem Ort Mihail Viteazu und geht in nördlicher Richtung noch etwa 5 km weiter, bis die Felsen vor einem vertikal in die Höhe schießen. Der blau-rot markierte Weg endet in der kleinen Gemeinde **Petreştii de Jos,** von wo man mit Bussen wieder zurück nach Turda gelangt.

Höhlenausflüge in die Apuseni-Berge

Einige der eindrucksvollsten und interessantesten Höhlen Rumäniens wie die **Peştera Vântului** („Die Höhle des Windes") und die **Peştera Scărişoara** („Höhle des Leiterchens") sind von Cluj-Napoca aus als Tagesausflug sehr gut zu erreichen. Einige der Höhlen, etwa die Peştera Vântului, sind jedoch zeitweise verschlossen, andere, wie z.B. die **Peştera Batrânului** („Höhle des Alten"), sind für Hobby-Höhlenforscher im Alleingang zu gefährlich.

Wer sich gerne als Hobby-Speläologe betätigen möchte, sollte einige grundlegende **Verhaltensregeln** kennen. So lassen sich aus einer Höhle keine Notrufe versenden! Verschüttete oder vom Wasser eingeschlossene Hobbyforscher sollten genügend Proviant und Trinkwasser dabei haben und ihre Begehung vorab einem Bekannten mitgeteilt haben. Höhlenrettungen sind in der Regel sehr zeitaufwendig und kostenintensiv. Wer sich unsicher fühlt, sollte auf jeden Fall nur an geführten Höhlenbegehungen teilnehmen. Einige Veranstalter bieten neben Gruppenbegehungen auch Kurse in Erster-Höhlen-Hilfe und spezielle Trainings an. Erkundigungen können bei folgenden **Veranstaltern** eingeholt werden:

- **Asociaţia Speologica „Speo Ursii"**, Cluj-Napoca, Str. Bucegi 3, Bl. B2, Ap. 12, Tel. 693 015. Ansprechpartner ist *Codrin Roman.*
- **Muzeul de Speologie „Emil Racoviţa"**, Cluj-Napoca, Str. Sextil Puscariu 8.
- **Retro Hostel,** Cluj-Napoca, Str. Potaissa 13, Tel. 450 452.

Entlang der 1,5 km langen Turda-Schlucht finden sich aufgrund eines besonderen Mikroklimas zahlreiche **seltene Pflanzen** sowie der nicht minder seltene **Uhu** und **Steinadler.**

Im nahen Ort **Săndulești** befindet sich eine der sehr seltenen orthodoxen Steinkirchen aus dem 14. Jahrhundert, als allein der Bau von hölzernen Kirchen erlaubt war.

Gherla (Neuschloss)

Auf dem Weg ins 45 km nördlich von Cluj gelegene Gherla kommt man im Ort **Bonțida** am renovierten **Barockpalast der Familie Bánffy** vorbei. Einstmals wurde er das „Versailles von Transsylvanien" genannt, bis er zum Kriegsende 1945 in Brand geriet.

Die Stadt **Gherla** war bis zum Jahr 1672 eine armenische Siedlung und hieß damals **Armenopolis.** Auch heute noch sind an den Häusern über einigen Türbogen handgeschnitzte armenische Wappen erkennbar. Im Zentrum von Gherla, auf dem Piața Libertații, steht die barocke **armenisch-katholische Kathedrale,** gleich gegenüber dem Hotel Coroana. Der Bau des Gotteshauses dauerte von 1748 bis 1804. Rechts neben dem Hotel kann man im **Stadtmuseum** alte armenische Skripte, Hinterglasikonen und Schnitzereien bewundern.

- **Muzeul Gherla,** Str. Mihail Viteazul 6, Eintritt 3 RON.
- **Pensiunea Ioana** (***), Gherla, Str. Clujului 4, Tel. 0264-243 451, Fax 0264-206 340, office@pensiuneaioana.ro. EZ/DZ mit Dusche und WC, einige davon klimatisiert, Preis ab 80 RON.

Nicula und Sic

Die beiden Gemeinden 32 bzw. 42 km nordöstlich von Cluj-Napoca liegen im Epizentrum der ungarisch-siebenbürgischen **Folklore und Musiktradition.** Das **Kloster Nicula** feierte kürzlich seinen 450sten Geburtstag. Den größten Andrang erlebt der Ort jährlich am 15. August, am **Tag der heiligen Maria.** Über 300.000 Pilger versammeln sich dann um die Klostermauern. Der Grund sind die wundersamen Tränen, die *Maria* als Hinterglasikone hier im Jahre 1699 ganze 26 Tage lang vergossen haben soll. Heute leben noch etwa 30 Mönche in den Klostermauern.

Als repräsentativ für die ungarische Kunst Nordtranssylvaniens gilt die Gemeinde **Sic** bzw. Szék. Über mehrere grün bewachsene Hügel breitet sich der pittoreske Ort aus. Die Chance, hier authentische **Trachten und Kostüme** im täglichen Gebrauch zu sehen, ist nicht höher als in den anderen umliegenden Gemeinden auch, dennoch preisen Touristikunternehmen in Cluj vor allem die Strohhüte und blau bestickten Westen der Männer und die bunt bestickten Blusen der Frauen von Szék in den höchsten Tönen an.

Informationen

Reisebüros

Angesichts eines fehlenden zentralen Informationszentrums sind folgende Reisebüros die erste Wahl, um an Informationen über die Stadt und das Umland zu kommen:

- **Pan Travel,** Str. Traian Grozăvescu 13, Tel. 420 516, www.pantravel.ro. Das Reisebüro organisiert Stadtführungen und Fahrten ins Umland. Jenseits von Pauschalangeboten schneidert man hier ganz individuelle Touren für Familien, Gruppen und diejenigen, die an bestimmten Themen wie Ökourlaub oder rumänischen Traditionen interessiert sind. Wer sich ein Auto mieten möchte, kann es hier tun. Mo. bis Fr. 9–17 Uhr.
- **Weitere Reisebüros: Turism Transilvania,** Piața Unirii 10, Tel. 596 557; **Still Tour,** B-dul Eroilor 20, Tel. 430 252; **Calibra,** Piața Unirii 11, Tel. 590 808.

Sonstige Stellen

- **Agrotrip,** dieser Reiseveranstalter aus Cluj hat sich auf den ländlichen Tourismus spezialisiert. Im Angebot sind u.a. ökologische Bauernhöfe und Pensionen mit traditionellem Hintergrund. Str. Câmpului 63, Tel./Fax 406 363, office@agrotrip.ro, www.agrotrip.ro.
- **Ökologischer Club Transsylvaniens,** Str. Sindicaților 3, Tel. 431 626, www.green-agenda.org. Organisiert Führer und Ausflüge, die einem auf sanfte Art die Apuseni-Berge und deren einzigartige Natur vermitteln.
- Cluj-Napoca verfügt über eine eigene **Informations-Hotline für Touristen** (190 449) und einen **Info-Service für Hotel-Anfragen** namens **Hotel-Point** in der Str. Universitații 8, Tel. 595 638.

Service

- **Post: Cluj-Napoca I,** Str. Regele Ferdinand 33, Tel. 536 804, Mo. bis Fr. 7–20 Uhr, Sa. 8–13 Uhr; **Cluj-Napoca 12,** Calea Floreşti 62, ap 1, Tel. 433 599, Mo. bis Fr. 7–20 Uhr.
- **Geldwechsel (Case de schimb): Cambio,** Str. Mihai Viteazul 14–20 und Str. Bolyai 3, Tel. 433 415 u. 598 393 (keine Kommission); **Raiffeisenbank,** Piața Unirii 7 und Str. Aurel Vlaicu 1, Tel. 432 351; **Volksbank,** B-dul Regele Ferdinand 18, Tel. 450 104.
- **Internet: Andrei SatLink Carmel Internet Club,** Str. Pasteur 56, Tel. 124 456, der Club ist auch Bar und Billard-Saloon, 22 Rechner, 2 RON/Stunde; **eXplorer Club,** Str. Arieşului 46–48, Tel. 414 193, 2 RON/Stunde; **Image Computers,** Str. Petre Major 10, Internetladen in einem Hinterhof, 1,80 RON/Stunde.

Notfälle

- **Kreiskrankenhaus: Spitalul Clinic Județean,** Str. Clinicilor 3–5, Tel. 450 084, oder die Stadt-Hotline 192 771.
- **Apotheken: Farmacia Danafarm,** Str. Luceafărului 1, Tel. 524 191; **Elixir,** Str. Fabricii 5 Tel. 414 129; **Farmacia Hera,** Str. Giordano Bruno 13, Tel. 435 216; **Farmacia Toma,** Str. Aurel Vlaicu 15, Tel. 424 708.

Mobilität

Flüge

- Der internationale **Flughafen Aeroportul Cluj-Napoca** im Stadtteil Someşeni ist der drittgrößte Flughafen Rumäniens (nach Bukarest und Timişoara); www.airportcluj.ro. Mit der Linie 8 der lokalen Busse (RATUC) fährt man nur 20 Min. zum 10 km nordöstlich vom Stadtzentrum entfernten Airport. Er liegt direkt an der Straße von Cluj nach Oradea.
- Sechs **Fluggesellschaften** fliegen Cluj-Napoca an: die rumänische TAROM, Air Austria, Alitalia, Carpatair, die italienische Clubair und die ungarische Malev. Neben den beiden nationalen Flughäfen von Bukarest und Timişoara fliegen die Airlines zahlreiche Städte in Deutschland, Italien und Ungarn an.
- Auf Flugreisen haben sich spezialisiert: **Aerocenter,** Piața Timotei cipariu 15, Tel. 439 117; **Aerotravel,** Str. Horea 1, Tel. 433 124.

Züge

- **Bahnhof (Gara CFR),** Str. Garii 1–3, Tel. 192 952. Der Bahnhof liegt etwa 3 km nördlich des Zentrums auf der anderen Seite des Someşul Mic.
- **Zugfahrkarten** für internationale Verbindungen müssen vorab in der Agenție de Voiaj gekauft werden: 300 m nördlich des Zentrums am Piața Mihai Viteazul 20, Mo. bis Fr. 7–19 Uhr.

Busse

- **Busbahnhof (Autogara),** Str. Giordano Bruno 3–5, Tel. 435 277. Der Busbahnhof liegt gleich um die Ecke des Hauptbahnhofs im nördlichen Cluj.
- Folgende **internationale Buslinien** aus Deutschland und Österreich fahren Cluj-Napoca an: **Atlassib,** Tel. 433 432; **Calibra,** Tel. 190 808; **Trans Europa,** Tel. 190 090; **Unifix,** Tel. 430 425; **Eurolines,** Tel. 431 961.

Taxis

- **Nova,** Tel. 949.
- **Terra Fan,** Tel. 944.

Mietwagen

Am Flughafen bieten Avis, Europcar, Hertz, Autorent und Budget Mietwagen an. Oftmals billiger ist es in der Innenstadt:

- **Pan Travel,** Str. Traian Grozăvescu 13, Tel. 420 516, www.pantravel.ro.
- **Hertz,** Str. Traian Vuia 149, Tel. 307 528, www.hertz.com.ro.
- **Motostyle,** Str. Iancu de Hunedoara 23b, Tel. 0745-589 700, www.motostyle.ro. Tarife ab 30 Euro/Tag.
- **S. C. Intech,** Str. Drumul Salicii 6b, Tel. 480 089, www.intechcar.ro.

Unterkunft

Hotels

- **Hotel Onix** (****) + (***), Str. Septimiu Albini 12. Edles Haus mit Panorama-Fahrstuhl und eigener Stretch-Limousine. Der 4-Sterne-Komplex hat 30, der 3-Sterne-Komplex 46 Räume. Alle Zimmer verfügen über einen eigenen PC mit Wireless-Internetanschluss. Das Hotel hat ein eigenes Restaurant und einen Nachtclub. Alles auf Businessreisende zugeschnitten, auch die Preise: EZ 110 Euro, DZ 140 Euro, App. 180 Euro.
- **Hotel Agape** (****), Str. Iuliu Maniu 6, Tel./Fax 406 523, www.hotelagape.ro. Das komplett renovierte ehemalige 3-Sternehaus punktet vor allem mit seiner zentralen Lage, seinen gepflegten Räumen und dem sehr preisgünstigen Selbstbedienungsrestaurant. Alle Zimmer mit Kabel-TV, Internetanschluss, Safe und Air-Condition. EZ 205 RON, DZ 246 RON, App. 328 RON.
- **Hotel Premier** (****), Str. Donath 100, Tel. 307 200, Fax 307 205, www.hotelpremier-cluj.com. Das moderne Hotel nimmt dem

Gast vieles ab, z.B. Zug- und Flugzeugreservierung. Leider auch sein Geld. Mit Sauna. EZ 96 Euro, DZ 112 Euro, App. 166 Euro.

•**Hotel Fullton** (***), Str. Sextil Puscariu 10, Tel. 597 766, office@fullton.ro, www.fullton.ro. Wer schon immer einmal in einem richtigen Himmelbett schlafen wollte, ist hier genau richtig. Das gemütliche Hotel bietet geräumige Mansardensuiten mit Blick auf die Altstadt und Jacuzzi, klassische 2-Bettzimmer und solche mit schmiedeeisernen Betten an. Beste Materialien, bester Service und eine ideale Verbindung von Antik und Modern. Zimmer mit Himmelbett EZ 40 Euro, DZ 45 Euro, Zimmer mit Baldachin EZ 55 Euro, DZ 60 Euro, Suite 65 Euro, DZ 70 Euro.

•**Hotel Melody** (***) Piața Unirii 29, Tel. 597 465. Hotel mit 60 Zimmern, Restaurant, Nightclub und Diskothek. EZ 130 RON, DZ 150 RON, modernisiertes Zimmer mit Jacuzzi und Blick auf die St. Michaelskirche 190 RON (inkl. Frühstück).

•**Hotel Paradis** (***), Str. Ciocarliei 47, Tel. 413 941, www.paradis.ro. Alle Zimmer des neuen Hotels verfügen über Safe, Internet, Farbfernseher und Klimaanlage. EZ 40 Euro, DZ 55 Euro, App. 70 Euro (inkl. Frühstück).

•**Hotel Zimbru** (**), Str. Bucureşti 73, Tel. 433 334, www.hotelzimbru.ro. Das kleine, moderne Hotel ist nur 15 Minuten zu Fuß vom Zentrum entfernt und angesichts seiner Lage ausgesprochen günstig. Lärmschutzfenster, Internet, Regenschirmverleih, Safe etc. machen den Aufenthalt sehr empfehlenswert. EZ/DZ 98 RON, DZ (mit getrennten Betten) 92 RON, inkl. Frühstück.

•**Hotel Tiver** (**), Str. Andrei Mureşanu 1, Tel. 367 755, www.hoteltiver.ro. Das preisgünstige Hotel mit Terrasse, Billardsaal und Parkplatz bietet auch einen Personentransport zum Bahnhof oder Flughafen an. Preise je nach Saison für EZ/DZ 20–25 Euro inkl. Frühstück.

•**Hotel Monis** (**), Str. Gorunului 7a, Tel. 446 999. Großes Hotel mit gutem Service, interaktivem Satelliten-TV und Air-Condition. EZ/DZ 32 Euro.

•**Hotel Vlădeasa** (*), Str. Regele Ferdinand 20, Tel. 194 429. Obwohl das Haus nur einen Stern hat, ist das Preis-Leistungsverhältnis sehr gut. EZ 60 RON, DZ 70 RON.

Pensionen

•**Vila Gong** (***), sehr schöne Zimmer und gutes Restaurant in der Gemeinde Gilau 15 km vor Cluj-Napoca (Richtung Oradea), Str. Someşul Rece 1153c, Tel. 371 498, www.vilagong.go.ro. EZ (je nach Saison) 32–39 Euro, DZ 34–41 Euro, App. Single 53 Euro, Doppel 55 Euro.

•**Pensiunea Colibri** (**), Str. Între Lacuri 57, Tel. 418 641. Zwar ein paar Kilometer außerhalb des Zentrums, jedoch sehr schön an einem See gelegene Pension mit sehr hilfsbereitem und freundlichem Service. EZ 70 RON, DZ 90 RON.

Jugendherbergen

•Das neueste Hostel der Stadt ist das **Transylvania Hostel** in der sehr zentral gelegenen Str. Iuliu Maniu 26. Sehr gepflegte und ruhige Herberge mit Preisen von 11 (8-Bett-Raum) bis 40 Euro (DZ). Sehr schön ist der eigene Erholungsgarten. Tel. 443 266, www.transylvaniahostel.com (sehr gute Internet-Präsentation auf Englisch).

•Das **Retro Hostel** in der Str. Potaissa 13 (300 m vom Piața Unirii entfernt) ist die erste Adresse für all diejenigen, die Kontakt suchen und interessante, begleitete Exkursionen ins Umland unternehmen möchten. Internet, TV und Wäscheservice vorhanden. Ausflüge u.a. zu den Salzsalinen nach Turda, in den Maramuresch, Höhlen- und Bergtouren ins Făgăraş. Tel. 450 452, www.retro.ro (auch in Englisch). 54 Übernachtungsplätze. Im Mehrbettzimmer 11 Euro ohne Frühstück, im DZ 15 Euro mit Frühstück – all you can eat. Sehr positive Leserresonanz.

•Das **Hostel Do Re Mi** in der Str. Braşov 2–4 ist nicht ganz so gut in Schuss wie das Retro. Die Besitzer geben sich große Mühe, dennoch stehen einige dringende Reparaturen an. Vermietungen erfolgen nur in den Sommermonaten. Tel. 586 616, Platz 8–10 Euro.

Essen und Trinken

Restaurants

•Das **Restaurant Matei Corvin** in der Str. Matei Corvin 3 ist eines der besten und interessantesten der Stadt. In dem 440 Jahre alten Haus werden Gäste bereits seit 40 Jahren bewirtet. Von 1964 bis 1990 war das Corvin ein reines und überaus erfolgreiches Frauenrestaurant. Für Frauen war es eine kleine Revolution, ein eigenes Lokal zu haben, in dem sie ungezwungen miteinander diskutieren, feiern und vor allem sehr gut essen konnten. Glücklicherweise können seit 1990 auch Männer wieder im Matei Corvin essen, denn Speisen werden hier mit großer Sorgfalt zubereitet. Eine Köstlichkeit ist die ungarische Spezialität *Pörkölt,* zartes Rindfleisch mit delikater Paprikasauce. Die angegebene Beilage *Nokedli* leitet sich vom habsburgischen Begriff „Nockerln" ab. Abends unbedingt einen Platz reservieren: Tel. 597 497, Mo. bis Sa. 12–2 Uhr, So. geschlossen.

• Im schicken **Restaurant Ernesto** gibt es hin und wieder ein Angebot für Nimmersatte: Für einen kleinen Betrag darf man so viel essen wie man möchte. Sehr empfehlenswert ist die gegrillte Gänseleber mit Calvadossauce *(Ficat de Gâscă cu Sos Calvados).* Im Weinkeller, der mit venezianischen Motiven geschmückt ist, stehen ausgesuchte Weine aus ganz Europa zur Auswahl. Piaţa Unirii 23, Tel. 250 255.

• Im **Restaurant Lugano** in der G. Clemenceau 2 am Piaţa Muzeului gleitet Mi. und Fr. ein Pianist über die Tasten und spielt Blues, Klassik oder einen gewünschten Titel. Spezialität des Hauses: Fondue. Tel. 594 593, tägl. 11–1 Uhr, Bar 9–1 Uhr.

• Das neue **Restaurant Bolero** in der Str. Titulescu 2 führt zusätzlich auch die Bezeichnung Café im Titel. Beides stimmt. Vom guten Cappucchino bis zur knusprigen Ofen-Pizza, von traditioneller bis zu internationaler Küche ist hier alles zu fairen Preisen zu bestellen. Tel. 204 158, Mo. bis Sa. 9–2 Uhr, So. 14–1 Uhr.

• Auch der **Ogaret Club** führt gleich mehrere Selbstbezeichnungen: Restaurant, Club und Bar. Das Restaurant ist vor allem für sehr späte Gäste interessant. Wenn alles in Cluj bereits geschlossen hat, gibt es hier immer noch warme einheimische Spezialitäten. Leider hat es nur Mo. bis Do. geöffnet (10 Uhr bis zum letzten Gast). Str. Virgil Fulicea 17, Tel. 408 167.

Cafés und Bistro

• **Café Nargila,** Str. D. Gherea 17. Das ägyptisch eingerichtete Café gleich um die Ecke vom Piaţa Unirii macht ausgezeichnete *Falafel* und *Shaoarma.* Im hinteren Teil befindet sich ein **Internetcafé** mit acht Computern, die von 10–24 Uhr benutzt werden können.

• **Café Amadeus Mozart,** Str. Pavlov 7. Guter Kaffee und leckere Desserts.

• **Café Bulgakov,** Str. I. M. Klein 17. Im Literaturcafé in der Nähe des Blaga-Platzes befindet man sich als Freund der schönen Künste genau im richtigen Ambiente.

• **1900 Bistro,** Str. Emil Isac 14, Tel. 272 442, Mo. bis Sa. 9–24 Uhr, So. 12–24 Uhr. Bistro im Retro-Look. Für den kleinen Hunger zwischendurch gibt's Salate, Meeresfrüchte, Pizza oder Pasta und Toasts.

Abends unterwegs

Tanz-Clubs

• **Level 1,** Str. V. Babeş 33 (Etage 1), Tel. 0741-674 066. Einer der modernsten Clubs mit Live-Manele und Tanz-Animation. Täglich geöffnet von 16 Uhr bis zum letzten Gast.

• **Salsa Club,** Str. Dacia 2, Tel. 433 078, www.salsaclub.ro. Auf der 40-m^2-Tanzfläche des einzigen Salsa-Clubs Siebenbürgens vergnügen sich vor allem Latino-Fans. Getanzt und gespielt wird neben Salsa auch Merengue, Bachara, Reggae und Samba. Der Latino-Einfluss zeigt sich auch in der Getränkekarte des angegliederten Cafés. Wer keinen der Tänze beherrscht, kann sie in einem Tanzkurs im Salsa Club erlernen.

• **Florida,** Str. I. Micu Klein 18, Tel. 599 427. Der beste Manele-Club der Stadt, in dem jeden Abend Live-Musik dargeboten wird.

• **After Eight,** Str. Brassai Samuel 12, Tel. 0743-359 795. Täglich eine andere Party und das von 18 Uhr bis zum letzten Gast.

Clubs

• **Diesel Club,** Piaţa Unirii 17, Tel. 439 043, www.dieselclub.ro. Einer der gefragtesten Lounge-Clubs der Stadt direkt am zentralen Einheitsplatz mit Live-Musik, Partys, Festen und Cocktail-Events.

●**Crema,** Piața Unirii 25, www.crema.ro. Im historischen Gebäude aus dem Jahr 1780 trinkt die Klientel heute original italienischen Lavazza oder eines der anderen 270 Getränke des Edelclubs. Jeden Sa. und So. Lounge Partys oder Rainbow Shows. Außerdem zeigt das Crema auch internationale Filme.

●Das **Saga** ist längst kein Geheimtipp mehr und hat sich in der Gunst der jungen Klausenburger ganz nach oben gearbeitet. Abends immer proppevoll. Piața Muzeului 5, Tel. 271 858, Mo. bis Fr. 9 Uhr bis zum letzten Gast, So. 10 Uhr bis zum letzten Gast.

Einkaufen

Bücher

●**Librăria Universitații,** Str. Universitații 1, Mo. bis Sa. 9–16 Uhr, So. geschlossen. Hier findet man nicht nur Literatur für Studenten.

●**Humanitas,** Str. Universitații 7–9 und Str. Napoca 7, Tel. 196 985 und 439 437. In der Buchhandlung dreht sich normalerweise alles um interessante Belletristik und das „schöne" Buch. In Cluj gibt's auch Landkarten.

Foto/Video

●**Banzai foto video,** Str. Bolyai 12, Tel. 430 317. Professionelle Fotografen und Kameraleute beraten und sind natürlich auch selbst zu buchen. Ansonsten die beste Auskunftsstelle für alles, was mit den abbildenden Medien zu tun hat.

●**Foto Expres,** Piața Cipariu, Tel. 592 547.

Weine

●**Vinoteca Bolyai,** Str. Bolyai Janos 1–3, Tel. 450 460, contact@vinotecabolyai.ro. Die Vinothek im Bolyai-Gedenkhaus bietet über 200 einheimische Weine an. Kompetente und ausdauernde Beratung über alle Weinregionen Rumäniens mit Möglichkeit der Weinprobe. Sehr empfehlenswert.

Sonstiges

●**Einkaufszentrum:** Das größte und bekannteste Kaufhaus ist das **Central** in der Str. Regele Ferdinand 22 (gleich gegenüber der zentralen Post).

●Als einziger täglicher **Markt,** der ein breites Sortiment von Fisch bis Fleisch und Obst bis Gemüse bietet, ist der am Piața Mihai Viteazul zu empfehlen.

Aktivitäten

Fitness

●**Centrul Napoca 2000,** Splaiul Independenței 10 (neben der Sporthalle), Tel. 023 723. Der Club verfügt über ein vielfältiges Angebot von Aerobic, Sauna, Tischtennis bis hin zu einem Jacuzzi und Massagemöglichkeiten (Sauna ½ Stunde 8 RON, Aerobic 1 Std. 5 RON).

●**Energy Plus,** Str. Pascaly 5–7, Tel. 414 209. Fitnessgeräte, Sauna. Mo. bis Fr. 10–22 Uhr, Sa. 10–16 Uhr (achtmal Eintritt inkl. Sauna 55 RON).

●**Fobis – Frauenfitness,** Str. Mărăşti (im Komplex der neuen Post), Tel. 419 304.

Billard

●**Snooker & Billard,** Str. Al. Vaida Voevod 53–55, Tel. 414 161.

●**Pool House,** Str. 1. Decembrie 1918 Nr. 35–37, Tel. 585 277. Billard-Bar.

●**Snooker Game Bill,** Str. Regele Ferdinand 30, Tel. 432 941.

●**Carmel,** Str. Louis Pasteur 76, Tel. 122 213.

Sonstiges

●**Martial Arts: Shotokan,** Str. Aleea Penea 3, Tel. 425 293.

●**Fliegen: Aeroclubul Traian Darjan,** Str. Regele Ferdinand 29, Tel. 417 070.

●**Reiten: Clubul Hipic,** Floreşti, Str. Taurilor 27, Tel. 0264-265 164, clubhipic@mail.com. Der Reiterverein liegt in der Gemeinde Floreşti (10 km westlich an der E60, direkt am Kloster Floreştin). Er veranstaltet Reitausflüge in die Umgebung von Cluj und bietet auch Unterkünfte und Verpflegung an. Reitwanderungen kosten 10 Euro die Stunde, Reitunterricht (10 x 2 Stunden) 100 Euro.

●**Orientierungslauf:** Der **Club TranSilva** (übersetzt etwa: durch die Wälder) ist einer der wenigen Veranstalter, der sich auf Orientierungsläufe und Wanderungen in der Natur spezialisiert haben. Str. Observatorului 15, Ap. 12, Tel. 438 330, www.transilva.gmi.ro.

Feste und Events

- Einmalig in Rumänien ist die enge kulturelle Freundschaft zwischen Cluj und Japan. Jedes Jahr finden, meist im November, die **Kulturellen Japanischen Tage (Zilele culturii Nippone)** in Klausenburg statt. Neben Klavierkonzerten in der Musikakademie Gheorghe Dima werden auch begleitende Kunstausstellungen und Soirees veranstaltet.
- Ebenfalls einmalig ist das **Orchester der Mediziner und Apotheker (Orchestra medicilor şi farmaciştilor),** das seit über 60 Jahren für Gesunde und Kranke in den Krankenhäusern der Stadt spielt. Näheres unter www.omcn.go.ro und am B-dul 21. Decembrie 135, Bl. M3, Ap. 97.
- Das Cluj von einst, **„Clujul de altădată“,** feiert man im März seit einigen Jahren an unregelmäßigen Plätzen. Informationen erteilen die örtlichen Reisebüros.
- Zu einem festen Event ist das **Festival der amerikanischen Musik** geworden (November). Veranstaltungsort ist das studentische Kulturhaus (Casa de Cultură a Studenţilor).
- Im **Nationaltheater Lucian Blaga** finden nicht nur viel beachtete klassische Aufführungen statt. Die junge Bühne des Theaters namens **Studio Euphorion** zeigt auch sehr moderne und progressive Stücke oder kontroverse Aufführungen wie z.B. „Trainspotting“. Piaţa Ştefan cel Mare 24, Tel. 591 799.
- Im Mai finden in Cluj die **Musikalischen Tage** statt. An diesen **Zilele Muzicale** ist rund um die zentralen Plätze die ganze Stadt auf den Beinen, um sich lokale Tanz- und traditionelle Musikgruppen anzuschauen.
- Eintrittskarten zu Aufführungen der **Staatlichen Philharmonie** erhält man, ebenso wie die für die Oper, in der **Agenţie Teatrală,** Piaţa Ştefan cel Mare 14, Tel. 595 363.
- Den Kindern der Stadt und kleinen Gästen bietet Cluj mit dem **Puppentheater Puck** die regelmäßige Möglichkeit, in eine andere Welt – jenseits von Computerspielen und Game Boys – einzudringen. **Teatrul de Păpuşi Puck,** Str. I.C. Brăţianu 23, Tel. 595 992.
- Auch in Cluj wird das Jahr, wie in vielen anderen rumänischen Städten, festlich und musikalisch beendet. Im Dezember findet das **Festival der heiligen Musik (Festivalul de Muzică Sacra)** statt. Die Konzerte sind in diversen Kathedralen und Kirchen der Innenstadt zu erleben. Zum **Neujahrsfest** feiert man auf der Straße den Beginn des neuen Jahres mit Musik und einem Tänzchen **(Revelion în Stradă).**

Das Crişul-Repede-Tal

Wer als Tourist und Besucher Richtung Westen fährt, befindet sich meist schon auf Abschiedstour von Rumänien, da die DN1 (E80) die direkteste Verbindung zur **ungarischen Grenze** darstellt. So ist es kein Wunder, wenn sich am westlichen Ende Transsylvaniens besonders viele Stände mit **Souvenirs** entlang der Straße finden. In einigen Ortschaften wie **Izvoru Crişului** und **Huedin** stehen die Verkäufer von Flechtwaren, Pflaumenschnaps und Folklorekleidung über Hunderte von Metern an der Straße.

Holzkirchen gibt es nicht nur im Maramuresch! Ein renoviertes, schönes Exemplar mit wunderbaren Wandmalereien findet man auch in **Fildu de Sus,** einem Dorf wenige Kilometer nördlich von Huedin. Den Schlüssel zum Gotteshaus erhält man beim Popen im Ort Fildu de Mijloc.

Unterkunft

Übernachtungsmöglichkeiten gibt es **zwischen Cluj-Napoca und Oradea** zwar sehr viele, leider lassen Sauberkeit und Komfort an dieser „Durchgangsstrecke“ jedoch oft noch zu wünschen übrig.

- Etwa 15 km westlich von Cluj-Napoca befindet sich im Ort **Gilău** die ruhige und gepflegte **Pension Vila Gong.** Sie liegt 700 m abseits der Hauptstraße E60 und ist von Gilău aus gut ausgeschildert. Im Restaurant gibt es frische Forelle und „Jungfernbraten", eine Spezialität des Hauses. Die komfortablen Zimmer (Bad, Telefon, TV) kosten: EZ 70 RON, DZ 90 RON, Zusatzbett 30 RON, Frühstück 15 RON, Halbpension 45 RON. Gruppen bezahlen niedrigere Preise: z.B. 55 RON für ein Zimmer mit Frühstück. Str. Someşul Rece 1153 C, Tel. 0264-371 468, www.vilagong.go.ro.
- Eine kleine, feine **Pension** befindet sich auch im 8 km weiter westlich gelegenen Ort **Căpuşu Mare.** Das **Casa cu Clopoţei** ist ein einfaches Landhaus etwas abseits der Straße. Die Zimmer sind bäuerlich schlicht, aber sehr empfehlenswert. Von Cluj aus sind es 22 km bis zu der kleinen Landpension. EZ 40 RON, DZ 50 RON, separates Bad, Verköstigung nach eigenen Wünschen, Tel. 0745-515 354.

Huedin

↗ **VII, D1/2**

Der Ort Huedin ist weit über die Region des westlichen Transsylvanien hinaus berühmt. Den meisten Reisenden wird die auf Ungarisch als Bánffyhunyad bezeichnete Gemeinde vor allem wegen ihres **gigantischen Straßenbasars** bekannt sein. Von Huedin aus können Rucksackreisende mit dem Bus einen Abstecher in die umliegenden Gemeinden unternehmen. In **Fildu de Jos, Almaşu** und **Zimbor** gibt es viele Familien, die sich ganz der Herstellung von bestickten Blusen und Tagesdecken verschrieben haben.

Von Huedin führt eine Straße südwärts ins 9 km entfernte **Călata** (ung. Nagykalota). Hier werden an Sonntagen von der ungarischen Bevölkerung zum Kirchgang noch die traditionellen Originalkostüme getragen. Sehenswert sind auch die geschnitzten Portale und Dachfirste der Holzhäuser.

Etwa 15 km weiter südlich liegt der Ausflugsort **Beliş** (Jósikafalva) an einem Stausee. Das Naturreservat rund um den **Lacul Fântânelelor** fahren täglich drei Busse aus Huedin an.

Kleiner Einkaufsführer Straßenbasar

- **Cămaşă bărbătească** – besticktes Herrenhemd
- **Ceramica de Horezu** – Tellerkeramik mit dem typischen Blauton der Region Horezu
- **Coş pentru cumpărături** – (meist geflochtener) Einkaufskorb
- **Cosuleţ cadouri** – (meist geflochtenes) Geschenkkörbchen
- **Covor oltenesc** – gewebter Teppich aus Oltenien
- **Ie brodată** – bestickte Frauenbluse (meist aus Leinen)
- **Ie cu broderie din mătase** – mit Seide bestickte Bluse
- **Ie din bumbac** – Bluse aus Baumwolle
- **Ie din montana** – Bergbluse (meist mit dicken Stickereien entlang der Ärmel)
- **Ploscă sculptată** – hölzerne geschnitzte Feldflasche
- **Ploscă sculptată cu sticla** – geschnitzte Feldflasche mit Glaseinschluss

Typische Motive:

- **Farfurie cu cocoşul de Hurez** – Teller mit Hahn von Horezu
- **Farfurie cu pomul vieţii** – Teller mit Lebensbaum
- **Farfurie cu şarpele vieţii** – Teller mit Lebensschlange

rum400 Foto: jr

Maramureş

rum401a Foto: jr

rum401b Foto: jr

Plausch am Wegesrand

Holztor bei Satu Mare

Bârsana – Holzkirchen in der Dämmerung

Feste, Gold und Holzkirchen

Der Maramureş (gesprochen Maramuresch = deutsche Schreibweise), das waldreiche Gebiet im Nordwesten, ist die **ursprünglichste Region Rumäniens.** Der Tourismus hat sie erst recht spät entdeckt. Abgeschieden und lange Zeit vom restlichen Rumänien getrennt, entwickelte sich im Maramureş eine völlig eigenständige Kultur. Im dünn besiedelten, fruchtbaren Gebiet zwischen Satu Mare und dem Prislop-Pass haben sich uralte **bäuerliche Traditionen** und eine tief im religiösen Glauben verwurzelte **Handwerkskunst** erhalten. Sichtbarstes Zeichen dieser Kunst sind die allgegenwärtigen mächtigen Holztore vor den Häusern, versehen mit verzierten, aufwendig geschnitzten Rahmen. Aber auch die Holzhäuser selbst sind mit ihren häufig tief herunter gezogenen Dächern und ihrer reichen Ornamentik und Fassadenkunst ein Augenschmaus.

Es sind die **Dörfer** mit ihrer traditionsreichen Kunst, ihren Gebäuden und ihren Gebräuchen, die eine Reise in den Maramureş lohnenswert machen, weniger die Städte. Die Hauptattraktionen finden sich abseits der wenigen Metropolen und manchmal auch etwas abseits der Straßen.

So geht beispielsweise auf dem etwas versteckt liegenden, fröhlichen **Friedhof von Săpânța** an der ukrainischen Grenze das alte Holzhandwerk mit der Dichtkunst eine unnachahmliche Verbindung ein. In bunt-fröhlichen Farben wird den Verstorbenen hier auf ihrem Grabkreuz mit einem flotten, mitunter auch spöttischen Vers ge-

Die Symbolik der Holztore

Aus welcher Richtung man sich als Autofahrer auch dem Maramureş nähert, ob aus dem Süden von Cluj-Napoca her, vom Westen aus Satu Mare oder aus dem Osten von Bistrița, empfangen wird man jeweils von einem mächtigen, die Straße überspannenden Holztor mit kunstvollen Verzierungen. Geschnitzte Holztore, als Eingangspforten direkt an die Straße gesetzt, sind das Wahrzeichen des waldreichen Maramureş. Die alte Tradition der Holzschnitzer, der *cioplitori,* wird fast in jedem kleinen Dorf am Leben erhalten. Früher wurden die Geheimnisse der Schnitzkunst und die tiefere Bedeutung der dabei verwendeten Symbolik vom Vater an den Sohn weitergegeben. Heute werden auch Fremde mitunter in die Techniken und den Sinn der verwendeten Ornamentik eingeweiht. Vereinzelt werden sogar schon Holzschnitzerkurse für handwerklich begabte Besucher aus dem Westen organisiert.

Interessant ist, dass nicht nur die immer wiederkehrenden geschnitzten Figuren und Ornamente, sondern ein Holztor als Ganzes für die Menschen aus dem Maramureş bereits Symbolkraft besitzt. Es stellt nicht nur einen einfachen Durchgang, sondern auch einen **Übergang von einer Welt in eine andere** dar. Traditionell sind die wichtigsten Übergangsmomente im Leben der Menschen in Rumänien Geburt, Hochzeit und Tod. Auch in den Symbolen der Holztore tauchen aus diesem Grund markante Wegmarken des menschlichen Lebens immer wieder auf.

Besonders tief beladen mit alten mystischen Interpretationen ist das Zeichen der **Sonne,** die häufig mit einem nach oben weisenden Strahlenkranz in der Mitte der verschließbaren Holztüre auftaucht. Die Sonne repräsentiert die Geburt und steht auch für Fruchtbarkeit, Erfolg und Glück. Auch die über der Sonne und einer Querstrebe auftauchenden **geöffneten Blüten** symbolisieren die Geburt, stehen aber auch für Wachstum und Schönheit.

Trauben und Weinblätter werden nicht etwa nur von Hausbesitzern verwendet, die sich als Winzer betätigen, sondern stehen ganz allgemein für Fruchtbarkeit und Wohlstand.

Geflochtene Seile oder umeinander gedrehte Borten werden als vereinigendes Band angesehen, das die Familie, aber auch die Gemeinschaft des Dorfes zusammenhalten soll. Sie tauchen sehr häufig als Kantenverzierungen auf und ziehen sich entlang des ganzen Tores. Da es sich immer um zwei geflochtene Seile handelt, symbolisieren sie auch die Polarität von Mann und Frau, Gut und Böse, Tag und Nacht usw.

Räder und Spiralblüten stehen für die Regelmäßigkeit des Kosmos, die sich für die Menschen auf dem Land am besten in der stetigen Wiederkehr der Jahreszeiten zeigt. Auch die meist zentral über der Eingangstür angebrachten **Kreuze** stehen für Wiederkehr. Doch neben der christlich verankerten Wiedergeburt sollen Kreuze auch einen Schutz vor bösen Geistern bieten. Derselben Aufgabe dienen auch die Abbildungen von **Hirschen, Wölfen und Bären,** die als Symbolträger in Rumänien bereits auf Funden aus der Bronzezeit entdeckt wurden.

dacht. Selbst über den Tod hinaus geht aus den gedichtartigen Inschriften hervor, das die Bewohner dieses Landstriches vor allem eines liebten und lieben: das Feiern und das Musizieren.

Die bäuerlich geprägten **Feste** und die **Musik** des Maramureş sind in ganz Rumänien bekannt. Zu den musikalischen Feiern des *Târg de Vadu Izei* oder zur *Hora de la Prislop* reisen Tausende von Besuchern aus dem ganzen Land an. Viele der Musiker, die auf den Festen zum Tanz aufspielen, kennen keine Noten, und die Instrumente sind oft in einem erbärmlichen Zustand. Umso verwunderlicher sind die originellen Melodien, die den Violinen und Akkordeons entlockt werden.

rum404 Foto: jr

Auf ihre Holztore sind die Menschen im Maramureş besonders stolz

Die **Gastfreundschaft** im Maramureş ist legendär. Fast jeder in den kleinen hübschen Dörfern, die sich zwischen die zahlreichen Hügel schmiegen, ist zu einem Plausch mit Besuchern bereit. Die **Trachten und Kostüme,** die man an Sonn- und Feiertagen trägt, sind so authentisch wie die Menschen, die hier leben. Zu besonderen Festen wie Ostern bereiten sich die tief gläubigen Bewohner des Maramureş oft wochenlang vor. Der Schnaps will gebrannt und die Ostereier bemalt sein, bevor man in die **Holzkirchen** zum Beten geht. Die prachtvollen hohen Türme dieser außergewöhnlichen Kirchen haben bereits in den frühen 1990er Jahren die Aufmerksamkeit der UNESCO erregt. Über 90 Holzkirchen aus dem Maramureş stehen heute unter internationalem Denkmalschutz.

Einen solchen Schutz wünschen sich auch die vielen Anhänger für die alten Dampflokomotiven, die noch heute ihren Dienst im berühmten Wassertal versehen. Für viele ist eine Fahrt mit der fauchenden **Schmalspurbahn Mocaniţa** durch die wilde Schönheit des Valea Vaser einer der Höhepunkte eines Aufenthalts im Maramureş.

Die Römer haben die wilde, herbe Gegend in Rumäniens Nordosten niemals erobert, und auch die „Systematisierung" *Ceauşescus* mit ihrer Dorfzerstörung hat glücklicherweise die **Täler** um Vişeu de Sus und die Flüsse Mara und Cosău nie erreicht. Es bleibt zu hoffen, dass die traditionsreichen Täler auch in Zukunft den Begehrlichkeiten der Goldsucher und denen der Konsumgesellschaft standhalten werden.

Satu Mare

⇗ II, A1

- **Meereshöhe:** 126 m
- **Vorwahl:** 0262
- **Einwohner:** 120.600
- **Deutscher Name:** Sathmar
- **Ungarischer Name:** Szatmárnémeti oder Szatmár

Im Gegensatz zu dem für deutsch Sprechende ähnlich klingenden Baia Mare, das nur 50 km weiter westlich liegt, ist Satu Mare seit kurzem wieder recht sehenswert, zumindest was das unmittelbare Stadtzentrum um den Piaţa Libertăţii betrifft. Elegante Jugendstilhotels und reich verzierte Fassaden lassen den großen Freiheitsplatz, das Prunkstück der Stadt, aufgrund von zahlreichen Renovierungen in neuem Glanz erstrahlen.

Gerade einmal 11 km von der ungarischen und 25 km von der ukrainischen Grenze entfernt, gleicht Satu Mare so gar nicht dem Bild, das man sich von einer rumänischen **Grenzstadt** macht. Die Straßen der Stadt sind auch in den Randbezirken durchgehend gut befahrbar. Kaum Schlaglöcher, keine komplizierten Umleitungen und keine endlosen Lkw-Kolonnen. Die **westliche Eintrittspforte zum Maramureş** unterscheidet sich von südlicher gelegenen rumänischen Städten im Grenzbereich, alles geht hier ein klein wenig ruhiger und geordneter zu.

Anreise

Man erreicht die Stadt am Someş von Oradea aus über die Nationalstraße 19 nach etwa einer Stunde. Die günstigste und kürzeste Anreise über Ungarn erfolgt über Budapest, Debrecen und den Grenzübergang Petea. Von Süden und Cluj-Napoca kommend passiert man auf der E81 zuerst den Flughafen, von dem es nur noch 5 km ins Zentrum sind. Die staatliche Fluggesellschaft TAROM fliegt die Stadt regelmäßig an. Zugreisende können Satu Mare von Baia Mare, Oradea oder Jibou aus erreichen. Der Hauptbahnhof befindet sich etwa 1 Kilometer vom Zentrum entfernt im östlichen Teil der Stadt. Über die nördlich gelegene Grenzstation Halmeu besteht eine Eisenbahnverbindung zur Ukraine. Der Busbahnhof befindet sich direkt neben dem Hauptbahnhof und ist vor allem für diejenigen interessant, die abgelegene Orte im Norden wie Sapanţa oder die Stadt Sighetu Marmaţiei ansteuern möchten.

Geschichte

Auf vielen Hinweistafeln von Restaurants, auf Reklametafeln und Straßenschildern in der Innenstadt dominiert die **ungarische Sprache,** denn die meiste Zeit ihrer Geschichte gehörte Satu Mare zu Ungarn.

Zum ersten Mal taucht die Stadt als Castrum Zotmar in einer anonymen Chronik des 10. Jahrhunderts auf. Im Jahr 1006 siedelten sich unter der Regentschaft einer gewissen Königin *Gisela* Teutonen in der neuen **Siedlung am Someş** an. Kurz darauf folgten deutsche Einwanderer, die sich auf der anderen Seite des Flusses, in der damals noch selbstständigen Stadt Mintiu niederließen. Um das Jahr 1543 muss man sich die Stadt als eine Art Wasserburg vorstellen. Die Festung befand sich auf einer Insel, die einer Flussregulierung zum Opfer fiel, und war über drei Brücken über den Samoş mit den wichtigsten Handelswegen verbunden.

Die **Festung,** die noch bis zur osmanischen Belagerung 1562 stand, über-

Achtung: Flinke Geldwechsler!

An der **ungarischen Grenze in der Nähe von Satu Mare** gibt es zwar jede Menge Möglichkeiten, eine Mautplakette (Rovignette) zu kaufen, diverse Versicherungen abzuschließen und leicht überteuerte Korbflechtwaren zu erstehen, die es fast überall im Land billiger gibt, doch eines gibt es nicht: eine Bank oder eine Wechselstube!

Dort, wo früher, gleich neben oder hinter den Zollhäuschen, eine Banca Ţiriac oder Banca Transsylvania zu finden war, ist heutzutage aus unerfindlichen Gründen alles wüst und leer. Wer keine Lei im Portemonnaie hat (und wer hat das schon?), sollte sich auch nicht auf seine Kreditkarten verlassen. Ausgerechnet dann, wenn man nach dem Tanken an der ersten Petrom-Tankstelle (50 m nach der Grenze) ruhigen Gewissens seine Maestro-Karte zückt, versagt die Technik des Kartenscanners oder der elektronischen Kasse. Eigenartigerweise sind wechselwillige, hilfsbereite Menschen (draußen auf der Straße) sofort zur Stelle. Ein Schelm, wer Böses dabei denkt. Die netten Herren mit den flinken Händen haben erstaunlich schnell dicke Geldbündel parat und weigern sich standhaft, „kleine Beträge" zu wechseln. Auch aufmerksame Taxifahrer sind rasch zur Stelle, die einen mal eben für 10 Euro in die 11 km entfernte Stadt zu einer Bank fahren möchten. Das voll getankte Auto könne man unbesorgt an der Tankstelle zwischenparken ...

Um solchen Situationen aus dem Weg zu gehen, sollte man grundsätzlich:

- nicht mit dem letzten Tropfen **Benzin** über die Grenze fahren; der Kraftstoff ist zwar in Rumänien ausgesprochen billig, ein wenig Reserve bis zur nächsten Stadt sollte aber immer noch im Tank sein;
- eine gültige **Maestro-Karte** zur Hand haben, falls man samstags oder sonntags über die Grenze bei Satu Mare fährt; in der Innenstadt gibt es genügend Geldautomaten;
- kleine **Geldbeträge** (bis 200 RON) am Ende einer Rumänienreise aufbewahren; man kann dieses Geld ruhig mit nach Hause nehmen; für diejenigen, die eine neue Reise nach Rumänien planen, könnte sich ein wenig der landeseigenen Währung bei der Einreise in die Maramuresch-Region als wertvoll erweisen;
- niemals **Geld,** vor allem nicht „auf die Schnelle", bei einem „Straßenbankier" **wechseln;** in den meisten Fällen handelt es sich um Trickbetrüger.

lebte die nachfolgenden Kriege nicht. Unter österreichischer Aufsicht wurde sie jedoch 1702 nach Plänen des italienischen Architekten *Ottavio Baldigara* in Form eines Pentagons mit fünf Bastionen wieder aufgebaut.

Ein wichtiger Schritt in der Entwicklung zur Großstadt machte die Gemeinde 1721, als sich Satu Mare und Mintiu unter der Regentschaft von *Karl VI.* zu einer **königlichen Freistadt** vereinigten. Eine der beiden ungarischen Bezeichnungen für die Stadt war in der Folgezeit *Szatmámémeti* und spiegelt diese Vereinigung auch namentlich wider.

Heute gibt sich die kleine Stadt sehr **europäisch,** investiert wird vor allem in Architektur, Infrastruktur und Bildung. Satu Mare ist sehr stolz auf seine Universität und die vielen Siege, die seine Studenten auf den Bildungsolympiaden erreichen. Die meisten Menschen in Satu Mare sind zweisprachig aufgewachsen. Wundern Sie sich nicht, wenn das Personal der Hotels in der Innenstadt mühelos vom Rumänischen und Ungarischen ins Deutsche, Italienische oder Englische wechselt. Wie kaum in einer anderen Stadt freut man sich in Satu Mare auf den Eintritt in die Europäische Union, sieht man sich doch gerne als **Tor zum Westen.**

Sehenswertes

Im Zentrum der Altstadt

Wer sich der Stadt Satu Mare mit dem Auto von der ungarischen Grenze her nähert, wird die 11 km kaum als solche empfinden. Bereits kurz nach der Grenze tauchen die ersten Häuser auf. In null Komma nichts ist man in der Innenstadt.

Trotz seines Namens, der „Großes Dorf" bedeutet, lässt sich Satu Mare problemlos zu Fuß erschließen. Bereits um das Herz der Stadt, den **Freiheitsplatz Piața Libertății,** finden sich die besten Hotels, Restaurants und Sehenswürdigkeiten des Zentrums. Wer sich in anderen rumänischen Städten einen ersten Überblick von oben verschaffen möchte, steigt entweder auf einen Berg (Piatra Neamț, Braşov), einen Hügel (Cluj), auf einen weißen oder schwarzen Turm (Braşov) oder fährt in den 12. Stock eines meist zentral gelegenen Hochhaushotels in der Innenstadt (Piteşti, Tulcea). In Satu Mare ist es ein historischer **Feuerwehrturm (Turnul Pompierilor),** der einem die Stadt zu Füßen legt. Mit seinem oberen Rundgang soll er übrigens ganz bewusst an ein orientalisches Minarett erinnern.

Man erreicht den Turnul Pompierilor vom zentral gelegenen Platz der Freiheit über die gleich neben dem Hotel Dacia gelegene **Dacia-Passage.** Diese *Pasajul Dacia* führt an der Philharmonie und einem ruhig gelegenen Künstlercafé (Art Café) vorbei in einen kleinen Park, aus dem sich der vom zentralen Platz aus nicht sichtbare 45 m hohe Turm erhebt. Er wurde 1903/04 erbaut und dient heute ausschließlich als touristischer Aussichtsturm, während er in früheren Zeiten der Feuerwehr als Beobachtungs- und Meldeturm zur Verfügung stand. Im Fall eines Feuers ertönte – wie auch in ande-

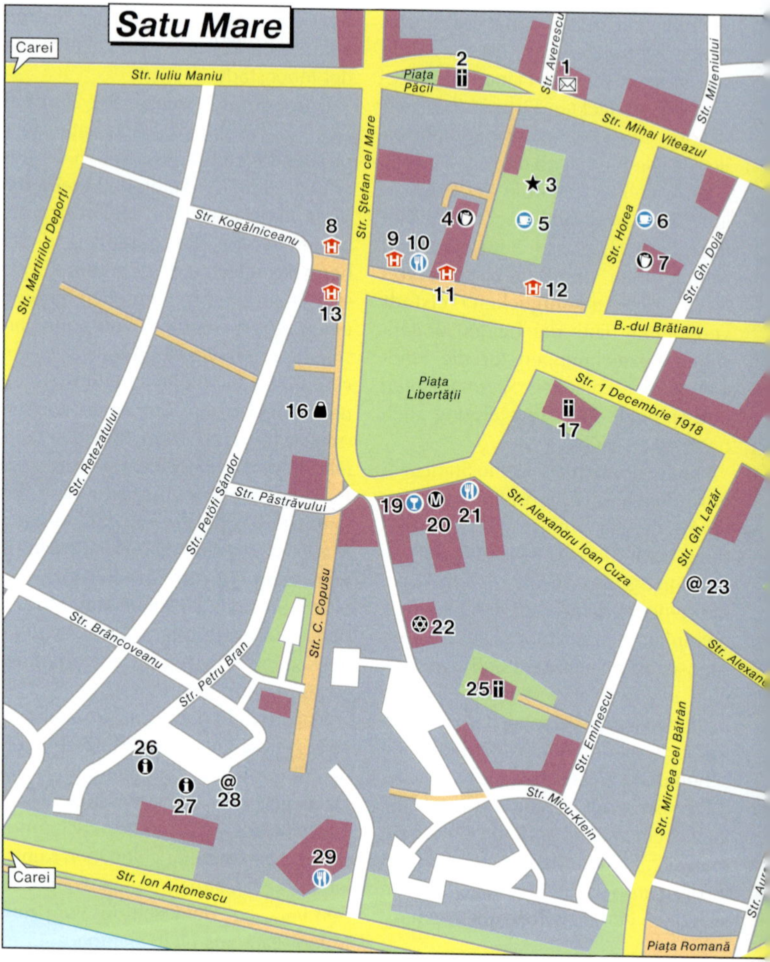

ren Städten zu früherer Zeit üblich – ein Trompetensignal, das den Feuerwehrleuten klar machte, wie stark sich das Feuer schon ausgebreitet hatte. Zudem musste der Melder über eine starke Stimme verfügen, um die genaue Position des Feuers schnell nach unten weiterzugeben.

Von der Plattform des Feuerwehrturms in 33 m Höhe bietet sich eine

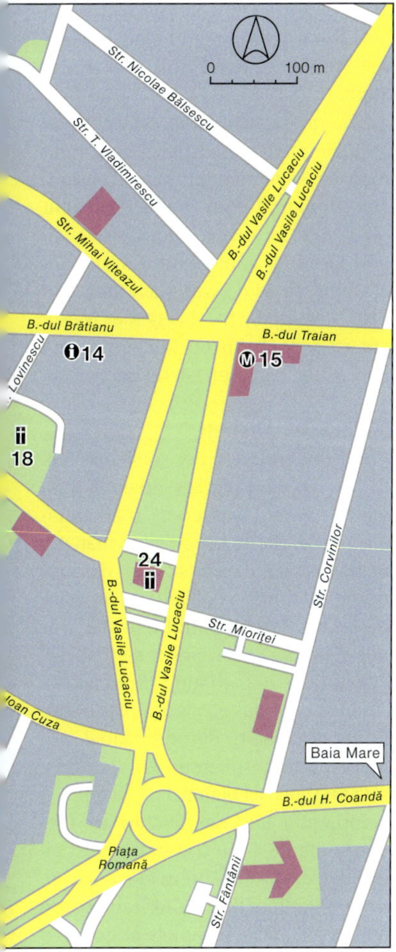

1 Hauptpost
2 Ungarisch Reformierte Kirche
3 Feuerwehrturm
4 Philharmonie
5 Art Café
6 Café Thalia
7 Teatrul de Nord
8 Astoria
9 Dana II
10 Dana
11 Hotel Dacia
12 Villa Bódi
13 Aurora
14 Reisebüro Accord
15 Historisches Museum
16 Buchhandlung M. Eminescu
17 Röm.-Kath. Kathedrale
18 Orthodoxe Kirche (Michael u. Gabriel)
19 Club&Casino Oscar
20 Class
21 Kunstmuseum
22 Synagoge
23 Internet Rambo
24 Orthodoxe Kathedrale Adormirea Maicii Domnului
25 Kalvarienkirche
26 Tarom (Flug)
27 CFR (Zug)
28 Café Bar Internet
29 Rathaus

imposante Stadtschau. Der Großteil der Altstadt befindet sich nördlich des Someș-Flusses. Der Bahnhof liegt etwa 1 Kilometer vom Zentrum entfernt im Osten, direkt davor befinden sich der Busbahnhof und ein kleiner grüner Erholungspark. Von dort führt die Hauptstraße **Bulevardul Traian** zum bereits erwähnten zentralen **Piața Libertății.** Rund um diesen Platz der

Freiheit, mitten in der Altstadt, übertrumpfen sich die **besten Hotels** der Stadt mit immer neuen schmucken Jugendstilfassaden, Schwimmbädern, Wellness-Bereichen und gigantischen Flachbildschirmen in der Eingangslobby. Manches der prächtigen Häuser hat den starken Konkurrenzdruck nicht überlebt und musste bereits schließen. Auch traditionsreiche Restaurants, die zu kommunistischen Zeiten zu den besten der Stadt gehörten, wie das bekannte Restaurant Corso, mussten aufstrebenden Geldinstituten ihren Platz überlassen. Heute steht an der Stelle des Corso, in unmittelbarer Nähe der Hotels Dacia und Villa Bodi, eine schicke Bank.

An der Ostseite des Piața Libertății fallen die zwei großen Kuppeln der römisch-katholischen **Kathedrale** auch demjenigen Besucher sofort ins Auge, der die Stadt nicht vom Feuerwehrturm aus betrachtet. Eine erste Kirche stand an dieser Stelle bereits im 18. Jahrhundert. Die Kathedrale wurde dann als „Mittelpunkt der Stadt" von 1804 an in mehreren Etappen konstruiert. Die dominierenden Zwillingskuppeln und die beiden Seitenschiffe wurden 1834 während des Episkopats von *Hám János* fertig gestellt. Ihre Freude am Neoklassizismus haben die Erbauer vor allem am monumentalen Portal, dem sechs Säulen vorgelagert sind, die in einem korinthischen Kapitel enden, zum Ausdruck gebracht. Die Kathedrale wurde im Zweiten Weltkrieg stark zerstört und blieb bis zum Abschluss der Renovierungs- und Aufbauarbeiten im Jahre 1961 geschlossen. In den letzten Jahren wurde sie aufs Neue hervorragend renoviert und gehört nun zu den Prunkstücken der Stadt.

Überquert man vom Portal der Kathedrale den Freiheitsplatz, so kommt man an seinem begrünten Zentrum am **Denkmal von Vasile Lucaciu** (1852–1922) vorbei. Dem Geistlichen und Gründer zahlreicher Kirchen im Maramureş wird zwar auch mitten in Satu Mare gedacht, ein eigenes Museum ist jedoch im 60 km entfernten Baia Mare zu finden (siehe dort).

Südlich der Altstadt

Auf der anderen, der südlichen Seite des Freiheitsplatzes erkennt man gleich einen weiteren markanten „Turm" der Stadt. Leider kann man ihn nicht besteigen, da es sich um das moderne **Rathaus** von Satu Mare handelt. Der **Palatul Administrativ** war mit seinen 178 m Höhe einmal das zweithöchste Gebäude Rumäniens. Abends zeigt das etwas futuristisch anmutende weiße Betondenkmal mit markant angespitztem Dreiecksaufsatz im Wechsel digital die Uhrzeit, die Temperatur und das Datum an. Der ganze Stadtteil um das Rathaus ist eines der klassischen Beispiele für *Ceauşescus* Stadtpolitik. Die Altstadt wurde an dieser Stelle komplett abgerissen und machte einer weiten und geräumigen Betonwüste Platz. Glücklicherweise umfasste diese „Systematisierung" nur ausgewählte Teile von Satu Mare und erreichte die östlich und nördlich gelegenen Dörfer des Maramureş nicht. Heute finden sich in die-

rum411 Foto: jr

sem **„modernen" Citybereich** rund um den Platz des 25. Oktobers **(Piața 25. Octombrie)** neben den administrativen Gebäuden und dem Kulturhaus *(Casa de Cultură)* vor allem Warenhäuser sowie die Hauptgeschäftsstellen von TAROM, der Agenție de Voiaj CFR sowie Hauptpost und Romtelecom.

Synagoge, reformierte und orthodoxe Kirche

Zu den wenigen historischen Sehenswürdigkeiten der Stadt Satu Mare gehört zweifellos die **Große Synagoge,** die sich südlich der Altstadt, zwischen dem Freiheitsplatz und dem des 25. Oktobers, in der Decebalstraße befindet. Sie wurde zu Beginn der 1920er Jahre im maurischen Stil errichtet und überrascht den Besucher mit vielen orientalischen Stilelementen. Recht verspielt wirkt die dreiteilige Frontfassade mit ihren kugelförmigen Kupferaufsätzen und ihrem zentralen Vorbau mit Rundbogeneinsatz. Das kleinere Gebetshaus mit dem Tempel befindet sich gleich rechts daneben. Wie in zahlreichen rumänischen Städten gab es auch in Satu Mare eine große jüdische Gemeinde, die um 1900 noch über 15.000 Mitglieder zählte.

Teppichhändler in der Altstadt

Ebenfalls in unmittelbarer Reichweite des zentralen Freiheitsplatzes liegt die ungarische reformierte Kirche „mit Ketten" (**Biserica Reformată cu lanțuri).** Man stößt direkt auf sie, wenn man die neben dem Hotel Dacia gelegene Dacia-Passage bis ans Ende durchquert. Scheinbar mitten auf der Mihail-Viteazu-Straße stehend, dominiert das barocke Gebäude aus dem 18. Jahrhundert den Piața Păcii.

Geht man vom nördlichen Ende des Piața Libertății in östlicher Richtung die Straße des 1. Dezember 1918 hinunter, so erblickt man nach etwa 200 m auf der linken Seite die orthodoxe **Kirche der „Heiligen Erzengel Michael und Gabriel".** Der recht monumentale Bau mit zwei vorgelagerten Portaltürmen entstand in den Jahren 1932 bis 1937 und wurde genau an der Stelle errichtet, an der die alte Kirche von Sathmar aus dem Jahr 1799 stand.

- **Sinagoga,** Str. Decebal 6.
- **Biserica Reformată cu lanțuri,** Piața Păcii 8.
- **Biserica Sf. Arhangheli Mihail şi Gavril,** Str. 1. Decembrie 1918 Nr. 4.

In der Umgebung

Turț ↗II, A/B1

Fast im nordwestlichsten Zipfel Rumäniens, nur 10 km von der ukrainischen Grenze entfernt, befindet sich der sehenswerte und interessante Ort Turț (ung. Turc, dt. Turz). Mineralienfreunde werden sich wohl kaum für die Gemeinde selbst, sondern eher für das 20 km entfernte Bergbaugebiet interessieren. Die breite Palette der **Mineralien** umfasst außer Gold, Amethysten und Quarzen u.a. auch Baryt, Galenit, Siderit und Pyrit. Da das Bergwerksgelände nur mit einem guten Geländewagen zu erreichen ist, wird sich die Zahl der Goldsucher sicherlich auch in Zukunft in Grenzen halten. Doch der kleine Bergbauort hat auch sonst einiges zu bieten. Bis zum Jahr 2000 stand in Turț eine der bekanntesten rumänischen Palinka-Fabriken. Der zweifach gebrannte **Pflaumenschnaps** ist noch heute im ganzen Land bekannt. Die Tradition wird allerdings nur noch von Privatleuten gepflegt. Wer sich die Kunst der Palinka-Destillation anschauen möchte, sollte etwa zwei Wochen vor Ostern nach Turz kommen, wen viele Familien sich neue Vorräte anlegen.

Das 27 km nördlich von Satu Mare gelegene Turț ist auch für seine farbenprächtigen Häuser, die neue siebentürmige Kirche und das jährliche **Folklore-Musikfestival** bekannt. Man sollte sich rechtzeitig um Unterkunft und Verpflegung in Satu Mare oder im 20 km östlich gelegenen Negreşti-Oaş bemühen, da es in Turț keine Gästehäuser oder Restaurants gibt.

Informationen

- Im Eingangsbereich der Halle zum Hotel Aurora am Piața Libertății befindet sich links das kleine, aber feine **Reisebüro Accord.** Ansonsten sieht es in der Stadt in Bezug auf Informationsstellen eher düster aus.
- Sehr gute Auskünfte über die Region, ihre Traditionen und Gebräuche gibt die Besitzerin der **Villa Bódi** am Piața Libertății. Vor allem hat sie Kontakte zu Künstlern und Kunst-

handwerkern aus dem Umland, organisiert Fahrten und Besichtigungstouren in die Region und kennt gute Übernachtungsmöglichkeiten auf dem Lande.

- Auch die **Hotels Dacia** und **Astoria** führen eigene Reisebüros.

Service

- **Hauptpost Satu Mare I,** Str. Octombrie 33 (gegenüber dem unübersehbaren Rathaus), Mo. bis Fr. 7–19 Uhr, Filiale Piața Păcii 12, Mo. bis Fr. 7:30–19:30 Uhr.
- **Banca Română,** Str. Octombrie 25.
- **Internet:** Bequem vom großen Friedensplatz aus zu erreichen sind die folgenden zwei Internetcafés. Das **Rambo Net Café,** gleich gegenüber der Polizeistation in der Str. Gheorghe Lazar Nummer 29, hat nonstop geöffnet. Es ist ein Nichtraucher-Internetcafé mit 18 Computern. Pro Stunde 2 RON, Snacks und Drinks, Tel. 768 020. 10 Minuten vom Zentrum entfernt liegt das **Net Café** in der Str. Corvinilor Nr. 29, Tel. 770 023.

Notfälle

- **Erste Hilfe, Rettungsdienst:** Tel. 961 oder 741 111.
- **Salvamont-Bergrettung:** Tel. 982.
- **Kreiskrankenhaus: Spitalul Județean,** Str. Prahovei 1, Tel. 742 050.
- **Apotheken: Farmacia Humanitas,** B-dul Traian 28, Tel. 727 480; **Farmacia Coroana,** Str. Tarnavei 9, Tel. 727 480; **Farmacia Buna Vestire,** Str. Micu Klein 4, Tel. 727 480.

Mobilität

Flüge

- **Flughafen:** Der nationale Aeroportul Satu Mare liegt 10 km südlich des Zentrums an der E81 Richtung Cluj-Napoca. Tel. 768 640 oder 768 846. Mit der Buslinie 9 fährt man vom Piața Libertății in etwa 20 Min. dorthin.
- **Flugtickets** können im **TAROM-Reisebüro** in der Str. 25. Octombrie 9 erworben werden, Tel. 721 785.

Züge

- **Bahnhof (Gara CFR),** Str. Griviței. Der Bahnhof liegt etwa 1 km östlich des Zentrums. Zu Fuß: 800 m entlang des B-dul Traian und dann 200 m nordöstlich.
- **Zugfahrkarten für internationale Züge** müssen vorab in der Agenție de Voiaj in der Str. Octombrie 9 erworben werden. Tel. 721 202, Mo. bis Fr. 7–19 Uhr.

Busse

- **Busbahnhof (Autogara),** Str. Griviței, Tel. 768 439. Der Busbahnhof liegt gleich neben dem Hauptbahnhof.
- Von Deutschland und Österreich fährt die Busgesellschaft **Atlassib** Satu Mare an. Auskünfte: Str. 25. Octombrie 7, Tel. 222 628.

rum08-415 Foto: jr

Erholung an einem See bei Satu Mare

Mietwagen

•Am Piața Libertății 5 bietet die **Villa Bódi** die Vermittlung von Mietwagen an. Tel./Fax 710 861.

Taxis

•**Galant,** Tel. 942 oder 947.
•**Nova,** Tel. 946.

Unterkunft

Hotels

Die besten Hotels konkurrieren rund um den zentralen Piața Libertății miteinander.

•Entlang der Nordseite des Piața Libertății findet man mit der Hausnummer 5 eines der interessantesten und besten Hotels Rumäniens. Die Besitzer der **Villa Bódi** (****) versuchen den Stil des 19. Jahrhunderts (echte antike Stücke!) mit der Eleganz und dem Komfort des 21. Jahrhunderts zu kombinieren. Wie eindrucksvoll ihnen das gelungen ist, sollte man sich auf jeden Fall anschauen. In jedem Zimmer befinden sich Buntfenster, die ein besonderes Licht auf das kostbare Mobiliar werfen. Ansonsten: Sauna, Badewanne mit Hydromassage, AC und Telefon (Verbindung ins Ausland). An der Rezeption Internet, Kopierer, Fax etc. Auf Wunsch werden Übersetzungen angefertigt, Theaterkarten oder ein Auto besorgt. Eigene Reisevermittlung ins Umland. 9 Zimmer (6 DZ, 2 EZ, 1 App.), EZ 180 RON, DZ (für 1 Person) 240 RON, DZ 300 RON, Appartement 470 RON. Tel./Fax 710 861, www.villabodi.ro.

•Drei Häuser weiter, am Piața Libertății 8, versucht auch das **Dacia Hotel** (***) aus dem Jahr 1902 die glanzvollen Zeiten der Jahrhundertwende auferstehen zu lassen. Imposant ist die riesige Eingangshalle des vollständig im Jugendstil erbauten Hauses. Angeschlossen sind ein Restaurant und ein Spielkasino. Die Zimmer zeigen sich, trotz Renovierung, etwas lieblos. Tel. 715 773, Fax 715 774, www.hoteldacia.ro.

•Als neuestes Hotel bringt das **Dana II** (***) bisher nicht bekannten Luxus in die Stadt. Das in der ersten Etage gelegene Schwimmbad mit Jacuzzi-Bereich ist auch für Nicht-Hotelgäste für 7 Euro von 9–20 Uhr benutzbar (max. 20 Gäste). Edelflachscreen im modernen Restaurant. EZ 49 Euro, DZ 67 Euro, App. 76 Euro, inkl. Frühstück. Piața Libertății 2, Tel. 806 230, www.dana-hotel.ro.

•Ebenfalls am Piața Libertății, und zwar an seiner nordwestlichen Ecke, findet man eines der traditionsreichsten Häuser von Satu Mare. Das renovierte **Hotel Astoria** kommt innen in modernem Look daher, während die Fassade aus dem 19. Jahrhundert im alten Stil belassen wurde. Das hauseigene Reisebüro bucht auch Zimmer im Umland. Die hellen, klaren Zimmer kann man sich auf der (auch deutschsprachigen) Website www.hotel-astoria.ro anschauen. Str. Mihail Kogălniceanu 1. Tel. 806 185, 806 186, Fax 714 121, EZ 50 Euro, DZ 56 Euro, Frühstück inkl.

•Angesichts der harten Konkurrenz hat das **Hotel Aurora** (**) am Piața Libertății 11 etwas zu kämpfen. Als typische Bettenburg in Zeiten des Kommunismus eröffnet, versucht man es mit Charme und gutem Service (man spricht deutsch). Sehr gut ist die Beratung im hauseigenen Reisebüro gleich neben dem Eingang. Tel. 714 946.

•10 Gehminuten vom Zentrum entfernt liegt eines der wenigen preisgünstigen Hotels der Stadt, das **Hotel Sport.** Die Nacht kostet hier 70 RON, Frühstück inkl. Wer sich an kaputten Türklinken, lose herabhängenden Nacktglühbirnen und anspruchslosen Zimmern nicht stört, kann hier übernachten. Str. Mileniului 25, Tel. 712 959.

Essen und Trinken

Restaurants

Auch kulinarisch spielt sich (fast) alles Interessante im Herzen der Stadt rund um den Piața Libertății ab.

•Mit dem Luxushotel **Dana** hat auch das gleichnamige Restaurant in der Stadt die kulinarische Messlatte etwas nach oben gelegt. Am Piața Libertății 2 isst man derzeit wahrscheinlich am besten in der Stadt. Internationale Küche zu erstaunlich gemäßigten Preisen. Reservierungen unter Tel. 806 230.

Die Tracht des „Holzvolkes"

Die traditionelle Kleidung, die die Menschen des Maramureş an Fest- und Feiertagen tragen, ist so typisch, dass auch der in der rumänischen Folklore nicht so bewanderte Betrachter sie nach kurzer Zeit aus Tausenden von anderen Kostümen herausfinden würde. In den Strickereien, Farben und Schnitten offenbart sich der ganz eigene Charakter der Menschen aus dem waldreichen Nordwesten. Die farbliche Grundlage jeder Kombination bilden die weißen Oberteile, seien es die ausgeschnittenen Blusen (rum. *Ie*) der Frauen, die im Gegensatz zu anderen Regionen Rumäniens mit einem Volant an den Schultern und Ärmeln versehen sind, oder die weitärmeligen Hemden der Männer, die ebenfalls *Ie* heißen. Zu ihren weißen Hemden tragen die Männer die ebenso weit geschnittenen weißen Hosen, die man auf Rumänisch *Gaci* nennt. In der kalten Jahreszeit streifen sie sich die bunt gewebte kurze *Gubă,* eine Wolljacke, über, deren Ziersaum aus schwarzem Samt den Kragen und die Taschen verschönert. Die traditionelle Kopfbedeckung, den *Clop,* sieht man übrigens bei Männern nicht nur an Fest- und Feiertagen, sondern das ganze Jahr hindurch. Bei dem winzigen Strohhut mit Quasten, Troddeln und Kinnband fragt man sich, wie er dem Kopf auf dem Feld im Sommer Schutz vor der Sonne bieten soll.

Die Frauen tragen zu ihren weißen Blusen die meist rot-schwarz gestreiften getrennten Überrocke, die *Zadii,* die ebenso wie die Jacken und Mäntel der Männer aus einer etwas dickeren Wolle gewebt sind. Außerdem haben sie immer ihre bunt bestickten riesigen Taschen- und Kopftücher dabei. Das bunte perlenbesetzte Band, das die Frauen und jungen Mädchen um den Hals tragen, gibt es ebenfalls nur im Maramureş zu sehen und nennt sich *Zgărdan.*

Da im Winter alle genannten Kleidungsstücke nicht genügend Schutz gegen die Kälte bieten würden, umwickelt man die Beine bei starkem Frost zusätzlich mit weißen Tüchern und Stoffstücken, die *Obiele* genannt werden.

Die traditionellen Schuhe des Maramureş, die *Opinci* (sg. *Opincă*), die an flache Indianer-Mokassins erinnern, werden heute nicht nur auf dem Land getragen, sondern finden auch als bequeme „Sommersandalen zum Schnüren" bei den Studentinnen in Cluj wieder Abnehmerinnen. Allerdings wurde das traditionelle Material Schweinehaut hier inzwischen durch eine Gummibesohlung ersetzt.

Die Trachten und Kostüme der Bewohner des Maramureş variieren von Tal zu Tal durch kleine Unterschiede im Schnitt, vor allem aber in der Färbung der wollenen Jacken und Überröcke. Die ganze Bandbreite der bunten Kleidungspracht kann man an Silvester in Sighetu Marmației beim traditionellen Winterfestival bewundern.

rum415 Foto: jr

●Etwas nördlich des Zentrums in der Str. Mihai Viteazu 5 steht die traditionelle rumänische Küche auf dem Speiseplan. Und, nomen est omen: Im **Miorița** kann man selbstverständlich auch wunderbar Lammbraten essen (*Miorița* heißt das berühmteste, legendärste Schaf Rumäniens; siehe „Volkskultur und Traditionen"). Sonniges, helles Lokal, abends häufig Live-Musik. Tel. 713 761.

●Mexikanische Spezialitäten wie Burritos, Tacos und Salsas gibt es im **Friends & Amigos** am Piața Eroilor Revoluției 14. Tel. 717 999.

●Der einheimischen Küche hat sich das **Class Bowling** am Piața Libertății 9 verschrieben. Leichte Tendenzen zur Fast-Food-Küche, aber preisgünstig und üppige Portionen. Tel. 715 400.

Pizzerien/Fast Food

●Die beste Pizzeria der Stadt ist nach Meinung der Sathmarer das **Al Capone** in der Str. Iuliu Maniu 8, Tel. 711 161.

●Schnelle und preiswerte internationale Küche, aber auch rumänische Gerichte gibt es im **Hello Margot** in der Calea Traian 17, Tel. 768 595.

Cafés

●Abends kaum mehr einen Platz findet man im sehr populären **Café Thalia,** gleich neben dem Teatrul de Nord, Str. Horea 5, Tel. 715 876. Besonders voll ist es im Sommer. Das Thalia ist die In-Location für Lebenskünstler und alle, die es werden wollen. Am besten morgens einen Platz sichern und einen der leckeren Kaffees probieren. Eine Minute zum Piața Libertății!

●Im **Art Café** in der Pasajul Dacia (nach dem Eingang rechts) geht es ruhig und gemütlich zu. Hier genießt man üblicherweise Tee, den es in verblüffender Vielfalt gibt. Tel. 713 133. Die Passage befindet sich gleich neben dem Hotel Dacia am zentralen Freiheitsplatz.

Abends unterwegs

●An der Nordseite des Freiheitsplatzes, vor allem vor dem Hotel Dacia, beherrschen ab 20 Uhr **professionelle Damen** das Straßenbild. Vorsicht also: Mit einer einfachen Einladung zum Wein ist durchweg gemeint, dass der Angesprochene die Rechnung zu begleichen hat!

●Tanzen kann im **Black Horse** am B-dul Cloşca 74 zwar etwas eng werden, aber mancher mag das ja. Richtig voll wird es ab 24 Uhr, und dann geht es weiter bis in den frühen Morgen (Vorsicht: Keine Wertsachen ins Gedränge mitnehmen!).

●Der **Nachtclub Boss** zieht, seinem Namen gar nicht entsprechend, vor allem Damen an, denen es wahrscheinlich draußen auf der Straße zu leblos zugeht. Auch hier auf die Geldbörse aufpassen. Str. Gh. Baribiu 104, Tel. 717 199.

●Neu in der Stadt ist das **Energy,** ebenfalls in der Str. Gh. Baribiu, Nr. 5. Hier versucht man mit Live-Musik und längeren Öffnungszeiten die Kunden zu gewinnen.

Fest

●Das **Stadtfest,** die **Zilele oraşului,** findet im Mai statt.

Richtung Huta-Pass/Săpânța

Wer von Westen kommend Richtung Fröhlicher Friedhof in Săpânța (nahe der ukrainischen Grenze) unterwegs ist, sollte von Satu Mare aus unter allen Umständen die **nördliche Route** über die DN19 und Negreşti-Oaş wählen. Die Strecke über Baia Mare ist nicht nur wesentlich langweiliger, sondern die Nordroute hat auch einige

Géza, der letzte Töpfer von Vama, ist ungarischer Herkunft und versucht, die Tradition im Ort aufrechtzuerhalten

herrliche Attraktionen und schöne, überraschende Übernachtungsmöglichkeiten zu bieten. Selbst wer auf dem direkten Weg in die östlich gelegenen Valea Vazer und Valea Iza ist, sollte den kleinen Umweg durch die **Senke von Oaş** einmal ausprobieren.

Vama ⇗ II, B1

Auf allen traditionellen Töpfermärkten Rumäniens ist der kleine Ort Vama in der Oaş-Senke im Maramureş mindestens ebenso bekannt wie Horezu. Er ist dort zu einem Synonym für eine besonders dekorative Art von **Keramik** mit einer rotbraunen *(roşu brun)* Glasur geworden, die auch auf einigen Märkten tatsächlich noch verkauft wird. Wer den kleinen Töpferort Vama 4 km vor Negreşti-Oaş jedoch besucht, was am besten mit dem Auto geschieht, wird die angepriesene „Ware aus Vama" wohl zukünftig eher skeptisch zur Hand nehmen. Entlang der Hauptstraße weist kein einziges Schild auf eine Töpferei oder etwa auf eine Keramikfabrik hin. Selbst auf hartnäckiges Nachfragen hin ist es sehr schwierig, die im ganzen Land berühmten Keramikkünstler zu finden. Der einzige Töpfer von Vama namens *Géza* ist ungarischer Abstammung und lebt zurückgezogen am Rande des Ortskerns. Geduldig erklärt er den wenigen Besuchern, die zu ihm fin-

rum417 Foto: jr

den, die alten Techniken und auch das eine oder andere Geheimnis der Töpferkunst. Ein Hinweisschild zu seiner kleinen Werkstatt kann er sich übrigens nicht leisten, weil er dafür Steuern zahlen müsste ...

Auf die Tradition der Töpferei scheint man also in Vama nicht mehr unbedingt zu setzen, dafür umso mehr auf den Gesundheitstourismus. Ein Hinweisschild weist (von Satu Mare kommend links) den Weg ins 2,5 km entfernte **Valea Marie,** in dem man, mitten in einem Wald, auf **mineralische Quellen** gestoßen ist. Im vollständig von Bäumen umgebenen Hotel Cabana Pinter kann man sich an einem absolut ruhigen Ort ins 37 Grad warme Thermalwasser legen.

Unterkunft

●**Hotel Cabana Pinter,** Valea Marie, Gemeinde Vama, Tel. 0261-857 155. Das Waldhotel in unschlagbarer Lage besitzt ein Thermal-Schwimmbad älterer Bauart, dessen Metalleinstieg wohl kaum durch den deutschen TÜV käme. Dafür entschädigt es mit sehr niedrigen Preisen. EZ/DZ 60 RON, App. 85 RON, Frühstück extra.

Negreşti-Oaş

↗ II, B1

Die größte Stadt des Oaş-Gebietes präsentiert sich im Gegensatz zu vielen der umliegenden Dörfer, wie **Trip** und **Coca,** sehr modern (siehe Exkurs „Die Villen von Negreşti-Oaş"). Wer sich vor einem Ausflug ins Kurbad **Bixad** mit seinen heilenden Mineralquellen oder ans „idyllischste Ende der Welt", nach **Cămărzana** an der ukrainischen Grenze, noch mit Geld oder Lebensmitteln versorgen möchte, kann dies ohne weiteres in den zahlreichen Banken und Geschäften entlang der Hauptstraße tun. In den Sommermonaten lohnt ein Ausflug zum **Freilichtmuseum** des Ortes, das auf Rumänisch übrigens „Freiluftmuseum" genannt wird. Man findet es aus Satu Mare kommend am Anfang von Negreşti-Oaş. Der Leiter *Vănav Remus*

rum418 Foto: jr

In Negreşti-Oaş leben fast keine Männer mehr – nur Kinder und ältere Frauen sieht man noch auf der Straße

oder einer der Museumsführer erklärt auf Nachfrage gerne die Bedeutung der verschiedenen dekorativen Motive auf den Holztoren und Häusern des Maramureş, von denen eine kleine Anzahl auf dem Gelände zu finden ist. Auch auf die Entstehung traditionellen Kunsthandwerks und die Bedeutung von Festen wie dem *Ruptul Sterpelor* und dem *Sâmbra Oilor* wird hier eingegangen.

- **Muzeul in aer liber al Ţării oaşului,** Str. Livezilor 2–3, Tel. 0261-854 860. Mo. bis Sa. 9–17 Uhr. In den Wintermonaten ist das Freilichtmuseum geschlossen. Eintritt Erwachsene 2 RON, Kinder 1 RON, Foto und Video 1 RON.

Unterkunft

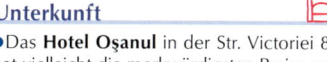

- Das **Hotel Oşanul** in der Str. Victoriei 89 hat vielleicht die merkwürdigsten Preise von ganz Rumänien. Es verfügt nur über Zweibettzimmer zu 76,30 RON. Auf Wunsch stellt man aber auch Extrabetten ins Zimmer, die pro Bett 38,15 RON kosten. Appartements sind für 143,88 RON zu haben (hinzu kommt eine Steuer, die von 2,80–5,28 RON gestaffelt ist). Tel. 0261-851 162.

Geldwechsel

- Eine **Wechselstube,** die keine Kommission nimmt, befindet sich gleich gegenüber der Banca Comerciala und der BRD-Bank (Str. Victoriei 87). An den Banken finden sich **Geldautomaten.**

Notfälle

- **Polizei,** Tel. 855 222.
- **Krankenhaus,** Tel. 854 830.

Fest

- Am 1. September feiert die Stadt Negreşti-Oaş ein großes **folkloristisches Fest,** zu dem zahlreiche Musiker, Tänzer und Kunsthandwerker aus den umliegenden Bergdörfern in die Stadt finden.

Die Villen von Negreşti-Oaş

Etwa 25 km östlich von Satu Mare in der Ortschaft Negreşti-Oaş staunt man als Besucher nicht schlecht. Entgegen aller Erwartung, hier an der Eintrittspforte ins Maramureş auf einfache traditionelle Holzhäuser, Handwerksbetriebe und eine ausschließlich bäuerliche Landbevölkerung zu treffen, reiht sich ein schicker Neubau an den anderen. Männer sind auf den Straßen in Negreşti-Oaş nicht anzutreffen. Die zurückgebliebenen Frauen, Kinder und Alten berichten, alle arbeitsfähigen Männer hätten die Ortschaft schon seit Jahren verlassen. Das überwiesene Geld käme nun aus Irland, Italien oder Kanada. Einige der Männer kämen einmal im Jahr kurz nach Hause, um an ihren Villen zu arbeiten. Im Ort gibt es keine Restaurants, keine Kneipe und nur ein Hotel. Geld verdient hier alleine ein Baustoffunternehmer, der kaum weiß, wie er die ganzen Sonderwünsche an Baumaterialien wie Carrara-Marmor oder Perlmuttpulver zur Wandverschönerung befriedigen soll. Mancher kurzfristig aus Italien oder Spanien zurückkehrende Bauherr wünscht sich gläserne Außenaufzüge, andere Marmorbäder mit Fußbodenheizung. Manche bringen sich goldene Wasserhähne oder glasierte Kacheln aus Irland oder Griechenland mit. Manche Frauen haben ihre Männer seit Jahren nicht gesehen. Sie kümmern sich um die Kinder und die Alten. Für sie findet das Leben nur in der Zukunft statt, irgendwann einmal, wenn ihre Männer zurückkehren.

Der Huta-Pass ⇗II, B1

Was hat ein kleiner Pass von gerade einmal 587 m Höhe in einem Reiseführer über Rumänien zu suchen, einem Land, in dem es wahrlich höhere und imposantere Pässe gibt? Der Huta-Pass, der direkt in unmittelbarer Nähe der ukrainischen Grenze liegt, ist deshalb erwähnenswert, weil hier im Frühjahr (2006 war es der erste Sonntag im Juni) mit dem **Festival de Sâmbra Oilor** eines der berühmtesten Schäferfeste des Landes stattfindet.

Unterkunft

- Eine sehr schöne und günstige Pension mit Restaurant (empfehlenswert der *Brănză telemea* und die *Tocaniţa*) findet man 7 km nördlich von Negreşti-Oaş im Dorf Huta Certeze. Die **Pensiunea Agroturistică Huta Certeze** steht auf einer kleinen Anhöhe, von der Terrasse hat man eine herrliche Panoramasicht über das Tal. Strada Principală 321a, Tel. 0261-859 044, www.hutacerteze.ro. 16 Zimmer, EZ/DZ 70 RON.

rum420 Foto: jr

Săpânţa ⇗II, B1

Das die kleine Gemeinde Săpânţa mit gerade einmal 5000 Einwohnern weitaus mehr Privatpensionen besitzt als das nahe Baia Mare mit 150.000 Einwohnern hat sie einer Attraktion zu verdanken, die auf keiner Reise durch den Maramureş fehlen sollte. Der **„Fröhliche Friedhof"** (**Cimitirul Vesel**) von Săpânţa hat es mittlerweile in alle großen Gazetten der Welt geschafft. Zu seinem 70-jährigen Bestehen am 29. Mai 2005 kamen über 21.000 Besucher. Zu verdanken hat die Gemeinde ihren weltweiten Ruhm der Idee eines mittellosen, aber fantasievollen Holzschnitzers namens **Stan Ion Pătraş** (1909–1977). Er kam auf die Idee, dem Tod etwas Farbe und Humor zu verleihen, indem er die Holzkreuze der Gräber mit dunkelblauer Farbe und mit Tafeln verschönerte, auf denen er mit einem geschnitzten bunten Bild und **gereimten Versen** kurz auf das interessante Leben der Verstorbenen einging. Letztlich sind es wohl diese teils lustigen,

Grabkreuze auf dem „Fröhlichen Friedhof"

Der Bildhauer, Maler und Dichter Dumitru Pop in seinem kleinen Privatmuseum

rum421 Foto: jr

teils rustikal-deftigen Reime, die den Friedhof in aller Welt berühmt gemacht haben. Einige der kleinen Geschichten verweisen auf die Trinksucht, andere auf die früheren Lieben des Verstorbenen oder seinen Hang zum ausgiebigen Feiern. Manche Inschriften können sich auch Seitenhiebe der zurückgelassenen Ehefrau auf den Ehemann nicht verkneifen. Die Tradition der fröhlichen Grabkreuze wurde nach dem Tod von *Stan Ion Pătraş* von einigen Holzschnitzern im Dorf fortgeführt. Als legitimer Nachfolger gilt heute **Dumitru Pop,** dessen Werkstatt mit kleinem Museum man ganz in der Nähe des Friedhofs besuchen kann.

Besonders schön strahlen die bunten Bilder und Kreuze im Sommer, doch genau dann suchen auch zahlreiche Busse mit Touristen den Ort auf, denn obwohl von seinem Schöpfer nicht als Marketinginstrument geschaffen, ist der „Fröhliche Friedhof" doch längst zu einer **sprudelnden Einnahmequelle** für Săpânța geworden. Wenn im Sommer die Horden über die Gräber stapfen, kann von Totenruhe wahrlich keine Rede mehr sein, und auf die Idee, die direkt am Friedhof liegende kleine Kirche zu besuchen, kommt kaum jemand. An der Hauptstraße stehen zur Hochsaison Verkaufsstände mit Teppichen, Decken, Hemden und bestickten Blusen.

Berühmt ist die Region für ihre schönen **handgemachten Wolldecken,** die **Cergi** (Pl.), die in allen möglichen langhaarigen und kurzhaarigen Variationen auch in Săpânța angeboten werden. Man benutzt die *Cergă* (Sg.) in Rumänien als Tagesdecke fürs Bett oder Sofa. Westliche Besucher jedoch entfremden sie im Sommer auch gerne einmal als Picknickdecke für ihre Ausflüge auf die Bergwiesen. Wer nicht so tief in die eigene Tasche greifen möchte, kann sich eine der handgewebten **Wolltaschen** (Sg. *Trăistă,* Pl. *Trăişti*) kaufen, die auch die Schäfer so gerne mit in die Berge nehmen.

Anreise

Man erreicht Săpânța vom 16 km entfernten **Sighetu Marmației** mit einem der zwölf täglichen Busse oder von **Satu Mare** aus, ebenfalls mit dem Bus, wobei man aber in Negreşti-Oaş umsteigen muss. Am besten erschließt man sich die Strecke entlang der Theiß und der ukrainischen Grenze allerdings mit dem eigenen Fahrzeug. Der „Fröhliche Friedhof" ist als Hauptattraktion des Ortes sehr gut ausgeschildert und leicht zu finden (ca. 300 m von der Hauptstraße entfernt).

Unterkunft

An Pensionen herrscht, wie schon gesagt, in Săpânța kein Mangel. Die Preise bewegen sich auch in der Hauptsaison (wegen der harten Konkurrenz) im erträglichen Bereich von 70–100 RON (inkl. Frühstück). In der Nebensaison sind die Zimmer etwa 20 RON billiger zu haben (die Preise der Holzhütten auf dem Campingplatz bewegen sich je nach Saison zwischen 30 und 40 RON). Hier nur eine kleine Auswahl:

- **Pensiunea Adriana,** Str. Principală 205, Tel. 0262-372 314.
- **Pensiunea Bianca,** Str. Principală 161, Tel. 0262-372 120.
- **Pensiunea Cris & Mona,** Str. Principală 292, Tel. 0262-372 470 (Familie *Codrea* verkauft auch Teppiche und Wolldecken).
- **Pensiunea Ioana,** Str. Principală 195, Tel. 0262-372 062.
- **Pensiunea Maria,** Str. Principală 16, Tel. 0746-991 999.
- **Pensiunea Maryuka,** Str. Principală 245, Tel. 0262-372 591.
- **Pensiunea Montana,** gegenüber dem „Fröhlichen Friedhof", Tel. 0744-208 112.

Camping

- **Camping Poeni,** Str. Păstrăvăriei 632, Tel./Fax 0262-313 818. Camping in acht Hütten möglich, mit eigenem Grillplatz und Verköstigung auf Wunsch.

Essen und Trinken

- Ein kleines Restaurant mit angeschlossenem **ABC-Minimarkt** findet man ebenfalls an der Hauptstraße Str. Principală, Nr. 116. Im **Mini-Restaurant** werden von 7–24 Uhr *Mici, Ciorbă* und *Mămăligă* serviert. Tel. 0262-372 084.

Sighetu Marmației

↗ III, C1

- **Meereshöhe:** 240 m
- **Vorwahl:** 0262
- **Einwohner:** 43.200
- **Deutscher Name:** Maramureschsigeth
- **Ungarischer Name:** Máramarossziget
- **Russisch-ukrainischer Name:** Sihota

Sighetu Marmației, oder kurz nur **Sighet,** wie es die Einheimischen nennen, liegt unmittelbar an der ukrainischen Grenze 40 km nördlich der Provinzhauptstadt Baia Mare.

Vor 1918, als das Gebiet um die Stadt noch **Ruthenien** genannt wurde, war Sighet ein Anziehungspunkt für Abenteurer und Schmuggler. Doch vom früheren „Wilden Norden" kann heute keine Rede mehr sein. Um die Stadt am Zusammenfluss von **Iza** und **Tisa** (Theiß) ist es ruhig und beschaulich geworden. Bauern und Kunsthandwerker sind rund um Sighet noch zahlreich zu finden und beleben an jedem ersten Montag im Monat den alten Viehmarkt der Stadt, auf dem es freilich längst nicht mehr nur Pferde und Kühe zu kaufen gibt.

Anreise

Man erreicht die Stadt über die DN19 von Westen und Satu Mare kommend nach etwa einer Stunde mit dem Auto. Von Süden und Baia Mare aus benötigt man auf der DN18 etwas weniger Zeit. Die DN18 verbindet Sighet auch mit dem nordöstlichen Maramureş und dem Rodnei-Gebirge. Eine direkte Verbindung besteht auch ins Iza-Tal, sodass sich Sighetu Marmației hervorragend als Ausgangsort für eine Erkundung der Maramureş eignet.

Geschichte

Der Name Sighet verweist auf die historischen Wurzeln der Stadt, da das Wort sich vom dakischen Begriff *seget* für Festung ableitet. Noch frühere, prähistorische Zeugnisse lassen ahnen, dass die Gegend an Theiß und Iza bereits in der Bronzezeit von Menschen besiedelt war. Die ersten Rumänen kamen zwischen 1272 und 1290 in das Gebiet. Kurzzeitig war Sighet Hauptstadt des Maramureş (ab 1352) und wurde fortan zu einem beständigen **Spielball der Mächte,** die entlang des strategisch wichtigen Flusses Theiß zeitweise um jeden Meter Boden rangen. So gehörte Sighet wechselweise zu Transsylvanien, Ungarn und nach dem Ribbentrop-Molotow-Abkommen von 1939 kurzfristig auch zur Sowjetunion.

Traurige Berühmtheit erlangte Sighetu Marmației nach dem Zweiten Weltkrieg, als sich das **Gefängnis** von Sighet zu einer der berüchtigtsten Haftanstalten Rumäniens entwickelte, in der nicht nur regimekritische Intellektuelle, unerwünschte Priester und einfache Landarbeiter, sondern auch Jugendliche gefoltert und hingerichtet wurden. Heute ist das **Gefängnismuseum** eine mahnende Attraktion der Stadt (siehe Exkurs weiter unten).

Die schlimmen Zeiten des Kommunismus hat Sighet inzwischen fast vergessen. Vor allem am 27. Dezember schütteln die Einwohner alle Sorgen und Nöte von sich und tanzen und musizieren auf einem der bekanntesten und größten **Wintermaskenfeste** Rumäniens um die Wette. Die extra zum Winterkarneval anreisenden Gäste und diejenigen, die die nahen Täler der Iza und Vişeu erkunden oder den nur 16 km entfernten „Fröhlichen Friedhof" von Săpânța besuchen, finden in Sighetu Marmației einige der besten Hotels und Restaurants des Maramureş vor.

Sehenswertes

Rund um den Freiheitsplatz

Von der nördlich gelegenen Zug- und Busstation sind es über die Str. Iuliu Maniu nur 10 Minuten in die Innenstadt. Auch mit dem Auto ist es nicht schwierig, gelangt man doch unweigerlich aus allen Richtungen kommend zum zentralen Freiheitsplatz **(Piața Libertății).** Alle wesentlichen Attraktionen befinden sich direkt am oder in unmittelbarer Nähe des lang gezogenen Platzes, der sich gleichzeitig auch als quirlige Hauptverkehrsader von Sighet entpuppt.

Mitten auf dem Platz steht das **Landesmuseum Maramureş,** das in seiner etwas müde dargebotenen naturwissenschaftlichen Sektion unter anderem eine ausgestopfte Wildkatze auf abgebrochenem Ast zwischen zwei kleinen Schaukästen mit gleichfalls ausgestopften Vögeln präsentiert. Auch die geschichtlich-archäologische Abteilung reißt einen angesichts der lustlos dargebotenen Säbel und Gewehre in Glasschaukästen nicht gerade vom Hocker.

Leider wird das Niveau im **Naturgeschichtlichen Museum** an der nordwestlichen Seite des Platzes (vor der katholischen Kirche) nicht besser.

H	1	Motel Siesta
H	2	Hotel Perla Sigheteană
⊕	3	Stadtkrankenhaus
⛪	4	Reformationskirche
•ⓘ	5	Universität und Information
•	6	Hauptbahnhof
Ⓑ	7	Busbahnhof
⛪	8	Orthodoxe Kathedrale
Ⓜ	9	Museum Ioan M. de Apşa
Ⓜ	10	Landesmuseum Maramureş
H	11	Motel Vila Royal
⛪	12	Röm.-Kath. Kirche
ⓘ	13	Pangaea Turism
★	14	Holocaust-Denkmal
🍴	15	Restaurant Krisz
Ⓜ	16	Völkerkundemuseum
🛍	17	Markt
✉	18	Post
★	19	Holocaust-Museum
@	20	Internet Millenium
@	21	Internet Café
P	22	Pensionea Buți
⛪	23	Adventistenkirche
🍴	24	Pizzeria Primavera
✡	25	Synagoge
🍴	26	Pizzeria Veneția
⛪	27	Orthodoxe Kirche
★	28	Museum Elie Wiesel
H	29	Casa Iurca de Călineşti
H	30	Pension Flamingo
⛪	31	Griech.-Kath. Kirche
🍴	32	Pizzeria Romina

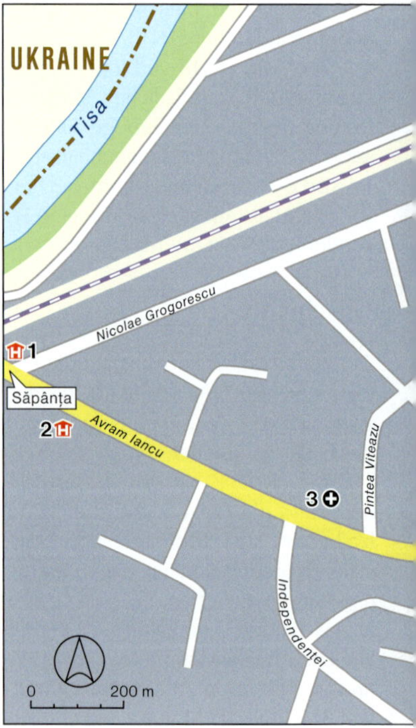

Auch hier hat man eine eigenartige Liebe zu ausgestopften Luchsen, Mardern und Wölfen entwickelt, die in ihrer Präsentation eher an die angeberische Sammlung von Jagdtrophäen eines egomanischen Jägers erinnert.

Wesentlich interessanter und sehenswerter ist die **Kunst- und Antiquitätensammlung** im **Museum Ioan Mihalyi de Apşa** in der gleichnamigen Straße, die direkt am Freiheitsplatz vorbeiführt. In vier Räumen sind hier neben kunstvoll verzierten und geschnitzten Originalmöbeln aus dem Leben des Hausherrn auch Teppiche, Decken und Wollvorhänge mit typischen Ornamenten, Mustern und Farben der Region Maramureş zu sehen. Eine gesonderte Ausstellung widmet sich dem Werk bildender Künstler aus dem 20. Jahrhundert (u.a. *Traian Bilţiu-Dăncuş, Gheorghe Chivu* und *Vasile Kazar*).

Erwähnenswert sind noch **zwei Kirchen,** die jeweils an den entgegengesetzten Enden des Zentrums zu finden sind: Am östlichen Ende des Freiheitsplatzes steht die im 15. Jahrhundert er-

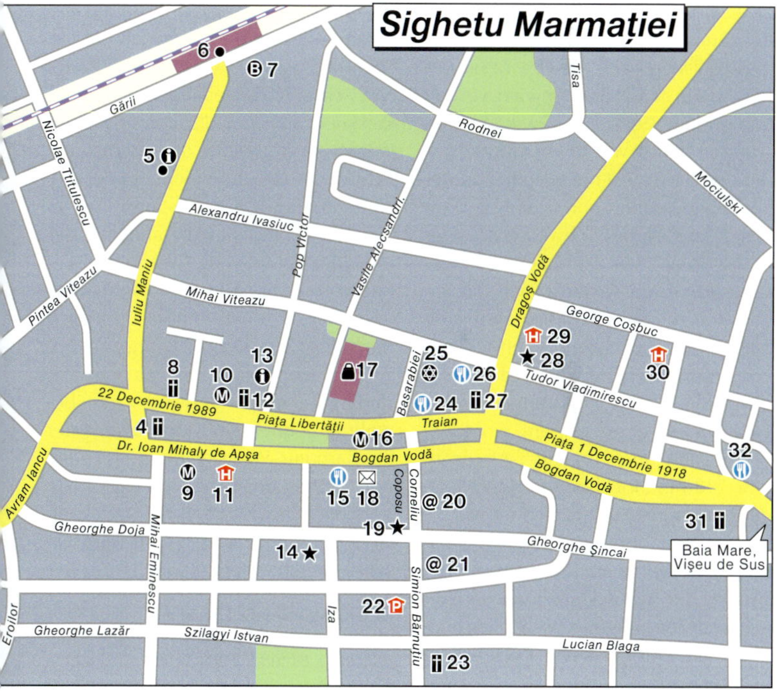

baute ungarisch-reformierte Kirche, an seinem westlichen Ende (in einer kleinen seitlichen Sackgasse) die katholische Kirche, die ein Jahrhundert später errichtet wurde.

- **Muzeul Maramureşean (Gefängnismuseum),** Piața Libertății 15, Tel. 311 521, Mo. bis Fr. 9–15 Uhr, Eintritt 2 RON.
- **Muzeul de Istorie şi ştiințele Naturii,** Piața Libertății 23, Mo. bis Fr. 9–15 Uhr, Eintritt 2 RON.
- **Muzeul Ioan Mihalyi de Apşa,** Str. Ioan Mihalyi de Apşa 17, Mo. bis Fr. 9–15 Uhr, Eintritt 2 RON.

Im Schtetl – das jüdische Sighet

Der berühmteste Sohn der Stadt ist zweifellos **Elie Wiesel,** der als 26-jähriger Student in Sighet von den Nationalsozialisten nach Auschwitz deportiert, dann nach Buchenwald verlegt und im Jahr 1944 von amerikanischen Truppen befreit wurde. Als Überlebender des Holocaust hat er später an der Sorbonne studiert und in seinen Werken „Gezeiten des Schweigens", „Der fünfte Sohn", vor allem aber im „Gesang der Toten" eindrücklich die Suche seiner jüdischen Protagonisten nach einem normalen Leben jenseits von Verfolgung und Unterdrückung geschildert. Seine Erfahrungen im KZ verarbeitete er in seinem wohl berühmtesten Buch „Nacht". Als er im Jahr 1986 in Stockholm mit dem Friedensnobelpreis ausgezeichnet wurde, hatte seine Geburtsstadt Sighetu Marmației, in der er auch die Schule besuchte, die Schrecken menschenverachtender Verfolgung und Folter endgültig hinter sich (siehe Exkurs „Die Schmerzen von Sighet").

Im kleinen **Elie-Wiesel-Gedenkhaus** versucht man die Thematik der Judenverfolgung und das dramatische Leben von *Wiesel* betont zurückhaltend darzustellen. Keinesfalls, so die Verantwortlichen, möchte man sich dem Thema in reißerischer Manier nähern. Neben einigen Dokumenten sind ausgewählte Fotografien und Manuskripte aus seiner Zeit als Journalist zu sehen. Hinter dem Haus ist im Garten ein großer Davidstern auf der Erde angebracht, den man auch von einigen Zimmern des gleich daneben liegenden Hotels gut erkennen kann.

Von der großen **jüdischen Gemeinde,** die noch um 1920 in Sighet bestand und über 40 Prozent der Stadtbevölkerung ausmachte, sind nur 100 Menschen übrig geblieben. Ein Rabbi kümmert sich um die immer kleiner werdende Gemeinde des ehemaligen Schtetl, die sich zum Gebet in der einzigen **Synagoge** des Maramureş in Sighet versammelt. Alle anderen der ehemals acht Synagogen der Stadt und zahlreiche jüdische Wohnhäuser und Geschäfte wurden im und noch nach dem Zweiten Weltkrieg zerstört. An die Deportation aller aus dem Maramureş stammenden jüdischen Bewohner erinnert ein Monument in der Str. Barnuțiu. Wer sich mit dem Leben und Sterben der Juden von Sighet eingehender beschäftigen möchte, kann weiterführendes Material im Elie-Wiesel-Gedenkhaus erhalten.

- **Casa Memorială Elie Wiesel,** Str. Tudor Vladimirescu 1, Di. bis So. 8–16 Uhr, Mo. geschlossen, Eintritt 3 RON, Schüler, Studenten 1,50 RON.

Die Schmerzen von Sighet

Viele junge Rumänen in Sighet haben es wahrscheinlich verdrängt oder wollen von diesem Thema nichts mehr wissen, weil das, was in ihrer Stadt geschehen ist, so erschütternd ist. Wenn man Jugendliche nach dem Weg zum ehemaligen **Gefängnis** von Sighet befragt, kennen ihn nur sehr wenige. Ältere Menschen hingegen wissen sofort, wo der Ort zu finden ist, an dem das kommunistische Regime 1950 eine „spezielle Arbeitseinheit" mit dem Namen „Donaukolonie" errichten ließ. Es waren vor allem Bischöfe und Priester, Akademiker, Wissenschaftler, Historiker, Journalisten, aber auch ehemalige Minister und Militärs, die ohne Gerichtsverfahren hinter die Mauern des Gefängnisses von Sighet verschleppt wurden.

Dort wurde den Inhaftierten unter unhygienischen Bedingungen verboten, sich auf den eisernen Betten ihrer ungeheizten Zellen auszustrecken. Wer aus dem Fenster schaute, wurde mit Prügel und Isolationshaft in der so genannten „Sura", einer Dunkelkammer, bestraft.

Zwar wurden die meisten der Gefangenen 1955 aufgrund einer Amnestie vorübergehend in die Freiheit entlassen, weil das kommunistische Rumänien darum bemüht war, in die Vereinten Nationen aufgenommen zu werden, doch schon kurz darauf wurden wieder politische Gefangene nach Sighet gebracht. Für viele Lehrer und Intellektuelle war das Gefängnis von Sighet nur eine Durchgangsstation auf dem Weg in die Psychiatrieanstalt der Stadt.

Der Gefängnistrakt ist heute auf Initiative der Bürgerallianz *(Alianța Civica)* in eine **Gedenkstätte** umgewandelt worden. Man gedenkt der Opfer des Kommunismus und der Angehörigen des kommunistischen Widerstands u.a. in Form unzähliger Fotografien, die die Wände des Memorial Sighet bedecken. Zudem sind auf den äußeren Wänden die Namen von acht Millionen Toten eingraviert, die in den Gefängnissen und Lagern in den Zeiten des Kommunismus ums Leben kamen.

Die **Führungen** (auch auf Deutsch) sind überaus empfehlenswert. Zahlreiche europäische Künstler haben sich an der Gestaltung des ehemaligen Gefängnisses beteiligt. So wurde in einem der Innenhöfe eine Gebets- und Meditationsstätte geschaffen, die auf künstlerische Weise die Begriffe Tholos und Katakombe verbindet. Zu den eindrucksvollsten Werken gehört die Skulpturengruppe „Der Opferzug": 18 Menschenkörper gehen mit erhobenen Händen auf eine Wand zu, die ihnen symbolisch genauso die Aussicht auf ein freies Leben verstellt, wie es der rumänische Kommunismus getan hat.

- **Memorialul Victimelor Comunismului şi al Rezistenței Sighet,** Str. Corneliu Copusu 4, Tel./Fax 319 424, Memorialul.Sighet@mail.multinet.ro, www.memorialsighet.ro. **Gefängnismuseum:** täglich 9:30–18:30 Uhr (15. April bis 15. Oktober) und 9:30–16:30 Uhr (16. Oktober bis 14. April, Mo. geschlossen). Eintritt 4 RON, Schüler 2 RON, Foto 3 RON, Video 15 RON.

rum427 Foto: jr

- **Synagoge,** Str. Bessarabia 10.
- Der **Jüdische Friedhof** befindet sich in der Str. Szilagyi Istvan. Seine Steinmauer ist schon von Weitem zu sehen, wenn man vom Zentrum südlich in die Str. Mihai Eminescu geht.

In der Umgebung

Unter völkerkundlichem Aspekt sehr interessant ist das am Rande von Sighet gelegene **Dorfmuseum,** in dem man u.a. auch eine der typischen **Holzkirchen** aus dem Iza-Tal bewundern kann. Außerdem gibt es einige bemerkenswerte Holzhäuser und verzierte Holztore zu sehen.

- **Muzeul Satului Maramureşean,** Str. Muzeului 1, täglich 10–18 Uhr. Das Dorfmuseum ist ein Ableger des Landesmuseums am Freiheitsplatz. Allerdings ist es lange nicht so verstaubt und einen Besuch absolut wert. Informationen können auch im Web unter www.sintec.ro/muzeusighet eingesehen werden, jedoch nur auf Rumänisch (die englische Seite ist bereits seit zwei Jahren in Arbeit!). Wesentlich besser und informativer ist die Website von *Björn Reinhardt,* auf der man sogar einen kleinen virtuellen Rundgang durchs Dorfmuseum unternehmen kann: www.maramures.de/museum/museum.html.

Im **Privatmuseum der Familie Pipaş in Tisa** (3 km nordöstlich Richtung Vişeu de Sus) sieht man eine außergewöhnliche Sammlung rumänischer Avantgarde sowie klassischer Raritäten (Grafiken, Ikonen, Keramik, Trachten u.v.m.). Das Haus ist im kleinen Ort nicht schwierig zu finden, man frage einfach nach Familie *Pipaş.*

Die Sehenswürdigkeiten des nahen **Iza- und Mara-Tals** werden zwar in einer eigenen Rubrik noch besprochen, es sei jedoch hier schon darauf hingewiesen, dass das Iza-Tal kaum 10 km entfernt im Südosten beginnt. Sehenswert sind vor allem die alten Holzkirchen in den Gemeinden Strâmtura, Glod, Rozavlea, Şieu und Ieud. In den nahen Tälern können auch Kunsthandwerker besucht werden, und wer möchte, kann Kurse in den alten Künsten des Holzschnitzens, Webens oder der Hinterglasikonen-Malerei belegen.

Informationen

Angesichts eines fehlenden zentralen Informationszentrums sind folgende **Reisebüros** die erste Wahl, um an Informationen über die Stadt und das Umland zu kommen:

- **Pangaea Turism,** Piața Libertății 15, Tel. 312 228, pangaeamm@hotmail.com, www.pangaeaturism.ro. Das Reisebüro bietet neben der üblichen Vermittlung von Übernachtungen und Pauschalreisen eine breite Palette an weiteren Angeboten: Kutschfahrten, Tanzkurse in traditionellem Tanz, Mountainbike-Verleih, Holzschnitzkurse, Organisation von Kinderferien oder Vermittlung eines persönlichen Reiseleiters.
- **Muri Tours,** Str. Bogdan Voda 12, Tel. 314 336, muri_tours@yahoo.com.

Service

- **Post: Sighetu Marmației I,** Str. Bogdan Voda 2, Tel. 311 115, Mo. bis Fr. 7–20 Uhr, Sa. 8–13 Uhr.
- **Banken: Raiffeisenbank,** Str. Andrei Mureşan 8a, Tel. 310 939; **BCR,** Str. Iuliu Maniu 32, Tel. 311 034.
- **Internetcafé:** Str. Juliu Maniu 19.

Notfälle

- **Kreiskrankenhaus: Spitalul Municipal,** Avram Iancu 22, Tel. 311 873, Fax 311 693.
- **Apotheken: Farmacia Manna,** Piața Libertății 16, Tel. 315 633; **Farmacia Minerva,**

Piața Libertății 23, Tel. 311 977; **Farmacia Soranda,** Str. Avram Iancu 22, Tel. 317 677.

Mobilität

Züge

- **Bahnhof (Gara CFR),** Str. Garii 1–3 (400 m nördlich des Zentrums am Ende der Str. Iuliu Maniu), Tel. 192 952.
- Zugfahrkarten und Informationen erhält man im **Reisebüro der CFR** am Piața Libertății 25, Tel. 312 666, Mo. bis Fr. 7–14 Uhr.
- **Nach Cluj-Napoca** fährt täglich ein Nacht-Schnellzug (Abfahrt 01:25, Ankunft 7:38 Uhr) und ein Zug am Nachmittag (Abfahrt 16:22, Ankunft 22:13 Uhr).

Busse

- **Busbahnhof (Autogara),** Str. Garii. Der Busbahnhof liegt in der Nähe des Hauptbahnhofs.
- Täglich fahren mehrere **Busse** nach Baia Mare, Satu Mare, Borşa, Budeşti, Câlineşti und Vişeu de Sus. Ein Bus pro Tag fährt nach Bârsana, Botiza, Ieud und Mara. Zum „Fröhlichen Friedhof" nach Săpânța pendelt stündlich ein Bus zwischen 8 und 14 Uhr.

Mietwagen

- Autos können in der **Pension Buti** in der Str. Simion Bărnuțiu 6 ausgeliehen werden. Tel. 311 035, Fax 310 783, Motel.Buti@rds-link.ro

Taxis

- **Party,** Tel. 318 888, Str. Bogdan Voda 5a.
- **Radiotaxi,** Tel. 317 443, Str. Solovan 32.

Unterkunft

Wem die Hotels in Sighet zu teuer sind, sollte 10 km weiter Richtung Iza-Tal fahren. Bereits im Ort Vadu Izei gibt es sehr gute und günstige Zimmer bei Privatfamilien.

Hotels

- **Iurca de Călineşti** (****), Str. Dragoş Vodă 14, Tel. 318 882, Fax 318 885, riurca@casaiurca.com. Das beste Hotel der Stadt liegt 5 Minuten nördlich des Freiheitsplatzes direkt neben dem Elie-Wiesel-Gedenkhaus. Hinter der kleinen Tür, die in ein schönes Holztor eingelassen ist, verbergen sich ein rustikal geschmücktes Restaurant und ein Hotel im Landhausstil mit Innenhof und Holzveranda. Erstklassiger Service und sehr ruhige Zimmer. EZ/DZ 150 RON, 3-Bett-Zimmer 180 RON, 3-Bett-Zimmer 250 RON (zuzügl. 3% Steuer), Frühstück inkl.
- **Vila Royal** (****), Str. Ioan Mihaly de Apşa 1, Tel. 311 004, Fax 314 859, office@vilaroyal.ro, www.vilaroyal.ro. Das im Jahr 1885 errichtete Haus mit Fassadenbalkon im alten Stil wurde erst zu Ostern 2005 mitten im Zentrum der Stadt eröffnet. Die Zimmer sind modern, großräumig und klar eingerichtet und verfügen zur Straße hin über Lärmschutzfenster. Zum Hotel gehören auch ein Restaurant und das Pub David. EZ 110 RON, DZ 130 RON, Frühstück extra 10 RON pro Person.
- **Perla Sighețeană** (***), Str. Avram Iancu 65a, Tel. 310 613, Fax 310 268, imberti@alphanet.ro. Aus Richtung Sathmar und Săpânța kommend, sieht man das Motel Perla Sighețeană gleich am Ortseingang. Die Terrasse bietet einen schönen Blick auf den Dealul Cetații und auf den Fluss Iza. Da das Ambiente des Sommergartens gerne auch für Bankette und Hochzeiten genutzt wird, sollte man sich vorher telefonisch erkundigen, ob es laut werden könnte. Alle Zimmer mit eigenem Balkon. EZ/DZ 120 RON, App. 150 RON, Frühstück inkl.
- **Siesta** (***), Str. Avram Iancu 42, Tel. 311 468, Fax 311 253. Wie das Perla sieht sich das ebenfalls am Ortseingang stehende Siesta als ein Motel für Durchreisende. Die schlichten Zimmer sind vor allem für Gruppenreisende eingerichtet worden. EZ/DZ 120 RON, App. 160 RON, Frühstück inkl.

Pensionen

- **Pensiunea Flamingo** (**), Str. George Coşbuc 36, Tel. 317 265, 0744-398 052. Elegante, ruhige und sehr gepflegte Pension, in der man sich schnell heimisch fühlt. Die Speisekarte des kleinen „Restaurants" bietet eine Auswahl von 150 Gerichten an. EZ/DZ 90 RON, Frühstück extra.

Besondere Feste im Maramureş

Nicht nur im fernen Bukarest, sondern überall in Rumänien ist man sich einig, dass der Maramureş etwas ganz Besonderes ist. Die Täler rund um Vişeu de Sus und Bârsana sind niemals von den Römern, den Hunnen oder den Türken erobert worden. Abseits aller großen Handelswege gelegen, erschien das selbst um 1900 noch fast vollständig bewaldete Gebiet früheren Eroberern wohl wenig Gewinn bringend. Der größte Reichtum, so sagen die Bewohner des Maramureş, der ihnen bis heute erhalten geblieben sei, wären die vielen jahrhundertealten Traditionen, die Feiern, Feste und ihre Einzigartigkeit, und die könne ihnen niemand jemals nehmen.

rum430 Foto: jr

- Der Reigen der außergewöhnlichen Feste wird im Maramureş im Frühjahr mit dem **St. Georgstag** eröffnet, der am 23. April gefeiert wird. Man begeht diesen auf Rumänisch **Sângeorz** genannten Tag, indem man von Haus zu Haus geht und überall grüne Zweige an die Tore und Ställe hängt. Der uralte Brauch soll den Menschen Glück, Fruchtbarkeit und Gesundheit schenken. Dazu werden die Bewohner mit Wasser bespritzt, ein symbolischer Akt, um Haus, Mensch und Vieh zu reinigen.
- Das Verspritzen von Wasser ist auch wesentlicher Bestandteil eines Brauchs, der sich **Tânjaua** nennt. Hierbei wird derjenige Bauer des Dorfes gefeiert, der im neuen Jahr als erster sein Land gepflügt hat. Sein Pferdewagen wird reich mit Birkenzweigen und bunten Bändern geschmückt und er selbst als „Held der Gemeinde" in einem Triumphzug durchs Dorf geführt. Zu besonderer Berühmtheit hat es die **Tânjaua de pe Mara in Hoteni** gebracht, die sich mittlerweile zu einem großen Folklorefestival entwickelt hat.
- Wer zu **Ostern** die Menschenmassen auf den Wiesen rund um die Holzkirchen sieht, könnte glauben, er sei in Schottland. Während der Priester und die Gläubigen die Auferstehung Christi feiern, liegen Hunderte von karierten Taschen auf dem Boden, die von weitem wie Dudelsäcke aussehen. Es handelt sich aber um *Traistă,* den traditionellen Sack der Wanderschäfer, der zur Osterzeit besonders gut mit Brot, Eiern, Wein, Kuchen und Schinken gefüllt ist.
- Am ersten Sonntag im Mai feiert man im Maramureş mehrere Anlässe auf einmal, die mit der Welt der Schäfer und ihren Schafen zu tun haben. Beim **Ruptul Sterpelor** und **Sâmbra oilor** kommt es zur ersten Trennung der Milchschafe

von der Herde und zur Bestimmung der Milchmenge, die die Schäfer den Besitzern der Herde zu übergeben haben. Das damit verbundene Fest bezeichnet den Beginn des „pastoralen Zyklus", der jedes Jahr mit denselben uralten Riten, der Segnung der Herde und dem anschließenden obligatorischen Umtrunk gefeiert wird.

- Anfang Juni zelebriert man (vor allem in der Gegend um Borşa) den **Tag der Sânziene.** Dabei flechten sich Mädchen Kränze aus Heilpflanzen ins Haar und tanzen die berühmten *Horas* (Kreistänze), während die Männer Freudenfeuer auf den umliegenden Hügeln entzünden, durch kleinere Feuer springen und in alten Liedern die Geister der Natur beschwören. Die Wurzeln des Sânziene-Festes gehen auf die Feier zur Mittsommerwende zurück und waren den regenerativen Kräften der Natur gewidmet.
- Zu den berühmtesten Festen im Maramureş gehört die **Hora de la Prislop,** die alljährlich im August am Prislop-Pass (20 km östlich von Vişeu de Sus) gefeiert wird. Ursprünglich handelte es sich bei der Hora de la Prislop um einen Hochzeitsmarkt und eine *Nedeie* (Schafsmarkt), doch seit etwa 20 Jahren hat sich der ursprüngliche Markt als reines Musik- und Folklorefestival etabliert. Aus allen Gegenden des Landes, weit über den Maramureş hinaus, kommen Musiker und Sänger und verwandeln die grünen Hügel am Prislop-Pass in ein farbenfrohes Meer aus bunten Kostümen und Trachten.
- Auch das **Weihnachtsfest** ist etwas Besonderes. Die jungen Burschen der Dörfer freuen sich vor allem auf das **Viflaim,** einen in den Tälern des Maramureş sehr bekannten Brauch, bei dem sie von Haus zu Haus ziehen und biblische Szenen vorspielen.

- **Pensiunea Buți** (**), Str. Simion Bărnuțiu 6, Tel. 311 035, Fax 310 783, motel.buti@rds-link.ro. Das Motel 200 m südlich des Zentrums, bezeichnet sich wohl deshalb gerne als Pension, um damit eine Marktlücke zu füllen. Pensionen (zumindest gute) gibt es nicht allzu viele in Sighet. Das etwas antiquiert und bieder wirkende Haus verfügt über 26 Betten in schlichten, kleinen Zimmern und ein eigenes Restaurant. Eigener Autoverleih. EZ/DZ 95 RON, Dreibett-Zimmer 140 RON, App. 180 RON, Frühstück und Steuer extra.

Privatzimmer

- Sehr schöne Pensionen und günstige private Zimmer findet man etwa 10 km außerhalb von Sighet am Beginn des Iza-Tals in Vadu-Izei. So z.B. das sehr empfehlenswerte Haus der **Familie Teleptean** (**) an der Str. Dumbrava, Nr. 506, Tel. 330 474, EZ/DZ 50 RON. In dem hübschen Haus mit Gartenlaube verwöhnt Frau *Teodora Teleptean* ihre Gäste auf Wunsch auch mit einheimischen Spezialitäten, wobei sie sich gerne in den Kochtopf schauen lässt.

Essen und Trinken

Restaurants

- **Iurca de Călineşti** (****), Str. Dragoş Vodă 14, Tel. 318 882, Fax 318 885, riurca@casaiurca.com. Das beste Hotel in der Stadt verfügt auch über das beste Restaurant weit und breit. Die Spezialitäten des mit schönen Holzschnitzereien verzierten Lokals heißen u.a. *Balmoş, Şnițel în crusta de Cartofi, Tochitură Maramureşeana* und *Rosbrat ardelenesc.* Wunderbare Auswahl an rumänischen Chardonnay- und Sauvignon-Weinen (z.B. Blanc cavaler).
- Wer in der **Pizzeria Primavera** in der Str. Traian 9 eine *Pizza Mafiosi* bestellt, braucht keine Angst zu haben, übers Ohr gehauen zu werden. Die Pizzen sind hervorragend und günstig. Empfehlenswert: *Pizza Sorpresa di Giovanni* und *Boema.* Außerdem gibt es Pasta und Salate. Tel. 318 980, täglich von 8:30–23 Uhr.

Cafés und Clubs

Der Kaffeehauskultur und dem Nachtleben wird in Sighet aus unternehmerischer Sicht noch nicht allzu viel Aufmerksamkeit geschenkt. Erwähnenswert sind das Fanatic und der Club Korona, die wohl alles in einem sind: Bar, Club und Restaurant. Das **Fanatic** (Tel. 527 943) findet man in der Str. Dragoş Vodă, Nr. 72, den **Club Korona** (Tel. 317 744) in der Str. Avram Iancu, Nr. 12.

Einkaufen

Kunstgewerbe

• Moderne und traditionelle Geschenke mit Stil findet man im neuen Kunstgewerbeladen **The Loom** in der Str. 22. Decembrie 1989 Nr. 42, Tel. 316 204, 0740-635 673.

Markt

• Der **Viehmarkt (Târgul de animale)** findet in der ersten und zweiten Monatswoche (Mo. und Mi.) auf einer Wiese am Stadtrand (Richtung Baia Mare) statt.

Fest

• Das größte und bedeutendste Stadtfest, das **Festivalul Datinilor de Iarna „Marmaţia“,** wird am 27. Dezember gefeiert. Neben Originaltrachten und -kostümen der Bewohner aus den umliegenden Tälern sieht man beim größten Winterfest im Maramureş viele selbst gefertigte Masken und Winterkostüme. Die ganze Stadt scheint an diesem Tag auf den Beinen, um auch den Höhepunkt des Festes, die wilde Reiterparade, zu sehen (die weniger einer Parade, als vielmehr einer Parodie auf Westfilme gleicht). Das Fest wurde zum ersten Mal 1968 erlaubt und zieht heute auch Gruppen und Musikanten aus dem Banat, der Moldau und Dobrudscha an. Um 19:15 Uhr wird das Winterfest mit einem bunten, vor allen Dingen aber lauten Feuerwerk beendet.

Das Iza-Tal (Valea Izei)

Zu den echten **Höhepunkten einer Maramureş-Reise** gehört der Besuch des Iza-Tals, das sich über 60 km entlang des Iza-Flusses von Sighetu Marmaţiei bis nach Moisei erstreckt. Man wird das, was dieses Tal ausmacht, nur dann wirklich wahrnehmen und erleben, wenn man es sich erwandert, „erradelt“ oder vielleicht vom Rücken eines Pferdes aus „erobert“. Nicht nur die sehr lebendigen Dörfer mit ihren alten **Holzkirchen** erscheinen wie aus einer anderen Zeit. Auch für die Menschen des Tals scheinen die Uhren in dieser märchenhaften Region etwas anders zu gehen. Hinter den prächtigen, reich verzierten Holztoren leben in den Häusern mit ihren strohgedeckten Dächern viele **alte Traditionen** fort. So findet sich vor den Holzhäusern so mancher Baum, dessen Zweige voller Töpfe und Emaillebecher hängen – ein Zeichen, das jedem verdeutlichen soll, dass die Frau des Hauses bereits unter der Haube ist. Auch **alte Handwerksberufe,** die mancher nur vom Hörensagen kennt, wie Schnitzer, Hinterglasmaler oder Weber, kann man hier, wie in einem in die Realität verpflanzten Freilichtmuseum, sehen, erleben und bestaunen.

Vadu Izei ↗ III, C1

Die kleine Gemeinde Vadu Izei liegt kaum 10 km von Sighetu Marmaţiei entfernt in südostlicher Richtung.

Zahlreiche Apfel-, Pflaumen- und Kirschgärten säumen den Weg entlang der Hügel, die von dichten Kiefern- und Eichenwäldern bedeckt sind. Der Ort, der lange Zeit den Namen **Wolfsdorf (Satul lui Lupu)** trug, hat sich vor allem als **Künstlerkolonie** einen Namen gemacht. Einige der berühmtesten Holzschnitzer, wie *Gheorghe Borodi,* Musiker wie *Gheorghe Covaci Ciota* und die Sängerin *Maria Trifoi* kommen aus Vadu Izei.

Gemeinsam mit Nachbargemeinden wie Sieu, Năneşti, Bârsana und all den anderen Dörfern, die sich entlang des Tals wie eine Perlenkette aufreihen, richtet Vadu Izei im Sommer das bekannte viertägige internationale **Maramuzical Festival der Folkmusik** und zum Sommerausklang einen **Jahrmarkt (Târg la Vadu Izei)** aus. Da der Ort neuerdings auch viele Künstler und Filmschaffende aus Cluj-Napoca angezogen hat, ist er mittlerweile so etwas wie die heimliche „Kulturhauptstadt" des Tals geworden. Für all diejenigen, die eine Unterkunft im Iza-Tal suchen oder sich über die Möglichkeiten im Maramureş informieren möchten, ist er der ideale Ausgangsort. Von Vadu Izei aus lassen sich Wanderungen, Reitausflüge oder Fahrradtouren hervorragend organisieren. Das liegt zum einen an der großen Auswahl an privaten Zimmern, die hier zur Verfügung stehen, und zum anderen an der **Fundaţia Agro-tur-Art OVR,** die neben Führungen und Exkursionen auch Kurse in verschiedenen Kunsthandwerken oder traditioneller Musik anbietet.

Unterkunft

Die besten **privaten Zimmer** in Vadu Izei (Preise ca. 60 RON) findet man bei:

- **Teodora Teleptean** (**), Str. Dumbrava 506, Tel./Fax 0262-330 474.
- **Ioan Bledea** (**), Str. Bisericii 602, Tel./Fax 0262-330 358.
- **Doina Balasz** (**), Str. Şugău 75, Tel./Fax 0262-330 602.
- **Casa Muntean** (**), Str. Dumbrava 506, Tel. 0262-330 091, www.casamuntean.home.ro, EZ 9 Euro.

Falls die genannten Adressen bereits belegt sind, hier eine weitere Auswahl:

- **Ramona Ardelean** (**), Str. Principală 635, Tel./Fax 0744-827 829.
- **Ileana Teleptean** (**), Str. Principală 320, Tel./Fax 0262-330 341.
- **Maria Michnea** (**), Str. Principală 232, Tel./Fax 0262-330 402.

Informationen über den Maramureş

Als Informationszentrum für den gesamten Maramureş fungiert die **Fundaţia Agro-tur-Art OVR** in der Str. Principală 161 in Vadu Izei, Tel./Fax 0262-330 171, mobil 0744-285 036. Im schön restaurierten Haus beim Postamt erhält man neben Möglichkeiten zur Unterkunft und Auskünften zu Festen und kulturellen Veranstaltungen auch Informationen zu Kurs-Angeboten (z.B. Weben, Glasikonenmalerei, Schnitzen, traditioneller Tanz, Pilze pflücken, Wagenlenken u.v.m.) Außerdem kann man hier die Adressen der Kunsthandwerker des Iza-Tals erfahren (z.B. Glasikonen: *Ioan Borlean,* Schnitzereien: *Vasile Arba* usw.). Der Zusatz OVR bedeutet Operation Villages Romania und ist eine Initiative aus Belgien, die das traditionelle Leben in Vadu Izei unterstützt und fördert. Nähere Informationen im Internet unter www.vaduizei.ovr.ro.

Bârsana III, C1/2

Auf dem Weg durchs Iza-Tal auf der DJ186 Richtung Borşa liegt der Ort Bârsana etwa 12 km von Vadu Izei entfernt. Auf der Strecke dorthin kann man bereits eine der zahlreichen Holzkirchen im kleinen Ort **Năneşti** besichtigen. Im nördlichen Zentrum von Bârsana, nahe dem Friedhof, findet man die **Kirche Sfântul Niculae.** Sie wurde an der Stelle eines älteren Gotteshauses aus dem 14. Jahrhundert im Jahr 1720 errichtet und zählt heute zu den bedeutendsten Holzkirchen im Maramureş. Der Innenraum wurde im Jahr 1806 durch die Maler *Toader Hodor* und *Ion Plohod* mit biblischen Szenen in strahlenden Farben ausgemalt. Die in den Jahren 1993 bis 1998 erbaute Klosteranlage **Mânăstirea Bârsana** besitzt eine aus Eichenholz gefertigte griechisch-katholische Kirche. Die neue Anlage ist am Ende des Ortes zu finden und feiert den Tag ihrer Schutzheiligen am 30. Juni mit einem großen farbenfrohen Fest.

Glod und Rozavlea III, C2

Wenn man von der Hauptstraße DJ186 etwa 3 km hinter Bârsana nach rechts abzweigt, kommt man am Ende des Anstiegs zur kleinen Gemeinde **Glod,** in der eine der meistbesuchten Kirchen des Iza-Tals steht. Die Kirchenbänke sind mit bunten Wollteppichen ausgelegt, den Altar schmücken kunstvolle Fresken und Ikonen, an sommerlichen Festtagen wehen die bunten Kirchenfahnen sonnenbeschienen in der gläubigen Menschenmenge. Zur warmen Jahreszeit bietet sich Glod auch als Ausgangspunkt für Wanderungen in die nahen Lapuş-Berge an.

Die Holzkirche in **Rozavlea,** einem Ort, der mitten im Iza-Tal liegt, wurde zwischen 1717 und 1720 in einem Nachbarort erbaut und dann peu à peu per Ochsenkarren an ihren jetzigen Ort gebracht. Sie ist den Erzengeln *Michael* und *Gabriel* geweiht und inmitten des grünen Friedhofs zu finden. Der Untergrund wurde aus Ei-

rum434 Foto: jr

Dieser „Topf-Baum" zeigt an, dass hier eine Frau im heiratsfähigen Alter wohnt

chenholzbalken und Flusssteinen hergestellt. Rozavlea ist aber auch für seinen bunten Markt bekannt, auf dem handgewebte Blusen und Teppiche aus der Region verkauft werden. Leider hat der zunehmende Tourismus dazu geführt, dass manche der Waren, z.B. Spitzenbesatz, neuerdings industriell hergestellt werden. Eine Nachfrage lohnt sich also: *Este facut de mâna?* – Ist das handgemacht?

Unterkunft

- **Casa Tomşa** (**), Rozavlea, Tel./Fax 0262-333 155, EZ/DZ 50–70 RON.
- **Casa Caia** (**), Rozavlea, Haus 763, Tel. 0262-333 099, www.caia.home.ro, EZ/DZ 50–70 RON.
- **Ileana Florea** (**), Şieu, Str. Principală 456, Tel./Fax 0262-333 197, EZ/DZ 50–70 RON.

Poienele Izei

↗ III, C2

1 km hinter Rozavlea geht rechts im Dorf Şieu eine Straße ab, die in die beiden Orte Poienele Izei und Botiza führt. Die Kreuzung ins malerische Poienele Izei folgt nach weiteren 2 km und führt an Obstgärten, Wäldern und blühenden Weiden vorbei. Der Besuch in der **Holzkirche** ist, wie in einigen anderen Kirchen des Iza-Tals auch, kostenpflichtig (Anmeldung beim Pfarrer im Haus 210). Dafür gibt es allerdings in der 1604 erbauten Kirche auch **Fresken „der etwas anderen Art"** zu sehen, die es in dieser dramatischen Art nirgendwo sonst gibt. Die 1783 entstandenen, rot unterlegten Wandgemälde an den Wänden des Narthex zeigen Szenen des Jüngsten Gerichts, in denen die Teufel *(draci)* aus einem reichen Fundus aus Folterideen schöpfen und für jeden Tag in der Verdammnis und jede Berufsart eine besondere Bestrafungsart zu kennen scheinen. Nicht nur, dass alle Sünder vom Schlund eines grimmigen Vogels mit glühenden Nüstern empfangen werden. Die ziegenköpfigen Dämonen scheinen auch die Sünden der einzelnen Berufsstände genau zu kennen. So wird der sündige Schmid mit einem Blasebalg aufgeblasen, eine Engelmacherin wird gezwungen, ein Kind zu essen, und der Lügner wird an seiner Zunge aufgehängt.

Unterkunft

Poienele Izei bietet einige sehr gute private **Pensionen,** in denen man sehr schnell in Kontakt zur einheimischen Bevölkerung und ihrer unnachahmlichen Kochkunst kommt.

- **Maria Bârsoan** (**), Haus Nr. 135, Tel. 0721-517 263.
- **Ion de la Cruce** (**), Haus Nr. 15, Tel. 0262-334 365.
- **La Ioana din Poiană** (**), Haus Nr. 134, Tel. 0262-334 385.

Botiza

↗ III, C2

Im wunderschönen Ort Botiza, den man vom Dorf Şieu nach 10 km erreicht, hat die zunehmende Bekanntheit bereits zu einer reichen touristischen Infrastruktur geführt (siehe unten). Der Ort, der sich über zwei Täler erstreckt, wurde urkundlich zum ersten Mal 1385 erwähnt. Seine alte **Holzkirche** wurde 1694 erbaut und ist dem *hl. Paraschiva* geweiht, dessen Namen sie auch trägt. Sie bietet von ihrem erhöhten Standort einen herrlichen Blick auf das Iza-Tal. In der näheren Umgebung gibt es einige **mineralische Quellen** (Izvoare), nach deren Ursprung man sich auf einer eventuellen Wanderung erkundigen sollte.

Unterkunft

Botiza ist neben Vadu Izei der zweite Ort, der neben einem Informationszentrum auch über sehr viele Übernachtungsmöglichkeiten verfügt. Bei den nachfolgend aufgelisteten **Privatadressen** kostet ein Zimmer je nach Sternenanzahl zwischen 10 und 25 Euro pro Person und Nacht.

- Unterkunft in dem kleinen **Bauernhof der Familia Iulia und Vasile Neag,** Botiza Nr. 867, Tel. 0262-341 89, 15 Fußminuten vom Ortszentrum. Sehr gastfreundlich. Zwei Zimmer, vier Betten. Halbpension (reichhaltiges Frühstück und Abendessen) 70 RON pro Person und Nacht. Empfehlenswert!
- **Pension Costinar,** Bauernhaus mit netten Gastgebern. Angebot: Besichtigung von Handwerker-Ateliers, Holzkirchen, Schlittenfahrten im Winter. Gutes, authentisches Essen. Zwölf Schlafplätze in sechs DZ (8–10 Euro pro Person).
- **Casa Muche** (****), Haus Nr. 622, Tel. 0262-334 055.
- **Ioana Trifoi** (***), Str. Principală 785, Tel. 0262-334 131.
- **Casa Alina** (**), Str. Principală 201, Tel. 0262-334 230.
- **Casa Anca** (**), Haus Nr. 477, Tel. 0262-334 126.
- **Casa Florea** (**), Str. Principală 819, Tel. 0262-334 093.

Sonstiges

- Gut ausgeschildert ist die Adresse von **Georg Iurca,** der **Touren** anbietet (auch auf Deutsch), die etwa 20 Euro pro Tag kosten. Er vermietet auch Mountain-Bikes und bietet Angelausflüge an. Adresse: Haus Nr. 622, Tel. 0262-334 233.
- Die besten traditionellen **Wollteppiche** bekommt man bei **Ana Trifoi** im Haus Nr. 861, Tel. 0262-334 096.

Ieud

Knapp 3 km vor Bogdan Voda zweigt (von Sighet kommend) rechts ein Weg nach Ieud ab. Die kurze Strecke hinauf ins Dorf ist besonders im Frühsommer ein Erlebnis, wenn der Duft des Frauenmantels in der Luft liegt und violette Malven und blaue Kornblumen den Wegesrand säumen. Berühmt ist Ieud vor allem für seine **Holzschnitzer und Tischler,** deren Arbeit man in ganz Rumänien schätzt. So geht die Restauration der berühmten Karawanserei Hanul lui Manuc in Bukarest auf die Arbeiten von *Ion Ţâplea* zurück. Auch heute noch findet man in der lang gestreckten Ortschaft viele Holzkünstler, wie den gottesfürchtigen **Gavrila Hotico,** der zahlreiche neuere Holzkirchen im Maramureş (u.a. in Dragomireşti) und für Rumänen in Chicago (!) gebaut hat und es dank seiner Kunst auch zu einer Hauptrolle in einem Film brachte („Ein Land, in dem ich geboren bin", Deutschland 2002).

Die **Hügelkirche (Biserica de Lemn din Deal)** aus dem Jahr 1364 ist zwar schwer zugänglich, aber der Abstecher lohnt sich, da sie das älteste Gotteshaus im Maramureş ist. Die aus Tannenholz gefertigte Kirche mit Doppeldach und winzigen Fenstern wurde auf den Resten einer Ruine errichtet. Aus ihrem Pronaos führt eine Treppe zum Glockenturm, die aus einem einzigen Baumstamm gefertigt wurde. Der Maler *Alexandru Ponehalski,* der 1782 die Wandmalereien an den Gewölben beendet hatte, verkörpert mit seinem naiven Stil genau die für diese ländliche Gegend typische Bildsprache, die auch in den Fresken der Kirchen von Poienele Izei und Botiza zu finden ist. Auch in Ieud ist im Pronaos wieder das Jüngste Gericht dargestellt, und man findet die armen Sünder rechts vom Eingang bildlich „aufgelistet". Gleich daneben steht der mit Rechen und Sense bewaffnete Tod. Friedlichere Motive bietet die Sammlung an Hinterglasikonen.

In der Mansarde der Kirche fand man das berühmte **„Zbornicul",** das „Buch der Gesetze". Dieser heute in der rumänischen Akademie in Bukarest aufbewahrte „Codex von Iued" ist das **älteste bekannte Dokument in rumänischer Sprache.**

Aber auch unten an der Hauptstraße des Dorfes steht mit der 1718 erbauten **Biserica din Şes** oder Biserica din vale (Kirche im Tal) ein kirchliches Juwel. Die Einwohner von Iued nennen sie auch **Holzkathedrale,** weil sie eine der größten Holzbauten Rumäniens ist. Ganz unüblich hat sie keinen Vorbau, dafür ist der Innenraum mit unzähligen Votiv-Bildern ausgeschmückt, die auf kleine Holzstücke gemalt wurden. Sehenswert ist die Sammlung alter Glasikonen.

- Die **Biserica de Lemn din Deal** (Hügelkirche) ist gegen Gebühr täglich zu besichtigen. Anmeldung bei *Gavrila Chindriş,* Haus Nr. 598.
- **Casa Hotico,** das Haus des berühmten Holzkünstlers und Kirchenbauers findet man auf Nachfrage im Dorf sehr leicht. Tel. 0262-336 133.

Unterkunft

- **Casa Oniga** (**), Ieud, Nr. 275, Tel./Fax 0262-336 372, EZ/DZ 50–70 RON.

rum437 Foto: jr

Reich verziertes Holztor in Ieud

- **Vasile Chindriş** (**), Ieud, Str. Principală 201, Tel./Fax 0262-336 197, EZ/DZ 50–70 RON.
- **Rişco** (**), Ieud, Str. Principală 705, Tel./Fax 0262-336 019, EZ/DZ 50–70 RON.

Bogdan Voda, Dragomireşti und Sălineştea de Sus

⇗ III, C/D2

Knapp 48 km von Sighet entfernt liegt **Bogdan Voda,** das bis 1960 auch Cuhea genannt wurde. Die Gemeinde gilt als Geburtsort des Wojwoden *Bogdan,* der im Jahr 1352 in die Moldauregion aufbrach und als Gründer des dortigen Fürstentums gilt. Ihm zu Ehren wurde Cuhea umbenannt. Außer dieser historischen Note, einem wunderbaren holzgeschnitzten Kronleuchter in einer schönen Holzkirche und einer hässlichen Betonkirche unmittelbar daneben hat der überschaubare Ort nicht viel zu bieten.

4 km weiter, in **Dragomireşti,** ist das Wahrzeichen des Ortes verschwunden. 1936 ist auf Anordnung der damaligen Regierung die Holzkirche aus dem Jahr 1722 in das Dorfmuseum von Bukarest gebracht worden. Der Kirchenbauer *Gavrila Hotico* aus Ieud füllte im Jahr 1999 die Wunde und erbaute an gleicher Stelle ein neues hölzernes Gotteshaus.

Die letzte Perle des Iza-Tals, die kleine Ortschaft **Sălineştea de Sus,** erreichen die meisten der holzkirchengeschädigten Besichtigungstouristen, die aus Richtung Sighet aufgebrochen sind, nur noch ganz selten. Dabei besitzt auch die bereits im Jahr 1383 urkundlich erwähnte Gemeinde das Flair und den Charme, den die anderen Dörfer des Tals auszeichnen. Mit dem Bau von gleich zwei Holzkirchen ist auch Sălineştea etwas Besonderes gelungen. Die ältere Biserica de Lemn a Nistoreşti stammt aus dem Jahr 1680, die „jüngere" Biserica de Lemn a Bâlenilor wurde um 1722 erbaut. Als empfehlenswerte Abwechslung sei ein Besuch beim Holzschnitzer *Vlad Dumitru* in der Str. Buleni Nr. 807 erwähnt.

Wischau- und Wassertal (Valea Vişeului und Vaserului)

Parallel zum wunderschönen Valea Izei verläuft etwa 10 km weiter nördlich die DN 18 durch das nicht weniger besuchenswerte Wischautal, das bis zum Ort Vişeu de Sus (Oberwischau) reicht. Von hier führt einen das idyllische Wassertal (Valea Vaser) zu einer der größten Attraktionen des Maramureş, der Wassertalbahn. Die DN 18 ist sehr gut befahrbar, was man von einigen abenteuerlichen Seitenwegen weniger behaupten kann. Wer kein geländegängiges Fahrzeug oder gute Stoßdämpfer hat, sollte sein Gefährt an der Hauptstrecke abstellen und die Wanderstiefel schnüren oder, als wunderbare Alternative, die Eisenbahn benutzen. Die Strecke von Sighetu Marmaţiei nach Săcel zählt zu den landschaftlich reizvollsten Strecken Rumäniens. Auch die täglichen Busverbindungen von Sighet nach Vişeu de Sus sind sehr empfehlenswert.

• **Anmerkung:** Es sei kurz darauf verwiesen, dass die **männliche Genitiv-Endung „lui"** dem deutschen Wort „des" entspricht. Also heißt Valea Vişeului übersetzt so viel wie „Tal des Vişeu", weil der Vişeu-Fluss männlich ist. Weibliche Flussnamen wie Iza führen dazu, dass man das „Tal der Iza" auf Rumänisch Valea Izei schreibt.

Wischautal/Valea Vişeului

Ob auf der Straße oder mit dem Zug, von Sighetu Marmaţiei geht es zuerst einmal ein Stück der Tisa (Theiß) entlang Richtung ukrainische Grenze. Das Privatmuseum der Familie Pipaş im Ort Tisa, den man nach 3 km erreicht, wurde bereits im Abschnitt zu Sighetu Marmaţiei vorgestellt. Da es ansonsten entlang der Strecke nur eine Holzkirche gibt, kann man sich vollends auf die Natur konzentrieren. Die Straße ins Wischautal verlässt schon bald die Theißsenke und führt zu einigen Orten mit hohem ruthenischen Bevölkerungsanteil wie **Rona de Jos** und **Rona de Sus.** Die **Ruthenen** sind eine eigenständige ukrainische Minderheit, die sich beidseits der Grenze ihre ursprüngliche, traditionsreiche Art bewahrt hat. Untereinander spricht man noch die ruthenische Mundart, die der einer anderen Minderheit, der der Huzulen, sehr ähnelt, die auf rumänischem Gebiet heute hauptsächlich in der Südbukowina zu finden sind. Wer etwas Rumänisch versteht, sollte sich einmal von einem Ruthenen eine der zahlreichen Sagen oder Märchen erzählen lassen. Die meist sehr lehrreichen und lustigen Geschichten werden vielleicht bald schon nicht mehr überliefert werden können, da dieser Bevölkerungsanteil sehr überaltert ist und rapide schrumpft.

Kurz nach dem Ortsausgang von Rona de Sus führt rechts ein Weg nach **Coştiui.** Hier gab es bis ins 20. Jahrhundert noch 18 Salzgruben, doch der seit der Römerzeit überlieferte **Salzabbau** ist bereits seit den 1970er Jahren eingestellt. Heute dient das „weiße Gold“, das ansonsten im Maramureş nur noch in Ocna Şugadag in größerer Menge gefördert wurde, vor allem therapeutischen Zwecken. Im malerischen kleinen Ort in Kessellage finden sich auch einige der ersten Häuser der **Zipser,** einer deutschsprachigen Minderheit, der man im weiteren Verlauf des Wischautals noch häufiger begegnen wird.

Selten besucht und gerade deshalb sehr reizvoll ist das Wischautal jenseits der Straße. Im Ort **Petrova** führt links ein Weg entlang der Bahnstrecke nach **Bistra,** und wer sich bereits bis hierher durchgeschlagen hat, sollte sich auf keinen Fall das dahinter liegende wildromantische **Tal des Vişeu** entgehen lassen, der sich nach etwa 5 km mit der Theiß vereinigt. Wer die Gegend einen Monat nach dem orthodoxen Osterfest bereist, kommt im rumänisch-ukrainischen Grenzort **Valea Vişeului** am Feiertag Santa Rosalia in den Genuss des größten ruthenischen Volksfestes im Maramureş.

Etwas mehr Zeit erfordert eine Wanderung in die **Munţii Maramureşului,** ein knapp 2000 m hohes Kammgebirge, das man am besten vom kleinen Seitental bei **Crasna Vişeului** oder direkt von **Poienile de sub Munte** (Lichtung unter dem Berg) aus angehen sollte. Letztgenannter Ort wird von den ortsansässigen Ruthenen und Rumänen übrigens nur Poiana und von den Zipserdeutschen Reussenau genannt. Wer es von hier aus ans **Capătul lumii,** ans „Ende der Welt“, geschafft hat, dem bietet sich eine der fantastischsten Waldaussichten einer Rumänienreise. Mit dem Ende der Welt sind entweder der 1956 m hohe

Obcina – das Ende der Welt

Wenn ein Rumäne eine geografische Gegebenheit als das Ende der Welt *(Capătul lumii)* bezeichnet, so ist damit entweder eine grenznahe Gegend oder aber ein gottverlassenes Kaff gemeint, das auf keiner Karte verzeichnet ist. Tatsächlich gibt es einen solchen Ort, und er hat sogar einen Namen – Obcina. Der Begriff kommt aus dem Slawischen und bedeutet so viel wie Hügel oder Berg. Wahrscheinlich ist Obcina für die Bewohner von Vişeu de Sus aber auch das Ende der Welt, weil keine Straße in diesen kleinen Bergort führt. Den Bewohnern stehen als Anbindung an die Außenwelt nur die ausgetretenen Hirtenpfade zur Verfügung: einerseits der steile Pfad hinunter nach Poienile de sub Munte (Höhenunterschied 400 m), andererseits der nicht minder steile Pfad hinunter nach Vişeu de Mijloc (Mittelwischau, Höhenunterschied 500 m). Wer das abgelegene Bergdorf mit seinen zehn Häusern besuchen möchte, erreicht den Ort entweder von Poienile de Sub Munte durch das Valea Misica nach 2 Stunden oder auf einer längeren Route von Vişeu de Mijloc aus über das Valea Vinului (Weintal) nach etwa 3,5 Stunden. Von einem **Besuch bei den Bewohnern** der armen Gemeinde sollte man besser Abstand nehmen, da sie keine Mittel haben, um Wanderer zu bewirten. Wenn man denn unbedingt einen Besuch ins Auge fasst, sollte man genügend Proviant mitbringen oder einige Geschenke für die Kinder dabeihaben!

Vârful Farcău bzw. der 1937 m hohe Pop Ivan oder die auf keiner Karte verzeichnete Gemeinde Obcina gemeint.

Unterkunft

- **Gästehaus Talwein** im Valea Vinului, Tel. 0262-352 849. Das schöne Haus des Maramureş-Kenners *Björn Reinhardt* und seiner Frau *Florentina* liegt direkt im idyllischen Weintal. Die Einfahrt befindet sich etwa 500 m hinter dem Ortsschild von Vişeu de Sus (von Sighet aus kommend). Von hier führt links ein Feldweg 5 km hinauf ins Gästehaus. Ü pro Person 15 Euro, DZ 30 Euro (ab zwei Übernachtungen EZ 12,50 Euro, DZ 25 Euro). Eine Woche EZ kostet 100 Euro, DZ 180 Euro (Frühstück nach Absprache 4 Euro, Abendessen 7 Euro, im Winter kommt ein Heizkostenaufschlag von 5 Euro hinzu). Weitere Infos auf der Website: www.maramures.de/Pansion/Sites/index.html.

Vişeu de Sus

↗ III, D2

- **Meereshöhe:** 427 m
- **Vorwahl:** 0262
- **Einwohner:** 17.500
- **Deutscher Name:** Oberwischau
- **Ungarischer Name:** Velsö Viso

Die Holzfällerstadt Vişeu de Sus erreicht man über die DN 18 von Sighetu Marmaţiei nach 50 km oder aus dem Osten von Vatra Dornei und dem Prislop-Pass nach 70 km. Vom Iza-Tal gelangt man am schnellsten (und schönsten) von Bogdan Voda in die Stadt der Zipser. Der Weg führt hier durch den Ort Bocicoel und über den gleichnamigen kleinen Pass, von dem sich ein wunderbarer Blick hinunter ins Vişeu-Tal bietet. Die Strecke in eine der nördlichsten Städte Rumäniens wurde erst nach dem Zweiten Weltkrieg verkehrsmäßig erschlossen (asphaltiert), heute ist die Stadt sehr gut und bequem erreichbar.

Die ersten urkundlichen Erwähnungen von Vişeu de Sus verweisen interessanterweise auf das Jahr 1353. Zu dieser Zeit hatte der aus dieser Region stammende **Fürst Bogdan** seine Heimat verlassen, um im Jahr 1359 im angrenzenden Moldaugebiet ein neues Fürstentum zu gründen. Die etwa 20 Dörfer des Iza- und Vişeu-Tals, die zu seinem ehemaligen Herrschaftsbereich gehörten, brauchten über 600 Jahre, um dieses „schmachvolle Verschwinden" *Bogdans* zu verzeihen. Umso größer ist heute der Stolz auf den berühmtesten Sohn der Region. Die kleine Gemeinde Cuhea benannte sich sogar in Bogdan Voda um (s.o.). Wer auch immer nach *Bogdan* die Macht übernommen hat, zu einer Stadtgründung konnte es lange nicht kommen, da Oberwischau bis 1832 erst etwas über 5000 Einwohner hatte.

Etwa ab dem Jahr 1549 war die Stadt auch unter dem Namen **Printre Riuri** bekannt, was „zwischen den Flüssen" bedeutet, da die Gemeinde zwischen, aber auch am Zusammenfluss von Wischau (Vişeu) und Wasser (Vaser) liegt.

Heute wird das Bild der verschlafenen Kleinstadt vor allem vom zentral gelegenen Rathaus und der katholischen und orthodoxen Kirche geprägt. Wen es hierhin verschlägt, der sucht keine Museen oder historischen Gebäude, sondern eine Ausgangsbasis für **Ausflüge** in die nahen Berge des Maramuresch oder des Rodnei-Massivs. Ein absolutes Highlight ist ein Ausflug mit der letzten dampfbetriebenen Waldbahn Europas, der **Wassertalbahn,** ins Valea Vaser. Der Bahnhof der Waldbahn ist allerdings vom Zentrum von Vişeu de Sus nicht ganz einfach zu finden. Am besten fragt man nach „Mocănita" oder „Viseuforest". Der **Bahnhof** befindet sich hinter dem zweiten Tor des ehemaligen Holzkombinats. Das Bahnhofsgebäude selbst ist auffällig mit schweizerischen und rumänischen Fahnen beflaggt. Hier bekommt der Reisende im Büro von Ecotours nicht nur Informationen über die Waldbahn, Übernachtungs- und Campingmöglichkeiten, sondern auch wertvolle Tipps für Wan-

Die Zipser

Was für viele junge Rumänen wie eine Insektenart klingt – **Ţipţeri** –, ist in Wirklichkeit eine deutschsprachige Bevölkerungsgruppe, die aus der Hohen Tatra bereits im 12. Jahrhundert in die Region des Maramureş eingewandert ist. Ebenso wie die Siebenbürger Sachsen und Banater Schwaben wurden sie auf „Einladung" des Königs willkommen geheißen, um das Land zu besiedeln. Da die Zipser aus der heutigen nordöstlichen Slowakei dort vor allem als Bergleute und Waldarbeiter gearbeitet hatten, lag es nahe, dass sie auch in ihrer neuen Heimat diesen Tätigkeiten nachgingen. Im Maramuresch begründeten sie Bergwerksstädte und waren die ersten, die den Erzabbau in dieser Gegend vorantrieben. Bereits in den 1970er Jahren wanderten die ersten Zipser aus Vişeu de Sus und Umgebung aus. Ihre Zahl beträgt heute im Maramuresch noch ca. 6000.

derungen und Ausflüge in der Region. Direkt neben dem Bahnhof findet sich die Café-Bar Elefant, ein historisches Holzhaus, das auch einen Museumsraum zur jüdischen Vergangenheit des Ortes beherbergt.

Die zentrale Ader der Stadt ist die gerade **Hauptstraße.** Hier findet man alles, was das Leben in Vişeu so bietet: kleine Kneipen, Geschäfte und sogar das eine oder andere Restaurant.

Der bekannteste Stadtteil von Vişeu ist die **Zipserei,** in der früher ausschließlich Deutsche lebten. Heute hört man hier nur noch vereinzelt ältere Menschen deutsch sprechen, da die meisten der Jüngeren im Laufe der letzten Jahre ausgewandert sind. Man erreicht das Zipserviertel, das seinen Namen nach der Anordnung seiner Häuser erhalten hat (Zipser Reih), mit dem Auto über die so genannte Zipserpruckn (Zipserbrücke). Hinter der Holzkirche geht es über eine kleine Brücke, nach der das Zipserviertel beginnt, in dem heute noch etwa 400 Deutsche leben.

Sehr sehenswert ist der von der EU initiierte **Naturpark Munţii Maramureşului** (Maramurescher Gebirge). Das Büro des Naturparks befindet sich im Zentrum der Stadt, Ecke Str. Libertaţii/ Str. 22. Decembrie. Informationen (in Englisch und Rumänisch) finden sich auf der Website des Naturparks (www.muntiimaramuresului.ro).

Unterkunft

- Im **Haus Bărsan** lebt die Familie des Dampflokheizers *Vasile Barsan,* der ein wenig deutsch spricht. 3 Gästezimmer für 6 Personen. Eigenes Bad und Toilette. Balkon unmittelbar am Gleis der Wassertalbahn. Zimmer pro Person und Tag 15–18 Euro (inkl. Frühstück und Lunch-Paket). Vollpension möglich. Tel. 355 653. Empfehlung des Autors.
- Auch die ruhige **Familienpension Danuţa** liegt direkt an den Gleisen der Wassertalbahn. Sie bietet 4 Zimmer, eigenes Bad, Esszimmer und Garten. Der Besitzer *Petre* spricht etwas deutsch. Zimmer pro Person und Tag 12 Euro (inkl. Frühstück). Weitere Mahlzeiten möglich. Tel. 0788-217 570.
- **Hotel Brad** (***), Str. Decembrie 50, Tel. 352 999, Fax 353 857. Wer der familiären Atmosphäre der Privatunterkünfte entfliehen möchte, kann in einem der 11 schlichten Zimmer des Hotels Brad relativ anonym übernachten. Zimmer pro Person und Tag 18 Euro (inkl. Frühstück).
- Auch das **Deutsche Forum** in der Str. 9. Mai Nr. 27 bietet Schlafgelegenheiten an. Wer die Chance nutzen und von den Zipsern in ihrer altdeutschen Mundart etwas über die Vergangenheit des Zipserviertels erfahren möchte, meldet sich unter Tel. 355 060 oder geht gleich ins Informationscafé unter der angegebenen Adresse. Der Preis für ein Zimmer beträgt 12 Euro (Frühstück inkl.).
- **Pensiune Ancuta,** Str. Banat, Tel. 0745-196 150.
- **Pensiune Alina,** Str. A.I. Cuza, Tel. 355 132. Mit uriger Bähnler-Kneipe.
- In der Zipserei, dem ehemals deutsch-jüdischen Viertel, gibt es noch die **Pensiune Nagy,** Str. Prislopului, Tel. 354 681, www.pensiunea-nagy.ro. Sie wird von deutsch sprechenden Zipsern geführt. DZ 100 RON, EZ 75 RON mit Frühstück.

Essen und Trinken

- Das beste **Café** der Stadt ist das **Moak** in der Str. 1. Decembrie 31, Tel. 0788-210 234. Probieren: frisch gepresster Orangensaft und Espresso Macchiato.

Im Wassertal/Valea Vaserului

Das Wassertal lässt sich entweder in Wanderstiefeln erkunden oder mit der **Wassertalbahn** befahren. Den An-

Mal richtig Dampf ablassen – die Wassertalbahn

Ein absolutes Muss für all diejenigen, die in der Nähe von Vişeu de Sus vorbeikommen, ist eine Fahrt mit der legendären Wassertalbahn. Die Einheimischen nennen sie nur ganz liebevoll **„Mocăniţa“.** Immer wieder stand sie kurz vor der Stilllegung, da vor allem die ständige Streckensanierung immense Kosten verursachte und die rumänischen Dampflokomotiven nach und nach durch Diesellokomotiven ersetzt werden. Ursprünglich wurde die seit 1925 verkehrende Schmalspurbahn nur zum Holztransport benutzt, in den letzten Jahren hat die fauchende Schönheit jedoch durch zahlreiche Reportagen und Berichte eine ziemliche Berühmtheit erlangt und wird mehr und mehr auch für den touristischen Transport genutzt. An manchen Sommertagen drängen sich bis zu 170 (!) Menschen in die kleine Bahn, und es kommt zu bestellten Sonderfahrten mit der „Cozla 1“ (Name der Lokomotive). Vielleicht ist die Fahrt mit der Waldbahn durchs Valea Vaser ja eines der letzten Eisenbahnabenteuer Europas.

Ab den 1930er Jahren verdrängte die Mocăniţa die wesentlich ältere Methode des Flößens nach und nach. Der **Holztransport** mit der Eisenbahn erwies sich als wesentlich effektiver. Monatlich werden nach wie vor 4000 Kubikmeter Holz *(Brad)* auf den Waggons ins Tal geschafft. Wenn alle Wagen über die Verladerampen an den verschiedenen Stationen der **40 km langen Strecke** in den Bergen des Maramuresch mit Holz gefüllt sind, sammelt die Lokomotive sie wieder ein und es geht talwärts. Dann verteilen sich Bremser über den ganzen Zug, die je nach Kommando des Lokführers die Handkurbelbremsen anziehen oder lösen. Diese Arbeit ist vor allem im Winter und nach starken Regenfällen sehr gefährlich, Unfälle mit Todesfolge waren früher keine Seltenheit. Auch heute noch stehen die Bremser bei Wind und Regen auf den Plattformen zwischen den schwer beladenen Waggons. Auf der Fahrt macht die Dampflok an bestimmten **Stationen** Rast, um Wasser nachzutanken. Diese kleinen Pausen werden von den mitfahrenden Gästen nur allzu gerne genutzt, um auf Fotojagd nach den exotischsten Bildern zu gehen. Das Tempo, das die Wassertalbahn vorlegt, ist manchmal so gering, das man neben dem Zug hergehen könnte.

Seit dem Frühjahr 2006 ist die Lokomotive „Mocănita“ nicht mehr alleine unterwegs. Eine in Bukarest restaurierte Lokomotive gleicher Bauart namens **„Mariuţa“** hilft nun das ganze Jahr über dabei, die Touristen hinauf ins Wassertal zu bringen.

• Die **Fahrkarten** kauft man am besten am Bahnhof in Vişeu de Sus im Eco-Tours-Büro (Mo. bis So. 7–10 und 16–19 Uhr). **Fahrpreis** 40 RON. **Abfahrtszeiten** Richtung Făina morgens etwa um 7:30 Uhr (je nach Saison auch erst um 8:30 Uhr). Man sollte sich jedoch rechtzeitig vorher erkundigen, da es auch schon einmal früher losgehen kann. Der obere Streckenabschnitt (Stevioară/Coman) wird von Diesellokomotiven bedient. **Fahrtdauer** Vişeu – Făina 2 Stunden. Im Büro von Eco-Tours sind auch Postkarten, Bahnliteratur und eine Wassertalkarte erhältlich.

fang (mit Blick auf die interessantesten Punkte der Zugfahrt) macht das rechts abgehende **Valea Scradei** (Schradental) mit dem im traditionellen Holzstil erbauten kleinen Kloster Sfânta Maria, das man auch in einem zweistündigen Fußmarsch von Vişeu de Sus erreichen kann. Am 8. September findet das traditionelle kirchliche Fest „Maria Geburt" in dem kleinen Seitental statt.

Nach etwa 9 km passiert die Bahn einen Abzweig in den **Nowetzer Graben bei Novaţ.** Diese Strecke entlang des Bergbachs wird noch bis zur Holzverladestelle Betigi befahren.

Nach der Waldarbeiterstation Cozia passiert der Zug den Haltepunkt **Novicior,** von wo man zu Fuss in ca. einer Stunde ein wunderschön gelegenes Hochplateau mit einer verlassenen Waldarbeitersiedlung und mehreren wilden Mineralwasserquellen erreicht.

Der folgende Streckenabschnitt windet sich durch ein enges, von markanten Felswänden geprägtes Tal. Kurz vor **Botizu** wird es so schmal, dass für die Bahn neben dem Fluss kein Platz war und deshalb drei Tunnels gebaut werden mussten.

Knapp 2 km weiter erreicht man den Ort **Şuliguli** (Schulligulli), wo sich früher bei einer mineralhaltigen Quelle ein Kurhaus befand. Heute bewacht in dieser abgelegenen Gegend nur noch ein rumänischer Grenzposten die Grenze zur Ukraine.

Nach 32 km kommt man nach **Fâina** (Feinen), einen Ort, in dem es auch einfache Übernachtungsmöglichkeiten und eine kleine Kneipe gibt. An dem von dem Zipser Baumeister *Rudolf Hagel* errichteten Holzkirchlein wird jährlich im August/September eine katholische Messe im Freien abgehalten (Ablass von Fâina), dann verkehrt ein Sonderzug. Der von Mai bis September verkehrende „Touristenzug" hat in Fâina seine Endstation.

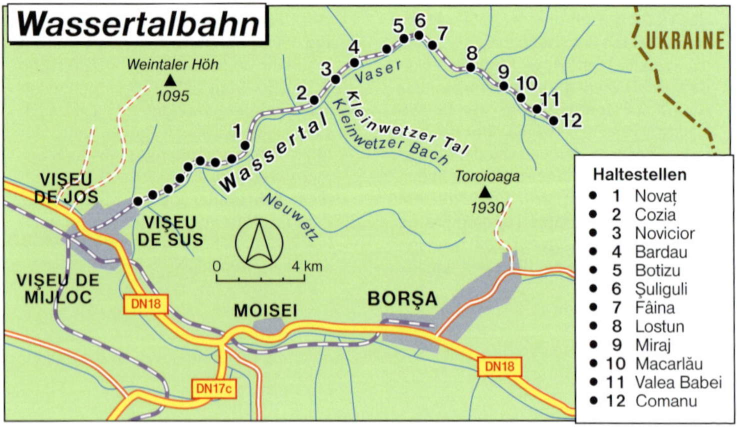

Über die nächsten Stationen Lostun und Miraj, wo das Hochwasser von 1970 einen Soldatenfriedhof weggespült hat, erreicht man **Macarlău** (Makerlau). Hier befinden sich die Reste einer mächtigen *Klaus* (Staudamm), wo bis zum Bau der Waldbahn der Fluss für die Flößerei gestaut wurde. Wurden die oberen Schleusen geöffnet, konnten die Floße (zusammengebundene Holzstämme) auf dem „künstlichen Hochwasser" bis ins Tal hinunterfahren; manche fuhren sogar bis zur nahen Tiza (Theiß).

Der nächste Punkt der Bahnfahrt ist das **Valea Babei** (Tal der alten Frau). Der Legende nach lebte in diesem Tal eine alte Hexe, die den Waldarbeitern immer wieder ihr Essensfeuer ausblies. Manche Bremser und Heizer der Waldbahn sind sich auch heute noch sicher, die Hexe würde in den oberen Wäldern hausen.

Nach den heute verlassenen Bergbaustationen Catarama und Ivoscaia gelangt man nach gut 40 km schließlich zum Ende der Waldreise nach **Comanu** (Koman). 2 km weiter folgt der letzte Holzverladeplatz, das Streckenende der Waldbahn. Hier – wie überhaupt im ganzen oberen Wassertal – ist **Grenzgebiet;** im Falle einer Kontrolle durch die rumänische Grenzpolizei kann der Pass oder Personalausweis verlangt werden.

Moisei und Borşa ↗ III, D2

Die beiden Ortschaften Moisei und Borşa liegen östlich von Vişeu de Sus am Fuße des Rodna-Gebirges auf der Strecke nach Vatra Dornei. Das recht verstreut liegende **Moisei** ist in Rumänien vor allem durch eine Kriegshandlung bekannt geworden, die der Bildhauer *Vida Géza* anhand von zwölf Säulen festgehalten hat. Im Oktober 1944 hatten ungarische Truppen den gesamten Ort in Flammen gesetzt und 29 Einheimische ermordet, die im einzigen noch stehenden Haus Zuflucht gesucht hatten. Heute ist dieses Gebäude zu einer **Erinnerungsstätte** geworden; es befindet sich 5 km östlich des Zentrums. Einige Kilometer südlich des Ortes findet man das friedliche, von Wäldern umgebene **Kloster Izvorul Negru** (Schwarze Quelle), das alljährlich am 15. August Ziel einer großen Wallfahrt ist. Moisei ist auch durch seine ausgesprochen schönen Folklorekostüme und traditionelle Handwerkskunst berühmt geworden, die man auf den vielen Festen der umliegenden Gegend bewundern kann. Die Frauen aus Moisei sind auf dem **Musikfest Hora de la Prislop,** 20 km östlich am Prislop-Pass, mit vielen Kunstgewerbeständen vertreten.

- Der rumänische Name der Ausstellung zu den Kriegsgeschehen in Moisei lautet **Expoziția Documentar Istorică Martirii de la Moisei 14. Octombrie 1944.** Täglich geöffnet von 9–19 Uhr.

Die sich über eine Distanz von 15 km ziehende Stadt **Borşa** 5 km östlich von Moisei ist die letzte größere Ortschaft, die man vom westlichen Maramureş kommend über die DN 18 auf ihrem Weg in die Moldauregion passiert. Borşa ist **einer der ältesten Kurorte**

Hora de la Prislop

Zum ersten Mal hat der Autor dieses Buches vom **Bergfest** Hora de la Prislop erfahren, als es um das Thema **Hochzeits- und Mädchenmärkte** ging. Zu früheren Zeiten (noch um 1960) wurden tatsächlich Jungen und Mädchen auf der etwa 1200 m hoch gelegenen Wiese am Prislop-Pass zusammengebracht, um sich bei Musik und Tanz näher kennen zu lernen und sich recht bald für einander zu entscheiden. Doch heute geht es beim Musikfest an der Grenze zwischen den Regionen Moldau und Maramureş vor allem ums Feiern und Musizieren.

Wer sich in der ersten oder zweiten Augustwoche auf die Hänge nahe der Stadt Borşa aufmacht, sollte sich vorab gut überlegen, wie er dort hinkommt. Zu Zeiten des Festes sind alle Straßen verstopft, und bald schon gibt es kein Durchkommen mehr. Selbst der gut gemeinte Ratschlag, Fahrgemeinschaften zu bilden, fruchtet wenig angesichts der Menschenmassen, die sich auf den Weg zum Prislop machen. An warmen Tagen kamen in den letzten Jahren schon einmal 8000 Menschen zusammen, die dann auf engstem Raum an den Hängen saßen, um den verschiedenen Gruppen und Musikern aus allen Landesteilen zuzuschauen. In den Pausen bilden sich überall spontan kleine Musiker-Grüppchen, und wenn auch die Instrumente oft in einem erbarmungswürdigen Zustand sind, so entlocken die Musiker ihnen doch immer schöne Noten, zu denen sich das Tanzbein schwingen lässt.

Rumäniens und bietet mit seiner Lage in 850 m Höhe einen idealen Ausgangspunkt für Exkursionen ins südlich gelegene Rodna-Gebirge. Erstmals im Jahr 1356 urkundlich erwähnt, galt die Stadt bereits damals als Pilgerstätte für gesundheitsbewusste Mönche, die einige der heute noch bekannten Heilquellen in den Bergen entdeckt hatten. Bevor sich Borşa einen Namen als Kurort machen konnte, war die Stadt eine Bergarbeitersiedlung, in der sich um 1750 deutschstämmige Zipser aus der Slowakei ansiedelten. Der Kupfer-, Blei- und Silberabbau von damals wird heute nicht mehr betrieben. Angesichts des regen Kurbetriebs wären Bergwerke heute auch undenkbar.

Im Sommer empfiehlt sich ein Ausflug in die kleine Dependance des Kurortes. Nördlich führt ein ca. 3 km langer Weg ins höher gelegene **Băile Borşa** (Bad Borşa) mit zahlreichen Mineralquellen. Im Winter hingegen wird Borşa vor allem zu einem Eldorado für Sportbegeisterte, die sich im 8 km südöstlich (Richtung Prislop-Pass) gelegenen **Touristic Complex Borşa** einquartieren. Mit dem zweisitzigen Sessellift kommen auch Nicht-Bergsteiger auf ihre Kosten. Der Komplex wird aber auch im Sommer gerne besucht, weil er einen idealen Ausgangspunkt ins nahe gelegene Naturschutzgebiet Pietroşul Rodnei darstellt.

Unterkunft

- **Pensiunea Eladi** (***), Valea Ilei 10a, Tel. 0262-343 633. Schöne Pension am Waldrand mit allem Komfort, Terrasse, Balkon und agrotouristischer Ausrichtung. EZ 60 RON, DZ 110 RON, 3-Bett-Zimmer 130 RON.

• **Hotel Cerbul** (**), Str. Bradet 8, Tel. 0262-344 199. Das Hotel mit 27 Räumen befindet sich in unmittelbarer Nähe der Berge. Unten im Hotel ist ein kleiner ABC-Laden, in dem man sich das Nötigste für eine Wanderung kaufen kann. EZ 100 RON, DZ 120 RON, App. 200 RON.

• **Hotel Stibina** (**), im Touristic Complex Borşa, Tel. 342 864. Frisch renoviertes Großhotel. EZ 120 RON, DZ 140 RON.

• **Hotel Cascada** (**), im Touristic Complex Borşa, Tel. 0262-250 512. Etwas abgelebtes Großhotel mit 127 Betten, aber herrlicher Aussicht. Zimmerpreise je nach Saison: EZ 20–28 Euro, DZ 25–32 Euro.

Wanderung zum Prislop-Pass

• **Dauer:** 4–5 Stunden einfach.

Vom Touristic Complex Borşa führt ein durch ein rotes Dreieck markierter Weg linksseitig einem kleinen Bach namens Fântâna entlang nach oben. An der ersten Abzweigung geht man links bis zu einem ehemaligen Marmor-Steinbruch. Von hier aus führt der rot markierte Weg dem Cimpoiasa-Tal entlang nach oben zum höchstgelegenen Wasserfall Rumäniens. Von der **Cascada Cailor** bietet sich ein herrlicher Ausblick hinunter zur serpentinenreichen Strecke, die hinauf zum Prislop-Pass verläuft. Vom Wasserfall geht es auf einem Pfad weiter, der durch ein Geländer geschützt ist; nach 2–3 Stunden ist der Aussichtspunkt **Poiana Ştiol** auf 1530 m Höhe erreicht. Von dort aus ist es noch ca. 1 Stunde Fußmarsch zum Prislop-Pass. Man erreicht ihn über einen leicht absteigenden, mit roten Dreiecken markierten Weg in nordöstlicher Richtung.

Baia Mare

↗ II, B2

• **Meereshöhe:** 145 m
• **Vorwahl:** 0262
• **Einwohner:** 138.600
• **Deutscher Name:**
Frauenbach (seltener: Neustadt)
• **Ungarischer Name:** Nagybánya

Die Industriestadt Baia Mare am Fuß der **Gutâi-Berge** liegt 50 km östlich von Satu Mare im Tal des Flusses Să-

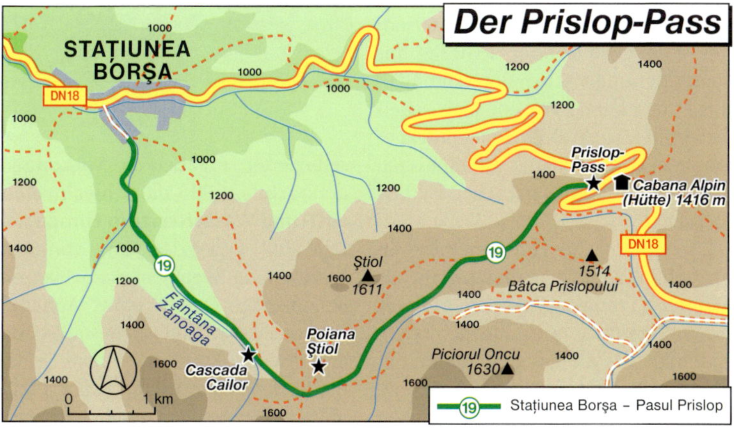

sar. Wörtlich übersetzt bedeutet der Stadtname im Deutschen „Große Grube", was den Charakter einer typischen **Bergbaustadt** noch einmal unterstreicht. Der wesentliche Grund, Baia Mare einen Besuch abzustatten, liegt sicherlich in der zentralen Lage begründet. Die günstige Anbindung an alle wichtigen Gebiete des Maramureş erfolgt über die DN 18 in östlicher Richtung. Nach Sighetu Marmației und Săpânța benötigt man mit dem Auto gerade einmal 1 Stunde. Auch das sehr sehenswerte Valea Izei ist etwa 1 Stunde entfernt. Im unmittelbaren Südosten von Baia Mare liegen einige der sehenswertesten Holzkirchen des Maramureş.

Bereits 1329 wurde die Stadt urkundlich erstmals als Bergbausiedlung erwähnt. Im 14. und 15. Jahrhundert erfolgte ihr Ausbau zur **„Goldgräberstadt"**, die im Jahr 1446 vollständig in den Besitz von *Iancu de Hunedoara* überging. Zur Befestigung der trotz ihrer Bodenschätze erstaunlich selten angegriffenen Stadt kam es 1469 unter *Matei Corvin.* Noch 1910 lag der Anteil der ungarischen Bevölkerung in Baia Mare bei 65 Prozent. Inzwischen ist er auf knapp 20 Prozent zurückgegangen, das Stadtleben ist aber nach wie vor stark vom ungarischen Einfluss geprägt.

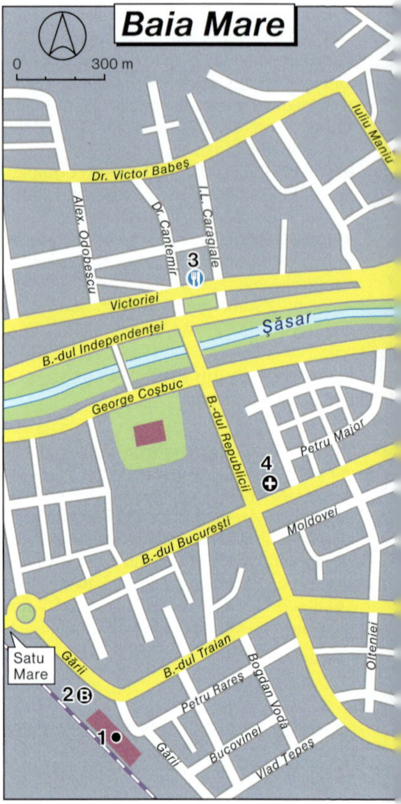

Zu unrühmlicher Ehre kam Baia Mare bereits zu Zeiten *Ceauşescus,* als ein permanenter gelblicher Smog als Sulfur-Dioxid-Gemisch über der Innenstadt lag. Als die giftigen Schlote der Bergwerke und Industrieanlagen zu Beginn der 1990er Jahre ihre Tätigkeit reduzierten, ergaben die Messungen dennoch bis 1995 die **schlechtesten Luft- und Wasserwerte in Europa.** Im Jahr 2000 geriet der Name von Baia Mare erneut negativ in die Schlagzeilen, als der Damm eines Auffangbeckens der rumänisch-australischen Gesellschaft Aurul brach. Die Firma, die in der näheren Umgebung Gold abbaut, konnte nicht verhindern, dass

es zum Ausfluss einer zyanidhaltigen Flüssigkeit in die Flüsse Theiß und Someş kam. Europa erlebte einen der schlimmsten Umweltskandale seiner Geschichte.

Für all diejenigen, die sich trotz dieser nicht gerade werbewirksamen Einführung in die neuere Stadtgeschichte dazu entschließen sollten, der Innenstadt einen Besuch abzustatten, kann Entwarnung gegeben werden. Die strengen **Umweltauflagen der EU** haben zu einer spürbaren Verbesserung geführt. Baia Mare bemüht sich sogar darum, zu einem Musterknaben des Umweltschutzes zu werden und übertrifft manche der geforderten Vorgaben inzwischen deutlicher als manche vergleichbare Bergbaustadt in Tschechien oder Polen.

Erste Orientierung

Wer sich der Stadt von Westen, also von Satu Mare aus, nähert, wird ein Wechselbad der Gefühle erleben. Auf die grünen Hügel entlang des Someş-Flusses folgen abrupt die verrosteten **Industrieanlagen** der städtischen Peripherie. Doch zuerst einmal gibt es eine „hölzerne Überraschung". Schön verzierte Holztore und Holzpforten sind im ganzen Maramureş sehr beliebt, und so darf es nicht verwundern, dass auch der Metro-Konzern sich im Westen von Baia Mare den Eingang zu seiner dortigen Filiale mit einem mächtigen verzierten Holztor verschönert hat. Von Satu Mare kommend wird man ansonsten erst einmal wenig Erbauliches zu sehen bekommen. Neben dem Industriegebiet, das sehr verfallen wirkt, findet man entlang der Straße traditionelle Handwerksbetriebe, die sich vor allem auf die im

rum450 Foto: jr

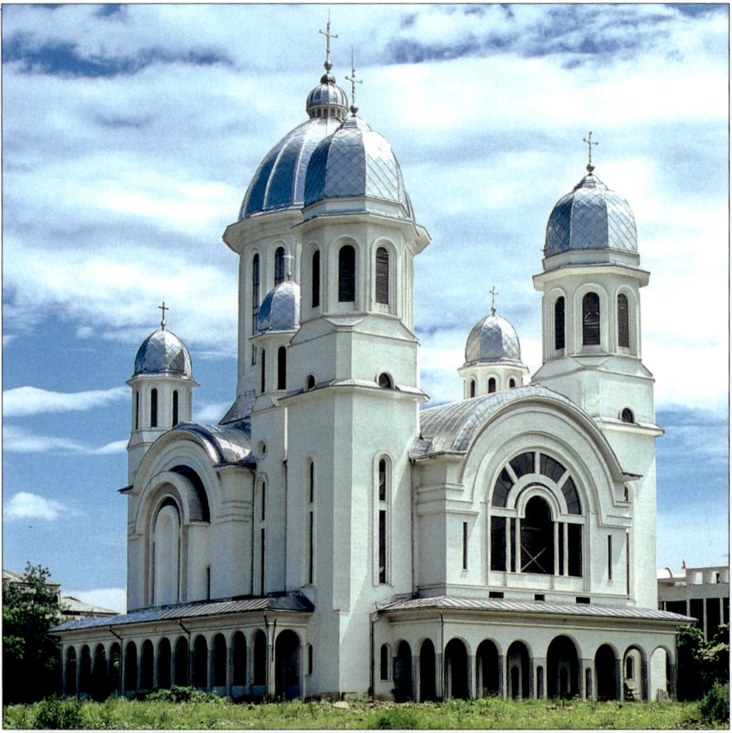

ganzen Land beliebten **Zinkblechdächer** spezialisiert haben. Die Herstellung von Zinkblechen *(Tablă zincată)* ist in Baia Mare inzwischen zu einem der Hauptwirtschaftszweige geworden. Von dieser gewerblichen Randzone sind es ins **Stadtzentrum** noch etwa 4 km.

Die **Altstadt** erschließt sich nicht gleich auf den ersten Blick. Wer mit der Bahn anreist, sollte die 2 km bis zum Zentrum am besten mit einem der zahlreichen Oberleitungsbusse zurücklegen (z.B. Linie 50). Als bester Ausgangspunkt für eine Stadtbesichtigung (für die man vielleicht 2 Stunden einplanen sollte) bietet sich der Piața Libertății an.

Sehenswertes

Piața Libertății

Rund um den recht weitläufigen Piața Libertății (Freiheitsplatz) wird seit Jahren renoviert und restauriert, doch reichen die Resultate in Baia Mare bei weitem nicht an die der Nachbarstadt Satu Mare heran. Das hat mehrere Gründe. Zum einen mangelt es an historischer Bausubstanz. Allein die Häuserfront neben dem alten **Restaurant Minerol** weist einige Gebäude auf, bei denen sich die Erhaltung der Mauern lohnen würde. Doch der Stadt mangelt es, im Gegensatz zu den Touristenhochburgen Sighetu Marmației und Satu Mare, an Geld.

Direkt am Flüsschen Săsar
liegt die neue Kathedrale von Baia Mare

Bereits fertig renoviert ist der **Stefansturm (Turnul Sf. Ştefan)** am Beginn der südöstlich gelegenen Str. Crişan. Er ist Überbleibsel einer Kathedrale, die an dieser Stelle 1769 ausgebrannt ist. Der 50 m hohe Turm im gotischen Stil dominiert heute das schönste Stück Baia Mare an der Ecke Str. Crişan/Str. 30. Decembrie. Gleich gegenüber dem Turm befindet sich das sehenswerte **Stadttheater (Teatrul Municipal),** in dem sehr avantgardistische und mutige Stücke (auch solche gegen Umweltzerstörung) zu sehen sind. Die Liste der Sehenswürdigkeiten in dieser Ecke der Stadt wird fortgeführt mit der römisch-katholischen **Kathedrale der Heiligen Dreifaltigkeit (Catedrala Sfânta Treime),** die gleich neben dem Stefansturm steht, sowie dem **Kunstmuseum (Muzeul de Artă).** Viele der Kunstwerke ungarischer Künstler sind inzwischen (gegen Bezahlung) nach Budapest überführt worden, dennoch sind, neben zahlreichen Glas- und Holzarbeiten, einige berühmte Gemälde der Nagybánya-Schule noch im Museum zu sehen.

In die historische Zeile der Str. Crişan hat sich auch das **Hotel Union,** eines der sehr wenigen guten Gästehäuser der Stadt, eingereiht. Man findet es etwa 50 m südlich der **Sfântul Nicolae,** einer **Kirche** mit grün glänzendem Kupferdach aus dem 19. Jahrhundert.

Baia Mare scheint sehr viele fleißige Kirchgänger (gehabt) zu haben, da sich in unmittelbarer Nähe des Piața Libertății noch zwei weiter große Gotteshäuser befinden. Etwa 100 m östlich, in der Str. Vasile Lucaciu, findet man die **evangelische Kirche** und die **orthodoxe Kathedrale.**

Die „Straße der Kleider"

Eine Sehenswürdigkeit der ganz anderen Art erlebt man in der **Strada Carpați,** die den Piața Libertății mit dem Basar verbindet. In der gesamten, etwa 500 m langen Straße reiht sich ein Kleidergeschäft an das andere, und erstaunt sucht man nach irgendeinem anderen Gewerbe. Ein oder zwei Zinkblechbetriebe haben es 2006 gewagt, sich zwischen das bunte Treiben zu mischen, ansonsten wird die gesamte Strecke hinüber zum Basar, vor allem im Sommer, wenn die meisten der Röcke, Blusen und Jacken draußen hängen, zu einem farbenfrohen Fest der Textilien. Die Kleiderausstellung mündet in den **Piața Izvorele,** den größten **Markt** von Baia Mare, auf dem man auf Anfrage angeblich „Mögliches und Unmögliches" erhalten oder zumindest besorgen kann. Die einheimische Bevölkerung nennt ihn nur Basar, aber mit diesem Begriff schmückt sich auch jedes kleinere Lebensmittelgeschäft der näheren Umgebung. Die einzigen Reste der ehemaligen Verteidigungsanlage von Baia Mare, den **Metzgersturm (Turnul Măcelarilor),** findet man gleich neben dem bunten Treiben des Marktes.

Vom „heimlichen" Zentrum der Stadt, um das sich das gesamte Tagesgeschehen dreht, verlaufen sämtliche Tramlinien vom und zum Bahnhof sowie in die östlichen Stadtgebiete.

Stadt der Mineralien und der Kultur

Da der Reichtum Baia Mares zum allergrößten Teil auf die großen Vorkommen an Mineralien und Erzen zurückzuführen ist, liegt es auf der Hand, den edlen Kleinoden ein eigenes Museum zu widmen. Die im **Mineralienmuseum (Muzeul de Mineralogie)** ausgestellten Schätze des Bodens gehören zu den prächtigsten in ganz Rumänien. Freunde der Mineralogie werden sich sicherlich nicht nur an glänzenden Amethysten, Rauchquarzen und Gold, sondern auch an herrlich gesplitterten Feldspaten und bunt schimmerndem Pyrit erfreuen.

Schätze ganz anderer Art gibt es im **Etnografischen Museum (Muzeul Etnografic)** nördlich des Dealul Florilor Stadiums, auf dem so genannten Florilorhügel (15 Minuten Fußweg). Ein Rundgang zählt zu den Höhepunkten eines Stadtbesuchs, zumal man neben den vielfältigen Trachten, Kostümen und handgewebten Decken des Maramureș im **Dorfmuseum (Muzeul Satului)** auch Einblicke in Leben und Wohnen der Bevölkerung des Maramureș erhält. Für die Besichtigung der über 100 Holzhäuser, Wassermühlen und Holzkirchen sollte man ein wenig Zeit einplanen. Die Besichtigung ist vor allem für diejenigen interessant, die sich in den Dörfern ein wenig über die Bauweise der bäuerlichen Häuser und die Bedeutung der Ornamentik informieren möchten.

- **Muzeul de Mineralogie,** B-dul Traian 8, Di. bis So. 10–17 Uhr, Eintritt 3 RON.
- **Muzeul Etnografic,** Strada Dealul Florilor 12, tägl. 9–18 Uhr, Eintritt 2 RON.
- **Muzeul Satului,** Strada Dealul Florilor 14, tägl. 9–18 Uhr, Eintritt 3 RON.

Informationen

Da es in Baia Mare kein eigenes Informationszentrum gibt, sollte man eines der folgenden **Reisebüros** aufsuchen:

- **Optimal,** Str. Culturii 6, Tel. 213 414, www.optimaltravel.ro.
- **Mara Holiday,** B-dul Unirii 11, Tel. 226 656, www.hotelmara.ro.
- **Mara International Tour,** B-dul Unirii 5, Tel. 221 038, www.mara-tour.ro.
- **Triumph,** B-dul Traian 17, Tel. 250 914, www.triumph-int.ro.

Post

- **Baia Mare I,** B-dul Traian 1a, Tel. 250 364, Mo. bis Fr. 7–20 Uhr, Sa. 8–13 Uhr.
- **Baia Mare II,** B-dul Bucureşti 5, Tel. 225 568, Mo. bis Fr. 7–20 Uhr, Sa. 8–13 Uhr.

Geldwechsel

- Im **Einkaufszentrum** Gh. Şincai 15/Ecke Str. Lăcătuş, Gh. Şincai 15 Nr. 2, Mo. bis Fr. 8–16 Uhr, Sa. 9–13 Uhr.

Banken mit Geldautomaten

- **Banca Comercială Carpatica,** B-dul Bucureşti 4; B-dul Unirii 11.
- **BRD,** B-dul Republicii 15; B-dul Unirii 10.
- **Raiffeisenbank,** B-dul Traian 5; B-dul Unirii 8.
- **Bancpost,** Str. Gării 4; B-dul Unirii 8.

Internet

- **Str. Gh. Şincai 33.** 34 Computer, 1,50 RON pro Stunde, Nichtraucher (liegt genau gegenüber dem Rathaus).

Notfälle

- **Kreiskrankenhaus: Spitalul Clinic Judeţean,** Str. G. Coşbuc 31, Tel. 275 0340.
- **Apotheke: Farmacia Diana,** Str. Gh. Şincai 7, Tel. 214 208, 8–19 Uhr.

Mobilität

Flüge

- Der **Flughafen** liegt 10 km westlich des Zentrums in der Gemeinde Tauţii Magheraus. Der öffentliche Transport vom Flughafen in die Innenstadt erfolgt für Passagiere kostenlos. Tel. 222 245, Fax 223 394, airport @sintec.ro, www.baiamareairport.go.ro.
- **Flüge nach Bukarest** erfolgen dreimal die Woche: Di. 9:40 Uhr, Ankunft 10:55 Uhr; Do. 19:05 Uhr, Ankunft 20:20 Uhr; Fr. 11:25 Uhr, Ankunft 12:35 Uhr.

Züge

- **Bahnhof (Gara CFR),** Str. Garii 4, Tel. 220 950. Der Bahnhof liegt etwa 2 km westlich des Zentrums.
- Zugfahrkarten und Informationen erhält man im **Reisebüro der CFR** in der Str. Victoriei 5–7, Tel. 219 113.

Busse

- **Busbahnhof (Autogara),** Str. Garii 2, Tel. 431 921. Der Busbahnhof liegt gleich um die Ecke des Hauptbahnhofs.
- Es verkehren zwei tägliche **Busse** nach Satu Mare, zwei nach Cluj-Napoca und vier nach Sighetu Marmaţiei über Baia Sprie. Mit dem Bus Nr. 8, der direkt vor dem Hotel Mara hält, gelangt man auch direkt nach Baia Sprie. Verbindungen mit dem Maxitaxi bestehen nach Satu Mare und Bistriţa. Täglich fährt ein Maxitaxi nach Budapest.

Mietwagen

- **Am Flughafen** bieten Avis, Europcar, Hertz, und Budget Mietwagen an.

Taxis

- **Galant,** Tel. 262 949.
- **Usi,** Tel. 262 949.

Der höchste Eichenholzbau der Welt

Zu den absoluten Höhepunkten der rumänischen Architektur zählen die **Holzkirchen des Maramureş,** die unter anderem durch ihre ungewöhnlichen Dimensionen beeindrucken.

In **Surdeşti,** 12 km südöstlich von Baia Mare, findet man das höchste dieser außergewöhnlichen Bauwerke. Der hölzerne Glockenturm der dortigen Kirche misst bis zum Kreuz auf dem Turmhelm stolze 72 m und macht das Gotteshaus damit zum größten Eichenbauwerk der Welt. Der schlanke, in die Höhe strebende Kirchenturm von Surdeşti ist längst zu einem Markenzeichen der gesamten Region geworden und wegen seiner Größe auch nicht zu verfehlen, zumal die Gemeinde seit 2004 auch eigene Schilder mit der Aufschrift „Monument" in der Ortsmitte platziert hat. Die von 1721 bis 1724 erbaute und den Erzengeln *Michael* und *Gabriel* geweihte Kirche ist ein archetypischer Bau, der die Architektur der anderen Holzkirchen des Maramuresch maßgeblich beeinflusst hat. Nach den Tatarenüberfällen in der Region um 1717 und der Vernichtung der meisten alten Gotteshäuser wurde die Holzkirche von Surdeşti vollständig neu aus Eichenbohlen auf einem kleinen Hügel über einem Bach errichtet. Typisch sind ihre doppelte Dachtraufe, die tief im Erdgeschoss liegenden Fenster und die Malereien im Innenraum, die neben dem Abendmahl auch Szenen der Apokalypse zeigen.

Man betritt die Kirche durch einen so genannten *Pridvor,* einen kleinen Vorraum, der später an die Kirche angebaut wurde und von dem man in den Kirchenturm steigen kann. Sehenswert im fünfseitigen Altarraum ist die barocke Ikonenwand, die 1787 errichtet wurde. Die Sitzbänke der Kirche sind mit wärmender Schafswolle bedeckt, eine aus einem einzigen Eichenbaum geschnitzte Treppe führt hinauf zur Empore, die allein Männern vorbehalten ist.

Weitere sehenswerte Holzkirchen im Maramureş finden sich unter anderem in **Rogoz** 5 km östlich der Stadt Târgu Lapus, in **Sacalaceni** 10 km südlich von Baia Mare, im Nachbarort **Culcea,** in **Lapuş** 7 km östlich von Rogoz, wo sich neben der aus dem 17. Jahrhundert stammenden Holzkirche auch ein Dorfmuseum befindet, und in Plopiş (Holzkirche aus dem Jahr 1750).

- **Holzkirche in Plopiş:** Kontakt über den Priester *(Preot) Dumitru Gligan,* Tel. 0362-402 501.
- **Holzkirche in Surdeşti:** Falls die Kirche verschlossen ist, wende man sich an den Priester *Ioan Cosmuţa,* der in dem mit Bildern geschmückten Holzhaus gleich hinter der Toreinfahrt aufs Kirchengelände wohnt.

- **Unterkunft in Surdeşti: Pensiunea Mărtuca** (**), Surdeşti Nr. 109, Tel. 0262-298 727, Zimmer 70 RON (ohne Frühstück).
- **Unterkunft in Fereşti:** Wer sich die schönen Holzkirchen in Budeşti oder Călineşti angesehen hat und eine Unterkunft sucht, wird seit März 2006 im kleinen Ort Fereşti (8 km nördlich von Budeşti) fündig. Die **Pensiunea Perla** (***), Tel. 0262-375 044, ist nach ökologischen Gesichtspunkten aus Holz gebaut. Alle Zimmer sind im traditionellen Landhaus-Stil des Maramureş eingerichtet. Vollpension ist möglich, ein Pferdeparcour und ein Schwimmbad sind in Planung. Zimmer ab 70 RON.

- **Taxiro,** Tel. 222 551.
- **Stotax,** Tel. 262 953.

Unterkunft

Da es in Baia Mare bis auf das Hotel Union kaum gute und preiswerte Übernachtungsmöglichkeiten gibt, empfiehlt sich ein Aufenthalt außerhalb der Stadt. So befindet sich, von Satu Mare kommend, 20 km vor Baia Mare, im Ort Săbişa die schöne **Landpension Centro San Pio.** Eine Übernachtung im DZ kostet 80 RON, Frühstück inkl.

Hotels

- **Hotel Union** (***), Str. Crişan 9, Tel. 0788-35 35 51. Das beste Hotel der Stadt liegt direkt im historischen Viertel von Baia Mare. Im Innenhof finden im Sommer Grillabende statt. Das großzügige Restaurant des Hotels ist mit Renaissancemöbeln ausgestattet. Saubere und ruhige Zimmer. EZ 130 RON, DZ 160 RON.
- **Hotel Mara** (***), Bd. Unirii 11, Tel. 226 660. Renoviertes Großhotel mit 115 Gästezimmern, Restaurant, Terrasse, eigenem Touristik-Zentrum, Spa-Abteilung und Bar. EZ 180 RON, DZ 220–360 RON.
- **Hotel Maramureş** (**), Str. Şincai 37a, Tel. 216 555. Das Hotel wirkt altbacken und ist zu teuer. EZ 110 RON, DZ 170 RON, Dreibettzimmer 200 RON.
- **Motel Laguna** (*), Str. 22. Decembrie 3, Tel. 0740-047 601. Das preisgünstigste „Motel" der Stadt ist eigentlich eine Pension. Die sehr schlichten Zimmer kosten als EZ 70 RON, als DZ 100 RON (ohne Frühstück).

Pension

- **Pension Marioana,** Str. 9. Mai 12a. Ein DZ in der kleinen, sauberen Pension kostet ca. 100 RON. Die Wirtin spricht englisch.

Essen und Trinken

- **Budapest,** Str. Cantemir 2/Ecke Str. Victoriei, ca. 300 m westlich des Zentrums. Das eindeutig beste Restaurant der Stadt. Unbedingt probieren: *Gulaş maramurească.*
- Das **Restaurant Butoiaşul cu Bere** in der Str. Şincai 15 hat einen recht originellen Eingang. Man geht durch ein Fass in die Gaststätte, die rustikal eingerichtet ist und ebensolche Gerichte präsentiert. Sehr lecker ist die Nachspeise *Plăcintă maramureşană.*

Einkaufen

Bücher und Karten

- **Librarie Cartea Romanească,** Piaţa Revolutiei 5, Tel. 211 834, Mo. bis Fr. 9–17 Uhr, Sa. 9– 13 Uhr, So. geschlossen.

Feste

- Baia Mare selbst feiert kein Stadtfest, aber im kleinen, 5 km östlich gelegenen Ort **Baia Sprie** finden im August die **Sărbătorile Oraşului** statt. Einige Tage lang feiert man dieses Stadtfest mit großen, bunten Umzügen, Ausstellungen und natürlich viel Musik und Tanz.
- Im Oktober wird in Baia Mare ein Kastanienfest zelebriert, das so genannte **Sărbătoarea Castanelor,** bei dem die Spezialität der Region in allen nur erdenklichen kulinarischen Variationen angeboten wird.
- Im Dezember feiert man in Baia Mare das **Festivalul datinilor şi obiceiurilor,** ein buntes Winterspektakel mit alten traditionellen Masken, Tanz und festlichen Liedern.

rum456 Foto: jr

Moldau/Bukowina

rum457a Foto: jr

rum457b Foto: jr

Maskenwinterfest in Târgu Neamț

Landschaft am Lacul Izvorul Muntelui

Kloster Neamț

Klöster, Dichter, Winterfeste

Die **nordöstlichste Region Rumäniens,** die Moldau (rum. **Moldova**), sorgt gelegentlich für einige Verwirrung, wird sie doch gerne mit der gleichnamigen Republik Moldau (Moldawien) verwechselt, die im Osten angrenzt. Der **Fluss Moldau,** nach dem die Provinz benannt ist, könnte die Sache noch weiter komplizieren, denn schließlich gibt es diesen Flussnamen auch in Tschechien. Dass die beiden Flüsse auf Deutsch den gleichen Namen tragen, ist ein Zufall, schließlich heißen sie auf Rumänisch und Tschechisch jeweils anders. Die gleich lautenden Namen der rumänischen Provinz und der angrenzenden Republik Moldau jedoch sind auf die gemeinsame Geschichte zurückzuführen.

Das **ehemalige Fürstentum Moldau** reichte in seiner Blütezeit im Osten bis zum Fluss Dnjestr, der auf Rumänisch Nistru heißt, und im Norden bis über die Stadt Czernowitz hinaus, die heute in der Ukraine liegt. Das Gebiet der Moldau dehnte sich um 1700 im Osten und Süden bis ans Schwarze Meer und die Donau, im Norden, als so genannte **Bukowina** (Buchenland), bis nach Galizien und Podolien aus. Heute ist das historische Gebiet der Moldau auf drei Staaten verteilt: Rumänien, Moldawien und die Ukraine.

Das unter dem Fürsten *Ştefan cel Mare* groß gewordene Donaufürstentum Moldau wurde erstmals nach dem Russisch-türkischen Krieg 1792 geteilt. Der östliche Teil geriet im Laufe der Geschichte als **Bessarabien** bzw. sozialistische Sowjetrepublik Moldau unter russischen Einfluss und erhielt erst 1991 als Moldawien seine Unabhängigkeit. Der nördlichste Teil, die so genannte **Nordbukowina,** fiel 1944 ganz an die Sowjetunion und ist heute Teil der Ukraine. Die **Südbukowina** und der Rest des Bezirks Moldau gingen im rumänischen Staat auf.

Berühmt geworden ist das Moldaugebiet wegen seiner außergewöhnlichen **Klöster,** die es heute zu einer der meistbesuchten Regionen Rumäniens machen. Besonders bekannt sind die Moldauklöster, deren Fassaden mit prachtvollen, flächendeckenden Außenfresken geschmückt sind, wie beispielsweise das Kloster Voroneţ, das aufgrund seiner Außengemälde auch den Beinamen „Sixtinische Kapelle des Ostens" erhielt.

Neben den Klöstern machen die Gedenkstätten an den größten Dichter Rumäniens, **Mihai Eminescu,** und der **Winterkarneval** mit seinen farbenfrohen Maskentänzen die nordöstlichste Region Rumäniens zu den kulturell reichen Gebieten Rumäniens.

Doch neben Kulturinteressierten entdecken auch immer mehr **Naturfreunde** die Moldau. Wanderer, Radler und Kletterer zieht es zum Beispiel in die Gebirgsmassive des Ceahlău, auf die Wege um den größten Stausee Rumäniens, den Izvorul Muntelui, oder in die atemberaubenden Steilfelsen der Bicaz-Schlucht. Rund um den Kurort Vatra Dornei bestehen zahlreiche Möglichkeiten zum Rafting, Eisklettern und Mountainbiken.

Vatra Dornei

↗ IV, A/B3

- **Meereshöhe:** 800–860 m
- **Vorwahl:** 0230
- **Einwohner:** 18.500

Der nahezu vollständig von Bergen umgebene **Kur- und Wintersportort** Vatra Dornei ist die **westliche Eintrittspforte in die Moldauregion.** Man erreicht die Stadt auf drei Straßen nur über sehr spektakuläre Pässe: vom Maramuresch über die DN18 und den Prislop-Pass (1416 m), von Siebenbürgen über den Tihuta-Pass (1200 m) auf der E576 und von Norden her über den 1040 m hohen Paşcanu-Pass. Bereits seit der Habsburgerzeit ist der Ort als Spa bekannt und wird nach wie vor wegen seiner mineralischen Quellen und seiner sauberen Bergluft geschätzt.

Die Stadt am Zusammenfluss von Bistritz und Dorna liegt unmittelbar im **nördlichen Karpatenbogen,** etwas abseits der ehemaligen Handelsrouten, weshalb sie im Verlauf der Geschichte unter ihrem alten Namen Dorna allenfalls eine Nebenrolle spielte. Goldene Zeiten erlebte Vatra Dornei während der k.u.k. Monarchie, als es zu einem noblen Kurort aufstieg und die damalige High Society Österreich-Ungarns sich im Kasino zum Roulette und Tanz traf. Die Stadt gleicht heute einer schlafenden Schönheit, versucht aber an den Glanz der früheren Tage anzuknüpfen.

Vatra Dornei ist sehr **übersichtlich.** Vom Hauptbahnhof sind es kaum 100 m ins Stadtzentrum, zur Uferpromenade der Dorna mit ihren frisch renovierten Hotels aus dem 19. Jahrhundert und zum Kasino, das auf bessere Zeiten wartet.

Sehenswertes

Rund ums Kasino

Sicherlich mag Vatra Dornei schon bessere Zeiten gesehen haben, doch entlang der Dorna-Promenade und dem Kurpark wurden die **Fassaden** der großen Hotels und Kurgebäude rund ums Kasino bereits wieder so hergestellt, wie sie wohl vor 150 Jahren ausgesehen haben. In Ermangelung anderer Sehenswürdigkeiten muss sich der Kur-, Ski- und Erholungstourist neben der fantastischen Bergkulisse architektonisch allerdings auf die historischen Hotelgebäude wie das Carol oder das Maestro beschränken. Das **Kasino** der Stadt schläft nämlich weiterhin seinen Dornröschenschlaf, aus dem es bislang (Sommer 2006) noch kein Investor geweckt hat. Wer dem maroden Charme der bröckelnden Barockfassade erliegt und ein Investitionsvolumen von 3 Mio. Euro aufbieten kann, ist – so die Stadtverwaltung – herzlich eingeladen, dem Spielkasino wieder Leben einzuhauchen. Die letzte Renovierung des einstigen Prunkstücks der Stadt sollte kurz vor der Revolution im Jahre 1989 erfolgen, doch dann fehlte das Geld und so schlummert der Bau seit 1990 friedlich vor sich hin, ist aber nach wie vor eines der beliebtesten Fotomotive der Kurstadt. In Rumänien gibt es nur drei große Kasinos, in Constanța, Sinaia (Poiana Braşov) und in Vatra Dornei, und so versucht man das Sanierungsprojekt seit dem Frühjahr 2006 auf nationale Ebene zu heben. Auch die orthodoxe Kirche engagiert sich und liebäugelt sogar mit einem Einstieg als Investor.

Nicht weit vom Kasino steht im zentral gelegenen **Kurpark** die 1921 erbaute **Dreifaltigkeitskirche.** Der hier tätige junge und sehr aufgeschlossene Gemeindepriester Mihai Valică (Tel. 375 439) erklärt interessierten Besuchern gerne die Geschichte des Kurorts sowie die Pläne der Gemeinde. Die Hauptattraktion des Parks und Anziehungspunkt der kurenden Besucher ist die **Sentinela-Quelle,** die in einer pseudogotischen Kapelle aus dem Boden sprudelt und sehr wohlschmeckendes Mineralwasser zu bieten hat.

Gleich um die Ecke, in der Str. Unirii Nr. 3, findet man eines der beiden **Museen** der Stadt. Das Museum für Naturwissenschaft und Jagd besitzt jedoch nur zwei kleine und anspruchslose Abteilungen.

Der Rest der City

Nach dem Überqueren der Dorna (vom Hotel Maesto aus) kommt man in die wichtigste Geschäftsstraße der Stadt, die **Str. Luceafărului.** Von Internet-Shops und Restaurants umschlossen, findet man in dieser Fußgängerzone rechter Hand einen **jüdischen Tempel,** der an die einst reiche jüdische Kultur der Stadt erinnert. Am Ende der Straße geht es rechts zum weiß renovierten Rathaus und dem gleich

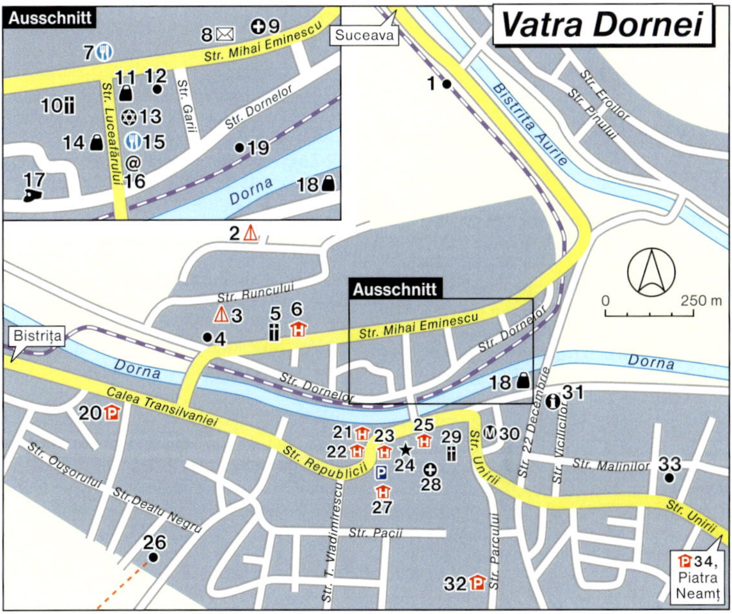

Vatra Dornei

●	**1**	Bahnstation
⚠	**2**	Camping Runc
⚠	**3**	Caravan-Camping
●	**4**	ANTREC – Reisebüro
⛪	**5**	Kathedrale Sf. Treime
🏠	**6**	Cembra
⛲	**7**	Valea Dornelor
✉	**8**	Post
✚	**9**	Krankenhaus
⛪	**10**	Kath. Kirche
▲	**11**	Buchhandlung
●	**12**	Rathaus
✡	**13**	Jüdischer Tempel
▲	**14**	Foto Sprint
⛲	**15**	Pizzeria Les Amis
@	**16**	Internet-Club
➤	**17**	Polizei
▲	**18**	Markt

●	**19**	Hauptbahnhof
🅿	**20**	Casa Bucovineană
🏠	**21**	Călimănel
🏠	**22**	Intus
🏠	**23**	Carol
★	**24**	Casino
🏠	**25**	Maestro
●	**26**	Ski-Lift
🏠	**27**	Călimăni
✚	**28**	Sentinela – Quelle
⛪	**29**	Dreifaltigkeitskirche
Ⓜ	**30**	Naturwiss. Museum
ℹ	**31**	Tourism Salvamont
🅿	**32**	Villa Zimbru
●	**33**	Autoreparatur
🅿	**34**	Pensiunea Dornelor

daneben liegenden Ethnografischen Museum von Vatra Dornei, das seit einigen Jahren geschlossen ist.

Informationen

Die wichtigsten Infostellen der Stadt sind:

- **Salvamont-Turism-Center,** gegenüber dem Hauptbahnhof in der Str. Garii 2, Tel. 372 767 (Mo. bis Fr. 8–18, Sa. 9–14 Uhr, So. geschlossen). Falls dieses Info-Center zu ist, empfiehlt es sich, direkt im Rathaus bei der Stelle **Turismului şi Salvamont** nachzufragen (Sprachen: Englisch und Französisch), Tel. 372 767, Fax 375 170, dorna@rdslink.ro, www.vatradornei.ro. Die Salvamont-Center geben kostenlos Karten mit Wanderrouten und Skipisten heraus und beraten Wanderer und Extremsportler gleichermaßen.
- **Reisebüro ANTREC,** Str. Runc 2, Tel. 371 306. Hier erhält man alle möglichen Informationen zu Hotels und Pensionen, auch in der näheren und weiteren Umgebung.

Service

- **Hauptpost,** Str. Mihail Eminescu 8, Mo. bis Sa. 8–17 Uhr.
- **Telefonieren,** Koala Str. Luceafărului 1, Tel. 0723-516 555.
- **Geldwechsel: Raiffeisenbank,** Str. Luceafărului 14.
- **Internet: Prosoft-InternetClub,** in der Fußgängerzone, Str. Luceafărului 19. Der kleine Schreibwarenladen hat fünf Internetplätze und betreibt auch einen Postversand via Atlassib, Tel. 375 073, www.e-prosoft.ro.
- **Fotografie: ProDigital,** Str. Luceafărului 14, Tel. 372 586.

Notfälle

- **Apotheke (Farmacie),** in der Str. Luceafărului 1, Mo. bis Fr. 8–19, Sa. 9–14, So. 9–13 Uhr, Tel. 375 403.
- **Stadtkrankenhaus: Spitalul Municipal,** Str. Mihail Eminescu 14, Tel. 371 821.

Mobilität

Züge

- Der **Hauptbahnhof (Gara)** liegt genau im Zentrum der Stadt in der Str. Garii. Vatra Dornei hat noch zwei weitere Bahnhöfe.
- **R-Zugverbindung Vatra Dornei – Cluj-Napoca** (ca. 4:15 Std.): täglich A-Züge um 0:22, 11:18, 16:45 und 19:52 Uhr.

Busse

- Der **Busbahnhof (Autogara)** liegt gegenüber dem Markt, Str. 22. Decembrie/Ecke Str. Obor. Täglich Busse u.a. nach Vişeul de Sus, Suceava, Rădăuţi, Piatra Neamţ, Cluj-Napoca, Bacau, Târgu Mureş und Iaşi.

Taxis

Die meisten Taxis warten direkt **vor dem Hauptbahnhof.** Eine Fahrt zum 8 km entfernten Kloster Ascoperământul Maicii Domnului kostet 15 RON.

Unterkunft

Die wichtigsten zentralen Stadthotels in Vatra Dornei finden sich rund um das Kasino in der Str. Republicii. Preiswerter und mit dem Taxi schnell und billig zu erreichen sind die Pensionen am Stadtrand. Eine interessante und sehr günstige Alternative zu Hotel und Pension stellt die Übernachtung im Kloster dar.

Hotels

- **Hotel Maestro** (***), Str. Republicii 1, Tel. 375 288. Genau im Zentrum der Stadt, direkt vor der Dorna-Brücke und neben dem Kasino liegt eines der ältesten Hotels der Stadt mit Terrassencafé. Der dem Hotel angegliederte InterSport-Shop bietet neben Exkursionen ins Rarău-Massiv auch Kletterexkursionen und Wildwasser-Rafting an. Im Winter kann man in der zum Hotel gehörenden **Hütte Cabana Schiorilor** übernachten. Die Hütte verfügt über 28 Plätze in schlichten 2-, 4- oder 6-Bett-Zimmern. Angeschlossen ist ein Snowboard- und Skiverleih, angeboten werden Touren mit dem Snowmobil. Auskünfte im Hotel. EZ und DZ 176 RON.

- **Hotel Carol** (***), rechter Hand neben dem ehemaligen Kasino befindet sich das beste Hotel in Vatra Dornei. Das Haus versorgt seine Gäste mit allen Informationen rund ums Wandern und den Wintersport und bietet auf Wunsch auch Ausflüge ins Umland, Rafting und Klettertouren an. Vom Hotel sind es nur 10 Minuten zum südlich gelegenen Sessellift. Das 3-Sterne-Restaurant im historisch eingerichteten Keller gilt als eines der besten der Stadt. DZ 138 RON, EZ 100 RON, App. 183 RON, Str. Republicii 3, Tel. 374 690, www.hotelcarol.ro.
- Die **Vila Călimănel** (***) gleich gegenüber dem Hotel Carol in der Str. Republicii 5 ist ein zweckmäßiger Bau aus den 1950er Jahren. Die Räume sind schlicht und einfach. Tel. 375 031, EZ/DZ 90–110 RON.
- Das ebenso schlichte **Hotel Intus** (**) + (*) in der Str. Republicii 5b gehört zu den größeren Hotels der Stadt (114 DZ). Gepflegte Zimmer ab 100 RON.
- Ganz in der Nähe der Fußgängerzone liegt das **Hotel Cembra** (*) in der Str. Mihail Eminescu 70. Es bietet Platz für 100 Gäste und ist damit auch eines der größeren Hotels in der City. DZ 80 RON.

Pensionen

- Richtung Piatra Neamț, an der Peripherie von Vatra Dornei, liegt die moderne **Pensiunea Dornelor** (***). Sie bietet neben Zimmern zu 80–130 RON auch 7 Hütten auf dem Gelände an, in denen je 4 Personen Platz finden. Eine *Cabana* kostet 100 RON.
- 10 Minuten vom Kurpark entfernt befindet sich die **Villa Zimbru** in der Str. Parcului 2, Tel. 372 405. Das Haus verfügt über 12 Zimmer, eine Sauna, ein kleines Restaurant und einen großen Kinderspielplatz.
- Eine sehr schöne Pension im alpinen Stil und direkt am Waldrand ist die **Pensiunea Sarco** (**) in der Str. Runcului 4, Tel./Fax 373 681, DZ 25 Euro.
- Die einfache **Pension Casa Bucovineana** (**) liegt nur 5 Minuten vom Zentrum entfernt an der Str. Vasile Deac 2, Tel. 372 588, DZ 80 RON.
- Sehr kinderfreundlich ist die **Pension Vila Iulia** (***) mit ihrem riesigen Garten, eine gute Kombination aus rustikal (draußen) und modern (drinnen). Str. Runc 3C, Tel. 375 551, DZ 90–120 RON (je nach Saison).

Privatzimmer

- Viele Familien bieten privat preiswerte Unterkünfte an, so z.B. **Victoria Moldovan** in der Str. Republicii 32, gleich in der Nähe der zentral gelegenen Hotels. Tel. 372 205.

Kloster

- In **Dorna Arini,** 8 km südlich von Vatra Dornei, kann man sehr gepflegt und ruhig im **Kloster Ascoperământul Maicii Domnului** übernachten. Zimmer 50 RON, Tel. 0721-338 525, amd_dorna@zappmobile.ro.

Camping

- **Camping Caravana Auto-Tourist,** Str. Runc 6, Tel. 371 892, Stellplatz 30 RON, Zelt 20 RON.

Essen und Trinken

In Vatra Dornei sind die besten Restaurants in den Hotels Carol, Maestro, Bucovina und Bradul zu finden.

- Das beste Restaurant der Stadt befindet sich im historisch eingerichteten Keller des **Hotels Carol.** Die 3-Sterne-Küche umfasst rumänische und internationale Spezialitäten. Str. Republicii 3, Tel. 374 690.
- Das **Les Amis** in der Str. Luceafărului 19, Tel. 375 177, bietet als Pizzeria (Pizza XXL) neben italienischen auch rumänische Gerichte an. Außerdem findet sich hier einer der wenigen Clubs der Stadt.
- Das **Restaurant Valea Dornelor** hat sich auf die einfache rumänische Küche spezialisiert. Auch in der abends stattfindenden Disco kann man Hühnerbrustroulade oder Pilze mit Rahm genießen. Str. Mihail Eminescu 28, Tel. 371 134.
- Ebenfalls in der Str. Mihail Eminescu (Nr. 36), Tel. 373 111, liegt der **Club Lord's.** Auch hier gibt es einfache Snacks, Pizzen und rumänische Hausmannskost.

- Auch richtige Schnellgerichte sind in Vatra erhältlich, und zwar in der Str. 22. Decembrie Nr. 22, im **Mazal.**

Wintersport

Vatra Dornei ist in Rumänien zu einem Synonym für Wintersport geworden, da in den Bergen rund um die Stadt von Dezember bis April, an über 120 Tagen im Jahr, Schneesicherheit besteht. Unmittelbar aus der Stadt heraus führt ein Sessellift auf die Abfahrtsstrecken rund um den 1300 m hohen **Hausberg Dealul Negru,** die zwischen 900 und 5000 m lang sind.

- **Sessellift (Telescaun)** am Ende der Str. Coşbuc (täglich 10–17 Uhr im Winter, im Sommer bis 19 Uhr).

In der Umgebung von Vatra Dornei

Nonnenkloster

8 km südlich von Vatra Dornei ist zu Füßen des Giumalău-Berges und direkt am Fluss **Bistritz** im Jahr 2005 ein neues Nonnenkloster entstanden. Wer es besuchen möchte, sollte über ein geländegängiges Fahrzeug verfügen (Fahrt Richtung Suceava, nach der ersten Brücke gleich rechts in den Feldweg abbiegen und der Ausschilderung folgen). Empfehlenswert ist der Ausflug mit dem Taxi (15 RON). Durch einen gewaltigen Holzturm kommt man auf das Klostergelände, das zur Gemeinde **Dorna Arini** gehört. Das ganz aus Holz und unter ökologischen Gesichtspunkten erbaute **Kloster Ascoperământul Maicii Domnului** wurde von keinem professionellen Architekten errichtet, sondern von *Victor Păştinaru,* der von sich selber behauptet, nur ein „einfacher Schreiner" zu sein. Doch wer die gigantischen Türme und Holzgebäude mit ihren wunderbaren Drechsel- und Intarsienarbeiten sieht, kann das kaum glauben. Der Kirchturm der Holzkirche ist unverkennbar den Vorbildern im Maramuresch nachempfunden. In den beiden flankierenden Gebäuden finden sich Stilelemente aus Transsylvanien. Im **Hotel** des Klosters, das ebenfalls vollständig aus Holz errichtet wurde, sind über 100 Plätze für Gäste verfügbar, ein Zimmer kostet 50 RON.

Das Rarău-Massiv und die Bistritzer Berge

Das **Ţara Dornelor,** wie das Land um Vatra Dornei auch genannt wird, ist ein idealer Ausgangspunkt für Exkursionen in die umliegende Bergwelt, die unmittelbar an den Rändern des Kur- und Wintersportorts beginnt. Als Ausflugsziel bei den Einheimischen besonders beliebt sind die zahlreichen **Thermalquellen.** Die bekannteste, die **Quelle der Teufelsmühle (Moara Dracului),** findet man 20 km entfernt in Richtung Bistriţa, die **Heilquelle Poiana Negri** auf derselben Strecke nach 12 km.

Wer dem Fluss Bistritz Richtung Piatra Neamţ folgt, kommt in der Gemeinde **Rusca** zu einem mit rotem Dreieck markierten **Rundwanderweg,** der sowohl in die Giumalău-Berge links der Bistritz als auch in die gegenüberliegenden Rusca-Berge führt. Als Übernachtungsmöglichkeit bietet sich die **Hütte Zugreni** an, die kurz vor dem Bergdorf **Chiril** zu finden ist.

rum465 Foto: jr

Von der Hauptstraße 17B führt eine stabile, auch mit schwereren Geländewagen befahrbare Holzbrücke über den Fluss zum nahen Hotel mit Restaurant und Campingmöglichkeit. Von der Cabana Zugreni aus lassen sich auch Wanderungen ins nahe Rarău-Gebirge oder in den 5 km südlich von Vatra Dornei beginnenden Nationalpark Călimani starten. Bis zu dem auf 1280 m Höhe gelegenen **Hotel Alpin Rarău** sind es etwa 3 Stunden. Der Wanderweg ist mit einem roten Dreieck gekennzeichnet. Nach **Pojorîta** zur **Cabana Giumalău** dauert eine Wanderung auf dem mit einem blauen Kreis gekennzeichneten Weg ebenfalls etwa 3 Stunden. Wer eine längere Tour ins Auge fasst, kann zum **Valea Putnei** marschieren. Der mit einem blauen Kreis markierte Weg ist sehr gut begehbar. Auch vom 5 km entfernten Ort Chiril können Exkursionen ins Giumalău-Rarău-Massiv gestartet werden.

Unterkunft

- **Cabana Zugreni,** 70 Plätze, Zimmer 60 RON, in der Saison 80 RON, Tel. 0230-574 548.
- Entlang der Bistritz, in **Broşteni,** einem Ort, in dem der Dichter *Ion Creanga* seine schönsten Märchen verfasst hat, findet man

Das Nonnenkloster südlich von Vatra Dornei

Die Geheimnisse der Moldauklöster

Zwischen dem 15. und 16. Jahrhundert ist in der Moldau und Bukowina eine Vielzahl von Klöstern entstanden, deren bunte Außenfresken die Historiker und Kirchenkundler lange Zeit vor Rätsel stellten. Wieso haben Künstler einige der Außenwände der Klöster flächendeckend mit prächtigen und strahlenden Farben bemalt, wo doch die nordöstliche Region zu den klimatisch rauesten Gegenden Rumäniens zählt und die Bilder permanent der zerstörerischen Witterung ausgesetzt sind? Wie konnten einige der **Fresken** trotzdem die Jahrhunderte überdauern, ohne ihre Strahlkraft zu verlieren? Was ist das Geheimnis der glitzernden Blau- und Rottöne, die im Sonnenlicht eine einmalige Strahlkraft entfalten?

Herausgefunden hatte man bereits Folgendes: Der Tradition nach wurden alle befestigten Klöster aufgrund eines Gelübdes ihrer Stifter gegründet. Immer wenn ein Moldaufürst einen Sieg über die Türken errungen hatte, ließ er ein neues Kloster errichten. Allein *Stefan der Große* stiftete auf diese Weise über 40 Moldauklöster. Aber auch *Bogdan der Einäugige* und *Petru Rareş* hatten sich der Tradition verschrieben, nach jedem ihrer Siege über die Türken, Kosaken oder Tartaren ein neues Kloster zu gründen. Nach einer siegreichen Schlacht schossen die Krieger vom Rande eines Hügels Pfeile ab. Dort, wo der erste Pfeil auftraf, wurde ein Brunnen gegraben, der zweite Pfeil bezeichnete den Ort des Kirchenaltars, der dritte den des Glockenturms. Auf dem Hügel, von dem die Pfeile abgeschossen worden waren, ließ man Kreuze errichten.

Weshalb einige der Klöster außen mit einem bunten Freskenkleid versehen waren, fand man durch alte Aufzeichnungen heraus. Im ausgehenden Mittelalter feierten die Dorfbewohner die Gottesdienste gemeinsam mit ihren Feudalherren. Da die Klosterkirchen zu klein waren, um alle aufzunehmen, musste das gemeine Volk die Messe draußen feiern. Die Außenwände der Kirchen wurden für die vor der Kirche Betenden mit biblischen Szenen und Heiligenbildern versehen, die man auch **„Biblia pauperum“,** die Bibel der Armen, nannte. Die Strahlkraft der Farben konnte man teilweise auf Beimischungen von Lapislazulistaub und anderer Edelsteine zurückführen. Die letzten Geheimnisse der Farben konnten aber bis heute nicht gelüftet werden.

Alle Klöster der Bukowina sind 1973 ins **Weltkulturerbe** der UNESCO aufgenommen worden.

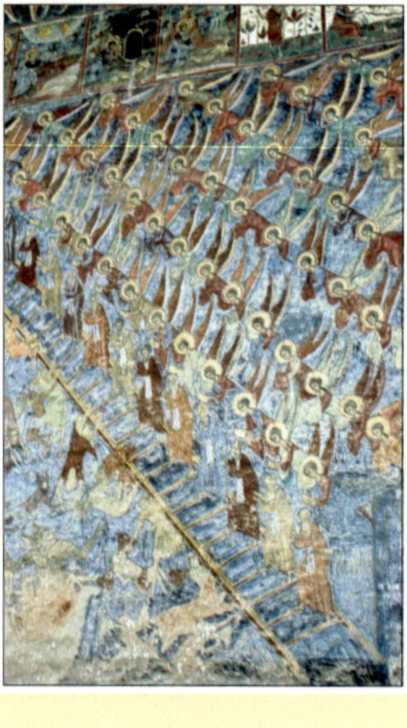
rum466 Foto: jr

„Die Stufenleiter der Tugenden“, ein Motiv der Außenfresken im Kloster Suceviţa

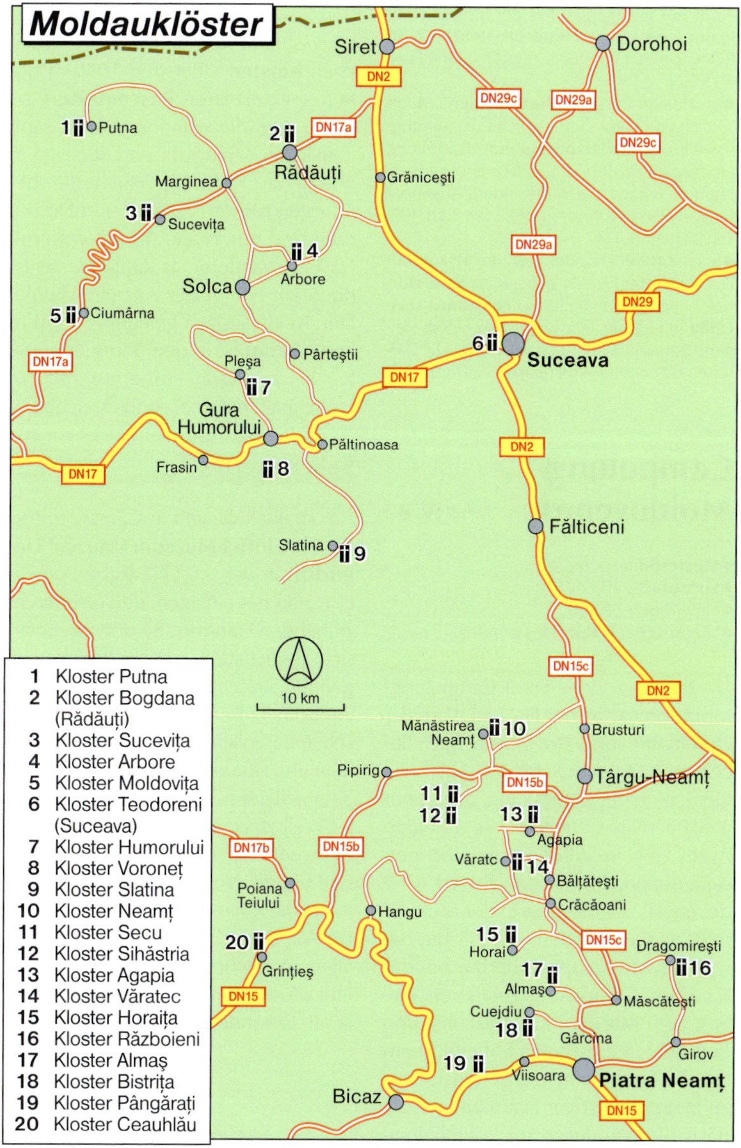
Moldauklöster
Siret
Dorohoi
DN2
DN29c
DN29a
DN29c
1 Putna
2 Rădăuți
DN17a
Marginea
Grănicești
3 Sucevița
4 Arbore
DN29a
Solca
DN29
5 Ciumârna
6 Suceava
DN17a
Pârteștii
Pleşa
7
DN17
Gura Humorului
Păltinoasa
DN2
Frasin
DN17
8
Fălticeni
Slatina
9
10 km
DN15c
DN2
Mănăstirea Neamț
10
Brusturi
Pipirig
DN15b
Târgu-Neamț
11
12
13
Agapia
DN17b
DN15b
Văratc
14
Poiana Teiului
Bălțătești
Hangu
Crăcăoani
20
15
Horai
DN15c
Dragomirești
16
Grințieș
17
Almaş
Măscătești
DN15
Cuejdiu
18
Gârcina
Girov
19
Viisoara
Piatra Neamț
Bicaz
DN15
1 Kloster Putna
2 Kloster Bogdana (Rădăuți)
3 Kloster Sucevița
4 Kloster Arbore
5 Kloster Moldovița
6 Kloster Teodoreni (Suceava)
7 Kloster Humorului
8 Kloster Voroneț
9 Kloster Slatina
10 Kloster Neamț
11 Kloster Secu
12 Kloster Sihăstria
13 Kloster Agapia
14 Kloster Văratec
15 Kloster Horaița
16 Kloster Războieni
17 Kloster Almaş
18 Kloster Bistrița
19 Kloster Pângărați
20 Kloster Ceauhlău

eines der wenigen Hotels der Strecke nach Piatra Neamţ, das **Hotel Broşteni.** DZ 50 RON, Zimmer für 3 Pers. 60 RON, für 4 Pers. 70 RON.

- Im kleinen Bergdorf **Poiana Negri,** 14 km südlich von Vatra Dornei, bietet die agrotouristische **Landpension Poiana** 10 Zimmer, ein Appartement und 4 Hütten an. Die weiträumige Anlage macht besondere Angebote für Familien mit Kindern. Poiana Negri 475, Tel. 0745-809 234.
- In einem weiteren Bergdorf, im 12 km südlich von Vatra Dornei gelegenen **Şaru Dornei,** befindet sich die kleine **Pensiunea Dăscăliţa** mit Kamin, Gartengrill und einem kleinen Restaurant. Tel. 0230-574 491, DZ zwischen 60 und 80 RON (je nach Saison).

Câmpulung-Moldovenesc

↗ IV, B2

- **Meereshöhe:** 620–740 m
- **Vorwahl:** 0230
- **Einwohner:** 20.500
- **Ungarischer Name:** Hosszúmezö

Die lang gezogene Stadt Câmpulung-Moldovenesc an der D 17 liegt auf der Durchfahrt von Vatra Dornei nach Suceava im Moldautal. Bis 1950 hieß die Gemeinde nur Câmpulung, da es aber gleichnamige Orte auch in der Region Argeş und im Maramureş gibt, entschied man sich für den Zusatz Moldovenesc, der die Lage in der Moldauregion verdeutlichen soll. Für die Bewohner ist es aber weiterhin bei der Kurzform Câmpulung geblieben. Neben dem Museum für Holzkunst und dem sehr interessanten Löffelmuseum hat die Stadt nicht viel Sehenswertes zu bieten; sie ist vor allem eine ideale Basis für **Wanderer** in die umliegenden bewaldeten Berge sowie Durchgangsstation für Kulturreisende in Sachen **Klöster.** Über den 1040 m hohen spektakulären **Paşcanu-Pass** erreicht man die wunderschönen Moldauklöster Moldoviţa und Suceviţa in nördlicher Richtung. Auch die berühmten Klöster Voroneţ und Humorului sind nur knapp 45 km entfernt. Für Bergwanderer ins Rarău-Massiv ist die Stadt ein idealer Ausgangspunkt. Der 16 km südlich gelegene, 1650 m hohe **Rarău** ist in den Sommermonaten bis zur Rarău-Hütte auf 1400 m Höhe auch mit dem Auto erreichbar.

Sehenswertes

Am spektakulärsten in Câmpulung ist das **Holzlöffel-Museum (Muzeul Linguriţii)** in der Str. Gheorghe Popovici 1. Von der einzigen, den Ort durchziehenden Hauptstraße orientiert man sich am Schild „Gara". In der abzweigenden Straße, die zum Bahnhof führt, liegt das Löffelmuseum in einem unscheinbaren kleinen Haus. Hier haben *Ioan* und *Elisabeta Ţugui* in jahrelanger Sammelleidenschaft Holzlöffel aus aller Welt zusammengetragen. Die letzte Inventur im Dezember 2005 ergab 5383 Löffel. Vom Erdgeschoss bis hinauf in die Räume im ersten Stock ist jede Wand des Hauses mit Löffeln aus allen möglichen Ländern behangen. Die ältesten Stücke sind über 200 Jahre alt. Besonders schön sind die Exem-

Im Holzlöffel-Museum kann jeder seinen Löffel abgeben

plare in der oberen Etage mit Tiermotiven des Bildhauers *Niculae Popa*. Alle vertretenen Esswerkzeuge sind handgeschnitzt. Da Touristen aus aller Welt hier gelegentlich „ihren Löffel abgeben", wird die Sammlung ständig bereichert, so durch Löffel u.a. aus Zaire/Kongo, Gabun, China, Japan und Russland. Auch deutsche Besucher sind herzlich eingeladen, sich an der Sammlung zu beteiligen.

Im wesentlich größeren **Museum für Holzkunst (Muzeul Artă de lemn)** sind neben bäuerlichen Schränken und Webstühlen auch typische Musikinstrumente der Bukowina wie Alphörner und Violinen zu sehen. Das Museum befindet sich neben der mit einem bunten Mosaikdach geschmückten Kirche des Ortes, hinter der auch ein kleiner Basar und der Busbahnhof von Câmpulung zu finden sind.

- **Muzeul Linguriţii,** Str. Gheorghe Popovici 1, Tel. 311 315.
- **Muzeul Artă de lemn,** Calea Transilvaniei 10, Di. bis So. 9–17 Uhr.

Informationen

- **Ecoturism Club,** Calea Bucovinei 13, Tel. 312 988. Unterkunftsvermittlung in Privatpensionen und Bauernhöfen des Umlands.
- **Fota Turism,** Calea Transilvaniei 162b, Tel. 313 700.

Service

- **Post,** Calea Bucovinei 33, Tel. 312 020.
- **Geldwechsel: BancPost,** Calea Bucovinei, Bl. G 13; **BRD,** Piaţa Arboroasa 1.

rum469 Foto: jr

• **Internet Club,** an der Hauptstraße Calea Transilvaniei 48, Tel. 0740-776 914, 1,50 RON pro Stunde.

Notfälle

• **Apotheke (Farmacia),** Calea Transilvaniei 65, gegenüber dem Internet Club.
• **Stadtkrankenhaus: Spitalul Municipal,** Str. Sirenei 25, Tel. 312 023.

Mobilität

Züge

Câmpulung-Moldovenesc verfügt über zwei Bahnhöfe: Vom Nebenbahnhof **Gara Est** kommt man gut nach **Rarău,** vom **Hauptbahnhof** in der Calea Bucovinei mehrmals täglich nach **Suceava** und **Vatra Dornei.**

Busse

• Täglich nach **Suceava:** 6, 9:30 und 17:30 Uhr, Dauer 2 Std., 10–13 RON.
• Täglich nach **Rădăuţi:** 10:45 und 12 Uhr, Dauer 3 Std., 12 RON.
• Täglich nach **Vatra Dornei:** 15:30 Uhr, Dauer 1½ Std., 8 RON.

Unterkunft

• **Hotel Manoir Mignon** (****), Calea Transilvaniei 162b, Tel. 314 694. Neu, edel und luxuriös. Im angeschlossenen **Reisebüro** kann man Ausflüge in die Berge oder zu den Moldauklöstern buchen. DZ ab 180 RON.
• **Hotel Eden** (***), Calea Bucovinei 148, Tel. 314 733. Das Eden bietet Annehmlichkeiten wie Schwimmbad, Sauna und Fitness-Räume. Angegliedert sind einige Hütten in den Bergen, die auch als Ganzes gemietet werden können. DZ 45 Euro, EZ 34 Euro.
• **Hotel Izvorul Alb** (**), Str. Izvorul Alb, Tel. 0722-888 727. Auf dem Weg nach Rarău kommt nach 2 km das preiswerte kleine Hotel mit eigenem Skiverleih. 6 Zimmer, DZ 80 RON, EZ 40 RON.
• **Pension Uranis** (**), Calea Bucovinei 144, Tel. 371 306. Saubere und schlichte Pension, DZ 70 RON.
• **Pensiunea Ecoturistică Maria,** Str. Caprioarei 47, Tel./Fax 0724-314 695.

Essen und Trinken

In allen **Hotels** und vielen **Pensionen** besteht auch die Möglichkeit zur Verköstigung für Nicht-Gäste. Am besten ist die Küche in den Hotels Eden und Manoir Mignon.

Wandern/Klettern

Im **Rarău-Gebirge** bieten sich vielfältige und fantastische Wander- und Klettermöglichkeiten. So führt die mit einem roten Punkt markierte Strecke von der Str. Gramăda im Zentrum von Câmpulung-Moldovenesc über die Poiana Sihăstriei zum 1540 m hoch gelegenen **Hotel Alpin Rarău** und der **Cabana Schiorilor** (Tel. 311 681). Der Aufstieg dauert 4–5 Stunden. Eine etwas längere Variante (mit rotem Kreuz markiert) führt in 7–8 Stunden von der Valea Caselor über die Şaua Ciobanilor ebenfalls zum Hotel Alpin. Die Übernachtung dort kostet im DZ ab 150 RON (je nach Saison).

Festival

• Mitte Juli findet in Câmpulung-Moldovenesc alljährlich ein großes internationales Folklore-Sommerfest statt, das **Întâlniri Bucovinene (Treffen in der Bukowina).**
• Im Winter, zwischen dem 1. und 5. Januar, feiert man in den Straßen der Stadt den traditionellen **Winterkarneval** mit bunten Tanz- und Maskenfesten.

In der Umgebung von Câmpulung-Moldovenesc

Pass und Bergdorf Mestecăniş

IV, A/B2/3

Richtung Vatra Dornei liegt ganz in der Nähe des gleichnamigen Passes das kleine Bergdorf Mestecăniş mit seiner sehenswerten weiß-schwarz gestreiften **Kirche Sfântul Gheorghie.** Da das Gotteshaus sich etwa 200 m abseits der Hauptstrecke versteckt, muss man allerdings im Ort erst fünf hintereinander liegende Bahngleise und den Fluss Bistritz überqueren, um es besichtigen zu können.

Paşcanu-Pass ⇗ IV, B2

Die Straße hinauf zum 1040 m hohen Paşcanu-Pass und weiter nach Vatra Moldoviței gehört zu den **schönsten Bergrouten in der Bukowina.** Kleine Raststationen laden zu einer kurzen Wanderung in die dichten Tannenwälder ein. Auf der Abfahrt vom Pass findet sich unterwegs als Unterkunft die kleine **Hütte Haihui** mit einem traumhaften Panoramablick.

- **Cabana Haihui,** Tel. 0721-768 214, 5 Zimmer, 2 Außenduschen, allerdings keine Mahlzeiten, also Essen mitbringen. 24 RON.

Vama – Vatra Moldoviței ⇗ IV, B2

Eine ebenso schöne, allerdings wesentlich längere Strecke, um von Câmpulung nach Vatra Moldoviței und zum Kloster Moldovița zu gelangen, führt über den Ort Vama. Entlang dem Bergflüsschen Moldovița geht es hinauf zur Gemeinde **Frumosu** (übersetzt: „die Schöne"), in der die Fassaden der meisten Häuser nach alter Bukowina-Tradition noch mit weiß-roten Kacheln verziert sind. Auch die zahlreichen alten Brunnen und strahlenden Zinkdächer sind sehr sehenswert.

Vama ist eines der Zentren, in denen Touristen sich im kunstvollen **Eierfärben** üben können. Die Künstlerin der Miniaturornamentik in Vama heißt *Letița Orşivki* und ist über die Pension Casa Lucreția (s.u.) zu kontaktieren.

Unterkunft

- Wer es ruhig, ländlich und dennoch niveauvoll liebt, kann sich in der **Pension Casa Lucreția** verwöhnen lassen. Transport vom Bahnhof, Exkursionen zu Sennhütten und Besuch des Salzbergwerks in Cacica sowie folkloristisches Programm auf Wunsch. Die Küche bietet wunderbare Bio-Köstlichkeiten an, z.B. *Zacuscă de Cuiperci,* eine Vorspeise aus Tomaten und Pilzen, oder *Sufle de conopidă,* ein Blumenkohl-Soufflé. Mansardenzimmer kosten in der Saison 30 Euro, in der Nebensaison 25 Euro, Appartements zu 50 und 60 Euro inkl. Frühstück, Vollpension möglich (empfehlenswert). Vama, Str. Ion Luca Caragiale 18, Tel. 0230-239 456, Fax 314 929, gute deutsche Website: www.casa-lucretia.ro.
- Am Ausgang von Vama findet sich Richtung Moldovița eine gute und günstige Pension: Die **Pensiunea Gabriela** (Str. Petru Rareş 125, Tel. 0745-510 170) bietet Halbpension (Mittag- oder Abendessen inkl. Frühstück und Übernachtung) für 60 RON.
- Die **Casa Ott** in Vama (Str. Zăvori 1, Tel. 0230-309 040 oder 0722-521 656) ist Pension, Forellenhof und Restaurant in einem. Sehr großzügiges Terrain mit jeder Menge Auslauf für Kinder und Erwachsene.

Kloster Moldovița ⇗ IV, B2

An der Bergstraße 17a von Câmpulung-Moldovenesc nach Rădăuți haben sich **vier kleine Dörfer** zur **Gemeinde Moldovița** zusammengeschlossen. Die Hauptattraktion des 2500 Einwohner zählenden Ortes ist das 1532 gegründete Kloster, das mit seiner vollständig von Außenfresken bedeckten Fassade zu den schönsten der Moldauklöster zählt. Von Suceava und Gura Humorului erreicht man Moldoviţa über eine schöne und gut befahrbare Nebenstrecke, die im Ort Vama abzweigt.

Der Stifter und Begründer des Klosters, **Petru Rareş,** ließ die damalige Kirche mit riesigen Mauern und Wehrtürmen umgeben, sodass sie von außen ein wenig an eine Festung erinnert. Auf dem Plateau zwischen den Flüsschen Ciurmârna und Moldoviţa erhebt sich die Kirche im traditionellen Dreikonchentypus mit **fünf Innenräumen** und jeweils eigenem Gewölbesystem. Einzigartig in Moldoviţa sind außer dem Altar aus Ebenholz auch die monumentale offene Vorhalle mit ihren fünf großen Arkaden, die **Geheimkammer** über dem Grabgewölbe sowie ein außen rund um die Kirche verlaufender Halbsockel, der als Sitzbank für die Gläubigen gedacht ist. An der nordwestlichen Wand führt eine Steintreppe zu einer Schatzkammer. Recht eigenwillig ist die unübliche Beleuchtung der **Grabhalle** durch halbzylindrisch gewölbte Fenster auf der Südseite; Grabhallen liegen in allen anderen Moldauklöstern in den dunklen Teilen der Kirche.

Wer in weitere Geheimnisse der Kirchenarchitektur und in die Deutung der Freskenmalerei eingeweiht werden möchte, sollte sich am besten einfach einer der zahlreichen **Reisegruppen** anschließen, die täglich nach Moldoviţa kommen. Wer dabei die Nonne *Tatjana* mit ihrem Laserpointer als Führerin erlebt, kann sich auf eine rasante und engagierte Erklärung in deutscher Sprache gefasst machen, zumal durch eine raffiniert inszenierte Architektur des Altarraumes eine ausgesprochen gute Akustik gegeben ist.

Die **Außenfresken** sind bei dem großen Brand, der das Kloster am 12. April 2005 heimsuchte, nicht beschädigt worden und umfassen zwei große Ensembles. Am Pfeiler der Südfassade sieht man *Sankt Georg,* den Drachentöter, sowie *Sankt Dimitrie* und *Sankt Merkurius,* die sich ebenfalls im Kampf gegen Feinde der Kirche befinden.

Im oberen Teil der Fassade ist im **Akathistos-Hymnus** ein Dank- und Loblied an *Maria* gerichtet, das aus 24

Fotografieren in Klöstern

Grundsätzlich sind Innenaufnahmen in Kirchen streng verboten. Dies soll in erster Linie den Verkauf von Postkarten und Büchern fördern. Andererseits ist in den meisten Moldauklöstern gegen eine Gebühr ab 6 RON das Fotografieren und ab 10 RON das Videofilmen erlaubt. Einige Leserzuschriften weisen allerdings darauf hin, dass man – falls das Fotografieren auch nur einen „Touch von Professionalität" hat – oft rüde darauf hingewiesen wird, das Fotografieren (trotz Bezahlung) zu unterlassen. Auch wenn Sie bezahlt haben, sollten Sie also möglichst **unauffällig agieren.** Der Aufbau eines Stativs z.B. wird meist schon als Belästigung angesehen. Wer nicht nur drittklassige Schnappschüsse machen möchte, sollte die weniger frequentierten Klöster abseits der klassischen Reiserouten besuchen. Hierzu bieten sich die wunderschönen Klöster Probota und Arbore an. Dort können Sie meist ganz ungestört ihrer Fotopassion nachgehen.

einzelnen Szenen besteht. Das Motiv dieser Ikonografie erschien erstmalig im 11. Jahrhundert auf dem Berg Athos und ist in Moldovița und im Kloster Humor am besten erhalten geblieben. Wie bei den meisten Moldauklöstern (außer in Sucevița) sind auch in Moldovița die Fresken der Nordfassade witterungsbedingt kaum mehr zu erkennen.

Kloster-Museum

Zu den markantesten Klostergebäuden zählt die 1612 errichtete Wohnung der Küster und Äbte gegenüber dem Kirchengebäude. Hier ist heute auch das Klostermuseum mit **Handschriften** aus dem 15. Jahrhundert untergebracht. Früher wohnten in dem Gebäude Kopisten und Miniaturisten, die alte Schriften und Bilder nachahmten. Die interessantesten Kalligrafien im Museum sind ein Tetraevangelium als Pergamentmanuskript aus dem Jahr 1613 und ein Psalter (Buch der Psalmen) von 1684. Außerdem sind Steinfragmente aus dem 15. Jahrundert sowie Ikonen und Gefäße ausgestellt. Vor dem Gebäude steht die **Statue von Petru Rareș,** der im Klostergarten seine letzte Ruhestätte fand.

Die vollständig mit Außenfresken bedeckte Fassade des Klosters Moldovița zählt zu den besterhaltenen des Moldaugebietes

Die Belagerung Konstantinopels

Zu den markantesten Szenen der **Klosterfresken** von Moldoviţa zählt die unter dem Akathistos-Hymnus an der Südfassade dargestellte Belagerung Konstantinopels. Seit dem Jahr 1396 befand sich die Moldauregion unter dem Joch der türkischen Herrschaft. Als dem moldauischen Fürsten und Heerführer *Stefan der Große (Ştefan cel Mare)* vom Papst aufgetragen wurde, eine christliche Allianz gegen die Türken zu gründen, verwandelten die Osmanen 1485 als Antwort die damalige moldauische Hauptstadt Suceava in Schutt und Asche.

Das Gemälde auf der Außenwand des Klosters Moldoviţa entstand um 1537. Auf den Fresken sind türkische Kanonen gegen die Stadtmauern von Konstantinopel gerichtet. Im Stadtzentrum sieht man christliche Fürsten und betende Nonnen und Priester, während außerhalb die osmanische Kavallerie und die feindlichen Lanzenträger anrücken. Man hat also Konstantinopel als christliche Bastion angesehen, die „vorübergehend" unter osmanische Herrschaft geriet und die es nun, in der rumänisch-moldauischen Fantasie, gegen die Türken zu verteidigen galt. Als Schutzheilige für die kriegerischen Auseinandersetzungen wurde die heilige Jungfrau *Maria* auserwählt, die schließlich, so die damalige christliche Lesart, bereits den Byzantinern geholfen hatte, die Perser zu bezwingen.

● Das **Kloster Moldoviţa** möchte zukünftig auch Übernachtungsmöglichkeiten auf dem Gelände anbieten. Um Voranmeldung unter Tel. 0230-336 348 wird gebeten. Klostereintritt 4 RON, Foto, Video je 6 RON extra.

In der Umgebung des Klosters Moldoviţa

Waldbahn

Da die Waldbahn im Wassertal mittlerweile zu einem großen touristischen und damit ökonomischen Erfolg geworden ist, kam man auf die Idee, auch die stillgelegte Waldbahn in Moldoviţa im Juli 2005 zu neuem Leben zu erwecken. Das Sägewerk und die Schmalspurlokomotive wurden aus dem Maramureş-Ort Vişeu de Sus übernommen. Zu sehen sind eine alte Resiţa-Dampflokomotive und drei historische Personenwaggons. Nostalgiefans können auch die 1921 gebaute Krauss-Lokomotive auf einem kurzen Streckenabschnitt besichtigen, die gelegentlich als Sonderzug zum Einsatz kommt. Für die vollständige Inbetriebnahme der Museumsbahn muss die demontierte Waldstrecke jedoch neu angelegt werden.

Ciumârna-Pass

Vom Ort Vatra Moldoviţei führt eine serpentinenreiche, aber traumhafte Strecke über den 1109 m hohen Ciumârna-Pass zum Kloster Suceviţa. Oben auf der Passhöhe ist das überdimensionierte **sozialistische Monument** einer riesigen emporgestreckten Hand zu sehen. Die schwer zu entziffernde Inschrift lässt auch viele Rumänen ratlos zurück, was es mit diesem

Denkmal auf sich hat. Des Rätsels Lösung: Als die Passstraße 1960 errichtet wurde, fing man an zwei Punkten gleichzeitig mit dem Bauen an, im Dorf Ciumârna auf der südlichen Seite und in Sucevița auf der nördlichen Seite. Als sich die Bautrupps schließlich oben auf dem Pass begegneten, schüttelten sich alle begeistert die Hände. Die weiße Hand soll heute allgemein als Symbol für die Begegnung der Menschen stehen.

Die **wunderbare Bergstrecke** von Vatra Moldoviței nach Sucevița sollte man übrigens nicht nachts befahren. Nach Regengüssen kann es hier öfters zu plötzlichen Asphalt-Abbrüchen der Straße kommen, die evtl. nicht rechtzeitig zu sehen sind.

Unterkunft

- **Pension Kevin & Niky, Fam. Cretu,** besonders schöne, saubere und sehr gastfreundliche Unterkunft. In Moldovița am Beginn der Straße zum Kloster auf der rechten Seite (gegenüber der Pension Vila Crizantema), Vatra Moldoviței, Tel. 0740-659 55 und 0230-336 008. Halbpension mit viergängigem Menü (sehr empfehlenswert) 22 Euro pro Person. 6 Zimmer (EZ, DZ und 3er-Zimmer), ab 2008 12 Zimmer, Sauna. Positive Leserresonanz.
- In der Str. Stadionului 87 befindet sich eine **Pension** mit 10 DZ (artalucia@yahoo.com). Bei Halbpension 25 Euro pro Person, mit Vollpension 30 Euro pro Person. Jedes Zimmer hat Bad und Dusche, die Besitzer sprechen auch deutsch.

In der Str. Stadionului 87 ist übrigens ein **Museum für „angewandte Kunst am Ei"** der bekannten rumänischen Künstlerin *Lucia Condrea* entstanden. Es besteht aus drei Abteilungen; die Techniken der Eierbemalung werden demonstriert und auf Wunsch auch Kurse im Eierbemalen vermittelt.

- Gut übernachten kann man in der **Vila Crizantema** gleich zu Beginn der Klosterstraße. Das Haus hat sich ganz der Bioküche verschrieben und verfügt über einen schönen Innenhof. Halbpension kostet hier 20 Euro oder 70 RON. Alle 9 Zimmer sind mit Bad und TV ausgestattet. Str. Monastirii 204, Tel. 0230-336 116, www.vilacrizantema.ro.
- Im Ort Vatra Moldoviței betreibt die ehemalige Managerin **Margitta Gräfin von Moltke** eine Sonnenschein-Stiftung, die sich für wohltätige Zwecke (Kinder- und Seniorenprojekte) in Rumänien engagiert (Tel. 0230-336 240, 0744-103 511). Man findet das traumhafte Holzhaus der Gräfin gleich am Ausgang von Vatra Moldoviței Richtung Ciumârna-Pass, gegenüber der Vila Lulu. Die gegenüberliegende **Vila Lulu** ist aus hygienischen Gründen nur in äußersten Notfällen und für hartgesottene Touristen als Unterkunft zu empfehlen.

Kloster Sucevița ⇗IV, B2

Wer das schönste und am besten gelegene aller Moldauklöster, das Kloster Sucevița in der gleichnamigen Gemeinde, besuchen möchte, muss vorher den 1109 m hohen Ciumârna-Pass überwinden oder einen Umweg über die nordöstlich gelegene Stadt Rădăuți in Kauf nehmen. Von der Bezirkshauptstadt Suceava kommt man über die E85 und die ebenso gut befahrbare 17a mit dem Auto in einer Stunde zum Kloster. **Busse** fahren von den Städten Suceava, Rădăuți und Câmpulung-Moldovenesc aus zweimal am Tag direkt dorthin. Eine schöne Alternative ist die Wanderung vom nördlich gelegenen Kloster Putna über die hügeligen Ausläufer der Obcina-Mare-Bergkette (Wanderzeit: 8 Std.).

Mächtige Mauern umgeben das Kloster Sucevița und lassen es wie eine kleine Festung erscheinen. Am Beginn einer kurzen Allee, die vom Parkplatz zum Eingang führt, verkaufen Händler Honig, Waldbeeren, Pilze und mitunter auch **Untul pământului.** Diese Buttersalbe hilft hervorragend gegen Rheuma, Arthrose und Thrombophlebitis. Neben dem Parkplatz gibt es auch zwei kleine Läden (Magazin Mixt), in denen man sich mit dem Allernötigsten versorgen kann.

Die Klostergründung begann 1581 durch die Bojarenbrüder *Movilă*. Der **Stifter Ieremia Movilă,** der von 1595

rum473 Foto: jr

Der Skandal von Sucevița

Im Klostermuseum von Sucevița ist – neben Putna und Dragomirna – die reichhaltigste und wertvollste Sammlung von Stickereien, Ikonen, Büchern und Handschriften aller moldauischen Klöster zu sehen. Besonders eindrucksvoll sind dabei zwei handgestickte, mit Perlen, Goldfäden, Silber und Seide verzierte **Grabdecken aus dem Jahr 1592.** Für den oberflächlichen Betrachter zeigen sie nur die beiden Stifterbrüder *Ieremia* und *Simion Movilă* in historischen Kostümen ihrer Zeit. Doch die Art der Darstellung hat in der damaligen Kirche für einen handfesten Skandal gesorgt. Während sich *Simion* der Tradition gemäß in der Haltung eines Toten mit übereinandergelegten Händen und geschlossenen Augen abbilden ließ, hatte sein rebellischer Bruder Frevlerisches im Sinn. Entgegen den Vorgaben der damaligen Zeit ließ er sich auch auf seiner Grabdecke als lebendige, füllige Gestalt mit tiefschwarzem Bart abbilden. Als Vorlage diente ihm das Votivbild, das im Kirchenschiff auf einer Freske erscheint. Damalige Kritiker warfen *Ieremia Movilă* vor, er rückte sich mit dieser Darstellung in die Nähe eines Unsterblichen. Heute hat die orthodoxe Kirche kein Problem mehr mit dem Rebell und präsentiert stolz die beiden prachtvoll bestickten Tücher in der großen Halle des Klostermuseums.

bis 1606 Fürst der Moldau war, nutzte die unerwartete elfjährige Friedenszeit zum Ausbau des Klosters. Da die südlich gelegene Bergkette der Obcina Mare einen natürlichen Schutz vor Angreifern bot, wurde das Kloster Sucevița auch in den nachfolgenden Jahrhunderten kaum von Türken angegriffen. Von Norden jedoch fielen 1610 und 1615 Polen und Kosaken zweimal über das Kloster her, das in der Zwischenzeit zum reichsten der Moldauregion geworden war. 1629 wurde es noch einmal von räuberischen Horden geplündert. Erst 13 Jahre später zogen wieder Mönche in die leer stehende Anlage ein. 1954 wurde das zerfallene Dach originalgetreu wiederhergestellt.

Sucevița ist das wahrscheinlich schönste aller Moldauklöster

Das Kloster Sucevița ist das einzige, dessen **Fresken** innen und außen vollständig und in bester Qualität erhalten geblieben sind. Da die Motive der dem Wetter besonders stark ausgesetzten Nordfassade bei allen anderen Moldauklöstern fast vollständig verschwunden sind, ist es natürlich besonders interessant, welches Bild in Sucevița zu sehen ist. Es ist die **„Stufenleiter der Tugenden“,** die den Kampf zwischen Gut und Böse zeigt. Auf der obersten Stufe stehen wohlgeordnet und in strahlenden Farben gemalt die tugendhaften Engel; dann geht es stufenweise nach unten der Hölle entgegen. Nach sieben abwärts führenden Stufen stehen die Aspiranten für das Fegefeuer unmittelbar (und ohne helfende Flügel) vor dem Sturz über die Dachkante in die Höllenschlucht. Die herunterpurzelnden Gestalten sind auf dem Weg in die Hölle von den Klosterkünstlern *Ioan* und *Șofronie Zugravul* bewusst in einem chaotischen Durcheinander gemalt worden, um den Kontrast des Sündenfalls zur himmlischen Ordnung noch deutlicher herauszustellen.

Im Kircheninnern setzt sich die für das Kloster Sucevița typische Form der **erzählenden Malerei** fort. An der Ostwand der Vorhalle wird dies besonders deutlich, mit Szenen des Jüngsten Gerichts, in denen Teufel das Sündenregister der Menschen in weißen Paketen herantragen. Im Kirchenschiff sind mehrere Votivgemälde zu sehen, die den Gründer *Gheorghe Movilă* und Szenen aus dem Leben *Jesu* zeigen. Die Wände der zentral gelegenen Grabkammer dekorieren Szenen aus dem Leben von *Moses* und dem Auszug aus Ägypten. Ähnlich wie in anderen Klöstern kann die starke Aufsplitterung der ikonographischen Motive in zahllose kleine Bilder, die das Kircheninnere vollständig bedecken, für den Betrachter leicht verwirrend wirken. Für diejenigen, die tiefer in die Symbolik der zahlreichen Motive eintauchen wollen, empfiehlt sich die **Führung** durch eine der Nonnen von Sucevița, die sich, wie beispielsweise *Maica Veronica,* mehr Zeit zum Erklären nehmen, als in den hochfrequentierten Klöstern Voroneț und Humor.

• Da das **Kloster Sucevița** mit seinen hervorragend erhaltenen Fresken eine Sonderrolle unter den Moldauklöstern spielt und zudem wunderschön liegt, empfiehlt es sich für einen längeren Aufenthalt als die bei Touristen sonst übliche halbe bis dreiviertel Stunde. Wer im Ort übernachtet, kann das Kloster auch zu einem Abendgebet besuchen. Wenn die Touristenströme verebbt sind, herrscht auf dem Klostergelände eine völlig andere Atmosphäre als zur Tageszeit. Eintritt 4 RON, Foto, Video je 6 RON extra. Im Innern der Klosterkirche darf nicht fotografiert werden.

In der Umgebung des Klosters Sucevița

Richtung Rădăuți (gesprochen: Radautz) kommt man nach 8 km in die für ihre schwarze Keramik bekannte Ortschaft **Marginea.** Wer die berühmten Töpferwerkstätten ohne Gruppenführung besichtigen möchte, erkundigt sich am besten im Rathaus bei *Doamna Rotaru* (Tel. 0230-416 203 bzw. 204).

Von Marginea führt eine kleine, aber gut befahrbare Nebenstrecke über Solca mit seiner Bierbrauerei nach Arbore. Das dortige **Kloster Arbore** liegt direkt an der Hauptstraße, wird allerdings verhältismäßig selten besucht und muss darum häufig erst aufgeschlossen werden. Die 1502 von *Ștefan cel Mare* gegründete Anlage wurde bereits 1532 durch türkische Angreifer stark zerstört. Die heutigen Innen- und Außenfresken sind zum großen Teil erneuert, während die ursprünglichen Heiligenfiguren im Vorschiff erhalten geblieben sind.

Unterkunft

• **Casa Felicia,** etwa 200 m hinter dem Kloster Sucevița (vom Ciumirna-Pass kommend), rechts, erkennbar am grünen Zaun (Nr. 487). Diese Pension hat ein entzückendes Gästehäuschen mit zwei DZ und kleinem Bad und großem Garten. Sehr traditionell, sehr sauber. Frau *Felicia* (spricht französisch) kocht fantastische Hausmannskost, auf Wunsch auch vegetarische oder glutenfreie Kost. Sechs Wanderstunden bis nach Putna. Auf Wunsch wird das Reisegepäck von Wandergruppen mit dem Auto voraustransportiert. DZ pro Person mit Frühstück und 3-Gänge-Abendessen (inkl. Wein und Schnaps) 80–100 RON. Tel. 0230-417 083, cazac_dana@yahoo.co.uk.

- **Familiengästehaus Daniela und Trandafir Cazac,** Suceviţa, Haus Nr. 487, Tel. 0230-417 083, cazac-dana@yahoo.com. Zwei hübsche Holzhäuser aus massiven Eichenplanken, großer Garten mit Apfel- und Kirschbäumen, traditionelle Mahlzeiten, ökologischer Anbau (Mitglied von Ecotourism Romania), sieben Zimmer, auf Wunsch Einführung in traditionelles Kunsthandwerk (Eier bemalen, Töpfern, Weben, Pilzsuche etc.). Kutschfahrten und geführte Wanderungen. Preis auf Anfrage (gutes Preis-Leistungsverhältnis!).
- Übernachten kann man im sehr idyllischen und ruhigen **Popas Turistic Bucovina.** Das Haus verfügt über 23 Zimmer, eine gute Küche und einen bewachten Parkplatz mit einem zur Zierde aufgestellten Wasserrad. Als Aktivitäten sind Tennis und Bogenschießen möglich, im Winter gibt es einen Verleih von Skiausrüstungen. Auf Wunsch werden auch Picknicks und Lagerfeuer veranstaltet. DZ 38 Euro (130 RON), EZ 33 Euro (110 RON).
- Auch die an der Hauptstraße gelegene **Casa Aspasia** mit seinem schattigen Innenhof ist sehr empfehlenswert. Der Hausherr bietet einen eigenen Grillplatz an. Zimmer 60 RON, Tel. 0230-417 072.
- Am grünen Berghang, in der Nähe eines Waldes, liegt die **Casa Lina** mit traumhafter Aussicht auf die Klosteranlage. DZ ab 100 RON, Tel. 0741-298 484, www.casa-lina.ro.

Essen und Trinken

- **La Hanul Mărioarei,** Tel. 0230-417 017, das einzige Restaurant des Ortes Suceviţa bietet regionale bürgerliche Küche zu vernünftigen Preisen an. Die Spezialität des Hauses heißt *Tochitură Suceveană.*

Rădăuţi/ Radautz

IV, B1

- **Meereshöhe:** 374 m
- **Vorwahl:** 0230
- **Einwohner:** 27.800

Am Flüsschen Topliţa gelegen, ist Radautz für die meisten Besucher nur eine **Durchgangsstation** auf dem Weg zu den Bukowinaklöstern Putna, Suceviţa, Moldoviţa oder Arbore. Ehemals galt die Marktstadt als Musterbeispiel eines wohlhabenden jüdischen Stetls mit habsburgischem Flair und Bukowiner Charme. Die zwischen 1349 und 1370 von Fürst *Bogdan* erbaute Stadt ist eine der ältesten Siedlungen des Buchenlandes. Bis weit über die Grenzen hinaus bekannt war der Pferdemarkt, der auch Gestüte in Österreich und Deutschland belieferte.

Im Stadtzentrum steht ein sehenswerter **jüdischer Tempel,** der die alte jüdische Tradition der Stadt bezeugt. Noch 1920 lag der Anteil der jüdischen Bevölkerung von Radautz bei 35 Prozent.

In der **St. Nikolauskirche** an der Hauptstraße Richtung Suceava in der Nähe eines kleinen **Skulpturenparks** stehen die Büsten von *Alexandru Ion Cuza, Petru Rareş, Ştefan cel Mare* und *Alexandru cel Bun.*

Hinter dem Park kommt man gleich zur so genannten **Bogdana,** der heutigen **Nikolauskirche.** Sie wurde nach ihrem Stifter *Bogdan cel Batrin (Bogdan der Ältere)* benannt. Von außen nicht ohne Weiteres als Kirche zu erkennen, erscheint das Gebäude mit seinem tief heruntergezogenen Schindeldach eher wie ein Bauernhaus. Erst im Innern offenbart sich die Kirche mit ihrer dreischiffigen Basilika und der hölzernen Altarwand mit den Abbildungen des Abendmahls. Die Kirche der Bogdana verwirrt mit ihrem überraschenden Äußeren nicht nur die Besucher. Einige Geheimgänge über den Seitenschiffen und die untypischen Scheinemporen stellen auch Kirchenkenner vor ungelöste Rätsel.

Post

- Str. Volovatului 77, Tel. 561 320.

Mobilität

Bus- und Zugstation liegen in der Str. Suceviţa und Str. Garii, etwa 300 m vom Zentrum entfernt.

- Täglich fahren vier **Züge von Rădăuţi nach Putna:** 6:57, 9:50, 15:13, 20:02 Uhr, Rückfahrten um 4:53, 8:36, 12:33 und 16:50 Uhr. Die einfache Fahrt dauert 1:17 Std. und kostet etwa 20 RON.
- **Von Rădăuţi nach Suceava** fahren täglich mehrere Züge, z.B. um 7:49, 9:48, 13:43, 18 und 19:28 Uhr. Die Fahrt dauert knapp über 1 Std. und kostet etwa 25 RON.

Unterkunft

- Die beste Unterkunft in Rădăuţi und eine gute Küche bietet das **Hotel Fast** in der Str. Ştefan cel Mare 80, unweit des Hauptbahnhofs, Tel. 560 060, DZ ab 80 RON.
- **Hotel Galan,** Str. 1. Mai Nr. 9, Tel. 561 987, DZ 70 RON.

Essen und Trinken

Drei Restaurants, die typische Spezialitäten aus der Bukowina anbieten, sind das **Restaurant Naţional,** Piaţa Unirii 67, Tel. 565 551, das **Restaurant Cina,** Str. 1. Mai Nr. 6, Tel. 561 745, und das **Restaurant Antique,** Alea Primăverii 12, Tel. 560 011.

Einkaufen

- **Markt:** Do. und Fr. findet im Stadtzentrum ein Basar statt, auf dem die Bauern der umliegenden Gemeinden und Händler aus der Ukraine ihre Waren anbieten.
- **Töpferwaren** sollten jedoch besser direkt an ihrem Herstellungsort im 8 km entfernten **Marginea** erstanden werden.

Kloster Putna

↗IV, B1

Das nördlichste und abgelegenste Bukowinakloster, das Kloster Putna an der ukrainischen Grenze, ist sehr gut von Suceviţa und von Rădăuţi erreichbar. Mit dem Auto dauert die Fahrt über eine 2002 neu gebaute Straße von Suceviţa aus 40 Minuten. Für die gemütliche Reise mit einem der vier täglichen Züge von Rădăuţi benötigt man etwas länger als eine Stunde.

Der Legende nach wurde der Standort des **Männerklosters Putna** von seinem Gründer *Ştefan cel Mare (Stefan der Große)* durch einen Bogenschuss bestimmt, den er von einem Hügel über dem Ort Putna ausführte. Nach der siegreichen Schlacht gegen die Türken 1466 bei Chilia löste der Moldaufürst *Stefan* mit der Gründung ein Gelübde ein, das er vor der Schlacht abgelegt hatte. Der Ort, an dem *Stefan der Große* bei seinem Bogenschuss stand, ist heute durch ein großes weißes Kreuz gekennzeichnet.

Jedes Jahr am 2. Juli **pilgern Tausende von Gläubigen** zum Kloster Putna, um dort das Grab *Stefans des Großen* zu besuchen. Die von einer 4 m hohen Mauer umgebene Anlage gilt als wichtigstes Bauwerk des berühmten Klosterstifters. Gleich am Eingang wird der größte Dichter Rumäniens, **Mihai Eminescu,** mit einem Denkmal gewürdigt; er hatte das Kloster bei einem seiner vielen Besuche als „Jerusalem des rumänischen Volkes" bezeichnet.

Das zwischen 1466 und 1469 erbaute Wehrkloster Putna war im Laufe seiner Geschichte **zahlreichen Angriffen** der osmanischen Heere und der Kosaken ausgesetzt, die hinter den Klostermauern große Reichtümer vermuteten. Der Chronist *Ion Neculce* erzählt im 17. Jahrhundert von einem „schönen Kloster", das „ganz vergoldet, innen und außen bemalt und mit Blei bedeckt" war. Das vollständig aus Blei angefertigte Dach der Klosterkirche wurde um 1650 von den Kosaken bei einer Plünderung eingeschmolzen und zu Kanonenkugeln geformt. Viele der kunstvollen Gemälde und Ikonen wurden verbrannt, um daraus das Gold, das zur damaligen Zeit auch als „Farbe" verwendet wurde, zu gewinnen. Die Gebäude wurden bei den vielen Überfällen zum großen Teil eingerissen, um an die darin vermuteten Schätze und Grabbeigaben von *Ştefan cel Mare* zu gelangen.

Heute präsentiert sich das Kloster im Gegensatz zu anderen Bukowinaklöstern ohne farbige Außenfresken in einem schlichten weißen Anstrich. Auch das **Grab von Ştefan cel Mare** ist mit einem weißen Marmorbaldachin überdacht. Mit ihm gemeinsam sind zwei seiner drei Frauen, seine beiden Söhne *Bogdan* und *Petru* und einige nachfolgende Moldaufürsten im Kloster begraben.

Das Kloster Putna galt im Mittelalter nicht nur als kirchliche Trutzburg und Rückzugsstätte der Mönche, sondern auch als bedeutende Schreibwerkstätte und Kunstschule. Das **Museum** des Komplexes bewahrt einige Kirchenschätze auf, die zu den wertvollsten ihrer Art in der Welt zählen. Besondere Bedeutung hat das **Evangelium von Humor** aus dem Jahr 1473, das mehrere hundert Jahre in Geheimkammern des Klosters schlummerte und neben anderen silberbeschlagenen Handschriften im Museum zu den größten Schätzen Rumäniens zählt.

Draußen vor dem Kloster stehen neben einer an den Künstler *Brâncuşi* erinnernden Holzskulptur drei **Glocken,** die ehemals zu bestimmten Ereignissen geläutet wurden. Die links stehende, größte Glocke aus dem Jahr 1484 erklang zum letzten Mal 1918. Sie diente nur der Verkündigung großer Ereignisse, wie Krönungen, Hochzeiten von Fürsten oder deren Tod. Die **Blagovestenie** genannte Glocke soll bis ins 60 km entfernte Suceava zu hören gewesen sein und wurde bis 1989 vor den Kommunisten versteckt. Die mittlere und kleinste der drei aufgereihten Glocken wurde für den Alltagsgebrauch benutzt, während die letzte Glocke, rechts außen, das Geschenk eines Handwerkers, niemals zum Einsatz kam.

Sehr interessant ist die in den Felsen gehauene **Höhlenkirche (Biserica lui Daniil Sihastrul),** die man am Berghang sehen kann. Einst diente sie als Eremitenwohnung für *Daniil,* einen Zeitgenossen von *Stefan dem Großen.* Der Überlieferung nach soll der Einsiedler den Moldaufürsten während der türkischen Belagerungen mit raffinierten Kriegsstrategien und „göttlichen Eingebungen" erfolgreich beraten haben.

Mihai Eminescu – Nationaldichter Rumäniens

Es gibt wahrscheinlich keine einzige rumänische Stadt, in der nicht wenigstens eine Straße oder ein öffentliches Gebäude nach dem größten Dichter Rumäniens, nach **Mihai Eminescu (1850–1889)** benannt ist. *Eminescu* gilt heute als die entscheidende poetische Stimme seines Zeitalters und seines Landes und darf auch in keiner Hochzeitsansprache, keinem kulturpolitischen Statement von Bedeutung und keiner Trauerrede in Rumänien fehlen. Das Verdienst *Eminescus* bestand darin, die rumänische Sprache in seinen Gedichten, Novellen und Märchen entscheidend beeinflusst zu haben. Der Dichter, der übrigens ein hervorragendes Deutsch sprach, bereicherte und modernisierte seine Muttersprache um völlig neue Wendungen und geniale Neologismen.

In subversiv-ironischem Ton nahm *Eminescu,* als wissenschaftlich und kulturell aufgeklärtes Kind seiner Zeit, in seinen Schriften auch zu gesellschaftlichen und religiösen Themen Stellung. Die kommunistische Literaturkritik hatte es denn auch nicht leicht, den freiheitsliebenden Dichter als jemanden zu etablieren, der als Nationaldichter „dem ganzen Volk zu dienen hatte". *Eminescu,* in dessen Gedicht „Menhire" (Berufung) 1880 eine Strophe mit den Zeilen „Und keiner bringt mich dazu, nach seiner Pfeife zu tanzen ..." beginnt, war dem Diktator *Ceauşescu* suspekt, war ihm zu sehr Individualist.

Eminescu galt bereits in seiner Kindheit als Einzelgänger. Geboren im moldauischen Botoşani, wo man ihm seit 1964 eine Gedenkstätte mit Museum eingerichtet hat, schloss sich der 16-jährige *Eminescu* nach seiner Schulzeit in Czernowitz einem Wandertheater an. Kaum vier Jahre später ging Eminescu nach Wien und Berlin, wo er Philosophie studierte und die Werke *Schillers* ins Rumänische übersetzte. Mittellos und ohne Studienabschluss kehrte er 1880 in seine Heimat zurück und versuchte sich im Zeitungs- und Verlagswesen, als Übersetzer und Deutschlehrer. Seine Stelle als Direktor der Universitätsbibliothek von Iaşi sollte die erste und letzte feste Anstellung des damals knapp 30-jährigen Dichters werden. Bereits 1885 erkrankte *Eminescu* schwer an der Syphilis und quälte sich (übrigens zur fast gleichen Zeit wie *Friedrich Nietzsche*) in geistiger Umnachtung durch seine letzten Jahre. In dieser Zeit äußerster Anspannung und großer Schmerzen entstanden einige seiner besten Gedichte, ein Roman, Novellen, Märchen und naturwissenschaftliche Abhandlungen.

•**Casa memoriala Eminescu,** in Ipoteşti, 10 km nordwestlich von Botoşani (DN29b), Di. bis So. 9–17 Uhr, Eintritt 4 RON. Zu dem 1964 eingerichteten Gedenkhaus ist nach 1990 auch ein Forschungs- und Nationales Studienzentrum für Literatur hinzugekommen.

Mobilität

- **Züge:** siehe bei Suceava und Rădăuţi.
- **Busse:** Es soll von Rădăuţi nach Putna eine permanente Buslinie entstehen. Falls diese nicht zustande kommt, bleibt man auf die Maxitaxis angewiesen, die vor dem Hauptbahnhof warten. Eine Fahrt zum Kloster Putna sollte ab Rădăuţi nicht mehr als 10 Euro kosten (40–50 RON). Empfehlenswerter als die Anfahrt mit dem Bus ist die Bahnfahrt.

Unterkunft

- Das Kloster Putna bietet keine Übernachtungen auf dem Gelände an, doch in der Klosterstraße (Str. Mănăstirii) finden sich mehrere Pensionen und Gasthäuser. Einen guten Eindruck macht die kleine **Pensiunea Chitriuc,** Str. Mănăstirii 585, Tel. 0230-414 201. Neben den drei 3-Bett-Zimmern und zwei DZ bietet die Pension auch freien Zugang zur Küche, eine Grillgelegenheit und einen Kinderspielplatz. 3-Bett-Zimmer 120 RON, DZ 80 RON.
- **Cabana Putna Dorina,** Str. Putna 272. 4 DZ und ein Restaurant. DZ 80 RON.

Essen und Trinken

- Erste Wahl ist das **Restaurant Bucovina,** Str. Mănăstirii 157a, Tel. 0230-414 227.

Mystik und bunte Klöster

Die in Rumänien lebende Physikerin und Autorin **Nina May** bietet Führungen zu den Moldauklöstern der Bukovina an. Wer in der beeindruckenden Kulisse von Klosterfresken, malerischer Natur und archaischen Dörfchen bei Lagerfeuer, Steinpilzeintopf und einer Karaffe Landwein über Lichtquanten, Gemälde, Kulinarik, den rumänischen Alltag, Religion und Mystik philosophieren möchte, schreibe an *Nina May,* Tonciu Nr. 73, 427089 Galatii-Bistritei, Rumänien oder an ninamay.bluesphere@yahoo.de.

Suceava

↗ V, C2

- **Meereshöhe:** 270–435 m
- **Vorwahl:** 0230
- **Einwohner:** 117.800
- **Deutscher Name:** Suczawa

Suceava, die Hauptstadt des gleichnamigen Bezirks, ist dank eines eigenen Flughafens, zweier Bahnhöfe und der hervorragend befahrbaren Europastraße 85 sehr gut zu erreichen. Im Mittelalter galt die Stadt an der historischen Handelsroute vom Schwarzen Meer nach Krakau als wichtiger Umschlagplatz für Holzwaren, Stoffe und Gewürze, die von Konstantinopel über Constanţa nach Suceava gelangten. Über ein Jahrhundert lang war Suceava Hauptstadt Moldawiens, bis ihr 1565 Iaşi diesen Rang streitig machte. Von der völligen Zerstörung durch die Osmanen (1624) hat sich die Stadt bis ins 18. Jahrhundert hinein kaum erholt. Während der Habsburgerzeit spielte Suceava keine wichtige Rolle. Heute sucht die Universitätsstadt, die gerade einmal 40 km von der ukrainischen Grenze entfernt liegt, nach einem neuen, modernen Profil. Ihre Rolle als industrieller Standort für Maschinenbau und Holzverarbeitung, die sie zu kommunistischen Zeiten hatte, wird die Stadt ohne neue Investitionen verlieren.

Orientierung

Leider zieht ein alles überragender Hinweisturm der Fast-Food-Kette McDonald's an der Hauptstraße im Stadt-

kern die Blicke mehr an als irgendeine Sehenswürdigkeit. Doch die Reklame hat auch ihr Gutes, dient sie doch so manchen ortsunkundigen Autotouristen als erste Orientierung im etwas unübersichtlichen Gewirr der Innenstadt. Wer aus südlicher Richtung, also aus dem Städtchen Fălticeni, nach Suceava kommt, sollte in der Nähe des Hamburger-Restaurants einen Parkplatz entlang des **B-dul Ana Ipătescu** suchen. Von hier aus sind es nur fünf

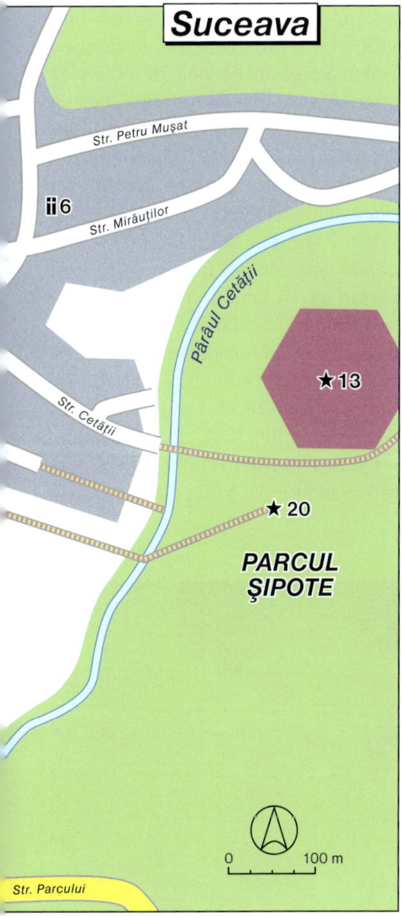

	1	Piccolo Mondo
Ⓑ	2	Busbahnhof
	3	Markt
✉	4	Post
	5	Sf. Dimitriu
	6	Mirăuți Kirche
✡	7	Synagoge
	8	Buchhandlung Casa Cărții
	9	Hotel Central
✚	10	Farmacia Centrala
	11	Geldautomat
	12	Domnițelor Kirche
★	13	Zitadelle
Ⓜ	14	Hanul Domnesc
●	15	Reisebüro Travis
	16	Galeria de Arta
★	17	Kulturpalast
	18	Flora Bucovina
@	19	Assist Internet Café
★	20	Statue Ștefan cel Mare
	21	Hotel Gloria
Ⓜ	22	Naturwissenschaftl. Museum
	23	Terasa Underground
★	24	Stadtpark
	25	Markt
Ⓜ	26	Historisches Museum der Bukowina
	27	Hotel Bucovina
	28	Kloster Sf. Ioan cel Nou
	29	Hotel Balada
	30	Buchhandlung Humanitas

Minuten zu den versteckten Schönheiten der Stadt. Wer in das Tal hinunter abbiegt und weiter über den Fluss in den nördlichen Teil Suceavas fährt, läuft Gefahr, die Stadt angesichts riesiger Rohrleitungen und Fabrikanlagen fluchtartig wieder zu verlassen, ohne die wichtigsten Punkte der Stadt überhaupt wahrgenommen zu haben.

Die meisten der historischen Sehenswürdigkeiten im Stadtzentrum sind mühelos **zu Fuß** zu erreichen, und selbst zu der etwas abseits gelegenen Zitadelle geht man nur 15–20 Minuten.

Sehenswertes

Die Fürstenherberge

Wie in so mancher rumänischen Industriestadt verbirgt sich auch in Suceava hinter der harten, lauten Schale ein attraktiver, ruhiger Kern. Die interessantesten Stellen der Stadt finden sich abseits des großen Hauptplatzes, dem Platz des 22. Dezember, und jenseits der hochfrequentierten zentralen Hauptverkehrsstraße. Am besten steuert man gleich eines der schönsten städtischen Gebäude der Bukowina an, um in den Fußgängerzonen und grünen Parkanlagen die idyllischen Seiten Suceavas kennen zu lernen. Es handelt sich bei dem sehenswerten Bau um das **Hanul Domnesc** (übersetzt: Fürstenherberge), die ehemalige mittelalterliche Herberge, die unweit des zentralen Hotels Gloria in einer ruhigen Zone der Stadt liegt. Das Gebäude im alten Handwerkerviertel wurde im 17. Jahrhundert ausschließlich für die Übernachtung von Händlern und Beamten genutzt, wandelte sich dann zur öffentlichen Herberge und war von 1850 an Jagdhaus des österreichischen Kaisers *Franz Joseph.*

Heute findet man hinter dem schweren Eichentor ein **Völkerkunde-Muse-**

rum486 Foto: jr

um der Extraklasse. Im Mittelpunkt der Ausstellung stehen lokale Trachten, bestickte Folklorekostüme und wilde Masken, die in Suceava zum Winterkarneval während der Straßenumzüge getragen werden. Das sehr freundliche Personal des Museums gibt auch gerne Auskünfte zu den Bräuchen in der Bukowina sowie zur neueren und älteren Stadtgeschichte.

- **Hanul Domnesc,** Str. Ciprian Porumbescu 5, Tel. 213 775, täglich 10–18 Uhr.

Am Stadtpark

Der Stadtpark von Suceava, der den lebhaften Bulevard Ana Ipătescu zum verkehrsberuhigten Zentrum hin abgrenzt, liegt etwa fünf Fußminuten vom Hanul Domnesc und dem zentralen Platz des 22. Dezember entfernt. Die Fußgängerzone der Strada Ştefan cel Mare führt einen direkt dorthin. Am Stadtpark liegt das **Naturkunde-Museum** mit einigen lebensnah inszenierten Situationen aus dem Tierreich. Neben kämpfenden Hirschen, schnuppernden Dachsfamilien, säugenden Rehmüttern und kabbelnden Bärenkindern findet man auch mineralische Funde aus der Bukowiner Bergwelt wie bunte Quarze und Piritsteine. Die Studenten, die im Foyer des Museums an der Kasse arbeiten, sind sehr hilfsbereit und verweisen Besucher der Stadt auch gerne auf andere Sehenswürdigkeiten wie zum Beispiel das **Planetarium.** Seit der Sonnenfinsternis vom 11. August 1999, die in Rumänien wunderbar zu sehen war, erlebt die Sternwarte einen regelrechten Boom. Wer sich den nächtlichen Sternenhimmel über Suceava durch ein Fernrohr ansehen möchte, kann dies im Planetarium ab 22 Uhr tun.

In der ehemaligen Fürstenherberge Hanul Domnesc ist heute ein sehenswertes Völkerkunde-Museum untergebracht

- **Muzeul de Ştiinţele Naturii** (naturkundliches Museum), Str. Ştefan cel Mare 23, Tel. 213 775, Mo. 8–15 Uhr, Di. bis So. 9–17 Uhr, Eintritt 15 RON.
- **Planetarium,** Str. Universităţii 13a, Tel. 221 840 (vom Stadtpark aus mit dem Taxi 5 Minuten), Eintritt 20 RON.

Kirche Sfântul Dimitriu

Die Str. Ştefan cel Mare führt rechter Hand des Hauptplatzes 22. Dezember unmittelbar zur **ältesten Kirche der Stadt,** der Demeterkirche (Biserica Sfântul Dimitriu). Sie wurde 1534/35 vom Fürsten *Petru Rareş* im typisch moldauischen Stil errichtet. Der freistehende vierstöckige Glockenturm kam erst 1561 hinzu und wurde von *Alexandru Lâpuşneanu* konstruiert. Die bunten Dachziegel können leider nicht darüber hinwegtrösten, dass die Fresken im Innern durch Kerzenrauch völlig unkenntlich geworden sind. Auch die Außenmalereien sind kaum mehr erhalten und werden seit 2003 restauriert.

Modernste Kirchenkunst

In der Rosenallee (Alea trandafirilor), fünf Minuten vom Zentrum entfernt, findet sich ein Beispiel dafür, dass sich moderne orthodoxe Kirchen in ihrer Architektur nicht mehr nur an traditionelle Vorlagen halten. Die futuristisch anmutende **Kirche Fecioare Maria,** die 2005 fertig gestellt wurde, gilt als der modernste orthodoxe Kirchenbau Rumäniens. Konservative Kritiker haben die Kirche, die an Experimente evangelischer Autobahnkirchen erinnert, in der lokalen Presse mit dem Hinweis kommentiert, die Gläubigen mögen darauf achten, dass ihnen in diesem modernen Schiff nicht speiübel werde.

Rund um den Kulturpalast

Auf den ersten Blick reiht sich der vor dem Nationaltheater gelegene **Platz des 22. Dezember** nahtlos in die Liste anderer zubetonierter, uninspierter Plätze in rumänischen Großstädten ein. Wer sich jedoch vor dem kleinen **Café Flora Bucovina** die Platzarchitektur ein wenig genauer betrachtet, wird so manches interessante Detail entdecken und sich nach einer Weile wie in einem sozialistischen Freilichtmuseum fühlen. So finden sich auf dem Boden vor einem kaum beachteten Betonspringbrunnen Ähren und Maschinenräder als abgetretene Marmorintarsien, die auf die Vorliebe der Kommunisten für kitschig-heroische Symbole verweisen. Als belebendes Element des Marktplatzes kommt im Sommer ein großer **Biergarten** hinzu, der direkt vor dem monumentalen Kulturpalast zu finden ist. Das protzige Gebäude des Palastes beherbergt unter anderem das **Nationaltheater** und erinnert ein wenig an ein gewaltiges steinernes Raumschiff.

Erwähnenswert ist noch die **Messingstatue des Fürsten Petru Muşat,** der die Zitadelle von Suceava errichten ließ. Sie steht direkt vor dem Nationaltheater auf dem Marktplatz, verschwindet aber während der warmen Sommermonate regelmäßig zwischen den Planen der zahlreichen Bierzelte.

Achtung: veraltete Stadtpläne

Leider werden in Rumänien immer noch veraltete Stadtpläne **in den Informationszentren** der größeren Städte ausgegeben. Wenn Sie also einen alten Plan von Suceava besitzen sollten, vergessen Sie ihn. Der Platz des 22. Dezember hieß früher Platz des 23. August, und auch andere markante Straßen und Hotels der Stadt haben mittlerweile ihren Namen gewechselt, wie zum Beispiel das frühere Hotel Suceava, das nach einer Renovierung nun als Hotel Central in Erscheinung tritt.

Die Zitadelle

Im östlichen Teil des Stadtzentrums liegt die Zitadelle, die von der einheimischen Bevölkerung heute **Fürstenburg (Cetatea de Scaun)** genannt wird. Man erreicht sie über eine lange Treppe, die von der Str. Cetăţii, der Festungsstraße, abzweigt. Von der Hauptstraße aus ist die Festung nicht zu sehen.

Die Zitadelle wurde unter der Herrschaft von *Petru Muşat I.* von 1375 bis 1391 erbaut. Ursprünglich hatte der mächtige Bau vier Wehrtürme, eine gewaltige, 4 m breite Ringmauer, zahlreiche Munitionskammern, Schutz-

und Wohnräume für den Fürsten und seine Familie sowie eine Burgkapelle. *Ştefan cel Mare* baute die Festung im 15. Jahrhundert weiter aus und ließ eine 30 m hohe zweite Ringmauer errichten, um feindlichen Bogenschützen und Kanonieren die Arbeit so schwer wie möglich zu machen. Dennoch wurde die Festung in der Folge mehrfach geschleift und schließlich 1675 von den Türken völlig zerstört. Die Bevölkerung bediente sich in den nachfolgenden Jahrhunderten und baute sich aus den verbliebenen Steinen Häuser. Seit 1944 ist die Restauration der Fürstenburg im Gange und hält bis zum heutigen Tage an.

- **Cetatea de Scaun,** täglich 9–18 Uhr, Eintritt Erwachsene 5 RON, Kinder 2 RON.

Informationen

- **Asociaţia pentru Turism Bucovina,** Str. Universităţii 15–17, Tel./Fax 531 977, www.bucovinaturism.ro.
- **Promtur Bucovina,** Str. Universităţii 9, Tel./Fax 0740-019 277, www.e-promo.ro
- **Ecoturism Club,** Calea Bucovinei 13, Tel./Fax 314 741, www.carpathiantour.org.

Service

- **Hauptpost,** Str. Dimitrie Onciu 1, Tel. 512 222, und Str. Garii 5–7, Tel. 533 447.
- **Geldwechsel: Raiffeisenbank,** B-dul 1. Mai 5a und Str. Nicolae Bălcescu 2.
- **Internet:** Das **Assist** am Platz des 22. Dezember ist ein richtiges Internetcafé mit Kaffeeausschank und angeschlossenem Computerladen. An 17 Computern kann man für 2 RON die Stunde surfen. Sehr professionell, ruhig und empfehlenswert. Tel. 523044.
- **Fotografie: Foto Schnell,** Str. Curtea Domnească 5, Tel. 520 272.

Notfälle

- **Apotheken:** Direkt am Platz des 22. Dezember befindet sich die **Farmacia de lângă tine.** Wahrscheinlich erkennen Sie sie sofort an der kleinen Schlange davor: Es ist die einzige Apotheke von Suceava, die auch Rezepte von Krankenversicherten annimmt. Zwei Häuser daneben befindet sich die **Farmacia Centrala,** Tel. 217 285. Da hier alles bar bezahlt wird, besteht kaum Wartezeit.
- **Stadtkrankenhaus: Spitalul Municipal,** Str. 1. Decembrie 1918, Tel. 222 098.
- **Zahnärzte: Dr. Mihaela Hodoroabă,** Str. Mihai Viteazu 38, Tel. 531 619, und **Dr. Dana Pavelescu,** Str. Lalelelor 11, Tel. 511 418.

Mobilität

Flüge

- Der **Flughafen Aeroportul Suceava** befindet sich 11 km östlich der City nahe dem kleinen Ort Salcea. Man erreicht ihn über die DN29, die nach Botoşani führt. Die vier wöchentlichen Flüge mit TAROM Airlines nach Bukarest erfolgen mit einem Zwischenstopp in Bacău.

Züge

- Suceava verfügt über zwei Bahnhöfe, den **Gara Centrală** und den **Gara de Nord.** Vom nördlichen Bahnhof fahren alle Züge nach Rădăuţi und Putna. Wer also seine Zugreise zum Kloster Putna von Suceava aus antritt, sollte sich das Umsteigen in der Stadt ersparen und sich gleich mit dem Taxi zum Gara de Nord fahren lassen.

Busse

- Den **Busbahnhof (Autogara)** findet man in der Stadtmitte in der Strada Armenească.
- Um 11 Uhr morgens fährt täglich ein Bus **nach Bukarest** (knapp 9 Std., 40 RON).

Auto

- **Werkstätten: Adria,** Str. Gheorghe Doja 119, Tel. 257 166, und **Autoplus,** Str. Delavrancea 2, Tel. 533 326. Eine weitere Werkstatt findet sich in Richtung Gura Humorului:

Cupola Lux Service IRL, Str. Rumlumitului 143, Tel. 526 738, 0788-405 519.

Unterkunft

Hotels

- **Hotel Central** (***), Str. Nicolae Bălcescu 4, Tel. 521 079. Das Hotel, das bis Anfang 2005 noch unter dem Namen Hotel Suceava firmierte, hat sich nun umbenannt. Die im Rahmen dieser Umstrukturierung erfolgten Veränderungen machten auch vor den Preisen nicht Halt. DZ 120–180 RON, Preise je nach Saison, Discount möglich.
- **Hotel Gloria** (***), Str. Vasile Bumbac 4–8, Tel. 521 209. Gepflegtes kleines Hotel im Zentrum. Großes Restaurant. DZ 150 RON.
- Gleich an der südlichen Peripherie von Suceava liegt der **Complex Hotelier Albert** (**), B-dul 1. Decembrie 1918, Nr. 58, Tel. 511 782. Das Hotel ist günstiger als vergleichbare Hotels in der Innenstadt, leicht über die E 85 zu erreichen und verfügt über eine ausgezeichnete 3-Sterne-Küche. EZ/DZ ab 60 RON.
- Das **Hotel Balada** (***), Str. Mitropoliei 3, Tel. 522 146, bietet neben gepflegten Zimmern auch Internet-Anschluss, bewachte Parkplätze und eine Autovermietung an. Außerdem Terrassen-Restaurant,
- Das **Hochhaus-Hotel Bucovina** hat den Mief der alten Zeit durch eine Totalrenovierung abgelegt. Dennoch ist das zentral gelegene Haus aus den 1950er Jahren mit seinen 130 Zimmern nicht jedermanns Sache. Str. Ana Ipătescu 5, Tel. 217 048.

Pensionen

- Wer aus südlicher Richtung über die E 85 kommt, sieht die **Pension Leaganul Bucovinei** gleich bei der Einfahrt nach Suceava linker Hand. Hinter dem Haus befinden sich ein großer Garten, zahlreiche Obstbäume und ein Grillplatz. Die Küche ist hervorragend. Ein idealer und ruhiger Einstieg ins turbulente Stadtleben. DZ 80–100 RON (je nach Saison), B-dul 1. Decembrie 1918, Nr. 52, Tel 0740-828 888.
- Die **Pensiunea Bavaria** ist eine sehr angenehme Pension in der Str. Humorului 56, Tel. 526 260. Auch das gleichnamige Restaurant ist kein Geheimtipp mehr. DZ 60–70 RON.
- **Pensiune Agrotturistica Olympia,** 10 km außerhalb von Suceava Richtung Gura Humorului. Die Pension liegt ausgangs des Ortes Ilişeşti direkt am Wald, an der E576. Zimmer 50–80 RON je nach Saison, Tel. 0722-405 285.
- **Motel Hanul Ilişeşti,** gleich neben dem Campingplatz der Cabana Ilişeşti (s.u.) 16 km außerhalb Suceavas Richtung Gura Humorului. Tel. 0788-404 290 64, EZ/DZ 180 RON.

Camping

- **Cabana Ilişeşti,** 16 km außerhalb von Suceava Richtung Gura Humorului findet man neben einem rot gestrichenen Holzhaus eine Campingmöglichkeit mit 15 Hütten. Je Hütte für 2 Personen 30 RON, Tel. 534 904.

Essen und Trinken

Restaurants

- Ähnlich wie in anderen größeren Städten der Bukowina gelten die **Hotel-Restaurants** als erste Wahl. In Suceava sind das vor allem die Speiselokale der Hotels Central, Gloria und Balada. Besser isst man allenfalls in **Pensionen,** in denen die Gastgeberin selber kocht, beispielsweise in der Pension Leaganul Bucovinei.
- Seit 2005 hat sich das **Piccolo Mondo** in der Str. Rareş 21, Tel. 522 837, in der Gastroszene Suceavas etabliert. Das Restaurant macht auf seiner Speisekarte eine kleine kulinarische Reise durch Süd- und Südosteuropa. Guter Service zu anständigen Preisen.
- Das **Ambra** in der Str. Universităţii 13, Tel. 0788-996 655, bietet gute Pasta und Pizza zu vernünftigen Preisen an. In der warmen Jahreszeit kann man auch auf der Sommerterrasse Platz nehmen.
- Die **Pizzeria Primavera** hat sich ganz auf die italienische Küche spezialisiert. Man findet sie am B-dul G. Enescu im Block T49.
- Zu den besten Restaurants der Stadt zählt das **Bavaria** in der Str. Humorului 56, Tel. 526 260. Es gibt einfache rumänische und inter-

nationale Küche, allerdings keine bayerische, wie man vermuten könnte.

Café

- **Flora Bucovina,** am Platz des 22. Dezember, Tel. 209 422. Kleines, verrauchtes Café im „alten Stil" mit vorgelagertem Freisitz. Der Name „Bukowina-Blume" ist zwar nirgends zu sehen – aber man nennt sich halt so. Hier verkehren ausschließlich Rumänen.

Bars/Club

- In der kleinen, aber stadtbekannten **Bar West** in der Str. Humorului 11, Tel. 526 626, treffen sich ab 20 Uhr vor allem Studenten und Anhänger von Jazz und Soul.
- Gleiches gilt für die **Bar Zona** in der Str. Universităţii, Tel. 523 187, nur dass hier vor allem House-Musik gespielt wird.
- Im **Club V** in der Str. Nicolae Bălcescu 2, Tel. 522 686, wird weder getanzt noch musiziert. Vielmehr dreht sich alles um die neun Billardtische und elektronischen Spielautomaten. Getränke und kleine Snacks bis in die Morgenstunden.

Einkaufen

Bücher

- Die beste Buchhandlung der Stadt ist etwas unauffällig und daher leicht zu übersehen. Die **Libreria Casa Carţii „Mihai Eminescu"** befindet sich im zweiten Stock eines Musik- und Spielzeugladens in der Str. Nicolae Bălcescu 8, Tel. 530 337. Täglich, auch So. von 8–20 Uhr geöffnet.
- Die kleinste **Humanitas-Buchhandlung** Rumäniens findet man in der Str. Aleea Nicului 42. Sie bietet feinste Literatur auf gerade mal 8 Quadratmetern an.

Galerie

- Gleich um die Ecke des Museums Hanul Domnesc (s.o.) können in einer Galerie mit angegliedertem Buchladen Kunstwerke alter und moderner Künstler gekauft werden. Sie nennt sich einfach **Galeria de Arta** und liegt in der Str. Porumbescu 1.

Gura Humorului ⇗IV, B2

- **Meereshöhe:** 470–540 m
- **Vorwahl:** 0230
- **Einwohner:** 16.500

Der **Luftkurort** Gura Humorului („Mündung der Humora") gilt als idealer Ausgangspunkt für den Besuch der Moldauklöster Voroneţ und Humor. Er ist mit Bus und Bahn von den jeweils 20 km entfernten Städten Câmpulung und Suceava gut erreichbar. Der weiträumige Ortskern besticht vor allem durch die große Auswahl an Hotels aller Kategorien. Gute Pensionen findet man in der Peripherie des Ortes. Im 1490 urkundlich erstmalig erwähnten Ort existiert ein **Deutsches Forum,** das Unterkünfte anbietet und über die deutschsprachigen Traditionen in der Bukowina informiert.

Kloster Probota und andere Juwelen

Der Mehrwert eines Reiseführers für individuelles Resien ergibt sich auch daraus, auf schöne Sehenswürdigkeiten abseits des „Fließband-Tourismus" hinzuweisen. Aus diesem Grund sei jedem das wunderschöne **Kloster Probota** (Weltkulturerbe) wärmstens empfohlen. Es liegt etwa 50 km südöstlich von Suceava und wurde 2001 komplett renoviert. Das Kloster wurde 1530 durch *Petru Rareş* erbaut. Die dem heiligen Niklas geweihte Kirche hat ausgebleichte Außenfresken, innen jedoch überstrahlen die wunderbaren Fresken die Farbenpracht vieler touristisch überlaufener Klöster! Tel. 0230-204 743, www.romanianmonasteries.org/bucovina/probota (sehr schöne Webseite auf Englisch).

rum492 Foto: jr

Sehenswertes

Gura Humorului ist arm an architektonischen Sehenswürdigkeiten. Die größte Attraktion des Ortes ist die neu errichtete **Kathedrale** am zentralen Piaţa Republicii, deren glänzende Kupferdächer Besucher schon von weitem anstrahlen. Gleich neben der Kathedrale ist das sehenswerte **Museum für Volkskunde und moderne Kunst** einen Abstecher wert. Der einst stark jüdisch geprägte Ort besitzt noch eine alte **Synagoge** und einen **jüdischen Friedhof.** Naturliebhabern empfiehlt sich eine **Wanderung** entlang der beiden stadteigenen Flüsse Moldava und Humora.

Waldarbeiter am Paşcanu-Pass, 30 km westlich von Gura Humorului

- **Muzeul Obiceiurilor,** Populare de Bucovina, direkt am Piaţa Republicii, neben den Taxiständen, täglich von 8–16 Uhr geöffnet, Eintritt 2 RON, Tel. 231 108.

In der Umgebung

Im kleinen Bukowinadorf **Cacica,** 12 km nördlich von Gura Humorului, existiert ein **Salzbergwerk,** das zur Besichtigung geöffnet ist. Die Eintrittskarten werden am Pförtnerportal des Geländes gelöst und kosten 5 RON. Der Zugang führt zunächst über eine Treppe 25 m in die Tiefe zu einer ins Salz getriebenen Kapelle, in der sich morgens und abends die Bergarbeiter zum Gebet versammelten. Von hier führt eine weitere Treppe 10 m hinab zu den Gängen der alten Schachtaufzüge. Sie dienten dem Transport des gewonnenen Salzes. Auch in diesem zweiten unterirdischen Geschoss gibt es einen kleinen Altarraum mit interessanten, ins Salz gemeißelten Figuren. Der tiefer liegende Bereich, in dem 150 Jahre alte Stützhölzer angebracht sind, kann nicht besichtigt werden.

Wer unter Atembeschwerden oder Platzangst leidet, sollte vom Besuch des Bergwerks absehen. Ansonsten empfiehlt sich die Mitnahme einer guten Taschenlampe, um die ins Salz gemeißelten Figuren besser sehen zu können.

- **Salina Cacica,** Zugverbindungen von Gura Humorului um 9:25 und 16:44 Uhr (Richtung Suceava Nord).

Unterkunft

- Unterkunft zwischen Gura Humorului und Vama: Sehr gut übernachten kann man entlang der E576 in der **Pensiunea Voichiţa,** die man sofort im Dorf **Frasin** an der Hauptstraße entdecken kann. Die Zimmer kosten 70 RON, Tel. 235 117.
- Wer es etwas ruhiger haben möchte und über ein feldwegtaugliches Auto verfügt, sollte den Hinweisschildern kurz vor der Gemeinde **Molid** (4 km vor Vama) folgen. 1 km abseits der Straße liegt die **Pensiunea Lidana** mit Blick über den Fluss Moldova, exquisiter Küche und Sauna. Ruhe hat ihren Preis, und so kostet das Vergnügen 140 RON.

Informationen

- **Centrul de Informare Turistică,** Str. Stejarului 18, Tel./Fax 231 172.

Service

- **Hauptpost,** Str. Republicii 229, Tel. 231 020.
- **Geldwechsel: Raiffeisenbank,** Piaţa Republicii.

Notfälle

- **Apotheken: Farmacia Delia,** B-dul Bucovina 12, Tel. 231 555, und **Farmacia Veterinara,** Sfântul Gavril 4, Tel. 231 331.
- **Krankenhaus: Spitalul Teritorial,** Piaţa Republicii, Tel. 230 756.

Mobilität

Züge

- Der **Hauptbahnhof (Gara Centrală)** liegt 10 Fußminuten westlich des Zentrums an der Str. Garii 12.

Busse

- Den **Busbahnhof (Autogara)** findet man gleich gegenüber vom Hauptbahnhof.

Taxis

- Taxis findet man **am Piaţa Republicii** direkt vor der Kathedrale und dem Best West Hotel. Die einfache Fahrt zu den Klöstern Voroneţ und Humor kostet 18–22 RON.

Unterkunft

Hotels

- Das Hotel der höchsten Kategorie ist das zur Kette Best Western gehörende **Bucovina, Club de Munte** (****). Die imposante Hotelburg in der Stadtmitte ist nicht zu übersehen und bietet EZ zu 60 Euro und DZ zu 78 Euro an. Außerdem Jacuzzi, Hamam und Sauna, die allerdings extra zu zahlen sind. Piaţa Republicii 18, Tel. 207 000, www.bestwestenhotels.ro.
- **Hotel Simeria** (***), Str. Mihail Kogălniceanu 2, Tel. 235 113. Das im Jahr 2004 gebaute Hotel bietet freundlichen, guten Service, helle Zimmer und eine passable Küche zu vernünftigen Preisen. EZ/DZ 30 Euro.

Pensionen

●**Hilde's Residenz** (****), Str. Şipotului 2, Tel. 233 484, www.lucy.ro. Die hübsche Pension im Grünen, 500 m außerhalb des Zentrums, verfügt nur über zwei luxuriöse Zimmer und ein Appartement. Rechtzeitige Anmeldung erforderlich. Man spricht auch deutsch. Preise je nach Saison und Dauer des Aufenthalts: DZ 30–45 Euro, App. 50–75 Euro.

●**Pensiunea Orchidea** (***), B-dul Bucovinei 103, Tel. 611 924. Gleich am Eingang des Ortes (von Suceava kommend) rechts liegt die Pension, deren Zimmer je nach Saison 70–80 RON kosten.

●Die kleine, versteckte **Pension Popasul Bucur** (***) liegt gleich neben der Pension Orchidea am Eingang von Gura Humorului. Das hinter Bäumen, abseits der Straße gelegene Holzhaus im alpenländischen Stil verfügt auch über ein kleines Restaurant (9–23 Uhr). B-dul Bucovinei 105, Tel. 230 897, EZ/DZ 60 RON.

●**Pensiunea Casa Boculeţ** (***), mitten in der Natur gelegene Pension etwa 3 km vom Ortskern entfernt in der Nähe der Brücke über den Fluss Moldava, wunderbare Aussicht. Nach telefonischer Anmeldung holen die Vermieter Gäste aus der Stadt ab. Str. Toăca 28, Tel. 234 715, 0741-201 547, Zimmer pro Person 12 Euro, Frühstück, Mittag- und Abendessen 3–5 Euro.

Privatzimmer

●Das **Deutsche Forum (Forumul Local German)** gleich neben der katholischen Kirche (B-dul Bucovinei 8, Tel. 235 012) bietet eine private Unterbringung in schönen, neu gestalteten Räumen mit eigenem Bad an. Falls die Zimmer schon angemietet sind, vermittelt das Forum auch andere private Unterkünfte. Frau *Felicia Moroşan* erzählt gerne etwas über deutschsprachige Traditionen in der Bukowina und veranstaltet Kulturfahrten, Feiern und Feste. DZ 60 RON.

Essen und Trinken

●**Restaurant Lions,** B-dul Bucovina 36, Tel. 233 740. Delikate Spezialitäten der Bukowinaküche, Terrasse mit Freisitz.

●Das Restaurant im **Hotel Bucovina** ist für seine frischen und schmackhaften Gerichte bekannt. Rumänische und internationale Küche. Piaţa Republicii 18, Tel. 207 000, www.bestwestenhotels.ro.

●**Moldova,** Piaţa Republicii 16, Tel. 235 003. Großrestaurant mit passabler rumänischer Hausmannskost. Sehr gut sind die Gemüsesuppen.

Kloster Voroneţ

↗IV, B2

Die Anreise nach Voroneţ, zum **berühmtesten aller Moldauklöster,** erfolgt über die Stadt Gura Humorului. Wer über kein Auto verfügt, kann von der 5 km entfernten Stadt auch die Buslinie 53 nehmen, die einen direkt vor die Klostermauern bringt. Bei schönem Wetter bietet sich als Alternative eine Wanderung von Gura Humorului an. Eine Zugstrecke zum Kloster existiert nicht.

Der Bau des dem *hl. Georg* geweihten Gotteshauses wurde der Sage nach von *Stefan dem Großen* als Dank für eine erfolgreiche Vorhersagung veranlasst. Der in Voroneţ ansässige **Eremit Daniil** soll ihm vor den Türkenkriegen im Jahr 1488 einen guten Ausgang geweissagt und neuen Mut geschenkt haben. Zwischen 1487 und 1488 wurde das Kloster in der Rekordzeit von drei Monaten und drei Wochen erbaut und anfangs von Mönchen betreut. Als die Bukowina von der Habsburger Monarchie im Jahre 1785 annektiert wurde, verschwanden die Mönche, und erst 1991 wurde das Leben im Kloster von Nonnen wieder aufgenommen. Mittlerweile gehört

Voroneț gemeinsam mit sechs weiteren rumänischen Klöstern zum Weltkulturerbe der UNESCO.

Wegen des jahrhundertelangen Kerzenrauchs im Kircheninnern werden die rußgeschwärzten Malereien seit Jahren aufwendig restauriert. Die Außenfresken erstrahlen hingegen umso klarer und deutlicher.

Im Gegensatz zu anderen Moldauklöstern findet man nach Durchquerung der Ortschaft Voroneț nur eine einzeln stehende, vollständig von Außenmalereien bedeckte Kirche vor, die von einer Mauer umgeben ist. Weitere Klostergebäude sind nicht vorhanden, dafür aber ein riesiger Parkplatz, der stets gut gefüllt ist. Händler verkaufen hier traditionelle Kleidung, Wolldecken und Stickereien. Die weltweite Bekanntheit, die Voroneț erlangt hat und die man an den Besucherströmen ablesen kann, die das Kloster vor allem in den Sommermonaten überfluten, ist unter anderem auf die mysteriöse Leuchtkraft einer Farbe zurückzuführen, dem berühmten **„Voronețer Blau"**. Dieser Farbton wurde nur in den **Außenfresken** in Voroneț verwendet und wird von Kunstgeschichtlern in einem Atemzug mit dem Veroneser Grün oder Tizianrot genannt. Am strahlendsten erscheint das Voronețer Blau im großflächigen Motiv des

Kloster Voroneț – die berühmteste aller Moldaufresken: „Das Jüngste Gericht"

Jüngsten Gerichts auf der Westseite des Klosters. An warmen Tagen bringt die Sonne die Fresken hier regelrecht zum Glänzen. Das Geheimnis der leuchtenden blauen Farbe, die die Jahrhunderte so mühelos überdauert hat, ist inzwischen gelüftet: Dem aus Pflanzen gewonnenen natürlichen blauen Farbstoff wurde fein zermahlener Lapislazulistaub beigemischt.

Auch die Motive der Fresken sind ein wichtiger Grund für die Attraktivität des Klosters; **„Das Jüngste Gericht"** steht dabei im Mittelpunkt des Interesses. Das Freskenbild bedeckt die gesamte äußere Westseite der Klosterkirche und erstrahlt im Sommer zwischen 12 und 15 Uhr in den leuchtendsten Farben. Auf Fenster hat man an dieser Fassadenseite bewusst verzichtet, um eine durchgehende Bildfläche zu schaffen. Kunstgeschichtler messen dem Gemälde einen sehr hohen Stellenwert bei, was zum Beinamen des Klosters als „Sixtinische Kapelle des Ostens" geführt hat.

In fünf Motivbahnen, die von oben nach unten zu lesen sind, werden die Vorstellungen vom **letzten Tag der Menschheit** in prächtigen und drastischen Bildern dargestellt. Ganz selbstverständlich sind in das Gemälde Szenen des rumänischen Lebens und die Vorstellung eines **„rumänischen Himmels"** integriert. So spielt auf den Fresken der König *David* nicht etwa die Harfe, sondern das einheimische Zupfinstrument *Cobză,* und die Erzengel blasen nicht in Posaunen, sondern in die heimischen Karpaten-Albhörner, die *Buciumi* genannt werden.

Die **Hierarchie des Jüngsten Gerichts** zeigt oben Gottvater und die Engel am Himmelstor, in der Motivbahn darunter *Christus,* von *Maria* und *Johannes dem Täufer* flankiert, und im mittleren Bildregister einen leeren Thron, den so genannten Hetoimasia (griech. Vorbereitung). Links sind die gläubigen Seelen zu sehen, die in den Himmel kommen und in edle moldauische Tücher gekleidet sind, rechts dagegen die Aspiranten für die Hölle mit Turbanen und türkischen oder tatarischen Gesichtern. In der unteren Bildbahn ist zu sehen, wie der schwer bepackte Teufel die Sündenregister herbeischleppt und Engel die Verdammten in den glutrot gemalten Feuerstrom jagen.

Klassischerweise ist an der **Südfassade** der moldauischen Klöster der Akathistos-Hymnus zu sehen, der in 24 Bildern dem Leben der Jungfrau *Maria* huldigt. In Voroneț tritt an seine Stelle die **Abbildung des Stammes Jesse,** des Stammbaums *Christi.* Als wichtiges Detail der Malerei sei auf die Darstellung des Eremiten *Daniil* (mit Heiligenschein) und des Metropoliten Roşca (mit Bart) hingewiesen. Nach oben werden die Fresken vom Kampf *Georgs* mit dem Drachen abgeschlossen.

Da sich die Darstellung der Wurzel Jesse nicht vollständig auf der ehemaligen Südwand abbilden ließ, nahm man kurzerhand eine Fassadenerweiterung vor. Die Architektur des Klosters musste sich also der Malerei unterordnen, was in der Kirchengeschichte ein einmaliger Fall ist.

Der Blick auf die Außenfresken wird teilweise durch die tief herabreichende Traufe des Daches erschwert. Sie soll die kostbaren Gemälde vor Witterungseinflüssen schützen. Doch auf der **Nordfassade** sind leider nicht mehr alle Bilder zu erkennen. Das ist besonders schade, da gerade hier ein nur in der Moldau bekanntes Thema der apokryphen Schriften dargestellt wurde, die **Himmlischen Zollschranken.** Nach der Vertreibung aus dem Paradies soll *Adam* mit dem Teufel einen Pakt geschlossen haben. Er durfte die noch nicht geweihte Erde so lange pflügen, wie er dem Teufel im Gegenzug Seelen seiner Nachfahren zuführte. Auf einer Freske sieht man, wie *Christus* diesen Pakt zerreißt.

Unterkunft

- **Complex Touristic Casa Elena** (****), Str. Principala, Tel. 0230-230 651. Leider hat sich der Preis dieses besten Hauses im Ort in den letzten Jahren verdoppelt, und ein Ende ist angesichts des nicht abreißenden Besucherstroms im Kloster nicht abzusehen. Für den hungrigen Gast lohnt sich ein Abstecher ins **Restaurant Elena** auf jeden Fall. Spezialitäten: *Hribi cu Usteroi* (Pilze mit Knoblauch) und *Clătite cu Piept de Păsare* (Pfannkuchen mit Hühnchen). Zimmerpreise je nach Saison: EZ 42–50 Euro, DZ 49–57 Euro.
- **Pensiunea Maria,** Tel. 0230-231 572, mobil 0740-093 368, marialatis@yahoo.com. 26 Plätze, sehr saubere Zimmer, positive Leserresonanz. DZ 120 RON, Frühstück inkl.
- **Motel Caprioara** (**), das sehr freundliche Motel und seine hilfsbereiten Gastgeber sorgen gleich gegenüber dem Touristic Casa Elena für eine gute und preiswerte Alternative. Zimmer mit eigenem Bad 80 RON, Zimmer mit Gemeinschaftsbad 60 RON.
- Keine 100 m vom Motel Caprioara entfernt bieten sich auch **Campingmöglichkeiten** an. Die neu asphaltierte Straße am Eingang des Ortes führt zur **Cabana Voroneț.** Wahlweise kann man sich hier für 30 RON eine Hütte oder für 70 RON ein Zimmer mieten.
- Das 2005 erbaute **Gasthaus Obcina Voronețului** (**) liegt gerade einmal 200 m vom Kloster entfernt. 5 Zimmer mit Gemeinschaftsbad, 4 Zimmer mit eigenem Bad. Neben hervorragendem Essen bietet das Gasthaus auch Kutschfahrten ins Umland an. EZ/DZ 25 Euro (mit eigenem Bad).

Kloster Humor

↗IV, B2

Das 1530 von *Theodor Bubuiog* gestiftete Kloster Humor liegt nur 5 km von Gura Humorului entfernt. Auf der traumhaft schönen Strecke von der Stadt bis zum Kloster sind zahlreiche **verzierte Holzhäuser** zu sehen, die mit hölzernen Außenschindeln und großen zinkblech-verzierten Toren auf sich aufmerksam machen.

Wie auch im Kloster Voroneț wurde das klösterliche Leben in Humor während der Habsburgerzeit aufgehoben und erst im Jahr 1991 durch Nonnen wieder aufgenommen. Im Mittelalter war Humor ein wichtiges kulturelles Zentrum der Schriftgelehrten. Das bekannteste Zeugnis dieser Zeit, das pergamentene, mit vielen Miniaturzeichnungen versehene **Evangeliarium** von 1473 ist heute im Museum in Putna zu bewundern.

Ein weiterer Vergleich zum Kloster Voroneț tut sich auf, wenn man sich die **Fresken** der Klosterfassaden betrachtet. Auch in Humor haben die Außengemälde eine südliche Sonnenseite. Auf der nördlichen Wetterseite sind durch Schnee und Regen alle Fresken weggewaschen. Nur dicht unterhalb des schützenden Dachfirsts sind einige der kostbaren Gemälde erhalten geblieben.

Die turmlose Kirche gilt als einzigartig unter den moldauischen Klöstern, doch ganz ohne Aussichtsplattform kommt auch das Kloster Humor nicht aus. Der **freistehende Turm,** der sich bis auf halbe Höhe begehen lässt, verschafft Besuchern einen hübschen Überblick über das Klostergelände.

Das Hauptmotiv der gut erhaltenen **Südseite** ist der in der byzantinischen Welt sehr beliebte **Marienhymnus (Akathistos).** Er wird traditionellerweise immer in 24 so genannten Bildstrophen gemalt, wobei die Gemälde aus Humor es zu besonderer Berühmtheit gebracht haben. Man findet diese bildliche Marienverehrung auch in den Klöstern Moldoviţa, Suceviţa, Arbore und Baia wieder. *Maria* taucht als beliebtes Motiv häufiger an den Klosterwänden Humors auf. So zum Beispiel in der Vorhalle, dem Pronaos, wo sie in einem in Rumänien sehr berühmten Gemälde den Kopf des Jesuskindes stützt, das sich mit seinen Händen an ihren Schultern festhält.

• **Kloster Humor,** Eintritt 4 RON. Wer videofilmen möchte, muss noch einmal 3 RON, wer fotografieren will, 2 RON bezahlen.

Anreise

Zwischen der Stadt Gura Humorului und dem Kloster Humor pendeln täglich mehrere **Busse;** die einfache Fahrt für die 5 km lange

rum499 Foto: ir

Strecke kostet umgerechnet weniger als 1 Euro. Doch auch die Fahrt mit dem **Taxi** ist recht preiswert (18–22 RON, ca. 5 Euro). Taxis findet man in Gura am Piața Republicii direkt vor der Kathedrale und dem Best West Hotel. Wer mit dem eigenen Wagen kommt, kann diesen vor dem Kloster Humor auf einem bewachten Parkplatz gegen Gebühr abstellen. Bei früher Anfahrt finden sich direkt vor den Klostermauern kostenlose Stellplätze.

Unterkunft

- **Auf dem Klostergelände** wird an einem Gästetrakt gearbeitet. Wahrscheinlich wird es ab Sommer 2007 möglich sein, auch im Kloster direkt zu übernachten.
- Bereits auf dem Weg von Gura Humorului zum Kloster Humor liegt rechter Hand 3 km außerhalb der Stadt eine wunderbare Pension. Die Übernachtung in der ganz mit Holzschindeln verkleideten **Casa Liliana** kostet pro Zimmer 60 RON. Das Haus ist mit einem Tor aus Zinkblech verziert. Tel. 0741-662 162.
- Übernachten kann man auch gleich neben dem Kloster in der **Casa Buburuzan,** Tel. 0230-572 800. Je nachdem, wie lange der Gast bleiben möchte, zahlt er hier zwischen 30 und 40 RON.
- Ebenfalls an der kurzen Klosterstraße, an der die Händler stehen, findet sich **La Maison de Bukowina** mit der Hausnummer 12, Tel. 0744-373 931. Die Preise sind saisonal gestaffelt und verhandelbar. Je nach Saison und Dauer kostet ein Zimmer zwischen 30 und 40 RON.
- Unschlagbar preisgünstig und sehr empfehlenswert ist die kleine **Pension von Elena Macovai.** Man findet sie bei der Einfahrt nach Mănăstirea Humorului am Ende der ersten nach links führenden Seitenstraße (nach der Brücke), Str. Largă 34, Übernachtung mit Frühstück 10 Euro, mit Vollpension 12,50 Euro.

Nonnenkloster Slatina

Kloster Slatina V, C2/3

Im Gegensatz zu allen anderen Moldauklöstern finden sich in Slatina, 20 km südlich des Klosters Voroneț und 30 km westlich der Stadt Fălticeni, **kaum Touristen.** Dies hat vor allem zwei Gründe: Zum einen sind die Wege zum Kloster in einem katastrophalen Zustand, zum anderen ziehen die Nonnen es in Slatina vor, in Ruhe zu leben. Zwar heißen sie Touristen herzlich willkommen, sie sind jedoch spürbar nicht an der Vermarktung ihres Klosters interessiert. So geht das Leben im Kloster Slatina seinen beschaulichen Gang. Die Nonnen versorgen sich an einem nahe gelegenen Teich mit Fischen, arbeiten im riesigen, dem Kloster vorgelagerten Garten oder ziehen sich zur Meditation zurück.

Auch die Architektur des Klosters Slatina unterscheidet sich von den anderen Moldauklöstern. Die Klosterkirche aus dem Jahr 1561 ist **außen nicht bemalt** und benötigt daher auch kein tief heruntergezogenes Dach zum Schutz von Gemälden. Die großzügige, weiß getünchte Kirche wird von einer **Umfassungsmauer** mit mehreren Ecktürmen umschlossen.

Eine der Nonnen hat sich daran gemacht, die **Geschichte des Klosters** in Englisch, Französisch und Rumänisch zu verfassen. Kopien des Manuskripts können im Kloster erstanden werden.

- **Übernachtungen** auf dem Klostergelände sind nur nach vorheriger Anfrage und mit Genehmigung durch das Patriarchat in Iași möglich.

Târgu Neamț

↗V, C3

- **Meereshöhe:** 360 m
- **Vorwahl:** 0233
- **Einwohner:** 20.700

Târgu Neamț (gesprochen: Tirgu Neamtz) liegt auf der Stecke zwischen den beiden größeren Städten Piatra Neamț und Suceava am Fluss Ozana. Die beiden sich hier kreuzenden Nationalstraßen 15b und 15c sind durchgehend gut befahrbar. Die alte, rundum von Bergen umgebene Handelsstadt wird erstmalig um 1387 in historischen Dokumenten genannt. Ihr Name, der übersetzt **Deutscher Markt** bedeutet, verweist auf die wichtige Rolle, die der Warenaustausch mit westlichen Ländern in der Moldauregion bis zum 17. Jahrhundert spielte. Durch Târgu Neamț verliefen im Mittelalter und der frühen Neuzeit zwei der meistfrequentierten Handelsrouten Osteuropas: über den Petru-Voda-Pass nach Transsylvanien, über Roman und Galați ans Schwarze Meer.

Heute nutzen Besucher die Gemeinde als zentralen Ausgangspunkt für die Besichtigung der beiden großen Moldauklöster Agapia und Neamț. Die größte Attraktion des Ortes ist die **Festung Neamț** hoch oben über der Stadt. Sie ist die am besten erhaltene Burg der Provinz Moldau.

Sehenswertes

Im Stadtzentrum

Die wenigen Sehenswürdigkeiten der kleinen Marktstadt lassen sich bequem zu Fuß in einer Stunde besichtigen. Die beiden wichtigsten liegen sich gleich unmittelbar am Bu-dul Ștefan cel Mare gegenüber. Das **Gedenkhaus Veronica Micle** aus dem Jahr 1834 stellt in einem winzigen Museum Manuskripte, Briefe, Bücher und Möbel der bekanntesten rumänischen Poetin aus. Die Geliebte des Nationaldichters *Mihai Eminescu,* die auch als Muse des Künstlers bezeichnet wird, lebte zwischen 1870 und 1880 in Târgu Neamț. *Veronica Micle* und *Mihai*

- ★ 1 Festung Neamț
- H 2 Hanul Arcașului
- ● 3 Stadion
- 4 Sf. Nicolae I
- M 5 Historisches u. Ethnologisches Museum
- 6 Krankenhaus
- 7 Ambulanz
- 8 Sf. Erzengel Michael u. Gabriel
- P 9 Villa Bella
- P 10 Belvedere
- M 11 Gedenkhaus Veronica Micle
- 12 Apotheke
- 13 Markt
- ● 14 Romtelecom
- ● 15 Reisebüro Mapamond
- 16 Irish Pub Feeling
- ✉ 17 Hauptpost
- H 18 Hotel Doina
- ● 19 Kulturhaus Ion Creangă
- 20 Sf. Spiridon
- B 21 Busbahnhof
- @ 22 Internet Café
- 23 Sf. Haralambie
- ● 24 Autoreparatur
- ● 25 Hauptbahnhof
- 26 Sf. Nicolae II
- M 27 Gedenkhaus Ion Creangă

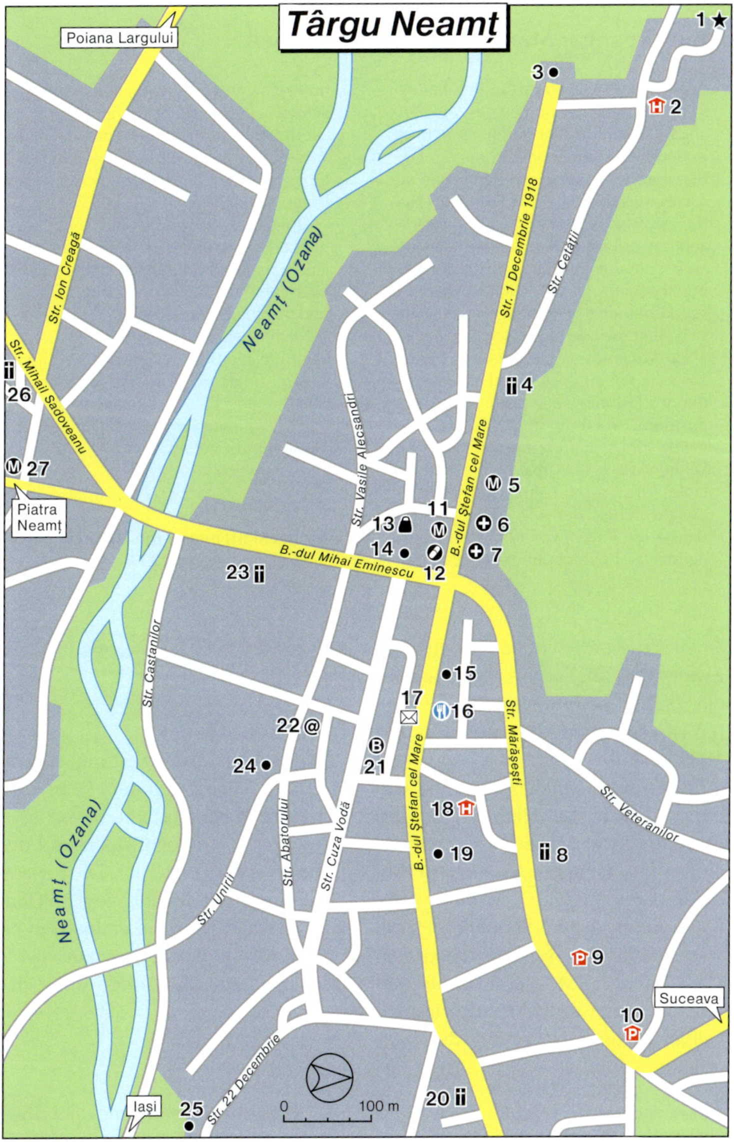
Târgu Neamț
Poiana Largului
Neamț (Ozana)
Str. Ion Creagă
Str. Mihail Sadoveanu
Piatra Neamț
B.-dul Mihai Eminescu
Str. Vasile Alecsandri
B.-dul Ștefan cel Mare
Str. 1 Decembrie 1918
Str. Cetății
Str. Castanilor
Str. Mărășești
Str. Veteranilor
Str. Abatorului
Str. Cuza Vodă
Str. Unirii
Str. 22 Decembrie
Iași
Suceava
0
100 m
1
2
3
4
5
6
7
8
9
10
11
12
13
14
15
16
17
18
19
20
21
22
23
24
25
26
27

Ion Creangă: Märchendichter und Rebell

Am 10. Juni 1839 wurde der berühmteste Märchendichter Rumäniens, *Ion Creangă,* in **Humuleşti** geboren. So steht es in den Dokumenten, die in seinem Geburtshaus ausgestellt werden - und so soll es auch bleiben. Das Dörfchen Humuleşti ist zwar nur 800 m vom Stadtzentrum in Târgu Neamț entfernt, widersetzt sich aber vor lauter Stolz, der Geburtsort eines großen Dichters zu sein, seit Jahren den Bemühungen der Stadt, sich eingemeinden zu lassen.

Ein **Museum** im Geburtshaus *Creangăs* stellt neben Briefen und Manuskripten des Dichters auch historische Fotos aus dem 19. Jahrhundert aus, die aber nichts vom seinem bewegten Leben erkennen lassen. *Ion Creangă* war in erster Linie Priester und Lehrer, galt aber als ewiger Rebell, der sich ständig gegen die starren Regeln von Kirche und Staat auflehnte. 1870 führten seine „Exzesse" und sein „gottloses Verhalten" schließlich zu seiner Suspendierung. *Creangăs* „Verfehlungen" (Gelage, Theater- und Tavernenbesuche, Jagdausflüge) sind im Kloster Golia in Iaşi in einer dicken Akte festgehalten.

Doch *Creangă* ließ sich nicht entmutigen, eröffnete kurzerhand einen Tabakladen, da ihn das Rauchen stets zu fantastischen Gedanken inspiriert hatte, und begann fortan, Fabeln und Märchen zu dichten, die ihn weit über die Grenzen Rumäniens hinaus bekannt machen sollten. Einige der von ihm erfundenen Märchengestalten und Szenen aus seinen Geschichten sind in einem kleinen **Themenpark** neben dem Geburtshaus zu besichtigen.

• **Muzeul Memorial Ion Creangă,** Humuleşti, Str. Ion Creangă 8.

Eminescu werden oft als poetisches Zweigestirn angesehen, was auch auf die mysteriöse Tatsache zurückzuführen ist, das beide 1850 geboren und 1889 gestorben sind.

Genau auf der anderen Straßenseite befindet sich das **Historische und Ethnologische Museum.** Es zeigt als eines der wenigen Museen in Rumänien die genaue technologische Entwicklung der traditionellen Handwerksgeräte auf. In einer separaten Halle können historische Gerätschaften besichtigt werden (Landwirtschaft, Fellbearbeitung, Holz- und Metallverarbeitung usw.).

• **Casa Memorială Veronica Micle,** B-dul Ştefan cel Mare 33, Eintritt 3 RON.

• **Muzeul de Istorie şi Etnografie,** B-dul Ştefan cel Mare 27, Eintritt 5 RON.

Die Festung Neamț

Die sehenswerte Festung Neamț **(Cetatea Neamț)** auf dem 913 m hohen **Berg Pleşu** führt ihre Besucher in die Zeit *Stefans des Großen* und des frühen Mittelalters zurück. Die genaue Entstehungszeit der Burg liegt im Dunkeln, erwähnt wird sie erstmals in einem Dokument aus dem Jahr 1395, als die ungarische Armee unter der

Über eine geschwungene Holzbrücke gelangt man in die Festung Neamț

Führung von *Sigismund von Luxemburg* versuchte, Târgu Neamț zu erobern. Wahrscheinlich ist sie während der Herrschaft des Moldaufürsten *Petru Mușat I.* zwischen 1375 und 1391 entstanden.

Man erreicht die Festung am westlichen Stadtrand nach einem steilen Anstieg von etwa 20 Minuten zu Fuß. Fahrzeuge müssen unten neben dem Hotel Hanul Arcașului abgestellt werden. Über zehn riesige Steinsäulen führt ein Holzbogensteg in die Burg- und Festungsanlage, die ehemals mit über 300 Räumen ausgestattet war. Der Fürst und Feldherr **Ștefan cel Mare** (1457–1504) ließ seine Lieblingsfestung mit drei Bastionen und einem 800 Quadratmeter großen äußeren Hof verstärken. Auf diese Weise konnten die Kanonen in Richtung Südwest, in die weithin einsehbare Ebene, abgefeuert werden, die einzige Richtung, in der sich feindliche Heere versammeln konnten.

Die einzelnen **Räume** der Festung, Vorratskammern, Wohngebäude und Wandelgänge, sind bislang nur mit Hinweisschildern auf Rumänisch gekennzeichnet. Sehenswert ist der innere Hof *(Curtea interioară)* mit dem Brunnen *(Fântână)* und den vier hoch aufragenden Burgtürmen.

Von der oberen Plattform der Bastionen bietet sich bei schönem Wetter eine **weite Aussicht** über das Neamț-

rum503 Foto: jr

Moldau/Bukowina

Gebiet. Wenn man Glück hat, zeigt einem ein Pensionär mit seinem Teleskop die umliegenden Klöster Agapia und Neamţ, das Reservat mit den hier neu angesiedelten Bisons und erklärt einem die Schlachten, die hier stattgefunden haben (dem Autor wurden die Kämpfe von einem älteren Herrn so eindringlich geschildert, als sei dieser im Mittelalter selbst dabei gewesen!).

Die Festung Neamţ gilt als bedeutendste Bastion im Kampf gegen die osmanischen Truppen und soll sogar *Mehmet II.*, dem bedrohlichsten Gegner der Moldau, getrotzt haben. Dennoch konnte im Jahr 1718 nicht verhindert werden, dass die Türken den Fürsten *Mihai Racoviţa* dazu zwangen, die Burg zu zerstören.

• **Cetatea Neamţ,** täglich 9–18 Uhr, Eintritt 5 RON.

In der Umgebung

Bereits 1968 galt der **Bildhauer Neculai Popa** als der bedeutendste volkstümliche Künstler Rumäniens. Und ebenso früh fing der **Maskenmacher** an, sich vom Geld für seine Skulpturen und Masken ein privates **Museum** in seiner Heimatgemeinde **Târpeşti** bei Târgu Neamţ aufzubauen. Die im Garten aufgestellten riesigen Holzmasken und skurrilen Steinskulpturen belegen, dass sich der 1919 geborene Künstler nicht nur von der Ornamentik und den Farben der einheimischen Töpfer und Holzschnitzer, sondern auch von afrikanischen Masken inspirieren ließ. Die Tanzmasken gehen auf eine uralte rumänisch-dakische Tradition zurück, die zu Jahresanfang in wilden Winterfesten auf den Straßen der Bukowina wiederbelebt wird.

Man erreicht das Dorf Târpeşti nur mit dem Auto (bzw. Taxi). Es liegt 10 km südlich von Târgu Neamţ. Trotz schlechter Ausschilderung lässt sich das Maskenmuseum leicht finden, da jeder den Namen *Neculai Popa* kennt und den Weg zu seinem Haus anzeigen kann.

• **Muzeul popular – Neculai Popa,** Târpeşti, Tel./Fax 785 112, geöffnet täglich zwischen 9 und 19 Uhr, Eintritt 3 RON.

Auf dem Weg von Târgu Neamţ zum Kloster Văratec befindet sich der Eingang zum **Bison Reservat Dragoş Vodă** mit einem der mittlerweile vier Bisonreservate in der Moldau. Man findet den Nationalpark knapp 4 km nach dem Ort **Vânători-Neamţ.** Im großflächigen Reservat sind auch Braunbären, Wölfe, Hirsche und Rehe zu sehen. Doch während sich ein Braunbär und ein einsamer Wolf im Park mit einem relativ kleinen Käfig abfinden müssen, haben die Karpatenhirsche ein riesiges Freigehege zum Auslauf. Auch den Bisons steht ein riesiges Areal zur Verfügung, die Tiere drängen sich aber meist dicht an dicht in Gruppen zusammen und sind damit für Fotojäger leicht aufzuspüren. Gegen eine Fanggebühr von 22 RON dürfen im nahe gelegenen Weiher Karpfen geangelt werden. Die Zubereitung im Reservat ist allerdings verboten, da hier kein Feuer entzündet werden darf.

• **Bison Reservat Dragoş Vodă,** täglich 8–18 Uhr, Eintritt für Erwachsene 1 RON, für Kinder 0,50 RON.
• **Unterkunft:** An der Gabelung der E 85 von Târgu Neamţ nach Suceava und Gura Humorului findet sich das sehr günstige **Non-Stopp Motel Stibina** mit Restaurant. Es können auch einzelne, sehr günstige Holzhütten angemietet werden. EZ 40 RON, DZ 80 RON, Tel. 545 886.

Informationen

• Das touristische Informationszentrum für die Region um Târgu Neamţ liegt eigenartigerweise nicht in der Stadt, sondern im Dorf **Varatec** in der Nähe des Klosters Agapia: **Centrul de Informare,** Tel. 245 120.
• Das **Reisebüro Ozana,** Str. Eminescu, Block G4, Tel. 790 339, erteilt gerne Auskünfte zu Hotels und Pensionen in Stadt und Umgebung.

Service

• **Hauptpost,** Str. Ştefan cel Mare 36, Tel. 790 770
• **Geldwechsel: Raiffeisenbank,** Ştefan cel Mare 43. Im **Geschäft Mapamond** in der Str. Ştefan cel Mare 1 nimmt man keine Kommission. Im Laden ist auch ein kleines Reisebüro.
• **Internetcafé Arena,** Str. Glorie, Tel. 791 134, 15 RON pro Stunde.

Notfälle

• **Ambulanz:** Tel. 790 657.
• **Krankenhaus,** B-dul Mihai Eminescu 5, Tel. 790 612.
• **Apotheke (Farmacia),** B-dul Mihai Eminescu 5, Tel. 790 228.

Mobilität

Züge

• Der **Hauptbahnhof (Gara Centrală)** liegt nur einige Minuten außerhalb des Zentrums am B-dul Garii 1 und der Str. Cuza Vodă.

Busse

• Den **Busbahnhof (Autogara)** findet man 5 Minuten zu Fuß vom Hauptbahnhof entfernt an der Str. Cuza Vodă.
• Die Fahrpläne in Târgu Neamţ wurden zum Zeitpunkt der Niederschrift neu gestaltet. Täglich fahren mehrere Busse zu den **Klöstern Agapia und Secu.** Mit dem Mikrobus kommt man viermal am Tag zum **Kloster Neamţ** (7, 11, 15 und 20 Uhr; 4 RON). Vier Busse täglich fahren nach **Piatra Neamţ,** zwei nach **Iaşi** und einer nach **Bukarest** (über Bacău).

Taxis

Taxis findet man **am B-dul Ştefan cel Mare/Ecke B-dul Mihai Eminescu.** Die einfache Fahrt zu den Klöstern Agapia, Secu und Neamţ kostet 25–35 RON.

Auto

• **Werkstatt: SC MAPI SRL,** Str. Radu T. 5a, Tel. 791 881.
• **Rumänischer Automobil-Club:** Tel. 790 239.

Unterkunft

Hotels

• **Hotel Doina** (***), Str. Mihai Kogălniceanu 6–8, Tel. 790 270. Funktionell und modern gestaltetes Hotel mit der höchsten Einstufung der Stadt. EZ 80 RON, DZ 110 RON.
• **Motel Casa Arcaşului** (**), Str. Cetăţii 1, Tel. 790 699. Im Stil des futuristischen Metropolitan Art Museum in Bilbao erbautes Motel am Fuße des Berges Pleşu und der Festungsruine. DZ 80 RON, 3-Bett-Zimmer 90 RON.
• **Hanul Ursilor** (**), Tel. 251 364. Richtung Kloster Neamţ am Ortsausgang von Târgu Neamţ. EZ/DZ 60 RON.

Pensionen

• **Pension Vila Bella** (**), Str. Băile Oglinzi 2a, Tel. 790 291, 0745-270 671. Sehr freundlich, sehr gute Küche, saubere Zimmer, DZ 60 RON, 3-Bett-Zimmer 70 RON.
• Die **Pension Belvedere** (**), Tel. 790 730, befindet sich an der Ausfahrt nach Suceava

Ziegen-, Hexen- und Bärentänze

Im Winter ist es ja in einigen Teilen Europas üblich, die länger werdenden Tage laut und bunt zu begrüßen. Süddeutsche Beobachter des rumänischen **Winterkarnevals** werden einige der Hexenkostüme der *Baba Dochia* oder der rot gehörnten Dämonenfratzen sicherlich an die Alemannische Fasnacht erinnern. In wilden Tänzen durch die Straßen der Gemeinde versucht man die guten Geister zu beschwören und die bösen von sich zu weisen.

rum506 Foto: jr

Neben dem Wolf und dem Bär haben sich vor allem domestizierte Tiere wie die Ziege oder das Schaf einen festen Platz in der rumänischen Folklore und Tanzmythologie erobert. Jeder kann dabei selbst entscheiden, ob er sich bei den Winterfesten als Bärenmensch, als Schaf, Ziege oder Hexe hinaus ins Getümmel stürzt. **Dansul caprei** und **Dansul ursului,** Ziegentanz und Bärentanz, heißen zwei der Tänze, die die alte Verbundenheit zur Tierwelt symbolisieren und auch an die Märchen und Fabeln des Dichters Ion Creangă erinnern sollen, in denen Tiere eine zentrale Rolle spielten.

Die als Kesselflicker verkleideten rumänischen Männer klopfen entweder mit hölzernen Löffeln laut auf ihren Töpfen herum oder tanzen als *Căldărari* in ihren bunten, langen Zigeunerröcken durch die Menge. Ziegenköpfe aus Holz klappern lärmend an langen Holzstangen, die *Haiduci,* eine rumänische Variante des guten Räubers, der die Reichen bestiehlt und die Beute an die Armen verteilt, tanzen ausgelassen und wild durch die Gassen. Jugendliche schlüpfen stolz in grünliche Soldatenuniformen, die mit Schulterstücken aus Pappmaché und selbst gefertigten Orden aus Konservenbüchsen versehen sind, und verkünden mit strengem Blick, sie seien nun die neue Securitate und jeder hätte gefälligst eine Vergnügungssteuer zu bezahlen, wenn er tanzen wolle ...

auf einer Anhöhe. Preiswerte und gute Zimmer. Ein Restaurant gleichen Namens befindet sich auch im Haus. DZ 90 RON.

Essen und Trinken

- **Irish Pub Feeling,** direkt vor dem Hotel Doina findet sich ein kleines Stück Irland, Str. Mihai Kogălniceanu 6, Tel. 0746-062 001, Mo. bis Do. 7:30–24, Fr. bis So. 9–5 Uhr.
- **Hanul Urşilor,** Richtung Kloster Neamț am Ortsausgang. Gutes Restaurant mit den Spezialitäten Forelle mit Polenta und Geschnetzeltes mit Pilzen (*Păstrăv cu Mămăligută* und *Tochitură de Hribi*).

Fest

- **Wintermaskenfest:** Zu Anfang des neuen Jahres streifen sich die Menschen in Târgu Neamț selbst gebastelte Dämonen- und Tiermasken über und tanzen in bunten Röcken oder mit klappernden Ziegenköpfen aus Holz durch die Straßen. Die rituellen Wintertänze sind seit dem frühen Mittelalter überliefert und sollen, ähnlich dem Karneval in Westeuropa, die bösen Geister vertreiben.

Kloster Neamț

↗ V, C3

Etwa 18 km westlich von Târgu Neamț entfernt liegt das Kloster Neamț, in dem **eine der ältesten Mönchsgemeinschaften Rumäniens** lebt. Bereits im 11. und 12. Jahrhundert, so haben Ausgrabungen ergeben, lebten Einsiedler und Mönche am Fuße des 883 m hohen Debreanu-Berges. Man betritt das Kloster durch den ältesten Teil der Anlage, den Glockenturm, der in die mächtige, bedachte Außenmauer eingelassen ist. Da verschiedene Stifter und Bauherren das Kloster im Laufe der Jahrhunderte ständig erweitert haben, lassen sich heute die **verschiedenen Stilarten** deutlich an der Architektur ablesen. Zur Epoche *Stefans des Großen* (15. Jahrhundert) gehören der Altarraum, das Kirchenschiff und die Grabkammer, während das Vorschiff und die Vorhalle der Zeit *Petru Rareş* zuzuordnen sind (16. Jahrhundert). Der Glockenturm ist ein Geschenk *Alexanders des Guten* und wurde bereits 1420 errichtet.

In Kirchenschiff und Altarraum befindet sich eine **Gemäldesammlung** aus dem Jahr 1497. Es ist das größte Ensemble, das aus der Zeit *Stefans des Großen* erhalten geblieben ist.

Bereits kurz nach der Gründung entwickelte sich das Kloster Neamț zu einem der bedeutendsten Zentren für Kalligraphie, Miniaturmalerei und Holzgravur in Europa. Im Laufe des 18. Jahrhunderts entstand die größte **Kloster-Malschule** der Welt, der über 1000 Mönche angehörten. Die riesige Kunstgemeinde besaß 72 Landgüter, Wälder und ganze Dörfer. Die in der Druckerei hergestellten Bücher mit Silberbeschlägen wogen nicht selten 30 kg und mehr. In der ältesten **Bibliothek** des Landes (1407) im Innenhof des Klosters werden über 19.000 historische Bücher und 540 Handschriften aufbewahrt. Im **Museum für alte Kunst,** das dem Kloster als Kuppelbau vorgelagert ist, sind viele der alten Handschriften und Goldstickereien zu bewundern, die im Mittelalter in Neamț entstanden sind. Neben kostbaren Goldschmiedearbeiten, Gemälden von *Nicolae Grigorescu* und einer Druckerpresse aus dem 17. Jahrhundert ist

Das Geheimnis des Oktopus

Der metallische Oktopus vor dem Eingang zur Georgskirche ist in dieser Form auch vor zahlreichen anderen rumänischen Kirchen und Klöstern zu sehen. Er dient als **Schlaginstrument** und ruft die Mönche und Nonnen zum Gebet. Die ungewöhnliche Form mit den zur Seite auslaufenden Armen dient dazu, den Klang besonders gut wiederzugeben und weiterzuleiten. Doch in einigen traditionell geprägten Klöstern werden die Mönche auch zum Gebet gerufen, indem einer von ihnen im Kloster umhergeht und mit einem Hammer auf ein Holzbrett einschlägt (die so genannte *Toăca*). Der Sage nach soll Gott *Noah* den Rat gegeben haben, störrische Tiere in die Arche zu rufen, indem er auf ein Holzbrett schlägt. Diese Symbolik wurde dann später auf die Gläubigen übertragen, die nun dem Ruf des Holzbretts in die rettende Arche des Kirchenschiffs folgen. Der historisch verbürgte Hintergrund des Holzbrettschlagens ist jedoch etwas banaler. Die Tradition, die Gläubigen so zum Gebet zu rufen, ist auf das türkische Verbot des Glockenläutens zurückzuführen, das im 15. Jahrhundert von den Besatzern ausgesprochen worden war.

rum508 Foto: jr

auch eine Kopie des berühmten und sehr seltenen **Tertraevangeliums Gavril Uric** im Museum ausgestellt. Das Originalmanuskript mit Miniaturmalereien stammt aus dem Jahr 1429 und ist unter mysteriösen Umständen zur Ceauşescu-Zeit in die Brodley-Bibliothek nach Oxford gelangt.

Im Innenhof des Klosters befindet sich die **Kirche des Heiligen Georg,** die an der Außenseite mit einem umlaufenden Fries aus bunter Schmelzglas-Keramik verziert ist. Ursprünglich stand die Kirche genau in der Mitte des Hofes, wurde aber 1959/1960 Stein um Stein abgetragen und 30 m weiter an der Ostseite, zwischen den Mönchszellen, wieder aufgebaut. Die Innenfresken der Kirche sind nicht besonders sehenswert, da der Zahn der Zeit stark an ihnen genagt hat.

Umso berühmter sind die **Reliquien und Kultgegenstände** des Klosters, vor allem die **„Madonna mit drei Händen".** Sie ist einer Ikone des Klosters Hilandar auf dem Berg Athos nachempfunden. Doch der Künstler hat der von Arabesken umrankten Maria eine dritte Hand „geschenkt", die der unaufmerksame Betrachter leicht übersehen kann. Das silbern strahlende Bild an der Altarwand wird von den Rumänen heute als wundertätige Ikone verehrt.

- Am Anfang des Klostergeländes befinden sich die **Gedenkstätte Visariou Puiu** und das kleine **Museum M. Sadoveanu.** Dem Kloster vorgelagert ist das **kulturelle und soziale Zentrum,** in dem zahlreiche **Zimmer** für Pilger und Touristen zur Verfügung stehen (Zimmer 60 RON, Frühstück 12 RON, Mittagessen 32 RON). Man kann allerdings auch im Innenhof übernachten. Hier stehen 18 DZ mit Blick auf die im Hof stehende Georgskirche zur Verfügung (60 RON).

- Wer eine **Führung** wünscht, wende sich an den **Mönch Antonius.** Er spricht deutsch und erklärt die Geschichte des Klosters äußerst lebendig und unterhaltsam.
- Mit dem **Mikrobus** kommt man viermal am Tag von Tîrgu Neamț zum Kloster Neamț (7, 11, 15 und 20 Uhr; 4 RON). **Taxis** kosten etwa 20 RON.

Die Klöster Agapia, Văratec, Secu und Sihăstria

Neben den **riesigen Klosteranlagen** von Agapia, Văratec, Secu und Sihăstria, 15 km westlich von Târgu Neamț, mögen viele andere der über 300 Klöster Moldawiens wie kleine Kapellen erscheinen. Jährlich pilgern Tausende von Gläubigen und Touristen durch die gigantischen Anlagen im Osten des **Stânişoara-Gebirges.** Der Grund des Ansturms ist sicherlich nicht allein auf die Größe der Klöster zurückzuführen, die sich mühelos mit ihren deutschen Pendants in Altötting oder Ettal messen können. Was die Besucher fasziniert, ist vielmehr die wunderschöne Lage am Rande von Tannenwäldern und dem nahen Gebirge. So verschwinden die einzelnen Gebäude des weitläufigen Klosters Sihăstria fast vollständig zwischen Buchen, Tannen und Kiefern, die im Spätsommer in den prächtigsten Grüntönen wetteifern.

Agapia und Văratec

V, C3

Das Kloster Agapia wird oft in einem Atemzug mit dem nur 6 km entfernten Kloster Văratec genannt. Beide gehören heute zu den größten Nonnenklöstern Europas. In der **Klosterkirche von Agapia** sind die Innengemälde des bekannten Malers **Nicolae Grigorescu** besonders sehenswert, die er im Alter von 20 Jahren schuf. *Grigorescu,* der als Begünder der modernen rumänischen Malerei gilt, hat seine Karriere in Agapia begonnen, wo er vier Jahre im Kloster verbrachte. Im klostereigenen **Museum** wurde ihm ein eigener Saal gewidmet, in dem auch wunderbar gestaltete Ikonen, Teppiche und Kreuze aus Zedernholz zu sehen sind.

Es lohnt sich, den 30-minütigen Weg zum **Kloster Văratec,** das im Jahr 1785 von der Nonne *Olimpiada* rings um eine kleine Holzkirche gegründet wurde, zu Fuß zurückzulegen. Der so genannte **„Weg der Königin"** führt an dichten Tannen-, Kiefern- und Eichenwäldern vorbei. Das Kloster Văratec ist in erster Linie als letzte Ruhestätte der Dichterin **Veronica Micle** bekannt geworden. Dicht an ihrem Grab steht das Standbild der Nonne *Safta Brâncoveanu* mit den Worten des Dichters *Eminescu:* „... das Nichts bringt dich herbei, es nimmt dich wieder fort."

Anreise

Alle **Busse von Piatra Neamț nach Târgu Neamț** (und umgekehrt) halten im Ort **Săcaluşeşi.** Von hier sind es 3 km zum Kloster Agapia. Die Wanderung zum höher gelegenen Kloster Văratec dauert noch einmal 30 Minuten.

Unterkunft

- **Casa Apostol** (**), Tel. 0230-247 212. Die umgebaute Pension von *Vasile Apostol* im Ort Săcaluşeşi bietet eine einfache und schlichte, aber sehr saubere Unterkunft in herrlicher Umgebung. EZ/DZ 60 RON.
- **Pensiunea Narcisa** (**), Tel. 0230-244 783. Sehr gepflegte Pension mit großem Garten in idyllischer Lage im Ort Agapia. 10 Plätze, EZ 60 RON, DZ 70 RON.
- **Pensiunea Padurea de Argint** (**), Văratec Nr. 75, Tel. 0230-244 707. Das Haus „Silberwald" von *Elena Pantelimon* bietet 22 Plätze in sehr schönen, sauberen Zimmern an. Auf Wunsch auch Verköstigung. EZ 60 RON, DZ 70 RON.
- **Casa dintre Pini** (**), Agapia, Tel. 0230-244 949. *Ana Pârvu* kann in ihrem kleinen Schmückkästchen mit buntem Garten 14 Personen unterbringen, die auch sehr gerne bekocht werden. EZ 60 RON, DZ 70 RON.

Secu und Sihăstria ⇗V, C3

Im Tal eines Flüsschens gleichen Namens wurde das **Kloster Secu** 1602 als Nachfolger einer kleinen Einsiedelei erbaut. Die Kirche überrascht durch ihre Ähnlichkeit mit Klöstern in Muntenien. Die Fassade erscheint in zwei Registern, die Vorhalle wird von Säulen gestützt. Im mächtigen, von einer 20 m hohen Mauer umgebenen Innenhof finden sich zwei Kapellen und das **Museum** mit alten Handschriften und Ikonen.

Über einen Schotterweg gelangt man talaufwärts nach 15 Gehminuten zum **Kloster Sihăstria.** Hier verdient die Kunst des Ikonenmalers *Irineu Protcencu* besondere Aufmerksamkeit. Das 1743 durch den Bischof *Ghedeon von Roman* gestiftete Kloster ist ein beliebter Ausgangspunkt für Wanderungen zum größten Stausee Rumäniens, dem **Lacul Izvorul Muntelui,** und zum 900 m hohen Petru-Vodă-Pass. Die achtstündige Route führt an der 3 km entfernten **Klause Sihla** vorbei, deren Holzkirche idyllisch im dichten Mischwald verschwindet.

Piatra Neamţ ⇗X, B1/2

- **Meereshöhe:** 310 m
- **Vorwahl:** 0233
- **Einwohner:** 126.000

Vom großen Stausee Lacul Muntelui kommend, schlängelt sich die Nordkarpatenstraße 15 längs der Bistritz hinunter nach Piatra Neamţ. Wer von Süden (Bacău) kommt, erreicht Piatra ebenfalls über die Straße 15 auf einem recht guten Teilstück nach 65 km. Piatra, wie die Einheimischen den Ort kurz und bündig nennen, liegt inmitten eines Ausläufers der **Ostkarpaten** und ist völlig von waldbedeckten Bergen umrahmt. Am besten begibt man sich gleich nach der Ankunft auf den **Aussichtsberg Cozla** (651 m); von hier hat man die beste Aussicht und gewinnt eine erste Orientierung. So erblickt man westlich den von den Einwohnern liebevoll „Steinchen" genannten Berg **Pietricica,** dessen Form ein wenig an einen buckligen Vulkan errinnert. Im Süden wird Piatra durch die wild gezackten Berge um den 851 m hohen **Cernegura** begrenzt.

Piatra Neamţ eignet sich hervorragend als **Ausgangspunkt für Ausflüge** zu den zum UNESCO-Weltkulturerbe zählenden Moldauklöstern, für eine Tagestour zur nahe gelegenen Bicaz-Schlucht, zum gleichnamigen Stausee oder zum Lacu Roşu (Roter See). Außerdem kann die Stadt auch als „Basislager" für Klettertouren ins Ceahlău-Gebirge dienen.

Kleine (Sprach-)Historie

Piatra Neamţ ist eine sehr alte Stadt. 1997 wurde eine Zitadelle der Daker auf einem nahe gelegenen Berg ausgegraben. In römischer Zeit hieß die Stadt Petrodava (lat. steinerner Ort) und wurde als solche mehrfach vom Geschichtsschreiber *Ptolemäus* erwähnt. Ab 1453 erschien sie als Piatra lui Craciun (Weihnachtsfels) in den Annalen. Der heutige Name Piatra Neamţ heißt übersetzt **„Deutscher Fels"**, und mag auf die ersten deutschen Siedler verweisen, die sich schon recht frühzeitig im Moldaugebiet niederließen. Der Name „Neamţ" geht auf das slawische Wort „Niemetz" zurück, was ursprünglich „sprachlos" bedeutete und sich als Bezeichnung für die unverständlich sprechenden deutschen Siedler durchgesetzt hat.

Sehenswertes

Der zentrale Freiheitsplatz

Leider mussten große Teile der historischen Bausubstanz in der Innenstadt den staatskommunistischen Vorstellungen von Schönheit und Nutzen weichen. Was von der Altstadt noch erhalten ist, drängelt sich, ebenso wie die wichtigsten kulturellen Gebäude, dicht um den zentral gelegenen Freiheitsplatz **(Piaţa Libertăţii).** So die auf *Ştefan cel Mare* zurückgehende fürstliche Hofburg mit Kirche. Man erreicht sie durch einen kleinen, ansteigenden Park, in dem auch eine 10 m hohe, von *Oscar Han* geschaffene Statue des Moldaufürsten zu sehen ist.

Die **Fürstenresidenz** *Stefans* wurde erstmals am 20. April 1491 erwähnt. Die heute in den Überresten der Hofburg zu sehende Ausstellung zeigt die mittelalterlichen Dokumente, die dieses Datum verbürgen, sowie einige Insignien der fürstlichen Macht. Aus den wenigen erhaltenen Mauerresten der

rum511 Foto: jr

Der freistehende Glockenturm von Piatra Neamţ direkt neben dem Kunstmuseum

alten Festungsanlage wurde bereits 1497 die **Johanniskirche (Biserica Domnească Sf. Ioan)** erbaut. Sie diente dem Fürstenhof anfangs als Kapelle. Ihre farbenfrohe, reich verzierte Fassade schimmert heute mit den bunt glasierten Dachschindeln um die Wette. Die Johanniskirche weist eine seltene architektonische Besonderheit auf. Ihr gotischer Glockenturm steht einzeln und etwas abseits vom Kirchenschiff. Sein oberer Teil war früher nur über eine außen angebrachte Strickleiter zu erreichen, einmalig in der moldauischen Kirchengeschichte.

Unmittelbar am Friedensplatz befindet sich eines der beliebtesten Theater der Moldau. Das **Tineretului-Theater** genießt auch international einen hervorragenden Ruf und ist die zentrale Spielstätte des alljährlich Ende Mai stattfindenden Theaterfestivals.

● **Curtea Domnească a lui Ștefan cel Mare** (Fürstenresidenz *Stefans des Großen*), Piața Libertații 4, Di. bis So. 10–18 Uhr, Eintritt 2 RON.

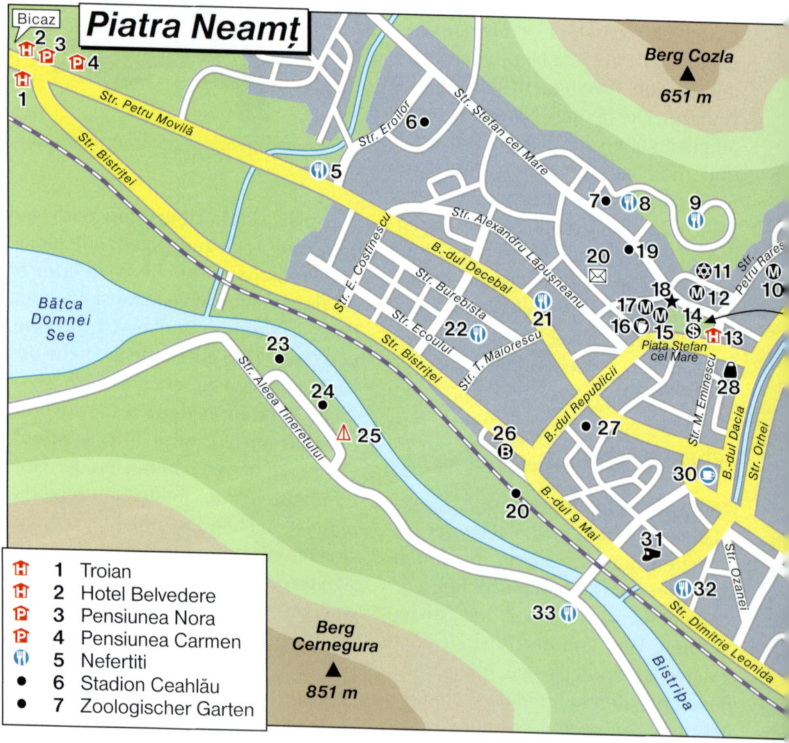

Museen und Synagoge

Auf der Westseite des Glockenturms liegt der Eingang zum liebevoll eingerichteten **Museum für Volkskunde (Muzeul Etnografic),** das sich auf das Leben der Bauern des Bistitz-Tals konzentriert. Im Rahmen einer deutschsprachige Führung werden die Eigenart der Volkstrachten und bäuerlichen Gerätschaften des Neamţ-Gebietes geduldig und ausführlich erklärt.

Gleich neben dem Volkskundemuseum liegt der Eingang zur **Villa Brân-**coveanu und dem **Kunstmuseum (Muzeul de Artă)** der Stadt. Die erst im Jahr 1980 zusammengestellte Sammlung zeigt Gemälde, Skulpturen und Möbel einheimischer Künstler wie *Corneliu Baba, Nicolae Tonitza* oder *Ion Tuculescu.*

Im nördlich des Freiheitsplatzes gelegenen **Naturkundemuseum (Muzeul de Ştiinţe naturale)** sind eine schlichte mineralogische Sammlung und Fossilien aus dem Umland zu sehen. Ökologisch Interessierte erfahren

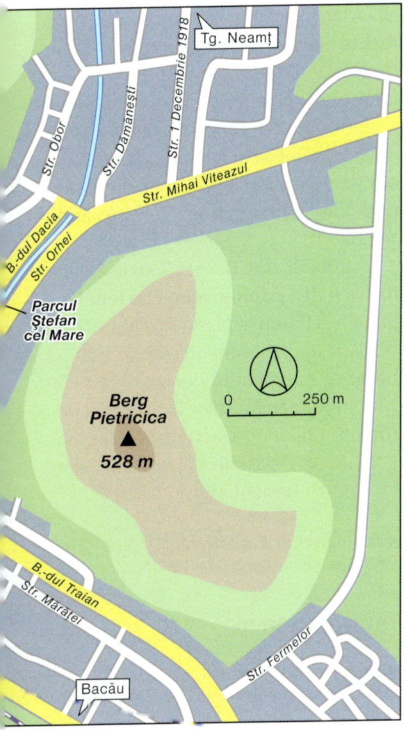

	8	Colibele Haiducilor
	9	Terasa Gospodinelor
Ⓜ	10	Naturkundliches Museum
✿	11	Synagoge
Ⓜ	12	Curtea Domnească a lui Ştefan cel Mare
	13	Ceahlău
Ⓢ	14	Raiffeisenbank/ Geldautomat
Ⓜ	15	Kunstmuseum
	16	Teatrul Tineretului
Ⓜ	17	Völkerkundemuseum
★	18	Glockenturm u. Kirche Domnească
•	19	Reisebüro Antrec
✉	20	Post
	21	Gelateria Italiana
	22	Villa Italia
•	23	Baza Hipică (Reiterhof) u. Sportzentrum
•	24	Freibad
⚠	25	Camping
Ⓑ	26	Busbahnhof
•	27	Info-Center in der Kreisbibliothek
	28	Humanitas
•	29	Hauptbahnhof
Ⓞ	30	Blue Star
	31	Polizei
	32	The Kilkeny Irish Pub
	33	Căprioara

etwas über die Reservate der Umgebung und über das Ökosystem des Moldaugebietes.

Südlich des Friedensplatzes befindet sich das sehr interessante **Historische Museum (Muzeul de Istorie)** mit über 20.000 Exponaten von der Neolithischen Ära bis zur Gegenwart. Sehenswert sind die bemalten Amphoren und Trinkgefäße aus dem Altertum, die in ihren Motiven einen starken griechischen Einschlag zeigen.

Ebenfalls im Zentrum, etwas nördlich des Freiheitsplatzes, in der Str. Petru Rareş, befindet sich die (leider oft verschlossene) **Hölzerne Synagoge (Sinagoga de lemn).** Sie ist eines der ältesten Gebäude dieser Art im Land. Der Gründer des Hassidismus, *Baal Shem Tov,* soll hier öfters gepredigt haben. Mittlerweile ist die Synagoge vollständig von Wohnhäusern umgeben, man sollte sich aber bei der Suche nicht entmutigen lassen.

Wo bitte geht's zum Strand?

Wer sich in Piatra Neamţ Richtung Südstadt bewegt, könnte gelegentlich das Wort „Strand" aufschnappen. Doch sollte man daraus keine falschen Schlüsse ziehen. Der „Ştrand" von Piatra Neamţ ist das überall in Rumänien gebräuchliche Wort für **Freibad.** Neben dem direkt am Fluss Bistritz gelegenen Freibad von Piatra Neamţ bietet sich auch der etwa 3 km westlich gelegene **See Batca Doamnei** zum Schwimmen an.

- **Muzeul Etnografic,** Piaţa Libertăţii 1, Di. bis So. 10–18 Uhr, Eintritt 2 RON.
- **Muzeul de Artă,** Piaţa Libertăţii 1, Di. bis So. 10–18 Uhr, Eintritt 2 RON.
- **Muzeul de Ştiinţe naturale,** Str. Petru Rareş, Tel. 224 211, Di. bis So. 10–18 Uhr, Eintritt 2 RON.
- **Muzeul de Istorie,** Str. Mihai Eminescu 10, Di. bis So. 10–18 Uhr, Eintritt 2 RON.
- **Synagoga de Lemn,** Str. Petru Rareş 7.

Cozla-Berg und Zoo

Wie bereits eingangs bemerkt, genießt man die schönste Aussicht über die Stadt auf dem **Cozla-Berg.** Dazu geht man vom Friedensplatz die von prächtigen Villen gesäumte Str. Ştefan cel Mare entlang stadtauswärts und rechts die sich spiralig windende Strada Cozla zum Berg hinauf. Bereits vor dem oben gelegenen Panorama-Restaurant und Biergarten Cercul Gospodinelor bietet sich auf auf halbem Weg ein wunderbarer Blick über die Stadt und die umliegende Gebirgslandschaft.

Unterhalb des Berges Cozla befindet sich der **Zoologische Garten.** Neben zwei Bären, einigen Wölfen, Steinböcken und Karpatenhirschen beherbergt er auch einen der wenigen Löwen in Rumänien. Vier Werke des berühmten Bildhauers *Pompiliu,* eng angelehnt an dakische Kunstwerke, sind im Zoo zu besichtigen.

- **Zoologischer Garten,** täglich 9–21 Uhr, Eintritt je nach Alter bis zu 1 RON.

Informationen

- **Andrec,** Str. Ştefan cel Mare 17, Tel. 234 204, misu.chiruc@decebal.ro. Das mit Abstand beste Info-Zentrum der Stadt. Hier werden auch Pensionen und Häuser außerhalb der Stadt und in den Bergen angeboten. Auf Wunsch ist die Buchung von Touren in die umliegenden Nationalparks Cheile Bicazului und Ceahlău möglich.

● **Informations-Zentrum für Touristik,** am B-dul Republicii 15, Tel. 210 379. Im Keller der Stadtbücherei befindet sich eine Informationstheke, an der man auch einiges über die Stadt erfahren kann. Mo. bis Fr. 9–19 Uhr, Sa./So. geschlossen.

Service

● **Hauptpost,** Str. Alexandru cel bun 21, Tel. 219 995.

● **Telefon: Global Service,** B-dul Traian, bl. A4, Tel. 234 336. Bietet jeden Service rund ums mobile Telefonieren.

● **Geldwechsel: Raiffeisenbank,** Piaţa Ştefan cel Mare 3. Gleich unterhalb des Hotels Ceahlău befindet sich die beste und freundlichste Bank der Stadt.

● **Fotogafie: Ovidius,** B-dul Decebal 24, Tel. 229 670. Gute, günstige Filmentwicklung.

Internet

● **Club Tavernet,** Piaţa Libertaţii 4, gleich neben dem Theater Tineretului. Durchgang durch den Laden Flamingo ins Tiefparterre. Nichtraucher, laute Musik. Täglich von 9–24 Uhr, Stunde 1,50 RON.

● Das **Info-Zentrum der Stadtbücherei** (s.o.) verfügt über 10 Computer mit äußerst günstigem Internet-Zugang: Stunde 0,50 RON.

Notfälle

● **Apotheken: Farmavit,** Piaţa Ştefan cel Mare 111, Tel. 212 666, Mo. bis Fr. 8–21, Sa 8–18, So. 8–14 Uhr, Apotheken mit Nachtdienst sind hier ausgehängt; **Medica No 13,** Str. Decebal 13, Tel. 211 234, Mo. bis Fr. 8–20, Sa. 9–18, So. 9–14 Uhr.

● **Kreiskrankenhaus: Judeţean Neamţ,** Str. Dimitrie Leonida 151, Tel. 235 533.

● **Privatklinik: Policlinica cu Plată,** Str. Ştefan cel Mare 15, Tel. 213 080. Der Ausdruck „cu plată" bedeutet, dass es sich um eine private Klinik handelt, in der man direkt bezahlen muss. Vorteil: Es geht schnell.

● **Zahnarzt: Cabinet Stomatologic, Dr. Angela Negoiţa,** Str. Petru Rareş, bl. D9, Tel. 215 571.

Mobilität

Gegenüber dem Hotel Ceahlău befindet sich ein Zentrum der rumänischen **Fluggesellschaft TAROM,** Piaţa Ştefan cel Mare 4/Ecke Str. Mihai Eminescu, Tel. 214 268. Gleich daneben liegt ein **CFR-Reisebüro (Agenţie de Voiaj),** in dem man Bahntickets kaufen kann.

Züge

● Der **Hauptbahnhof (Gara Centrală)** liegt am B-dul 9. Mai, 20 Gehminuten südlich des Zentrums. Die Verbindungen zu den nächstgelegenen Städten mit Flughäfen: Suceava, Bacău und Iaşi.

Busse

● Der **Busbahnhof (Autogara)** liegt gleich neben dem Hauptbahnhof am B-dul 9. Mai. Busse fahren nach Suceava, Bacău und Iaşi.

Taxis

● **Taxi Luca,** Tel. 224 488.
● **Taxi Niela,** Tel. 230 303.
● **Taxi Vali,** Tel. 224 477.

Auto

● **Autowerkstatt: Corand Corfu,** Str. Cetatea Neamţului, Tel. 242 180.

Unterkunft

Hotels

● Das **Hotel Troian** und das angegliederte Restaurant gleichen Namens sind die derzeit beste Adresse in der Stadt (3 km stadtauswärts Richtung Bicaz). Reservierungen vor der Ankunft sind sehr empfehlenswert. Preise von 90 RON für das DZ bis zu 140 RON für ein Appartement. Str. Petru Movilă 270, Tel. 241 444.

- Das durchgehend rollstuhlgerechte, frisch renovierte 14-stöckige **Grand Hotel Ceahlău** in der Stadtmitte ist ein Relikt aus der sozialistischen Ära. Seit der Wende gibt man sich multifunktional: Night Club, Reisebüro, Terrassencafé, Restaurant, Sauna und Fitnessraum. Piaţa Ştefan cel Mare 3, Tel. 217 084, EZ 90–110 RON, DZ 150–190 RON, App. 360 RON, Frühstück inkl.
- Von Bicaz kommend findet man links an der Ortseinfahrt das neue **Hotel Belvedere** (***). Die Preise bewegen sich auf dem Niveau der Pensionen: EZ/DZ 80 RON, Dreibett-Zimmer 100 RON, App. 120 RON. Parken im Hof möglich (und absolut empfehlenswert: Ein mit überhöhter Geschwindigkeit fahrender Lkw hat dem Autor beim Parken auf der seitlichen Hauptstraße abends den Seitenspiegel abgerissen ...).

Pensionen

Von Bicaz kommend findet man zahlreiche preisgünstige Pensionen auf der geraden Strecke vor der Stadt. Mit dem Taxi sind es aus der Innenstadt nur 10 Minuten bis zu den Pensionen, die sich auf dem Gebiet der angrenzenden **Kommune Alexandru cel Bun** befinden. Die Preise für ein Zimmer liegen überall zwischen 70 und 90 RON für ein EZ bzw. DZ. Hier eine kleine Auswahl:

- **Pensiunea Maria,** Tel. 237 414.
- **Pensiunea Carmen,** Tel. 241 881, bietet auch Unterkunft in Holzhütten an.
- **Pensiunea Ambiance,** Alexandru cel Bun, Tel. 231 431.
- **Pensiunea Nora,** Tel. 237 737, mit angeschlossenem Imbissrestaurant Popas Turistic.
- **Pensiunea Oana,** Tel. 237 737.

Bereits auf dem **Stadtgebiet von Piatra Neamţ** findet man u.a. folgende neue, empfehlenswerte Pensionen:

- **Pensiunea Flora** (***), Tel. 241 045, EZ 65 RON, DZ 90 RON (im Sommer 10% mehr), Frühstück inkl.
- **Vila Boiema** (***), Tel. 241 797, EZ 90 RON, DZ 100 RON, VIP-Zimmer (mit Flatscreen) 120 RON, App. 200, kein Frühstück.

rum516 Foto: jr

- **Pensiunea Rova** (***), EZ 100 RON, DZ 120 RON (im Sommer 10–20% Aufpreis), eigener Parkplatz, Frühstück extra, Restaurant.

Auf der Strecke nach Bacău finden sich in der **Kommune Dumbrava Roşie** zwei gute Pensionen:

- **Han Turistic Izvoare,** Tel. 282 211.
- **Pensiunea MonaLisa,** Tel. 0744-841 953.

- Eine sehr günstige Übernachtung (DZ 50 RON) bietet die **Cabana Almaş** an. Sie liegt auf der Ausfahrt nach Tîrgu Neamţ in der **Kommune Gârcina.**

Camping

- **Camping Ştrand,** Al. Tineretului 11, Tel. 217 835. Wahlweise kann man sich in kleine Hütten einquartieren oder zelten. Der Campingplatz liegt 20 Gehminuten südlich des Zentrums. Hütte 50 RON, Zeltplatz 20 RON.

Essen und Trinken

Restaurants

- Das mit Abstand beste Restaurant (und Hotel) liegt ca. 3 km stadtauswärts Richtung Bicaz. Im **Restaurant Troian** lässt sich sehr gepflegt in einer hohen Halle mit Holzstützen essen und trinken. Reservierungen empfehlenswert. Falls es doch einmal sehr voll sein sollte und die untere Halle von feiernden Gästen überflutet ist, sollte man fragen, ob auf der oberen Galerie noch Platz ist. Empfehlenswert: alle Gerichte und die kleinen *Chifle* (Sesam-Brötchen), die zum Essen gereicht werden, warm servieren lassen. Str. Petru Movilă 270, Tel. 241 444, 8–22 Uhr.
- Die schönste Aussicht hat man auf dem Berg Cozla im **Restaurant Cercul Gospodinelor,** Tel. 223 845. Autos oder Taxis sind auf der Spiralstrecke zum Berg verpönt, für Paare ist die Str. Ion Creangă der Spaziergang schlechthin. Auf drei Viertel der Strecke bietet sich ein schöner Blick auf die Stadt und den gegenüberliegenden Berg Petricica. Spezialitäten: *Turnul Babel* und *Pui la Ceaun.*
- **Restaurant Ceahlău,** Piaţa Libertaţii. Das Terrasencafé und Restaurant mit Blick auf den zentralen Park Ştefan cel Mare ist zu empfehlen. Abends zieht der Sommergarten vor allem Gäste an, die zur Live-Musik auch tanzen möchten.
- Auf halbem Weg zum Cozla-Berg befindet sich das bemerkenswerte **Restaurant Colibele Haiducilor.** Seit 1867 werden in den im ursprünglich moldawischen Bauernhausstil errichteten Gebäuden mit schönen Holzschindel-Dächern Gäste verwöhnt. Kinder sind sehr willkommen. Spezialität: *Frigărui Haiduceşti* (Fleisch-Gemüse-Spieß). Täglich 8–24 Uhr, Str. Ion Creangă, Tel. 213 909.
- **Restaurant Cozla,** das neueste Restaurant der Stadt, gegenüber dem zentralen Park am Piaţa Ştefan cel Mare 9, Tel. 234 286, bietet günstige Schnellgerichte an.
- **Villa Italia,** Str. Burebista 65, Tel. 234 769. Seit einigen Jahren hat sich dieses Restaurant mit wirklich gutem italienischen Essen einen hervorragenden Ruf erworben. Hier bekommt man die besten Pasta-Gerichte der Stadt. 12–24 Uhr.
- **Marianti,** B-dul Traian, bl. A6, Tel. 221 552. Solide Pizzagerichte zu vernünftigen Preisen. 10–24 Uhr.
- **Il Cavallino rosso,** Piaţa Ştefan cel Mare 7. Die erste reine Spaghetteria, die der Autor in Rumänien gesehen hat.
- **Restaurant Sahara,** Str. Petro M 114. Gleich neben dem Viper-Nachtclub eröffnete im Sommer 2007 dieses orientalische Gasthaus für Falafel- und Shawarma-Freunde. Vernünftige Preise.
- **Restaurant Nefertiti,** der gleiche Besitzer hat in der Kommune Podului ein Lokal mit arabischen Spezialitäten eröffnet, in dem kein Schweinefleisch serviert wird. Tel. 211 882, 8–24 Uhr.

Cafés

- **Pati Paris/Gelateria Italiana,** Str. Decebal 14, Tel. 234 330. Die neueste Errungenschaft der Bäckerei sind französische Baguettes,

Die Statue von Stefan dem Großen am Eingang des zentralen Parks am Piaţa Libertăţii auch die gefüllten Hörnchen *(Cornuleţe Gem)* sind als Marschverpflegung für Berg- und Stadttouren sehr zu empfehlen.

- **Gelateria Ciao Ciao,** B-dul Traian, Bl. A9, Tel. 0788-322 874. Bis in die Nacht hinein geöffnet.
- **Costarica Caffe,** Str. Titu Maiorescu, bl. 11. Hier gibt es den wahrscheinlich besten Kaffee in der Stadt.

Abends unterwegs

Bars

- **Laguna,** Bv. Decebal 68, Tel. 232 121. Lebhaftes und oft lautes Trendcafé und Restaurant, gute Pizzen. 10–2 Uhr.
- Im **Irish Pub The Kilkeny,** Tel. 211 611, braucht der trinkfeste Gast überhaupt nicht nach Hause zu gehen, wenn er denn möchte. Im Gegensatz zu so manchen Pubs in Irland und Nordeuropa ist Einschlafen im Non-Stop-Pub in der Str. Dimitrie Leonida 53 nicht verboten.

Diskotheken und Tanzclubs

- Im Norden der Stadt liegt einer der beliebtesten Tanzclubs. Im **Club Adult** herrscht ab 24 Uhr erstickende Enge, der man im angegliederten Café oder Restaurant entfliehen kann. Str. Mihail Stamatin 4, jeden Tag von 10 Uhr bis zum letzten Gast geöffnet.
- Auch der **Club Safary,** Piaţa Maresal Ion Antonescu, passt seine Öffnungszeiten den Gästen an und schließt erst, wenn der letzte Besucher seinen *Ţuica* getrunken hat. Der reine Wochenend-Club öffnet um 21 Uhr.
- Wessen Magen in der Nacht knurrt, kann sich im **Diesel** bis 2 Uhr nachts bestens verköstigen lassen. Tadellose Mahlzeiten zwischen Chrom und schwarzem Leder. Spät abends verwandelt sich das Diesel in eine Discobar.
- **Disco Club Viper,** Non-Stop-Diskothek mit Sexy Club und Restaurant. Auch hier kann man bis 2 Uhr nachts speisen. Str. Petro M 114, Tel. 233 194. Ein gleichnamiges Motel befindet sich im Bau.
- Im 12. Stock des **Hotels Ceahlău** nimmt ab 22 Uhr ein **Night Club** seinen Dienst auf.

Einkaufen

Kaufhaus

- Neben dem Hotel Central, in der Str. Decebal/Ecke Str. Republicii, befindet sich das größte Kaufhaus der Stadt, der **Winmarkt** (früheres Petrodava). Auf vier Etagen gibt es hier alles vom Schnürsenkel bis zum Wagenheber.

Bücher

- **Humanitas,** Piaţa Ştefan cel Mare 15, Tel. 212 015, www.librariilehumanitas.ro. Gleich neben der Buchhandlung gibt es eine kleine Galerie mit wechselnden Ausstellungen lokaler Künstler.
- **Librăria Calistrat Hogaş,** Piaţa Ştefan cel Mare, bl. C6, Tel. 211 308.

Galerie

- **Galeriile de Artă Lascar Viorel,** Piaţa Ştefan cel Mare 15, Tel. 212 015. Die Galerie verkauft sowohl moderne als auch traditionelle rumänische Kunst.

Aktivitäten

Fitness

- **Club Gym 69,** Str. Vasile Conta 53, Tel. 227 282.
- **Clem Sală de Fitness,** Str. Privighetorii, Bl. 15, Tel. 226 301. Aerobics.
- **Takeda Club,** Str. Mărăţei 180, Tel. 234 202.

Billard/Bowling/Darts

- **Tequila Bowling,** Ştrandul Tineretului, Tel. 214 440. Mit Restaurant, Terrassencafé, Darts und Billard.
- **Red Rock,** Str. Mărăţei 63, Tel. 630 868. Billardcafé.

Bergwandern/Klettern

- **Andrec,** Str. Ştefan cel Mare 17, Tel. 234 204, misu.chiruc@decebal.ro. Die Andrec-Filiale kann einen Kontakt zum bekanntesten Bergsteiger Rumäniens, **Constantin (Ticu) Lăcătuşi,** herstellen. *Lăcătuşi,* der aus Piatra Neamţ stammt und als erster Rumäne den

Mt. Everest bezwang, veranstaltet gelegentlich Klettercamps in seiner Heimat, zu denen Kletterer aus der ganzen Welt anreisen.

Schwimmen

- **Camping Ştrand,** Al. Tineretului 11, Tel. 217 835. Freibad direkt am Fluss Bistritz.
- Neben dem Freibad von Piatra Neamţ lädt auch der etwa 3 km westlich gelegene See **Lacu Bâtca Doamnei** zum Baden ein.

Feste und Events

- Das größte **Stadtfest Sănziene** findet regelmäßig am 24. Juni statt.
- Ende Mai, Anfang Juni beginnt rund um den Freiheitsplatz ein großes internationales mehrwöchiges **Theaterfestival.**
- Im Juni veranstaltet die Stadt das internationale **klassische Musikfestival Vacanţele muzicale,** die „musikalischen Ferien".
- In den ungeraden Jahren findet vom 1. bis 8. August ein internationales **Folklorefestival** statt.

In der Umgebung von Piatra Neamţ

Kloster Bistriţa ⇗X, B1

10 km Richtung Bicaz geht rechts eine gut befahrbare Landstraße zum Kloster Bistriţa ab **(Mănăstirea Bistriţa).** Die am Waldrand liegende weiße Klosterkirche wurde 1407 von *Alexander dem Guten* gegründet, der auch hier begraben liegt.

Kloster Tarcău

Von Piatra Neamţ kommend, führt 2 km vor Bicaz ein Landweg zur mitten in der Wildnis gelegenen Kirche. Die Vorgängerklausen des 1828 erbauten bescheidenen Klosters wurden bereits seit dem 11. Jahrhundert von Einsiedlern bewohnt.

Bicaz ⇗X, B1/2

Die kleine Bergstadt Bicaz (14.000 Einwohner) 25 km westlich von Piatra Neamţ erreicht man von Piatra mühelos mit den stündlich pendelnden Bussen oder dem Zug. Der erste Ort nach Bicaz, **Dodeni,** bietet einen fantastischen Blick auf den größten Stausee Rumäniens, den Lacul Izvorul Muntelui (s.u.), und die angrenzenden Bergmassive des Ceahlău-Gebirges.

Unterkunft

- Als preiswertere Alternative zur Übernachtung im einzigen Hotel der Stadt Bicaz, dem Florida, erweisen sich die **Hotels in Piatra Neamţ** oder die Gästehäuser in den umliegenden Bergdörfern (s.u.).
- Einen gepflegten **Campingplatz** findet man auf der halben Strecke zwischen dem Staudamm und der kleinen Ortschaft Potoci.
- Kurz vor Bicaz führt eine Serpentinenstraße runter zum Hafen (Portul Bicaz). Das **Schiffshotel Lebăda** hat Einzelkabinen zu 100 RON und Kabinen für 3 Personen zu 120 RON. Das benachbarte **Motel Moldoturism** bietet Wassersportmöglichkeiten und Holzhütten zur Übernachtung an (30 RON für eine 2-Personen-Hütte).

Essen und Trinken

- **Restaurant Pescăruş,** Tel. 0233-254 080. Das Bootsrestaurant serviert gute Forellen- und Hechtgerichte.

In der Umgebung von Bicaz

Lacul Izvorul Muntelui ⇗X, B1

Unmittelbar nördlich von Bicaz, an der Nationalstraße 15, breitet sich der 440 Quadratmeter große und 35 km lange Lacul Izvorul Muntelui oder Bicaz-See aus, der die gesamte nördliche Hälfte des Bergmassivs Ceahlău umschließt. Von der 1950 errichteten, 127 m hohen Staumauer hat man eine gute Einsicht in die Senke des Bicaz-Flusses, und auch die Schiffsanlegestelle **Munteanu Port** ist von hier gut einsehbar, an der in den Sommermonaten von Mai bis August die Schiffe der **Seeflotte Bicaz Vapori** anlegen. Die Überfahrt ans Ende des Sees, nach **Bistricoara,** ist äußerst preisgünstig (umgerechnet knapp 2 Euro). In **Grozăveşti** an der Ostseite des Sees befindet sich die neueste Holzkirche Rumäniens. Das im typischen Maramureş-Stil errichtete Kirchenhaus wurde erst 1983 errichtet, nachdem die dortige alte steinerne Dorfkirche in den See gestürzt war.

Unterkunft:

- **Pension Panorama,** Tel. 0233-264 270, an einer der schönsten Stellen am See, auf einem 730 m hohen Plateau in der Gemeinde Grozăveşti, hat der Deutsche *Herbert Fleisch* eine Pension mit sechs modern gestalteten Zimmern errichtet. Neben der traumhaften Aussicht auf den See und den Berg Ceahlău kann man hier auch ein deutsches Frühstück genießen und draußen grillen. Der Inhaber bietet viele Aktivitäten an und hat so manche überraschende Information für Besucher der Neamţ-Region parat. Zimmer 100 RON.
- Im Ort Potoci, hoch über dem See, liegt das **Motel Potoci,** Tel. 0233-253 236, das die Unterbringung in 26 Hütten *(Cabana)* anbietet. Je nach Saison pro Hütte 30–35 RON.

Unterkunft direkt am See:

- **Camping,** Tel. 0233-254 456. 27 Personen in Bungalows, 60 in Holzhütten, Bungalow 70 RON, Hütte 50 RON.
- **Complex Lebăda-Pescăruş,** am Pier, Tel. 254 080. Für 30 Personen, DZ 90 RON.
- **Ptoci Motel und Camping** (**), Tel. 0233-253 236. Für 52 Personen in Holzhütten und 36 in Bungalows, Bungalow 80 RON, Hütte 50 RON.
- Im Falle der **Cabana Baraj** gleich unterhalb des Staudamms handelt es sich nicht um eine Hütte, sondern um einen größeren Komplex, der vor allem für rumänische Wochenendausflügler gedacht ist. Man hat die große Betonmauer gleich vor der Nase, aber gerade dies scheint viele Besucher zu faszinieren. Tel. 0233-254 960, DZ 70 RON, 3-Bett-Zimmer 90 RON, 4-Bett-Zimmer 110 RON.

Fast wie im Kloster

Eine der besten Möglichkeiten, sich von anstrengenden Bergtouren und Klosterbesichtigungen zu erholen, bietet das 1990 gegründete kulturelle **Begegnungszentrum Sfântul Daniil Sihastru in Durău.** Von prächtigen Bergen und einer atemberaubend schönen Natur- und Seenlandschaft umgeben, bemüht sich das von der orthodoxen Kirche initiierte Zentrum um einen pastoralen, kulturellen und sportlichen Austausch zwischen Ost und West. Neben zahlreichen Kursen (von Malerei bis Töpfern) bietet das Kulturzentrum viel Raum für anregende Gespräche und ruhige Kontemplation. Es verfügt über 110 Plätze in 6 Villen, 150 Plätze im so genannten Pilgerhaus und 5 Speisesäle. DZ 70 RON.

- **Centrul Cultural-Pastoral,** Sf. Daniil Sihastru, Durău, Tel. 0230-256 583.

Ceahlău-Massiv

⇗ X, A/B1

Der vom rumänischen Volksdichter *Eminescu* und dem moldauischen Fürsten *Cantemir* als **„Olymp der Moldau"** gefeierte, 1904 m hohe Ceahlău (sprich: Schachlao) gehört zu den spektakulärsten und populärsten Gebirgsmassiven der östlichen Karpaten. Bereits die Daker sahen in ihm einen mythischen Berg und hielten ihn für den Wohnsitz ihres höchsten Gottes *Zamolxis*. Heutige Bergwanderer und Naturfreunde kommen jedoch nicht allein aufgrund der Mythen und der grandiosen Gipfelaussicht. Im **Nationalpark Ceahlău** findet man noch große Populationen von Bären, Wölfen, Wildschweinen, Gemsen, Steinböcken sowie Karpatenhirschen.

Als bester Ausgangspunkt für eine eintägige Besteigung des Gipfels bietet sich das kleine Bergdorf **Durău** an, das sich von Piatra Neamț oder Târgu Neamț auch mit dem Bus erreichen lässt. Eine der Hauptattraktionen des Ortes ist das am zweiten Sonntag im August stattfindende **Schafhirten-Festival (Festival de păstori).** In Durău kann man außerdem eine kleine **Einsiedelei** besichtigen, deren Außenwände ähnlich den Moldauklöstern mit bunt bemalten Bibelszenen ausgestattet sind.

In den letzten Jahren ist der Ceahlău auch zu einem beliebten Treffpunkt der Mountainbiker geworden. Einen **Mountainbike-Verleih** findet man im Hotel Bistița; für weitergehende **Informationen** über den Nationalpark sowie Führungen durchs Reservat wende man sich an das Hotel Durău.

- Der für den **Nationalpark** fällige **Eintritt** in Höhe von 5 RON ist entweder in der Bergrettung Salvamont in Durău oder in der Dochia- bzw. Izvorul-Muntelui-Hütte zu entrichten.

Unterkunft

Im Ort Ceahlău

- **Orhideea Inn** (**), Tel. 0233-258 184. Für 30 Personen in der Pension und 10 in Holzhütten, DZ 80 RON, Hütte 50 RON.
- **Gästehaus Colț de Rai** (**), Tel. 0233-258 287, DZ 70 RON.

In Durău

- **Hotel Bradul** (***), Tel. 0233-258 287, DZ 100 RON.
- **Hotel Brândușa** (**), Tel. 0233-256 573, DZ 80 RON.
- **Pension Köber/Șoimul** (****), Tel. 0233-256 616, DZ 100 RON.
- **Pension Gabriela** (**), Tel. 0744-509 394, DZ 80 RON.
- **Camping Alpinu** (**), Tel. 0233-256 538. 16 Hütten, Holzhütte 40–60 RON.
- **Camping Gheorghiu Maria** (**), Tel. 0233-258 212. 16 Holzhütten, Hütte 40–60 RON.

Wanderrouten

Von Durău (990 m) zur Dochia-Hütte (1750 m)

Vom östlichen Ende des Durău-Resorts führt ein mit einem roten Kreuz markierter Weg auf die Strecke zur Dochia-Hütte, für die **4–5 Stunden** zu veranschlagen sind. Anfangs steigt die Route entlang des Baches Pârâul lui Bucur nur leicht an. Man wandert vor allem durch Waldgebiet, bis man auf einer Höhe von knapp 1200 m auf der

Lichtung **Poiana Vesuri** angelangt ist. Anschließend geht es erneut durch den Wald; man folgt einem Bach namens Rupturii, der direkt zum **Wasserfall Duruitoarea** führt. In leichten Kurven geht die Strecke langsam vom Wald- in ein Wacholdergebiet über, das einen zum **Piatra-Lăcrimată-Pla-**

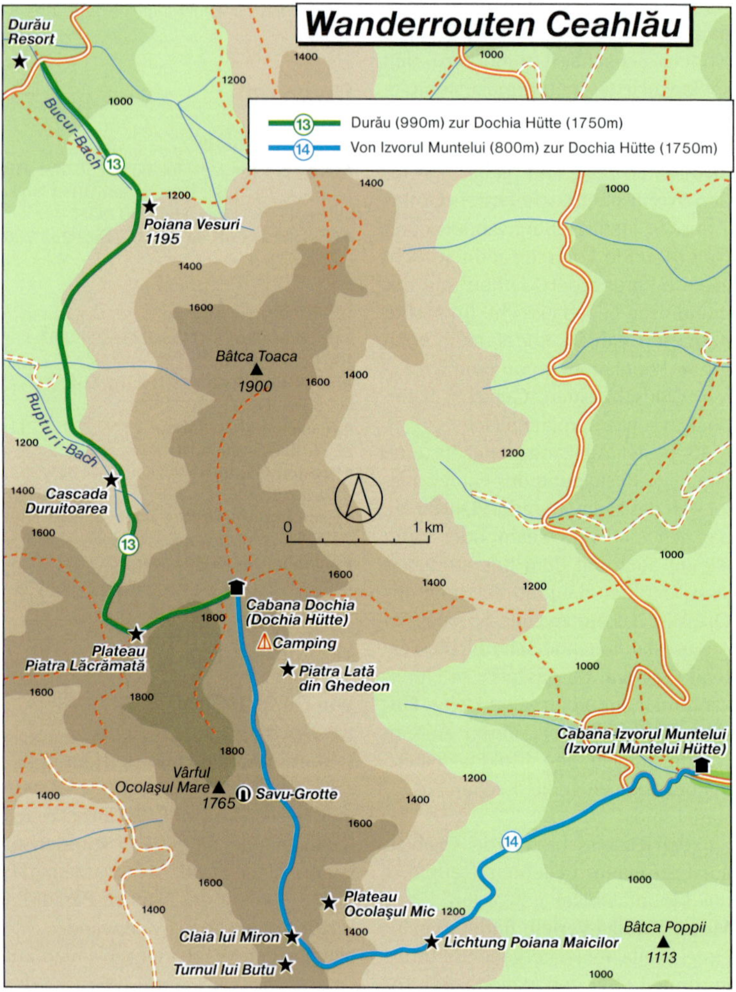

teau führt. Ein wenig weiter trifft man auf die mit einem blauen Streifen markierte Strecke, die ebenfalls hinauf zur Dochia-Hütte geht (in der übrigens ein ganz hervorragender Schafskäse – *Brânza muntelui* – serviert wird).

- **Bergrettung: Salvamont Piața Neamț,** Str. Alexandru cel Bun 27, Tel. 0233-212 890, www.salvamont.ceahlau.ro.
- **Hütte Fântânele,** 1220 m, 11 Räume, 4 Holzhütten, Tel. 0233-186 360.
- **Hütte Dochia,** 1750 m, Unterkunft für 100 Personen im Sommer und 70 im Winter, Tel. 0233-469 271.

Von Izvorul Muntelui (800 m) zur Dochia-Hütte (1750 m)

Von der Izvorul-Muntelui-Hütte führt ein mit senkrechtem roten Streifen markierter Weg zu einem der markantesten Punkte des Ceahlău-Massivs, dem steil aufragenden Gipfel **Ocolaşul Mare.** Die gesamte Strecke zur Dochia-Hütte dauert **4 bis 5 Stunden** und ist ein wenig anspruchsvoller als der Weg von Durău aus.

Kurz nach Verlassen der Hütte kreuzt man den kleinen Bergbach Izvorul Muntelui, der der Hütte ihren Namen gibt. Der 1113 m hohe Bâtca Popii säumt für die nächsten 3 km linker Hand die bewaldete Strecke, die einen nach 1:30 Stunden zur Lichtung **Poiana Maicilor** auf 1326 m bringt. Kurz nach der Lichtung kreuzt der aus der Ortschaft **Neagra** kommende Weg mit blauem Kreuz, der ebenfalls hinauf zur Dochia-Hütte führt.

Zum nächsten Aussichtspunkt, dem **Plateau Ocolaşul Mic,** steigt man zwischen den beiden Felsmassiven Claia lui Miron (rechts) und Turnul lui Butu (links) hindurch. Kurz darauf gelangt man durch ein Waldgebiet in die Nähe des bereits erwähnten imposanten Gipfels **Ocolaşul Mare,** in dessen Nähe sich auch eine kleine Höhle, die **Savu-Grotte,** befindet. Sobald der höchste Punkt der Strecke, das Felspanorama namens **Piatra Lată din Ghedeon,** erreicht ist, sind es nur noch 15 Minuten zur Dochia-Hütte.

- **Hütte Izvorul Muntelui,** 797 m, Platz für 50 Personen im Hostel und für weitere 20 in Holzhütten, Tel. 0233-234 269.
- Zwischen Bicaz und Izvorul Muntelui liegt die äußerst preisgünstige **Cabana Bicaz,** Tel. 0233-254 097, DZ 30 RON, inkl. Frühstück.

Unterkunft im Ort Izvorul Muntelui:
- **Pension Cruşitu** (**), Tel. 0723-589 661. 30 Personen, DZ 70 RON.
- **Gästehaus Licurici** (**), Tel. 0721-344 945. 10 Personen, DZ 70 RON.
- **Pension Dănilă** (**), Tel. 0723-317 583. 13 Personen, DZ 70 RON.

Bicaz-Schlucht ⇗X, A/B2

Die Schlucht von Bicaz (**Cheile Bicazului**) zählt neben der hochalpinen Transfăgăraşan in Siebenbürgen zu den spektakulärsten Bergpassagen Rumäniens. Sie wird zwischen den Orten Gheorgheni und Bicaz von der Nationalstraße DN12c durchquert. Die bis zu 300 m hohen Felswände ragen nur einige Meter von der Straße entfernt vertikal nach oben oder hängen zum Teil auch über (Vorsicht: Steinschlaggefahr!). Von Bicaz kommend erwartet einen am Ende der 15 km langen Strecke durch die Schlucht der gefürchtete „Höllenschlund", eine extrem enge Passage. Die steilen Kalksteinwände der Klamm sind ein **beliebtes Klettergebiet,** oft sind einige Freeclimber direkt über der Passstraße im Fels zu sehen. Da sich die Schlucht an ihrem tiefsten Punkt ganz und gar ohne Kletterkenntnisse und hochalpine Erfahrung erwandern lässt, ist sie auch ein beliebtes Wochenendziel der Rumänen.

Lacul Roşu

↗ X, A2

Der **„Rote See",** 30 km westlich vom großen Stausee gelegen, hat seinen Namen der eisenhaltigen Tonerde zu verdanken, die dem Wasser einen rötlichen Schimmer verleiht. Die gespenstische Szenerie der zahlreichen Baumstümpfe und kahlen Kiefernspitzen, die aus dem See ragen, lassen er-

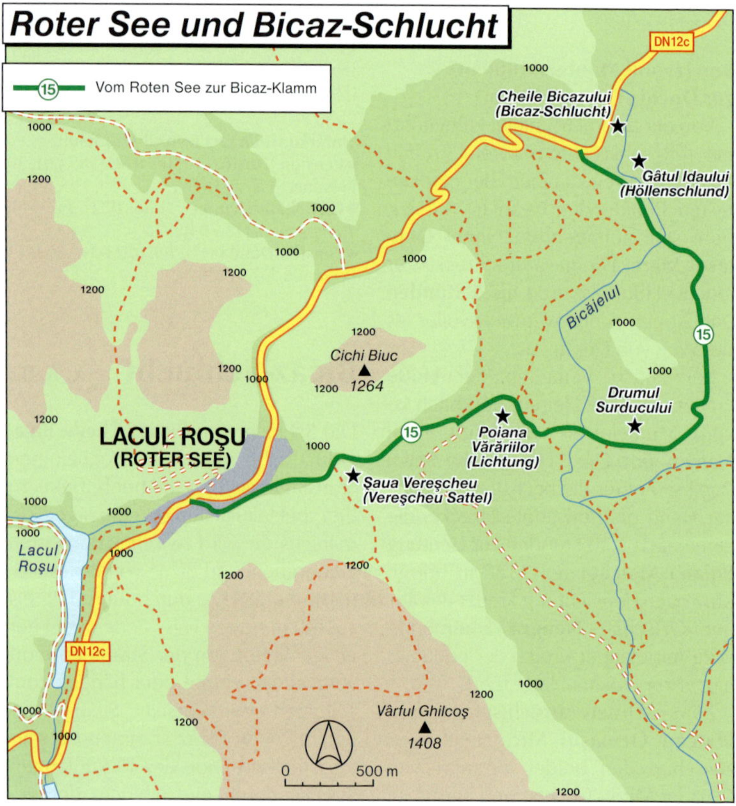

rum525 Foto: jr

ahnen, das eine Katastrophe dem in ganz Rumänien berühmten Gewässer seinen Beinamen **„Mördersee“** verliehen hat. Einer der zahlreichen Legenden nach sollen Angler am Seerand von einem Riesen erschlagen worden sein. Die Farbe des Wassers wäre demnach auf ihr vergossenes Blut zurückzuführen. In Wirklichkeit rutschte 1838 ein bewaldetes Felsmassiv aus 1000 m Höhe in die Bicaz, einen Zufluss der Bistritz. Die Geröllmassen wirkten wie ein natürlicher Staudamm, die Kiefern ertranken und ragen heute nur noch mit ihren Stümpfen aus dem Wasser hervor.

Vom Roten See zur Bicaz-Klamm

Um dem Ansturm der meist mobilisierten Kurztouristen zu entgehen, empfiehlt sich eine **vierstündige Wanderung** abseits der Hauptstraße. Die Strecke führt vom Roten See zur Schlucht von Bicaz und ist mit einem senkrechten gelben Streifen markiert.

Eine der spektakulärsten Schluchten Rumäniens ist die Bicaz-Klamm

Von der Hauptstraße im Ort Lacu Roşu zweigt die Wanderstrecke 200 m südlich der Kirche **Sfântul Cristof** ostwärts ab. Nach 2 km kreuzt man den **Vereşcheu-Sattel** und kommt in eine Landschaft mit idyllischen Gehöften und kleineren Ortschaften. Der Weg zur Bicaz-Schlucht, auch unter dem Namen **„Drumul Surducului"** bekannt, führt zuerst über eine Lichtung (Poiana Vărăriilor), kreuzt den **Bach Bicăjelul** und wendet sich anschließend nordwärts zur Lichtung **Poiana Căprăriei.** Kurz darauf führt der Weg erneut am Bicăjelul-Bach entlang, dessen Wasser immer wilder wird, desto näher man der Schlucht kommt. Nachdem man den Bergbach überquert hat, gelangt man zur eindrucksvollsten Passage der Strecke, dem Höllenschlund oder **Gâtul Iadului.** Ein wenig weiter unten, nach einer Brücke, ist bereits die Nationalstraße DN12c sichtbar, die durch die Bicaz-Schlucht führt.

Unterkunft

- Unweit des Sees liegt die **Vila Bradul** (**), Tel. 0266-164 049, die auch über einen eigenen Campingplatz an einem kleinen Flüsschen verfügt. Alle Zimmer kosten 60 RON (ohne Frühstück), ein Stell- und Zeltplatz 5 RON oder 1 Euro.
- Direkt gegenüber, auf der anderen Straßenseite, liegt die hübsche **Vila Andrei** (**), Tel. 0266-380 004 (Kontaktperson: *Micloş Anca*). Sie bietet 12 überaus preisgünstige gepflegte Zimmer an. So kostet die Übernachtung während der Woche von Mo. bis Fr. nur 30 RON, am Wochenende kosten die Zimmer (ohne Frühstück) 60 RON. Da das Haus über kein Restaurant verfügt, sollte man sein Essen mitbringen.

Roman

↗XI, C1

- **Meereshöhe:** 280 m
- **Vorwahl:** 0233
- **Einwohner:** 70.800

Ein kurzer Stopp in der 46 km östlich von Piatra Neamţ gelegenen unscheinbaren Stadt Roman lohnt aus drei Gründen: Zum einen ist sie die Heimatstadt des berühmtesten rumänischen Dirigenten, **Sergiu Celibidache,** zweitens gilt Roman als Gründungsort der Provinz Moldau, und drittens findet man in der Nähe der Stadt eines der besten Restaurants der Moldau.

Einer **Überlieferung** nach soll sich ein Heerführer namens **Dragoş** um 1349 im Moldaugebiet niedergelassen haben und bei der Jagd nach einem Büffel in das heutige Gebiet der Stadt Roman gekommen sein. Sein Jagdhund, dem der Wojwode den Namen *Moldau* gegeben hatte, fiel den Büffel an, wurde dabei jedoch getötet. Zum Andenken an seinen treuen Begleiter nannte Dragoş den Fluss, in dem der Kampf stattfand, Moldau und den Ort des Geschehens Roman. Auch dem Büffel sollte später Ehre zuteil werden, denn er ziert heute das Wappen der Moldau.

Die ersten historischen Spuren der Stadt Roman finden sich in einer Chronik aus dem Jahr 1392. Entgegen der oben genannten, sehr bekannten Legende um die Stadtgründung geht der Name auf den Fürsten **Roman Muşat I.** zurück (er regierte die Moldau von 1391 bis 1394), der die Stadt am

Zusammenfluss von Siret und Moldova gründete. Eine von *Ştefan dem Großen* links des Siret gebaute Festung überlebte die kriegerischen Wirren der Region und die Angriffe des Osmanenführers *Mehmed II.* nicht und wurde vom schmachvoll in die rumänische Geschichte eingegangenen „tatarischen Komplizen" *Dumitraşcu Cantacuzino* 1675 endgültig demoliert. Roman galt trotz aller militärischen Niederlagen über die Jahrhunderte hinweg als **wichtige Marktstadt** auf der alten Handelsroute vom Schwarzen Meer nach Târgu Mureş.

Sehenswertes

Die Innenstadt verströmt den Charme frisch gestrichener Plattenbauten, die wohl zur Epoche der Beton-Renaissance zu zählen sind, und lohnt darum keinen längeren Aufenthalt. Interessant ist allerdings der Besuch der **Celibidache-Musikschule** und des **Sergiu-Celibidache-Museums.** Die Führung durch die beiden Häuser (Deutsch, Englisch und Französisch) macht mit einigen kuriosen Episoden aus dem Leben des exzentrischen Künstlers und größten Sohns der Stadt bekannt. Wer sich mit Kindern auf der Durchreise befindet, dem empfiehlt sich ein Ausflug in den kleinen, sehenswerten **Zoo** oder ins frisch renovierte **Freibad.**

- **Muzeul Sergiu Celibidache** und **Scoală de Musica,** Str. Titulescu/Ecke Str. Veronica Micle.

Unterkunft

- Empfehlenswert ist die Fahrt zum neu errichteten **Hotel Mariko Inn** (***) an der Ausfahrtsstraße (E 85) nach Iaşi und Suceava, etwa 3 km außerhalb des Zentrums von Roman, Str. Ştefan cel Mare 278, Tel. 742 525.

Sergiu Celibidache

Sergiu Celibidache war einer der wenigen rumänischen Dirigenten, die es wirklich zu Weltruhm gebracht haben. Der Musiker leitete von 1945 bis 1952 die Berliner Philharmoniker und war damit Nachfolger von *Wilhelm Furtwängler* und Vorgänger von *Herbert von Karajan,* den er in seiner musikalischen Entwicklung stark beeinflusste. *Celibidache* war Anhänger des Buddhismus, begnadeter Bruckner-Interpret, Philosoph und Jünger des Gurus *Sai Baba* gleichermaßen, was ihm in der Musikwelt den Ruf eines Exzentrikers einbrachte. Obwohl *Celibidache* selbst ein fantastischer Vermittler von klassischer Musik war, glaubte er nicht an die wirkliche Vermittelbarkeit von Musik oder Sprache. Als Konsequenz daraus verbot er – als erster und einziger Dirigent in der Welt – den Mitschnitt und die Veröffentlichung seiner Konzerte! Einigen Besuchern scheint es trotzdem gelungen zu sein, heimlich einige Aufnahmen zu machen, zumindest kursiert heute ein Celibidache-Konzert aus der Carnegie-Hall.

Seine Heimatstadt Roman, in der er am 11. Juli 1912 geboren wurde, hat nach der Revolution, also noch zu *Celibidaches* Lebzeiten, eine nach ihm benannte Musikschule begründet, die von Besuchern besichtigt werden kann.

EZ 95 RON, DZ 115 RON, Matrimonial 135 RON, App. 240 RON.

- Wahrscheinlich werden sich nur völlig übermüdete Autofahrer im **Hotel Roman** niederlassen (sozialistischer Betonklotz), Str. Nicolae Titulescu 2–4, Tel. 742 600. EZ 130 RON, DZ 170 RON.

Essen und Trinken

- **Restaurant Roxi Orient,** Str. Nicolae Titulescu 13. Nichtraucher-Restaurant mit sehr guten Tagessuppen.
- Etwa 5 km hinter der Gabelung nach Iaşi befindet sich ein sehr beliebtes Ausflugslokal. Auch wer eigentlich geradeaus nach Suceava möchte, sollte den kleinen Umweg in Kauf nehmen und im **Hanul trei lazuri** eine Stärkung zu sich nehmen. Die „Herberge der drei Teiche" lädt den Gast ein, sich seine Fische selber zu fangen und sie dann von der Restaurantküche nach Wunsch zubereiten zu lassen. Wer dafür etwas mehr Zeit benötigt, kann sich auf dem am See gelegenen Campinggelände einrichten. Wer nicht angeln möchte, lässt sich die gegrillten Fische *(Peste prajite)* fertig auf der Sommerterrasse servieren und genießt den Blick auf die recht großen Teiche.

Achtung: Straßengraben!

Autofahrer sollten beachten, dass gleich nach Roman, Richtung Norden, ein etwa 5 km langer Graben die Straße begleitet. Nächtliche Fahrten könnten schnell in diesem enden, wenn man die Aufmerksamkeit und die Spur nicht halten kann.

Bacău

↗XI, C2

- **Meereshöhe:** 170 m
- **Vorwahl:** 0234
- **Einwohner:** 185.400

Zwar ist Bacău die drittgrößte Stadt der Moldau (nach Iaşi und Galaţi), bietet jedoch aus touristischer Sicht sehr wenig, was einen längeren Aufenthalt rechtfertigen würde. Die meisten Besucher nutzen die **zentrale Lage** auf der von Norden nach Süden führenden Europastraße 85 (von Suceava nach Bukarest) zur Übernachtung in einem der recht guten Hotels oder zu einem Einkaufsbummel auf dem großen, zentral gelegenen Markt. Seit 2002 verfügt der **Flughafen** von Bacău über eine internationale Anbindung, was die Stadt für Besucher der nahe gelegenen Moldauklöster oder der reizvollen Ostkarpaten interessant macht.

Stadt im Umbruch

Seit einigen Jahren gibt es kaum einen Straßenzug in Bacău, in dem nicht gebaut, gebaggert oder restauriert würde. Leider mangelt es der Stadt aber an historischer Bausubstanz, und so ist es, wie vielerorts in Rumänien, die orthodoxe Kirche, die versucht, neue städtebauliche Akzente zu setzen.

Am zentralen Piaţa Unirii steht eine riesige **Kathedrale,** die mühelos mit den größten orthodoxen Kirchenhäusern Rumäniens mithalten kann. Das Sfântul Niculae Înălţarea Domnului genannte Gotteshaus wurde 2007 fertiggestellt. Auch zwei historische Gebäude an der Str. Nicolae Bălcescu ziehen die Aufmerksamkeit auf sich: eine **neobyzantinische Kirche** am nördlichen Ende und das im Brâncoveanu-Stil errichtete **Bacovia-Theater** im Süden der Straße. Eines der wenigen Zeugnisse dafür, dass Bacău älter als 100 Jahre ist, findet sich in der Str. 9. Mai. Den dort zu sehenden, vollständig von Plattenbauten umgebenen **Fürstenhof** ließ *Alexandru,* Sohn *Stefans des Großen,* im Jahr 1491 errichten. Leider lassen die verbliebenen Ruinen keine Rückschlüsse zu, wie der Hof einmal ausgesehen haben könnte.

Informationen

- Das **Orotaru-Informationszentrum** im Hotel Moldova, Str. N. Bălcescu 16, Tel. 571 915, hilft bei der Vermittlung von Zimmern.
- Sehr hilfsbereit sind die Damen und Herren in der **Buchhandlung Eminescu** in der Str. N. Bălcescu 12, Tel. 545 721.

Service

- **Hauptpost,** Str. Mărăşeşti 8, Tel. 588 342.
- **Mobil-Telefon: Cosmoplus,** Str. N. Bălcescu 12, Tel. 544 995.
- **Geldwechsel: BRD-Bank,** B-dul Unirii 2, und **Banca Transilvania,** Str. N. Bălcescu, Tel. 570 318.
- **Internet: Nonstop-Internet-Café,** B-dul Unirii 2, neben dem Café-Restaurant Monaco, Tel. 531 181, 2 RON die Stunde.

Notfälle

- **Apotheke (Farmacie),** Str. N. Balcescu 12, Tel. 576 980, 8–20 Uhr, So. geschlossen.
- **Stadtkrankenhaus: Spitalul Municipal,** Str. Şpiru Hareţ, Tel. 134 000.

Mobilität

Wichtig für Autofahrer

Man sollte sich nicht durch Hinweisschilder irritieren lassen, die einem die **Fahrt durch die Stadtmitte** verbieten. Die entsprechende Umleitung gilt nur für LKWs. Wer dieser Ausschilderung folgt, nimmt einen riesigen Umweg in Kauf. Außerdem ist die Umgehungsstraße oft verstopft! Besser den direkten Weg durch die City nehmen.

Flüge

- Der **Flughafen** liegt nur 5 km außerhalb der City an der Str. Aeroportului 1, Tel. 575 362. Zubringer zur Innenstadt sind die Busse der Linien 17, 18 und 22 (Preis in die City ca. 1,50 RON).
- Internationale und nationale **Flüge** führen die Linien Carpatair, Tel. 575 335, und TAROM, Tel. 546 343, durch. Täglich Flüge mit Carpatair (außer So.) nach München, Stuttgart und Düsseldorf (über Timişoara) um 6:40 Uhr.

Züge

- Der **Hauptbahnhof** liegt 2,5 km vom Stadtzentrum entfernt in der Str. Garii 1, Tel. 519 908. Der Bahnhof Bacău liegt an einer Intercity-Strecke. Der Pendelbus Linie 18 zirkuliert zwischen Zentrum und Bahnhof.
- Die **Kartenverkaufsstelle der CFR** befindet sich in der Str. N. Bălcescu 12, Tel. 546 343.
- 2 IC-Züge täglich über Focşani, Buzău und Ploieşti **nach Bukarest:** 7:46, 18:39 Uhr, Ankunft Bukarest Nord: 11:41, 22:30 Uhr.

Busse

- Den **Busbahnhof (Autogara)** findet man gleich gegenüber dem Hauptbahnhof, Str. Garii 1, Tel. 571 907.
- **Zahlreiche Verbindungen** in alle großen rumänischen Städte.

Taxis

- **MMM,** Tel. 555 555.
- **IAC,** Tel. 965
- **Taxi Trans,** Tel. 970.

Unterkunft

In der Stadt

- **Hotel Moldova** (***), Str. N. Bălcescu 16, Tel. 511 514. Zentral gelegenes Cityhotel der Luxusklasse. Spa-Bereich mit Jacuzzi und Sauna. Erstklassige Gastronomie. EZ/DZ ab 60 Euro.
- **Motel Levisticum** (***), Tel. 561 444. Modernes Motel mit eigenem Restaurant. Alle Zimmer sind mit Doppelbetten ausgestattet. EZ/DZ 120–140 RON, App. 200 RON, Frühstück 30 RON extra.
- **Pensiunea Moldovia** (***), moderne, im August 2007 eröffnete Pension, bewachter Parkplatz, Internet (wireless). EZ 130 RON, DZ 150 RON, App. 190 RON.
- **Hotel Decebal** (**), Str. Ionita Sandu Şturdza 2, Tel. 570 020. Verlässlicher Standard in akkuraten Zimmern auf 12 Etagen. EZ/DZ ab 55 Euro.

In der Umgebung

- **Hotel Măgura** (**), 8 km westlich im gleichnamigen Ort liegt das schlichte, aber gute und preisgünstige Waldhotel. EZ/DZ 60 RON.
- **Motel Agroturism „La Cişmea"** (**), 15 km außerhalb Richtung Bukarest/Galaţi, Tel. 251 299. EZ/DZ 60 RON.
- **Motel La Capul Dacului** (***), 32 km außerhalb Richtung Bukarest/Galaţi, Tel. 255 492. EZ 100 RON, DZ 120 RON, 3-Bett-Zimmer 150 RON.

Essen und Trinken

- Das **Restaurant Hanovra,** an der Rückseite des McDonald's in der Str. Erou Ciprian Pintea 13, Tel. 576 904, serviert hervorragende moldauische Fleischgerichte. Probieren: *Tochitură Haiducheascӑ.*
- Im **Monaco,** B-dul Unirii 2, Tel. 523 679, gibt es Spaghetti, Penne und Pizza. Empfehlenswert die *Pizza tiroleze* mit Tomaten, Mozzarella und Schinken.
- **Restaurant Lions,** B-dul Bucovina 36, Tel. 233 740. Delikate und preiswerte heimische Küche.
- **Millenium,** Str. Aman 94, Tel. 580 194. Italienische und rumänische Küche.
- **Pizza Hut,** Str. N. Bălcescu 14, Tel. 552 299. Verlässlicher Pizza & Pasta-Genuss für Fast-Food-Freunde.

Iaşi/Jassy

↗ XI, D1

- **Meereshöhe:** 150 m
- **Vorwahl:** 0232
- **Einwohner:** 321.500

Iaşi (gespr. Jasch), die **größte und schönste Stadt der Moldau** und seit jeher **kultureller und geschichtlicher Mittelpunkt der Provinz,** liegt nur knapp 20 km von der moldawischen Grenze entfernt. Sie hat im Verlauf der Geschichte türkische, tartarische, griechische, russische und österreichische Truppen gesehen, doch ihrem bezaubernden Flair hat dies nichts anhaben können. Die grüne Kulturmetropole mit ihren weitläufigen Stadtparks, den hervorragend restaurierten Palästen, Kathedralen und Theatern gilt zwar im Ausland immer noch als Geheimtipp, bei Rumänien-Kennern jedoch längst nicht mehr. In der heimlichen Kulturhauptstadt Rumäniens wurden das erste Theater des Landes und die erste Universität gegründet. Oft als **„Rom des Ostens"** beschrieben, zieht die lockere Atmosphäre der vielen Straßencafés und Szenelokale vor allem junge Rumänen und Rumäninnen an, die das Stadtbild heute entscheidend prägen.

Das Nationaltheater von Iaşi

rum531 Foto: jr

Geschichte

Ein genaues Gründungsjahr kann nicht angegeben werden. Um 1387 tauchte Iaşi erstmals als **Jasski Tork** (Markt von Jasski) in einer Chronik auf, wobei der Name auf die russischen Stämme der *Iasigi* zurückgehen soll.

Bereits seit 1415 gab es in der kleinen Marktstadt einen Fürstenhof. Unerwartet kam jedoch die Ernennung zur **Hauptstadt der Moldau** im Jahr 1565. *Stefan der Große* verlegte seinen Herrschaftssitz von Suceava nach Iaşi, da er glaubte, von hier aus die Verteidigung der Moldau gegen die Türken besser organisieren zu können.

Dabei stand die Region längst unter osmanischer Oberhoheit und entwickelte sich nach *Stefans* Tod mehr und mehr zu einem türkischen Satellitenstaat. Um nicht annektiert zu werden, zahlten die Fürsten horrende Abgaben an Konstantinopel. Dennoch blühte Iaşi während der Herrschaft von **Vasile Lupu** zwischen 1634 und 1653 unerwartet auf und nannte sich selbst fortan das zweite Byzanz. Die **glanzvolle Periode,** in der unter anderem die Academia Vasiliană, Vorläuferin der ersten rumänischen Universität, gegründet wurde (1640), sollte drei Jahrhunderte andauern. Zwar erlitt die Region Moldau durch den Verlust Bessarabiens und der Bukowina herbe Verluste, ihre Hauptstadt Iaşi bewies jedoch eine verblüffende Resistenz gegen Schicksalsschläge und bekam erst 1859 einen Dämpfer, als nach der Vereinigung der Moldau und der Wallachei zur Keimzelle des rumänischen Staates Bukarest und nicht Iaşi zur Hauptstadt ernannt wurde, was der wirtschaftlichen und kulturellen Entwicklung der vitalen Stadt jedoch nichts anhaben konnte.

Sehenswertes

Das grüne Viertel Copou

Ebenso wie Rom breitet sich die Stadt Iaşi auf sieben Hügeln aus. Einer dieser **Hügel,** der Copou, ist vom Hauptbahnhof mit der Straßenbahnlinie 11 in nur 10 Minuten zu erreichen und empfiehlt sich aus mehreren Gründen als wunderbares Entrée in die Stadt. Einer dieser Gründe ist das **Goethe-Zentrum,** das unmittelbar am Bulevard Carol I. zu finden ist. Die überaus hilfsbereite Leiterin *Gabriela Linde* und ihr Mann *Radu* kennen anscheinend alle Geheimnisse der Stadt und haben für Reisende immer einen aktuellen Tipp parat.

- **Kulturhaus Goethe-Zentrum,** Bulevard Carol I. (Cotou) 21, Mo. bis Fr. 11–16 Uhr (und nach Vereinbarung), Tel. 214 051. sprach-goethezentrum@catv.embit.ro, www.goethezentrum.ro.

Rund um das Goethe-Zentrum zeigt sich die grüne Lunge der Stadt, das noble Villen- und Studentenviertel Copou, von seiner schönsten Seite. Links und rechts der Carol I. findet man prächtige Kastanien und einige schicke kleine Cafés und Gartenlokale. Bunt bemalte Straßenbahnen rauschen die Allee hinauf zum 100 m entfernten **Copou-Park (Grădina Copou),** in dem die Büsten rumänischer Schriftsteller des 19. Jahrhunderts (u.a. *Veronica Micle* und *Ion Creangă*) den Weg zur **Eminescu-Linde (Teiul lui Eminescu)** weisen. Der Baum wurde zu Ehren des Dichterfürsten gepflanzt, an der daneben stehenden Büste legen die Besucher noch heute Blumensträuße nieder. Linker Hand liegt das moderne **Museum Eminescu (Muzeul lui Eminescu),** in dem man meist relativ ungestört die Erstausgaben seiner Bücher, seltene Fotografien oder den Flügel seiner Schwester betrachten kann. Wer sich nach dem Kulturprogramm etwas entspannen möchte,

Kesselschlacht im Zweiten Weltkrieg

Neben der Schlacht von Stalingrad gab es 1944 eine weitere wichtige und entscheidende Schlacht in Osteuropa, die den Ausgang des Zweiten Weltkriegs entscheidend beeinflusste. In der Kesselschlacht der Russen gegen die Deutschen, der so genannten **Operation Jassy-Kischinew** (Iaşi-Chişinău), standen sich im Winter 1944 930.000 Soldaten der Roten Armee und 650.000 deutsche und rumänische Soldaten gegenüber. Die 6. deutsche Armee wurde dabei vernichtend geschlagen, 150.000 Wehrmachtssoldaten fielen, 100.000 kamen in russische Gefangenschaft. Auf rumänischer Seite wurden ähnlich hohe Zahlen angegeben. Die Provinzregierung in Iaşi rief angesichts dieser Niederlage dazu auf, die Fronten zu wechseln, und tatsächlich schloss sich Rumänien der Sowjetunion an und gehörte am Kriegsende, knapp ein Jahr später, unerwartet zu den Siegerstaaten.

kann sich am nahe gelegenen kleinen **See** niederlassen, der ganz in der Nähe der Künstlerwohnhäuser zu finden ist. 15 Minuten vom Copou-Park entfernt liegt der **Botanische Garten,** den man über die von der Allee links abzweigende Str. George Coşbuc erreicht.

Die Universität

Der prächtigste Bau am Bulevard Carol I. (oder wie die Studenten ihn lieber nennen, Bulevardul Copou) ist das Hauptgebäude der **Alexandru-Ioan-Cuza-Universität,** 10 Minuten zu Fuß südlich des Goethe-Zentrums. Der 1897 von *Louis Le Blanc* konstruierte imposante Bau ist ein typisches Beispiel des pompösen Historizismus und glänzt an allen Ecken und Enden mit neobarocken Details. Vor seinem Eingang steht - wie könnte es anders sein - die Sockelbüste von *Mihail Eminescu,* der 1874/75 Direktor der Universitätsbibliothek war. Die Studenten halten sich jedoch im Sommer lieber an der schönen Brunnenanlage daneben auf. Insgesamt studieren mittlerweile über 40.000 Studenten an den beiden staatlichen und den neu hinzugekommenen privaten Universitäten.

Am Piaţa Unirii

Im kalten Januar 1859 versammelten sich Hunderte Bürger von Iaşi tagelang am Einheitsplatz, dem Piaţa Unirii, in der Stadtmitte und feierten die **Vereinigung der Moldau und Walachei** mit einem riesigen Rundtanz, der so genannten **Hora,** und sangen dazu: „Hai să dăm mână cum mână, cei cu inima română." Frei übersetzt würde dieses berühmte rumänische Lied auf Deutsch etwa so lauten: „Lasst uns tanzen Hand in Hand, für ein einig Vaterland." Die herausragende Bedeutung der Vereinigung mag man daran ablesen, das der Piaţa Unirii in Iaşi zum Namensgeber für viele Plätze in Rumänien geworden ist.

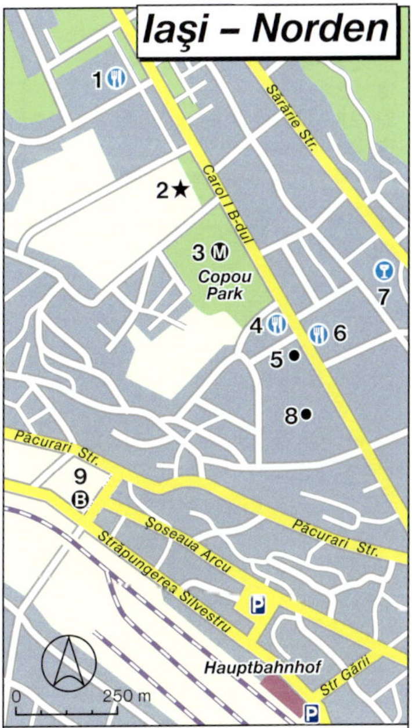

1 Expo Parc
2 Oştirii Palast
3 Museum Mihai Eminescu
4 La Boieri
5 Kulturhaus Goethezentrum
6 Family Pizza
7 Versus
8 Universität
9 Busbahnhof

- 10 Kirche der 40 Heiligen
- 11 Chemiemuseum
- 12 M. Eminescu Bibliothek
- 13 Belfast Pub/Sundays Im Kulturhaus der Studenten
- 14 TakeNet Internet
- 15 Sf. Spiridon
- 16 Bolta Rece
- 17 StarNet Internetcafé
- 18 Große Synagoge
- 19 Busse nach Ciric-See und Flughafen
- 20 Kloster Bărboi
- 21 Kloster Barnovschi
- 22 Astoria
- 23 Unirea
- 24 Naturkundemuseum
- 25 Traian
- 26 Buchhandlung Humanitas
- 27 Theatermuseum
- 28 Reisebüro CFR
- 29 TakEat
- 30 Hauptpost
- 31 Johannes der Täufer
- 32 Philharmonie
- 33 Kloster Golia
- 34 Ion Creangă
- 35 Agentia de Turism

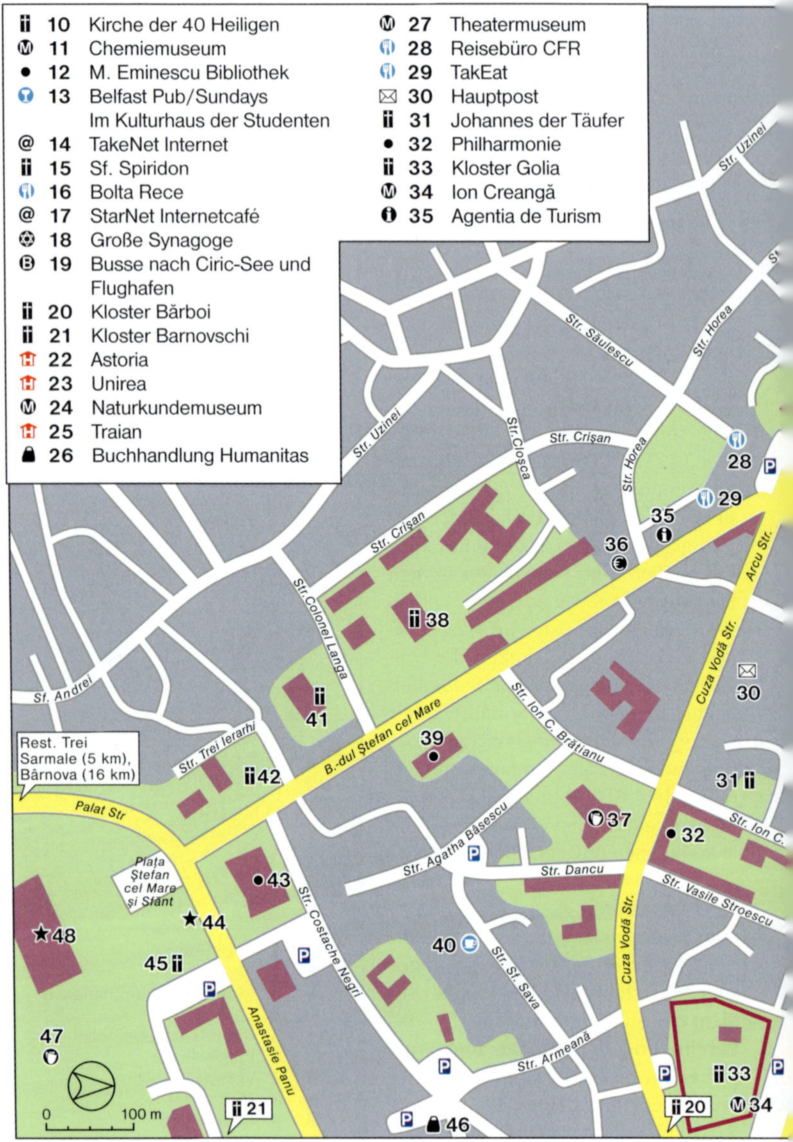

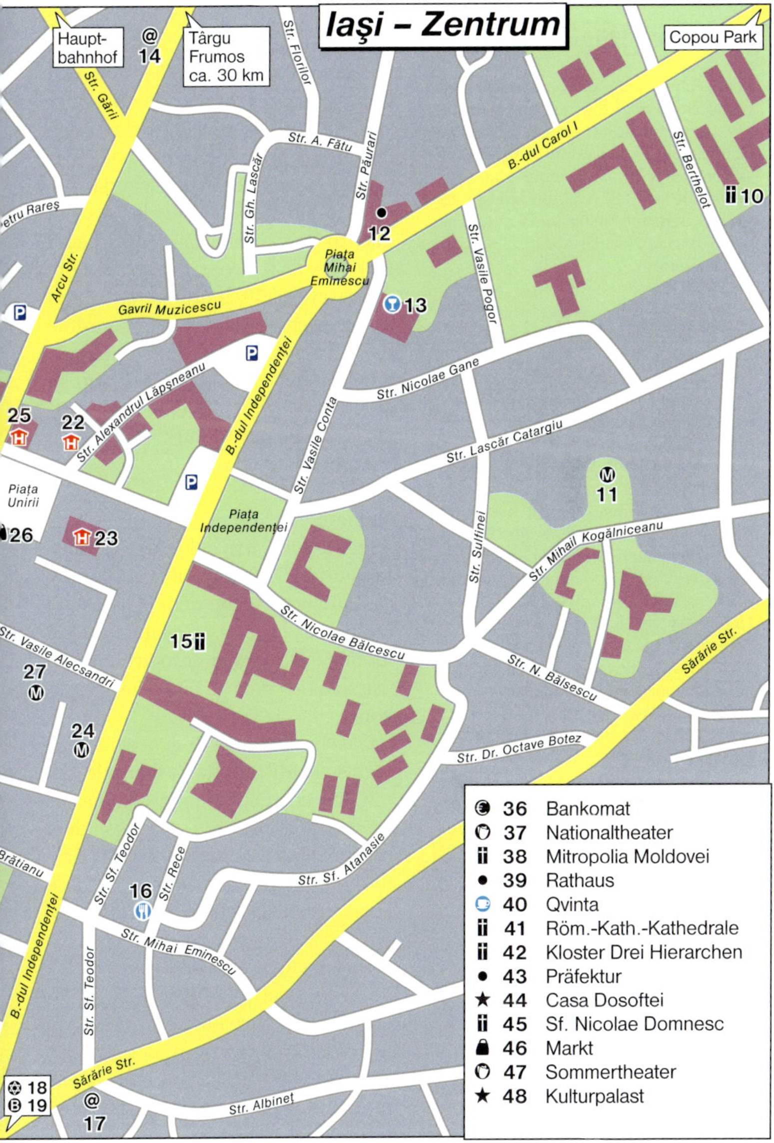
Iaşi – Zentrum
Haupt-bahnhof
@ 14
Târgu Frumos ca. 30 km
Copou Park
Str. Florilor
Str. Gării
Str. A. Fătu
Str. Păurari
Str. Gh. Lascăr
B.-dul Carol I
Str. Berthelot
10
12
Piaţa Mihai Eminescu
13
Arcu Str.
Gavril Muzicescu
Str. Vasile Pogor
Str. Nicolae Gane
Str. Alexandrul Lăpşneanu
B.-dul Independenţei
25
22
Str. Vasile Conta
Str. Lascăr Catargiu
11
Piaţa Unirii
26
23
Piaţa Independenţei
Str. Sulfinei
Str. Mihail Kogălniceanu
Str. Nicolae Bălcescu
15
Str. Vasile Alecsandri
27
24
Str. N. Bălsescu
Sărărie Str.
Str. Dr. Octave Botez
Str. Sf. Teodor
Str. Rece
Str. Sf. Atanasie
16
Brătianu
Str. Mihai Eminescu
B.-dul Independenţei
Str. Sf. Teodor
Sărărie Str.
18
19
17
Str. Albinet
36 Bankomat
37 Nationaltheater
38 Mitropolia Moldovei
39 Rathaus
40 Qvinta
41 Röm.-Kath.-Kathedrale
42 Kloster Drei Hierarchen
43 Präfektur
44 Casa Dosoftei
45 Sf. Nicolae Domnesc
46 Markt
47 Sommertheater
48 Kulturpalast

Die sieben Hügel von Iaşi

Kein Wunder, dass der Nationaldichter *Eminescu* die Stadt Iaşi in seinen Gedichten gerne mit Rom verglich. Auch die Hauptstadt der Moldau breitet sich auf sieben Hügeln aus. Heute sind die **Stadtteile** von Iaşi nach diesen „Şapte Coline" benannt: Sie heißen: Cotou, Cetaţuia, Bucium, Dancu, Galata, Şiorogari und Bucium.

Gustave Eiffel in Iaşi

Der französische Ingenieur *Gustav Eiffel* hat im Laufe seines bewegten Lebens nicht nur den nach ihm benannten Eiffelturm in Paris konstruiert. Auch am Panama-Kanal, in Haiti, Korsika, New York, Sankt Petersburg und in Iaşi hat sich der Vielgereiste architektonisch verewigt. Als *Eiffel* mit einem rumänischen Freund und ehemaligen Studienkollegen um 1870 den Vorderen Orient bereiste und dabei schwer erkrankte, schlug der Freund Iaşi als „schönsten rumänischen Luftkurort" vor. Da sich *Eiffel* in Iaşi tatsächlich wider Erwarten schnell von seiner Krankheit erholte, bedankte er sich auf seine Weise, indem er für die Stadt das Eisengerüst des 1879 errichteten **Hotels Traian** konstruierte. Ein weiteres „Geschenk" *Eiffels* an die Stadt Iaşi kann heute leider nicht mehr besichtigt werden. Die von *Eiffels* typischem Hang zu stabilen Eisenkonstruktionen geprägte **Fischhalle** ließ *Ceauşescu* 1965 abreißen. Bis in die 1970er Jahre hinein lagen nach dem Abriss Tausende von riesigen Eisenpfeilern in der Innenstadt von Iaşi herum und dienten den *Căldăraşi* (Eisen- und Kupferschmieden der Roma) als kontinuierliche Einnahmequelle.

Heute ist der Einheitsplatz in Iaşi die zentrale Drehscheibe der Stadt und der Beginn des prachtvollen **Bulevardul Ştefan cel Mare,** der hinunter zum Kulturpalast führt. Rund um den Piaţa Unirii gruppieren sich einige der besten Hotels der Stadt, wie das berühmte Hotel Traian, in dessen Eingangshalle man stolz auf den Erbauer *Gustav Eiffel* verweist, der an der Konstruktion des 1879 eröffneten Hotels maßgeblich beteiligt war. In der Mitte des Platzes wurde die Statue des letzten Fürsten der Moldau, *Alexandru Ioan Cuza,* platziert, der nun tagaus tagein vom immer dichter werdenden Verkehr umkurvt wird.

Flaniermeile Ştefan cel Mare

Der B-dul Ştefan cel Mare ist **samstags und sonntags** von der Mitropolia-Kathedrale (nahe dem Piaţa Unirii) bis zum Kulturpalast (Palatul Culturii) für den Autoverkehr gesperrt und verwandelt sich dann in eine **Fußgängerzone.**

Gleich an seinem Beginn sieht man rechts die **Mitropolia-Kathedrale,** deren Bau sich über mehr als ein halbes Jahrhundert erstreckte, was man dem prachtvollen Bau mit seinen vier Ecktürmen und der imposanten Vorhalle auch ansieht. Die 1886 vollendete Kirche besitzt im Hauptschiff, das mit mehreren Kuppeln überdacht ist, einige sehenswerte Fresken. Sie gilt als größte Kathedrale Rumäniens und bietet den Gläubigen aus der Moldau dennoch am 14. Oktober, dem Tag ihrer Schutzpatronin, der *hl. Paraskeva,* nicht genügend Platz.

•**Catedrala Mitropolitană,** Bulevardul Ştefan cel Mare, tägl. 9–20 Uhr, Eintritt frei.

Gleich gegenüber der Kathedrale öffnet sich der **Park** des Nationaltheaters. Sobald es das Wetter zulässt, versammeln sich hier Ikonenverkäufer, Bouquinisten (Straßenbuchhändler) und Maler. Die Flaneure lassen sich porträtieren (verhandelbare 20 RON für ein Porträt), besichtigen die Statuen der großen Nationalheiligen oder erfrischen sich an einer der großen Brunnenanlagen. Das reich dekorierte **Nationaltheater** von 1896 beschließt den Park nach Nordosten hin. Wer Zeit hat, sollte sich den Theatersaal ansehen, er gehört zu den schönsten Sälen Rumäniens.

Das Nationaltheater wurde nach Plänen der österreichischen Architekten *Fellner* und *Helmer* errichtet. Die Pläne wurden in der Bauphase allerdings falsch gelesen. Ursprünglich war der Eingang zur Straße Cuza Vodă hin geplant. Wahrscheinlich hat der ausführende Bauherr den Plan also um 180 Grad verdreht gehalten. Doch der jetzige Eingang zum Park hin ist auch sehr reizvoll.

•**Opera şi Teatru Vasile Alecsandri,** Str. Agatha Bârsescu 18, Tel. 316 778. Öffnungszeiten je nach Proben und Aufführungen.

Gleich neben dem Park des Nationaltheaters findet sich in südlicher Richtung das **Rathaus** mit einer Statue von *Vasile Pogor* (1833–1908) davor. Touristen sind im Rathaus herzlich willkommen und können hier Informationen einholen.

Das jüdische Theater und der Broadway

Im Park des Nationaltheaters von Iaşi befanden sich früher wunderbare Holzhäuser. Doch nach dem Erdbeben von 1977 wurden sie abgerissen und nicht wieder errichtet. Auch das erste jüdische Theater der Welt, das **„Pomul verde"** (Der grüne Baum), das direkt am Park von *Abraham Goldfaden* gegründet worden war, ist heute nicht mehr zu sehen. Als es zur vorletzten Jahrhundertwende abgerissen wurde, wanderte *Goldfaden* nach Amerika aus und verwirklichte seine Theater- und Musical-Träume fortan am Broadway. Die Stücke und Musicals, die er und die jüdische Truppe „Broder Zinger" in Iaşi gespielt hatten, feierten in New York riesige Erfolge und begründeten den Ruhm der erfolgreichen Broadway-Theater.

Das Juwel der Stadt: die Kirche der drei Hierarchen

Gegenüber dem Park des Nationaltheaters, am Bulevardul Ştefan cel Mare, liegt die Hauptattraktion von Iaşi, die Kirche der drei Hierarchen **(Biserica Trei Ierarhi).** Nach einer umfassenden Renovierung wurde die Kirche nach der Revolution im Juni 1994 wiedereröffnet. Im Hof findet sich die obligatorische überdimensionierte Büste von *Mihail Eminescu.* Dahinter bietet sich dem Besucher ein faszinierender Blick auf die tiefer liegende Südstadt von Iaşi.

1640 entstand in diesem Klosterkomplex inmitten der Innenstadt die bedeutende Lehranstalt **Academia Vasiliană** mit der ersten Druckerei der

Moldau. Um 1800 wurde die Akademie zur ersten Universität Rumäniens.

Über die Landesgrenzen hinaus berühmt wurde sie wegen der Verzierung ihrer **Außenfassade.** Diese ist vollständig übersät mit feinsten, in Stein gemeißelten Ornamentmotiven, die in 30 übereinander liegenden Friesen angeordnet sind. Das Erstaunliche dabei ist: Keines der fein ziselierten Friese wiederholt ein Motiv der anderen, und alle scheinen die unterschiedlichsten Traditionen zu vereinen. Man sieht russisches Flechtwerk, persische Arabesken, byzantinische Blattornamente, arabische Sonnenmotive sowie Muster, die man sonst nur von türkischen Moscheen oder armenischen und georgischen Kirchen kennt. An den Strebepfeilern ist der Einfluss der protestantischen Gotik Siebenbürgens in das Ornament-Ensemble integriert.

Früher war die Außenfassade sogar zusätzlich mit Gold und Lapislazuli geschmückt, doch führte diese überbordende prunkvolle Gestaltung zu Plünderungen und Beschädigungen.

In der Kirche werden seit 1641 die **Reliquien der** in Rumänien sehr verehrten **hl. Paraschiva** aufbewahrt. Außerdem befinden sich hier die **Gräber** der bedeutendsten **Fürsten** der Moldau: *Vasile Lupu* (Kirchenstifter), *Dimitrie Cantemir* und *Alexandru Ion Cuza.*

Zum Klosterkomplex gehört ein **Museum** (neben den drei großen Friedensglocken), in dem die Geschichte des Klosters behandelt wird. Unter anderem erfährt man, dass 1711 Zar *Peter der Große* das Kloster besuchte und der Dichter *Eminescu* sich 1874 zeitweise in das Kloster zurückzog.

● **Biserica Trei Ierarhi,** B-dul Ştefan cel Mare şi Sfânt, Tel. 216 349, Di. bis So. 9–12 und 15–19 Uhr, Eintritt 2 RON.

Der Traum des Patriarchen

Die drei Hierarchen, nach denen das bedeutende Kloster Trei Ierarhi in Iaşi benannt ist, gelten als die Gründer der orthodoxen Kirche Rumäniens. Die Anhänger von **Basilius dem Großen** (329–379), **Gregor von Nazianz** (330–390) und **Johannes Chrysostomos** (345–407) waren um 1000 n.Chr. jedoch so heftig zerstritten, das die orthodoxe Kirche zu zerbrechen drohte. Während der Herrschaft des byzantinischen Kaisers *Alexios Komnenos* (1081–1118) erschienen die drei Gründer dem **hl. Johannes Mauropus** im Traum. Sie baten ihn, die Rivalitäten zu beenden und einen Tag zu bestimmen, an dem sie alle drei gemeinsam geehrt würden. Heute feiert man diesen Tag am 30. Januar im ganzen Land.

Hofkirche der Fürsten

Am Ende des Bulevardul Ştefan cel Mare dürften Autofahrer keine Parkplatzprobleme haben. Der gigantische Kulturpalast, der hier zu sehen ist und bis heute zu den größten Gebäuden Rumäniens gehört, hat auch außen genügend Platz zu bieten. Rund um den davor liegenden **Stefansplatz,** der sich auf Rumänisch mit dem langen Namen Piaţa Ştefan cel Mare şi Sfânt schmückt, treffen die größten Straßen in Iaşi zusammen.

An der Stelle des Kulturpalastes stand vom 16. bis 19. Jahrhundert der

Fürstenhof, an den heute nur noch die **Hofkirche Sankt Nikolaus** erinnert. Sie wirkt zwischen den Massen des neugotischen Kulturpalastes und des stalinistisch anmutenden Großhotels Moldova fast etwas deplatziert. *Stefan* ließ den wunderschönen Bau 1492 als **Krönungskirche** errichten, und tatsächlich wurden im Laufe der Jahrhunderte zahlreiche Wojwoden in ihren schlichten Räumlichkeiten inthroniert. Sehenswert sind die Ikonostase aus Lindenholz im Altarraum und die Fresken im neubyzantinischen Stil.

● **Biserica Sfântul Nicolae Domnesc,** täglich von 8 Uhr bis Sonnenuntergang, Eintritt frei.

Kulturpalast

Die 365 von dem Architekten *Ion Berindei* entworfenen Räume des Kulturpalastes beherbergen heute die wichtigsten **Museen** von Iaşi. Das Sehenswerteste ist das **Volkskundemuseum,** das bei manchem Besucher die Vorfreude auf die Maskenwintertänze und Musikfeste der Moldau entfachen könnte. Neben den zahlreichen Masken, Kostümen und dekorativen Textilien sind die Musikinstrumente hervorzuheben. Auf dem Weg zum Kunstmuseum kommt man an einer **Uhr** vorbei, die zu jeder Stunde die bereits erwähnte **Vereinigungshymne** von 1859 spielt, die *Hora Unirii.* Im **Kunstmuseum** kann sich der an der Moldau interessierte Besucher unter anderem auf einige sehenswerte Gemälde von *Nicolae Grigorescu* freuen, die ihm die Landschaft der Moldau und das Leben der Bauern im 19. Jahrhundert lebhaft

Die Türkenschlacht bei Valea Alba

Direkt vor dem Kulturpalast steht eines der größten Denkmäler, das man dem **Fürsten Ştefan cel Mare** je in Rumänien errichtet hat. Hoch zu Ross schaut der Wojwode mit einer Krone auf dem Kopf Richtung Piaţa Unirii, eine symbolische Anspielung an seinen Beitrag zur Einheit Rumäniens. Da fast alle Besucher des Kulturpalastes nach der Visite erschöpft (die Gänge der vier Museen sind über 8 km lang!) am Denkmal vorbeigehen, sei hier auf ein sehenswertes Detail hingewiesen. Auf dem Basisrelief des Sockels ist eine erschütternde Schlachtszene aus der Türkenschlacht bei Valea Alba und Dumbrava Roşie dargestellt. Die Schilderung der blutrünstigen Einzelheiten seien dem Leser an dieser Stelle erspart ...

rum539 Foto: jr

vor Augen führen. Zu den wichtigsten Exponaten des **Moldauischen Geschichtsmuseums** zählen die roten, schwarzen und weißen Keramiken aus der Cucuteni-Kultur, die 4000 Jahre vor Christus in der Moldauregion ansässig war. Schließlich ist auch das **Museum für Wissenschaft und Technik** im Kulturpalast untergebracht, das eine erstaunliche Sammlung historischer Musikgeräte zeigt. Die Drehorgeln, Leierkästen und das unglaubliche Orchestrion aus drei Geigen und Pianola sind wirklich sehenswert.

• **Palatul Culturii,** Piața Ștefan cel Mare și Sfânt, Tel. 218 383, Di. bis So. 10–17 Uhr, Eintritt: je nach Besuch der Museen zwischen 2 und 6 RON.

Das Haus Dosoftei

Neben dem Kulturpalast bietet sich ein trister Anblick. Das **Sommertheater (Teatrul de Vară)** ist ein liebloser Betonkomplex, der bis heute keine Bestimmung gefunden hat. Hier fanden zu Zeiten *Ceaușescus* historische Inszenierungen und Volksfeste statt. Die kommunistische Liebe zum zeitlosen Beton feiert linker Hand wahre Exzesse in einer ausgedehnten Wüste in Grau. Der weitere Gang die Str. Anastasie Panu hinunter lohnt nicht!

Zu empfehlen ist jedoch ein kurzer Abstecher zum restaurierten, arkadenreichen **Dosoftei-Haus,** einem der wenigen Gebäude, das aus dem 17. Jahrhundert erhalten geblieben ist. Unter dem Gelehrten *Dimitrie Dosoftei* (1624–1693) wurden hier die ersten Bücher in Rumänisch gedruckt und das Slawische als Liturgiesprache vom Rumänischen abgelöst. Eine riesige Statue, die *Dosoftei* ein Buch lesend zeigt, ist vor dem Haus zu sehen. Das Dosoftei-Haus knüpft heute nahtlos an seine literarische Tradition an und beherbergt das **Museum alter moldawischer Literatur.**

Kloster Golia

Geht man auf der Allee Ștefan cel Mare zum Nationaltheater zurück und um den imposanten Bau herum, kommt man in ein sehr interessantes Viertel mit sehenswerten, **engen Altstadtgassen.** An der von Trambahnschienen dominierten Str. Cuza Vodă geht es rechts entlang bis zur Statue des Politikers *Corneliu Coposu.* Kurz dahinter befindet sich das 1546 errichtete **Kloster Golia.** Über dem Eingangstor ist der moldauische Büffel des Heerführers *Dragoș* zu sehen, der von zwei Löwen getragen wird. Im mächtigen Eingangsturm des Klosters arbeitet auf halber Höhe **Radio Trinitas Domizil,** das seine kulturellen Sendungen landesweit ausstrahlt und das besichtigt werden kann. Vom **Turm,** der bis zu einem Hotelbau im Jahr 2003 das höchste Gebäude in Iași war, bietet sich ein umfassender Blick über die Klosteranlage. Man sieht breite Arkadengänge, korinthische Pfeiler und Gesimse mit geschmückten Konsolen, kurz: einen völlig anderen Baustil als den der anderen Kirchen in Iași, die sich eher an Byzanz orientierten. Es ist dies dem aufgeschlossenen Fürsten **Vasile Lupu** zu verdanken, unter dem die Moldau eine wirtschaftliche und kulturelle Blütezeit erlebte. Für den Bau der Klosterkirche lud Fürst *Lupu* italienische Bauherren und Künstler nach Iaşi ein, die dem Gebäude einen unverkennbaren Renaissancestil verliehen. Nur das Innere der Kirche wurde traditionell byzantinisch gestaltet. Im Chorstuhl des Klosters Golia soll das Herz des russischen Fürsten *Potemkin* aufbewahrt sein, der 1791 in Iaşi ums Leben kam, als er im Auftrag *Katarinas II.* einen Friedensvertrag mit den Türken aushandelte.

- **Mănăstirea Golia,** Str. Cuza Vodă 51, tägliche Besichtigung, Eintritt frei, www.golia.ro.
- **Radio Trinitas Domizil,** kulturelles Radio für Rumänien, www.trinitas.ro.

Die **Tramlinien** 6 und 7 bringen Besucher zurück zum Piaţa Unirii oder zum Hauptbahnhof.

Die Große Synagoge

Die **jüdische Gemeinde** der Stadt, die bis 1940 über die Hälfte der Stadtbevölkerung ausmachte, gehörte einst zu den kulturellen Stützpfeilern der moldauischen Metropole. 1868 wurde das weltweit erste jüdische Theater in Iaşi gegründet (siehe Exkurs „Das jüdische Theater und der Broadway") und kurz danach das Gedicht „Hoffnung" von *Samuel Cohen* zu einer moldauischen Volksmelodie vertont, die später zur israelischen Nationalhymne werden sollte. Neben zahlreichen jüdischen Kulturhäusern, Bibliotheken und Schulen gab es über 100 Synagogen in der moldauischen Hauptstadt. Nur eine einzige ist erhalten geblieben.

Vom Kloster Golia sind es ca. 200 m zur **Großen Synagoge** von Iaşi. Man geht dazu die Str. Cuza Vodă links hinunter und biegt rechts in die Str. Sinagogilor, wo man den Davidstern über der Kuppel bereits sieht. Die Große Synagoge aus dem Jahr 1671 ist das älteste jüdische Gotteshaus Rumäniens. Direkt neben der Synagoge befindet sich auch ein **jüdisches Museum.**

- **Sinagoga Mare,** Str. Sinagogilor 7, Tel. 259 787. Anmeldung bei *Pincu Kaisermann,* dem Repräsentanten der jüdischen Gemeinde, der auch den Weg zum **Cimitirul Evreiesc,** dem jüdischen Friedhof, erklären kann. Dieser befindet sich an der Şos. Păcurari Richtung Bukarest.

In der Umgebung

Cucuteni ↗XI, C1

Knapp 40 km westlich von Iaşi liegt der historische Marktflecken **Târgu Frumos.** Übersetzt heißt der Ortsname so viel wie „Der hübsche Markt", was jedoch leider nicht den Tatsachen entspricht. Die Fahrt nach Târgu Frumos ist dennoch einen Abstecher wert, da 8 km nördlich die **Ruinen von Cucuteni** zu finden sind. Die hier gefundene bunte Keramik aus der Zeit um 4000 v.Chr. zählt zu den eindrucksvollsten Ausstellungsstücken in den Museen von Iaşi bis Constanţa. Die entsprechende Epoche der Eisenzeit ging in die archäologischen Annalen als Cucuteni-Epoche ein.

Cotnari ↗V, D3

Ein Ausflug von Iaşi zu den Ruinenfeldern von Cucuteni lässt sich gut mit einem Besuch des bekannten rumänischen **Weinanbaugebietes** um das Dorf Cotnari verbinden, das 15 km nördlich von Târgu Frumos zu finden ist. Das für die dort produzierten Weißweine typisch süße Bouquet, das ein wenig an den ungarischen Tokajer erinnert, verdankt der Wein der Grasă-Traube, die bereits zu Zeiten *Stefans des Großen* in der Gegend bekannt war. Zu den Weinbergen geht es von Cotnari aus 6 km Richtung Băiceni.

- **Hotel Coroana** (***), 31 km auf dem Weg von Iaşi nach Târgu Frumos, Tel. 711 500. Modernes, gepflegtes Hotel mit Sauna, Jacuzzi, Internet (WiFi), TV und DVD-Player, Terrasse und eigenem Parkplatz. Preis auf Anfrage (variiert je nach Saison).

Informationen

- Eine ausgewiesene Touristeninformation existiert in Iaşi nicht. Im eleganten Studentenviertel Cotou liegt die Villa des **Goethe-Zentrums;** dessen sehr hilfsbereite Leiterin *Gabriela Linde* und ihr Mann kennen sich gut aus in der Stadt und können mit so manchem aktuellen Tipp weiterhelfen. B-dul Carol I. (Cotou) 21, Mo. bis Fr. 11–16 Uhr (und nach Vereinbarung), Tel. 214 051, sprach-goethe-zentrum@catv.embit.ro.
- **Reisebüros: Adora Travel,** B-dul Copou 8, Tel. 216 914, und **Meridian Turism,** B-dul Ştefan cel Mare 1, Tel. 211 060.

Zece Prajine und die Musiker von Fanfare Ciocârlia

Immer mehr deutsche Liebhaber der **moldauischen Brass-Musik** von Fanfare Ciocârlia machen sich auf den Weg in deren Heimatgemeinde Zece Prajine, die 42 km südwestlich von Iaşi zu finden ist. Das winzige Roma-Dorf mit seinem verträumten Dorfteich liegt in der Tat wunderschön zwischen den Hügeln östlich von Roman versteckt, an der Bahnlinie nach Băceşti. Doch eine Reise dorthin endet meist mit der Enttäuschung, die Musiker nicht anzutreffen. Die schnellsten Blechbläser der Welt sind die meiste Zeit des Jahres auf Tourneen von Japan bis Kalifornien unterwegs, und die zurückgebliebenen Bewohner sprechen weder deutsch noch englisch!

Service

- **Hauptpost,** Str. Cuza Voda 3, Tel. 252 544. Eine eigene Eilpoststelle findet sich gleich neben dem Hauptbahnhof hinter McDonald's.
- **Geldwechsel/Bankomat:** Geld sollte man nicht rund um den Hauptbahnhof und die Bahnhofsstraße (Str. Garii) tauschen; die Wechselstuben nehmen hier sehr hohe Kommissionen (bis zu 6%). Empfehlenswert: **Luca & Co,** Bulevardul Ştefan cel Mare 8 (auch Fotokopien und Reisebüro); **Raiffeisenbank,** B-dul Ştefan cel Mare 2, Tel. 215 961.
- **Internet:** Gegenüber dem Kloster Golia befindet sich am B-dul Independenta das **Non-Stop-Internet** mit 18 Computern und teilweise ruinierten Tastaturen, Tel. 407 844. **Take Net,** Ecke Şos. Arcu/Str. Garii, 21 Computer, nonstop.

Notfälle

- **Apotheke (Farmacia): Iassy Farm,** Piaţa Unirii, 3, Tel. 220 549, nonstop, täglich, direkt hinter dem Hotel Unirea, in der Passage.
- **Krankenhaus:** Gleich gegenüber dem Hauptbahnhof befindet sich die **Poliklinik Medcenter,** Str. Strapungerea Silvestru, Tel. 213 931, Mo. bis Fr. 7–19, Sa. 7–13 Uhr.

Mobilität

Flüge

- Der **Flughafen** liegt nur 6 km nördlich der City und östlich des Ciric-Parks in der Str. Aeroportului 1, Tel. 271 570. Zubringer zur Innenstadt sind die Buslinien 15 und 16 (Preis zur City ca. 2,50 RON). Internationale und nationale Flüge mit den Linien Carpatair, Tel. 575 335, und TAROM, Tel. 546 343.

rum543 Foto: ir

- Täglich Flüge mit TAROM **nach Bukarest** (außer Sa.) um 6:45 Uhr.
- Täglich Flüge mit Carpatair (außer So.) **nach München, Stuttgart und Düsseldorf** (über Timişoara) um 6:40 Uhr.

Züge

- Der **Hauptbahnhof** liegt 2 km vom Piaţa Unirii entfernt in der Str. Garii 1, Tel. 519 908. Der imposante Bau mit gotischen Fensterreihen und Zierzinnen ist sehenswert. Der Turm gegenüber ist keine Burg, auch wenn er so aussieht, sondern das alte Zollhaus Vama Veche (Ecke Str. Garii/Str. Silvestru).
- **CFR-Büro für Zugtickets,** Piaţa Unirii 12, links vom Kino Victoria, Mo. bis Fr. 8–20 Uhr, Sa./So. geschlossen.

Straßenbahnen

- Die **Straßenbahnlinien 3, 6 und 7** fahren vom Hauptbahnhof in die Stadtmitte zum Platz der Einheit (Piaţa Unirii).
- Das grüne Copou-Viertel rund um die Universität ist vom Hauptbahnhof aus mit der **Straßenbahnlinie 11** in 10 Min. erreichbar.

Busse

- Gegenüber vom Hauptbahnhof findet sich der zentrale **Busbahnhof** für die nationalen Verbindungen.
- **Internationale Fernbusse** fahren gegenüber des Hauptbahnhofs nach Chişinău, Istanbul, Athen und Westeuropa.

Parkplätze

Bewachte Parkplätze *(parcare cu plata)* befinden sich vor und neben dem **Hotel Traian** und am **Piaţa Unirii** (Stunde 0,60 RON).

Taxis

Vor dem Hauptbahnhof in der Str. Garii 1 befindet sich der **größte Taxistand der Stadt.** Ansonsten empfiehlt sich der Anruf bei **Clasic Taxi,** Tel. 949, **Delta Taxi,** Tel. 222 222 oder **Lux Taxi,** Tel. 255 255.

Blumenstände – Farbtupfer in der Stadt

Unterkunft

Hotels

- Das 1879 von *Gustave Eiffel* konstruierte **Hotel Traian** (****) ist das bekannteste Hotel der Stadt und steht direkt am zentralen Piaţa Unirii 1, Tel. 266 666. Die 137 Zimmer des Hauses wurden 2005 vollständig renoviert, was die Preise leider etwas in die Höhe getrieben hat. Edle Ausstattung in historischem Ambiente, sehr gutes Restaurant mit Blick auf den Einheitsplatz. Auf jeden Fall sehenswert, auch wenn man woanders logiert. EZ ab 60 Euro, DZ ab 75 Euro, Suite ab 95 Euro.
- Rechts am Hotel Traian vorbei, befindet sich gleich dahinter das etwas günstigere und schlichtere **Hotel Astoria** (***) in der Str. Lăpuşneanu 1, Tel. 233 888. EZ ab 50 Euro, DZ ab 65 Euro, Suite ab 75 Euro.
- Das **Hotel Unirea** (***) befindet sich gegenüber, am nördlichen Ende des Piaţa Unirii, Nr. 5, Tel. 240 404. Es bietet einen verbilligten Weekend-Tarif an. EZ/DZ ab 60 Euro.
- **Hotel Ceramica** (***), Str. Tudor Vladimirescu 103A, Tel./Fax 271 427. Schönes neues Hotel, sehr empfehlenswert, allerdings ohne Frühstück. EZ ab 30 Euro, App. 45 Euro.

Pensionen

- Die beste Pension der Stadt ist die **Pensiunea Little Texas** in der Str. Moara de Vânt 31 -33, Tel. 216 995. Sie liegt in Richtung des Flughafens und ist am besten mit dem Taxi erreichbar (6 RON). EZ/DZ ab 100 RON je nach Saison.
- 6 km außerhalb der Stadt an der DN24 (Richtung Vaslui) liegt die günstige **Pensiunea la Stef,** Tel. 294 506. EZ/DZ ab 70 RON.

Essen und Trinken

Restaurants

- Das beste Restaurant der Stadt, den „Kalten Giebel", gibt es bereits seit Jahrhunderten. Zur Zeit der literarischen Gesellschaft Junimea (1863–1883) war das **Bolta Rece** ein beliebter Treffpunkt von Künstlern und Politikern und das Stammlokal der Schriftsteller *Eminescu* und *Creangă*. Es liegt etwas versteckt in der verwinkelten Altstadt, am besten erreicht man es mit dem Taxi. Die Spezialitäten sind *Tochitură moldovenească* und *Papanaşi*. Str. Rece, 10, Tel. 212 255.
- Sehr schön restauriert wurde das stilvolle **Restaurant im historischen Kasino.** Es liegt gleich gegenüber dem Hotel Continental an der Str. Cuza Vodă 4, Tel. 276 156, und bietet internationale Küche vom Feinsten.
- Sehr empfehlenswert ist das irische **Restaurant Ginger Ale** in der Str. Săulescu 23, Tel. 276 017. Hervorragende Küche zu schäumendem Guinness.
- Wer seine Pizza mit Ausblick auf den belebten Piaţa Unirii verspeisen möchte, sollte dies auf der Terrasse der **Pizzeria Mamma Mia** tun. Auch Lieferservice. Piaţa Unirii/Ecke Kunstgalerie, Tel. 270 215.
- Die riesige Plastikpizza vor dem Lokal **Family Pizza** in Copou sollte einen nicht irritieren. Das Restaurant mit Sommergarten liegt im grünen Gürtel der Stadt und bietet ausgezeichnete italienische Gerichte. Probieren Sie *Pizza The Godfather* und *Greek Style*. Bulevardul Carol I. 26–28, Tel. 261 647.
- Eine gute Empfehlung ist das **La Mario** in der Str. Fagului 19, Tel. 224 674. Edles italienisches 4-Sterne-Restaurant im grünen Viertel Copou mit erstklassiger Lasagne und fantastischem Risotto.
- Tief im Süden der Stadt liegt das reine **Abendrestaurant Trei Sarmale,** das zu den besten traditionellen Restaurants der Stadt gehört. Im 1896 erbauten, traditionsreichen, in einer unscheinbaren Gegend liegenden Gasthaus ist es empfehlenswert, sich rechtzeitig anzumelden. Viele Hochzeiten und Großveranstaltungen. Şoseaua Bucium 75 a, Tel. 237 255, täglich 19–24 Uhr. Spezialität sind Krautwickel mit Sahne *(Sarmale cu Smântână)*.
- Das vor allem für Familien mit Kindern interessante **Restaurant Pinocchio** besitzt einen integrierten Spielplatz. Wie der Name vermuten lässt, werden vor allem italienische Pizza- und Eisspezialitäten serviert. Es liegt im Süden der Stadt an der Şoseaua Bucium 24, Tel. 242 098, täglich 10–24 Uhr.
- Keine 100 m vom Pinocchio entfernt liegt das elegante **Gartenrestaurant Onyx.** Auch

hier finden häufig Hochzeiten statt. Voranmeldungen sind erwünscht. Die Terrassen bieten 186 Gästen Platz. Şoseaua Bucium 7, Tel. 233 870, täglich 10–24 Uhr.

- Das moderne **TakEat** bietet Fastfood (Sandwiches und Salate) zu günstigen Preisen. Stadtmitte, B-dul Ştefan cel Mare 8.
- Die **Studentenkneipe Estudiantina** am B-dul Vladimirescu 17, Tel. 277 575, gehört zu den billigsten Lokalen der Stadt. Sehr wechselhafte Küche!

Cafés

- **Qvinta Café,** Str. Sf. Sava 10, Tel. 268 447, Mo. bis Do. 12–2, Sa./So. 12–4 Uhr. Sehr gute Schokoshakes, guter Milchkaffee und leckere Toasts.
- **Café del Paradiso** (ex Puşkin), Str. Titu Maiorescu 7, Tel. 282 519.
- Das neue Eiscafé **Gelateria Veneziană** im Komplex Iulius Mall, B-dul Tudor Vladimirescu, hat Eis nach original italienischen Rezepten im Sortiment.

Abends unterwegs

Bars

- Das **Pub und Restaurant Finley** zeichnet sich durch ein gutes Preis-Leistungsverhältnis und delikate schnelle Küche aus. Str. Vaile Alecsandri 6, Tel. 800 950.
- **Club 13,** Nonstop-Bar im Komplex Tudor Vladimirescu 113, Tel. 278 948.
- **London Pub,** im Hotel Traian, Piaţa Unirii, Tel. 211 767.
- **Stud Bar,** im Studentenhaus *Casa Studentilor,* Tel. 290 471.

Diskotheken und Tanzclubs

- Im **Versus** spielt man bereits ab 17 Uhr einen gepflegten Jazz. Lounge, Bar & Club. Str. Codrescu 6, Tel. 218 158.
- Im **XS Chill out** wird Tag und Nacht nonstop House gespielt.
- Im **Corso** ist meistens Party angesagt, Musik je nach Laune des Besitzers, von Rock bis Soft-Manele, Str. Lapuşeanu 11, in der Nähe des Piaţa Unirii, Tel. 276 143.

Einkaufen

- Auf dem **Wochenmarkt Piaţa Agrolimetară** in der zentralen Halle *(Hala Centrala)* zwischen Str. Costche Negri und Barboi bekommt man ab 7 Uhr morgens frisches Obst und Gemüse.
- **Kaufhaus:** In der neuen **Mall im Complex Tudor Vladimirescu 113,** Tel. 278 948, erhält man alles, was man benötigt, und natürlich noch viel mehr.
- Der liebevoll gestaltete **Basar Nicolina** kann es sich sogar leisten, von seinen Besuchern 0,50 RON Eintritt zu verlangen. Er liegt im Süden der Stadt am B-dul Nicolae Iorga.
- **Buchhandlung: Humanitas „Eugène Ionesco",** B-dul Ştefan cel Mare 3, Tel. 256 560, www.librariilehumanitas.ro.

Aktivitäten

Fitness

- **Club Armony,** Str. Anastasie Panu 56, Tel. 264 466.
- **Colini,** Str. Sf. Lazar 6, Tel. 276 191.

Billard/Bowling

- Der **Viper Club** am B-dul Tudor Vladimirescu 2 in der Iulius Mall hat durchgehend geöffnet. Neben Bowling und Billard kann man sich auch im Roulette üben; angeschlossenes Großraumcafé.

Schwimmen

- **Piscina Moldova,** im Hotel Moldova, Str. Anastasie Panu 31, Tel. 260 240.

Feste und Events

- Rund um den 20. Juli finden die **Stadttage** und ein damit verbundenes großes Musikfest statt.
- Vom 10. bis 17. Oktober überfluten bis zu 1 Million (!) Menschen die Stadt. Der Grund sind die **Festtage der heiligen Paraschiva,** die ihren Höhepunkt am 14. Oktober erreichen, dem Tag der Schutzheiligen von Iaşi. Hotelbuchungen für diesen Zeitraum sind

ein halbes Jahr im Voraus vorzunehmen. Empfehlenswerter ist die Übernachtung im Umland.

- Im Oktober wird das **Europäische Festival der jüdischen Kultur** veranstaltet.

Orthodoxe Chöre

- An Sonn- und Feiertagen singt der **Seminarchor** in der Kirche der drei Hierarchen.
- In der Kathedrale nebenan erhebt der **Sanctus-Chor** die Stimmen, ebenfalls zur Sonntagsmesse und an Feiertagen.
- In der kleinen Nikolauskirche singt der **Mira-Chor.**

Galați

- **Meereshöhe:** 50 m
- **Vorwahl:** 0236
- **Einwohner:** 294.000

Galați, die siebtgrößte Stadt Rumäniens, liegt zwar noch in der Provinz Moldau, ihre Bewohner fühlen sich jedoch dem Donaudelta näher. Die ansässige Schwerindustrie führte in der Vergangenheit nicht unbedingt dazu, die Stadt in den Fokus von Rumänienreisenden zu rücken. Das hat sich seit 2004 etwas geändert, da man den Schwerpunkt in der Donaustadt zusehends auf die Renovierung der alten Bausubstanz legt und Touristen mit günstigen Angeboten hofiert. Ein Abstecher in die **sehenswerte Altstadt** lohnt sich mittlerweile und ist eine wunderbare Gelegenheit, sich in Ruhe auf das Delta einzustimmen. Da Galați arm an Museen und Kirchen ist, kann sich der Besucher ganz und gar der **maritimen Ruhe** hingeben, die südlich der historischen Häuser der Altstadt entlang der Donau zu spüren ist. Von seiner schönsten Seite zeigt sich Galați im Sommer, wenn die kreischenden Möwen die Hafen- und Donaupromenaden umkreisen, die warme, salzhaltige Luft einem um die Nase weht und sich die Terrassen der Fischrestaurants an der Donau füllen.

Kurze Stadtgeschichte

Erste Erwähnung erfährt die Stadt an Siret und Donau in einem Dokument aus dem Jahr 1445, das die Stadtgründung durch **griechische Fischer** bescheinigt; die Wurzeln der alten dakischen und griechischen Siedlung reichen jedoch wesentlich weiter zurück. Der bedeutendste Sohn der Stadt ist der erste Fürst des vereinigten rumänischen Staates, **Alexandru Ioan Cuza,** der 1820 in Galați geboren wurde und 1861 den Staat Rumänien proklamierte. Im 18. und 19. Jahrhundert hatte sich Galați als reiche Hafenstadt etabliert, die mit allen größeren Städten des Schwarzen Meers und des Mittelmeers Waren tauschte. 1920 zählte sie 25 Konsulate, 90.000 Einwohner und galt als eine der tolerantesten und weltoffensten Städte Rumäniens.

Seine schwärzeste Stunde erlebte Galați im Jahr 1944, als die deutsche Luftwaffe die Innenstadt in Schutt und Asche legte. Der Wiederaufbau der City und die Entwicklung zur **Stahl- und Werftmetropole** wurden ab den 1950er Jahren durch die kommunistischen Machthaber forciert, was zu einem rasanten Anstieg der Einwohnerschaft führte. *Ceaușescu* ließ innerhalb eines Jahrzehnts die größte Eisenhütte

Rumäniens am Ufer der Donau entstehen, siedelte Bürger aus allen Teilen des Landes um und nahm im Jahr 1965 im Hafen von Galați die größte rumänische Schiffswerft in Betrieb.

Der Hafen

Im **Roman „Dracula"** von *Bram Stoker* reist der Rechtsanwalt *Jonathan Harker* in die Stadt Galați, um dort einen Dampfer zu besteigen, der ihn den Siret-Fluss hinauf in die Berge zur Bistritz bringt, dem Standort des Dracula-Schlosses am Bârgău-Pass. In Wirklichkeit wäre eine solche Reise nicht möglich, da die Siret im hohen Norden viel zu flach und nicht mehr schiffbar ist.

In Galați hingegen führt der **Zusammenfluss von Siret und Donau** (und etwas weiter noch der Prut) zu einer 1,5 km breiten und 40 m tiefen Wasserstraße. Im **größten Binnenhafen Rumäniens** liegen sogar Hochseeschiffe vor Anker, die in den dortigen Werften repariert und seetüchtig gemacht werden. In der Vergangenheit wurde der Hafen von Galați vor allem als Kriegshafen genutzt. In den Jahren nach der Revolution gewann er zunehmend an wirtschaftlicher Bedeutung, da er der letzte Umschlagplatz vor dem Donaudelta ist.

Sehenswertes

Das historische Zentrum

Obwohl Galați sich von der im Süden und Osten liegenden Donau bis hinauf zum Brateș-See (Lacul Brateş) über eine Länge von 20 km hinzieht, ist der interessanteste Teil der Stadt, das historische Zentrum, gemütlich innerhalb einer Stunde zu durchwandern. Wer mit dem Auto unterwegs ist, kann sein Fahrzeug an der Universitätsstraße abstellen, an der immer genügend Parkplätze vorhanden sind. Die Universität ist auch ein guter Ausgangspunkt für einen Bummel durch die **Str. Domnească,** in der die Hauptattraktionen von Galați zu sehen sind. Wie durch ein Wunder haben hier einige klassizistische Prachtbauten die Bombardierung durch die Deutschen im Jahr 1944 überstanden. Das aus dem Jahr 1889 stammende Gebäude der **Donau-Universität** gehört glücklicherweise dazu. Viele der 20.000 Studenten, die der Hafenstadt heute viel jugendliches Flair verleihen, genießen ihre vorlesungsfreie Zeit in den Straßencafés oder sonnen sich im Sommer im kleinen **Park** rund um das **Traian-Denkmal** und die unvermeidliche **Lupoică,** die Statue der römischen Wölfin, die *Romulus* und *Remus* säugt.

Die Kriegsschäden am nahen Rathaus und dem gegenüberliegenden **Historischen Museum** konnten bereits in den 1960er Jahren behoben werden. Heute sind im 1939 gegründeten Museum vor allem Funde aus den nördlichen Grabungsstätten rund um die Ruinen des Traianstals zu sehen, die gerade einmal 15 km von Galați entfernt liegen. Auch die Keramiken aus prähistorischer Zeit und die Goldgeschmeide und Münzen der Daker sind äußerst sehenswert. Wer sich von der Vielzahl der Ausstellungsstücke (über 15.000) erschlagen fühlt, kann sich danach oder zwischenzeitlich im benachbarten **Eminescu-Park** erholen.

● **Muzeul de Istorie** (Historisches Museum), Str. Iancu Fotea 2, Tel. 412 408.

Die Donaupromenade

Das Highlight eines Besuchs von Galați sind die Donaupromenaden, die am südlichen Ende der zentralen Str. Domnească liegen. Über eine kleine Allee, die hinunter zum Hotel Vega führt, gelangt man zur **Str. Portului** und folgt der Donau wahlweise stromaufwärts oder -abwärts. Einzigartig ist die **Fernsicht,** die man von den Promenadenhügeln genießen kann. Da die alte Konkurrentin, die Donaustadt Brăila, nur 20 km entfernt liegt und ebenso wie Galați auf einer Anhöhe angesiedelt ist, kann man sie von den Donauhügeln sehr schön erkennen. Bei gutem Wetter sind auch die südöstlich gelegenen, 50 km entfernten Berge der Dobrudscha rund um den Ort Greci zu sehen. Da sich nördöstlich von Galați die flache, endlose Ebene der moldawischen Republik ausbreitet, erlaubt die Hügellage an der Donau auch hier einen tiefen Fernblick bis weit ins Nachbarland hinein.

Informationen

● Eine eigene Touristeninformation existiert in Galați nicht. Auskünfte zu Unterkünften in der Stadt, zu Exkursionen ins Donaudelta oder zu Flussfahrten erteilt das **Reisebüro Galtour** in der Str. Domnească 15, Tel. 460 704.

1 Hotel Dunasi
2 Reformierte Kirche
3 Polyklinik
4 Gulliver Theater
5 Hotel Sport
6 Bulgarische Kirche
7 Traiandenkmal/ Romulus u. Remus
8 Universität
9 Rathaus
10 Historisches Museum
11 Zentraler Markt
12 Dunărea
13 Synagoge
14 Griechische Kirche
15 Komplex Olimpic
16 Modern
17 Kunstgalerie
18 Buchhandlung Humanitas
19 Hauptpost
20 Apotheke Hygeia
21 Hotel Dunărea
22 Hotel Galați
23 Kirche zum Heiligen Spiridon
24 Vila Classic
25 CFR-Reisebüro
26 Armenische Kirche
27 Apotheke
28 Hotel Alex
29 Tazz
30 Pizzeria Panoramic
31 Hotel Vega
32 Hotel Faleza
33 Fischrestaurant Pescarul

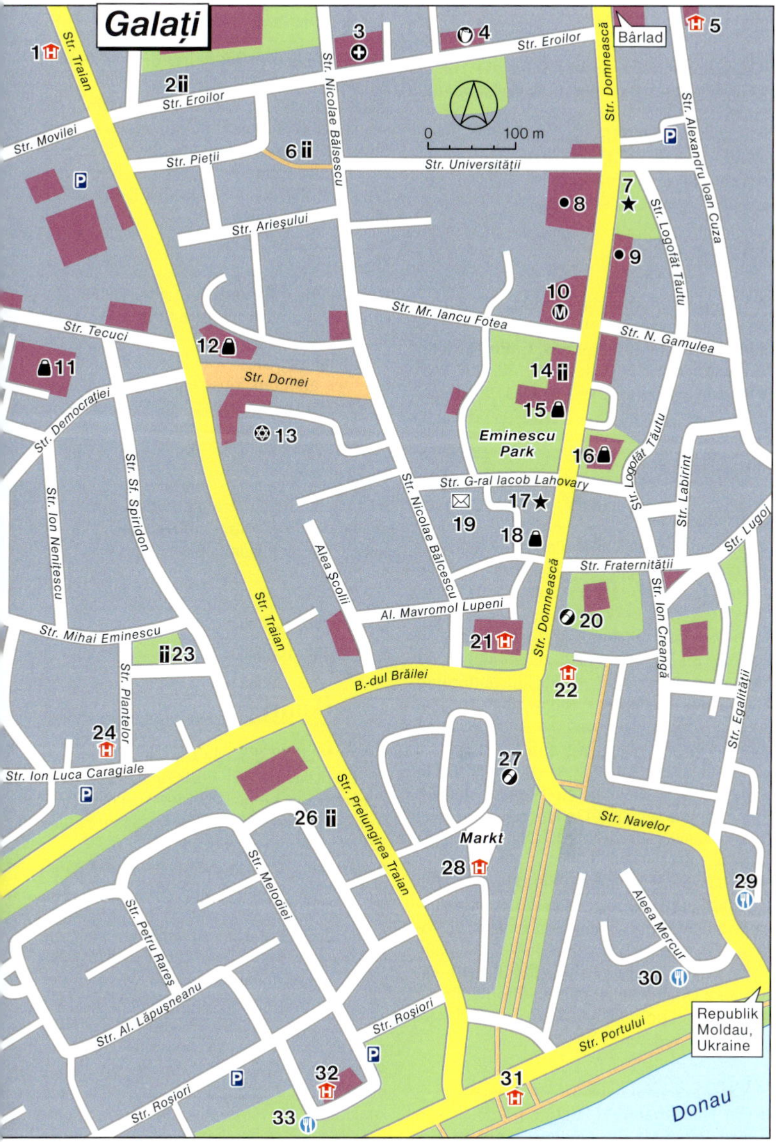
Galați
Str. Traian
Str. Eroilor
Str. Movilei
Str. Pieții
Str. Nicolae Bălcescu
Str. Domnească
Bârlad
Str. Alexandru Ioan Cuza
Str. Universității
0
100 m
Str. Arieșului
Str. Logofăt Tăutu
Str. Mr. Iancu Fotea
Str. N. Gamulea
Str. Tecuci
Str. Dornei
Str. Democrației
Eminescu Park
Str. G-ral Iacob Lahovary
Str. Ion Nenițescu
Str. Sf. Spiridon
Alea Școlii
Str. Labirint
Str. Lugoj
Str. Fraternității
Al. Mavromol Lupeni
Str. Ion Creangă
Str. Mihai Eminescu
Str. Plantelor
B.-dul Brăilei
Str. Egalității
Str. Ion Luca Caragiale
Str. Prelungirea Traian
Str. Navelor
Markt
Str. Melodiei
Str. Petru Rareș
Aleea Mercur
Str. Al. Lăpușneanu
Str. Roșiori
Str. Portului
Republik Moldau, Ukraine
Donau
1 2 3 4 5 6 7 8 9 10 11 12 13 14 15 16 17 18 19 20 21 22 23 24 26 27 28 29 30 31 32 33

Service

- **Hauptpost,** Str. Lahovary 6, Tel. 411 114.
- **Geldwechsel/Bankomat: Raiffeisenbank,** Str. Brailei 31.
- **Internet: NetCaffe,** Str. George Coşbuc 45, nonstop, Tel. 0747-987 563.
- **Foto/Video,** Str. Brăilei 3, Tel. 461 217, gegenüber vom CFR-Reisebüro.

Notfälle

- **Apotheke: Farmacia Hygeia,** Str. Domnească 13, Tel. 220 549.
- **Medizinische Privatpraxis: Cabinet medical Avamed,** Str. Petru Rareş 12, Tel. 437 743.
- **Stadtkrankenhaus,** Str. Stiintei 117, Tel. 360 771.

Mobilität

Fähren/Schiffe

- Wenn man von Galați/Brăila nach Tulcea möchte, muss man mit der Fähre über die Donau übersetzten (Fußgänger ab 5 RON, Pkw 16 RON). Bei Galați verkehrt eine der wenigen **Autofähren** über die Donau (eine weitere im 20 km südlich gelegenen Brăila und eine dritte in dem 150 km entfernten Cernavodă). Über eine 18 km lange Nebenstrecke erreicht man auf der anderen Seite die DN22, die nach Tulcea und ins Donaudelta führt. Die Fähren verkehren im 10-Minuten-Takt. Die letzte Fähre verlässt das auf der anderen Seite der Donau gelegene Dorf I. C. Brătianu abends um 20 Uhr (letzter Bus aus Tulcea).
- Zwischen den rumänischen **Donauhäfen Brăila, Galați und Tulcea** bestehen keine geregelten Schiffsverbindungen für den Personenverkehr. Es gibt jedoch die Möglichkeit, mit einem einfachen **Fährschiff (Bacul)** von Galați nach Tulcea zu fahren. Informationen unter: Bacul pe ruta Galați – Tulcea, Tel. 460 848, Preis 5–8 Euro.

Züge

- Der **Hauptbahnhof** liegt im nordöstlichen Teil der Stadt (15 Busminuten) in der Str. Garii 1 und ist mit Bussen der Linie 9 und 20 erreichbar.
- **Zugtickets im CFR-Reisebüro,** Str. Brăilei 3, Tel. 461 217.
- Da keine direkte Bahnverbindung über die Donau nach Tulcea im Donaudelta besteht und die Zugreise mit Umsteigen in Medgidia (bei Constanța) mehr als 7 (!) Stunden dauert, empfiehlt sich die **Fahrt ins Delta** mit einem Bus oder Maxitaxi.

Busse

- Neben dem Hauptbahnhof in der Str. Garii 1 liegt der **zentrale Busbahnhof.** Achtung: Wer die Fahrt nach Tulcea mit dem Bus antreten möchte, muss vom Donau-Fähranleger auf der anderen Flussseite abfahren! Eine Fahrt nach Tulcea dauert 1:45 Minuten, nach Constanța 4 Stunden.

Parkplätze

- Bewachte Parkplätze *(parcare cu plata)* befinden sich in der **Str. Universitații/Ecke Str. Ioan Cuza,** pro Stunde 0,60 RON.

Taxis

- **Leonardo Taxi,** Tel. 947.
- **Samatax,** Tel. 945.

Unterkunft

- Erste Wahl ist die **Vila Classic** (****) in der Str. I. L. Caragiale 2, Tel. 325 532. Das moderne Haus bietet Internet-Anschluss, Air Condition, Kabel-TV und einen Fitnessraum. EZ 170 RON, DZ 180 RON.
- Manche Gäste wählen das **Hotel Vega** (***) alleine wegen des wunderschönen Donaublicks. Wer sich nicht in dem 20-stöckigen Haus einquartieren möchte, sieht die Donau auch vom Terrassenrestaurant Vega aus. Das Komfort-Hotel bietet Internet, Sauna, Fitness und vieles mehr. B-dul Marii Unirii 107, Tel. 306 080. EZ 45 Euro, DZ 60 Euro, App. 90 Euro.
- Das **Hotel Galați** (***) in der Str. Domnească 12, Tel. 460 040, ist der älteste „Wolkenkratzer" am Platz. Die renovierten Räume der obersten Etagen lassen die Donau im Sü-

den erahnen. Gut ausgestattetes Geschäftshotel mit Sauna und Fitnessraum. EZ 167, RON, DZ 184 RON, App. 500 RON.

- **Hotel Dunasi** (***), etwas abseits der Donau, Str. Traian 81, Tel. 411 118. Familiär, 11 EZ, 9 DZ und 3 Appartements, alle mit eigenem Kühlschrank, TV und Air Condition. EZ 120 RON, DZ 150 RON, App. 220 RON, Frühstück inkl.
- **Hotel Alex** (***), Str. Aurorei 1, Tel. 461 166. Zentral gelegenes Haus mit Blick auf den Markt. EZ 80 RON, DZ 100 RON.
- **Hotel Faleza** (***), Str. Rosiori 1, Tel. 473 182. Nahe der Donau gelegenes gepflegtes Hotel mit etwas mürrischem Personal. Die Preise haben hier stark angezogen: EZ/DZ ab 120 RON. Schlechte Leserkritiken.
- Das lang gestreckte **Hotel Dunărea** (**) liegt gleich gegenüber des Hotels Galați an der Str. Domnească 13, Tel. 418 041. Moderner Standard zu verträglichen Preisen. EZ 110 RON, DZ 132 RON, inkl. Frühstück.
- **Hotel Sport** (**), Str. Dimitrie Bolintineanu 2, Tel. 611 346. Renoviertes Mittelklassehotel. EZ 80 RON, DZ 100 RON.

Camping

Es gibt einige Campingplätze rund um Galați, die man unter der telefonischen Sammelnummer 461 116 erreicht (Camping Stejarul, Pinul, Cor, Padurea Garboa vele).

Essen und Trinken

Restaurants

- Das spektakulärste Restaurant der Stadt findet man auf dem 100 m hohen Fernsehturm. Wer im **Perla Dunării** einen Sitzplatz möchte, sollte sich eine Woche vorher anmelden, Tel. 480 233. Häufig Betriebsfeiern, Hochzeiten und Geburtstagsfeiern.
- Ein weiteres Restaurant mit Panoramaaussicht ist das **Blue Sun & Panoramic** in der obersten Etage des Hotel Galați, Str. Domnească 12, Tel. 460 040.
- Eine ebenfalls sehr schöne Aussicht und eine hervorragende Küche bietet das erstklassige **Fischrestaurant Peşcarul** am B-dul Marii Unirii, Tel. 472 390, 10–24 Uhr. Frischer Deltahecht *(Ştiucă)* und Wels *(Somn)*.
- **Pizzeria Panoramic,** an der Donau, Str. Portului 1, Tel. 493 492, 10–24 Uhr. Überraschend günstig trotz Edelaussicht.
- Im **Tazz** in der Str. Navelor 23, Tel. 324 630, gibt's Fast-Food, auf Wunsch auch traditionell rumänisch.

Cafés

- **Café Journal,** Str. Domneasca 100, Tel. 416 722. Studentencafé, das auch abends immer gut gefüllt ist.
- **Royal,** Café und Patisserie in der Str. Armata Poporului 55, Tel. 325 662. Hier gibt es den besten Kuchen der Stadt.

Abends unterwegs

- Der heißeste Platz zum Tanzen ist der **Club Ibiza** am Donaustrand. Nonstop-Programm, Tel. 264 947.
- **Club T,** Tanzschuppen in der Str. Eroilor 15, Tel. 342 064. Von 10 Uhr morgens (!) bis zum letzten Gast geöffnet.

Einkaufen

- Das **Kaufhaus Agnes Toma** gehört zur Kette Winmarkt und bietet auf drei Etagen alles, was man benötigen könnte (Str. Brailei 177).
- **Buchhandlung: Humanitas,** Str. Domnească 17, Tel. 468 822.

Aktivitäten

Billard/Bowling

- **Club One,** Str. Tecuci 4, Tel. 325 030. Mit durchgehend geöffneter Billard-Bar.

Schwimmen

- Das **Olimpic House** gegenüber dem Metro-Großmarkt an der DN26 ist eines der beliebtesten Freibäder der Stadt. Mit Restaurant und Bar. Tel. 0745-366 372.

rum552 Foto: jr

Dobrudscha

rum553a Foto: jr

rum553b Foto: jr

Typisches Fischerhaus im Donaudelta

Strand bei Vama Veche

Motorboot auf dem Brațul Sfântu Gheorghe

Delta, Häfen, Schwarzmeerküste

Der von der Donau, dem Delta und dem Schwarzen Meer umgebene östlichste Landesteil wird von den Rumänen **Dobrogea** genannt. Die Donau kommt hier nach ihrer langen Reise an ihr Ziel, um sich in einem faszinierenden **Delta** zu entfalten. Hunderte von Süß- und Salzwasserseen, Kanälen und mäandernden Flussarmen machen die nördliche Dobrudscha zu einem einzigartigen **Wasserparadies,** das ganzjährig Treffpunkt euroasiatischer Zugvögel ist.

Noch vor 2000 Jahren schloss sich südlich dieses Wasserlabyrinths eine fruchtbare Ebene an, die vollständig von Wäldern bedeckt war. Starke Rodungen haben das **Landesinnere** der Dobrudscha jedoch in eine **steppenartige Landschaft** verwandelt, die heute das trockenste Gebiet Rumäniens ist. Auch an der 130 km langen **Schwarzmeerküste** fällt selten Regen. Im Sommer steigen die Temperaturen auf bis zu 40 Grad, im Winter fallen sie stellenweise auf unter -30 Grad. Das extreme Klima und die Lage „am Rande Europas“ machten den Landstrich bereits bei den Römern zum Ende ihrer Welt; in das unwirtliche Gebiet schickte man missliebige Bürger ins Exil, etwa den Dichter *Ovid.* Spätere Siedler, wie russische Lippowener, Tataren und Kosaken, nutzten die Labyrinthe des Deltas als **Zufluchtsort** vor Verfolgungen, und die griechische Mythologie weiß sogar zu berichten, dass die **Argonauten** im Delta des Flusses Istros (griechischer Name der Donau) Zuflucht gesucht haben, um dort ihr Goldenes Vlies zu verstecken.

Heimat von Griechen, Römern und Osmanen

Zu den frühen Kolonisten der Dobrudscha zählten die **Griechen,** die ihre Handelssiedlung Tomis bereits im 6. Jahrhundert v.Chr. am Schwarzen Meer gründeten. Auch die Gründung der altgriechischen Häfen Histria (Istros) und Mangalia (Callatis) fällt in diese Zeit. Die bereits am Schwarzen Meer ansässigen **Geten** und **Daker** unterhielten, wie uns der griechische Geschichtsschreiber *Herodot* berichtete, friedliche und ausgedehnte Handelsbeziehungen mit den Griechen, deren Architekten sie sogar für den Bau ihrer Städte gewinnen konnten.

Auf die Griechen folgten die **Römer,** die entlang der Schwarzmeerküste ihre **Provinz Moesia** gründeten. Bis 679 gehörte die Region zum Oströmischen Reich, eine Periode, in der die Küstenstädte aufblühten, durch ihren Reichtum aber die kriegerische Aufmerksamkeit der Goten, Hunnen, Awaren und Slawen auf sich lenkten. Es folgte eine Zeit unter byzantinischer und bulgarischer Herrschaft. Im 13. Jahrhundert gelang es dem bulgarischen Fürsten und Heerführer **Dobrotitsch** kurzzeitig einen eigenen Schwarzmeer-Staat zu gründen (nach ihm ist heute die Region Dobrudscha benannt). Nach einer fast 500 Jahre währenden Herrschaft der **Osmanen,** die sich bereits 1260 in Babadag niedergelassen hatten, wurde die historische Landschaft der Dobrudscha aufgeteilt. Nach dem türkisch-russischen Krimkrieg und dem Berliner Vertrag von 1878 fiel die Nord-Dobrudscha an **Rumänien,** der Süden an **Bulgarien.**

rum555 Foto: jr

Angehöriger der Minderheit der Lippowener (altgläubige Russen)

Das Donaudelta

Das zweitgrößte Delta Europas

Am Ende ihrer 2860 km langen Reise von Donaueschingen zum Schwarzen Meer hat die Donau in den letzten 10.000 Jahren eines der faszinierendsten und schönsten Deltas der Welt geschaffen. Mit 5165 Quadratkilometern (inkl. Halmyris-Bucht und Razim-See) ist das Donaudelta über zweimal so groß wie das Saarland und nach dem Wolgadelta das zweitgrößte Delta Europas. Das durch die Donau stromaufwärts transportierte **Schwemmland** erweitert die Fläche des Donaudeltas kontinuierlich, so dass das rumänische Staatsgebiet sich langsam immer weiter ins Schwarze Meer hin ausweitet (siehe Exkurs „Wie Rumänien größer wird").

Der größte Teil des Deltas mit einer Fläche von 3446 Quadratkilometern gehört zu **Rumänien (82%),** während die restlichen 18% auf ukrainisches Gebiet entfallen. Die Republik Moldau grenzt zwar mit ihrer südlichen Grenze direkt ans Delta, hat aber keinen Anteil daran.

Wie Rumänien größer wird

Wenn von einem geologisch aktiven Gebiet die Rede ist, so denkt man gewöhnlich an den Vulkanismus, der Landschaften umgestalten und stark verändern kann. Doch auch das Donaudelta gehört zu den geologisch aktiven (und jüngsten) Regionen der Erde. Die Leuchttürme, die man 1802 (in Sulina) und 1865 (in Sf. Gheorghe) am Meeresufer errichtet hat, stehen heute 2 bzw. 3 km von der Küste entfernt im Landesinneren. Da die Donau permanent Schwemmland an die Küste trägt (jährlich 50 Millionen Tonnen, 20 Mal mehr als der Rhein), wächst das Delta unaufhörlich an. Rumänien ist damit (neben der Ukraine und ihrem Wolgadelta) eines der beiden Länder Europas, dessen Fläche sich auf natürliche Weise ständig vergrößert.

Im Wasserlabyrinth

Das Naturphänomen Donaudelta lässt sich nicht nur auf das dichte Netz aus **Kanälen,** schwimmenden **Inseln,** mäandernden **Flussläufen, Sümpfen, Schilflandschaften** und **Seen** reduzieren. Der eigentliche Reiz des Deltas besteht im überraschenden Wechsel zwischen dem eben genannten Wasserlabyrinth und steppenartigen Gebieten, kleinen Dünenwüsten sowie tropenähnlichen Wäldern.

Zwar stehen 80 Prozent des Deltas meistens unter Wasser, doch ohne die trockenen Landstriche wäre eine dauerhafte Besiedlung nicht möglich gewesen. Die wenigen verstreuten Ortschaften des Deltas haben es dabei seit jeher mit sich **ständig verändernden Landschaften** zu tun. So verlief die Küstenlinie des Schwarzen Meeres vor 10.000 Jahren dort, wo sich heute die **Urwälder des Caraorman** und die **Dünen von Letea** befinden.

Neben dem herangeschwemmten Donauschlamm sorgen auch die 2700 Quadratkilometer **Schilfröhricht** (die größte Schilflandschaft der Welt) für eine ständige Umwandlung des Deltas. Als schwimmende Inseln befindet sich der Röhricht auf ständiger Wanderschaft in die von Wasserrosen übersäten Seen. Gemeinsam mit Wurzelstöcken und Pflanzenresten bildet das dichte Schilf ideale Biotope für die einzigartige Artenvielfalt der **325 Vogel- und 150 Fischarten.**

Die drei Donauarme

Kurz vor dem Eintrittstor zum Donaudelta, der Hafenstadt Tulcea, teilt sich die Donau in drei Arme auf, die ihrem Mündungsgebiet die typische Form des griechischen Buchstabens Delta verleihen.

Der **nördlichste** dieser Arme, der 120 km lange **Brațul Chilia,** ist der jüngste, kräftigste und längste Wasserlauf des Donaudeltas. Er transportiert die größte Wassermenge und hat im Laufe seiner Entwicklung mehrere so genannte **Sekundärdeltas** geformt. Das erste befindet sich in der Nähe der Stadt Pardina, das zweite nach der Stadt Chilia Veche, das dritte bei Periprava. Der relativ wenig befahrene Chilia-Arm ist vollständig für den Schiffsverkehr geöffnet. Seine wichtigsten Häfen, Ismail und Vilkov, liegen auf ukrainischem Gebiet.

Der **mittlere** Arm **Brațul Sulina** wurde bereits ab 1856 kanalisiert. Die weitere Begradigung in der Periode von 1862 bis 1902 verkürzte seine ursprüngliche Länge von 92 auf 64 km. Die gleichzeitige Vertiefung des Flussbetts ließ den motorisierten Schiffsverkehr ständig zunehmen. Paddler und Kanuten meiden den schnurgeraden Donauarm, wo sie nur können.

Der **südliche Brațul Sfântu Gheorghe** ist mit seiner Länge von 108 km der ursprünglichste, wildeste und älteste der drei Arme, doch auch er erlitt künstliche Veränderungen. So wurden sechs seiner Mäander durch neue Wasserwege verbunden, um die Strecke für Schiffe zu verkürzen.

Tulcea

- **Meereshöhe:** 50 m
- **Vorwahl:** 0240
- **Einwohner:** 92.800

Tulcea gilt als das **Tor zum Donaudelta.** Man erreicht es über die beiden gut befahrbaren Straßen E87 aus Constanța und DN22 aus Brăila und Galați. Der kleine Flughafen von Tulcea wird seit dem Jahr 2003 von Bukarest aus angeflogen, von 2008 an ist eine Anbindung der Hafenstadt an andere rumänische Donaustädte durch einen geregelten Schiffsverkehr geplant.

Das Leben konzentriert sich (vor allem abends) auf die Flaniermeile in der geschäftigen **Str. Isaccei** im Stadtzentrum und entlang der Uferpromenade mit den dort ankernden Hotelschiffen. Die sehenswerte **Azizie-Moschee** ist nur 5 Minuten zu Fuß vom Hafen entfernt, und auch die anderen Attraktionen der Stadt sind alle in unmittelbarer Nähe des überschaubaren Stadtkerns um den Piața Civica zu finden. Dies soll jedoch keine Empfehlung sein, die Stadt mit ihrem maritimen Flair, die von den meisten Durchreisenden nur zum schnellen Transfer ins Donaudelta genutzt wird, im Eildurchgang zu durchlaufen. So lohnt sich ein Bummel zu dem nur 2 km vom Hafen entfernten **Ciuperca-See** mit seinen idyllischen Bootsstegen, den guten Fischrestaurants und dem wunderbaren neuen Hotel Insula, das dort auf einer kleinen Insel entstanden ist. Im Monat August ist es das **Folkfestival** von Tulcea, das einen längeren Aufenthalt in der Donaustadt rechtfertigt und im Dezember der sehenswerte **Deltakarneval.** Die Stadt verfügt über die besten Einkaufsmöglichkeiten im Donaudelta. Vor einer Bootstour bieten die Vermieter und Geschäfte Tulceas alles vom Kanu bis zur Angel.

Geschichte

Tulcea ist nachweislich eine der ältesten städtischen Siedlungen Rumäniens. Erstmalig erwähnt wurde die im 8. Jahrhundert v.Chr. gegründete getodakische Siedlung durch *Herodot,* im Jahr 450 vor unserer Zeitrechnung. Der weit gereiste Grieche bezeichnete die bereits im 7. Jahrhundert v.Chr. durch Kolonisten aus dem griechischen Milet gegründete Stadt in seinen Aufzeichnungen als **Castrum Aegyssus.** Diese Bezeichnung geht, wie *Ovid* 200 Jahre später berichtet, auf den dakischen Gründer *Carpyus Aegyssus* zurück (die Reste der Siedlung Aegyssus sind noch auf dem Hügel Dealul Monumentului zu sehen).

Die **Römer** machten die Hafenstadt im 1. Jahrhundert zur Basis ihrer Schwarzmeerflotte. Nach wechselnden Herrschaften von Byzanz, Genua und der Walachei eroberte 1416 *Mehmet I.* die Stadt und gab ihr den neuen Namen **Tolçu.** Die **Osmanen** blieben bis zur Mitte des 19. Jahrhunderts die bestimmende Kraft in der aufblühenden Hafenstadt. Erst der türkisch-rumänische Vertrag von 1934, der für eine Umsiedung der Türken sorgte, führte zu einem Ende der moslemischen Dominanz in der Stadt. In der zweiten Hälfte des 20. Jahrhunderts zog es ein buntes **Völkergemisch** aus Lippowener Russen, Griechen, Türken, Armeniern, Juden und Krimtataren nach Tulcea, die der Stadt noch heute ein weltoffenes Gesicht verleihen.

Sehenswertes

Rund um die Uferpromenade

Das Stadtzentrum ballt sich südlich einer Donauschleife rund um die Ufer-

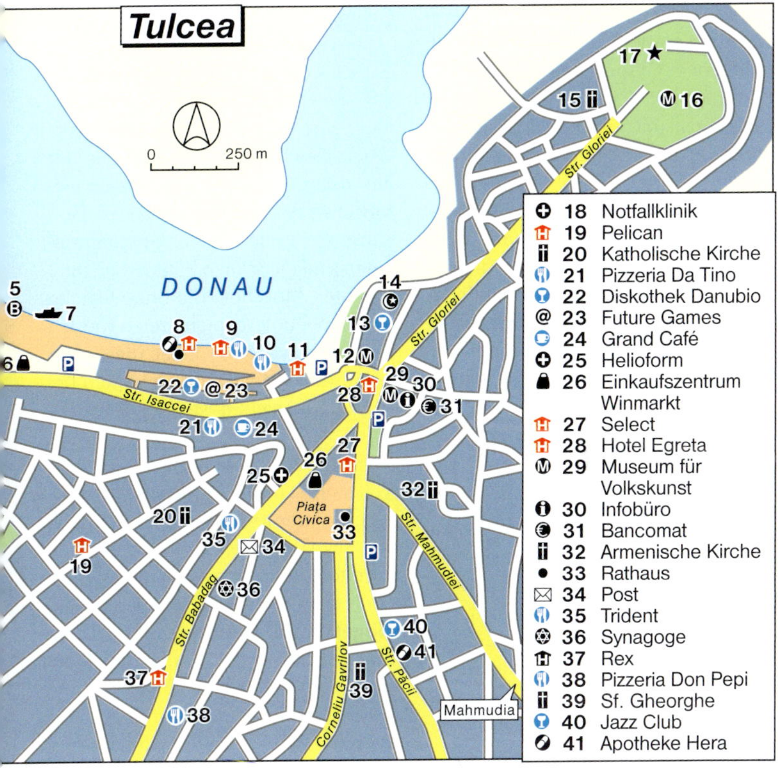

promenade und den Hafen. Eine **Fähre,** die in der Nähe des Hotels Delta ablegt, ist die einzige Verbindung zum nördlich gelegenen, ruhigen und unspektakulären Stadtteil Tudor Vladimirescu auf der anderen Donauseite.

Auf der Strecke von der Fähre bis zur Ablegestelle für die Schiffe und Schnellboote ins Delta, die etwa 600 m weiter westlich in der Nähe des Busbahnhofs zu finden ist, liegen zahlreiche **Hotelschiffe** entlang des Ufers. Leider unternehmen diese Floating Hotels, ebenso wie die benachbarten **schwimmenden Restaurants,** keine Rundfahrten, sondern sind ganzjährig fest verankert. Neben den Hotels und Restaurants haben sich im Laufe der letzten Jahre auch andere Dienstleister wie Apotheken und Reisebüros an der profitablen Ufermeile auf den zahlreichen Pontons niedergelassen.

Weiter die Donaupromenade entlang, kommt man nach einem Fußmarsch von einer halben Stunde (von der Fähre aus gerechnet) zum westlich gelegenen **Ciuperca-See.** Mitten in der Stadt hat sich hier ein ländliches Wasseridyll mit Schilfbewuchs und reichem Fischvorkommen erhalten. Der See mit seinem auf einer kleinen Insel errichteten Hotelrestaurant, der hübschen Windmühle und dem Angel- und Bootsverleih kann für all diejenigen, die die Ruhe des Donaudeltas kaum erwarten können, als wirklicher Geheimtipp gelten. Die Bürger von Tulcea jedenfalls nutzen ihn als Rückzugsort, um dem geschäftigen Treiben der Innenstadt zu entfliehen.

Das Kunstmuseum

Gleich hinter dem hoch aufragenden Hotel Delta beginnt das von den Einheimischen **„Kulturviertel" (Cartierul Culturii)** genannte Stadtgebiet. Als erstes kommt man über die Str. Grigore Antipa zum rechts liegenden Kunstmuseum, das sehenswerte Arbeiten des Malers *Victor Brauner* (1903–66) zeigt. Die aus dem Jahr 1923 stammenden Werke „Adam şi Eva" sowie „Muncitoare" (Arbeiterin) zählen zu den bedeutendsten Frühwerken des jüdischen Künstlers, der 1930 nach Paris gegangen war, um sich dort den Surrealisten um *André Breton* anzuschließen. In der ersten Etage sind Bilder der Künstler *Gheorghe Sirbu* und *Nicolae Dărăscu* zu sehen, die beide aus dem Delta stammen.

- **Muzeul de Artă,** Str. Grigore Antipa 2, Tel. 513 249, Di. bis So., Juli bis Okt. 9–17 Uhr, Nov. bis Juni 8–16 Uhr, Eintritt 2 RON.

Geamia-Azizie-Moschee

Aus dem Museum kommend, geht es rechts die Str. Grigore Antipa hinauf auf einen Hügel, von dem sich die Donau wunderbar überblicken lässt. Oben gleich rechts um die Ecke lädt die ruhig gelegene Geamia-Azizie-Moschee zu einer kleinen Verschnaufpause ein. In den heißen Sommermonaten sind die kühlen Räume der 1863 erbauten Moschee, die ohne Schuhe bis Sonnenuntergang betreten werden darf, eine wahre Wohltat (das 22 m hohe Minarett darf nur von unten besichtigt und nicht bestiegen werden!).

Museen für Archäologie, Volkskunst und Naturkunde

Hinter der Moschee geht es durch die Str. Gloriei an weiß getünchten adretten Häuschen mit grünen Gärtchen entlang zu einem Park auf dem **Hügel Dealul Monumentului,** in dem man die Reste der **römischen Siedlung Aegyssus,** einen Obelisken und das **Archäologiemuseum** findet. Der **Obelisk** ist den Opfern des Krieges von 1877/78 gewidmet. Das Museum zeigt Keramiken, Münz- und Waffenfunde aus der geto-dakischen, der hellenistisch-griechischen und der Römerzeit. Auch auf das Mittelalter und die kurzen Phasen der Tatarenherrschaft wird eingegangen.

Die Straße des 14. November führt wieder an der Moschee vorbei, hinunter zu einem kleinen Platz, an dessen südlicher Seite das **Museum für Ethnografie und Volkskunst** zu finden ist. In dem Eckbau mit dem markanten runden Turm als Eingangspforte finden sich nur wenige Exponate; Höhepunkte sind folkloristische Kleidung, Webstühle und die in einem eigenen Pavillon ausgestellten Arbeitsgeräte zur Weinherstellung.

Wesentlich sehenswerter und informativer ist das **Naturkundemuseum „Donaudelta"** am 300 m entfernten Piața Civica, das sich dem Donaudelta als Ökosystem widmet. Wer sich vor einem Besuch des Deltas über die dortige Flora und Fauna informieren möchte, kann dies auch mehrsprachig tun (auch ein Führer in deutscher Sprache ist in Arbeit).

- **Muzeul de Istorie şi Arheologie,** Parcul Monumentul Independentei, Di. bis So. 10–17 Uhr, Tel. 513 626, Eintritt 2 RON.
- **Muzeul de Etnografie şi Artă Populara,** Str. 9. Mai Nr. 2, Di. bis So. 10–18 Uhr, Tel. 516 204, Eintritt 2 RON.
- **Muzeul de Stiințele Naturii „Delta Dunarii",** Str. Progresului 32, Di. bis So. 9–17 Uhr, Tel. 515 866, Eintritt 2 RON.

Informationen

- Die **Touristeninformation an der Promenade** gibt keine Auskunft über Zimmer, sondern lediglich zu Fahrplänen der Schiffe bzw. Exkursionen.
- **Delta Dunarii, Administrația Rezervației Biosferei,** Str. Portului 34 A, Tel. 518 945, Fax 518 975, arbdd@ddbra.ro. Als touristisches Informationszentrum fungiert die im Hafen, in der Nähe des Busbahnhofs gelegene Verwaltung des Biosphärenreservats Donaudelta namens Delta Dunarii ARBDD. Neben Auskünften zu Bootsfahrten und Exkursionen ins Donaudelta sowie Informationen zu Übernachtungen im Delta (Floating Hotels, Pensionen, Hütten) erhält man hier auch Eintrittskarten, Angler- und Jagdscheine sowie Landkarten und Adresslisten mit Beratungsstellen, Campingplätzen und Jugendcamps. Für die besonders geschützten Deltazonen Letea und den Wald von Caraorman, die nur mit einem Führer betreten werden dürfen, vermittelt das Delta-Dunarii-Büro eigens für das Naturreservat ausgebildete Personen. Auch der Verleih von Kajaks, Kanus und Faltbooten kann hier organisiert werden.
- **ANTREC,** Str. Portului 34 A, Tel. 519 214, tulcea@antrec.ro, Mo. bis So. 7:30–19 Uhr. Die Vereinigung ANTREC, die sich dem ökologischen Tourismus verschrieben hat, vermittelt in Tulcea Privatpensionen im Delta (und der gesamten Dobrudscha) und führt Deltaexkursionen durch. Sie ist unter der gleichen Adresse wie die Verwaltung des Biosphärenreservats Donaudelta zu finden.

Reisebüros

Auskünfte zu Übernachtungen in Tulcea, Deltatouren und Weinverköstigungen erteilen folgende Reisebüros:

- **ATBAD,** Str. Babadag 11, Tel. 531 153.
- **Deltarom,** Str. Isaccei 4, Tel. 511 607.
- **Lotus Travel Agency,** Str. Portului 26, Tel. 511 245.
- **Sind Romania,** Piața Independenței 1, Tel. 515 091.
- **Navitur,** Str. Isaccei 4, Tel. 518 953.
- Besonders empfehlenswert ist das Reisebüro **Simpa Turism** im Hotel Delta, Str. Isaccei 2, Tel. 515 753. Die Mitarbeiter(innen) nehmen sich hier auch die Zeit, exakte Fahrpläne und Anschlüsse auszuarbeiten, falls man Tulcea mit dem Zug oder Flugzeug verlassen möchte, und sie arbeiten auch individuelle Routen ins Delta aus.
- Auf **Vogelbeobachtungen** im Donaudelta hat sich das **Reisebüro IBIS Birdwatching Tours** spezialisiert, Str. Babadag 6, Tel. 511 261, www.ibis-tours.ro.

Service

- **Hauptpost,** Str. Babadag 5, Tel. 512 222, und Str. Isaccei 57, Tel. 523 605.
- **Geldwechsel,** Str. Unirii 153, Tel. 021 96 01, ohne Provision.
- **Internetcafés: AtimeX,** Str. Isaccei 73, nonstop, und **Future Games,** Str. Isaccei 12, Tel. 518 372.

Notfälle

- **Apotheken: Farmacia Hera,** Str. Păcii, Bl. 101, Ap. 1, Tel. 516 585; **MiniFarm,** Str. Isaccei 7, Tel. 512 370; **Farmacia Heleoform,** Str. Babadag 4, Mo. bis Fr. 8–20, Sa. 8–14 Uhr, So. geschlossen, Tel. 511 129.
- Ein **schwimmendes Krankenhaus (Stație de ambulanță)** findet man links neben dem Hotelschiff Hera.

Mobilität

Flüge

- Der kleine **Flughafen** von Tulcea **(Aeroportul Tulcea Cataloi)** liegt 15 südlich der Innenstadt an der Șos. Tulcea Aeroport Tulcea Cataloi, Tel. 513 152, aeroport@x3m.ro.

Der Name des Ortes, der in der Nähe des Flughafens liegt, führt gelegentlich zu Verwechslungen. Die 2000-Seelen-Gemeinde **Mihail Kolălniceanu** ist nur 2 km vom Flughafen entfernt und trägt unglücklicherweise den gleichen Namen wie das Dorf Mihail Kolălniceanu, das 110 km weiter südlich dem Flughafen von Constanța seinen Namen gibt. Wer von Tulcea fliegt, sollte Taxifahrern den Aeroportul Tulcea Cataloi nennen.

- Die **Flüge** mit den kleinen Chartermaschinen der TAROM **nach Bukarest und Constanța** sind verhältnismäßig teuer (ca. 250 bzw. 200 Euro). Es empfiehlt sich ein Abflug von Constanța (Aeroportul Mihail Kolălniceanu, nur eine Autostunde entfernt, südlich über die sehr gut befahrbare E87).

Schiffe

Alle drei Donauarme werden von Tulcea aus mit **Gleitbooten (Nave Rapide)** und relativ gemächlichen **Passagierbooten (Nave Clasice)** der Gesellschaften Navrom und AZL (Colanda-Schiffe) befahren. Die **Ablegestellen (gara fluvială)** befinden sich 200 m westlich der schwimmenden Hotels in der Nähe des Busbahnhofs. Die einfachen Fahrten sind vergleichsweise günstig und kosten je nach Bootstyp und Fahrtziel zwischen 5 und 10 Euro. Die Rückfahrten mit den Schiffen können grundsätzlich nicht am selben Tag erfolgen. Von Sulina am Schwarzen Meer kann man jedoch mit dem **Schnellboot „Diana"** eine eintägige Spritztour (mit kurzem Zwischenstopp im Fischerort Crișan) nach Tulcea unternehmen.

- **Gara fluvială,** Ablegestelle der Schnellboote und Schiffe der Gesellschaft Navrom, Str. Garii, Tel. 511 553. An der Anlegestelle (Ponton) befindet sich ein geschlossener, bewachter Parkplatz, Einfahrt am Bahnhof rechts, ca. 1,50 Euro/Tag.
- **Ponton AZL,** Anlegesteg der Gesellschaft AZL, Tel. 511 154, neben dem Haus der Kultur, 200 m flussabwärts von der Hauptanlegestelle. Bewachter Parkplatz.
- Als einziges Hotel in Tulcea bietet das Hotel Rex ein eigenes **Restaurant-Schiff („Rex I")** mit 60 Plätzen für Exkursionen ins Delta an.

Züge

- Tulcea hat **zwei Bahnhöfe: Oraș** (der Hauptbahnhof in der Stadt) und der westlich gelegene Bahnhof **Marfuri.** Der Hauptbahnhof, Str. Portului, Tel. 513 706, liegt direkt an der Donau, 2 km westlich des Zentrums in der Nähe des Hotels Insula.
- **Zugtickets** können vorab in der Agenție de Voiaj, Str. Unirii 4, Tel. 511 360, gekauft werden. Täglich verkehren zwei Intercitys nach Bukarest und zwei Personalzüge nach Medgidia, von wo es viermal täglich Anschlüsse nach Constanța gibt.

Busse

- Neben dem Hauptbahnhof in der Str. Portului liegt der **zentrale Busbahnhof,** Tel. 513 304. Täglich fahren 19 Busse der Linie Augustina **nach Bukarest.**

Parkplätze

Bewachte Parkplätze *(parcare cu plata)* befinden sich direkt am Hafen (ab 6 Euro/Tag), am Delta- und Egreta-Hotel und beim Kulturhaus.

Taxis

- **Taxi Uno,** Tel. 942.
- **Taxi Prima,** Tel. 943.
- **Taxi Athos,** Tel. 944.

Exkursionen im Donaudelta – Planungshilfe

Touren, Motorbootfahrten, Kajak- und Kanuverleih

Einige Reisebüros im Delta und Hotels in Tulcea bieten zwar eigene Touren an (z.B. Hotel Delta), stehen dann aber bei spontanen Nachfragen von Touristen in der Hauptsaison vor organisatorischen Problemen, kennen die Abfahrtszeiten nicht oder haben urplötzlich die Preise erhöht. Am besten plant man Delta-Touren bereits vorab über die unten angegebenen Veranstalter. So erspart man sich Frustrationen nach der langen Anreise. **Tioc-Reisen** und **Inter Pares** beispielsweise bieten **maßgeschneiderte, von Spezialisten geführte,** auch für Individualreisende interessante **Donaudeltatouren** an (u.a. auch ornithologische Exkursionen für Anfänger und Fortgeschrittene).

Wer spontan vor Ort im Delta Wassersport betreiben möchte, braucht oft ein wenig Geduld (mindestens drei Tage einplanen!). Leider gibt es in **Murighiol** noch keinen Kajak- und Kanuverleih! Der Besitzer der **Pension Morena** kann jedoch Fahrten durchs Delta vermitteln und kennt auch Fischer mit eigenem Bootsverleih. Für geführte Fahrten mit dem Motorboot fragt man am besten *Dan* und *Rodica* aus der **Pension Puiu in Dunavățu de Jos** oder den gut deutsch sprechenden **Bootsführer Paul** (Tel. 0740-502 800 oder 0748-843 046).

Achtung: Fahrten im Donaudelta können das Reisebudget ordentlich belasten. Die Fahrt mit dem Motorboot kostet mitunter bis zu 60 Euro und darüber hinaus.

- **Tioc-Reisen,** Kanu- und Hausboot-Touren im gesamten Donaudelta. *Tiberiu Tioc* ist nicht nur bei Ornithologen beliebt; er ist einer der renommiertesten Reiseleiter im Delta. Führungen auf Deutsch und Englisch. Kontakt: Tel. 0269-233 625, mobil 0743-025 154, contact@tioc-reisen.ro, www.tioc-reisen.ro.
- **Inter Pares,** Kanutouren im Delta (auf Deutsch und Englisch). Kontakt: *Radu Zaharie,* Tel. 0744-371 547, interpares@directnet.ro.
- **Fischerpension Petre und Caroline Vasiliu,** sehr empfehlenswerte (geführte) Kanutouren und Kanuverleih in Crişan (englisch und französisch): Tel. 0744-957 148, 0744-761 323, petrerotl@yahoo.com.
- Wer genaue Informationen über ökotouristische Touren und Projekte, die sich dem Erhalt des Donaudeltas verschrieben haben, möchte, wende sich an die **Association of Ecotourism in Romania (AER).** Sie unterstützt die lokalen Fischer und entwickelt individuelle Reisen, die den nachhaltigen Schutz des Deltas fördern. Kontakt: www.eco-romania.ro, Kontakt auch über *Andrei Blumer* (englisch), blumera@zappmobile.ro, oder über *Andreea Bell* (englisch), andreea.bell@gmail.com.

Hinweis: Alle genannten Veranstalter kooperieren miteinander und können auf Wunsch individuelle Touren zusammenstellen.

Unterkunft

Hotels

- Sternenmäßig am besten bestückt ist das **Hotel Rex** (****), Str. Toamnei 1, Tel. 511 351, www.hotelrex.ro. Das edel ausgestattete Haus vermietet auch Autos und veranstaltet auf dem hoteleigenen Restaurant-Schiff „Rex I“ Delta- und Donaurundfahrten. Erstklassiges Restaurant und gut ausgestattete Luxus-Bar. EZ 60 Euro, DZ 70 Euro, inkl. Frühstück.

Schwimmende Hotels

In Rumänien nennt man sie **Hotel plutitor,** die schwimmenden Hotels, die einem das Donaudelta näher bringen, während man es sich auf dem Deck gemütlich macht, angelt, frühstückt oder sich für ein Stündchen vor den Moskitos in seine schattige Kabine zurückzieht. Seit dem Jahr 2003 erlebt das Delta einen echten Boom, was die schwimmenden Hotels anbelangt. Viele Festlandhotels und private Betreiber bieten diese Möglichkeit an. Doch die Qualitätsunterschiede sind groß. In manchen Fällen handelt es sich nur um einen umgebauten Kleinkahn, der von einem Schlepper gezogen wird. Größere Hotelschiffe befahren nur die drei Hauptarme des Deltas, legen dann inmitten der Wildnis an und dienen fortan als Stützpunkt für mehrstündige Ausflüge ins Wasserlabyrinth, die mit wendigen Motorbooten unternommen werden.

Es gibt aber auch den umgekehrten Fall, dass ein schwimmendes Hotel von vorneherein im Delta fest verankert ist und kleine Zubringerboote die Gäste zu diesem Punkt bringen.

- An der Westseite des Ciuperca-Sees liegt ein weiteres Hotel direkt am See. Auf dem idyllischen Fußweg sind es vom Hotel Insula nur 10 Minuten bis zur **Casa Albastră** (***), dem weißen Haus des Clubul Sportiv, Tel. 537 506. Leider kann die Qualität des Hotels nicht mit der herrlichen Aussicht auf den See mithalten. DZ 60–70 RON, je nach Saison.
- Weithin sichtbar liegt das bekannte **Hotel Delta** (***) direkt im Hafen von Tulcea. Bereits vor 20 Jahren galt das Delta als erstklassiges Hotel, das auch heute, nach einer Totalrenovierung, trotz seines monotonen Äußeren wieder zu den Top Five der Stadt zu zählen ist. Punkten kann das Hotel mit einem eleganten Swimmingpool und dem eigenen erstklassigen Reisebüro Simpa Turism. Mittelmäßiges Restaurant. Str. Isaccei 2, Tel. 514 720, EZ/DZ 40–50 Euro, je nach Saison.
- Das schlichte vierstöckige **Hotel Select** (***), Str. Păcii 6, Tel. 506 180, ist das einzige Hotel am zentral gelegenen Piața Civica. Das allein macht es nicht unbedingt empfehlenswert. Die Räume in dem etwas lieblos, rein funktionell ausgestatteten Haus, mit Massage- und Fitnessraum, sind mit 155 RON für das EZ und 170 RON für das DZ überteuert.
- Das zur Gruppe Unita Turism gehörende **Hotel Egreta** (***), Str. Păcii 3, bietet 98 Komfort-Zimmer mit Air Condition, Kabel-TV und Internetzugang. EZ 140 RON, DZ 180 RON, inkl. Frühstück. Berücksichtigt man die Leserresonanz, so reicht das Spektrum von sehr freundlichem, zuvorkommendem Personal und wunderbarem Essen bis hin zu schleppender Frühstücks-Abfertigung (kein Buffet) durch „leicht komatöse Kellnerinnen" (so die Formulierung eines Lesers).
- Das 2005 erbaute **Hotel Insula** (**), Str. Portului, Tel. 515 121, liegt wunderschön auf einer kleinen Insel im Ciuperca-See, 2 km westlich des Zentrums. Kein Fernsehen, dafür Seeblick und viel Ruhe. Reservieren dringend erforderlich. Die Terrassen des gleichnamigen Seerestaurants sind abends besonders gut gefüllt. Sehr gute Fischgerichte. DZ 70 RON. Einige Leser beklagten sich über sehr lange Wartezeiten im Restaurant und viel abendlichen Lärm durch die Besucher! Sie empfahlen das (abends) wesentlich ruhigere Hotel Delta (s.o.).
- Das **Hotel Europolis** (**), Str. Păcii 20, Tel. 516 649, ist für manche Reisende nur Durchgangsstation zum 4 km außerhalb von Tulcea am Câsla-See gelegenen **Hotelkomplex Europolis** (**) und den hoteleigenen Schiffen „Borzeşti" und „Fregata". Außerdem verfügt die Gesellschaft Europolis noch über ein schwimmendes Hotel mit 4 Sternen, das 18 Gästen Platz bietet und im Sulina-Arm Ausflüge zwischen Crişan und Mila 23 unternimmt. Hotel: EZ/DZ 20–25 Euro, Hotelschiff: Übernachtung ab 80 Euro.

Pensionen

- Auch wenn der Name anderes behauptet: Das kleine, reich beflaggte **Hotel Pelican**

(****) ist eine Pension in der Str. Trandafirelor 26, Tel. 510 078. Es handelt sich um eine gute und preiswerte Alternative zu den etwas überteuerten Hotels des Hafenviertels. Von der Dachterrasse ahnt man bereits ein Stück Donaudelta. DZ 70- 80 RON.

- Die Edelpension **Pensiunea Egreta Albă** (****) in der Str. Păcii 93 verfügt über zehn DZ mit eigenem Bad, Air Condition, Kühlschrank und TV im Zimmer. Im Parterre befindet sich ein Restaurant mit Bar. DZ 120 RON ohne Frühstück.
- Nur 3 km vom Zentrum entfernt liegt die preisgünstige **Pension Mila 35,** die auch per Boot erreichbar ist. Verleih von Motorbooten und eigener Tennisplatz. Mila Marina 35, Braţul Tulcea, Tel. 0744-688 404, www.mila35.ro, EZ 38–48 RON, DZ 48–58 RON (am Wochenende teurer).

Floating Hotels

- Die **stationären Hotelschiffe „Hera" und „Terasa R"** liegen unübersehbar nebeneinander am Brennpunkt der Donaupromenade Str. Portului. Wem eine schlichte und enge Kabine als Schlafplatz ausreicht, ist hier genau richtig. Kabinen mit eigenem Bad und solche mit Gemeinschaftsbad. Die feste Verankerung sorgt für Nächte ohne Schwankungen. EZ/DZ 50–60 RON.

Wer gerne mit einem Floating Hotel **auf Reisen ins Donaudelta** gehen möchte, wende sich an eine der folgenden **Gesellschaften:**

- **S.C. Liscom** (**) bis (****), Str. Viitorului 13, Tel. 536 726. Das schwimmende Hotel Anda bietet 9 DZ mit Internetanschluss und Kabel-TV, Anglerausrüstungen, Bad und Dusche in jeder Kabine. Transfer vom Flughafen. Vollpension. Tagespreise je nach Anzahl der Personen und Kategorie 50–130 Euro.
- **S.C. Galex Tour** (***), Str. Isaccei 45, Bl. 3, Sc.A. Ap 16, Tel. 519 309, www.toursgalex.ro. Vollpension, Tagespreis je nach Anzahl der Personen 45–105 Euro.

Camping

Es gibt keine Campingplätze in der unmittelbaren Umgebung von Tulcea, dafür aber sieben gute Möglichkeiten zum Campieren **im Donaudelta** (siehe im weiteren Verlauf des Kapitels).

Jugend-Camp

- Das **Jugend-Camp Bididia (Tabăra Bididia)** liegt an der Strecke Tulcea – Mahmudia (12 km außerhalb von Tulcea). Es bietet 340 Übernachtungsplätze, besitzt zwei Swimmingpools, einen botanischen Garten sowie mehrere Sportplätze. Es sind auch Einzelanmeldungen möglich, und zwar unter Tel. 514 386 oder bei der Leitung aller Delta-Camps in Tulcea, Tel. 516 234.

Essen und Trinken

Restaurants

- Die Empfehlung des Autors ist die **Pizzeria da Tino,** Str. Isaccei 11, Tel. 511 332. Der Italiener direkt an Tulceas beliebtester Flaniermeile bietet eine sehr köstliche Pizza an, die mit Kartoffeln und Brânza-Käse überbacken ist. Außergewöhnlich gut.
- Seefahrerisch gibt sich das **Restaurant Pub Rolion,** Str. Port Faleză 1, Tel. 511 855, das bei rumänischen Ausflugsgruppen sehr beliebt ist. Traditionelle rumänische Küche wird hier auch auf der großen Gartenterrasse aufgetischt.
- In der **Pizzeria Don Pepi** serviert man auf Wunsch auch Riesenpizzas. Str. Babadag 24, gegenüber der BRD-Bank, 8–24 Uhr.
- Das **Terrassenrestaurant Royal Trident,** Str. Babadag 2, Tel. 519 508, bietet ein breites Spektrum von in der Patisserie selbst zubereiteten Kuchen bis hin zu raffinierten Fischgerichten; angegliedert ist zudem ein Schnell-Restaurant namens **Fast-Food-Trident.**
- Eine der schönsten Aussichten hat das Restaurant auf dem Deck des **Hotelschiffes „Terasa R"** an der Donaupromenade Str. Portului. Leider kann die wunderbare Kulisse nicht über die Schwächen der gebotenen Kochkunst hinwegtäuschen.
- Drei erfrischende und moderne Restaurants wurden im Frühjahr 2006 im Zentrum von Tulcea neu eröffnet: das **Kardeleni,** Str.

Isaccei 1, Tel. 515 285, das **Restaurant Union Visa,** Str. Unirii 2, Tel. 515 163, und das **Central,** Str. Babadag 3, Bl. A5, Tel. 0740-014 257.

Café

- **Café Journal,** Str. Domneasca 100, Tel. 416 722. Studentencafé, das auch abends immer gut gefüllt ist.

Abends unterwegs

Bars

- Als neuester Club der Stadt etabliert sich seit Herbst 2005 der frisch renovierte **Club Marinarul** (ehemaliger Complex Marinarul), Str. Spitalului 34.
- Ebenfalls eine Frischzellenkur hinter sich hat der **Club 21** (das frühere Modern Proiect), Str. Grigore Antipa, in dem man zu fast jeder Tages- und Nachtzeit einkehren kann. Mobil 0745-040 631, 7–4 Uhr.
- Der kleine **Jazz Club,** Str. Pacii 101, Tel. 513 092, erinnert an ein gemütliches Parkettzimmer. Musikwünsche der Gäste werden berücksichtigt.
- In der kleinen **Bar Deep** können die Gäste bis morgens um 4 Uhr tief in die Cocktailgläser schauen. Das Lokal befindet sich im Gewerkschaftshaus in der Str. Piața Independenței 1, Tel. 0745-075 813.

Diskothek

- Die **Disco Keops** im Complex Danubiu an der Donaupromenade Str. Portului 2, Tel. 514 753, gilt als der exotischste Tanzclub von Tulcea. Ägyptisches Ambiente und farbenfrohe Drinks. 20–4 Uhr.

Aktivitäten

- Einen **Kanuverleih** gibt es im **Donaudelta Canoe Center,** Str. 14. Novembrie Nr. 6, Ap. 15, Tel. 0745-059 410, und bei **S.C. Barefoot S.R.L.,** Str. Craițelor 25, Tel. 0744-861 828.
- Die besten und kompetentesten **Kanutouren** im Donaudelta veranstaltet die Gruppe **Barefoot Tours,** Str. Craițelor 25, Tel. 0744-861 828. Es gibt auch einen deutschen Kontakt über *Michael Rieding,* Kochstr. 26, 04275 Leipzig, michael@barefoot-tours.com, und eine informative Website: www.barefoot-tours.com (auch auf Deutsch). Die international gemischte Truppe um *Adrian Haralambie* und *Stephan Müller* hat neben ökologischen Abenteuer-Kanufahrten und Kanu-Training auch Sportangeln und Vogelbeobachtungen im Angebot. Eine 4-Tages-Tour um Crişan kostet ca. 190 Euro.
- Einen **Verleih von Hausbooten, Motorbooten** und kleinen Schiffen betreibt die **S.C. Watergate S.R.L.,** Str. Gavrilov Corneliu 312, Tel. 513 711.
- Auch die **Pension Mila 35** verleiht **Motorboote,** Mila Marina 35, Brațul Tulcea, Tel. 0744-688 404, www.mila35.ro.
- **Nita Pargras** (S.C. Nitacom S.R.L., Loc. Tulcea) vermietet **Hausboote,** Tel./Fax 823 712, Tel. 094-346 822.
- Seit Sommer 2004 starten vom Flugplatz **Helikopter** zum Delta. Ein **Rundflug** kostet pro Stunde ca. 150 Euro pro Person, bei einer Auslastung von 3 Passagieren.

Einkaufen

- Der beste **Wochenmarkt** von Tulcea, wo man sich mit frischem Obst und Gemüse eindecken kann, befindet sich südlich des Zentrums, die Str. Păcii hinunter, hinter der Kirche Sf. Gheorghe.
- Der **Ukrainische Markt,** auf halber Strecke zum Bahnhof in der Str. Isaccei, bedient eher die Touristen, die an billigem Import-Trödel Gefallen finden.
- Im **Magazinul Anda** in der Str. Isaccei findet der Campingtourist Zelte, Schlafsäcke und Zubehör.
- Die größten und besten **Shopping-Center** liegen beide am Piața Civica, das **Diana Center** und der **Winmarkt.**
- Die **Gemäldegalerie Galeria de Artă Modernă,** Str. Babadag 21, zeigt sehr sehenswerte Werke des Künstlers *Eugeniu Barău,* die in der Fülle ihrer Darstellung sehr an *Hieronymus Bosch* erinnern.
- **Galeria de Artă,** gegenüber dem Hotel Delta, Str. Isaccei, Bl. M1.

Feste und Events

- Im Mai findet im Rathaus der Stadt der nationale **„Musikwettbewerb George Georgescu"** statt.
- Am 29. Juni feiert man den **Donautag (Ziua Dunarii)** mit zahlreichen Veranstaltungen und Straßenumzügen.
- Vom 15. bis 19. Juli werden beim internationalen **Musikfestival Peştişorul de Aur** („Das goldene Fischchen") die bekanntesten Folkloregruppen der Dobrudscha präsentiert.
- Zu den größten Festen Rumäniens gehören vom 12. bis 15. August die Feiern **Dunarea – Fluviu al Europei** („Donau - ein europäischer Fluss"); dann ziehen auch viele Gäste aus Deutschland, Österreich, Ungarn, Serbien und Bulgarien durch das Hafenviertel und die Innenstadt. Zur gleichen Zeit findet alljährlich das **Bierfest (Festivalul Berii)** statt.
- Der **Tag der Dobrudscha (Ziua Dobrogei)** wird am 14. November gefeiert.

In der Umgebung von Tulcea

Seenplatte Untere Donau

Auf ihrem Weg zum Delta lassen viele Besucher die Seenplatte zwischen Galați und Tulcea oft links liegen. Die dem Delta vorgelagerten **Seen Somova, Sabele und Parcheş** rechts der Donau gehören jedoch zu einem der natürlichsten Gebiete der Dobrudscha und sind eines der besten Areale, um wilde Schwäne, Rohrdommeln und Weißkopfadler in freier Wildbahn zu beobachten. Auch kulturell hat die wilde Naturlandschaft rund um die Dörfer Parcheş, Somova und Telița viel zu bieten.

Niculițel und die Klöster Saon und Cilic-Dere

Im kleinen Ort Niculițel (20 km westlich von Tulcea auf der DN22 Richtung Brăila, 5 km vor Isaccea, links ab) ist um 1900 vom Pastor *Nuculița* eine christliche Basilika aus dem 13. Jahrhundert in der Erde entdeckt worden. Die bis heute unangetastete kleine **Kirche Sfântul Atanasie** ist damit das älteste noch genutzte Gotteshaus der Dobrudscha. Seinerzeit hatten die Osmanen den Bau christlicher Kirchen verboten, darum wurden die Gotteshäuser heimlich unter der Erde errichtet. Sehr sehenswert ist auch der beeindruckende innere Kuppelbau der **Kathedrale** von Niculițel.

Nur 8 km nördlich von Niculițel (von der DN22 rechts ab) liegt idyllisch das **Nonnenkloster Saon** mit einer alten Getreidemühle südlich des Telincea-Sees. Südostwärts (die DN22 erneut kreuzend, 2 km südlich des Dorfes Telița) folgt das bekanntere **Kloster Cilic-Dere,** dessen Nonnen mittlerweile berühmte Bewahrerinnen uralter Kochrezepte sind. Wer die Gelegenheit hat, sollte im Kloster bei der Oberin *Melentina Popa* oder der Äbtissin *Cassiana* nachfragen, wo man die berühmte Mönchssuppe *(Ciorbă călugărească),* in Salz gegrillten Stör *(Saramură de păstruga)* oder den gefüllten Hecht *(Ştiucă umplută)* probieren kann.

- Private **Unterkunft** in Niculețe bei **Gicu Constantin,** Str. Gurgoaia 746, Tel. 0240-516 166, 50 RON. Übernachtungen sind aber auch in allen genannten **Klöstern** möglich, Preis und Verköstigungen nach Vereinbarung zwischen 30 und 50 RON.

Isaccea

In der kleinen, rechts der Donau gelegenen **Hafenstadt** Isaccea (5600

rum568 Foto: jr

Einwohner) haben **Griechen, Römer, Russen und Osmanen** ihre **architektonischen Spuren** hinterlassen. Die ehemalige Siedlung Novodunum (bzw. Vicina) galt über viele Jahrhunderte hinweg als schwer befestigte Grenzstadt, die das byzantinische gegen das russische Hoheitsgebiet nach Norden hin schützen sollte. Direkt am Donauufer sind heute römische Marmorsarkophage mit griechischen Inschriften und ionische Säulenkapitelle zu besichtigen. Etwas verloren steht die kleine türkische Minarett-Moschee aus dem 17. Jahrhundert in der Ortsmitte neben einigen Wohnblocks (5% türkische Bevölkerung). Sehenswert sind die eindringlichen Höllenszenarien der Malereien im Vorraum der kleinen **Kirche von Sfântii Voievozi.** Viele der ursprünglich zum Stadtbild gehörenden Seen und Schilfgebiete sind heute nicht mehr vorhanden, da sie in den 1970er Jahren für neue Agrarflächen trockengelegt wurden.

- **Biserica Sfântii Voievozi,** Str. Curentului 1, Tel. 0240-540 675 (Preot Mocanu Costel).

Unterwegs im Donaudelta

Von Tulcea nach Periprava

Der Hauptgrund, warum der **nördliche Chilia-Arm der Donau** touristisch wenig befahren wird, liegt an der unzureichenden Infrastruktur im Norden des Deltas. Im direkten Grenzgebiet zur Ukraine gibt es kaum Orte, die Besuchern ansprechende Unterkünfte zur Verfügung stellen können, und auch in den Städten Periprava und Chilia Veche sind gute Pensionen und Hotels rar gesät.

Eine sehr gute Möglichkeit, sich dennoch die sehenswerten, nördlich gelegenen Wasserwege des Deltas zu erschließen, besteht darin, seine Fahrt am dritten Halt der Navrom-Strecke Tulcea - Chilia Veche zu unterbrechen. Im Dorf **Pardina** (710 Einwohner) gibt es eine Pension (Marian Calinoiu) mit direktem Wasserzugang. Die Eigentümer unternehmen Fahrten zum wenig befahrenen und wunderschönen, südlich gelegenen Seengebiet rund um den **Lacul Lung** und **Lacul Meşter.**

Der zweite Halt im Dorf **Ceatalchioi** (350 Einwohner, 20 km nördlich von Tulcea) lohnt sich besonders für Wanderer, die über gute Karten verfügen und sich durch die schönen Wälder der Sireasa am **See Topolca** vorbei in den Norden Tulceas schlagen wollen. Auch die Straße von Ceatalchioi die Donau entlang zurück nach Tudor Vladimirescu (nördlicher Stadtteil Tulceas) bietet sich für eine Wanderung an.

- **Pensiunea Marian Calinoiu,** Comuna Pardina, Tel. 0788-570 255. DZ 80 RON, App. 150 RON. Kosten der Motorbootausflüge nach Vereinbarung, Tag ca. 60–80 Euro.
- **Türme zur Tierbeobachtung** an den Seen Purcalu, Nebunu und Carasu.

Kühe in den überschwemmten Waldgebieten westlich von Tulcea ernähren sich lange Zeit des Jahres von Wasserpflanzen

Chilia Veche und Roşca-See

Die 5½-stündige Fahrt von Tulcea über den Chilia-Arm führt in die Ortschaft **Chilia Veche** (übersetzt: „Altes Chilia"). Die verträumte kleine Stadt war während der Zeit, als Bessarabien zu Rumänien gehörte, ein südlicher Teil der Hafenstadt Chilia (dem heutigen Kiliya in der Ukraine). Zu Zeiten ihres größten Triumphes, der Niederschlagung eines Türkenangriffs im Jahr 1476, lag Chilia gerade einmal 5 km von der Meeresküste entfernt, heute sind es 40 km! Von Chilia Veche lohnt

Die Berge des Donaudeltas

Wer zum ersten Mal ins Donaudelta kommt, wundert sich meist darüber, in der flachen Ebene, die teilweise sogar unter dem Meeresspiegel liegt, einige recht imposante Berge zu erblicken. So grenzt das Donaudelta, als geohistorisch jüngstes Gebiet Europas (knapp 10.000 Jahre alt), im Westen unmittelbar an eines der ältesten Gebirge der Welt, die **Berge von Măcin.** Die aus reinem Granitgestein im Paläolithikum geformte höchste Erhebung des kleinen Gebirges, der **Ţuţuiatu** (oder Greci), überstand sämtliche Eiszeiten und ragt heute als einsames steinernes Monument aus der flachen Ebene auf, die sich ansonsten auf Meeresniveau befindet.

Tief im Delta gibt es einen Ableger dieses urzeitlichen Gebirges, die 242 m hohen **Berge von Beştepe** (zwischen Tulcea und Murighiol). Auch ihr Granit taucht als überraschende Berglandschaft aus der Ebene auf und hat den Abschliff kilometerdicker Eismassen in den Kälteperioden unseres Planeten fast schadlos überstanden.

eine Wanderung durch die südlich gelegenen Wälder ins 8 km entfernte Dorf **Câşliţa.**

Über den **Braţul Cernovca** (Cernovca-Arm) gelangt man in den Ort **Babina,** wo man von einem Aussichtsturm einen weiten Blick über die südlich gelegenen Seen hat. Ein Highlight des Donaudeltas liegt 8 km südlich von Babina. Der **Roşca-See (Lacul Roşca)** ist Heimat von **Europas größter Pelikankolonie.** Auch Wildgänse, Silberreiher und Störche leben an dem völlig von Wäldern umgebenen See. Man erreicht den Roşca-See und die südlich gelegenen Tierparadiese um die **Seen Matiţa, Trei Iezere und Babina** auch über den Sulina-Arm von Mila 23 und Crişan aus.

- **Camping Vital,** Chilia Veche, Tel. 0240-547 444 und 0744-276 435, www.vital-chiliaveche.ro. Die Strohhäuschen sind inzwischen durch eine schöne, sehr empfehlenswerte Pension ergänzt worden. Die Mitarbeiter sind hilfsbereit und organisieren auch Touren ins Delta zu vernünftigen Preisen.

Vogelglossar Donaudelta

- **Barză albă** – Weißstorch
- **Călifar alb** – Brandgans
- **Călifar roşu** – Rostgans
- **Ciocântors** – Säbelschnabler
- **Cocor mare** – Kranich
- **Corcodel mare** – Haubentaucher
- **Cormoran mare** – Großer Kormoran
- **Egretă de stuf** – Rohrweiher
- **Egretă mare** – Silberreiher
- **Huhurez mic** – Waldkauz
- **Lebădă de vară** – Höckerschwan
- **Lopătar** – Löffler
- **Nagâţ** – Kiebitz
- **Pelican comun** – Rosa Pelikan
- **Pelican creţ** – Krauskopfpelikan
- **Pescăruş albastru** – Eisvogel
- **Pescăruş râzător** – Lachmöwe
- **Piciorong** – Stelzenläufer
- **Prigorie** – Bienenfresser
- **Raţă mare** – Stockente
- **Şoim dunărean** – Würgfalke
- **Stârc cenuşiu** – Fischreiher
- **Ţigănuş** – Sichler
- **Vultur codalb** – Seeadler

Von Tulcea nach Sulina

Die Fahrt mit dem Gleitboot von Tulcea nach Sulina dauert nur 1½ Stunden und lockt viele Besucher zu einem schnellen Abstecher ans Schwarze Meer. Vom eigentlichen Donaudelta bekommt man auf einem solchen Kurztrip jedoch nichts zu sehen, außer dem schnurgeraden, **monotonen Donauarm.** Die kostbare Urlaubszeit sollte auch nicht in den trostlosen Seehafen Sulina, sondern besser in eine der sehenswerten Siedlungen im Delta investiert werden, die von Mila 23 und Crişan gut zu erreichen sind.

Weil der Donauarm nach Sulina vertieft und stark begradigt wurde, nutzen ihn neben zahlreichen Motorbooten und Kähnen auch **Großfrachter und seetüchtige Schiffe** für ihre Fahrt von Tulcea zum Schwarzen Meer. Paddler und Kanuten sind permanent dem starken Wellengang der Großschiffe und Gleitboote ausgesetzt. Sie sollten ihre Fahrt besser auf einem der

Delta-Idylle mit Fischerboot in der Nähe von Mila 23

ruhigeren Wasserwege beginnen (z.B. in Mahmudia, Murighiol, Dunavăţu de Jos oder Mila 23).

Trotz des regen Schiffsverkehrs lohnt sich eine Schiffsreise zu den Orten am Sulina-Arm, weil die dortige **gute Infrastruktur** dazu führt, dass man fast überall Bootsausflüge zu den ruhigen Wasserwegen, Seen und Wäldern jenseits der Hauptstrecke unternehmen kann. In Mila 23 und Crişan vermieten die Fischer auch Boote und Kanus.

Ilganii de Sus und Maliuc

Etwa 8 km hinter Tulcea gehen Sulina- und Sf. Gheorghe-Arm auseinander. Der erste Ort Richtung Sulina heißt **Ilganii de Sus** und liegt genau gegenüber dem Fischerort **Partizani** („Ruderfähre" zwischen den Orten durch Fischer). Da weder die Schnellboote noch die Navrom-Schiffe hier anlegen, erreicht man die beiden Siedlungen am besten per Motorboot (private Vermittler im Hafen von Tulcea, einfache Fahrt ca. 10 Euro). Unterkunft ist in den Privathäusern der Fischer auf Anfrage möglich, die einen auch zu den herrlichen Waldseen Meşter, Alb und Lung rudern.

In **Maliuc,** der ersten Schiffshaltestelle, gibt es einen kleinen Campingplatz und das gute Hotel Salcia, das auch Ausflüge zu den Pelikankolonien am nur 20 Minuten entfernten **Furtuna-See** unternimmt. Das Schilf um den Furtuna-See ist auch Brutgebiet von Haubentauchern, Fischreihern und Kormoranen.

rum08-571 Foto: jr

Unterkunft:

- **Hotel Salcia** (**), Maliuc, Tel. 0240-546 539, Tel. 0788-362 720. Alle Zimmer mit TV, Telefon, Kühlschrank; gutes Restaurant. EZ 50 RON, DZ 80 RON, Vollpension (drei Mahlzeiten) 120 RON (Preise lassen sich verhandeln, je nach Länge des Aufenthalts). Ruderboote 30 RON/Tag, Motorboote (4 Pers.) 30 RON/Stunde, Anglergerät 9 RON/Tag.
- **Pension Nada Apelor** (***), Maliuc, Tel. 0744-516 808. Hier können drei kleine Häuschen direkt am Wasser angemietet werden. Zimmer mit Terrasse, Kühlschrank, Kochnische mit Geschirr und Besteck. DZ 70 RON, Mahlzeiten 15–30 RON.
- **Camping Euro Club** (***), Partizani, Tel. 0788-320 441. Sehr schöne 2-Personen-Hütten mit gepflegten sanitären Einrichtungen. 40 Schlafplätze, gutes Restaurant. Hütte 60–80 RON.

Die Meile 23

So mancher Besucher des Donaudeltas fragt sich, warum die bekannte lippowanische Deltasiedlung Mila sich noch die Zahl 23 an ihren Namen angehängt hat. Die eigentümliche Ortsbezeichnung Mila 23 heißt übersetzt „Meile 23" und leitet sich von der international üblichen **Meilen-Einteilung der Donau** ab. An der Donaumündung in Sulina befindet sich ein Schild mit der Aufschrift „Mila 0". Von hier an werden die Donaumeilen stromaufwärts gezählt und bezeichnen somit die jeweilige Entfernung zur Mündung am Schwarzen Meer. So liegt beispielsweise Tulcea landeinwärts am Meilenpunkt 39, also genau 39 Meilen von der Donaumündung entfernt. Da Mila 23 aber an einem abzweigenden Seitenarm liegt und nicht direkt am begradigten Sulina-Arm der Donau, befindet sich auch der Ort Maliuc ziemlich genau beim Punkt Meile 23 ...!

Kanutipp:

- Kanuten sei die wunderbare Strecke **vom Lacul Meşter** über den Gârla Şontea- und Olguţa-Kanal **zum Arm Dunarea Veche** und nach Mila 23 ans Herz gelegt. Auf der Strecke befinden sich vier Aussichtstürme (u.a. am Nebunu-See).

Mila 23

Mitten im Donaudelta, auf halber Strecke zwischen Tulcea und Sulina, liegt der Fischerort Mila 23. Er ist Haltestelle der AZL-Colanda-Linie und befindet sich am **Seitenarm Dunarea Veche** („Alte Donau") 10 km nördlich der begradigten Hauptstrecke. Frühmorgens und nachmittags treffen auch Besucher der Navrom-Linie im Ort ein, die von Crişan mit dem Fährboot nur 20 Minuten benötigen.

Im dem geschäftigen Fischerdorf mit 2400 Einwohnern leben über 90 Prozent **Lippowener,** altgläubige Russen, die es bereits im 17. Jahrhundert ins Delta verschlagen hat. Ihre Kirche ist zum Mittelpunkt des Dorfes geworden, das hauptsächlich aus Strohlehmhäusern mit Schilfdächern besteht, deren Fenster- und Türrahmen häufig in den deltatypischen Farben Blau und Grün verschönert sind.

Mila 23 wurde 1960 nach einer völligen Überflutung wieder aufgebaut und gehört heute mit seinen urigen Fischerhäuschen und den zahlreichen Gemüse- und Obstgärten zu den **klassischen Deltazielen,** die über genügend Pensionen und kleinere Verpflegungsläden verfügen, um als Ausgangsbasis für Deltaexkursionen dienen zu können. Bereits im Frühjahr bieten Fischer Fahrten in motorisierten

Langkähnen (sog. *Lotca*) zu den umliegenden Tierparadiesen Lacul Bogdaproste, Trei Iezerie und Matița an.

Unterkunft:

Hier einige der zahlreichen Privatpensionen (Preise pro Zimmer ca. 40–70 RON, je nach Saison und Länge des Aufenthalts verhandelbar, bei Fischerfamilien ist meist auch Vollpension möglich):

- **Pension Marcov** (**), Tel. 0240-546 425. *Pavel* und *Aurica Marcov* haben vier sehr gepflegte Zimmer, DZ 7–10 Euro, Mahlzeiten 3–7 Euro.
- **Pension La Vica** (**), am Wasserturm, Tel. 0240-546 442. Vier Zimmer, Halbpension möglich.
- **Pension Valodea** (**), Tel. 0240-546 393. Fischerfamilie mit vier Zimmern, Halbpension möglich.
- **Pension Valentina Lisov** (**), Tel. 0240-546 450. *Valentina* bietet zwei Räume und leckere Fischgerichte an. Vollpension möglich.
- **Pension Nicolae Chitai** (**), Tel. 0240-546 446. Zwei gepflegte Zimmer bei ehemaligem Fischer.

Crişan

Crişan ist eines der bekanntesten Touristenzentren zwischen Tulcea und Sulina. Man erreicht es mit dem Gleitboot von Tulcea in 1½ Stunden. Der Bootssteg am Meilenpunkt 13 liegt genau gegenüber dem Monument, das König *Carol I.* 1894 errichten ließ, als die Donau auf diesem Abschnitt erstmals begradigt wurde.

Am nördlichen Ufer von Crişan befindet sich das **EcoInfoCenter** (s.u.), in dem man die nötigen Eintrittskarten für die Naturschutzgebiete erhält.

Der lang gestreckte Ort Crişan zieht sich über 5 km an der Südseite des Donauarms hin und ist der ideale Ausgangspunkt für Bootsausflüge zum geschützten **Pădurea-Caraorman-Gebiet,** in dem sich Seeadler, Falken und Wölfe tummeln (Eintritt nur mit lizenziertem Führer). Die Region um das kleine, 12 km südlich gelegene Dorf **Caraorman** (türk. für Schwarzer Wald) zeichnet sich durch ihre eindrucksvolle Fauna aus und gehört zu den **besterhaltenen Urwäldern Europas.** Die Häuser des Dorfes wurden über eine Strecke von 3 km entlang einer 18 km langen Sanddüne gebaut.

Wer statt mit dem Boot lieber zu Fuß unterwegs ist, sollte sich die großen **Pelikankolonien am Iacob-See** nicht entgehen lassen, der bequem in einer vierstündigen Wanderung über den südlichen Deich erreichbar ist.

Crişan:

- Leider entwickelt sich das **Informationszentrum EcoInfoCenter** (auf der rechten Donauseite neben dem Hotel Lebeda) in letzter Zeit eher zu einem Museum, als dass es eine wirkliche Auskunftsstelle wäre. Die Leserresonanz war sehr negativ. Crişan insgesamt hinkt mit seiner Infrastruktur (keine Bank, kein Geldautomat, kleiner Supermarkt mit sehr begrenztem Angebot und überhöhten Preisen) der Entwicklung in anderen Touristenzentren hinterher. Wer eine längere individuelle Tour plant, sollte sich bereits in Tulcea mit dem Nötigsten ausstatten.
- **Fischerpension Petre und Caroline Vasiliu,** sehr empfehlenswerte (geführte) Kanutouren und Kanuverleih (engl. und franz.), Tel. 0744-957 148, 0744-761 323, petrerotl@yahoo.com.
- **Hotel Sunrise** (***), Tel. 0240-547 191. Erstklassiges, sehr empfehlenswertes modernes Hotel am Wasser. 18 Zimmer mit eigenem Bad, Klimaanlage, Telefon, TV. Dazu Grillplatz, Schwimmhalle, Terrasse, Disco und Nachtbar. Ausflüge mit Essen in der Natur und Feuercamp. EZ/DZ 70 RON, inkl. Frühstück und Tax.

Die Wüstendünen von Letea

Nördlich von Crişan erreicht man mit dem Boot über den Arm der alten Donau (Dunarea Veche) den **Magearu-Kanal.** Dieser führt direkt zum kleinen Ort Letea, der zu den absoluten Highlights des Donaudeltas zählt. Hier, wo sich heute kilometerlange Dünen *(Grinduri)* erstrecken, lag vor 13.000 Jahren die Küstenlinie, die heute 20 km östlich zu finden ist. Der ehemalige Meeressand türmt sich hinter Letea bis zu 15 m hoch, und man glaubt sich, mitten im Donaudelta, in eine Sandwüste Afrikas versetzt. Die in den Dünensenken wachsenden **Auenwäldchen** gehören ebenfalls zu den großen Naturwundern des Deltas. Im Frühjahr, wenn das Donauhochwasser die Senken überflutet, steht die gesamte Vegetation vollständig unter Wasser. Erst im Sommer trocknet das Gebiet so weit aus, dass die Schlingpflanzen, Steineichen und Schwarzpappeln wieder sichtbar werden. Auf die Flut folgt extreme Trockenheit. Mit ihren tiefen, weit verzweigten Wurzeln halten die Auenbäume den Wanderdünen stand und ernähren sich vom Wasser, das unter den Dünen vorhanden ist.

- **Hotel Lebada** (***), Tel. 0744-254 420. Das „Hotel zum Schwan" ist ein gepflegtes Haus neben dem Info-Zentrum. EZ/ DZ 70 RON.
- **Pension Ovidiu** (****), Tel. 0744-601 262. Die beste Pension am Ort liegt am Landesteg links, 200 m über den Deich der Donau entlang. Vier Zimmer, Vollpension und Ausflüge mit dem Ruder- oder Motorboot ins Delta möglich. DZ ab 60 RON.
- **Pension Pelican** (****) + (**), Tel. 0240-534 958, DZ ab 50 RON.
- **Pension Valentina Pocora** (**), Tel. 0240-547 036. DZ ab 40 RON, Halbpension möglich, gute Küche.
- **Pension Andrei Oprisan** (**), Tel. 0240-547 034, DZ ab 50 RON.
- **Pension Valentin Hristu** (**), Tel. 0240-547 122, DZ ab 50 RON.
- Kanu- und Hausboot-Touren um Crişan (auf Deutsch): **Tioc-Reisen,** Tel. 0743-025 154, contact@tioc-reisen.ro, www.tioc-reisen.ro.
- Kanutouren im Delta (deutsch/engl.): **Inter Pares,** *Radu Zaharie,* Tel. 0744-371 547, interpares@directnet.ro.

Caraorman:

- **Pension Maria Maxim** (**), Tel. 0744-381 528, EZ/DZ ab 40 RON.

Sulina

Die bereits im Jahr 950 in byzantinischen Dokumenten erwähnte **Hafenstadt** Sulina war seit jeher ein abgelegener Ort, der lange Zeit als Schlupfwinkel der **Schwarzmeerpiraten** berüchtigt war. Eindringlich geschildert wird die raue Atmosphäre „am Rande Europas" in *Jules Vernes'* Buch „Der Donaulotse" (1908) und im 1921 erschienenen Roman „Europolis" des Deltadichters *Jean Bart.*

In den letzten Jahren hat sich das einst raue Flair der 7 km vom Meer entfernten Stadt gewandelt und erinnert wieder an die Blütezeit in den 1920er Jahren. Besucher flanieren über die neu gepflasterte **Hafenpromenade** und lassen sich die Schwarzmeerluft um die Nase wehen. Sulina wacht so langsam aus seinem Dornröschenschlaf auf.

Als Relikt der alten Zeit ist noch das historische Gebäude der **Donaukommission** aus dem Jahr 1856 erhalten geblieben, das daran erinnert, wie bedeutsam der Ort an der Donaumündung einst war. Auch der 18,5 m hohe, 1802 errichtete und 1870 zum letzten Mal renovierte **Leuchturm (Farul Ve-**

chi) kündet von diesen glorreichen Zeiten.

Die **Friedhöfe** zwischen dem 20 km langen **Sandstrand** und der Stadt zeugen von der ethnischen Vielfalt früherer Zeiten. Orthodoxe, Muslims, Juden, Protestanten und Katholiken lebten einst in Sulina friedlich zusammen.

- **Informationszentrum,** Str. I, ähnlich gute Beratung wie im gleichnamigen Zentrum in Tulcea. Mai bis Okt. täglich (außer Mo.) 9–12 und 16–19 Uhr, So. nur bis 13 Uhr.

Mobilität:

- Es gibt einen **Kleinbus Richtung Sfântu Gheorge,** der allerdings nur nach Bedarf fährt. Richtpreis: 300 RON, 30 RON/Person bei voller Besetzung. Die Strecke ist sehr ruppig, man ist ungefähr 3 Std. für die 45 km unterwegs. Ebenfalls nach Bedarf fährt (mehrmals) täglich ein Bus zum 7 km entfernten Strand. Die Bootsfahrten im Donaudelta kosten von Sulina aus etwa 30 Euro pro Stunde.

Unterkunft:

- **Pension Coral** (***), Str. I, Tel. 0240-543 777. Sieben liebevoll ausgestattete Zimmer mit Bad, Air Condition und TV. Donauterrasse mit sehr gutem Restaurant (außen Plastikstühle). DZ + Vollpension 30 Euro.
- **Pension Jean Bart** (***), Str. I, Tel. 0240-543 128. Helles Steinhaus, Zimmer mit Wasserblick, Platz für 25 Personen, rusikale Holzmöbel, DZ + Vollpension 25 Euro.
- **Pension Delta** (**), Str. I, Nr. 288, Tel. 0240-543 261, DZ ab 60 RON.
- **Pension Adriana** (**), Str. IV, Nr. 124, Tel. 0240-543 575, DZ ab 60 RON.

Essen und Trinken

- **Restaurant Marea Neagră** (***), Str. Deltei 178, Tel. 0240-543 139. Restaurant mit sehr günstigen Fischgerichten. Leider variiert die Tagesform des Kochs: mal Gerichte zum Genießen, dann wieder schlechte Küche. Achten Sie darauf, das der Rotwein nicht eiskalt serviert wird!

Von Tulcea nach Sfântu Gheorghe

Von den drei Hauptarmen der Donau ist der südlich verlaufende **Brațul Sfântu Gheorghe** (Sfântu-Gheorghe-Arm) der ursprünglichste und längste. In starken Mäandern windet er sich durchs Schwemmland und sucht sich ständig neue Wege. Da größere Boote und Schiffe diesen Wasserweg meiden, gehört er bei Kanuten und Paddlern zu den beliebtesten im ganzen Donaudelta.

Da eine **Straße** den Donauarm über mehr als 70 km bis Dunavățu de Jos begleitet, sind die auf der Strecke liegenden Orte Nufărul, Mahmudia, Murighiol und Dunavățu de Jos ideale Ausgangspunkte für Wassersportler, die ihr Equipment mit dem Auto ins Delta transportieren möchten.

Wer ohne eigenes Fahrzeug unterwegs ist, kann von Tulcea mit dem Bus bis nach Dunavățu de Jos reisen (zwei Busse täglich) oder mit den Schiffen der Navrom innerhalb von 5 Stunden von Tulcea nach Sfântu Gheorghe gelangen.

Beştepe

Wer sich mit dem Auto oder Bus von Tulcea ins südliche Delta auf den Weg macht, wird sich nahe der Ortschaft Beştepe wahrscheinlich verwundert die Augen reiben. Denn wer hätte gedacht, mitten im flachen Delta 242 m hohe Berge vorzufinden. Der Name dieser **Kuppelberge (Dealul Beştepe)** verweist auf die lange osmanische Herrschaft in dieser Region, denn *Beş Tepe* ist Türkisch und steht für „Fünf Hügel". Die in der Eiszeit ziemlich glatt polierten Granitberge gelten seit Urzeiten im Donaudelta als mystischer Ort, an dem Zauberer und Feen ihr Zuhause haben. Auch mythologisch weniger Interessierten bietet sich von den fünf Hügeln ein faszinierend tiefer Blick in die ansonsten sehr flache Deltalandschaft.

Mahmudia, Murighiol und Uzlina

Bereits im Dorf **Nufărul,** 12 km hinter Tulcea, sind einige Relikte aus der Vergangenheit der Region zu sehen, z.B. Reste der Festungsmauern der römischen Stadt Talamorium, die sich zwischen dem 10. und 14. Jahrhundert zur Festung Perislava entwickelte.

In **Mahmudia** findet man die Überreste der römisch-byzantinischen Zitadelle von Salsovia auf einem Hügel am Flussufer, in der der römische Kaiser *Konstantin* seinen Widersacher *Licinius* 324 n.Chr. ermorden ließ.

10 km hinter Mahmudia liegt die Ortschaft **Murighiol** (1420 Einwohner), die auf einigen älteren Karten immer noch als Independenţa verzeichnet ist.

Viele Kanuten beginnen ihre Touren in Murighiol oder dem 10 km entfernten **Uzlina,** da sie dort direkten Wasserzugang haben und vom Campingplatz bis zum luxuriösen schwimmenden Wasserhotel die ganze Bandbreite an Unterkünften vorhanden ist. Besonders sehenswert sind die **Tierreservate um die Seen Uzlina, Isaac, Chi-**

rum576 Foto: jr

ril und Poiarnia mit ihren reichen Populationen an Mittelmeer-Möwen, Kranichen, Kormoranen und Störchen. Die Kolonien der rosa Pelikane und Krauskopfpelikane um den Isaac- und Uzlina-See sind streng geschützt und dürfen nur aus größerer Distanz beobachtet werden.

Unterkunft:

- **Pension Carpo Vasile** (**), Mahmudia, Tel. 0744-364 218, EZ/DZ 50 RON.
- Im Ort Murighiol bietet sich dem zahlungskräftigen Gast eine wirkliche traumhafte Gelegenheit zur Übernachtung. Die **Pension Morena** (*****), Tel. 0240-545 645, morena @esa.ro, www.morena.ro, ist ein architektonisches Holzhaus-Wunderwerk mit sieben eleganten Zimmern, Klimaanlage, Internet in jedem Raum, Sat-TV, eigenem Balkon und einer außergewöhnlich guten Küche. Künstler aus Tulcea haben die Wände mit Keramiken verziert, der Besitzer führt gerne durch sein kleines Privatmuseum. Bootsausflüge nach Vereinbarung für ca. 20 Euro/Stunde, EZ 200 RON, DZ 210 RON, Frühstück inkl.
- Sehr günstige private Unterkünfte in Murighiol erhält man über den kleinen **Magazin-Mixt-Laden** am Ende des Ortes (bei Lili 40 RON inkl. Frühstück).
- **Complex Cormoran** (***), Uzlina, Tel. 0240-515 753, www.cormoran.ro. Luxusanlage, die von eleganten Bungalows bis zum Appartement mit Jacuzzi im schwimmenden Hotel alles bietet. Restaurant, Tennisplätze, Pool, Sauna, Fitness usw. Zimmer im Hotel 45–65 Euro, im Bungalow 35–50 Euro.

Dunavățu de Jos

Die ehemals eher für Offroad-Freunde geeignete Schlaglochpiste hinter Murighiol ist inzwischen einer voll ge-

Blick von einem der zahlreichen Aussichtstürme am Lacul Uzlina bei Murighiol

Kleines Deltavokabular

Angeln	a pescui
Anlegesteg	Ponton
Aussichtsturm	Foişor
Barsch	Biban
Boot	Luntre
Boot (schnelles)	Şalupă
Brasse	Plătică
Brücke	Pod
Düne	Dună
Fähre	Bac
Floß	Plută
Hecht	Ştiucă
Insel	Insulă
Karpfen	Crap
Langkahn	Lotca
Motorboot	Barcă cu motor
Ruderboot	Barca cu vâsle
Sandbank	Grindul
Schiff	Vapor
Schilf	Ştuf
Schilfinsel	Plaur
Schleie	Lin
Schnellboot	Vapor rapid
Seerosen	Nuferi
Wasserarm	Brațul
Wels	Somn
Zander	Şalău

Informationen über das Donaudelta

Die Wissenschaftler des deutschen WWF-Auen-Instituts in Rastatt gehören zu den besten Kennern von Flora und Fauna im Donaudelta. Sie sind vor Ort auch an zahlreichen Naturschutz-Projekten beteiligt und informieren kompetent über die aktuelle Situation.

- **Deutsches WWF-Auen-Institut,** Josefstr. 1, 76437 Rastatt, Tel. (in Deutschland) 07222-380 70, auen@wwf.de.

teerten Straße gewichen, auf der Fahrzeuge jeder Art bequem bis nach Dunavățu de Jos fahren können. Man kommt hier in eine relativ wenig besuchte faszinierende Gegend des Deltas mit unberührter Natur und zwei charmanten Dörfchen am Ende der auf Straßen befahrbaren Deltawelt.

In **Dunavățu de Sus,** dem ersten Ort an der Strecke, hat die Trockenlegung großer Areale des Deltas durch *Ceaușescu* zu einer ökologischen Katastrophe geführt. Einstmals lag das hübsche Fischerdorf direkt am Wasser, heute wohnen gerade noch einhundert, meist ältere Menschen im Ort.

Im 5 km entfernten **Dunavățu de Jos** hingegen blüht das Leben in den letzten Jahren spürbar auf. Mittlerweile leben hier über tausend Menschen vom erstarkenden Tourismus.

Unterkunft:

•**Hotel Egreta** (***), Tel./Fax 0722-644 027, www.hotelegreta.ro. Sehr modernes, völlig neu gestaltetes Luxushotel direkt am Wasser mit exzellentem Restaurant, eigenem kleinen Hafen und Swimmingpool. EZ 140 RON (So. bis Mi.), 190 RON (Do. bis Sa.), DZ 190–220 RON, App. 280–300 RON.

•**Pension Pelikan** (***), gleich gegenüber vom Hotel Egreta. Kleine, saubere Zimmer. DZ ab 40 Euro inkl. Frühstück. Man kann sich hier auch Ruder- oder Motorboote (auf Wunsch mit Fahrer) ausleihen (Ruderboot für 20 Euro den ganzen Tag).

•**Pension Holbina** (****), am Razelm-See, Tel. 0240-514 114. Pension mit wunderschöner Aussicht und gutem Service. DZ 200–280 RON.

•**Pension Solinia** (***), am Ortsende gelegenes Haus mit Restaurant, Air Condition, Schwimmbad und eigener Terrasse. Angesichts der hohen Preise sind die Räume sehr schlicht. Schlechtes Preis-Leistungsverhältnis.

Bootfahren und Angeln im Donaudelta

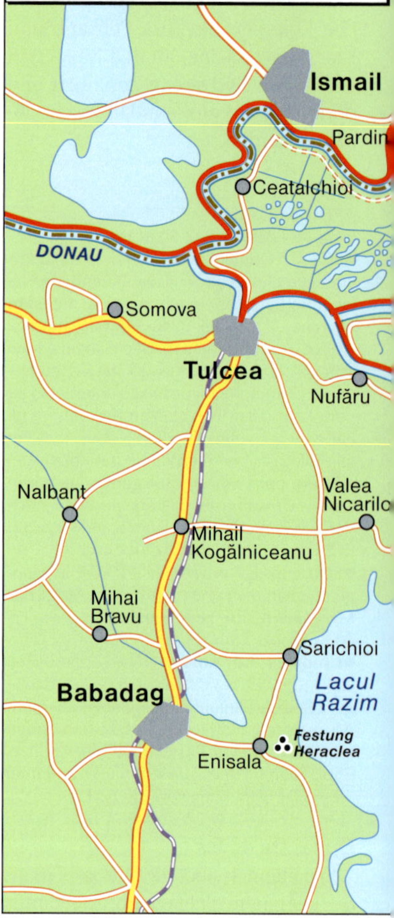

EZ 150–180 RON, DZ 200–220 RON, TZ 250–270 RON, inkl. Frühstück und Benutzung des Schwimmbads.

•Gleich am Ortseingang erkennt man die hervorragende **Pension Puiu** (**) an der

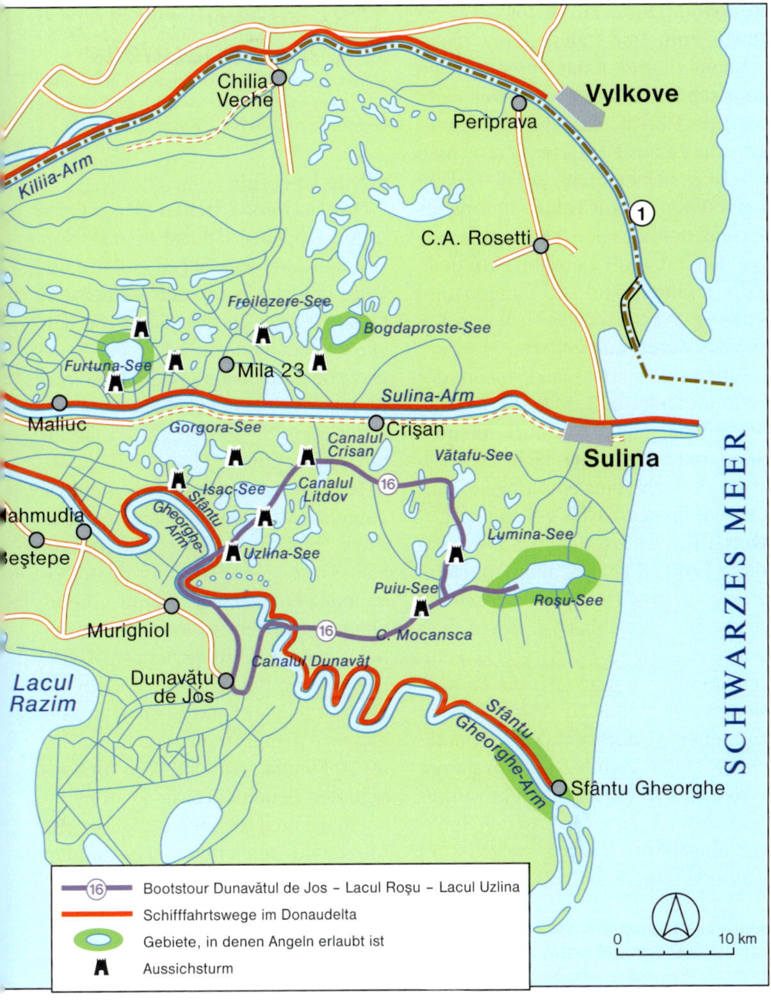

orangenen Färbung des Hauses. Garten mit Grill, ausgezeichnete Fischküche, moderne, gut ausgestattete Räume. Die Betreiber *Rodica* und *Dan* unternehmen individuell gestaltete Bootstouren durchs Delta. DZ 80–100 RON, je nach Saison und Länge des Aufenthalts, Motorbootexkursionen pro Tag 50–80 Euro, je nach Anzahl der Passagiere.

Bootstour Dunavățu de Jos – Roșu-, Puiu- und Uzlina-See

Kanuten und Kajakfahrer werden sehr schnell feststellen, dass es nicht allzu viel Sinn macht, seine Paddeltour von Tulcea aus zu starten. Zum einen macht es keinen Spaß, auf dem dicht befahrenen **Brațul Tulcea** unterwegs zu sein, der sich nach 3 km in den Sulina- und Sfântu-Gheorghe-Arm teilt. Zum anderen sind die ruhigen und schönen Wassersportgebiete von Tulcea aus viel zu weit entfernt.

Am besten startet man in einem der Orte im Delta (z.B. Mila 23, Maliuc, Mahmudia), von denen auch ruhigere Seen und Seitenarme leicht zu erreichen sind. Die hier empfohlene Tour beginnt im südöstlich gelegenen Ort **Dunavățul de Jos,** der nach zweistündiger Fahrt über teils abenteuerliche Straßenabschnitte von Tulcea auch mit dem Auto erreichbar ist. Bevor man sich für bestimmte Paddelstrecken entscheidet, sollte man sich die Dimensionen des Deltas zu Anfang besser auf einer Motorbootfahrt verdeutlichen. Die folgende, **60 km lange Wasserfahrt** dauert mit dem Motorboot (je nach Aufenthalt an den Beobachtungstürmen und Raststellen) 3 bis 4 Stunden, mit dem Kanu 1 bis 2 Tage.

- **Strecke:** Dunavățul de Jos – Canalul Dunavăț – Sfântu-Gheorghe-Arm – Canalul Mocansca – Puiu-See – Roșu-See – Lumina-See – Vătafu-See – Canalul Crișan – Canalul Litdov – Isac-See – Uzlina-See – Sfântu-Gheorghe-Arm – Dunavățul de Jos.
- **Vogelwelt und Aussichtstürme:** Neben Silber- und Fischreihern sieht man auf dieser Strecke unter anderem (je nach Jahreszeit) Pelikane, Kormorane, Wildschwäne, Störche, Kraniche, Seeadler und Rostgänse. Oft begleiten Lachmöwen die Boote. Aussichtstürme für Naturbeobachtungen stehen zwischen dem Puiu- und Lumina-See, am Canalul Crișan, zwischen dem Isac- und Uzlina-See sowie südlich des Uzlina-Sees.

Sfântu Gheorghe

Das **Fischerstädtchen** Sfântu Gheorghe (Heiliger Georg) liegt 83 km stromabwärts von Tulcea entfernt am Ende des gleichnamigen südlichsten Donauarms. Man erreicht es mit den Navrom-Schiffen von Tulcea in 5 Stunden oder von Sulina mit dem Minibus (Wackelpartie) in etwa 3 Stunden.

Vor allem die in den letzten Jahren forcierte Begrünung hat der Stadt, die 1318 erstmals erwähnt wurde, sichtbar gutgetan. Man sieht so manches pittoreske, bunt bemalte schilfbedeckte Haus, vorwiegend im bekannten Donaudelta-Dunkelblau. Sfântu Gheorghe hat sich, ebenso wie Sulina, zu einem schönen Ausflugsziel gemausert. Die meisten Besucher schlendern auf den mit feinem Sand bedeckten Wegen zum nahen Strand, den man in 15 bis 20 Minuten erreicht. Vom 1968 errichteten **Leuchtturm** in 57 m Höhe hat man einen schönen Blick über das Meer und den endlos scheinenden **Sandstrand,** der in der Tat insgesamt über 30 km lang ist.

Seit einigen Jahren verwandelt sich die malerische, fröhliche 1000-Seelen-Gemeinde im Spätsommer in ein Mekka für **Filmenthusiasten,** die während des Internationalen Filmfestivals Anonimul die Hotels und Pensionen der Stadt in Beschlag nehmen und am endlosen Strand oder im neuen eleganten Green Village rauschende Feste feiern.

- **Filmfestival (Festivalul International de Film Independent Anonimul),** immer im August. Nähere Informationen unter info@deltasfantugheorghe.ro.

Mobilität:
- **Schnellboot** (Mo. und Do.): 13.30 Uhr Tulcea, 14.30 Mahmudia, 15.30 Uhr Sfântu Gheorghe
- **Klassisches Motorboot** (Mi. und Fr.): 13.30 Uhr Tulcea, 15.30 Mahmudia, 17.30 Uhr Sfântu Gheorghe

Unterkunft:
- **Green Vilage** (***), sehr schöne Anlage, die beste Wahl in Sfântu Gheorghe, Autorenempfehlung. Fünf 4-Sterne-Villen, eine 3-Sterne-Villa, zwei Restaurants, drei Bars auf dem Wasser, Pool, Sauna, Badmintonspielfeld usw. Im August ist die Anlage meist wegen des Filmfestivals ausgebucht. Rechtzeitig vorher anmelden! 3-Sterne-Villa 100–170 RON, 4- Sterne 210–320 RON. Infos und Buchungen: Tel. 004021-230 05 07, 230 05 08, Fax 004021-230 12 98, Mo. bis Fr. 9–17 Uhr, info @deltasfantugheorghe.ro.
- **Pension Ovidiu,** schöne Zimmer, freundlicher Service, hervorragende Küche (Fischgerichte!). Preis: mit Vollpension ab 120 RON pro Person. Positive Leserbewertung.
- **Pension Visconti** (**), Str. Mircea Vodă, Tel. 0240-511 279, DZ 50 RON.
- **Pension Agora** (**), Tel. 0240-546 802, DZ 50 RON.
- **Pension Maria Ignat** (**), Tel. 0240-546 884, DZ 50 RON.
- **Camping Delfinul** (****), 16 schilfgedeckte Holzhütten, Bar, Restaurant, Fahrradverleih, Pferdekutsche, Reiten, Kajakverleih (5 Euro/ Stunde, 30 Euro/Tag). Hütte mit 2 Betten 55 RON, Zeltplatz 15 RON.

Rund um den Razim-See

Im Südosten des Donaudeltas liegt der **größte See Rumäniens,** der **Lacul Razim,** der ursprünglich eine offene Lagune des Schwarzen Meeres war. Heute trennen ihn zwei schmale Sandbänke vom Meer und machen ihn zu einem abgeschlossenen Ökosystem, das im Dezember Millionen von sibirischen Wildgänsen anfliegen. Auch im Sommer gilt der See als größte europäische Transitstation für **Zugvögel.**

Von Mahmudia oder Murighiol kommend, gibt es nur eine einzige Straße in den Süden. Sie führt am Salzsee **Lacul Săraturii** vorbei, am nördlichen Ufer des Razim-Sees entlang, über Sarichioi in Richtung Babadag und Constanța. Auf dieser Stecke liegen einige der reizvollsten und interessantesten Orte der Dobrudscha, wie die **Festung Enisala,** die alte osmanische Stadt **Babadag,** der Geheimtipp für Strandurlauber, **Gura Portiței,** und die berühmten Ruinen der griechischen Hafenmetropole **Histria.**

Sarichioi

Eine Fahrt von Murighiol nach Sarichioi kann sehr windig sein, da ständig heftige Winde vom Schwarzen Meer über den Razim-See ins Landesinnere fegen. Radfahrer sollten sich jedenfalls auf eine kontinuierlich steife Brise aus Südost einstellen. Die linker Hand sichtbare **Insel Popina** ist seit 2004 streng geschütztes Brutgebiet und

Lippowener – die Altgläubigen des Donaudeltas

Ein Leben im Delta ist für die Bauern, die hier Land- und Wasserbewohner zugleich sind, nicht gerade leicht. Die wenigen zur Verfügung stehenden Ackerflächen können während der heißen Sommermonate nur unter großen Anstrengungen mit Gemüse und Getreide bepflanzt werden. Während der eisigen Winter frieren die Gewässer zu, und im Frühling überschwemmt das Hochwasser regelmäßig die Äcker, weicht die Dämme auf und hinterlässt nichts als Schlamm und Geröll auf den Feldern. Wer sich besonders gut an diese Umstände anpassen konnte, sind die so genannten Lippowener (rum. **Lipoveni**), die auch als **Delta-Russen** bezeichnet werden. Die exotische Minderheit nennt sich selber gerne „Menschen des wahren Glaubens". Als „Raskolniki", als Altgläubige, wurden sie im 17. Jahrhundert im Zarenreich verfolgt, über 20.000 von ihnen fanden den Tod auf dem Scheiterhaufen, da sie eine 1654 eingeleitete Glaubensreform des Patriarchen ablehnten. Zuflucht fanden die zumeist blauäugigen und blonden Lippowener in den Labyrinthen des Deltas mit seinen Schilflandschaften und unzugänglichen Wasserwegen. Den Pelikanen hätten sie diese Fluchtstrategie abgeschaut, sagen heute einige von ihnen, auch diese wüssten sich hervorragend im Dickicht des Donaudeltas zu verstecken.

Die Lippowener, die in verstreut liegenden Siedlungen in ihren meist mit Schilf gedeckten Holzhäuschen direkt am Wasser wohnen, sind geschickte Fischer und kennen die Wasserlabyrinthe des Deltas wie ihre Westentasche.

Im sozialistischen Rumänien waren die ausgezeichneten Paddler und Ruderer der Garant des Regimes für Gold- und Silbermedaillen bei Olympischen Spielen. Die lippowenischen Wassermenschen, so sagt es die Legende, können zuerst ein Boot fahren, bevor sie gehen lernen. Doch viele von ihnen sind mittlerweile auch auf dem Festland angekommen. In den Städten und Dörfern entlang des Razim-Sees sieht man sie noch vereinzelt mit langem Bart und ihrer typisch russischen Tracht auf den Bänken sitzen oder die Straßen entlang schlendern.

In typischen Lippowenerhäusern, beispielsweise in Jurilovca oder Sarichioi, darf die **Banja,** die russische Sauna, nicht fehlen. Zum Ritual des Saunierens gehören, ganz ähnlich wie in Finnland und Russland, Birkenruten und Reisigbündel, mit denen man in einer festgelegten zeremoniellen Reihenfolge den Körper abklopft und die Durchblutung fördert.

An orthodoxen Feiertagen gehen die Lippowener in ihrer alten Tracht, die ebenfalls noch aus dem 17. Jahrhundert stammt, in ihre eigene, russisch-orthodoxe Kirche. Heute mag man kaum glauben, dass die Gründe, weshalb die Altgläubigen einst die Flucht ins Delta antraten, nur in kleinen Abweichungen ihrer alten russischen Liturgie bestanden, an der sie unbedingt festhalten woll(t)en. So nimmt ein altgläubiger Lippowener zum Bekreuzigen weiterhin zwei Finger wie die westlichen Christen (die orthodoxen Christen nehmen drei), oder sie backen an Festtagen sieben heilige Brote anstatt nur fünf wie die „modernen" Orthodoxen.

Einige Ältere von ihnen bemängeln, dass die Jungen für die Traditionen nicht mehr so zu gewinnen seien und sich erst nach ihrer Pensionierung einen Bart stehen lassen würden. Aber wenigstens, so ein Lippowener aus Jurilovca, könne jeder in der Familie noch die uralten russischen Lieder singen.

kann nur von Wissenschaftlern mit Genehmigung besucht werden.

Der Ort **Sarichioi,** der bald am Rande das Razim-Sees auftaucht, gilt als eine der bekanntesten Siedlungen der **Lippowener Russen** im Donaudelta. Auf 3764 Russen im Ort kommen gerade einmal 100 Rumänen. Dennoch sucht man die typischen langen Bärte und bunten Trachten der Lippowener an gewöhnlichen Tagen vergebens im Straßenbild. Nur an den russisch-orthodoxen Feiertagen legen die Altgläubigen hier ihre Festtagskostüme an. Wer gerne in Kontakt zu Lippowenern kommen möchte, frage nach dem Haus des Lehrers *Dolghi Vasile* (spricht nur russisch oder rumänisch).

Enisala

Im ruhigen Örtchen Enisala 8 km östlich von Babadag ist neben dem Museum Gospodâria Tărăneasca die **Zitadelle Heraclea** mehr als nur einen Abstecher wert. Die Burgruine liegt außerhalb des Ortes erhaben auf einem Hügel, der einen weiten Blick über den rechts liegenden Razim-See und den Babadag-See im Inland erlaubt. Die Burg wurde im 13. Jahrhundert von Händlern aus Genua auf den Ruinen einer alten byzantinischen Burg errichtet. Ursprünglich befanden sich an der Nordostseite der 7 m hohen Mauern vier Türme. Imposant ist die westliche Mauer, die sich direkt über eine steil abschüssige, 80 m hohen Felswand erhebt.

Leider ist die Burgruine Heracleea **schwer zu finden,** da immer noch vernünftige Hinweisschilder fehlen. Vom Ortsausgang in Enisala ist es der dritte Feldweg links, der 2 km außerhalb des Ortes nach oben zur Zitadelle führt. Die Strecke ist schlecht zu befahren. Am besten lässt man sich von einem einheimischen Kutscher mit dem Pferdewagen zum Abzweig bringen und geht die restlichen 3 km zu Fuß (im Sommer Getränke mitnehmen!).

Jurilovca und Gura Portiței

Wer vom Razim-See mit dem Auto auf dem schnellsten und besten Wege nach Constanța kommen möchte, sollte auf jeden Fall über Babadag und die gut befahrbare E87 fahren!

Die etwas abenteuerliche Straße 222 südlich von Enisala Richtung Jurilovca nehmen jedoch all diejenigen gerne in Kauf, die den **schönsten Strand der rumänischen Schwarzmeerküste** in **Gura Portiței** besuchen möchten. Für Kultur- und Geschichtsinteressierte empfiehlt sich vorab ein kurzer Abstecher zur **Ruine von Argamum,** die als Zeugnis der ältesten griechischen Stadt auf rumänischem Gebiet 5 km außerhalb von Jurilovca zu finden ist. Auch das ethnografische Museum des Ortes zeigt einige sehenswerte Funde aus der Zeit der griechischen Besiedlung.

Im Hafen von **Jurilovca** setzen Fährboote um 9, 14 und 16 Uhr hinüber nach Gura Portiței (ab 8 Euro). Wer nicht so lange warten möchte, lässt sich von einem der zahlreichen im Hafen auf Kundschaft wartenden Schiffer hinübersetzen (der Preis für die einfache Überfahrt von 8 km sollte nicht mehr als 10 Euro betragen). Achtung: In Jurilovca gibt es keinen Supermarkt. Für alle diejenigen, die sich nicht bereits vorab mit Proviant versorgen, besteht nur die Möglichkeit, sich überteuerte Getränke und Essen im Restaurant der Anlage zu kaufen.

Gura Portiței ist nach wie vor ein touristischer Geheimtipp. Auch wenn der kilometerlange weiße Sandstrand mittlerweile als Kulisse für Filmfestivals und Partys der Bukarester High-Society herhalten muss, ist das abgelegene Fleckchen Erde im Sommer nicht überfüllt. Und wenn es einmal etwas voller wird, findet man auf der 80 km langen Küstenzunge bestimmt irgendwo ein ruhiges Stückchen Sand.

Türkische Orte

Die **türkische Vergangenheit der Dobrudscha** zeigt sich wohl nirgends so deutlich wie an den vielen türkischen Ortsnamen. So bedeutet Sarichioi „Gelbe Stadt", Enisala „Neues Dorf", Babadag „Der Berg des Vaters", Murighiol „Violetter See", und der Ort Mahmudia ist nach dem türkischen Eroberer *Mahmud II.* benannt. Beştepe, ein Ort auf dem Weg von Tulcea nach Murighiol, bedeutet auf Türkisch „Fünf Hügel", und den rumänischen Ort Altintepe übersetzt man am besten mit „Goldberg". Sein goldig schimmerndes Kupfersulfat hielten die Türken ursprünglich für reines Gold und gruben tiefe Schächte in den Berg.

Unterkunft

- **Hotel Albatros** (**), Jurilovca, Str. 6. Marți, Tel. 0240-563 758, EZ/DZ 100 RON, inkl. Frühstück.
- **Pension Milica** (**), Jurilovca, Tel. 0240-519 214, EZ/DZ 70 RON.
- **Bungalows und Camping La Eden** (***), Gura Portiței, Tel. 0240-561 429, Tel. 0723-527 510, www.guraportitei.ro. Schilfgedeckte Häuser und kleine Bungalows in einem eigenen Urlaubsdorf (Sat de Vacanța) mit über 100 Plätzen. DZ 50 Euro mit Terrasse zum Meer, DZ 40 Euro ohne Terrasse. Außerhalb der Saison vom 15.4. bis 14.7. und 16.9. bis 15.10 jeweils 10 Euro billiger.
- Hinweis für alle **Zeltbesitzer:** Die Hütten (einfache DZ) am Strand sind nicht gerade hochwertig und sicher keine 250 RON (in der Hauptsaison) wert; der Zeltplatz nebenan ist kostenlos und nutzt die selben, schlechten sanitären Anlagen.

Babadag

↗ XXIII, D1

Von Tulcea kommt man über die DN22 oder die Bahnstrecke recht schnell ins 25 km entfernte Babadag, einen der letzten moslemisch geprägten Orte Rumäniens. Wer sich der Stadt von Osten über Enisala nähert, wird mitten durch ein bekanntes **Weinbaugebiet** geführt, in dem unter anderem die roten Sorten Merlot, Chaslar und Muscat sowie die weißen Sorten Feteasca Regală und Aliote angebaut werden. Zur Erntezeit strömen jugendliche Traubenpflücker aus dem ganzen Land in die Region und feiern anschließend ausgelassene Weinfeste auf den Straßen von Babadag.

Von der nördlich gelegenen Zugstation sind es nur 15 Minuten über die Str. Rahovei ins Stadtzentrum zur zentralen **Ali-Gazi-Paşa-Moschee,** dem ältesten islamischen Gebäude in Rumänien. Die 1619 erbaute Moschee wurde von *Basa suri Saltuh* nach 300 Jahre alten Plänen aus dem Jahr 1304 konstruiert. Sie beherbergt das Mausoleum von *Gazi Ali Paşa,* dem ersten Hodscha (moslemisch-religiöser Führer) von Babadag.

Unweit der Moschee zeigt das orientalische **Museum Casa Panaghia,** das von 1837 bis 1901 als türkische Schule diente, Keramiken, Kleidung und Teppiche aus dem Vorderen Orient. Auf der anderen Straßenseite findet man den **Busbahnhof** mit Verbindungen nach Tulcea, Enisala und Constanţa. Wer im heißen Sommer etwas Schatten nötig hat, findet diesen im weitläufigen **Park** gegenüber dem Rathaus in der Str. Republicii.

- **Ali-Gazi-Paşa-Moschee,** Str. Geamiei 14.
- **Casa Panaghia,** Str. Mihai Viteazul 6, Orientalisches Kunstmuseum, täglich außer Mo. von 10–18 Uhr, Eintritt 3 RON, 1 RON für Kinder und Studenten.

Unterkunft/ Essen und Trinken

- **Pension Doi Iepuraşi,** Tel. 0240-562 035, 3 km südlich von Babadag liegt diese angenehme Herberge zu den „zwei Hasen" mit schöner Stufenterrasse und einem Restaurant (probieren: *Salată Dobrogeană*) im rustikalen Folklore-Stil. DZ 60 RON.
- **Restaurant Hibia,** Str. Republicii (neben dem Rathaus).

rum585 Foto: jr

Zierstein, der einst in einem Tempel-Speisesaal in Histria Verwendung fand

In der Umgebung von Babadag

Histria

Der bedeutende **griechische Handelsstützpunkt** Histria, 18 km südlich von Babadag, teilt das Schicksal anderer historischer Deltastädte. Vor 2000 Jahren lag die Siedlung ionischer Seefahrer aus Milet mit ihrem wichtigen Handelshafen, genauso wie die Stadt Sulina, noch direkt am Schwarzen Meer. Aber Strömung und Gezeiten haben im Lauf der Jahrhunderte den Hafen versanden lassen, sodass die griechischen Flotten nach Tomis (Constanţa) und Callatis (Mangalia) ausweichen mussten. Heute türmt sich in der Bucht von Sinoie vor der Stadt eine riesige Sandbank auf und führt jeden Gedanken an einen ehemals prachtvollen Hafen ad absurdum.

Das modern eingerichtete **Museum des rumänischen Dorfes Istria** zeigt eine sehenswerte Sammlung griechischer Statuen, Keramiken und Mosaiken aus der Blütezeit der ionischen Kultur und bereitet auf den Besuch der unmittelbar neben dem gläsernen Museumsbau liegenden Ruinenfelder vor. Doch auf dem Rundgang draußen ist von den ehemaligen Tempeln, Thermen und byzantinischen Basiliken, die hier im Mittelalter entstanden sind, nicht mehr viel zu sehen. Die Reste von unterirdischen Heißluftröhren und überirdischen Warmwasserbecken lassen erahnen, welche Technologien bereits im Altertum entwickelt wurden, um in aller Muße baden und kuren zu können.

• Das **Muzeul Istria** erreicht man über die DN22 zwischen Tulcea und Constanța. Beim Ort Mihai Viteazu abbiegen, dann in Sinoie der Ausschilderung folgen, die nach 2 km zum geschichtsträchtigen Ort am Ufer des Sinoe-Sees führt. Tel. 0241-618 763, Di. bis So., im Sommer 9–20 Uhr, im Winter 9–17 Uhr, Eintritt 4 RON.

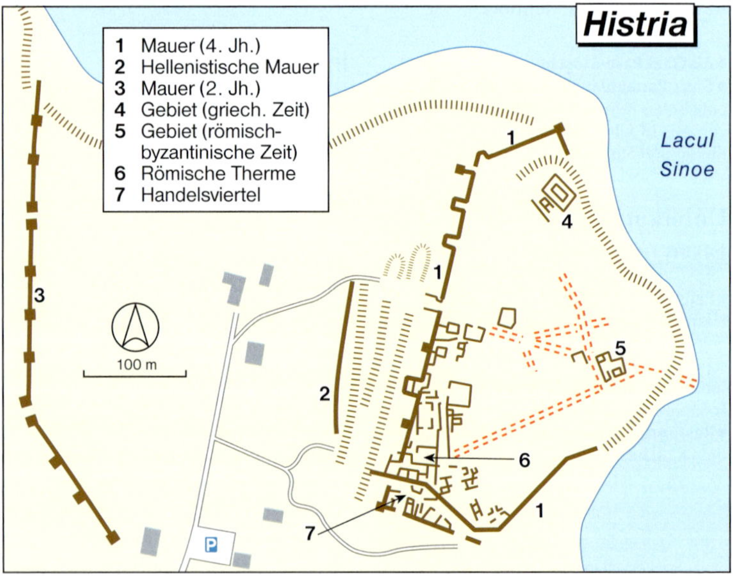

Die Schwarzmeerküste

Wer es genau nimmt, wird die Länge der rumänischen Schwarzmeerküste von der Mündung des nördlichen Chilia-Donauarms bis hinunter an die bulgarische Grenze bemessen, das wären dann stolze 245 km. Im engeren Sinne jedoch spricht man in Rumänien von der Schwarzmeerküste oder Litoral als dem Abschnitt **zwischen dem Norden Constanțas und dem Ort Vama Veche im Süden** (etwa 85 km). An diesem Küstenabschnitt reihen sich die rumänischen Kur- und Badeorte wie an einer Perlenschnur aneinander.

Heute ist der Begriff „Rumänische Schwarzmeerküste" für die Rumänen in erster Linie zu einem Synonym für **Badeurlaub** geworden. Bis zu 2,5 Millionen rumänische Urlauber und Gäste aus den sozialistischen Bruderstaaten DDR, CSSR, Ungarn, Polen und der Sowjetunion bevölkerten in den 1970er und 1980er Jahren die Strände und sorgten dafür, dass 40 Prozent aller Hotels des Landes in der Nähe des Meeres gebaut wurden.

Eine Sonnenscheindauer von über 12 Stunden pro Sommertag, eine milde Meeresbrise, Seebäder ohne gefährliche Strömungen, 300 m breite Sandstrände und günstige Preise sind auch heute noch **ideale Voraussetzungen,** um sich im internationalen Wettbewerb mit dem Billiganbieter Bulgarien zu messen. Doch die Sanierungsarbeiten an den alten Strandhotels wirken sich heute wie ein Bremsklotz auf die Bemühungen Rumäniens aus, seine Seebäder, Kurkliniken und Strandpromenaden an westliche Standards heranzuführen.

Viele Besucher der rumänischen Schwarzmeerküste suchen auch gar nicht nach einem zweiten Mallorca oder Rimini, sondern sie meiden den Trubel von Mamaia und machen sich auf den Weg in die stillen, kleinen Orte, die sich wie Vama Veche an der bulgarischen Grenze und Gura Portiței im südlichen Delta ganz nonkonformistisch geben. Man kurt in den nostalgischen Heilwasser- und Schlammbädern um den See Techirghiol, besucht das Weingut um Murfatlar oder eines der bedeutendsten Monumente des römischen Reiches in Adamclisi.

Auch die Drehscheibe der Küste, die Hafenstadt **Constanța,** rückt in den letzten Jahren wieder in den Brennpunkt des Interesses, da sich hier, inspiriert von den Beispielen Marseille und Istanbul, eine maritime Kunst- und Kulturszene ganz eigener Prägung herausbildet.

Constanța

↗ XXIII, D3

- **Meereshöhe:** 0–150 m
- **Vorwahl:** 0241
- **Einwohner:** 370.000
- **Deutscher Name:** Konstanza

Die wie eine kleine Halbinsel ins Meer ragende Hafenstadt Constanța hat sich in den letzten Jahrzehnten in rasantem Tempo zur **zweitgrößten Stadt Rumäniens** entwickelt und damit Iași, Cluj und Timișoara den Rang abgelaufen. Man erreicht sie von Bukarest aus in 2 Stunden über die Autobahn A 2 und die 22 C über Cernavodă und Medgidia (266 km) oder in 1½ Stunden mit dem Intercity. Über den Hochseehafen bestehen Verbindungen nach Odessa, Sewastopol, Varna und Istanbul. Am bequemsten erreicht man die Stadt über den internationalen Flughafen Mihail Kogălniceanu, der 25 km außerhalb zu finden ist.

Vom eigentlichen Herz der Stadt, dem Hafen und dem historischen Zentrum um den Ovidius-Platz und das Kasino, werden die meisten Besucher bei ihrer Fahrt durch die ausgedehnten Straßenschluchten Constanțas lange nichts zu sehen bekommen. Am schönsten präsentiert sich die Stadt, die einst als „Stambul von Rumänien" bezeichnet wurde, demjenigen, der sich von Osten, also vom Schwarzen Meer, annähert. Über dem riesigen Hafen erhebt sich steil ansteigend die **pittoreske Altstadt** mit ihren großen Hafenvillen.

Bevölkerungsexplosion

Welch rasante Bevölkerungsentwicklung Constanța in den letzten 70 Jahren gemacht hat, mag man daran ersehen, dass die Stadt 1930 nur 60.000 Einwohner hatte (1890 waren es gerade einmal 20.000). Mit der explosionsartigen Industrialisierung in den 1950er und -60er Jahren stieg die Zahl der Einwohner auf 135.000 an. Doch erst das schnelle Wachstum des Schiffs- und Maschinenbaus, der Textil-, Nahrungsmittel- und Zellulosefabriken in den letzten 20 Jahren ließ die Bevölkerung auf annähernd 400.000 ansteigen und die Stadt beinahe aus allen Nähten platzen.

Geschichte

Gemeinsam mit den verbündeten Hafenstädten Histria, Kallatis, Dionysopolis und Odessos stieg die historische Stadt **Tomis** im 6. Jahrhundert zum wichtigen griechischen Handelsstandort auf. Tomis, der Vorläufer des heutigen Constanța, war die größte Metropole am Pontus Euxinus, wie das Schwarze Meer in der Antike genannt wurde. Die **Griechen** wickelten über Tomis den Großteil ihres Handels mit dem rumänischen Hinterland ab und machten es schnell zur Drehscheibe ihres Frachtverkehrs.

Die bevorzugte Stellung von Tomis wurde von den **Römern,** die die Stadt um 250 n.Chr. übernahmen, weiter ausgebaut. *Octavian Augustus* machte sie zum Zentrum der pontischen Städte. Dennoch galt Tomis bei den Römern immer auch als das geographische Ende ihres Imperiums, in das man zur Zeitenwende den Dichter *Ovidius Naso* ins verhasste Exil schickte.

Unter dem römischen Kaiser *Konstantin I. (dem Großen)* wurde im 3. Jahrhundert, ähnlich wie im Falle Konstantinopels (!), das griechische Tomis zu einem römischen **Constantiana.** Wie andere Städte der Region litt auch Constantiana während der so genannten Völkerwanderung unter den **Angriffen** von Goten und Tataren. Die **Zerstörungen** erlebten im 7. Jahrhundert einen Höhepunkt, als die Awaren die Stadt völlig auslöschten.

Vom 12. bis 14. Jahrhundert nutzten Händler und Seeleute aus Genua den Seehafen und begannen auf den Ruinen ein neues Constanţa zu erbauen, das unter der nachfolgenden türkischen Herrschaft schnell zum größten Hafen des heutigen Rumänien wurde.

Erste Orientierung – im Zentrum

Viele Besucher wollen die Straßenschluchten der City möglichst schnell hinter sich bringen und begeben sich rasch zum architektonischen Höhepunkt der Stadt, dem Kasino am Hafen, und verpassen so Sehenswertes in der City und Altstadt.

Wer nichts verpassen möchte, beginnt seinen Gang durch das Zentrum am besten entlang des **B-dul Ferdinand** (dem früheren B-dul Republicii). Man erreicht ihn von Norden (Flughafen, Autobahn) mit allen Buslinien, die den großen, zentralen **B-dul Tomis** hinunter zur Altstadt fahren. Der B-dul Ferdinand grenzt unmittelbar an den **archäologischen Park,** den man im Straßengewirr sehr gut als „grüne Orientierungsmarke" wählen kann. Von hier sind es zu Fuß etwa 30 Minuten zum **Piaţa Ovidiu** in der südlich gelegenen Altstadt und weitere 20 Minuten bis zum Leuchtturm am **Hafen,** dem eigentlichen Ende der Stadt.

Sehenswertes

Rund um den B-dul Ferdinand

Der Brennpunkt der City liegt am Schnittpunkt des B-dul Tomis und des B-dul Ferdinand. Von hier gelangt man in 5 Minuten in die pulsierenden **Geschäftsstraßen Cuza Vodă** und **Ştefan cel Mare,** die nördlich zu finden sind und in denen es, von der Post über Internetcafés bis hin zu großen Kaufhäusern, alles gibt, was man von einer Großstadt erwartet. Direkt am B-dul Ferdinand liegt der **archäologische Park** mit dem Sommertheater und dem **Teatru National** (dem früheren Teatru Fantasio). Zahlreiche alte Amphoren und Stehlen, antike Fresken und Säulenbruchstücke sind über die Grünflächen verstreut und machen den Park zu einer Art Freilichtmuseum im Herzen der City.

Gegenüber am Hotel Class vorbei geht es rechter Hand zum **Kunstmu-**

Im „rumänischen" Marinemuseum

Ein Muss für Seefahrt-Interessierte ist das Marinemuseum südlich des archäologischen Parks in der Str. Traian. Der Name ist allerdings etwas irreführend, denn das Museum zeigt in einer sehenswerten Abteilung nicht nur die rumänische Marinegeschichte, sondern u.a. auch Galeeren (so genannte Trieren) aus der Zeit der Griechen und die Einfahrt des Panzerkreuzers „Potemkin" im Jahre 1905. Über die aktuelle Marinegeschichte Rumäniens erfährt man dagegen recht wenig. Rein gar nichts z.B. über die Beteiligung an der Besetzung Odessas oder die Unterstützung der Reichsmarine der Nazis.

- **Muzeul Marinei Române,** Str. Traian 53, im Sommer 10–18 Uhr, ansonsten 9–17 Uhr, Eintritt 2 RON.

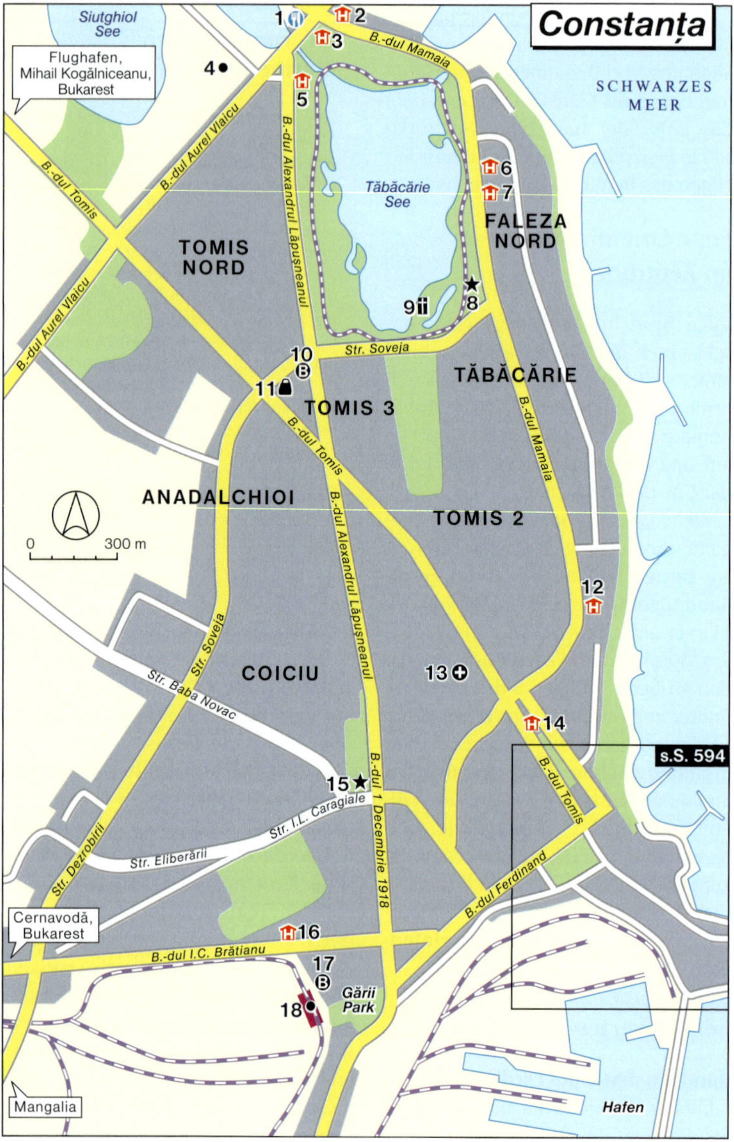
Constanța
Siutghiol See
Flughafen, Mihail Kogălniceanu, Bukarest
SCHWARZES MEER
B.-dul Mamaia
Tăbăcărie See
FALEZA NORD
TOMIS NORD
B.-dul Tomis
B.-dul Aurel Vlaicu
B.-dul Alexandrul Lăpușneanul
Str. Soveja
TĂBĂCĂRIE
TOMIS 3
ANADALCHIOI
TOMIS 2
0 300 m
COICIU
Str. Baba Novac
Str. Soveja
B.-dul 1 Decembrie 1918
Str. I.L. Caragiale
Str. Eliberării
Str. Dezrobirii
B.-dul Ferdinand
s.S. 594
Cernavodă, Bukarest
B.-dul I.C. Brătianu
Gării Park
Mangalia
Hafen
1 2 3 4 5 6 7 8 9 10 11 12 13 14 15 16 17 18

	1	On Plonge		10	Nördlicher Busbahnhof
	2	Perla		11	Markt
	3	Oxford		12	Militar
•	4	Universität Ovidius		13	Kreiskrankenhaus
	5	Dobrogea		14	Capri
	6	Tibotours	★	15	Kulturhaus
	7	Turist		16	Florentina
★	8	Delfinarium		17	Südlicher Busbahnhof
	9	Holzkirche Sf. Mucenic Mina	•	18	Hauptbahnhof

seum (Muzeul de Artă) am B-dul Tomis. Hier sind einige der wichtigsten Werke von *Theodor Aman, Nicolae* und *Lucian Grigorescu, Theodor Pallady* und *Gheorghe Petrascu* zu sehen. Im kleinen Kunstladen gleich neben dem Museum können Kataloge und Drucke der Künstler erstanden werden. Die Bilder des Dobrogea-Malers *Fransisc Şirato* vermitteln einen besonders guten Einblick in das frühere Leben im Delta und an der Küste.

• **Muzeul de Artă,** B-dul Tomis 82–84, im Sommer Mi. bis So. 10–20 Uhr, sonst 9–17 Uhr, Eintritt 2 RON.

Richtung Altstadt

Als Alternative zum belebten B-dul Tomis, der hinunter zur Altstadt und zum Hafen führt, bietet sich die ruhigere und schönere Stecke über die **Str. Mircea cel Bătrân** an, die rechts vom B-dul Ferdinand am Meer entlang verläuft. Von der hoch gelegenen Straße hat man einen schönen Blick über den Strand von Constanța, der über einige Treppen erreichbar ist.

Nach 10 Minuten kommt man an der kleinen, hübschen **Kirche Schimbrea la față** und dem **Puppentheater Elpis** vorbei. Wer sich für die volkstümliche Kunst der Dobrogea interessiert, kann hier einen kleinen Abstecher zum 100 m entfernten **Museum für volkstümliche Kunst** am B-dul Tomis machen.

• **Puppentheater Elpis, Teatru de Păpuşi Elpis,** Eintritt 5 RON.

Vis-à-vis des Museums erhebt sich die **Geamia-Hunchiar-Moschee** mit eindrucksvollem Minarett. Die Mauern der kleinen Moschee wurden 1867 aus den Steinen einer zerstörten osmanischen Brücke erbaut. An einigen orientalischen Kaffeehäusern und italienischen Restaurants vorbei kommt man nach 50 m zum zentralen Herzstück der Altstadt, dem Platz des Ovid.

Piața Ovidiu

Etwas verloren und melancholisch, wie man ihn sich vorstellt, steht die **Statue des römischen Dichters Ovid** (mit vollem Namen *Ovidius Naso*), mitten auf dem nach ihm benannten Platz im Zentrum der Altstadt. Die Sockelinschrift bittet den Besucher auf Lateinisch und Rumänisch, für ihn zu beten: „Oh, du, der du hier vorbei-

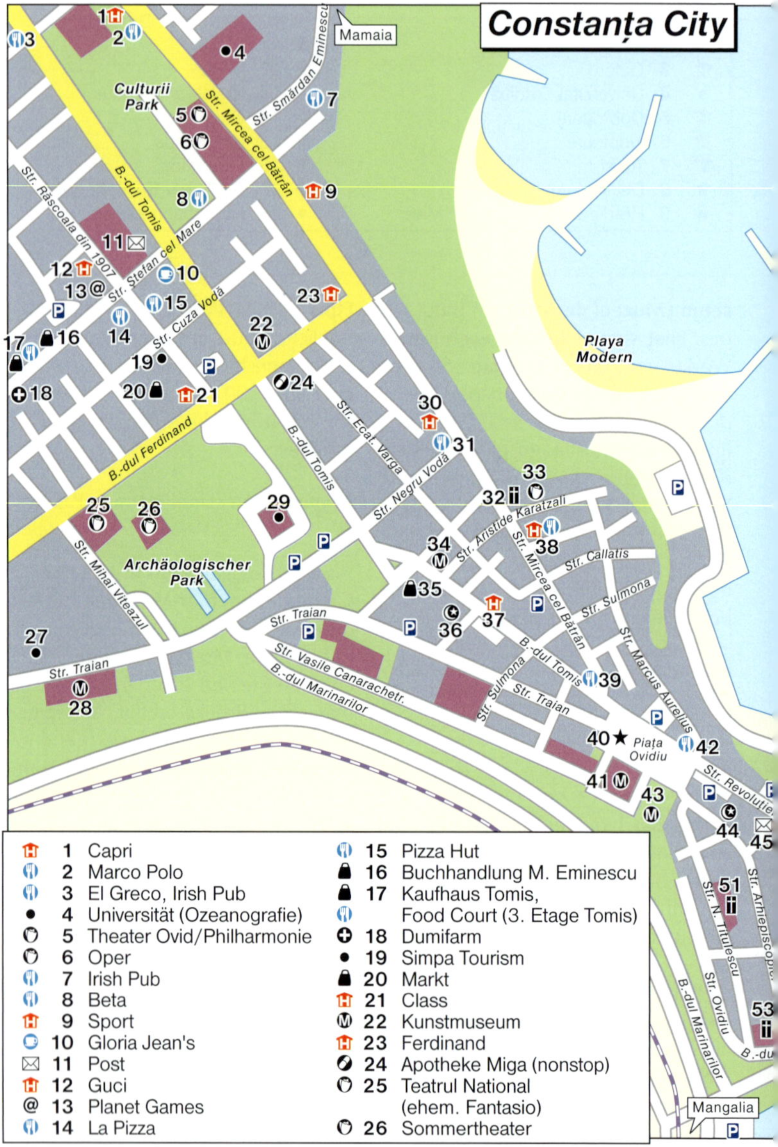

Constanţa City

Mamaia

Culturii Park

Playa Modern

Archäologischer Park

Piaţa Ovidiu

Mangalia

	1	Capri		15	Pizza Hut
	2	Marco Polo		16	Buchhandlung M. Eminescu
	3	El Greco, Irish Pub		17	Kaufhaus Tomis,
•	4	Universität (Ozeanografie)			Food Court (3. Etage Tomis)
	5	Theater Ovid/Philharmonie		18	Dumifarm
	6	Oper	•	19	Simpa Tourism
	7	Irish Pub		20	Markt
	8	Beta		21	Class
	9	Sport		22	Kunstmuseum
	10	Gloria Jean's		23	Ferdinand
	11	Post		24	Apotheke Miga (nonstop)
	12	Guci		25	Teatrul National
@	13	Planet Games			(ehem. Fantasio)
	14	La Pizza		26	Sommertheater

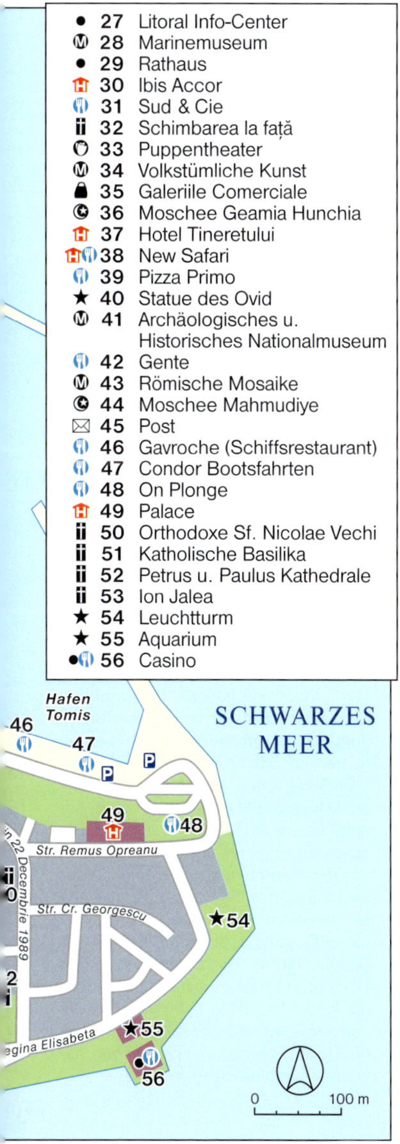

kommst, wenn du jemals geliebt hast, bete aus tiefster Seele für Ovid, auf das er einen leichten Schlaf habe.“ Der Text weist auch darauf hin, dass die Gebeine von *Ovid* genau unter der Statue begraben liegen, was die Aufforderung zum Gebet mitten auf dem belebten Platz etwas verständlicher erscheinen lässt.

Museum für Archäologie und Geschichte

Am südlichen Ende des Platzes steht das **kulturelle Prunkstück** Constanțas, das archäologische und geschichtliche Museum. Das wunderschöne Juwel im Herzen des alten Viertels ist mit wertvollen Ausstellungsstücken nur so gespickt, und selbst Museumsmuffel werden sich die fantastischen Goldschätze, die hier ausgestellt sind, wohl kaum entgehen lassen.

Neben den **Exponaten** der Schatzkammer gehören die „Schlange von Glykon“ aus dem 2. Jahrhundert, eine Aphrodite-Statue (400 v.Chr.) sowie die neolithische Plastik „Der Denker von Hamangia“ (4000 v.Chr.) zu den wertvollsten Stücken. Ein besonderer Fund gelang im Jahr 1975: Ein 2000 Jahre alter Torso der *Venus* stand bis zu diesem Zeitpunkt kopflos in der Schatzkammer, doch Bauarbeiter stießen keine 50 m vom Museum entfernt auf das fehlende Antlitz.

● **Muzeul Național de Istorie și Arheologie,** Piața Ovidiu 12, Tel. 614 562, 24 Räume, Mi. bis So., im Sommer 10–20 Uhr, sonst 10–17 Uhr, Eintritt 10 RON. Der Museumsdirektor spricht übrigens ausgezeichnet deutsch und freut sich über Besuch.

Ovid – Metamorphosen im Exil

Wir schreiben das Jahr 8. n.Chr. In stürmischer See läuft im November ein römisches Handelsschiff in den Hafen von Tomis am Schwarzen Meer ein. Nach langer, unruhiger und frostiger Fahrt steigt der **römische Dichter Ovidius Naso** von Bord. In seine geliebte Heimatstadt Rom, zu seiner Frau und seinen Kindern, sollte er nie wieder zurückkehren. In seinen eigenen traurigen Texten, den „Tristien“, gibt er den Grund für diese, seine letzte Reise an. Ein Dekret des Kaisers *Augustus* hatte ihn ans Ende der römischen Welt verbannt, weil er mit seinem Gedicht „Ars amatoria“ „frivole Dichtung verfasst“ und damit zum Ehebruch aufgerufen habe. Wer die drei Bände von *Ovids* Liebeskunst heute liest, wird erstaunt sein über diese Begründung und die erfolgte Verbannung. *Ovid* galt bereits zu seinen Lebzeiten, neben *Vergil* und *Horaz,* als einer der größten römischen Dichter. Sicherlich schildert er, für römische Leser ungewohnt, auch einige pikante erotische Szenerien, bleibt in seinem Werk, das eine Anleitung sein soll, wie man „eine römische Frau kennen lernt, erobert und behält“, aber stets ganz römischer Kavalier. So gibt er Ratschläge, wie man einer Frau, die neben einem im Circus Maximus sitzt, galant den Staub aus dem Kleid bürstet. Die Römer liebten dieses Werk, und die Nachfrage war riesig. Historiker vermuten hinter dem Beschluss des *Augustus* denn auch eher eine elegante Methode, jemanden loszuwerden, der etwas Indiskretes auch aus der kaiserlichen Familie hätte ausplaudern können.

rum594 Foto: jr

Vor dem Museum für Archäologie in Constanța steht heute eine riesige Statue des Dichters, unter deren Sockel sich sein Grab befindet. Die Rumänen sehen ihn längst als den Ihren an, nennen ihre Söhne seit 2000 Jahren stolz *Ovidius* (ein bis heute beliebter Name) und verweisen bei jeder Gelegenheit darauf, wie positiv *Ovid* über das Donaudelta und die Küste in seinen Werken „Metamorphosen“ (Verwandlungen) und „Epistulae ex Ponte“ (Briefe vom Schwarzen Meer) berichtet habe. In der Tat hat *Ovid* eine erstaunliche Wandlung, eben eine Metamorphose, am Schwarzen Meer durchgemacht. Anfangs konnte er der rauen Gegend kaum etwas abgewinnen, doch die Freundlichkeit der Menschen und die Wildheit des Deltas machten ihn in seinen späten Jahren zu einem regelrechten Bewunderer dieser Gegend. Er schrieb: „Ihr fleißigen Bauern, die ihr mit euren knarrenden Wagen und den sarmatischen Rindern die Felder bestellt, (...), ihr lieben Leute von Tomis, wie ihr freundlich euch meines harten Schicksals angenommen, ich werde euch nie vergessen.“

Mosaik-Museum

Gleich hinter dem Museum für Archäologie und Geschichte befindet sich eine weitere Attraktion der Stadt, die von vorbeieilenden Touristen gerne übersehen wird. Im neu gestalteten, gläsernen Mosaik-Museum befindet sich **eines der größten und am besten erhaltenen römischen Mosaike der Welt.** Das 850 Quadratmeter große Kunstwerk wurde erst 1959 entdeckt, ist aus Abertausenden bunter Steine zusammengesetzt und zeigt geometrische Formen und Pflanzenmotive. Die auf drei Stockwerke verteilten Ausstellungsräume befinden sich im **alten Handelssitz** von Constanța, der bis zum 7. Jahrhundert bestand und dessen Lagerhallen bis zum Hafen hinunter reichten.

• **Edificiul Roman cu Mozaic,** Piața Ovidiu 12, Di. bis So. 10–20 Uhr, Eintritt 2 RON.

Hinunter zur Hafenpromenade

Vom Piața Ovidiu kommend, führt ein verwirrendes Labyrinth an Straßen hinunter zum Hafenviertel. Doch alle abschüssigen Straßen der Altstadt enden letztlich unweigerlich unten an der Hafenpromende **B-dul Elisabeta** und am Kasino.

Gleich hinter dem Platz des Ovid (Richtung Hafen) sieht man die beeindruckende **Mahmudiye-Moschee.** Das 1910 erbaute Gotteshaus ist der Sitz des Muftis, des spirituellen Oberhauptes der 70.000 Moslems in Rumänien. Die Moschee wurde der großen Moschee in Konya nachempfunden und beeindruckt mit ihren aus schwarzem italienischem Marmor gefertigten Intarsien am Eingangstor. Das Innere ist vollständig mit bunten Arabesken verziert. Das 50 m hohe Minarett vermittelt einen umfassenden Rundblick über die Altstadt und den Hafen.

Sehr sehenswert auf dem Weg zum Hafen ist auch die große, 1883 errichtete **Petrus-und-Paulus-Kathedrale,** die aus der unteren Altstadt unübersehbar herausragt. Der gesamte Innenraum ist mit Fresken bedeckt, deren Motive oft verblüffende Ähnlichkeit mit denen der Moldauklöster haben. Das von oben durch die Kuppel einflutende Licht zeigt unter anderem das typische Gemälde „Das Jüngste Gericht", auf dem ein mit Flügeln ausgestatteter Teufel die Sünder auf geradem Weg in die Hölle fliegt.

Rund ums Kasino

Draußen vor der Kathedrale geht es links hinunter zum theatralischen Bau des Spielkasinos. Längst ist das imposante **Jugendstil-Gebäude** zum Wahrzeichen Constanțas geworden. Die Architekten *Daniel Renard* und *Petre Antonescu* haben ihrer Fantasie beim Gestalten des prächtigen Bauwerks freien Lauf gelassen. Tausende von Hobbyfotografen lichten die prunkvoll im Sonnenlicht schimmernde Fassade täglich ab. In den Abendstunden und am Wochenende flanieren hier Pärchen über die Uferpromenade, trinken einen frisch gepressten Orangensaft oder tanzen zur Akkordeonmusik der Straßenmusiker. Von der Promenade aus ist nicht direkt zu erkennen, dass es auf der rückwärtigen Seite des Kasinos eine **Restaurantterrasse mit Hafenaussicht** gibt.

Genau vis-à-vis des Kasinos lohnt sich ein Besuch des **Aquariums,** das über 5000 Arten von Wasserbewohnern aus der Küstenregion und dem Donaudelta präsentiert.

● **Aquarium Prof. Borcea,** B-dul Elisabeta 1, im Sommer 9–20 Uhr, sonst 9–16 Uhr. Eintritt 15 RON, Fotografieren kostet 10 RON extra. Hinweis: Das Aquarium ist ziemlich klein; für alle, die den Standard eines Sea Live Aquarium erwarten, ist ein Besuch nur bedingt empfehlenswert.

Leuchtturm und Jachthafen

Entlang der Kasinopromenade säumen einige **Monumente** den Weg, deren Bedeutung sich Besuchern nicht ohne weiteres erschließt. So ist es westlich des Kasinos der Ingenieur *Anghel Saligny* (1854–1925), der stolz auf sein Werk blickt. Er gilt als Konstrukteur des Hafens von Constanța und hat ihn während der Bauphase von 1899 bis 1910 fortwährend modernisiert.

Am anderen Ende der Promenade, 200 m hinter dem Kasino, enden die meisten Spaziergänge am **Genueser Leuchtturm.** Kaum zu glauben, dass dieser Leuchtturm en miniature den Seefahrern früher wirklich den Weg in den Hafen gewiesen haben soll. Davor ist die Statue des Nationaldichters *Mihai Eminescu* und seiner Muse und Geliebten *Veronica Micle* zu sehen.

Hinter dem Leuchtturm geht es rechts zum **Jachthafen** von Constanța, an dessen Ufer eines der besten Fischrestaurants der Stadt zu finden ist, das On Plonge (ein gleichnamiges, ebenso gutes Restaurant findet sich im Norden, am Siutghiol-See).

Im Norden

Wer sich nicht gleich der quirligen Hafenstadt ausliefern möchte oder nach einem Besuch der City etwas Ruhe und Entspannung nötig hat, sollte mit der Trambahn hinauf zum **Lacul Tăbăcăriei** im Norden der Stadt fahren (auch eine Taxifahrt ist günstig, die Fahrt vom Zentrum zum See kostet 4–6 RON).

Neben Weidenbäumen, Anglern, einem **Delfinarium** und einem kleinen **Amphitheater** findet man rund um den beschaulichen See, den man mühelos in einer Stunde umrunden kann, eine sehenswerte, aus dunklem Holz im Maramuresch-Stil gefertigte Holzkirche. Besonders hervorzuheben ist der durchgehend vergoldete Altar der in den Jahren 1994 bis 1998 erbauten **Biserica Neagră** (Schwarze Kirche).

● **Delfinarium,** B-dul Mamaia 255, zwei Meerwasserbecken, zwei Freiluftanlagen, Seelöwen, Delphine, während der Saison tägliche Vorstellungen.

Mamaia

Das seit den 1970er Jahren berühmte touristische Vergnügungsviertel Mamaia im Norden der Stadt hat sich trotz eines neu errichteten Wasser-

Von der Café-Terrasse auf der rückwärtigen Seite des Kasinos hat man einen schönen Blick auf den Hafen von Constanța

rum597 Foto: jr

sportparadieses namens **Aqua-Park** seit Jahrzehnten kaum verändert. Insgesamt reiht sich hier Hotelblock an Hotelblock (35 Hotels), immer noch fährt die alte **Kabinenbahn,** und auch die neuen Diskotheken und Bars können kaum positive Akzente setzen. Mamaia ist nichts für Individualtouristen, zumal ihnen für jede Einfahrt ins Touristenghetto ein Eintritt von 2,70 RON abverlangt wird. Auch der viel gepriesene feine weiße Sandstrand von Mamaia ist keineswegs besser als an anderen Küstenabschnitten. Ein Ausflug nach Mamaia lohnt nur für einen Besuch des exzellenten Restaurants On Plonge (nicht zu verwechseln mit dem gleichnamigen Restaurant am Jachthafen) und für Familien mit Kindern (die lieben den Aqua-Park und die 2 km lange Fahrt mit der Kabinenbahn vom Hotel Perla bis zum Hotel Condor).

- Die einmalige **Einfahrt nach Mamaia** mit dem Pkw kostet 3 RON.
- **Kabinenbahn (Telegondola),** 5 RON pro Fahrt.
- **Aqua-Park,** Wasserrutschen, Nichtschwimmerbecken etc. Eintritt 10–20 RON.
- In Mamaia ist nur das **Hotel Albatros** (***) zu empfehlen, Tel. 831 381, office@hotelalbatros.ro, EZ 43 Euro (150 RON), DZ 54 Euro (190 RON), App. 84 Euro (300 RON).
- Das Hotel Jupiter wurde nach einer Generalsanierung umbenannt und heißt jetzt **Fantasy Beach** (***). Das DZ kostet 270 RON. Es wird vor allem von Rumänen gebucht, d.h. wer erleben will, wie die Einheimischen Urlaub machen, ist hier richtig. Das Hotel liegt direkt am Strand, der Pool ist sehr klein.

• In der Nähe von Mamaia befinden sich mehrere schöne **Campingplätze** (nur ca. 2 Min. von Mamaia mit dem Auto entfernt). Alle liegen direkt am Strand, sind mit eigenen Restaurants und kleinen Läden (Magazin Mixt) ausgestattet und sehr gepflegt (***). Preis: 2 Personen mit Auto oder Zelt 35–45 RON. Achtung: Hier machen die Rumänen Urlaub, am Wochenende kann es daher richtig voll werden!

Informationen

• Die Touristeninformation **„Info Litoral"** befindet sich nahe des archäologischen Parks in der Str. Traian 36, Block C1, Aufgang C, Zimmer 31, www.infolitoral.ro, Tel. 555 000, Fax 555 111, Mo. bis Fr. 9–16 Uhr. Sehr freundlicher und effizienter Service, Zimmervermittlung, Verkehrsmittel, Restaurants etc.

• **Constanța Tourist Information Center,** B-dul Tomis 221, Tel. 708 600. Die Agentur hat sich ganz auf Constanța und Umgebung spezialisiert. Keine Auskünfte darüber hinaus.

• Zusätzlich kann man sich hervorragend im nachfolgenden **Reisebüro** informieren: **Simpa Turism,** Str. Răscoala 9, Tel. 660 468, www.simpaturism.ro. Sehr freundliche, geduldige Beratung, auch zu Ausflügen ins Donaudelta; Autovermietung.

Service

• **Hauptpost:** Für eine Stadt mit annähernd 400.000 Einwohnern geht es auf dem Hauptpostamt in der Str. Ștefan cel Mare 98 erstaunlich ruhig zu. Die kleine Post bietet auch Postkartenverkauf und Telefonkarten an. Mo. bis Fr. 7–20 Uhr, Sa. 8–13 Uhr, So. geschlossen.

• **Geldwechsel/Bankomat:** Gleich neben der Mahmudiye-Moschee ist ein Geldautomat der **BRD-Bank,** Str. Arhiepiscopier 7–9; **BCR-Bank,** Str. Traian 68, Tel. 638 200; **Citibank,** B-dul Tomis 143a, Tel. 551 101.

• **Internet: Planet Games** (nonstop), im Untergeschoss finden sich 34 Computer, Std. 2 RON, Ștefan cel Mare/Ecke Str. Răscoala; **Nexum,** 8–22.30 Uhr, 1,50 RON/Std., 8 Computer, im Laden können auch Fotokopien gemacht werden, B-dul 1. Decembrie 1918, Nr. 5, Tel. 0740-664 364.

• **Fotografie: Foto Pro,** Mircea cel Bătrân 63.

• In der Str. Sarmisegetusa 8, Tel. 657 994, gibt es seit 2001 eine **deutsche Bibliothek** mit etwa 2000 Büchern.

Notfälle

• **Apotheke: Farmacie Dumifarm,** Str. Ștefan cel Mare 49, Tel. 672 009; **Farmacie Miga,** B-dul Tomis 80 (beide nonstop).

• **Landeskrankenhaus: Spitalul Județean,** B-dul Tomis 145, Tel. 662 222.

• **Privatkrankenhaus: Iowemed,** B-dul Aurel Vlaicu 9, Tel. 559 962, 24-Stunden-Ambulanz.

• **Zahnarzt: Dr. Cristina Nuca,** B-dul Tomis 217, Tel. 0723-715 510.

Mobilität

Flüge:

• Der internationale **Flughafen Mihail Kogăniceanu** liegt 25 km außerhalb des Zentrums im Nordwesten, Tel. 255 100. Zubringer sind alle TAROM-Busse oder jeder Bus Richtung Hârșova.

• **Flugtickets** gibt's bei der Fluggesellschaft TAROM, Str. Ștefan cel Mare 15, Tel. 662 632.

• Täglich Flüge mit TAROM **nach Bukarest** (außer Sa.) um 6:45 Uhr.

• Täglich Flüge mit Carpatair (außer So.) **nach München, Stuttgart und Düsseldorf** (über Timișoara) um 6:40 Uhr.

Züge:

• Der **Hauptbahnhof** liegt nahe dem südlichen Busbahnhof am B-dul Ferdinand, 1,5 km vom Zentrum entfernt. Die 24-Stunden-Gepäckaufbewahrung liegt im Untergeschoss des Hauptgebäudes.

• **CFR-Buchung von Zugtickets,** Str. Canarache Vasile 4, Tel. 614 960.

• **Zugverbindungen SNCFR,** Tel. 952.

Busse:

• Constanța hat zwei Busbahnhöfe. Vom **südlichen Busbahnhof (Autogară Sud)** am B-dul Ferdinand, Tel. 665 289, fahren die Fernbusse nach Istanbul (20 Std., 50 Euro), Ticketverkauf bei Özlem Tur, Tel. 514 053, direkt gegenüber der Busstation. Auch die Maxitaxis nach Brăila und Galați starten hier.

- Vom **nördlichen Busbahnhof (Autogară Nord)** in der Str. Soveja 35, Tel. 641 379, fahren die Busse Richtung Bukarest (10 täglich), Iași, Chișinău und Tulcea.

Straßenbahnen:

Die Straßenbahnlinie 100 verbindet den Hauptbahnhof (und den südlichen Busbahnhof) mit dem nördlichen Busbahnhof. Die Oberleitungsbusse 40, 41 und 43 fahren vom südlichen Busbahnhof ins Zentrum, der 41er fährt weiter nach Mamaia.

Parkplätze:

- Ein bewachter Parkplatz *(parcare cu plata)* befindet sich **in der Nähe des Jachthafens,** Stunde 1 RON.

Autoverleih:

- **Rent a Car Hertz,** B-dul Tomis 65, Tel. 661 100.

Taxis:

Vor dem Hauptbahnhof in der B-dul Ferdinand befindet sich der größte Taxistand der Stadt. Ansonsten empfiehlt sich der Anruf bei **Taxi Romaris,** Tel. 690 000, oder **Mondial Taxi,** Tel. 693 333.

Unterkunft

- **Hotel Dali** (****), Str. Smârdan 6a, Tel. 616 114, www.hotel-dali.ro. Luxushotel mit Blick auf den Jachthafen und Strand. EZ 200 RON, DZ 280 RON, Suite 350 RON.
- **Hotel Class** (***), Str. Răscoala 9, Tel. 660 766. Erstklassiges Hotel in der Innenstadt, das keine Wünsche offen lässt. Internet, TV. EZ 180 RON, DZ 200 RON, Suite 260 RON (Saison + 20 RON), inkl. Frühstück.
- **Hotel Ibis** (***), Mircea cel Bătrân 41, Tel. 222 722, www.ibishotel.ro. Sehr angenehmes, relativ neues Hotel mit Meeresblick. Im Restaurant gibt es mediterrane Küche *(Couscous, Tapas, Paella)* und sehr gute Fischgerichte. EZ 59 Euro, DZ 68 Euro, Suite 79 Euro.
- Kurz vor der Einfahrt zum Resort Mamaia ist 2005 ein neues, elegantes Hotel entstanden: **Hotel Oxford** (***), EZ 169 RON, DZ 219 RON, App. 289 RON, inkl. Frühstück, B-dul. A. Lăpușneanu 202 A, Tel. 606 510, www.hoteloxford.ro.

Essen und Trinken

Restaurants:

- Wunderbar liegt das **Restaurant On Plonge** (franz.: Absprung) mit seiner kleinen Terrasse direkt am Siutghiol-See. Abends und mittags kommen auch Besucher hierher, die mit Mamaia sonst wenig im Sinn haben. Bei leckeren Fischgerichten blickt man auf die Schilfinseln im See. Reservierung dringend empfohlen, Tel. 0723-602 533.
- Ein weiteres **Restaurant On Plonge,** Tel. 601 905, liegt unübersehbar in einem skurrilen Gebäude im Jachthafen. Spezialität: alle „Früchte des Meeres". Nehmen sie besser den Fisch.
- Das beste Innenstadt-Restaurant heißt nach wie vor **Marco Polo,** Str. Mircea cel Bătrân 103, Tel. 617 537. Der einzige Nachteil: In diesem wunderbaren italienischen Restaurant bekommt man nur sehr schwer einen Platz. Rechtzeitig reservieren und einen der „Tische in der Gartenlaube" bestellen.
- Warum nicht? Das **Casino** gehört zwar nicht zu den preiswertesten Lokalen, bietet aber abends ein bezauberndes Ambiente. Restaurant mit Nachtprogramm und Terrasse mit Blick über den Hafen. B-dul Elisabeta 2, 11–1 Uhr.
- Gleich hinter dem Hotel Oxford im Norden, B-dul Lăpușneanu 202a, finden sich in einem verwinkelten Gelände mehrere **Themenrestaurants.** So z.B. die **Terasa Mureș,** ein größerer Biergarten, oder die **Casa Prahova,** die sehr gute *Sărmalușe în foi de varză* (Krautwickel) anbietet. In beiden Restaurants ist keine Reservierung möglich.
- Eine gute italienische Küche bietet das schicke **Restaurant Fabaria** mit Aussicht auf die Statue von *Ovid* und das Historische Museum am Ovid-Platz. Auf der Straßenterrasse sollte man sich vor allem die Pasta-Gerichte schmecken lassen. B-dul Tomis 3 (Ovid-Platz), Tel. 609 660.
- Im **La Proțap,** B-dul 1. Decembrie 1918, Nr. 2, Tel. 639 622, werden vor allem Wildgerichte serviert. In folkloristischer Umgebung kann man auch Exotisches wie Bärenfleisch probieren. Ansonsten schmeckt der Klassiker Spanferkel hier ganz vorzüglich. Reservierung empfohlen.

• Vor dem Hotel Condor in Mamaia bietet das **Non-Stop-Restaurant Maxy** neben rumänischer auch gute italienische Küche an. Probieren: *Penne al Tonno e Cipolla.* Abends gibt es dazu in der Saison Folkloremusik.
• Gleich gegenüber der Hauptpost kann man im **La Pizza,** Str. Ştefan cel Mare 107, passabel italienisch speisen. Die Gelateria ist jedoch schmeckbar nicht in italienischer Hand. Das Eis schmeckt künstlich und ist zu stark gezuckert.

Cafés:
• **Phoenix,** Str. Eugeniu Dobriă. Jazz, Blues oder Folk live, Kaffee und Cocktails zu günstigen Preisen.
• **138 Café,** B-dul Tomis 138, Tel. 0720-138 138, 8:30–24 Uhr.
• **Tabu Café,** B-dul Tomis 133, 7–24 Uhr.
• Wunderbar speist man im **Straßencafé Ital'Panini** unweit des Ovid-Platzes im Süden der Stadt. Pizzas auch zum Mitnehmen. B-dul Tomis 2, Tel. 555 344.

Abends unterwegs

Bars:
• Neu ist der **Irish Pub,** der bereits von außen einen neuen Trend setzt und sich von anderen Restaurants abhebt (braunes Gebäude). Str. Ştefan cel Mare 1, Tel. 550 400, www.irishpub.ro, 10–5 Uhr.
• Im **Domino** in der Str. Mircea cel Bătrân 105 findet man unten eine Bar und oben ein Pub, die nachts geöffnet sind. Gute Air Condition. Ab 22 Uhr.

Diskothek:
• Das **No Limit,** B-dul A. Lăpuşneanu 194, ist bereits seit 2002 als neueste Trend-Disco im Gespräch.

Aktivitäten

• **Fitness: Energy Club,** Str. Ştefan cel Mare 51–53, Tel. 584 442. Aerobic, Tae Boo, Massage, tägl. 9–20 Uhr.
• **Billard/Bowling:** Der **Club Sport's Palace** im Mamaia Holyday Village hat von 9–3 Uhr geöffnet. Neben Bowling und Billard kann man sich auch im elektronischen Dartsspiel üben.

Einkaufen

• Den besten **Obst- und Gemüsemarkt** findet man auf der Piața Grivița. Hier gibt's täglich auch frische Eier, Milch- und Fleischprodukte.
• Das große **Kaufhaus Tomis** in der Str. Ştefan cel Mare ist nur eines von vielen Einkaufszentren in der zentral gelegenen Straße.
• Wie im Westen: **Supermarkt Mega Image,** B-dul Tomis 130a.
• **Stadtpläne** von Constanța und einen Küstenführer auf Englisch, den „Romanian Seaside Guide" *(Ghidul Litoralului României),* gibt's in der **Librarie Mihai Eminescu** gleich gegenüber dem Tomis-Kaufhaus, Tel. 665 207, Mo. bis Fr. 8–20 Uhr, Sa. 9–17 Uhr, So. 9–13 Uhr.
• **Optiker: Optica Malaga,** B-dul Tomis 67. Kontaktlinsen, Designerbrillen.

Feste und Events

• Im August finden am Strand die **Sărbătorile Mării,** die „Festtage des Meeres", statt (ähnlich der Veranstaltung im 24 km südlich gelegenen Costineşti). Theater, Musik und Tanz bis in den frühen Morgen.
• Der größte Musikevent in Rumänien ist das jährlich stattfindende **Folkloremusik-Festival** in Mamaia im Sommer.
• Am „Tag der Marine" am 15. August feiert man zu Ehren der christlichen Beschützerin der Seefahrt, *Maria,* den **Ziua Marinei** mit einer bunten Show im Hafen.
• Das international besetzte **Opernfestival** findet jeden Sommer im Opernhaus am B-dul Tomis statt.

Die Küste südlich von Constanța

Die Schwarzmeerküste von Constanța **bis Vama Veche** lockt mit flach abfallenden, feinsandigen, kinderfreundlichen Stränden ohne Ebbe und Flut. In den **13 Kur- und Badeorten** bis zur bulgarischen Grenze findet man ein gigantisches Angebot an Hotels (allein in Eforie Nord 19.000 Übernachtungsplätze!), doch erstaunlicherweise bieten erst seit 2005 auch kleinere Pensionen entlang der Küste Zimmer an.

Man erreicht die Badeorte über die gut ausgebaute **Küstenstraße E87,** die fast schnurgerade über den Donau-Schwarzmeer-Kanal bis hinunter nach Mangalia führt. Auch mit der Bahn sind die Orte an der Schwarzmeerküste bequem und schnell zu erreichen. Fast halbstündlich macht sich ein **Schnellzug von Constanța** aus auf den Weg Richtung Süden und hält dabei in Efori, Costineşti, Olimp, Neptun und Mangalia. Die weiter südlich nahe der bulgarischen Grenze gelegenen Badeorte 2. Mai und Vama Veche haben keinen Bahnanschluss, liegen jedoch nur 10 bzw. 20 Busminuten von Mangalia entfernt.

Eforie Nord

Als im Jahr 1894 die **erste Kurklinik** am Schwarzen Meer im Seebad Eforie Nord eröffnet wurde, war noch nicht daran zu denken, welchen Boom die „Gesundheitswelle" einmal auslösen würde. Ganz zu schweigen vom Badetourismus. Das nahe gelegene Städtchen Constanța hatte gerade einmal 20.000 Einwohner, die nur selten den Weg ins 14 km entfernte Dörfchen Eforie mit seinen 200 Einwohnern und dem weißen Sandstrand fanden.

Erstaunlicherweise ist der jetzige Lieblingsstrand der Bewohner von Constanța trotz der 80 Hotels von Mai bis Juni immer noch erstaunlich leer. Wer ruhige Strände liebt, sollte allerdings nicht im Juli und August ins Seebad Eforie kommen.

Man erreicht den 500 m von der Straße entfernt liegenden **Strand** in Eforie Nord über absteigende Treppen. Falls man mit dem Auto unterwegs ist, bietet sich der Parkplatz des Hotels Europa an. Die Zugstation ist 10 Minuten entfernt.

Das **Kurzentrum Efosan** (Alea Specială 1, Tel. 0241-905 350, www.efosan.ro, deutsche Website) hat sich auf die Behandlung von rheumatischen Entzündungen sowie Haut- und Atemwegserkrankungen spezialisiert. Seine balneo- und physiotherapeutische Abteilung gehört zu den besten in ganz Rumänien.

Achtung: Autoservice!

Am Schwarzen Meer sieht man häufig Schilder mit der Aufschrift „Autoservice". Hierbei handelt es sich nicht etwa um eine Service-Station für Ihr Fahrzeug, sondern um den Hinweis, dass man sich sein Essen in einem Restaurant selber zusammenstellen und abholen soll. Gemeint ist also: **Selbstbedienung!**

Unterkunft

Neben der großen Anzahl meist überteuerter Kurhotels bieten seit 2005 auch zwei wesentlich günstigere Pensionen Zimmer an:

- **Pension Dana** (***), Str. 23. August 7, Tel. 0241-741 716, www.pensunea-dana.ro. Schöne moderne Pension, 6 Zimmer, Air Condition, Kühlschrank, TV, Telefon. Gestaffelte Preise je nach Saison, von DZ 20 Euro (Juni) bis 50 Euro (August).
- **Pension Vera** (***), gegenüber der Pension Dana. Jedes Zimmer hat einen eigenen Balkon. Die Pension ist ganzjährig geöffnet, ruhig, hell und freundlich. DZ 120 RON, App. 180 RON.

Camping

- **Camping Meduza,** 200 m südlich des Strandes, direkt am Meer, Tel. 0241-742 385. Über 400 Stellplätze für Caravan bis Zelt, 24-stündiger Wachdienst, einfache sanitäre Anlage, Pizzeria. Auto und Caravan 30–50 RON, Zelt 20 RON.

Essen und Trinken

- **Nunta Zamfirei,** B-dul Republicii 14, Tel. 0241-741 651 (unbedingt reservieren). Das beliebte Restaurant bietet Spezialitäten der Küstenregion zu flotter Folkloremusik.
- Am Strand gibt es einige **Selbstbedienungsrestaurants** wie das **Restaurant Imperial** unterhalb des Hotels Europa. Unbedingt probieren: die leckeren *Gogoşi* mit Käse *(cu brânză)* oder mit Schokolade *(cu ciocolată).*

Sonstiges

- **Geldwechsel** im **M&S Exchange** unweit des Hotels Vera in der Str. Republicii 5 (keine Kommission!).

Eforie Süd

Den 2 km langen Strand von Eforie Süd findet man auf der Höhe des **Techirghiol-Sees,** knapp 10 Autominuten vom Nordstrand entfernt. Der südliche Teil des Seebads Eforie war in den 30er Jahren des letzten Jahrhunderts auch unter dem Namen **Carmen Silva,** dem Pseudonym der dichtenden Königin *Maria von Rumänien,* bekannt. Der Strand ist etwas schmaler als der im Norden und nicht so beliebt.

Unterkunft

- **Pension Floare de Colț** (***) („Edelweiß"), Str. Dezrobirii 53, Tel. 0241-748 030. Hier kann man nicht nur gut übernachten, sondern im gleichnamigen Restaurant auch sehr gut traditionell speisen. DZ ab 80 RON.

Camping

- **Camping Cosmos,** Str. Cantacuzino 94–98, Tel. 0241-742 654. Neben der Vermietung von Stell- und Zeltplätzen werden auch einfache Holzhütten angeboten. Stellplatz für Auto und Caravan 30–50 RON, Zelt 20 RON, Hütte 40–60 RON (je nach Saison).

Essen und Trinken

- **Apollo,** Str. Mihai Eminescu 8, Tel. 0241-749 410. Gute Fischgerichte.
- Wer neben dem Essen ein Folkloreprogramm sehen möchte, geht in den **Hanul Haiducilor,** Str. Cantacuzino 72 (neben dem Hotel Măgura). Traditionelle rumänische Küche, auch aus anderen Regionen des Landes.

Lacul Techirghiol

18 km südlich von Constanța taucht auf der rechten Seite der berühmte Techirghiol-See auf, dessen **schwefelhaltiger Moorschlamm** in allen Kurbädern entlang der Schwarzmeerküste geschätzt wird. Am frischesten und therapeutisch wertvollsten ist er freilich gleich an der Quelle, und so ist direkt an der Westseite des Sees bereits 1899 das **Sanatoriul Balnear Techir-**

ghiol entstanden. Das Kurzentrum ist für seine Mooranwendungen mit Schwefelschlamm *(Nămol)* weithin berühmt. Wer in Techirghiol kurbaden möchte, sollte als Besucher aus dem Westen vorab jedoch ein paar **Dollar** einstecken, denn die Landeswährung Lei wird in der Klinik nur von Rumänen akzeptiert!

- Im **Sanatoriul Balnear Techirghiol** kostet eine halbstündige Ganzkörpermassage ca. 15 Euro. Die Tageskarte (Unterkunft, Verpflegung, vier Anwendungen) kostet ab 45 Euro. Kontakt: *Dr. Maria Dobre,* Tel. 0742-086 591.
- Achtung: Schlammbäder kann man im Sanatoriul Balnear Techirghiol nicht mehr buchen; die beste Adresse hierfür ist das **Hotel Europa** (s.u.), ein weithin sichtbares 4-Sterne-Hotel mit einer großen Wellness-Abteilung (Baden im Salzwasser 15 Euro, Schlammbad 25 Euro).

Kleine rumänische Bäderkunde

- **Baie cu nămol:** Schlammbad.
- **Duş subacval:** Persönliche Unterwasser-Druckstrahl-Massage mit Schlauch.
- **Duş vichy:** Warm-kalte Wechselgüsse fließen von oben auf den liegenden Kurgast herab, während der Körper gleichzeitig massiert wird (eine sehr nasse Angelegenheit!).
- **Hidromasaj:** Hier ist keine persönliche Schlauchmassage, sondern eine Art Jacuzzi gemeint, ein mechanischer, starker Whirlpool, der den Körper durch zirkulierendes Wasser massiert.
- **Masaj cu nămol:** Moorschlamm-Massage; der jodhaltige Schlamm wird ins Hautgewebe einmassiert.
- **Masaj uscat:** Trockenmassage.
- **Nămol:** Schwefelschlamm.

Wer in Techirghiol Halt macht, kann sich das schwarze, zweitürmige **Holzkirchlein der heiligen Maria** ansehen. Es wurde im 17. Jahrhundert im Maramuresch erbaut, dann zum Schloss Peleş in die Karpaten verpflanzt und ist schließlich 1951 am Schwarzen Meer gelandet.

Unterkunft

- **Hotel Europa** (****), das Hotel befindet sich 500 m vom Sanatorium entfernt (vom Ausgang rechts). Privater Strandabschnitt und jodhaltiger Pool. In der Nähe des Hotels bestand früher ein Salzwassersee, der inzwischen mit einem Süßwassersee zusammengefasst wurde. EZ 342 RON, Suite 418 RON, Club Room 456 RON, inkl. Frühstück.
- **Vilele Bella** (*), Str. Oituz 3, Tel. 0241-736 629. Sehr preiswerte und gute Unterkunft, EZ/DZ 40 RON.

Costineşti

Auf der Strandpromenade von Costineşti (28 km südlich von Constanța) sieht man häufiger **junge Leute** als in Eforie oder den südlicher gelegenen „Planetenbädern" Neptun, Venus und Jupiter. Traditionellerweise war Costineşti lange Zeit ein Zentrum der sozialistischen Jugendgruppen mit eigenen Camps und Ferienlagern, und bis 1989 war es sogar nur Jugendlichen erlaubt, die Einrichtungen des Feriendorfes Compania de turism pentru Tineret zu nutzen. Heute können die Bungalows und die kleinen Holzhütten, die sich stolz Villas nennen, von jedermann angemietet werden.

Der 8 km lange und 200 m breite **Strand** liegt geschützt südlich des **Cap Tuzla.** Er gehört neben den Stränden von Mamaia und Vama Veche zu den beliebtesten der südlichen Dobrudscha, was vielleicht auch am seltenen Angebot zweier **Nacktbadestrände** liegt.

Die Möglichkeiten für **Wassersport** sind riesig: Neben dem Schwarzen Meer (Segeln, Wasserski, Surfen, Motorbootfahren) bietet sich der nahe gelegene Süßwassersee **Lacul Costinești** für Kanuten, Ruderer und Angler an.

Unterkunft

- Das **Hotel Club Vox Maris** (***) ist die größte 3-Sterne-Anlage am Schwarzen Meer mit vier Restaurants, drei Bars, zwei Pools und der riesigen Diskothek Vox Maris. Man wohnt in einer der 21 Villen mit TV, Air Condition und Balkon nur 80 m vom Strand entfernt. Wer einmal in einen rumänischen Strandclub schnuppern möchte, in dem bis in die späte Nacht ein Unterhaltungsprogramm geboten wird, liegt mit dem Vox Maris nicht verkehrt. Der Service und die Zimmer sind ausgezeichnet. Tel. 0241-734 062, Fax 734 288, www.voxmarisclub.com. Preis für eine Villa für 2 Personen zwischen 30 und 90 Euro, je nach Saison und Kategorie.
- Wer weit weg vom lärmenden Strand mit der Diskothek Vox Maris übernachten möchte, kann dies im 3 km entfernten **Dörfchen Schitu** preiswert tun. Jeder im Ort kennt die hübsche, weiße **Pensiunea Andreea,** Tel. 0241-759 473, DZ 40 RON, auf Wunsch auch Verköstigung; ansonsten ist es auch in der **Pension AF Porto,** Str. Gării 35, Tel. 0740-154 472, ziemlich ruhig.

Essen und Trinken

- Direkt am Strand und dennoch ruhig und wunderschön gelegen ist das **Restaurant Spring Time** (nördlicher Strandabschnitt 200 m vom See entfernt), das sehr gute Welsgerichte serviert.
- Wer direkt am See speisen möchte, kann dies in den **Terrassenrestaurants Briza Mării** und **Steaguri** tun.

Sonstiges

- Die **Bahnstation Costinești Tabără** liegt direkt neben dem Hotel Ștefania, nördlich des Sees in der Str. Gŕrii 2. Zum See Costinești und zum Strand braucht man vom Bahnhof aus knappe 10 Minuten.
- **Apotheke: Farmacii Acorus,** Str. Tineretului 36b, Tel. 0740-316 414 (nonstop).
- Im Juli feiert man am Strand die bunten **Sărbătorile Mare,** die „Festtage des Meeres", mit Folkloremusik, Tanz und Feuerwerken.
- Jazzfans zieht es zwischen dem 16. Juli und 22. August in das Seebad, wenn direkt am Strand das große internationale **Jazz-Festival** von Costinești veranstaltet wird.

Neptun und Olimp

Die beiden benachbarten **Baderesorts** Neptun und Olimp liegen 38 km von Constanța und 9 km von Mangalia entfernt. Anders als die nördlich gelegenen historischen Seebäder wurden sie **erst 1972 erbaut** und haben, wie man an den Kunstnamen erkennt (ähnlich wie Jupiter, Venus und Saturn), keine gewachsene Ortsstruktur als Hintergrund. Die Einwohner des kleinen Fischerdorfs Galați, das hier einst lag, wurden umgesiedelt.

Die meist riesigen Hotelanlagen lassen wenig Raum für Individualtourismus, der Aufenthalt in einem der Luxushotels wird vor allem von **Kurgästen** bevorzugt, die den preisgünstigen Kurservice in Anspruch nehmen.

Die Hotelanlagen zwischen dem **Tatlageac-See** und dem **Comorova-Wald** haben in den letzten Jahren häufig den Besitzer gewechselt, wodurch sich starke Leistungsschwankungen im Service ergeben können. Die beste balneo-therapeutische Einrichtung vor

Ort ist der **Komplex Doina,** wo man sich auf rheumatische Krankheiten spezialisiert hat.

Unterkunft/Kur

- **Hotel Doina** (***), Tel. 0241-701 012. Das ganze Jahr geöffnetes Kurhotel mit Hydro- und Elektrotherapie, Saunen, Süß- und Meerwasserpools und Gymnastiksälen. Pauschale Angebote empfohlen. Vollpension und Kuranwendungen ca. 70 Euro pro Tag.

Sonstiges

- **Apotheke: Farmacii Sensi Blu,** Complex Mocea U 129, Tel. 0241-732 010 (nonstop).

Jupiter und Cap Aurora

Die **Hotelanlage Jupiter,** 1968 für 8500 Gäste rund um die künstlich angelegten **Seen Tismana und Jupiter** erbaut, wurde fünf Jahre später um die Hotels am Cap Aurora erweitert. Ebenso wie die anderen nach Planeten benannten Resorts gehören Jupiter und Cap Aurora zur Verwaltung der Stadt Mangalia, die 10 km südlich liegt. Jupiter hat keinen eigenen Bahnhof, ist aber per Bus oder Taxi gut von Mangalia aus zu erreichen.

Unterkunft

- **Sunshine Club Tismana** (***), Familienhotel, das 2003 komplett renoviert wurde und direkt am Tismana-See liegt. Wer zum 100 m entfernten Strand möchte, kann seinen Weg durch die neu gestaltete Parkanlage zwischen den Seen wählen. Preise auf Anfrage, Tel. 0241-702 000.

Venus und Saturn

Die beiden letzten, 1969 und 1972 errichteten **Hotel- und Kurresorts** vor Mangalia wurden ebenso wie ihre Trabanten im Norden um **künstliche Seen** herum errichtet. Über 30 Hotels gruppieren sich kreisförmig in Venus um den gleichnamigen See, in Saturn sind es gar über 50 Hotels, die sich an der Bucht von Mangalia auf engstem Raum drängeln. Im Sommer ist an den feinkörnigen weißen Sandstränden von Venus und Saturn kaum mehr ein freies Plätzchen zu finden. Es sind aber nicht die Kurgäste, die sich dann in Massen am Meer tummeln, sondern die Bewohner der 2 km entfernten Stadt Mangalia.

Tipp: Restaurant Insula

Individuell Reisende tun sich manchmal schwer, zwischen den großen Hotelanlagen am Schwarzen Meer in Neptun, Saturn oder Jupiter geeignete Restaurants zu finden, die jenseits massentouristischer Abfertigung gute Qualität zu vernünftigen Preisen bieten und auch noch schön anzusehen sind. Eine positive Überraschung ist das völlig neu gestaltete Restaurant Insula in Neptun. Seit dem Frühjahr 2006 zeigt sich das idyllisch am Lacul Neptun gelegene Restaurant mit einer Seeterrasse mit tropischem Pflanzenlabyrinth. Die Gäste können sich direkt am See ihr eigenes verstecktes Plätzchen zum Essen suchen. Wem das zu kompliziert ist, kann auch im rustikal eingerichteten Restaurant im Holzhaus speisen. Spezialität: Frische Fischgerichte aus dem hauseigenen See.

- **Restaurant Insula,** Neptun, gleich neben den Hotels Delta und Sulina, Tel. 0241-731 306.

Unterkunft

●**Hotel Carmen** (****), komplett renoviertes Luxushotel mit mehreren Restaurants, Bars und einem eigenen Hallenbad. Preise auf Anfrage, Tel. 0241-761 608.

Mangalia

Von der historischen, im 6. Jahrhundert von griechischen Seefahrern gegründeten Handelsstadt **Callatis** ist in der heutigen Stadt Mangalia (50.000 Einwohner) nicht mehr viel erhalten geblieben. Die wenigen Überreste verstecken sich hinter schmucklosen Fassaden und lieblosen Wohnblocks. Aus der Monotonie heraus erhebt sich die **Sultan-Esmahan-Moschee** aus dem Jahr 1590. Sie ist von einem moslemischen Friedhof umgeben und zeigt in ihrem Inneren orientalische Teppiche mit aufwendigen Stickereien. Im **Archäologischen Museum** der Stadt dominieren Funde aus der römisch-byzantinischen Zeit, hinzu kommen solche der griechischen Periode.

Nach Istanbul versetzt glaubt man sich auf dem orientalischen **Basar** der Stadt, der zwischen den Straßen Mihail Eminescu und Vasile Pârvan zu finden ist.

●**Moscheia Esmahan Sultan,** Str. Oituz 180, Mo. bis So. 8–20 Uhr, Eintritt frei.
●**Muzeul de Arheologie Callatis,** Şos. Constanței 19, Tel. 0241-753 580, Di. bis So. 9–20 Uhr, Eintritt 5 RON.

Unterkunft

●**Hotel President** (****), Str. Treior 6, Tel. 0241-755 861, www.hpresident.com. Sehr modernes Business-Hotel mit Blick aufs Meer und den Strand von Mangalia. Beim Bau des Hotels im Jahr 1998 wurden Teile der historischen Festungsanlage gefunden und in das neue Hotel integriert. EZ/DZ 80–120 Euro.
●**Hotel Mangalia** (***), Str. Rozelor 35, Tel. 0241-752 052. Großhotel mit eigenem Thalasso-Therapiezentrum und gutem Restaurant. DZ 110 RON.

Sonstiges

●In Mangalia gibt es ein Gestüt, in dem man **Reiten** lernen kann. Zur Verfügung stehen in der Hauptsaison von Mai bis September über 60 Rassepferde. **Hipodromul şi Herghelia Mangalia,** Şos. Constanței 3 (Statiunea Venus), Tel. 0241-751 325, 8–12 u. 15–18 Uhr.
●Berühmt ist Mangalia für sein **Festival Callatis.** Rumänen aus aller Welt reisen im August an, um sich die Shows am Meer anzuschauen und die Nächte durchzutanzen.

Vama Veche

Die Meinungen der Leser zu Vama Veche sind sehr geteilt. So ist der kleine Ort **8 km nördlich der bulgarischen Grenze** für einige der beste Tipp, um sich abseits des Massentourismus der nördlichen Seebäder und Resorts zu erholen. Andere meinen, die vielen Bars und **improvisierten Campingplätze** in den Hinterhöfen und Gärten (meist ohne ausreichende sanitäre Anlagen) seien nur etwas für alternative Aussteiger. Vor allem zu Zeiten des **Musikfestivals Ştufstok** am Ende des Sommers verwandelt sich Vama Veche in der Tat in ein alternatives, staubiges Stückchen „heile Welt“. Vama Veche sieht sich selbst gern als „Künstlerkolonie“, was man sofort bestätigen wird, wenn man sich die in den letzten Jahren neu erbauten Pensionen und Privathäuser am Strand anschaut.

Berühmt sind die **Strandpartys,** zu der sich manchmal auch Größen des rumänischen Films einfinden. Musiker entschließen sich in Bibis Bar spontan dazu, ein wenig Jazz zu spielen, andere eröffnen am Strand die kleinste Buchhandlung Rumäniens oder stellen ihre aus Muscheln gefertigten Kunstwerke aus. Wer am Schwarzen Meer unterwegs ist, sollte sich Vama Veche auf keinen Fall entgehen lassen.

Unterkunft

- **Hotel Laguna** (***), Tel. 0722-372 004. Von *Gaudí* inspiriertes Hotel mit kleinem Teich und Grünpflanzen im schönen Innenhof. Elegante Zimmer, je nach Saison 50–100 RON. Das Restaurant am Strand serviert gute Fischgerichte und ist der einzige Anbieter für Scuba-Diving.
- Hinter dem Restaurant Stuf-Stok (s.u.) liegt eine schöne, völlig aus Holz errichtete **Pension.** Die **Casa John** hat 40 Zimmer mit (zum Teil) wunderbarem Ausblick auf das Meer. Die sehr komfortablen Räume zwischen 28 und 40 Quadratmetern kosten 100–150 RON. In der kühlen Nachsaison kann der Preis auch schon einmal unter 100 RON purzeln. Mobil 0722-270 878, Reservierungen auch unter 0720-806 450.
- **Hotel ca'Biana** (***), nettes Hotel mit 21 Zimmern direkt am Stand. DZ 80 RON.
- **Camping am Strand** kostet 3–5 RON (meist ohne sanitäre Anlagen).

Essen und Trinken

- Im **Restaurant Ştuf-Stok** vor der Pension Casa John (s.o.), direkt am Strand, werden sich Asienreisende unweigerlich an die Strandbars von Goa oder Koh Lanta erinnert fühlen. An den mit Schilf überdachten Bänken und langen Tischen der *Terasa de Seara* sitzt man hier meist bis tief in die Nacht und tauscht am offenen Feuer (über dem Fische gebraten werden) Reiseerlebnisse aus. Der Name Stuf-Stok soll übrigens an das legendäre Woodstock erinnern (*Ştuf* heißt Schilf).
- Eine Institution ist **Bibis Bistro.** Sehr gute rumänische und internationale Küche zu Jazzmusik und Chansons. Der Szenetreff macht sich für den Erhalt des ursprünglichen Vama Veche stark und ist auch Veranstaltungsort des jährlich stattfindenden Jazz-Festivals. Unbedingt probieren: frittierte Hamsi-Fischchen.

Festival

- Das **Musikfestival Ştufstok** findet immer am Ende des Sommers statt. Die besten Gruppen Rumäniens und Moldawiens spielen hier auf, z.B. *Blazzaj, Zdop şi Zdip, Phoenix.* Es ist dann sehr schwer, eine Unterkunft zu finden; über 10.000 Besucher überfluten zur Festivalzeit täglich den kleinen Ort. Entweder übernachtet man zu dieser Zeit in ruhigen und preiswerten Pensionen und Hotels nördlich von Vama Veche, oder man tanzt einfach die Nacht am Strand durch.

Adamclisi

Am Ende einer Fahrt in die Dobrudscha darf ein Besuch in Adamclisi nicht fehlen. Man erreicht den kleinen, verschlafenen Ort über die Nationalstraße 3 von Constanţa aus, auf halber Strecke nach **Silistra.** An der Einfahrt ins Dorf steht die originalgetreue Nachbildung des **Tropaeum Traiani,** eines Siegesmonuments für Kaiser *Traian.* Darauf sind die entscheidenden Szenen der Schlacht gegen die Daker abgebildet, ähnlich wie auf der berühmten Traianssäule in Rom. Auf dem monumentalen Sockel erhebt sich eine 54 m hohe geflügelte Figur.

Unweit des Monuments findet man mitten in wogenden Getreidefeldern die Reste der **Burganlage** von Adamclisi und ein **Museum,** das dakische Schätze und Exponate aus der Zeit *Traians* ausstellt.

- **Muzeul Adamclisi,** Mi. bis So. 8–20 Uhr, Eintritt 5 RON.

rum608 Foto: jr

Muntenien

rum609a Foto: jr

rum609b Foto: jr

Tanztruppe in traditioneller Tracht

Der alte Fürstensitz Curtea de Argeş

Neoklassizistisches Stadttheater in Brăila

Flachland, Hauptstadt, Walachei

Zwischen Karpaten und Donau

Jahrhunderte bevor der Name Rumänien auf den Landkarten Europas auftauchte, war Händlern und Fürstenhäusern die Gegend zwischen der Donau und den Südkarpaten als **Walachei** bekannt. Die Rumänen sehen Walachia, das Gebiet der weiten südlichen Ebenen und endlos wogenden Getreidefelder rund um Bukarest, heute als ihr eigentliches Stammland an und nennen es auch **Muntenia** oder **Ţara Românească,** „das rumänische Land".

Der durch die **Flüsse Donau, Olt und Siret** begrenzte Landesteil fällt im Norden von den 2500 m hohen Bergen der **Südkarpaten** (Făgăraş-Gebirge) nach Süden hin sehr schnell flach ab. Berge (rumänisch: *munte*), die der Region Muntenien ihren Namen verliehen haben, gibt es bis hinunter zur bulgarischen Grenze keine mehr. Vielmehr besteht das Land hier nur noch aus einer endlos weiten Tiefebene, die über 80 Prozent der Fläche Munteniens ausmacht.

Touristisch gesehen spielt die Region rund um die Hauptstadt nur eine Nebenrolle. Die Hauptattraktion, das **Schloss Peleş in Sinaia,** liegt nur 5 km außerhalb Transsylvaniens und wird schon seit über 100 Jahren gedanklich diesem Landesteil zugerechnet. Die großen Metropolen des Landes, die **Industriestädte Piteşti** und **Ploieşti,** können kaum Sehenswertes aufweisen und sind keine Konkurrenz zu den vielfältigen Attraktionen in anderen

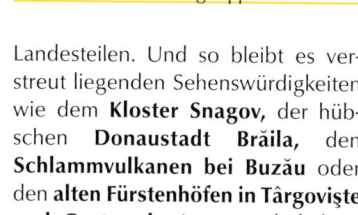

Landesteilen. Und so bleibt es verstreut liegenden Sehenswürdigkeiten wie dem **Kloster Snagov,** der hübschen **Donaustadt Brăila,** den **Schlammvulkanen bei Buzău** oder den **alten Fürstenhöfen in Târgovişte und Curtea de Argeş** vorbehalten, der touristischen Ignoranz in der „Kornkammer Rumäniens" ein Ende zu setzen.

Das historische Stammland der Rumänen

Die Walachei entstand ursprünglich aus der Vereinigung wojwodischer Herzogtümer. Der Titel **Wojwode** (slawisch auch: Bojare) wurde von den Fürsten eines Landes an Adlige verliehen, die sich Verdienste als Heerführer erworben hatten. Einer der bekanntesten von ihnen war der Wojwode **Basarab I.** (1310–1352), der die Walachei erstmals von der ungarischen Oberhoheit befreite, die Herzogtümer südlich der Karpaten einte und der darum auch als „Basarab der Gründer" in die Geschichte einging. 1330 besiegte er in einer Schlacht bei Argeş den König von Neapel, *Robert von Anjou,* und dehnte den Herrschaftsbereich der Walachei bis nach Brăila am Donaudelta aus.

Die erste Hauptstadt der neu entstandenen Region, der **Fürstenhof Curtea de Argeş,** verbündete sich im 15. Jahrhundert mit dem einstigen Feind Ungarn gegen die Tataren. Das noch junge Staatswesen erreichte unter *Mircea cel Bătrân (Mircea dem Alten)* seine größte Machtfülle und Ausdehnung und reichte vom Banat bis zum Schwarzen Meer.

Während Bulgarien und Serbien längst in türkische Hand gefallen waren, widersetzten sich die walachischen Fürsten den Ansprüchen Konstantinopels, erlitten aber empfindliche Niederlagen und mussten bis ins 17. Jahrhundert Tributzahlungen und Leibeigenschaft ihrer Bauern ebenso hinnehmen wie den Verlust der Dobrudscha. Zu den bekanntesten walachischen Herrschern dieser Zeit gehörte unter anderem **Vlad III. Drăculea,** dem man aufgrund seiner Härte gegen die Osmanen auch den Beinamen „der Pfähler" gab.

Nachdem von der „Gründung" der Walachei im Jahr 1215 unter *Radu I.* bis zum Jahr 1856 insgesamt 140 Herrschaftswechsel erfolgt waren, ge-

Die Große und die Kleine Walachei

Im modernen rumänischen Sprachgebrauch verwendet man heute den Begriff **Walachia** (Walachei) ausschließlich für den Landesteil **Muntenia** (Muntenien). Im deutschsprachigen Ausland hingegen umfasst die Bezeichnung Walachei auch die Landschaft jenseits des Flusses Olt und unterscheidet die westliche **Kleine Walachei (Oltenien)** und die östliche **Große Walachei (Muntenien)** voneinander. Dies entspricht der historischen Landschaft der Walachei, die sich im Mittelalter vom westlichen Banat bis ans Donaudelta erstreckte und die um 1600 von *Mihail Viteazul* zum ersten Mal mit der Moldauregion vereinigt wurde.

Die Walachen und der Wallach

„Den schicken wir in die Walachei", hieß früher eine deutsche Redewendung, wenn es darum ging, jemanden loszuwerden. Ähnlich der Dobrudscha am Schwarzen Meer galt auch die Walachei im frühen Mittelalter als trostlose, endlose Ebene, in die man eben nur seine schlimmsten Feinde schicken würde. Selbst die Hengste hatten dort nichts zu lachen, da die Walachei die erste Region Europas war, in der sie kastriert wurden (wovon sich übrigens die Bezeichnung **Wallach** ableitet).

Die Walachei hat aber nicht nur als Sprichwort oder als Bezeichnung für einen Hengst im Deutschen ihren Platz gefunden. Auch die Bewohner der Walachei, die Walachen, finden sich erstaunlicherweise in unseren Breitengraden wieder (nein, nicht als rumänische Auswanderer!). **Walache** ist nämlich nichts anderes als der Oberbegriff für viele romanischsprachigen Volksgruppen in Europa. Der Begriff hat sich aus dem Lateinischen entwickelt, als die alten Römer alle Völker, die romanisiert wurden (also begannen, ihre Sprache zu sprechen), **Vlaxis** nannten. Das Wort findet sich auch in den Bezeichnungen **Wallis** (in der Schweiz) oder **Wales.**

Die Rumänen selbst haben sich niemals als Walachen bezeichnen, für sie kommt diese Bezeichnung fast einem Schimpfwort gleich. Sie nennen sich lieber stolz Römer, also **Români.**

lang es **Alexandru Ioan Cuza** im Jahr 1859, erstmals die Fürstentümer Walachei und Moldau zu vereinigen und das Fundament des späteren Rumänien zu schaffen.

Brăila

- **Meereshöhe:** 50 m
- **Vorwahl:** 0239
- **Einwohner:** 223.000

Die Donaustadt Brăila sieht ihre Wurzeln genauso wie die 20 km nördlich gelegene Schwesterstadt Galaţi eher im Donaudelta als in der Walachei. Über Buzău erreicht man sie in 3 Stunden von Bukarest über die sehr gut befahrbare E85 und DN2b (240 km). Die **Autofähre über die Donau** nach Smârdan ist neben den Fähren in Cernavodă (120 km entfernt) und Galaţi eine der wenigen Möglichkeiten, die östliche Donau zu überqueren.

Die beschauliche Stadt, die 1350 erstmals in einem spanischen Buch als „wichtigster walachischer Hafen" erwähnt wird, betrachtet sich heute zu Unrecht als touristische Diaspora. Die eleganten Adelshäuser des 19. Jahrhunderts erstrahlen wieder in neuem Glanz, die Fußgängerzone M. Eminescu ist bis zum Piaţa Traian neu gepflastert, und die Promenaden mit ihren Villen und Straßencafés verströmen an warmen Sommertagen die gleiche maritim-entspannte Eleganz, wie man sie von Tulcea im Donaudelta kennt.

Sehenswertes

In den konzentrisch um den zentralen Trajanplatz **(Piaţa Traian)** verlaufenden Straßen links der Donau reiht sich ein neoklassizistisches Gebäude an das andere. Der Namensgeber des Platzes, der römische Kaiser *Trajan,* thront auf einem gigantischen Sockel neben der **Kirche des Erzengels Michael,** die ursprünglich um 1750 von den moslemischen Herrschern als Moschee errichtet wurde. Der freistehende weiße Kirchturm kam erst später hinzu und gilt heute als heimliches Wahrzeichen der Stadt. Beeindruckend sind die Malereien der Ikonostase zwischen dem Kirchenschiff und dem Altarraum, die ebenso wie die gusseiserne Kirchenglocke ein Geschenk des russischen Zarenhauses sind.

Wer sich die Blütezeit Brăilas vor Augen führen möchte, kann das im **Historischen Museum** tun, wo Fotos aus der 1920er und -30er Jahren die Jugendstilgebäude entlang der zentralen Promenade Calea Călăraşilor zeigen.

Hinter dem Hotel Traian geht es zu den **Uferpromenaden der Donau** hinunter, von denen man an klaren Tagen bis hinüber nach **Balta Brăilei** schauen kann, der großen Donauinsel, die stromaufwärts Möwen, Enten und Wildgänsen zur Heimat geworden ist.

Service

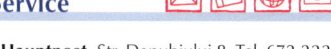

- **Hauptpost,** Str. Danubiului 8, Tel. 672 222, Tel. 512 222.
- **Geldwechsel: BRD Bank,** Piaţa Traian 12.
- **Reisebüro: Avia Travel,** B-dul A. Ioan Cuza 33, Tel. 615 475, tägl. 9–20 Uhr.
- **Fotografie: Vobis,** Str. M. Eminescu 82.

Notfälle

- **Apotheke: Farmacia Arnica,** Str. Dorobanţilor 470, Tel. 617 952, nonstop.
- **Zahnarzt: Promedica,** B-dul Independenţei 2, Tel. 619 050, tägl. 9–16 Uhr.
- **Kreiskrankenhaus: Spital judeţean,** B-dul Independenţei 4, Tel. 691 500.

Mobilität

- Der **Hauptbahnhof** von Brăila liegt 1,5 km außerhalb des Zentrums, Str. Gen. Eremia Grigorescu 1, Tel. 619 797. Die historische Innenstadt erreicht man mit dem Bus Nr. 4.
- Der **Busbahnhof** liegt 200 m vom Hauptbahnhof entfernt, Str. Siretului 10, Te. 619 219. Auch von hier fährt der 4er Bus ins Stadtzentrum.
- Die **Autofähre** über die Donau nach Smârdan legt nördlich des Zentrums ab (über die Str. Dorobanţilor in 10 Min. erreichbar), Überfahrten alle halbe Stunde. Fähre Richtung Tulcea 14 RON für einen normalen Pkw.

Unterkunft

- Das beste Hotel der Stadt ist der **Complex Edy's** (****) in der Fußgängerzone M. Eminescu, Nr. 13–14, Tel. 623 024. Das 2006 renovierte Haus mit historischem Flair (gebaut 1890) bietet erstklassigen Service zu fairen Preisen. EZ 120 RON, DZ 230 RON.
- **Hotel Belvedere** (***), Piaţa Independenţei 1, Tel. 619 928. Modernes Hotel am Rande der Donau mit 50 etwas düster ausgestatteten Zimmern. Bad, TV, Kühlschrank und Air Condition, eigener Parkplatz, Restaurant. EZ 230 RON, DZ 250 RON, Suite 700–900 RON, inkl. Frühstück.
- **Hotel LMS** (***), Calea Galaţi, Tel. 611 900. Kleine, aber nett ausgestattete Räume, Restaurant und Club. EZ 100 RON, DZ 130 RON, inkl. Frühstück.
- Das **Hotel Triumph** (***), Str. Călăraşilor, Tel. 687 500, bietet Bad, TV und Internet. EZ 25 Euro, DZ 32 Euro, Suite 55 Euro.

Essen und Trinken

- Das **Ajo,** Str. Rahova 32, trägt zwar einen spanischen Namen, doch die Küche ist typisch rumänisch. Zu empfehlen ist das Barschfilet mit Pilz-Käsesauce (*Filé Şalău cu sos de ciuperci şi caşcaval,* 20 RON).

● **Casa Artemis,** Str. 1. Decembrie 1918, Nr. 108, Tel. 625 500, tägl. 8–24 Uhr. Mexikanisches Restaurant mit bemerkenswert authentischer Küche. Probieren: *Piept de pui fâşii,* Hühnerbrust mexikanisch.

In der Umgebung

Lacul Sărat

Einen der schönsten Badeseen Südrumäniens sollte man sich nicht entgehen lassen, wenn man Brăila besucht. Der Lacul Sărat 10 km südlich der Donaustadt, in der Nähe des gleichnamigen Dorfes, lockt im Sommer sogar viele Hauptstädter an. Von einem passablen Strand kann zwar kaum die Rede sein, doch kompensiert wird dieses Manko durch das angenehm **salzige Thermalwasser** des Sees, das sich auch die angrenzenden **Therapiezentren** zunutze machen. Am nördlichen Rand des Sees gibt es zwei Campingplätze mit bescheidenen sanitären Einrichtungen.

Unterkunft:
● **Hotel Flora** (**), direkt am See, Tel. 683 699, DZ 80 RON.

Essen und Trinken:
● **Restaurant Diana,** direkt am See, Tel. 687 256.

Camping:
● **Camping Donaris,** Tel. 686 771, Hütte 30 RON, Zelt- und Stellplatz 40 RON.
● **Camping Lacu Sărat,** Tel. 689 916, Hütte 30 RON, Zelt- und Stellplatz 40 RON.

Die Schlammvulkane bei Buzău

⇗ XVII, C3

Rumänien ist eine **erdbebengefährdete Region.** Jährlich gibt es bis zu 30 messbare Erdstöße, die aber meist eine so geringe Stärke haben, dass sie kaum spürbar sind. Doch im Verlauf seines Lebens bekommt jeder Rumäne im Durchschnitt zumindest ein kleineres Erdbeben am eigenen Körper zu spüren. 1977 traf es die Hauptstadt Bukarest besonders schlimm, als bei einem Beben über 1500 Menschen ihr Leben verloren und die Innenstadt einem Trümmerfeld glich.

Etwa 30 km nördlich der Stadt Buzău zeigt sich der Vulkanismus der Erde in Form so genannter **Schlammvulkane** oder **Vulcanii Noroioşi,** was für das europäische Festland einzigartig ist (wer sich für dieses geologische Phänomen interessiert, muss sonst nach Island reisen).

● Der **Eintritt** zur Besichtigung der Schlammvulkane kostet 6 RON.

Festes Schuhwerk nicht vergessen!

Wer einen Ausflug zu den faszinierenden Schlammvulkanen unternehmen möchte, sollte an festes Schuhwerk denken. Die **Rutschgefahr** bei Aufstiegen zu den blubbernden Kratern ist außerordentlich hoch. Es ist stets damit zu rechnen, sich zwischendurch einmal „hinzusetzen". Also auch passende Kleidung tragen, die etwas Schmutz verträgt!

rum615 Foto: jr

Anreise

Von Bukarest fährt man über die sehr gut befahrbare E85 ins 85 km entfernte **Buzău** im Nordosten. Von hier geht es über die DN10 (Richtung Braşov ausgeschildert) bis zum Dorf **Sătuc,** wo man rechts den kleinen Fluss Buzău überquert und in die Gemeinde **Berca** kommt. Die letzten 8 km führen über eine asphaltierte Straße direkt hinauf zu den Schlammvulkanen.

- **Taxiunternehmen in Buzău** (Vorwahl 0238): **Speed,** Tel. 444 949; **Bucegi,** Tel. 444 952; **Aeg,** Tel. 444 944 (zu den Vulkanen kostet die einfache Fahrt ca. 15 Euro).
- **Busse** fahren von Pâclele und Berca nach Buzău.

Unterkunft

- Seit einigen Jahren besteht die Möglichkeit, in unmittelbarer Nähe der kleinen Krater und blubbernden Vulkane zu übernachten. Das Haus **S.C. Vulcanii Noroioşi** oberhalb der Eingangspforte bietet acht Zimmer mit jeweils drei Plätzen an. Der einfache Schlafplatz kostet (ohne Frühstück) 50 RON, Tel. 0722-623 021, 0238-437 544 (Ansprechpartner: *Roşu Dumitru*).
- In **Maracineni** (5 km nördlich von Buzău): **Motel Milenium** (**), Tel. 724 933, DZ 60 RON.
- In **Poşta Câlnău** (10 km nördlich von Buzău): **Hanul Neptun,** Tel. 521 400, DZ 60 RON.

Die meisten der Schlammvulkane erreichen kaum 1 m Höhe

Schlammvulkane – die Erde unter Druck

Schlammvulkane – dieses Wort, das sich im ersten Moment so anhört, als hätte es sich ein cleverer Tourismusmanager ausgedacht, ist in Wirklichkeit ein anerkannter Fachbegriff aus der Geologie. Im Gegensatz zu heißem Magma sind hier **unterirdische Gase** die treibenden Kräfte, die neben Wasser auch Schlamm aus den tieferen Sedimentschichten nach oben pressen. Die typischen Strukturen, die dabei an der Erdoberfläche entstehen, sind Schlammkegel oder -krater, die, falls sie noch aktiv sind, meist friedlich vor sich hin blubbern oder auch, falls Methan-Schwefel-Gemische mit im Spiel sind, tüchtig vor sich hin stinken. Die meisten Schlammvulkane findet man auf dem Meeresboden, auf dem europäischen Festland sind sie verhältnismäßig selten.

Faszinierende Mondlandschaft

Bereits auf der Anfahrt passiert man Bäche mit zäh fließendem Schlamm, unwirklich aussehende, glitschig schimmernde Hügel und tiefe Gräben erodierten Lehms. Die vegetationslose Landschaft steigert sich dann oben auf dem Plateau, in dem die Schlammvulkane liegen, und wird zu einem einzigen Crescendo in Blubbergrau. Kreisförmige Schlammkrater tun sich vor den Füßen auf, steile, bis zu 2 m hohe Vulkankegel sind zu bewundern, die man aber besser nicht erklimmt (es sei denn, man findet an Rutschpartien im Schlamm Gefallen). Vor allem Kinder haben Spaß an den manchmal melonengroßen Schlammblasen, die sich meist mit einem dumpfen Gurgeln ankündigen, um dann mit einem lauten Blobb an die Oberfläche des Schlammtümpels zu stoßen.

Wer nach dem Ausflug in die bizarre Mondlandschaft auf den Geschmack gekommen ist und weitere merkwürdige geologische Strukturen sehen möchte, fährt hinauf ins 20 km entfernte **Lopătari** (über Scorţoasa, Căneşti und Chiliile). Dort sind einmalige schneeweiße Berge zu sehen. Die Rumänen nennen diese trockenen Schneeberge **Grunj.**

Ploieşti

↗ XXI, C1

- **Meereshöhe:** 250 m
- **Vorwahl:** 0244
- **Einwohner:** 267.000

Die beiden Industriestädte Ploieşti und Piteşti (s.u.) sind weder attraktiv noch lohnen sie einen Aufenthalt als Sprungbrett, um in die nahen Karpaten, die Salzminen von Slanic oder die Fürstenstadt Târgovişte zu fahren (dafür bieten sich die vielen guten, nördlich gelegenen Landpensionen um Vălenii de Munte, Comarnic oder Câmpulung eher an). Der Lärm der umfassenden Bau- und Sanierungsarbeiten, der seit Jahren auch die an Staub, Ölgeruch und Schmutz gewöhnte Bevölkerung langsam zu nerven beginnt, kommt auf der Negativliste neben verstopften und desaströsen Straßen als weiterer Minuspunkt hinzu.

Bernsteinmuseum in Colţi

Das **einzige Bernsteinmuseum Rumäniens** befindet sich nur 15 km von Buzău entfernt im kleinen Örtchen Colţi. Die Fahrt mit dem Taxi von Buzău sollte nicht mehr als umgerechnet 10 Euro kosten (für Hin- und Rückweg).

Viorica Nica führt seit 1979 durch das hübsche Museum, ihr Mann *Dumitru* erklärt als Historiker, Gärtner und Bienenzüchter die anderen wichtigen Sehenswürdigkeiten, die man in der Walachei auf keinen Fall versäumen sollte. Die beiden bieten eine preiswerte Übernachtungsmöglichkeit an.

- **Muzeul Chihlimbarului,** Bernsteinmuseum, Tel. 0238-522 555, Eintritt 5 RON.
- **Casa Nica** (**), 5 Zimmer, Tel. 0238-522 555, DZ 60 RON.

Kurort Sărata Monteoru

Die **Thermalquellen** von Sărata Monteoru 10 km südwestlich von Buzău sind bereits seit 1482 bekannt. Solch prominente Gäste wie *Şerban Cantacuzino* und *Constantin Brâncoveanu* hielten sich hier bereits 1680 zum „Kurlauben" auf. Heute gilt das Spa als ideale Basis für einen Besuch der Schlammvulkane (25 km), des Skulpturenparks von Măgura (35 km) und des Bernsteinmuseums in Colţi (20 km). Ein **Gesundheitszentrum** bietet das ganze Spektrum an Heilbehandlungen an, von Massagen über Inhalationen bis hin zu Wasserkuren und Magnetotherapie.

Adressen (Vorwahl 0238):

- **Casa cu Tei** (**), Drumul Schelei 207, Tel. 451 255, www.casacutei.ro, EZ 50 RON, DZ 60 RON.
- **Pension Casa Costea** (**), gleich neben dem Freibad, erstklassig gut, im Grünen, ruhig und billig, EZ 50 RON, DZ 60 RON, Halb- und Vollpension möglich und empfehlenswert.
- **Landpension Marin** (**), Str. Principala 338, Tel. 451 135, DZ 70 RON.
- **Hotel Monteoru** (**), Tel. 451 110, www.monteoruspa.ro, EZ 55 RON, DZ 75 RON.
- **Camping Adventura,** Tel. 451 110, 8 km südwestlich, über die DN1b Richtung Ploieşti, Abfahrt Merei, Stell- und Zeltplätze, gute sanitäre Einrichtungen, 50 einfache Holzhütten von 15–30 RON, Zelt 10 RON, Auto 15 RON.
- **Restaurant Anemona,** Tel. 451 117, bestes Restaurant im Ort.

Drăgaica-Festival in Buzău

Das **Mittsommerfest** Drăgaica in Buzău zählt zu den Höhepunkten der kulturellen Veranstaltungen in Muntenien. Zur Sommersonnwende (20., 21. oder 22. Juni) streifen sich die Mädchen des Ortes ihre traditionellen Folklorekostüme über und tragen Kronen aus Blumengebinden auf dem Kopf. Singend und tanzend geht es durch die Straßen der Stadt, in der an diesem Tag viele ihr Kunstgewerbe ausstellen. In den letzten Jahren entwickelte sich das Fest immer mehr zu einem bunten und ausgelassenen (Kunst-)Markt.

Schade ist dies vor allem für die **sehenswerten Museen** in Ploieşti und die **aufblühende kulturelle Szene** der beiden Städte, deren junge Künstler den Kontakt mit westlichen Besuchern herbeisehnen.

Bislang jedenfalls zieht es vor allem Geschäftsleute der **Ölindustrie** nach Ploieşti und Piteşti, die dann aber wegen Zeitmangel und Verständnisproblemen wenig am kulturellen Leben teilnehmen können, obwohl man einige amerikanische und chinesische Manager schon in einem Museum in Ploieşti gesehen haben will – im Ölmuseum.

Ploieşti, die **größte rumänische Ölstadt,** hat einige Superlative zu bieten. So war Ploieşti 1857, gemeinsam mit Petrolia in Kanada, die erste Stadt der Welt, die eine Ölquelle hatte und diese auch nutzte. Bereits einige Jahre später machte das sprudelnde Öl aus Ploieşti das 50 km entfernte Bukarest zur weltweit ersten Stadt, die Erdöl zur Straßenbeleuchtung nutzte. Zu Zeiten des Ersten Weltkriegs gab es bereits zehn Raffinerien in der Stadt, die allerdings allesamt ausländischen Gesellschaften gehörten. Die zunehmende Industrialisierung und die zentrale Lage machten aus Ploieşti den zentralen Eisenbahnknotenpunkt Rumäniens.

Museen

Das sehenswerte **Uhrenmuseum** mit über 800 Einzelstücken zeigt unter anderem die erste Taschenuhr, die übrigens auch nach über 300 Jahren noch die Zeit misst (falls sie aufgezogen wird) und dazu eine kleine Melodie von sich gibt. Das Uhrenmuseum ist in einem der schönsten Gebäude der Stadt untergebracht. Die Architektur aus dem 19. Jahrhundert ist stark an den Brâncoveanu-Stil angelehnt, ist aber noch verspielter und nimmt fast den Jugendstil vorweg.

Die gesamte Geschichte der rumänischen Erdölindustrie ist in einer zugleich pathetischen und bedrückenden Ausstellung im **Nationalen Erdölmuseum** zu sehen.

Einige der wichtigsten rumänischen Maler wie *Theodor Aman* und *Nicolae Grigorescu* sind im **Kunstmuseum** der Stadt recht ansprechend in Szene gesetzt (ein besseres Museum, um die Werke *Grigorescus* zu studieren, ist in der walachischen Stadt Câmpina, das Muzeul Nicolae Grigorescu).

Die Kenner rumänischer Literatur werden sicher nicht am **Muzeul Nichita Stănescu** vorbeikommen, in dem einige seiner schönsten Gedichte als Originalskripte zu sehen sind.

Last but not least ist das **Museum für Geschichte und Archäologie** zu erwähnen, das zwei große Sektionen der Zerstörung der Stadt im Zweiten Weltkrieg und den großen Sportheroen Rumäniens widmet, aber auch ein uraltes Boot ausstellt, das im Moor des Donaudeltas die Zeit erstaunlich unbeschadet überstanden hat.

Das Kunstmuseum von Ploieşti

- **Muzeul Ceasului** (Uhrenmuseum), Str. N. Simache 1, Tel. 142 861, Eintritt 4 RON, Di. bis So. 9–17 Uhr.
- **Muzeul Naţional al Petrolului** (Erdölmuseum), Str. Dr. Bagdasar 8, Eintritt 3 RON, Di. bis So. 9–17 Uhr.
- **Muzeul de Arta** (Kunstmuseum), B-dul Independenţei 1, Eintritt 4 RON, Di. bis So. 8–17 Uhr.
- **Muzeul Nichita Stănescu,** Str. Nichita Stănescu 1, Eintritt 3 RON.
- **Muzeul de Istorie şi Arheologie** (Museum für Geschichte und Archäologie), Str. Toma Caragiu 10, Tel. 11 44 37, Eintritt 5 RON.

Service

- **Hauptpost,** Piaţa Victoriei 8, Tel. 594 764.
- **Geldwechsel: Raiffeisenbank,** Str. Unirii 2, Mo. bis Fr. 8.30–18 Uhr, Sa. 9–14 Uhr.
- **Optiker: Vaida Optic,** Str. Constanţei 22, Mo. bis Fr. 9–18 Uhr, Sa. 9–12 Uhr.

Notfälle

- **Apotheke (Farmacia): Europharm,** B-dul Unirii 4, Tel. 522 860, nonstop.
- **Privatklinik: Al Medica Berlin,** B-dul Republicii 6, Tel. 510 051, Mo. bis Fr. 8–19 Uhr, Sa. 8–13 Uhr, westeuropäischer Standard.

Mobilität

Züge

Der Hauptgrund, der viele Menschen nach Ploieşti bringt, werden die **exzellenten Zugverbindungen** sein, die einen in die attraktiveren Gegenden Rumäniens befördern. Wer die schnellen IC- und R-Züge von und nach Bukarest, Constanţa, Timişoara, Craiova und die Moldau nehmen möchte, muss zum **südlichen Bahnhof (Gară de Sud),** Piaţa 1. Decembrie 1918, Tel. 520 730; Nahverkehrszüge (z.B. nach Vălenii de Munte) fahren vom

rum619 Foto: jr

westlichen Bahnhof (Gară de Vest) ab, Str. Domnișori 95, Tel. 520 731. Tickets gibt's vorab im **CFR-Büro,** Str. Republicii 1, Tel. 557 191.

Busse

- Es gibt **zwei Busbahnhöfe** in Ploiești. Zum nördlichen in der Str. Dragolina geht man 15 Min. vom Zentrum oder nimmt den 4er Bus. Der südliche liegt gleich neben dem Südbahnhof. Der Umbruch, in dem sich die Stadt befindet, spiegelt sich übrigens auch in den Abfahrtszeiten der Busse wider, die Ploiești einmal mehr zu einem chaotischen Platz machen (Sie wollen weg? Nehmen Sie besser den Zug!).

Taxis

- **Index,** Tel. 944.
- **Willis,** Tel. 967.

Auto

- **Autowerkstatt,** Str. Găргeni 92a, Tel. 512 981.

rum001 Foto: ir

Unterkunft

- Wer schon in Ploiești übernachten muss, kann es sich vielleicht leisten, das beste Hotel der Stadt aufzusuchen. Das **Hotel Central** (****), B-dul Republicii 1, Tel. 526 641, ist gar nicht mal so teuer: EZ 140 RON, DZ 180 RON, App. 290 RON. Wer hier nicht schläft, sollte sich zumindest eine Mahlzeit im ausgezeichneten Restaurant gönnen.

Camping

- Mit Bussen und Bahnen zwar nicht zu erreichen, aber mit einem der günstigen Taxis (oder dem eigenen Auto) kein Problem: **Camping Românești,** 10 km außerhalb der Stadt, südlich an der E 60, Richtung Bukarest, Kilometerpunkt 49; einfache Holzhütten und sanitäre Einrichtungen, Hütte 30 RON, Auto und Zelt 30 RON.

Essen und Trinken

- Im britischen Ambiente des **London House Club,** B-dul Independenței 2, Tel. 595 938, gegenüber dem Kunstmuseum, schmecken Roast-Beef und gebackene Kartoffeln so gut, dass man Ploiești wünscht, bald eine größere Rolle im Tourismus zu spielen.
- Im **Marlen,** B-dul Republicii 307, Reservierungs-Tel. 0722-264 645, wird klassisch rumänisch gekocht. Entspannte Atmosphäre, vor allem im Sommer auf der grün umrankten Terrasse. Probieren: *Mămăligă la Cuptor.*

Pitești

⇗ XX, A1

- **Meereshöhe:** 270 m
- **Vorwahl:** 0248
- **Einwohner:** 187.000

Der Name der 120 km westlich von Ploiești gelegenen Stadt Pitești ist unweigerlich mit dem einzigen Auto verbunden, das jemals in Rumänien hergestellt wurde, dem **Dacia.** Seit 1966 rollen die einstmals begehrtesten Autos Rumäniens in den Hauptwerken im Norden der Stadt von den Bändern. Aber erst 1996 kam mit dem Dacia Nova zum ersten Mal ein Modell auf den Markt, das auch hundertprozentig von Rumänen designed und produziert wurde. Die vorherigen Modelle (siehe Exkurs „Dacia – der rumänische Volkswagen") lehnten sich an Technik und Design westlicher Modelle an. Im Jahr 1999 gewann Renault gegen Peugeot das Rennen um die Dacia-Werke in Piteşti und brachte im Jahr 2005 den 5000 Euro teuren Dacia Logan auf den Markt, das erste Exportprodukt Rumäniens auf den westlichen Märkten.

Die grausigen Experimente von Piteşti

Sehenswerte Museen, Denkmäler oder architektonische Kleinode hat die im Zweiten Weltkrieg stark zerstörte Stadt Piteşti nicht zu bieten, dafür aber ein bedenkenswertes **Mahnmal.**

Zwischen 1949 und 1952 fand im Gefängnis von Piteşti (später auch in Gherla und Aiud) ein Experiment statt, das sich **Umerziehungsprogramm** nannte. Die daran „teilnehmenden" Priester, Studenten, Künstler und Intellektuellen mussten in der ersten Phase des grotesken Schauspiels ihre Verbrechen bekennen und wurden anschließend gezwungen, ihre eigenen Mitgefangenen dafür zu bestrafen. Das so genannte Experiment von Piteşti wuchs sich im Laufe der Zeit zur schlimmsten Folter aus, die 30 Gefangene nicht überlebten. In den drei Jahren bis zum Verbot durchlitten Tausende von Rumänen diese Tortur.

Den Opfern, die gleichzeitig zu Tätern (gemacht) wurden, ist heute an der Stelle, wo einst das Gefängnis stand (Str. Negru Voda 80, gegenüber dem Militärmuseum), eine kleine Gedenksäule gewidmet.

Service

- **Hauptpost,** Str. Victoriei 14, Mo. bis Fr. 9–19 Uhr, Sa. 9–12 Uhr.
- **Geldwechsel: Banca comercială Română,** B-dul Republicii 83, Mo. bis Fr. 8.30–17 Uhr.
- **Reisebüro: Novatouring,** Str. Victoriei 28 (in den Galeriile Pavone), Tel./Fax 223 118. Organisiert auch Rundreisen und Touren nach Curtea de Argeş. Autovermietung.

Notfälle

- **Salvamont-Bergrettung:** Tel. 217 800.
- **Apotheke: Farmacia Dona,** Str. Exerciţiu 27, Tel. 251 133, Mo. bis Fr. 7.30–22 Uhr, Sa./So. 8–18 Uhr.
- **Kreiskankenhaus: Spitalul judeţean,** Str. Exerciţiu 39, Tel. 624 100.

Mobilität

- Der **Südbahnhof (Gara de Sud)** am B-dul Republicii ist der eigentliche Hauptbahnhof der Stadt. Von hier fahren täglich 3 Intercitys nach Bukarest und 3 Schnellzüge nach Craiova und Constanţa. Regionalzüge verkehren vom **Gara de Nord** in der Str. Bascov. **Zugauskünfte:** Tel. 635 400.
- Der **südliche Busbahnhof (Autogara de Sud)** befindet sich 100 m vom Südbahnhof entfernt, Str. Târgul din Vale 47, Tel. 636 302. Von hier starten auch private Maxitaxis in die größeren Städte im Süden und in die Hauptstadt. Ein weiterer Busbahnhof liegt im Norden, Str. George Coşbuc 12, Tel. 282 201.

Auf den ersten Dacia musste man noch lange warten – der Dacia 1100

Dacia – der rumänische Volkswagen

Die meisten Rumänen können die verschiedenen Dacia-Automodelle noch heute mühelos runterrasseln, auch wenn immer weniger von ihnen auf rumänischen Straßen zu finden sind. Kein Wunder, allzu viele Typenbezeichnungen hat es nicht gegeben, und für viele bedeutete der rumänische Kleinwagen die erste Chance auf ein wenig unabhängige Mobilität.

Während man sich in der DDR erst 1984 entschloss, den Trabant mit einem 1,1-Liter-Viertakter von Volkswagen aufzurüsten – was einige Zyniker zu dem Kommentar veranlasste, das sei so, als wenn man einer Leiche einen Herzschrittmacher einpflanzen würde – setzte die rumänische Staatsführung von Anfang an auf westliche Technologie. 1966 gab es eine internationale Ausschreibung für den Bau eines rumänischen Wagens, an der Alfa, Fiat, Renault, Peugeot und Austin teilnahmen. Als Wunsch hatte die Bukarester Führung einen Mittelklassewagen bis 1300 cm^3 vorgegeben. **Renault,** das den Kooperationszuschlag erhielt, baute jedoch aufgrund „technischer Schwierigkeiten" zuerst nur ein 1100-cm^3-Modell, den Dacia 1100, der als Renault 8 auch für den französischen Markt hergestellt wurde.

Ähnlich dem DDR-Trabant war der nach dem ehemaligen Königreich Dakien benannte Dacia 1100, vor allem aber das Nachfolgemodell 1300, ein Wagen, auf den man **lange warten** musste. Wer ihn schließlich nach fünf bis acht Jahren bekam, nutzte die ungewohnte Freiheit dazu, zuerst einmal kreuz und quer durchs Land zu reisen. Von der ungarischen Grenze bis zum Schwarzen Meer sah man den Wagen ab 1970 immer öfters auf den Straßen.

Im 1968 gegründeten Werk in Piteşti gab es in der kommunistischen Zeit **zwei Herstellungsbänder,** eins für den Export, eins für die Inlandsproduktion. Die Einzelteile der für Rumänien produzierten Dacias waren schlechter, was aber die meisten Rumänen durch eigenhändige, oft wöchentliche Reparaturen wieder wettmachten.

Unterkunft

- Das kleine **Hotel Carmen** (***), B-dul Republicii 84, Tel. 222 699, ist die beste Adresse in der Stadt. Auch das Hotel-Restaurant gehört in die Kategorie „empfehlenswert".

Bergdorf Cheia und Salzmine Slănic

Nördlich von Ploieşti führt die gut befahrbare A1 durch eine der schönsten Regionen Munteniens, das **Tal des Flusses Teleajen.** Auf der stetig ansteigenden Straße Richtung Braşov (Transsylvanien) erreicht man zuerst den Ort **Vălenii de Munte.** Wer sich für die rumänische Politik der Nachkriegszeit interessiert, kann hier einen Abstecher ins **Museum Nicolae Iorga** machen. Die Ausstellungsräume im sehenswerten Holzhaus aus dem 17. Jahrhundert stellen auch gleichzeitig den Tatort dar, an dem der Historiker und Premierminister *Iorga* 1940 durch die von ihm mitbegründete Eiserne Garde ermordet wurde. Angeschlossen ist ein **Museum,** das **Ikonen** und Kultgegenstände der Orthodoxie präsentiert.

- **Muzeul Nicolae Iorga,** Str. G. Enescu 3, Tel. 0244-280 861, Di. bis So. 9–17 Uhr, Eintritt 4 RON.
- **Muzeul de Artă Religioasă** (Museum für religiöse Kunst), Str. G. Enescu 1, Tel. 0244-280 861, Di. bis So. 9–17 Uhr, Eintritt 4 RON.

Salzmine Slănic ↗ XVI, B3

Von Vălenii de Munte sind es knapp 8 km zum nördlich gelegenen **Kurort Slănic Prahova** (der Zusatz Prahova verweist darauf, dass es in der Region Moldau einen weiteren Ort namens Slănic gibt, nämlich Slănic Moldova). Die Hauptattraktion der Mittelgebirgsstadt ist die Salzmine, die auch als Therapie- und Sportzentrum dient. Man findet sie am Ende des Ortes. Zuerst geht es am kleinen **Salzmuseum** vorbei, dann führt die Straße geradeaus, bis man am Ende rechts eine kleine Brücke überquert (leider ist die Salzmine sehr schlecht ausgeschildert!).

Entdeckt wurde die **Saline** im Jahre 1689. Man grub sehr frühzeitig Stollen in die Tiefe, und bald wurde den Menschen der Region bewusst, dass sich die salzhaltige Luft tief im Erdinnern positiv auf die Atemwege und Atemwegserkrankungen auswirkte.

Heute führt ein 208 m tiefer **Fahrstuhl in die Tiefe** (er sieht zwar altertümlich aus, wird aber vom rheinländischen TÜV kontrolliert). Unten betritt man dann eine 84.000 Quadratmeter große Mine, in der sich Handball-, Volleyball- und Fußballfelder befinden! Auch **Billardsäle, Cafés und Restaurants** hat man nicht vergessen, damit es den Salzkurgästen an nichts fehlen möge. Die Temperatur von nur 13 Grad, die unter Tage herrscht, ist allerdings, insbesondere im Hochsommer, stark gewöhnungsbedürftig (Pullover mitnehmen).

- **Salina Slănic,** Besichtigung und Führung täglich 9–17 Uhr, Mo. geschlossen, Eintritt 10 RON, Kinder 5 RON.
- **Muzeul Sării Slănic** (Salzmuseum), Tel. 0244-240 961, tägl. 9–17 Uhr, Eintritt 2 RON, Fotografieren, Filmen 2–5 RON extra.

Unterkunft

Auf dem Weg zur Saline liegen drei **Pensionen** mit Zimmerpreisen von 50–70 RON:
- **Jean** (**), Tel. 0723-648 638.
- **Elena** (**), Tel. 0724-724 170.
- **Livada** (***), Tel. 0244-241 612.

Bergdorf Cheia ⇗XVI, A/B3

Von Ploieşti kommend führt die A1 über Vălenii de Munte weiter Richtung Norden, sprich: Richtung Karpaten. Die kontinuierlich ansteigende Straße passiert 15 km hinter Vălenii das **Nonnenkloster Suzana,** welches rechtsseitig, pittoresk am Flüsschen Teleajan, vor einer schönen Bergkulisse liegt. Das im 18. Jahrhundert erbaute Kloster wurde zwischen 1835 und 1838, nach einer Zerstörung, völlig neu aufgebaut und mit den prachtvollen Ikonen des Künstlers *Gheorghe Tattarescu* verschönert.

Auf halber Strecke von Slănic nach Braşov erreicht man auf 900 Höhenmetern das wunderschöne **Bergdorf Cheia** zu Füßen der **Ciucaş-Berge.** Der friedliche und ruhige Ort ist eine wahre Erholung für alle Großstadtgeschädigten, die vielleicht aus den Metropolen Bukarest oder Ploieşti hier heraufgefunden haben. Cheia ist eine vorzügliche Ausgangsstation für Bergtouren in die Ciucaş-Berge (Krähenstein). Leichte und nicht allzu lange Routen führen rechts hinüber in die **Roşu-Berge** und zur 7 km entfernten **Hütte Muntele Roşu** (1281 m). Von hier dauert der Aufstieg zur netten, einfach ausgestatteten Ciucaş-Hütte auf 1600 m noch einmal 2 Stunden

Auf dem Weg in die Berge: Câmpina und Breaza

Die meisten Besucher, die sich von Bukarest nach Sinaia, Predeal und Braşov auf den Weg machen, nehmen die schnellste und direkteste Route, die Europastraße 60. Die Zwischenstationen, die sich hier auf halber Strecke zwischen Ploieşti und Sinaia anbieten, heißen Câmpina und Breaza.

Als kleiner Abstecher und „kulturelle Tankstelle“ auf dem Weg in die Berge empfiehlt sich das nette, kleine **Muzeul Niculae Grigorescu in Câmpina.** Zwar gibt es auch in Ploieşti einige Werke des bedeutendsten rumänischen Malers zu sehen, aber im hübsch eingerichteten Landhaus in Câmpina kommen die Landschaftsporträts und Stillleben des Künstlers wesentlich besser zur Geltung.

In **Breaza** bietet sich die Möglichkeit eines Zwischenstopps oder einer günstigen Übernachtung an (für einen Bummel zur hübschen Bergkirche Sf. Nicolae sollte Zeit sein). Oder wie wäre es mit einer Partie **Golf** im ersten professionellen Club Rumäniens (Lac de Verde)?

- **Muzeul Niculae Grigorescu,** Câmpina, B-dul Carol I., Di. bis Fr. 9–17 Uhr, Sa./So 9–13 Uhr, Eintritt 4 RON.
- **Lac de Verde** (****), Str. Caraiman 57, Tel. 0244-343 525, www.lacdeverde.ro, EZ/DZ 80–120 Euro. Modernes Golfhotel der Luxusklasse.
- **Hotel Belvedere** (**), Str. Prundului 11, Tel. 0244-345 100. Schön gelegenes Hotel mit ausgezeichneter Küche.

(die Hütte ist bis zum Winter 2007 wegen Renovierungsarbeiten nicht benutzbar!).

Vom nahe gelegenen **Bratocea-Pass** auf 1263 m, der auf der anderen Seite hinunter nach Braşov führt, liegt die Babarunca-Hütte (rechts der Straße) nur 5 km entfernt.

Wer nicht klettern, sondern nur einen Zwischenstopp einlegen möchte, kann sich am **See Măneciu** im Angeln üben (hier gibt es ausgezeichnete Forellen).

- **Bergrettung: Salvamont Cheia,** Tel. 0722-140 858.
- **Cabana Muntele Roşu,** Tel. 0244-294 141, Zimmer mit 2–8 Betten, 44 Plätze, fließend Wasser, Heizung, Elektrizität, Übernachtung 20–30 RON.

Unterkunft

- **Pension Reginei** (****), Tel. 0244-294 161, www.floareareginei.com.ro (in Englisch), auf der A 1 am Kilometerpunkt 135 (ist ausgezeichnet). Die Pension mit Restaurant bietet allen erdenklichen Komfort, wie Internet, Sauna, Jacuzzi und einen Fitnessraum. EZ/DZ 70–80 RON.
- **Casa Română** (***), im Ortsteil Măneciu, in Seenähe, liegt die adrette, moderne Pension mit Terrasse und schönem Ausblick. Gute Küche, Vollpension möglich. EZ/DZ 80 RON, App. 100 RON, Tel. 0723-536 125, mehr unter www.casaromana.go.ro (leider nur auf Rumänisch, aber Abbildung!).

Târgovişte

↗ XX, B1

- **Meereshöhe:** 350 m
- **Vorwahl:** 0245
- **Einwohner:** 90.000

Die Stadt Târgovişte (alte Schreibweise: Tîrgovişte, Betonung auf dem o!) liegt 60 km von Bukarest entfernt auf halber Strecke zwischen Ploieşti und Piteşti. Man erreicht sie bequem von der Hauptstadt über die neu gebaute Autobahn (Abfahrt Găeşti). Das im Hügelland der Vorkarpaten gelegene Târgovişte hat zwar in den letzten 50 Jahren eine ähnliche Entwicklung zur Industriestadt vollzogen wie seine Nachbarstädte, verdient aber mehr Aufmerksamkeit, da sich die Relikte der **einstigen Hauptstadt der Walachei** relativ gut erhalten haben. Zu den wichtigsten Überresten der Blütezeit Târgoviştes zählt der alte **Fürstenhof,** für dessen Besichtigung man durchaus einen Tag einplanen sollte.

Während der Revolution von 1990 rückte die Stadt am Fluss Ialomiţa in den Brennpunkt der Zeitgeschichte, als **Nicolae und Elena Ceauşescu** ihre Flucht mit dem Helikopter hier in der Nähe des Fürstenhofs unterbrechen mussten, festgenommen und hingerichtet wurden. Târgovişte ist damit zu einem Symbol für das Ende einer Epoche geworden, allerdings nicht zum ersten Mal in der Geschichte.

Bewegte Geschichte

Als 15-jähriger Knappe geriet der spätere deutsche Kreuzritter und Weltreisende **Johannes Schiltberger** 1396 (nach der Schlacht von Nikopolis) in osmanische, später dann in mongolische Gefangenschaft. Dies hielt ihn nicht davon ab, seine Reisen à la *Marco Polo* minutiös zu beschreiben. So war er es, der die Stadt Târgovişte um 1400 erstmals in seinen Reiseerzählungen erwähnte.

50 Jahre später wurde am Fürstenhof von Târgovişte jene Person inthronisiert, die schon bald für die Herrschenden Europas zur Hoffnung gegen das Osmanische Reich, aber auch zum Sinnbild für brutale Kriegshärte werden sollte: **Fürst Vlad III. Draculea,** genannt „der Pfähler", die historische Vorlage für *Bram Stokers* Roman „Dracula".

Târgovişte war kurz zuvor zur Hauptstadt der Walachei aufgestiegen (der Fürstensitz befand sich vorher in der benachbarten Stadt Curtea de Argeş, s.u.). *Vlad Draculea* hatte bereits seine Kindheit in Târgovişte verlebt, geriet dann aber mit seinem Bruder in türkische Gefangenschaft. Die Rache für dieses Martyrium sollten die Osmanen auf grausame Weise zu spüren bekommen. *Vlad* gelang die Flucht aus Konstantinopel; er baute Târgovişte zur Festung aus und führte von hier seine erfolgreichen Feldzüge gegen die Osmanen. Nach siegreichen Schlachten ließ *Vlad* meist alle Gefangenen aufspießen und die Gepfählten über Kilometer hinweg an der Südgrenze der Walachei als Warnung für zukünftige osmanische Eindringlinge auf- und ausstellen. Die Türken rächten sich nach dem Tod *Vlads,* indem sie die Stadtmauern Târgoviştes schleifen und den Fürstenhof in Brand stecken ließen.

Târgovişte sollte dennoch bis 1714 Hauptstadt der Walachei bleiben, erst danach verlagerte man den Fürstensitz noch weiter ostwärts, nach Bukarest.

Sehenswertes

Der historische Fürstenhof

Am besten beginnt man seinen Rundgang in Târgovişte im **Stadtpark rund um den Chindia-See.** Der Park ist genau im Zentrum zu finden und nur 15 Minuten vom Bahnhof entfernt. Hier wurden die Ruinen der alten Stadt ausgegraben und rekonstruiert. Wen die Geschichte *Vlad Draculeas* interessiert, findet gleich neben dem Park im **Turnul Chindiei** eine umfassende Ausstellung zur Person *Vlads,* die sich glücklicherweise an die historischen Tatsachen hält und nicht in eine kitschige Dracula-Welt abgleitet.

Vlad hatte den ehemaligen Wohnturm (der später zum Wachturm werden sollte) während seiner Residenzzeit von 1456 bis 1462 gleich neben den Fürstenhof gesetzt. Dessen Überreste sind direkt südlich des Turms zu sehen.

Insgesamt dreimal wurde der Fürstenhof von den Osmanen in Brand gesetzt und auch dreimal wieder aufgebaut. So ließ **Fürst Petru Cercel** (1583 –1585) gleich neben dem alten einen neuen Fürstenhof errichten, der inmitten eines italienischen Renaissancegartens angelegt war. Nach der erneuten Zerstörung dieses Hofes war es

Matei Basarab (1580–1654), der den Fürstenhof (inklusive eines türkischen Bades!) wieder aufbauen ließ.

Im Jahr 1660 wurde der Hof von Târgovişte ein letztes Mal durch die Osmanen komplett zerstört, doch der Wojwode **Constantin Brâncoveanu** (1654–1714) ließ ihn 1698 abermals aufbauen.

Die Fürstenkirche

Der aufgeklärte Humanist **Brâncoveanu** orientierte sich gerne an westlichen Vorbildern und ließ die von den Osmanen 1660 zerstörte Fürstenkirche als von einem Turm gekrönte Kreuzkuppelkirche wieder aufbauen. Der Grundriss gleicht dem eines griechischen Kreuzes, die **Fresken** aus dem Renovierungsjahr 1698 erstrahlen nach ihrer neuerlichen Renovierung im Jahr 2003 in neuem Glanz.

Auf einem Votivbild ist *Constantin Brâncoveanu* mit einem Modell der Fürstenkirche in der Hand abgebildet, neben ihm die bereits im vorigen Abschnitt erwähnten „Aufbaufürsten" *Petru Cercel* und *Matei Basarab*.

Die ikonografischen Gemälde im Südwesten des Hauptraums (Naos) zeigen eine in der Orthodoxie einmalige Szene: die wundersame Brotvermehrung.

Der Fürstenhof in der alten Walachei-Hauptstadt Târgovişte

●**Curtea Domnească** (Fürstenhof) und **Biserica Domnească** (Fürstenkirche), Zugang über den B-dul Bălcescu, Di. bis So. 9–17 Uhr, Eintritt 5 RON.

Kloster Dealului

Ein wenig außerhalb von Târgovişte lädt ein wichtiges Kloster zur Besichtigung ein. Um das Kloster Dealului zu erreichen, fährt man über die DN71 in Richtung Norden (Sinaia). Nach der Ausfahrt Richtung Ploieşti biegt man nach 1 km links ab.

Die hier auf einer Anhöhe zu sehende Klosterkirche zählt zu den elegantesten in ganz Rumänien. Der um 1500 vollendete Bau trägt zwei kleine Kuppeln, die über einer **reich geschmückten Fassade** thronen. Die orientalischen Zierelemente und die Rundbögenarkaden verleihen dem gesamten Gebäude einen schlichten und zugleich vielfältigen Charakter.

●**Mănăstirea Dealului,** Mo. bis So. 8–18 Uhr, Eintritt 3 RON.

Service

●**Hauptpost,** Str. Laminorului 3, Tel. 617 030, 14, Mo. bis Fr. 9–19 Uhr, Sa. 9–12 Uhr.
●**Geldwechsel: BRD Bank,** Str. Stelea 1, Mo. bis Fr. 8.30–17 Uhr.
●**Fotoladen: Revo Center,** Str. Arsenalului 24.
●**Reisebüro: Blue Moon Travel,** Str. Arsenalului 63, Tel. 606 035. Buchung von Zug- und Flugtickets, Zimmervermittlung.
●**Optiker: Dioptria,** B-dul Mircea cel Batrân 6, Tel. 640 641, Mo. bis Fr. 8–19 Uhr, Sa. 8–16 Uhr.

rum628 Foto: jr

Notfälle

- **Apotheke: Farmacia Clepsidra,** B-dul Independenţei 7, Mo. bis Fr. 7.30–22 Uhr, Sa./So. 8–18 Uhr.
- **Private Klinik: Polimed,** Str. 10. Mai, Nr. 15, Te. 217 519, Mo. bis Fr. 7.30–20 Uhr, Sa. 8–13 Uhr.

Mobilität

- Der **Hauptbahnhof (Gara)** liegt 1 km vom Stadtzentrum entfernt. Man erreicht ihn mit dem Oberleitungsbus 5 und dem Bus 6; Tel. 611 243. Das **CFR-Büro** verkauft gleich neben dem Bahnhof Tickets vorab, Tel. 613 772.
- Der **Busbahnhof (Autogara)** befindet sich 1,5 km vom Stadtzentrum entfernt, B-dul Eroilor 1, Tel. 612 574. Tickets gibt's auch bei **S.C. Transport,** Str. Unirii 6, Tel. 616 633.
- **Taxi: Blue,** Tel. 941; **Car,** Tel. 944.

Unterkunft

- **Hotel Valahia** (***), B-dul Libertăţii 7, Tel. 634 491. Großhotel (über 100 Zimmer) mit erträglichen Preisen: EZ 90 RON, DZ 95 RON, App. 160 RON, inkl. Frühstück.
- 15 Minuten außerhalb von Târgovişte (im Ort Pucioasa) liegt die sehr günstige und gute **Pension Verona,** Str. Trandafirilor, Tel. 0722-402 558. DZ für Ausländer 70 RON (für Rumänen 60 RON).

Essen und Trinken

- **Restaurant Licurici,** an der Ausfahrt Richtung Sinaia, Tel. 761 005, tägl. 10–24 Uhr. Spektakuläre Aussicht von der Terrasse, ruhige Atmosphäre, guter Kaffee.

Die Ruinen des Fürstenhofs – auch ein beliebter Abenteuerspielplatz

- **Casa Domnească,** B-dul Arsenalului 14, täglich 10 Uhr bis open end, Reservierungen unter Tel. 613 173. Einfaches und schickes Restaurant in der City mit ebenso schnörkelloser Küche.
- **Clubul Aristocrat,** Str. I. Cuza 17, Tel. 206 100, tägl. 10–2 Uhr. Keine Bange, hier trifft sich nicht nur der Adel. Draußen gibt's ein Café, unten einen gemütlichen Weinkeller.

Curtea de Argeş ↗XX, A1

- **Meereshöhe:** 290 m
- **Vorwahl:** 0245
- **Einwohner:** 32.500

Die alte Fürstenstadt Curtea de Argeş 30 km nördlich von Piteşti ist wirklich eine Reise wert. Das hervorragend erhaltene Kloster gehört zu den schönsten sakralen Bauten Rumäniens. Curtea de Argeş war die **erste Hauptstadt der Walachei** – auch wenn der Fürstenhof einige Jahre zuvor in Câmpulung residierte, war Câmpulung doch niemals Hauptstadt.

Die Geschichte der kleinen Stadt am Fluss Argeş ist also eng mit den Anfängen der Walachei verbunden. Die vorangestellte Bezeichnung Curtea (rumänisch für „Hof") verweist auf den **Hof des Fürsten,** der bereits unter *Basarab I.* (1310–1352) hier residierte. Als mit Billigung Konstantinopels 1359 auch noch der erste walachische Metropolit (orthodoxes Kirchenoberhaupt) seinen Sitz nach Curtea de Argeş verlegte, war die kleine Stadt (mit damals gerade einmal 10.000 Einwohnern) nicht nur zum weltlichen, sondern auch zum religiösen Zentrum der Walachei geworden.

Sehenswertes

Die Kastanienallee (Weg zum Kloster)

Vom südlich gelegenen Bahnhof oder Busbahnhof sind es über die schattige Kastanienallee **(B-dul Basarabilor)** nur etwa 20 Min. zu Fuß bis zur Hauptattraktion des Ortes, dem gewaltigen Kloster- und Kirchenkomplex. Man sollte sich also nicht von den vielen aufdringlichen Taxifahrern zu einer Fahrt überreden lassen, zumal der Spaziergang durch die erstaunlich grüne Stadt bereits eine sehr schöne Einstimmung auf die wirklich sehenswerte und überwältigende Klosterkirche ist.

Unterwegs laden **Straßencafés** zum Verweilen ein. Autofahrer finden in der lang gezogenen Allee sicherlich immer einen Parkplatz (es sei denn, es ist ein Feiertag!).

Die Fürstenkirche des hl. Nikolaus

Am Ende der Kastanienallee geht es rechts auf das Terrain, auf dem sowohl die Fürstenkirche des hl. Nikolaus als auch die prächtig gestaltete und riesige Klosterkirche zu besichtigen sind.

Als erstes kommt man an der Fürstenkirche vorbei, **einer der ältesten Kirchen Rumäniens** (1352), die vollständig erhalten ist und niemals zerstört wurde – was angesichts der kriegerischen Vergangenheit Rumäniens einem Wunder gleichkommt! Die einfache und ohne Verzierung gestaltete Kirche besticht durch den regelmäßigen Wechsel zwischen rotem und hellem Ziegelputz, den man niemals dem 14. Jahrhundert zugeschrieben hätte, denn die Kirche sieht modern aus. Die **Fresken** im Innern aus dem 17. Jahrhundert sind nach aufwendigen Renovierungen (sie waren über ein Jahrhundert von den Kerzen im Kircheninneren rußgeschwärzt) wieder deutlich zu sehen und zeigen klar byzantinische Einflüsse.

● **Biserica Domnească Sfântu Nicolae,** Di. bis So. 9–18 Uhr, Eintritt 5 RON.

Die Bischofs- oder Klosterkirche

Ein **wahrer Augenschmaus** und für viele der Höhepunkt jeder Muntenien-Reise ist die berühmte Bischofskirche von Curtea de Argeş. Wie gestern erst fertig gestellt wirkt der wunderbare Bau, der mühelos arabische und türkische Einflüsse integriert. Frisch und strahlend zeigen sich auch die Innenfresken, die 1875 durch den Franzosen *Lecomte de Nouy* restauriert wurden – allerdings im Bukarester Kunstmuseum, das diese schönen Exponate sakraler Malerei leider von seinem Ursprungsort entfernt hat.

Der Zauber der Kirche von Curtea de Argeş ist nur mit dem der Drei-Hierarchen-Kirche in Iaşi vergleichbar. Die unglaubliche Vielfalt der Arabesken an der Außenfassade, die originellen, gegeneinander gerichteten Spiraltürmchen (der Zeichner *Escher* hätte seine Freude daran gehabt) und die Umgebung des üppigen Parks ergeben ein imposantes Gesamtbild. Kein Wunder, dass viele Pauschaltouristen ihre Busse nur höchst ungern wieder besteigen wollen.

• **Mănăstirea Curtea de Argeş,** Mo. bis So. 8–20 Uhr, Eintritt 5 RON.

Informationen

• Die freundliche Infostelle **im Hotel Posada,** B-dul Basarabilor 27–29, Tel. 721 451, hilft beim Organisieren von Tickets und empfiehlt auch private Pensionen im Umland.

Service

• **Hauptpost,** B-dul Basarabilor 121, Mo. bis Fr. 7–20 Uhr, Sa. 9–12 Uhr.
• **Geldwechsel: Raiffeisenbank,** B-dul Basarabilor 29, neben dem Hotel Posada.

Notfälle

• **Apotheke: Farmacia Arges,** B-dul Basarabilor 123, Mo. bis Fr. 7.30–22 Uhr, Sa./So. 8–18 Uhr.
• **Stadtkrankenhaus,** Str. Cuza Vodă 23, Tel. 722 152.
• **Bergrettung: Salvamont,** Tel. 217 800.

Mobilität

• Der **Hauptbahnhof (Gara)** liegt direkt im Stadtzentrum, Str. 1. Mai, Nr. 4, Tel. 726 525.
• Der **Busbahnhof (Autogara)** befindet sich in der Nähe des Hauptbahnhofs, Str. 1. Mai, Nr. 23, Tel. 721 685.

Unterkunft

• **Hotel Posada** (***), B-dul Basarabilor 27–29, Tel. 721 451. Auf halbem Weg zwischen Fürstenkirche und Kloster liegt dieses freundliche Hotel mit Restaurant. DZ 100–120 RON.

Essen und Trinken

Am schattigen B-dul Basarabilor finden sich zahlreiche gute Cafés und Restaurants. Hier nur zwei Vorschläge:

• **Pizzeria Montana,** B-dul Basarabilor 13, Pizzas bis zum Abwinken, dazu abends Live-Musik.
• **Ti amo,** B-dul Basarabilor 18. Gute Pizzas und Pasta, zudem öffnet das Ti amo abends seine Tanzfläche (meist bis in den frühen Morgen hinein).

rum632 Foto: jr

Oltenien

rum633a Foto: jr

rum633b Foto: jr

Idyllische Szenerie zwischen Râmnicu-Vâlcea und Curtea de Argeş

Der „Tisch des Schweigens“ von Constantin Brâncuşi steht in Târgu Jiu

Der Olt auf seinem Lauf durch die Karpaten

Vom Olt bis zum Eisernen Tor

Kulturell und historisch ist die Region Oltenien (rum. **Oltenia**) im Süden Rumäniens sehr eng mit dem benachbarten Muntenien verbunden, mit dem es im Laufe des Mittelalters bis in die Neuzeit als Walachei vereint war. Dieser gemeinsame Weg wird heute noch im deutschsprachigen Ausland gewürdigt, wo man das flächenmäßig größere Muntenien auch als „Große Walachei" und Oltenien als „Kleine Walachei" bezeichnet.

Landschaftlich und kulturell ist Oltenien, ein **Gebiet zwischen Donau, Olt und Südkarpaten,** in weiten Teilen reizvoller als die große, „flache" Schwester Muntenien. Die abwechslungsreiche Szenerie führt durch Weinberge, umwaldete Thermalbäder und das zauberhafte Olt-Tal, das sich auch auf dem Floß und auf geführten Wanderungen mit Schäfern erkunden lässt. Das malerische **Gartenkloster Horezu,** die **Einsiedeleien,** Târgu Jiu mit dem **Skulpturenpark** des größten rumänischen Künstlers, *Constantin Brâncuşi,* und schließlich der beeindruckende **Donaudurchbruch** durch die Karpaten am Eisernen Tor machen Oltenien zu einem kleinen, aber überaus spannenden Reisegebiet.

Im Gegensatz zu den multiethnischen Gebieten, wie Moldau, Transsylvanien oder Dobrudscha, ist in Oltenien die **ursprüngliche rumänische Kultur** über Jahrhunderte hinweg am besten erhalten geblieben. So nennt man sich (ebenso wie in Muntenien) auch in der Kleinen Walachei stolz **Ţara Românească,** das Rumänische Land.

Verstärkt wird das Bewusstsein, eine geschichtliche Keimzelle Rumäniens zu sein, durch die frühe Besiedlung durch **Daker und Römer** in diesem Gebiet, als deren direkte Nachfahren sich die Rumänen sehen. Das heutige Oltenien wurde 106 n.Chr., nach der Eroberung durch Kaiser *Traian,* zur römischen Provinz Dacia inferior.

Auf den gemeinsamen geschichtlichen Weg mit Muntenien, der im Mittelalter ab 1247 zur Bildung des **Fürstentums Walachei** führte, wurde bereits mehrfach hingewiesen. Spannender ist die Frage, wie es zur Trennung der Walachei kommen konnte.

Bis 1718 herrschten die **Osmanen** offiziell über das gesamte Gebiet südlich der Karpaten, und die Bauern und Adligen der Walachei galten als gute und regelmäßige Tributzahler, seit sie von **Phanarioten** (byzantinischen Adligen griechischer Abstammung) regiert wurden, die den Vasallenstatus der Walachei unnachgiebig finanziell ausnutzten. Doch militärisch konnte Konstantinopel die Walachei niemals vollständig unterwerfen.

Nachdem das Osmanische Reich bereits 1687 empfindliche Niederlagen erleiden musste, schloss Sultan *Ahmed III.* 1716 mit Habsburg *(Karl IV.)* und Venedig einen Friedensvertrag **(Friede von Passarowitz).** Darin traten die Osmanen den kleineren Teil der Walachei, westlich des Olt, an die Habsburger ab: die Geburtsstunde der Region Oltenien.

Im Tal des Olt

Im Gegensatz zu der hochalpinen Straße, die einen von Curtea de Argeş über die serpentinenreiche Transfăgăraşan auf 2300 Höhenmeter bringt, verläuft die Karpaten-Strecke im Olt-Tal 25 km weiter westlich wesentlich flacher, aber nicht weniger spektakulär. Hier in Oltenien führt die Route ins nördliche Transsylvanien eben nicht über, sondern durch die Karpaten. Die Straßenbauer hatten es vergleichsweise leicht, mussten sie doch

Der Olt

Der 670 km lange Olt (dt. Alt) fließt vollständig auf rumänischem Gebiet. Von der siebenbürgischen Hochebene in den Ostkarpaten fließt er westwärts, wendet sich bei Turnu Roşu nach Süden und durchbricht am Rote-Turm-Pass die Karpaten, um in Oltenien in die Donau zu münden. Der lehmige Fluss, den die Römer Alutus nannten, führt oft Hochwasser und ist nicht schiffbar. Früher feierte das Flößerhandwerk auf den wilden Wellen Hochkonjunktur. Heute sind die meisten der *Plutaşi* (Flößer) arbeitslos, oder sie verdingen sich als Bauanweiser für westliche Touristen. Das Adventure-Rafting per selbst gebautem Floß erfreut sich nämlich in den letzten Jahren steigender Beliebtheit.

- Der Veranstalter **Romania Gorj Aventura** in Târgu Jiu, Str. Victoria 7a, hat sich auf Abenteuertourismus spezialisiert (Kajak, Mountainbike, Rafting, Canyoning etc.), Tel. 221 555, www.turismaventura.ro (auch englische Seite).

Sheep-Travel

Am Pasul Turnu Roşu, 25 km südlich von Sibiu, an der transsylvanisch-oltenischen Grenze, stehen zur warmen Jahreszeit immer einige Schäfer, um ihre Waren anzupreisen. Man sollte nicht erwarten, dass sie dies kundenwirksam in der typischen Schäferstracht machen, das wäre einfach zu warm. Doch **Constantin Stroilă** setzt auch im Hochsommer zum Spaß schon einmal die typische Schäfermütze *Căciulă* auf, wenn er ein gutes Geschäft gemacht hat.

Er verkauft frischen **Schafskäse,** den man all seinen Beteuerungen zum Trotz im Sommer schnell aufessen und nicht zu lange im Auto transportieren sollte. Auch der berühmte Schafskäse in Tannenrinde *(Brânză Burduf în Coajă de Brad)* übersteht eine Reise nach Deutschland nur gut gekühlt.

Doch Constantin Stroilă verkauft nicht nur Käse, er besitzt auch einige Schafherden und bietet **Unterkunft und Verpflegung** auf seiner Hochalm an. Leider spricht *Constantin* nur Rumänisch, das kleine Wörtchen „Cazare" (Unterkunft) reicht als Kontaktnahme jedoch aus!

- **Constantin Stroilă,** Dorf Tălmăcel, Haus Nr. 381, Tel. 0269-556 749.

rum636 Foto: jr

nur dem Verlauf des Flusses Olt, der genau von Nord nach Süd fließt, zu folgen. Links und rechts der E81 von Sibiu ins oltenische Râmnicu-Vâlcea erheben sich steile Felswände, wenn es über die höchste Erhebung der Strecke geht. Hier am **Pasul Turnu Roşu (Roter-Turm-Pass)** auf 400 m Höhe lädt eine kleine Verpflegungsstation zur Rast und zum Blick auf die steil aufragenden Zweitausender ein. Gleich oberhalb des Passes liegen einige schöne Hochalmen.

Wer rumänische **Schäfer** und ihre Herden einmal in ihrer ursprünglichen Umgebung erleben möchte, sollte ruhig einen Schäfer an der Passstraße ansprechen. Einige stehen regelmäßig am Turnu Roşu, um Schafskäse zu verkaufen.

Călimăneşti

↗ XIV, B3

- **Meereshöhe:** 280 m
- **Vorwahl:** 0250
- **Einwohner:** 18.000

Kuren und Baden

Der Kurort Călimăneşti (in voller Länge: Călimăneşti-Căciulata) liegt am südlichen Ende einer 50 km langen Schlucht auf der rechten Seite des Flusses Olt. Călimăneşti-Căciulata befindet sich damit am Rande des so genannten **oltenischen Bädergürtels.** Im Luftkurort, der früher eine dakisch-römische Siedlung war, entspringen über 30 kalte und heiße **Mineralwasserquellen,** die teilweise über 1000 m ins Gestein hinabreichen. Die zahlreichen Kurkliniken bieten quasi gegen jedes Zipperlein ein eigenes Heilwasser an. Das Kuren hat hier Tradition, schon die römischen Soldaten durften nach erfolgreichen Schlachten im Ort mit dem (für fremde Zungen) überlangen Namen ihre wunden Knochen kurieren, und 1860 behandelte *Napoleon III.* hier seine Nierensteine.

Kloster Cozia

Wer von Norden in das von dichten Tannenwäldern umgebene Călimăneşti kommt, sieht links, 5 km vor der Ortseinfahrt, das sehenswerte und berühmte Kloster Cozia, eines der ältesten Kirchenhäuser Rumäniens. Es wurde 1387 von *Mircea cel Bătrân* (1386–1418) gegründet und diente allen anderen Dreikonchenkirchen der Walachei als Vorbild. Viele kulturell und kirchengeschichtlich interessierte Besucher sehen in diesem Kloster den Höhepunkt einer Oltenien-Reise.

Den besten Blick auf den großräumigen Gesamtkomplex hat man von der gegenüberliegenden Seite des Flusses. Umgekehrt hat man aus einem der Klosterfenster eine ebenso herrliche Sicht auf den Olt und die umliegenden Berge.

Im **Klosterhof** steht die Kirche mit Naos, Pronaos und einem in Rumänien sehr seltenen offenen Säulenatrium. Typisch byzantinisch, ähnlich dem Kloster in Curtea de Argeş, ist die Außenverzierung mit farblich wechselnden Materialien. Die kunstvollen, bunten Terrakotta-Friese und Rundfensterbögen verweisen auf italienische Einflüsse. Der Höhepunkt des Klosterrundgangs sind die **Fresken** aus der Gründerzeit, die im Pronaos zu sehen sind. Typisch für die Zeit des 14. Jahrhunderts sind die überlangen, schlanken Figuren (in Cozia sind es Eremiten), die sich von den „gewöhnlichen" Gläubigen eben durch diese Darstellungsweise abheben sollen.

Zum Kloster gehört auch ein **Museum** mit Ikonen, Stickkunst und Buchdrucken aus der Zeit des 16. bis 19. Jahrhunderts.

Kleines Kloster-ABC

Auf vielen Faltblättern und in mehrsprachigen Broschüren, die man in den Klosteranlagen Rumäniens erhalten kann, ist von „Dreikonchentypus", „Apsiden" und „Ikonostasen" die Rede. Hier eine kurze Liste der wichtigsten kirchenarchitektonischen Ausdrücke mit Erklärung:

- **Apsis** (Pl. Apsiden): halbkreisförmige Altarnische.
- **Atrium:** Vorhalle.
- **Dreikonchenkirche:** kreuzförmige Kirche mit drei halbrunden Nischen.
- **Ikone** (griech. *eikona* = Bild): gemaltes Heiligenbild auf Holz oder Glas.
- **Ikonostase:** mit Bildern geschmückte Wand, die den Altarraum vom Besuchsraum trennt.
- **Mitropolit:** Bischof der orthodoxen Landeskirche.
- **Naos:** Hauptraum in orthodoxen Kirchen.
- **Pronaos** (oder Narthex): Vorraum des Kirchenschiffs.

• **Mănăstirea Cozia** (früher: Kloster Nucet), Tel. 750 230, Mo. bis So. 8–18 Uhr, Eintritt 3 RON. Die kleine Kapelle des Siechenhauses *(Bolniţă)* gegenüber auf einem Hügel ist meistens verschlossen. Den Schlüssel gibt's auf Nachfrage im Kloster.

Klöster Stânişoara und Turnu

Aus Richtung Sibiu führt 3 km hinter **Cozia** nach links ein Weg über den Olt. Die ansteigende Straße bringt einen direkt in eine traumhafte Bergwelt, in deren Wäldern das schlichte **Kloster Stânişoara** ein schattiges Plätzchen einnimmt. Verständlich, dass die beiden Gründer, die Mönche *Sava* und *Teodosie,* die vom griechischen Berg Athos 1803 hierher kamen, sich ausgerechnet diesen Platz am Rande der Berge ausgesucht haben.

Auch das **Kloster Turnu** liegt etwas versteckt nahe der gleichnamigen Bahnstation. Die ursprünglich hier stehende Holzkirche wurde auf den Gebeinen der Einsiedler *Daniil* und *Misail* errichtet.

• **Mănăstirea Stânişoara,** Mo. bis So. 8–18 Uhr, Eintritt frei. Achtung: Das Leben der Mönche hier ist keinem touristischen „Programm" unterworfen und von strengen Regeln geprägt. So ist der Verzehr von Fleisch auf dem Klosterkomplex strikt verboten.
• **Mănăstirea Turnu,** Mo. bis So. 8–18 Uhr, Eintritt frei.

Unterkunft

An der Calea lui Traian gibt es mehrere Hotels aller Kategorien (Căciulata, Liliacul, Trandafirul, Oltul, Traian, Central usw.). Die Besten dieser Hotels sind zweifelsohne das Hotel Cozia und das Casa Românească. Ansonsten sind die Pensionen wesentlich billiger und einigen geräuschvollen Hotels (besonders zur Hauptsaison) vorzuziehen.

• **Hotel Casa Românească** (***), Calea lui Traian 268, Tel. 702 038. Hier findet man alles an einem Platz: Eleganz, Freundlichkeit, Sauberkeit. Hervorzuheben sind der Swimmingpool (mit Thermalwasser!) und der Weinkeller *(Cramă).* 25 Zimmer, EZ 120 RON, DZ 150 RON, App. 300 RON, inkl. Frühstück (bei mehr als drei Tagen Aufenthalt gibt es Preisnachlässe).
• **Hotel Cozia** (***), Calea lui Traian 794, Tel. 750 441. Modernes Hotel mit 400 Plätzen. TV, Diskothek, Bowling und Restaurant. DZ 100 RON.
• **Vila Brânduşa** (***), Calea lui Traian 475–479, Tel. 0744-617 191. In der Vila Brânduşa und ihren zwei Nachbarvillen ist die Benutzung des Pools im Innenhof im Preis inbegriffen. 12 Räume, EZ 80 RON, DZ 90 RON, App. 130 RON.
• **Călimăneşti** (**), Str. Gării 13, Tel. 750 895. Einfache und freundliche Pension. EZ/DZ 60 RON.
• **Vila Anghel** (**), Calea lui Traian 499, Tel. 750 520. Eine der wenigen Pensionen in der Hotelstraße. EZ/DZ 70 RON.

Camping

• Wer sich auf den Weg zum Kloster Turnu begibt, kommt hinter der großen Staumauer links an einen Campingplatz mit 16 kleinen Sommerhäuschen. Eine der Holzhütten des **Camping Turnu** kostet 40 RON die Nacht (einfachste sanitäre Einrichtungen).

Essen und Trinken

• **Cozia,** Calea lui Traian 794, Tel. 750 441. Im gleichnamigen Hotel, gute internationale Küche.
• **Oltul,** Calea lui Traian 413, Tel. 750 401. Im gleichnamigen Hotel, auch oltenische Spezialitäten wie *Tochitura oltenească,* gemischte Fleischplatte nach oltenischer Art.

Feste und Events

• In der ersten Woche im August werden gleich **zwei wichtige Feste** gefeiert: zum einen das bekannte **Töpferfest** mit einem bunten Markt und dann das große **Gesangsfestival der oltenischen Folkloremusik, Cântecele Oltului.**

Felsenhöhlen und Cozia-Massiv

Der Fluss Olt ist zwischen Călimăneşti und Râmnicu-Vâlcea angestaut, was einige **Wassersportler** im Sommer zum Wasserski, Surfen oder Paddeln animiert (Auskunft im neuen Hotel Dada oder dem Café Viena am See, DZ kosten im Hotel 20 Euro/70 RON).

Etwa 2 km nördlich des Klosters Cozia, nahe dem Gara Mănăstirea Turnu (Bahnhof der Hauptstrecke Râmnicu-Vâlcea nach Sibiu), liegt das Kloster Turnu. Es ist von gemeißelten **Felsenhöhlen** umrahmt, in die sich im 16. Jahrhundert Eremiten jahrelang zu ihrer einsamen Meditation zurückgezogen haben. Die steinernen Mönchsklausen sind ein wunderbarer Ausgangspunkt für eine zweistündige **Wanderung ins Cozia-Massiv.** Die durch einen roten Streifen markierte (sehr steile) Strecke führt direkt hinauf zur **Cozia-Hütte** auf 1573 m Höhe. Durch die nördlichen Făgăraş-Berge geschützt, hat dieses Bergmassiv das wärmste Klima der Karpaten, sodass man auf der Wanderung noch in einer Höhe von 1300 m an Walnusssträuchern, Eichen und wilden Rosen vorbeikommt.

- **Cabana Cozia,** Tel. 0722-721 922, Zimmer mit 2, 3 oder 8 Betten. Eine Schlafstelle kostet 20 RON. Gute Website (auf Rumänisch): www.cabana-cozia.ro.
- **Bergrettung: Salvamont Vâlcea,** Tel. 0725-826 668.

rum639 Foto: jr

Bewaldetes Tal am Rande des Cozia-Massivs

Voineasa

↗ XIV, B3

- **Meereshöhe:** 600–800 m
- **Vorwahl:** 0250
- **Einwohner:** 8000

Westlich von Călimăneşti geht das **Lotru-Tal** ab, das nach 40 km den wunderschön gelegenen Stausee **Lacul Vidra** erreicht. Auf einem 1500 m hohen Plateau ist der See nördlich vom 2242 m hohen **Vârful Ştefleşti** und südlich vom 2170 m hohen **Micaia** umrahmt. Noch vor dem See kommt man in den vollständig zwischen bewaldeten Bergen gelegenen Bergort **Voineasa.** Ursprünglich als hydroelektrische Versorgungsstation des nahen Stausees geplant, entwickelte sich das kleine Bergdorf bald zu einem bekannten **Kurort,** der ein exzellenter Ausgangspunkt für Bergwanderungen in die umgebenden Karpaten ist. Es gibt mittlerweile sechs größere, preisgünstige Kurhotels in Voineasa, doch am schönsten wohnt es sich in dem netten **Holzhaus La Sandel** hoch oben am Berghang, von dem man eine fantastische Aussicht über das Lotru-Tal und den Ort genießen kann.

Unterkunft

- **La Sandel** (**), Str. I.G. Duca 47, Tel./Fax 754 426, www.voineasa.ro. Man kann das ganze Haus für 200 RON pro Tag mieten, das 10–12 Personen Platz bietet. Fragen Sie nach der *Stâna* des Schäfers *Matei Borboana,* um das traditionelle Leben einer rumänischen Landfamilie hoch oben in den Bergen kennen zu lernen.
- Auf der Hauptstraße DN7 befindet sich auf Höhe des Gura Lotrului, inmitten bewaldeter Berge, das lang gestreckte **Motel Lotru** (**). Die Zimmer sind trotz der exponierten Lage (gleich am Straßenrand, neben einer Tankstelle), auch nachts außergewöhnlich ruhig und günstig obendrein. Mit Terrassenrestaurant. EZ/DZ 60 RON.

Die Heilbäder Olteniens ⇗ XIV, B3/XIX, D1

Auf der landschaftlich äußerst reizvollen Strecke zwischen Râmnicu-Vâlcea und Târgu Jiu (DN67) findet man die größte Dichte an Heilbädern und Luftkurorten in Oltenien. Nordwestlich von Râmnicu-Vâlcea liegt **Băile Olăneşti** im Tal des gleichnamigen Flusses. Bereits im 16. Jahrhundert zog es Adlige und Wohlhabende aus der ganzen Walachei in den früh aufstrebenden Kurort. Da Băile Olăneşti über mehr als 15 Mineralwasserquellen mit sehr unterschiedlichen Konzentrationen und Temperaturen verfügt (einige reichen bis in 1200 m Tiefe), spricht man in Oltenien auch von vielen Kurorten, die sich hier an einem Ort versammelt hätten. Es wird von spektakulären Heilungen berichtet, die Erkrankungen der Haut ebenso umfassen wie Nieren- und Lungenleiden.

Südlich von Băile Olăneşti liegt das Salzbad **Ocnele Mari** im Tal des Sărat. Der Fluss Sărat, der das Salz schon im Namen trägt, weist darauf hin, dass hier schon im Altertum das „weiße Gold" gewonnen wurde. Der traditionelle Salzhandelsweg von West nach Ost *(drumul sării)* kreuzt sich in Ocnele Mari mit dem von Norden nach Süden verlaufenden Schafsweg *(drumul oilor).* Auf die Heilkraft der Solen, der wässrigen Salzheilwasser, ist man erst in früher Neuzeit gekommen. Über der Stadt existieren Überreste der dakischen Siedlung Buri.

Wie einträglich das Kurgeschäft mittlerweile geworden ist, kann man an den vielen Villen sehen, die im wohlhabenden Kurort **Băile Govora** zwischen den alten traditionellen Holzhäuschen entstanden sind. Der bekannte, 1879 eröffnete Kurort hat neben seinen Heilquellen auch einen sehenswerten Klosterkomplex vorzuweisen, der 1496 entstanden ist und 200 Jahre später vom Fürsten *Brâncoveanu* erweitert wurde. Im Juli schmückt sich die gesamte Stadt zum **Folklorefestival Florile Govorei.**

Informationen

• Das **Info-Zentrum Oltenia San Tour** in Ocnele Mari vermittelt Übernachtungen im Ort sowie Ausflüge in die weitere Umgebung. Str. A.I. Cuza 47, Tel. 0250-730 231, Fax 772 351.

Unterkunft

• **Hotel President** (***), in Băile Olăneşti, Str. Forestierilor 17, Tel. 0250-775 022. Das neueste Hotel der Stadt, sehr ruhig gelegen, 25 Zimmer, EZ 120 RON, DZ 150 RON (bei Buchung über 3 Tage Preisreduktion möglich).
• **Hotel Tisa** (**), in Băile Olăneşti, Str. Libertății 2a, 17, Tel. 0250-775 112. Sehr gepflegtes Kurhotel mit breitem Therapiespektrum, gutem Restaurant und sehr klaren, angenehmen Zimmern. EZ/DZ 100 RON.
• **Pensiunea Flora** (**), in Băile Govora, Str. Eroilor 58, Tel./Fax 0250-770 742. Schöne Pension mit Terrasse und TV. EZ 10 Euro, Vollpension möglich für 15–20 Euro (bei längerem Aufenthalt ist der Preis verhandelbar).
• Wer im **Kloster Govara** übernachten möchte, sollte unbedingt im Voraus buchen. Tel. 0250-770 342, nur 10 Gästebetten à 40–50 RON.

Râmnicu-Vâlcea

↗ **XIX, D1**

• **Meereshöhe:** 250 m
• **Vorwahl:** 0250
• **Einwohner:** 108.000

Das Umland westlich und nördlich der Stadt ist sicherlich wesentlich interessanter als die geschäftige Stadt Râmnicu-Vâlcea selbst, die das ruhige Flair der umliegenden Kurorte nicht teilt. Dabei ist auch Vâlcea (gesprochen etwa: Wültscha), wie die Stadt von den Einheimischen kurz genannt wird, eine **Kurstadt.** Viele Trekking-Touristen, die von Voineasa im Norden in die Berge

Die Holzkirche aus nur einem Stamm

Südlich von Râmnicu-Vâlcea steht in **Franceşti** ein wunderbares Kloster, das einem nach dem Eintritt in die Anlage gleich das Gefühl vermittelt, man sei in einer völlig anderen Welt. Bereits die zum Kloster führende Allee und auch die beiden Innenhöfe sind von Gärten gesäumt, sodass man gerne auch von einem Gartenkloster sprechen mag, zumal die Klosteranlage im Frühjahr und Sommer wirklich sehr grün umrankt ist.

Das Kuriose am Kloster ist der Name, der neugierig macht: „Kloster aus einem Holz" **(Mănăstirea dintr-un Lemn).**

Der Sage nach soll ein Einsiedler hier die Ikone der Muttergottes im hohlen Stamm einer riesigen alten Eiche erblickt haben. Anschließend baute ein Zimmermann im Jahr 1660 aus diesem einen Stamm eine Kirche – eben die „Kirche aus einem Holz", die nun an der Stelle der Eiche steht. Herrlich anzusehen sind die vielen Ikonen im Innenraum. Die berühmte Ikone aus dem Baum befindet sich in der Steinkirche, die neben der Holzkirche steht.

• **Mănăstirea dintr-un Lemn,** Mo. bis So. 8–18 Uhr, Eintritt 3 RON.
• **Übernachtung im Kloster** (unbedingt im Voraus buchen, die Übernachtungen sind sehr begehrt!), Franceşti, Tel. 0250-765 224, 9 2-Bett-Zimmer, Verköstigung auf Wunsch. Schlafstätte 50 RON.

aufbrechen, nehmen Vâlcea als Zwischenstopp oder „Verpflegungsstation", um Lebensmittel, Rucksäcke oder Zelte zu erstehen, denn Campingplätze gibt es in den Bergen des Kreises Vâlcea erstaunlich viele.

Die Hauptverkehrsstraße, die von Sibiu kommend den Ort durchschneidet, die **Calea lui Traian,** ist vielleicht nicht der beste Haltepunkt für diejenigen, die mit dem Fahrzeug unterwegs sind (Parkplatzmangel). Von Norden kommend biegt man besser links in den **B-dul Vladimirescu** und fährt Richtung Hauptbahnhof bzw. Olt.

Sehenswertes

Im Zentrum

Auf dem Hauptboulevard Tudor Vladimirescu fällt als erstes ein riesiges **Monument** ins Auge. Eine Fahnenträgerin in pathetischer Pose aus dem Jahr 1915 erinnert an die 200 Einwohner Vâlceas, die im Unabhängigkeitskrieg von 1877/78 gefallen sind. Unweit des Denkmals, südlich des zentralen Platzes Mircea cel Bătrân, liegt der große tägliche **Obst- und Gemüsemarkt,** und an der Nordseite, gegenüber dem Hotel Alutus, überragt die **Kirche Buna Vestire** aus dem Jahr 1545 alle anderen Gebäude. Sie wurde von *Mircea dem Schäfer* gegründet und nach ihrer Zerstörung 1747 im gleichen Jahr durch die Bürger von Sibiu wieder aufgebaut.

Der Weg über die leicht ansteigende Calea lui Traian führt an zwei weiteren älteren **Kirchen** vorbei, der **Sfântul Paraschiva** (1557–1587) und der **Toți Sfinții** (Alle Heiligen) aus dem Jahre 1762. Interessant sind die Verzierungen an den neo-brâncoveanischen Türmen, die den Eindruck erwecken, als seien sie in sich gedreht.

Hinter der Alle-Heiligen-Kirche an der Str. Carol I. findet man in einer modernen Villa eine **Kunstausstellung** mit Werken von *Grigorescu* und *Pallady.* Sehr lohnenswert ist der 15-minütige Spaziergang in den Norden der Stadt zum **Freilichtmuseum Bujoreni.** Die rund um ein so genanntes *Cula* (traditionell befestigtes oltenisches Haus) gruppierten 54 Gebäude reichen teilweise bis zum Jahr 1785 zurück, etwa die beeindruckende Holzkirche. In der komplett eingerichteten Dorfschule aus dem Jahr 1865 sind neben den Originalmöbeln sogar noch die alten Landkarten, die im Unterricht verwendet wurden, zu bewundern. Wer möchte, kann sich die Funktionsweise eines alten Ziehbrunnens *(Fântâna cu cumpănă)* aus der Gemeinde Stroeşti erklären lassen.

- **Muzeul Satului Vâlcean,** Bujoreni, Mo. bis So. 9–18 Uhr, Eintritt 5 RON.

Service

- **Hauptpost,** Str. Tudor Vladimirescu 6, Tel. 736 910.
- **Geldwechsel: BCR-Bank,** B-dul Tineretului 6.
- **Internet: Underground Internet,** Str. Grigore Procopiu 7, Tel. 717 828.
- **Reisebüros: Blue Moon Travel,** Str. Mai 21, Tel. 711 960, und **Christour,** Str. Ştirbei Vodă 7, Tel. 733 451.
- **Übersetzungen: Ba-Ma,** Str. Luceafărul 6, Tel. 721 751.

•**Optiker: Dr. Ana Cioboată,** Calea lui Traian 57, Tel. 720 132.

Notfälle

•**Apotheke: Farmacia Remedium,** Calea lui Traian 193, Tel. 749 268, Mo. bis Sa. 7–21.30 Uhr, So. 7:30–14 Uhr.
•**Zahnarzt: Dr. Marioaia Gigi,** Calea lui Traian, Tel. 713 791, in dringenden Fällen Tel. 0740-311 530.
•**Private Klinik: Centrul Medical Sanmed,** Str. Matei Basarab 5, Tel. 741 974.

Unterkunft

Hotels

Eine Übernachtung in einem der überteuerten Großhotels in Vâlcea empfiehlt sich nur in Ausnahmefällen. Ein wesentlich besseres Preis-Leistungsverhältnis bieten die zahlreichen kleinen Pensionen, die mittlerweite in der Hauptstadt des Kreises Vâlcea eröffnet haben.

•**Hotel Alutus** (**), Str. General Praporgescu 10, Tel. 736 601. Der zentral gelegene Hotelwürfel gleich gegenüber dem Rathaus bietet einen guten Service, ist aber auch sehr teuer. EZ 165 RON, DZ 175 RON.

Pensionen

•**Pension Supca** (**), an der Hauptstraße Richtung Craiova am Stadtausgang, Tel. 713 857. Wirkt von außen klein, hat aber 30 erstaunlich große Räume im Angebot, sehr sauber und preisgünstig. 9 EZ à 60 RON, 21 DZ à 70 RON.
•**Riviera** (**), Calea lui Traian 129, direkt an der großen Hauptstraße, Tel. 742 489. 26 Zimmer, EZ/DZ 90 RON, App. 120 RON.

Camping

•Am südlichen Stadtrand findet man an der Hauptstrecke rechts **Popas Ostroveni.** Der kleine Campingplatz bietet einfache Holzhütten zur Übernachtung. Hütte 40 RON. Zelten ist möglich, Platz ca. 20 RON.

Essen und Trinken

•**Hanul Haiducelor,** Calea lui Traian 171, Tel. 717 956. Traditionell rumänische Küche in rustikaler Atmosphäre. Unbedingt probieren: *Cârnaciori olteneşti* (oltenische Würstchen).

Mobilität

Züge

•Der **Hauptbahnhof** von Vâlcea liegt im Zentrum, Str. Maior V. Popescu 2, 800 m vom zentralen Platz Mircea cel Bătrân entfernt. Man erreicht ihn mit den Bussen Nr. 2, 6 und 7 für umgerechnet 0,25 Euro. Auskünfte unter Tel. 730 000.
•Die **Agenţia CFR** verkauft Zugtickets in der Str. Calea lui Traian 14 (im Anton-Pann-Gedächtnishaus, parterre), Tel. 736 043.

Busse

•Der **Busbahnhof Traian** liegt 2,5 km vom Zentrum entfernt am B-dul N. Bălcescu, Tel. 732 674. Man erreicht ihn mit den Stadtbussen Nr. 2, 4, 6 und 7. Vom Busbahnhof Traian fahren Busse Richtung Bukarest, Cluj, Timişoara, Craiova, Braşov, Curtea de Argeş und Turnu-Severin.
•Der kleinere, 1,5 km entfernte **Busbahnhof, Str. Coşbuc 4,** Tel. 737 649, bedient die Strecke zu den Heilbädern Ocnele Mari und Băile Olăneşti.

Taxis

•**Scooters,** Tel. 945.
•**Bel Rapid,** Tel. 741 111.
•**Emy's,** Tel. 713 333.

Rund um das Kloster Horezu

Wer 20 km westlich über die DN67 Richtung Târgu Jiu fährt, kommt an der Abfahrt zur Gemeinde **Costeşti** auf eine Wegstrecke, auf der mehrere Sehenswürdigkeiten aufeinander folgen. Die bedeutendste ist das **Kloster Horezu,** die größte Klosteranlage der Walachei. Unweit davon stehen die zwei sehenswerten **Klöster Arnota und Bistriţa.** Nördlich geht es in die atemberaubende **Schlucht Cheile Bistriţei** mit dem von Sagen umwobenen, 850 m hoch gelegenen Felsenkloster, südlich von Horezu befindet sich das **Freilichtmuseum Măldăreşti.**

Kloster Horezu ↗XIV, B3

Im Mittelalter galt das Kloster Horezu als das wichtigste spirituelle und kulturelle Zentrum der Walachei. Sein Begründer, **Constantin Brâncoveanu** (1688–1714), hatte ursprünglich nur an eine repräsentative Grabstätte gedacht. Doch im Laufe der Zeit entwickelte sich Horezu auch zur größten Malschule des Landes. Töpfer, Schriftgelehrte, Steinmetze, Glockengießer, Schreiner und Tischler – kurz: mehr als **20 verschiedene Zünfte** begründeten hier eine einzigartige Gemeinschaft, die nach der Errichtung des prächtigen Klosters eine handwerkliche und künstlerische Blütezeit der gesamten Walachei einläutete.

Brâncoveanu hatte sich für sein Vorhaben, ein einmaliges Kloster zu errichten, keine geringeren **Vorbilder** erwählt als die berühmten **Mönchsklöster auf dem Berg Athos.** Der Klosterhof ist von einer Verteidigungsmauer umgeben und wird von den schönen Arkadengängen der zweistöckigen Wohnhäuser eingefasst. Die Treppengeländer, die zu den Arkaden nach oben führen, sind mit kunstvollen schmiedeeisernen Geländern verziert. Die vollständig ausgemalte Hauptkirche in der Mitte des Hofes beeindruckt mit ihrem Baldachineingang, der mit zahlreichen Schnörkeln verziert ist. Von den **Fresken** aus dem 17. Jahrhundert sind fast alle erhalten geblieben. Natürlich darf, wie auch bei den moldauischen Klöstern, die Darstellung des Jüngsten Gerichts nicht fehlen. Der Herrscher *Brâncoveanu* stellt sich im Pronaos mit seiner Ahnenreihe dar. Der Maler der Fresken hat sich selber auch ins Bild geschmuggelt. Man sieht ihn unter den Gerechten des Jüngsten Gerichts (Ostwand der Vorhalle).

Das Kloster Horezu stellt heute eines der komplettesten Klöster Rumäniens dar. Selbst das von *Brâncoveanus* Frau gestiftete Krankenhaus außerhalb der schützenden Mauern ist erhalten geblieben. Insgesamt bilden **fünf Kirchen,** die historische **Bibliothek** (4000 Bände), die **Kunstsammlung, Nebengebäude** und das **Hospiz** eine einzigartige Klosteranlage. Die Vorgaben des Stifters *Brâncoveanu* wurden in allen Punkten umgesetzt, und er selbst begründete durch die Mischung aus byzantinischer Tradition, italienischer Renaissance und einem Hauch Barock den ganz eigenen Stil, der später nach ihm benannt wurde.

Nur ein Wunsch *Brâncoveanus* ging nicht in Erfüllung: Das Kloster wurde nicht zu seiner letzten Ruhestätte. Er und seine vier Söhne wurden 1714 in Konstantinopel geköpft, da sie sich mit Österreich und Russland gegen das Sultanat verbündet hatten. Sein Grab im Kloster ist bis heute leer.

- **Mănăstirea Horezu,** auf der DN67 Richtung Horezu abfahren, 1 km vor dem Dorf steht rechts die Klosteranlage. Übernachtung möglich, 10 DZ sowie 3- und 4-Bett-Zimmer, Schlafplatz 40 RON.

Unterkunft

- **Pension Ceramica Paloşi** (**), Str. Tudor Vladimirescu 15, Tel. 0250-861 634. Unterkunft bei der freundlichen Töpferfamilie *Palosi*, die gerne auch durch ihre Töpferwerkstatt führt und erklärt, was es mit der Glasur, dem

rum645 Foto: jr

Der Hahn von Horezu

Der Ortsname Horezu leitet sich vom rumänischen Wort für Eule, *Huhurez,* ab, die in den umliegenden Wäldern früher sehr zahlreich gewesen sein soll. Dennoch haben sich die **Töpfer** von Horezu, die zu den besten Rumäniens gezählt werden, dazu entschieden, den Hahn zu ihrem Erkennungszeichen zu machen. Der berühmteste Keramikort des Landes nennt denn auch seinen riesigen Töpfermarkt, der nur einmal im Jahr (am ersten Sonntag im Juni) stattfindet, **Cocoşul de Horezu,** „Hahn von Horezu".

Wer dann keine Zeit hat, kauft sich meist in den Geschäften rund ums Kloster etwas aus dem überquellenden Keramik-Angebot. Günstiger und entspannter kommt man jedoch im nördlichen Viertel Olari („Töpfer") an die Tonware mit den schmucken Verzierungen – gute Beratung und einen Schluck Pflaumenschnaps inklusive.

- **Töpferviertel Olari,** im Nordwesten von Horezu, Richtung Urşani; Familien: *Popa, Palosi, Bâscu, Vicsooreanu, Iorga.*

Șmalț (Schmalz), auf sich hat. Halbpension möglich. DZ 60 RON.

• **Pension Dana** (**), Str. Olari 15, Tel./Fax 0250-860 113, www.pensiunefrigura.go.ro. DZ 60 RON.

Kloster Bistrița und Arnota ⇗XIV, B3

Von der Hauptstraße zwischen Râmnicu-Vâlcea und Târgu Jiu zweigt am Kilometerstein 159 eine Straße zur Ortschaft **Costeşti (Bistrița)** ab, die vor allem durch ihre beiden Klöster bekannt ist. Das Dorf Bistrița wurde nach Costeşti eingemeindet, wundern Sie sich also nicht, wenn es auf modernen Karten nicht mehr erscheint.

Das erste Kloster findet man hinter der Ortschaft, die **Bistrița** flussaufwärts, am Eingang der gleichnamigen Schlucht (Cheile Bistriței). Die erste Holzkirche, die hier 1492 erbaut wurde, ließ „Mircea der Schlechte" *(Mircea cel Rău)* niederreißen. Reiche Bo-

Das Höhlenkloster in der Bistritz-Schlucht

Leider haben nur wenige Reisende, die das Kloster Bistrița per Omnibus besuchen, auch noch die Zeit, sich auf den steilen, abenteuerlichen Weg in die dahinter liegende **Schlucht Cheile Bistriței** zu machen. Wer individuell unterwegs ist, sollte sich dieses Vergnügen jedoch keinesfalls entgehen lassen.

Denn direkt hinter dem Kloster steigt links ein schmaler Pfad in den Wald empor, der entlang steiler Felswände auf 850 m Höhe zu einer Höhle mit fantastischer Aussicht führt. Der Name dieser Höhle lenkt ganz bewusst von dem Geheimnis ab, das sich darin verbirgt.

Im dunklen Bauch der **Fledermaushöhle** des Klosters Bistritz gibt es zwar in der Tat einige Fledermauskolonien, die der Höhle ihren Namen gaben, doch es verbergen sich auch **zwei alte Klöster** darin, die sich hier über Jahrhunderte dem Zugriff christlicher Feinde entzogen haben. Die Höhle ist allerdings mit einem Gitter verschlossen und kann nur in Begleitung einer Nonne des Kloster Bistrița besichtigt werden!

Der schmale Eingang in der Felswand weitet sich recht schnell zu einem beachtlichen **Höhlensaal.** Im oberen Bereich der Höhle sieht man eine in den Fels getriebene Kapelle, deren Altarraum mit Fresken ausgemalt ist. Diese kann man freilich nur erkennen, wenn man eine Lampe mitnimmt, denn elektrisches Licht gibt es in der Höhle nicht.

In einer tiefer liegenden Galerie kommt man an ein großes **Felsfenster,** das eine wunderbare Aussicht auf die bewaldete Schlucht gewährt. Hier schmiegt sich eine kleine Klosterkirche, die 1635 von den hier lebenden Mönchen *Macarie* und *Daniel* errichtet wurde, an die Felswand. Innen ist sie mit bunten Fresken versehen und birgt auch einen kahlen kleinen Wohnraum, den man auf Wunsch besichtigen kann.

• **Peştera Liliecilor de la Mănăstirea Bistrița** (Fledermaushöhle des Kloster Bistritz), Eintritt und Führung durch eine Nonne des Klosters, Dauer des Aufstiegs auf 70 m über dem Tal: 15 Minuten, Höhe der Höhle: 850 m. Eintrittspreis verhandelbar. In Gruppen gibt jeder etwa 2 Euro, Einzelführungen kosten 5–10 Euro.

jaren bauten dann 1515 das heutige Kloster, das aber 1838 durch ein Erdbeben fast vollständig zerstört wurde. Der Wiederaufbau dauerte zehn Jahre. Die neugotischen Fresken im Innenraum wurden 1850 vom Maler *Gheorghe Tattarescu* angefertigt.

Für die Besichtigung des **Bergklosters Arnota** lässt man sein Fahrzeug am besten unten in Bistriţa stehen. Zwar ist die steile Serpentinenstraße nach oben befahrbar, aber in sehr schlechtem Zustand.

Oben angekommen, kann man den rumänischen Kosenamen „Adlerhorst" für dieses Kloster gut verstehen. Die **grandiose Aussicht** vom Klosterhügel entschädigt für eventuelle sommerliche Mühen beim Aufstieg. Das 1633 bis 1637 erbaute Prunkstück der Orthodoxie ist eine Stiftung des Fürsten *Matei Basarab* und bereits bei Baubeginn als dessen Grabstätte geplant gewesen. Die große Grabplatte aus weißem Marmor zählt zu den schönsten Steinmetzarbeiten jener Zeit.

- **Mănăstirea Bistriţa,** Mo. bis So. 8–18 Uhr, Tel. 0250-863 327, Übernachtung auf dem Klostergelände möglich. 60 Schlafplätze in 4- bis 6-Bett-Zimmern. Mahlzeiten auf Wunsch. Ein Bett kostet 30 RON die Nacht. Das Kirchweihfest wird am 15. August gefeiert.
- **Mănăstirea Arnota,** Mo. bis So. 8–18 Uhr. Für den Hin- und Rückweg sind zu Fuß etwa 2 Stunden einzuplanen.

Freilichtmuseum Măldăreşti

Überall in Rumänien gibt es Dorfmuseen, die alte Wohnhäuser, Handwerksstätten, Holzkirchen und Mühlen aus allen Regionen des Landes zusammentragen, um traditionelle Bau- und Lebensweisen zu präsentieren. Manchmal ist das Freilichtmuseum für die gut erhaltene alte Bausubstanz die letzte Rettung, wie zu Zeiten des Ceauşescu-Regimes, als alles Alte und Traditionelle im Verdacht stand, im sozialistischen Ausland als rückständig wahrgenommen zu werden.

Fast immer wird in den „Freiluftmuseen" (wie Freilichtmuseen in Rumänien genannt werden) die Welt der einfachen Dorfbevölkerung gezeigt, die Welt der Bauern und Handwerker. In Oltenien ist das anders.

In unmittelbarer Nachbarschaft der Gemeinde Horezu liegt in Măldăreşti ein sehr beeindruckendes Freilichtmuseum, das als Besonderheit auch **oltenische Bojarenhäuser,** also Adelshäuser, zeigt, die in anderen Museen dieser Art nicht zu sehen sind.

Was einem bei den beiden Herrschaftshäusern, dem **Cula Greceanu** und dem **Cula Duca,** als erstes ins Auge fällt, ist die massive Bauweise. Die weiß getünchten hohen Häuser erinnern mit ihren dicken, kargen Hauswänden an mächtige Trutzburgen. Die kleinen, vergitterten Fenster im zweiten Stock mussten oft als Schießscharten herhalten.

Betont sachlich und pragmatisch nach außen, präsentieren sich die beiden Adelshäuser im Innern im festlichsten Gewand. Hat man erst einmal die steile Innentreppe erklommen, fühlt man sich wie in einem kleinen Palast. So sind im Cula Greceanu noch das prächtige Originalmobiliar, farbenfrohe Wandmalereien und zahlreiche kunstvolle Kunstobjekte zu sehen. Das andere Haus bietet sich als Museum dar und stellt Möbel, Waffen, Gemälden und Ikonen aus.

● **Complexul Muzeul Măldăreşti,** 3 km von Horezu entfernt, Tel./Fax 0250-861 510, Mo. bis So 9–18 Uhr, Eintritt 5 RON. Das Wort *Cula* für die Bojarenhäuser kommt übrigens aus dem Türkischen und bedeutet Verteidigungsturm.

rum648 Foto: jr

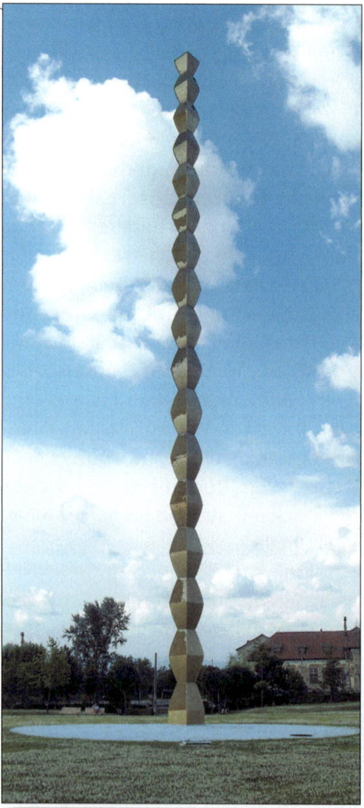

Târgu Jiu

↗ XVIII, B1

- **Meereshöhe:** 210 m
- **Vorwahl:** 0253
- **Einwohner:** 97.000

Târgu Jiu liegt genau auf der interessantesten Route in Oltenien, zwischen Râmnicu-Vâlcea am Olt und Turnu-Severin an der Donau. Viele werden die von *Ceauşescu* aus unerfindlichen Gründen zwangsmodernisierte Stadt vor allem wegen **Constantin Brâncuşi** besuchen. Der berühmteste Künstler Rumäniens hat der Stadt mit seinem **Skulpturen-Ensemble-Park** eine unverwechselbare Sehenswürdigkeit beschert, die immer populärer wird. Jedenfalls steigt das Brâncuşi-Fieber in den letzten Jahren stetig an und hat neben den USA (wo der Künstler im Museum of Modern Art ausgestellt ist) mittlerweile auch Japan und Korea erreicht, wie man der Besucherstatistik entnehmen kann.

Sehenswertes

Die Unendliche Säule

In den 30er Jahren des letzten Jahrhunderts bat die Stadt den Künstler *Brâncuşi,* ein Monument für die gefallenen Soldaten des Ersten Weltkriegs zu errichten. Solche Denkmäler sieht man in Rumänien in jeder größeren Stadt; aufgrund der oft sehr pathetisch-heroischen Darstellung finden

Die Unendliche Säule von Brâncuşi

die Monumente meist eher die Aufmerksamkeit der rumänischen Bevölkerung als die der ausländischen Besucher. In Târgu Jiu ist das anders.

Constantin Brâncuşi ignorierte den Wunsch nach einem pathetischen Kriegerdenkmal und schuf ein **Ensemble von Kunstwerken,** die sehr ausdrucksstark sind, weil sie eben auf jedes Pathos verzichten. Das bekannteste von ihnen, das Wahrzeichen der Stadt, die **Unendliche Säule (Coloană infinita),** findet man am östlichen Ende der **Calea Eroilor.** Die Allee durchzieht Târgu Jiu als zentrale Achse von West nach Ost, vom Flussufer des Jiu bis zum Säulenpark.

Hier ragt die 29 m hohe Säule aus gleichmäßig aufeinander gesetzten Rhomben in den Himmel. Sie ist die bildnerische Metapher für die Unendlichkeit, ein wichtiges Thema von *Brâncuşi,* das immer wieder in seinen Werken auftaucht und das er durch mehrfache Wiederholung einfacher Stilelemente darstellte.

Der Tisch der Stille

Am westlichen Ende der Calea Eroilor begrüßt der Skulpturenpark seine Besucher mit dem **Tor des Kusses (Poarta Sărutului),** einer steinernen Metapher für die Liebe. Humorvoll einem mächtigen Triumphbogen nachempfunden, soll dieses Tor eben genau dies ausdrücken, den Triumph der Liebe über die Schrecken des Krieges. Dies, so sollte *Brâncuşi* später zu *Picasso* sagen, sei das wahre Heldendenkmal, das er allen Menschen widme, die sich für den richtigen Weg entscheiden würden, der jenseits von Hass und Gewalt zu finden sei.

Folgt man dem weiteren Weg in den Park, so kommt man zum Ausgangspunkt des von *Brâncuăi* geschaffenen spirituellen Kunstweges: zum **Tisch der Stille (Masa Tăcerii).** Zwölf Stühle sind hier in gleichem Abstand um den Tisch gruppiert und schaffen so (von oben gesehen) ein Sonnenzeichen, wie man es auch von den Holztoren im Maramuresch her kennt (Symbol der Geburt).

Târgu Jiu als Lebensweg

Zwischen 1936 und 1938, als die Skulpturen entstanden, gab es zwischen dem Tisch der Stille (als Metapher für die Geburt) und der 1 km östlich auf einem Hügel stehenden Unendlichen Säule (als Metapher für den Tod) noch keine Gebäude. *Brâncuşi* hatte die unbebaute Strecke der Heldenallee als eine Art „leere Leinwand" betrachtet, auf der später noch neun weitere Kunstwerke entstehen und den vollen Lebenszyklus repräsentieren sollten. Alle Entfernungen und Höhen waren exakt nach der Goldenen Zahl 19 berechnet worden, alle Materialien standen schon bereit, doch das Werk von *Brâncuşi* blieb unvollendet und ist heute nur als die beschriebene Trilogie erhalten.

Die Kunstgalerie

Da Târgu Jiu ganz auf Kunst setzt, empfiehlt sich neben der Besichtigung der sehenswerten Skulpturen des *Brâncuşi* auch der Besuch der modernen Kunstgalerie, in der man mehr zu

Constantin Brâncuşi (1873–1957)

Wohl selten hat ein rumänischer Künstler eine Stadt so sehr beeinflusst wie es der **Bildhauer** *Constantin Brâncuşi* in Târgu Jiu getan hat. Der aus einfachsten Verhältnissen stammende Sohn eines Bauern wurde 1876 im kleinen Dorf Hobiţa unweit von Târgu Jiu geboren. Sein erstes Geld verdiente er sich als neunjähriger Laufbursche, um davon Schnitzwerkzeug zu kaufen. Bereits mit zehn Jahren eignete er sich die traditionellen Techniken der oltenischen Schnitzer und Kunsthandwerker an. Seine ersten Holzskulpturen erregten solches Aufsehen, dass er ein Stipendium erhielt, um in Craiova und Bukarest Kunst studieren zu können.

Im Alter von 28 Jahren hielt es ihn nicht mehr in Rumänien, er hatte in der Kunstgewerbeschule ein Werk des Bildhauers *Rodin* gesehen. Er musste unbedingt nach Paris. 1904 machte er sich auf den Weg – zu Fuß! Von Bukarest nach Paris, 2000 km, nur weil er eine Skulptur von Rodin gesehen hatte! Dort angekommen, arbeitete er als Messdiener und Kellner, bevor er 1907 endlich sein großes Vorbild *Rodin* kennen lernte. Dieser war von dem Talent des jungen Rumänen derartig begeistert, dass er ihm anbot, als Geselle in seiner Werkstatt zu arbeiten. Doch *Brâncuşi* entgegnete ihm nur: „Nichts kann im Schatten eines großen Baumes wachsen." Er wollte seinen Weg selber gehen. Brâncuşi, der bis 1957 in Paris tätig war, gehörte zum Freundeskreis *Picassos,* lernte *Le Corbusier* und *Braque* kennen.

Heute sind die Werke von *Brâncuşi* im Museum of Modern Art in New York ebenso zu sehen wie im Centre Pompidou in Paris, wo man in einer permanenten Ausstellung auch die Originalwerkstatt von *Brâncuşi* besuchen kann.

Constantin Brâncuşi gilt als einer der größten Revolutionäre im Bereich der modernen Kunst. Er war ständig auf der Suche nach dem einfachen Ausdruck, der simplen Form und versuchte seine Plastiken auf eine „Ästhetik pur" zu reduzieren. Er wolle, so sagte er seinem Freund *Amedeo Modigliani,* das Wesentliche aus der Form herauskitzeln, bis nur noch die Essenz als Kern sichtbar wäre. Seine Inspirationen bezog *Brâncuşi* von afrikanischen Plastiken und prähistorischer Kunst gleichermaßen. Seine wichtigen Werke „Die Feder", „Der Anfang der Welt", „Der Tisch der Stille" oder „Das Tor des Kusses" haben immer auch einen religiösen oder philosophischen Aspekt, der auf die Frage abzielt: Was ist die Essenz, das Wesen des Menschen?

rum650 Foto: jr

Werke im Atelier
von Constantin Brâncuşi

den Hintergründen seiner Kunst erfahren kann. Man findet sie im Norden des Skulpturenparks. Neben Werken moderner rumänischer Künstler sind hier auch Ikonen aus den letzten drei Jahrhunderten zu sehen.

• **Galeria de Arta contemporana** (Moderne Kunstgalerie), Di. bis So. 9–17 Uhr, Eintritt 5 RON.

In der Umgebung

30 km von Târgu Jiu entfernt (über die DN67d) liegt der **Geburtsort von Constantin Brâncuşi, Hobiţa (Thierdorf).** Das Geburtshaus ist heute zu einem kleinen **Museum** umgestaltet worden, in dem jedoch nur wenig aus der Zeit des Bildhauers erhalten geblieben ist. An den Schnitzereien der Säulengalerie und denen am großen Holztor erkennt man, wie sehr die traditionelle Volkskunst die Arbeiten des Künstlers beeinflusst hat.

• **Casa şi Muzeul Constantin Brâncuşi,** Mo. bis So. 9–17 Uhr, Eintritt 6 RON.

Ebenfalls über die DN67d erreicht man nach 30 km das **Kloster Tismana** (10 km hinter dem Dorf Peştişani rechts ab). Überaus sehenswert ist die pittoreske Umgebung des Klosters, das sich 50 m über dem Fluss Tismana auf einer bewaldeten Anhöhe, von der ein Wasserfall in die Tiefe stürzt, präsentiert. Das milde Klima lässt Edelkastanien, Nussbäume und wilden Flieder wachsen.

Der Sage nach gilt der *heilige Nikodemus* als Stifter des Klosters, das im Laufe der Zeit mehrmals umgebaut wurde. Heute weben die Nonnen des Klosters die farbenfrohen oltenischen Teppiche und stellen Hinterglasikonen her. Die größte Feier und festlichsten Umzüge im Jahr erlebt das Kloster Tismana zu Mariä Himmelfahrt am 15. August *(Adormirea Maicii Domnului).*

• **Mănăstirea Tismana,** Mo. bis So. 9–19 Uhr, Eintritt frei.

Informationen

Ein Informationszentrum existiert noch nicht, die beiden nachfolgend genannten Reisezentren sind Spezialisten für die Beratung von Individualtouristen und sehr hilfsbereit, auch was die Suche nach einer Unterkunft betrifft:

• **Romania Gorj Aventura,** Str. Victoria 7a, Tel. 221 555, www.turismaventura.ro (auch englische Site). Hat sich auf Abenteuertourismus spezialisiert (Kajak, Mountainbike, Rafting, Canyoning etc.).
• **Gorj Tourism România,** B-dul Republicii 24, Tel./Fax 227 435, www.gorjtourism.ro.

Service

• **Hauptpost,** Str. Eroilor 17, Tel. 219 476.
• **Geldwechsel: Raiffeisenbank,** Str. Tudor Vladimirescu 17.
• **Internet: DexterNet,** Str. Victoriei 8, nonstop.
• **Reisebüro: Guardo Tours,** Str. Tudor Vladimirescu 17, Tel. 223 081.
• **Fotografie: Cip Audio Video Film,** Str. Victoriei 44, Tel. 221 661.
• **Optiker: Onioptic,** Str. Popa Şapca 4, Tel. 215 249, Mo. bis Fr. 9–17 Uhr, Sa. 9–13 Uhr.

Notfälle

• **Bergrettung: Salvamont,** Tel. 982.
• **Apotheke: Galien Farm,** Str. Victoriei 27, Tel. 218 238, nonstop.

●**Zahnarzt: Policlinica 8. Mai,** Str. 22. Decembrie 1989, Nr. 7, Tel. 221 223, Mo. bis Fr. 8–13 Uhr, 15–19 Uhr.
●**Private Klinik: Praxmed,** Str. 23. August 6, Tel. 237 327, Mo. bis Fr. 8–15 Uhr.

Mobilität

Züge

●Der **Hauptbahnhof** von Târgu Jiu liegt 1 km östlich des Zentrums in der Str. Titulescu, Tel. 242 263. Târgu Jiu liegt an der Zuglinie Petroşani - Craiova, direkte Verbindungen aber auch nach Arad und Cluj.
●Zugtickets sind vorab bei der **Agenția CFR** am Piața Mare zu bekommen, Tel. 211 924.

Busse

●Der **Busbahnhof** liegt 100 m südlich des Hauptbahnhofs, Str. Titulescu, Tel. 210 542.
●Von Târgu Jiu fahren **Busse** Richtung Bukarest, Râmnicu-Vâlcea, Cluj-Napoca, Timişoara, Craiova, Braşov, Curtea de Argeş und Turnu-Severin.

Taxis

●**Lazăr,** Tel. 206 028.
●**Eurotaxi,** Tel. 228 000.

Unterkunft

Hotels

●**Lexi Star** (***), Str. Progresului 1, Tel. 237 117. Eines der besten Hotels, elegantes Restaurant. 16 Zimmer. 8 EZ, 85 RON, 6 DZ, 110 RON, 2 App., 150 RON, inkl. Frühstück.
●Das bekannteste Hotel der Stadt ist das **Brâncuşi** (***), B-dul C. Brâncuşi, Tel. 215 981. Wie der Name schon vermuten lässt, liegt es gleich neben dem Skulpturenpark. 2004 total renoviert, gutes Preis-Leistungsverhältnis. 40 Zimmer. 7 EZ, 36 RON, 31 DZ, 40 RON, 5 App., 58 Euro, inkl. Frühstück.
●**Hotel Dasiana** (***), Str. Jiului (Ausgang Richtung Tismana), Tel. 211 995. Sehr ruhige grüne Gegend, guter Service, faire Preise. 20 Zimmer, 2 EZ, 65 RON, 16 DZ, 92 RON, 2 App., 164 RON, inkl. Frühstück.
●Etwas außerhalb, auf halber Stecke zwischen Târgu Jiu und dem Kloster Tismana, liegt das **Hotel Jaleşul** (***), Tel. 278 327 (Reservierung empfehlenswert). Der Tipp in Târgu Jiu! Hotel im Grünen mit Swimmingpool, Tennisplatz, Billard etc. Ruhig, gut und günstig. 18 Zimmer, 2 EZ, 95 RON, 14 DZ, RON, 2 App., 160 RON, inkl. Frühstück.
●Das **Casa Tineretului** (**), Str. N. Titulescu 26, Tel. 238 353, hat den Vorteil, in Bahnhofsnähe zu liegen und preisgünstig zu sein. 27 einfache DZ, 60 RON.

Pensionen

In Târgu Jiu findet man kaum günstige Pensionen, dafür aber außerhalb der Stadt, und manchmal muss man gar nicht so weit fahren:

●11 km entfernt (auf der DN67d) Richtung Băile Herculane liegt das traumhafte **Motel Camping Jalesul** (**) in Arcani. *Irina* und *Nicolae Davitoiu* haben sich ein Schmuckstück am Waldrand mit Swimmingpool (Benutzung für 10 RON), großem Garten, Grillgelegenheit u.v.m. geschaffen. DZ mit Frühstück kosten 120 RON, bei längerem Aufenthalt ist eine Preisreduzierung möglich.

Essen und Trinken

Restaurants

●**Ambasador,** Str. Victoriei 110, Tel. 210 718, täglich 11–1 Uhr. Internationale Küche mit rumänischer Note in heimeligem Ambiente. Für den großen Hunger.
●**Europa,** Calea Eroilor 22, täglich 8–24 Uhr, Tel. 0723-525 139. Das Restaurant liegt in der Nähe des Skulpturenparks. Sehr gut schmeckt *Ciulama de Pui* (Hühnerfrikassee in heller Soße).
●**Dorexim,** Str. 30. Decembrie, Nr. 2, Tel. 224 377, täglich 8–24 Uhr. Schönes Terrassenrestaurant mit vorwiegend italienisch inspirierter Küche.
●**Tip Top,** Str. 22. Decembrie 1989, Nr. 22, Tel. 227 457, täglich 8–24 Uhr. Gute Pizzeria mit vielfältigem Angebot.
●**Fantastic,** Str. Victoriei 25, tägl. 7–23 Uhr. Gute schnelle Küche mit Schnitzel & Co.

Cafés

- **Jaqueline,** Str. Victoriei 29, Tel. 215 223. Selbst gemachte Kuchen und guter Cappucchino.
- Gegenüber liegt das **Terrassencafé Keops,** Str. Victoriei 28, mit drei Billardtischen und reicher Kaffeeauswahl.

Bars

- **Eclipsa,** Str. T. Vladimirescu 17, Tel. 0722-326 484. Die Bar hat auch eine schöne, große Terrasse.
- **Tabu,** Str. Alexandru Vlahuță 1–3, Tel. 0722-373 392, im Untergeschoss.

Einkaufen

Kaufhaus

- **Parângul,** Str. Victoriei 29, Mo. bis Fr 8:30–21 Uhr, Sa. 8:30–19 Uhr, So. 9–14 Uhr. Das Shopping-Center im Herzen der Stadt mit der reichsten Auswahl.

Souvenirs

- **Charisma,** Str. Victoriei 44. Natürlich haben viele Souvenirs die Motive von Brâncuşi zum Thema, doch Kitsch ist hier eine Ausnahme.

Feste und Events

- Das große **Stadtfest Festivalul Național de Folk şi Balada** (Nationales Folklore- und Gesangsfest) findet regelmäßig im Juni statt.
- Im Winter wird das **Festival der Bezaubernden Wasserquelle (Izvoare Fermecate)** veranstaltet, meistens in der dritten Februarwoche.

Drobeta Turnu-Severin

↗ XVIII, A2

- **Meereshöhe:** 70 m
- **Vorwahl:** 0252
- **Einwohner:** 105.000

Über die Europastraße E70 gelangt man sowohl vom Norden aus dem Banat als auch von Südosten, von Craiova, in die **alte Daker- und Römerstadt** Drobeta Turnu-Severin an der serbischen Grenze. Das heutige, sehr moderne Erscheinungsbild von Drobeta, wie die Bewohner ihre Stadt kurz nennen, lässt kaum erahnen, welch bewegte Vergangenheit die Donaustadt bereits hinter sich hat. Die Überreste der römischen Besiedlung sind heute direkt entlang der Donau zu sehen. Keinesfalls verpassen sollte man das eindrucksvolle **Museum des Eisernen Tores,** das in der Nähe der Ruinen der **Trajan-Brücke** errichtet wurde, die einst als achtes Weltwunder in Rom gefeiert wurde. Auch die Ruinen einer römischen Bastion sind direkt an der Donau, neben der ehemaligen Brücke, zu finden. Zwischen der Bastion und dem Hotel Parc stehen an der Uferpromenade die Überreste einer mittelalterlichen Zitadelle.

Sehenswertes

Die Trajan-Brücke

Der Architekt des Kaisers *Trajan,* **Apollodorus von Damaskus,** verantwortlich für die berühmte Trajan-Säule in Rom, bekam um 100 n.Chr. den Auftrag, die größte und mächtigste

Brücke des Römischen Reiches zu errichten. Die Stelle, an der dies zu erfolgen hatte, um eine Anbindung an die römischen Heeresstraßen ins Reich der Daker zu gewährleisten, lag direkt bei der römischen Siedlung Severinus. Die Donau weist an dieser Stelle eine Breite von über 800 m auf und war zur damaligen Zeit ein wilder und reißender Strom.

Drei Jahre sollte der Brückenbau dauern, danach standen 20 mächtige Steinpfeiler im Fluss, die eine fast **1200 m lange Brücke** trugen. Die 14,5 m breite Holzfahrbahn, die ab **105 n.Chr.** über die Trajan-Brücke führte, konnte mühelos eine ganze römische Legion gleichzeitig tragen (4000 bis 6000 Mann). Der Historiker *Cassius Dio* schrieb um das Jahr 200 n.Chr.: „*Trajan* ließ eine Brücke über den Ister (= Donau) schlagen, wofür ich keine Worte finde, um meiner Bewunderung genügend Ausdruck zu geben."

Heute ist von dem gigantischen Bauwerk nur noch **ein Brückenpfeiler erhalten,** den man am Donauufer, bei den römischen Ruinen, besichtigen kann. Aber alleine dieser Pfeiler lässt erahnen, zu welch grandiosen Bauleistungen die Römer fähig waren.

Museum Eisernes Tor

Der **Donaudurchbruch durch die Karpaten,** 30 km von Drobeta Turnu-Severin stromaufwärts, ist als „Eisernes Tor" bekannt. Vieles in der Stadt trägt diesen berühmten Namen, von Restaurants bis hin zu Modeboutiquen, und natürlich schmückt sich auch das bedeutendste Museum Drobetas damit. Das Museum Eisernes Tor ist überaus sehenswert. Es liegt am südlichen Ende der Str. Independenţiei, wo auch alle wichtigen **Relikte aus römischer Zeit** zu finden sind. Rumänische Schulkinder beeindruckt die Fülle an römischer Pracht im Museum kaum, sie drücken sich lieber an der neuesten Errungenschaft, einem riesigen **Aquarium,** die Nasen platt, in dem Fische und Pflanzen aus der Donau zu sehen sind. Besonders eindrucksvoll ist ein Riesenwels *(Somnul),* den man in der Donau gar nicht vermutet hätte.

In der Sektion „Römisches Reich" sind die Überreste eines römischen Bades zu sehen sowie Relikte der Donaubastion und einer Basilika aus dem 14. Jahrhundert. Leider sind alle ethnologischen, archäologischen und historischen Sektionen nur in rumänischer Sprache ausgeschildert.

- **Muzeul Porţile de Fier,** Str. Independenţiei 2, Tel. 312 177, Di. bis So. 9–18 Uhr, Eintritt 5 RON.

Informationen

- Informationen über die Stadt erhält man im **Reisebüro Miliennium Tour,** Str. Crişan 16, Tel. 333 577. Die Agentur übernimmt auch sämtliche Ticket-Reservierungen und Anmeldungen für Donaufahrten zum Eisernen Tor.

Service

- **Hauptpost,** Str. T. Costescu 3–5, Tel. 317 549.
- **Geldwechsel: Raiffeisenbank,** B-dul Tudor Vladimirescu 125–27.
- **Internet: Xtreme Internet Café,** Str. Orly 25, Tel. 332 930, nonstop.

- **Reisebüro: Guardo Tours,** Str. Tudor Vladimirescu 17, Tel. 223 081.
- **Fotografie: Minetti Foto Film,** Str. Traian 119, Tel. 315 304.
- **Optiker: Optiplus,** Str. Mihai Viteazul 26, Tel. 322971, Mo. bis Fr. 9–19 Uhr, Sa. 10–14 Uhr.

Notfälle

- **Apotheke: Farmacia Sensibiu,** Str. Horia 12, nonstop.
- **Zahnarzt: Dentamed,** Str. Avram Iancu 18, Tel. 312 230.
- **Private Klinik: Eurolap,** Str. Revoluţiei Dec. 89, Nr. 23, Tel. 214 351.

Mobilität

Züge

- Der **Hauptbahnhof** von Drobeta Turnu-Severin liegt 1 km nördlich des Zentrums. Drobeta liegt auf der Zuglinie Bukarest – Timişoara, und alle Züge zwischen diesen Destinationen halten hier.
- Zugtickets sind vorab bei der **Agenţia CFR,** Str. Decebal 43, Tel. 311 244, zu bekommen.
- **Drobeta Turnu-Severin – Bukarest** (über Craiova): 2 IC-Züge um 9:18 und 18:13 Uhr, Ankunft 13:35 und 22:30 Uhr.
- **Drobeta Turnu-Severin – Timişoara** (über Orsova): R-Zug um 15:33 Uhr, Ankunft 19:12 Uhr.

Busse

- Der **Busbahnhof** liegt 3 km außerhalb des Zentrums (Stadtbusse 18 u. 20), Tel. 315 599.
- Von Drobeta Turnu-Severin fahren stündlich **Busse** zum Porţile de Fier (Eisernes Tor). Außerdem 6 Busse täglich nach Craiova und 3 nach Băile Herculane.

rum655 Foto: jr

Bereit zum Sprung? – Statue an der Donau westlich von Drobeta Turnu-Severin

Taxis

- **Ok,** Tel. 941.
- **Nova,** Tel. 944.
- **Ygrek,** Tel. 949.

Unterkunft

Hotels

Alle Hotels in der City sind überteuert. Selbst der Donaublick kann die in den letzten Jahren explodierenden Preise nicht rechtfertigen. Zumal die Donau nur vom Continental und vom Severin (nicht aufgeführt) zu sehen ist. Empfehlenswerter sind kleinere Pensionen entlang der Strecke.

- **Tropical** (***), Str. I. L. Caragiale 39, Tel. 311 922. Hotel mit schöner Sommerterrasse. 10 Zimmer, 6 EZ, 95 RON, 4 DZ, 130 RON, inkl. Frühstück.
- **Europa** (***), B-dul Tudor Vladimirescu 66, Tel. 333 737. Überteuertes Mittelklassehotel in Donaunähe, das sogar eine Präsidenten-

Suite anbietet. EZ 130 RON, DZ 170 RON, App. 210 RON, inkl. Frühstück.

- Das **Hotel Continental** (***) am B-dul Carol I., Tel. 306 730, liegt zentral und bietet den auch im Westen bekannten Standard. 29 EZ, 145 RON, 107 DZ, 195 RON, 5 App., 290 RON, inkl. Frühstück.

Pensionen

In Drobeta Turnu-Severin findet man keine guten, günstigen Pensionen, aber Richtung Craiova auf der E 79, 40 km außerhalb der Stadt, im Ort **Perişor,** liegt eine traumhafte Unterkunft mitten auf dem Lande:

- **Pensiunea Cristian** (**), Tel. 0251-415 071, Fax 415 173, DZ 80 RON, inkl. Frühstück. Bei längerem Aufenthalt ist eine Preisreduzierung möglich.

Essen und Trinken

- **Linz,** B-dul Tudor Vladimirescu 151, täglich 9–1 Uhr, Tel. 325 430. Schönes und gutes Terrassenrestaurant mit hohen Ansprüchen und tiefen Preisen. Best in Town. Empfehlung: *Muşchi de vită în sos de piper,* Kalbsteak in Pfeffersoße.
- **El Grande,** Str. N. Grigorescu 24, Tel. 312 328, täglich 11–3 Uhr. Wie der Name schon sagt, ein großes Restaurant mit internationaler Küche. Es wird gerne für Hochzeiten und andere Feste gebucht und ist auch ansonsten meist sehr voll!
- **Lebăda,** Str. Aurelian 54, Tel. 313 775, täglich 8–24 Uhr. Ruhiges Restaurant mit schönem Innendekor (Decke!). Spezialitäten: Süßwasserfische (nicht nur aus der Donau).
- **Grigo,** B-dul Tudor Vladimirescu 126, Tel. 324 181, täglich 10–24 Uhr. Gute Pizzeria mit reichhaltigem Angebot. Ausprobieren: *Grigo Pizza.*

Abends unterwegs

- Der **Club 58,** Str. Traian 17, garantiert lange dunkle Nächte mit House Music im Gothic Style.
- **Ada Kaleh,** Str. Bibicescu 4, Tel. 312 471. Die Bar ist innen und außen (Terrasse) ganz im orientalischen Stil ausgestattet. Guter türkischer Kaffee.

Einkaufen

Kaufhaus

- **Decebal,** Str. Horia 12, Mo. bis Sa. 8–22 Uhr, So. 9–15 Uhr. 4-stöckiges Shopping-Center mit Supermarkt im Tief-Paterre.

Souvenirs

- **Royal,** Str. Traian 117, Mo. bis Sa. 9–20 Uhr. Riesige Auswahl, von der nachgebauten römischen Galeere en miniature bis zum Decebal-Briefbeschwerer.

Am Eisernen Tor

„Eisernes Tor" ist die Bezeichnung für das größte **Staudammprojekt** an der Donau nahe der Stadt **Orşova** und dem dazugehörigen Elektrizitätswerk. Auf der anderen Seite steht dieser Name aber auch für **einen der imposantesten Flussdurchbrüche Europas.** 30 km westlich von Drobeta Turnu-Severin bahnt sich die **Donau** spektakulär ihren Weg **zwischen den rumänischen Südkarpaten und den serbischen Balkankarpaten** hindurch. An ihrer schmalsten Stelle ist die Donau hier nur noch 160 m breit, an beiden Ufern steigen die Karpatenwände bis auf 500 m steil in die Höhe.

Wer die Strecke mit einem Schiff befährt, wird sich wundern, dass sich nach dem Donaudurchbruch plötzlich ein 2 km breiter See auftut. Doch diese Verbreiterung kurz vor Orşova, die als **Cazan (Kessel)** bezeichnet wird, ist weiterhin die schöne blaue Donau.

Das Phänomen erklärt sich durch den künstlichen Rückstau, den man 1972 eingeleitet hat und der das Donauwasser hier auf ein Vielfaches seines normalen Volumens bringt.

Ruhig und gemächlich passieren die Donaupassagierschiffe heutzutage die Schleusen am Eisernen Tor, um sich dann ebenso langsam Richtung Donaudelta auf den Weg zu machen. Doch der friedliche Strom war nicht immer so ruhig und hat durchaus wesentlich bewegtere und **wildere Zeiten** hinter sich. Der Donauabschnitt an den Banater Bergen galt bereits bei den Römern als einer der gefährlichsten. An Fahrten mit dem Schiff war aufgrund der vielen Stromschnellen und Felsriffe nicht zu denken.

Im Jahr 1956 beschlossen Rumänien und das damalige Jugoslawien ein kommunistisches Joint Venture zur Schiffbarmachung der Donau. Dieses gigantische **Staudammprojekt** würde wahrscheinlich heute in Europa zu einem riesigen Aufschrei führen. Nach den Arbeiten an den Schleusen und der Staumauer, die von 1960 bis 1972 dauerten, lag die Höhe der Donau um 33 m über dem alten Wert. Die Gemeinde Ada Kaleh und die Altstadt von Orşova versanken ebenso wie eine Donauinsel für immer in den Fluten. Die Bürger der alten römischen Siedlung Orşova wurden umgesiedelt und leben heute an der Mündung der Cerna in einer Stadt ohne historische Wurzeln.

Craiova

↗ XIX, C3

- **Meereshöhe:** 100–110 m
- **Vorwahl:** 0251
- **Einwohner:** 310.000

Um es gleich vorwegzunehmen: Die Universitätsstadt Craiova spielt, was die Aufmerksamkeit der Reisenden anbelangt, meist nur eine Statistenrolle. Die Gründe dafür mögen in der star-

Die Donau – kurz gefasst

Die wichtigste Lebensader Rumäniens ist die Donau, die mit 1075 km die längste Strecke ihrer Reise auf rumänischem Boden zurücklegt und in die fast alle anderen Flüsse Rumäniens (direkt oder indirekt) münden. Das in römischer Zeit mit zahlreichen Stromschnellen und Wasserfällen noch sehr wilde und ungezügelte Gewässer namens **Istros** wurde im Lauf der Jahrhunderte reguliert und befahrbar gemacht. Am deutlichsten sieht man das heute rund um das Eiserne Tor an der serbischen Grenze. Hier durchbricht die **Dunărea** die Banater Südkarpaten und ist für Schiffe nur in Schleusen passierbar.

Auf ihrem weiteren Weg nach Osten bestimmt die Donau als Grenzfluss zu Bulgarien ganz wesentlich das Tieflandrelief im südlichen Rumänien. Sie umfließt zum Schluss ihrer Reise das Bergland der Dobrudscha, indem sie noch einmal einen Umweg nach Norden nimmt. Nach insgesamt **2850 km** – ab der Entstehung durch den Zusammenfluss von Brigach und Breg bei Donaueschingen in Deutschland – erreicht sie die Stadt Tulcea im Donaudelta und spaltet sich in drei Flussarme auf, mit denen sie das zweitgrößte Flussdelta Europas bildet.

ken Industrialisierung liegen, die zu Beginn der 1960er Jahre einsetzte, oder einfach darin, dass Craiova abseits der meisten touristischen Routen liegt. Dabei haben sich die **Adelshäuser** der Innenstadt, die prachtvolle **Präfektur** und das **Minerva-Haus,** das in den 1970er und -80er Jahren zu den besten Restaurants Rumäniens zählte, in den letzten Jahren fein herausgeputzt. Ein sehr gutes Argument, mit dem man für Craiova werben kann, ist das einzigartige **Kunstmuseum,** in dem sich der Architekt *Paul Gottéreau* dank eines unbegrenzten Budgets gnadenlos kreativ ausleben konnte. Auch der **Botanische Garten (Parcul Romanescu)** keine 10 Minuten vom Zentrum entfernt lädt jederzeit zu einem Zwischenstopp im Grünen ein.

Wer sich also auf dem Weg durchs südliche Oltenien befindet, sollte sich die langsam erwachende Schönheit Craiova einmal anschauen. Das kleine **historische Zentrum** der ausgedehnten Stadt lässt sich in etwa 3 Stunden mühelos erkunden. Doch manche bleiben dann doch länger, denn Craiova hat so manche Überraschung zu bieten.

Sehenswertes

Im Zentrum

Die Hauptachse des Zentrums bildet die **Fußgängerzone der Calea Unirii,** die wichtigste Nord-Süd-Verbindung im Stadtkern. Die breite Straße zeigt sich janusköpfig. Vom Norden, also vom Kunstmuseum kommend, sieht man links die historisch interessanten und gut restaurierten Gebäude aus dem 19. Jahrhundert, wie das Muzeul de Arta, die Präfektur und das ehemalige Kasino Minerva. Auf der anderen Seite hingegen zieht sich ein gewaltiger grauer Neubau aus den 1970er Jahren in die Länge, der einst

Ein Kunstpalast fürs Volk

Am Beginn der Calea Unirii in Craiova versteckt sich ein weißer, verspielter Zuckergussbau hinter hohen Kastanienbäumen und einer Mauer, sodass man ihn beim Vorbeigehen leicht übersieht. Wer sich doch durchs Eisentor wagt, hält das Gebäude anfangs vielleicht für einen alten Palast. Für das einfache Volk jedenfalls scheint es nicht gebaut worden zu sein. Dabei hat der Architekt **Paul Gottéreau** das Gebäude von 1900 bis 1907 bewusst auch als „Festhaus für das Volk" und als einen „Kunstpalast für den kleinen Mann" geplant. Er und sein Geldgeber, **Constantin Mihail** (seinerzeit der reichste Mann Rumäniens nach dem König), planten einen Palast, wie es ihn in der Walachei bis dahin noch nicht gegeben hatte. Geld sollte keine Rolle spielen.

Heute wird das **Kunstmuseum** von Craiova meist mehr bewundert als die ausgestellten Kunstwerke darin, beschwert sich sein Direktor. Die venezianischen Spiegel, die Kristallleuchter aus Murano-Glas, die Treppen aus Carrara-Marmor, die mit Lyoner Seide aufgepolsterten Wände und die prachtvollen Stuckarbeiten und Deckenmalereien lenken in der Tat sehr von den Gemälden ab, die in prächtigem Wettstreit mit der Innenarchitektur stehen. Dem Volk jedenfalls hat es gefallen. Bei seiner Eröffnung im Juni 1907 wollten 100.000 Bürger aus der ganzen Walachei ihren Kunstpalast sehen.

rum659 Foto: jr

der ganze Stolz der kommunistischen Machthaber war und heute als Ladenmeile herhalten muss.

Anfangs der Calea Unirii kommt man in 5 Minuten zum kleinen **Park Alexandru Ion Cuza,** der direkt dem mächtigen Rathausbau von 1845 und dem daneben liegenden **Stadttheater** vorgelagert ist. Wer von hier durch die Altstadt bummelt und die Stadt von früher her kennt, wird erstaunt sein, wie gut einzelne Bojarenhäuser und Jugendstilbauten renoviert wurden. So z.B. die Häuserzeile um das **Casa Puiu Pleşea** oder die alte **Nationalbank.** Auch die altehrwürdige **Universität** von 1869 und die prächtigen Villen an der Str. Mihail Viteazul wie der **Curtea de Conturi** und das **Gedenkhaus der Elena Farago** erstrahlen wieder in altem Glanz.

Im Kunstmuseum

Anfangs, um 1907 bis 1920, war im prunkvollen Kunstmuseum in der Calea Unirii die **Sammlung „Alexandru und Aristia Aman"** untergebracht. Dabei handelte es sich um Werke, die aus dem Nationalen Kunstmuseum in Bukarest ausgelagert wurden.

Heute zeigt das Haus auch international bedeutende Werke, die ihm von Sammlern vermacht wurden, wie diejenigen im **flämischen Flügel,** wo anonyme Werke aus dem Kreis um *Peter Paul Rubens* hängen. Dazu zählen auch Bilder von *Daniel van Heil* und *Cornelis de Heem.* Die **italienische Schule** ist mit Bildern aus dem 16.

Das Kunstmuseum von Craiova

Oltenien

Jahrhundert vertreten. Zu sehen sind unter anderem Werke von *Niccolo Boldrini* aus dem Jahr 1550. Die große Zahl von Gemälden **rumänischer Maler** wird angeführt von *Theodor Aman* und dem größten und bekanntesten rumänischen Maler, *Nicolae Grigorescu,* von dem allein 20 Bilder im Museum zu sehen sind.

Natürlich darf auch *Constantin Brâncuşi* nicht fehlen, der in Craiova seine ersten Werke schuf. Eines seiner wichtigsten Frühwerke, „Der Kuss" (von 1907), ist im Museum ausgestellt.

Der Romanescu-Park

Der **Botanische Garten** oder **Parcul Romanescu** gehört zu den größten

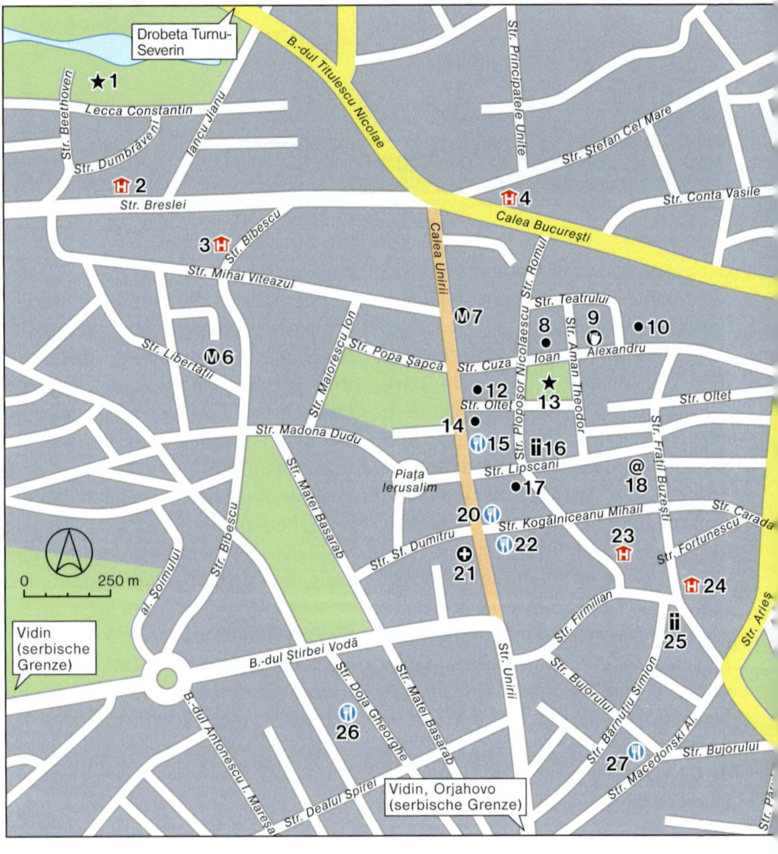

Parkanlagen Europas und liegt dabei mitten im Stadtzentrum. Wer die Gehwege der grünen Lunge von Craiova vollständig abwandern möchte, sollte sich doch ein paar Tage länger in seinem Hotel einquartieren, da man nämlich über 80 km vor sich hätte. In dem 1900 eröffneten Park stehen heute über 250 verschiedene Baumarten.

Ein authentisches **mittelalterliches Schloss** in der Parkmitte lässt sich über eine Brücke oder wahlweise auch mit dem Ruderboot erreichen. **Zahlreiche Restaurants,** ein kleiner (unspektakulärer) **Zoo** und einige schön gelegene Terrassencafés runden den positiven Eindruck ab, den der Park vermittelt.

Oltenien

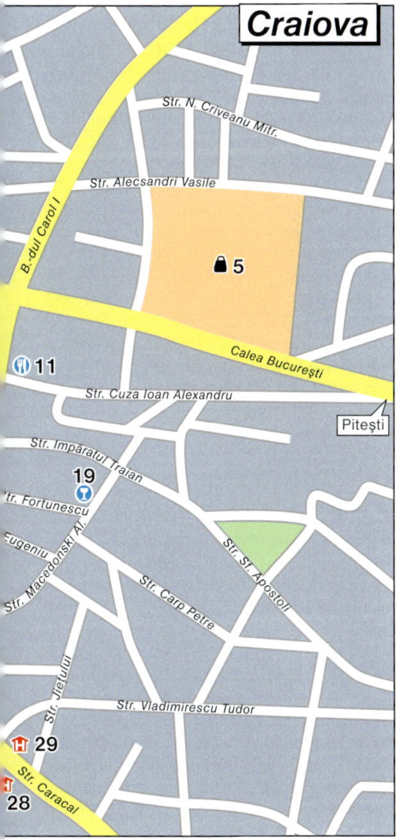

★	1	Botanischer Garten
	2	Hotel Golden House
	3	Hotel Parc
	4	Hotel Jiul
▲	5	Zentraler Markt
Ⓜ	6	Museum Oltenien
Ⓜ	7	Kunstmuseum
●	8	Rathaus
☻	9	Stadttheater
●	10	Universität
	11	Restaurant La Dolce Vita
●	12	Präfektur
★	13	Alexandru I. Cuza Platz
●	14	Mapamont Reisebüro
	15	Café Viena
ⅱ	16	Orth.Kirche Sfântul Ilie
●	17	Romtelecom
@	18	Internet Café Night Bringer
	19	Club Corona
	20	Restaurant Minerva
✚	21	Poliklinik Bunavestire
	22	Restaurant El Greco
	23	Hotel Central
	24	Hotel Green House
ⅱ	25	Orth.Kirche Sf. Arhangel Mihail & Gavriel
	26	Restaurant Zorba's
	27	Restaurant Il Nabucco
	28	Pension Luisa
	29	Hotel Bavaria

Informationen

- **Agenția de Turism Mapamont,** Str. Olțet 2–4, 1. Stock, hinten durch (!). Sehr freundliche Angestellte, die auch Übernachtungen in ANTREC-Häusern auf dem Lande vermitteln.

Service

- **Hauptpost,** Calea Unirii 54, Tel. 523 520.
- **Geldwechsel: Raiffeisenbank,** Calea Unirii 14.
- **Internet: Night Bringer Café,** Str. Lipşcani 44, nonstop.
- **Reisebüro: Touropa,** Calea Unirii 23c, Tel. 410 091.
- **Fotografie: Live Foto,** Str. I. A. Cuza 42, Tel. 0722-557 762, Mo. bis Fr. 8.30–21 Uhr.
- **Optiker: Onioptic,** Str. Vasile Conta 2, Mo. bis Fr. 9–19 Uhr, Sa. 10–14 Uhr.

Notfälle

- **Apotheke: Farmacia 3F,** Calea Bucureşti 17b, nonstop.
- **Zahnarzt: Dr. Catrinel Georgescu,** Piața Gării 2, Tel. 0723-317 735.
- **Private Klinik: Policlinica Bunavestire,** Calea Unirii 90, Tel. 524 078.

Mobilität

Flüge

- Der **Flughafen Craiova (Aeroportul International Craiova)** liegt 7 km außerhalb der City an der Şos. Craiova nach Bukarest, Tel. 416 860. Die Busse 28 und 32 bedienen die Strecke Innenstadt - Flughafen.
- **Fluggesellschaft TAROM,** Büro im Unirea-Einkaufszentrum gegenüber dem Hotel Jiul, Calea Bucureşti 2, Tel. 411 049.

Züge

- Der **Hauptbahnhof** von Craiova liegt 1 km nördlich des Zentrums am Piața Gării 1, Tel. 411 620. Craiova liegt auf der Zuglinie Bukarest - Timişoara; alle Züge zwischen diesen Destinationen halten hier.
- Zugtickets vorab bei der **Agenția CFR** im Zentrum Unirea, Tel. 411 634.

Busse

- Der **Busbahnhof** liegt neben dem Hauptbahnhof, Tel. 411 187.
- Von Craiova fahren **Busse** nach Calafat, Câmpulung, Târgu Jiu und Râmnicu Vâlcea.

Taxis

- **Romnicon,** Tel. 421 919.
- **PMI,** Tel. 590 002.

Grenzübergang nach Bulgarien

In der kleinen Stadt **Calafat** 70 km südlich von Craiova liegt ein wichtiger Grenzübergang nach Bulgarien. Die hübsche Stadt an den Ufern der Donau ist sehr übersichtlich und vor dem Passieren der Grenze einen kurzen Bummel wert. Vom Bahnhof aus sind es 10 Minuten ins Stadtzentrum, das man am unvermeidlichen Kriegerdenkmal erkennt. Der Markt ist rechter Hand zu finden, links verteilen sich einige Bars, Restaurants und ein so genanntes Kulturhaus.

Fähren (wie im Englischen: *Ferry boat* oder *bac*) nach Bulgarien fahren im Sommer stündlich von 5:30 Uhr morgens bis Mitternacht. Die Fahrt nach Vidin dauert 30 Minuten und kostet 20 RON pro Person und 80 RON pro Fahrzeug.

Unterkunft

Hotels

- **Hotel Bavaria** (****), Str. Caracal 3, Tel. 414 886. Exzellentes Hotel in ruhiger Gegend, einziger Nachteil: Es ist (für rumänische Verhältnisse) zu teuer. EZ 75 RON, DZ 80 RON, App. 120 RON.
- **Hanul Doctorului** (***), Str. Viitorului 1, Tel. 435 413. Wunderbares Hotel und originelles Restaurant in urigem Stil. Beide empfehlenswert. EZ 100 RON, DZ 120 RON.
- **Green House** (***), Str. Frații Buzeşti 25, Tel. 414 010. Sehr professionell geführtes, modernes Haus 10 Minuten vom Zentrum entfernt (liegt nicht im Grünen!). EZ 60 RON, DZ 65 RON, App. 130 RON.

●**Hotel Parc** (***), Str. Bibescu 12, Tel. 417 257. 43 Zimmer, Air Condition, Parkplatz, Kühlschrank, Kabel-TV. EZ 50 RON, DZ 55 RON.
●**Hotel Emma** (***), Calea Bucureşti 82a, Tel. 406 288, www.hotel-emma.ro. Neben einer Tankstelle gelegenes modernes Hotel, das wohl zu den elegantesten der Stadt zu zählen ist. EZ 30 Euro, DZ 45 Euro.
●**Hotel Jiul** (**), Calea Bucureşti 1–3, Tel. 414 166. Mittelklassehotel. Die Preise der in zwei Klassen geteilten tadellosen Zimmer sind zu hoch: EZ ** 27 Euro, *** 45 Euro, DZ ** 36 Euro, *** 60 Euro, App. *** 75 Euro.
●**Hotel Ada** (**), B-dul Tudor Vladimirescu 125–127, Tel. 326 123. Das neue, freundliche Hotel (seit Nov. 2005) hat ein ausgezeichnetes Restaurant. EZ 135 RON, DZ 175 RON, inkl. Frühstück.
●**Golden House** (*), Str. Brestei, Tel. 406 207. Passables Haus, etwas zu teuer für das Gebotene. EZ 100 RON, DZ 120 RON.
●**Hotel Central** (*), Str. Fraţii Buzeşti 12. Dieses Haus atmet den Geist der alten kommunistischen Zeit. Es stellt sich die Frage, ob man ein Hotel, in dem man erst einmal das Zimmer lüften und Staub wischen muss, überhaupt in einen Reiseführer aufnehmen soll. Aber schließlich sollen Sie wissen, was Sie buchen. Das Hotel Central macht seinem Namen zwar alle Ehre und liegt sehr günstig, ist allerdings nur etwas für standhafte und geruchsunempfindliche Nostalgie-Fans. Mit etwas Verhandlungsgeschick entpuppt sich die verstaubte Bude allerdings als eines der billigsten Hotels der Stadt! EZ 50 RON, DZ 60 RON, ohne Frühstück.

Pension

●**Luisa** (**), Str. Caracal 12. Sieht klein aus, hat aber viel Platz. Italienische Hausleitung. Reservieren unter Tel. 441 735 oder 0744-562 963. 13 Zimmer, EZ 80 RON, DZ 100 RON, App. 120 RON.

Essen und Trinken

●**Restaurant & Café Minerva,** Str. Unirii 23, Tel. 411 706, 7.30–22 Uhr. Das Minerva gehörte in den 1970er und -80er Jahren zu den elegantesten, besten und teuersten Restaurants ganz Rumäniens. Unweit der prunkvollen Präfektur entstand nach seiner Renovierung ein zweigeteiltes, ebenso prächtiges Architektur-Vergnügen. Das Café Minerva ist nun eine verkleinerte Variante des alten Riesenrestaurants in grellem Jugendstilblütentürkis. Die Selbstbedienung mutet allerdings ein wenig fremd an in dem prächtigen Saal. Das Essen ist tadellos.
●**Restaurant Viena,** gleich am Piaţa Prefecturii gelegen, bietet das Viena eine gute und preiswerte Küche in einem sehr harmonischen und eleganten Interieur. Spezialitäten: *Bulz ciobănesc* (*Mămăligă* mit Sahne, Ei und Schinken), *Tochitură olteneascǎ* (Geschnetzeltes mit *Mămăligă,* Ei und Tomatensauce) Außerdem Pizza und Pasta.
●**Zorba's,** Str. Gheorghe Doja, Tel. 533 545. Restaurant mit original griechischem Essen und griechischem Wein.
●**Il Nabucco,** Str. Al. Macedonski 38, Tel. 0741-229 936. Rumänische und italienische Küche der kräftigen Art. Gut gewürzt und preisgünstig.
●**El Greco,** Str. A.I. Cuza 9, Tel. 416 549. Für den kleinen Hunger zwischendurch: Pizza und rumänische Pasteten.
●**La Dolce Vita,** B-dul Carol I., Nr. 6, Tel. 466 604. Typisch italienische Küche, z.B. *Saltimbocca.*

Abends unterwegs

●**Murphy's Pub,** Str. Panait Moşoiu 5, Mo. bis Fr. 9–24 Uhr, Sa. 10–1 Uhr, Do. abends Live-Konzerte mit irischer Musik.

Einkaufen

●**Kaufhaus:** Das **Mercur** am Rathausplatz ist unübersehbar das größte und wichtigste Einkaufszentrum in der City. Hier bekommt man alles von Alteisen bis zur Zahnseide.

rum664 Foto: jr

Banat

rum665a Foto: jr

rum665b Foto: jr

Arad – das Denkmal ist allen Helden der rumänischen Geschichte gewidmet

Heuernte bei Băile Herculane

Straßenkünstler in Timişoara

Zwischen Donau, Theiß und Mieresch

Im Gegensatz zu Oltenien, das sich mit Muntenien zusammen stolz Ţara Românească (Rumänisches Land) nennt, war der benachbarte Banat seit jeher eine **Vielvölkerregion.** Rumänen, Ungarn, Serben und Deutsche haben das Gebiet im äußersten Südwesten Rumäniens entscheidend mit geprägt. Die ersten deutschen Siedler (1720–1730) berichteten in bewegenden Aufzeichnungen davon, wie mühsam es war, die ausgedehnten Sümpfe trockenzulegen und das Land urbar zu machen. Das Gebiet im Dreiländereck war vor allem bei den Schwaben sehr beliebt, die in Massen in den Banat auswanderten. Noch 1910 lag der Anteil der deutschen Bevölkerung, der so genannten **Donauschwaben,** im Banat bei über 25 Prozent. Deutsche stellen heute mit 5 Prozent nur noch eine kleine Minderheit. Die Mehrzahl der heute hier lebenden Menschen ist rumänischer, serbischer und ungarischer Abstammung.

Der Banat ist in den letzten Jahren zu einer aufstrebenden **Weinbauregion** geworden. Die Landwirtschaft spielt nach wie vor eine große Rolle im Land der Schwarzerdeböden und fruchtbaren Flusstäler. Riesige Obstplantagen, Weizen-, Raps- und Maisfelder ziehen sich im Gebiet rund um Arad bis zum Horizont. Aber auch Adventure-Touristen und Kulturfreunde entdecken den Banat neu. Die Berge um Caransebeş sind beliebte Trekking- und Mountenbike-Gebiete, und westliche Austauschstudenten zieht es nach **Timişoara,** in Rumäniens „westlichste Stadt".

Geschichte im Dreiländereck

Im frühen Altertum war der Banat eine typisch **dakische Region,** an der die Römer aber sehr schnell Gefallen finden sollten. Wie in Transsylvanien und im Gebiet der nördlichen Crişana, hatte man auch auf dem Boden des Banat **Gold und mineralische Quellen** entdeckt, eine Mischung, der die römischen Soldaten nicht lange widerstehen konnten. So wurde das Gebiet im heutigen Dreiländereck zwischen 106 und 274 n.Chr. der **römischen Provinz Dacia** angeschlossen.

Es folgte eine lange **Zeit politischer Wirren,** die erst im 12. Jahrhundert durch die Eroberung durch die Ungarn endgültig geklärt schien. Doch die aufstrebende Walachei und die Osmanen machten in der Folgezeit den Banat ebenso zu einem Zankapfel wie die Serben und Habsburger.

Bis zur Zeit Kaiserin *Maria Theresias* und der Etablierung einer habsburgisch-ungarischen Monarchie wechselte die Herrschaft über den Banat mit schöner Regelmäßigkeit zwischen Budapest und Wien hin und her.

Erst im **Ersten Weltkrieg** entschied sich das Schicksal der politisch instabilen Region endgültig. Der westliche, kleinere Teil des Banat ging an Ungarn, ein weiterer, südwestlicher Teil an Serbien. Das größte Stück aber, den östlichen Teil, bekam die noch junge Monarchie Rumänien. Von diesem Gebiet soll in der Folge die Rede sein, auch wenn „Banat", ähnlich wie im Falle der Bukowina, insgesamt ein geteiltes Gebiet bezeichnet.

Der Ban

Der Banat (rum. **Banatul**) beschreibt eine Region, die nicht allein auf das Territorium Rumäniens beschränkt ist. Im Dreiländereck des äußersten Südwestens reicht sein Gebiet auch auf die Staaten von Serbien (große Teile der heutigen Vojvodina) und Ungarn hinüber. Auf Ungarisch heißt das Gebiet **Bánság.** Der Name leitet sich nicht etwa – wie von Einheimischen in vielen lustigen Wendungen behauptet – vom rumänischen Wort *bani* für Geld ab. Vielmehr geht er auf den aus dem Persischen stammenden Titel **Ban** zurück, den mittelalterliche Herrscher in Kroatien, Bosnien und der Walachei getragen haben. Noch vor 500 Jahren hieß auch Bosnien Banovina. Ungarische Herrscher bezeichneten im 16. Jahrhundert sämtliche ihrer Provinzen als **Banat,** ein Wort, das dem deutschen Begriff Markgrafentum entspricht.

Timişoara/ Temeschwar

↗ XII, A1/2

- **Meereshöhe:** 90 m
- **Vorwahl:** 0256
- **Einwohner:** 330.000
- **Ungarischer Name:** Temesvár
- **Deutscher Name:** auch Temeschburg

Timişoara ist eine Reise wert. Wer die Stadt am Fluss Timiş zwei Jahre nicht gesehen hat, wird sich wundern, in welchem Tempo die Sanierung im historischen Altstadtzentrum voranschreitet. Schon früher war Schnelligkeit ein Markenzeichen der Stadt. So gab es in Timişoara die **ersten Straßenbahnen,** die von Pferden gezogen wurden

Die Revolution begann in Timişoara

Ende 1989 hatte sich die Welt durch *Gorbatschows* Perestroika grundlegend verändert. *Ceauşescu* war am 4. Dezember noch einmal nach Moskau geflogen, um *Gorbatschow* milde zu stimmen; dieser hatte ihm beim letzten Besuch gehörig den Kopf gewaschen. Doch die Gespräche verliefen unterkühlt.

In Rumänien spitzten sich die Ereignisse derweil zu, und es war nicht, wie etwa erwartet, die Arbeiterschaft, die den Sturz *Ceauşescus* einläutete, sondern ein Mann aus dem Klerus. Der Pfarrer der reformierten Kirche in Timişoara, **Laszlo Tökes,** hatte wegen seiner regimefeindlichen Predigten Berufsverbot erhalten, predigte jedoch ohne Bezahlung weiter. Als *Tökes* durch die Securitate aus seiner Wohnung zwangsvertrieben werden sollte, versammeln sich am 16. Dezember über 1000 Menschen im Stadtzentrum. Es kommt zu spontanen Arbeitsniederlegungen, Verwüstungen und antikommunistischen Losungen. Als Antwort des Regimes auf die Rufe nach Freiheit und Demokratie fliegen die Schlagstöcke, und gepanzerte Fahrzeuge der Armee rollen auf. Die erste kleine Revolution wird niedergeschlagen – doch, und das ist entscheidend, ohne Schüsse.

Ceauşescu ist in Rage. Er hatte den Militärs befohlen, scharfe Munition einzusetzen. Vor einer Auslandsreise nach Teheran gibt er seinem Verteidigungsminister *Milea* noch eine „letzte Chance". Falls es wieder zu Protesten kommen sollte, würden einige der „Hooligans und chauvinistischen ungarischen Nationalisten" eben hinterher nicht mehr laufen können – auf *Ceauşescus* Befehl hin sollte das Militär allen Protestlern in die Beine schießen.

Doch es kam anders. In Timişoara war die ganze Stadt im Streik. Menschenmassen überfluteten den zentralen Opernplatz. Revolutionsführer sprachen vom Opernbalkon zur Menge. Überall waren Rufe zu hören wie: *Noi suntem poporul* (Wir sind das Volk), *Acum sau niciodată* (Jetzt oder nie) oder *Fără violenţă – Armata e cu noi* (Ohne Gewalt – die Armee ist mit uns).

Doch dem war anfangs nicht so. Am 19. Dezember begann das Militär zu schießen, doch nicht nur in die Beine. Es gab die ersten Toten – einen Tag später kam es dennoch zu den ersten Verbrüderungsszenen zwischen Bevölkerung und Soldaten. Timişoara war zur ersten freien Stadt Rumäniens geworden – doch kaum einer im Rest des Landes wusste davon, denn alle Telefonleitungen waren heimlich gekappt worden. Die Bestinformierten waren in Rumänien zum damaligen Zeitpunkt die Fernsehzuschauer, die westliche Programme empfangen konnten.

• **Revolutionsmuseum,** Str. Emanoil Ungureanu 8, www.memorialulrevolutiei.ro.

rum668 Foto: jr

(1869), und auch die **ersten Wasserleitungen Rumäniens** wurden (ebenfalls 1869) in der Hauptstadt des Banat verlegt. Natürlich ließ es sich die Stadt, die dem Westen und seinen technischen Entwicklungen immer schon sehr zugeneigt war, auch nicht nehmen, bei der Elektrifizierung „aufs Gas zu drücken". So bekam Timişoara 1884 die **erste elektrische Straßenbeleuchtung Europas,** ein beispielloser Vorgang für eine Stadt, die niemals Hauptstadt eines Staates gewesen ist. Zu guter Letzt dürfen in dieser Aufzählung die Ereignisse im rumänischen **Revolutionsjahr 1989** nicht fehlen. Mit **Laszlo Tökes,** einem engagierten Pfarrer der reformierten Kirche in Timişoara, hatte damals alles angefangen. Die Leute seiner Stadt erklärten sich mit ihm solidarisch, und irgendwann sprang der Funke auf das ganze Land über.

Kurze Stadtgeschichte

Bereits 1154 taucht der Name der Stadt erstmals in den historischen Dokumenten des arabischen Geographen *al-Idrisi* auf. Ins Bewusstsein der Geschichtsschreibung rückte sie dann vollends im 14. Jahrhundert, als die kleine Siedlung um die alte Festung Castrum Temesiensis sich zur **Hauptstadt des Banat** aufschwang. Nach einer ziemlich rüden Herrschaft der Osmanen seit 1552 übernahmen die Habsburger 1716 das Stadtzepter und führten die aufstrebende Metropole zu einer Blütezeit im 18. und 19. Jahrhundert. Aus dieser Zeit sind noch einige architektonische Bauten erhalten geblieben.

Erste Orientierung

Wer das Zentrum von Timişoara auf einer Karte betrachtet, dem wird die sorgfältige Planung der Straßenzüge auffallen. Die Altstadt befindet sich in einem inneren Ring, der vom **Bega-Kanal** umgeben ist. Dieser wurde auf Betreiben der Habsburger gegraben, um einerseits die Sümpfe zwischen den Flüssen Timiş und Bega trockenzulegen und andererseits den Überschwemmungen im Frühjahr Einhalt zu gebieten. Heute trennt der Bega-Kanal die Altstadt vom Neubauviertel.

In der **Altstadt** gibt es eine Achse vom nördlich gelegenen Einheitsplatz (Piaţa Unirii) zum zentral gelegenen Freiheitsplatz (Piaţa Libertaţii) und hinunter zum Siegesplatz (Piaţa Victoriei). Auf dieser Strecke liegen einige der markantesten und historisch wichtigsten Bauwerke der Stadt.

Sehenswertes

Der Einheitsplatz

Am Verkehrsknotenpunkt **Piaţa Unirii** spiegelt sich am besten die habsburgische Zeit wider. Der wunderschöne Platz ist vollständig von gelben, grünen und roten Handelshäusern umgeben. Hier fanden im 18. Jahrhundert die Aufmärsche, Militärparaden und religiösen Feste statt, und hier entzündete sich auch im Dezember 1989 der Revolutions-Funke, der von den Massen zu den anderen zen-

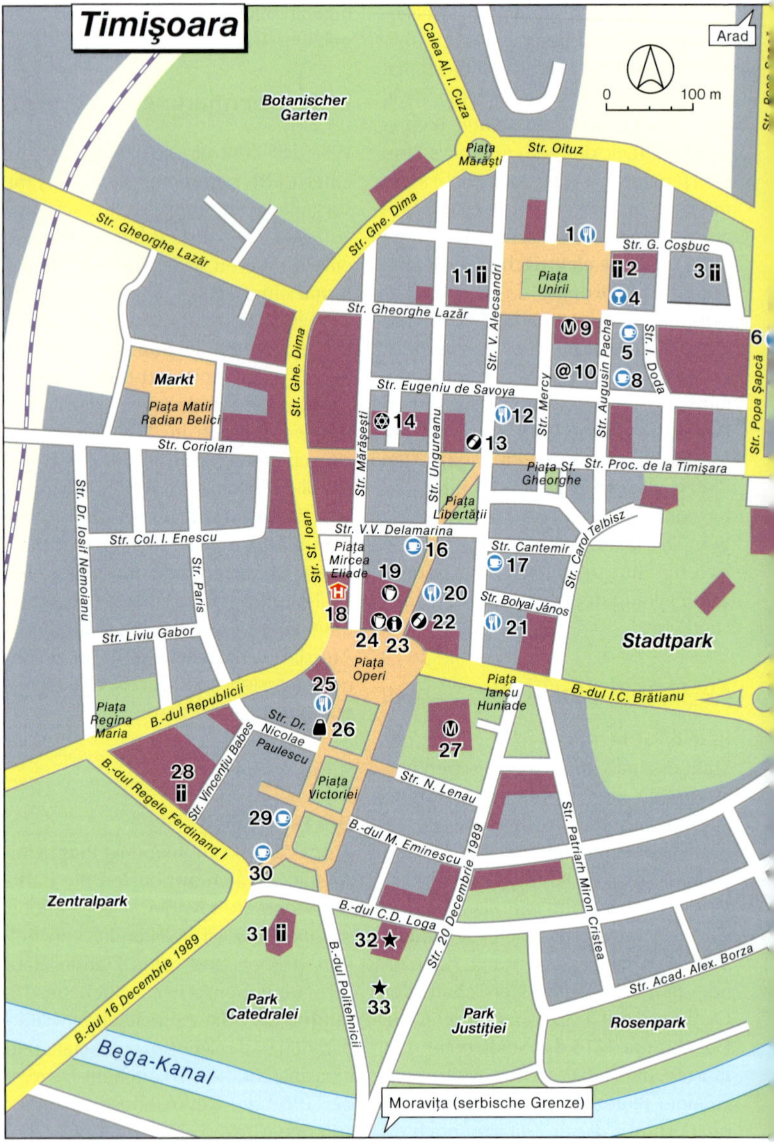
Timişoara
Arad
0
100 m
Botanischer Garten
Calea Al. I. Cuza
Piaţa Mărăşti
Str. Oituz
Str. Gheorghe Lazăr
Str. Ghe. Dima
1
Str. G. Coşbuc
11
2
3
Piaţa Unirii
4
Str. Gheorghe Lazăr
Str. V. Alecsandri
9
5
Str. I. Doda
6
Str. Augusin Pacha
10
8
Str. Mercy
Markt
Piaţa Matir Radian Belici
Str. Ghe. Dima
Str. Eugeniu de Savoya
14
12
Str. Popa Şapcă
13
Str. Coriolan
Str. Mărăşeşti
Str. Ungureanu
Piaţa Sf. Gheorghe
Str. Proc. de la Timişara
Piaţa Libertăţii
Str. Dr. Iosif Nemoianu
Str. Col. I. Enescu
Str. V.V. Delamarina
Str. Carol Telbisz
16
Str. Cantemir
17
Piaţa Mircea Eliade
19
Str. Sf. Ioan
Str. Paris
20
Str. Bolyai János
18
22
21
24
23
Stadtpark
Str. Liviu Gabor
Piaţa Operi
25
Piaţa Iancu Huniade
B.-dul I.C. Brătianu
B.-dul Republicii
Piaţa Regina Maria
Str. Dr. Nicolae Paulescu
26
27
28
Str. Vincenţiu Babeş
B.-dul Regele Ferdinand I
Piaţa Victoriei
Str. N. Lenau
Str. Patriarh Miron Cristea
29
B.-dul M. Eminescu
Str. 20 Decembrie 1989
30
Zentralpark
B.-dul C.D. Loga
31
32
B.-dul Politehnicii
Str. Acad. Alex. Borza
B.-dul 16 Decembrie 1989
33
Park Catedralei
Park Justiţiei
Rosenpark
Bega-Kanal
Moraviţa (serbische Grenze)

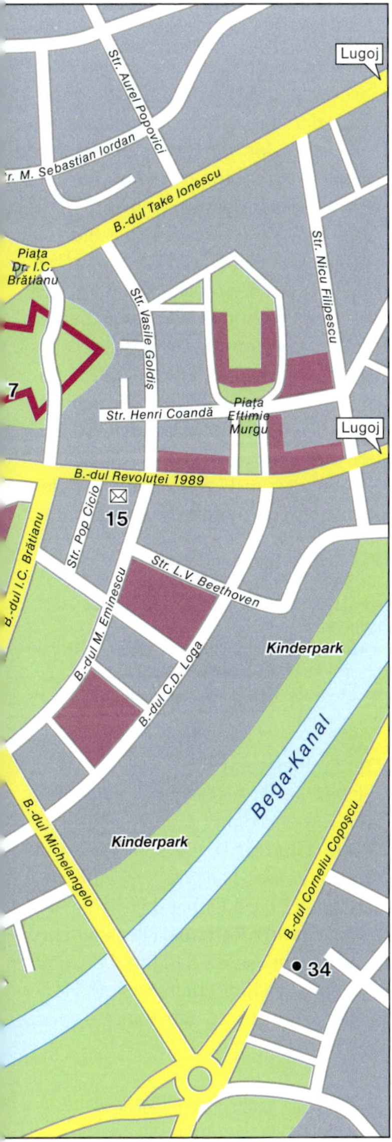

Lugoj

Str. Aurel Popovici

tr. M. Sebastian Iordan

B.-dul Take Ionescu

Piaţa
Dr. I.C.
Brătianu

Str. Vasile Goldiş

Str. Nicu Filipescu

7

Str. Henri Coandă

Piaţa
Eftimie
Murgu

Lugoj

B.-dul Revoluţei 1989

B.-dul I.C. Brătianu

Str. Pop Ciclo

15

Str. L.V. Beethoven

B.-dul M. Eminescu

B.-dul C.D. Loga

Kinderpark

Bega-Kanal

B.-dul Michelangelo

Kinderpark

B.-dul Corneliu Coposcu

● 34

Banat

⚑	1	Salon Vivaldi
⛪	2	Römisch-Katholischer Dom
⛪	3	Evang. Kirche
⚑	4	Baroque
☕	5	Café Dominion
⚑	6	La Cetate
Ⓜ	7	Völkerkunde-Museum Banat
☕	8	Café Cuza
Ⓜ	9	Kunstmuseum
@	10	Internet Café
⛪	11	Serbische Kirche
⚑	12	La Pizza
✚	13	Apotheke Dianthus
✡	14	Synagoge
✉	15	Hauptpost
☕	16	Lemon Bar
☕	17	Ciminelli Eiscafé
🏨	18	Hotel Timişoara
☉	19	Deutsches Theater
⚑	20	Casa cu flori
⚑	21	Maestro
✚	22	Apotheke Bodea
❶	23	Info-Center
☉	24	Oper/Nationaltheater
⚑	25	Lloyd
▌	26	Buchhandlung M. Eminescu
Ⓜ	27	Banater Landesmuseum
⛪	28	Katholische Kirche
☕	29	Café Opera
☕	30	Café Violetta
⛪	31	Orthodoxe Kathedrale
★	32	Philharmonie
★	33	Sommerkino
●	34	Universität D. Cantemir

tralen Plätzen getragen wurde. Deshalb kann man sich am Einheitsplatz auch nicht so recht für einen Namen entscheiden. Teilweise hängen Schilder mit der Bezeichnung „Domplatz" an den Häuserwänden, auf anderen ist bereits der neue, erwünschte Name Piaţa Revoluţii zu lesen.

Der Hinweis auf einen Domplatz bezieht sich auf den römisch-katholischen **Dom,** der an der Ostseite des Platzes steht. Er ist ein wunderbares Beispiel für den von Wien propagierten Barockstil, den der Erbauer, der Wiener Architekt *Emmanuel Fischer von Erlach,* so umsetzte, wie er es von seinen Bauten in Linz und der österreichischen Hauptstadt her kannte. Der von zwei Türmen flankierte Dom entstand übrigens zwischen 1736 und 1773 zu einer Zeit, als die Region Banat vom Österreicher Prinz *Eugen von Savoyen* gerade erst erobert wurde.

Auf der Südseite des Einheitsplatzes sieht man den riesigen Barockpalast der alten **Präfektur,** der 1754 auch als Gouverneurspalast Verwendung fand. Auch das **Kunstmuseum** ist hier zu finden, das einige Gemälde flämischer und italienischer Meister zeigt. An der Westseite steht das **Vikarhaus,** hinter dessen überbordender Fassade sich eine faszinierende Sammlung religiöser Kunstschätze verbirgt. Die schlichte **serbische Kathedrale** gleich daneben zeugt von der großen Anzahl an Serben, die um 1745, dem Baujahr der Kirche, in Timişoara gelebt haben.

- **Catedrala Romano-Catolică** (Dom), Mo. bis So. 8- 16 Uhr, Eintritt frei.
- **Palatul Vechii Prefecturi** (alte Präfektur), keine Besichtigung.
- **Muzeul de Artă** (Kunstmuseum), Di. bis So. 10-18 Uhr, Eintritt 6 RON.
- **Catedrala Sârbească** (serbische Kathedrale), Mo. bis So. 7-18 Uhr, Eintritt frei.

Der Freiheitsplatz

Über die Str. Alecsandri gelangt man vom Einheits- direkt zum Freiheitsplatz **(Piaţa Libertăţii),** dessen Mitte mit der Statue des *heiligen Nepomuk* geschmückt ist. Ein Gebäude fällt hier ins Auge: das **alte Rathaus.** Hier stand bis 1730 ein türkisches Bad (an das sogar mit einer Inschrift erinnert wird). Heute beherbergt das alte Rathaus eine

rum672 Foto: jr

Winterliches Taubenfüttern auf dem Siegesplatz vor dem Nationaltheater

Musikschule. Ursprünglich wurde der Bau im Barockstil errichtet, oben am Giebel sieht man das Wappen von Timişoara. Gleich um die Ecke des Platzes ist eine der großen **Synagogen** zu sehen. Auch sie wurde von einem Wiener Architekten entworfen, allerdings nicht im barocken, sondern im maurischen Stil.

Der Siegesplatz

Das Crescendo der drei Plätze im Zentrum von Timişoara erreicht am südlichsten Platz, nahe der Bega, seinen Höhepunkt. Den Namen **Piaţa Victoriei** (Siegesplatz) hat man ihm unmittelbar nach der Revolution von 1989 gegeben. Hier sprachen die Revolutionsführer vom Balkon der **Oper** zu den aufgebrachten Massen. Man sieht das imposante Gebäude, das auch das **Nationaltheater (Teatrul Naţional)** umfasst, gegenüber der orthodoxen **Kathedrale,** die im letzten Jahrhundert errichtet wurde. Da der Platz früher Sumpfgebiet war, sind alle Gebäude mit Hunderten von unterirdischen Pfeilern abgesichert. Das Opernhaus wurde von den Wiener Architekten *Hellmer* und *Fellner* entworfen, die uns in diesem Reiseführer schon in Oradea und Iaşi als Bauherren begegnet sind. Die Kathedrale hat in ihrem Untergeschoss ein interessantes **Museum** eingerichtet, in dem schöne Ikonostasen sowie Glas- und Holzikonen zu sehen sind.

rum673 Foto: jr

Die orthodoxe Kathedrale von Timişoara erinnert an russische Kirchen

Von der obligatorischen Wölfin und den Zwillingen *Romulus* und *Remus* am lang gestreckten Siegesplatz sind es nur 15 Minuten hinunter zum Fluss. Doch der Weg könnte etwas länger dauern, da unterwegs sehr viele ausgezeichnete Cafés und Restaurants zur Einkehr locken.

• **Colecţia Muzeală a Mitropoliei Ortodoxe** (Museum der orthodoxen Kathedrale), Di. bis So. 9–17 Uhr, Eintritt 3 RON.

Die Bastion

Im 13. Jahrhundert war Timişoara vollständig von dicken Wehrmauern umgeben, wie viele andere rumänische Städte auch. Um sich **gegen die**

Angriffe der Osmanen zu schützen, wurden diese Mauern später durch Bastionen an den wichtigsten Punkten verstärkt. Als die Österreicher die Stadt erstmals 1716 eroberten, bestanden sie darauf, die Wehrmauern abzureißen und durch eine Wehranlage in Form eines neunzackigen Sterns zu ersetzen. Diese Bastei ist heute noch in Timişoara zu besichtigen.

Man geht dazu vom Siegesplatz zum östlich gelegenen **Stadtpark,** der als riesige Freifläche gleich nach dem Iancu-Hunida-Platz erscheint. Durchquert man den Park, sieht man schon die mächtigen, 20 m hohen **Wehrmauern** der heutigen Bastei. Neben einer Buchhandlung, dem Restaurant La Cetate und einer Diskothek beherbergt das ehemalige Waffenarsenal der Stadt heute auch ein ethnografisches **Museum.** Das Banater Museum stellt hier seine Sektion rumänischer Volkskunst aus.

- **Muzeul Banatului, Secţia de Etnografie** (Banater Museum), Str. Popa Şapcă, Di. bis So. 10–17 Uhr, Eintritt 4 RON.

Informationen

- **Informationszentrum für Touristik,** Str. Alba Iulia 2 (direkt rechts neben der Oper). Öffnungszeiten: in der Saison Mo. bis Fr. 10–20 Uhr, außerhalb der Saison Mo. bis Fr. 10–18 Uhr. Tel./Fax 437 973, infoturism@primariatm.ro.

Service

- **Hauptpost,** Str. B-dul Revoluţei 1989, Nr. 2, Tel. 492 871.
- **Geldwechsel: Raiffeisenbank,** Calea Aradului 64, 274 774.
- **Internet: Internet Café,** Str. Medicinei 1, Tel. 190 203, und **Computer Club,** neben dem Pret á Manger Restaurant, Str. Aurelianus 19, Tel. 199 757.
- **Fotografie: Foto Central,** B-dul Regele Carol I., Nr. 14, Tel. 493 032. Gute Filmentwicklung zu günstigen Preisen.
- **Optiker: Tanja,** Str. Semenic 17, Tel. 431 069. Gute Beratung.

Notfälle

- **Apotheken: Farmacia Diantus,** Str. Libertaţii 1, Tel. 432 842, Mo. bis Sa. 8–20 Uhr, So. geschlossen; **Farmacia Bodea,** Str. Iancu Vacaresu 24–26, Mo. bis Sa. 8–20 Uhr, Sa./So. 9–17 Uhr.
- **Kreiskrankenhaus: Judeţean,** B-dul Iosif Bulbuca 156, Tel. 463 001.
- **Privatklinik: Centrul Medical Dr. Stan** *(cu plată),* Str. Gheorghe Lazăr 36–40, Tel. 226 630. Der Ausdruck „cu plată" bedeutet, dass es sich um eine private Klinik handelt, in der man direkt bezahlen muss. Vorteil: Es geht schnell.
- **Zahnarzt: Dr. Golea,** Str. Ciprian Porumbescu 2, Tel. 295 082.

Mobilität

Flüge

- Der **Flughafen** von Timişoara (**Aeroportul International Traian Vuia,** Tel. 493 639) liegt 12 km von der Innenstadt entfernt und ist die zentrale Drehscheibe für die **Karpatair-Fluglinie,** die von Deutschland (München, Stuttgart, Düsseldorf und Frankfurt) u.a. elf rumänische Flughäfen und Chişinău, die Hauptstadt der Republik Moldau, anfliegt (siehe Website www.carpatair.ro). Anbindung an die City mit dem Bus 26.

Züge

- Der **Hauptbahnhof (Gara Timişoara Nord)** liegt 1 km vom Zentrum entfernt (B-dul Republicii). Anbindung durch die Straßenbahnen 1 und 11, Oberleitungsbusse 11, 14 und 18.

Busse

- Der **Busbahnhof (Autogara)** liegt in der Nähe des Hauptbahnhofs, Str. Reşiţa 54, Tel. 493 471. Anbindung durch die Straßenbahnen 1 und 11 sowie mit den Oberleitungsbussen 11, 14 und 18.

Taxis

- **Taxi Radio,** Tel. 940.
- **Taxi Tudo,** Tel. 945.
- **Taxi Prompt,** Tel. 942.

Unterkunft

Hotels

- Eines der besten Hotels in der Stadt ist das **Hotel Tresor** (****), Str. Aleea Ghirodei 32 (neben dem Tennisclub Tivoli), Tel. 228 754. Swimmingpool, Sauna, Internet, Bar. DZ 90 Euro, inkl. Frühstück.
- **Hotel Reghina Blue** (***), Cozia Street 51–53, Tel. 407 299, Fax 407 298, www.reghinablue.ro. Sehr sauberes und gutes Hotel mit u.a. Air Condition, Internet, Farb-TV. Auf Wunsch Transfer zum Bahnhof bzw. Flughafen. DZ 120 RON.
- **Continental Cornel** (***), B-dul Revoluţiei 3, Tel. 134 144. City-Hotel mit 250 Zimmern. DZ 80 Euro.
- Das **Hotel Timişoara** (***), Str. Mărăşeşti 1–3, Tel. 498 852, ist ein unspektakuläres, zentral gelegenes Großhotelmit 150 Zimmern, TV, Internet. DZ 60 Euro.
- **Hotel Next** (***), Str. Academician 18, Tel. 296 148. Kleines, günstiges Hotel in der Peripherie. Air Condition, TV. EZ 90 RON, DZ 110 RON.

Pensionen

- **Pensiunea Zefir** (****), Str. Tulcea 17, Tel. 474 766. DZ 40 Euro.
- **Pensiunea Morretti Plaza** (***), Str. Romulus 12, Tel. 220 760. Klein, aber fein und in Citynähe. 5 DZ, jeweils 120 RON, inkl. Frühstück.
- **Pensiunea Casa Leone** (***), B-dul Eroilor 67, Tel. 292 621. DZ 30 Euro.

Camping

- **Camping International,** Alea Pădurea Verde 6, Tel. 208 925, www.campinginternational.ro (deutsche Seite). Campingplatz, den man rundum empfehlen kann. Sehr gepflegtes Gelände, gute sanitäre Einrichtungen, 40 Hütten mit Heizung, 67 Zeltplätze mit Stromanschluss, Restaurant. Die Hütten sind leider zu teuer: 92–220 RON. Die Zeltplätze dagegen sind überraschend günstig: einfacher Zeltplatz ab 20 RON, für 2 Personen mit Zelt und Auto (je nach Saison) ab 60 RON. Positive Leserresonanz.

Essen und Trinken

Restaurants

- Ein wirkliches Spitzenrestaurant ist das **Casa cu flori,** Str. Alba Iulia 1, Tel. 435 080, täglich 12–24 Uhr. Im Untergeschoss gibt es noch eine Café-Bar im Wiener Stil. Spezialitäten: *Medalion de Viţel cu Sos de Vişine* (Kalbsmedaillon mit Sauerkirschsoße) und *Borş de Peşte* (Fischsuppe).
- Das **Maestro,** Str. Janos Bolyai 3, Tel. 431 471, hat Bodenständiges auf der Karte. Der *Gustare ţărănească,* der Bauernschmaus, schmeckt vorzüglich. Dazu unterhält Live-Musik.
- Das **Lloyd** am Opernplatz, Piaţa Victoriei 2, Tel. 294 949, ist eine kleine Touristenfalle. Einerseits schmecken die Speisen hervorragend (allen voran das *Filet Mignon à la Chef*), andererseits sind die Kellner in dem oft überfüllten Restaurant nicht fähig, den Überblick zu behalten und die bestellten Menüs richtig zu servieren. Für Touristen fallen Rechnungen auch schon einmal „versehentlich" zu hoch aus. Zudem sehr arrogante Bedienung. Schade.
- Im **La Cetate** findet man historisches Ambiente vor. Das Restaurant ist in die Festung integriert und aufs Prächtigste renoviert. Die Preise sind erdverbunden, das Menü ist lecker. Aufpassen: *Ficat de Gâscă* (Gänseleber) ist nicht billiger, nur weil man in Rumänien speist; die kleine Portion kostet 25 Euro. Sehr gut das Gulasch vom Reh *(Guyaş de Căprioară).*

• **Goethestraße,** das Restaurant in der Str. Ianos Paris bietet original deutsches Frühstück, Mittagessen und Abendessen an. Tel. 270 170, täglich 7–24 Uhr.

• **La Pizza,** Str. V. Alecsandri 18, täglich 9–23 Uhr. Tiramisu, Bruschette, Pizza, Pasta & Co. Gut und günstig.

Cafés

• Das sehr elegante **Café Opera,** Piaţa Victoriei 6, existiert seit 2004. Ein echter Hingucker, und obendrein gibt es guten *Ştrudel de mere* (Apfelstrudel), Espresso und eine gut bestückte Salatbar.

• Den Opernplatz etwas weiter hinunter folgt das **Café Violetta,** das immer gut gefüllt ist und guten Kaffee serviert. Kein Touristencafé, hier verkehren Rumänen. Piaţa Victoriei 18, Mo. bis Fr. 8–21 Uhr, Sa./So. 9–22 Uhr.

• **Café Cuza,** Str. Augustin Pacha 6, Tel. 437 217.

Abends unterwegs

Bar/Diskothek

• **Lemon Bar,** Str. Alba Iulia 1, Tel. 0721-744 241, täglich 9–22 Uhr. Wenn man in diese Bar eintritt, dann riecht es schon nach Zitrone – sehr erfrischend. Im Untergeschoss ist eine Diskothek untergebracht, der **Lemon Club.** Hier ist erst Schluss, wenn der letzte Gast gegangen ist.

Diskotheken

• In der Festung wird ab 22 Uhr gute Musik aufgelegt, und zwar im **Sound Club.**

• Auch in Rumänien denkt man langsam über die Älteren nach: Im **Club 30** legt man daher „Oldies but Goldies" auf. Piaţa Victoriei 7, Tel. 229 934, täglich 18–3 Uhr.

Einkaufen

Kaufhaus

• Zwei Shopping-Center dicht nebeneinander bieten wahrscheinlich die größtmögliche Auswahl in der Stadt. Man findet sie in der Str. Divizia 9: **Terra** und **Kappa Center.**

Bücher

• **Librăria M. Eminescu,** Str. Măcesilor 2, Tel. 494 123.

Souvenirs

• **Casa Luxor,** Str. Paris 2. Preislich im oberen Segment, eben „luxor", aber dafür gibt's auch Souvenirs der gehobenen Art.

Aktivitäten

Fitness

• **Sala Florin Teodorescu,** Str. Ripensia 7, Tel. 0356-805 877. Mit Terrasse, zwei Saunen und (!) eigener Bücherei.

Billard/Bowling/Darts

• Im **Club K** spielt man rund um die Uhr Darts oder auch mal einen gepflegten Poker. Str. Divizia 9, Tel. 281 883.

Das Timiş-Tal

Von Timişoara folgen sowohl die E70 als auch die Hauptbahntrasse dem Fluss Timiş Richtung Süden. Die Strecke führt durch die alten Habsburger Städtchen Lugoj und Caransebeş bis hinunter ins römische Kurbad Băile Herkulane. Von Caransebeş aus bieten sich **Bergtouren** an, die zum Muntele mic oder zum 2190 m hohen Ţarcu-Gipfel führen.

Lugoj/Lugosch ⇗ XII, B2

• **Meereshöhe:** 125 m
• **Vorwahl:** 0256
• **Einwohner:** 44.000
• **Ungarischer Name:** Lugos

60 km südlich von Timişoara führt die E70 in das ruhige und beschauliche Lugoj. Vom Hauptbahnhof verläuft die gepflasterte Str. Andrei Mocioni hinunter zum Timiş-Fluss. Nachdem man einige Hotels und Cafés passiert hat, gelangt man zum **Stadtmuseum.** Hier werden einige typische Banater Folkloretrachten ausgestellt, außerdem Keramiken und Waffen aus dem Mittelalter. Über eine Eisenbrücke geht's weiter zur **Kathedrale** der unitarischen Kirche mit außergewöhnlich schönen neo-byzantinischen Fresken. Ganz in der Nähe steht die orthodoxe **Himmelfahrts-Kirche** aus dem Jahr 1759. Sie gehört zu den wichtigsten Barockkirchen im Banat und wurde vom Wiener Architekten *Emmanuel Fischer von Erlach* gestaltet.

Heide- und Heckenschwaben

Bereits vor den Zeiten *Maria Theresias* herrschte in den österreichisch-ungarischen Metropolen ein großes strategisches Interesse daran, das Gebiet des Banat zu besiedeln und urbar zu machen. Die angebotenen Ländereien und Vergünstigungen lockten schon um 1722 die ersten **Siedler aus Franken, Bayern, Österreich und der Rheinpfalz** in das unwirtliche, aber fruchtbare Gebiet. Die Siedler werden heute unter dem Begriff Donauschwaben zusammengefasst. Die mutigen Aussiedler schifften sich meist an der Donau in Ulm oder Passau ein, mussten dann aber noch über 100 km zu Fuß in ihr eigentliches Siedlungsgebiet zurücklegen, das zur damaligen Zeit fast vollständig aus Morast und Sümpfen bestand. Die Neuankömmlinge überlebten Seuchen und Hungersnöte, machten sich den fruchtbaren Humusboden zunutze und verwandelten das öde Land in Weizen-, Mais- und Rübenfelder. Die flache Ebene bis nach Temeşvar hinauf nannten sie **Heide** oder in ihrer eigenen Mundart **Heed.** Mit dem botanischen Begriff der Heide hat der Name kaum etwas gemein. Als Heide im geographisch-regionalen Sinn ist das Banater Weideland ebenso gemeint wie die neu entstandenen Weinanbaugebiete.

Im Gegensatz zu den Heideschwaben hatten es die **Donauschwaben** weiter nördlich nicht ganz so einfach mit der Bebauung. Zwar gab es in den kargen Hügeln des nördlichen und östlichen Banat keine Sümpfe, doch auch keinen fruchtbaren Boden. Man kämpfte sich vielmehr durch dichtes Gestrüpp, Wälder und Hecken. Also nannten die Banater Schwaben das Gebiet **Hecke.** Auf alten Karten von 1764 ist noch deutlich zu erkennen, das drei Viertel des Flurlandes aus Gestrüpp und Hecken bestanden. Doch auch den Heckenschwaben gelang es, dem öden Land durch Waldrodungen und Abbrennen des Buschwerks Ackerland abzuringen.

Seit Beginn der Besiedlung pflegten Heide- und Heckenschwaben den friedlichen **Wettstreit.** Wo der Heidebauer sich der Rekordernten seiner Maisfelder rühmte, hob der Heckenbauer die hohe Qualität seines Weizens oder seiner Sojabohnen hervor. Beide, Heckler und Heeder, waren jedoch wahre Meister im **Weinanbau,** und so war jeder Schwabe stets voll des Lobes für den edlen Tropfen des Konkurrenten.

rum678 Foto: jr

Die Lokomotiven von Reşiţa

Südöstlich von Timişoara liegen die Bergbaustädte Reşiţa (dt. Reschitza), Bocşa und Anina. Vom Charme der Habsburger Zeit konnte sich allenfalls Bocşa ein wenig bewahren. Die technologische Entwicklung stand in dieser Region, insbesondere zu Zeiten *Ceauşescus,* viel zu sehr im Mittelpunkt, als dass man auf den Erhalt historischer Gebäude Wert gelegt hätte. Bereits im Mittelalter hatte man hier begonnen, Schächte zur Kohlegewinnung ins Erdreich zu treiben. Einen regelrechten Boom erlebte der Banater Süden, als Österreich 1718 die Herrschaft über die Region zu einer gründlichen Modernisierung von Bergbau, Metallverarbeitung und Transportwesen nutzte. Über 200.000 Banater Schwaben (sog. Donauschwaben), zogen in die Region und wurden in der Folgezeit zu einer wichtigen Stütze der Industriellen Revolution in Rumäniens Südwesten. Reşiţa avancierte unter den Habsburgern zu einem der wichtigsten Industriestandorte Europas. Noch vor den Krupp-Werken (1811) wurden hier die ersten modernen Verhüttungstechnologien eingeführt, 1854 konnte die Inbetriebnahme der ersten Bahnstrecke zwischen Anina und dem Donauhafen Basiaş gefeiert werden.

Heute erinnert in der zersiedelten Stadt Reşiţa wenig an diese Zeit. Einen Besuch lohnt aber das **Lokomotivenmuseum,** das man 1972 anlässlich der 100-Jahr-Feier des Lokomotivbaus in Reşiţa eröffnete. Auf dem Areal befinden sich 16 Lokomotiven aus der Gründerzeit. Die abenteuerlichste Reise hat wahrscheinlich das erste Modell, eine Haswell-Lokomotive aus dem Jahr 1871, hinter sich, die als Vorlage über die Donau und auf dem Landweg mit 36 Ochsenpaaren nach Reşiţa gebracht wurde. Heute sieht man ihren Nachbau aus dem Jahr 1872 auf dem Gelände als die berühmte Nr. 1 – die erste rumänische Eisenbahnlokomotive.

- **Muzeul de Locomotive,** Reşiţa, das Gelände ist ganztags zu besichtigen, der Eintritt ist frei.

- **Muzeul de Lugoj,** Str. Bălcescu 14, Di. bis So. 10–17 Uhr, Eintritt 2 RON.
- **Catedrală de Lugoj,** täglich 8–18 Uhr, Eintritt frei.

Unterkunft

- **Cabana Cerbul** (**), 29 km von Haţeg entfernt am Muntele Mic. Schöne neue Zimmer, eigene Küche. Informationen beim Inhaber *Nelu Gherga,* Tel. 0255-515 544. DZ mit Halbpension 70 RON. Leserempfehlung.
- **Pension Union,** Str. Andrei Saguna 1, Tel. 351 204. Das Haus beherbergt die Union der Bildenden Künstler und bietet günstige Räume an. DZ 40 RON.

Camping

- **Camping Ana Lugojana,** an der E 70, km 9, Tel. 353 060. Zeltplatz 8 RON.

Caransebeş/ Karansebesch ⇗XII, B3

- **Meereshöhe:** 180 m
- **Vorwahl:** 0256
- **Einwohner:** 28.400
- **Ungarischer Name:** Káransebes

Das alte Habsburgerstädtchen Caransebeş ist ein idealer Ausgangspunkt, um in die noch weithin unbekannten **Munţii Ţarcului** aufzubrechen. Die 1806 m hohe Erhebung des Muntele mic und der 2190 m hohe Ţarcu sind über Zerveşti, Turnu Ruieni und Borlova zu erreichen. Vom Ţarcu bietet sich ein herrlicher Blick hinüber zum Retezat-Gebirge.

Wer sich vorab noch das entspannte Leben in Caransebeş anschauen möchte, dem empfiehlt sich ein Blick ins **Landesmuseum für Ethnografie.**

Informationen

- Die Stadt Caransebeş gehört zu den ganz wenigen Gemeinden, die eine wunderbare **Website auf Deutsch** ins Netz gestellt haben; wirklich lesenswert mit vielen wichtigen Infos (auch zum Muntele Mic & Co.): **www.caransebes.ro.**

Unterkunft

- Übernachtung am Muntele Mic in 1550 m Höhe in der kleinen **Pension Iepuraşul** (Häschen) des Meteorologen *Ioan Epure,* Tel. 0744-565 679. 15 Euro, Vollpension.
- Übernachtung am Muntele Tarcu in der **Cabana Prietenii Munţilor,** Tel. 0744-262 833. Bett 40 RON.
- Weitere Übernachtungen am Muntele Mic (z.B. in Borlova) über **Sergio Morariu,** Str. Trandafirilor 4, Timişoara Tel. 0256-491 565.

Tarzan und Dracula aus dem Banat

Der Name des Ortes **Lugoj** klingt nicht von ungefähr so ähnlich wie der des großen Hollywood-Schauspielers **Béla Lugosi.** Der neben *Christopher Lee* und *Klaus Kinski* wohl charismatischste Dracula-Darsteller wurde hier geboren. Auch andere Künstler stammen aus dem kleinen Städtchen, etwa der Tenor *Traian Grozăvescu* (1895–1927), der Komponist *Ion Vidu* (1836–1931) oder der Ballzauberer *Jupp Posipal,* seines Zeichens rechter Vorstopper der deutschen WM-Elf von 1954. Ein wichtiger Banater Schauspieler soll die Sammlung berühmter Persönlichkeiten aus dem Timiş-Tal komplettieren: **Johnny Weissmüller,** bekannter Tarzan-Darsteller und olympischer Schwimmer, stammt auch fast von hier, genauer gesagt aus Freidorf, einem heutigen Stadtteil von Timişoara.

Băile Herculane/ Herkulesbad

↗ XVIII, A1

- **Meereshöhe:** 170 m
- **Vorwahl:** 0256
- **Einwohner:** 6100
- **Ungarischer Name:** Herkulesfürdö

Am südlichen Ende des Banat erreicht die E70 das **alte Römerbad Aqua Herculis** oder, wie der Ort heute heißt, Băile Herculane. Die Legende besagt, das *Herkules* hier seine Wunden pflegte, die er im Kampf mit der neunköpfigen Wasserschlange *Hydra* davongetragen hatte. Die neun Quellen des Bades lassen sich geologisch bestimmt auch ohne mythische Heldentaten erklären, doch der Name des *Herkules* war bereits in römischen Zeiten ein wichtiges Gütesiegel, wollten doch auch die vom Krieg mit den Dakern verwundeten und erschöpften römischen Soldaten bald nur noch hier kuren.

Wer in die warmen, **schwefelhaltigen Quellen** steigen möchte, kann das auf der Durchreise auch „auf die Schnelle" machen. Entweder besorgt man sich im Badezentrum einen Stempel für die begehrten **Freibäder,** die auf Rumänisch „Ştrand" heißen, oder man fährt, falls die Kurzentren geschlossen sind, hinauf zum **Cerna-Stausee.** Auf dem Weg gibt es mehrere **Naturbecken** mit heißem Thermalwasser, in die man sich kostenlos oder für wenig Geld begeben kann. Fragen Sie einfach nach den **sieben Quellen (şapte izvoare),** die dort oben für jedermann aus den Felsen sprudeln.

Sehr schön ist die Fahrt weiter hinauf ins Cerna-Tal in das kleine Bergdorf **Tatu.** Von hier hat man eine herrliche Aussicht hinunter ins Tal und hinauf zum 1928 m hohen Dobrii-Gipfel.

Unterkunft

- **Hotel Ferdinand** (****), Piaţa Hercules 1, Tel. 561 131, www.hotel-ferdinand.ro (auf Englisch), EZ 120 Euro, DZ 140 Euro.
- **Hotel Afrodita** (**), Str. Complexelor, Tel. 560 730.

rum680 Foto: jr

Băile Herculane – das Luxushotel Ferdinand im Ortskern

Camping

- **Camping am Cerna-Stausee,** Zeltplatz 10 RON, einfache Hütten 30 RON.
- **Camping Pecinisca Herculane,** Str. Trandafirilor 160, Tel. 560 175. Zeltplatz 15 RON, einfache Hütten 35 RON.

Arad

↗ VI, A3

- **Meereshöhe:** 116 m
- **Vorwahl:** 0256
- **Einwohner:** 170.500

Arad, die **zweitgrößte Stadt des Banat,** liegt ebenso wie das nördliche Oradea nur knapp 15 km von der ungarischen Grenze entfernt. Man erreicht die sehr sehenswerte Stadt von Norden und von Süden über die schnurgerade, gut befahrbare E671 und von Osten (Deva) über die nicht minder gute Straße E68.

Wie Oradea und Timişoara ist das Stadtbild von Arad infolge des habsburgischen Einflusses in erster Linie durch den **Barock** geprägt. Viele Durchreisende, die mit dem Auto durch die Stadt fahren, werden auf dem breiten **Boulevard der Revolution (B-dul Revoluției),** der die Stadt von Nord nach Süd durchzieht, bereits eine Vielzahl der mächtigen, verspielten Bauten aus dem 19. Jahrhundert zu sehen bekommen. Theater, Museen und Kirchen reihen sich hier in einer Weise aneinander, dass man glauben könnte, Arad bestünde nur aus dieser einen imposanten Allee.

Dabei hat die Stadt an der **Muresch** gerade abseits dieser kulturellen und architektonischen Hauptschlagader viel zu bieten. Wer sich nur auf einen kurzen Abstecher ins Altstadtzentrum begeben möchte, dem sei die kleine Nebenstrecke zum schönen Platz der Kathedrale ans Herz gelegt. Hier schlägt der Puls der Stadt zwar nicht so schnell, dafür aber umso kräftiger.

Kurze Stadtgeschichte

Ähnlich wie ihre südliche Nachbarin Timişoara fand auch Arad frühzeitig Anschluss an die industriellen Revolutionen des mittleren 19. Jahrhunderts. Bereits 1858 wurde Arad an das österreichische Eisenbahnnetz angeschlossen und entwickelte sich anschließend in rasantem Tempo von einem hübschen, verschlafenen Grenzstädtchen zu einer industriellen Vorzeigestadt. Ihren **frühen wirtschaftlichen Wohlstand** hatte die Stadt der Flößerei und dem Handel mit Gewürzen und Salz zu verdanken. Um 1860 waren es Textil-, Waggon- und Maschinenbaufabriken, mit denen die großen Handelshäuser entlang der Prachtmeile des B-dul Revoluției ihr Geld verdienten. Die Bevölkerung wuchs innerhalb von 50 Jahren von 20.000 auf 100.000 an. Die Stadt drohte zeitweise ihren Charme an den Dreh- und Werkbänken abzugeben. Vor allem *Ceauşescu* sah in Arad ausschließlich das perfekte sozialistische Vorzeigemodell.

Doch nach der Revolution von 1989 hat sich der Wind in Arad tüchtig gedreht. Die Stadt gibt sich heute entspannt und fröhlich, fast südländisch. Über die nahe Grenze strömen nun wochentags Ungarn in die Innenstadt und bewundern, was sich so dicht hinter ihrer Grenze getan hat.

Nord-Süd-Achse: B-dul Revoluţiei

Korrekter müsste die Überschrift „Im langen Zentrum" lauten, denn der alles dominierende Bulevardul Revoluţiei (der früher Republicii hieß) zieht sich endlos lang und breit über **5 km direkt durch die City.** Diese mächtige Nord-Süd-Achse mit einer Breite von bis zu 300 m ist zu allen Tageszeiten sehr stark befahren, da der Boulevard die natürliche Verlängerung der Europastraße 671 ist.

Sehenswertes

Am Rathaus

Am besten beginnt man die Besichtigung der Prachtallee Revoluţiei an ihrem markantesten Punkt, dem Rathauspalast. Man findet ihn nicht, er findet einen, und zwar gleich neben der **Universität.** Wer mit dem Auto unterwegs ist, braucht sich übrigens keine Sorgen um einen Parkplatz zu machen. Leeren Raum gibt es hier genügend.

Das Rathaus ist mit einem 45 m hohen **Turm im Stil der Renaissance** ausgestattet und wurde von 1872 bis 1876 erbaut. Gleich gegenüber dem Rathaus blinken **verschnörkelte Jugendstilfassaden** um die Wette. Eine der protzigsten Bauten, die aus dem historistischen Ensemble heraussticht, ist das ehemalige **Gebäude der Eisenbahndirektion CENAD** (Bulevardul Nr. 73). Das im Stil der Neorenaissance errichtete Gebäude ist ein sichtbares Symbol dafür, welchen Wohlstand die Eisenbahn einst in den Banat gebracht hat.

Wer sich das „Freilichtmuseum am Bulevardul Revoluţiei" einmal von oben anschauen möchte, muss dazu allerdings ein Gebäude aus dem 20. Jahrhundert betreten, von denen es mittlerweile auch einige in der Nähe des Rathauses gibt. Von der Terrasse des 80 m hohen **Astoria-Hotels,** das 1969 nach einem Entwurf von Milo? Cristea gestaltet wurde, bietet sich ein weiter Blick bis hinunter in den Süden zur römisch-katholischen Kirche und hinüber zur grün gesäumten Muresch.

Die Mureş entlang

Wer sich schnell vom Klassizismus und den Neorenaissancehäusern im Zentrum von Arad erschlagen fühlt, kann eine Verschnaufpause im grünen Gürtel entlang der Mureş einlegen. Zwischen Rathaus und Universität führt die **Str. Xenopol** auf geradem Weg zum Fluss. Doch prachtvolle Gebäude lassen auch hier nicht lange auf sich warten. Nach 10 Minuten tauchen bereits der **Kulturpalast** und die **Philharmonie** an der Uferpromenade auf. Da diese Gebäude jedoch für eine Besichtigung nicht vorgesehen sind, lockt bald ein anderes Ziel, das man südlich schon erkennen kann.

Ausgesprochen wenige Brücken führen in Arad über den Fluss Muresch. Da liegt es auf der Hand, dass man beim Anblick der ersten Brücke

rum683 Foto: jr

Banat

gleich auf den Gedanken kommt, doch einmal zu schauen, was auf der anderen Seite des Flusses zu finden ist. Wer sich allerdings dafür entscheiden sollte, der Muresch und ihrem grünen Ufersaum zu folgen und südlich über die **Decebal-Brücke** zur Zitadelle zu spazieren, wird enttäuscht werden. Die **Zitadelle** liegt viel weiter entfernt, als es auf den ersten Blick aussieht, und ist man dort angekommen, stellt sich heraus, dass man sie gar nicht besichtigen kann. Hier befindet sich militärisches Sperrgebiet.

Zum Platz der Kathedrale

Vom B-dul Revoluției oder der Verlängerung der Decebal-Brücke kommt man unweigerlich zum **Piața Avram Iancu.** Gleich hinter dem **Staatstheater** begann früher das älteste Viertel der Stadt. Der interessanteste Weg führt vom Piața Avram Iancu entlang der Str. V. Goldis zum Platz der Kathedrale **(Piața Catedralei).**

Die rumänisch-orthodoxe **Kathedrale (Catedrala Ortodoxă),** die hier zu sehen ist, wurde 1889 errichtet. Bis zum heutigen Tag scheint der Umbau dieses Gotteshauses aber kein Ende zu finden. Sehenswert sind die geschnitzte Altarwand des Künstlers *Mihai Ianici* und die Fresken aus verschiedenen Jahrhunderten.

Das Rathaus – eines der mächtigsten Gebäude in Arad

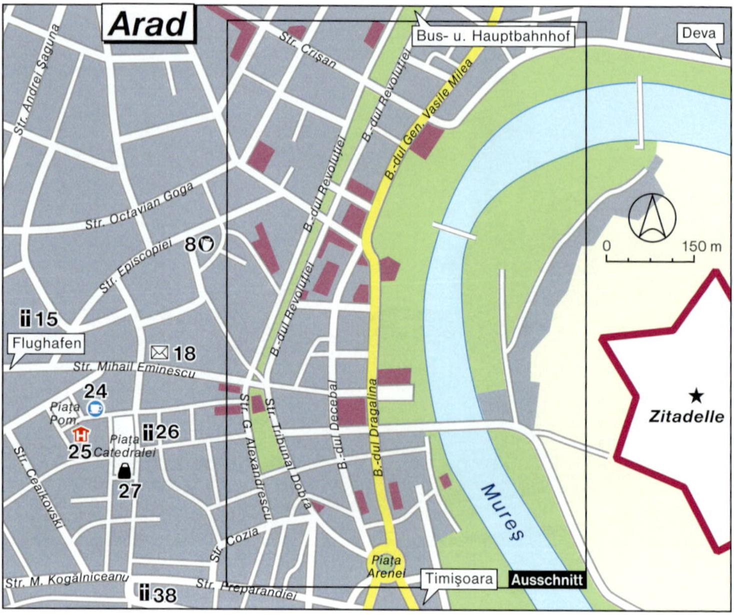

- ✉ 1 Hauptpost
- ✚ 2 Stadtkrankenhaus
- ⛪ 3 Die rote Kirche (evang.)
- Ⓜ 4 Kunstmuseum
- 🏨 5 Hotel Central
- ★ 6 Rathauspalast
- ★ 7 Universität
- 🎭 8 Marionettentheater
- ★ 9 Freizeitpark Neptun
- Ⓜ 10 Kulturpalast/ Landesmuseum
- ★ 11 Philharmonie
- 🏨 12 Hotel Continental
- 🏨 13 Hotel Mureşul
- 🏨 14 Hotel Arad
- ⛪ 15 Orthodoxe Kirche
- 🍴 16 il Padrino
- ⛪ 17 Röm.-Kath. Kirche
- ✉ 18 Post
- 🛍 19 Buchhandlung Covina
- 🛍 20 CFR
- 🏨 21 Hotel Parc
- 🏨 22 Hotel Ardealul
- 🎭 23 Staatstheater
- ☕ 24 Café Fantasy
- 🏨 25 Hotel/Restaurant Petrol
- ⛪ 26 Orth. Kathedrale
- 🛍 27 Markt
- ★ 28 Moise Nicoară
- ☕ 29 Time to Time
- 🍴 30 Pizzeria La Mutti
- 🍴 31 Pizzeria Coandi
- 🍸 32 Café de Moar
- 🍴 33 Sori-Bar
- 🍴 34 Weinkeller Clujul
- 🎭 35 Altes Theater
- @ 36 Internet Akando
- ✡ 37 Synagoge
- ⛪ 38 Serbische Kirche

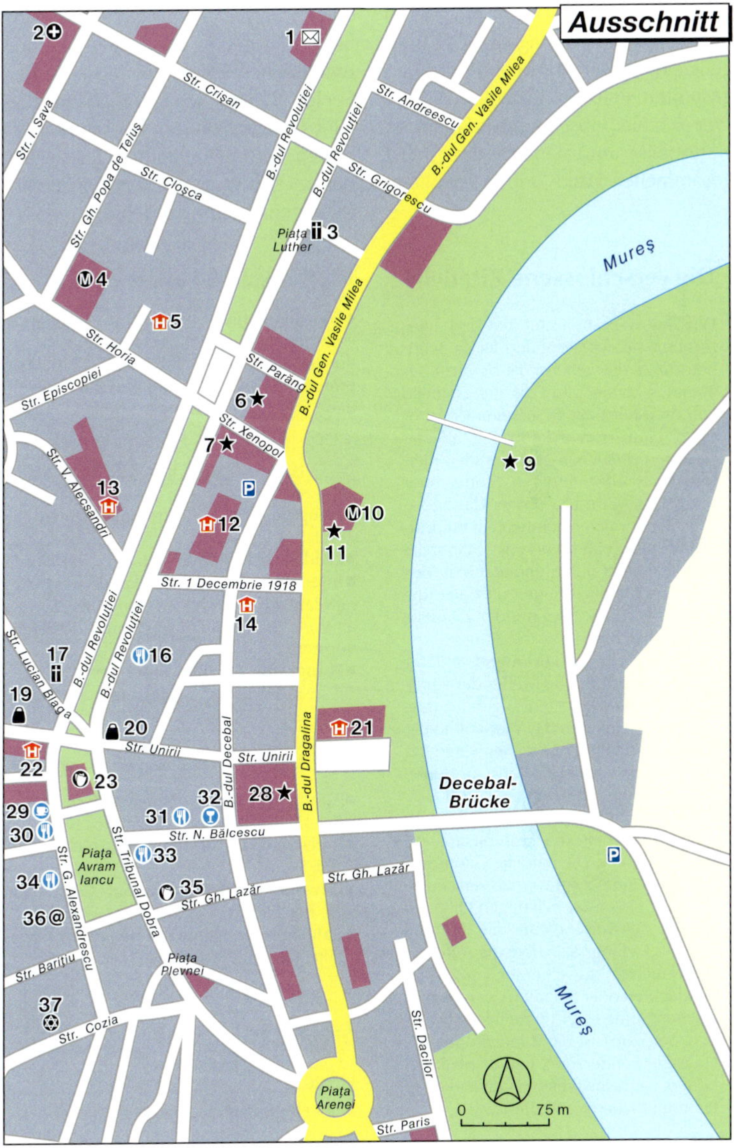
Ausschnitt
Str. Crişan
Str. I. Sava
Str. Gh. Popa de Teiuş
Str. Cloşca
B.-dul Revoluţiei
B.-dul Revoluţiei
Str. Andreescu
B.-dul Gen. Vasile Milea
Str. Grigorescu
Piaţa Luther
Mureş
B.-dul Gen. Vasile Milea
Str. Horia
Str. Episcopiei
Str. Parâng
Str. Xenopol
Str. V. Alecsandri
Str. 1 Decembrie 1918
Str. Lucian Blaga
B.-dul Revoluţiei
B.-dul Revoluţiei
Str. Unirii
Str. Unirii
B.-dul Decebal
B.-dul Dragalina
Decebal-Brücke
Str. N. Bălcescu
Piaţa Avram Iancu
Str. G. Alexandrescu
Str. Tribunal Dobra
Str. Gh. Lazăr
Str. Gh. Lazăr
Str. Bariţiu
Piaţa Plevnei
Str. Cozia
Str. Dacilor
Mureş
Piaţa Arenei
Str. Paris
0
75 m
1
2
3
4
5
6
7
9
10
11
12
13
14
16
17
19
20
21
22
23
28
29
30
31
32
33
34
35
36
37

Draußen, direkt vor der mächtigen Kirche, findet jeden Tag ab 7 Uhr morgens ein **großer Markt** statt, der den gesamten Platz in Beschlag nimmt. Wer sich hier umschaut, wird mitunter Naturheiler antreffen, die ihre selbst gesammelten Wald- und Wiesenkräuter anbieten oder ein Wunderelixier im Sortiment haben, das gegen alle nur erdenklichen Schmerzen (auch die der Seele!) helfen soll. Wer dann das Glück hat, von diesem Zaubertrank zu kosten, wird mit Erstaunen feststellen, dass es sich um ganz „gewöhnlichen" Pflaumenschnaps handelt.

Die verschlossene Zitadelle

Wie die Menschen nun mal sind, interessieren sie sich besonders für die schönen Dinge des Lebens, die sie nicht bekommen können. Im Falle der Zitadelle von Arad führt das Besichtigungsverbot oft zu einer Trotzreaktion. Jugendliche Touristen versuchen es mit wilden Kletterpartien oder mutigen Stunts über dem Fluss Muresch. Um es klar zu sagen: Die Rumänen nehmen ein **militärisches Sperrgebiet** sehr ernst. Man sollte sich also nicht durch unbedachtes Verhalten in Gefahr bringen. Für alle, die wissen wollen, was es mit der Zitadelle auf sich hat, hier ein kurzer Abriss:

Ebenso wie die Festungen anderer Städte wurden die Bollwerke der Christen gegen die Osmanen so gebaut, dass sie in ihrem Inneren das Wertvollste beschützen konnten. Fast immer waren das die Kirchen und ihre Altäre, an denen man zu Kriegszeiten um die Gunst Gottes bitten konnte. Auch in Arad umschließen die dicken Festungsmauern ein Gotteshaus. Die barocke Garnisonskirche mit ihren zwei Türmen verschwindet ganz hinter der mächtigen Ummantelung. Zeitweise diente die Festung auch als Gefängnis, in dem die Anführer der Bauernkriege eine schlimme Zeit durchlebten oder Soldaten der napoleonischen Armee auf immer verschwanden. Seit 2001 ist die Zitadelle nun militärische Sonderzone, und es bleibt zu hoffen, das keine Gefangenen mehr hinter ihren Mauern schmoren ...

Informationen

- Das Informationszentrum **Info-Tour Arad** liegt gegenüber dem Hotel Continental, B-dul Revoluției 84–86, Tel./Fax 270 277. Man erreicht es vom Bahnhof/Busbahnhof mit den Straßenbahnlinien 1, 2, 3 und 6.

Service

- **Hauptpost,** Str. B-dul Revoluției 46–48, Nr. 2, Tel. 232 222.
- **Geldwechsel: Raiffeisenbank,** Str. Unirii 1.
- **Internet: Internet Café Akando,** Piața Avram Iancu 8, 14 schnelle Computer, Surfen im Web für 3,50 RON pro Stunde. Raucher, nonstop.
- **Fotografie: Enigma,** B-dul Revoluției 80, Tel. 251 459, täglich 8–20 Uhr.

Notfälle

- **Apotheke: Farmacia Sensiblu,** B-dul Revoluției 43, Mo. bis Sa. 8–20 Uhr, So. geschl.
- **Kreiskrankenhaus: Județean,** Str. Spitalului 1, Tel. 342 567.
- **Privatklinik: Bioclinica,** Str. Ciobanului 603, Tel 289 831, Mo. bis Fr. 7–19 Uhr.
- **Zahnarzt: Dr. Simona Mereanu,** B-dul Revoluței 62, Tel. 256 665, Mo., Mi., Do. 14–20 Uhr, Di. und Fr. 8–13 Uhr.

Mobilität

Flüge

- Der **Flughafen** von Arad liegt 4 km von der Innenstadt entfernt an der Calea Bodrogului,

Tel./Fax 254 454. Die nächsten Straßenbahnen in die City sind die Linien 1, 2, 3 und 6. Von Arad werden **nur Inlandsflüge** bedient.

- **Agentur der Fluglinie TAROM,** Str. Unirii 1, Tel./Fax 211 777.

Züge

- Der **Hauptbahnhof** liegt weniger als 2 km vom Zentrum entfernt, Piața Gării 3–4. Anbindung mit den Straßenbahnen 1, 2, 3, 6.
- **Bahn-Agentur CFR,** Str. Cernei 16, Tel. 280 977.

Busse

- In Arad gibt es einen **alten (Autogara veche)** und einen neuen Busbahnhof. Der alte liegt 2 km vom Zentrum entfernt, Calea Vanatori 2, Tel. 270 097. Anbindung ans Zentrum durch die Straßenbahnen 1, 2, 3 und 6. Hier bestehen Verbindungen zu den Kreisstädten Timişoara und Oradea.
- Der **neue Busbahnhof (Autogara nouă)** an der Kreuzung Str. Corneliu Coposu/Str. Banu Maracine, Tel. 273 323, bedient u.a. die Strecke nach Zalău und Satu Mare und ist Endstation der ausländischen Reisebusse.
- Die **Bus-Gesellschaft Eurolines** fährt auf einer ihrer Strecken auch von Arad aus nach Deutschland; Informationen: B-dul Revoluției 31, Tel. 250 397.

Taxis

- **Taxi Getax,** Tel. 280 100.
- **Taxi Arad,** Tel. 274 244.
- **Taxi Diesel Star,** Tel. 212 222.

Unterkunft

Hotels

- **Coandi** (***), neuestes und bestes Luxushotel in Arad mit eigenem Tennisplatz, Strandabschnitt am Fluss Mureş und Night Club. Man findet das Hotel an der Hauptstraße nach Timişoara vor der Brücke über die Mureş links.
- **Cosmin** (***), im Juni 2007 eröffnetes schönes Hotel mit 16 Zimmern, eigenem Parkplatz im überdachten Hof, Internet. EZ 140 RON, DZ 180 RON, Frühstück inkl.
- Mitten in den Grünanlagen der Mureş hat sich das **Hotel Parc** (**) + (***) ein idyllisches Plätzchen ausgesucht, B-dul General Dragalina 25, Tel. 280 820. Den herrschaftlichen Beinamen „Impăratul Romanilor" verdient sich das von außen sehr nüchtern wirkende Hotel durch die gediegene Inneneinrichtung, sehr guten Service und schöne Zimmer. EZ 165 RON, DZ 225 RON.
- **Hotel Continental** (***), B-dul Revoluției 79–81, Tel. 280 840. Konferenzhotel am Hauptboulevard (früheres Hotel Astoria), Bowlinghalle. EZ 306 RON, DZ 365 RON, App. 420 RON, Frühstück inkl.
- Eine gelungene Mischung aus Alt und Neu bietet das **Hotel Central** (***), Str. Horea 8, Tel. 256 636. Großzügige Zimmer mit überraschend gut ausgesuchten Möbeln aus den 1970ern. Doch es gibt auch Zimmer im klassizistischen Look. 42 Räume, EZ 60 Euro, DZ 70–80 Euro, App. 130 Euro, inkl. Frühstück (schwedisches Büffet).
- Nahe der Kathedrale gibt es seit Sommer 2005 das **Hotel Petrol** (**), Str. Meresiev 1–3 (ex Piața Pompierilor), Tel. 281 621. Wie der Name schon sagt, gehört es zur gleichnamigen rumänischen Tankstellengruppe. Aber bitte nicht abschrecken lassen: Das Hotel bietet sehr adrette Zimmer an, dazu Sauna, Fitness und Jacuzzi. Das Highlight ist das Garten-Restaurant im wunderschönen, überdachten Innenhof mit tropischen Pflanzen. EZ 75 RON, DZ 110 RON, 3-Bett-Zimmer 135 RON, App. 150 RON, inkl. Frühstück.
- **Hotel Ardealul** (**), B-dul Revoluției 98, Tel. 280 358. In diesem fürstlichen 2-Sterne-Haus logierten schon *Franz Liszt* (1846) und *Johannes Brahms* (1847). Irritierende Mischung aus Prunk und Proll, dazu überteuert. EZ 126 RON, DZ 160 RON, Dreibett-Zimmer 189 RON.
- **Hotel Arad** (**), B-dul Decebal 9, Tel. 280 894. Erstaunlich nobel für zwei Sterne. 30 Zimmer mit Bad, Telefon, Kabel-TV, Internet (wireless), AC, Restaurant, Parken im Hof. DZ 80–100 RON.

Pensionen

- **Pensiunea Alexander** (***), Calea Radnoi 175, Tel. 279 199. Strahlend gelbes Haus mit strahlendem Service. Sehr empfehlenswert. DZ 70–80 RON.

- **West Hotel,** Str. Petru Rareş 66, Tel. 234 257, am Stadtrand (Hauptstrecke Richtung Oradea). DZ 70–80 RON.
- **Motel Rareş,** Str. Petru Rareş 119, Tel. 218 820, noch ein Stückchen weiter als das West Hotel. DZ 80–100 RON.
- **Pensiune Eden,** 15 km vor Arad (von der ungarischen Grenze kommend auf der rechten Seite). 2007 eröffnete moderne, große und ruhige Pension mit Hof und Parkplatz. 6 Zimmer, EZ 40 RON, DZ 80 RON.
- **Pensiune Turistică,** an der Stadtausfahrt Richtung Sebeş findet man diese preiswerte und gepflegte Pension, Tel. 0254-240 849. EZ 50 RON, DZ 65 RON.

Camping

- Einen sehr empfehlenswerten Campingplatz findet man **23 km von Arad entfernt.** Sehr hilfsbereite Besitzer, neue Sanitäranlagen, sehr nettes, schön bepflanztes Gelände. Preise und Infos: www.routeroemenie.nl.

Essen und Trinken

Restaurants

- Eines der besten Restaurants in Arad liegt direkt am Prachtboulevard B-dul Revoluţiei (Nr. 89), Tel. 211 994. Dabei ist der Edelitaliener **Il Padrino** keineswegs teuer, im Gegenteil. Unbedingt probieren: *Pizza Principessa* mit Tomaten, Büffel-Mozzarella und Parma-Schinken. Schönes, klares Ambiente mit Sitzempore und Spitzenküche.
- Ein Tipp ist das schöne *Restaurant Grădina* (Garten-Restaurant) namens **Gordon Bleo** im überdachten tropischen Innenhof des Hotel Petrol am früheren Feuerwehrplatz, Str. Meresiev 1–3, Tel. 281 621.
- **Pizzeria Coandi,** Str. Bălcescu 6, Tel. 281 514, italienische Spezialitäten täglich 10–24 Uhr (gleich gegenüber der Pizzeria befindet

rum688 Foto: jr

sich in einem schönen Barockhaus eine Eisdiele).

- **Restaurant und Weinkeller Clujul,** Piața Avram Iancu 18, Tel. 281 624. Kleines, uriges Restaurant mit einem Weinkeller *(Cramă);* äußere Treppe ins Untergeschoss benutzen! Von 21 Uhr bis zum letzten Gast.

Essen auf dem Markt

- Auf dem täglichen Markt am Piața Catedralei gibt es viele **Imbisse,** an denen man frisch zubereitete Banater Spezialitäten probieren kann, z.B. *Langoşi cu brânza* (frittierte „Donuts" mit Käse).

Cafés

- Das beste Café in der Stadt ist das **Time to Time,** B-dul Revoluției 102, täglich 8–24 Uhr. Es besitzt eine der ganz seltenen Elektra-Espressomaschinen, von denen es nur vier Stück in Rumänien gibt (Stückpreis 15.000 Euro). Fantastischer Bananen-Shake, frischer Kiwi- und Orangensaft, Sommerterrasse. Probieren: *Choco Cream,* heiße Schokolade mit Baileys und Sahne.
- Sehr beliebt ist das **Café Fantasy,** Str. M. Eminescu 30, Tel. 0357-410 816, täglich bis 23 Uhr, am Wochenende bis 24 Uhr geöffnet. Das Café ist immer ziemlich gut besucht, zeichnet sich durch eine tolle Stimmung aus und das ohne jeden Ausschank von Alkohol. Spezialität: Illy-Kaffee, interessant sind die alten Stadtansichten an den Wänden.
- **Café de Moar** (früheres Malibu), Str. Decebal 6. Guter Milchkaffee, heiße Schokolade.

Café Time to Time –
eines der besten Cafés in der Stadt

Abends unterwegs

- Die **Sori-Bar,** Str. Bălcescu 2, Tel. 281 478, hat sich auf Schnellgerichte spezialisiert. Kitschiges Interieur, niedrige Preise.
- In der **Jazz-Bar Frontiera,** Str. Unirii 5–7, Tel. 211 211, geht es häufig ganz leise zu, sehr entspannend.

Einkaufen

Kaufhaus

- Das **Ziridava** am B-dul Revoluției ist eines der bestsortierten Kaufhäuser von Arad. Sehr modern und professionell.

Markt

- Am **Piața Catedralei** wird täglich ein Markt abgehalten. Vor dem Dom gibt es die Lebensmittel, hinten links Haushaltsgeräte und Krimskrams. In der „Kräuterabteilung" des Marktes sollte man nach *Ioan Condure* fragen. Der Heiler bietet medizinische Pflanzen, Tees und interessante Tinkturen gegen alles Mögliche an (*Plante medicinale Condure,* Poieni de Jos 78, Tel. 0740-914 225).

Bücher

- **Librăria Corina,** Str. Mihai Eminescu 2, Tel. 284 749.

Aktivitäten

Fitness

- **Gold Gym,** Str. Cozia 3, Tel. 211 899, Mo. bis So. 9–21 Uhr.

Billard/Bowling/Darts

- **Fire Club,** Str. Mihai Eminescu 39, Tel. 0746-809 039.
- **Ighi Buu,** Str. Mureşanu 46, Tel. 253 235.

rum690 Foto: jr

Crişana

rum691a Foto: jr

rum691b Foto: jr

Prunkvolle Häuser in Oradea

Einkaufspassage Vulturul Negru in Oradea

Brunnen in den weiten Ebenen der Crişana

Habsburg, Bäder, Apuseni

In Rumänien haben sich einige Landesteile den Namen ihrer Flüsse einverleibt. Die Region Moldau hat sich nach dem gleichnamigen Fluss benannt, auch in Maramureş versteckt sich die Mureş, und bei Oltenien ist es nur allzu offensichtlich, dass hier der Olt Namenspate stand. Im Falle der Region Crişana (gesprochen: Grischana) ist es nicht anders. Sie verdankt ihren Namen den **Flüssen Crişul Repede, Crişul Alb** und **Crişul Negru,** die westwärts nach Ungarn fließen, um dort in die Körös (rum. Criş) zu münden.

Da die Crişana über lange Jahre hinweg zur k.u.k. Monarchie Österreich-Ungarn gehörte, bekamen die Flüsse, Berge und Städte im gesamten Staatsgebiet unweigerlich auch deutsche Namen. Der Fluss Criş wurde daraufhin zur **Kreisch,** die Crişana kurzerhand **Kreischland** genannt. Heute ist diese Bezeichnung jedoch weitgehend unbekannt. Selbst Deutsche, die in Oradea oder in Aleşd leben, sprechen lieber von der Crişana – vielleicht einfach nur, weil es besser klingt.

Landschaftlich gesehen ist die Crişana sehr abwechslungsreich, auch wenn sie sich den meisten Transittouristen, die die Europastraße der Tiefebene nach Arad und Timişoara bevorzugen, nur als Flachland präsentiert. Kleine Teile der westlichen Crişana gehören noch zur **pannonischen Tiefebene Ungarns,** die stellenweise kaum höher liegt als 50 m über dem Meeresspiegel. Doch in ihrem Südwesten reicht die Crişana auch an die **westlichen Ausläufer der Südkarpa-**

ten heran. Die Provinz Bihor steigt in ihrem äußersten Südosten auf erstaunliche 1849 m Höhe an, und das kaum 100 km vom tiefsten Punkt der Crişana bei Salonta entfernt. Hier um den Berg Bihor gruppieren sich einige der faszinierendsten **Höhlen** Rumäniens, wie die Gletscherhöhle (Peştera Scărişoara) oder die Bärenhöhle (Peştera Urşilor). In dieser Ecke der Region Crişana (und kartographisch ist es wirklich die äußerste Ecke) liegt eine der zauberhaftesten Landschaften Rumäniens, das **Apuseni-Gebirge,** wo die Menschen ihre alten Bräuche über die Jahrhunderte ähnlich bewahrt haben wie im Maramureş.

Wer sich von der größten Stadt der Region, von Oradea aus, auf den Weg nach Cluj-Napoca macht, wird an der Grenze zu Transsylvanien wiederum ein etwas anderes Bild der Crişana gewinnen. Das Gebiet um den **Piațra-Craiului-Pass** ist ein **Mittelgebirge,** wie man es auch auf der Strecke von Oradea hinunter nach Deva bewundern kann.

Oradea/ Großwardein

↗ VI, B1

- **Meereshöhe:** 150 m
- **Vorwahl:** 0259
- **Einwohner:** 221.800
- **Ungarischer Name:** Nagyvárad

Oradea, die Hauptstadt des rumänischen Kreises Bihor, lernen die meisten Besucher Rumäniens nur flüchtig kennen. Wer über die nur 15 km entfernte ungarisch-rumänische Grenze (Übergang Borş) fährt, hat es meistens eilig. Die Region Crişana kannten viele bisher nur als Transitstrecke. Seitdem sich aber herumspricht, dass sich die Altstadt von Oradea langsam zu einer der schönsten in Rumänien entwickelt, beginnen sich die Dinge zu ändern.

Man mag es tatsächlich kaum glauben, welch' schöne Perle sich hinter der abweisenden Kruste der Vorstadt verbirgt. Die habsburgischen Architekten haben in Oradea ganze Arbeit geleistet. Nirgends in Rumänien fühlt man sich so sehr **an Wien erinnert** wie in der aufblühenden City der ehemaligen österreichischen Stadt Großwardein.

Vielvölkergemisch

Seit dem 10. Jahrhundert haben die Ungarn das Gebiet der heutigen Crişana fest in ihrem Blick. Doch immer wieder kommt es, ähnlich wie im südlichen Banat, zu Begehrlichkeiten Österreichs, die erst ihr Ende finden, als es zu einer Allianz der beiden Mächte und der Etablierung einer habsburgisch-ungarischen Doppel-Monarchie kommt. Die **sprachlichen Relikte** dieser Zeit kann man heute noch in Oradea bewundern, wenn man über den Markt geht und einem Crişaner Rumänen zuhört, wie er mit einem Händler um den Preis einiger *Paradişii* (Paradischi) feilscht. Österreicher würden ohne weiteres ihren „Paradeiser" raushören, den man auf Deutsch ganz unromantisch Tomate nennt.

Doch neben den sprach-kulinarischen Hinterlassenschaften der Habsburger gibt es auch andere sprachliche Schätze zu heben, die einem bewusst machen, wer (überraschenderweise) im 16. und 17. Jahrhundert noch in Oradea lebte. Kaum ein Rumäne würde nämlich den regionalen Begriff „scatola" verstehen, während die Bürger von Oradea sogleich die „Schachtel" darin wiedererkennen.

Der Ausdruck „scatola" stammt aus Italien und wurde von italienischen Handwerkern nach Oradea gebracht, als diese gemeinsam mit österreichischen Architekten an den Renaissancepalästen am Ufer des Crişul Repede (Schnelle Kreisch) arbeiteten. Wer heute dem Fluss auf seiner östlichen Seite in das Herz der Altstadt folgt, wird überrascht sein, wie viele Menschen hier **Italienisch** reden (und sich auf Nachfrage zu ihren italienischen Wurzeln bekennen). Erstaunliche 30 Prozent aller männlichen Bewohner von Oradea haben in den letzten Jahren schon einmal in Italien gearbeitet. Aber dies ist natürlich keine Erklärung für die Renaissance der Italiener in der Stadt.

Manchmal wiederholt sich die Geschichte auf verblüffende Weise. Denn seit 1995 sind wieder italienische Geschäftsleute in der Stadt, die unter anderem in die prächtigen Bauten entlang der **Pasajul Vulturul Negru** investiert haben. Diese Passage ist der berühmten Kuppel-Passage am Piazza del Duomo in Mailand nachempfunden. Die „Passage des Schwarzen Adlers" stellt einen idealen Ausgangspunkt dar, um die Altstadt von Oradea zu entdecken – und zu genießen.

Sehenswertes

Der Palast des Schwarzen Adlers

Man erreicht die Passage und den gleichnamigen Palast mit der Straßenbahnlinie 4, die am **Piaţa Unirii** direkt vor dem imposanten Gebäude zum Halten kommt. Der riesige Komplex am Einheitsplatz wurde zwischen 1907 und 1909 errichtet. Mit der Planung waren zwei Architekten aus Oradea beauftragt, *Komor Marcell* und *Jakob Dezcö*.

Die Hotelfront entlang geht es zur erwähnten Passage. Ein Besuch des **Kinder- und Jugendtheaters** gleich am Eingang lohnt sich auch für Erwachsene – interessant, was rumänische Jugendliche Kreatives auf die Beine stellen.

Der Episkopal-Palast direkt am Fluss Crişul Repede im Zentrum von Oradea

Mitten im Zentrum der mit Glaskuppeln überdachten und mit edelstem Marmor ausgelegten Komposition hat sich die Hauptfiliale der Banca Italo-Romano niedergelassen. Eine kleine italienische Espressobar draußen vor der Passage und eine Eisdiele ergänzen den Eindruck, das sich die Römer in Oradea wieder ein kleines Stück des ehemals verlorenen Terrains (auf sympathische Weise) zurückerobern.

- **Palatul Vulturul Negru** (Palast), nur Besichtigung von außen möglich.
- **Pasajul Vulturul Negru** (Passage), ganztägig bis 24 Uhr geöffnet.
- **Teatrul de Stat pentru copii şi tineret** (Kinder- und Jugendtheater), verschiedene Aufführungszeiten.

Der Episkopal-Palast

Auf der gegenüberliegenden Seite des Einheitsplatzes (Piaţa Unirii) ist das schönste Gebäude Oradeas zu sehen, der griechisch-katholische Episkopal-Palast. Die Einflüsse der italienischen Renaissance, denen der ungarische Architekt *Rimanóczy Kálman* ausgesetzt war, sind an diesem schlossähnlichen Bau deutlich zu sehen. Es heißt, ein reicher Händler habe sich 1908 bereit erklärt, das Dach des 1903/04 errichteten Baus ganz mit Franz-Joseph-Goldmünzen abzudecken. Die arrogante Präfektur von Oradea soll daraufhin in einem Schreiben geantwortet haben, dass sie damit einverstanden sei, wenn er alle Goldmünzen

Crişana

rum695 Foto: jr

mit der Kante aneinander lege; flache Goldmünzen würden im Sonnenlicht das Volk sonst zu sehr blenden ... Heute befindet sich im Palast die **Gheorghe-Şincai-Bibliothek.**

- **Palatul Episcopal Greco-Catolic,** Mo. bis Sa. 9–19 Uhr, Eintritt frei.

Die Kirche mit dem Mond

Gegenüber dem Episkopal-Palast gelangt man, etwas westlich, zur Kirche mit dem Mond. Eigentlich heißt die orthodoxe Kathedrale „Maria Himmelfahrt", doch in ganz Oradea kennt man sie unter ihrem populären Namen. Der zwischen 1784 und 1790

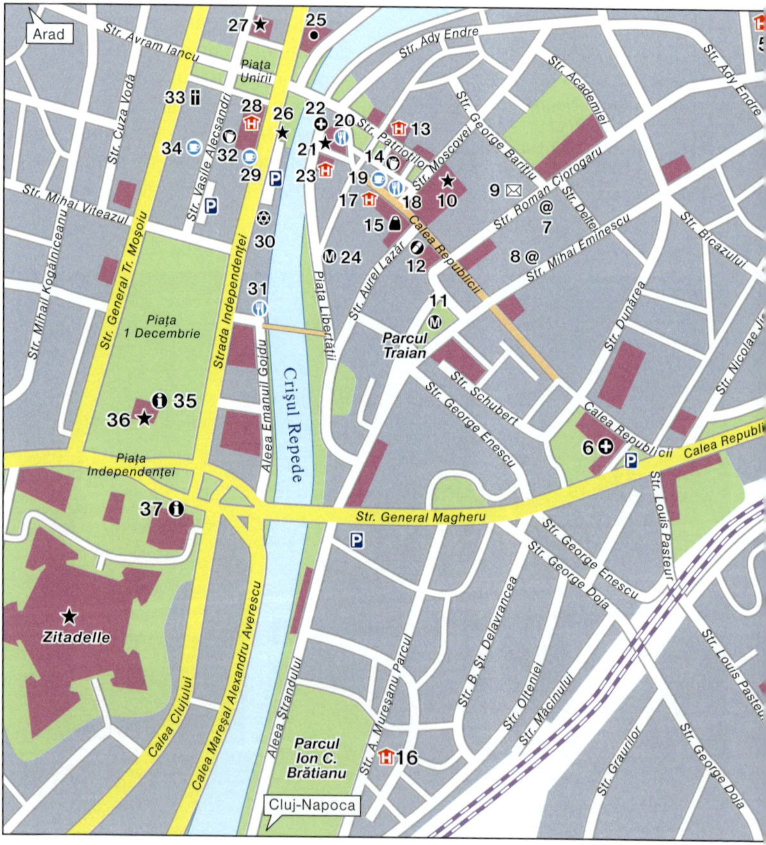

mit dem Segen des österreichischen Kaisers *Joseph II.* erbauten Kirche hat der Hobbyastronom und Uhrmacher *Georg Rüppe* einen künstlichen Mond hinzugefügt: Der zur Hälfte schwarze und zur Hälfte gelbe Mond ist in einem Turm über dem Hauptgeingang zu sehen. Ein raffiniert ausgetüftelter Mechanismus ließ bereits im Baujahr 1793 die Mondphasen erkennen.

•**Biserica cu Luna,** Mo. bis So. 8–18 Uhr, Eintritt frei.

Rund ums Hotel Astoria

Friedensreich Hundertwasser hätte am Hotel Astoria sicher seine helle

- 1 Hauptbahnhof
- 2 Röm.-Kath. Basilika
- 3 Barockpalast
- 4 Hotel Scorilo
- 5 Hotel Gala
- 6 Poliklinik No.1
- 7 Internet Café Nr. 17
- 8 Internet Café
- 9 Hauptpost
- 10 Philharmonie
- 11 Gedenkmuseum Ady Endre
- 12 Apotheke Hygea
- 13 Hotel Astoria
- 14 Staatstheater
- 15 Humanitas Buchhandlung
- 16 Hotel Elite
- 17 Hotel Parc
- 18 Irish Kelly's Pub
- 19 Marlyn Café
- 20 Restaurant Piano
- 21 Poynárhaus
- 22 Farmacia Procardia
- 23 Crişul Repede
- 24 Museum Iosif Vulcan
- 25 Rathaus
- 26 Statue von Mihai Eminescu
- 27 Episkopal-Palast
- 28 Hotel Vulturul Negru
- 29 Café Lion
- 30 Synagoge
- 31 Restaurant The Bridge
- 32 Kinder- u. Jugendtheater Arcadia
- 33 Kirche mit dem Mond
- 34 Café York
- 35 Info-Center für Oko-Tourismus
- 36 Kulturhaus
- 38 Touristen Info-Zentrum

Freude gehabt. Man erreicht den bunten Sezessionsbau, indem man über die Avram-Iancu-Brücke geht, die am Piața Unirii über den Crişul Repede führt. Hier um den **Piața Regele Ferdinand** gruppieren sich einige sehr sehenswerte Gebäude.

Das Astoria zeigt sich nach seiner über sechsjährigen Renovierung wieder im alten Glanz und wartet mit zahlreichen Erkertürmchen und verspielten Fensternischen in Rosa, Weiß und Rot auf. Der 1902 gebaute Hotelpalast geht auf *Sztarill Ferenc,* einen steinreichen Adeligen, zurück, den man heute in der Stadt besser unter dem Namen *Emke* kennt.

Das Staatstheater und das Poynar-Haus

Geht man vom Piața Regele Ferdinand die Calea Republicii hinunter, so kommt man links am **Staatstheater** vorbei. Das mit mächtigen Kapitellen und einem klassizistischen Vorbau versehene Gebäude lässt deutlich die Handschrift der Wiener Architekten *Fellner* und *Helmer* erkennen. Es wurde zur vorletzten Jahrhundertwende errichtet.

Nach weiteren 200 m gelangt man zum berühmten **Polyar-Haus.** Das eindrucksvolle Eckgebäude wurde, ebenso wie das Hotel Astoria, vom Architekten *Sztarill Ferenc* konzipiert und 1910/11 fertig gestellt. Es beherbergt heute den schönsten und bestsortierten Buchladen von Oradea, die Librăria M. Eminescu.

- **Teatrul de Stat,** Str. Patrioților 4.

Auf dem weiteren Weg durch die Altstadt wären noch zahlreiche weitere prächtige Bauten zu bewundern, darunter die **Policlinic 1,** ein Gebäude aus dem Jahr 1895, oder das **Rathaus.** Doch etwas weiter östlich lockt ein schöner Park mit Cafés.

Im Petöfi-Park

Die mit kulturellen, repräsentativen und kirchlichen Bauten reich gesegnete Stadt Oradea hat im Petöfi-Park rund um den 1762 erbauten Barockpalast eine **Zone der kulturellen Begegnung** eingerichtet. Im kleinen, grün umrankten Amphitheater spielen Theatergruppen, Jugendliche treten zum Gesangswettbewerb an, oder es finden gelegentlich dezente Jazz-Konzerte statt.

Unweit davon gibt es im Park noch die römisch-katholische **Kathedrale** zu bewundern, die auch schon fast 300 Jahre auf ihrem mit schönen Zinkblechen ausgelegten Dachbuckel hat.

Informationen

- Das **Informationszentrum** für Touristen findet man in der Piața Independenței 39, Tel. 413 876. Öffnungszeiten: Mo., Di. und Fr. 8:30–16:30 Uhr, Do. 8:30–18:30 Uhr, Sa. und So. geschlossen.
- Für all diejenigen, die wegen des herrlichen Apuseni-Gebirges in die Crişana gekommen sind, gibt es eine andere gute Adresse. Das **Informationszentrum für Abenteuer- und Ökotourismus (Apuseni Experience)** kann Bergfreunden wirklich weiterhelfen: Ausarbeitung von Wander- und Kletterrouten, Kartenmaterial und Begleitung durch erfahrene Bergführer. Piața 1. Decembrie 4–6, 1. Etage, Zimmer 8, Mo. bis Fr. 10–18 Uhr, Tel./Fax 472 434, www.apuseniexperience.ro.

Service

● **Hauptpost** (mit vergoldetem Briefträger in der Schalterhalle), Str. Roman Ciorogariu 12, Tel. 476 310.
● **Geldwechsel: Raiffeisenbank,** Str. Avram Iancu 2; **Exchange** (ohne Kommission), Str. Republicii 4.
● **Internet:** Str. M. Eminescu 4, 20 schnelle Computer, Surfen im Web für 1,20 RON pro Stunde, tagsüber Rauchverbot, nonstop; **Internet Café Nr. 17,** gleich gegenüber der Hauptpost, 6 Computer, Raucher, die Stunde Surfen nur 1 RON.

Notfälle

● **Apotheken: Farmacia Procardia,** Str. Libertații 4, Tel. 418 242; **Farmacia Fontana,** Str. Transilvaniei, Tel. 143 779; beide mit 24-Stunden-Dienst.
● **Krankenhäuser: Spitalul Județean,** Str. G. Doja 57, Tel. 137 193; **Policlinic Nr. 1,** Str. Republicii 35, Tel. 137 750.
● **Zahnarzt: Dr. Carmen Daraban,** Str. Bumbacului 32, Tel. 0744-705 177.

Mobilität

Flüge

● Der **Flughafen** von Oradea liegt 8 km von der Innenstadt entfernt, Calea Ardului 1, Tel. 413 085. Drei Fluglinien fliegen den Flughafen an: Carpatair, TAROM und Club Air.
● **Agentur der Fluglinie TAROM,** Str. Regele Ferdinand 2, Tel./Fax 231 918, Mo. bis Fr. 8–17 Uhr. Vom Flughafen fahren Mikrobusse der Agentur TAROM bis zu deren Stadtbüro. Von dort verkehren die Straßenbahnen 1, 2 und 4 ins Zentrum (2 Stationen).

Züge

● Der **Hauptbahnhof** von Oradea liegt 2 km vom Zentrum entfernt, Bukarester Platz 3, Tel. 414 970. Anbindung ans Zentrum durch die Straßenbahnen 1 und 4.
● **Agentur CFR,** Str. Republicii 2, Tel. 230 578.

Busse

● Der **Busbahnhof (Autogara)** liegt 3 km außerhalb des Zentrums, Str. Razboieni 81, Tel. 418 998. Das Zentrum erreicht man mit dem Stadtautobus 10. Es verkehren Busse u.a. nach Deva, Zalău, Băile Felix (halbstündlich), Baia Mare und Alba Iulia. Internationale Busse fahren nach Debrecen und Budapest.
● Die **Busgesellschaft Eurolines** fährt auf einer ihrer Strecken auch von Oradea aus nach Deutschland. Weitere Informationen: Piața 1. Decembrie 3, Tel. 432 128.

Taxis

● **Taxi Vip,** Tel. 944.
● **Taxi Start,** Tel. 274 940.

Unterkunft

● **Vulturul Negru** (****), Str. Independenței 1, Tel. 450 000. Renoviertes Luxushotel. EZ 120 RON, DZ 140 RON, App. ab 210 RON.
● Das beste und schönste Hotel der Stadt ist das **Hotel Astoria** (***), Str. Teatrului 1, Tel. 130 508, 111 Zimmer, EZ 110 RON, DZ 130 RON, App. 170–230 RON.

Die Grenze in Borş

Der **rumänisch-ungarische Grenzübergang** Borş (Richtung Oradea) ist die **am meisten frequentierte Transit- und Zollstelle in Rumänien.** Gleich hinter der Grenze erwarten den Reisenden illegale Geldwechsler, Lederjackenverkäufer und Anbieter von billigen Grundstücken. Hier gilt wie an anderen rumänischen Grenzen: Kein Geld an der Straße tauschen, alle selbst ernannten Immobilien-Händler ignorieren. Auch die benötigten Straßenvignetten werden nicht am Straßenrand verkauft! Achtung: Trickbetrüger!

● **Zoll- und Grenzpolizei,** Tel. 0259-412 395.

• **Hotel Scorilo** (***), Parcul Petöfi 16, Tel. 470 910, EZ 90 RON, DZ 110 RON, App. 130–170 RON.

• **Hotel Gala** (***), Str. Haşdeu 20, Tel. 467 176, EZ 80 RON, DZ 100 RON, App. ab 130 RON.

• **Hotel Parc** (**), EZ 20 Euro (hat kein eigenes Bad), DZ 25 Euro (mit Bad), 3-Bett-Zimmer 35 Euro. Große, antik eingerichtete Zimmer aus dem Jahr 1810.

• Auf dem Weg Richtung ungarische Grenze (E60) liegt linker Hand das **Hotel Iris** (***) hinter der Stadtgrenze. Guter Komfort, gute Zimmer. EZ 44 Euro, DZ 58 Euro. Die Appartement-Räume sind behindertengerecht, kosten aber auch stolze 96 Euro (für bis zu 3 Personen!). Reservierungen unter Tel. 401 200.

• Ein weiteres Hotel am Wegesrand Richtung ungarische Grenze ist das **Durchreise-Hotel Scorpion.** Einfache EZ/DZ ab 40 RON.

• Ebenfalls an der E60 Richtung Ungarn liegt das **Motel La Mama** (**). Schlichte, saubere Zimmer. EZ/DZ 20 Euro, Triple 30 Euro.

• **Hotel Orizont,** 18 km vor Oradea, an der E671 von Arad kommend, Tel. 0744-555 206. Fernfahrerhotel. EZ/DZ 80 RON.

• 34 km vor Oradea, an der E671 von Arad kommend, liegt wunderschön im Grünen das **Motel Millenium** (***), Tel. 0745-636 252, www.motelmilenium.ro. Riesiger Kinder-Abenteuerspielplatz, Fischteich in der Nähe, Angelmöglichkeit, gutes Restaurant. EZ/DZ 29 Euro, App. 35 Euro, inkl. Frühstück.

Essen und Trinken

Restaurants

• **Restaurant Piano,** Str. Ferdinand, Tel. 0788-050 500. Empfehlung des Autors; man höre sich nur mal dieses Gericht an: Gänsekeule in Blaubeerensoße mit Püree-Kroketten *(Pulpa de Gâscă în Sos de Afine)* ...

• Obwohl sich hinter dem **Restaurant The Bridge** auch ein britisches oder irisches Lokal verbergen könnte, bietet es doch traditionelle rumänische Küche vom Feinsten. Früher hieß das Restaurant Romeo şi Julietta und versuchte sich in südländischen Gaumenfreuden, dann besann man sich auf die Künste der Banater Köche, und seitdem ist es in Oradea eine Institution. Probieren: Gefüllte Truthahnbrust mit Käse und Schinken *(Piept de Curcan umplut cu Cascaval şi Şunca).* Alea Emanuil Gojdu, Tel. 472 644 (seit Sommer 2005 liefert man das Essen auch außer Haus und hat einen Pizzaservice eingerichtet!).

• Die beste Aussicht hat man sicherlich im **La Ciuperci** oben auf dem Aussichtsberg der Stadt (ein Taxi hinauf kostet umgerechnet 3 Euro; Str. Gheorge Doja).

• Eines der besten italienischen Restaurants in Oradea ist das **La Galleria,** Str. Matach Imre 1–5, Tel. 475 490, Mo. bis Fr. 12–15 u. 9–23:30 Uhr. Hier gibt es frischen Meeresfisch, den man morgens erhalten hat. Probieren: *Peşte Spadă la gratar,* gegrillter Schwertfisch.

• Der **Irish Kelly's Pub** wird in die Rubrik Restaurants aufgenommen, da man hier besser essen als trinken kann. Es gibt Guinness nur aus der Dose, dafür aber gute, deftige Banater Gerichte. Empfehlenswert sind die im Steinofen überbackenen Bratkartoffeln *(Cartofi tăiaţi în Felii, Copţi în Cuptor).*

Cafés

• Das tagsüber sehr beschauliche **Café Lion** verwandelt sich abends in einen Tanzclub. Piaţa Independenţei 1, Mo. bis Fr. 7–1 Uhr, Sa./So. 7–3 Uhr.

• **Marlyn Café,** täglich 8–22 Uhr.

• Im **Café York** gibt es ausschließlich Getränke. Wen also Hunger plagt, der sollte vorab etwas essen oder sich einfach seinen Imbiss mit ins Café mitbringen, was auch geht.

Abends unterwegs

• **Club Café Casino,** Str. N. Grig 4, nonstop.

• **Joy Club,** Str. Libertaţii 12, Tel. 0788-134 882. Terrassencafé und Club.

• **Disco No Problem,** Tel. 0722-178 284. Drei Partys die Woche: Do. sind die Studenten dran, Fr./Sa. heißt es Feiern für jedermann. Keine Türsteher, keine Eingangskontrolle!

Einkaufen

• **Bücher: Librăria M. Eminescu,** Calea Republicii 1 (im berühmten Polyar-Haus), Tel. 494 123. Breites Sortiment.

rum704 Foto: jr

Băile Felix/ Felixbad

- **Meereshöhe:** 170 m
- **Vorwahl:** 0259
- **Einwohner:** 6300

Über die Europastraße E79 sind es von Oradea aus nur knapp 10 km bis zum **größten rumänischen Badekurort** Băile Felix (Anfahrt von Oradea mit der Straßenbahnlinie N3 bis Endstation; Schleife und Markthalle; dann in den dortigen Bus umsteigen). Bereits vor mehr als 2000 Jahren entdeckten die Römer hier Thermalquellen, die ihnen den Aufenthalt fernab der römischen Heimat versüßten. In den nachfolgenden kriegerischen Jahrhunderten verloren die Quellen immer mehr an Bedeutung, bis sie dann 1221 zum ersten Mal unter dem Titel **„Termae Varadiensis“,** also Bad von Oradea (rum. Băile Oradiei), urkundlich erwähnt wurden. In der angehenden Neuzeit, um 1536, wird die Heilwirkung der Thermalbäder vom bedeutendsten rumänischen Vertreter des Humanismus, *Nicolaus Olahus,* lobend hervorgehoben. Doch die meisten Menschen der damaligen Zeit schie-

Künstliche Palmen in Băile Felix

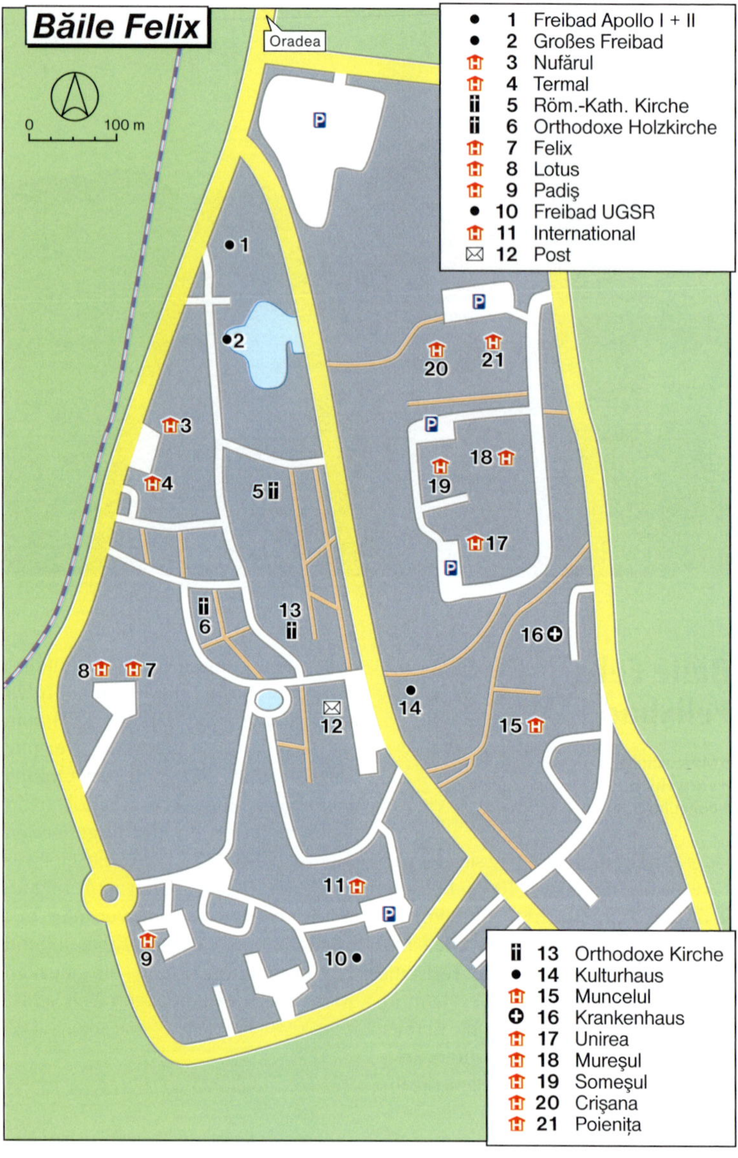
Băile Felix
Oradea
0 100 m
P
1
2
3
4
5
6
7
8
9
10
11
12
13
14
15
16
17
18
19
20
21
1 Freibad Apollo I + II
2 Großes Freibad
3 Nufărul
4 Termal
5 Röm.-Kath. Kirche
6 Orthodoxe Holzkirche
7 Felix
8 Lotus
9 Padiş
10 Freibad UGSR
11 International
12 Post
13 Orthodoxe Kirche
14 Kulturhaus
15 Muncelul
16 Krankenhaus
17 Unirea
18 Mureşul
19 Someşul
20 Crişana
21 Poieniţa

Băile Felix und die Säule des Trajan

Wie der Historiker *Plinius der Ältere* berichtet, sollen die dakischen Frauen aus der Nähe von Varadiensis, dem heutigen Oradea, eine geheime Quelle gekannt haben, die ihnen geradezu übernatürliche Kräfte verlieh. Auch die römischen Soldaten mussten die **„Dakerinnen der heiligen Wasser"** sehr gefürchtet haben. Jedenfalls wurde ihnen von den tapferen Amazonen aus dem römischen Bad, das sich später „das Glückliche" nennen sollte, auch in den Schlachten übel mitgespielt. Zwar gibt es nur spärliche Berichte über Folterungen römischer Krieger durch Dakerinnen, aber es existiert eine detaillierte antike Kriegsberichterstattung, wie man sie sich glaubwürdiger kaum vorstellen könnte.

Man überlege, ein Kriegsreporter unserer Tage würde die grausamen Übergriffe von Frauen an den eigenen, bestens ausgebildeten Soldaten detailliert beschreiben, mehr noch, die unmenschlichen Szenen männlicher Entwürdigung könnten anschließend vom Volk in aller Ruhe betrachtet werden, weil sie auf einem eigens errichteten Monument verewigt wurden.

Was heute undenkbar und vielleicht aus kriegspsychologischer Sicht auch nicht allzu clever erscheint, wurde von den Römern wahrscheinlich anders gesehen. Mitten auf dem Forum Ulpia in Rom ließen sie eine 40 m hohe Säule errichten, auf der in einer umlaufenden Reliefspirale die Schlachtbilder der Römer gegen die Daker en détail zu sehen sind. Die betreffende Szene, in der dakische Frauen römische Soldaten quälen, sollte dabei wohl dokumentieren, wie brutal und „unzivilisiert" die Daker waren, dass sie sogar Frauen in die Schlacht schickten. Auch sonst geizt das 200 m lange Reliefbild nicht mit deftigen Szenen aus dem Schlachtgetümmel.

Einige rumänische Historiker sehen in dem in Stein gehauenen Wehrmachtsbericht jedoch eine versteckte Hommage an die Kampfkraft, Schönheit und Weisheit der dakischen, sprich: der urrumänischen Frauen. Schließlich seien die Hüterinnen des heiligen Quellwassers mit wehenden langen Haaren und schönem Profil ins rechte Bild gesetzt.

Wie dem auch gewesen sein mag, viele der Dakerinnen scheinen auf die römischen Soldaten in der Tat nicht abschreckend gewirkt zu haben, denn die Zahl der römischen Neusiedler auf dakischem Gebiet stieg nach den Kriegen extrem an. Das rumänische Wort „mire" für Bräutigam leitet sich direkt vom römisch-lateinischen Begriff „miles" für Soldat ab. Was aber blieb den dakischen Frauen auch anderes übrig, als einen Soldaten, eben einen Römer, zu heiraten, wenn die eigenen Männer in der Schlacht gefallen waren. Insofern müsste man die rumänische Kontinuitätstheorie ein klein wenig abwandeln: Es waren nicht die Daker, die Latein lernten und durch die Vermischung mit den Römern zu Rumänen wurden, sondern zum großen Teil die Dakerinnen.

nen eine unerfindliche Aversion gegen warmes, sprudelndes Wasser zu haben.

Es sollte zwei weitere Jahrhunderte dauern (1721), bis ein gewisser **Felix Heldrex** eine der vielen Thermalquellen wieder entdeckte, die ihm zu Ehren später Felixbad genannt wurden. Der Name wird heute für die Gesamtheit der über 180 Quellen verwendet.

Nachdem der medizinische Fortschritt es erlaubte, die Qualität eines

Heilwassers zu überprüfen, was bereits gegen 1731 der Fall war, ordneten die damaligen Kurwächter eine regelmäßige Überprüfung an. Bei der **Weltausstellung in St. Louis** im Jahr 1896 gelang es dem Wasser aus den „glücklichen Quellen" erstmals, weltweit Anerkennung zu erlangen – die Thermalquellen von Băile Felix errangen die Goldmedaille für das **beste Wasser der Welt!** Kaiser und Könige reisten fortan zum Kuren in das Criş-Tal und berichteten danach von Erfolgen im Kampf gegen entzündlichen Rheumatismus und Gelenksteife. Sogar nach traumatischen Wirbelschäden soll das Wasser geholfen haben.

Das Wunderwasser erlangte fortan eine derartige Berühmtheit, dass im Laufe der Zeit aus einem kleinen Heilbad mit gerade einmal einem Hotel (für 50 Gäste) eine Kleinstadt mit heute über 5000 Behandlungen am Tag wurde.

In den **Parkanlagen mit alkalischen Schwefelquellen** herrscht ein ganz besonderes Mikroklima. Bereits 1789 hat man im Peta-Bach des Parks einige Exemplare der **Thermen-Seerose** entdeckt. Diese äußerst seltene Lotusblume namens *Nymphaea lothus thermalis* wächst weltweit nur hier und gilt als ein botanisches Relikt aus der Tertiärzeit. Mittlerweile ist die Lotusblume zu einem Wahrzeichen von Băila Felix geworden und gibt dem Stadtteil Nufărul (Seelotus) seinen Namen.

Infrastruktur

- **Eine Touristeninformation gibt es in Băile Felix nicht!** Allerdings haben sich einige Hotels zusammengeschlossen und betreiben im Hotel Felix ein Info-Büro. Dort erhält man auch einen kleinen Plan von Băile Felix und auf Wunsch einen Stadtplan von Oradea.

  An der Bushaltestelle in der Ortsmitte warten in den Sommermonaten und in den Ferien private Zimmeranbieter. 2010 wird im Kurort an vielen Stellen gebaut. Es gibt ein Internetcafé in der Bücherei hinter dem Einkaufszentrum, in der auch deutsch- und englischsprachige Bücher zur Verfügung stehen.
- Mittlerweile gibt es **über 5000 Unterkunftsmöglichkeiten** in Felixbad. So z.B. in den 3-Sterne-Hotels Termal, Nufărul und Internațional, in den 2-Sterne-Häusern Poienița, Mureo, Someo, Unirea und Lotus sowie im 1-Sterne-Hotel Felix.
- Darüber hinaus stehen **über 30 Restaurants und sechs Kurkliniken** zur Verfügung. Der Kurort weist ein modernes Kulturhaus, mit Thermalwasser gespeiste Hallen- und Freibäder, Sportplätze, Fitness- und Wellness-Zentren auf.
- Wer preiswert in der Nähe des Kurbads übernachten möchte, kann dies 2 km südlich von Băile Felix in der **Pensiune Vidra** (DZ ohne Frühstück 60 RON).
- Direkt an der südlichen Einfahrt ins Kurbad (an der Hauptstraße E79) liegen die **Pensionen Connyland** (***) und **Diana** (***), Str. Principala 67 und 67G. EZ/DZ-Preise nach Absprache 25–60 Euro. Internet, Grillplatz. Web-Adressen: www.kazare.ro/de/location/2957/pension-connyland-baile-felix, www.pensiunediana.ro.
- An der E79 liegt gegenüber dem Restaurant Jäger (an der Einfahrt nach Băile Felix), eine **Pension ohne Namen,** die in ihrem Garten auch Möglichkeiten zum **Camping** anbietet. 5 Campinghäuschen mit je drei Schlafplätzen jeweils 80 RON, Zimmer im Haus 80–100 RON, Vollpension ist möglich.

Das Apuseni-Gebirge

Um es vorwegzunehmen: Die Schönheit des Apuseni-Gebirges erschließt sich nur dem Wanderer, nicht dem bloß vorbei Fahrenden. Zwar ist die westliche Flanke des Gebirges von Oradea aus über die E79 (bis Vaşcău) und die DN75 (Arieş-Tal) in 2 Stunden zu erreichen, doch die Strecken, die zu den größten Attraktionen dieser Gegend führen, der **Bärenhöhle von Chişau** und der **Gletscherhöhle von Scărişoara,** sind nicht im besten Zustand. Dies mag der Grund dafür sein, das die ursprüngliche Landschaft mit ihren zahllosen Schluchten, Wasserfällen, sanft ansteigenden Almen und den typischen Strohdachhäusern der Motzen (Bergbauern) erst spät ins Blickfeld der Touristen gerückt ist.

Noch immer gilt der Apuseni als Geheimtipp, obwohl in den abgelegenen Tälern und Karstbergen neben immer neuen Tropfsteinhöhlen (insgesamt über 800) auch ständig neue Quellen, Dolinen und unterirdische Seen entdeckt werden. Naturliebhaber werden hier voll auf ihre Kosten kommen, da sich **Bären, Bisons, Luchse** und **Wölfe** im Apuseni-Gebirge besonders wohl fühlen und rund um die subalpinen Almen und alpinen Mischwälder zahlreiche **seltene Pflanzen** zu sehen sind.

Beiuş/Beius

↗ VII, C2

- **Meereshöhe:** 250 m
- **Vorwahl:** 0259
- **Einwohner:** 12.800
- **Ungarischer Name:** Belényes

Die erste größere Gemeinde, die man auf dem Weg ins Apuseni-Gebirge von Oradea aus erreicht, ist das 55 km entfernte Beiuş. Die Straße E79 ist bis hierher wunderbar befahrbar und wird regelmäßig erneuert. Auf der Fahrt in die kleine Stadt am Ufer der Schwarzen Kreisch (Crişul Negru) sieht man die Glockentürme der Holzkirchen über die Getreidefelder ragen. Hier beginnen die **Westkarpaten,** das **Land der Moţi (Motzen),** eines ursprünglichen Bauernvolks, das die alten Traditionen noch pflegt. Die selbst geflochtenen Körbe und geschnitzten Bottiche sowie die ländlichen Spezialitäten vom *Tuică de prune* (Pflaumenschnaps) bis zum *Caşcaval apusenesc* (Apuseni-Käse) werden donnerstags auf dem zentralen Markt von Beiuş angeboten.

Die grünen, von kleinen Cafés gesäumten **Alleen** des Ortes münden alle im Zentrum des Städtchens, wo sich baptistische, griechisch- und römisch-katholische sowie orthodoxe Kirchen ein Stelldichein geben.

Im **Museum für Volkskunst** kann eine umfangreiche Sammlung volkstümlicher Kunst und Keramiken aus der Region der Motzenbauern besichtigt werden.

- **Muzeul etnografic,** Piaţa Vulcan 16, Tel. 322 347, Di. bis So. 10–15 Uhr, Eintritt 4 RON.

Im Winter wird Beiuş zum Ausgangspunkt für **Skifahrer,** die hinauf ins Wintersport-Resort **Stâna de Vale** fahren. Das 1100 m hoch gelegene Gebiet bietet drei einfache Pisten an, die von November bis April in Betrieb sind. Im Sommer führt hier eine fünfstündige Wanderung vom guten Berghotel Iadolina hinauf zur **Padiş-Hütte** auf dem berühmten Padiş-Plateau in den **Vlădeasca-Bergen.**

Unterkunft

- **Hotel Izvorul Minulinor** (**), Str. Petru Rareş 16, Tel. 320 863, DZ 80 RON.
- **Hotel Iadolina** (**), Tel. 599 334. Exzellent geführtes Berghotel mit fantastischer Aussicht. Preiswerte Zimmer: DZ 70–80 RON, je nach Saison, inkl. Frühstück.

Die Bärenhöhle von Chişcău ⇗VII, C2

Die auf 1500 m Höhe liegende Bärenhöhle **(Peştera Urşilor)** 24 km südöstlich von Beiuş zählt zu den berühmtesten Höhlen Rumäniens. Einer Sprengung in einem Marmorsteinbruch hat man es zu verdanken, dass sie 1975 überhaupt entdeckt wurde. In der einzigartigen, 1,5 km tiefen Höhle fand man über 141 Schädel des vor 20.000 Jahren ausgestorbenen Höhlenbären *(Ursus spelaeus)* sowie ein gut erhaltenes Skelett des Kavernenbären. Weltweit gibt es nach Aussage von Höhlenforschern nur eine Hand voll solcher Funde, Rumänien ist das einzige Land der Welt, in dem sie auch besichtigt werden können.

Die Besucher werden auf einer **geführten Tour** durch die obere, zur Begehung angelegten Ebene auf 850 m Länge an den Skeletten und faszinierenden Felsformationen vorbei durch die so genannte Racoviţa-Halle und die nachfolgende Kerzenhalle geführt. Eine untere Ebene ist für Besucher noch nicht freigegeben, da sie noch erforscht wird.

Das Karstplateau von Padiş

Das Plateau von Padiş **(Plateaul Padiş)** gehört zu den interessantesten und geheimnisvollsten Karstgebieten Rumäniens. Man erreicht es von der Padiş-Hütte bei Beiuş im Rahmen einer fünfstündigen Wanderung. Unter dem Plateau gibt es zahlreiche **Höhlen** und **unterirdische Seen.** Auf den im Sommer kunterbunt bewachsenen Wiesen tun sich urplötzlich rostrote Löcher auf, eine geologische Eigenart, die das Sickerwasser hier geschaffen hat. **Dolinen,** trichterförmige Mulden und Senken, schaffen eine sanft geschwungene Hügellandschaft, in der dann plötzlich bewaldete, steil abstürzende Abgründe klaffen. Zahlreiche **Tropfsteinhöhlen** sind hier in den letzten Jahren entdeckt worden, und bestimmt verbirgt diese zauberhafte Landschaft voller Rätsel noch weitere Geheimnisse.

- Die Bärenhöhle **Peştera Urşilor** liegt 3 km südlich von Chişcău und ist ohne größere Probleme mit dem Pkw zu erreichen (Vierradantrieb ist nicht mehr notwendig!). Über die E79 (Abfahrt 2 km hinter Rieni, links Richtung Valea de Joş und Chişcău), dann Richtung Giuleşti, ab hier ist die Höhle gut ausgeschildert. Führungen Di. bis So. 9–18 Uhr, Eintritt 10 RON, Fotografieren und Filmen ist in der gut ausgeleuchteten Höhle möglich und kostet 15 RON extra. Die Führungen dauern ca. 2 Stunden, sie werden nur auf Rumänisch durchgeführt. Die Höhle ist riesengroß und auf jeden Fall sehenswert!

Ab Oradea bietet das Informationszentrum für Abenteuer- und Ökotourismus (siehe bei Oradea) auch **Touren zur Höhle** an; siehe auch Transilvania, Aktiv- und Kulturreisen weiter unten.

Die Gletscherhöhle Scărişoara ⇗VII, C/D3

Auch die Gletscherhöhle Scărişoara nördlich des Ortes **Gârda de Sus** lässt sich mit einem gewöhnlichen Auto nicht erreichen. Zur 20 km östlich von **Vaşcău** gelegenen Höhle kommt man nur mit einem Geländewagen mit Allradantrieb oder noch besser zu Fuß oder mit dem Mountainbike von Gârda de Sus aus. Immer mehr Besucher nehmen aber auch den seit 2004 angebotenen Service rumänischer Führer in Anspruch und reiten auf einem Maultier oder Pferd hinauf zur sagenumwobenen Höhle. Im Winter werden seit kurzem auch Schlittenfahrten angeboten. Doch bei all diesen Angeboten ist zu bedenken, dass man die letzten Meter auf jeden Fall selbst gehen bzw. über eine Metallstiege hinabklettern muss!

Zwei Routen (s.u.) führen zur Höhle Scărişoara, einem einmaligen **Relikt aus der Eiszeit.** Eine über 75.000 Quadratmeter große Eisdecke bedeckt das Innere der Höhle, deren Alter von 3000 Jahren man mittlerweile genau bestimmt hat. Zahlreiche glänzende Eisstalagmiten und -stalaktiten machen das Innere der stellenweise beleuchteten Höhle zu einer wahren Wintermärchenlandschaft. Von der Natur geschaffene skurrile Eisskulpturen und kristalline Salzfelsen sind auf dem gut befestigten Weg zu sehen (dürfen nicht berührt werden!).

Foto: jr rum707

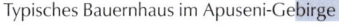

Typisches Bauernhaus im Apuseni-Gebirge

- **Gheţarul de la Scărişoara,** leider ist der Zugang zur Höhle nicht mehr ausgeschildert, weder für Autos noch für Wanderer. Zudem ist die Strecke zur Gletscherhöhle wahrlich kein schöner Wanderweg mehr, da die Einheimischen die gesamte „Wanderstrecke" mit dem Auto befahren. Die Höhle ist in den letzten Jahren fast abgetaut. Der Abstieg in die Höhle ist gegen Ende eine einzige Rutschpartie. Der hintere, noch erhaltene Teil ist gesperrt, insgesamt ist nur noch ein Raum begehbar. Führungen werden angeboten (nur auf Rumänisch, Preis 5 RON). Ansonsten darf man auch alleine in die Höhle, der „Rundgang" dauert ca. 15 Minuten. Es empfiehlt sich die Mitnahme eines warmen Pullovers. Viele Leser wiesen darauf hin, dass die Gletscherhöhle im Sommer nicht so sehenswert sei wie beschrieben.
- **Geführte Höhlenwanderung: Transilvania, Aktiv- und Kulturreisen** (siehe auch unten) bietet eine Wanderreise an, die neben einem Ausflug ins Goldgräberdorf Roşia Montana und in die Berge des Apuseni auch eine Besichtigung der Eishöhle von Scărişoara und der Basaltsäulen von Detunata vor-

sieht. Nähere Infos auf www.transilvania-aktiv.de oder unter Tel. 0421-380 44 60.

Pensionen in Gârda de Sus

- **Pensiunea Izvoarele,** Str. Izvoarele 7a, Tel. 0744-765 670. Schöne Pension am Waldrand von Gârda. Auf Wunsch Vollpension und Vermittlung von Führungen (mit Maultieren) zur Gletscherhöhle. Sehr freundlich und sauber. EZ/DZ 60 RON, Vollpension 90 RON.
- **Pensiunea Danciu,** Str. Gârda 51, Tel. 0740-094 385. Sehr schönes Landhaus, das auch Vollpension anbietet. Traditionelle Mahlzeiten aus dem Apuseni. Sehr freundlich. EZ/DZ 60 RON.
- **Pensiunea Popa Roman,** Str. Gârda 21, Tel. 0258-777 191, Tel. 0744-182 206. Schlichte, günstige Pension. Herr *Popa* bietet auch Ausritte in die Berge rund um Gârda de Sus und zur Gletscherhöhle an. EZ/DZ 50 RON, Ausritte pro Stunde 90 RON.
- **Pensiunea Mama Uta,** Str. Centru 97, Tel. 0744-627 901. Einfache Pension, die lang Gewachsenen gefährlich werden könnte, da die

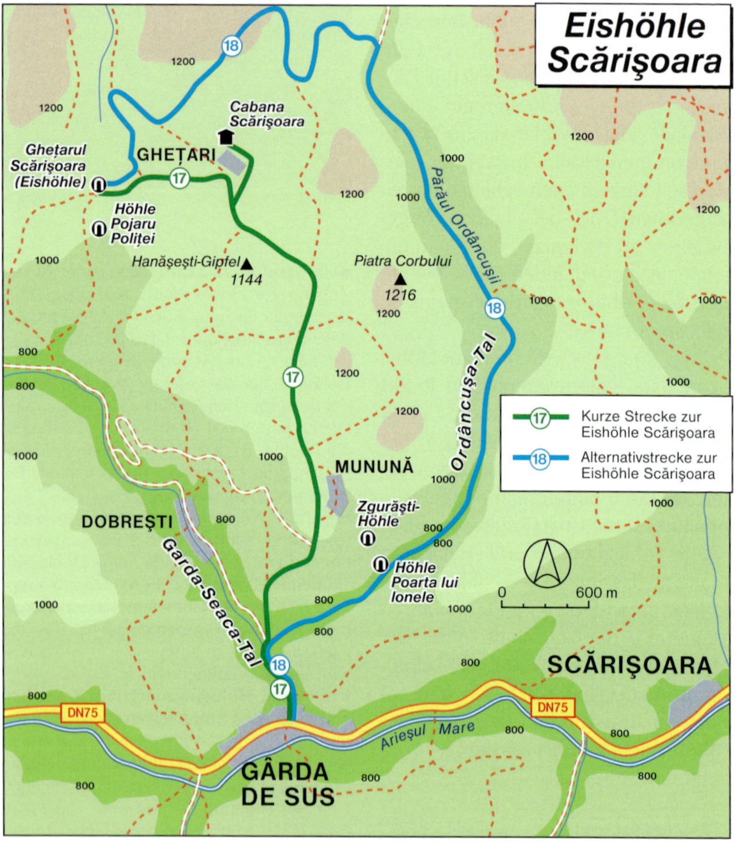

Zimmer sehr niedrig sind. Frau *Popescu* kocht herrliche *Mămăliguță cu Brânză și Smântână* (Maiskuchen mit Käse und Sahne). Vollpension 90 RON, DZ 50 RON.

Bergtour Gârda de Sus – Gletscherhöhle Scărișoara

Route 17 (grün)

Der kürzeste Weg zur Gletscherhöhle Scărișoara verläuft nördlich des Ortes **Gârda de Sus** auf dem mit einem roten Kreuz gekennzeichneten Wanderpfad. Leider ist die Gletscherhöhle nicht ausgeschildert, bis man zur **Gabelung des Ordâncușa- und Gârda-Seacă-Tals** kommt. Von hier führt der Weg steil nach oben in die Ortschaft Munună und nach weiteren 5 km in den Ort Ghețari. Von oben hat man eine fantastische Aussicht auf das **Bihor-Gebirge.** Der Wanderweg führt im weiteren Verlauf an interessanten Karstformationen, Quellen und Dolinen vorbei und erreicht schließlich sowohl die Gletscherhöhle (Ghețarul Scărișoara) als auch die neue Hütte Cabana Scărișoara.

Route 18 (blau)

Eine alternative Strecke zur Gletscherhöhle dauert zwar etwa 1 Stunde länger, verläuft allerdings durch das malerische **Ordâncușa-Tal.** Auch hier geht man nördlich des Ortes Gârda de Sus auf dem mit einem roten Kreuz gekennzeichneten Wanderpfad, biegt aber dann nach rechts in den mit einem blauen Streifen markierten Wanderweg ab. Nach 1 km kommt man an die engste Stelle des Tals, wo der Weg über einen Bergbach führt. Zwei Höhlen liegen hier in unmittelbarer Nähe, die **Höhle Poarta lui Ionele** und die **Höhle Zgurăşti.** Nach weiteren 7 km entlang des Baches Părăul Ordâncușii zweigt der markierte Weg nach links zur Gletscherhöhle Scărișoara ab, die man aus Norden kommend nach 3 km erreicht. Etwa 500 m südlich der Gletscherhöhle liegt die weitaus weniger besuchte **Höhle Poiaru Poliței.**

● **Sven Panthöfer** bietet mit einem Team **geführte Wanderungen** in die Höhlen der Apuseni-Berge und ins Bergbaudorf Roșia Montana an. Außerdem im Programm: Wanderstudienreisen in den Maramuresch, in die Südkarpaten und eine Rundreise zur Romamusik. **Transilvania, Aktiv- und Kulturreisen,** Fleetstr. 26, 28219 Bremen, reisen@transilvania-aktiv.de, www.transilvania-aktiv.de.

Der Goldrausch und die Wahrheit

Wer sich für die Hintergründe des Streits um den Goldabbau in **Roșia Montana** interessiert, sollte einige Tage in einer der schönsten Bergregionen Rumäniens einplanen. *Eugen David* von der Umweltorganisation „Alburnus maior" informiert in seinem Gästehaus umfassend über die ökologischen Gefahren des Goldabbaus im Naturschutzreservat um Roșia Montana. Zwar hat die rumänische Regierung kanadische Pläne zum Goldabbau 2007 gestoppt, doch eine touristische Aufwertung der wunderbaren Region tut dringend Not. Roșia Montana gilt als eine der ältesten Siedlungen Rumäniens. Unterkunft und Informationen: **Eugen David,** Str. Tarina 1250C, 517615 Roșia Montana, Tel. 0258-859 310. Weitere Informationen im Internet (auf Englisch): Suchmaschinen-Eingabe „Eugen David Guesthouse" und „Stephanie Roth".

mol710 Foto: hgs

Republik Moldau

mol711a Foto: hgs

mol711b Foto: hgs

Kleinkunst und Nippes in der Hauptstadt

Präsidialamt in Chişinău

Prächtiger Kirchenbau aus Brot

Praktische Tipps A–Z

Anreise

Mit dem **Flugzeug** wird Chişinău von Frankfurt/Main jeden Tag angeflogen (von Air Moldova). Alternativ fliegen Carpat Air über Timişoara, Tarom über Bukarest, Czech Airlines über Prag, Malev über Budapest und Austrian Airlines über Wien. Täglich gibt es Flugverbindungen zwischen Bukarest und Chişinău (Tarom und Air Moldova). Die Preise für Flüge von Deutschland, Österreich und der Schweiz nach Chişinău und zurück beginnen je nach Jahreszeit und Aufenthaltsdauer bei ca. 320 Euro (Endpreis inkl. aller Steuern, Gebühren und Entgelte).

Die beste **Autoroute** ist von Bukarest nördlich über Buzău, Focşani, dann östlich über Tecuci nach Huşi und Albiţa bzw. Leuşeni (550 km bzw. 5–7 Std. Fahrzeit). Für Moldau wird eine eigene **Autoversicherung** verlangt sowie eine **Umweltsteuer,** die erst ca. 5 km nach Leuşeni quasi auf der grünen Wiese zu entrichten ist. Ist das Auto nicht auf den Fahrer zugelassen, sollte eine Vollmacht mitgeführt werden.

Von Bukarest fährt der **Nachtzug** nach Chişinău (Zoll und Grenzpolizei nerven ca. 2 Stunden vor Ankunft in Chişinău, d.h. in den frühen Morgenstunden). Verschiedene **Busse** und Kleinbusse starten vom Bukarester Busbahnhof.

mol712 Foto: hgs

Willkommensgruß in der Casa Din Luncă (siehe „Ausflüge ab Chişinău")

Autofahren

Moldaus **Straßen** sind breit, es fehlen aber sowohl weiße Markierungsstreifen als auch Schilder, die man sonst gewöhnt ist. Es wird präzise gefahren, nah aneinander vorbei überholt, beinahe „geschnitten". Angst ist fehl am Platze, Moldauer sind generell recht disziplinierte und gute Autofahrer. Gefahren allerdings bergen große Schlaglöcher, die auch mitten auf der Strecke auftreten können. Vor allem Sekundärstraßen zwischen den Bezirkshauptstädten im Norden und in den Weiten des südlichen Gagausien sollten bei

Dunkelheit gemieden werden. Fahren auf Sichtweite erspart empfindliche Schäden an Felgen und Aufhängung.

Wer sichergehen will, bleibt immer rechts. Vorsicht jedoch vor **Rasern** in großen schwarzen Limousinen. Auch

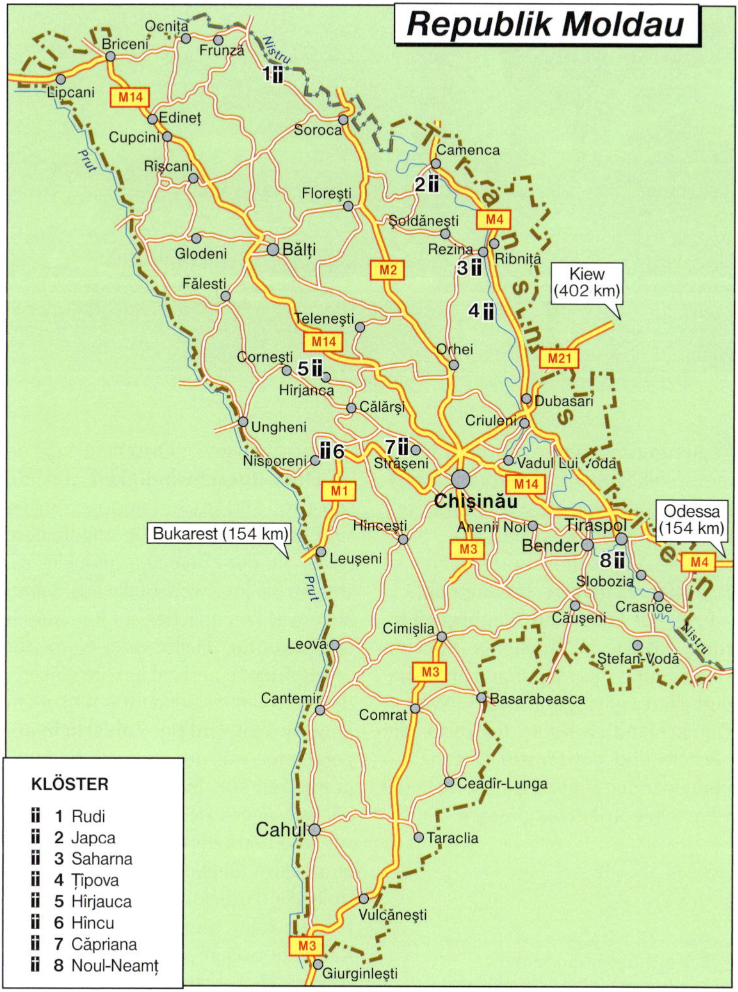

mol714 Foto: hgs

Regierungsfahrzeuge mit dem Nummernschildkürzel RM *(Republica Moldova)* fahren, wie sie wollen. Minister werden häufig eskortiert wie pfeilschnelle Sondertransporte. Dann ist Schrittfahren ganz rechts angesagt.

Bzgl. der **Orts- und Wegbeschilderung** gilt wie in Rumänien: Solange keine neuen Abzweigungen angekündigt sind, gilt „geradeaus". Wie in Deutschland werden teilweise die nächste und die fernste Destination übereinander angezeigt: z.B. Stăuceni 5 km, Dnjeprpetrovsk 550 km.

Mit dem privaten Taxidienst von Alec Burbula bei Orheiul Vechi

In geschlossenen Ortschaften gilt eine **Höchstgeschwindigkeit** von 60, sonst von 100 km/h. Tempokontrollen sind häufig. Werden Sie angehalten, hören Sie dem Beamten geduldig zu, steigen Sie im Zweifelsfalle aus, sagen Sie etwas Freundliches auf Rumänisch (z.B. *Salut* für „Hallo" oder *Noroc* für „Alles Gute"), und zahlen Sie einfach, denn die Tarife sind fair (bis 43 Lei). In jüngster Zeit wird per **Zahlschein** abgerechnet, was der Korruption entgegenwirken soll. Sie müssen dazu die nächste *Banca de Economii* (Sparkasse) ansteuern, dort die Einzahlung des Strafgeldes tätigen und dann zur Kontrollstelle zurückfahren, wo Sie Ihren Führerschein wiederbekommen. Vor Radarkontrollen blinken entgegenkommende Fahrzeuge.

Alkohol am Steuer sollte absolut vermieden werden, alles andere bringt echte Schwierigkeiten: Hauchtest am Straßenrand, Bluttest in der Wache, dann Geldbuße oder vorübergehender Entzug des Führerscheins.

Alle **Benzinsorten** sind erhältlich, Diesel heißt in Moldau *Motorină*.

Diplomatische Vertretungen

Die Botschaften Moldaus in Deutschland, Österreich und der Schweiz erteilen Visa und geben Auskünfte über Einreise- und Einfuhrbestimmungen.

In D/A/CH

- **Botschaft der Republik Moldau**
  - Gotlandstr. 16, 10439 **Berlin,** Tel. 030-44 65 29 70, Fax 030-44 65 29 72
  - Löwengasse 47/10, 1030 **Wien,** Tel. 01-961 10 30, Fax 961 10 30 34
  - 28, Chemin du Petit Saconnex, 1209 **Genf,** Tel. 022-733 91 03, Fax 022-733 91 04

In der Republik Moldau

Wird der Pass oder Personalausweis im Ausland gestohlen, ist dies bei der örtlichen Polizei zu melden. Darüber hinaus sollte man sich an die nächste diplomatische Auslandsvertretung seines Landes wenden, damit man einen Ersatz-Reiseausweis zur Rückkehr ausgestellt bekommt (ohne kommt man nicht an Bord eines Flugzeuges!).

Auch in dringenden **Notfällen,** z.B. medizinischer oder rechtlicher Art, bei der Vermisstensuche, Hilfe bei Todesfällen, Häftlingsbetreuung o.Ä. sind die Auslandsvertretungen in Chişinău bemüht, vermittelnd zu helfen:

- **Deutschland:** siehe bei Chişinău.
- **Österreich:** Konsulat, Bulevard Ştefan cel Mare 131, Tel. (022) 200078 und 228668, Fax 224513.
- **Schweiz:** Swiss Cooperation Office SDC, Str. Mateevici 23, Bl. B, Tel. (022) 731833.

Ein-/Ausreisebestimmungen

Deutsche, Österreicher und Schweizer erhalten gegen Vorlage des Passes einen bunten **Einreisestempel** am Flughafen oder an den internationalen Grenzen (ohne Einladung oder Lichtbild). Soll der Aufenthalt 30 Tage überschreiten, reicht ein Besuch beim Außenministerium zwecks Verlängerung um weitere 90 Tage.

Zur **Einreise nach Transnistrien** siehe bei Tiraspol.

Bei **Devisen** von mehr als 1000 Euro und vor allem, wenn der Reisende mehr als diese Geldmenge wieder aus dem Land ausführen möchte, sollte eine Devisendeklaration ausgestellt werden. Bei geringeren Bargeldbeständen (die wegen der funktionierenden Kreditkarten- und Maestro-Automaten in aller Regel reichen) ist dies nicht nötig.

Was die Rückreise nach Deutschland, Österreich und in die Schweiz betrifft bzw. was man in diese Länder einführen darf, siehe „Zollbestimmun-

Hinweis: Da sich die **Einreisebedingungen kurzfristig ändern** können, raten wir, sich kurz vor Abreise beim Auswärtigen Amt (www.auswaertiges-amt.de bzw. www.bmeia.gv.at oder www.dfae.admin.ch) oder der jeweiligen Botschaft zu informieren.

mol716 Foto: hgs

gen“ bei den praktischen Tipps zu Rumänien.

Elektrizität

Es gilt **220 Volt/50 Hz.** Die Steckdosen haben meist etwas feinere Löcher, zu dicke Anschlüsse sollten mit einem Adapter überbrückt werden.

Essen und Trinken

Moldauer essen zum **Frühstück** Brot, Butter, Wurst und Käse, dazu gibt es Kaffee oder Tee. Das **Mittagessen** beinhaltet oft eine Suppe, danach Krautwickel oder ein Kotelett.

Moldauische Küche ist weniger grün (Salat), dafür oft aufwendig zubereitet und in mehreren Gängen serviert, etwas deftig (z.B. Wurstsuppe/*Solianka* oder eingelegter Fisch) und manchmal mit Knoblauch versehen.

Wer einer privaten **Einladung** folgt, muss viel essen und trinken. Will man das nicht, kann man zwar darauf hinweisen, wird sich aber dennoch kaum erwehren können.

Die **Gastronomie** ist durchaus vielfältig (siehe Exkurs „Themengastronomie“), Snacks sind selten warm. „Fast Food“ gibt es nur als *Butterbrot* (das heißt auch so) oder *Plăcintă* (Blätterteigrollen mit Kohl = *Varză,* Kartoffeln = *Cartofi* oder Apfel = *Mere*).

Typische moldauische **Gerichte** sind auch in Rumänien bekannt, z.B. *Sărmăle* (kleine Krautwickel), *Mămăligă* (Maisbrei à la Polenta), *Mititei* (Grillröllchen aus Gehacktem), hinzu kommen slawische Köstlichkeiten (Schaschlik, *Blini* = Crêpes, *Icre* = Kaviar).

Feiertage (wichtige)

- **1. Januar:** Neujahr
- **7. Januar:** Weihnachten
- **8. März:** Internationaler Tag der Frau
- **1 bis 6 Wochen nach der katholischen Osterzeit** (ganz selten gleichzeitig): orthodoxes Ostern
- **1. Mai:** Internationaler Tag der Arbeit
- **9. Mai:** Tag zu Ehren der Gefallenen im Kampf gegen den Faschismus
- **27. August:** Tag der Unabhängigkeit
- **31. August:** Tag der eigenen Sprache

Geld

Währung ist der **Leu** (Mehrzahl Lei), namensgleich mit der rumänischen Währung, traditionell aber stabiler. 15 Lei entsprechen etwa 1 Euro. An vielen Straßenecken, vor allem im

Themengastronomie

Moldaus Gastronomie ist nicht nur kulinarisch sehr variantenreich, sondern findet noch dazu oft in einem fantasievollen Ambiente statt. Die Speisenvielfalt reicht vom mit Gemüse gefüllten Stör bis zu Walnuss-Petersilie-Champignon-Salat. Die Gerichte werden in hygienisch einwandfreien Küchen von gut ausgebildetem, staatlich überwachtem Personal zubereitet. Die Preise sind sehr günstig, für eine üppige Hauptmahlzeit mit Salat und Beilage zahlt man zwischen 35 und 180 Lei. Wirklich erstaunlich ist aber die Themengastronomie vieler Restaurants, Bars und Discos. In Chişinău gibt es Restaurants mit Karibikflair, solche, die das alte Russland zelebrieren, oder Lokale, die einer Gemäldegalerie gleichen. In Cafés werden die Themen Luftfahrt, Zitrone, Frankreich oder Kaffeebohne gestalterisch und kulinarisch umgesetzt. Diskotheken verweisen mit ihrem Interieur auf StarTrek, Streitkräfte, Lateinamerika, Soho und den ominösen schwarzen Elephanten. Die Themengastronomie in Moldau ist mehr als nur Titel und Dekoration. Sie umfasst eine konsequent durchgestylte Speisekarte, uniformiertes bzw. kostümiertes Bedienpersonal und viele Details (von der Live-Musik über Showeinlagen bis zu Form und Präsentation von Angeboten und Rechnung).

Unser Tipp für einen „Thementag" in der Hauptstadt (zu den genannten Lokalitäten siehe „Essen und Trinken" bei Chişinău): Nach einem kulturellen Vormittag z.B. im Ethnographischen oder Historischen Museum könnte das Mittagessen im **Baracuda** eingenommen werden, einem Fischrestaurant in einem Keller in der Puşkin-Straße. Danach führt ein Spaziergang die Puşkin-Straße hoch, dann schräg rechts an der Kathdrale vorbei diagonal über den Ştefan-Vodă-Park zum Monument *Stefans des Großen*, geradeaus weiter und auf der Str. 31. August 1989 wieder links: Nach 100 m liegt rechts das **Café Delice D'Anges** mit Köstlichkeiten aus einer echt französischen Confiserie. Daneben lockt das **Panipit Museum Café** mit einem beschirmten Hof, ideal auch als Kontakthof für kultuvierte Singles. Im Panipit sind der Shopski-Salat (Tomaten, Gurken, geraspelter Schafskäse aus nationaler Produktion) oder eine Solyanka (Wurst-Gemüse-Suppe) ein idealer und preiswerter Snack zwischendurch. Nach weiteren Erkundungen im vis-à-vis gelegenen Regierungsviertel oder im Metro-Park laden **Coffee House** (3. Etage des Kaufhauses Sun City) und – noch besser – **Aero Club** (in der Passage von Sun City über die Puşkin-Straße, Zutritt über Sun City im 2. OG sehr versteckt zwischen den Fachläden) zu einem gepflegten Speiseeis oder Cocktail ein.

Für den Abend empfehlen wir dann **Petru I** (sprich: Petru Üntüi; Taxi nach Rişcani) mit Crêpes und Kaviar (auf Rumänisch: *Clatita cu icre roşi*), traditionelles Brotbier wird sowieso gereicht. Danach geht es noch auf einen Absacker in den **Military Pub,** möglichst nicht zu früh (ab 21 Uhr); für den kleinen Hunger empfehlen sich die unvergleichlichen Chicken Wings, dazu eins der vielen Biere (das russische Baltica ist immer gut gekühlt) und ein Rundgang durch die Deko zwischen Panzern und MGs. Wohl bekomm's für Augen, Magen und Leber!

Zentrum der Hauptstadt, gibt es **Geldautomaten,** die sowohl Kredit- (VISA, Mastercard) als auch Maestro-/EC-Karten akzeptieren.

Bargeld wird in allen Wechselstuben und sogar an der Landesgrenze bzw. am Flughafen zu marktüblichen Kursen getauscht.

Hotels in kleineren Städten kosten ab ca. 200 Lei, in Chişinău beginnen die Preise ab ca. 900 Lei. **Mahlzeiten** sind schon für 35–55 Lei reichhaltig, die **Transportkosten** sind mit ca. 30 Lei pro 100 km extrem niedrig. Die **Eintrittspreise** von Museen und Konzerten liegen bei 10–36 Lei, solche von Discos und für Jazzkonzerte bei 35–110 Lei.

„Überleben" kann der Reisende in Moldau schon für 300 Lei am Tag, eine kultivierte Städte- und Studienreise erfordert ein Budget ab 1500 Lei pro Person und Tag.

Informationen

Fremdenverkehrsamt

In Deutschland, Österreich und der Schweiz gibt es keine Fremdenverkehrsämter für Moldau, aber man kann sich direkt an das **Ministerium für Kultur und Tourismus** wenden, das auch eine informative Website unterhält (www.turism.md, auch auf Englisch):

- **Ministeriul de Cultura şi Turism,** Piaţa Marii Adunări 1, MD-2033 Chişinău, Tel. (022) 227620, Fax 232388, promo@turism.md.

Das Land im Internet

- Moldaus Selbstdarstellung erfolgt auf den Seiten von **Regierung (www.moldova.md)** und **Tourismusministerium (www.turism.md),** die beide wegen der zutreffenden, wenn auch nicht immer touristischen Tipps gut brauchbar sind.
- Die **Kunstgalerien und -museen** werden auf der Internetseite **www.muzee.art.md** beschrieben.
- Neueste **Nachrichten** einer Presseagentur bietet **www.basa.md.**

Die folgenden **Webseiten** sind ebenfalls hilfreich:

- **www.parliament.md**
Infos zum Parlament in Moldau.
- **www.statistica.md**
Aktuelle Statistiken zu allen Lebensbereichen in der Republik Moldau.
- **www.fmf.md**
Alle Infos rund um Fußball in Moldau.
- **www.chisinau.md**
Offizielle Website der Stadt Chişinău.
- **www.bnm.md**
Informationen zu den wichtigsten Aktivitäten der Nationalbank, der Wirtschaftspolitik und zum Wechselkurs.
- **www.de-mo-g.de**
Deutsch-Moldauische Gesellschaft mit Sitz in München.
- **kulturvereinmoldova@yahoo.de**
Herr *Pawluk* informiert über Kulturveranstaltungen in Hessen.

Internetcafés

Internetcafés gibt es **in allen Städten** und sogar in manchem Dorf. Das Surfen kostet etwa 9 Lei pro Stunde, die Cafés sind in der Regel gut ausgerüstet. Das kompetente und hilfreiche Personal spricht manchmal sogar englisch, Drucker und Tipps zur Datenübertragung werden gern zur Verfügung gestellt.

Kleidung

Der moldauische Kleidungsstil ist eher formell und nicht so „bunt" wie in Mitteleuropa. Elegante, strenge Kleidung liegt im Trend, aber natürlich auch Streetwear, wie sie weltweit angesagt ist. Wichtig ist atmungsaktive Kleidung im heißen Sommer. Für den Winter empfiehlt sich festes Schuhwerk mit griffigem Profil, keine Halbschuhe, vor allem keine Ledersohlen. Wollpullover und gefütterter Mantel, gerne auch eine warme Mütze, sind überlebenswichtig, teilweise sogar in Gebäuden.

Klima und Reisezeit

Herbst und Winter sind schneereich und kalt, im **Sommer** ist es trocken und heiß.

Die beste **Reisezeit** für kulturell Interessierte ist März bis Mai sowie der September, da zu diesem Zeitpunkt die Kulturhäuser viel bieten, die Außentemperaturen gemäßigt sind und keine Ferienlöcher drohen.

Klöster

Die Klöster Moldaus sind christliche Glaubensstätten und wertvolle Architekturdenkmäler, sie waren wichtige Zentren der mittelalterlichen Kultur oder sogar Festungen des Widerstands und des Gebets für die Zivilbevölkerung in Zeiten der Überfälle durch Türken und Tataren. Heute können in der Republik Moldau 40 Klöster besucht werden.

Jedes Kloster ist für die Gläubigen das ganze Jahr offen, die meisten bieten auch **Übernachtungsmöglichkeiten** in eigenen Räumen oder sogar in kleinen Hotels auf dem Klostergelände. Die Gäste können die einzigartige **Klostergastronomie** mit ihrer uralten Tradition genießen. Christen, die zu Besuch kommen, bringen in der Regel Lebensmittel mit (Mehl, Zucker, Öl). Erfahrene Guides sprechen rumänisch und russisch, selten auch englisch oder französisch.

Die Klöster liegen in malerischen Regionen **relativ isoliert,** neben Quellen, inmitten der Natur, aber in der Nähe von Dörfern. Es gibt in einigen Fällen eine Mikrobusverbindung aus dem jeweiligen Dorf, oder Sie können per Anhalter anreisen.

Nach den **Zerstörungen** in der Sowjetzeit hatten und haben viele Klöster Reparaturen nötig. Einige wurden wiederaufgebaut, meistens mit Unterstützung der Bevölkerung, andere werden zurzeit saniert.

Die Klöster werden unterschieden in Klöster und Kleinklöster mit Ordensbrüdern und solche mit Nonnen. Erbaut wurden sie in einem Zeitraum vom 10. bis 20. Jahrhundert. Von den 40 Klöstern Moldaus seien an dieser Stelle acht exemplarisch vorgestellt.

Kloster Căpriana

Căpriana, **eines der ältesten Klöster Moldaus,** liegt 40 km nordwestlich von Chişinău und 13 km vom Bezirk Străşeni entfernt; ein sagenumwobenes **nationales Symbol,** erbaut während der Herrschaft von *Alexander dem Guten, Stefan dem Großen und Heiligen* und *Alexander Lăpuşneanu* und eingeweiht im Jahre 1429.

Das Kloster hat **drei Kirchen,** „Adormirea Maicii Domnului“ (1429–1545), „Sfântul Nicolae“ (1840) und „Sfântul

Gheorghe" (1903), sowie ein Haus und Quartiere.

1962 wurde das Kloster geschlossen, teilweise zerstört oder anderweitig genutzt. 1989 wiedereröffnet, gilt das Kloster als Symbol der nationalen Wiedergeburt.

Hier ist Mitropolit *Gavriil Bănulescu-Bodoni* begraben (Oberhaupt der moldauisch-orthodoxen Kirche von 1812–1821), Touristen können die legendäre „Eiche des Stefan" bewundern (laut Überlieferungen zog sich der Fürst nach schwerem Kampf hierher zurück).

In der Nähe von Căpriana liegt das **Kloster Condrița,** 15 km von Strășeni und 25 km von Chișinău entfernt.

- **Anreise** mit dem Mikrobus aus Chișinău, Haltestelle Kreuzung Calea Ieșilor und Iablocikin (Orientierung Topaz-Werk, nach dem Kentford-Gebäude). Tägliche Fahrten 7–19 Uhr, Preis ca. 25 Lei.
- **Kloster Căpriana,** Bezirk Strășeni, Tel. (0237) 22365, 68321, Fax (0237) 26043, mobil 69292054.

Kloster Hîncu

Das **Nonnenkloster** Hîncu befindet sich 60 km westlich von Chișinău und 25 km von Nisporeni entfernt. Um das Jahr 1678 von *Mihai Hîncu* erbaut, von den Tataren öfters überfallen, erblühte das Kloster ab dem 18. Jahrhundert. 1835 und 1841 wurden zwei weitere Kirchen, „Cuvioasa Parascheva" und „Adormirea Maicii Domnului", eingeweiht.

Im Jahr 1956 geschlossen, fand erst 1990 die Wiedereröffnung statt. Heute ist das Kloster eines der meistbesuchten in Moldau. Auf dem Klostergelände gibt es ein **Hotel** für die Besucher, eine Reservierung ist nicht notwendig (Nr. 1/EZ ca. 13 Lei, Nr. 2/DZ ca. 25 Lei; Frühstück, Mittag- und Abendessen kostenlos, WC nicht im Zimmer).

Zwei englischkundige Nonnen können Sie durch das Klostergelände führen. Es gibt auch eine kleine **Näherei,** in der traditionelle Tischtücher und Teppiche angeboten werden. Sie können das **Klostermuseum** und auch einige heilbringende **Quellen** besichtigen. Auf und um den Teich des Klosters können Schwäne und Wildenten und auch Rehe beobachtet werden. Das Kloster verkauft das eigene Mineralwasser „Kloster Hîncu" für 3,50 Lei pro 1,5 Liter, Weihwasser, Himbeerkonfitüre, Honig und Wein.

Das Kloster kann täglich besucht werden, ein symbolisches Eintrittsgeld sollte entrichtet werden.

- **Anreise** mit dem Mikrobus aus Chișinău („Kloster Hîncu" ausgeschildert). Abfahrt ist um 10.30 und 15.30 Uhr, Haltestelle an der Kreuzung Mitropolit Varlaam Str. 58 și Bulgară Str., Tickets (38 Lei) können am Busbahnhof erworben werden (Str. Mitropolit Varlaam 58 in der Nähe der Moldtelecom-Zentrale).
- **Kloster Hîncu,** Dorf Bursuc, Bezirk Nisporeni, Tel. (0264) 23881, 66249.

Kloster Țîpova

100 km von Chișinău und 42 km von Rezina enfernt befindet sich das Kloster Țîpova, auf dem steilen Fels des Nistru-Ufers erbaut. **Eines der ältesten Klöster Südosteuropas,** wurden die ersten Gebäude zwischen dem 10. und 12. Jahrhundert errichtet. Vom

Kloster kann man die Ruinen einer alten Stadt der Getodaken aus dem 3. und 4. Jahrhundert v.Chr. betrachten. Neben dem Kloster gibt es zahlreiche kleine **Wasserfälle** (10–15 m) des Ţîpova, der im Nistru mündet.

Das Kloster wurde 1949 geschlossen und 1994 wiederöffnet.

Das Kloster ist **sagenumwoben:** Man behauptet, dass eine weiß gekleidete Frau in Erscheinung trete, angeblich ist es *Maria Voichiţa,* die vierte Frau des Fürsten *Stefan.* Andere behaupten, dass dieses Phantom *Maruşca,* die erste Frau des *Stefan,* sei, die aus der Gegend stammte. Eine andere Legende behauptet, dass der altgriechische Dichter *Orpheus* hier begraben sei.

Die bildschönen Ansichten des **Naturparks Ţîpova** können täglich bewundert werden. Für die Felswanderung sind Sportschuhe notwendig.

- **Anreise:** Wenn Sie nicht im Hanul lui Hanganu übernachten (im Dorf Lalova gelegen, von hier aus können Sie mit der Kutsche nach Ţîpova reisen), ist es gut zu wissen, dass kein öffentlicher Transport zum Kloster vorhanden ist. Mit etwas Glück geht es per Anhalter (Straße nach Lalova, auf der Strecke Orhei – Rezina gibt es eine Abzweigung in Richtung Kloster; die Straße ist nicht asphaltiert). Ein Ticket kostet 38 Lei.
- **Kloster Ţîpova,** Bezirk Rezina, Tel. (0254) 75259, mobil 69436768.

Ikonenaltar

Kloster Hîrjauca

Umgeben von Wäldern liegt dieses Kloster 70 km nordwestlich von Chişinău. Über 100 Jahre war es der Sommersitz des moldauischen Mitropoliten. 1740 erbaut, war das Kloster zunächst Fluchtstätte vor den tatarischen Überfällen. Ab dem 19. Jahrhundert wurden zwei weitere Kirchen errichtet: „Înălţarea Domnului" und später „Sfântul Spiridon".

Das Kloster wurde 1962 geschlossen und 1993 wiedereröffnet. Touristen können in den Quartieren des Ordens **übernachten.** Der Preis ist symbolisch. Das Kloster ist täglich für Besucher geöffnet.

Herrliche Naturlandschaften und zahlreiche **Heilquellen,** allen voran die Jugendquelle „Izvorul Tinereţii", machen einen Besuch besonders attraktiv. Viele Besucher lassen sich gleichzeitig im **„Codru"-Sanatorium** von Hîrjauca behandeln.

- **Anreise:** Das Dorf Hîrjauca ist mit dem Mikrobus zu erreichen, täglich 13.40 Uhr, ab Busbahnhof Chişinău, Mitropolit Varlaam Str. 58. Ein Ticket kostet 40 Lei.
- **Kloster Hîrjauca,** Bezirk Călăraşi, Tel. (0244) 72291, mobil 69182406.

Kloster Japca

Das Kloster Japca liegt 160 km nördlich von Chişinău. Im 17. Jahrhundert erbaut, blieb Japca als einziges Kloster Moldaus auch während der Sowjetzeit offen. Der Mönch *Teodosie* begann 1770 den Bau der Kirche „Înălţarea Sfintei Cruci", weitere Kirchen kamen hinzu, 1825 „Înălţarea Domnului" und später „Schimbarea la Faţă".

Auf dem felsigen Ufer des Nistru erbaut, von Wäldern umgeben, ist das Kloster täglich für Besucher geöffnet.

Touristen finden auch andere **Sehenswürdigkeiten** in der Region, darunter das geo-paläontologische Denkmal „Stînca Japca", die Naturparks Raşcov und Valea Adînca oder die Festungen Socola und Raşcov.

- **Anreise** nach Japca ab Gara de Nord (Nordbahnhof Chişinău) mit dem Mikrobus, genau genommen ab Calea Moşilor 2/1 neben dem Markt „Calea Basarabiei", 15.15 Uhr, jeweils Mo., Fr. und So. Ein Ticket kostet 58 Lei.
- **Kloster Japca,** Bezirk Floreşti, Tel. (0230) 66259.

Kloster Noul-Neamţ

Das Kloster Noul-Neamţ befindet sich im Dorf Chiţcani 80 km von Chişinău entfernt in der Nähe von Tighina (Bender) und Tiraspol. Die Gründung von Noul-Neamţ (Neu-Neamt) hängt direkt mit der Säkularisierung des Neamţ-Klosters Mitte des 19. Jahrhunderts zusammen, und zwar neben Piatra Neamţ im heutigen Rumänien. Damals beschlossen einige Mönche, am Nistru das neue Noul-Neamţ zu gründen, und zwar auf dem Gelände der 1830 erbauten Kirche Sfântul Nicolae.

Im Kloster kann man die heilbringende Ikone „Noul-Neamţ" der Muttergottes bewundern. Zwischen 1885 und 1893 wurden auf dem Klostergelände die Bibliothek und das Krankenhaus erbaut, 1902–1905 die Kirche „Adormirii" und 1913/14 der **Glockenturm,** mit 70 m der höchste im Land.

Nach der Blüte im 19. Jahrhundert als bedeutendes Kulturzentrum (mit

Gymnasium und Druckerei) kam der Zerfall und schließlich das Aus 1962. 1990 wurde das Kloster aber wiedereröffnet, mit Priesterseminar, einer eindrucksvollen Bibliothek und einem **Museum,** wo man alte Bücher, Münzen, Kruzifixe u.v.m. bewundern kann.

- **Anreise:** Um das Kloster zu besuchen, begibt man sich zunächst in die transnistrische Hauptstadt Tiraspol. Dorthin fährt wiederum der Mikrobus/Rutiera vom zentralen Busbahnhof in Chişinău, Mitropolit Varlaam Str. 58, viele Male täglich zwischen 6:30 und 19:30 Uhr. Der Ausstieg erfolgt am Hauptmarkt in Tiraspol, gegenüber dem Suvorov-Denkmal „Suvorov pe cal" (der gleichnamige General hoch zu Ross); im Stadtzentrum findet man auch eine Bushaltestelle bei der Brücke. Direktverbindung von hier zum Kloster. Auf dem Weg werden Sie den Kontrollposten der selbst ernannten „Republik Transnistrien" passieren, der Pass wird kontrolliert, und eine Gebühr von ca. 9 Lei muss entrichtet werden. Bewahren Sie unbedingt die Quittung für den Rückweg auf! Das Filmen oder Fotografieren des Kontrollpostens ist untersagt! Ein Ticket kostet 60 Lei.
- **Kloster Noul Neamţ,** Dorf Chiţcani, Bezirk Slobozia, Tel. (0233) 65540, 19196, mobil 69155271.

Kloster Rudi

200 km nördlich von Chişinău, neben dem Dorf Rudi, im **Nationalpark Rudi-Arioneşti,** befindet sich das Kloster Rudi.

Die Klosterkirche „Sfânta Treime" ist im traditionell moldauischen Stil 1777 erbaut und 1921 zum Denkmal erklärt worden. Nach einer fast 50-jährigen Schließung wurde die Wiedereröffnung des Klosters 1992 gefeiert.

Das Kloster kann täglich besucht werden. Dabei kann man auch die mittelalterliche **Festung „Farfuria Turcului"** in Augenschein nehmen. Die Landschaften um das Kloster an den Ufern des Nistru sind außergewöhnlich schön (seltene Pflanzen, Höhlen, Heilquellen u.v.m.).

- **Anreise:** Es gibt eine Direktverbindung aus der Hauptstadt, Chişinău - Rudi, 14.35 und 15.20 Uhr, oder mit dem Mikrobus von Chişinău nach Otaci (fährt durch Rudi) um 7.45 Uhr vom Nordbahnhof Calea Moşilor 2/1 (neben dem Markt „Calea Basarabiei"). Tel. Nordbahnhof (022) 411338. Ein Ticket kostet 75 Lei.

Kloster Saharna

Das Kloster „Sfânta Treime" in Saharna befindet sich am rechten Nistru-Ufer direkt bei **Rezina,** 110 km nördlich von Chişinău und 45 km von Orhei entfernt.

1776 eingeweiht und 1964 geschlossen, wurde das Kloster 1991 wiedereröffnet. Der Klosterkomplex besteht aus den Kirchen „Sfânta Treime" (1821), Winterkirche (1863), Kleinkirche (12. bis 15. Jahrhundert) und Quartieren. Im Kloster findet man eine heilbrigende Ikone und die Gebeine des *hl. Macarie.*

Das Gelände und der geschützte **Naturpark** haben eine Fläche von 670 Hektar, das Kloster selbst befindet sich zwischen drei Tälern neben dem Saharna-Fluss mit 22 Wasserfällen.

Besuch ist täglich willkommen, eine **Übernachtung** zum symbolischen Preis möglich.

Zwei **Festungen** aus dem 3. bis 4. Jahrhundert v.Chr. sowie weitere archäologische Fundstellen aus dem 6. bis 10. Jahrhundert v.Chr. können ebenfalls besucht werden.

- **Anreise:** vgl. Ortskapitel zu Rezina. Ein Ticket kostet 48 Lei.
- **Kloster „Sfânta Treime",** Dorf Saharna, Bezirk Rezina, Tel. (0254) 23634, mobil 69144802.

Mit Kindern unterwegs

Windeln und spezielle Kindernahrung sind in jedem modernen Supermarkt und in mancher Apotheke erhältlich. Bei Ausflügen aufs Land sollte man sich einen Vorrat zulegen.

Für Kinder gibt es viel zu tun. Die Museen sind sehr anschaulich. Die Parks geben viel Freiraum, Hundekot liegt zumindest nicht auf den Wegen. Der Zirkus in der Hauptstadt und verschiedene Puppentheater sind speziell für Kinder gemacht, nicht allerdings in der langen Sommerpause im Juli und August.

Besondere Freizeiteinrichtungen für Kinder in der Hauptstadt

- **Baby Hall,** Unterhaltung, Gastronomie und Einkaufsläden für Eltern und Kind, Str. Negruzzi 2/4, Tel. (022) 260078.
- **Kindermarionettentheater Licurici,** Bucuresti 68, Tel. (022) 244725.
- **Zoologischer Garten,** bescheiden, aber nett: im Stadtteil Botanica, Bulevard Dacia 50/7, Tel. (022) 763733.
- **Aventura Park,** eine Art Kirmes im Stadtteil Buiucani, Str. Ghioceilor 1, Tel. (022) 719965.

Medizinische Versorgung

Moldauische **Krankenhäuser** sind einfach ausgestattet, aber das Personal ist generell professionell und verantwortungsbewusst, meist spricht auch irgendjemand englisch. Wenn keine Rezeption sichtbar ist, einfach freundlich und direkt bei einem Arzt vorsprechen. Bei den Ortsbeschreibungen im Buch sind die Telefonnummern der Krankenhäuser genannt.

Bei Anruf unter der **Notrufnummer 903** kommt ein **Krankenwagen,** den man dann bar bezahlen kann.

Nachtleben

Das Nachtleben ist nicht auf einen Stadtteil begrenzt. **Bars und Diskotheken** befinden sich in den Innenstädten oder in Ausnahmefällen außerhalb. Es dominiert die Themengastronomie. Discos sind hochprofessionell eingerichtet. Ein Rotlichtviertel gibt es nicht.

Notfälle

Landesweite **Notrufnummern** sind:

- **Feuerwehr:** Tel. 901.
- **Polizei:** Tel. 902.
- **Krankenwagen/Rettungsdienst:** Tel. 903.
- **Gasunfälle:** Tel. 904.

Siehe auch „Diplomatische Vertretungen".

Öffnungszeiten

Ämter sind von 8–16 Uhr, **Museen** meist von 9–17 Uhr geöffnet. Die **Post** ist von 8–19 Uhr (Ausnahmen werden in den Ortskapiteln genannt) an allen Tagen geöffnet.

Banken öffnen werktags von 9–16 Uhr, einige wenige zusätzlich am Samstag von 10–15 Uhr.

Theater Vasile Alecsandri in Bălți

Lebensmittelläden und Apotheken sind von 8–20 Uhr geöffnet, Fachgeschäfte, z.B. für Sportartikel, Souvenirs oder Kleidung, von 9–18 Uhr.

„Nonstop" oder **„24"** ist das Synonym für durchgehend geöffnet und gilt für manche Supermärkte und Apotheken in Chişinău oder an den Überlandstraßen.

Orientierung und Adressen

Am Anfang der **Straße** wird deren Kategorie genannt, z.B. *Strada, Bulevard,* dann deren Name und dann die betreffende Hausnummer. Bei Straßen mit numerischen Namen wie 31. August 1989 kann das verwirren, z.B. 31. August 1989 33 ist das Haus 33 auf der genannten Straße.

Straßen lassen sich anhand der Beschilderung (in großen Städten) und dank freundlicher Passanten finden. **Hausnummern** privater Häuser sind in (kleinen) Städten gut zu identifizieren, in Dörfern besser zu erfragen.

Ein Problem ist die Suche von **Adressen in Hochhäusern** und Herrschaftshäusern der Gründerjahre, die nicht selten sind. Dort gilt eine Hausnummer für große Komplexe, in deren Keller oder Hinterhof sich noch ganze Wohnsilos verbergen können. Hier sollte man die verabredete Person an einem Orientierungspunkt treffen.

Adressen der Kooperative **Adresa** (die Wohnungen vermietet) sind zum Teil ein gutes Beispiel für die mitunter schwierige Suche nach einer Anschrift. Wenn Sie zu Ihrer angemiete-

mol725 Foto: hgs

Mafia und Vetternwirtschaft

Neben dem Terrorismus sind mafiose Organisationen und ihre Taten die schwierigste und bedeutendste Form von Kriminalität. Weltweit sind Mafiagruppen in den Schmuggel von Drogen und Zigaretten, in den Handel mit Frauen, Organen und Kindern und vielfältige weitere Operationsgebiete involviert, in Italien, dem Mutterland der historischen Mafia, auch in Wirtschaft und Bürokratie.

In Moldau zeigen sich die Facetten der Mafia, im Guten wie im Bösen. Kein Land zeichnet sich so durch das Vertrauen auf Freundschaft und Loyalität aus und stellt damit offizielle, formelle Institutionen in den Schatten. Diese als Vetternwirtschaft oder Nepotismus bezeichnete Mentalität und Arbeitsweise betrifft alle. Harmlos?

Nepotismus und Mafia sind nicht zu vergleichen. Länder wie Malta oder Montenegro funktionieren zutiefst nepotisch, nicht aber mafios. Insofern sind die Moldauer mit ihrer netten, freundschaftlichen Art nepotisch, nicht aber automatisch schon mafios. Und doch bietet das kleine Land eine hervorragende Einführung in Formen der Mafia: Da sind die vielen privaten Schutzdienste, die an schwarzer Kleidung, Bodybuilder-Körpern und kurz geschorenen Haaren zu erkennen sind. Sie benutzen große, schwarze Autos mit verspiegelten Scheiben, schauen stets ernst und wichtig, haben gepflegte Umgangsformen und um sich herum manchmal attraktive Frauen. Da sind die ausdifferenzierten Polizeieinheiten, eine Truppe für Sondereinsätze, eine Antiterrorismus-Gruppe, eine für die Drogenbekämpfung, eine Sondereinheit gegen organisierte Kriminalität. Wer in den Fitnesscentern Chişinăus verkehrt, sieht die Herren der Schutzdienste und der Polizei gemeinsam trainieren.

In Form von **Transnistrien** gibt es schließlich einen ganzen Staat, der Mafiastrukturen aufweist: von niemandem anerkannt und selbst ernannt; hochverbindlich, weil er den Bürgern nicht die Wahl lässt; und nicht legal, weil er keine legitimierten Gesetze kennt. Konkret nutzt die Familie des „Präsidenten" die zwölf größten Unternehmen des Landes, um ihren Separatismus zu finanzieren; mit der Sherif-Gruppe wurde ein potentes Wirtschaftsimperium aufgebaut, dessen Umsatz den Staatshaushalt des Mutterlandes Moldau überflügelt.

Nach dem Zusammenbruch der Sowjetunion war die Bevölkerung gespalten in obrigkeitshörige Bürger und gierige Neureiche. Der Zugang zu Machtstellen und Informationsquellen war nur wenigen vergönnt und wurde – in einer Zeit des Umbruchs und der Ungewissheit – von dieser Minderheit zum eigenen Vorteil genutzt. **Armut und Not** vor allem der ländlichen Bevölkerung führten zu schlimmen Auswüchsen: Kinder wurden (allzu) früh in die Erwerbstätigkeit geschickt, was häufig in der Prostitution endete. Auch wurden Kinder aus durchaus nachvollziehbaren Motiven zur Adoption freigegeben, um dann aber in prekären Verhältnissen zu enden oder gar durch die internationale Organmafia beispielsweise einer ihrer Nieren beraubt zu werden.

Inzwischen sind nur sehr spezifische Formen der organisierten Kriminalität geblieben, wie in den meisten Ländern der Welt. Und die massive Entsendung von Gastarbeitern hat zivilisierte Formen angenommen. 2010 richtete das Außenministerium Moldaus sogar eine globale Hotline für Auslandsmoldauer ein.

- **Literaturhinweis:** *Horst Eckert,* „Königsallee" (2007); satirische Erzählung über die dunklen Wege, auf denen transnistrische Oligarchen ihr vieles Geld durch Erwerb zentraler Immobilien in Düsseldorf waschen.

ten Wohnung wollen, lassen Sie sich begleiten, oder gehen Sie sicher, dass der Taxifahrer sich auskennt.

Wer eine Adresse in **Plattenbauten** finden will, sollte auch die Etage *(etajul)*, die Treppe *(scara)* und die Türe bzw. Wohnung wissen.

Post

Tarife: für einfache **Briefe** 5,30 Lei; der Preis für **Pakete** variiert je nach Gewicht und Beförderungsart (Landweg/Luftpost). Postlagerung für Ausländer ist nicht möglich. Deutschland heißt auf Rumänisch *Germania*. Ein Brief benötigt ungefähr eine Woche. Auch Pakete kommen in der Regel sicher an.

Radfahren

Ein **Fahrradverleih** ist **unbekannt.** Der erste Radweg, ganze 300 m lang, verläuft in Chişinău an der Str. Ciuflea (Ecke Bd. Ştefan cel Mare) gegenüber dem Hotel Naţional.

Sicherheit

In Moldau sind reisende **Ausländer relativ sicher.** Es sind keine gravierenden Vorkommnisse bekannt, weder im Bereich des Taschendiebstahls noch bezüglich Raub oder Betrug. Die einheimische Bevölkerung dagegen wird regelmäßig geschädigt von Räubern, die sich abends und nachts aus dunklen Ecken nähern, sowie durch Schutzgelderpresser und alle möglichen Banden, die es auf verwertbare Wertgegenstände abgesehen haben.

Die **Polizei** ist außerordentlich tatkräftig. In heiklen Situationen sollte sie benachrichtigt werden, eine problemlösende Intervention ist dann sicher.

Sport und Erholung

Sport in Moldau ist stets spezialisiert und findet **in Gruppen** statt. Sporttreibende in der Öffentlichkeit gibt es allenfalls in Form von Dauerläufern und – in jüngster Zeit – Radfahrern.

Die in Moldau populärsten **Sportarten** sind Fußball, Leichtathletik und Tanz. Schwimmen und Wellness sind vor allem in Chişinău gut möglich, ansonsten besteht in Anenii Noi die Gelegenheit zum Fallschirmspringen.

Weltniveau wird im **Formationstanz** erreicht (vgl. www.dancesport.md). Die Tanzschule Codreanca geht mit ihren Gruppen regelmäßig auf Welttournee (siehe Exkurs „Tanzsport in Chişinău"). Tanz als Jugendsport ist in Moldau so verbreitet wie Turnen in anderen Ländern.

Spektakulär ist die **Fallschirmschule** in Vadul-Lui-Voda, einem kleinen Ort am Nistru-Ufer nur 30 km östlich von Chişinău. *Serghei Zincenco* ist 23-facher moldauischer und dreifacher russischer Meister und bietet am Flugplatz des Ortes seriöse Dienste für Anfänger (80 Min. Einführung, ca. 360 Lei pro Sprung) und Fortgeschrittene (Lizenz und Krankenversicherungsnachweis nötig) an. Bei mehrtägigen Aufenthalten stehen einfache Lodges für 90–180 Lei pro Nacht zur Verfügung; Vorsicht: Moskitoplage (vgl. im Internet unter www.dropzone.md).

Schach in Moldau

1970 wurde der **Republikanische Club für Schach und Dame** gegründet. Die Vereinigung erreichte vor allem die Einführung des Schachspiels als Unterrichtseinheit in den Grundschulen. Dies hatte eine rapide Erweiterung der Nachwuchsbasis und damit die Stärkung des nationalen Schachs zur Folge.

Mit der 1991 erreichten staatlichen Unabhängigkeit stieß die nun selbstständig teilnehmende Republik Moldau in die höchsten Wettbewerbe vor.

1994 fand in Chişinău das erste weibliche Großmeisterturnier statt, 1995 das erste Zonen- sowie Interzonenturnier der Dameneinzelweltmeisterschaft, und seit 1997 finden jährliche Auswahlturniere der Großmeister in Moldau statt.

Ebenfalls 1997 wurde Chişinău Gastgeber des 68. FIDE-Kongresses (die FIDE ist die Weltschachvereinigung als Dachverband aller nationalen Schachbünde). 2005 richtete Moldau die Einzelmeisterschaft der Damen für Teilnehmerinnen aus 28 Ländern aus.

Aktuell befindet sich die Republik Moldau mit fünf internationalen Großmeistern auf Platz 38 der Weltrangliste der Länder.

An der moldauischen Spitze rangiert **Viorel Bologan,** der Platz 24 der Weltrangliste einnimmt und von der Gemeinschaft der Spieler zum besten nationalen Spieler 2005 gewählt wurde. Im selben Jahr gewann er zum zweiten Mal den Europameistertitel in Italien. In Deutschland hat *Bologan* 2003 das wichtige Dortmunder Schachturnier gewonnen, es gilt als das „Wimbledon des Schach". Dort bezwang *Bologan* den „Tiger von Madras", *Viswanathan Anand.* Ebenso gewann *Bologan* zweimal den Dresdner Porzellan-Pokal (2005 und 2006) und die Aeroflot Open (2003). *Bologan* konnte Siege über hochdekorierte Großmeister verbuchen, etwa *Anatoli Karpov* (Russland), *Peter Leko* (Ungarn), *Vaselin Topalov* (Bulgarien), *Vladimir Akopian* (Armenien) u.v.m. Sein autobiografischer Sportband „Nach und nach" wurde vom Weltmeister *Gari Kasparov* mit einem Vorwort versehen.

Interessierte Gastspieler können im Schachclub im Zentrum von Chişinău täglich von 11–17 Uhr mitspielen. Fragen Sie nach den Vorstandsmitgliedern *Tudor Scripcenco* oder *Ion Solonaru,* die selbst meisterlich spielen und mit etwas Glück Zeit für eine kleine Partie haben.

Zwecks Teilnahme an einem der Turniere nimmt der Generalsekretär *Tudor Scripcenco* Anträge per Mail (fskrip@company.md) entgegen oder unter den Telefonnummern (022) 237672, 237665, 234895. *Scripcenco* spricht recht gut englisch.

An den schönen, traditionellen Spielraum im Parterre des Gebäudes schließt sich das **Museum** des moldauischen Schachs an, wo Fotos, Diplome und Artikel seit den 1940er Jahren gesammelt wurden.

- Der **Schachclub** liegt im Zentrum von Chişinău an der Str. A. Şciusev 111 (Kreuzung mit der Str. S. Lazo), wo die Mikrobusse 104, 154, 115 vorbeifahren.
- **Kontakt in Deutschland:** Der Schachclub Königsspringer Alzenau hat Erfahrung mit moldauischen Trainern; wenden Sie sich per E-Mail an den Jugendleiter oder den Vorsitzenden zwecks Kooperationsideen und -hinweisen in Bezug auf Moldau (siehe www.schachclub-alzenau.de).

In der Hauptstadt befindet sich nahe des Zentrums (unterhalb des Bulevard Ştefan cel Mare an dessen Ende Richtung Westen) die **Eislaufhalle Ice Bravo,** Str. Mihai Viteaul 14 (neben der Pralinenfabrik Bucuria), eine funktionale und moderne Sporthalle mit Musik, Bar und Restaurant. Öffnungszeit: täglich 10–22 Uhr, Eintritt 65 Lei pro Stunde, Schuhe sind enthalten im Preis.

Sprache

Seit 1989 ist **Rumänisch** wieder Amtssprache, das Russische ist dennoch allgegenwärtig. Die in Moldau gesprochene Variante des Rumänischen wird **Moldauisch** genannt (*moldovenesc* oder *moldavski*), da sie zu Zeiten der Sowjetunion systematisch slawisiert wurde, wenn auch mit geringem Erfolg. Die Moldauer sind auf ihr Kauderwelsch stolz. Dies zeigt die populäre Musikgruppe *Zdob şi Zdup.*

In den großen Industriestädten Bălţi und Cahul und natürlich in Transnistrien wird russisch gesprochen. Manche **Russen** (kaum noch Ukrainer) wollen die Landessprache schlichtweg nicht erlernen (vor allem im Handel und der gehobenen Gastronomie).

Routenvorschläge

Moldau lässt sich **leicht und risikoarm bereisen.** Was die Reisedauer anbelangt: Schon zwei Tage können einerseits genug sein, eine Woche andererseits fast schon zu knapp. Das liegt an dem großen Kontrast zwischen der kulturell attraktiven Hauptstadt Chişinău und dem unerschlossenen ländlichen Raum.

Chişinău erfordert mindestens ein Wochenende, um alle wichtigen Highlights zu erleben. Wegen der ruhigen Atmosphäre und großzügigen Infrastruktur ist die Stadt für manche gar einen ganzen Urlaub wert.

Das **Umland** ist heterogen, facettenreich, überraschend. Aber es erfordert Entdeckergeist und Aufgeschlossenheit, denn Moldau ist auf Tourismus noch nicht eingestellt. Eine Fahrt in den Norden (Soroca – Bălţi oder Bălţi – Rezina/Ribniţa) sollte ebenso wie in den Süden (Cahul oder Tiraspol) als Tagesausflug angelegt sein, der frühmorgens beginnt. Oder es sollte ein Eintauchen in die Welt der Höhlenklöster und Bauernkultur sein, dann aber nicht unter drei Tagen. Hierzu eignet sich Orcheiul Vechi ideal, die Wiege der moldauischen Geschichte und Kultur.

Für einige **ausgewählte Themen** ist Moldau ein echter Geheimtipp. Dies liegt an der fachlichen Eignung der noch sowjetisch geprägten Moldauer, die erstklassige Expertisen bzw. Dienste zu fairen Preisen bieten:

- **Weinbau und Önologie** (unter ludwigweine@web.de werden Anfragen in deutscher Sprache bearbeitet).
- **Fitness, Wellness und Schönheit** (siehe Ortsbeschreibung Chişinău).
- **Tanz und Musik,** speziell Formationstanz (siehe Exkurs „Tanzsport in Chişinău“).
- **Medizinische Behandlung,** vor allem im Bereich der Zahnheilkunde; Heilbehandlungen in den Sanatorien von Cahul (siehe Ortsbeschreibung Cahul).

mol730 Foto: hgs

Telefonieren

Von Deutschland wählt man Moldau mit der **Vorwahl 00373** sowie der Ortsnetzkennzahl und der Teilnehmernummer an. Für Chişinău ist die **Ortsnetzkennzahl** die 22. Mobilnummern, die beispielsweise mit 69 beginnen, werden ohne Ortsnetzkennzahl direkt angehängt.

Flaniermeile
zwischen Plattenbauten (Bălţi)

Für **Ortsgespräche** in Moldau wird die Teilnehmernummer (in Chişinău sechsstellig, sonst fünfstellig) ohne Zusatz gewählt. **Ferngespräche** im Land werden unter Verwendung einer 0, der Ortsnetzkennzahl und der Teilnehmernummer vorgenommen.

Die Benutzung von **Telefonzellen** erfordert Spezialmünzen. Diese Münzen sind bei Moldtelecom zu kaufen. Unproblematisch ist die Verwendung von Festnetztelefonen für Ortsgespräche, die umsonst sind; daher sind z.B. Einzelhändler in dieser Hinsicht großzügig. Aufgeschlossene Taxifahrer leihen gegen ein Trinkgeld ihr Handy

Ein Wochenende in Moldau

Hier **zwei Kurztrip-Ideen** aus langjähriger Reiseerfahrung mit Moldau, die erste ganz schnell und urban für Erlebnishungrige, die zweite ganz entschleunigt rural für Abschalter:

• Chişinăus Kultur und Nachtleben

Freitag Hinflug mit Air Moldova ab Frankfurt, Unterbringung im 4-Sterne-Hotel Leogrand im Zentrum. Nach dem Check-In im Hotel per Taxi oder mit Reiseleitung in die legendären Weinkeller von Mileştii Mici, dort Verkostung und Snack. Abends in Chişinău Oper, Konzert oder Disco.

Am **Samstag** dann Spazier- und Rundgänge durch Parks und Museen. Ausflug nach Orheiul Vechi, Höhlenkloster, skurrile Landmenschen und ein Halt bei Safari, wo die Gravitation aussetzt. Nachmittags eine Cafétour (siehe Exkurs „Themengastronomie"), gutes Abendessen bei Petru I oder im Baracuda, danach auf die Piste: City Club, Military Pub und Drive oder umgekehrt.

Sonntag ist Ausschlafen angesagt, erst mittags dann Treffen mit den anderen oder neuen Freunden in irgendwelchen Cafés. Nachmittagstour nach Transnistrien (mit Reiseleiter) oder nach Vadul-lui-Voda zum Fallschirmspringen. Abends Fortsetzung der abgebrochenen Agenda des Samstags oder Ausklang.

Montag: Rückflug nach Frankfurt.

• Dorfleben und Höhlenkloster

Freitag Flug nach Chişinău mit Air Moldova ab Frankfurt, gleich anschließend Transfer mit Rutiera ins Zentrum und weiter mit dem Bus Richtung Orhei oder Bălţi, ab der Kreuzung nach Ivancea weiter mit einem Privat-Pkw nach Orheiul Vechi (siehe dort). Begrüßung und Erfrischung bei *Ludmila* oder *Valentina* im Hanul Orheiul Vechi, Tel. (022) 3556099 oder mobil 69282310. Spaziergang durch das Dorf.

Samstag: Wanderung zu Höhlenkloster und Kirche. Besuch des Anthropologischen Museums. Später Fahrt mit dem Privatauto von *Ludmila* zum Ethnographischen Museum in Ivancea. Dort auch Mittagessen.

Sonntag: Einfach mal rumhängen zwischen Hühnern und tiefsinnigen, zufriedenen Menschen. Wanderung querfeldein oder Besuch der Nachbarn – hier macht alles Spaß.

Montag: Früher Transfer zum Flughafen und Rückflug.

mol731 Foto: hgs

aus. Ebenso kann es mit etwas Glück bei nationalen Ferngesprächen gehen.

Das eigene **Mobiltelefon** lässt sich in Moldau problemlos nutzen, denn die meisten Mobilfunkgesellschaften haben Roamingverträge mit den moldauischen Gesellschaften Moldcell oder Orange (beide GSM 900 MHz). Für weitere Tipps zum mobil Telefonieren in Moldau siehe „Telefonieren" bei den praktischen Tipps zu Rumänien.

Toiletten

Toiletten sind in Moldau **unzumutbar:** Sitzen sollte der Bedürftige nur auf den eigenen Sohlen auf dem Trichterrand. Tipp: Stets „präventiv gehen" (im Hotel) und Toilettenpapier mitführen.

Uhrzeit

Es gilt **MEZ plus 1 Stunde.** Die Sommerzeit gilt wie in Deutschland von Ende März bis Ende Oktober.

Unterkunft

In Moldau stehen **Hotels,** Privatunterkünfte und die Chişinăuer Genossenschaft Adresa zur Verfügung. Die allermeisten Hotels sind traurige, außerhalb der Hauptstadt immerhin preiswerte Sowjetbauten mit überwiegend schlaffen Matratzen und dunklen Einrichtungen à la Gelsenkirchener Barock. Privathotels weisen wir in diesem Buch extra aus, so z.B. das Leogrand in Chişinău. Die einzige preiswerte Alternative in der Hauptstadt ist die Genossenschaft **Adresa,** die alle möglichen Wohnungen ab ca. 270 Lei pro Nacht vermietet (siehe Chişinău).

Auf dem Land gibt es einzelne **private Unterkünfte,** die aktuell von den Touristeninformationen empfohlen werden, sowie die in Orcheiul Vechi (vgl. Ortsbeschreibung) entstandene **Berherbergung durch Dorffamilien.** Diese Angebote im Rahmen des sog. Agrotourismus sind zuverlässig, sicher und herzlich, kurz: rundum gut.

- Aktueller Tipp: Über das **Weingut Mileştii Mici** können Sie ein **Zimmer im gleichnamigen Dorf** buchen. Die Zimmer sind authentisch, sauber und ruhig, ideal für einige Tage der Muße. Pro Person ca. 20 Euro, Speisen und Getränke sind günstig. Das Dorf hat mit deutscher Hilfe eine zentrale Beschilderung bekommen, ein gewisses Geschichtsbewusstsein und durch eine Jugendkampagne auch die Fähigkeit entwickelt, kurze Touren zur alten Mühle, der Kirche oder dem Kindergarten zu organisieren. Vier Familien im Dorf bieten einfache, moderne und bequeme Gästezimmer an. Die deutschen Firmen Buderus (Heizung) und Kermi (Sanitärtechnik) haben den Umbau gefördert. Reservierung durch *Vitalie Guzun,* Tel. (069) 202164, und *Tudor Castravet,* Tel. (067) 266161.

Private Unterkunft ist generell möglich, denn es gibt viele gastfreundliche Familien. Mangelnde Erfahrung mit westlichen Reisenden und der Kulturunterschied bergen aber Risiken: Kaum ein individualistischer Wessi hält die zuweilen besitzergreifende Gastfreundschaft länger als einen Tag aus (geschweige denn seine Leber ...).

Buchungen können sehr gut per Mail oder telefonisch schon von zu Hause aus vorgenommen werden! Anzahlung und Storno fallen nicht an, und die Moldauer sind generell sehr zuverlässig, d.h. die einmal getätigte Buchung steht auch zur Verfügung. Umgekehrt heißt dies, dass der Reisende bei eigener Umplanung unbedingt auch stornieren sollte, um die Verlässlichkeit der moldauischen Leistungsträger nicht zu missbrauchen.

Verhalten

Im Allgemeinen kann der Reisende in Moldau nicht viel vermasseln. Die Menschen treten sehr **zurückhaltend** auf – Temperament ja, aber sehr gemessen und „zivilisiert". Nur wenn es wirklich nötig ist, kommuniziert man in Moldau mit Fremden. Wird Hilfe angeboten oder werden z.B. Ratschläge im Bus gegeben, ist das stets seriös gemeint.

Frauen sind in Moldau vergleichsweise emanzipiert, vor allem natürlich in den Städten. Auf dem Land reichen Frauen zum Gruß nicht die Hand.

Wichtig: Moldauer benutzen das **Reden,** um in Kontakt zu kommen. Augenkontakt allein und Lächeln ohne verbale Unterstützung laufen ins Leere. Sie werden es merken.

Auch **Aberglaube** spielt eine Rolle: Werden zwei Menschen durch eine Türschwelle getrennt, indem der eine in der Wohnung und der andere im Treppenhaus steht, dürfen sie sich auf keinen Fall die Hand reichen – es würde sonst Unglück bringen.

Und noch eine Eigenheit: Ist ein **Russe** in der Gruppe, so wird generell russisch gesprochen, auch wenn er mit 49 Moldauern zusammen ist.

Verkehrsmittel

Die **Bahn** ist langsam und preiswert und fährt durch schöne Landschaften. Gerade die Fahrt von Bukarest oder Odessa nach Chişinău ist attraktiv und – weil über Nacht – spart Geld wegen der überflüssigen Hotelübernachtung.

Im Land sind die so genannten **Rutieras** superb: Der Tarif dieser Kleinbusse (3 Lei oder knapp 0,20 Euro) liegt nur etwas über dem der sehr günstigen Trolley- oder Dieselbusse, der Komfort ist meist besser als im Taxi und die Schnelligkeit unübertroffen. Städtische Oberleitungsbusse (Trolley) kosten nur 2 Lei, für Dieselbusse zahlt man 4 Lei.

Land und Natur

Geografie

Das nur 33.700 Quadratkilometer große Land hat keinen Zugang zum Meer und besteht größtenteils aus kontinentaler **Steppe.** Die flachen, weithin übersehbaren Hügel sind jedoch einzigartig in der Welt, zumal sich zwischen ihnen viele Seen ausdehnen (57 natürliche mit einer Gesamtfläche von 62 Quadratkilometern und 3000 künstliche mit einer Gesamtfläche von 330 Quadratkilometern). Die Landschaft eignet sich daher in hohem Maße für Naturwanderungen zu Fuß oder Touren mit dem Mountainbike sowie zum Angeln und Wassersport.

Moldau erstreckt sich rhombusartig zwischen dem Fluss **Prut** im Westen (967 km lang, Grenze zu Rumänien) und dem **Nistru** im Osten (1345 km lang, Grenze zur Ukraine). Am Südzipfel des Landes mündet der Prut in die **Donau,** deren Ufer auf 500 m Länge auf moldauischem Boden liegt. Die Durchfahrt von Westen nach Osten dauert nur ca. 2 Stunden, die aus der Hauptstadt in den äußersten Süden oder Norden jeweils 3 Stunden.

Im Zentrum des Landes erhebt sich der **Bălăneşti-Berg** auf 430 m Höhe; er ist umgeben vom **Codru-Wald.**

Klima

Das Klima ist streng kontinental und zeichnet sich durch **meist klaren Himmel** aus; neblige, graue Tage sind selten. Die vier Jahreszeiten sind ausgeprägt, aber **Winter und Sommer dominieren** jeweils derart, dass pünktlich ab Anfang April die Sonne scheint und oft schon im Oktober Schnee fällt. Der Sommer ist also monatelang für Badespaß und Outdooraktivitäten gut. Der Winter dagegen hüllt das Land über Wochen und Monate hinweg in eine weiße eisige Decke.

Die **Temperaturen** reichen im Winter bis minus 36 Grad (Norden) bzw. minus 28 Grad (Süden), im Sommer bis plus 38 Grad (Norden) bzw. plus 41 Grad (Süden).

Der **Niederschlag** beträgt im Nordwesten Moldaus durchschnittlich um die 560 mm und im Südosten etwa 380 mm pro Jahr.

Flora und Fauna

Flora

Moldau wird seit Jahrtausenden intensiv landwirtschaftlich genutzt, zumal die Bevölkerungsdichte hoch und die erwerbswirtschaftlichen Alternativen (Rohstoffe, Industrie, Tourismus) gering sind. Am Rande der Seen und zwischen den großflächigen Äckern sprießen in Frühjahr und Sommer allerlei **Gräser und Wildblumen.** Endemische Sträucher und Bäume finden sich im Waldgebiet Codru, das ein eigenes Besucherzentrum hat. 2300 verschiedene wilde Pflanzen wurden in Moldau gezählt.

Moldaus bescheidene **Wälder** bestehen zu drei Viertel aus Nadelnutzhölzern und zu einem Viertel aus Laubmischwald. In diesem dominieren Eichen, Buchen und Linden. Der Waldbestand insgesamt ist auf nur noch knapp 10 Prozent der Landesfläche geschrumpft, da die extrem fruchtbaren Böden intensiv landwirtschaft genutzt werden.

Fauna

68 Säugetierarten wurden in Moldau gezählt, dazu gehören Wolf, Steinbock, Damhirsch und Wildschwein. 280 Vogelarten und über 14.000 wirbellose Tierarten werden unterschieden. Der geringe Waldwuchs und die intensive Nutzung aller Ressourcen lässt den Tieren wenig Raum.

Zur Geschichte von Flora und Fauna bietet das naturkundliche und ethnografische Museum in Chişinău einen lehrreichen Überblick mit vielen verblüffenden Funden, z.B. dem Skelett eines riesengroßen Urpferdes.

Umwelt- und Naturschutz

Zahlreiche Vereine und Gruppen beschäftigen sich seit der Unabhängigkeit engagiert mit Naturschutzthemen. Diverse **Naturschutzgebiete** wurden ausgewiesen und werden intensiv erforscht. Insbesondere die **Renaturierung der Grenzflüsse** und hier vor allem des Prut (mit Rumänien) werden von internationalen Cross-Border-Programmen unterstützt.

Geschichte und Politik

Geschichte

Am Anfang des Fürstentums Moldau standen Daker und Römer, ganz ähnlich wie im Falle Rumäniens. Die großen Herrscher Moldaus verteidigten das ca. 70.000 Quadratkilometer umfassende Gebiet lange gegen die Türken. Bis 1511 kämpften **Stefan der Große (Ştefan cel Mare)** und seine Leute in 42 Schlachten, das moldauische Heer war die in Europa erfolgreichste Streitmacht gegen die bis vor Wien vordringenden Türken.

Dann gehörte Moldau jahrhundertelang zum **Osmanischen Reich.** In den letzten 100 Jahren wurde es von den griechischen **Hospodaren** verwaltet. 1812 wurde eine Allianz mit Russland eingegangen. Zu jener Zeit erwuchs die eigene **moldauische Nation,** die trotz späterer sowjetischer Gleichmacherei und rumänischem Chauvinismus unverwechselbar wurde.

Im Zuge der russischen Oktoberrevolution 1917 erklärte **Bessarabien** (= Moldau) seine Unabhängigkeit. Nur zwei Monate später bestätigte es seine Bereitschaft, im Rahmen der rumänischen Einigung in des Nachbarn Staatsgebiet aufzugehen. Demokratisch legitimiert war dieses Vorgehen jedoch nicht. Schon damals fühlten sich die meisten Moldauer wohl in der Vielvölkerfamilie Russlands.

Die 1920er und -30er Jahre waren für Moldau, das zu **Großrumänien** gehörte, eine Zeit des Aufschwungs. Das Land prosperierte, das rumänische Bruttoinlandsprodukt lag damals z.B. über dem dänischen. Moldau war zwar eine rückständige Region, machte aber vor allem im Bauwesen und der Infrastruktur Fortschritte.

In den 1920er Jahren wurde östlich des Nistru die sozialistische **Sowjetrepublik Moldawien** gegründet und durch das Tiraspoler Spracheninstitut die slawische Verformung der rumänischen Sprache begonnen (siehe Ortsbeschreibung Tiraspol).

Es gab im rumänischen Teil des Landes Tendenzen zur **Diskriminierung** der rückständigen und russifizierten Moldauer durch Rumänien.

Im Rahmen des Molotow-Ribbentrop-Abkommens 1939 schloss die Sowjetunion Moldau mit der kleinen Sowjetrepublik Moldawien zusammen und installierte ein kommunistisches

Regime. Dieses hielt wegen des deutschen Angriffs auf die Sowjetunion nicht lange. Die rumänisch-deutschen **faschistischen Truppen** fegten über Moldau hinweg an den Don und nach Stalingrad, kamen aber bald geschlagen zurück. Die Schlacht von Ungheni-Iaşi ist keine unbedeutende für den militärischen Niedergang Nazideutschlands. Im Kellergewölbe des historischen Museums in Chişinău ist sie anschaulich nachgestellt.

Nach dem Zweiten Weltkrieg wurde Moldau zum Gemüsegarten der Sowjetunion. Mit der Deportation von ca. 25.000 moldauischen Bürgern und Intellektuellen nach Sibirien und Kasachstan (1949) und der von *Breschnjew,* dem damaligen ersten Sekretär von Moldaus kommunistischer Partei, überwachten Verschleppung von 250.000 Moldauer in diese Gebiete wurde das Volk zusätzlich und unwiderruflich **sowjetisiert.** Die rumänische Sprache musste kyrillisch geschrieben, das Russische als Amtssprache benutzt und die Geburtsnamen in russischer Aussprache und Schreibweise verwendet werden.

Erst mit der Perestroika zog auch Morgenluft im sowjetischen Moldau auf, am 31. August 1989 wurde die rumänische Sprache wieder Amtssprache. 1990 stand *Mircea Snegur* als Regierungschef einer Volksfrontregierung vor, die die Unabhängigkeit anstrebte. Russische und ukrainische Gruppen wollten jedoch die Errungenschaften der Sowjetunion nicht preisgeben. Nicht ohne Berechtigung wiesen sie auf Industrialisierung und Wissenschaft hin, die das rückständige Agrarland in den Nachkriegsjahren zu einem Hersteller von Elektronik, Traktoren und Bekleidung hatten werden lassen. Im **Transnistrischen Krieg** mit etwa 1000 Toten wurden die Aufständischen von der Roten Armee unterstützt und führten eine bis heute andauernde Teilung des Gebietes herbei (vgl. Tiraspol und Chişinău/Geschichte). Die gleichzeitig für Autonomie eintretenden **türkischstämmigen Gagausen** im Süden Moldaus erhielten im Jahr 1994 eine formelle Teilautonomie über Kultur, Erziehung und Wirtschaft.

Beide Konflikte sind nicht ethnisch, sondern politisch. Moldau beweist bis heute seine vorbildliche Fähigkeit der **Toleranz,** indem konsequent zweisprachig auf russische oder ukrainische Minderheiten Rücksicht genommen wird. Die Verherrlichung der eigenen Nationalität oder die Benachteiligung fremder Ethnien sind den Moldauern fremd.

Aktuelle Politik

Im Parlament Moldaus, das in einem imposanten Gebäude am Boulevard Ştefan cel Mare in der Hauptstadt tagt, sind fünf größere und eine Reihe kleinerer Parteien vertreten. Insgesamt ist die Republik Moldau eine bewährte **Demokratie,** die Vorurteile und Zerrbilder Lügen straft. Seit der Öffnung des Landes 1991 haben sechs freie, geheime, gleiche und allgemeine Wahlen mit jeweils unterschiedlichem Ausgang stattgefunden.

Nach den **Parlamentswahlen vom 5. April 2009** kam es zu **Protesten,** denn während die offizielle Auszählung gut 49% für die seit acht Jahren regierenden Kommunisten erbrachte, waren in unabhängigen Umfragen nur 43% gezählt worden. Die überwiegend studentischen und zunächst friedlichen Demonstranten erinnerten an jahrzehntelange Geschichtsklitterung und postsowjetische Praktiken der moldauischen Nomenklatur. Die Demo vor dem Parlamentsgebäude konnte von den Sicherheitskräften trotz Wasserwerfer und Barrieren kaum kontrolliert werden, einige hundert Demonstranten besetzten das Parlament, trugen das Mobiliar auf die Straße und legten Feuer. Unabhängige Quellen vermuten, dass die Störer V-Leute moldauischer Sicherheitskräfte waren.

In der Folge wurden bis zu 1000 Demonstranten willkürlich festgenommen und in Gefängnisse im ganzen Land verbracht. Dutzende **Misshandlungen** sind dokumentiert, zwei Menschen kamen durch Polizeieinwirkung nachweislich ums Leben, glaubwürdige unabhängige Berichte sprechen von zehn **Todesopfern** infolge von Folter und Haft. Diese Angaben stehen im Kontrast zu abwiegelnden deutschen und europäischen Wahlbeobachtern, die die Wahlen als weitgehend fair verteidigen und die Ausschreitungen kritisieren.

Nach diesem Debakel fand am 20. Mai 2009 der erste Wahlgang im Parlament statt, um einen **neuen Staatspräsidenten** zu bestimmen. Die drei Oppositionsparteien (Liberale Partei, Liberaldemokratische Partei und Allianz „Unser Moldau", jeweils mit gut 12% der Stimmen gewählt) nahmen an der Abstimmung nicht teil mit dem Hinweis auf die Fälschung der vorangegangenen Parlamentswahl. Den verbliebenen, größtenteils kommunistischen Abgeordneten wurden zwei Kandidaten zur Wahl gestellt: *Zinaida Greceanîi* (53, Volkswirtin, frühere Finanzministerin und kurze Zeit Ministerpräsidentin) und *Stanislav Groppa* (53, Neurochirurg an der städtischen Unfallklinik und Mitglied der Akademie der Wissenschaften). Frau *Greceanîi* wurde zwar von den 60 anwesenden kommunistischen Abgeordneten gewählt, doch dieses Quorum reicht laut Verfassung nicht aus. Die Folge: **Parlamentsneuwahlen** am 29. Juli. Dabei kommen die Kommunisten auf 45,1%, den Rest teilen sich die (vier stärksten) Oppositionsparteien. Nach Sitzen entspricht das nur noch 48 statt zuvor 60 Sitzen für die kommunistische Fraktion im 120 Sitze zählenden Parlament. Größter Gewinner ist die Sozialdemokratische Partei, gestärkt durch den übergelaufenen ehemaligen Präsidentschaftskandidaten der Kommunisten, **Marian Lupu.** Dieser agiert als moderner Demokrat mit lauteren Motiven und nicht – wie angesichts jahrelanger Verfilzung von Medien und Institutionen unter den Kommunisten befürchtet – als Trickser, um die Opposition für eine Allparteienkoalition zu gewinnen. Für die Parlamentsabstimmung am 28. August wird er von den vier nicht-kommunistischen Parteien als gemeinsamer Kandidat für das Amt des Staatspräsidenten präsentiert. **Mihai Ghimpu,** Vorsitzender der den Bürgermeister von Chişinău stellenden Liberalen Partei, wird zum Parlamentspräsidenten gewählt, **Vlad Filat** zum Ministerpräsidenten. Doch *Lupu* muss warten: Ohne die Kommunisten kommt er nur auf gut die Hälfte der Stimmen, benötigt laut der eigenwilligen moldauischen Verfassung aber 60%.

Vlad Filat ist Ministerpräsident eines Reformkabinetts, das nur begrenzte Macht hat, *Mihai Ghimbu* nimmt kommissarisch das Amt des Staatspräsidenten wahr. Es bleibt nun abzuwarten, ob *Marian Lupu* als Überläufer aus dem Lager der acht Jahre regierenden Kommunistischen Partei demnächst doch noch zum neuen Staatspräsidenten gewählt wird.

Als Sofortmaßnahmen der neuen Regierung werden die schon weitgehend vollzogene totale Neuordnung der Ministerien (fünf weniger), die Suspendierung der Visapflicht für Rumänen, eine sofortige Annäherung an die EU sowie neue Anreize für Investitionen erwartet.

Staatsflagge und -name

Als **Flagge** verwendet Moldau die alte moldauisch-rumänische Flagge mit dem stilisierten Staatswappen darin. Damit ging das Land einen völligen Bruch ein mit der rot-grünen Flagge als sozialistische Sowjetrepublik, welche immer noch vom Separatgebilde Transnistrien hochgehalten wird.

Bemerkenswert ist der **Name des Landes,** der zufällig dem des tschechischen Flusses gleicht. Moldau ist die direkte deutsche Übersetzung des rumänischen **Moldova.** Moldova wiederum soll der Hund des Staatengründers *Stefan der Große* geheißen haben. Falsch ist die Bezeichnung Moldawien, da sie über das (historisch fremde) Russische ins Deutsche übersetzt wird.

Staat und Verwaltung

Moldau ist als **parlamentarische Demokratie** verfasst. Der Staatspräsident hat eine zentrale Rolle, wird aber vom Parlament kontrolliert. Das Volk wählt im Verhältniswahlrecht die Abgeordneten des Parlaments, die wiederum mit absoluter Mehrheit den Staatspräsidenten wählen. Dieser schlägt Ministerpräsident und Kabinett vor, welche die Mehrheit des Parlaments finden müssen, vom Präsidenten aber auch abgesetzt werden können.

Moldau ist heute in 36 Rayone geteilt, das sind **Verwaltungsbezirke** im Stile der sowjetischen Verwaltung, die heute noch in den Ländern der Gemeinschaft unabhängiger Staaten (GUS) dominiert. Nach einer kurzen Reformphase mit einer Gebietsneuordnung in elf größere Judeţe (Regierungsbezirke im rumänischen Stil) hatte die 2001 gewählte kommunistische Regierung die alte, politisch gut kontrollierbare Struktur wieder eingeführt.

Die Gemeinden wählen ihre Bürgermeister selbst, sodass es Fortschritte in der **kommunalen Selbstverwaltung** und Selbsthilfe gibt. Für viele Investoren, Helfer und Vereine sind die Gemeindeverwaltungen wichtig, da sie nah am Volk arbeiten und häufig frei von Korruption sind.

Moldau ist Mitglied der **Gemeinschaft unabhängiger Staaten (GUS)**, die die Sowjetunion als lockere Verbindung früherer Sowjetrepubliken abgelöst hat. Zugleich bemüht sich das Land um eine **europäische Integration.** Es wurde als erste ehemals sowjetische Republik früh Mitglied im Europarat, der OSZE, der UN und anderen multilateralen Zusammenschlüssen. Eine EU-Mitgliedschaft kommt für Moldau erst infrage, wenn die Ukraine beitritt oder eine Vereinigung mit Rumänien zustande kommt, was 1993 in einem deutlichen Votum der Bevölkerung per Plebiszit abgelehnt wurde.

Bildungs- und Gesundheitswesen

Bildungswesen

Nach der **Grundschule** (6 Jahre) folgt das **College** (weitere 6 Jahre). Talentierte Moldauer können mit 17 Jahren ein Studium beginnen und sind mit 21 Jahren diplomierte Akademiker.

Im scharfen Kontrast zur Armut des Landes haben die inzwischen fünfzehn staatlichen und privaten **Universitäten** des Landes annähernd Westniveau. Vor allem Betriebswirtschaft (Akademie für wirtschaftliche Studien), Elektronik (Staatliche Universität) und Zahnmedizin (ULIM) sind hoch angesehen. Entsprechend nutzen viele Länder diese Infrastruktur, zumal die Unterbringung in Wohnheimen (Miete ca. 360 Lei pro Monat) und die Verpflegung (ca. 530 Lei pro Monat) günstig sind. Viele Studenten arabischer und afrikanischer Herkunft frequentieren Moldaus Hochschulen.

Trotz dieser Möglichkeiten ist die Realität für viele Familien dramatisch. In der Erntezeit müssen die Kinder auf dem Feld helfen und lernen wenig bis gar nichts, wenn sie die Schule schwänzen. Das bloße Überleben verlangt allen Generationen Opfer ab, die die Zukunft des Volkes gefährden.

Gesundheitswesen

Prekär ist die Lage im Gesundheitswesen. Viele Polikliniken auf dem Land sind geschlossen, Einrichtungen in Mittelzentren und in der Hauptstadt arbeiten unter **Ressourcenmangel.** Die **Privatisierung** hat lateinamerikanische Wirkungen hervorgebracht: Effektive Behandlungen funktionieren nur gegen Vorkasse, alle Präparate müssen selbst gekauft werden.

Das **hohe Ausbildungsniveau** allerdings sorgt bis heute für eine ethische Grundlage der heilenden Berufe sowie für ein Qualitätsniveau, das auch Westeuropäer überzeugt. Eine Zahnbehandlung in der ULIM *(Universitatea Liberă Internațională din Moldova)* oder eine Kur im Sanatorium in Cahul kosten ein Zehntel der deutschen Tarife, stehen aber in Individualität und Professionalität in nichts nach.

Medien

Moldau selbst verfügt nur über einen staatlichen **Fernsehkanal (TVM),** rumänische und vor allem russische Programme sind aber zur Genüge vorhanden. Auch im Basisvertrag mit der Kabelgesellschaft **Sun-TV** sind schon acht rumänisch- und russischsprachige Sender mit Nachrichten, Shows etc. enthalten, also zu empfangen. Im erweiterten Set stehen MTV, N-TV, Discovery Channel und Dragon Ball Z zur Verfügung.

Was die **Presse** angeht, sind über 100 Tageszeitungen zu verzeichnen. Herausragend ist die Tageszeitung „Flux" mit viel Polemik gegen die Regierenden. Der Nachholbedarf an muttersprachlicher Lyrik und Prosa wird z.B. im Blatt „Moldova Souverana" eingehend abgearbeitet. Russophile Leser kommen mit „Logospress" (Nachrichten), „Komsomolskaia Pravda" (Politik und Kultur) sowie „Makler" (Anzeigen) gut zurecht. Unter dem bis 2009 regierenden Voronin-Kabinett wurde unabhängigen Medien die Arbeit erschwert, doch zuletzt, vor allem nach dem demokratischen Machtwechsel des Sommers 2009, emanzipierte sich die Presse. Trotz Restriktionen sind folgende rumänischsprachige Tageszeitungen kritisch und empfehlenswert: „Jurnal de Chişinău", „Evenimentul", „Adevarul", „Moldova Azi" und „Ziarul de garda".

Wirtschaft

Mit nur ca. 400 Euro Bruttoinlandsprodukt pro Kopf ist Moldau das statistisch gesehen **ärmste Land Europas.** Die sowjetische Teilrepublik hatte über Jahrzehnte hinweg weite östliche Märkte erfolgreich mit Wein, Branntwein, Obst und Gemüse, Konserven und allerlei Industriegütern beliefert. Daran glaubte man nach der 1991 erreichten Unabhängigkeit anknüpfen zu können, verzettelte sich aber in einer Strategiediskussion um die richtige sektorale (Landwirtschaft oder High Tech?) und regionale (Westen oder Osten?) Ausrichtung. Das Bruttoinlandsprodukt fiel von 1990 bis 1998 auf nur noch ein Drittel des Ausgangsniveaus zurück.

Ironischerweise setzte erst mit der nach innen gekehrten, die Sozialeinkommen der Rentner und Beamten fördernden kommunistischen Regierung ein erneutes Wachstum ein, das aber ohne die Reformen der 1990er Jahre kaum möglich gewesen wäre. Die Jahre der Konsolidierung und Sozialprogramme verdanken sich auch ganz wesentlich den **Gastarbeitern im Ausland** (ca. 1 Million, davon drei Viertel illegal). Allein in Paris hausen ca. 5000 Moldauer in Kellern. Auch in Deutschland sind ganze Familien und deren Kinder, die nicht einmal zur Schule angemeldet werden können, Opfer einer – wenn auch begründet – restriktiven Visapolitik geworden. Das Ergebnis dieser Migration sind milliardenschwere jährliche **Überweisungen** an die zu Hause verbliebenen Verwandten. Diese Transfers sind der größte und stabilste Posten in Moldaus Zahlungsbilanz.

Die offizielle Arbeitslosigkeit liegt unter 10%. Von den 210–360 Lei, die ein Rentner bekommt, und den 900–2700 Lei Lohn eines Angestellten kann niemand wirklich auskömmlich leben. Viele Moldauer haben zum **Überleben** einen Garten auf dem Land, oder sie bauen auf dem Balkon oder im Park noch ein paar Tomaten an. Außerdem betreiben Familien gemeinsam zusätzlich Kioske oder ein Kleingewerbe, um das notwendige Einkommen zu erreichen. Anlass zur Klage ist dies jedoch nicht. Familienzusammenhalt, öffentliche Ordnung und die Bereitschaft zur kulturellen Teilhabe werden durch die schreiende finanzielle Not kaum negativ beeinflusst.

Bisher ist es Regierung und Volk nicht gelungen, ein Modell für ein erneutes Wachstum zu entwickeln. Trotz vieler erfolgreicher Unternehmer und Unternehmen in den Bereichen Software, Weinproduktion oder Musik fehlt es deutlich an Visionen. Das ist kein Wunder in einem Land, das sich noch kaum der Welt hat öffnen können. Visa für die Einreise in EU-Länder erhalten Moldauer praktisch nicht. Die Schlangen sind lang, die Anforderungen hoch und unerfüllbar.

Tourismus

Moldauer können ohne Visum nur in manche GUS-Staaten reisen, Visa sind seit kurzem sogar erforderlich für die Türkei, Rumänien und Bulgarien. Die traditionellen Ferienoptionen Antalya (Türkei), Goldküste (Bulgarien) und Mamaia (Rumänien) sind heute nur noch pauschal buchbar, d.h. das Reisebüro organisiert auch das Visum. Damit können „normale" Moldauer nur noch in die Ukraine oder nach Russland reisen – sogar zu Sowjetzeiten war die „Reisefreiheit" umfassender.

Tourismus nach Moldau gibt es praktisch nicht. Die einzigen in Chişinău oder gar auf dem Land gesichteten Ausländer sind Angehörige der Botschaften und internationaler Hilfsorganisationen.

Seit kurzem empfangen Dorffamilien mit Umsicht und Freundlichkeit Übernachtungsgäste in authentischem Ambiente: Das Dorf **Mileştii Mici** hat sich unter deutscher Obhut auch touristisch entwickelt (s.a. „Praktische Tipps A–Z/Unterkunft").

Die Menschen

Bevölkerung

Die moldauische Bevölkerung ist ethnisch und im Erscheinungsbild vielfältig. Neben „südländisch" anmutenden Menschen mit dunklen Haaren und Augen gibt es „nordische" Typen mit blondem Haar und blauen Augen. Die

Daker, die das Gebiet vor den Römern bewohnt hatten, waren in der Tat hoch gewachsen und hellhäutig.

Neben ca. 75 Prozent Moldauern wohnen in der Republik Moldau etwa 12 Prozent **Russen** und noch einmal so viele **Ukrainer.** Hinzu kommen **türkischstämmige Gagausen** (sprich: Gaga-usen) und **Bulgaren.** Die große jüdische Gemeinde Chişinăus wurde während der Zeit der deutsch-rumänischen Besatzung in den 1940er Jahren vernichtet.

Moldauer sind **melancholisch-introvertiert** wie ihre östlichen Nachbarn in der Ukraine und Russland. In der eigenen Gruppe können sie aber gelöst und spontan sein wie ihre rumänischen Brüder. Moldauer sind insofern echte Grenzgänger, die beide Kultur- und Sprachräume gut kennen.

Religion

Statistisch sind 98 Prozent der Bevölkerung, d.h. auch alle Ethnien einschließlich der türkischstämmigen Gagausen, **orthodoxen Glaubens.** In Wirklichkeit praktizieren diesen nur etwa halb so viele Menschen. Die christlichen Kirchen haben seit der politischen Öffnung einen großen Auftrieb erlebt, viele Kirchen sind neu gebaut und Klöster wieder eröffnet worden.

Im Gegensatz zu den rumänischen **Moldauklöstern** sind die moldauischen selbst sehr viel rustikaler, häufig verbunden mit Felsenklöstern aus dem Mittelalter (siehe im Abschnitt „Klöster“). Eine Tour sollte mit dem Auto unternommen oder durch ein kompetentes Reisebüro in Chişinău organisiert werden.

Sitten und Bräuche

Bis heute aktuell und ein Quell allgemeiner Begeisterung sind der **Volkstanz** und der Wein. Mit der bekannten Tanzgruppe Codreanca konnte Moldau weltweit trumpfen. Der Formationstanz ist Volkssport, jahrelang gewann die moldauische Mannschaft die Europameisterschaft.

Jede Familie, die etwas auf sich hält, unterhält einen *Beci,* einen kühlen Keller im Garten. Der **Rotwein** wird im Vorgarten kultiviert, selbst geerntet und gekeltert. Die für diesen Zweck verwendeten Hybridsorten bringen jedoch schweren Wein mit spürbaren Bitterstoffen hervor. Dennoch: Ein Glas Hauswein bei einer Einladung in die Familie ist obligatorisch.

Ebenso allgegenwärtig ist die **Casa Mare,** das „große Haus“, meist realistisch interpretiert als geschmücktes Wohnzimmer. Dazu wird der Tisch mit allerlei selbst gemachten Speisen ausgestattet, es finden sich dann Salate, Hähnchenschenkel, Kotelettes und Frikadellen zwischen Branntwein- und Wodkaflaschen sowie Karaffen mit Saft und Wein.

Moldauer erkennt man weltweit an ihrer Kleidung und ihrem Hang zu guten Spirituosen. Wer erstklassigen Cognac als Gastgeschenk mitbringt, graue oder olivgrüne Kostüme oder Anzüge trägt (die Krawatte Ton in Ton) oder als Mann ein Handgelenktäschchen – der kann mit an Sicherheit grenzender Wahrscheinlichkeit nur ein Moldauer sein.

Die Frau in der Gesellschaft

Beim moldauischen Rollenbild treten die Epochen der gesellschaftlichen Entwicklung scheibchenweise zutage. Am Anfang stand die rumänisch-moldauische Tradition, dann kam die sowjetische Gleichstellung und jüngst die postmoderne Emanzipation. Im landwirtschaftlich-ländlichen Milieu ist die Frau konservativ, behütend, häuslich und ordnet sich in öffentlichen Belangen dem Mann unter. Im städtischen und modernen beruflichen Leben ist die Frau selbstbewusst und hat einen umfassenden Anspruch als Arbeitnehmerin, Schönheit und Mutter. In Schule und Universität dominiert das freche Mädchen mit Neugier und Schaffenskraft. Allesamt haben sie Esprit und unkomplizierten Stolz.

Kunst und Kultur

Architektur und Design

Die **Innenstadt Chişinăus** besteht aus barocken und neoklassizistischen Bürgerhäusern, die auch die östliche Hälfte des Bulevard Ştefan cel Mare säumen. Der Rest des Zentrums ist durchsetzt von sowjetischen Großbauten und Parks. In den **Außenbezirken** werden wenige mickrige Bürgerhäuschen von hohen und massiven Plattenbauten überragt. In der Hauptstadt sind in den letzten Jahren kleinere und mittlerer Handels- und Gewerbebauten entstanden, die originell und zugleich der Tradition verbunden an den bestehenden Baubestand anknüpfen.

Designtalent zeigt sich vor allem in der Innenausstattung. Auch deswegen ist die Gastronomie Chişinăus und sogar mancher Großstadt wie Bălți oder Cahul so bemerkenswert.

Literatur, Oper und Theater

In **Literatur und Singspiel** knüpfen die öffentlichen und privaten Ensembles Moldaus an russische Errungenschaften an. Nur wenige Schriftsteller und Komponisten des modernen Moldau haben es zu internationaler Beachtung gebracht.

Die **Oper und Theater** der Hauptstadt (vor allem das Mihai Eminescu) zeigen hochwertige Stücke, die regelmäßig gut besucht sind.

Kunsthandwerk und Malerei

Traditionell knüpfen die Bräute mit eigener Hand **Teppiche,** die als Aussteuer in die Ehe eingebracht werden. Diese Tradition hat handwerkliche und industrielle Züge angenommen. Wollteppiche *(covoare)* lassen sich in Fachläden zu günstigen Preisen erstehen. Die traditionelleren Muster sind zwar nicht farbecht, wohl aber höchst dekorativ wegen der erdigen, warmen und satten Farben.

In der **Malerei** haben es Künstler wie *Tabac* und *Gavrilița* zu internationaler Bekanntheit gebracht. Bestimmend sind Techniken in Öl und Kreide. Prägend sind Motive aus der Hauptstadt Chişinău.

Musik und Show

Nicht so sehr die hohen Häuser der Musikerziehung und eine progressive Avantgarde prägen die moldauische Musik. Es ist eher der Vielvölkerstaat im Kleinen, mit Einflüssen des Orients und vom Balkan, der in Chişinău die Musik macht. Hinzu kommen natürlich zeitgenössische Strömungen von Pop bis Techno. Weltweit erfolgreich ist die selbstironische Combo Zdob-şi-

Merkwürdiges in Moldau

Skurrile Erscheinungen wollen wir als global kompetente Reisende nicht abwerten. Statt Unerklärliches ins Schattenreich Absurdistans oder Molwaniens zu verbannen, lassen wir uns lieber überraschen und aufklären. Auch über Moldau gibt es Merkwürdiges zu berichten. Einige Beispiele:

- Wer arm ist, muss nicht auf Luxus verzichten – in keinem anderen Land der Welt wird ein derart hoher Anteil des Einkommens auf den Erwerb und das Verschenken von **Schnittblumen** verwendet wie in Moldau. Die fast kilometerlange Blumenverkaufsstraße westlich der Chişinăuer Hauptstadtkathedrale beweist dies. Rosen aus Kolumbien und Tulpen aus Holland kosten ca. 80 Lei pro Stück. Zum Geburtstag des Ehepartners oder anderen feierlichen Anlässen kauft jeder bürgerliche Moldauer (und das ist die Mehrheit der Hauptstädter) leicht einen kleinen Strauß mit fünf Blumen. Dies passiert mindestens zweimal jährlich und geht vor dem Hintergrund niedriger Löhne ganz schön ins Geld.
- Alte **Hinweisschilder für Öffnungszeiten** listen die Tage in Punkten senkrecht untereinander angeordnet auf, daneben stehen die Uhrzeiten. Die durchaus individuellen Öffnungszeiten (ein Ladenschlussgesetz gibt es nicht) sind so auch für flüchtige Passanten auf einen Blick zu erkennen.
- Wenn der Winter trocken und weiß ist, finden sich am Sonntagmorgen im Puşkin-Park in Chişinău, gleich hinter dem Kino Patria, ältere Herrschaften ein, um zu der Musik einer Blaskapelle **im Freien Walzer** zu tanzen.
- In der **Rutiera,** dem moldauischen Maxitaxi, muss der Passagier zum Bezahlen nicht aufstehen. Er ist gehalten, unaufgefordert vor Verlassen des Verkehrsmittels, den Preis beim Fahrer – einen Kassierer gibt es meist nicht in dem kleinen Gefährt – zu entrichten. Sitzt man im Auto hinten, wird das Geld mit Hilfe der anderen Passagiere durchgereicht, bis es beim Fahrer angekommen ist. Wird zugleich für mehrere Passagiere bezahlt, so nennt man dem hilfreichen Vorsitzer die Anzahl (in rumänischer oder russischer Sprache, beides funktioniert im bilingualen Moldau), der diese Zahl dann mit dem Geld weitergibt. Das System funktioniert auch mit großen Scheinen in Lei, z.B. mit 100 oder 200 Lei. Dann gibt der Fahrer das Wechselgeld zurück über die gleiche Kette, über die er den Schein bekommen hatte. Um Verwechslungen zu vermeiden, wird gelegentlich auf dem Rückweg die Anzahl der bezahlten Tickets zurück gemurmelt.

Zdub (www.Zdob-si-Zdub.com), die beim European Song Contest 2005 in Kiew mit „Oma schlägt Drums" immerhin den sechsten Platz schaffte.

Chişinău – die Hauptstadt

Die Lebensart in der Republik Moldau insgesamt und in der Hauptstadt Chişinău unterscheiden sich erheblich und gehören doch zusammen. In der Hauptstadt manifestiert sich das weltläufige Lebensgefühl Moldaus. Nach volkswirtschaftlicher Datenlage arm und zwischen großen Staaten eingeklemmt, ist das landwirtschaftlich geprägte Land eben doch nicht nur dörflich geprägt. Chişinău (oder mit dem bestimmten Artikel: Chişinăul) ist eine echte Großstadt (780.000 Einwohner) mit unbestrittenem Charme: Hier kann man wohnen, leben, feiern, einkaufen und dem Müßiggang frönen.

Anreise

Mit dem Auto sind es von den Grenzen im Westen (Rumänien) und Osten (Transnistrien und Odessa, Ukraine) jeweils etwa 1 Stunde Fahrzeit. Von Rumänien (Hauptgrenzübergang: Leuşeni) kommende Reisende fahren von Nordwesten in die Stadt, und zwar über die Calea Ieşilor, die an einem großen Kreisverkehr in den Innenstadt-Boulevard Ştefan cel Mare übergeht. Kommt man aus Odessa oder Transnistrien, fährt man am internationalen Flughafen vorbei auf dem Bulevar Dacia im Sektor Botanica entlang t-förmig auf den gleichen Innenstadtboulevard zu.

Orientierung

Die Stadt gliedert sich in fünf geographisch und bevölkerungsmäßig etwa gleich große Stadtteile, sog. **Sektoren:** Um das Stadtzentrum **(Centru)** mit dem genannten Bulevard Ştefan cel Mare gruppieren sich **Buiucani** im Nordwesten, **Rîşcani** im Nordosten, **Ciocana** im Osten und **Botanica** im Süden. Die südwestlich des Zentrums gelegenen Wohngebiete um die Rundfunk- und Fernsehstation unterscheidet die Bevölkerung wie einen eigenen Sektor unter dem Namen **Telecentru.**

Außerhalb des Zentrums, wo die meisten Menschen wohnen, dominieren die Zweckbauten sowjetischer Prägung. Von Südosten (Odessa, Transnistrien, Flughafen) begrüßen sie den Gast als Tor aus zwei Hochhausreihen, die wie die Seiten eines aufgeschlagenen Buches stufenweise jeweils seitlich abfallen. Einige Außenbezirke (vor allem Rîşcani und Ciocana) bestehen fast ausschließlich aus diesen großen Plattenbauten, zwischen denen wenige bescheidene Lehmhäuser kleben.

Umringt von solchen sowjetischen Funktionsbauten birgt das **Zentrum** die historisch wertvolle klassische Architektur, die nur von wenigen markanten modernen Prestigebauten

Tanzsport in Chişinău

Tanzbegeisterte können sich die passionierte und professionelle Entwicklung des moldauischen Tanzsports zunutze machen. Walzer, Tango, Hip-Hop, Latinorhythmen oder orientalische Tänze können einstudiert werden. Herausragende **Schulen** sind der weltberühmte Tanzsportclub Codreanca oder das Teodor-Tanzstudio, die im Folgenden kurz vorgestellt seien.

Tanzsportclub Codreanca

Das Institut wurde 1973 von *Peter* und *Svetlana Gozun* gegründet und ist heute eine der größten Einrichtungen dieser Art überhaupt. Mit durchschnittlich etwa 1200 ausgebildeten Tänzern ist Codreanca weltweit erfolgreich und bekannt. Seit 2001 hat Codreanca Goldmedaillen in Welt- und Europameisterschaften eingefahren und ist weltweit Favorit im **Formationstanz.**

mol744 Foto: hgs

Seit 1994 wird jeweils im Oktober die Europameisterschaft im Formationstanz als offenes moldauisches Tanzsportfest „Chişinău Open" in der Hauptstadt aufgeführt. Teilnehmer sind regelmäßig die Länder mit langer Tanzsporttradition wie Italien, Deutschland, Russland, Slowenien, Frankreich und Polen. Seit 2004 beinhalten die „Chişinău Open" zwei Wettbewerbe: Europameisterschaft des Standard-Formationstanzes und Europameisterschaft in zehn Disziplinen.

Die Wettkämpfe stellen für das Land auch eine Möglichkeit dar, auf sich aufmerksam zu machen. 2004 überreichte *Rudolf P. Baumann,* der Präsident der Welttanzvereinigung, den Meistertitel. Die Tänze werden weitgehend live im Fernsehen übertragen, der Staatspräsident, der Ministerpräsident und verschiedene Minister schauen immer wieder von den Rängen aus zu.

Für Fans gibt es diverse Veranstaltungen. Unter den unten genannten Telefonnummern werden aktuelle Veranstaltungsinfos gegeben (auch auf Englisch).

Bei Codreanca können Besucher auch Einzeltanzstunden nehmen. Dazu meldet man sich an und vereinbart Disziplin, Anzahl der Stunden etc.

- Der **Tanzclub** liegt im Stadtteil Buiucani der Hauptstadt, Str. Ion Creangă ½, das ist gleich scharf links hinter dem großen Kreisel am westlichen Ende des Bulevard Ştefan cel Mare in den Gebäuden der pädagogischen Universität. Tel. (022) 229735, 241310, Fax (022) 229736, gozun@dnt.md. Dorthin fahren die Rutiera 104, die an der Str. Mt. Bănulescu-Bodoni gleich an der Statue *Stefan des Großen* abfährt, oder die Rutieras 160 und 108 (Abfahrt an der Str. Alexandru cel Bun, einer nördlichen Parallelstraße des Bulevard Ştefan cel Mare).

Tanzstudio Teodor

Teodor ist ein Tanzclub für Jung und Alt, der von den Tanzsportlern des gleichnamigen Ensembles geleitet und trainiert wird. In den acht Jahren seiner Existenz hat Teodor das beste moderne **Ballett** des Landes hervorgebracht. Teodor hat die meisten Ballettpreise gewonnen und mit der moldauischen Popgruppe O-Zone kooperiert.

Der Namensgeber und Leiter ist *Teodor Rădulescu,* sicherlich einer der besten zeitgenössischen Choreographen Moldaus.

Bei Teodor können Gäste an Gruppenkursen des modernen Tanzes sowie an Einzelkursen in Flamenco, Steptanz, Galatanz etc. teilnehmen. Pro Monat kostet die Teilnahme mit einer Doppelstunde pro Woche etwa 290 Lei.

Für entsprechend teurere, individuelle Programme informiere man sich unter Tel. (022) 549797, Auskunft auch auf Englisch. Im Internet www.teodance.md. Öffnungszeiten: 12–20 Uhr täglich.

● Das **Tanzstudio** Teodor liegt im Stadtviertel Rîşcani der Hauptstadt (Rîşcanii de Jos, gegenüber dem alten Zirkus), Str. Florica Niţă 7/2. Dorthin fährt die Rutiera 107, Abfahrt vom Bulevard Ştefan cel Mare/Ecke Str. Puşkin. Fahren Sie die Puşkin-Straße ganz runter, bis auf die Brücke, neben der links der alte sowjetische Zirkus liegt, und weiter schräg rechts bis zur Haltestelle am Beginn der Str. T. Vladimirescu, schräg dahinter liegt die Str. Florica Niţă. Wenn Sie das moderne weiße Haus mit drei Geschossen und grünem Dach hinter sich lassen und 300 m weiter gehen, sehen Sie rechts einen Pavillon mit dem Tanzstudio Teodor.

durchbrochen wird. Besonders sehenswert ist dieser Stilmix zwischen Reiterstandbild und russischer Botschaft am Bulevardul Ştefan cel Mare.

Alle Sektoren sind durch **Trolleybusse** (die mit der Oberleitung) und **Rutieras** verbunden, die regelmäßig und zügig fahren. Die Reisezeit z.B. zwischen Buiucani (Westen) und Ciocana (Osten) beträgt daher kaum mehr als eine gute halbe Stunde.

Die Hauptrouten treffen sich um die Innenstadtparks am **Reiterstandbild Stefans des Großen** *(Ştefan cel Mare),* wo auch das Regierungszentrum und der belebteste Teil des Boulevards mit vielen Restaurants und Boutiquen liegen. In allen Stadtteilen erstrecken sich weitläufige **Parks,** die zu erschließen keinem Reisenden zeitlich vergönnt sein wird. Zwischen Centru und Buiucani liegt das wegen des Sees und seiner majestätischen Ruhe unvergleichliche **Valea Moriilor,** zu Fuß erreichbar vom historischem Zentrum.

Geschichte

Die **1436 gegründete Stadt** wurde **1828 Hauptstadt Bessarabiens,** Symbol des russischen Plans eines modern verwalteten Gemeinwesens in Südosteuropa. Teil der Verwaltungsreform war die Einführung eines Bürgermeisteramtes, das von den bis dahin beherrschenden Polizeikräften alle zivilen Aufgaben übernahm. Seit 1834 wird Chişinău räumlich neu geplant. Die nun großzügigen Boulevards und Versorgungseinrichtungen erlauben ein immenses Wachstum dieses regionalen Zentrums in Südosteuropa. Diese Bauphase des russischen Klassizismus prägt das Stadtbild bis heute; freilich neben den beiden anderen, jüngeren Einflüssen der Zugehörigkeit zu Großrumänien zwischen 1918 und 1940 sowie der sowjetischen Ära zwischen 1940 und 1991.

In der **zaristischen Aufbauphase** werden Mitte des 19. Jahrhunderts die Hauptstadtkathedrale und später der Glockenturm im Zentralpark am Boulevard errichtet. Beide Gebäude prägen bis heute diesen Park vis-à-vis des Regierungsgebäudes. Nach diversen Bränden wird Chişinău immer wieder aufgebaut und von Russland als wichtiges Machtsymbol gefördert. 1912 rühmen sich die Stadtbewohner einer modernen Straßenbahn, elektrische Straßenbeleuchtung und Kanalisation sind weithin verwirklicht.

1918 wird die Stadt durch die Vereinigung Moldaus mit Rumänien zur Provinzhauptstadt degradiert. In dieser **rumänischen Zeit** fühlen sich viele Moldauer als Rumänen zweiter Klasse. Schon damals werden sie wegen ihrer russophilen Geschichte als Quasi-Slawen behandelt. Parkbänke im Zentralpark sind entweder für Rumänen oder für Moldauer reserviert.

Gut zwei Jahrzehnte vergehen bis zum Triumph der Roten Armee über die deutsch-rumänischen Truppen und die Integration des Landes in die Sowjetunion. Die **UdSSR** bringt dem kleinen Agrarland neben brutaler, lückenloser Überwachung und tausendfachen Menschenrechtsverletzungen auch eine relative Blüte und Stabilität. In Chişinău werden Trolleybusse eingeführt, wissenschaftliche Institute gegründet und erstmals große Industriebetriebe angesiedelt. Neben der Verarbeitung von Milch, Obst und Trauben werden Elektrotechnik, Elektronik und Metallurgie nicht zuletzt zur Zulieferung der großen sowjetischen Waffenindustrie aufgebaut. Viele Bauernkinder erlernen wissenschaftliche Berufe, Moldaus Kultur und Volk werden in der ganzen Sowjetunion geachtet. Die Antialkoholismuskampagne *Gorbatschows* beschert der moldauischen Weinbranche seit 1986 eine dramatische Krise.

1989 – noch zu sowjetischen Zeiten – wird die rumänische Sprache offiziell wieder eingeführt. Daran erinnert der Feiertag der Muttersprache, der 31. August. Im April 1991 erklärt auch Moldau sich begeistert unabhängig, die Sowjetunion ist zusammengebrochen. Tausende Russen und Ukrainer sind verunsichert von der neuen nationalen Euphorie in dem nun als **Republik Moldau** firmierenden europäischen Staat. Sie rebellieren gegen die Degradierung der vormals dominanten russischen Sprache. Der Konflikt eskaliert, es kommt zu einem wochenlangen Krieg Chişinăus gegen östlich vom Nistru operierende russische Banden. Diese deklarieren schließlich den nur 700.000 Einwohner zählenden Landstreifen jenseits des Nistru (**„Transnistrien“**) als separaten Staat. In einem Plebiszit sprechen sich Anfang 1993 mehr als 60 Prozent der Moldauer gegen einen Anschluss an Rumänien aus.

mol747 Foto: hgs

Chişinău setzt sich als gut regierte, steuerlich potente Metropole vom armen Rest des Landes deutlich ab. Die Einkommen liegen hier fast doppelt so hoch wie im ländlichen Durchschnitt. Bis heute beherbergt und unterhält die Stadt namhafte Einrichtungen von Kultur und Wissenschaft.

Sehenswertes in der Stadt

Das Stadtzentrum ragt heraus wegen seiner Architektur, den Parks, seinen Kultureinrichtungen und der zeitgenössischen Lebensart. Ein einstündiger Spaziergang auf dem **Bulevard Ştefan cel Mare** zwischen der Strada Izmail (im Osten) und der russischen Botschaft (im Westen) zeigt die ganze Bandbreite des Lebens: Flanierende Hauptstädter, handelnde Bauern, ausstellende Künstler und schlafende Taxifahrer wechseln sich ab. Nirgendwo dominiert der Kommerz, doch stets der Kontrast zwischen gestern und heute.

Organisierte Hauptstadttouren bieten die unterhalb des Boulevards (auf dem anschließenden Bulevard Negruzzi) gelegenen **Reisebüros Voiaj** und **Solei.**

An vielen Tagen veranstaltet die Stadtverwaltung von Chişinău **Feste mit Live-Musik** gleich vor dem Regierungsgebäude.

Akademie der Wissenschaften

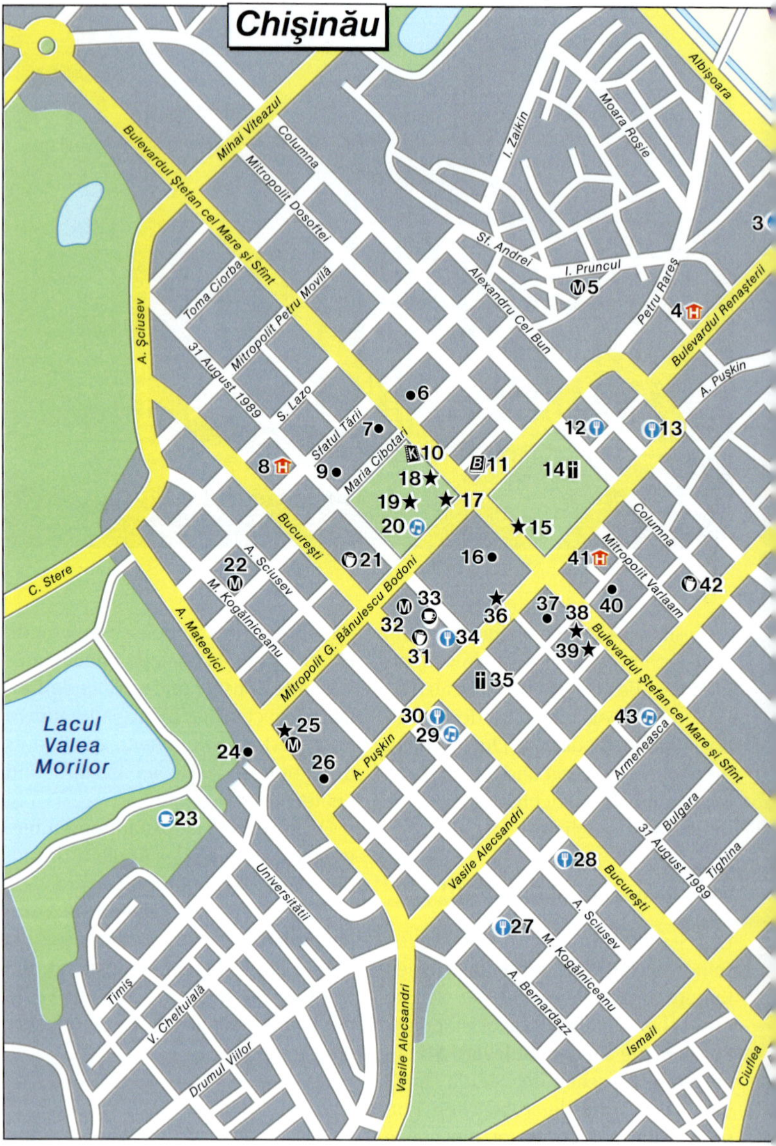
Chişinău
Bulevardul Ştefan cel Mare şi Sfînt
Mihai Viteazul
Columna
Mitropolit Dosoftei
Toma Ciorba
Mitropolit Petru Movilă
31 August 1989
S. Lazo
Sfatul Ţării
Maria Cibotari
A. Şciusev
C. Stere
I. Zaikin
Moara Roşie
Albişoara
Sf. Andrei
I. Pruncul
Alexandru Cel Bun
Petru Rareş
Bulevardul Renaşterii
A. Puşkin
Bucureşti
A. Sciusev
M. Kogălniceanu
Mitropolit G. Bănulescu Bodoni
A. Mateevici
Mitropolit Varlaam
Armeneasca
Bulgara
Tighina
Vasile Alecsandri
Universităţii
A. Bernardazz
Ismail
Ciuflea
Timiş
V. Cheltuială
Drumul Viilor
Lacul Valea Morilor
1
2
3
4
5
6
7
8
9
10
11
12
13
14
15
16
17
18
19
20
21
22
23
24
25
26
27
28
29
30
31
32
33
34
35
36
37
38
39
40
41
42
43

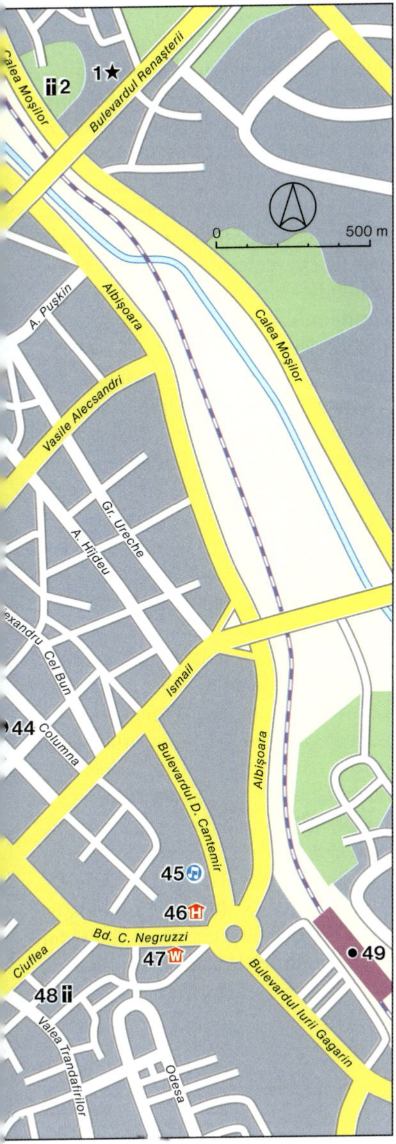

- ★ 1 Zirkus
- 2 Konstantin- und Elenakirche
- 3 Jazz Café
- 4 Hotel Turist
- 5 Puschkin-Museum
- • 6 Präsidentenpalast
- • 7 Parlament
- 8 Hotel Dacia
- • 9 Deutsche Botschaft
- 10 Kino Patria
- 11 Stadtbilbliothek mit deutschem Lesesaal
- 12 Restaurant Robin Pub
- 13 Restaurant Baracuda
- 14 Geburtskathedrale Clopotniţa
- ★ 15 Triumphbogen mit Glockenturm
- • 16 Regierungsgebäude
- ★ 17 Denkmal Stefans des Großen
- ★ 18 Puschkin-Park
- ★ 19 Denkmal Puschkin
- 20 Penthouse
- 21 Eugene Ionescu-Theater
- 22 Völkerkundemuseum
- 23 Cafe D'Elice
- • 24 Private Uni ULIM
- ★ 25 Wasserturm mit Stadtmuseum
- • 26 Staatliche Universität
- 27 Restaurant El Paso
- 28 Restaurant Oraşul Vechi
- 29 Déjà vu
- 30 Restaurant La Taifas
- 31 Puppentheater Licurici
- 32 Geschichtsmuseum
- 33 Cafe D'Elice
- 34 Restaurant Panipit
- 35 Teodor- und Teodorakirche
- ★ 36 Nationalpalast
- • 37 Rathaus
- ★ 38 Orgelhalle
- ★ 39 Schauspielhaus M. Eminescu
- • 40 Private Uni ULIM
- 41 Hotel Dedeman
- 42 Philharmonie
- 43 Cactus
- 44 Zentraler Busbahnhof
- 45 Cherry Café
- 46 Hotel Cosmos
- 47 Kooperative Adresa (vermieten Wohnungen)
- 48 Ciuflea-Kirche und -Kathedrale
- • 49 Hauptbahnhof

Stadtrundgang (zum Überblick, ca. 1 Stunde)

Unser Rundgang beginnt am Hotel Leogrand und führt am Vorplatz von Sun City (Einkaufszentrum) vorbei zunächst zur **Kathedrale.** Diese von *Melnikov* schon in russischer Zeit zwischen 1830 und 1836 erbaute orthodoxe Kirche erinnert an Christi Geburt. Nur 100 m südwestlich steht der erst kürzlich erbaute **Glockenturm** und gleich dahinter der **Triumphbogen.** Gegenüber vom Bulevard sehen wir das Regierungsgebäude. Unser Weg führt weiter rechter Hand am Bulevard entlang über die Str. Badulescu Bodoni hinweg. An der Ecke liegt die **Stadtbibliothek** mit dem deutschen Lesesaal (täglich zwischen 9 und 17 Uhr außer So., kostenlos). Wir gehen bis zur Oper weiter, überqueren den Bulevard, gehen zurück am Patria-Kino vorbei bis zum **Denkmal Stefans des Großen** und durchqueren den **Park Stefans des Großen** Richtung Hotel Codru und Deutscher Botschaft. An der Str. Cebotari laufen wir aufwärts Richtung Südwesten, um nach drei Blocks rechts das orientalisch anmutende, hochinteressante **Völkerkundemuseum** zu erreichen. Ein Besuch sollte jedoch mit Geduld und Zeit erfolgen. An der Str. Kogalniceanu laufen wir nun drei Straßen südöstlich bis zur Str. Badulescu Bodoni weiter und biegen links bzw. abwärts in diese ein. Wieder drei Blocks bergab erreichen wir die Str. 31. August 1989 und finden rechter Hand gleich das **Historische Museum** (davor die Statue von *Romulus* und *Remus*). Hier ist der Kriegspanorama-Raum mit der nachgebildeten Schlacht von Ungheni-Iaşi interessant (im Keller, auf Anfrage wird er geöffnet). Weiter geht es auf der gleichen Straße südöstlich und an der nächsten Ecke links, am Nationalpalast, wo Volksmusikabende stattfinden, die Puşkin-Straße abwärts bis zum Bulevard. Rechts herum kommt als nächstes das Rathaus, danach die Orgelhalle und das Schauspielhaus. Zwei Straßen weiter unten liegt die **Philharmonie.** Von hier aus sind es nur ein paar Schritte zurück zum Hotel Leogrand.

Highlights Chişinău

- **Oper:** Weltniveau vor allem in Oper und Ballett.
- **Kriegsraum:** Panoramablick auf eine Schlacht des Zweiten Weltkriegs.
- **Ethnografisches Museum:** die bunte Geschichte Bessarabiens.
- **Rathaus:** barockes Schmuckstück als Herz der Metropole.
- **Ştefan-Vodă-Park:** Hyde-Park auf östlich – melancholische Ruhe mitten im Zentrum.
- **Themenrestaurants:** Military Pub, Peter I., Aero Club.
- **Diskotheken:** City, Studio, Startrek, Drive.
- **Vinotheken** von Cricova und Mileştii Mici: Direktvertrieb mit Atmosphäre.
- **Private Saunen:** opulente Originale für Sauna-Obensitzer.
- **Kaffeehäuser:** Coffee House, Coffee Beans und Coffee Jeans.

Park Stefans des Großen – grüne Oase in der City

Rund um den Park Stefans des Großen

Unterhalb des durch den Staatsadler erkennbaren Regierungsgebäudes am Mittelpunkt des Bulevard Ştefan cel Mare liegt der früher nach dem russischen Dichter *Puşkin* benannte, 9 ha große Park. Hier befinden sich die berühmte orthodoxe **Kathedrale,** der erst vor kurzem neu gebaute **Glockenturm** und die **Siegessäule,** welche den Sieg über die Türken darstellt.

Im Park Stefans des Großen flanieren täglich die gut gekleideten Hauptstädter, die sich von Fotografen mit künstlichen Löwen und Elektroautos ablichten lassen. An der nordwestlichen Flanke des Parks reiht sich über 500 m **Blumengeschäft an Blumengeschäft,** Beweis für die Bereitschaft der Moldauer, für diese Symbole des Lebens ein Teil ihres sauer verdienten Einkommens auszugeben. Entsprechend viele Gestecke meist importierter Schnittblumen werden zu allen möglichen Anlässen überreicht.

Um den Park herum befinden sich südöstlich das Einkaufszentrum Sun City und das Hotel Leogrand sowie südwestlich der Bulevard Ştefan cel Mare mit dem Ştefan-Vodă-Park und dem Regierungsgebäude.

Bulevard Ştefan cel Mare

Diese **dominierende Stadtstraße** prägt die Hauptstadt: In der Mitte liegen die zentralen Parks (Stefan der Große und Ştefan Vodă); nordwestlich

mol752 Foto: hgs

die Regierungszeile mit Oper, Kino Patria, Präsidentenpalast, Landwirtschaftsministerium, Kunstmuseum, Geheimdienst, Verlagshaus und Russischer Botschaft; südöstlich die Altstadt mit der Stadtverwaltung, dem Orgelhaus *(Sala de Orga)*, dem Schauspielhaus Mihai Eminescu, den traditionellen Fachgeschäften und – ziemlich am Ende – der Telekom, der Akademie der Wissenschaften und dem Hotel Național.

Valea Moriilor

Zentral in der Hauptstadt und doch natürlich ruhig ist das **„Rosental"** (so die Übersetzung von Valea Moriilor) gelegen. Es ist von der Altstadt bzw. den Zentralparks leicht zu Fuß zu erreichen auf der Str. Banulescu Bodoni (am Blumenmarkt vorbei bergauf immer gen Südwesten, ca. 20 Min.).

Den Park umrundet man zu Fuß in ca. 45 Minuten. Dabei sieht man Familien, Liebespärchen und Inline-Skater. Um den See herum wird gegrillt, auf ihm Bötchen gefahren (Rudern, Paddeln, Tretbootfahren für ca. 13 Lei pro ½ Stunde). Schaustellerbuden locken im **Erlebnispark Aventura** (Autoscooter, Raupe, Karussell).

Von Aventura aus fahren Rutieras und Taxis zurück ins Zentrum. Es schließt sich der Stadtteil **Buiucani** an, dessen Geschichte weiter zurückliegt als die der Hauptstadt selbst.

Parks in und um Chişinău

La-Izvor-Park

Der 150 ha große Park, 1972 gegründet, befindet sich **im Stadtteil Buiucani,** erreichbar mit der Rutiera Nr. 174 oder 160 vom Zentrum aus. Verschiedene Brücken sind kunstvoll miteinander verwoben und durch Kanäle verbunden. Akazien und Birken sorgen für einen romantischen Gesamteindruck. Im Zentrum des Geschehens befindet sich ein Brunnen, von dem eine große Brücke zu Inseln mit Märchenthemen führt, ein Eldorado für Kinder. Eintritt: 1 Lei, Öffnungszeiten: 9–20 Uhr.

Parcul Ghidighici

Anfang der 1960er Jahre wurde der große Ghidighici (sprich: Gidigitsch) ausgehoben. 12 km nordwestlich der Stadt liegt der **See** mit 1000 ha Fläche, von denen 124 ha von Pflanzen bedeckt sind. Sie finden mit der Rutiera 123 dorthin. Ursprünglich als Sportsee gedacht, verfügt er auch heute noch über Tretboote und Kanus auch zum Angeln. Am Wochenende bietet der See mit seinem Sandstrand Platz für 30.000 Erholungssuchende, von denen nur wenige tatsächlich erscheinen. Rund um die Uhr geöffnet.

Alunel-Park

Der Park befindet sich im Westen der Stadt Richtung Ghidighici-Park, allerdings nur wenige Kilometer vom Stadtzentrum. Der 11 ha große Park wurde in den 1960er Jahren gegründet und beinhaltet den großen und wichtigen **jüdischen Friedhof.** Im hinteren Bereich erlauben kleine Seen schöne Bootsfahrten und einen Strandbesuch. Neuerdings lädt der Niagara Club zu Fitness, Wellness und Poolfreuden ein (teuer). Anreise per Rutiera 123, rund um die Uhr geöffnet.

Riscani-Park

Dieser Riesenpark mit 32 ha Fläche befindet sich zwischen den Stadtteilen Riscani und Ciocana. 1970 gegründet, dehnt sich in seiner Mitte eine **kleine Seenplatte** von 12 ha aus. Schwarzakazien und Linden prägen die harmonische Silhouette des Parks, der die leicht hügelige Landschaft des ganzen Landes widerspiegelt. Auf den Bänken und Wegen des Parks finden sich ganz normale Zeitgenossen der Stadt, vor allem Mütter und Väter mit Kindern. Anreise mit Rutieras 166, 116, 155, 105, rund um die Uhr geöffnet.

Botanischer Garten

Der botanische Garten von Chişinău beherbergt **heimische und exotische Pflanzenarten.** Er ist bei Liebespaaren beliebt, ebenso bei Pflanzenfreunden und Vogelkundlern. Anreise mit Rutieras 165 und 174, Eintritt: 10 Lei, Öffnungszeiten: 9–20 Uhr.

Sehenswertes in der Umgebung

Cricova

Die **staatliche Weinkellerei** befindet sich in 60 m Tiefe und nimmt ein über 40 km langes Tunnelsystem ein. Sie gehörte zu den Schätzen der Sowjetunion und wird von einem hochnäsigen Management auch heute eifersüchtig gehütet. Hier lagern Millionen Flaschen aus mehr als einem Jahrhundert. Ein Ausflug in die önologischen Katakomben ist kostspielig und nur werktags bis 16 Uhr möglich.

Cricova stellt einige wenige passable **Rotweine** her, ein Jahrgang des Cabernet-Sauvignon oder des Merlot ist in jedem Hauptstadt-Supermarkt für etwa 45 Lei erhältlich.

● **Tagesausflug nach Cricova:** bei 1–3 Pers. ca. 45 Euro/800 Lei pro Pers., bei 4–6 Pers. ca. 38 Euro/680 Lei pro Pers.; mehr Teilnehmer sind nach Vereinbarung möglich (pro Pers. preiswerter). Der Tarif beinhaltet Transport, Tour, Führung, Verkostung, sieben Arten Wein sowie Mitbringsel (zwei Weinflaschen). Tel. (022) 272728 oder 272634 (die erste Nummer gilt auch für Faxe). Eine warme Mahlzeit kostet 12 Euro extra.

Mileştii Mici

Als Winzernation bietet die Republik Moldau ihren Besuchern fast zwanzig attraktive **Vinotheken,** die meisten in kühlen unterirdischen Gewölben, auf rumänisch *Beci* genannt. Unter den berühmtesten ist Mileştii Mici zugleich die gastfreundlichste. 20 km entfernt von der Hauptstadt liegt das Weingut im Bezirk Ialoveni mit bis zu zwei Millionen eingelagerten Flaschen.

Am Eingang des Bergmassivs, in dem sich Mileştii Mici verbirgt, grüßen zwei opulente **Springbrunnen,** einer nur mit Rot-, der andere nur mit Weißwein gefüllt. Zwischen ihnen liegt ein sechs Tonnen schweres Eichenfass gefüllt mit altem Cabernet-Wein.

Das Tunnelsystem hat eine Länge von 200 km, 55 km davon sind ausgebaut. Die Breite beträgt 40–85 m.

● **Anreise:** Ein z.B. über die Nummer 1448 (Alternativen: 1400, 1406) gerufenes **Taxi** verlangt für die Fahrt nach Mileştii Mici 8–11

Euro (Hin- und Rückfahrt, ca. 36 Lei pro Wartestunde).

● Reservierungen für eine **Führung** können in der Landessprache, in Englisch oder Französisch unter Tel. (022) 382336 vorgenommen werden. Ein Reiseleiter empfängt den Gast und führt ihn nach Wunsch in den Sprachen Englisch, Französisch, Russisch oder Rumänisch durch das altehrwürdige Gewölbe. An den Staubschichten auf den Weinflaschen sind schon die Jahre seit ihrer Ablagerung abzulesen. Die ältesten Weine von Mileştii Mici datieren auf 1968 zurück. Viele Weine haben Preise gewonnen, die sog. Goldsammlung, die aus ca. 100 verschiedenen Rotweinen besteht, sogar 72 Stück; zu ihr gehören u.a. „Codru", „Roşu de Purcari", „Negru de Purcari", „Cabernet", „Sauvignon", „Feteasca", „Traminer", „Aligote", „Trandafirul Moldovei", „Nectar", „Marsala", „Auriu", „Cahor". Die Preise für eine Tour betragen je nach Option (ab 5 Personen oder ab 20 Personen, Art der Verpflegung und Weinverkostung) 350–800 Lei, eine Tour dauert etwa 2 Std.; der Tarif beinhaltet Führung, Verkostung, sieben Arten Wein sowie zwei Weinflaschen als Erinnerung.

Vadul-lui-Voda

Vadul-lui-Voda (frei übersetzt: Sommerfrische des Fürsten) ist der vielleicht naheliegendste Ausflug von Chişinău aus, denn die Tour führt zum schönen und identitätsstiftenden Fluss Nistru an der Grenze zu Transnistrien. Strandbars, eine **nette Atmosphäre,** verschiedene Gruppen von Leuten, Grill- und Sportaktivitäten machen Vadul-lui-Voda zu einer echten Sommerfrische – schon seit dem Mittelalter.

Die schärfste, nach Westen reichende Krümmung des **Nistru** ist zugleich ein passabler **Badestrand** mit Schatten und hinreichend sauberem Flusswasser. Mit dem Mietwagen oder dem Taxi sind es nur 30 km ostwärts (zunächst die Nordostausfahrt vom Bezirk Ciocana Richtung Tiraspol/Odessa, dann Richtung Grigoriopol; Vadul-lui-Voda ist ausgeschildert).

Im Ort, der vor einer strategisch bedeutsamen Nistru-Brücke ins angrenzende Transnistrien liegt, befinden sich nur kleine Kioske und Cafés. Für begeisterte Flusstouristen bieten sich jedoch die etwas verfallenen Holz-Lodges an, ursprünglich gebaut für Großfamilien und Freundeskreise. Im Sommer ist Mückenschutz unabdingbar.

● **Aktivität:** In Vadul-lui-Voda bietet der **Aeroclub Sportiv la Chişinău** (ASC) mit zwei Flugzeugen vom Typ Antonov 2 und einer LEV 10 **Fallschirmspringern** seriöse, sportlich orientierte und preiswerte Möglichkeiten. Preise: pro Absprung aus 800 m ca. 360 Lei, pro Absprung mit Trainer aus 4000 m ca. 1950 Lei, pro Absprung mit Trainer aus 4000 m plus Videoaufnahme ca. 2850 Lei. Die Trainer des ASC haben durchschnittlich 8000 Sprünge hinter sich und sind aktive Sportler. Öffnungszeiten des Flugplatzes/der Fallschirmschule: Sa./So. 10–18 Uhr, auf Anfrage auch werktags.

● **Zimbet Camping,** Tel. (069) 200570, 50 Euro pro Nacht, die Holzhäuser liegen nur 50 m vom Flussufer. Wassersport. Vorsicht: Wasser und Strom für Camper sind hier nicht im Sinne westeuropäischer Campingplatz-Standards vorhanden.

● **Zufahrt:** Rutiera, Taxi oder Privatwagen von Chişinău, ca. 30 km gen Osten (Richtung Odessa, dann nördlich abzweigen); vor Erreichen der Ortschaft vor der Lukoil-Tankstelle rechts abbiegen (Schild: „Aerodrom"), 3 km der Asphaltstraße folgen.

● **Kontakt:** tris@tris.company.md, *Igor Sabrian,* Tel. (022) 274774, mobil 69379810, werktags 9–18 Uhr, www.dropzone.md.

Sky Land

Sky Land ist ein von Wald umgebenes **Camping-Resort** mit guter Infrastruktur nicht weit der Hauptstadt. Ganzjährig bieten die ländlich anmutenden Einzelgasthäuser den Service von 4-Sterne-Hotels. Doch Wasser und Strom für Camper finden sich auch hier nicht nach westeuropäischen Standards. Das Doppelzimmer kostet inkl. Frühstück 60 Euro, ein Taxi ab Chişinău kostet 75 Lei.

- **Anreise:** Von Chişinău nur 12 km (15 Min. Fahrzeit) Richtung Criuleni, 2 km von Cricova und parallel zur Straße nach Poltava, zwischen den Ortschaften Goian und Hruşova.
- **Reservierung und Information:** pr@skyland.md

Forest Club

Auch dieses Resort ist ein privater **Erholungsort** mit voller Infrastruktur. Gelegen am Dorf Cărbuna im Rayon Ialoveni (30 km von Chişinău), ist der Weg dorthin nur geschoben, das Resort selbst aber gepflastert. Doppelzimmer ohne Frühstück kosten 75 Euro, der Service gleicht einem 3-Sterne-Hotel. Ein Taxi zum Ziel kostet 150 Lei.

- **Reservierung:** Tel. (079) 917777, 885555 (Geschäftsführung), forest-club@mail.ru.

Safari

Auf dem Weg in den Norden liegt bei Km 40 rechts ein kleiner Parkplatz mit Kiosk und Restaurant. Am Holzschild „Safari" erkennbar, sind auf dem Platz die **Naturgesetze außer Kraft** gesetzt. Hier bewegen sich Gegenstände wie Autos, Bälle etc. gegen die Gravitation, rollen also bergauf. Überzeugen Sie sich selbst! Im Restaurant gibt es zwischen April und Oktober ein köstliches Schaschlik zu günstigen Preisen. Neben dem Hotel ist ein ganz einfacher Hauszoo eingerichtet. Hierher fahren Rutieras vom Nordbahnhof der Hauptstadt für 25 Lei; alle Linien passieren Safari.

- **Reservierung:** Tel. (023) 527988 und (079) 523795, safari@orhei.ru.

Informationen

- Als Informationsquelle ist das **Fremdenverkehrsinstitut DDT** völlig ungeeignet, praktische Tipps werden dort nur zögerlich gegeben. Falls noch Infobroschüren erhältlich sind, hat sich der Besuch gelohnt (werktags 8.30–17 Uhr). Bulevard Ştefan cel Mare 180, Birou 901 (9. OG), Tel. (022) 210774.
- Zurzeit einziger privater **Reiseveranstalter** ist **Holiday Service,** Str. Puşkin 44/1, Tel. (022) 224444, www.holidayservice.md.

Post

- **Poşta Moldovei,** gleich gegenüber des Rathauses (im Häuserblock von McDonald's) am Bulevard Ştefan cel Mare 134, Tel. (022) 224290, 243660, www.posta.md.

Telefonieren

- **Moldtelecom** bietet im zentralen Gebäude am Bd. Ştefan cel Mare alle denkbaren Dienste. 1 Minute nach Deutschland kostet 8 Lei, 3 Minuten Minimum müssen jedoch bezahlt werden. Weitere Büros der Gesellschaft befinden sich über die ganze Stadt verteilt.
- Eine kostenlose **Telefonauskunft** vom Festnetz erteilt die **Nummer 1188.** Neben Rumänisch und Russisch wird je nach Schichtpersonal auch schon mal Englisch gesprochen. Für 0,40 Lei pro Minute erteilt ein privater Dienst unter **1189** Auskunft.

Die moldauischen **Mobilfunkanbieter** heißen Orange und Moldcell:

- **Orange,** Str. Alba Iulia 75, Tel. (022) 575757 oder (022) 753809, www.orange.md.
- **Moldcell,** Str. Tighina 55, Tel. (022) 444444, www.moldcell.md.

- **Internet-(IP)-Telefonieren:** Bulevard Ştefan cel Mare 83d, Tel. (022) 201952, 8–23 Uhr.

Geldwechsel

- In fast jedem Häuserblock und sogar in kleineren Ortschaften gibt es **Wechselstuben,** die von 8–20 Uhr geöffnet haben. Die Kurse sind sehr wettbewerbsfähig.
- Geld in der Landeswährung Lei kann auch **mit Maestro-(EC-) oder Kreditkarte an Automaten** erworben werden. Sie befinden sich an Geschäftsbanken, arbeiten 24 Std. und sind nicht bewacht. Bei VISA beträgt die Gebühr des Anbieters nur 1% des Umsatzes.
- **Kreditkarten: VISA und Mastercard** werden in allen mittleren und gehobenen Hotels, Geschäften, Cafés, Restaurants und Clubs akzeptiert.

Internetcafés

- **Internet Café Citron,** Str. Vlaicu Pircalab 77, durchgehend geöffnet, Tel. (022) 210808, Tarif zwischen 4 (nachts) und 8 (tags) Lei.
- **Internetclub Sun City,** Sfatul Ţării 15, Str. Puşkin auf Höhe des gleichnamigen Parks, gegenüber vom Hotel Leogrand, geöffnet von 7–19 Uhr, Tel. (022) 234560.
- **Matrix Internet Club,** Str. 31. August 1989 Nr. 121, geöffnet von 9–23 Uhr, Tel. (022) 223666.

Service

Gepäckaufbewahrung

- Am Hauptbahnhof stehen in begrenzter Anzahl Schließfächer zur Verfügung. Eine andere Lösung: in irgendeinem Hotel reservieren und das Gepäck so lange deponieren. Bei Abholung und Storno fallen keine Gebühren an, ein gutes Trinkgeld (40 Lei) ist aber angebracht.

Fundbüro

- Tel. (022) 223340, Biroul lucrurilor pierdute (Str. Maria Cibotari 34).

Notfälle

Folgende Telefonnummern der funktionierenden Notdienste sind vom lokalen Festnetz aus jederzeit erreichbar:

- **Krankenwagen:** Tel. 903.
- **Privater Notarzt:** Tel. 1413.
- **Notabteilung des Klinikums:** Tel. 1463.
- **Zentraldienst der Notaufnahme des Klinikums:** Tel. (022) 247986.
- **Pharmazeutischer Notdienst:** Tel. (022) 725501.
- **Veterinärer Notdienst:** Tel. (022) 742511.
- **Rettungsdienst:** Tel. 1411 und 1412.
- **Feuerwehr:** Tel. 901.
- **Kriminalpolizei:** Tel. 902.
- **Schutzpolizei:** Tel. 1462.

Deutsche Botschaft

Nur Deutschland, nicht aber Österreich (Bukarest) und die Schweiz (dito) sind in der Stadt diplomatisch vertreten.

- **Deutsche Botschaft,** Str. Maria Cebotari 35, neben dem Hotel Jolly Alon, Tel. (022) 2006-00, -01, -02, Fax 234522, chisinau@deutsche.botschaft.riscom.md, Öffnungszeiten Mo. bis Do. 8–17 und Fr. 8–15 Uhr.

Mobilität

Flüge

Air Moldova, die staatliche Airline, fliegt Chişinău an von (Auswahl):

- **Bukarest:** täglich 9:30, 12:40, 16:10 und 19:50 Uhr außer Di. und So.; 70 Min.
- **Frankfurt a.M.:** im Sommer täglich, im Winter täglich außer Di. und Do., stets ca. 4:45 Uhr Abflug von Chişinău, So. 8:45 Uhr; täglich Abflug ab Frankfurt 15 Uhr; 150 Min.; das Rückflugticket kostet ca. 350 Euro oder 6300 Lei.

●**Prag:** werktags 11 Uhr ab und 14:25 Uhr an, außer Mo., Mi. und Fr.
●**Athen:** Mi. und So.
●**Moskau:** täglich.
●**Wien:** Mo., Mi. und Fr.
●**Paris:** Di.
●**Rom:** Di., Do. und Sa.
●**St. Petersburg:** Mo. und Fr.
●**Lissabon:** Do.
●**Madrid:** Sa.
●**Mailand:** Di., Mi., Fr. und So.

Moldavian Airlines oder **Carpat Air,** die private moldauische Fluggesellschaft, fliegen Chişinău an von:
●**Budapest:** täglich 12:50 und 20:30 Uhr ab (15:20 und 23 Uhr an).
●**Timişoara:** täglich außer So. 15:15 Uhr ab (16:40 Uhr an).

Teurer und nicht immer zuverlässiger, aber als Mitglied der Star Alliance (Gruppe Lufthansa) fliegt **Austrian Airlines** täglich über **Wien** (13:50 Uhr ab, 16:30 Uhr an).

Ein **Taxi** zum Flughafen kostet nur ca. 80 Lei und sollte vorher bestellt werden, am besten unter Tel. 1407. Vom Flughafen in die Stadt ist es teurer: 100–150 Lei.

Züge

Züge fahren von Chişinău in alle Teile Osteuropas, vor allem in die großen Städte Russlands, Weißrusslands, der Ukraine und Rumäniens, und sind sehr billig.

●**Moskau:** Abfahrt 11:54, 20 und 22:30 Uhr, Fahrpreis für einen Sitzplatz ca. 700 Lei, für das Abteil ca. 1300 Lei.
●**St. Petersburg:** Abfahrt täglich 19:20 Uhr, Fahrpreis für einen Sitzplatz ca. 750 Lei, für das Abteil ca. 1200 Lei.
●**Minsk:** Abfahrt an geraden Kalendertagen täglich 19:20 Uhr, Fahrpreis 430 Lei für den Sitzplatz und 640 Lei für das Abteil.

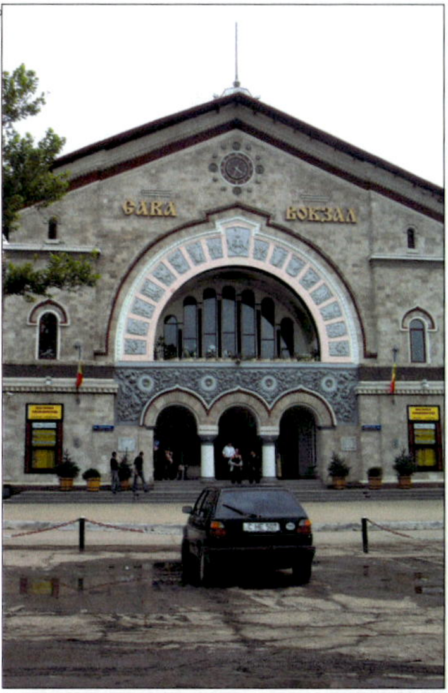

mol757 Foto: hgs

Eingang zum Hauptbahnhof

●**Kiew:** gleicher Zug wie nach Moskau, Fahrpreis 220 Lei für den Sitzplatz und 450 Lei für das Abteil.

Fernbusse

Überlandbusse sind alt, schmutzig und unbequem. Fahrer und Passagiere helfen Ausländern aber meist gern. In Chişinău gibt es drei Busbahnhöfe: Nord, Süd und Zentrum.

●**Busbahnhof Süd,** Şoseaua Hânceşti 143, Tel. (022) 723983, am Infoschalter wird teilweise englisch gesprochen. Verbindungen z.B.: Chişinău – Cahul (über Leova), täglich 6:45 und 18:15 Uhr, 3 Std., 45 Lei; Chişinău – Timişoara, an ungeraden Tagen um 12 Uhr, 17 Std., 450 Lei; Chişinău – Constanţa, Do. und So. 18:20 Uhr, 12–13 Std., 285 Lei. Von hier operiert eine ganze Flotte von Kleinbussen nach Iaşi und zu anderen rumänischen Destinationen.
●**Busbahnhof Zentrum,** Str. Mitropolit Varlaam 58, Tel. (022) 542185, für Busse nach

Transnistrien. Verbindung z.B.: Chişinău – Tiraspol, täglich zwischen 6:30 und 19:10 Uhr im Takt von 20–30 Min., 1:20 Std., 20 Lei; Odessa (Ukraine), stündlich ab 5:50 Uhr bis 18 Uhr, ca. 4,5 Stunden, 95 Lei; Moskau, täglich 8:15, 9:15, 9:45 und 10:45 Uhr, ca. 20 Std., 660 Lei; St. Petersburg, täglich 9 Uhr, ca. 24 Std., 810 Lei.

- **Busbahnhof Nord,** der größte und wichtigste, Str. Moşilor 2/1, Tel. (022) 439489, mit zwölf verschiedenen Linien, z.B. Straseni, Balti, Recea, Edinet, Briceni, Drochia. Verbindungen z.B.: Chişinău – Orhei, halbstündlich zwischen 9:15 und 22 Uhr; Chişinău – Bălţi, täglich zwischen 6 und 19 Uhr im Takt von 30 Min., 2 Std., 35 Lei; Chişinău – Soroca täglich zwischen 7 und 18 Uhr im Takt von 60 Min., 3 Std., 38 Lei. Außerdem fahren von hier mehrmals täglich große internationale Busse nach Bukarest (14 Euro, 12 Std.), Odessa (5 Euro), Moskau (32 Euro), St. Petersburg, Kiew und Minsk. Pragmatisch kommerziell: Der Infoschalter nimmt 1 Lei für jede beantwortete Frage.
- **Eurolines,** eine Tochter der Deutschen Bahn, Tel. (022) 549813, www.eurolines.md, Aleea Garii am Hauptbahnhof, fährt täglich nach Italien, Spanien und Deutschland für ca. 140 Euro.

Stadtbusse

- In der Hauptstadt verkehren Oberleitungsbusse, sog. **Trolleybusse,** die die Hauptrouten bedienen und nur 14 Lei kosten. Die Gebühr wird durch mitfahrende Helfer eingefordert. Manchmal haken die Stromleitungen aus oder der Bus verheddert sich im Baumgeäst.

Billig, flexibel und schnell sind die **Kleinbusse,** auch **Rutiera** (auf Russisch: *Marschrutka*) genannt, die an fast jeder Ecke halten. Einfach Finger raus, 3 Lei bezahlt (Kinder zahlen ab 7 Jahren) und ab.

Nr. der Rutiera/Fahrtroute:

- **101:** Buiucani – Centru – Botanica
- **102:** Botanica – Telecentru – Centru
- **103:** Botanica – Centru – Buiucani
- **104:** Buiucani – Centru – Botanica
- **105:** Ciocana – Gara Auto Centru
- **110:** Riscani – Centru – Telecentru
- **111:** Riscani – Centru – Buiucani
- **129:** Ciocana – Centru
- **155:** Ciocana – Centru – Telecentru
- **176:** Rişcani – Gara Auto de Nord 180 Poşta Veche – centru – Gara Auto de Sud
- **165:** aeroport

Taxis

Taxis gibt es genug in Chişinău. Sie sind nur an dem **Taxischild** auf dem Dach zu erkennen, Marken, Modelle und Farben sind beliebig. Die einzige einheitliche Flotte sind die gelben Wolgas, meist von schlecht gelaunten Russen gelenkt und möglicherweise rauchverqualmt. **Taxistände** gibt es ohne große Markierung in allen Vierteln, Passanten können Hinweise geben.

Nepp gibt es hier nicht, die **Tarife** liegen recht zuverlässig zwischen 20 Lei innerhalb des gleichen Sektors bzw. Stadtteils (z.B. Zentrum, Rişcani, Buiucani) und 80 Lei zum Flughafen. Vom Flughafen in die Stadt verlangen Taxis 100–150 Lei.

Noch günstiger kommt es, die Zentrale anzurufen und ein Fahrzeug zu **bestellen.** Dabei ist jedoch die englische Sprache nicht immer hilfreich, vielleicht kann ein Moldauer helfen. Bei der Bestellung müssen die Adresse, Festnetznummer (kein Handy!) und Zielort angegeben werden. Nach nur ca. 1 Min. ruft die Zentrale zurück und teilt mit, welches Auto mit welchem Kennzeichen wann ankommen wird. Einer der Taxidienste ist:

- **Taxi Municipal,** Tel. (022) 411338, ist ein Betrieb der Stadtverwaltung, zuverlässig und sicher; Tarife zwischen 25 Lei für Fahrten innerhalb des gleichen Stadtteils bis 80 Lei zum Flughafen.

Mietwagen

- **Hertz,** beim Hotel Cosmos, Tel. (022) 274097, oder am Flughafen, Tel. (022) 526379, Fax (022) 491365, www.hertz.md, Reservierungen unter hertz@hertz.md. Vermietung von Autos der Marken Suzuki, Volvo, Renault, Mazda ab 24 Std., Preis zwischen 350 und 1100 Lei pro Tag.

• **AVR,** im Zentrum der Stadt, Str. Banuleşcu Bodoni 57/1, Zimmer 211, Tel. (022) 22922060, mobil 069717478, auch in englischer Sprache. Autos ab 25 Euro pro Stunde oder 65 Euro pro Tag.

• **CVS,** Mietwagen mit Fahrer, Bulevard Renaşterii 14, Tel. (022) 229559, Fax 497361, Hotline ist mobil 069109033, Reservierungen unter support@cvs.md. BMW, Mercedes-Benz, VW Caravelle, Preis 1250–1500 Lei pro Tag.

Auto

• **Parken:** Ein Auto sollte man in Moldau eigentlich immer im Auge behalten oder bewacht abstellen. Schilder mit „Parcare" oder einem einfachen „P" bezeichnen geschützte Plätze. Wächter nehmen die Gebühr zwischen 3 und 20 Lei pro Stunde in bar im Voraus entgegen.

• **Tankstellen:** Empfehlenswert ist die deutsche Tankstellenkette Tirex Petrol. Auch eine relativ sichere Treibstoffqualität (z.B. ohne beigemischtes Wasser bei Diesel) bieten die russische Lukoil mit 13 und die rumänische Petrom mit sieben Stationen in der Hauptstadt.

Autowerkstätten: Bei Pannen und Routinewartung oder -reparaturen helfen geschickte Mechaniker in unabhängigen oder Vertragswerkstätten zu günstigen Tarifen. Auch lange aufgeschobene, aufwendige Eingriffe können in Moldau vorgenommen werden, ebenso komplizierte Lackierungen; sie geraten konkurrenzlos günstig:

• **Autoprogressiv Service,** Str. Burebista 3, Tel. (022) 503016, 522815, apsservice@arax-info.com.

• **Service Vandi SRL,** Str. Burebista 106, Tel. und Fax (022) 554894, werktags 9–18 Uhr, Sa. 9–14 Uhr.

• **Autoservice Renault,** Str. Petricani 17, werktags 9–20 Uhr.

• **East-Auto-Lada** (Opel, Lada), Str. Cucorilor 43, Tel. (022) 464947.

• **Autospace SRL** (BMW), Str. Bucureşti 18, Tel. (022) 223339, 744359, mobil 079404747.

• **Service Peugeot,** Str. Munceşti 178, Tel. (022) 505059.

Unterkunft

Wie in allen GUS-Ländern sind die Hotels in Moldau **teuer,** und es fehlen günstige Lösungen wie Jugendherbergen und Privatzimmer.

• **Leogrand Hotel & Convention Center** (****), Str. Mitropolit Varlaam 77, gegenüber von Sun City im Zentrum, Tel. (022) 201201, Fax (022) 201222, www.leograndhotels.com. Bestes Hotel am Platz mit geschmackvollen Zimmern, Bar, Restaurant, Fitness, Sauna, Billard, Bowling, Darts, Business Centre, Flughafentransfer usw. EZ ab 2700 Lei.

• **Club Royal Park Hotel** (****), Str. Trandafirelor 6/2, Tel. (022) 9244-94, -95, 923070, Fax (022) 924537, mobil 69908886, hotel@clubroyalpark.md, www.clubroyalpark.md. Luxuriöses internationales Hotel und Restaurant. Ganz neu, etwas steif, komplette Infrastruktur von W-LAN bis Pool und Wellness. EZ ab 2100 Lei.

• **Dacia** (****), Str. 31. August 1989 Nr. 135, nur 200 m von der deutschen Botschaft im Zentrum, Tel. (022) 232251, Fax (022) 234647, info@hotel-dacia.com, www.hotel-dacia.com. Früher staatliches Mittelklassehotel in guter, ruhiger Lage, mit netter Bar und Lobby. Restaurant. Getränke, Internet und Sauna gratis. EZ ab 1250 Lei.

• **Cosmos** (**), Piaţa Negruzzi 2, Tel. (022) 542770, Fax (022) 542744, touring@cosmos.mldnet.com, www.hotel-cosmos.com. Früher staatliches Hotel, Zimmer aller Art mit Dusche und WC; Restaurant, Bar, Casino, Internet, Erste Hilfe, Kosmetiksalon, Souvenirs, Poststelle und Wechselstube.

• **Turist** (**), Bulevard Renaşterii 13, Bestlage unterhalb der Zentralbank Richtung Rişcani, Tel. (022) 220637, Fax (022) 220512, office@turism.md. Günstigstes Hotel mit altmodischen Zimmern sowjetischen Stils bis zu modernen, wenn auch stets kleinen DZ. Snack Bar. EZ ab 270 bzw. 540 Lei (je nach Verhandlungskunst, sagen Sie: „Albert schickt mich").

• **La Hanul lui Vasile,** sog. agrotouristische Pension bzw. Lodge im Dorf Togatin, Tel. (022) 387985, mobil 69173730: Appartements mit 1–3 Betten und Häuschen mit eigener Heizung/Bad/WC im Garten. Drei abschließbare Terrassen, finnisches Bad mit Sauna und Billard. Sympathisch. EZ ab 710 Lei (Frühstück inkl.).

•**Adresa,** Bulevard Negruzzi 1, Tel. (022) 544392, 274698, Fax (022) 272096, adresa@mld.net, www.adresa.md (in Englisch oder Russisch, Website nur letzteres), altmodische oder renovierte Wohnungen, stets möbliert und meist mit Boiler, Telefon und Kabel-TV ausgestattet. Ab 420 Lei pro Pers. und Nacht.

Essen und Trinken

•**Baracuda,** Str. Puşkin 35, nur 200 m unterhalb der Hotels Leogrand und Sun City, Tel. (022) 221587, 10–23 Uhr. Erweiterte moldauische Küche mit Eintopf, Fisch und Salaten. Jazz und Folk als Live-Musik im ersten der beiden Räume. Fassbier Tuborg (Lizenz), gute Auswahl an Wodka und moldauischem Branntwein. Menü mit Getränken ca. 180 Lei. Reservierung ratsam.

•**Restaurant Club Royal Park** (vgl. Club Royal Park Hotel), Lokal mit 80 Plätzen (Bar zusätzlich 25) und Show-Programm, ideal für Gruppen und besondere Anlässe. Im Erdgeschoss des hervorragenden Hotels werden erlesene Speisen europäischer Prägung zubereitet.

•**Oraşul Vechi,** Str. Armeneasca 24, Tel. (022) 225063, 12–23 Uhr. Formelles moldauisches Restaurant mit slawischer Note, erstklassige Speisenauswahl mit professionellem Tischservice. Klaviermusik. Menü mit Getränken ca. 160 Lei pro Person. 2 Stunden Zeit und Reservierung empfehlenswert.

•**El Paso,** Str. Armeneasca 10, fünf Straßenblöcke oberhalb des Bulevard Ştefan cel Mare, Tel. (022) 504100, 12–23 Uhr. Kleines mexikanisches Restaurant mit ausgereiften Rezepten, gute Atmosphäre, Menü mit Getränk ca. 125 Lei pro Person.

•**Petru I** (sprich: Petru Intii), Str. Miron Costin 1/4, die Straße parallel zum Bulevard Moscova in Rişcani, mit Rutiera 110, 111 oder 112 von Botanica oder vom Zentrum, Tel. (022) 444325. Atmosphäre eines russischen Waldes, mit Motiven Sankt Petersburgs und der baltischen Flotte; original russische Küche mit *Blas* (Frischbier), *Blinis* (feine Pfannküchlein) und diversen anderen Gerichten.

•**Panipit,** Str. 31. August 1989 Nr. 115, Tel. (022) 240127, 10–24 Uhr. Vornehmes und kreativ gestaltetes Restaurant mit unkompliziertem Service und schönem Biergarten im Hof, auch gut für Kuchen oder leichte Salate, Menü mit Getränk ca. 90 Lei pro Person.

•**Robin Pub,** Str. Alexandru cel Bun 83, zwischen Puşkin-Park und Zentralbank, Tel. (022) 241147 oder 241127, 11–24 Uhr. Folk- und Klassik-Duo oder -Trio mit Geige und Klavier. Vielfältige Speisekarte, empfehlenswert die *Solianka* (russische Wurstsuppe) mit Zitrone und Sahne, Fassbier Tuborg (Lizenz), Menü und Getränk ca. 72 Lei pro Person.

•**La Taifas,** Str. Bucureşti 67, Tel. (022) 227692, 8–24 Uhr. Breites und vertieftes nationales Speiseprogramm, empfehlenswert *Mămăligă* (Polenta mit Speck) oder *Sărmăle* (kleine Kohlrouladen), folkloristische Live-Musik, Begrüßungswein, Menü und Getränk ca. 72 Lei pro Person.

•**La Placinta,** Str. A. Russo 1, erste Hauptkreuzung in Rişcani, Tel. (022) 438233. Rustikales, appetitliches landestypisches Restaurant. Empfehlenswert sind die *Plăcinte,* Blätterteigrollen mit Kartoffeln, Kohl oder Käse.

Abends unterwegs

Osteuropäische Metropolen bieten ein breites Spektrum kreativer Gastronomie vom Jazzkeller bis zur Themendisco, Chişinău noch dazu zu fairen Preisen.

Tagsüber und abends

•**Penthouse,** Bulevard Ştefan cel Mare Nr. 103/02, gleich rückseitig hinter dem Patria-Kinokomplex gegenüber der Oper, Tel. (022) 232320. Die zurzeit angesagteste Lounge, grandios zurückhaltende Vertäfelung mit Panoramafenster zum Stadtpark. Sortiment eines Cafés plus gepflegter Snacks, empfehlenswert sind das Lachscroissant und die Eiskremvariationen. Fast alle Trolleybusse (1, 5, 8, 11, 14, 18, 22 und 28) und viele Rutieras halten hier. 24 Std. geöffnet, alle Kreditkarten werden akzeptiert. Ab 19 Uhr Tischreservierung empfohlen.

• **Calcutta,** Bulevard Moscova Nr. 5, Riscani, Tel. (022) 477781, mobil 69331222. Dezent gestaltetes Lounge-Café. Tagsüber fast leer, eignet sich das Calcutta zum Aufwärmen für den Abend bei einem gepflegten Tee, Espresso oder Cocktail. Kleine Speisen wie Crêpes, Sandwiches und frisch gemachte Suppen. Schneller Internetzugang, gesalzene (fast europäische) Preise. Ab 21 Uhr Tischreservierung empfohlen. Öffnungszeiten: 11–1 Uhr. Kreditkartenzahlung möglich.

• **Cactus Café,** Str. Armeneasca 41, Zentrum, Tel. (022) 502394. Rustikal gestaltetes kleines Restaurant mit mexikanischem Touch. Lockere Atmosphäre, junges, unprätentiöses Publikum, europäische und moldauische Speisen zu mittleren Preisen. Öffnungszeiten: 12–1 Uhr. Kredit- und Maestro-Karten akzeptiert.

• **Taxi Blues,** Bulevard Moscova 1/2 an der Hauptkreuzung zu Beginn des Stadtteils Riscani (links), Tel. (022) 494010. Anregende Atmosphäre rund um das Thema Taxi, das mit grünen Vinyl-, Textil- und Mauerflächen umgesetzt wird. Live-Musik bis Chill Out, gehobene, aber bezahlbare Preise. Wegen der Nähe zu Military Pub und Startrek Disco ideal für den mittleren Abend.

• **Nostalgie,** Bulevard Moscova 1/2, gleich neben dem Taxi Blues, Tel. (022) 430737. Wie eine US-amerikanische Cocktail-Bar, stylish und bunt, metropolitane DJs legen fast täglich ihre Musik auf. Artistische Barkeeper, insgesamt etwas bemüht und überdreht.

• **Cherry Café,** Bulevard Cantemir 3/2 im Zentrum, etwas abgelegen gleich neben der sog. Baby Hall (Einkaufszentrum für Kleinkindbedarf) hinter dem Hotel Cosmos, Tel. (022) 260317. Hier ist die Hauptstadt-Boheme zu Hause, die besten DJs geben sich ein Stelldichein. Gelungenes Design aus rotem Kunstleder und Sichtbeton; die schönsten Toiletten der Hauptstadt.

• **Déjà vu,** Str. Bukarest 7, auf Höhe der Orgelhalle/Stadtverwaltung, Tel. 69742596. Engagierte, etwas überdrehte Barkeeper aus der Schule des Präsidenten der International Bartender's Association, *Serghei Kadatsky,* Kiew. Jeder Cocktail wird zur Performance, und der Gast wird mit einbezogen. Für gelangweilte Singles oder Kleingruppen ideal! Abends sind Tischreservierungen Pflicht.

• **Coffee House,** 4. Etage im Sun City (Einkaufszentrum an der Str. Puşkin neben dem gleichnamigen Park), breites Spektrum an Kaffee- und Teesorten, sehr gepflegtes Ambiente, großstädtisches Flair.

• **Coffee Beans,** Bulevard Ştefan cel Mare 103/2, hinter dem Kino Patria, Tel. (022) 235633.

• **Booz Time Club,** Str. Bucureşti 68, Tel. (022) 232237. Russisches und amerikanisches Poolbillard mit guter Clubmusik, Fassbier, sehr faire Tarife.

• **Aero Café,** über das Sun City zu betreten: Glasschlauch direkt über der Str. Puşkin. Individuell nach aeronautischen Themen gestaltete Tische und Stühle. Breites Sortiment an Kuchen und Eiscreme. Kaffee und Tee. Guter Ausblick auf Straße und Park.

Abends und nachts

• **City Club,** Str. 31. August 1989 Nr. 117, Tel. (022) 241672. Mi. bis So. ab 21 Uhr. Große, professionell beschallte Diskothek mit halbstündigen niveauvollen Tanz- und Spielshows. Musik von Techno bis Pop. Gute Atmosphäre, Fassbier und Spirituosen zu bezahlbaren Preisen. Eintritt: 36 Lei.

• **Flamingo,** Tabacarie Veche 23, Tel. (022) 224330 und für Reservierungen mobil 079222222. Fr. und Sa. von 22 Uhr bis in den frühen Morgen. Tanz am Pool. Eintritt: 200 Lei, Damen gratis.

• **Drive,** Calea Orheiului 109, mobil 079646464 oder 069646464, reservation@driveclub.md. Moderne Disco mit Top-Design und -Ausrüstung, Karaoke im Nebentrakt. Eintritt: 200 Lei, Damen gratis.

• **Dance Planet,** Bulevard Renasterii 33/1 (im ehemaligen sowjetischen Zirkus!), mobil 069550005. Geeignet für Singles, mit aktuellen DJs. Eintritt: 200 Lei, Damen gratis.

• **Studio Club,** Str. Bucureşti 66, gegenüber vom City Club, Tel. (022) 228080 oder 220404, nur Fr. und Sa. Exklusiver Club für jedes Alter, orientalische Wasserpfeifen, erstklassige Akustik, Flaschenbier. Eintritt: 90 Lei.

• **Military Pub,** Str. Kiev 7, Tel. (022) 404001, täglich ab 19 Uhr außer Mo. Konsequent mit Reliquien der Roten Armee durchgestylt. Breites Biersortiment. Kleine Tanzfläche mit

Billard in Chişinău

• Billardclub Olimpic

Dieser Club befindet sich im östlichen Hauptstadtviertel **Rişcani** an der Straße Miron Costin 5. Die Rutiera-Busse 110, 127, 111 fahren allesamt zur Hauptkreuzung in Rişcani am Moskau-Boulevard mit der Straße Miron Costin. Biegen Sie bergauf in diese Straße ein, und Sie sehen nach 200 m das Clubgebäude.

Gespielt werden können Pool (amerikanisch) und Pyramide (russisch); Preise: 27–90 Lei/Std. Der Saal umfasst 16 Tische und ist Nichtrauchern vorbehalten. Reservierungen unter Tel. (022) 321443. Auf Wunsch erklärt das Personal die Regeln in englischer Sprache!

Öffnungszeiten: 24 Std. Im Club ist auch eine Bar mit einigen Speisen zur Auswahl.

• Billardclub Prestige

Dieser Club liegt im **Zentrum** der Hauptstadt auf dem Bulevard Negruzzi Nr. 3, unterhalb des Hotels Chişinău und genau gegenüber der Restaurants Beer-House und Gambrinus. Nehmen Sie auf dem Bulevard Ştefan cel Mare jedweden Trolleybus Richtung Hotel National und steigen Sie aus, nachdem Sie das Gebäude von Moldtelecom passiert haben. Von dort laufen Sie noch ca. 5 Minuten den Boulevard hinunter.

Gespielt werden können Pool (amerikanisch) und Pyramide (russisch); Preise: 27–55 Lei/Std. Es kann geraucht werden. Im Saal befinden sich acht Tische. Eine Einweisung für Anfänger ist in gebrochener englischer Sprache möglich.

Reservierungen werden unter Tel. (022) 270192 oder (022) 270039 in lokalen Sprachen oder auf Englisch entgegengenommen.

Öffnungszeiten: täglich von 10 Uhr bis zum letzten Kunden. Im Club steht eine Bar zur Verfügung.

• Freizeitzentrum New York

Auch das Freizeitzentrum New York befindet sich im **Zentrum** der Hauptstadt, und zwar auf der Str. Pîrcălab 69 (gegenüber der Privatuni ULIM), einen Häuserblock unterhalb der Hauptpost/Stadtverwaltung auf dem Bulevard Ştefan cel Mare. Sie kommen mit den Trolleybuslinien 1, 4, 5, 8, 22 dorthin.

Das Freizeitzentrum ist vor allem auf Bowling (125 Lei pro Std.) spezialisiert, bietet aber auch Billard (Pool/amerikanisch, Pyramide/russisch); Preise: 18–70 Lei/Std. Andere Spiele: Darts, Air Hockey, Mr. Claw, Fußball Supershot, Skeeball Lightning. Der Rauchersaal umfasst fünf Billardtische.

Tischreservierungen werden vorgenommen unter Tel. (022) 232155, Fax (022) 232075, neben den lokalen Sprachen spricht man gebrochenes Englisch. Im Bedarfsfall erklärt das Personal die Regeln in englischer Sprache.

Im angeschlossenen Restaurant New York kann man wirklich gut essen, und zwar moderne leichte Speisen wie Salate oder einen knackigen Hamburger.

Öffnungszeiten: täglich 11–2 Uhr, Internet: www.nybowling.com.

• Oscar

Lukoil Center, Studentenstr. 7/5, Tel. (022) 447525, mobil 69151767. Modernes Unterhaltungszentrum mit verschiedenen Restaurants, Sushi-Bar, Casino, Bowling, Karaoke, Fitness und Sauna sowie dem ersten Dolby-Surround-Kino Moldaus. Verbindung vom Zentrum mit Rutiera Nr. 127 oder Nr. 126 von Buiucani oder Nr. 110 von Telecentru oder Nr. 112 von Botanica.

• Billardclub Bagris

Der Club Bagris befindet sich im Stadtteil **Botanica** auf der Straße Cuza-

Vodă 19/5 an der Kreuzung der Str. Independenţei neben dem Gartenrestaurant Delius. Dorthin führen die Rutiera-Linien 175, 103 (ab der Str. 31. August) oder 184 (von der gegenüberliegenden Straßenseite des Hauptbahnhofs).

Gespielt werden Pool (amerikanisch) und Pyramide (russisch); Preise: 36–55 Lei/Std. In dem Saal, in dem reichlich geraucht wird, stehen 20 Tische zur Verfügung. Es gibt eine gut sortierte Bar sowie einen Gesellschaftsraum mit einem weiteren Billardtisch.

Reservierungen können unter Tel. (022) 506070 in lokalen Sprachen oder in Englisch (mitunter schwierig) getätigt werden.

Öffnungszeiten: täglich 12–24 Uhr.

• Billardclub Black Wolf

Dieser Billardclub liegt im Hauptstadtviertel **Ciocana** auf der Str. A. Russo 20. Dorthin fahren vom Zentrum aus die Rutiera-Linien 155, 166, 121, 116, Abfahrt am besten von der Str. Puşkin, Ausstieg an der ersten Haltestelle des Viertels Ciocana (nach Rişcani fährt der Kleinbus durch ein Tal mit lichtem Wald, danach die erste Haltestelle). Direkt hier liegt gut sichtbar der Club.

Es werden Pool (amerikanisch) und Pyramide (russisch) gespielt; Preise: 36–50 Lei/Std. In dem Raum befinden sich zehn Tische, Rauchen ist erlaubt.

Im Nebenraum stehen auch Spielautomaten zur Verfügung sowie ein Musikautomat. An der Bar werden Getränke und kleine Speisen angeboten.

Unter Tel. (022) 402114 können Reservierungen getätigt werden (kaum auf Englisch).

Durchgehend geöffnet!

DJ-Musik, gegen Mitternacht häufig spontane Tanz-Sessions. Eintritt: 27 Lei.

• **Ginta Latina,** Str. Sfatul Ţării 18, Tel. (022) 234760 oder 234755. Populäre Kellerdisco für alle Tage bzw. Nächte, Eintritt: 27 Lei (nur am Wochenende).

• **Jazz Café,** Str. Albişoara 44 (2. Stock), Tel. (022) 224495, 79794444. Täglich hochkarätige Jazz- und Bluesbands. Hochgeschwindigkeits-W-LAN vorhanden.

• **Crazy Horse,** Bulevard Dacia 18/1, Tel. (022) 663993, für Reservierungen auch Tel. (022) 069212155. Echte Lounge in Beige- und Brauntönen. Beste Abende sind Do. und Sa. mit DJs, So. und Mo. mit Jazz, Blues und Funk. Geöffnet bis 6 Uhr morgens, freier Eintritt, Gesichtskontrolle.

Einkaufen

Der Handel weist sowohl sowjetische Strukturen als auch kapitalistisch-moderne Züge auf. Einerseits gibt es noch viel Direktvertriebsläden mit sehr spezifischem Angebot, so z.B. Süßwarenläden der Schokoladenfabrik Bucuria, Weinläden von Cricova und Mileştii Mici und den Sportartikelladen Sport (alle am Bulevard Ştefan cel Mare). Andererseits laden Einkaufszentren wie Sun City, Str. Puşkin 31, zum Shoppen zwischen und in privaten Fachgeschäften ein.

Für **Nahrungsmittel und Artikel des täglichen Bedarfs** stehen die moldauischen Ketten FIDESCO (jeder Taxifahrer weiß Bescheid), Green Hills (Hauptkreuzung in Botanica) und Colibri (am Zirkus) zur Verfügung.

Als **Souvenirs** eignen sich die hervorragende Brände von Aroma (exzellente Qualität für ca. 125 Lei: Chişinău, Moldova) oder Kvint (Nistru) oder – für unsere Kleinen – der Snack Do-Re-Mi von Bucuria.

Buchhandlungen

• **Cartea Academica,** Bulevard Ştefan cel Mare 148, Mo. bis Sa. 9–18 Uhr.

• **Libraria Eminescu,** Bulevard Ştefan cel Mare 180, Mo. bis Fr. 9–17 Uhr, Sa. 9–17 Uhr.

• **Oxford University Press,** Str. Mihai Eminescu 64, Mo. bis Fr. 10–18 Uhr, Sa. 10–15 Uhr, Tel. (022) 228987.

Sportzentrum Eco Sport Gym in Chişinău

Vladislav Rojnov ist ein russischsprachiger Moldauer, der seit über zehn Jahren organisierten Kombinationssport betreibt und anbietet. Er begann Mitte der 1990er Jahre in einem kleinen Raum im öffentlichen Schwimmbad, den er mit Krafttrainingsgeräten bestückte und den Kunden separat zum Training zur Verfügung stellte. In mehreren Schritten baute er diese private Trainingsoption aus und erreichte aus eigenen Mitteln das hohe Niveau dieses heute in Moldau besten Fitnessangebots.

Eco Sport Gym hat sich die körperliche Ertüchtigung, die Gesundheitspflege und die **Wellness** auf die Fahnen geschrieben und bietet diverse Fitnessprogramme modernster Prägung an.

Der Sportclub befindet sich inzwischen im eigenen Gebäude oberhalb des schönsten Hauptstadtparks Valea Morilor, sodass bei einigen Sportarten bzw. vor allem dem Aufwärmen auch die unmittelbare Nutzung des Parks möglich ist.

Für fast alle Aktivitäten im Club stehen Trainer zur Verfügung, die der Besucher nach eigenem Bedarf spontan und kostenlos hinzuziehen kann. *Vladislav Rojnov* und alle seine Trainer haben Sport akademisch studiert und verfügen über nationale oder internationale Trainerlizenzen oder Meistertitel.

Angebote und Preise:

- Krafttraining und Gymnastik: 215 Lei pro Tag.
- Studien in Yoga, Belly Dance und Fechten: 145 Lei pro Tag.
- Solarium: 11 Lei pro 2 Minuten.
- Massage (generell, sportlich, heilend oder Anticellulitis): 90 Lei pro ½ Std. und 145 Lei pro Std.
- Persönlicher Trainer: 215 Lei pro Std.
- Fahrradverleih (professionelle Mountainbikes): 62 Lei pro Std., Tagespreis nach Vereinbarung.

Im Eco Sport Gym kann man das Programm individuell gestalten. Dabei sollten die gemeinsamen Angebote der spezialisierten Gymnastik oder der Spezialdisziplinen wie Fechten laut monatlich aktualisiertem Plan genutzt werden. Persönliches Training, Sauna, Solarium und Massage können danach kommen.

Der Tagespreis von 215 Lei deckt alle diese Aktivitäten ab. Nur bei personalisiertem Training, das mehr als ein paar Minuten die Instruktion eines Profis beinhaltet, kommen noch die Trainer-Honorare hinzu.

Ein Arzt hilft kostenlos mit der persönlichen Messung des Blutdrucks oder verabreicht im Notfall Medikamente. Ein Schönheits-Salon bietet kosmetische Anwendungen.

In der gestylten Sportbar werden Säfte, Wässer und gute Espressi ausgeschenkt.

Öffnungszeiten: werktags 7–23 Uhr, am Wochenende 8–20 Uhr.

Eco Sport Gym befindet sich in Chişinău zentral auf der Str. A. Mateevici 113/2, Kontakttelefon ist (022) 233081 oder 233066; www.ecosportgym.com. Eine Anbindung mit öffentlichem Verkehrsmittel besteht mit der Rutiera-Linie 104. Steigen Sie an der Kreuzung zwischen den Straßen M. Kogălniceanu und S. Lazo aus, dann geht es 100 m hoch, und schon sehen Sie das Gebäude des Clubs.

Empfehlenswert: Der Club bietet ein durchdachtes Programm für Kinder.

Auch die Zusatzangebote des Clubs sind bemerkenswert und können einen Aufenthalt in Moldau entscheidend bereichern. Sie erlauben nämlich das aktive oder gar sportliche Erleben der schönen Hauptstadt und ihres Umlandes:

Der **Fahrradverleih** funktioniert auf stündlicher Basis oder – zu günstigeren Konditionen – täglich oder gar mehrtägig. Dann wird ein Pfand verlangt, z.B. ein Reisepass, oder eine Kaution (7100 Lei).

Fahrradtouren werden vom Fitness-Club mit Rat und Tat unterstützt. Eine Empfehlung ist eine 2- bis 3-Tage-Tour in den Wäldern des Codru-Gebiets ca. 25 km von Chişinău entfernt. Andere gute Touren für zwei oder drei Tage führen nach Orheiul Vechi oder nach Molovata Nouă (vgl. Ausflug zum Hotel Laguna). Die Anmeldung von Tourwünschen mit dem Fahrrad sollte mindestens einen Tag vorher geschehen.

Für pauschale Arrangements, die individuell ausgearbeitet werden und alle Leistungen wie Übernachtung, Verpflegung und eine Hotline des Eco Sport Gym beinhalten, werden ca. 3600 Lei berechnet.

Rojnov persönlich kümmert sich um die Touren und steht für Rückfragen fast jederzeit zur Verfügung.

Reiten findet in einem angeschlossenen Stall statt. Pro Stunde kostet es 180 Lei, mit einem professionellen Reitlehrer 530 Lei.

Einkaufszentren

- **Malldova,** Str. Arborilor 21, Tel. (022) 603255, info@shoppingmalldova.md. Die größte und modernste Mall des Landes.
- **Sun City,** Str. Puşkin 53, unterhalb des Parks Stefans des Großen. Buntes Einkaufszentrum mit Gastronomie und urbanem Flair.
- **Gemeni,** Bulevard Štefan cel Mare 34. Altmodisches Sammelsurium mit postsowjetischem Charme.
- **Jumbo,** Bulevard Decebal 23. Kleine Läden vor allem für Damen- und Herrenkonfektion.

Feste und Events

Öffentliche Feste steigen im März (Mărţişor), im August (Unabhängigkeit und Sprache) und im Oktober (Weinfestival). Darüber hinaus bietet Moldexpo verschiedene Messen an. Auf Großwerbetafeln werden diese aktuell angekündigt.

- **Mărţişor:** Verschiedene Legenden erzählen vom Kampf zwischen Winter (schlecht) und Sommer (gut), die Farben Rot und Weiß symbolisieren diesen Dualismus. Auch (rotes) Blut im (weißen) Schnee wird assoziiert. Männer stecken den Damen am 1. **März** und den folgenden Tagen kleine weiß-rote Gestecke ans Revers, und die Kulturinstitute der Stadt überbieten sich gegenseitig mit Konzerten und Veranstaltungen in diesen Tagen des moldauischen Frühlings.
- Ende **August** werden der **Tag der Unabhängigkeit** (27. August) und der **Tag der Muttersprache Rumänisch** (31. August) mit Open-Air-Konzerten vom Feinsten bedacht. Meist steht ein großes Bühnenzelt vor dem Regierungsgebäude auf dem Bulevard Ştefan cel Mare, Rock- und Popgruppen musizieren für die gratis zuhörenden Moldauer.
- Am 13. und 14. **Oktober** findet das internationale **Weinfestival** mit öffentlichen und geschlossenen Veranstaltungen im Zentrum der Stadt und im Messegelände Moldexpo statt. Es koinzidiert mit dem Festakt der Stadtgründung am 14. Oktober.

Kultur

Kulturhäuser

●**Theater Eugene Ionesco,** Str. Sfâtul Ţării 18, Tel. (022) 233833. Regelmäßiges Kammerschauspiel, moderne und absurde Inszenierungen.
●**Theater Satiricus,** Str. Mihai Eminescu 55, Tel. (022) 224034. Kreative und humorige Stücke des kleinen Ensembles, häufig mit Gastspielern.
●**Tshechov-Theater,** Str. Vlaicu Pircalab 75, Tel. (022) 231332 oder 233362. Staatliches Schauspielhaus (Aufführungen auf Russisch).
●**Nationaltheater Mihai Eminescu,** Bd. Ştefan cel Mare si Sfînt 79, Tel. (022) 221177, tnme@eminescu.md, www.eminescu.md. Größtes öffentliches Schauspielhaus am Boulevard, wechselnde Inszenierungen, die im Portal angekündigt werden.
●**Puppentheater für Kinder und Erwachsene,** Str. 31. August 1989 Nr. 121, zwischen Panipit-Restaurant und Historischem Museum, Tel. (022) 244181, 245104.
●**Oper und Ballett** mit niveauvollen klassischen Stücken, Bulevard Ştefan cel Mare 152, Tel. (022) 224181, 245104. Die 35–55 Lei teuren Abendkarten sollten am vorhergehenden Nachmittag reserviert werden.
●**Konzerte der Volksmusik** gibt es im **Nationalpalast** (= *Palatul Naţional*), Str. Puşkin 21, Tel. (022) 233194 oder 213544. Die fröhliche balkanische Musik ist für deutsche Ohren gewöhnungsbedürftig.
●**Symphonische Konzerte** werden in der **Philharmonie** gegeben (= *Filarmonica Naţională*), Str. Mitropolitul Varlaam 78, Tel. (022) 222234 oder 224505.
●Ebenfalls klassische Musik, häufig mit international bekannten Solisten an Klavier oder Violine: **Orgelhalle** (= *Sala cu Orga*), Bulevard Ştefan cel Mare 81, Tel. (022) 222547 oder 225151.

Galerien

●**Galeria C. Brâncuşi,** Bulevard Ştefan cel Mare 3. Tel. (022) 541457, 541596.
●**Art Salon ALEXANDER,** Str. Banulescu Bodoni 41, Tel. (022) 213904, obada@nm.ru, Mo. bis Fr. 10–19 Uhr, Sa./So. 10–15 Uhr.
●**Galeria Holti,** Str. Columna 128, Tel. (022) 243703.
●**Galeria „L",** Str. Bucureşti 64, Tel. (022) 221975.

Kinos

●In jedem Stadtteil gibt es Kinos, z.B. das **Flacara** in Buiucani und das – einzige modernisierte – **Patria** im Zentrum (gegenüber der Oper am Blvd. Ştefan cel Mare).
●Filme im Original mit Untertiteln, also in englischer Sprache, bringt der **Cinema Club,** Tel. (022) 212730, www.ournet-md/~cinema, Str. Badulescu Bodoni, zwei Häuserblocks südwestlich (aufwärts) von der Str. Bucureşti, mit Vorstellungen von 10–20 Uhr ca. im Stundentakt und günstigen Eintrittspreisen von 6,50–36 Lei pro Person und Vorstellung.

Sport/Aktivitäten

●**Badminton,** Raum 11, 27, Str. Armeneasca.
●**Baseball and Softball,** 17, Str. Cetatea Alba.
●**Basketball,** 13/2, Str. Trandafirilor.
●**Bergsteigen,** Raum 511, 165, Str. Tighina.
●**Bodybuilding und Fitness,** Raum 112, 13/1, Str. Miron Costin.
●**Bogenschießen,** 73, Bulevard Ştefan cel Mare.
●**Boxen,** 10, Str. Calea Iesilor.
●**Fallschirmspringen,** Raum 31, 2, Bulevard Decebal.
●**Fechten,** 43, Str. Armeneasca.
●**Fußball,** 39, Str. Tricolorului.
●**Golf,** ap. 19, 94/1, Str. Izmail.
●**Gymnastik und Body-Shaping,** 78, Str. 31 August 1998.
●**Handball,** 12, Str. Tighina.
●**Judo,** 169, Bulevard Ştefan cel Mare.
●**Kyokushinkai Kan Karate,** 3, Bulevard Mircea cel Batrin.
●**Moderner Fünfkampf,** 20, Str. Igor Vieru.
●**Motorradsport,** 19, Str. Sfatul Tarii.
●**Muay Thai und Kickboxing,** 13/2, Str. Trandafirilor.
●**Paintball,** 40, Str. Alexandru cel Bun.
●**Radrennen,** 30/4, Str. Independentii.
●**Sambo,** 23-A, Str. Gh. Asachi.

- **Sportbowling,**
Raum 147, 21/1, Str. Cuza Voda.
- **Taekwondo,**
64/36, Bulevard Ştefan cel Mare
- **Tanzen,** 1/2, Str. Ion Creanga.
- **Tenhikan,**
Raum 57, 89/1, Str. Calea Orheiului.
- **Tennis,** 72, Bulevard Decebal.
- **Tischtennis,** 13-A, Bulevard Decebal.
- **Triathlon,** Raum 511, 65, Str. Tighina.
- **Turnen,** 12, Str. Tighina.
- **Volleyball,** 47/2, Str. Ion Creanga.
- **Wasserpolo,** 13, Str. Vlaicu Pircalab.
- **Yachting,** 9, Str. Melestiu.

Sport-/Fitnesszentren

- **Fitness Doza,** Fitness und Aerobics, Str. Ion Creangă 62, Tel. (022) 745208, www.fitness-life.md. Diverse Filialen in ganz Chişinău: Stadtteil Ciocana, Bulevard Mircea cel Batrân 11; Zentrum, Str. A. Doga 26; Stadtteil Riscani, Bulevard Miron Costin 25.
- **Niagara Club,** Fitness, Sauna, Wassersport mit großem Außenbereich, Str. Ghidighici 5, Tel. (022) 719714. Der Tageseintritt liegt bei horrenden 270 Lei, im Außenbereich (nur Schwimmen im beheizten Wasser) ist es mit 36 Lei erschwinglich.
- **Complexul Sportiv al Institutului Național de Educație Fizică si Sport,** Schwimmbecken, Krafttraining und Aerobic, Str. 31. August 1989 Nr. 31, Tel. (022) 242033.
- **Aqua Life,** voll überdacht mit Schwimmbecken, Sauna, Fitness, Bowling und Billard, unter dem Einkaufszentrum Sun City, Str. Puşkin 32, Tel. (022) 232993, aqua-life@mail.ru, www.aqua-life.allmoldova.com.

Ausflüge ab Chişinău

Gasthof Hangan

Im Dorf **Lalova,** südlich von Rezina, befindet sich ca. 100 km von der Hauptstadt entfernt der mit Bruchstein gebaute Gasthof Hangan. Am Ufer des Nistru gelegen, bietet dieser Ort schöne Landschaft und gute Gastronomie gleichermaßen. Die Wirtsleute *Emilia* und *Sergiu Gangan* fühlen sich persönlich für die Betreuung der Gäste verantwortlich.

- **Reservierung:** im Hauptstadtbüro (Adresse: Str. Calea Ieşilor 1B, Magazin Philips, neben der Apotheke Panacea, gegenüber der pädagogischen Hochschule Ion Creangă, wo die Rutiera-Linien 104, 160, 103, 122, 174 hinführen); per Fax in englischer oder spanischer Sprache an den Sohn der Gastwirtsfamilie oder in rumänischer oder russischer Sprache per E-Mail an lalova@mail.md.

Direkt mit Lalova telefonieren Sie über Tel. (0254) 75326 oder 75284. Handynummern der Herbergseltern sind die 69124422 *(Sergiu)* und 69288332 *(Emilia)*.

- **Anreise:** Rutiera vom Nordbusbahnhof (Gara de Nord, Str. Petricani, Chişinău, Tel. (022) 411338) nach Lalova. Do. bis So. um 15 Uhr, 45 Lei, ca. 2½ Std. Fahrt. Der Busfahrer lässt Sie auf Wunsch bei Hanul lui Hanganu aussteigen.

Familie *Gangan* kann Sie für 600 Lei vom Flughafen abholen, für den Preis können ein bis vier Personen mitfahren.

- **Zimmeroptionen:** Zimmertypus Tarif Başcă für 2–3 Personen (*lejancă* 2 x 3 m, Kamin, Dusche/WC, Warmwasser) 360 Lei, Frühstück 36 Lei, Mittagessen 90 Lei, Abendessen 55 Lei (jeweils pro Person). Die *lejancă* ist ein in den Kachelofen integriertes traditionelles Bett. Vor jedem Häuschen befindet sich ein kleiner Teich mit 2 m Tiefe und einer Brücke hinüber.

Tipp: Für kürzere Aufenthalte in Chişinău vermietet die Familie *Gangan* eins von fünf Zimmern ihrer Stadtwohnung ab 180 Lei pro Person.

• **Sonstiges:** Am Abend wird die **Sauna** mit Holz geheizt, davor lädt ein überdachter **Eispool** zum Sprung ins kalte Nass ein (55 Lei für 3 Std.).

Besuch bei einer bäuerlichen Familie

Wirklich interessant ist der Besuch von **Frau Angela Don,** die sich dem Verzieren von Eiern und der Stickerei widmet. Hier kann der Besucher in die traditionelle **Eiermalerei** und die **Stickerei** systematisch eingeführt werden oder diese Produkte als authentisches Andenken für 36–90 Lei pro Stück erwerben. Bei Frau *Don* leben auch verschiedene Nutztiere um das Haus herum, etwa Pferde, Kühe, Ziegen, Schafe und Hühner. Auch Schafs- und Kuhmilchkäse sowie Hauswein werden hergestellt und feilgeboten.

Am Nistru kann der Gast **jagen und fischen.** Für beides gibt es in der Herberge Ausrüstung und kundige Führer, die Touren führen nur wenige hundert Meter weg vom Ort. Der Jagdschein sollte nicht vergessen werden, das Angeln dagegen ist frei.

Ausflüge

Mit einem Nistru-Dampfer können Gruppen die **Flussklöster** in Ţîpova, Saharna und Japca besuchen.

Weniger aufwendig ist eine Tour mit dem Pferdekarren nach **Ţîpova** (125 Lei pro Person). Die Tour dauert einen halben Tag, Erklärungstafeln oder Broschüren gibt es nicht. Der Kleinbus ab Chişinău kostet 150 Lei.

Landgasthof Albasadorf

Im Süden der Republik befindet sich die ländliche Dependance des staatlichen Hotels Codru, ca. 165 km südlich der Hauptstadt. Der Landgasthof liegt im Bezirk Taraclia nahe des Dorfes **Albota de Sus** (Ober-Albota).

• **Reservierung:** 24 Std. möglich, Tel. (022) 208116, 208133, 208104 oder Fax (022) 237948 oder per E-Mail an reception@codru.md, codru@codru.md (russisch, rumänisch, englisch). Informativ ist auch die Website www.codru.md. Bezahlt wird im gleichnamigen Hotel in Chişinău (Str. 31. August 1989, 127, Chişinău, gleich neben dem Puşkin-Park) mit Kreditkarte (VISA, Master) oder Maestro-Karte.

• **Transfer nach Albasadorf:** Wer nicht 2700 Lei (!) für den Shuttle des Hotels (Hin- und Rückfahrt) ausgeben möchte, der nimmt für ca. 180 Lei eine Rutiera oder einen großen Bus vom Busbahnhof Gara de Sud-Vest (Şoseaua Hînceşti 145), Info in der Landessprache unter Tel. (022) 723983.

• **Zimmer:** Die 18 traditionell dekorierten einfachen Zimmer stehen in der warmen Sommersaison (April bis Oktober) zur Verfügung: EZ (Dusche, Warmwasser, Sanitär, Fernsehen und Bar) 400 Lei, DZ (Dusche, Warmwasser, Sanitär, Bar) 550 Lei; Parken: bewacht und ohne Zusatzkosten.

• **Essen und Trinken:** Im Landgasthof werden traditionelle Mahlzeiten zubereitet, vorzugsweise im Freien, deren Kosten im Zimmerpreis nicht enthalten sind. Frühstück 65 Lei, Mittagessen, Abendessen jeweils 125 Lei.

• **Aktivitäten:** Reiten (75 Lei pro Std.), Tennis (gratis), Tischtennis (gratis) und Badminton (gratis). Bringen Sie vorsichtshalber Ihre eigene Ausrüstung mit (außer Sattel zum Reiten, der vorhanden ist).

Ausflüge

Der Landgasthof organisiert vor Ort Tagesausflüge **zu Bauern und Winzern** oder einfach durch diverse traditionelle Dörfer der Region (jeweils 75 Lei pro Person inkl. Transport im Klein- oder Omnibus, für Kleingruppen auch im Pkw).

In der Umgebung liegt die bekannte **gagausische Winzerei Cazaclia** (Betriebsbesichtigung und Degustation typisch südmoldauischer Weine wie Cabernet-Sauvignon, Merlot, Malbec, Spätburgunder mit Snack und fachkundiger Erläuterung für 300 Lei pro Person).

Flusshotel Laguna

Nur 60 km von Chişinău entfernt liegt das Flusshotel Laguna, nahe dem Ort **Molovata Nouă.** Es ist von Sandstrand und Wald umgeben.

Um den Weg zum Hotel zu finden, sind eine landessprachliche Begleitung und ein Auto nötig. Vor Erreichen des Ortes sind mehrere kleine Grenzposten der selbst ernannten **Republik Transnistrien** zu passieren, was nicht wirklich riskant ist, aber eben Kommunikation in der Landessprache voraussetzt (s.u., Tiraspol). Laguna selbst liegt in Moldau. Hintergrund der Kontrollen ist die patchworkartige Verteilung transnistrischer und moldauisch kontrollierter Dörfer. Ein Pass reicht zur letztlich sicheren Durchfahrt.

- **Reservierung:** Tel. (022) 226869, (0248) 20923, mobil 69412323, Fax (0248) 20921. Trotz anderer Versprechen auf der Website www.laguna.md werden Reservierungen nur per Fax anerkannt. Sie buchen durch Anzahlung per Kredit- oder Maestro-Karte.
- **Zimmer:** Laguna umfasst 10 individuell gestaltete Appartements mit europäischen und japanischen Stilelementen zu Themen des Flusses und Fischens. Jedes Appartement verfügt über Telefon, Klimaautomatik, Minibar, Satelliten-TV inkl. internationaler Kanäle (z.B. deutsches Privatfernsehen). Es gibt Appartements für 2 bis 4 Personen, die je nach Tages- oder Wochenendtarif 700–1600 Lei pro Nacht kosten, Frühstück inkl.
- **Restaurant:** Auf zwei Säle verteilen sich 32 Sitzplätze. Aus der Speisekarte kann zwischen 30 landestypischen, russischen und europäischen Speisen gewählt werden.
- **Kommunikation:** Internationale Telefonate werden aufgrund eines Tarifzählgeräts an der Rezeption vorgenommen (preisgünstig). Internet-Benutzung für 25 Lei pro Std.
- **Aktivitäten:** In Laguna stehen ein Tennis-Court (110 Lei pro Std. inkl. Ausrüstung) sowie ein Pingpong-Tisch zur Verfügung (55 Lei pro Std.).
- **Baden:** Herrlich ist das Sonnenbaden am extra angelegten, gepflegten Flussstrand aus feinem Sand.
- **Wellness:** Fußbodenbeheiztes Wellness-Zentrum mit Pool, Wassermassage, Massage, türkischem Dampfbad, finnischer Sauna und Infrarot-Kabinen. Die Nutzung des Wellnessbereichs kostet täglich zusätzlich 500 Lei für Gäste und 600 Lei für Besucher. Eine Massage kostet pro Sitzung zwischen 80 und 120 Lei.

  Besonders die Saunalandschaft ist professionell gestaltet, architektonisch gelungen, aber auch gut ausgestattet mit Liegecouch, Fernsehen, Kaltgetränken und traditionellen Saunatees mit Waldbeeren.
- **Kinder:** In einem fröhlich eingerichteten Kinderraum stehen einfache Brettspiele und Puzzles zur Verfügung, aber vor allem passt das Laguna-Personal gratis auf Kinder auf!

Ausflüge

Der **Nistru,** der Grenzfluss zu Transnistrien und der Ukraine, ist der schönste Fluss des Landes, der seit dem Mittelalter in Mythen und Sagen und auch z.B. in der zeitgenössischen Malerei vielfach thematisiert wird. Seine Mäander und sanft abfallenden Flussstrände laden zu **Bootsfahrten** und Badevergnügen ein. Diese einzigartige Naturlandschaft ist umso interessanter, als sie die ultimative Grenze zwischen Ost und West ist, denn hier befand sich über Jahrhunderte die Trennungslinie der beiden Welten.

Von Laguna aus stehen einfache Kanus (23 Lei pro Std.) oder Motorboote (110 Lei pro Std. mit Begleitung) zur Verfügung. Für extremere Erlebnisse stehen auch Jet-Ski (36 Lei pro Min.) und Ausflugskutter (300 Lei pro Std.) bereit.

Zum **Fischen** steht ein spezielles Boot mit Skipper zur Verfügung, die Angelausrüstung sollte jedoch in Chişinău besorgt oder aus der Heimat mitgebracht werden.

Satul Moldovenesc

Authentisch und also zutiefst ländlich präsentiert sich 35 km von Chişinău die **Landidylle** Satul Moldovenesc, was schlicht „moldauisches Dorf" heißt. Das Lehmhaus mit Schilfdach, der Glockenturm, die Seen und Pferde formen eine **Ferienlandschaft,** die das ganze Jahr über besucht werden kann.

Die zentrale Attraktion ist der vom berühmten weißrussischen Architekten *Serghei Iacubovschi* entworfene **Glockenturm/-spiel.** Jeder darf die zwölf Glocken umfassende Anlage frei betreten, betätigen und sich von Profis unterstützen lassen.

Im Jahr 2003 hat in Satul Moldovenesc ein internationaler Kirchenglöckner-Wettbewerb stattgefunden, mit Teilnehmern u.a. aus Rumänien, Griechenland, Serbien und den USA. Aufgrund des erfolgreichen Events wurde am Ort die erste internationale **Glöcknerschule** *(Centrul de Clopote)* gegründet.

Am Ort werden ab und zu auch **Konzerte** mit moldauischen Künstlern aufgeführt.

- **Anreise:** Zur Landidylle gibt es kaum öffentliche Verkehrsmittel. In Chişinău fährt unterhalb vom zentralen Busbahnhof zwischen den Straßen Varlaam unnd Bulgara die Rutiera Richtung Hirtopu-Mare ab (9, 10 und 16 Uhr täglich, Ticket 8 Lei). Die Rutiera hält 4 km vom Bestimmungsort entfernt, dann heißt es wandern. Bei Vorbuchung werden Gäste in ganz Moldau abgeholt und für ca. 8 Lei pro Kilometer zum Bestimmungsort gefahren.
- **Reservierung:** im Hauptstadtbüro, Tel. (022) 436843, Str. Mitropolit Dosoftei 130 (Rutiera Nr. 108, 160; Metalltür in blauer Farbe), oder spontan bei Ankunft in der Landidylle, Tel. (022) 242657, 295672, 295501 (gebrochenes Englisch).
- **Zimmer:** Haustyp Nr. 1 kostet 400 Lei pro Pers., Haustyp Nr. 2 bis 4 700 Lei pro Pers., Haustyp 5 und 6 bis etwa 1000 Lei. Zusatzgebühr für die Saunabenutzung (100 Lei für 1 Std. pro Pers.). Der gut geschützte Parkplatz kostet 18 Lei pro Nacht. Zahlungsweise: Vorauskasse im Hauptstadtbüro oder vor Ort; alternativ reicht eine Anzahlung, die später verrechnet wird. Zum Grillen besonders attraktiv ist die kleine Insel inmitten des Sees, die Benutzung kostet 160 Lei pro Std.
- Die **Küche** der Landidylle bereitet à la carte alle möglichen typisch moldauischen Speisen zu, darunter auch Grillfleisch mit Schafskäse, diverse Kartoffelspeisen, Dörrfleisch, Gemüsesoßen, Grillgemüse, Fischsuppe, gefüllte Blätterteigtaschen (mit Schafskäse, Kohl, Kar-

In der Glöcknerschule
von Satul Moldovenesc

mol769 Foto: hgs

toffeln oder Apfel). Ein Frühstück kostet ca. 35 Lei, ein Mittagessen ca. 55 Lei, ein Abendessen ca. 50 Lei.

- Die **Bar** führt Biere und Weine, und im **Weinkeller** kann der Gast direkt aus dem Hausfass probieren.
- **Schwimmen:** Zurzeit befinden sich drei kleine Baggerseen mit kühlem Quellwasser auf dem Gelände, deren Tiefe zwischen 3 und 5 m liegt. Am Seestrand stehen einfache Reisig-Schirme und Liegen zur Verfügung.
- **Fischen:** An den Baggerseen ist Angeln vom Ufer oder von einem Mietkahn erlaubt (25 Lei Miete pro Std.). Die Fische und Krabben können am Häuschen selbst gegrillt oder dem Koch übergeben werden. Die drei Seen mit ihren schön hergerichteten Molen stehen dem Besucher Tag und Nacht zur Verfügung.
- **Reiten:** Verschiedene Outdoor-Aktivitäten sind möglich, insbesondere ein Ausritt auf Pferden, für Kinder auf Eseln und die Begegnung mit anderen Tieren (Ziegen, Schafe, Schwäne).
- Weitere Einrichtungen sind eine Tennisanlage, ein Stand zum Sportschießen und eine Stätte zur Kinderverwahrung.

Casa Din Luncă in Trebujeni

Casa Din Luncă heißt so viel wie **„Haus an der Au"** oder „Auenhaus", also ein Haus am Flussufer, das zeitweise überflutet und dann wieder als Viehweide nutzbar ist. Casa Din Luncă liegt ca. 50 km von der Hauptstadt entfernt an einem der landschaftlich reizvollsten Orte des ganzen Landes. Vom Dorf **Trebujeni** im Kreis Orhei, gleich nördlich von Chişinău, sind es nur 10 Minuten zu dem historischen Ort **Orheiul Vechi** (s.u.).

Das aus Lehm des im Mittelalter bedeutenden Flusses Raut (sprich: Re-ut) erbaute Haus wird von *Mihai* und *Ala Benzin* betrieben, die es als Synthese aus Tradition und Moderne verstehen. Kontakt: Tel. (0235) 56044 und mobil 79434558. Wie in den meisten ländlichen Pensionen sind die Sprachkenntnisse begrenzt, nur Rumänisch und Russisch sind verfügbar. Wer sich nicht mit Händen und Füßen verständigen will, der sollte einen Dolmetscher anrufen lassen oder gleich mitbringen. Familie *Benzin* holt Gäste mit ihrem Privatwagen direkt vom Flughafen in Chişinău ab und bringt sie bei Bedarf auch wieder hin.

- Casa Din Luncă vermietet drei Räume mit variablen Betten, TV, Warmwasser und gemeinsamem WC/Bad/Dusche sowie Küche. Im Garten ist ein kleines Planschbecken vorhanden (Sommerbetrieb). Der Preis für die **Vollpension** mit drei vollen Mahlzeiten pro Person beträgt 900 Lei.
- Die **Speisen** sind alle typisch moldauisch. Zum Mittagessen wird z.B. gereicht: Hühnerbrühe mit Nudeln, Grillfleisch mit Feta- und Schafskäse, Polenta, Krautwickel, Blätterteigtaschen mit Kraut-, Käse- oder Kartoffelfüllung, verschiedene Salate, dazu ein paar Gläser Wein. Ein Gericht kostet ca. 150 Lei.
- **Aktivitäten:** Spaziergänge am Flussufer und im Dorf. Eine einfache Pferdekutsche sowie ein Kahn für eine Flusstour können in Anspruch genommen werden (Tarif pro Std.: 65 Lei). Auch der nahe gelegene Wald ist für lange Spaziergänge, ein Picknick oder gar eine Schaschlik-Sitzung bestens geeignet.

Im Dorf leben diverse **Kunsthandwerker,** die den Reisenden gegen eine kleine Gebühr gerne unterweisen. Hier werden Kunstgegenstände beispielsweise aus Lehm oder aus Maisblättern hergestellt. Auch Stickereien gehören zu den Fertigkeiten der Dorfkünstler.

mol772 Foto: hgs

Das Ehepaar *Benzin* führt Sie gern auch zur **Casa Ţărănească,** einem **Privatmuseum** voll mit kuriosen Gegenständen, meist Werkzeuge aus vergangenen Jahrhunderten und den Zwischenkriegsjahren, als Moldau zu Rumänien gehörte. Im Casa Ţărănească können Sie allerlei authentische Handarbeiten zu günstigen Preisen einkaufen - wunderbar geeignete Andenken. Der Eintritt ins Privatmuseum beträgt 65 Lei für eine Gruppe von vier bis fünf Besuchern.

In der Küche der Familie *Benzin* kann der Besucher die Kunst der Herstellung traditioneller **Krautwickel** (Reis mit Rindfleisch eingeschlagen in Weinblätter oder Weißkohl) erlernen.

Als Gruppe bietet es sich an, einen Wochenendabend mit der **Aufführung eines moldauischen Gruppentanzes** in Landestracht zu verbringen (360 Lei).

Orheiul Vechi

Orheiul Vechi, die **Wiege der moldauischen Zivilisation,** liegt in einem spektakulären landschaftlichen Relief, umgeben von dem Fluss Raut und kleinen, pittoresken Dörfern. In der Antike haben die Daker am Ort bereits eine astronomische Station betrieben. Die ersten christlichen Einrichtungen wurden im früheren **Orhei** aufgebaut.

Ludmila Buzilas Gästehaus in Orheiul Vechi

Lange bevor Europa christianisiert war, entstanden hier Klöster und Kirchen. Zwischen der Burg von Soroca und der Festung Tighinas (westlich von Tiraspol im heutigen Transnistrien) bauten die Moldaufürsten Orhei zu einer Festung aus, die den Ring zur Verteidigung der östlich stehenden Osmanen schloss.

1599 wurde das alte Orhei zerstört und 10 km nach Norden verlagert. Orheiul Vechi (sprich: Orchäul Wäk), wie das alte Orhei auf Rumänisch heißt, ist einen Tagesausflug oder - für erkundungshungrige Aktivreisende - einen halbwöchigen Erlebnisaufenthalt wert. Der Aufenthalt kann günstig bestritten werden in einem der Gästezimmer der Familien des Ortes (siehe unten).

Sehenswertes

Sehr attraktiv ist das **Anthropologische Museum** zwischen Dorf und Kloster.

• **Geöffnet** Di. bis So. 9–18 Uhr, gebrochen englisch sprechendes Personal, Eintritt 18 Lei für Erwachsene, 6,50 Lei für Kinder. **Kontakt:** Butuceni, Tel. (035) 34242, Chişinău, Tel. (022) 226037.

200 m vor Erreichen des Dorfes (nicht des Klosters) befinden sich linker Hand in einer Flussschleife die **Fundamente osmanischer Bäder,** die von vielen hundert Jahren der Belagerung zeugen.

Der Höhepunkt aber ist das **Höhlenkloster** auf dem Hügel des Ortes **Butuceni,** 2 km vom Dorf entfernt. Hier ist ein behutsamer Besuch bei den Mönchen erlaubt, die in rumänischer oder russischer Sprache Fragen beantworten.

Umgebung: Ivancea

Die Kleinstadt an der Verbindungsstraße liegt 5 km von der Hauptkreuzung entfernt Richtung Orheiul Vechi und ist ein guter Ort für eine Pause. Auf der rechten Straßenseite deutet ein dunkles, eng beschriebenes Schild auf einen historischen Gutshof nur 100 m querfeldein.

Das ländliche **Völkerkundemuseum** ist ein Ableger des gleichnamigen Museums in der Hauptstadt. Die Sammlung zeigt Verarbeitungstechniken und -geräte für Kunsthandwerk aus Holz, Lehm und Stoff seit Beginn der menschlichen Besiedlung Moldaus.

- **Geöffnet** 9–16 Uhr, Eintritt 6,50 Lei. Führer, die allerdings nicht fließend englisch oder deutsch sprechen, verlangen 30 Lei.

- **Gambrinus** ist ein kleines **Restaurant** auf der anderen Straßenseite. Wenn es gerade nichts zu essen gibt, so sind doch Süßigkeiten und Drinks zu haben.

Informationen

- Zuverlässige Infos in passablem Englisch gibt es im hellgrünen neuen **Empfangshaus** ca. 2 km vor Erreichen **des Dorfes** auf dem Hügel links. Hier wird vorab ein Ticket gelöst, als sei das gesamte folgende Gebiet ein Freilichtmuseum. Geöffnet 9–17 Uhr. Auch Tickets für das Anthropologische Museum werden hier verkauft.

Post und Telefon

- Ein kleines **Postamt** befindet sich im Dorf, geöffnet täglich von 8–12 Uhr (keine speziellen Dienste wie Postkarten oder Pakete).
- Dringende **Telefonate** können von Privathäusern unternommen werden, schwierig ist es mit Auslandstelefonaten.

Mobilität

Rutieras fahren vom Gara de Nord in Chişinău nach Orhei, Bălți und Soroca. Die Kreuzung, an der man aussteigen muss auf dem Weg nach Orheiul Vechi, liegt 35 km in einer Linkskurve nach einem recht langen, deutlichen Gefälle. Hier nehme man die Abzweigung nach rechts Richtung Ivancea, ca. 200 m Fußweg, bis zu einem Wartehäuschen (rechter Hand der Straße). Dort warten meist kleine **Privatautos** der Landbevölkerung, die Reisende gern und sicher für ca. 150 Lei oder 7 Euro nach Orheiul Vechi fahren und zurückbringen. **Alec Burbula** z.B., ein besonnener Kenner der Gegend, bietet für 10 Lei zusätzlich noch einen Abstecher ins Kalksteinbergwerk an. *Burbula* spricht kein englisch und zeigt Ihnen doch kompetent die Gegend (blauer Lada, genannt „gigoli“, 25 Jahre alt).

Neuerdings fahren **Direktbusse** nach Orheiul Vechi (rechts neben dem Hauptbahnhof in der Hauptstadt): 10:20, 14 und 18:15 Uhr zum Fahrpeis von 20,50 Lei.

Unterkunft

- Empfehlenswert sind die **Privatpensionen** von **Ludmila Buzila** und ihren Freundinnen **Valentina** und **Ala,** Tel. (022) 23556099 (Festnetz) oder 69282310 (mobil), mit modernem Bad, heißem Wasser und Verpflegung; sicher. Zimmer pro Person: 450 Lei. Zufahrt: Nach Erreichen des Dorfes erste kleine Einfahrt rechts, dann nach 100 m auf der rechten Seite.

Bălți

Die nach Chişinău und Tiraspol, der Hauptstadt „Transnistriens“, drittgrößte Stadt des Landes mit 162.000 Einwohnern ist **russisch dominiert** in Sprache und Atmosphäre. Zwar unbrüchlich Teil der demokratisch legitimierten Bürgergesellschaft des neuen Moldau, ist Bălți dennoch eine fühlbar slawisierte Großstadt. Und: In der Stadt sind für moldauische Verhältnisse **Kleinkriminalität** und Drogenmissbrauch stark ausgeprägt.

Vor und während des Zweiten Weltkriegs geriet die Stadt auf schmerzliche Weise zwischen die Fronten: Hier zerstörte die sowjetische Verwaltung alle kirchlichen Bauwerke, bevor Nazideutschland und dessen Verbündeter Rumänien 1941 die Stadt einnahmen. Als die Rote Armee die Reste der 4. deutschen Armee in der Schlacht von Ungheni-Iaşi 1944 aufgerieben hatte, fielen Stadt und Land zurück an die Sowjetunion.

Eine Tour nach Bălţi lohnt sich als Stopp auf dem Weg nach/von Soroca oder für Reisende, die die **Geschichte Bessarabiens** genauer erkunden wollen. Bălţi blendet nicht mit urbanem Glamour, sondern zeigt seine historischen und kulturellen Wurzeln hinter der kalten Fassade einer nur zögerlich zukunftsfrohen Provinzgroßstadt.

In Bălţi sind namhafte moldauische und internationale **Unternehmen** angesiedelt, so die moldauische Getränke-, Lebensmittel- und Bekleidungsindustrie, Kalksandsteinwerke der deutschen Knauf, die Blazer- und Kostümproduktion der deutschen Steilmann-Gruppe sowie die unweit der Stadt gelegenen Fabriken von Südzucker. Im Spiel ist häufig die wirtschaftsfreundliche Handelskammer der Stadt, die viele internationale Kontakte lernfreudig nutzte und diverse Gründungs- und Wachstumsinitiativen ergriff.

So ist Bălţi heute insgesamt eine spürbar konservative und daher auch kommunistisch regierte Großstadt, die jedoch Industrie und Handel sichtbar und erfolgreich fördert.

Sehenswertes

Unser Stadtrundgang von ca. 70 Minuten Dauer beginnt an der **Präfektur,** wo wir auf ein **Denkmal Stefans des Großen** schauen. Schräg rechts gegenüber wird seit 2004 eine moderne katholische Kirche gebaut. Auf dem Weg dorthin fällt links davon längs zur Straße ein typisches Wohn-

mol774 Foto: hgs

Fürst Stefan der Große ganz groß

gebäude im Chruschtschow-Stil der 1950er Jahre auf. Vom Platz vor der Präfektur schräg links sichtbar ist die **Kathedrale des hl. Nicolai.** Der moderne, aufgeschlossene Priester ist immer für ein Gespräch aufgelegt. Im Innern der Kirche steht links von der Ikonengalerie eine Miniatur aus Brot!

Unser Stadtrundgang führt jedoch von der Präfektur zweimal rechts um die Ecke auf die **Piața Alecsandri,** vorbei (links) an einem Panzer zu Ehren der sowjetischen Befreiung vom Faschismus und (rechts) zwei Kiosken, die *Kwas* anbieten, das russische Brotbier (nur 2,50 Lei). Schräg rechts hinten liegt ein Direktvertriebsladen der Wurstfabrik Basarabia Nord, dort gibt es eine gute Auswahl hochwertiger Fleischereiwaren. Weiter geht es zum **Theater Vasile Alecsandri,** in dem sogar in sowjetischen Zeiten rumänische Stücke zur Aufführung kamen.

Hinter der Post gehen wir schräg links (linker Hand das Rathaus) ab bis zum **Kinderpark** mit einer Kirmes. Die Technik ist richtig alt, funktioniert aber. Rechts am Park vorbei biegen wir an der verfallenen armenischen Kirche rechts in die Str. Hotin und laufen am Hallenbad vorbei bis zur **Str. Independenței,** in die wir links einbiegen. Es finden sich beidseitig der Straße Fachgeschäfte zum Ethno-Shopping, z.B. Strickwaren der Cahuler Marke Tricon. Rechter Hand an der Ecke liegt das Vereinshaus des Schach- und Dameclubs. Als nächstes sehen wir linker Hand die **Universität** (mit der landesweit besten deutschen Sprachfakultät) sowie an der Ecke links die wohl schönste **Kirche** der Stadt zu Ehren von *Constantin* und *Elena,* dem ersten christlichen Kaiserpaar des alten Rom.

Informationen

- **PLZ: MD-3121**
- Einen zentralen Infopunkt gibt es nicht. Auskunft erteilen (meist nur in der Landessprache) die **Stadtverwaltung** oder **Reisebüros.**
- **Verkehrssprache:** Russisch.

Post und Telefon

Hauptpost und **Telekom** (beide 9–17 Uhr geöffnet) befinden sich im Zentralpark im Zentrum, Str. Independenței 28.

Notfälle

- **Stadtkrankenhaus:** Tel. (0231) 72703.
- **Kinderkrankenhaus:** Tel. (0231) 71003.
- **Frauenheilkundezentrum:** Tel. (0231) 22596.

Diese und weitere medizinische Einrichtungen liegen an der Str. Decebal im Nordwesten der Stadt, erreichbar mit dem Trolleybus 2 oder den Bussen 8, 17, 18 oder den Rutieras 8, 9, 14, 18.

Mobilität

Stadtverkehr:

Trolleybusse und Busse kosten nur 6,50 Lei, Rutieras 13 Lei. Sie verbinden die **westlichen Stadtteile** auf der Str. Ştefan cel Mare (jeweils Linie 1), den **Südwesten** (Str. Babinschii, Plopilor und Fraților; Linien 7) und den **Süden** des Zentrums (Str. 31. August 89, Vasile Lupu und Gagarin; Linien 4, 8, 11; die Linie 15 endet südlich hinter dem See Oraşenesc). In den **Norden** der Stadt (Str. Decebal und I Franko) fahren die Linien 8, 9, 11, 14, 17 und 18. Der Westbahnhof schließlich wird mit der Rutiera 10, der Ostbahnhof mit den Rutieras 9, 10, 11, 13, 21 verbunden.

Fernverkehr:

- **Bahn:** 2x täglich ab Chişinău um 15.30 Uhr bzw. in Bălți ab Ostbahnhof (Str. Feroviarilor Nr. 18a, Tel. (0231) 42961) um 5.59 Uhr morgens (von Ocnița nach Chişinău) für 29

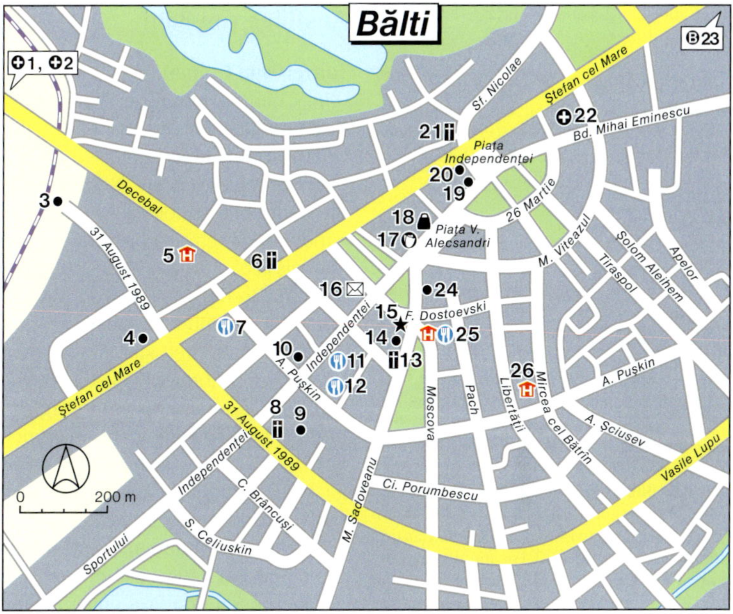

- 1 Kinderkrankenhaus
- 2 Kreiskrankenhaus
- 3 Stadtbahnhof
- 4 Handelskammer
- 5 Lidolux
- 6 Peter- und Paulkirche
- 7 Pizza de Italie
- 8 Constantin- und Elena-Kathedrale
- 9 Universität
- 10 Schach- und Dame-Club
- 11 Nistru
- 12 Plovdiv
- 13 Armenische Kirche
- 14 Hallenbad
- 15 Stadtkulturpalast
- 16 Post
- 17 Theater Alecsandri
- 18 Fleischereifachgeschäft
- 19 Kreisverwaltung
- 20 Präfektur
- 21 Kathedrale des Hl. Nicolai
- 22 Krankenhaus für Frauenheilkunde
- 23 Busbahnhof
- 24 Rathaus
- 25 Hotel u Rest. Basarabia
- 26 Consul

Lei und um 3 Uhr nachts (Verbindung Moskau – Chişinău!) für 32 Lei. Alle Bahnen in die Hauptstadt und nach Süden fahren umständlich über Ungheni und brauchen daher ungefähr 4 Std. Dennoch ein großes Erlebnis.

• **Busse** stehen am Busbahnhof (nordöstlich der Str. Ştefan cel Mare): Halbstündliche Fahrten von 5–20 Uhr täglich mit Rutieras von/nach Chişinău (50 Lei, 2 Std.). Aber **Vorsicht:** Nach einer chaotischen Vergabe von Lizenzen fahren die Kleinbusse nach den Vorlieben des Fahrers (der eine raucht, der andere spielt Hollywoodfilme ab, der dritte liefert sich Wettrennen mit Pkw usw.).

Der Busbahnhof ist telefonisch für Auskünfte erreichbar, Tel. (0231) 43840, und verfügt über Gepäckaufbewahrung (23 Lei pro Stück und Tag).

Unterkunft

- **Lidolux Hotel** (****), Str. Decebal 139, Tel. (0231) 78405, mobil 69301053, www.lidolux.md. Modernes Hotel mit Restaurant, Klimaanlage und Parkplatz. Preise zwischen 900 und 1500 Lei pro Pers.
- **Hotel Consul** (***), Tel. (0231) 25215, Str. Mircea cel Bătrîn (*Mircea der Alte*, sprich: Mirtschea tschel Batrün) Nr. 81, ca. 300 m südöstlich vom Zentralpark an der Ecke der Str. Vasile Lupu. Das professionell geführte Hotel verfügt über moderne Zimmer, die 900–1250 Lei (EZ bzw. DZ) kosten.
- **Hotel Bălți** (***), Str. Sadoveanu 1, Tel. (0231) 61219, 61366, 61417. Mit Telefon, Minibar, WiFi, Klimaanlage und verstellbarer Heizung. Bar im 1. Stock. Preise: 650–800 Lei (EZ bzw. DZ).
- **Hotel Basarabia,** Tel. (0231) 61219, Str. Moscova Nr. 5. Einfaches Hotel direkt im Zentrum, Preise zwischen 235 Lei für das unrenovierte EZ und 800 Lei für das ausreichend renovierte, aber unschöne DZ mit TV und Kühlschrank. Vorher unbedingt das Zimmer besichtigen und die Matratze (teilweise 20 Jahr alt) testen!

Essen und Trinken

- **Basarabia,** Str. M. Sadoveanu 1, Tel. (0231) 60123.
- **Lanves-Lux,** Str. M-t Petru Movila 41, Tel. (0231) 36726, 32418.
- **Nistru,** Str. Independenței, Tel. (0231) 60502.
- **Plovdiv,** Str. Independenței, Tel. (0231) 25176.
- **Pizza de Italie,** Str. Ştefan cel Mare, Tel. (0231) 20303.

Nachtleben

- **Diskothek Vanolis,** Str. Coneva 34, Tel. (0231) 71380.
- **Diskothek Soho,** Str. C. Negruzzi 2/4, Tel. (0231) 27454, 29605.
- **A-Club,** Str. Socoleni 31, Tel. (0231) 30808.
- **Kino Patria Bălti,** im Zentrum, Kartenreservierung unter Tel. (0231) 61103.

Ausflüge von Bălți

Toltrels von Cobani

In Cobani am großen Grenzfluss Prut befinden sich Toltrels, **fossile Korallenformationen** im Felsen. In Cobani werden die ersten Siedlungen auf moldauischem Boden vermutet. Die Funde stammen aus dem Jahr 1374. Damals hieß Cobani noch Zubreuti. Der Prut trennt Moldau vom historischen Mutterland Rumänien.

Das Wort „Toltrel" stammt aus dem Polnischen, während die lokale Bevölkerung das Phänomen mit **„Tiglae"** bezeichnet. Die Sedimentformationen finden sich an den kleinen Flüssen Larga, Vilia, Lopatnic, Draghiste, Racovat, Ciuhur und Camenca, die alle in den mittleren Prut münden. Über insgesamt 200 km Länge ziehen sich die Ablagerungen den Prut entlang. Hier ist diese in Europa einzigartige Erscheinung mit Abstand am besten zu besichtigen.

Die Toltrels gehen auf **Korallen, Schellfische, Säuge- und Meerestiere** zurück, die vor 10 bis 20 Millionen Jahren in den tropischen Meeren von Tortonian und Sarmatic vorkamen. Diese moldauischen bzw. bessarabischen Riffs sind bis zu 100 m hoch. In einer Grotte fanden sich **menschliche Siedlungsspuren** aus dem Paläolithikum und Mesolithikum (Knochen- sowie Werkzeugreste).

- **Anreise:** Busse von Bălți (Busbahnhof) nach Glodeni (35 Lei, 45 Min.). Vom dortigen Busbahnhof starten Taxis für 45 Lei zu den Toltrels. Diese sind rund um die Uhr zu besichtigen.

Einhundert Montikel

Nahe Glodeni auf einer Tiefebene von 1072 ha befinden sich parallel zum Prut-Becken **3500 Obeliskartige Steine** aus der Vorzeit. Sie sind 1,5 bis 30 Meter hoch. Schon zu Zeiten des moldauischen Fürstentums wurden diese Steine im Jahr 1716 vom Fürsten *Dimitrie Cantemir* die „Einhundert Montikeln" genannt.

In einer ersten Untersuchung 1927 wurde versucht, den Ursprung zu erklären. Auch hier machten die Wissenschaftler den einzigen Platz in Europa aus, wo ein **vorzeitliches Gewässer** Riffformationen hinterlassen hat. Andere Forscher behaupten, die Landbewegung habe Verhärtungen mit sich gebracht, die durch die Einwirkung von Strömungen zu Gesteinsformationen geronnen seien.

Natürlich bilden sich seitens der einfachen Bevölkerung **Legenden** um diese Naturdenkmäler. Vor allem den Geto-Dakern und den gegen sie einfallenden Türken werden Beiträge zu ihrer Entstehung bzw. deren Verwendung als Grabsteine zugewiesen.

Im Bereich der Steine wachsen eine Menge wunderschöne **Kräuter und Blumen** wie Anemonen, Iris, Flachs, Hyazinthen. Der Wechsel der Jahreszeiten lässt sie in unterschiedlichsten Farben und Formen erblühen.

• **Empfohlene Jahreszeit für einen Besuch:** Sommer bis Herbst, aber v.a. Juli/August.
• **Anreise:** Busse von Bălţi (Busbahnhof) nach Glodeni (35 Lei, 45 Min.). Vom dortigen Busbahnhof starten Taxis für 45 Lei zu den Montikeln. Diese sind rund um die Uhr zu besichtigen.

Soroca

Die kleine Stadt (63.000 Einwohner) im Nordosten des Landes markiert den nördlichsten Orientierungspunkt des mittelalterlichen Moldau mit der berühmten Verteidigungsanlage am Ufer des Nistru. Heute ist Soroca eine **lebendige Stadt,** in der sich moderne Bekleidungs- und Metallindustrie angesiedelt haben, zudem ist sie eine Drehscheibe zwischen Moldau und den slawischen Nachbarn; die Ukraine liegt hier in Blickweite.

Sehenswertes

Unser Spaziergang dauert ca. 90 Minuten und beginnt am Rathaus. Wir gehen die Str. Aleco Russo einen Häuserblock südlich, sehen rechts Hotel und Restaurant Nistru und biegen die Str. Mihai Kogălniceanu links ein. Rechts liegt jetzt zunächst das Krankenhaus, nach Überqueren der Querstraße (das ist die große Str. Alexandru cel Bun) rechts die Radiostation. Die nächste Querstraße (Indepentenţei) biegen wir bei der Telekom links ein und sehen rechts das **Geschichts- und Völkerkundemuseum** (geöffnet täglich 9–16.30 Uhr). Nun laufen wir 500 m geradeaus und haben links moderne Plattenbauten mit Handelsläden und marktähnlichen Ständen vor uns, rechts dagegen eine fast rural-chaotische Bebauung, die uns vom Nistru-Ufer trennt. Die Straße macht derweil einen leichten Rechtsknick. Nach einem Park liegt rechts die Burg von Soroca.

Im Mittelalter war die **Burg** integraler Teil weiträumiger Verteidigungsanlagen gegen das Osmanische Reich, bestehend aus vier Nistru-Burgen, zwei Donauburgen und dreien im Norden des Fürstentums. 1499 ließ *Stefan der Große* die bis dato aus Holz bestehende Festung verstärken. Erst

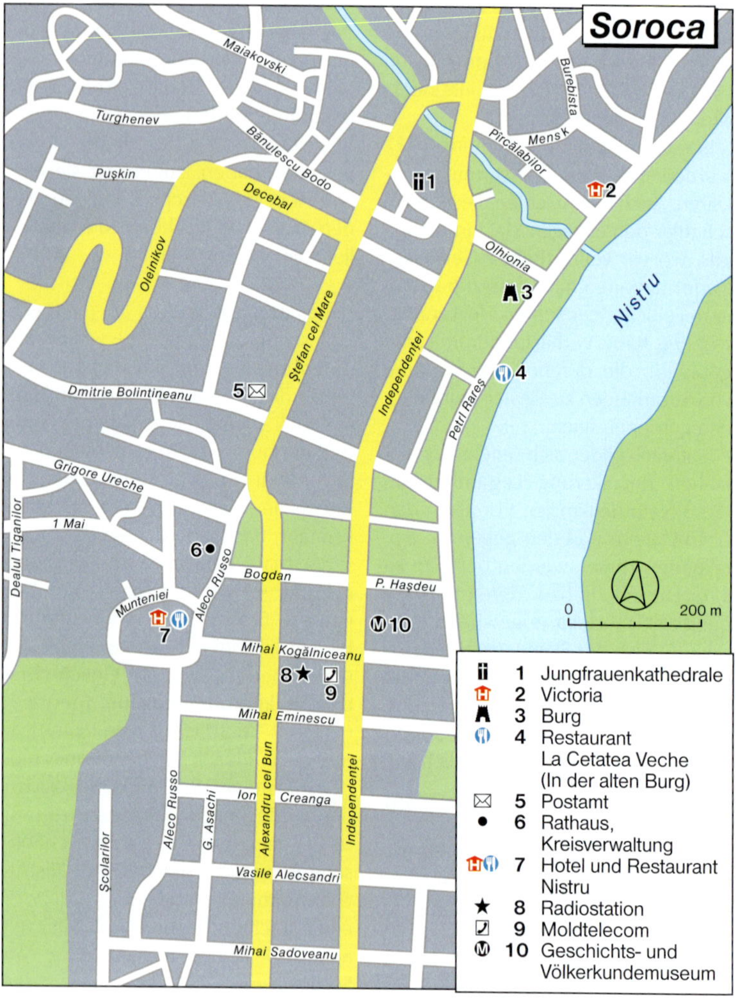

1543 bis 1546, unter dem Moldaufürsten *Petru Rareş,* wurde die Burg in Stein gebaut und in die heutige Form gebracht. Die Burg misst im Durchmesser genau 37,5 m und ist in fünf Sektoren unterteilt. Die Bauweise geht auf Berechnungen nach dem sog. goldenen Harmoniegesetz zurück, was die Burg von Soroca europaweit einzigartig macht. Die Burg ist das einzige mittelalterliche Bauwerk, das in dieser Form in Moldau bis heute erhalten ist. Sie wurde bisweilen von höchsten moldauischen Herrschern besucht und benutzt, vor allem von *Dimitru Cantemir,* und diente im 18. Jahrhundert dem Schutz russischer Generäle wie *Bogdan Hmelniţchi, Timus Hmelniţchi* und dem in Chişinău vor dem Hotel Cosmos verewigten Schwarzmeergeneral *Alexandru Suvorov.*

● **Geöffnet** 9–18 Uhr, Touren in englischer Sprache. Tel. (030) 22264 oder 22493.

Umland

Absolut lohnenswert ist eine Tour mit dem Taxi oder zu Fuß in die **Villenviertel der Sinti und Roma.** Diese liegen – von unserem Stadtrundgang hügelwärts sichtbar – nur etwa 1 km vom Zentrum aus westlich. Die Menschen sind freundlich und polyglott. Ganz im Gegensatz zu Rumänien waren Zigeuner in Moldau in sowjetischer Zeit privilegiert und konnten eine geduldete Eigenwirtschaft betreiben.

Informationen

● **PLZ: MD-3000**
● Da es keine Touristeninformation gibt, erteilt das Bürgermeisteramt (Empfang) Auskunft, ist aber nur unzulänglich eingestellt.
● **Verkehrssprache:** Rumänisch.

Post und Telefon

● Die **Hauptpost** befindet sich an der Hauptstraße, Str. Independenţei 73, Tel. (0230) 22470; geöffnet von 8–17 Uhr.
● Die **Telekom** liegt an der Str. Independenţei 100 m südlich vom Zentralpark (mit Kabinen für internationale Telefonate).

Notfälle

● **Stadtkrankenhaus:** Str. Mihail Kogalniceanu 1, Tel. (0230) 23065.
● **Poliklinik:** Str. Mihai Eminescu 14, Tel. (0230) 22224.
● **Apotheken** befinden sich im Ortszentrum.

mol777 Foto: hgs

In der Burg von Soroca – Replikat des Schwerts von Stefan dem Großen

Mobilität

- **Stadtverkehr:** Rutieras im Stadtgebiet nehmen ca. 2 Lei und verbinden das Zentrum mit den **Außenbezirken** Zastinca (Südwesten, Linie 8), Hidroimpex (Westen, Linie 5) und Soroca Nouă (Osten, Linie 1 oder 6).
- **Fernverkehr:** Stündlich **Rutieras** vom Gara de Nord in Chişinău nach Soroca. Für die Rückfahrt: Vom Busbahnhof auf der Str. Becher Nr. 6, Tel. (0230) 24101, fahren stündlich Rutieras nach Bălţi und Chişinău (50 Lei).
- **Taxizentrale:** Tel. (0230) 23312.

Unterkunft

- **Central Hotel** (****), Tel. (0230) 23456 oder 26275, Fax 23616, Str. M. Kogalniceanu 20. Parkplatz, Lift, Restaurant, Reinigung, Autovermietung. Preise um 900 Lei für das EZ.
- **Hotel Nistru,** Tel. (0230) 23783, Str. Mihai Malamut 12. Einfaches Hotel nur 100 m westlich vom Zentralpark, Preise zwischen 350 Lei für das einfache DZ und 500 Lei für das renovierte DZ mit TV und Kühlschrank.
- **Hotel Victoria,** Tel. (0230) 24064, Str. Traian 1. Modernes Gebäude im sowjetischen Stil gleich am Flussufer, 700 m nördlich vom Zentrum an der Uferstraße Petru Rareş entlang. Preise zwischen 500 Lei für das renovierte DZ mit TV, Telefon, Trinkwasserschale und Minibar oder 90 Lei für das altmodisch-einfache EZ. Das Hotel hat noch keine große Erfahrung mit Individualreisenden.

Essen und Trinken

- **Restaurant Cetatea Veche** (alte Burg), Tel. (0230) 22519, Str. Independenţei 76, nur 200 m nördlich vom Zentrum am Nistru-Ufer. Gute moldauische und slawische Mittags- und Abendküche zu durchschnittlichen Preisen. Nach der Bestellung kann man wegen längerer Wartezeiten evtl. noch einen Spaziergang am schönen Ufer machen.
- **Bar/Restaurant Nistru,** Tel. (0230) 23010, Str. Aleco Rusu, im gleichnamigen Hotel.

Bootstouren

500 m nördlich des Zentrums kurz vor dem Hotel Viktoria ankern regelmäßig Ausflugsboote. Hier kann man sich gebuchten Gruppenfahrten anschließen oder mit etwas Glück einen kleinen Kahn oder ein Motorboot erwischen.

Der Grenzübergang in die Ukraine ist aber nicht im kleinen Fährverkehr möglich.

Ausflüge von Soroca

Taul-Park

Der **größte Park Moldaus** liegt mitten im Taul-Dorf, ca. 200 km nördlich von Chişinău. Inmitten des Ensembles steht das stilechte Landhaus der Familie *Pommers,* erbaut zu Beginn des 20. Jahrhunderts. Der Park wurde vom moldauischen Landschaftsarchitekten *Vladislavschi-Padalco* geschaffen, damals ein ästhetischer Höhepunkt für die bessarabische Elite.

Die Grundstruktur besteht in geschickt aufeinander gesetzten **Terrassen,** die Wege freigeben hinunter in ein bildschönes Tal mit einem kleinen **See.** Der Park beherbergt fast 150 Baum- und Buscharten, davon ca. 100 von exotischer Herkunft.

Der Taul-Park teilt sich in **zwei Bereiche:** Oben, wo die begüterte Familie *Pommers* auf ihrem Landsitz lebte, führt ein weit verzweigtes Wegenetz durch Blumen- und Gewächsfelder, unten im Tal dominiert ein Nebeneinander unterschiedlicher Baumgesellschaften, die die Ökosysteme des Kontinents repräsentieren. Die Gehwege im Park ziehen sich über eine Länge von 12,5 km.

- **Anreise:** Bus bis Donduseni (10 Lei), von dort mit dem Taxi für 20 Lei bis Taul (so heißt auch das Dorf). Der Park ist 9–20 Uhr geöffnet, der Eintritt kostenlos.

Emil-Racovita-Höhle

Ganz im Nordwesten Moldaus, 265 km entfernt von Chişinău, in der Landenge zwischen der (südlich) rumänischen und (nördlich und westlich) ukrainischen Grenze, befindet sich diese Höhle, die sich über 89 km auf mehreren Ebenen erstreckt. Das Naturdenkmal gilt als **drittgrößte Gipshöhle der Welt** und als achtgrößte hinsichtlich der Länge ihrer unterirdischen Pfade. Die Höhle wurde erst 1959 nach der Explosion eines Gipssteinbruchs entdeckt.

Fachleute haben **Einschlüsse** erheblichen Ausmaßes vermessen und erforscht, so z.B. „Cinderellas Halle", die „Säulenhalle", die „Dacia-Halle", die „100-Meter-Halle" und diverse andere. Unterirdisch entspringen zwei **Quellen,** die viele Einschlüsse mit Wasser versorgen und etwa 20 Seen bilden, so den „Blauen See", den „Dinosaurier-See" und den „Nautilus-See". Jede Halle und jede Galerie hat eine unterschiedliche Lehmschichtung und dadurch eigene Farben ausgeprägt, darunter grün, blau, rot, schwarz, weiß. Die verschiedenen Abschnitte formen ein echtes **unterirdisches Labyrinth.**

Die Höhle kann **in kleinen Gruppen mit Führern** besucht werden. Allerdings sollte jeder Teilnehmer über **professionelle Ausrüstung** verfügen. Die Pfade und Tunnel sind nicht markiert! Vorsicht: Man kann sich leicht verlaufen und so in Lebensgefahr geraten!

- **Anreise:** Von Soroca zunächst nach Briceni (ca. 60 Lei). Von dort fährt ein Bus nach Criva für 8,50 Lei.
- Ein **Höhlenausflug** kostet bis zu 100 Lei pro Person, sofern gerade eine Fachführung stattfindet (unregelmäßig). Die Höhle ist täglich 9–18 Uhr geöffnet.
- **Essen und Trinken: Curtea vinatorului,** Str. Independentie 83A. Das neue, gut geführte Restaurant hat drei Räume: der erste im Landhausstil mit Blick in die Küche, der zweite für Banketts und der hintere für eine diskrete, romantische Atmosphäre.

Rezina und Ribnița

Im Nordosten Moldaus liegen diese beiden völlig unterschiedlichen Städte an jeweils einem Ufer des **Nistru:** hier das **bürgerliche Rezina** (19.000 Einwohner) mit mentalem Bezug zum unweit gelegenen bekanntesten orthodoxen Kloster des Landes, rumänischsprachig und beschaulich; dort das in Beton gegossene, **sowjetisch geprägte Ribnița** (62.000 Einwohner) mit seinen potenten Großunternehmen, darunter das größte Stahlwerk Südosteuropas. Der Reisende kann beide Orte besuchen und wie sonst nirgends in Europa die **Schnittstelle zwischen Ost und West** erleben – zwischen Kosovo und Serbien ist dieser Kontrast zu aufgeladen, zwischen der Ukraine und Rumänien verlaufen harte Grenzen.

Nur 8 km südlich von Rezina liegt das berühmte **orthodoxe Kloster Saharna.** Dort können die Gottesdienste besucht und die historischen Höhlengänge im hinteren Bereich besucht werden. Wanderer und Kletterer können die **Hügel und Wanderwege** zu den Wasserfällen für Ausflüge nutzen.

- **Anfahrt:** Taxi für ca. 250 Lei oder 15 Euro (hin und zurück).

Interessant in **Ribnița** ist die Atmosphäre auf den Straßen der stolzen, disziplinierten Ortschaft - ein Hauch von Nordkorea. Zeigen Sie auf der Nistru-Brücke den Polizisten Ihren Pass und erwerben Sie für ein paar moldauische Lei ein Stundenvisum.

Informationen

- **PLZ: MD-5400 Rezina, MD-5500 Ribnița**
- Auskünfte in holprigem Englisch erteilt das **Reisebüro Voiaj Rezina,** ca. 300 m vom Rathaus auf der Str. 27. August stadtauswärts (Westen). Ein weiteres Reisebüro ist **Rezina Tur,** Tel. (0254) 21707.
- **Verkehrsprachen:** Rumänisch (Rezina), Russisch (Ribnița).

Post und Telefon

- Die **Hauptpost** in Rezina befindet sich an der Hauptstraße (Str. 27. August 3) und ist ganztags geöffnet von 8–17 Uhr.
- Die **Telekom** liegt hinter der Post (südlich) verschoben und hat Kabinen für internationale Telefonate.
- **Ortsnetzvorwahl:** Tel. 0254 (Rezina), Tel. 0291 (Ribnița).

Notfälle

- **Stadtkrankenhaus,** gleich im Zentrum an der Straße Șciusev, Tel. 23389.
- **Poliklinik** für Vorsorge, neben dem Krankenhaus, Tel. 24694 oder 22673.
- **Notruf Polizei:** Tel. 902.

Mobilität

Stadtverkehr:

Einziges Sammeltaxi bzw. **Rutiera** (3 Lei) ist die Linie 11, welche die Hauptstraßen Str. Orhei (von der Brücke nach Ribnița gen Süden) und Str. 27. August abfährt. Wenige **Taxis** bedienen für ca. 18 Lei die ganze Stadt, für 36 Lei fahren sie im kleinen Grenzverkehr nach Ribnița.

Fernverkehr:

Fast stündlich **Kleinbusse** von und nach Chișinău (50 Lei) von morgens 7:45–18 Uhr, Fahrzeit ca. 2 Std.

Unterkunft

- **Hotel Ribnița** (Complexul Hotelier din Ribnița I.U.M.), Str. Pobeda, Tel. (0555) 23588, 23849, 22824. Postsowjetisches Hotel mit Nostalgiefaktor.
- Über Gastzimmer verfügt das **Kloster Saharna,** das mit dem Bus oder Mietwagen in 15 Minuten zu erreichen ist (südlich von Rezina der Hauptstraße entlang).

Essen und Trinken

In Rezina gibt es einige **einfache Bars,** die *Butterbroduri* (belegte Brötchen) oder *Plăcinte* (Blätterteigrollen mit Karfoffeln oder Kohl gefüllt) anbieten und diverse warme oder kalte Getränke.

Tiraspol

Tiraspol, die **Hauptstadt von „Transnistrien“,** einer von Präsident *Smyrnow* und seiner Familie verwalteten russischen Exklave, ist die **zweitgrößte Stadt Moldaus** (194.000 Einwohner). Nur 70 km von Chișinău entfernt, ist sie als politischer und kultureller Anachronismus durchaus einen Abstecher wert. Der **von keinem Staat der Welt anerkannte Separatstaat** bietet keinen Rechtsschutz; diplomatische Vertretungen fehlen und können daher im Notfall auch nicht helfen. Ein Ausflug erfolgt also in absoluter **Eigenverantwortung!**

Tiraspol wurde 1792 von den siegreichen Offizieren gegründet, die hier den Osmanen die Stirn geboten hatten. Noch heute werden in Tiraspol und auch in der eigentlichen Republik Moldau die russischen Feldherren *Kirov* und *Suvorov* geehrt, nach denen delikate Wodkasorten benannt sind.

Auch im 20. Jahrhundert fungierte Tiraspol als Speerspitze des russischen Einflusses in Richtung Balkan und Mittelmeer. Nachdem noch unter *Lenin* 1924 die erste „moldawische" Sowjetrepublik auf ukrainischem Boden mit der Hauptstadt Balta gegründet worden war, wurde in Tiraspol 1925 das **„Moldawische Spracheninstitut"** eröffnet. Seine einzige Aufgabe bestand darin, die rumänische Sprache systematisch mit slawischen Vokabeln und Grammatikelementen auszustatten. Die zuvor nur lateinisch strukturierte rumänische Sprache sollte in eine moldawische Kunstsprache transformiert werden. Einen Eindruck vom Ergebnis dieser Bemühungen vermittelt z.B. der Slang der moldauischen Rockgruppe *Zdob şi Zdup*.

Sehenswertes

Ein Stadtrundgang führt vom Bahnhof oder Busbahnhof zunächst auf der **Str. Lenin** entlang. Rechter Hand liegt der **Kirov-Park** zu Ehren des russischen Befreiers von der türkischen Herrschaft. Fünf Blocks weiter kreuzt die zentrale **Straße des 25. Oktober** (kurz davor liegt das wichtige Passamt für Visa über 3 Std. Dauer). Linker Hand folgen nun verschiedene Restaurants und das Hotel Druschba, nur 150 m weiter das Schauspielhaus und die Universität; auf der anderen Seite liegen Post, Telekom und Bank. Wer noch weiter geht, gelangt ins **Regierungsviertel**, wo häufig Paraden ab-

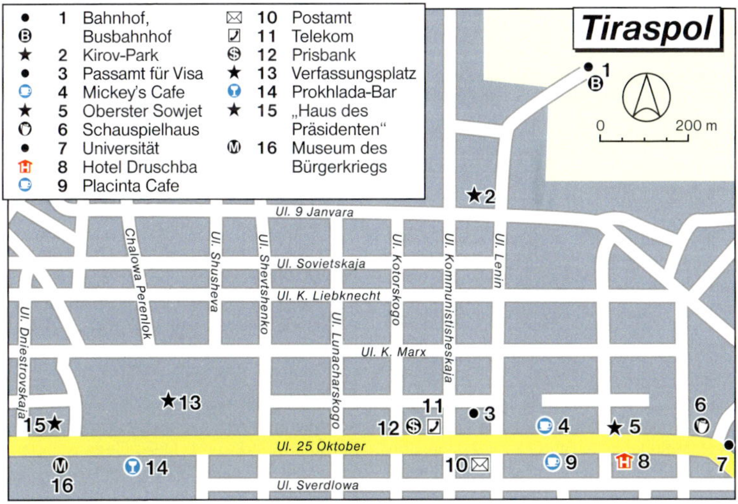

gehalten werden. Rechts liegt breit und leblos der sog. **Verfassungsplatz,** weiter geradeaus folgen linker Hand ein interessantes **Museum des Bürgerkriegs von 1992** und das Haus des „Präsidenten". Vorsicht: Fotos sind nur von rein zivilen Motiven erlaubt!

Einreise nach Transnistrien

- Zur Einreise kann man in Bus oder Bahn für 10 Lei ein **Visum für 3 Std.** kaufen.
- Dauert die Tour länger, so sind zwei Ämtergänge nötig: in das **Büro für Visa und Registrierung** (Tel. 0533-61200) an der Pereulok Rayevskaya 10 für das Visum selbst und zur **Miliz** (Tel. 0533-34169) an der Ul. Rosa Luxemburg 2 für die Anwesenheitsdeklaration (in welchem Hotel, wie lange, warum).

Informationen

- **PLZ: MD-Trans-Dnjestr**
- Trotz Hauptstadtanspruch ist keine zentrale Infostelle verfügbar, zuständig sind Post und Telekom.
- **Verkehrssprache:** Russisch.
- **Komiurservis,** Ul. 25. Octombrie 105, Tel. (0533) 92181.
- **Damla-Tur,** Str. 25 Octombrie 37, Tel. (0533) 87704 oder 85613.
- **Handels- und Industriekammer,** Str. Lenin 48, Tel. (0533) 95436, Fax (0533) 94203, tpp@idknet.com. Unterstützung bei geschäftlicher Kontaktanbahnung, wirtschaftlicher und humanitärer Zusammenarbeit; Sprach-, Text- und Grafikdienst.

Post und Telefon

Die **Hauptpost** (Ul. Lenina, 8–19 Uhr) und die **Telekom** (Ul. 25. Oktober, 7–20:30 Uhr) befinden sich im Stadtzentrum.

Mobilität

Stadtverkehr:

Bus Nr. 1 verkehrt zwischen Busstation, Bahnhof und Stadtzentrum und kostet ca. 1 Lei (in Rubel beim Fahrer zu bezahlen, notfalls finden auch moldauische Lei Gnade). Die Trolleybusse 1 und 19 sowie diverse Rutieras (russisch hier verständlicher: *Marschrutkas*) fahren über die Nistru-Brücke hinüber nach Tighina.

Fernverkehr:

- **Bahn:** Täglich um 6:37 und 13:04 Uhr verlässt der Chişinău-Moskau-Express den Bahnhof der moldauischen Hauptstadt und macht ca. 2½ Std. später Halt in Tiraspol, das Ticket kostet 20 Lei.
- Vom Nordbahnhof fahren auch **Busse** zwischen 6:30 und 19:10 Uhr im Takt von 20 bis 30 Minuten, das Ticket kostet 27 Lei.

Unterkunft

- **Hotel Aist,** Str. Naberejnii 3, Tel. (0533) 94212, 73776 oder 77731. 30 Euro pro DZ.
- **Hotel Drushba,** Ul. 25. Oktober 118, Tel. (0533) 34266. Renovierte Zimmer mit TV, Privatbad und Kühlschrank. DZ 450 Lei.
- **Hotel Timoty,** Str. Karl Liebknecht 395-A, Tel. (0533) 84742, 84921, 84599, timoty@idknet.com, www.timoty.idknet.com. Restaurant, Bar, Night Club, Klimaanlage, Internet, Kabel-TV, Sicherheitsdienst rund um die Uhr. DZ zwischen 56 und 89 Euro.

Essen und Trinken

- **Mickey's Café** für Burger und Pizzas, **Plazinta Café** für Espresso und Kuchen sowie **Terasa Capral** für Warm- und Kaltgetränke liegen alle auf der Ul. 25. Oktober.
- **Europa,** Str. Lunacearschi 11-A, Tel. (0533) 94056, Fax (0533) 95071.
- **Andy's Pizza,** Str. 25. Octombrie 72.
- „Formelle" **Restaurants** finden sich in den Seitenstraßen; die Wartezeiten sind lang, die Gastfreundschaft begrenzt.

Nachtleben

- Der einzige sichere Ort ist die **Musikbar Prokhlada,** Tel. (0533) 34642, Ul. 25. Oktober Nr. 50, geöffnet 16–3 Uhr.

Einkaufen

- **Souvenirladen** mit bemalter Keramik, Kunsthandwerk und Deko-Gegenständen landestypischer Art, Str. 25. Octombrie 76, Tel. (0533) 93103.

Cahul

Cahul, mit 105.000 Einwohnern die **drittgrößte Stadt des Landes,** wird im Rumänischen „Kachul“ und im Russischen „Kagul“ ausgesprochen. Cahul wurde in der Sowjetzeit industriell „aufgepeppt“, große Kombinate entstanden, darunter die Strickerei Tricon, die die GUS bis heute mit Heimtextilien versorgt. Cahul ist wie keine andere Stadt außer Chişinău in den letzten Jahren merklich aufgeblüht. Hier ist der Exodus der Bevölkerung geringer als sonst in Moldau, weil sich erste Erfolge der eigenständigen Entwicklungsbemühungen einstellen.

Historisch ist die Stadt als Frumoasa schon 1502 von *Stefan dem Großen* erwähnt und bedacht worden. 1770 schlug hier der russische Feldherr *Rumyantsew* die türkischen Truppen in die Flucht, weshalb die Stadt 1835 auf Geheiß des Zaren *Nicolai I.* gewürdigt und zu Cahul umbenannt wurde. Im Zweiten Weltkrieg, und zwar am 22. Juni 1941, gelang es dem sowjetischen Leutnant *Vetzinkin* mit seinen Truppen, die erdrückende deutsch-rumänische Übermacht (zunächst) abzuwehren.

Das stolze Städtchen hat moderne Straßen und ein **ansehnliches Zentrum,** eine noch wenig entwickelte Uferlandschaft mit internationalem Grenzübergang nach Rumänien sowie **Kur- und Heileinrichtungen.**

Sehenswertes

Ein Stadtrundgang von ca. 90 Minuten Dauer beginnt am Postamt und Moldtelecom (südlich), führt dann rechts in die Str. Alexei Mateevici hinein zum Hotel Tricon und links in die Str. Mihai Eminescu sowie an der nächsten Kreuzung rechts in die Str. 31. August 1989. Hier erreichen wir im zweiten Häuserblock rechts das Schauspielhaus. Links ist schon der **Stadtpark** sichtbar; in seiner Mitte steht die 1820 bis 1853 vom russischen Architekten *Fiodorov* erbaute **Kathedrale.** Hinter dem Park liegt das in einem Landhaus untergebrachte, durchaus besuchenswerte **Heimatmuseum.** Wir gehen auf der anderen Seite des Parks zurück, d.h. auf der Str. Patriceicu Hashdeu östlich an öffentlichen Sportanlagen und dem Musiktheater vorbei. Nur einen Häuserblock vom Park entfernt liegt links das **Reisebüro** für Tourinfos oder Buchungen.

Am Rande der Stadt befindet sich das **Kurzentrum Nufarul Alb** (weißer Leuchtturm), das kompetenteste Sanatorium Moldaus mit preiswerten Angeboten für Kuraufenthalte. Nufarul Alb bietet ein breites Behandlungsspektrum mit Ärzten, Psychologen und Physiotherapeuten. Behandelt werden Störungen des Bewegungsapparates, Herz-Kreislauf-Krankheiten, neurologische Störungen, gynäkologische und Hauterkrankungen sowie gastroenterologische Erkrankungen.

- **3909 Sanatoriul Nufărul Alb,** Str. Nucilor 1, MD-3900 Cahul, Tel. (0299) 23440 oder Fax (0299) 24645.

Einen Besuch wert ist auch die **Grenze** im Westen der Stadt. Dort verläuft der große Grenzfluss mit seiner Auenlandschaft, ein „Grenzstein" in Zahnstocherform ragt in den Himmel.

Umgebung: Giurgiuleşti

Vom Busbahnhof fahren Busse und Rutieras mehrmals täglich ins 50 km südlich gelegene **Nadelöhr zwischen Rumänien und der Ukraine.** Das moldauische Staatsgebiet verengt sich hier bis zum Donauufer auf eine Breite von nur 800 m. Auf den Flussauen fährt die Bahn von Galaţi (Rumänien) bis Reni und weiter nach Odessa (Ukraine). Für Lastwagen fungiert das Dreiländereck auch als Zollgrenze, Personen und vor allem ausländische Reisende dagegen sollten über Cahul nach Rumänien oder über Bender und Tiraspol in die Ukraine einreisen.

Eine Fahrt nach Giurgiuleşti (sprich: Dschirdschulescht) lohnt sich, um die Grenzanlagen an einem Punkt Euro-

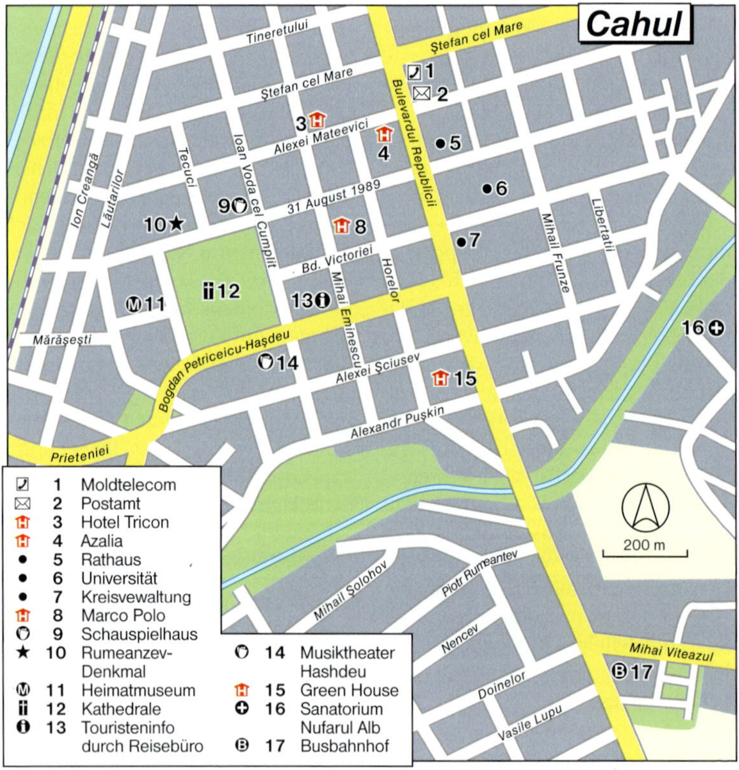

pas auf sich wirken zu lassen, wo jahrzehntelang zwei Welten waffenstarrend und unversöhnlich aufeinanderprallten. Neben Treibstofftanks und Silos wurde inzwischen ein von der Europabank finanzierter Hafen für den Güter- und Rohstoffverkehr realisiert.

Informationen

- **PLZ: MD-3900**
- **Verkehrsprache:** Russisch.
- Einen zentralen Infopunkt bietet die sehr agile **Handelskammer,** Tel. 0299-22192, Str. Mihai Eminescu/Ecke Bulevard Victoriei.

Post, Telefon, Bank

- **Hauptpost** und **Telekom** (beide 8–18 Uhr geöffnet) befinden sich im Zentrum, Bulevardul Republicii 17, Tel. (0299) 22470.
- **Bank: Banca de Economii,** Str. Bodgan Petriceicu Hasdeu, 11-A.

Notfälle

- **Kreiskrankenhaus:** Str. Ştefan cel Mare 23, Tel. (0299) 22448, chirurgische Abteilung: Str. Ştefan cel Mare 126, Tel. (0299) 34625.
- **Frauenheilkundezentrum:** Tel. (0299) 22428.
- **Poliklinik:** Tel. (0299) 21544.

Alle medizinischen Einrichtungen liegen an der **Str. Ştefan cel Mare,** das Kreiskrankenhaus weiter draußen bei Nr. 118.

Mobilität

Stadtverkehr:

In Cahul verkehren nur Mikrobusse oder Rutieras; sie kosten 2,50 Lei. Außer im Zentrum kommen folgende Linien in Betracht, um andere Ziele anzusteuern:

- **Stadtteil Valincea,** Norden: Linien 6, 7.
- **Stadtteil Lapaevca,** Südosten: Linien 2, 8.
- **Stadtteil Lipovanca,** Südwesten: Linien 4, 10 und 11.
- Zur **Grenze nach Rumänien:** Linie 10 bis zur Kreuzung des Denkmals von Dubinowski, dann zu Fuß.

Fernverkehr:

- Die **Bahn** fährt täglich um 21 Uhr von Chişinău nach Cahul und erreicht die Stadt um 23:30 Uhr (Ticket 36 Lei). Zurück dauert es viel länger: Abfahrt um 16 Uhr, Ankunft am nächsten Tag um 10 Uhr (Route über ganz Gagausien und Transnistrien).
- Nur zweimal täglich (6:45, 18:15 Uhr) fährt der große **Bus** vom Busbahnhof Süd nach Chişinău. Dazwischen verkehren jedoch diverse Mikrobusse bzw. **Rutieras.** In Cahul liegt der Busbahnhof im südlichen Zentrum Ecke Bulevardul Republicii und Str. Mihai.

Unterkunft

- **Hotel Marco Polo,** Str. Mihai Eminescu 43/2, Tel. (0299) 33712. Einfaches Zimmer (EZ oder DZ) für 45 Lei, oder (kaum merkbar) „luxuriöses" Zimmer für 515 Lei.
- **Hotel Green House,** Str. Alexandr Puşkin 88-A, Tel. (0299) 25568 oder 26772, mobil 69329045. EZ/DZ 450 Lei, Frühstück inkl. Nach jüngsten Beobachtungen von Reisenden das beste Hotel in der Stadt.
- **Hotel Azalia,** Tel. (0299) 23518, Str. Alexei Mateevici 21. Moderne Zimmer mit TV, Kühlschrank und Bar für 630 Lei (EZ oder DZ) sowie einfachere Zimmer für 375 oder 430 Lei. In der Nähe befindet sich die Pizzeria Celentano.
- Einfache private **Pensionen** empfiehlt das Reisebüro auf der Str. Eminescu 34, Tel. (0299) 25406.

Essen und Trinken

In Cahul gibt es inzwischen eine Reihe einfacher **Cafés** und unkomplizierter **Restaurants,** im Sommer mit Gartenbetrieb. Wir empfehlen klassische Küche, d.h. Schaschlik, *Frigarui* oder Suppen *(Solianka, Bortsch).*

rum786 Foto: jr

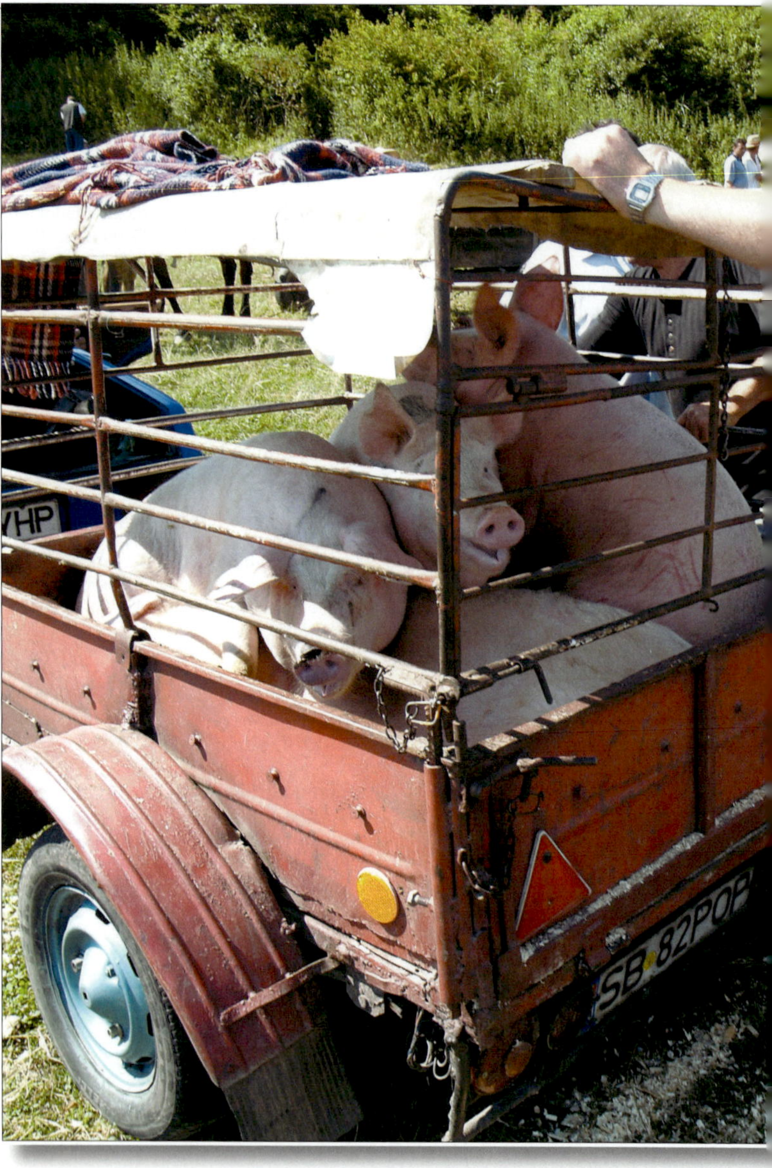

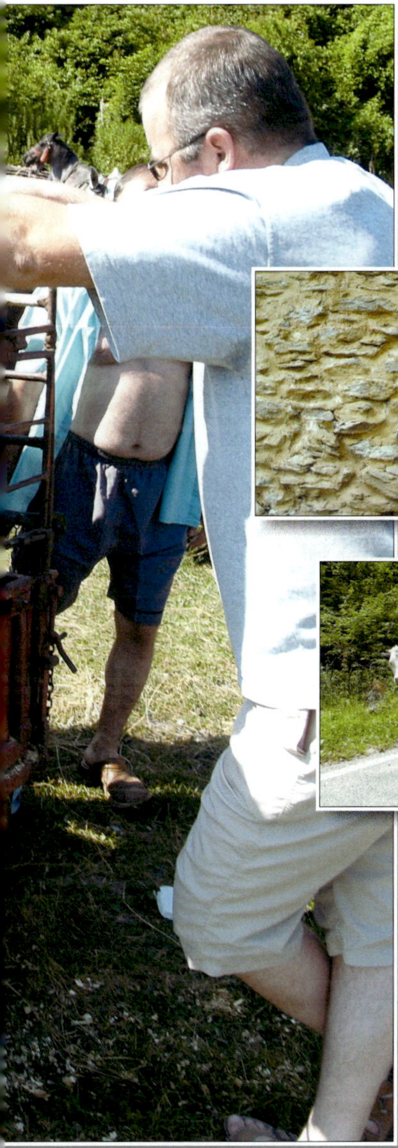

Anhang

rum787a Foto: jr

rum787b Foto: jr

Ob wohl noch eins Platz hat ...?

Alter Hausbau (im Apuseni-Gebirge)

Kühe in den Karpaten

Reise-Gesundheitsinformationen

Stand: Anfang 2010, © Inhalte: Centrum für Reisemedizin CRM

Die nachstehenden Informationen wurden uns freundlicherweise vom Centrum für Reisemedizin zur Verfügung gestellt. Auf **www.travelmed.de** (CRM/Reiseländer) werden sie stetig aktualisiert. Es lohnt sich, dort noch einmal nachzuschauen. Eine Gewähr oder Haftung für die nachstehenden Angaben kann nicht übernommen werden.

- **Einreise-Impfvorschriften für Rumänien und die Republik Moldau: keine.**

- **Empfohlener Impfschutz:** Generell Standardimpfungen nach dem deutschen Impfkalender, speziell Tetanus und Diphtherie, für die Republik Moldau zudem Hepatitis A.

Rumänien: Je nach Reisestil und Aufenthaltsbedingungen ist außerdem ein Impfschutz gegen Hepatitis A (Reisebedingungen 1 und 2, s.u.) und Hepatitis B (bei Langzeitaufenthalten und engerem Kontakt mit der einheimischen Bevölkerung; Reisebedingung 1) sowie gegen FSME (April bis Okt., nur bei beruflicher Tätigkeit oder Freizeitaktivitäten mit möglicher Zeckenexposition in endemischen Gebieten; Reisebedingung 1) und Tollwut (bei vorhersehbarem Umgang mit Tieren; Reisebedingung 1) zu erwägen.

Republik Moldau: Je nach Reisestil und Aufenthaltsbedingungen im Lande ist außerdem ein Impfschutz gegen Hepatitis B (bei Langzeitaufenthalten und engerem Kontakt mit der einheimischen Bevölkerung; Reisebedingung 1) und Tollwut (bei vorhersehbarem Umgang mit Tieren; Reisebedingung 1) zu erwägen, außerdem gegen FSME (April bis Okt., nur bei beruflicher Tätigkeit oder Freizeitaktivitäten mit möglicher Zeckenexposition in endemischen Gebieten; Reisebedingung 1).

Welche Impfungen vorzunehmen sind, ist abhängig vom aktuellen Infektionsrisiko vor Ort, von Art und Dauer der geplanten Reise, vom Gesundheitszustand sowie dem eventuell noch vorhandenen Impfschutz des Reisenden. Es empfiehlt sich immer, rechtzeitig (4 bis 6 Wochen) vor der Reise eine persönliche Reise-Gesundheits-Beratung bei einem reisemedizinisch erfahrenen Arzt oder Apotheker in Anspruch zu nehmen.

Reisebedingung 1: Reise durch das Landesinnere unter einfachen Bedingungen (Trekking-, Rucksack- oder Individualreise) mit einfachen Quartieren/Hotels; Camping-Reisen, Langzeitaufenthalte, praktische Tätigkeit im Gesundheits- oder Sozialwesen, enger Kontakt zur einheimischen Bevölkerung wahrscheinlich.

Reisebedingung 2: Aufenthalt in Städten oder touristischen Zentren mit (organisierten) Ausflügen ins Landesinnere (Pauschalreise, Unterkunft und Verpflegung in Hotels bzw. Restaurants mittleren bis gehobenen Standards).

- **Malaria: Beide Länder sind malariafrei.**

- **Darminfektionen (in Rumänien):** Risiko für Durchfallerkrankungen landesweit; Trichinellose, eine Wurmerkrankung mit Allgemeinerscheinungen, die durch rohes Schweinefleisch, auch in Form von Wurst, Schinken oder Speck, übertragen werden kann, kommt wie im gesamten Balkan auch in Rumänien vor. Hygiene beachten.

- **Ratschläge zur Reiseapotheke:** Vergessen Sie nicht, eine Reiseapotheke mitzunehmen (wenigstens Medikamente gegen Durchfall, Fieber und Schmerzen sowie Verbandstoff, Pflaster und Wunddesinfektion), damit Sie für kleinere Notfälle gerüstet sind. Nicht vergessen: Medikamente, die der Reisende ständig einnehmen muss!

Wichtige Sprachwendungen in Rumänisch und Ungarisch

In einigen Städten Rumäniens kann man sich mühelos auf Deutsch verständigen. So wird man in Sibiu und Braşov nicht lange nach Einheimischen suchen müssen, die dieser Sprache mächtig sind. **Östlich von Târgu Mureş, im Harghita-Gebiet,** gibt es jedoch Landstriche, in denen die ungarische Sprache dominiert. So ist es durchaus sinnvoll, dort neben den rumänischen auch die geläufigsten und wichtigsten ungarischen Wörter und Wendungen parat zu haben.

Deutsch	Rumänisch	Ungarisch
Hallo	Bună/Servus/Salut	Szia
Guten Morgen	Bună dimineata	Jó reggelt
Guten Tag	Bună ziua	Jó napot
Guten Abend	Bună seara	Jó estét
Gute Nacht	Noapte bună	Jó éjszakát
Danke	Mulţumesc	Köszönöm
Bitte	Vă rog	Kérem
Ja	Da	Igen
Nein	Nu	Nem
Wie viel kostet ...?	Cât costă ...?	Mennyibe kerül ...?
Wo ist ...?	Unde este ...?	Hol van ...?
Wann fährt der Bus/Zug nach ... ab?	Când pleacă autobusul/ trenul spre ...?	Mikor indul a busz/vonat ... felé?
Was ist das?	Ce-i asta?	Mi az?
Wie geht es Ihnen/dir?	Ce mai faceţi/faci?	Hogy van/vagy?
Gut	Bine	Jól
Schlecht	Rău	Rosszul
Entschuldigung!	Scuză-mă	Pardon/Elnézést/Bocsánat
Kreuzung	Intersecţie	Útelágazás/Keresztezödés
Straße	Strada	Utca
Geradeaus	Tot înainte	Egyenesen
Rechts	Dreapta	Jobb
Links	Stânga	Bal
Heute	Azi	Ma
Morgen	Mâine	Holnap
Gestern	Ieri	Tegnap
Wunderbar	Fantastic	Csodás/Nagyszerü
Guten Appetit	Poftă bună	Jó étvágyat
Prost	Noroc	Egészséget
Zahlen, bitte	Platesc, vă rog	Kérem, fizetek
Auf Wiedersehen	La revedere	Viszontlátásra (kurz: Viszlát)
Tschüss	Pa	Szia (Abschied von mehreren Personen: sziasztok)

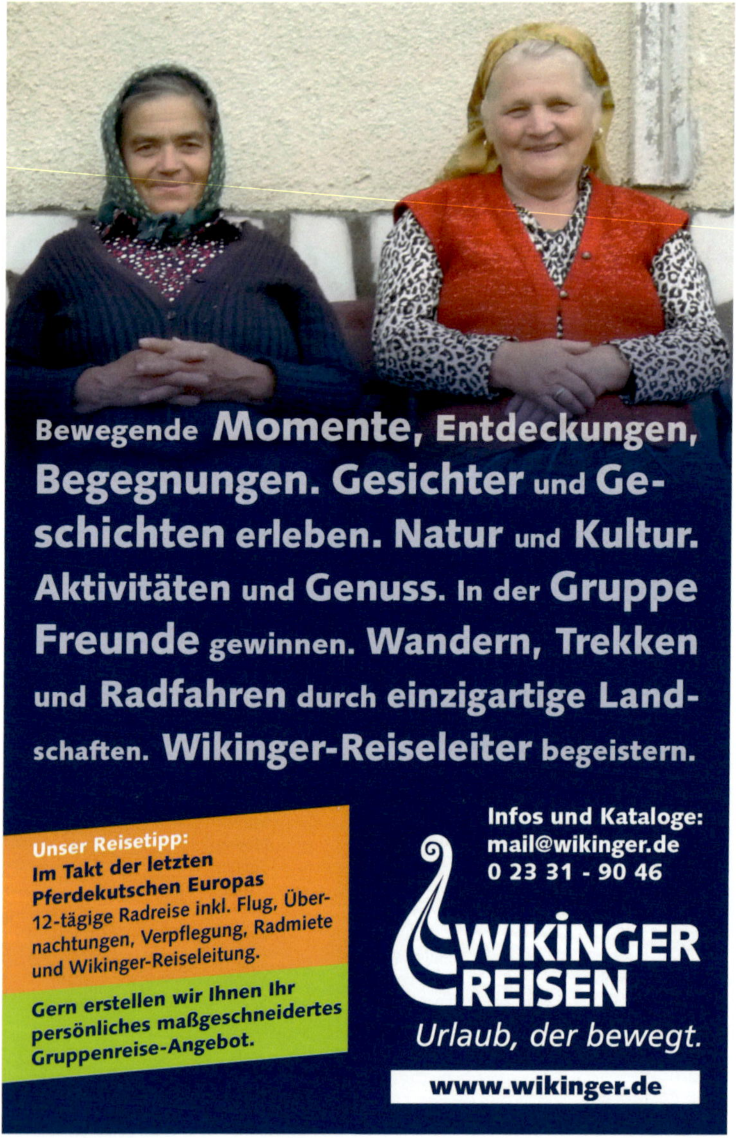
Bewegende Momente, Entdeckungen, Begegnungen. Gesichter und Geschichten erleben. Natur und Kultur. Aktivitäten und Genuss. In der Gruppe Freunde gewinnen. Wandern, Trekken und Radfahren durch einzigartige Landschaften. Wikinger-Reiseleiter begeistern.
Unser Reisetipp:
Im Takt der letzten Pferdekutschen Europas
12-tägige Radreise inkl. Flug, Übernachtungen, Verpflegung, Radmiete und Wikinger-Reiseleitung.
Gern erstellen wir Ihnen Ihr persönliches maßgeschneidertes Gruppenreise-Angebot.
Infos und Kataloge:
mail@wikinger.de
0 23 31 - 90 46
WIKINGER REISEN
Urlaub, der bewegt.
www.wikinger.de

Register Rumänien

A

B

Anhang

C

D

E

F

G

H

L

M

N

O

P

Anhang

R

S

T

U

V

W

Z

Register Republik Moldau

A

B

C

D

E

F

Die Autoren

Joscha Remus

Der Schriftsteller und Reisejournalist *Joscha Remus* bereist Rumänien bereits seit über 30 Jahren (die erste Reise erfolgte 1976 mit Interrail). Seine Interviews und Reportagen erscheinen u.a. in „DIE ZEIT", dem Magazin „ZEITWISSEN" und der „Weltwoche" in Zürich. Im März 2008 ist von ihm ein Erzählband über Rumänien herausgekommen: „Der sanfte Flug der schwarzen Damen – Rumänische Rhapsodien", Picus-Verlag, Wien.

Ein von ihm verfasster Sprechführer „Lëtzebuergesch – Wort für Wort" sowie das Buch „KulturSchock Rumänien" sind im Reise Know-How Verlag erschienen.

Rumänienreisen mit J. Remus

Der Autor des Rumänien-Teils dieses Buches, *Joscha Remus,* bietet ab September 2010 jährlich von ihm begleitete Reisen nach Rumänien an. Das Angebot richtet sich an alle, die Rumänien abseits der üblichen touristischen Trampelpfade kennen lernen möchten. Wer sich für Bergwanderungen, versteckte Kirchenburgen und Holzkirchen, die Holzschnitzkunst des Maramuresch, die Kunst des Käsemachens, rumänische Tänze und Zigeunermusik, Schäferwelten und kulinarische Geheimnisse interessiert, sollte den Autor unter rumaenien@email.de kontaktieren. Weitere Informationen auch auf den Rumänien-Seiten www.romtour.eu und www.rumänien-reiseführer.de.

Danksagung

Alle Personen aufzuführen, die wichtige Informationen zu diesem Buch beigesteuert haben, würde Seiten füllen. Stellvertretend seien darum genannt: Patriarch *Daniel Ciobotea, Mircea Cărtărescu* und *Ioana Nicolaie, Gheorghe Zamfir, Nadia Comăneci, Herta Müller, Eginald Schlattner, Gabriela* und *Radu Linde, Ticu Lacatus, Henry Ernst, Attila Sandor Demeter, Hilke Gerdes* und ihr Mann *Harald, Claudia Cirlig, Hans Frank, Michael Werther, Eugen Cojocaru* und *Iuliana Vasiloiu.*

Ein besonderer Dank gilt *Beatrice Ungar* und der Redaktion der „Hermannstädter Zeitung", die zahlreiche Bilder aus ihrem Archiv zur Verfügung gestellt haben, *Hermann Fabini* für seine Informationen über die Kirchenburgen (und die Zeichnungen), *Mihaiela Donisa* vom „Insight Magazin" sowie den geduldigen Mitgliedern des Deutsch-Rumänischen Forums Stuttgart.

Joscha Remus

Ein **herzliches Dankeschön an die Leser** für Ihre (teils sehr) ausführlichen Briefe und die vielen wertvollen Hinweise. Einen riesigen Dank möchte ich nach Biertan zu *Cristian* und *Christa Richter* schicken, die sich in einer wahren Fleißarbeit in das Buch vertieft haben und sich dabei als wirkliche Kenner und Liebhaber Rumäniens ausgewiesen haben. Mein Dank gilt auch *Beatrice Asavinei, Michael Luck, Florian Utz, Franz Santner, Michael Ledinger, Clemens Wieland, Christina Brey, Annika Manegold, Hans Peter Fischer, Nina May, Horst Frank, Manuela Voggenauer, Michael Schneeberger, Dr. H. E. Röttger, Jasmin Hornstein, Karin Höpp, Liana* und *Jens Kielhorn, Rudolf Troll, Dr. Peter Pfarl, Petra Schulze* und *Alexander Lutter, Markus Kötter, Dr. Annette Busch, Engelbert* und *Eva Rieder, Eveline Gutzwiller, Lena Maly, Klaus Commissi, Alois Peham, Benjamin Lassiwe, André Guerotto, Manuel Böck, Dr. Michael Schneider, Doris Mache, Anna Mayrhauser, Franziska Paizs, Georg Weege, Melanie Danner-Kurz, Mirza Benca, George Iurca, Dieter Temmeyer, Friedrich-Jörn Zauner, Jochen Plambeck* sowie *Greti* und *Günther Kofler.*

Hans-Gerd Spelleken

Hans-Gerd Spelleken lebt in Alzenau Ufr. und beschäftigt sich seit Anfang 1996 mit der **Republik Moldau.** Im Hauptberuf Unternehmensberater, unterstützt der Autor Unternehmen und Organisationen bei der Zusammenarbeit mit diesem Land. Dabei fördert er weltweit Projekte der Entwicklungszusammenarbeit und einzelbetrieblichen Kooperation.

Der Autor hat zwei Kinder (*Hans,* 16, und *Irma,* 18), die in Honduras geboren sind und die osteuropäische Lebensart – bedächtig und bescheiden – zu lieben gelernt haben.

Hans-Gerd Spelleken ist auch Autor des Honduras-Bandes im Reise Know-How Verlag.

- www.spellekenassociates.de

Danksagung

Besonderer Dank gilt *Alina* und *Natalia Bodiu,* meinen überqualifizierten Assistentinnen, sowie zahllosen ungenannten Moldauern, die ihr unterschätztes Land erst durch unsere Zusammenarbeit zu entdecken bereit waren.

Hans-Gerd Spelleken

Legende zu den Karten im Innenteil

Hotel	Bar	Information
Pension	Disco	Sehenswürdigkeit
Bed & Breakfast	Theater	Museum
Jugendherberge	Einkaufen	Burg, Schloss
Camping	Internetcafé	Kirche
Restaurant	Apotheke	Moschee
Café	Bank	Synagoge
		Krankenhaus
		Busbahnhof

Die Karten auf den folgenden Seiten sind verkleinerte Ausschnitte aus der Rumänien-Karte des **world mapping project** von REISE KNOW-HOW

1 : 800 000
Blattschnitt
Seite **XXIV**

0 10 20 km

E70 E576 Europastraßennummern
European road numbers

A1 29 29a Straßennummern
Road numbers

Autobahn mit Anschlussstelle
Motorway with junction

Autobahn im Bau / in Planung
Motorway under construction / projected

Schnellstraße
Expressway

Fernstraße / Tunnel
Major road / tunnel

Hauptstraße
Main road

Nebenstraße
Secondary road

Sonstige Straße / Tunnel
Other road / tunnel

Fahrweg / Fußweg
Track / Path

4 4 Entfernung in Kilometern
Distance in kilometres

Eisenbahn / Tunnel
Railway / tunnel

Seilbahn
Cable car

Fähre
Ferry

Fluss / Wasserfall / Damm, Wehr
River / waterfall / dam, weir

Kanal
Canal

1418 Molviş Berg (Höhe in m)
Mountain (height in m)

1105 Pass (Höhe in m)
Pass (height in m)

Staatsgrenze
International boundary

Bezirkgrenze
Region boundary

Grenzübergang
Border check point

Besiedeltes Gebiet
Populated area

Flughafen
Airport

Flugplatz
Airfield

Hafen
Harbour

Leuchtturm
Lighthouse

Nationalpark / Naturpark
National park / nature reserve

Zoo
Zoo

Botanischer Garten
Botanical garden

Strand
Beach

Höhle
Cave

Campingplatz
Camping site

Aussichtspunkt
Viewpoint

Berghütte
Mountain hut

UNESCO Welterbe
UNESCO world heritage

Burg, Schloss, Fort / Ruine sehenswert
Castle, palace, fort / ruin of interest

Kloster / Ruine sehenswert
Monastery / ruin of interest

Kirche / Ruine sehenswert
Church / ruin of interest

Moschee
Mosque

Synagoge
Synagogue

Museum sehenswert
Museum of interest

Archäologischer Fundort
Archeological site

Sonstige Sehenswürdigkeit
Other point of interest

150 Höhenlinie (Höhe in m)
Contour lines (heights in m)

Tiefenschichtzahl (Tiefe in m)
Bathymetric tints number (depths in m)

30

> 3000 m	2500 - 3000 m	2000 - 2500 m	1500 - 2000 m	1200 - 1500 m	900 - 1200 m	600 - 900 m	300 - 600 m	150 - 300 m	0 - 150 m	0 - 30 m	> 30 m

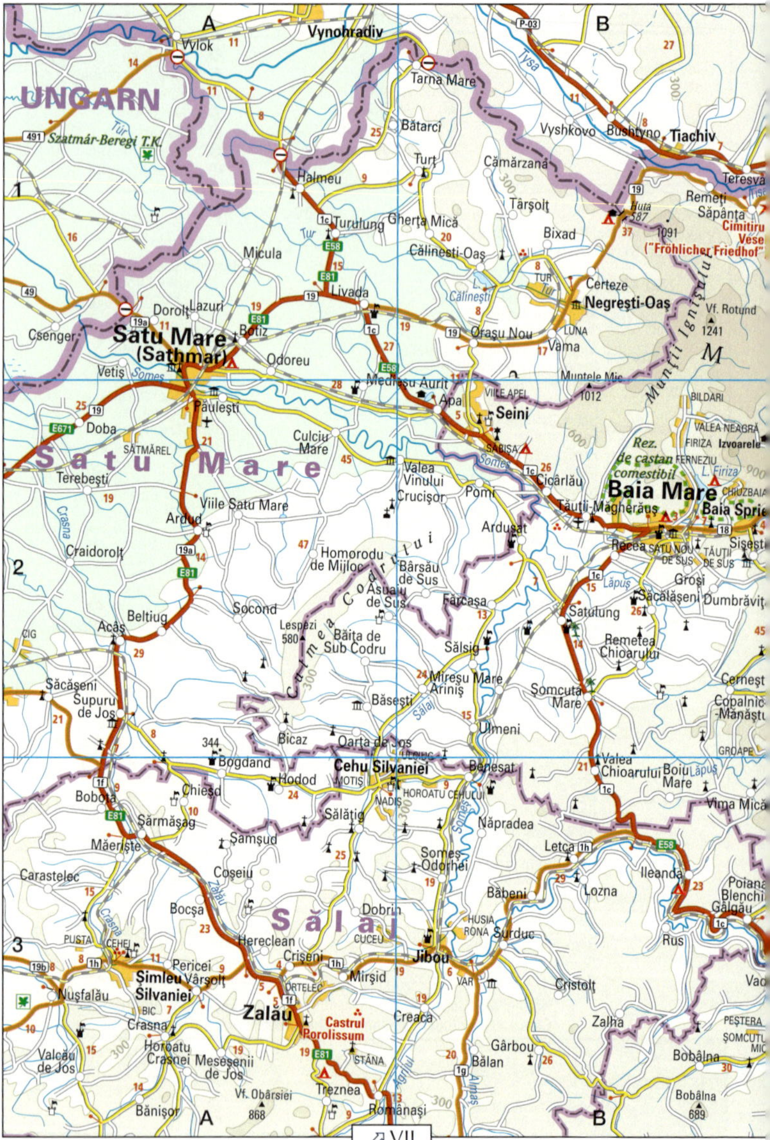

UNGARN
Satu Mare
Sălaj
Vylok
Vynohradiv
Tarna Mare
Bătarci
Turţ
Cămărzana
Târşolţ
Bixad
Vyshkovo
Bushtyno
Tiachiv
Teresva
Remeţi
Săpânţa
Huta 587
1091
Cimitirul Vesel ("Fröhlicher Friedhof")
Munţii Igniş
Vf. Rotund 1241
Szatmár-Beregi T.K.
Halmeu
Turulung
Gherţa Mică
Călinesti-Oaş
Micula
Livada
Certeze
Negreşti-Oaş
Călineşti
Csenger
Dorolţ
Lazuri
Satu Mare (Sathmar)
Botiz
Odoreu
Oraşu Nou
Vama
Muntele Mic 1012
Vetiş
Someş
Medieşu Aurit
Apa
Seini
Păuleşti
Doba
Sătmărel
Culciu Mare
Sabisa
Cicârlău
Rez. de castan comestibil
Baia Mare
Baia Sprie
Terebeşti
Valea Vinului
Crucişor
Pomi
Tăuţii-Măgherăuş
Viile Satu Mare
Ardud
Ardusat
Recea
Satu Nou de Sus
Tăuţii de Sus
Craidorolţ
Crasna
Homorodu de Mijloc
Bârsău de Sus
Asuaju de Sus
Culmea Codrului
Fărcaşa
Satulung
Groşi
Săcălăşeni
Dumbrăviţa
Beltiug
Socond
Acâş
Lespezi 580
Băiţa de Sub Codru
Sălsig
Remetea Chioarului
Mireşu Mare
Arinis
Şomcuta Mare
Cerneşti
Copalnic-Mănăştur
Săcăşeni
Supuru de Jos
Băseşti
Ulmeni
Bicaz
Oarţa de Jos
Bogdand
Cehu Silvaniei
Benesat
Valea Chioarului
Boiu Mare
Bobota
Chieşd
Hodod
Sălăţig
Năpradea
Vima Mică
Şărmăşag
Samşud
Măerişte
Letca
Ileanda
Carastelec
Coşeiu
Someş Odorhei
Lozna
Băbeni
Poiana Blenchii
Gâlgău
Bocşa
Dobrin
Surduc
Rus
Hereclean
Crişeni
Jibou
Pericei
Mirşid
Şimleu Silvaniei
Vârşolţ
Nuşfalău
Cristolţ
Zalău
Castrul Porolissum
Creaca
Zalha
Crasna
Valcău de Jos
Horoatu Crasnei
Meseşenii de Jos
Gârbou
Bălan
Bobâlna
Treznea
Vf. Obârşiei 868
Românaşi
Bobâlna 689
Bănişor
Tisa
Lăpuş
Almaş

⇨ VII

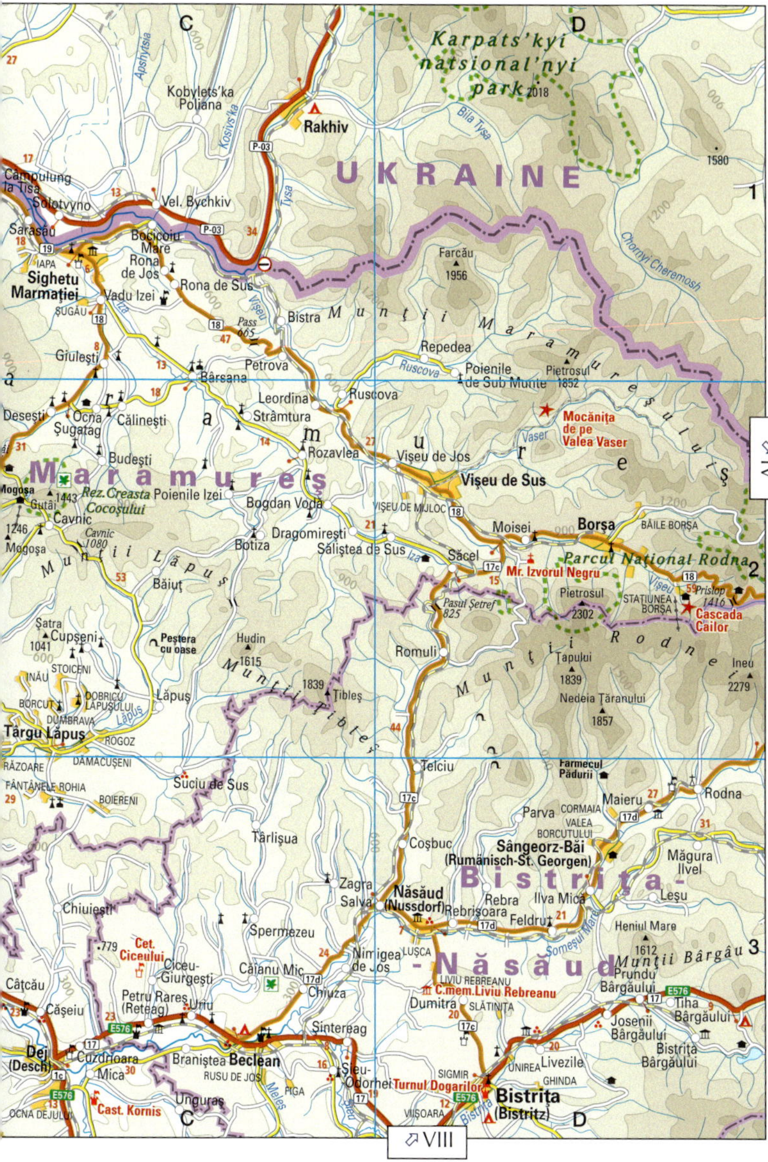
C
D
Karpats'kyi natsional'nyi park
2018
UKRAINE
Kobylets'ka Poliana
Rakhiv
Apshytsia
Kosivs'ka
P-03
Bila Tysa
1580
1
Chornyi Cheremosh
Câmpulung la Tisa
Solotvyno
Vel. Bychkiv
Sarasău
Bocicoiu Mare
Rona de Jos
Rona de Sus
Sighetu Marmației
IAPA
SUGĂU
Vadu Izei
Tysa
Farcău
1956
Bistra
Munții Maramureșului
Pass 665
Giulești
Bârsana
Petrova
Repedea
Ruscova
Poienile de Sub Munte
Pietrosul 1852
Desești
Ocna Șugatag
Călinești
Leordina
Strâmtura
Ruscova
Mocănița de pe Valea Vaser
Vaser
Budești
Rozavlea
Vișeu de Jos
Vișeu de Sus
IV
Maramureș
Mogoșa
Gutâi
1443
Rez. Creasta Cocoșului
Poienile Izei
Bogdan Vodă
VIȘEU DE MIJLOC
Cavnic
1246
Cavnic 1080
Mogoșa
Dragomirești
Botiza
Săliștea de Sus
Moisei
Borșa
BĂILE BORȘA
Parcul Național Rodna
Săcel
Mr. Izvorul Negru
Munții Lăpuș
Băiuț
Iza
Pasul Șetref 825
Pietrosul 2302
STAȚIUNEA BORȘA
Prislop 1416
Cascada Cailor
2
Șatra 1041
Cupșeni
Peștera cu oase
Hudin 1615
Romuli
Munții Rodnei
Țapului 1839
Ineu 2279
STOICENI
INĂU
BORCUT
DOBRICU LĂPUȘULUI
Lăpuș
1839 Țibleș
Munții Țibleș
Nedeia Țăranului 1857
DUMBRAVA
Târgu Lăpuș
ROGOZ
RĂZOARE
DĂMĂCUȘENI
FÂNTÂNELE ROHIA
Suciu de Sus
Telciu
Farmecul Pădurii
BOIERENI
Rodna
Maieru
Parva
CORMAIA
VALEA BORCUTULUI
Târlișua
Coșbuc
Sângeorz-Băi (Rumänisch-St. Georgen)
Măgura Ilvei
Bistrița-Năsăud
Zagra
Salva
Năsăud (Nussdorf)
Rebra
Ilva Mică
Leșu
Chiuiești
Rebrișoara
Feldru
Spermezeu
Heniul Mare 1612
Someșul Mare
779
Cet. Ciceului
Ciceu-Giurgești
Căianu Mic
Nimigea de Jos
LUȘCA
Munții Bârgăului
3
Câțcău
Petru Rareș (Reteag)
Uriu
Chiuza
LIVIU REBREANU
C.mem.Liviu Rebreanu
Prundu Bârgăului
Tiha Bârgăului
Cășeiu
Dumitra
SLĂTINIȚA
Josenii Bârgăului
Dej (Desch)
Cuzdrioara
Braniștea
Beclean
Sintereag
Livezile
Bistrița Bârgăului
Mica
RUSU DE JOS
Șieu-Odorhei
SIGMIR
UNIREA
GHINDA
Turnul Dogarilor
Cast. Kornis
Unguraș
FIGA
Meleș
Bistrița (Bistritz)
VIȘOARA
OCNA DEJULUI
E576
VIII

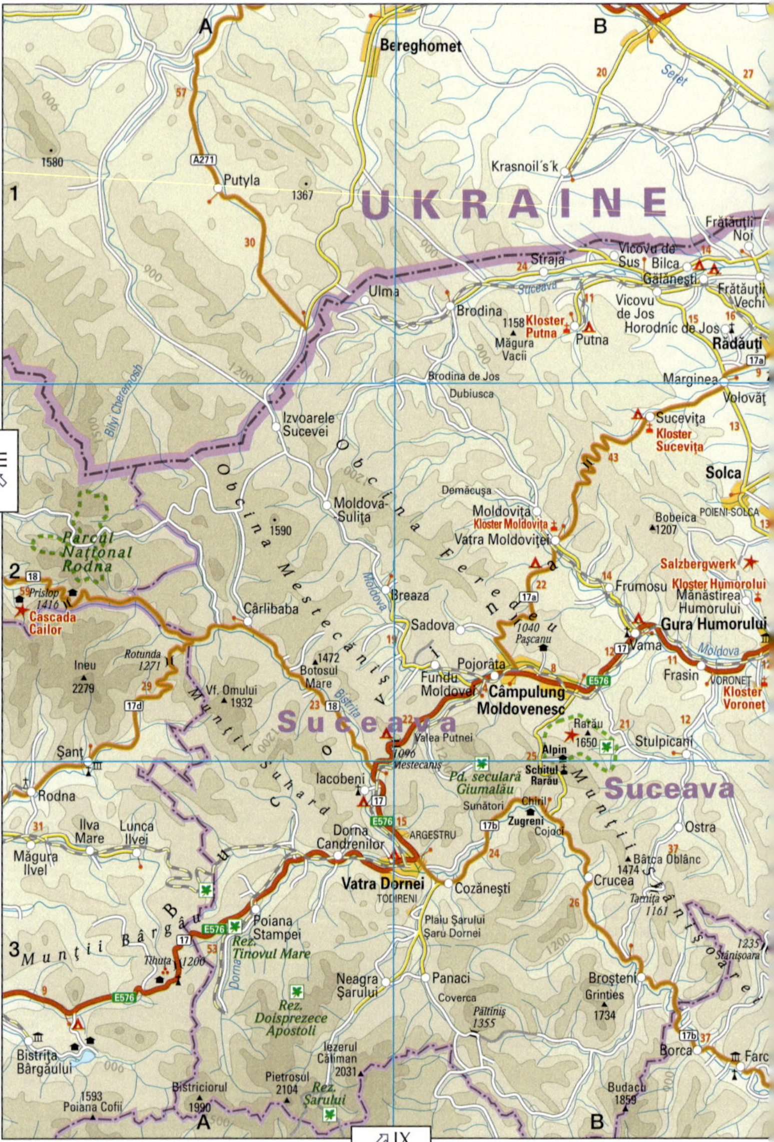
A
B
1
2
3
UKRAINE
Bereghomet
Putyla
A271
1580
1367
57
30
20
27
Seret
Krasnoil´s´k
Frătăuţii Noi
Vicovu de Sus
Straja
Bilca
Gălăneşti
Frătăuţii Vechi
Ulma
Suceava
Brodina
1158
Măgura Vacii
Kloster Putna
Putna
Vicovu de Jos
Horodnic de Jos
Rădăuţi
17a
Marginea
Volovăţ
Brodina de Jos
Dubiusca
Bilyi Cheremosh
Izvoarele Sucevei
Sucevița
Kloster Sucevița
Solca
POIENI-SOLCA
Obcina Mestecăniş
Obcina Feredeu
Moldova-Suliţa
1590
Demăcuşa
Moldoviţa
Kloster Moldoviţa
Vatra Moldoviţei
Bobeica
1207
Parcul Naţional Rodna
Salzbergwerk
Kloster Humorului
Mănăstirea Humorului
Prislop 1416
Cascada Cailor
18
Breaza
Moldova
Cârlibaba
Sadova
1040
Paşcanu
Frumosu
Gura Humorului
Vama
Moldova
Frasin
VORONEŢ
Kloster Voroneţ
Rotunda 1271
Ineu 2279
1472
Botosul Mare
Fundu Moldovei
Pojorâta
Câmpulung Moldovenesc
E576
Vf. Omului 1932
Munţii Suhard
17d
Bistriţa
Suceava
Valea Putnei
Rarău 1650
Alpin
Stulpicani
Şant
1096 Mestecaniş
Schitul Rarău
Pd. seculară Giumalău
Munţii Stânişoarei
Rodna
Iacobeni
17
Sunători
Chiril
Zugreni
Cojoci
17b
Ostra
Ilva Mare
Lunca Ilvei
Măgura Ilvei
Dorna Candrenilor
ARGESTRU
Bâtca Oblânc
1474
Vatra Dornei
TODIRENI
Cozăneşti
Crucea
Tarniţa 1161
Munţii Bârgău
Poiana Stampei
Plaiu Şarului
Şaru Dornei
Tihuţa 1200
Rez. Tinovul Mare
Dorna
1235
Stânişoara
Neagra Şarului
Panaci
Coverca
Broşteni
Grinties 1734
Rez. Doisprezece Apostoli
Păltiniş 1355
Bistriţa Bârgăului
Iezerul Căliman 2031
Borca
Farc
Pietrosul 2104
Rez. Şarului
Bistriciorul 1990
1593
Poiana Cofii
Budacu 1859

III

IX

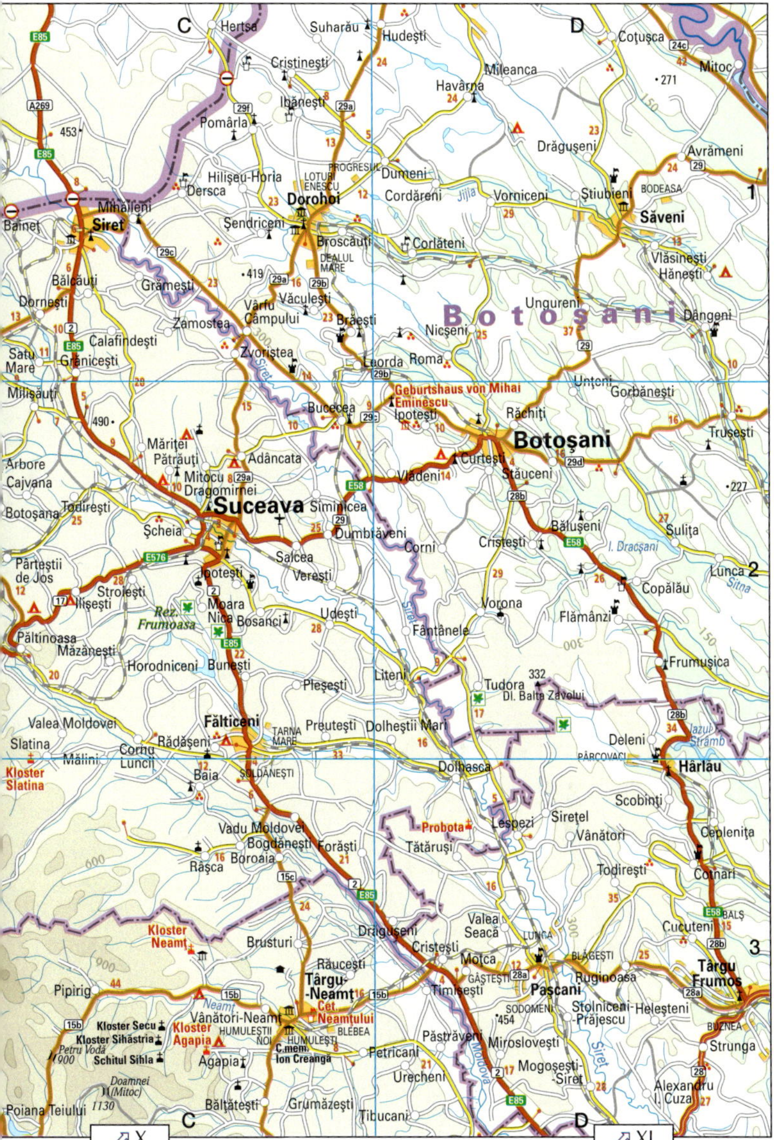
C
D
Hertsa
Suharău
Hudeşti
Coţuşca
Mitoc
Cristineşti
Mileanca
Havârna
Ibăneşti
Pomârla
Drăguşeni
Avrămeni
Hilişeu-Horia
Dersca
Dorohoi
Dumeni
Cordăreni
Jijia
Vorniceni
Ştiubieni
Săveni
BODEASA
LOTURI ENESCU
PROGRESUL
Mihăileni
Siret
Bainet
Şendriceni
Broscăuţi
Corlăteni
DEALUL MARE
Vlăsineşti
Hăneşti
Bălcăuţi
Grămeşti
Văculeşti
Dornești
Vârfu Câmpului
Brăeşti
Ungureni
Dângeni
Botoşani
Zamostea
Nicşeni
Calafindeşti
Satu Mare
Grăniceşti
Zvoriştea
Siret
Leorda
Roma
Milişăuţi
Geburtshaus von Mihai Eminescu
Unţeni
Gorbăneşti
Bucecea
Ipoteşti
Răchiţi
Botoşani
Truşeşti
Măriţei
Pătrăuţi
Adâncata
Arbore
Cajvana
Mitocu Dragomirnei
Vlădeni
Curteşti
Stăuceni
Suceava
Siminicea
Todireşti
Botoşana
Şcheia
Dumbrăveni
Băluşeni
Sulița
Corni
Cristeşti
I. Dracşani
Salcea
Pârteştii de Jos
Ipoteşti
Vereşti
Lunca
Sitna
Stroieşti
Ilişeşti
Copălău
Moara Nica
Rez. Frumoasa
Bosanci
Udeşti
Vorona
Flămânzi
Păltinoasa
Măzăneşti
Fântânele
Frumuşica
Horodniceni
Buneşti
Pleşeşti
Liteni
Tudora
Dl. Balta Zăvolui
Valea Moldovei
Fălticeni
TARNA MARE
Preuteşti
Dolheştii Mari
Deleni
Lazul Strâmb
Slatina
Cornu Luncii
Rădăşeni
Mălini
PÂRCOVACI
Hârlău
Kloster Slatina
Baia
ŞOLDĂNEŞTI
Dolhasca
Scobinţi
Vadu Moldovei
Probota
Lespezi
Sireţel
Vânători
Ceplenița
Bogdăneşti
Forăşti
Tătăruşi
Râşca
Boroaia
Todireşti
Cotnari
Kloster Neamţ
Brusturi
Drăguşeni
Valea Seacă
Cucuteni
BALŞ
Răuceşti
Cristeşti
Motca
LUNCA
BLĂGEŞTI
Târgu Frumos
Pipirig
Târgu-Neamt
GĂSTEŞTI
Ruginoasa
Timişeşti
Paşcani
Vânători-Neamţ
Neamt
Cet. Neamţului
SODOMENI
Stolniceni-Prăjescu
Heleşteni
Kloster Secu
Kloster Agapia
HUMULEŞTII NOI
HUMULEŞTI
BLEBEA
BUZNEA
Kloster Sihăstria
Petru Vodă
Schitul Sihla
Agapia
C.mem. Ion Creangă
Petricani
Păstrăveni
Mirosloveşti
Strunga
Urecheni
Mogoşeşti-Siret
Moldova
Siret
Doamnei (Mitoc)
Alexandru I. Cuza
Poiana Teiului
Bălţăteşti
Grumăzeşti
Tibucani
E85
E58
E576
A269

X
XI

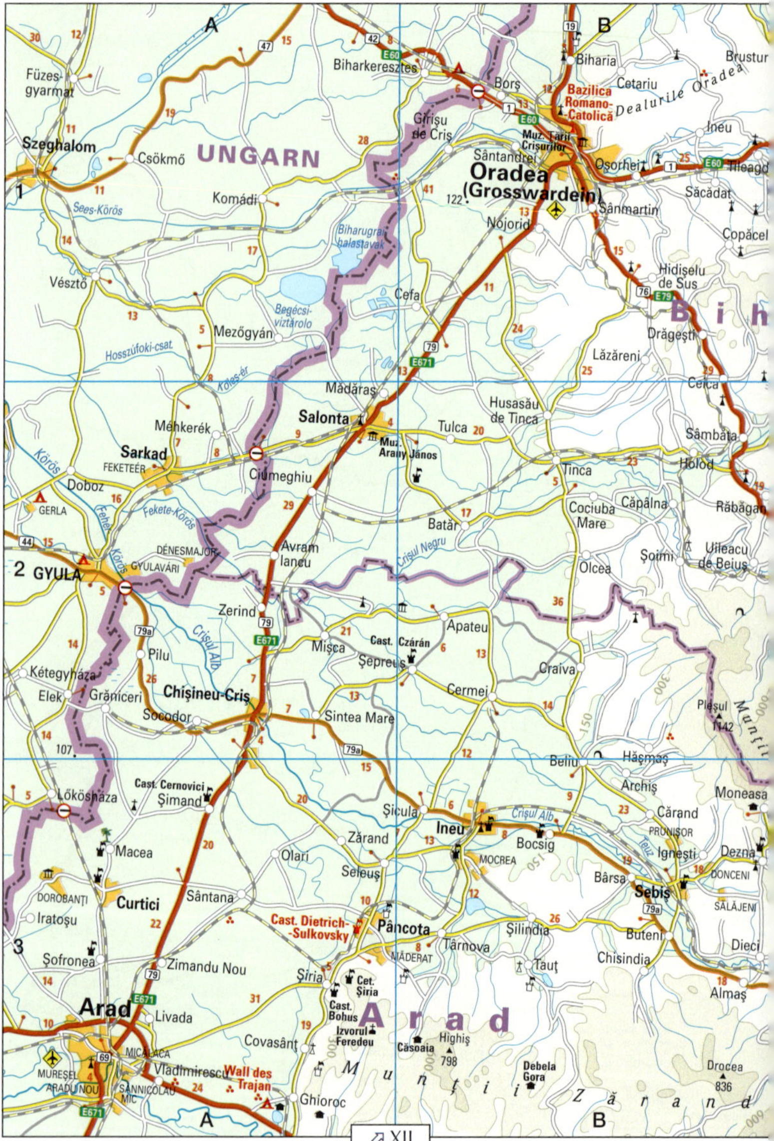
UNGARN
Biharkeresztes
Füzes-gyarmat
Szeghalom
Csökmő
Komádi
Sees-Körös
Vésztő
Biharugrai halastavak
Begécsi-viztárolo
Mezőgyán
Hosszúfoki-csat.
Kötes-ér
Méhkerék
Sarkad
FEKETEÉR
Doboz
GERLA
Körös
Fekete-Körös
Fehér Körös
DÉNESMAJOR
GYULAVÁRI
GYULA
Kétegyháza
Elek
107
Lőkösháza
Gîrişu de Criş
Sântandrei
Oradea
(Grosswardein)
122
Nojorid
Biharia
Borş
Bazilica Romano-Catolică
Muz. Ţării Crişurilor
Cetariu
Dealurile Oradea
Brustur
Ineu
Oşorhei
Tileagd
Săcădat
Sânmartin
Copăcel
Hidişelu de Sus
Bih
Drăgeşti
Lăzăreni
Ceica
Cefa
Mădăraş
Salonta
Muz. Arany János
Tulca
Husasău de Tinca
Sâmbăta
Tinca
Holod
Ciumeghiu
Cociuba Mare
Căpâlna
Răbăgani
Batăr
Crişul Negru
Avram Iancu
Olcea
Şoimi
Uileacu de Beiuş
Zerind
Apateu
Mişca
Cast. Czárán
Şepreuş
Pilu
Crişul Alb
Craiva
Chişineu-Criş
Grăniceri
Socodor
Sintea Mare
Cermei
Pleşul
1142
Munţii
Beliu
Hăşmaş
Archiş
Moneasa
Cast. Cernovici
Şimand
Şicula
Ineu
Bocsig
Cărand
PRUNIŞOR
Igneşti
Dezna
DONCENI
Macea
Zărand
Olari
Seleuş
MOCREA
Bârsa
Sebiş
Teuz
SĂLĂJENI
DOROBANŢI
Curtici
Iratoşu
Sântana
Cast. Dietrich-Sulkovsky
Pâncota
Şilindia
Târnova
Buteni
Chisindia
Dieci
Şofronea
Zimandu Nou
NĂDERAT
Tauţ
Şiria
Cet. Şiria
Cast. Bohus
Almaş
Arad
Livada
Izvorul Feredeu
Căsoaia
Highiş
798
Debela Gora
Drocea
836
Covasânţ
MICĂLACA
MUREŞEL
ARADU NOU
SÂNNICOLAU MIC
Vladimirescu
Wall des Trajan
Ghioroc
Munţii Zărand
A
B
1
2
3
E60
E671
E79
300
150

↗ XII

II

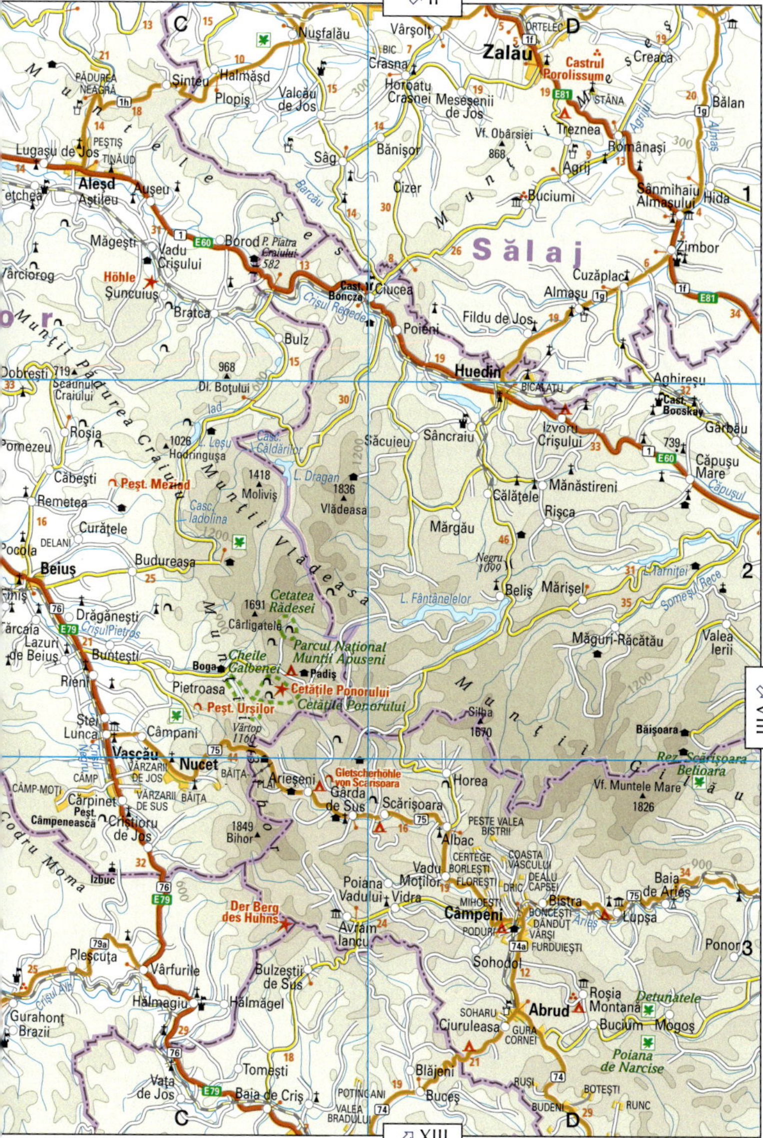

C
D
Nuşfalău
Vârşolţ
Zalău
Castrul Porolissum
Creaca
Bălan
Şinteu
Halmăşd
Plopiş
Valcău de Jos
Crasna
Horoatu Crasnei
Meseşenii de Jos
Treznea
Românaşi
Pădurea Neagră
Lugaşu de Jos
Peştiş
Tinăud
Aleşd
Aştileu
Auşeu
Sâg
Bănişor
Vf. Obârşiei 868
Agrij
Cizer
Buciumi
Sânmihaiu Almaşului
Hida
Măgeşti
Vadu Crişului
Borod
P. Piatra Craiului 582
Höhle
Şuncuiuş
Munţii Şes
Munţii Meseş
Sălaj
Zimbor
Cuzăplac
Almaşu
Cast. Boncza
Ciucea
Bratca
Crişul Repede
Poieni
Fildu de Jos
Bulz
Huedin
Bicălatu
Aghireşu
Cast. Bocskay
Dobreşti
719
Seaunul Craiului
968
Dl. Boţului
Munţii Pădurea Craiului
Roşia
Pomezeu
1026
Hodringuşa
L. Leşu
Casc. Căldărilor
L. Dragan
Săcuieu
Sâncraiu
Izvoru Crişului
Gârbău
Căpuşu Mare
Căpuşul
739
Cabeşti
Pest. Meziad
1418
Moliviş
1836
Vlădeasa
Munţii Vlădeasa
Remetea
Călăţele
Mănăstireni
Casc. Iadolina
Mărgău
Rişca
Curăţele
Delani
Pocola
Beiuş
Budureasa
Negru 1099
Beliş
Mărişel
L. Tarniţei
Someşul Rece
Drăgăneşti
1691
Cetatea Rădesei
Cârligatele
L. Fântânelelor
Tărcaia
Lazuri de Beiuş
Crişul Pietros
Parcul Naţional Munţii Apuseni
Măguri-Răcătău
Valea Ierii
Bunteşti
Boga
Cheile Galbenei
Padiş
Rieni
Pietroasa
Cetăţile Ponorului
Munţii Gilău
Pest. Urşilor
Ştei
Lunca
Câmpani
Siliha 1670
Vârtop 1160
Băişoara
Vaşcău
Nucet
Vârzarii de Jos
Câmp
Băiţa-Plai
Arieşeni
Gletscherhöhle von Scărişoara
Horea
Rez. Scărişoara Belioara
Vf. Muntele Mare 1826
Câmp-Moţi
Cărpinet
Vârzarii de Sus
Băiţa
Gârda de Sus
Scărişoara
Pest. Câmpeneasca
Cristioru de Jos
1849 Bihor
Munţii Bihor
Albac
Peste Valea Bistrii
Codru Moma
Izbuc
Certege
Borleşti
Coasta Vascului
Vadu Moţilor
Floreşti
Dric
Dealu Capsei
Baia de Arieş
Poiana Vadului
Vidra
Mihoeşti
Bistra
Lupşa
Der Berg des Huhns
Avram Iancu
Câmpeni
Bonceşti
Dănduţ
Vârşi
Arieş
Poduri
Furduieşti
Ponor
Sohodol
Pleşcuţa
Vârfurile
Bulzeştii de Sus
Roşia Montană
Detunatele
Hălmagiu
Hălmăgel
Soharu
Abrud
Bucium
Mogoş
Gurahonţ
Brazii
Crişul Alb
Ciuruleasa
Gura Cornei
Poiana de Narcise
Tomeşti
Vaţa de Jos
Baia de Criş
Potingani
Valea Bradului
Blăjeni
Buceş
Ruşi
Budeni
Boteşti
Runc
E60
E81
E79
1
2
3

VIII

XIII

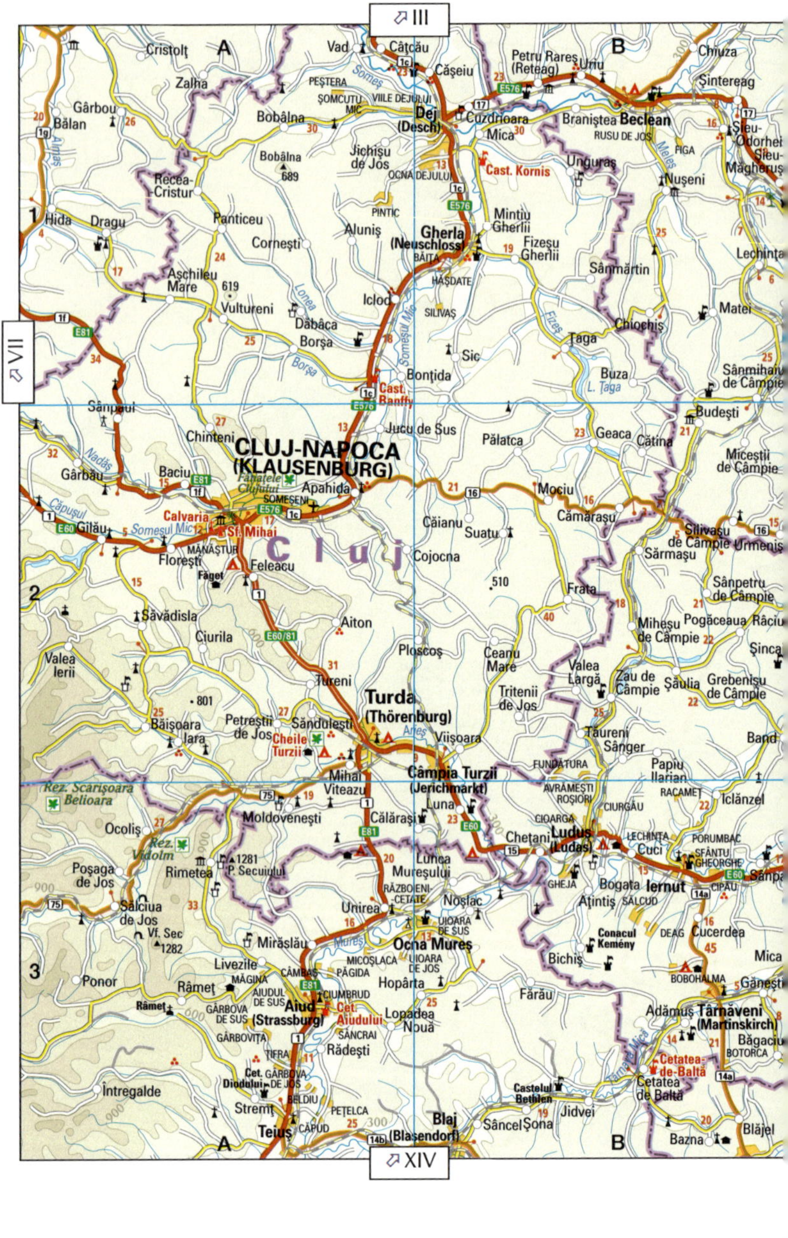
III
VII
XIV
A
B
1
2
3
CLUJ-NAPOCA
(KLAUSENBURG)
Cluj
Cristolţ
Zalha
Vad
Câţcău
Căşeiu
Petru Rareş
(Reteag)
Uriu
Chiuza
Şintereag
Peştera
Someş
Şomcutu Mic
Viile Dejului
Dej
(Desch)
Cuzdrioara
Mica
Braniştea
Beclean
Rusu de Jos
Figa
Şieu-Odorhei
Şieu-Măgheruş
Gârbou
Bălan
Almaş
Bobâlna
689
Jichişu de Jos
Ocna Dejului
Cast. Kornis
Unguraş
Meleş
Nuşeni
Recea-Cristur
Pintic
Mintiu Gherlii
Gherla
(Neuschloss)
Băiţa
Fizeşu Gherlii
Hida
Dragu
Panticeu
Corneşti
Aluniş
Lechinţa
Aşchileu Mare
619
Vultureni
Lonea
Iclod
Hăşdate
Sânmărtin
Dăbâca
Borşa
Silivaş
Someşul Mic
Fizeş
Chiochiş
Matei
Ţaga
Sic
Buza
L. Ţaga
Bonţida
Cast. Banffy
Sânmihaiu de Câmpie
Sânpaul
Chinteni
Jucu de Sus
Pălatca
Geaca
Cătina
Budeşti
Nadăş
Gârbău
Baciu
Făgetele Clujului
Apahida
Someşeni
Mociu
Căpuşul
Gilău
Calvaria
Sf. Mihai
Someşul Mic
Mănăştur
Floreşti
Făget
Feleacu
Căianu
Suatu
Cojocna
Cămăraşu
Miceştii de Câmpie
Silivaşu de Câmpie
Urmeniş
Sărmaşu
510
Frata
Sânpetru de Câmpie
Săvădisla
Aiton
Mihesu de Câmpie
Pogăceaua
Râciu
Ciurila
Ploscoş
Ceanu Mare
Valea Largă
Zau de Câmpie
Şăulia
Grebenişu de Câmpie
Şinca
Valea Ierii
Tureni
801
Tritenii de Jos
Turda
(Thörenburg)
Arieş
Băişoara
Iara
Petreştii de Jos
Săndulesti
Cheile Turzii
Viişoara
Tăureni
Sânger
Band
Mihai Viteazu
Câmpia Turzii
(Jerichmarkt)
Fundătura
Papiu Ilarian
Avrămeşti
Rosiori
Ciurgău
Racamet
Iclănzel
Rez. Scărişoara Belioara
Luna
Moldoveneşti
Călăraşi
Cioarga
Ocoliş
Rez. Vidolm
1281
P. Secuiului
Chetani
Ludus
(Ludas)
Lechinţa
Cuci
Porumbac
Sfântu Gheorghe
Poşaga de Jos
Rimetea
Lunca Mureşului
Gheja
Bogata
Iernut
Cipău
Sânpaul
Războieni-Cetate
Noşlac
Atintiş
Sălcud
Sălciua de Jos
Vf. Sec
1282
Unirea
Uioara de Sus
Conacul Kemény
Deag
Cucerdea
Mirăslău
Mureş
Ocna Mureş
Bichiş
Mica
Livezile
Micoşlaca
Uioara de Jos
Ponor
Râmeţ
Măgina
Câmbăs
Păgida
Hopârta
Bobohalma
Găneşti
Aiudul de Sus
Ciumbrud
Fărău
Râmeţ
Gârbova de Sus
Aiud
(Strassburg)
Cet. Aiudului
Lopadea Nouă
Adămuş
Târnăveni
(Martinskirch)
Gârbovita
Sâncrai
Băgaciu
Botorca
Tifra
Rădeşti
Târnava Mică
Cetatea-de-Baltă
Cet. Diodului
Gârbova de Jos
Întregalde
Beldiu
Castelul Bethlen
Cetatea de Baltă
Stremţ
Petelca
Blaj
(Blasendorf)
Sâncel
Şona
Jidvei
Teiuş
Căpud
Bazna
Blăjel
E81
E60
E576
E60/81
1c
1f
1g
1
14a
14b
15
16
17
75
300
600
900

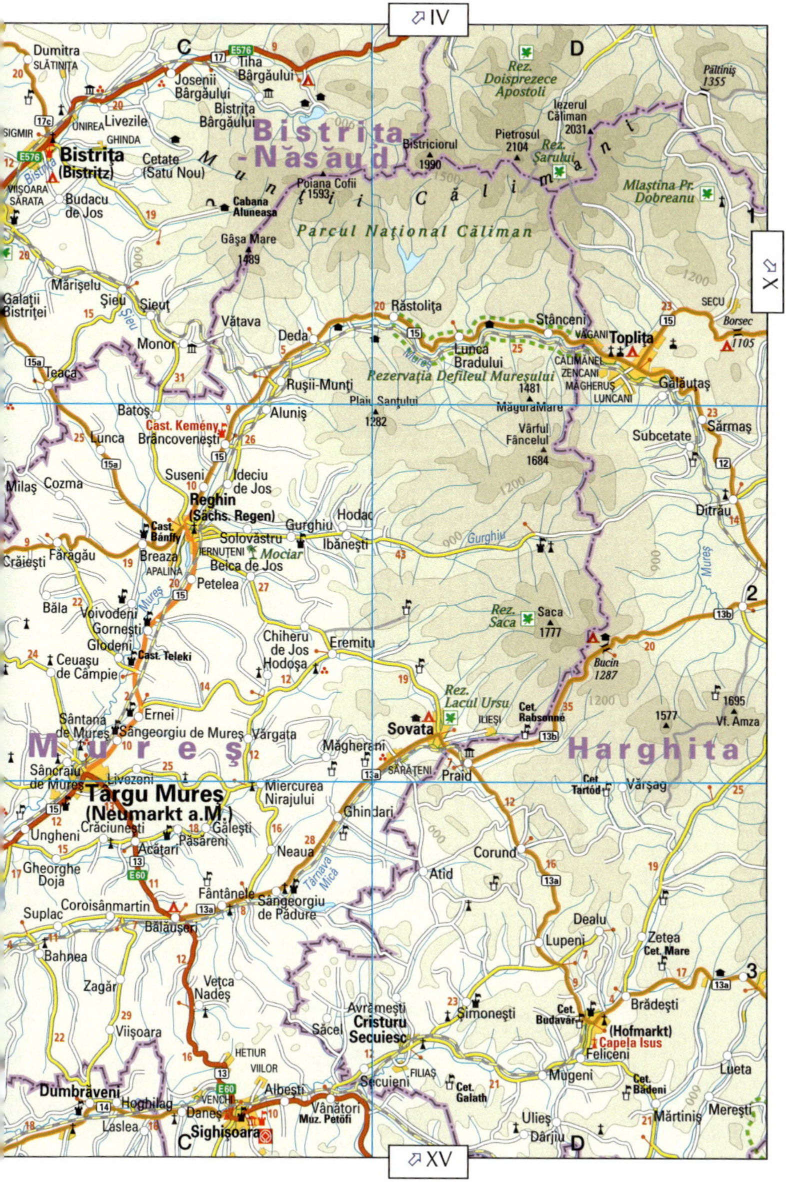
IV
X
XV
C
D
1
2
3
Bistrița-Năsăud
Munții Călimani
Parcul Național Călimani
Mureș
Harghita
Dumitra
SLĂTINIȚA
Josenii Bârgăului
Tiha Bârgăului
Bistrița Bârgăului
Livezile
UNIREA
GHINDA
SIGMIR
Bistrița (Bistritz)
Cetate (Satu Nou)
VIIȘOARA
SĂRATA
Budacu de Jos
Cabana Aluneasa
Poiana Cofii 1593
Gâșa Mare 1489
Bistriciorul 1990
Rez. Doisprezece Apostoli
Iezerul Călimani 2031
Pietrosul 2104
Rez. Șarului
Mlaștina Pr. Dobreanu
Pâltiniș 1355
Mărișelu
Galații Bistriței
Șieu
Șieuț
Vătava
Monor
Teaca
Deda
Răstolița
Lunca Bradului
Stânceni
VĂGANI
Toplița
CĂLIMĂNEL
ZENCANI
MĂGHERUȘ
LUNCANI
Gălăuțaș
SECU
Borsec
1105
Rezervația Defileul Mureșului
1481
Măgura Mare
Rușii-Munți
Plaiu Sântului 1282
Aluniș
Batoș
Cast. Kemeny
Brâncovenești
Lunca
Vârful Fâncelul 1684
Sărmaș
Subcetate
Milaș
Cozma
Suseni
Ideciu de Jos
Reghin (Sächs. Regen)
Cast. Bánffy
Hodac
Gurghiu
Solovăstru
Ibănești
Ditrău
Crăiești
Fărăgău
Breaza
IERNUȚENI
Mociar
Beica de Jos
APALINA
Petelea
Gurghiu
Băla
Voivodeni
Gornești
Glodeni
Cast. Teleki
Ceuașu de Câmpie
Chiheru de Jos
Hodoșa
Eremitu
Rez. Saca
Saca 1777
Bucin 1287
Ernei
Sântana de Mureș
Sângeorgiu de Mureș
Vărgata
Rez. Lacul Ursu
Sovata
ILIEȘI
Cet. Rabsonne
1695
Vf. Amza
1577
Măgherani
SĂRĂTENI
Praid
Sâncraiu de Mureș
Livezeni
Târgu Mureș (Neumarkt a.M.)
Miercurea Nirajului
Cet. Tartód
Vărșag
Ungheni
Crăciunești
Gălești
Ghindari
Acățari
Păsăreni
Neaua
Corund
Gheorghe Doja
Atid
Târnava Mică
Fântânele
Sângeorgiu de Pădure
Suplac
Coroisânmartin
Bălăușeri
Dealu
Lupeni
Zetea
Cet. Mare
Bahnea
Zagăr
Vețca
Nadeș
Avrămești
Cristuru Secuiesc
Săcel
Șimonești
Cet. Budavár
(Hofmarkt)
Capela Isus
Brădești
Feliceni
Viișoara
HETIUR
VIILOR
FILIAȘ
Secuieni
Cet. Galath
Mugeni
Lueta
Cet. Bădeni
Dumbrăveni
Hoghilag
VENCHI
Albești
Vânători
Muz. Petőfi
Laslea
Daneș
Sighișoara
Ulieș
Dârjiu
Mărtiniș
Merești
E576
E60

Atlas

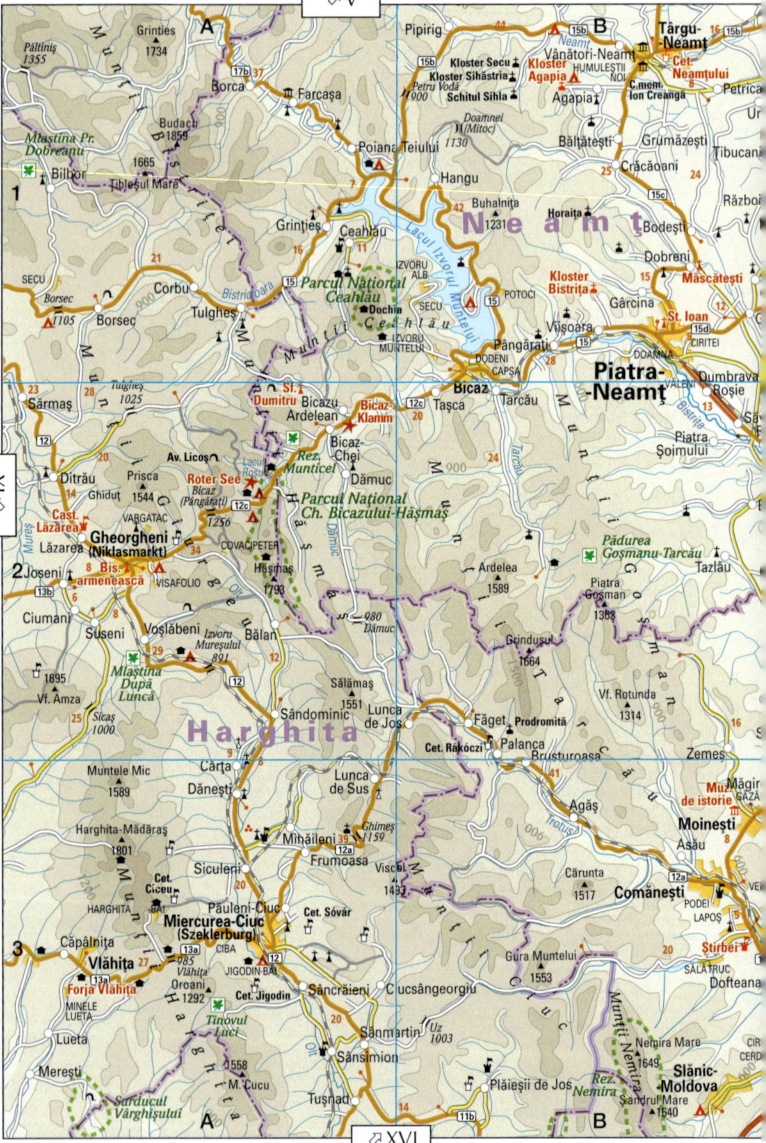
V
IX
XVI
Pipirig
Târgu-Neamţ
Vânători-Neamţ
Kloster Secu
Kloster Sihăstria
Schitul Sihla
Kloster Agapia
Agapia
Cet. Neamţului
C.mem. Ion Creangă
Petricani
Borca
Farcaşa
Poiana Teiului
Hangu
Bălţăteşti
Grumăzeşti
Crăcăoani
Tibucani
Neamţ
Grinţieş
Ceahlău
Lacul Izvorul Muntelui
Buhalniţa
Horaita
Bodeşti
Dobreni
Kloster Bistriţa
Măscăteşti
Parcul Naţional Ceahlău
Dochia
Corbu
Tulgheş
Borsec
Bilbor
Ţibleşul Mare
Mlaştina Pr. Dobreanu
Grinties
Budacu
Pângăraţi
Vişoara
Gârcina
St. Ioan
Piatra-Neamţ
Bicaz
Tarcău
Taşca
Sărmaş
Sf. Dumitru
Bicazu Ardelean
Bicaz-Klamm
Bicaz-Chei
Dămuc
Rez. Munticel
Roter See
Ditrău
Prisca
Ghiduţ
Cast. Lăzarea
Lăzarea
Gheorgheni (Niklasmarkt)
Bis. armenească
Joseni
Ciumani
Suseni
Voşlăbeni
Bălan
Parcul Naţional Ch. Bicazului-Hăşmaş
Hăşmaş
Pădurea Goşmanu-Tarcău
Tazlău
Piatra Goşman
Ardelea
Grindusul
Mlaştina După Luncă
Vf. Amza
Harghita
Sândominic
Lunca de Jos
Făget
Prodromită
Cet. Rákóczi
Palanca
Brusturoasa
Zemes
Vf. Rotunda
Sălămaş
Muntele Mic
Cârţa
Dăneşti
Lunca de Sus
Agăş
Moineşti
Asău
Măgirești
Muz. de istorie
Harghita-Mădăraş
Mihăileni
Frumoasa
Ghimeş
Siculeni
Cet. Ciceu
Păuleni-Ciuc
Cet. Sóvár
Miercurea-Ciuc (Szeklerburg)
Cărunta
Comăneşti
Căpâlniţa
Vlăhiţa
Forja Vlăhiţa
Cet. Jigodin
Sâncrăieni
Cucsângeorgiu
Gura Muntelui
Ştirbei
Dofteana
Tinovul Luci
Lueta
Mereşti
Sânmartin
Sânsimion
Tuşnad
Plăieşii de Jos
Rez. Nemira
Nemira Mare
Sandrul Mare
Slănic-Moldova
Sarducul Vârghişului
M. Cucu
Munţii Nemira
Munţii Ciuc
Munţii Harghita
Munţii Giurgeu
Munţii Bistriţei
Munţii Ceahlău
Munţii Tarcău
Munţii Goşman
Munţii Hăşmaş

V
XVII
Iaşi
Bacău
Târgu Frumos
Podu Iloaiei
Leţcani
Bojdeuca lui Creangă
Palatul Culturii
Miroslava
Trei Ierarhi
IAŞI
Stolniceni-Prăjescu
Heleşteni
Sodomeni
Miroslovești
Mogoşeşti-Siret
Strunga
Lungani
Băltaţi
Buznea
Găneşti
Brăeşti
Dumeşti
Bahlui
Popeşti
Sineşti
Horleşti
Voineşti
Ciurea
Bârnova
Mogoşeşti
Alexandru I. Cuza
Hălăuceşti
Mirceşti
Butea
Oţeleni
Doljeşti
Tupilaţi
Boteşti
Mădârjac
Bara
Stănita
Gherăeşti
Săbăoani
Tămăşeni
Sagna
Bârgăuani
Dulceşti
Ţibana
Mironeasa
Grajduri
Stavnic
Cordun
Roman
Tansa
Ţibăneşti
Dagâţa
Ipatele
Şcheia
Scânteia
Făurei
Trifeşti
Horia
Ion Creangă
Poienari
Găzăneşti
Rebricea
Secuieni
Bozieni
Dumeşti
Băceşti
Todireşti
Negreşti
Vultureşti
Moldoveni
Podoleni
Valea Ursului
Oniceni
Icuşeşti
Valea Mare
Bârlad
Români
Bahna
Runcu
Oşeşti
Costişa
Mărginea
Buhuşi
Filipeşti
Dămieneşti
Gârceni
Ştefan cel Mare
Lipova
Pungeşti
Deleşti
Bereşti-Bistriţa
Rosiori
Negri
Blăgeşti
Racova
Bistriţa
Plopana
Bălteni
Ivăneşti
Laza
Gârlenii de Sus
Hemeiuş
Săuceşti
Secuieni
Dragomireşti
Balcani
Traian
Poieneşti
Mărgineni
Buhoci
Izvoru Berheciului
Coloneşti
Voineşti
Bacău
Măgura
Letea Veche
Scorţeni
Precista
Luizi-Călugăra
Strugari
Ungureni
Filipeni
Bogdana
Nicolae Bălcescu
Tamaşi
Parincea
Onceşti
Gherghești
Bereşti-Tazlău
Sănduleni
Horgeşti
Stănişeşti
Răchitoasa
Alexandru Vlahuţă
Faraoani
Cleja
Livezi
Vultureni
Puieşti
Berzunţi
Iana
Tutova
Helegiu
Bârsăneşti
Răcăciuni
Pânceşti
Găiceana
Motoşeni
Perieni
Dealu Morii
Pogana
Târgu Ocna
Parava
Slobozia
Gura Văii
Orbeni
Corbasca
Glăvăneşti
Târgu Trotuş
Oneşti
Muz. de istorie
Valea Seacă
Huruieşti
Podu Turcului
Coroieşti
Tătărăşti
Ştefan cel Mare
Bogdăneşti
Oituz
Caşin
Săscut
Iveşti

↗VI

Păuliş
RADNA
Lipova
Mureş
Conop
Bârzava
Cet. Chelmac
Şagu
Zăbrani
Dorgoş
Arad
Vinga
Maşloc
Şiştarovăţ
Cast. Misici
Bata
Vărădia de Mureş
Orţişoara
Bogda
Birchiş
Pişchia
Ohaba Lungă
Secaş
Bara
Brestovăţ
Sânandrei
Beregsău
Giarmata
Făget
Bethausen
TIMIŞOARA (TEMESCHWAR)
Recaş
Ghizela
Balinţ
Mănăştiur
Dumbrava
Remetea Mare
Ghiroda
Domul
Cast. Huniazilor
Topolovăţu Mare
Can. Bega
Belinţ
Sudriaş
Timiş
Coşteiu
Lugoj (Lugosch)
Fârdea
L. Surduc
Moşniţa Nouă
Bârna
Giroc
Chevereşu Mare
Racoviţa
Boldur
BACOVA
Buziaş
TAPIA
MĂGURI
Nădrag
Şag
Sacoşu Turcesc
Darova
Victor Vlad Delamarina
Röm. Graben
SILAGIU
Gavojdia
Criciova
Jebel
Liebling
Nitchidorf
Poganiş
Tormac
Ştiuca
Sacu
Const. Daicoviciu (Căvăran)
L. Poganiş
Vermeş
Voiteg
Fârliug
Copăcele
Cet. Tibiscum
L. Bârzava
Gătaia
Ramna
Zorlenţu Mare
Deta
Rez. Conul Şumiga
Berzovia
Măureni
Bocşa (Bokschan)
Ezeriş
Brebu
Păltiniş
Caransebeş (Karansebesch)
Bârzava
Denta
Săraca
Colecţie mineralogică
CÂLNIC
Ocna de Fier
MONIOM
Lokomotiven Museum
Târnova
Moraviţa
Reşiţa (Reschitza)
TEROVA
Secu
Doclin
Dognecea
L. Secu
Lupac
DOMAN
SECU
CUPTOARE
Brebu Nou
Moraviţa
Jamu Mare
Forotic
Văliug
Pasul Prislop
L. Gozna
Ac. Trei Ape
Corcanu
Goruia
Cet. Turcului
Caraşova
Peşt. Popovăţ
Peşt. Comarnic
Vf. Semenicului
Caraş-Severin
SERBIEN
Gudurički vrh.
Vršački breg
Mesić Mecuh
Ciudanoviţa
P. nat. Semenic-Cheile Caraşului
Rez. Izvoarele Nerei
Munţii Semenic
Timiş
Teregova
Grădinari
Ticvaniu Mare
Vršac
AGADICI
Vărădia

VII

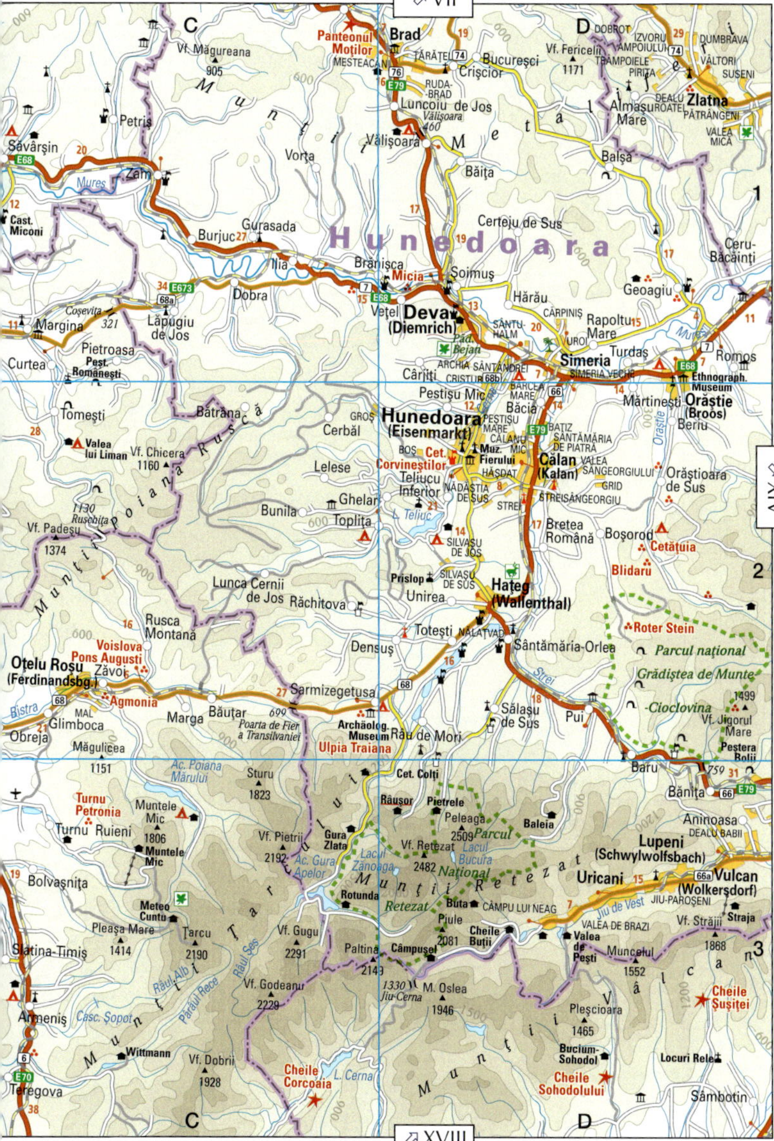

XIV

XVIII

VIII
XIII
XIX
Alba
Sibiu
Vâlcea
Alba Iulia (Karlsburg)
Cetatea Alba Carolina
Blaj (Blasendorf)
Mediaş (Mediasch)
Sebeş (Mühlbach)
Râpa Roşie
Piatra Corbului
Miercurea Sibiului
Ocna Sibiului
Cugir (Kudsir)
Sibiu (Hermannstadt)
Turnul Sfatului
Bruckenthal
Muz. civilizaţiei populare
Cisnădie (Heltau)
Muz. industriei textile
C.mem. Octavian Goga
Răşinari
Tălmaciu
Sarmizegetusa Regia
Munţii Şureanu
Munţii Cindrel
Iezerele Cindrelului
Munţii Lotrului
Munţii Parâng
Munţii Căpăţânii
Lacul Oaşa
Lacul Vidra
Petrila
Petroşani (Petroschani)
Vulcan (Wolkersdorf)
Muz. Mineritului
Cheile Olteţului
Cheile Bistriţei
Kloster Hurez
Horezu
Novaci
Bumbeşti-Jiu
Brezoi
Călimăneşti
Băile Olăneşti
Voineasa
Vf. Cindrel 2244
Vf. Ştefleşti 2242
Parângul Mare 2519
Pasul Turnu Roşu

IX

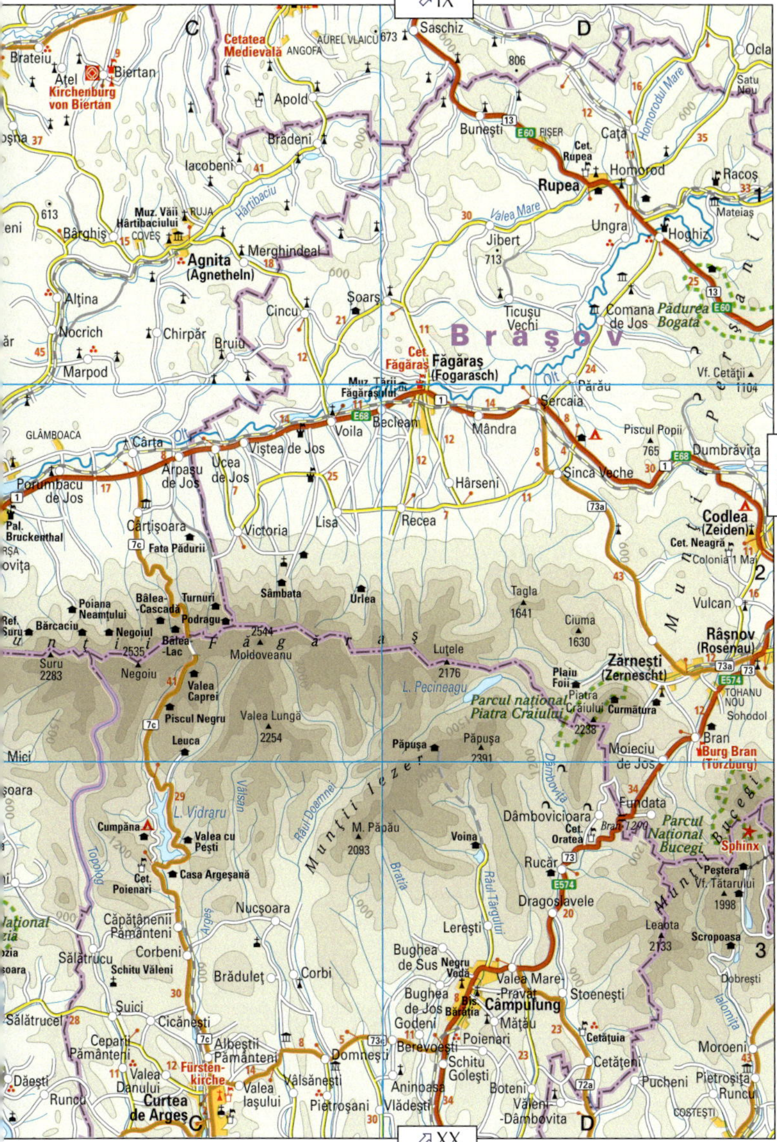
C
D
Cetatea Medievală
Saschiz
Ocla
Brateiu
Ațel
Biertan
Kirchenburg von Biertan
Apold
Brădeni
Iacobeni
Bunești
Fișer
Cața
Rupea
Homorod
Racoș
Mateiaș
Hârtibaciu
Muz. Văii Hârtibaciului
Agnita (Agnetheln)
Bârghiș
Merghindeal
Jibert
Ungra
Hoghiz
Altîna
Cincu
Șoarș
Ticușu Vechi
Comana de Jos
Pădurea Bogată
Nocrich
Chirpăr
Marpod
Bruiu
Brașov
Cet. Făgăraș
Făgăraș (Fogarasch)
Muz. Țării Făgărașului
Olt
Părău
Vf. Cetății 1104
Șercaia
Beclean
Mândra
Voila
Cârța
Arpașu de Jos
Ucea de Jos
Viștea de Jos
Piscul Popii 765
Dumbrăvița
Porumbacu de Jos
Hârseni
Șinca Veche
Codlea (Zeiden)
Cet. Neagră
Colonia 1 Mai
Pal. Bruckenthal
Cârțișoara
Victoria
Lisa
Recea
Fata Pădurii
Sâmbata
Urlea
Tagla 1641
Ciuma 1630
Vulcan
Râșnov (Rosenau)
Poiana Neamțului
Bâlea-Cascadă
Turnuri
Podragu
Bârcaciu
Negoiul
Bâlea-Lac
2544
Moldoveanu
Munții Făgăraș
Lutele 2176
Zărnești (Zernescht)
Suru 2283
Negoiu 2535
Valea Caprei
L. Pecineagu
Parcul național Piatra Craiului
Plaiu Foii
Piatra Craiului 2238
Curmătura
Tohanu Nou
Sohodol
Piscul Negru
Valea Lungă 2254
Leuca
Păpușa
Păpușa 2391
Bran
Burg Bran (Törzburg)
Moieciu de Jos
Mici
L. Vidraru
Vâlsan
Râul Doamnei
Munții Iezer
Dâmbovița
Fundata
Dâmbovicioara
Cet. Oratea
Parcul Național Bucegi
Sphinx
Cumpăna
Valea cu Pești
M. Păpău 2093
Voina
Rucăr
Peștera
Vf. Tătarului 1998
Munții Bucegi
Casa Argeșană
Cet. Poienari
Topolog
Nucșoara
Bratia
Râul Târgului
Dragoslavele
Leaota 2133
Scropoasa
Căpățânenii Pământeni
Corbeni
Lerești
Sălătrucu
Schitu Văleni
Brăduleț
Corbi
Bughea de Sus
Negru Vodă
Valea Mare-Pravăț
Stoenești
Dobrești
Bughea de Jos
Bis. Barătia
Câmpulung
Mățău
Șuici
Cicănești
Sălătrucel
Godeni
Cepari Pământeni
Albeștii Pământeni
Domnești
Berevoești
Poienari
Cetățuia
Moroeni
Valea Danului
Fürstenkirche
Vâlsănești
Schitu Golești
Cetățeni
Pietroșița
Dăești
Runcu
Curtea de Argeș
Valea Iașului
Pietroșani
Aninoasa
Vlădești
Boteni
Văleni-Dâmbovița
Pucheni
Ialomița
Costești

XVI

XX

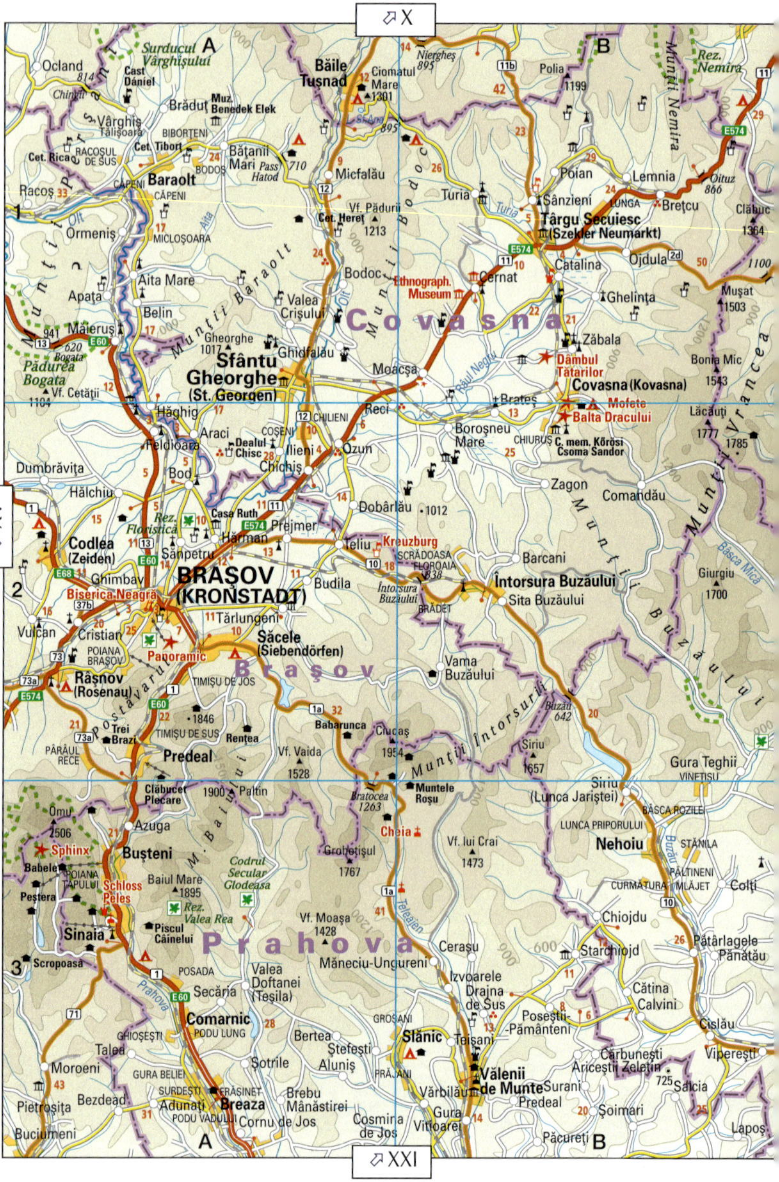

X
XV
XXI
Baraolt
Sfântu Gheorghe (St. Georgen)
Covasna
Covasna (Kovasna)
Târgu Secuiesc (Szekler Neumarkt)
Băile Tușnad
Brașov (Kronstadt)
Săcele (Siebendörfen)
Codlea (Zeiden)
Râșnov (Rosenau)
Predeal
Bușteni
Sinaia
Comarnic
Breaza
Vălenii de Munte
Întorsura Buzăului
Nehoiu
Slănic
Prahova
Munții Baraolt
Munții Bodoc
Munții Buzăului
Munții Întorsurii
Munții Vrancea
Munții Nemira
Schloss Peleș
Biserica Neagră
Panoramic
Sphinx
Ethnograph. Museum
Dâmbul Tătarilor
Balta Dracului
Mofete
Kreuzburg
Rez. Floristică
Codrul Secular Glodeasa
Rez. Valea Rea
Pădurea Bogată

XI

C
D
1
2
3
Vrancea
Galați
Buzău
Brăila
Măn. Cașin
Mănăstirea Cașin
1126
Căiuți
Cotofănești
Urechești
Șerbănești
ȘIȘCANI
Homocea
ADJUDU VECHI
Boghești
Tutova
Adjud
Trotuș
Siret
Tănăsoaia
Gohor
Priponești
Ruginești
490
Moșinoaia
BURCIOAIA
Brăhășești
Ghidigeni
Mausoleul Mărăști
Păunești
Buciumeni
Soveja (Dragosloveni)
Șușița
Câmpuri
Fitionești
Pufești
E581
Rez. Lepșa-Zboina
Răcoasa
Movilița
CĂLIMĂNEȘTI
Tepu
Schitul Lepșa
Livezile
"Sf. Neculai Vechi"
Străoane
Nicorești
Munteni
Tulnici
Putna
Bârsești
Vidra
NEICU
HARET
PĂDURENI
Panciu
CRUCEA DE JOS
Mărășești
1471
SATU NOU
Cosmești
Tecuci
Matca
Vrâncioaia
Valea Sării
Măgura Odobești
997
Țifești
Mausoleu Mărășești
Nistorești
Năruja
Bolotești
TIȘIȚA
Jaristea
Drăgănești
Reghiu
Mera
Odobești
Garoafa
Movileni
Barcea
Paltin
Andreiașu de Jos
Broșteni
UNIREA
Zboina Frumoasa
1657
Lebendige Feuer
Vârteșcoiu
675
Vânători
Umbrărești
Focșani
Nereju
MÂNDREȘTI-MOLDOVA
Suraia
Ivești
Căldările Zăbalei
Rez. Muntele Furu
Cârligele
Poiana Cristei
Golești
Furul Mare
1415
Rez. Muntele Furu
Gotești
Slobozia Ciorăști
Milcovel
Vulturu
Liești
Vintileasca
Rez. Monteoru-Ursoaia
Urechești
Fundeni
Jitia
Chiojdeni
Gura Caliței
Dumitrești
Bordești
Gugești
Dumbrăveni
1345
Nănești
Nămoloasa
Măicănești
Bisoca
Tâmboești
Conacul Sihlenior
Sihlea
Tătăranu
Lopătari
Sărulești
Valea Salciei
Slobozia Bradului
Buda
Mânzălești
Vintilă Vodă
Pardoși
Bălești
Mărgăritești
Brăești
Chiliile
Podgoria
Puieștii de Jos
Ciorăști
Odăile
Topliceni
Râmnicu Sărat
Salcia Tudor
Cănești
Murgești
Beceni
Grebănu
Racovițeni
Râmnicelu
Vâlcelele
Scorțoasa
Schlamm-vulkane
Valea Râmnicului
Boldu
56
503
Cozieni
Blăjani
Balta Albă
Racovița
Pârscov
Berca
Ziduri
Fundeni
Ghergheasa
Râmnicelu
Grădiștea
Măgura
Cernătești
93
Bălăceanu
Șuțești
Săpoca
Poșta Câlnău
Galbenu
Izvoru
Vernești
Mărăcineni
Cochirleanca
Episcopia Buzăului
Vadu Pașii
Robeasca
Jirlău
Vișani
Ianca
PLOPU
GARA IANCA
Buzău
E85
E581

XXII

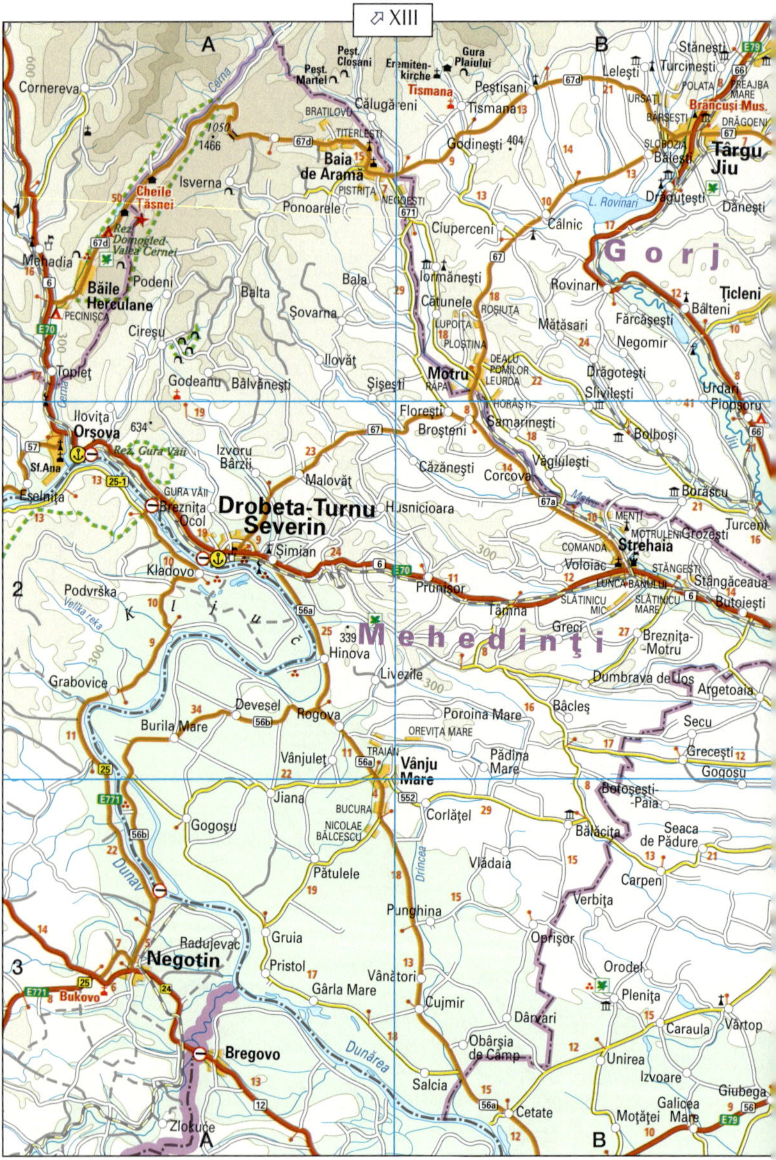
XIII
A
B
1
2
3
Cornereva
Pest. Closani
Pest. Martel
Eremitenkirche
Gura Plaiului
Tismana
Peştişani
Leleşti
Turcineşti
Stăneşti
Polata
Preajba Mare
Ursati
Brâncuşi Mus.
Bârseşti
Drăgoeni
Târgu Jiu
Bratilovu
Călugăreni
Tismana
Titerleşti
Baia de Aramă
Godineşti
404
Slobozia
Băleşti
Cheile Tăsnei
Isverna
1050
1466
Pistriţa
Negoeşti
Ponoarele
L. Rovinari
Drăguţeşti
Dăneşti
Ciuperceni
Câlnic
Rez. Domogled-Valea Cernei
Mehadia
Gorj
Bala
Iormăneşti
Rovinari
Ţicleni
Băile Herculane
Podeni
Balta
Ştovarna
Cătunele
Roşiuta
Bâlteni
Pecinişca
Fărcăşeşti
Mătăsari
Lupoita
Ploştina
Negomir
Cireşu
Ilovăţ
Motru
Dealu Pomilor
Leurda
Drăgoteşti
Topleţ
Godeanu
Bâlvăneşti
Şişeşti
Răpa
Slivileşti
Urdari
Horăşti
Plopşoru
Iloviţa
Floreşti
Orşova
634
Broşteni
Samarineşti
Bolboşi
Jiu
Sf. Ana
Rez. Gura Văii
Izvoru Bârzii
Malovăţ
Căzăneşti
Corcova
Văgiuleşti
Eşelniţa
Gura Văii
Breznita Ocol
Drobeta-Turnu Severin
Husnicioara
Motru
Borăscu
Menţi
Turceni
Motruleni
Grozeşti
Şimian
Comanda
Strehaia
Kladovo
Voloiac
Stângeşti
Prunişor
Lunca Banului
Stângăceaua
Podvrška
Veliki reka
Ključ
Slătinicu Mic
Slătinicu Mare
Butoieşti
Tâmna
339
Greci
Hinova
Mehedinţi
Breznita-Motru
Grabovice
Livezile
Dumbrava de Jos
Argetoaia
Devesel
Bâcleş
Burila Mare
Rogova
Poroina Mare
Secu
Orevița Mare
Vânjuleţ
Traian
Vânju Mare
Pădina Mare
Greceşti
Gogoşu
Jiana
Botoşeşti-Paia
Bucura
Corlăţel
Gogoşu
Nicolae Bălcescu
Bălăciţa
Seaca de Pădure
Vlădaia
Pătulele
Carpen
Drincea
Dunav
Punghina
Verbiţa
Gruia
Radujevac
Oprişor
Negotin
Pristol
Orodel
Vânători
Gârla Mare
Bukovo
Pleniţa
Cujmir
Dârvari
Caraula
Vârtop
Dunărea
Obârşia de Câmp
Bregovo
Unirea
Izvoare
Salcia
Giubega
Galicea Mare
Cetate
Moţăţei
Zlokuće

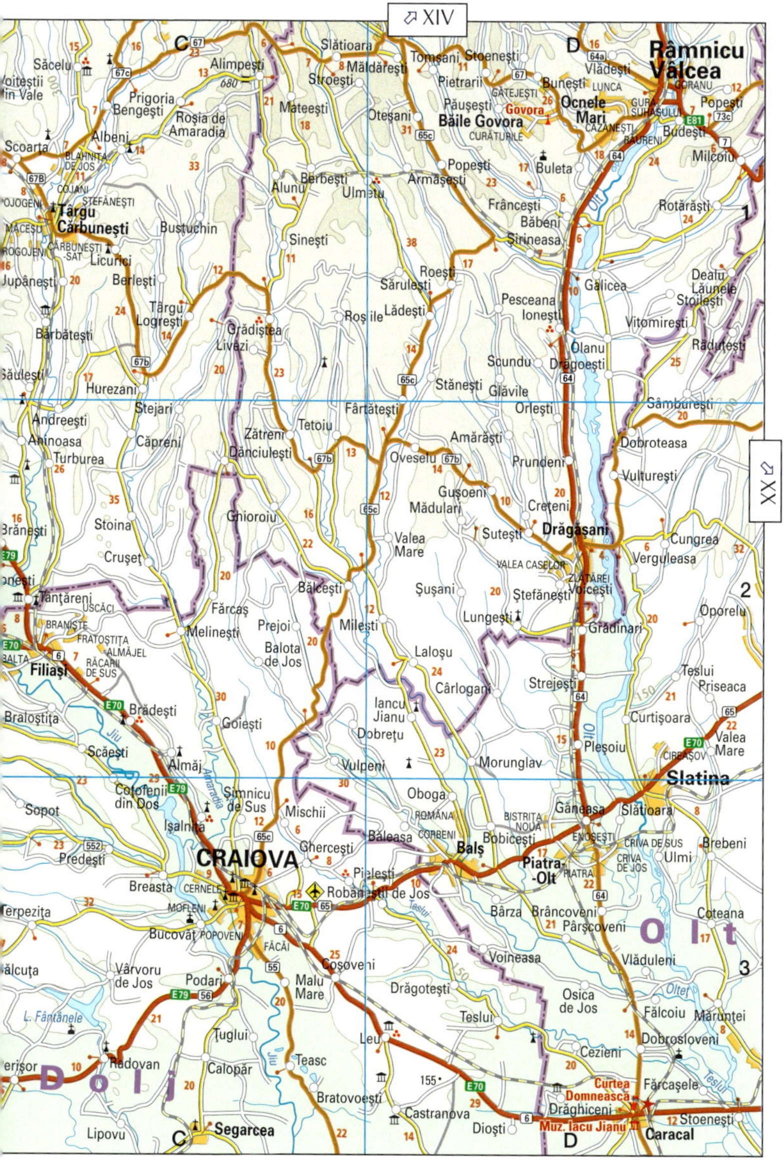
XIV
XX
Râmnicu Vâlcea
Săcelu
Alimpeşti
Slătioara
Tomşani
Stoeneşti
Vlădeşti
Măldăreşti
Stroeşti
Pietrarii
Buneşti
Lunca
Goranu
Popeşti
Prigoria
Bengeşti
Roşia de Amaradia
Mateeşti
Oteşani
Păuşeşti
Govora
Băile Govora
Ocnele Mari
Gura Suhaşului
Budeşti
Căzăneşti
Băureni
Curăturile
Gatejeşti
Scoarţa
Albeni
Blahniţa de Jos
Milcoiu
Buleta
Popeşti
Armăşeşti
Berbeşti
Alunu
Ulmetu
Cojani
Ştefăneşti
Târgu Cărbuneşti
Cărbuneşti-Sat
Bustuchin
Licurici
Sineşti
Frânceşti
Băbeni
Şirineasa
Rotărăşti
Olt
Jupâneşti
Berleşti
Roeşti
Săruleşti
Galicea
Dealu Lăunele
Stoileşti
Târgu Logreşti
Grădiştea
Livezi
Roşiile
Lădeşti
Pesceana
Ioneşti
Vitomireşti
Bărbăteşti
Olanu
Drăgoeşti
Răduteşti
Scundu
Hurezani
Stejari
Stăneşti
Glăvile
Orleşti
Sâmbureşti
Andreeşti
Aninoasa
Tetoiu
Fârtăţeşti
Zătreni
Dănciuleşti
Amărăşti
Dobroteasa
Turburea
Oveselu
Prundeni
Vultureşti
Guşoeni
Mădulari
Creţeni
Stoina
Ghioroiu
Suteşti
Drăgăşani
Brăneşti
Cruşeţ
Valea Mare
Cungrea
Verguleasa
Valea Caselor
Zlătărei
Ţânţăreni
Uscăci
Bălceşti
Şuşani
Ştefăneşti
Voiceşti
Brănişte
Fărcaş
Lungeşti
Oporelu
Frăţoştiţa
Melineşti
Prejoi
Mileşti
Grădinari
Almăjel
Balota de Jos
Laloşu
Băltă
Filiaşi
Răcarii de Sus
Teslui
Priseaca
Cârlogani
Streieşti
Iancu Jianu
Curtişoara
Brădeşti
Goieşti
Valea Mare
Bralostiţa
Dobreţu
Pleşoiu
Jiu
Scăeşti
Morunglav
Cireaşov
Slatina
Almăj
Vulpeni
Coţofenii din Dos
Amaradia
Oboga
Găneasa
Slătioara
Sopot
Şimnicu de Sus
Mischii
Română
Bistriţa Nouă
Brebeni
Işalniţa
Băleasa
Corbeni
Bobiceşti
Enoşeşti
Criva de Sus
Criva de Jos
Ulmi
Predeşti
Gherceşti
Balş
Piatra-Olt
Piatra
Craiova
Pieleşti
Breasta
Cernele
Robăneşti de Jos
Teslui
Bârza
Brâncoveni
Coteana
Terpeziţa
Mofleni
Bucovăţ
Popoveni
Făcăi
Pârşcoveni
Olt
Voineasa
Vlăduleni
Sălcuţa
Vârvoru de Jos
Coşoveni
Podari
Malu Mare
Drăgoteşti
Osica de Jos
Olteţ
Fălcoiu
Măruntei
L. Fântânele
Teslui
Ţuglui
Leu
Cezieni
Dobrosloveni
Radovan
Teasc
Calopăr
Curtea Domnească
Fărcaşele
Dolj
Bratovoeşti
Castranova
Drăghiceni
Stoeneşti
Lipovu
Segarcea
Dioşti
Muz. Iacu Jianu
Caracal

XV
XIX
A
B
1
2
3
Argeş
Dâmboviţa
Teleorman
Olt
Curtea de Argeş
Tigveni
Noapteş
Ciofrângeni
Poienari
Milcoiu
Morăreşti
Cuca
Cotmeana
Merişani
Drăganu-Olteni
Dealu Lăunele
Uda
Băbana
Răchiţele de Jos
Răduţeşti
Topana
Leleasca
Vedea
Făgeţelu
Alinişu
Bărăştii de Vede
Poboru
Teiuş
Tătuleşti
Rusciori
Constantineşti
Şuica
Scorniceşti
Negreni
Optaşi
Jitaru
Mărgineni
Slobozia
Chiţeasca
Birci
Bălţaţi
Potcoava
Corbu
Colonesti
Perieţi
Icoana
Movileni
Schitu
Şerbăneşti
Crâmpoia
Vâlcele
Izvoarele
Nicolae Titulescu
Văleni
Comani
Stoicăneşti
Drăgăneşti-Olt
Stoeneşti
Dăneasa
Radomireşti
Mălureni
Băiculeşti
Coşeşti
Bălileşti
Mihăeşti
Parc dendrologic
Stâlpeni
Tiţeşti
Dârmăneşti
Davideşti
Boteşti
Micesti
Budeasa Mare
Clucereasa
Racoviţa
Mioveni
Făgetu
Vieroşi
Bascov
Mărăcineni
Piteşti
Ştefăneşti
Moşoaia
Poiana Lacului
Albota
Bradu
Podu Broşteni
Pârvu Roşu
Smei
Lăceni
Broşteni
Mârţeşti
Stârci
Lunca Corbului
Costeşti
Suseni
Stolnici
Hârseşti
Vulpeşti
Ungheni
Căldăraru
Bârla
Miroşi
Tufeni
Balaci
Zâmbreasca
Dobroteşti
Dideşti
Stejaru
Seaca
Mihăeşti
Scrioaştea
Măldăeni
Roşiori de Vede
Muz. Răscoalei
Vedea
Vrăneşti
Topoloveni
Goranesti
Crinteşti
Tigăneşti
Priboieni
Bogaţi
Zgripceşti
Dobreşti
Leordeni
Căteasca
Oarja
Răteşti
Rociu
Teiu
Morteni
Recea
Izvoru
Negraşi
Mozăceni
Slobozia
Ştefan cel Mare
Şelaru
Popeşti
Tătărăştii de Sus
Tătărăştii de Jos
Siliştea-Gumeşti
Ciolăneştii din Deal
Necşeşti
Drăcşenei
Săceni
Stinţeşti
Drăgăneşti de Vede
Rădoieşti-Vale
Hârtieşti
Cândeşti-Vale
Gura Bărbuleţului
Costeşti
Fieni
Bela
Moţăieni
Vulcana-Băi
Voineşti
Pucioasa
Malurile
Muz. Arii româneşti
Brăneşti
Tătărani
Doiceşti
Şotânga
Aninoasa
Glod
Măneşti
Târgovişte
Sf. Vineri
Priseaca
Dragomireşti
Ulmi
Ludeşti
Văcăreşti
Hulubeşti
Lucieni
Valea Mare
Gheorghiţeşti
Băduleşti
Gura Şuţii
Gura Foii
Dragodana
Produleşti
Găeşti
Mogoşani
Teţcoiu
Costeştii din Vale
Petreşti
Ulieşti
Vişina
Corbii Mari
Sârbenii de Jos
Gratia
Poeni
Siliştea
Scurtu Mare
Cosmeşti
Blejeşti
Talpa-Ogrăzile
Videle
Trivalea-Moşteni
Găläteni
Vârtoapele de Sus
Olteni
Băbăiţa
Moşteni
Orbeasca de Jos
Dâmboviţa
Argeş
Vedea
Teleorman
Cotmeana
Mozacu
Glavacioc
P. Câinelui
E81
E70
E574
A1
7
7c
73
73c
72a
72
65
65A
61
546
6
730
261
210
172
144
150
128

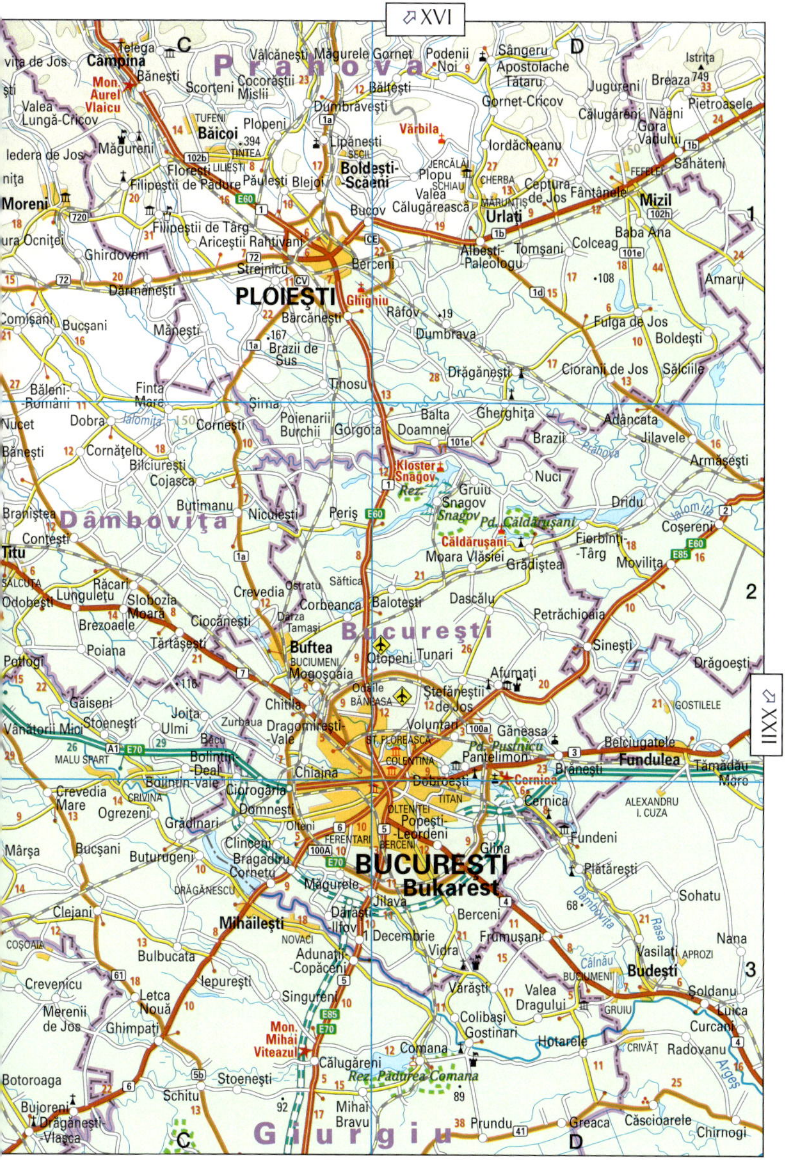
XVI
XXII
C
D
1
2
3
Prahova
Dâmboviţa
Bucureşti
Giurgiu
PLOIEŞTI
BUCUREŞTI
Bukarest
Câmpina
Telega
Băneşti
Mon. Aurel Vlaicu
Valea Lungă-Cricov
Moreni
Băicoi
Floreşti
Filipeştii de Pădure
Filipeştii de Târg
Ariceştii Rahtivani
Strejnicu
Bărcăneşti
Brazii de Sus
Boldeşti-Scăeni
Bucov
Berceni
Ghighiu
Râfov
Dumbrava
Vărbila
Urlaţi
Albeşti-Paleologu
Tomşani
Colceag
Mizil
Baba Ana
Amaru
Fulga de Jos
Boldeşti
Sălciile
Cioranii de Jos
Drăgăneşti
Gherghiţa
Balta Doamnei
Adâncata
Jilavele
Armăşeşti
Brazii
Nuci
Gruiu
Snagov
Kloster Snagov
Rez. Snagov
Pd. Căldăruşani
Căldăruşani
Moara Vlăsiei
Grădiştea
Fierbinţi-Târg
Dridu
Coşereni
Movilita
Sineşti
Petrăchioaia
Dascălu
Balotești
Corbeanca
Buftea
Otopeni
Tunari
Mogoşoaia
Chitila
Afumaţi
Ştefăneştii de Jos
Voluntari
Găneasa
Pantelimon
Brăneşti
Fundulea
Tămădău Mare
Belciugatele
Dobroeşti
Cernica
Chiajna
Ciorogârla
Domneşti
Clinceni
Bragadiru
Cornetu
Măgurele
Jilava
Popeşti-Leordeni
Glina
Fundeni
Plătăreşti
Berceni
Frumuşani
Vidra
Vărăşti
Budeşti
Sohatu
Nana
Şoldanu
Luica
Curcani
Radovanu
Hotarele
Comana
Rez. Pădurea Comana
Gostinari
Colibaşi
Valea Dragului
Greaca
Căscioarele
Chirnogi
Prundu
Mihai Bravu
Călugăreni
Mon. Mihai Viteazul
Singureni
Stoeneşti
Schitu
Bujoreni
Drăgăneşti-Vlaşca
Botoroaga
Ghimpaţi
Letca Nouă
Merenii de Jos
Crevenicu
Iepureşti
Bulbucata
Mihăileşti
Clejani
Adunaţii-Copăceni
1 Decembrie
Dărăşti-Ilfov
Buturugeni
Bucşani
Mârşa
Ogrezeni
Grădinari
Crevedia Mare
Bolintin-Vale
Bolintin-Deal
Joiţa
Ulmi
Găiseni
Stoeneşti
Vânătorii Mici
Poiana
Tărtăşeşti
Brezoaele
Slobozia Moară
Lunguleţu
Răcari
Odobeşti
Titu
Conteşti
Braniştea
Butimanu
Niculeşti
Periş
Crevedia
Ciocăneşti
Cojasca
Bilciureşti
Cornăţelu
Dobra
Băneşti
Nucet
Băleni-Români
Finta Mare
Cornești
Poienarii Burchii
Gorgota
Tinosu
Şirna
Măneşti
Bucşani
Comişani
Dărmăneşti
Ghirdoveni
Plopeni
Păuleşti
Blejoi
Dumbrăveşti
Lipăneşti
Bălţeşti
Vâlcăneşti
Măgurele
Gornet
Podenii Noi
Sângeru
Apostolache
Tătaru
Gornet-Cricov
Iordăcheanu
Ceptura de Jos
Fântânele
Jugureni
Călugăreni
Breaza
Năeni
Gora Vadului
Pietroasele
Săhăteni
Istriţa
E60
E70
E85
A1

Atlas

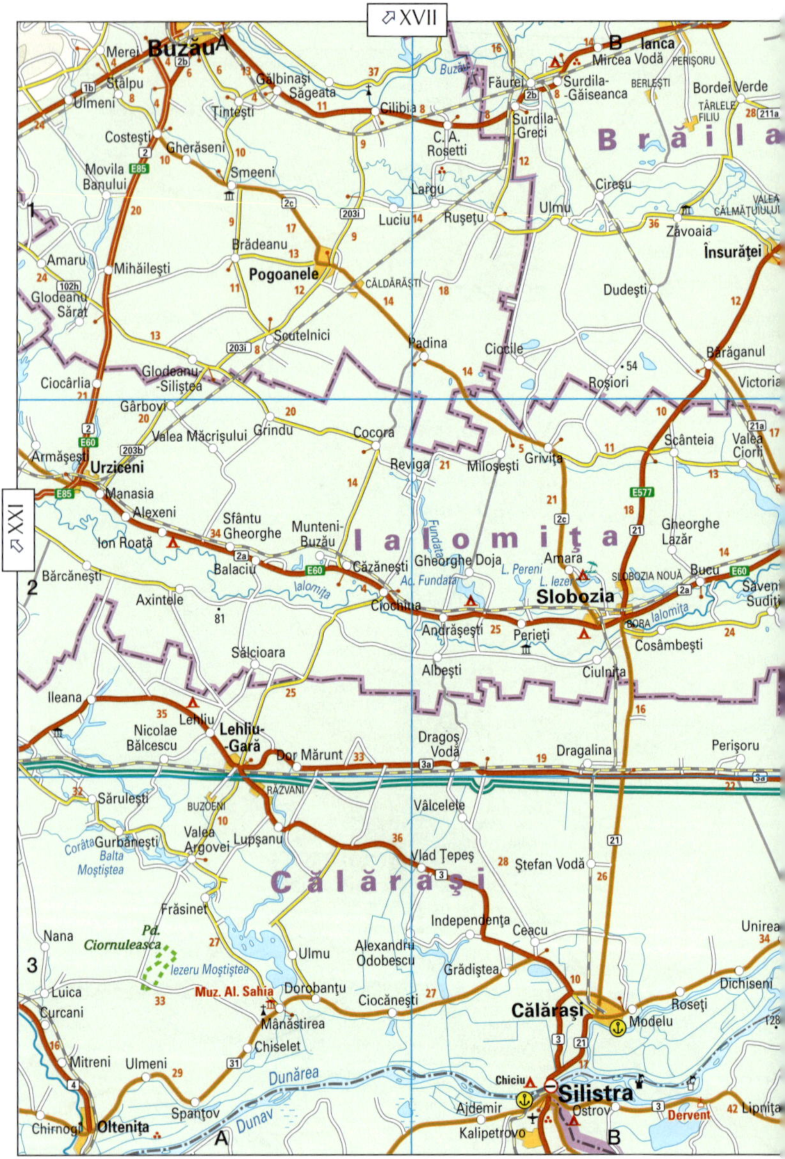
XVII
XXI
Buzău
Merei
Stâlpu
Ulmeni
Gălbinaşi
Săgeata
Ţinteşti
Cilibia
Făurei
Ianca
Mircea Vodă
Perişoru
Surdila-Găiseanca
Berleşti
Bordei Verde
Târlele Filiu
Surdila-Greci
Brăila
C.A. Rosetti
Costeşti
Gherăseni
Smeeni
Movila Banului
Largu
Luciu
Ruşetu
Ulmu
Cireşu
Valea Călmăţuiului
Zăvoaia
Însurăţei
Amaru
Mihăileşti
Brădeanu
Pogoanele
Căldăreşti
Glodeanu Sărat
Dudeşti
Scutelnici
Padina
Ciocile
Brăganul
Victoria
Roşiori
Ciocârlia
Glodeanu-Siliştea
Gârbovi
Grindu
Cocora
Valea Măcrişului
Scânteia
Valea Ciorii
Armăşeşti
Urziceni
Reviga
Miloşeşti
Griviţa
Manasia
Alexeni
Sfântu Gheorghe
Munteni-Buzău
Ion Roată
Ialomiţa
Gheorghe Lazăr
Bărcăneşti
Balaciu
Căzăneşti
Gheorghe Doja
Amara
L. Pereni
L. Iezer
Slobozia Nouă
Bucu
Axintele
Ac. Fundata
Fundata
Slobozia
Săveni
Sudiţi
Ciochina
Andrăşeşti
Perieţi
Bora
Cosâmbeşti
Sălcioara
Albeşti
Ciulniţa
Ileana
Lehliu
Nicolae Bălcescu
Lehliu-Gară
Dragoş Vodă
Dor Mărunt
Dragalina
Perişoru
Răzvani
Sărulesti
Buzoeni
Vâlcelele
Corâta
Gurbăneşti
Balta Moştiştea
Valea Argovei
Lupşanu
Vlad Ţepeş
Ştefan Vodă
Călăraşi
Frăsinet
Independenţa
Ceacu
Unirea
Nana
Pd. Ciornuleasca
Iezeru Moştiştea
Ulmu
Alexandru Odobescu
Grădiştea
Dichiseni
Luica
Muz. Al. Sahia
Dorobanţu
Ciocăneşti
Călăraşi
Roseţi
Curcani
Mânăstirea
Modelu
Chiselet
Mitreni
Ulmeni
Dunărea
Chiciu
Silistra
Ajdemir
Ostrov
Dervent
Lipniţa
Chirnogi
Olteniţa
Spanţov
Dunav
Kalipetrovo
E85
E60
E577

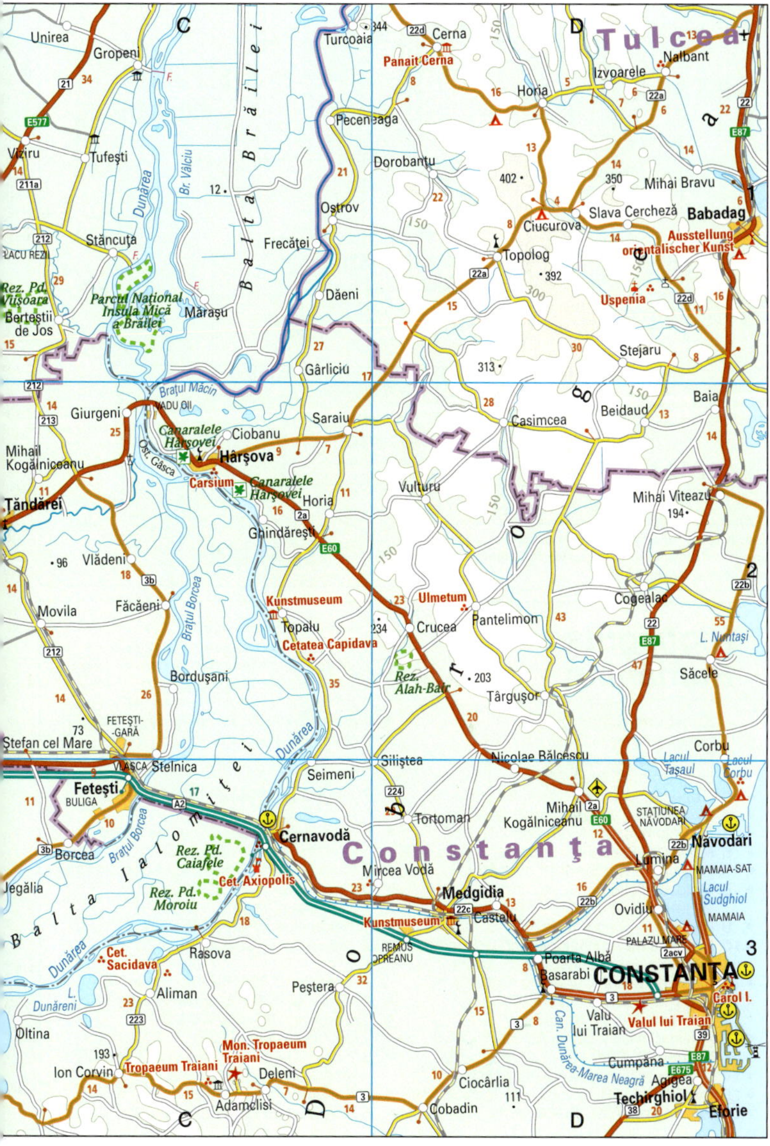
Tulcea
Constanţa
Dobrogea
Balta Brăilei
Balta Ialomiţei
Unirea
Gropeni
Viziru
Tufeşti
Stăncuţa
Rez. Pd. Vişoara
Parcul Naţional Insula Mică a Brăilei
Berteştii de Jos
Mărașu
Br. Vâlciu
Dunărea
Brațul Măcin
Turcoaia
Cerna
Panait Cerna
Peceneaga
Dorobantu
Ostrov
Frecăţei
Dăeni
Gârliciu
Horia
Izvoarele
Nalbant
Mihai Bravu
Slava Cercheză
Ciucurova
Topolog
Babadag
Ausstellung orientalischer Kunst
Uspenia
Stejaru
Baia
Beidaud
Casimcea
Giurgeni
Vadu Oii
Canalele Hârşovei
Ciobanu
Hârşova
Carsium
Saraiu
Mihail Kogălniceanu
Ţăndărei
Ost. Gâsca
Ghindăreşti
Vulturu
Mihai Viteazu
Vlădeni
Făcăeni
Movila
Braţul Borcea
Kunstmuseum
Topalu
Cetatea Capidava
Ulmetum
Crucea
Pantelimon
Cogealac
L. Nuntaşi
Săcele
Rez. Alah-Bair
Târguşor
Borduşani
Feteşti-Gară
Ştefan cel Mare
Vlasca
Stelnica
Seimeni
Siliştea
Nicolae Bălcescu
Corbu
Lacul Taşaul
Lacul Corbu
Feteşti
Buliga
Tortoman
Mihail Kogălniceanu
Staţiunea Năvodari
Năvodari
Borcea
Cernavodă
Rez. Pd. Caiafele
Cet. Axiopolis
Rez. Pd. Moroiu
Mircea Vodă
Lumina
Mamaia-Sat
Lacul Sudghiol
Mamaia
Jegălia
Medgidia
Castelu
Ovidiu
Palazu Mare
Kunstmuseum
Remus Opreanu
Poarta Albă
Basarabi
CONSTANŢA
Cet. Sacidava
Rasova
Aliman
L. Dunăreni
Peştera
Carol I.
Valu lui Traian
Valul lui Traian
Can. Dunărea-Marea Neagră
Oltina
Cumpăna
Ion Corvin
Tropaeum Traiani
Mon. Tropaeum Traiani
Deleni
Ciocârlia
Agigea
Adamclisi
Cobadin
Techirghiol
Eforie
E577
E87
E60
E675
A2

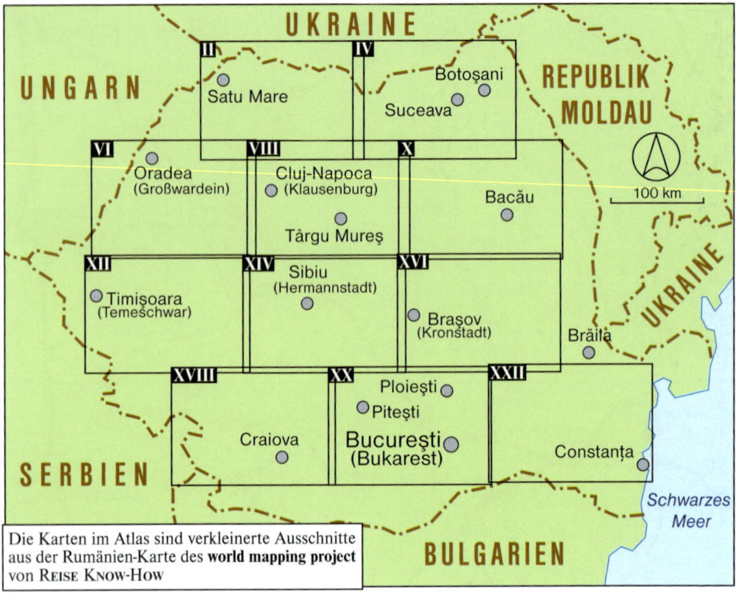

Die Karten im Atlas sind verkleinerte Ausschnitte aus der Rumänien-Karte des **world mapping project** von Reise Know-How

Highlights Rumänien

Kunst und Kultur

- 1 Schloss Peleş in Sinaia, S. 221
- 2 Rosenauer Burg in Râşnov und Burg Bran, S. 252, 254
- 3 Oberstadt von Sighişoara, S. 260
- 4 Kirchenburg von Biertan, S. 282
- 5 Freilichtmuseum Astra, Sibiu, S. 295
- 6 Fröhlicher Friedhof in Săpânța, S. 117, 422
- 7 Holzkirche von Surdeşti, S. 456
- 8 Moldauklöster Moldovița und Voroneț, S. 474, 497
- 9 Drei-Hierarchen-Kirche, Iaşi, S. 539
- 10 Museum für Archäologie und Geschichte (und Casino) in Constanța, S. 595
- 11 Klosterkirche in Curtea de Argeş, S. 632
- 12 Das Höhlenkloster in der Bistritz-Schlucht, S. 648
- 13 Palast des Schwarzen Adlers, Oradea, S. 696
- 14 Die Zitadelle von Alba Iulia, S. 317
- 15 Die Corvinius-Burg von Hunedoara, S. 328
- 16 Palatul Poporului, Bukarest, S. 176

Landschaft und Natur

- 1 Sphinx und Babele im Prahova-Tal, S. 230
- 2 Wandern um Moieciu de Sus, S. 256
- 3 Fahrt mit der Wassertalbahn im Valaea Vaserului, S. 444/445
- 4 Bicaz-Schlucht am Roten See, S. 525
- 5 Wüstendünen von Letea, S. 576
- 6 Pelikankolonien auf dem Lacu Roşca, S. 572
- 7 Die Schlammvulkane von Buzău, S. 102, 616
- 8 Wandern mit Hirten über die Almen des Olt-Tals, S. 655
- 9 Donaudurchbruch Eisernes Tor, S. 658
- 10 Die Cerna-Schlucht bei Băile Herculane, S. 682
- 11 Nationalpark Retezat, S. 334
- 12 Nationalpark Ceahlău, S. 523

Sport und Aktivitäten

- 1 Gleitsegeln im Făgăraş-Gebirge, S. 76
- 2 Bergwandern- und Klettern am Königstein, S. 258
- 3 Höhlentouren Eishöhle und Bärenhöhle im Apuseni, S. 708/709
- 4 Kanutour im Donaudelta, S. 570
- 5 Kurbaden in Băile Felix, S. 703